CTBS
Colección Teología
BÍBLICA Y SISTEMÁTICA

BIBLIOLOGÍA

Naturaleza y doctrina
de la Palabra de Dios

Samuel Pérez Millos

EDITORIAL CLIE
C/ Ferrocarril, 8
08232 VILADECAVALLS
(Barcelona) ESPAÑA
E-mail: clie@clie.es
http://www.clie.es

© 2024 por Samuel Pérez Millos

«Cualquier forma de reproducción, distribución, comunicación pública o transformación de esta obra solo puede ser realizada con la autorización de sus titulares, salvo excepción prevista por la ley.
Diríjase a CEDRO (Centro Español de Derechos Reprográficos) si necesita fotocopiar o escanear algún fragmento de esta obra (www.cedro.org; 91 702 19 70 / 93 272 04 45)».

© 2024 por Editorial CLIE. Todos los derechos reservados.

BIBLIOLOGÍA
Naturaleza y doctrina de la Palabra de Dios
ISBN: 978-84-19055-62-0
Depósitos Legal: B 20570-2023
Teología cristiana
General
REL067000

Impreso en Estados Unidos de América / *Printed in the United States of America*

Acerca del autor

Samuel Pérez Millos natural de Vigo, España. Es Máster en Teología (Th. M.) por el IBE (Instituto Bíblico Evangélico) desde 1975. Es, también, Master en Cristología y Master en Espiritualidad Trinitaria. Miembro de la Junta Rectora del IBSTE (Instituto Bíblico y Seminario Teológico de España) y profesor de las áreas de Prolegómena, Bibliología y Antropología de esta institución.

Decano de Escrituras online, donde imparte las materias de Teología sistemática y algunas de Exégesis Bíblica de los escritos de Pablo. Une a esto la experiencia como pastor de la Iglesia Evangélica Unida de Vigo, durante 38 años.

Fue guiado, en el estudio de la Palabra, de la mano del ilustre teólogo español Dr. Francisco Lacueva.

Autor de más de cincuenta obras de teología y exégesis bíblica. Conferenciante de ámbito internacional y consultor adjunto de la Editorial CLIE en el área de lenguas bíblicas.

D. Samuel viaja siempre acompañado de su esposa Susana, quien colabora en las muchas tareas del Ministerio.

En reconocimiento a los que han dado su vida por amar la Palabra. A quienes sienten que la Biblia es su delicia. A los que están dispuestos y determinados a amarla, predicarla y obedecerla.

ÍNDICE

Prólogo 17

Capítulo I
Justificación histórica 21
    Introducción 21
    Prolegómenos 24
        Conceptos 24
    Teología 24
        Definición 24
        Carácter científico 25
        Teologías 25
    Historia del dogma 30
    Prolegómenos teológicos 31
        Desarrollo histórico 31
    Verdad fundamental sobre la Escritura 41
        Afirmaciones bíblicas 41
        La Escritura inspirada por Dios 45
        Autoridad bíblica 46
        Reglas de fe 46
    Los Padres apostólicos 50
    La Didaché 54
    Los padres anti-gnósticos 57
    Los Padres de la Iglesia 59
    Desde Agustín a Trento 60
    Trento 64
    Período de la Reforma 65

Capítulo II
Propuestas sobre la Escritura 71
    Introducción 71
    Situación en el s. XIX 74
        Idealismo trascendental 75
        Idealismo 75
        Teología liberal 77
        Crítica radical 81

    Neo-ortodoxia.. 84
    El problema teológico del neo-protestantismo........... 88
Teología... 89
    Definición... 89
    Carácter científico de la teología..................... 91
Teologías.. 96
    Teología natural....................................... 96
    Teología sobrenatural.................................. 97
    Teología fundamental................................... 97
        Teología positiva.................................. 97
        Teología especulativa.............................. 98
            Teología dogmática............................. 98
            Teología sistemática........................... 99
        Teología histórica................................. 99
            Teología patrística............................ 100
            Teología escolástica medieval.................. 101
            Teología reformada............................. 102
            Teología contemporánea......................... 103
            Teología posmoderna............................ 104
    Clasificación para el estudio.......................... 105
        Teología bíblica................................... 105
        Teología filosófica................................ 106
        Teología apologética............................... 107
        Teología moral..................................... 108
        Teología confesional............................... 109
            Teología católica.............................. 109
            Teología ortodoxa.............................. 109
            Teología reformada............................. 111
        Teología conceptual................................ 111

Capítulo III
Método teológico y verdad del dogma.................... 113
    Introducción... 113
    El método.. 114
    Ciencia y conocimiento................................. 114
        Bases del método teológico......................... 116
    Situación del método teológico......................... 117
    Ejecución del método................................... 119
    Métodos teológicos..................................... 127
        Método deductivo................................... 127

Método inductivo 128
Método especulativo 129
Método místico 132
Características del teólogo 134
Ciencia y teología 141
La verdad del dogma 147
El dogma en el cristianismo 149
Fijación del dogma 150
Resumen sobre la verdad del dogma 151
Ordenación del sistema teológico 152

Capítulo IV
Idiomas y transmisión de la Biblia **155**
    Introducción 155
    Ideas generales 157
        La escritura 157
    La lengua hebrea 158
    El arameo 160
    El griego 161
        El griego koiné 163
        El griego del Nuevo Testamento 164
        Fuentes de la koiné 165
        Algunas características de la koiné 167
    La escritura de la Biblia 168
    La transmisión oral y escrita 168
        La transmisión oral 168
        La transmisión escrita 171
    Teoría sobre las fuentes del Antiguo Testamento 172
    Escribas y escuelas 179
        Escribas 179
        Misiones 180
        Escribas religiosos 180
        Escuelas 181
    Transmisión del texto hebreo 181
    Progresos en la transmisión del texto 183
    Los masoretas 184
        Qumrán 184
        Manuscritos bíblicos de Qumrán 185
    Errores en las copias del texto bíblico 188
        El Pentateuco samaritano 188

Versiones arameas del Antiguo Testamento. 190
  Versiones. 191
    LXX, o Versión alejandrina. 191
  Otras traducciones del Antiguo Testamento. 194
    Papiros de Chester Beatty 194
    Papiro 911 195
    Manuscrito griego Freer V 195
    Hexapla de Orígenes 195
    Códice Vaticano. 196
    Códice Sinaítico. 196
    Códice Alejandrino 196
    Versión Aquila. 197
    Teodoción 197
    Simmaco 197
  Versiones siríacas 197
    Peshitta 197
    La Folxeniana 198
    Sirio-hexapla 198
  Versiones latinas 198
    Latinas antiguas 198
    La Vulgata latina 199
Texto griego del Nuevo Testamento 200
  Ejemplos de influencia semita 200
  Influencia de la LXX 201
  Familias textuales. 201
    Alejandrina 201
    Occidental 202
    Bizantina 203
  Testigos textuales 205
    Papiros. 205
    Códices unciales 205
  Textus Receptus 206
  Crítica textual. 209

Capítulo V
La revelación de Dios **213**
  Introducción. 213
  Revelación y razón. 215
  Revelación general. 217
    Natural 218
    Histórica 225
    Antropológica. 227

Revelación general. 232
Revelación 234
La Biblia como revelación especial. 235
Revelación especial en el Antiguo Testamento 239
Revelación especial en el Nuevo Testamento 240
    Corpus Paulinus 240
    Teología de Juan. 241
    Teología de Pedro. 242
Desarrollo histórico de la doctrina de la revelación 243
Discrepancias sobre la revelación 243
    Realismo. 243
    Teología evolucionista 244
    Modernismo 244
    Neo-ortodoxia. 244
Sistematización de la doctrina de la revelación. 245
    Biblia 245
    Palabra de Dios. 247
    Definición. 247
    Razón 248
Otros aspectos de la revelación 249
    Mediante objetos. 249
    Comunicación directa. 250
    Revelación en el Hijo 251
La Biblia como revelación. 259
Dogmatismo. 261
Empirismo 262

Capítulo VI
Inspiración. 265
Introducción. 265
Inspiración 266
    Definición. 266
    Desarrollo. 267
    Doctrina 268
Inspiración plenaria de la Biblia 276
La Escritura como Palabra de Dios 281
Dualidad de autoría 284
Autoridad comunicada. 287
Propuestas sobre inspiración 291
    Inspiración natural 292
    Teoría mecanicista o del dictado. 292
    Inspiración conceptual 294

Inspiración parcial 294
Inspiración mística 294
Inspiración falible 295
Testimonio de Cristo sobre la inspiración 295
Inspiración verbal y plenaria 296
    Inspiración verbal 296
    Inspiración plenaria 298
Dualidad de autor 302
Síntesis histórica de la doctrina 305
    La Iglesia primitiva 306
    Patrística 307
    Edad Media 311
    Reforma 313

Capítulo VII
Inerrancia, infalibilidad y autoridad 317
Introducción 317
Inerrancia 318
    Inerrancia total 319
    Inerrancia de pleno alcance 319
    Inerrancia potencial 319
    Inerrancia adaptada 319
    Inerrancia irrelevante 320
Importancia de la inerrancia 321
Las discrepancias 323
    Discrepancias genealógicas 324
    Discrepancias geográficas 324
Definición 327
Infalibilidad 331
Autoridad 344

Capítulo VIII
Interpretación 359
Introducción 359
Hermenéutica 360
Exégesis 361
Método gramático-histórico-cultural 362
    Gramática 362
    Historia 362

Cultura 363
Interpretación literal 364
Géneros literarios en la Biblia 365
   Historia 365
   Poesía 366
   Profecía 367
   Sapienciales 368
   Parábolas 370
Aplicación 371

Capítulo IX
Canon **379**
Introducción 379
Canon 380
   Definición 380
Canon del Antiguo Testamento 383
   Generalidades 383
   Referencia histórica 385
   Establecimiento del canon hebreo 386
   Encuentro de Jamnia 388
   La versión LXX 389
   Reconocimiento de la Iglesia 390
Canon del Antiguo Testamento en el cristianismo 395
El canon del Nuevo Testamento 400
   Principio de origen 400
   Principio de contenido 401
   Principio de autoridad 402
Formación del canon del Nuevo Testamento 402

Capítulo X
Los libros del libro **407**
Introducción 407
Antiguo Testamento 409
   Pentateuco 409
   Génesis 413
   Éxodo 419
   Levítico 433
   Números 443
   Deuteronomio 461

Josué	467
Jueces	486
Ruth	504
Primer libro de Samuel	517
Segundo libro de Samuel	531
Primer libro de Reyes	545
Segundo libro de Reyes	560
Primer libro de Crónicas	573
Segundo libro de Crónicas	585
Esdras	593
Nehemías	602
Ester	609
Job	619
Salmos	629
Proverbios	638
Eclesiastés	645
Cantar de los Cantares	653
Isaías	660
Jeremías	672
Lamentaciones	681
Ezequiel	691
Daniel	699
Oseas	705
Joel	713
Amós	721
Abdías	725
Jonás	732
Miqueas	737
Nahúm	741
Habacuc	745
Sofonías	750
Hageo	753
Zacarías	763
Malaquías	771
Nuevo Testamento	777
Mateo	777
Marcos	787
Lucas	795
Juan	802
Hechos de los Apóstoles	811
Romanos	822

ÍNDICE

1 Corintios 829
2 Corintios 834
Gálatas 840
Efesios 844
Filipenses 847
Colosenses 850
1 Tesalonicenses 853
2 Tesalonicenses 856
1 Timoteo 858
2 Timoteo 860
Tito 864
Filemón 867
Hebreos 871
Santiago 875
1 Pedro 880
2 Pedro 885
1 Juan 889
2 Juan 893
3 Juan 895
Judas 897
Apocalipsis 900

Bibliografía **909**

PRÓLOGO

Señor —dijo Cristiano— he venido de la Ciudad de Destrucción, y voy caminando al Monte de Sion. El hombre que está de portero a la puerta que da entrada a este camino me dijo que, si pasaba yo por aquí, usted me enseñaría cosas buenas y provechosas para mi viaje.[1]

Pasa adentro —replicó Intérprete— y te mostraré lo que te será de provecho.

No fue coincidencia que Bunyan viera, en su sueño literario, a Cristiano pasando (o debiendo pasar) por casa de Intérprete aun antes de llegar a la cruz. Alarmado aquel por Evangelista, sabía que había de huir de la ira venidera hacia la ciudad del Rey: con todo, difícilmente podría llegar allá a salvo sin contar con más instrucción que la elemental: eran demasiados los enemigos, demasiados los peligros, demasiadas las voces.

La pregunta que subyace bajo el tomo que tienes en tus manos es una que responderá no tan solo a la motivación personal de su autor al escribirlo, sino a tu convicción personal al estudiarlo; a saber: ¿importa? Suponiendo que hemos asumido la comisión de hacer discípulos de Jesucristo, ¿cuánto *realmente* importa instruirnos más allá de las verdades básicas del Evangelio? ¿Hay relevancia práctica en el reino en estudiar la historia del dogma, la crítica literaria o la transmisión textual (entre tantos temas de la Bibliología abordados aquí)?

Redimiendo a Intérprete

Cuántos sermones han alabado la confesión del ciego sanado por Jesús, por su simpleza, por su comprensible ignorancia: "Si es un pecador, no lo sé… Lo único que sé es que yo era ciego y ahora veo" (Jn. 9:25; NVI). Sin embargo, para nuestra vergüenza, olvidamos que Juan —unos pocos versículos más adelante— nos clarifica que la sanidad física del hombre aún no se había correspondido con la

---

[1] Esta y todas las subsiguientes referencias están tomadas de *El progreso del peregrino,* de John Bunyan (1678).

espiritual; el hombre veía, sí, pero no con los ojos del corazón, hasta que Cristo mismo lo invita más tarde a una fe consciente en él como Mesías, y solo así se convierte en un verdadero adorador (Jn. 9:35-38). Reducir, por lo tanto, la labor de la Gran Comisión y de la Iglesia únicamente a un esfuerzo evangelístico para mantener así a la multitud en la menor instrucción sería posible, delegándola a unos pocos teólogos o aspirantes de teología, es aplaudir una ignorancia que, en el peor de los casos, deja a los hombres a medio camino de su conversión y crecimiento en la fe de Jesús.

La iglesia del Dios vivo, especialmente la hispanohablante y por lo tanto hispanopensante (porque a ellos es específicamente dirigida la presente obra), está en desesperante necesidad de hombres y mujeres, *Intérpretes*, que sean llenos del Espíritu y entrenen a su generación; y no solo alcanzarla, sino darle todas las herramientas para sostener firme la antorcha de la fe ante comunidades que se muestran cada vez más enemigas de las Escrituras. De no hacerlo, corremos el peligro análogo al de Israel en los tiempos de los Jueces: engendraremos una próxima generación que no sabe ni sabrá responder ante los ataques del Enemigo en sus escuelas, trabajos y universidades, y caerán.

Una verdadera preocupación

El autor del presente tomo, *Bibliología*, es, para los que tenemos el honor de conocerlo personalmente, un *bibliósofo* en toda la extensión de la palabra: no solo por su educación brillante y su colosal capacidad de sistematización, sino también por su propia disciplina inquebrantable de estudiar a fondo las Escrituras, su historia y cultura por décadas. El mundo evangélico hispano cuenta con relativamente pocos de su clase.

Con todo, estimado lector, tras tantas páginas repletas de datos históricos, explicaciones a propósito de pensamientos y métodos teológicos y filosóficos que nos enfrentan a toda clase de preguntas en relación con la Biblia, está el corazón de un hombre cuya principal preocupación no es escolástica, sino pastoral. El posmodernismo y el liberalismo teológico (este un infame hijo de aquel), si no son confrontados con una comprensión robusta de los temas en cuestión, tienen el potencial de drenar de poder a la iglesia de habla hispana y relegarla a un rincón de la sociedad de meras experiencias personales y espirituales para unos pocos, tal como lo lograron en el viejo continente los últimos doscientos años. Si, como dicen los misiólogos, el arca de la obra evangélica está en manos de los creyentes en

Latinoamérica (junto con Asia y África), es nuestra responsabilidad ser administradores fieles y no perder una oportunidad única que el Cielo nos está presentando.

Cosas muy grandes y provechosas

Sí importa conocer cómo nos llegó la Biblia. Sí es relevante comprender las distintas presuposiciones teológicas a través de la historia de la Iglesia, las que le dieron forma. Sí es urgente entender cómo cada libro del canon apunta a Cristo y forma un todo coherente en él. Las consecuencias son eternas.

Siendo entonces esta nuestra necesidad tan imperante, y no teniendo tiempo para perder, te invito solemnemente, por el Rey y por el reino, a que entres a casa de Intérprete, mi peregrino compañero, y que luego de estudiar cuidadosamente lo que aquí aprendas, lo oigas decir:

> Grábalas, pues, en tu memoria, y sean ellas un estímulo para que continúes avanzando en el camino que debes seguir. Marcha ya; el Consolador te acompañe, y sea él siempre el que dirija tus pasos hacia la ciudad.

A lo que tú felizmente puedas responder:

> Cosas muy grandes y muy provechosas acabo de ver; al par que terribles, son también para mí de mucho aliento. Quiero pensar siempre en ellas, que no en balde se me han enseñado. Gracias al buen Intérprete, que ha sido tan bondadoso conmigo.

Pablo Daut
Pastor, Cross Church Español
18 de Junio del 2022

CAPÍTULO I
JUSTIFICACIÓN HISTÓRICA

Introducción

La teología es la ciencia suprema, ya que se ocupa del estudio de Dios y su obra. En ella se desarrollan las doctrinas, y de ella se sintetizan estas para un ordenamiento que permita un análisis pormenorizado de cada una. El conocimiento de Dios es esencial porque en ese conocimiento descansa la vida eterna; como dijo Jesús: "Y esta es la vida eterna: que te conozcan a ti, el único Dios verdadero, y a Jesucristo, a quien has enviado" (Jn. 17:3).

Sin embargo, la teología es abiertamente cuestionada por muchos en el tiempo actual, afirmando que es algo pasado y que no concuerda con el desarrollo intelectual del mundo moderno. Incluso hay algunos que por su ministerio en la iglesia o en el mundo de la enseñanza bíblica debieran depender de la insistente lectura e investigación de las doctrinas fundamentales de la fe cristiana, por tanto, de la investigación teológica, pero han abandonado esta actividad y han sustituido la enseñanza bíblica por mensajes actuales; la predicación expositiva dio paso a la predicación motivacional. Por todo ello, se ha ido debilitando la fortaleza de los creyentes, que son fácilmente arrastrados de un lado para otro por diferentes vientos de doctrina, produciendo un estado de infantilismo espiritual.

El pastor o maestro cristiano necesita el conocimiento de la Biblia para encontrar en ella el mensaje que necesita el mundo actual. Abandonar la teología es quedarse sin la razón de la predicación. Un problema extendido es la distinción que algunos hacen entre predicación, considerándola como enseñanza para los creyentes, y evangelización, como mensaje para alcanzar a los inconversos. Sin embargo, la evangelización según el pensamiento del apóstol Pablo no es sino "la palabra de la cruz" (1 Co. 1:18), esto es: la exposición de la doctrina de la salvación conforme a la revelación bíblica acerca de ella.

Las doctrinas sistematizadas son el resultado de un devenir histórico en relación con la teología. Ninguna de ellas ha llegado de una sola vez a la forma en que se presenta, sino que ha ido desarrollándose en el tiempo para culminar en la verdad expresada en el momento actual. Aun así, no se ha llegado a la plenitud de la materia sin que se pueda expresar nada más sobre ella, por la razón de lo que es la Biblia, fuente única de la verdad, plenariamente inspirada por Dios y escrita para revelarlo a Él, con el propósito de que pueda ser conocido, inagotable fuente de verdad que, por más que se estudie, toda la profundidad de su contenido no puede ser abarcada.

El mundo posmoderno en su evolución de pensamiento, hace descansar en la posverdad, expresión del subjetivismo, la doctrina bíblica. Nadie debe olvidar que la posverdad es la distorsión deliberada de una realidad, que manipula creencias y emociones con el fin de influir en la opinión pública y en actividades sociales. No cabe duda de que los demagogos son los grandes maestros de la posverdad. Generalmente se asigna este calificativo al mundo de la política, pero no cabe duda de que la demagogia, que es ganarse con halagos el favor popular, ha entrado de lleno en las prácticas religiosas de algunos llamados maestros de la fe. Estos buscan la complacencia de los oyentes o de sus alumnos, evitando la exposición de doctrinas que son abiertamente rechazadas por el humanismo. La consecuencia es el distanciamiento de Dios y la entronización del hombre. No es difícil encontrar quienes consideran la Biblia como un libro antiguo e incompatible con el tiempo actual. En el mejor de los supuestos, el humanismo propone una actualización de la enseñanza bíblica, a lo que se suele llamar relectura de la Escritura, en la que se eliminan o suavizan conceptos que son contrarios al pensamiento actual. Esta situación viene arrastrándose desde principios del s. XIX, cuando el enfoque de la teología cambió de un carácter eminentemente espiritual y formativo en una cuestión de sentimientos; por tanto, esta situación se anticipó en años a la posverdad. Así lo enseñó Schleiermacher, cuando afirmó que la religión es un tema de sentimientos, bien sea en general o en dependencia.[1]

Lamentablemente, la enseñanza doctrinal y la exposición bíblica se ve afectada por estas orientaciones y muchos líderes han reducido en sus bibliotecas la presencia de Teologías sistemáticas, sustituyéndolas por temas de lo que se suele llamar "Vida cristiana" —que no son sino simples razonamientos y fáciles orientaciones hacia principios religiosos o, en el mejor de los casos, ética cristiana—. De ahí la necesidad de empeñarse nuevamente en el estudio de la Escritura, procurando que todos conozcan en mayor o menor

---

[1] Cf. Schleiermacher, 1990.

extensión las doctrinas fundamentales de nuestra fe, porque ello comporta y modela la forma de vida cristiana.

De este modo lo entiende Millard Erickson:

> Entonces, ¿cómo deberíamos entender la religión? En realidad, la religión es todo eso; creencia o doctrina, sentimiento o actitud y una manera de vivir o de comportarse. El cristianismo se ajusta a todos estos criterios de religión. Es una manera de vivir, un tipo de comportamiento, un estilo de vida. Y es así no solo en la experiencia aislada del individuo, sino también en la formación de grupos sociales. El cristianismo también implica ciertos sentimientos como la dependencia, el amor y la satisfacción. Desde luego el cristianismo implica también un conjunto de enseñanzas, una manera de ver la realidad y de verse a uno mismo y una perspectiva desde la cual toda esta experiencia tiene sentido.[2]

La Iglesia da una determinada forma a lo que se llama el dogma. Es la consecuencia del deseo de mantener una forma de actuación en el mensaje a proclamar y, también, en el comportamiento y la forma de vida que están vinculados a la enseñanza. Las discrepancias interpretativas y las posiciones personales son materia de resolución en la teología sistemática. Sin embargo y, sin entrar en una materia especializada como es la historia de las doctrinas, es necesario apreciar el entorno histórico en la elaboración y expresión de las doctrinas, por lo que en el estudio que sigue se tendrá que hacer referencia, en muchas ocasiones, a la historia de las doctrinas que se consideren, presentando también las diferentes interpretaciones, tanto eclesiásticas como teológicas, conforme a las formas propias de cada tiempo de la Iglesia. Esto permitirá presentar y desarrollar cada una de ellas hasta el tiempo presente.

Finalmente, en esta introducción es necesario entender que la teología sistemática requiere de una metodología y de un sistema en la elaboración de los distintos apartados que la integran. Nadie puede estar satisfecho con una serie de conocimientos aislados, si no es capaz de integrarlos y relacionarlos entre sí. Eso es de vital importancia en el estudio teológico. Las doctrinas están plenamente interrelacionadas y son complemento unas de otras.

---

[2] Erickson, 2008, p. 20.

Prolegómenos

Conceptos

La palabra procede de la voz griega, compuesta por la preposición *pro*[3], que equivale a *antes de*, que precede al presente del infinitivo en voz activa *leguein*[4], del verbo *légō*[5], *decir*, lo que significa *decir antes*, esto es, lo que precede a un tema. De esta raíz viene la palabra *prólogo*. En el griego da origen a la palabra *predecir*[6], usada ya en el Nuevo Testamento (cf. 2 Co. 13:2; Gá. 5:21). La forma *prolegómenos*[7] equivale a *preámbulo*, tratado que se pone al principio de una obra o escrito para establecer los fundamentos generales de la materia que se ha de tratar después. En la teología, los prolegómenos estudian y son los principios primarios o básicos y fundamentales del desarrollo de ella.

Teología

Definición

Conforme a la etimología, la palabra procede del griego *Theós*[8], que significa *Dios*, y *lógos*[9], equivalente a *discurso*; por tanto, podemos definirla como la ciencia que trata de Dios, fundada en la revelación bíblica. De otro modo, teología es lo que se piensa y se dice con respecto a Dios.

Esta palabra no ocurre, en sí misma, en el texto bíblico; sin embargo, las dos voces que la conforman aparecen en varios lugares: "Las palabras de Dios"[10] (Ro. 3:2); en forma similar: "Las palabras de Dios"[11] (1 P. 4:11); en singular: "La palabra de Dios"[12]. Aunque la forma *teología* no aparece como tal, es bíblica en cuanto a carácter.

Todo cuanto tiene que ver con Dios exige una revelación procedente de Él, sin cuya declaración nadie podría conocerle por investigación personal. Además, "Dios es espíritu" (Jn. 4:24), lo que

---

[3] Griego: πρὸ.
[4] Griego: λέγειν.
[5] Griego: λέγω.
[6] Griego: προλέγω.
[7] Griego: προλεγόμενα.
[8] Griego: Θεός.
[9] Griego: λόγος.
[10] Griego: τὰ λόγια τοῦΘεοῦ.
[11] Griego: Λόγια Θεῶ.
[12] Griego: τὸν λόγον τοῦ Θεοῦ.

supone la imposibilidad de conocerle desde la dimensión humana. A este Dios del que trata la ciencia teológica nadie le ha visto ni puede ver jamás (1 Ti. 6:16). Este conocimiento proviene necesariamente de su propia revelación[13], de manera que la fuente de revelación para el conocimiento de Dios es la Palabra. En relación con Dios, han de considerarse sus obras, sus propósitos y su persona, de manera que la teología tiene necesariamente que extenderse hasta abarcar todas las realidades materiales e inmateriales que existen y las verdades concernientes a ellas.

Carácter científico

Aunque a causa de su tema, la teología ha de ser eminentemente espiritual, no puede desvincularse de ella el carácter de ciencia, siendo la más grande de ellas en razón a su contenido temático, que es Dios y su obra.

La teología es ciencia por cuanto exige un método y un sistema científico para su desarrollo y estudio. Siendo la ciencia que se centra en Dios y su obra, convierte a las restantes ciencias humanas en elementos al servicio de ella. La lingüística, tanto moderna como antigua, es fundamental para el estudio teológico, especialmente necesaria en el conocimiento de los idiomas bíblicos. La geografía es necesaria para la precisión de los lugares donde se desarrollan los acontecimientos bíblicos antropológicos. La historia permitirá el análisis contextualizado del desarrollo de la humanidad conforme al programa de Dios para las edades. La antropología complementa y permite, bajo el control bíblico, la expresión científica de las verdades esenciales sobre el hombre. La filosofía otorga los elementos precisos para expresar razonadamente las verdades que la Biblia establece, poniendo la lógica del pensamiento al servicio de la revelación. Como ciencia, la teología tiene un desarrollo continuado.

Teologías

La teología puede dividirse de múltiples formas, conforme al criterio científico que se aplique. Una primera división podría establecerse como natural y sobrenatural.

La natural es la que se basa en la capacidad que el ser humano tiene para conocer a Dios elementalmente, como su existencia, su

---

[13] Se estudiará en el apartado de Bibliología.

omnipotencia, su modo de operar, por medio de la razón natural: "Porque las cosas invisibles de Él, su eterno poder y deidad, se hacen claramente visibles desde la creación del mundo, entendiéndose por medio de las cosas hechas..." (Ro. 1:20)[14]. Esta forma parte de la metafísica, término procedente del griego[15] para referirse a la rama de la filosofía que estudia la naturaleza, estructura, componentes y principios fundamentales de la realidad. En tiempo pasado, muchos de los problemas que se estudian hoy en el campo de las ciencias naturales se trataban dentro de la metafísica y concretamente de la filosofía natural. En el campo de la teología, estudia los fines como causa última de la realidad.

La sobrenatural es la que se basa en la revelación sobrenatural o especial de Dios y se conoce, en última instancia, mediante la fe. Esta no destruye la razón, sino que le da los valores adecuados para su firmeza. La teología no se opone a la filosofía, sino que, por una parte, la dirige para que no se desvíe y, por otra, se sirve de ella para sus fines, sin impedirle trabajar por sus propios medios y perseguir sus propios objetivos.

A su vez, la teología sobrenatural se subdivide en varias. La *fundamental* trata de demostrar que la revelación es un hecho histórico y fiable. La *positiva* investiga las fuentes para recoger de ellas el contenido revelado. La *especulativa*, procedente de la voz latina *speculari* (que significa observar, atisbar, explorar), se ocupa de exponer científicamente dicho contenido; a esta parte de la teología le compete investigar los conceptos y las razones del contenido teológico y exponerlo de forma ordenada. Recibe el nombre de *dogmática* si se considera desde el punto de vista de las decisiones tomadas por la Iglesia con respecto a verdades reveladas que deben ser creídas como base de fe. Se denomina *sistemática* cuando en la investigación y expresión teológica se ha seguido un método de articulación de los distintos elementos y un orden que va desde los fundamentos hasta la conclusión final.

Aunque las particularidades de los distintos aspectos que permiten las divisiones de la teología se estudiarán más adelante en mayor detalle, puede referirse en este apartado a otras divisiones establecidas desde otras perspectivas.

Con razones históricas, puede dividirse en otra subdivisión. La *Patrística* se refiere al movimiento de pensamiento cristiano que

---

[14] BT.
[15] Griego: μεταφυσικά.

comenzó con los escritores postapostólicos y culminó en la gran era de la reflexión trinitaria y cristológica, cuya delimitación coincide con la desintegración del Imperio romano. Luego de los primeros momentos de predicación y exposición de la doctrina por los apóstoles, la ocupación inicial de la Patrística se desarrolló en el ámbito de la apologética, tanto filosófica como práctica, de la que uno de los exponentes principales fue Justino Mártir. Las dificultades que generó el desarrollo del gnosticismo y de la especulación tuvieron como principal apologeta a Orígenes. Los conflictos doctrinales y las falsas teorías contrarias a la verdad generaron un firme movimiento en Occidente, cuyos representantes destacados fueron Ireneo y Tertuliano, asociado con la aceptación del canon, apelando a la Iglesia y ministerios históricos.

En un segundo período de la Patrística, la tarea principal fue la de establecer una correcta confesión sobre Jesús como Señor. Esto estuvo vinculado especialmente con la verdad sobre la Trinidad y la encarnación del Verbo. De esta tarea procede una de las grandes confesiones de fe de la Iglesia, el Credo Niceno y la Definición de Calcedonia. En este período se produjeron los brillantes escritos de Atanasio, de los Capadocios, de Agustín y de Jerónimo.

El establecimiento de las verdades sistematizadas sobre la antropología surgieron, entre otras razones, por la confrontación y defensa contra Pelagio. Esto dio lugar a una extensa doctrina sobre el pecado original, la elección y la predestinación, especialmente tratada en los escritos de Agustín. La eclesiología se sistematizó como respuesta al desafío donatista. La Bibliología adquirió en ese período una relevancia destacada por la necesidad de establecer la base del fundamento doctrinal. Las distintas discusiones sobre la encarnación produjeron una elaboración detallada de la doctrina de la expiación. La Patrística, aunque no exenta de dificultades e incluso de imprecisiones podría identificarse como motivada por un espíritu de fidelidad a la Biblia.

Se puede añadir la teología escolástica, que sigue al período de la Patrística en el tiempo de la división entre Oriente y Occidente; se caracteriza por un declive de la investigación bíblica, incorporándose por ello ideas antropológicas y filosóficas que abrieron verdaderos sofismas religiosos, expresados en razonamientos y argumentos falsos con apariencia de verdad. La teología formativa no tuvo lugar hasta la Edad Media. Una de las características más sobresalientes del escolasticismo es su intento deliberado de hacer una inversión de valores entre la filosofía y la teología, en la que esta cede terreno a la primera, que provee de las bases sustentadoras del dogma, dejando a la teología solamente la estructura. Los tres grandes teólogos del escolasticismo son Abelardo, líder del movimiento racionalista; Anselmo, que presenta una concepción más bíblica de la razón, que aprende de la fe; y, sobre todo, Tomás de Aquino, que establece la norma científica del razonamiento y expresión teológica que aún hoy tiene una notable influencia en este campo. Sin duda la teología escolástica tiene una gran influencia semipelagiana en el campo de la soteriología, aunque apela muy a menudo a la estructura propia del sistema agustiniano. En este período y por esta causa se producen serias distorsiones doctrinales, tales como la regeneración bautismal, el purgatorio, la penitencia, la infusión de la gracia, la fe implícita, la transubstanciación, etc. Es notorio apreciar que las doctrinas elaboradas por la Patrística se mantuvieron cuidadosamente. Igualmente se usa mucho material bíblico, aunque, cuando es necesario, se distorsiona. Esta teología abrió camino a la reflexión profunda de los distintos temas, si bien no se discutían las distorsiones bíblicas que dan paso a la corrupción religiosa que siguió.

Otra división de la teología es la que se conoce como teología reformada, surgida como consecuencia de la Reforma en el s. XVI. El escolasticismo aportó las bases que sirvieron para la investigación de las Escrituras, fundamentalmente en las lenguas de los originales, tanto del Antiguo como del Nuevo Testamento, a lo que añadieron ordenados y sólidos principios de exégesis. Pudiera hacerse alguna distinción en el campo de la teología reformada, especialmente entre la de Lutero y la de Calvino; sin embargo, sus planteamientos son iguales por lo que puede hablarse de una sola teología. Fundamentalmente es una teología bíblica. La filosofía presta servicio para la expresión teológica y orienta el razonamiento en la exposición e investigación de la doctrina, pero no es el elemento principal en la sistematización y manifestación del dogma. El principal motivo de este sistema teológico es la exposición bíblica, afirmando que lo que se dice sobre Dios debe ser sustentado por la Biblia, único modo de revelación en esta materia. La filosofía del pensamiento es informada por la Palabra y puesta al servicio de ella. Junto con la Escritura, está la persona y obra de Jesucristo como elemento fundamental, haciendo de Él el núcleo de la teología y de la exposición. A consecuencia de esto, la soteriología es parte fundamental y principal de la doctrina y, dentro de ella, la justificación por la fe es asunto capital. En otras doctrinas, como pueden ser —a modo de ejemplo— la Trinidad o la encarnación del Verbo, se mantienen sin variaciones apreciables. La teología reformada es la de la fe en Cristo para justificación. El hombre, conducido por la Palabra, llega a Cristo para salvación. El principio bíblico conduce a la definición de la vida cristiana como comunión con Cristo y no como expresión religiosa. Por esa razón, en el proceso de la salvación, la santificación no se consigue por esfuerzo humano, sino por vivencia de Cristo, que se hace vida en el creyente y se expresa en el fruto del Espíritu, que la hace visible al mundo. La única vida de salvación por gracia mediante la fe (Ef. 2:8-9) libera la doctrina de las formas corruptas adoptadas en la teología escolástica en relación con la soteriología bíblica. Es la teología reformada, la más próxima a la Biblia en método, entendimiento, contenido e intelectualidad, que conduce al escrutinio de ella y permite mantener en el tiempo la purificación de las verdades de la fe.

Una nueva división es la teología moderna, en la que se aprecian notables desviaciones por la influencia humanista liberal, sobre todo en el intento de redefinir la doctrina cristiana en términos racionalistas. Un aspecto positivo de la teología moderna ha sido el retorno a la Biblia contra las formas del liberalismo racionalista. Algunos teólogos modernos, como es el caso de Bultmann, acusan el riesgo de una reversión. En cierto modo, la neo-ortodoxia abre el camino de reconstrucción de la teología sobre bases bíblicas, como ocurre con Barth.

En este avance de las divisiones que pueden establecerse para la teología, y cuyos aspectos específicos se considerarán más adelante, está la teología bíblica, que es la ciencia que investiga las verdades sobre Dios y su obra, en el desarrollo cósmico e histórico, según se revela en el contenido de los sesenta y seis libros de la Biblia. Podría decirse que es la exposición del contenido teológico y ético de la revelación que Dios da en su Palabra.

Otras divisiones son: *teología propia*, que es la que tiene por objeto el estudio de las doctrinas referentes al ser divino, considerando cada una de las tres personas divinas en sí mismas, sin estudiar detalladamente la obra de cada una de ellas. *Teología histórica* es la que estudia las doctrinas bíblicas, su desarrollo y expresión final, confrontando con ellas las herejías que se producen en la historia sobre cada una. *Teología dogmática* es la que estudia las doctrinas consideradas como fundamentales de la fe cristiana, fundamentándolas en la Escritura. *Teología especulativa* es la que se ocupa del estudio de las doctrinas desde el punto de vista esencial, pero no aplicativo, utilizando otras ciencias auxiliares para precisarlas, especialmente la filosofía. *Teología sistemática* es la que estudia todo lo referente a Dios y sus obras, incorporando todas las verdades bíblicas y sistematizándolas en un determinado orden para facilitar su estudio. Se diferencia fundamentalmente de la teología bíblica en que la sistemática utiliza o pone a su servicio otras ciencias auxiliares, además de la Biblia misma, como lingüística, filosofía, historia, geografía, sociología, etc., siempre en subordinación incondicional a la verdad bíblica. A. H. Strong define la teología sistemática, como "la ciencia de Dios y las relaciones entre Dios y el universo"[16]. A su vez, L. S. Chafer la define como el "coleccionar, ordenar científicamente, comparar, exhibir y defender todas las verdades procedentes de cualquier fuente tocante a Dios y sus obras. Esta es teísta, ya que sigue una tesis de diseño humano y presenta y verifica la verdad como la verdad"[17].

Historia del dogma

Se ha indicado anteriormente que el dogma es sin duda asunto de fe, puesto que se obtiene de la Escritura, que es un libro de fe por medio del que Dios se revela. Ser asunto de fe no significa en modo alguno algo similar a la credulidad. La certeza de lo que creemos es aceptable intelectualmente, ya que la fe es la sustancia de lo que se espera y la demostración de lo que no se ve (He. 11:1). Con todo, las doctrinas tal y como las tenemos desarrolladas hoy han tenido un largo proceso de entendimiento y puntualización, que forma el entramado histórico de cada una de ellas en el sentido de fijación teológica de doctrinas bíblicas fundamentales. Es evidente que un estudio de la historia de las doctrinas no corresponde a esta tesis; se remite al lector a los tratados escritos sobre este asunto, limitándonos aquí a una síntesis panorámica de ese proceso histórico.

La dogmática evangélica, en general protestante, surge de la necesidad de retomar los principios bíblicos que permitan dar autoridad al dogma, eliminando de él todo aquello que no descanse exclusiva y formalmente en la Palabra, mediante una interpretación directa del contenido bíblico. En el período de la Reforma volvieron a consultarse los Padres de la Iglesia antigua, en un marcado propósito de reconfirmar las verdades de fe. Este ver al pasado en las precisiones de los orígenes dogmáticos es una necesidad continua para la teología evangélica.

Debe entenderse como Historia del dogma el sistema de teología total establecido a lo largo de los siglos. Esto afecta no solo

---

[16] Strong, 1907, p. 1.
[17] Chafer, 1974, Vol. I, p. 7.

al contenido general, sino al específico de cada una de sus partes. Generalmente, la distribución del orden teológico respeta aquello que se ha producido a lo largo de la historia.

Prolegómenos teológicos

Los prolegómenos teológicos ocupan las secciones iniciales de la formulación del dogma. Las bases fundamentales de la doctrina están recogidas en los escritos apostólicos del Nuevo Testamento. Son formulaciones que establecen los principios sobre cada una de las doctrinas llamadas fundamentales. De estos se parte para establecer las bases dogmáticas que permitan su desarrollo posterior a medida que se estudien, analicen y sistematicen. Todo el contenido de los escritos apostólicos en cuanto a doctrina no surge del pensamiento directo de los escritores del Nuevo Testamento, sino que es el desarrollo del pensamiento de Jesús. La iluminación del Espíritu y las instrucciones directas del Señor permitieron a los escritores formular con la extensión necesaria la enseñanza doctrinal que debe ser creída como procedente del Señor y establecida por Él (Mt. 28:20).

Desarrollo histórico

Las verdades doctrinales produjeron una serie de controversias que impulsaron a la Iglesia a la formación de su Credo como pauta de fe. La historia general del desarrollo del dogma puede establecerse de esta manera:

A) s. I: se formulan las verdades esenciales de la fe en los escritos del Nuevo Testamento.

B) s. II: comienzo del estudio, sistematización y desarrollo de la doctrina, basándose de modo relevante en un sistema apologético en el que se reivindicaban las verdades fundamentales de la fe.

C) s. III y IV: destacables por las controversias teológicas que confrontaban distintos modos de aceptar la doctrina, de forma especial las controversias tienen que ver con la doctrina de Dios. No se debe olvidar que la doctrina cristiana está, digámoslo de este modo, comprimida entre el politeísmo gentil y la dogmática procedente del judaísmo, ambas incapaces de comprender la unidad de Dios en la trinidad de personas. El monarquianismo, como herejía trinitaria, generó confrontaciones al sostener que en Dios hay una sola persona con tres modos de expresarse, correspondiente al monarquianismo modalista de Sabelio, o con tres distintas formas de actuar, según el planteamiento del monarquianismo dinámico de Pablo de Samósata. Es evidente que el mundo estaba dispuesto a aceptar las doctrinas cristianas si reducían la relativa a Dios, a un monoteísmo como lo proclamaban los judíos y había sido el pensamiento de los grandes filósofos clásicos. Era, por tanto, sobre una base filosófica y no bíblica que el mundo politeísta intentaba encontrar la razón de un cambio a su sistema religioso. Por tanto, la deidad de Cristo era un obstáculo que debía ser quitado para que el mundo pagano pudiera aceptar más fácilmente el Evangelio.

La primera condena a la enseñanza de Arrio se produjo en el sínodo de Alejandría del año 324; fue expresada de este modo:

> A la manera de los judíos, ponen en tela de juicio todas las doctrinas piadosas y apostólicas, y han levantado una oficina para luchar contra Cristo, negando la divinidad de nuestro Salvador y predicando que es igual a todos los demás. Han reunido todos los pasajes que hablan de su plan redentor y de su humillación por causa nuestra, y tratan de deducir de ellos la predicación de su impiedad, rechazando en absoluto los pasajes que afirman su divinidad eterna y su inefable gloria con el padre.[18]

D) Desde mediados del s. IV hasta mediados del s. V: es necesario destacar la figura de Agustín de Hipona, especialmente en lo que tiene que ver con el establecimiento de las doctrinas de la gracia, dentro de la soteriología bíblica. Aurelio Agustín nació en Tagaste, en el África romana, el 13 de noviembre de 354. Su padre, llamado Patricio, era un funcionario pagano al servicio del Imperio. Su madre, Mónica, era cristiana y educó a su hijo en las doctrinas del cristianismo. Según Agustín cuenta en su *Confesiones*, era irascible, soberbio y díscolo; sin embargo, tenía una gran inteligencia y capacidad reflexiva. En este estado de vida renegó de la religión de su madre. Él mismo testifica que su primera lectura de las Escrituras lo decepcionó y generó desconfianza en una fe impuesta y no fundada en la razón. Siempre sintió inclinación hacia la filosofía, que lo asentó en un escepticismo moderado que no satisfacía sus exigencias de la verdad. Se esforzó en acceder a la salvación por los caminos de la racionalidad, fracasando en su intento una y otra vez, como no podía ser de otra forma.

---

[18] Gonzaga, 1966, p. 97.

Estuvo adherido a la doctrina maniquea[19], de modo que el problema del mal le preocupaba continuamente y, en cierto modo, estuvo presente en su pensamiento durante toda su vida. En ese sentido entendía que era preciso buscar el principio bueno que hay en cada hombre y vivir de acuerdo con él para alcanzar la salvación. Así llegaba a la conclusión de que, en el trabajo para buscar la solución al libre albedrío humano, ganó la gracia.[20]

En forma especial deben mencionarse sus escritos anti-pelagianos, en los que denuncia todas las herejías que sustentaban Pelagio y sus seguidores. Este fue un monje británico que enseñaba la salvación del hombre por sus propios esfuerzos y habilidades naturales, sin necesidad de la gracia divina. Sostenía que el pecado de Adán en nada repercutió sobre su descendencia, pudiendo el hombre por su propio esfuerzo vivir libremente en forma correcta y alcanzar la vida eterna con sus propios méritos. Afirmaba que la gracia de Dios puede ser una valiosa ayuda, pero no es indispensable para la salvación. Agustín salió al paso de esos errores que negaban las doctrinas fundamentales del Evangelio exponiendo las doctrinas de la universalidad del pecado, la incapacidad natural del hombre para obrar el bien y conseguir su propia salvación, y la absoluta necesidad de la gracia divina para salvarse y perseverar en la fe

Fue un escritor prolífico, entre cuyas obras cabe destacar *Confesiones*, *De civitati Dei*, *La Trinidad* y, entre otras, una relacionada con el modo de la salvación, *Tratados sobre la Gracia* (si bien el tema alcanza su apogeo en el *Tratado a Simpliciano*, que expresa el pensamiento de Agustín sobre la gracia de Dios). Ante sus adversarios que pretendían una salvación por otra vía, defendió siempre la gracia como elemento de alcanzar la vida eterna. Así en *Retracciones* afirma que sus trabajos sobre la salvación fueron coronados por el triunfo de la gracia.

La contribución más importante del Concilio de Éfeso fue la refutación de los errores de Pelagio. El tratado de Agustín sobre la gracia fue suficiente con suscribirlo por el concilio. Agustín había salido al paso de la doctrina pelagiana, exponiendo las doctrinas bíblicas sobre el pecado y la imposibilidad humana de salvación al margen

---

[19] Sincretismo religioso establecido por Mani, en el s. III, que enseña el conflicto permanente entre el bien y el mal.
[20] Agustín de Hipona, *Confesiones*, X.26. Texto latino: "In cuius quaestionis solutione laboratum est quidem pro libero arbitrio volunttis humanae sed vicit gratia Dei".

de la gracia. El Concilio de Cartago (411) condenó las doctrinas de Pelagio expuestas principalmente por su discípulo Celestio. Agustín asentó las bases bíblicas para sistematizar la doctrina de la gracia dentro del marco de la soteriología.

E) s. V: persisten las controversias teológicas a la vez que se establecen las bases de la antropología bíblica.

F) s. V al s. VII: es la época de las grandes controversias sobre la cristología. Una serie de propuestas sobre la persona y obra de Jesucristo que pasan desde la aparente humanidad de Jesús hasta la negación de su deidad. Resurgen en distintos niveles las doctrinas erróneas formuladas en los s. II y III (ebionitas, docetas, seguidores de Cerinto, gnósticos).

Hay que destacar especialmente las confrontaciones propiciadas por el arrianismo. Por su importancia, se trata seguidamente. Arrio fue presbítero de Alejandría, nacido en Libia, en 250 o 256, y muerto en Constantinopla en 336. Se consideraba como un asceta, presbítero en la iglesia de Baucalis. Sus enseñanzas sobre la naturaleza de Dios expresaban que el Hijo está subordinado al Padre, un asunto tratado primordialmente en el Primer Concilio de Nicea, convocado por el emperador Constantino I en el año 325.

Los emperadores Licinio y Constantino legalizaron y formalizaron el cristianismo en el Imperio romano. Constantino trató de unificar la división teológica que se manifestaba en la Iglesia por la relación entre Jesús y Dios. Los *homusianos*, entre los que estaba Atanasio de Alejandría, usaron el término arrianismo para calificar a los que estaban en desacuerdo con la posición que identificaba a Cristo con Dios como una misma esencia, consustancial y coeterna. Sin embargo, el término no identifica a Arrio como iniciador y originador de la doctrina que lleva su nombre, ya que la polémica en la relación entre el Hijo y el Padre comenzó mucho antes de él. Arrio intensificó la discusión que, además de ser un conflicto doctrinal, se convirtió en un elemento de presión política dentro de la Iglesia; por consiguiente, dado que era el líder principal de esa posición en la controversia cristológica, la doctrina que proclamaba, aunque no era originalmente suya, fue etiquetada como si lo fuese.

Arrio comenzó a difundir sus errores especialmente a partir del año 318, dando origen al Concilio de Nicea. La gran controversia arriana era un grave peligro para la fe, que se trasladó tanto a Occidente como a Oriente. El arrianismo fue una reacción filosófica en contra del Evangelio del Hijo de Dios. La enseñanza arriana, no solo en origen, sino posteriormente, se opone a la verdad de la deidad

JUSTIFICACIÓN HISTÓRICA

de Jesucristo. Sostiene que el Hijo no existió siempre, sino que fue creado por Dios Padre. Una de las bases para sostener esta herejía es la interpretación incorrecta de las palabras de Jesús recogidas en el evangelio según Juan: "Oísteis que os dije: Yo me voy y vuelvo a vosotros. Si me amarais, os regocijaríais de que voy al Padre, porque el Padre es mayor que Yo"[21] (Jn. 14:28).

La polémica siguió en el tiempo, habiendo un momento en que el arrianismo triunfó y se estableció como doctrina sobre Jesucristo. Sin embargo, la investigación de la Escritura llevó al esclarecimiento y establecimiento de la verdad. De forma especial se definió en el Primer Concilio de Constantinopla, inaugurado en mayo de 381. Una figura principal fue Basilio de Cesárea, que buscó la unidad de las iglesias de Occidente. En el 372 se envió una carta a las iglesias de occidente firmada por Malecio, Basilio, Eusebio de Samósata, Gregorio Nacianceno y otros veintiocho obispos buscando el apoyo para establecer el dogma sobre la persona de Jesucristo. El Concilio estableció una declaración de fe, conocida como el Credo niceno-constantinopolitano, que dice:

> Creemos en un solo Dios, Padre omnipotente, creador del cielo y de la tierra, de todas las cosas visibles o invisibles. Y en un solo Señor Jesucristo, el Hijo unigénito de Dios, nacido del Padre antes de todos los siglos, luz de luz, Dios verdadero de Dios verdadero, nacido, no hecho, consustancial con el Padre, por quien fueron hechas todas las cosas; que por nosotros los hombres y por nuestra salvación descendió de los cielos y se encarnó por obra del Espíritu Santo y de María Virgen y se hizo hombre, y fue crucificado por nosotros bajo Poncio Pilato y padeció y fue sepultado y resucitó al tercer día según las Escrituras, y subió a los cielos, y está sentado a la diestra del Padre, y otra vez ha de venir con gloria a juzgar a los vivos y a los muertos; y su reino no tendrá fin. Y en el Espíritu Santo, Señor y vivificante, que procede del Padre, que juntamente con el Padre y el Hijo es adorado y glorificado, que habló por los profetas. En una sola Santa Iglesia Católica y Apostólica. Esperamos la resurrección de la carne y la vida del siglo futuro. Amén.[22]

---

[21] BT.
[22] Denz., núm. 86.

Las cuestiones relativas a la persona de Cristo siguieron ocupando las actividades y estudios teológicos, lo que derivó en la controversia con Nestorio en el siglo siguiente, pero que permitió establecer las bases teológicas sobre la persona y la obra de Jesucristo.

G) s. XI al s. XVI: se producen las controversias más intensas en la soteriología, especialmente notables en relación con la expiación y su alcance. De forma destacable pueden citarse a Anselmo y Abelardo.

Anselmo de Canterbury nació en Aosta en 1033 y murió en Canterbury en 1109. Es conocido también como Anselmo de Aosta, por la población donde nació. Otros le llaman Anselmo de Bec, por ser el lugar donde estaba el monasterio del que llegó a ser prior. Era de la orden benedictina y ejerció como arzobispo de Canterbury durante el período de 1093 a 1109. Destacó como teólogo y filósofo escolástico, asentando bases filosófico-teológicas en cuanto a la doctrina de la expiación.

Por su parte, Abelardo, llamado Pedro Abelardo, nació en Le Pallet en 1079 y murió en Chalon-sur-Saône, el 21 de abril de 1142. Fue un filósofo, teólogo, poeta y monje francés. Es uno de los referentes del sistema escolástico que se iría desarrollando en el tiempo, combinando la demostración lógica con los principios bíblicos, e incluso jurídicos, en cuanto a la cancelación de la deuda del pecado del hombre.

Anselmo expuso la doctrina de la expiación, iniciándolo con la regla de que todo aquel que no rinde a Dios el honor que le corresponde, le defrauda de lo que a Él pertenece y deshonra a Dios, y eso es pecar. No es propio de Dios que pase por alto desorden alguno en su reino. Por tanto, es necesario que el honor rehusado sea rendido o sufra el castigo. Como quiera que sea, el pecado, por pequeño que aparente ser, es una falta contra el ser infinito y debe restaurarse mediante una satisfacción que exceda la suma de todas las cosas, aparte de Dios. Esa satisfacción es tan grande e inclusiva que el hombre es incapaz de ofrecerla. Esa satisfacción solo puede ser dada por Dios mismo, pero debe hacerlo alguien de la raza humana, de ahí que sea preciso que la ofrezca el Dios-hombre, haciendo algo que no está en la obligación de hacer. De ahí que la entrega de su vida de infinito valor a la muerte sea suficiente para satisfacer la deuda que el pecado genera en el hombre, y suficiente como pago por todos los pecados del mundo entero. El padre no puede permitir que el *meritum* de su Hijo quede estéril, y la recompensa tiene que pasar por la gracia para aquellos por quienes el Hijo murió, como así escribía en su regla: "¿A quién podría adjudicarse con más propiedad el fruto y recompensa de su muerte que a aquellos por cuya salvación él mismo se hizo hombre y a quienes dio el ejemplo de morir por la justicia; porque en vano le imitarán si no son participantes de su mérito"[23]. Se aprecia la importancia de lo que antecede por ser un intento de presentar de forma conexa la obra de Cristo.

Por su parte, Abelardo expone la doctrina de la expiación, afirmando que mediante las obras de la ley, nadie podía justificarse y mucho menos volverse justo, pero Cristo, al asumir la naturaleza humana, manifiesta el amor de Dios hacia los perdidos. En virtud de la fe en el amor de Dios manifestado en Cristo, el creyente es unido a Él, como nuestro prójimo, por un vínculo indisoluble de amor. De ese modo Cristo suplementa con sus méritos lo que falta al hombre. Decía que "somos redimidos por Cristo, quien murió una vez por nosotros y frecuentemente ora por nosotros y nos instruye".

A las enseñanzas de Anselmo y Abelardo debe añadirse también a Pedro Lombardo. En las tres se entiende indispensable la expiación hecha por Cristo que se considera la víctima perfecta y suficiente.[24]

Este es el período de la escolástica, que concluirá en la Reforma. Podría establecerse ese tiempo entre Agustín y Trento. Dos de los exponentes máximos del escolasticismo son Tomás de Aquino y John Duns Escoto. Tomás de Aquino nació en Roccasecca, Italia, en 1225, y murió en la Abadía de Fossanova, el 7 de marzo de 1274. Pertenecía a la Orden de Predicadores y es considerado como el principal representante de la escolástica y una de las mayores figuras de la teología sistemática. Su obra es una de las fuentes relevantes de metafísica, siendo una de las fuentes más citadas del s. XIII, punto de referencia de las escuelas del pensamiento tomista y neotomista. Fue el principal defensor de la teología natural. La obra escrita de Tomás de Aquino es muy grande, pero en el aspecto teológico cabe destacar la *Summa Theologiae*, que en síntesis es una teología sistemática que trata de las doctrinas de la fe. También cabe destacar las nueve exégesis sobre las Sagradas Escrituras.

En cuanto a John Duns Escoto, fue escocés, oriundo de Duns, donde nació en 1266. Murió en Colonia el 8 de noviembre de 1309. Fue un sacerdote católico, teólogo y filósofo, perteneciente a la escolástica. Era de la orden franciscana y estudió en Cambridge, Oxford y París, siendo profesor en estas dos últimas universidades.

---

[23] Anselmo de Canterbury, *Cur deus homo?*, II: 20.
[24] Pedro Lombardo, *Distinciones*, 18 E.

Fue uno de los teólogos-filósofos más importantes de Europa en la Baja Edad Media. Fue muy crítico con Tomás de Aquino a causa de la discrepancia entre dominicos y franciscanos en torno al platonismo que se manifestaba en la filosofía de Tomás. Desarrolló un complejo argumento a favor de la existencia de Dios, defendiendo la univocidad del ser, el voluntarismo y la revelación como fuente del conocimiento. Escoto tuvo una influencia considerable en el pensamiento tanto católico como secular.

H) s. XVI: es el tiempo de la Reforma. El dogma que se fija es el de la justificación por la fe y la salvación por gracia. Los personajes más influyentes son Martín Lutero y Juan Calvino, aunque otros serán citados un poco más adelante en el apartado sobre las reglas de fe en el período de la Reforma.

No es necesario escribir aquí datos personales y biográficos debido al conocimiento que histórica y teológicamente se tiene de Lutero. Recordar solamente que nació en Eisleben, Alemania, el 10 de noviembre de 1483, y murió ibidem el 18 de febrero de 1546. Comenzó e impulsó la reforma religiosa en Alemania, en cuyas enseñanzas se inspiró la Reforma y la doctrina del luteranismo. Procuraba que la Iglesia regresara a las enseñanzas de la Escritura. Ante la Reforma, la Iglesia católica romana reaccionó con la Contrarreforma. Fue el traductor de la Biblia al idioma alemán.

Lutero estudió detenidamente y escribió sobre la justificación por la fe, al margen de cualquier mérito humano, y la imposibilidad de alcanzar la salvación por esfuerzo personal, fijando las bases para el desarrollo de la doctrina. Entre sus escritos destaca el *Comentario sobre la Epístola a los Gálatas*, el *Trabajo en los Salmos*, el *Sermón de las buenas obras* y *La libertad del cristiano*. Sobre todo, está la traducción de la Biblia al alemán, que realizó entre 1522 y 1534 en las siguientes etapas: traducción del Nuevo Testamento (1521-1522); traducción del Pentateuco (1523); traducción de los libros históricos, Job, Salmos, Proverbios, Eclesiastés y Cantar de los Cantares (1524); finalizando con la traducción de los libros proféticos (1526-1530).

Juan Calvino es otro de los grandes reformadores. Nació en Noyon, a unos 100 km al norte de París. Falleció a los 54 años, en mayo de 1564, en brazos de Teodoro de Beza, su sucesor. Su cuerpo fue expuesto al público, pero debido a la afluencia de visitantes, los reformadores temieron ser acusados de veneración de santos, por lo que se decidió el entierro al día siguiente, en una tumba anónima en el Cementerio de los Reyes, en Ginebra. Se desconoce la ubicación de la

JUSTIFICACIÓN HISTÓRICA

tumba. Se ha colocado una piedra que señala el que se considera como su lugar de enterramiento desde el s. XIX.

Fue excelente en sus estudios y muy religioso desde su juventud. Sus primeros estudios estuvieron orientados a la carrera eclesiástica. Su formación inicial la recibió en el Collège de la Marche y en el Collège de Montaigne, donde estudiaron también Erasmo de Róterdam e Ignacio de Loyola. Su padre lo envió en 1523, cuando tenía catorce años, a la Universidad de París a estudiar Humanidades y Derecho. Luego se matriculó en las universidades de Orleáns y Bourgues. En 1532 se doctoró en Derecho en Orleáns. Fue en esas universidades donde tomó contacto con las tesis y doctrina de Lutero. Fue un pensador grande, hasta el punto de que con veintidós años publicó un comentario sobre el *De Clementia* de Séneca.

Si Lutero dedicó especial atención y asentó las bases bíblicas de la justificación por la fe, Calvino prestó atención principal a las doctrinas de la gracia, estudió el modo y seguridad de salvación. En su deseo de la defensa de la fe tomada de la Palabra, escribió una de las obras más conocidas, la *Institución de la religión cristiana*, originalmente publicada en latín en 1536, traducida por el mismo Calvino al francés en 1541, y al castellano por Cipriano de Valera en 1597. Sus obras más directamente relacionadas con las bases de la doctrina bíblica son: *Comentario a los romanos* (1539); *Epístola a los hebreos* (1549); *Comentario a las epístolas pastorales de San Pablo* (1556). Cabe también mencionar en este apartado los tratados teológico-prácticos, como la *Epístola al cardenal Sadoleto*, los *Catecismos de Ginebra*, y las *Ordenanzas de Ginebra*.

I) s. XVII al XIX: destacan especialmente en el mundo protestante y, sobre todo en el sector de la Reforma radical, los estudios sobre escatología, fijando las reglas interpretativas de la Escritura, recuperando la línea hermenéutica gramático-histórico-literal. El surgimiento del sistema dispensacional se retomó como consecuencia de los estudios de Manuel de Lacunza y Díaz, también conocido como Juan Josafat Ben-Ezra, nacido en Santiago de Chile el 19 de julio de 1731 y fallecido el 18 de junio de 1801. Fue un sacerdote católico y teólogo jesuita. Trabajó en una exégesis milenarista de las Sagradas Escrituras.

Debido a la expulsión de Chile de los jesuitas por orden del rey Carlos III de España, salió exilado en 1767 y se estableció en la ciudad italiana de Imola. En 1773 el papa disolvió la Compañía, quedando relegado a la condición de clérigo seglar por decreto. Esto permitió a Lacunza realizar el trabajo teológico enmarcado en la hermenéutica milenarista. Escribió un folleto de veintidós páginas conocido como Anónimo Milenario, que circuló limitadamente por América del Sur, que dio pie a debates teológicos. Los opositores de esta posición teológica lo denunciaron obteniendo la prohibición del texto por parte del Tribunal de la Inquisición. Sin embargo, continuó profundizando en el tema, lo que dio como resultado un tratado en tres tomos, *Venida del Mesías en gloria y majestad*. No pudo imprimir la obra por la oposición que tuvo. En 1812, a pesar de todas las prohibiciones, fue publicada póstumamente en Cádiz bajo el seudónimo de Juan Josafat Ben-Ezra, realizándose otra edición en castellano en 1816 en Londres, que fue financiada por el general argentino Manuel Belgrano. El libro fue denunciado ante tribunales españoles y la Sagrada Congregación del Índice lo incluyó en el *Index Librorum Prohibitorum* de la Inquisición el 15 de enero de 1819. En esta obra está presente el desarrollo del sistema dispensacional. Entendía que el fin del siglo o Día del Señor era el final de una etapa de la historia humana, cerrada por la venida de Cristo y el establecimiento de su reino en la tierra, acompañada del juicio sobre los vivos. Este momento estaría marcado por la conversión del pueblo judío. Entonces se iniciaría un tiempo de mil años en el reino milenial con una nueva sociedad en un ambiente de justicia y paz. Por el estudio de las profecías bíblicas, Lacunza entendía que se debía esperar para el tiempo previo al Día del Señor una apostasía generalizada en el mundo y la presencia del Anticristo y su sistema. Es evidente la aportación a la escatología que ha hecho Lacunza, gran desconocido en los Prolegómenos de la teología.

En el período que se está tratando se inician las corrientes teológicas actuales, incidiendo en ellas de forma notable el humanismo, que conduce al liberalismo, con todas las propuestas que tienen que ver con el concepto de lo que es la Sagrada Escritura. El cuestionamiento de los milagros, el rechazo a cuanto no pueda ser razonado, las distintas posiciones sobre la inspiración, las propuestas relativas a las fuentes de donde se han tomado los escritos bíblicos, los cuestionamientos sobre autoría y datación, y otras muchas propuestas sin sustento bíblico han sido el punto de controversia desde mediados del s. XVIII.

La panorámica anterior permite apreciar la trayectoria que se ha seguido para establecer las doctrinas bíblicas y llegar a sistematizarlas para presentarlas en forma individualizada, aunque nunca puede entenderse en forma separada, puesto que todas ellas forman una sola unidad que se llama *Biblia*. Es correcto estudiarlas individualmente, pero es necesario vincularlas entre sí para tener una panorámica doctrinal completa. Cada una de las doctrinas tiene una expresión en sus propios prolegómenos, que establece el inicio del desarrollo histórico de cada una. En el caso concreto de lo que sigue, se consideran en relación con la primera de las doctrinas de esta teología sistemática, que es la Bibliología.

Verdad fundamental sobre la Escritura

Afirmaciones bíblicas

La primera y elemental afirmación es que la Biblia es toda ella la Palabra de Dios. Es la base esencial de los Prolegómenos sobre la Escritura, de la que parten y se sustentan todas las doctrinas que se estudian en la teología sistemática. Jesús afirmó esta verdad cuando, en respuesta a la alabanza de una mujer, le dijo: "Bienaventurados más bien los que oyen la palabra de Dios, y la guardan"[25] (Lc. 11:28). El versículo comienza con μενοῦν, partícula adversativa que aparece solo cuatro veces en todo el Nuevo Testamento. El texto establece un contraste entre la mujer y sus palabras, y Jesús y las suyas. No rechazó Jesús las palabras dirigidas a su madre, pero la partícula es también correctora, de manera que, afirmando las palabras de aquella mujer, añade a ellas algo todavía más importante, que hace notar inmediatamente.

La verdadera bendición tiene que ver con la disposición de escuchar la Palabra de Dios, que en sentido directo son las palabras de Jesús y están en disposición de obedecerlas. Los dos participios del presente hacen entender las palabras de Jesús de este modo: los que están oyendo la Palabra de Dios y la están guardando. Este guardar expresa la idea de poner la Palabra a buen recaudo en el corazón del que la escucha, como un tesoro de sumo valor. Sin permitir contradicción alguna por ser la base de la verdadera fe.

El apóstol Pablo, en su argumentación sobre las ventajas del pueblo judío, hace referencia al hecho de que a ellos les había sido entregada la Palabra de Dios: "Primero, ciertamente, que les ha sido confiada la palabra de Dios"[26] (Ro. 3:2). Los escritos bíblicos salen de la pluma de hombres de Israel. Que se pueda afirmar bíblicamente, solo hay escritores de nacionalidad israelita en los escritos sagrados. El

---

[25] Texto griego: αὐτὸς δὲ εἶπεν· μενοῦν μακάριοι οἱ ἀκούοντες τὸν λόγον τοῦ Θεοῦ καὶ φυλάσσοντες.
[26] Texto griego: πρῶτον μὲν γὰρ ὅτι ἐπιστεύθησαν τὰ λόγια τοῦ Θεοῦ.

escritor de la carta a los Hebreos hace referencia al hecho de la confección de los escritos bíblicos: "Dios, habiendo hablado muchas veces y de muchas maneras en otro tiempo a los padres por los profetas" (He. 1:1). Fue a los profetas, todos ellos de origen israelita, a quienes Dios confió sus oráculos para que los proclamasen. La verdad fundamental del texto es que Dios habló, es decir, no ha quedado aislado de los hombres, sino que se ha comunicado con ellos. El verdadero y eterno Dios entró en comunicación con los hombres, enviándoles su mensaje personal, revelador y salvífico. No está pensando el autor en una revelación genérica y elemental que el mismo Dios hace por medio de la naturaleza (Ro. 1:19-20), mediante la cual pone de manifiesto su existencia y poder; ni tampoco en el hablar personal por medio de la conciencia de los hombres (Ro. 2:15), por cuya voz el ser humano entiende lo que es y lo que no es correcto; ni es el hablar histórico por medio de su providencia. Dios habló a los hombres. Esta revelación es progresiva: la hizo a lo largo del tiempo. Es también fragmentaria: la hizo en muchas partes, o en muchas veces. Estos muchos fragmentos de la revelación de Dios tienen el efecto progresivo de un mayor conocimiento de Él a lo largo del tiempo durante el cual habló. Pero, la revelación progresiva no lo es en sentido de lo no verdadero a lo verdadero, sino de lo más sencillo a lo maduro. Es decir, el hombre recibe en la revelación progresiva un caudal cada vez mayor para conocer a Dios y en ese conocimiento alcanzar cotas mayores de madurez espiritual. Los escritos bíblicos son la Palabra de Dios.

De la misma manera, el escritor de la Epístola a los Hebreos afirma que la Biblia es la Palabra de Dios: "Porque la palabra de Dios es viva y eficaz, y más cortante que toda espada de dos filos; y penetra hasta la división del alma y del espíritu, de las coyunturas y de los tuétanos, y discierne los pensamientos y las intenciones del corazón" (He. 4:12). Nuevamente se apela a la Palabra escrita, la que fue oída en el desierto, en tiempos de Moisés, por los desobedientes. Esta Palabra constituye la revelación divina, que es recogida en la Escritura. No procede de la mente humana, sino del propósito de Dios para revelarse y ser conocido por el hombre.

Por esta razón, el mensaje de la Biblia es aplicado como procedente de cada una de las tres personas divinas. La Biblia es la Palabra del Padre. Las afirmaciones de Jesús la vinculan de este modo, al referirse a la enseñanza que dio a los Doce: "Porque les he dado las palabras que me diste"[27] (Jn. 17:8). Jesús remarca que su enseñanza

---

[27] Texto griego: ὅτι τὰ ῥήματα ἃ ἔδωκας μοι δέδωκα αὐτοῖς.

descansó siempre y únicamente en las palabras del Padre. No les dio otra cosa que no fuese aquello que procedía de Él. En esto consistía manifestar el nombre de Dios a los hombres. Sin duda, el único que podía comunicar en toda la dimensión las palabras de Dios era Jesús, porque solo Él estaba en una relación de intimidad y conocimiento supremo con el Padre, con lo que podía darles las cosas más profundas acerca de Dios (Jn. 15:15). Insistirá en esa misma relación en cuanto a la Palabra, como procedente del Padre: "Yo les he dado tu palabra" (Jn. 17:14).

Por ser de Dios la Palabra, lo es indistintamente de cada una de las personas divinas. Así, el Hijo también está vinculado a ella. Así lo expresó: "Dijo entonces Jesús a los judíos que le habían creído: Si vosotros permanecéis en mi palabra, seréis verdaderamente mis discípulos; y conoceréis la verdad, y la verdad os hará libres"[28] (Jn. 8:31-32). Les hace notar que la verdadera fe comporta la condición de discípulo, esto es, seguidores suyos. Esa vida descansa en el fundamento de la Palabra y en obediencia a ella. No se trata de una aproximación puntual, sino de permanecer en ella. El verbo μένω, permanecer, tiene en Juan el sentido de comunión o incluso de inmanencia (Jn. 15:4-7; 1 Jn. 4:16). Esta demanda de Cristo a quienes son sus discípulos exige una identificación plena con la Palabra, haciendo de ella la norma de vida y la regla para el camino en la vida de fe. Esto es lo que identifica al verdadero discípulo de Jesús. De la misma manera que Él dependía y honraba la Palabra, así también quienes son de Él, viviendo su misma vida en ellos, harán lo mismo. Es de destacar el uso del pronombre posesivo *mi*[29], que en este versículo por presencia del sujeto, se considera como adjetivo posesivo. No era una palabra cualquiera, sino la palabra de Cristo, la que Él les daba, su enseñanza, la interpretación de la Escritura conforme a su pensamiento, que era el pensamiento de Dios al darla a los hombres. No se trataba de un seguimiento a principios religiosos o teológicos propios de hombres, sino a la única y verdadera Palabra, el Logos escrito, a quien el Logos encarnado interpretaba y a la que como hombre se había sujetado. Jesús no había venido para abrogar la Ley, sino para cumplirla. La palabra de Jesús es también la Palabra del Padre. No hay otra verdadera. La condición de discípulo es permanecer en la Palabra. Nótese el adverbio *verdaderamente*[30], o también *realmente*. De otro modo,

---

[28] Texto griego: ἔλεγεν οὖν ὁ' Ιησοῦς πρὸς τοὺς πεπιστευκότας αὐτῷ.
[29] Griego: ἐμῷ.
[30] Griego: ἀληθῶς.

nadie puede tener la pretensión de ser seguidor de Cristo, si no permanece anclado a su palabra. No se trata de asuntos religiosos, ya que cristianismo no es religión, sino relación o comunión con Cristo. Muchas personas podrían conocer mucho acerca de la Escritura, pero solo son discípulos quienes la obedecen. Jesús establecería el discipulado para los convertidos en la enseñanza de todo lo que ha mandado, esto es, de toda su palabra: "Enseñándoles que guarden todas las cosas que os he mandado" (Mt. 28:20). Años más tarde, el apóstol Pablo, haría referencia a la Palabra relacionada con el Hijo: "La palabra de Cristo habite ricamente en vosotros…" (Col. 3:16).

La Palabra es también del Espíritu. Hay varios textos en el Nuevo Testamento que lo afirman. En la predicación del apóstol Pablo en Roma ante los principales de los judíos —según registra Lucas—, les dijo: "Y estando en desacuerdo unos con otros, se despidieron luego que Pablo añadió una palabra más: Bien habló el Espíritu Santo por medio del profeta Isaías a vuestros padres"[31] (Hch. 28:25; BT). La despedida de aquella reunión se hizo con una solemne advertencia por parte del apóstol, tomada del profeta Isaías, señalando que aquellas palabras no procedían de la voluntad del profeta, sino que las dijo al impulso del Espíritu Santo, esto es, provenían de Él, como todo el resto de los escritos bíblicos (2 P. 1:21). Rechazar las palabras del profeta no era despreciar las de un hombre, por grande que fuese, sino las de Dios mismo. En la Epístola a los Efesios se lee: "Y aceptad el yelmo de la salvación y la espada del Espíritu, que es la Palabra de Dios"[32] (Ef. 6:17; BT). Unida a las piezas que cubren y ciñen aparece también la espada, que aquí se le asigna al Espíritu y se vincula con la Palabra. De nuevo, es necesario prestar atención al término que usa el apóstol para esta espada. No se trata de la espada de ataque[33], sino la que es más corta[34]. Esta arma era propia para la defensa personal o el combate cuerpo a cuerpo. Algunas veces se traduce por alfanje, cimitarra, daga, etc. Pablo dice que es la espada del Espíritu, el genitivo en este caso no debe considerarse como un genitivo de aposición, sino de cualidad y genitivo agente. Es decir, la Espada es dada por el Espíritu, que por proceder de Él no puede ser otra que la

---

[31] Texto griego: ἀσύμφωνοι δὲ ὄντες πρὸς ἀλλήλους ἀπελύοντο εἰπόντος τοῦ Παύλου ῥῆμα ἕν, ὅτι καλῶς τὸ Πνεῦμα τὸ Ἅγιον ἐλάλησεν διὰ Ἠσαΐ τοῦ προφήτου πρὸς τοὺς πατέρας ὑμῶν λέγων.
[32] Texto griego: καὶ τὴν περικεφαλαίαν τοῦ σωτηρίου δέξασθε καὶ τὴν μάχαιραν τοῦ Πνεύματος, ὅ ἐστιν ῥῆμα Θεοῦ.
[33] Griego: ῥομφαία.
[34] Griego: μάχαιρα.

Palabra. Es el Espíritu quien comunicó la profecía (2 P. 1:21) y es el Espíritu quien la inspiró (2 Ti. 3:16). Esta palabra es viva y es eficaz, más penetrante que cualquier espada humana, y actúa en el interior de la persona (He. 4:12). El Nuevo Testamento mantiene una relación íntima entre el Espíritu y la Palabra (Jn. 3:34; 6:63). En mano del Espíritu, la Palabra es como una espada defensiva, que el Espíritu entrega al creyente, no para que la use en conquista —obra hecha plenamente por Jesús—, sino en su defensa personal. Cerramos estas referencias en relación con los Prolegómenos sobre la Escritura con la referencia del apóstol Pedro, en la que escribe: "Porque la profecía nunca fue traída por voluntad humana, sino que los hombres hablaron de parte de Dios siendo guiados por el Espíritu Santo" (2 P. 1:21; BT). La Palabra está ligada y procede de Dios, siendo comunicada a los hombres por el Espíritu.

La Escritura inspirada por Dios

En el estudio de la Bibliología será considerado el tema de la inspiración con detalle; baste aquí, en el apartado de los Prolegómenos, dejar constancia de que la Biblia afirma ser inspirada por Dios. Así leemos: "Toda la Escritura es inspirada por Dios, y es útil para la enseñanza, para la refutación del error, para la corrección, para la instrucción en la justicia" (2 Ti. 3:16; BT). La doctrina sobre la inspiración plenaria arranca del hecho de añadir al Antiguo Testamento los dichos históricos de Jesús. La transmisión oral de la doctrina los incluía, como Pablo hace notar a los tesalonicenses: "Porque ya sabéis qué mandatos os dimos en nombre del Señor Jesús" (1 Ts. 4:2; BT). Haciendo distinción entre las palabras que transmite directamente de Cristo y las que son suyas en la inspiración divina: "Y a los que se han casado, ordeno, no yo, sino el Señor, que la mujer no se separe del marido" (1 Co. 7:10; BT); en contraste: "Acerca de las doncellas, no tengo mandamiento del Señor" (1 Co. 7:25; BT). Cita dichos de Jesús que no están registrados en el evangelio: "En todo os mostré que, trabajando así, es necesario socorrer a los débiles, y recordar las palabras del Señor Jesús, pues Él mismo dijo: Mas bienaventurado es dar que recibir" (Hch. 20:35; BT). Los escritos bíblicos del Nuevo Testamento están en igualdad de autoridad que los del Antiguo, como el apóstol Pedro enseña: "Y considerad la paciencia de nuestro Señor como salvación; como también nuestro amado hermano Pablo os escribió, según la sabiduría que le fue dada, como también habla de esto en todas las epístolas, en las cuales hay algunas cosas difíciles de entender, que los indoctos e inconstantes tuercen, como también las otras Escrituras, para su propia perdición" (2 P. 3:15-16; BT).

Autoridad bíblica

Siendo de procedencia divina, la Escritura es autoritativa, porque en ella está expresada la voluntad de Dios (Mt. 4:4, 7, 10). De modo que el error doctrinal se produce por alejamiento de las verdades bíblicas, como Jesús dijo a los saduceos: "Entonces, respondiendo Jesús, les dijo: Estáis errando, al ignorar las Escrituras y el poder de Dios" (Mt. 22:29; BT). De ese modo, en el origen de la Bibliología está la enseñanza de que Dios usa la Palabra como instrumento para edificación (Ro. 15:4; 2 Ti. 3:16). Por consiguiente, no hay autoridad en materia de fe fuera de ella (1 Co. 4:6). Procediendo de Dios, la Biblia tiene el calificativo de "Sagradas Escrituras", que le da el apóstol Pablo (2 Ti. 3:15).

Reglas de fe

El término *regla*[35] denota un referente de algo; también se refiere a una regla o precepto; de igual modo, se usa para referirse a un catálogo o lista, en general a algo que puede ser medido. Relativo a la fe, regla denota aquello que, siendo extrínseco a la fe, sirve como norma y medida de ella. Puesto que la fe en cuanto a lo que debe ser creído no procede de los hombres, sino de Dios, la regla de fe debe ser también divina; ya que la fe es el asentimiento a las verdades que Dios revela basadas, por tanto, en su autoridad, la fe ha de ser la verdad revelada por Él en su Palabra.

La verdad divina está contenida en los libros de la Sagrada Escritura, por consiguiente, ella y solo ella es la regla de fe en la que se asienta y afirma el dogma. Esto es lo que debe creerse. Las verdades fundamentales de la fe se han establecido en reglas, esto es, expresiones que seleccionan aspectos de la fe. Así están las cortas manifestaciones en los himnos de la Iglesia y en frases seleccionadas de las Escrituras que los cristianos desde el principio de la Iglesia conocían y repetían, tal como pueden ser las fórmulas bautismales y los llamados Credos.

---

[35] Latín: *regula*; griego: κανών.

Los escritores cristianos del s. II hacen mención a lo que las iglesias tenían como canon de verdad, realmente regla de fe[36]. En muchas ocasiones aparecen sumarios concisos de las expresiones de la fe que Jesús y los apóstoles enseñaron. En cierto sentido las reglas establecían lo que los maestros enseñaban a los catecúmenos en las iglesias, de forma especial a los que se preparaban para ser bautizados manifestando haber aceptado a Jesús como Salvador y Señor. La regla servía a las iglesias para identificar a los creyentes entre sí, y entre iglesias. Estas reglas se relacionaban con la Escritura como un sumario de su significado, sirviendo también como orientación interpretativa del contenido de los libros de la Palabra, como conjunto del pensamiento divino en la economía de la salvación.

Testimonios de escritos del s. II, como —a modo de ejemplo— los de Ireneo de Lyon, permiten apreciar que, a pesar del distanciamiento territorial de las iglesias, aun del hecho de diferentes culturas, estilos de vida e idiomas, todos profesan y observan la misma fe. Ireneo escribía:

> La razón es que cada iglesia se mantiene fiel a la misma regla de fe, recibida de los apóstoles de Cristo y sus colaboradores, en su tiempo y en el siguiente, a saber: creer en Dios, el Padre todopoderoso, que creó todo lo que existe; en Jesucristo, el Hijo, que se encarnó para nuestra salvación, y en el Espíritu Santo, que habló por los profetas del nacimiento, Pasión, resurrección y ascensión de Cristo, de la resurrección futura, de la manifestación venidera de Cristo en gloria como justo juez de todos.[37]

De igual modo Tertuliano, a mediados del s. II y primeros años de s. III, menciona la existencia de sumarios doctrinales de la regla de fe como algo que identificaba a las iglesias y que mantenían con sumo cuidado como base de la enseñanza cristiana[38].

En la iglesia oriental ocurre inicialmente lo mismo. Así Clemente de Alejandría, a mediados del s. II, se refiere a la regla eclesiástica de enseñanza dada por los apóstoles, que es, según afirma, "la comprensión y práctica de la tradición divina"[39]. "Esta regla pone a la Ley y los

---

[36] *Regula fidei*.
[37] Ireneo de Lyon, *Adversus haereses* 1, 10, 1-2.
[38] Tertuliano; *De praescriptione* 13 y 36; *De virginibus Yelandis*, 1; *Adversus Praxeas*, 2:1-2.
[39] Clemente de Alejandría, *Stromata* VI, 124, 4-5.

profetas en armoniosa unidad con la nueva alianza en Cristo"[40]. "El Señor mismo es la fuente y fundamento de esta enseñanza verdadera"[41]. "Que tiene a Dios como objeto"[42]. "Esta enseñanza es conocida y reconocida por su fiel adhesión al canon eclesiástico"[43].

Una selección semejante puede hacerse en relación con Orígenes de Alejandría (154-283). En sus escritos hay referencias a la regla de fe normativa de la Iglesia. En su prefacio a la obra *De pincipiis* da la regla de fe a modo de sumarios de enseñanza esencial cristiana, afirmando que proviene de los apóstoles, y es transmitida en forma sencilla a los cristianos. En la obra citada se manifiesta la fidelidad al canon o regla de fe común para todos los cristianos, que son las verdades transmitidas desde los apóstoles y mantenidas en la Iglesia concernientes a Dios, Cristo, el Espíritu, la creación, el alma y el hombre.

Lo que se llama *regla de fe* en el s. II no es tanto un Credo, sino diversas referencias a las verdades fundamentales de la fe cristiana. Como se dice antes, estaba muy vinculada con el bautismo que, al hacerse en el nombre de las tres personas divinas, exigía que el que se bautizaba entendiese y confesase esa verdad. Lo que representaba una dificultad en la comprensión de la fe, como es la Trinidad divina, se vinculaba a los hechos acaecidos, de modo que la creación se presentaba como obra del Padre, se relacionaba también con la salvación y la obra del Hijo y con la santificación y la revelación como operación del Espíritu Santo. La regla de fe ocupaba un lugar importante en las controversias contra el cristianismo, considerando la Biblia como una unidad formada por los dos Testamentos, como ocurría con la apologética contra Marción. De igual manera, la controversia contra los gnósticos utilizaba las expresiones sobre la verdadera humanidad y encarnación del Verbo.

En la teología sistemática, la regla de fe expresa la aceptación como verdad de que la Escritura es el único medio que Dios utilizó para revelarse y comunicar al hombre lo que Él es y su obra salvadora. Esto pone de manifiesto que en la Iglesia que siguió al tiempo de los apóstoles no se escindía en diversos fragmentos de la doctrina, sino que estos eran expresión de la única doctrina que era aceptada y confesada por todos los cristianos, como hace notar el apóstol Pablo: "Pero gracias a Dios, que aunque erais esclavos del pecado, habéis

---

[40] Ib. 125, 2-3.
[41] Ib. VII, 95, 3-8.
[42] Ib. 91, 3.
[43] Ib. 90, 2.

obedecido de corazón a aquella forma de doctrina a la cual fuisteis entregados" (Ro. 6:17). La regla de fe era una manifestación de la coherencia que existía en la Iglesia de los primeros siglos, con una visión común de Dios, de la vida y de la historia conforme a la providencia divina. El contenido de la fe no se establecía en forma de credos o dogmas formulados como proposición, sino que era un modo ordenado de entender la relación de Dios con el hombre, desde la creación, pasando por la caída, las consecuencias del pecado y la obra salvadora que lo restaura a su comunión y provee para el que cree la iluminación para entender el mensaje de Dios en la Palabra, y el poder para vivir la santificación, descansando también en la esperanza que es Cristo mismo (Col. 1:27).

Como ejemplo de una síntesis de la fe, aunque distante ya del s. II, es el llamado Credo Apostólico, del que hay distintas versiones con pocas variaciones y que, en buena medida hace una síntesis de verdades fundamentales de la fe. Su formulación es:

> Creo en Dios, Padre todopoderoso, creador del cielo y de la tierra. Creo en Jesucristo, su único Hijo, nuestro Señor, que fue concebido por obra y gracia del Espíritu Santo, nació de María Virgen; padeció bajo el poder de Poncio Pilato, fue crucificado, muerto y sepultado, descendió a los infiernos, al tercer día resucitó de entre los muertos, y subió a los cielos, está sentado a la derecha de Dios, Padre todopoderoso. Desde allí ha de venir a juzgar a los vivos y a los muertos. Creo en el Espíritu Santo, la santa iglesia católica, la comunión de los santos, el perdón de los pecados, la resurrección de la carne y la vida eterna. Amén.[44]

El llamado Credo ha sufrido algunas variaciones, por lo que se da a pie de página la versión latina en la que se aprecia alguna. Con todo, es una expresión sencilla de aspectos concretos de la regla de fe.

---

[44] Versión latina: *Credo in Deum Patrem omnipotentem, Creatorem caeli et terrae, et in Iesum Christum, Filium Eius unicum, Dominum nostrum, qui conceptus est de Spiritu Sancto, natus ex Maria Virgine, passus sub Pontio Pilato, crucifixus, mortuus, et sepultus, descendit ad inferos, tertia die resurrexit a mortuis, ascendit ad caelos, sedet ad dexteram Dei Patris omnipotentis, inde venturus est iudicare vivos et mortuos. Credo in Spiritum Sanctum, sanctam Ecclesiam catholicam, sanctorum communionem, remissionem peccatorum, carnis resurrectionem, vitam aeternam. Amén.*

Los Padres apostólicos

Las Sagradas Escrituras son regla de fe en la Iglesia del tiempo inmediato a los apóstoles; por tanto, solo la Biblia era considerada como la declaración de la norma de la fe cristiana. A la tradición oral se incorporaban rápidamente los escritos de los apóstoles, que establecían la doctrina cristiana y evitaban los errores propios de la transmisión personal. Los creyentes entendían y aceptaban que Jesús consideró al Antiguo Testamento como una autoridad infalible y lo empleaban como tal (Mt. 5:17; Lc. 24:44). Del mismo modo creían los apóstoles (Ro. 1:2; Gá. 3:8, 22; 4:30). Apreciaban la perpetuidad de las palabras de Cristo en sus enseñanzas, que perdurarían, aunque el cielo y la tierra desaparecieran (Mt. 24:35; Mr. 13:31; Lc. 21:33). Aceptaban también que el Señor afirmó lo mismo de los principios proclamados por sus apóstoles (Mt. 10:40: 16:19), y que la enseñanza apostólica procedía de y se identificaba con la de Él. Entiende la Iglesia postapostólica que los apóstoles apelaron a las palabras de Jesús como fuente indiscutible de autoridad (1 Ts. 4:15; Gá. 6:2; 1 Co. 7:10; 9:14; Hch. 20:35), apreciando en ellos un deseo manifiesto de apelar a las palabras autoritativas de Jesús (1 Co. 7:10, 12, 25). En los escritos apostólicos se descubre que los apóstoles reclamaban para sí, en el contenido de sus escritos, una autoridad semejante a las declaraciones de Jesús (2 Ts. 2:15; 2 Co. 2:9; 7:15). Por esa razón, los escritos de los apóstoles demandan la misma consideración que los mandamientos de Jesús (1 Co. 14:37). Estos principios fundamentales fueron considerados como verdades por los padres apostólicos.

Con el término *Padres apostólicos* se hace referencia a los maestros de la Iglesia que estuvieron en contacto directo con los apóstoles o, mejor, con alguno de ellos. Son cristianos destacados en la Iglesia que enseñaron, escribieron y comenzaron a establecer la sistematización de las doctrinas cristianas. Estos, como se indica, tuvieron contacto con uno o más apóstoles de Jesús. Son un subconjunto de los Padres de la Iglesia, que vivieron en el s. I y principios del s. II. Sus escritos tienen una profunda importancia para conocer las doctrinas que eran aceptadas y enseñadas en la Iglesia primitiva. Son escritos teológicos y normativos que proveen de elementos para el desarrollo inicial de la doctrina bíblica.

La expresión tuvo su origen en el calificativo que Jean-Baptiste Cotelier les dio en una publicación suya de 1672, titulada *Padres de la era apostólica*[45]; en ese epígrafe incluía a Bernabé (compañero de

---

[45] *Patres aevi apostolici.*

ministerio del apóstol Pablo), Clemente de Roma (que según testimonio de Ireneo de Lyon fue discípulo de los apóstoles Pedro y Pablo), Ignacio de Antioquía, Policarpo de Esmirna (que según Ireneo fue discípulo del apóstol Juan) y Hermas de Roma (identificado como el que está en los saludos de Pablo en la Epístola a los romanos; Ro. 16:14).

La denominación *padres apostólicos*[46] apareció por primera vez en 1699, cuando el teólogo protestante L. J. Ittig publicó su *Bibliotheca Patrum Apostolicorum graeco-latina*, incluyendo solo a tres personas: Clemente, Ignacio y Policarpo. En 1765, Andrés Gallandi reimprimió la obra de Cotelier, agregando fragmentos conocidos de Papías de Hierápolis, a quien Jerónimo califica como el oyente de Juan[47].

Los padres apostólicos, aceptan las Escrituras como única verdad en materia de fe. Las citas que hacen del Antiguo Testamento son introducidas con las fórmulas tradicionales de la Escritura[48] y también *escrito está*[49]. En ocasiones, la fórmula es aplicada a las palabras de Jesús (cf. Bern. 4:12; 2 Clem. 2:4; comp. Polyc. 12:1). En las controversias apelan a las palabras de Jesús como argumento decisivo. Lo mismo ocurre con los escritos de los apóstoles, que son considerados autoritativos en materia de fe (cf. Ing. Tral. 2:2; 3:1, 3; 7:1; Magn. 6:1; Phil. 5:1; Smyrn. 8:1; Ro. 4:3). Tanto los evangelios como los escritos apostólicos eran leídos en los cultos eclesiales (cf. 1 Ts. 5:27; Col. 4:16; Stg. 1:1; 1 P. 1:1; Ap. 1:3) como igualmente aparecen en escritos de los padres apostólicos (cf. 2 Clem. 19:1; Homilía de Arístides; Apol. De Just. 1:67; Can. Mur 1:77 ss.).

Los padres apostólicos, establecen bases teológicas que sintetizan aspectos de las doctrinas fundamentales. Para no extenderse en un tema que tiene el desarrollo en la Historia de la Iglesia, se citan aspectos concretos de los padres apostólicos.

Clemente de Roma (30-100). Se le ha identificado, entre otros, con el Clemente citado por Pablo (Fil. 4:3). Su obra más representativa fue la carta a los corintios; de ella escribió Eusebio: "En nombre de la iglesia de Roma, Clemente redactó una epístola reconocida, larga y maravillosa, y la envió a la iglesia de los corintios"[50]. Por su parte, Jerónimo escribe de este modo:

---

[46] *Patres Apostolici*.
[47] *Auditor Ioiannis*.
[48] Griego: ἡ γραφή.
[49] Griego: γέγραπται.
[50] Eusebio.Ἐκκλησιαστικὴ ἱστορία 3:16.

> Escribió de parte de la iglesia de Roma una epístola a la iglesia de los corintios, que en algunas partes es leída públicamente y que a mí me parece concordar en estilo con la carta a los Hebreos, puesta bajo el nombre de Pablo, si bien difiere de esta misma epístola no solo en muchas de sus ideas, sino también en el orden de las palabras y su semejanza en ambos aspectos no es muy grande... Murió en el tercer año de Trajano y una iglesia construida en Roma preserva la memoria de su nombre hasta hoy.[51]

Tiene un alto concepto de las Escrituras, usándolas continuamente para sustentar los argumentos sobre aspectos doctrinales.

Ignacio de Antioquía. Muerto en tiempos de Trajano, en el año 117. De él escribe Jerónimo:

> Ignacio, obispo de Antioquía tras el apóstol Pedro, condenado a las bestias salvajes durante la persecución de Trajano, fue enviado preso a Roma, y cuando hubo llegado a Esmirna, donde Policarpo el discípulo de Juan era obispo, escribió una carta a los efesios, otra a los magnesios, una tercera a los tralianos y una cuarta a los romanos, y partiendo de allá escribió a los filadelfos y a los esmirniotas y especialmente a Policarpo, encomendándole a él la iglesia de Antioquía... Fue llevado a la muerte el undécimo año de Trajano y sus restos descansan en Antioquía fuera de la puerta de Daphne en el cementerio.[52]

Apela a la teología sobre Jesucristo y escribe: "Un médico hay, sin embargo, el cual es carne y espíritu, engendrado y no engendrado, Dios en la carne, hijo de María e hijo de Dios, primero pasible y después impasible: Jesucristo nuestro Señor"[53].

Bernabé. Originario de Chipre, fue un judío que pertenecía a la tribu de Leví; vivió durante el s. I. Colaborador y compañero de ministerio del apóstol Pablo, fue quien lo presentó en la iglesia de Jerusalén para ser recibido como cristiano (Hch. 9:27). Su obra más conocida es la Carta de Bernabé. La primera parte es doctrinal y la segunda sobre la práctica de la vida cristiana. Entre otras cosas, menciona el domingo como día de celebración para los cristianos, sustituyendo al sábado, por ser el día en que Jesús resucitó. Divide

---

[51] Jerónimo. *De Viris illustribus*, 15.
[52] Jerónimo. *De Viris illustribus*, 16.
[53] Efesios, 7:2.

la historia en seis períodos de mil años, para que después de ellos Jesucristo venga para establecer su reino en la tierra. Como los otros padres apostólicos, reconoce la autoridad de la Escritura como base única doctrinal para la Iglesia.

Papías de Hierápolis (69-150). Fue otro de los padres apostólicos, contemporáneo de Policarpo, Justino Mártir y Marción. Su escrito principal es: *Explicación de las sentencias del Señor*, en cinco libros. Jerónimo dice de él:

> Papías, obispo de Hierápolis, que fue discípulo de Juan, escribió solo cinco libros que tituló *Explicación de las sentencias del Señor*, en los cuales, cuando afirma en su prefacio que no sigue varias opiniones, sino la autoridad de los apóstoles, dijo: "Consideré lo que Andrés y Pedro dijeron, lo que Felipe, lo que Tomás, lo que Santiago, lo que Juan, lo que Mateo o cualquier otro entre los discípulos de nuestro Señor dijo, lo que también Aristión y Juan el anciano, discípulos del Señor dijeron, no tanto por haber leído yo sus libros, sino porque su voz viva se oye hasta el día de hoy en los autores mismos… Se dice que publicó una *Segunda venida del Señor* o *Milenium*. Ireneo, Apolinar y otros le siguen cuando dicen que, tras la resurrección, el Señor reinará en la carne con los santos. Tertuliano en su obra *Sobre la esperanza*, Vicorino de Petau y Lactancio también siguen esa línea.[54]

Se aprecian ya los prolegómenos que orientarían aspectos de la escatología en los escritos de Papías.

Policarpo (69-160). Su obra más citada fue *A los filipenses*. Discípulo del apóstol Juan, fue ordenado por el obispo de Esmirna y líder de toda Asia, donde vio y tuvo como maestros a algunos de los apóstoles y a aquellos que habían visto al Señor. En el testimonio de Jerónimo sobre él, se lee:

> Policarpo, discípulo del apóstol Juan y ordenado por él, obispo de Esmirna, fue jefe de toda Asia, donde vio y tuvo como maestros a algunos de los apóstoles y a aquellos que habían visto al Señor. A causa de ciertas cuestiones sobre la fecha de la Pascua, fue a Roma en el tiempo del emperador Antonino Pío, cuando Aniceto gobernaba la iglesia de esa ciudad. Allí volvió a la fe a muchos creyentes que habían sido engañados

---

[54] Jerónimo. *De Viris illustribus*, 18.

por la persuasión de Marción y Valentín, y cuando Marción se encontró por casualidad con él y le dijo: ¿Nos reconoces?, le contestó: Te reconozco como el primogénito de Satanás. Tras esto, durante el reinado de Marco Antonino y Lucio Aurelio Cómodo, en la cuarta persecución tras Nerón, en la presencia del procónsul en el tribunal de Esmirna y con toda la gente vociferando contra él en el anfiteatro, fue quemado. Escribió una carta muy valiosa a los filipenses que se lee hasta el día de hoy en las reuniones en Asia.[55]

Su carta está llena de citas del Nuevo Testamento, evangelios, Hechos y Epístolas. Frente a las falsas enseñanzas que estaban produciendo daños en la fe de algunos cristianos, escribe en su carta: "Dejando las falsas enseñanzas, volvámonos a la Palabra que nos fue transmitida desde el principio"[56].

Se aprecia que, para los padres apostólicos, la Escritura es la fuente de toda enseñanza doctrinal, reconociéndola como autoridad única en materia de fe.

La Didaché

La Enseñanza de los doce apóstoles o Enseñanza del Señor a las naciones por medio de los doce apóstoles es conocida comúnmente como *Didaché*[57]. El significado de la palabra es enseñanza, instrucción. Es una obra de la literatura cristiana de los tiempos inmediatos a los apóstoles. Probablemente la composición sea una compilación de documentos cristianos anteriores. Fue encontrada en 1873 y publicada en 1883. Probablemente tenga la condición de ser una regla utilizada por comunidades cristianas, tal vez del grupo inicial de iglesias judeocristianas, que establece los prolegómenos de la eclesiología y la liturgia en el tiempo de transición de la forma propia del judeocristianismo de las iglesias que nacieron desde Pentecostés y se establecieron en base a judíos creyentes, y que fueron desplazadas por las iglesias fundadas en el mundo gentil, desde Antioquía.

Dada la importancia del documento, se traslada una síntesis del mismo tomada de la revista Alethia.

---

[55] Ib. 17.
[56] Policarpo. *A los filipenses*, 7:2.
[57] Griego: διδαχή

La Didaché fue escrita entre el 65 y 80 d.C. y los primeros padres de la iglesia la tuvieron en alta estima.

Se considera que la Didaché o Enseñanza de los Doce Apóstoles es un escrito que pertenece a las primeras producciones literarias cristianas que se dieron. El tiempo la ha respetado y se ha conservado hasta nuestros días.

Se desconoce el autor y el lugar de composición de la Didaché. Algunos estudiosos hablan más bien de un compilador que habría puesto por escrito algunas enseñanzas de la predicación apostólica. Se sitúa su redacción en suelo sirio o tal vez egipcio.

La Didaché o Doctrina de los Doce Apóstoles, de la que se hallaban referencias en los autores antiguos, se había dado por perdida hasta que su texto fue hallado en un manuscrito de Constantinopla y publicado en 1883. Inmediatamente se suscitaron vivas polémicas acerca de su carácter y antigüedad.

Su valor principal reside en que nos aporta datos extrabíblicos sobre las instituciones y la vida de las primeras comunidades cristianas. Lo que pretende la Didaché es codificar las reglas y disposiciones morales, litúrgicas, jurídicas y de otro tipo que se acreditaron como convenientes y necesarias en el momento en que fue escrita. Presenta una orientación exclusivamente práctica y, salvo el capítulo 16, deja de lado todo elemento dogmático.

Son escasas las citas del Antiguo Testamento; en cambio el autor habla del "evangelio del Señor", y cita veintitrés dichos o sentencias de Jesucristo, diez textualmente y los demás en forma libre. No se encuentra ninguna cita que aluda a hechos históricos de los evangelios. Además, el autor parece desconocer el evangelio de Juan. Las epístolas de san Pablo tampoco se citan formalmente.

Las cuestiones que suscita la Didaché son variadas. Además de su datación, se ha estudiado su relación con otros escritos cristianos como el evangelio de Mateo o la Epístola de Bernabé. También con oraciones judías como el Kidush, la Amidá o el manual de la disciplina de la comunidad esenia de Qumrán.

El interés que despierta no es solo literario, sino también litúrgico, pues la Didaché contiene las primeras instrucciones conocidas para la celebración del bautismo y de la eucaristía, así como una de las tres redacciones que han pervivido de la oración del Padre Nuestro. Si se consideran las diversas traducciones de la obra, la dispersión geográfica de los fragmentos encontrados y la lista de obras posteriores que dependen de ella, la Didaché debió ser muy conocida en los primeros siglos.

Al igual que otras obras de la literatura cristiana, estuvo mucho tiempo cerca del canon bíblico, antes de ser finalmente descartada. Actualmente se la incluye dentro del heterogéneo grupo de los llamados Padres Apostólicos, de los cuales puede ser el escrito más antiguo y, sin lugar a dudas, el más importante.

Se respira en su contenido la vida de la primitiva cristiandad. A través de formulaciones claras, asequibles tanto a mentes cultas como a inteligencias menos ilustradas, se enumeran normas morales, litúrgicas disciplinares que han de guiar la conducta, la oración, la vida de los cristianos. Se trata de un documento catequético, breve, destinado probablemente a dar la primera instrucción a los neófitos o a los catecúmenos.

En este libro se distinguen cuatro partes.

La primera, de contenido catequético-moral, está basada en la enseñanza de los dos caminos que se le presentan al hombre: el que conduce a la vida y el que lleva a la muerte eterna.

La segunda parte, de carácter litúrgico, trata del modo de administrar el bautismo —puerta de los demás sacramentos—, del ayuno y la oración —muy practicados por los primeros cristianos— y de la celebración de la eucaristía.

La tercera parte trata de la disciplina de la comunidad cristiana y de algunas funciones eclesiásticas. Se explica también, sintéticamente, el modo de celebrar el día del Señor (nuestro actual domingo), y se alude —entre otras— a dos costumbres que manifiestan la finura de caridad que practicaban nuestros primeros hermanos en la fe: la hospitalidad —con advertencias ante los abusos de quienes buscaban vivir a costa de los demás— y la corrección fraterna.

La última sección comienza parafraseando la exhortación de Jesús a vivir vigilantes, a prepararse para la hora en la que el Señor viene. Esta parte acaba con una síntesis de las principales enseñanzas escatológicas pronunciadas por el Maestro.

El conjunto está formado por varias instrucciones de tipo moral, litúrgico y disciplinar, tal vez para uso de los evangelizadores itinerantes. Su particular interés está en que nos da a conocer las formas más primitivas de catequesis moral, con reconocida influencia judía, y los elementos más antiguos de la liturgia bautismal y eucarística, así como la organización eclesiástica en el momento en que, junto a los predicadores itinerantes y carismáticos, empieza a surgir una jerarquía estable y una organización en las iglesias locales.

Aunque no se trata de una regla de fe, el documento que acaba de citarse aporta el principio de la Escritura como base doctrinal, puesto que en él están presentes varios dichos de Jesús recogidos en los evangelios y algunos tomados, sin duda, de la tradición.

Los padres anti-gnósticos

El gnosticismo no es tanto una forma de filosofía, sino de religión. El término indica tener conocimiento[58]. Se trata de una mezcla de ideas antiguas y sistemas religiosos que se aglutinaron especialmente en el s. I entre sectas judías y cristianas antiguas. Estos ponían el conocimiento espiritual sobre las enseñanzas bíblicas y la doctrina que se enseñaba en la Iglesia. Para los gnósticos, la existencia material era defectuosa y malévola. Consideraban la existencia de un Dios supremo, y otra deidad menor e incluso malévola que en alguna ocasión se asociaba con Yahvé en el Antiguo Testamento; este dios menor era el responsable de haber creado el universo material. Para los gnósticos, la salvación se alcanzaba por el conocimiento de Dios mediante formulaciones místicas o esotéricas. Por esta causa muchos de los textos gnósticos no tratan de los conceptos de pecado y arrepentimiento, sino de ilusión e iluminación.

Estos aspectos del sincretismo filosófico-religioso en alguna medida consiguieron mimetizarse con el cristianismo, hasta que el gnosticismo en todas las manifestaciones y dimensiones se declaró como herético. El gnosticismo llamado cristiano se constituyó como una rama heterodoxa del cristianismo primitivo. Según esta doctrina los iniciados no se salvan por gracia mediante la fe en Cristo, por cuyo sacrificio se hizo posible, sino que se salvan mediante la gnosis, o el conocimiento introspectivo de lo que es Dios, que es superior a la fe. De modo que ni la fe, ni la muerte de Cristo son suficientes para la salvación. El hombre es suficiente y autónomo para salvarse a sí mismo. En el gnosticismo se mezclaron sincréticamente creencias orientales con aspectos de la filosofía griega, especialmente el platonismo. Es una creencia dualista, que pone al bien frente al mal, al espíritu frente a la materia, a Dios frente al demiurgo, alma universal y principio activo del mundo, al espíritu frente al cuerpo.

Varios líderes y maestros de la Iglesia primitiva salieron al paso de las corrientes gnósticas, afrontando con la enseñanza bíblica los

---

[58] Del griego antiguo: γνωστικός.

principios de la herejía que, en cierto modo, estaba afectando al cristianismo en sus principios. A quienes más notoriamente lo hicieron se les conoce como padres anti-gnósticos. Afirmaban que la Iglesia enseñaba la verdad acerca de Dios, Cristo y la salvación. Esas verdades eran enseñadas y atestiguadas por los profetas, apóstoles y todos los discípulos de Cristo.

Entre los que se pueden señalar como padres anti-gnósticos está Ireneo de Lyon, al que se ha citado antes. Nació en Esmirna en el 130 y murió en Lugdunum, actual Lyon, capital de la Galia Lugdunense, en el año 202. Fue uno de los mejores discípulos —sino el mejor— de Policarpo, que a su vez, lo fue del Apóstol Juan. Este lo envió a las Galias en el 157. Su obra más destacable es el tratado *Contra las herejías*[59], escrito en cinco tomos. El título completo de la obra es *Desenmascarar y refutar la falsamente llamada Ciencia*. La obra fue escrita en griego.

Asentó la regla de fe sobre Dios, afirmando que no existe un pleroma sobre el Dios Creador. Afirmaba que la regla de la verdad se resume de este modo: hay un solo Dios soberano universal que creó todas las cosas por medio de su Verbo, que ha organizado y hecho de la nada todas las cosas para que existan. Afirmaba también que el Dios del Antiguo Testamento es el mismo y único Dios del Nuevo Testamento, en contra de lo que afirmaba Marción.

Confrontó las propuestas según las cuales habría almas malas destinadas a condenarse o tres clases de humanos: a) materiales que no pueden salvarse; b) psíquicos que pueden salvarse; y c) espirituales que se salvan, confrontándola con las palabras del apóstol Pablo: "Porque Dios encerró a todos en desobediencia, para tener misericordia de todos" (Ro. 11:32). Refutó el concepto gnóstico de Cristo, al que hacían simplemente un hombre espiritual dotado de un cuerpo con substancia psíquica, dispuesto de tal manera que podía ser visto, palpado y sufrir, del que se libró al morir, y que nunca tomó nada del hombre material, porque este nada tiene que pueda salvarse. Argumentó con base bíblica la encarnación del Verbo, que rebatían los gnósticos. En todo considera la Escritura como la única base de la fe. En su obra *Hitos de la teología* afirma que no conocemos todo y debemos acercarnos a la Palabra con espíritu humilde y dejarnos enseñar por ella.

Entre los padres anti-gnósticos, no se puede dejar de prestarle atención a Hipólito de Roma, nacido en Roma hacia el 170 y muerto

---

[59] En latín: *Adversus haerenses*.

en Cerdeña hacia el 236. Se le considera discípulo de Ireneo, quien a su vez lo fue de Policarpo de Esmirna. La vinculación con Ireneo se aprecia en los escritos de Hipólito. Se distinguió por su cultura y elocuencia; a él escuchó Orígenes, que quedó impactado. Sus posiciones en algunos aspectos teológicos, pero de forma especial la apreciación que tenía de que Ceferino, obispo en Roma, y luego su sucesor Calixto I, favorecían la herejía cristológica de los monarquianistas, acusándolos también de laxitud al permitir el reingreso en la Iglesia de antiguos miembros excluidos por ofensas graves. Esta situación condujo a Hipólito a establecer una congregación escindida de la Iglesia en Roma, en la que estuvo por un período de unos diez años, asunto que finalmente se resolvió reanudando la comunión y regresando a la iglesia de la que había salido. Durante las persecuciones del emperador Maximino el Tracio del año 235 fue exiliado a Cerdeña, donde murió.

En sus trabajos teológicos, trató ampliamente la cristología, lo que necesariamente le enfrentó con las teorías gnósticas, afirmando la deidad y humanidad del Verbo. Con todo tuvo algunos problemas en cuanto a definiciones trinitarias.

Quinto Septimio Florente Tertuliano, al que se ha mencionado antes, está también entre los padres anti-gnósticos. Fue un prolífico escritor de la segunda mitad del s. II. Nació en Cartago, ca. 160, y vivió en el mismo lugar, donde también murió ca. 220. Ha sido cuestionado por haberse unido al montanismo; con todo, es el precursor del trinitarianismo cristiano. Aun con varias imprecisiones sobre la cristología bíblica, se opuso abiertamente al gnosticismo en cuando a la condición divino-humana de Jesucristo. Tertuliano cita continuamente la Escritura como fuente de autoridad.

Podrían citarse algunos otros en el apartado de padres antignósticos, pero es suficiente los que anteceden. Es necesario entender que estos y otros que antecedieron y siguieron establecen los prolegómenos de la teología, abordando aspectos diversos de las doctrinas fundamentales. Con todo, de igual manera se aprecian desviaciones sobre aspectos concretos de la enseñanza en la Iglesia y se aprecia la orientación que se estaba dando a las ordenanzas como sacramentos, y al partimiento del pan como transubstanciación.

Los Padres de la Iglesia

Se califica de este modo a un grupo de maestros y escritores de la Iglesia, cuyas enseñanzas desarrollaron las bases generales de la teología cristiana. Las conclusiones de sus enseñanzas sobre muy distintos aspectos de ella tienen la peculiaridad de asentarse sobre las bases de la interpretación de la Biblia. No debe olvidarse que, en el proceso del asentamiento de la verdad dogmática, fueron introduciendo junto con la exégesis, la tradición, y consolidando la liturgia. Con la obra de los padres de la iglesia se ve la peculiaridad de la apertura de la puerta para el establecimiento de la teología sistemática, que irá desarrollándose en los siguientes siglos.

Los padres de la iglesia dieron respuestas a cuestiones y dificultades propias de la investigación bíblico-teológica, que incluyen también la resolución de aspectos éticos, en medio de un mundo convulsionado por la persecución contra los cristianos y por la evolución propia del Imperio romano. Uniendo todo esto, están las herejías que se producen en el decurso de los años. Pueden considerarse como continuadores de la obra de los apóstoles en cuanto a la enseñanza de la doctrina, tomando el desarrollo de la misma de los escritos de los apóstoles y de los evangelios.

El título de Padres de la Iglesia se le ha dado desde el s. IV, como se aprecia en las palabras de Basilio de Cesarea: "Lo que nosotros enseñamos no es el resultado de nuestras reflexiones personales, sino lo que hemos aprendido de los Padres".

Tradicionalmente se han considerado como Padres de la Iglesia a cuatro de la Iglesia oriental y cuatro de la Iglesia latina u occidental. Para la primera se consideraban en esa condición a Atanasio de Alejandría, Basilio el Grande, Gregorio Nacianceno y Juan Crisóstomo, y para la Iglesia latina a Ambrosio de Milán, Jerónimo de Estridón, Agustín de Hipona y Gregorio Magno. Posteriormente se añadió una lista más extensa de escritores cristianos que vivieron del s. III al s. VIII. Posiblemente entre los Padres de la Iglesia del s. IV, el más importante sea Agustín de Hipona, del que se ha hecho antes una aproximación histórico-teológica. Como se ha dicho antes, expresa que la fe debe ser sustentada plenamente por la Escritura, de manera que definía el dogma solo en aquello que podía probarse con la Palabra.

Desde Agustín a Trento

Comprende un período que va desde mediados del s. III hasta el s. XVI. A las verdades bíblicas se añade la tradición de la Iglesia, a la vez que se dota a la teología de un profundo apoyo filosófico. En este período se siguen desarrollando la expresión de las distintas doctrinas fundamentales como resultado del estudio e investigación de las mismas. Sin embargo, se consolida la posición del magisterio de la Iglesia, dando a este una autoridad semejante a la de la Escritura.

Para la Iglesia católica, el magisterio de la Iglesia es la expresión para referirse a la función y autoridad de enseñar que tiene el papa (magisterio pontificio) y los obispos que están en comunión con él. Tal como recoge el Catecismo de la Iglesia Católica, "el oficio de interpretar auténticamente la Palabra de Dios, oral o escrita, ha sido encomendado solo al magisterio vivo de la Iglesia, el cual lo ejercita en nombre de Jesucristo, es decir, a los obispos en comunión con el sucesor de Pedro, el obispo de Roma" (Art. 85).

En este largo período de la Iglesia, merecen mención especial algunos de los hombres más destacados, a los que se hace referencia especialmente en relación con la Escritura:

Gregorio Magno. Nació en Roma el 540 y murió en el mismo lugar en el 604. Fue el sexagésimo cuarto papa de la Iglesia católica. Es considerado como uno de los cuatro padres de la Iglesia latina. A pesar de las distorsiones en materia de fe, situando la autoridad de la Iglesia a la par de la Escritura, afirmaba:

> Crease fielmente que el Espíritu Santo es el autor del Libro. Escribió, pues, estas cosas, Aquél que dictó las cosas que habían de ser escritas. Los escritores de la elocuencia sagrada devienen como si fuese fuera de sí mismos, porque llenos del Espíritu Santo son elevados sobre sí mismos. Las Escrituras son palabras del Espíritu Santo.[60]

También decía que en las Sagradas Escrituras se hallaba el fundamento de la autoridad divina y que Dios respondía mediante ella a los interrogantes secretos o públicos de todos los hombres[61].

Afirmaba que, en cuanto al ministerio, las Escrituras debían ser el fundamento de toda predicación y que los sacerdotes habían de prepararse mediante su estudio para cumplir su vocación. La lectura de la Biblia es imperiosamente recomendada a todos.

Tomás de Aquino. Nació en 1224 o 1225 en el castillo de Roccasecca, cerca de Aquino. Fue el menor de nueve hermanos. Su padre, Landolfo, era descendiente de los condes de Aquino, emparentado con el emperador Federico II. Su madre, Teodora, era hija de los condes de Taete y Chieti. Estudió artes liberales en la Universidad

---

[60] Gregorio Magno, *Mor. Praef.* I:1,2.
[61] Ib. XVIII: 26.39; 19.34.

de Nápoles, donde entró en contacto con los principios de la lógica aristotélica. A los diecinueve años ingresó en los Dominicos como consecuencia de la amistad que tenía con el maestro general, Juan de Wildeshausen. Siguió luego estudios en la Universidad de París, cuyas escuelas de Teología eran renombradas. Tuvo por maestros más destacados a Alejandro de Hales y a Alberto Magno, influyendo directamente en relación con la doctrina aristotélica, que conoció profundamente.

Tomás, cuya influencia en la labor y método escolásticos es determinante, afirmaba que el objeto de la fe, y por tanto de la teología, es revelado sobrenaturalmente por Dios. La necesidad de la revelación nace de que la razón humana no puede reconocer, con las fuerzas de la naturaleza, la naturaleza de Dios. La revelación está contenida en las Sagradas Escrituras. El verdadero autor de ellas, afirmaba, es Dios[62].

De la profecía decía que es un cierto conocimiento[63] impreso en la mente del profeta por revelación divina mediante alguna forma de instrucción[64]. Afirmaba también que las Escrituras debían ser creídas a causa de su origen, y constituyen, por otra parte, la única autoridad segura y obligatoria.

Tomás proclamó con toda claridad que las Sagradas Escrituras son la revelación de Dios, como fuente de la doctrina cristiana y su autoridad absoluta.

Posiblemente pueda llamarse la gran teología sistemática a su obra *Suma Teológica*[65], escrita entre 1265 y 1274. Es un tratado de teología escrito durante los últimos años de su vida. Es sin duda la más famosa obra de la teología medieval y su influencia sobre la filosofía posterior es notable. Escrita originalmente en latín, está formada por cuestiones sobre el tema que se trata, divididas en artículos que buscan responder a una serie de preguntas. Los artículos tienen mayoritariamente una estructura compuesta por una pregunta inicial —que normalmente expresa lo contrario al pensamiento de Tomás— a la que siguen argumentos y observaciones que van contra la tesis propuesta, las objeciones, a continuación, argumentos a favor, para concluir con la respuesta, contestándose una a una las objeciones planteadas antes.

---

[62] *Autor Sacrae Scriptura est Deus.*
[63] *Quaedam cognitio.*
[64] *Per modum cujusdam doctrinae.*
[65] Latín: *Summa Theologiae.*

Fray Buenaventura. Juan de Fidanza, que luego adoptó el nombre de Buenaventura, nació alrededor del año 1218;algunos datan su nacimiento en 1221. Estudió Artes en París. Ingresó en la Orden Franciscana en 1243, donde estudió Teología. Tituló su tesis *Cuestiones sobre el conocimiento de Cristo*. Murió en 1308.

Absolutamente vinculado con el pensamiento y posición de Tomás de Aquino, decía que la autoridad reside primariamente en las Sagradas Escrituras, que han sido enteramente establecidas[66] mediante el Espíritu Santo para la dirección de la fe.

John Duns Escoto. Nació en Duns, Escocia, en 1266, y murió en Colonia, en 1308. Fue un teólogo, filósofo y sacerdote católico perteneciente a la escolástica. Ingresó en la Orden franciscana y estudio en Cambridge, Oxford y París. Fue profesor en estas dos últimas universidades. Es uno de los tres filósofos-teólogos más importantes de la Europa occidental en la Baja Edad Media, junto con Tomas de Aquino y Guillermo de Ockham. Desarrolló un argumento complejo a favor de la existencia de Dios, defendiendo la univocidad del ser, el voluntarismo, como fuente del conocimiento. Defendió también la autoridad de la Iglesia.

Afirmaba la autoridad de las Escrituras como elemento esencial para autentificar la verdad del dogma. Enseñaba que todas las verdades necesarias para la salvación son presentadas en ellas. Por tanto, la credibilidad de estas es absolutamente necesaria. El resultado puede ser expresado en las dos proposiciones: a) La doctrina del canon es verdadera; b) Las sagradas Escrituras contienen suficientemente la doctrina necesaria para el peregrino.

A pesar de su posición, sostenía que la enseñanza de la Iglesia está en igualdad con las Escrituras, afirmando que, puesto que la Iglesia definió qué Escrituras son canónicas, es la Iglesia la que aprueba y autoriza los libros de la Escritura y, por tanto, tiene autoridad en materia de fe.

Guillermo de Ockham. Nació en Ockham, un pequeño pueblo de Surrey cerca de East Horsley, Inglaterra, en 1285. Murió el 9 de abril de 1349. Fue un filósofo, teólogo, lógico y fraile franciscano inglés. Fue el representante más destacado del nominalismo, frente a las escuelas tomistas y escotistas. Su doctrina fue sospechosa de herejía para las autoridades eclesiásticas por cuestionar muchos postulados de la teología tradicional, como la compatibilidad de la fe con la razón y la posibilidad de demostrar la existencia de Dios.

---

[66] *Condita tota.*

En relación con la Escritura, afirmaba su inerrancia, al decir que ningún escrito bíblico podía errar[67].

John Wycliffe. Nació en Yorkshire, c. 1324, y murió en Lutterworth, Leicestershire, el 31 de diciembre de 1384. Fue un traductor, teólogo y reformador inglés, de origen judío, que fundó el movimiento que se conoce como lolardos y es considerado por muchos como un verdadero reformador; algunos lo llaman la estrella matutina de la Reforma. Fue una de las primeras personas en traducir la Biblia del latín, conocida como la Vulgata, a una lengua vernácula, en este caso el inglés, en 1382.

Con el propósito de escribir un compendio de teología, publicó diversos tratados como *De dominio divino* y *De civil dominio* en 1375. Más tarde escribió *De officio regis, De veritate Sacre Scripture* y *De Ecclesia*, en 1378. En estos documentos planteaba que la Iglesia debía abandonar las riquezas y renunciar a las pretensiones temporales para presentarse como una Iglesia espiritual, conformada por los creyentes y cuya autoridad suprema fuesen las Sagradas Escrituras. En sus confrontaciones se inclinó por el realismo contra el nominalismo, defendiendo la vuelta a la Biblia sin condiciones. Afirmaba que el verdadero y auténtico poder está en las Sagradas Escrituras y no en la Iglesia. Su fuerza descansaba en la verdad bíblica; conforme a ella, la salvación viene directamente de Dios, sin intermediarios, resaltando la Biblia como única fuente de autoridad. No juzgaba a la Iglesia, sino que anteponía la autoridad suprema de la Biblia a la eclesiástica, como revelación divina.

Wycliffe enseñaba que todos los deberes positivos de la vida están contenidos en la "ley evangélica", término este que resume mejor que otro sus demandas reformadoras. Igualmente insistía en que realmente no había ninguna necesidad de ley aparte de las Escrituras. Las Sagradas Escrituras o la ley de Cristo son suficientes para la regulación de toda la fe cristiana.

Trento

El Concilio de Trento fue un concilio ecuménico de la Iglesia católica, desarrollado en distintos períodos durante veinticinco sesiones, entre los años 1545 y 1563. Tuvo lugar en Trento, que era una ciudad imperial libre, regida por un príncipe-obispo. La convocatoria del Concilio fue la respuesta a la Reforma, con objeto de aclarar distintos puntos

---

[67] *Errar non potest.*

doctrinales que estaban en contradicción. El propósito fundamental fue definir la doctrina católica, condenar la Reforma considerada como una herejía, y disciplinar a los miembros que simpatizaban con ella.

El Concilio definió la doctrina de la Iglesia católica en cuanto a la Sagrada Escritura, la tradición, los sacramentos y el celibato, prohibiendo el casamiento de sacerdotes. Asimismo, estableció la supremacía de la autoridad papal, delimitando también los campos de aplicación de los teólogos. Definió nuevas normas dogmáticas, litúrgicas y éticas para la Iglesia católica, especialmente aquello que la Reforma rechazaba como la presencia real de Cristo en la eucaristía, la justificación por la fe y por las obras, la conservación de los siete sacramentos, las indulgencias y la veneración de la Virgen María y los santos, afirmándose la creencia del purgatorio.

Tuvo por misión trazar una vía media entre los puntos de vista encontrados de la teología escolástica, que fue proclamada doctrina oficial de la Iglesia católica.

En relación con la autoridad de la Biblia, consideran esta al mismo nivel que la autoridad de las tradiciones de la Iglesia. Las primeras tienen a Dios por autor; las segundas han sido dictadas por Cristo o por el Espíritu Santo.

Trento reconoció las tradiciones eclesiásticas tan inspiradas como las Escrituras y con igual dignidad que ellas. En el intento de coordinar Escritura y tradición resultó una subordinación de la Palabra a la tradición, o de aquella puesta al servicio de esta.

Período de la Reforma

Se conoce por este título al movimiento religioso cristiano iniciado en Alemania en el s. XVI por Martín Lutero. Tuvo su origen en las críticas que diversos religiosos, pensadores y políticos europeos manifestaron con el propósito de provocar un cambio profundo y generalizado en las prácticas y formas de la Iglesia católica, además de negar la autoridad papal sobre la cristiandad. Posteriormente el movimiento recibió el nombre de Reforma protestante, por el intento de reformar el catolicismo para retornar al cristianismo apostólico.

El detonante del inicio de la Reforma fue la predicación de Martín Lutero, sacerdote agustino, que revisó la doctrina de la Iglesia católica según el criterio de ajuste comparativo con la enseñanza de la Biblia. Produjo el rechazo de la teología sacramental católica que justificaba prácticas indignas, como la venta de indulgencias, considerada como la mayor perversión del Evangelio, cuyo mensaje de salvación debía ser proclamado y la salvación no podía ser objeto de venta.

La gran crisis se produjo por las acusaciones de corrupción eclesiástica y falta de piedad religiosa. La venta de indulgencias se estableció y generalizó para conseguir recursos que financiaran la construcción de la Basílica de San Pedro en Roma. La Reforma provocaría que la cristiandad occidental se dividiese en dos. Una parte, liderada por la Iglesia católica, sobre la base del Concilio de Trento se declaró como la única y verdadera Iglesia de la cristiandad occidental. Una consecuencia fue la expulsión de cualquier disidente, concluyendo con grandes persecuciones contra quienes abrazaron la fe bíblica; miles de personas fueron encarceladas, torturadas y muertas por el brazo secular de la Iglesia, que eran las fuerzas de las naciones que se llamaban católicas. Por su parte, otros estados donde se aceptó la Reforma buscaron la restauración del cristianismo original, conforme a la práctica de los primeros creyentes.

La Biblia como Palabra de Dios era la autoridad definitiva en materia de fe, iniciándose un retorno incondicional a ella y generando desde entonces una teología bíblica que despojaba a la tradicional de todo cuanto había sido añadido fuera de lo que se encontraba en la Escritura, movimiento que persiste hasta el presente. Tendría que hacerse una larga lista de personas destacables en relación con la doctrina en este tiempo, asunto que corresponde a la Historia de la Iglesia; lo limitaremos aquí a lo que tiene que ver con los Prolegómenos, especialmente en el campo de la Bibliología.

Desiderio Erasmo de Róterdam. Nacido en Róterdam el 28 de octubre de 1466, y muerto en Basilea el 12 de julio de 1536, fue un filósofo, filólogo y teólogo cristiano neerlandés. Es considerado como uno de los más grandes eruditos del Renacimiento nórdico.

Erasmo enseñaba que las Escrituras y los Padres de la Iglesia son verdaderas autoridades.

Además de algunas obras de filosofía y teología, la mayor aportación de Erasmo fue la publicación del Nuevo Testamento en griego, que fue publicado en 1516 y se conoce como Textus Receptus, del que se hará una referencia más extensa en el apartado correspondiente. También tradujo obras de Jerónimo, Cipriano, Hilario, Ireneo, Ambrosio, Agustín, Crisóstomo y Orígenes. Su propósito era liberar la teología de la dogmática que la condicionaba.

Martín Lutero. Antes se ha dicho de él que nació en Eisleben, Alemania, el 10 de noviembre de 1483, y que murió el 18 de febrero de 1546. Comenzó e impulsó la reforma religiosa en Alemania, en cuyas enseñanzas se inspiró la Reforma y la doctrina del luteranismo. Procuraba que la Iglesia regresara a las enseñanzas de la Escritura. Ante la Reforma, la Iglesia católica romana reaccionó con la Contrarreforma. Fue el traductor de la Biblia al idioma alemán.

Lutero estudió detenidamente y escribió sobre la justificación por la fe, al margen de cualquier mérito humano, y la imposibilidad de alcanzar la salvación por esfuerzo personal, fijando las bases para el desarrollo de la doctrina. Entre sus escritos destaca el *Comentario sobre la Epístola a los Gálatas*, el *Trabajo en los Salmos*, el *Sermón de las buenas obras* y *La libertad del cristiano*. Sobre todo, está la traducción de la Biblia al alemán, que realizó entre 1522 a 1534, en las siguientes etapas: traducción del Nuevo Testamento (1521-1522); traducción del Pentateuco (1523); traducción de los libros históricos, Job, Salmos, Proverbios, Eclesiastés y Cantar de los Cantares (1524); finalizando con la traducción de los libros proféticos (1526-1530).

No es posible hacer un estudio de su pensamiento sobre las Escrituras, de ahí que se den solo algunas referencias. La disputa de Leipzig (1519) llevó a Lutero a la convicción de que los maestros (concilios) y las autoridades de la Iglesia pueden equivocarse, pero que lo único inerrante es la Escritura. La estima por esta es tan evidente que se sujeta a ella, la estudia y examina en toda su dimensión y predica solo lo que extrae de la Palabra. Para Lutero, la Escritura se divide en Ley y Evangelio, muchas veces sinónimo de Antiguo y Nuevo Testamento. Decía que la Ley enseñaba el conocimiento de uno, mientras que el Evangelio enseñaba el conocimiento de Dios.

Lutero afirmaba que no se puede forzar al creyente cristiano a ir más allá de las Escrituras, que son estrictamente la ley divina, porque ella prohíbe ir más allá de lo que está revelado. De este modo se establece el principio del alcance vital, como es que todas las cosas de fe, el dogma, ha de estar vinculado y tomado desde las Escrituras, que como ley divina es la única autoridad en materia de fe.

En la dieta de Worms, Lutero apeló insistentemente a la autoridad de las Escrituras. De forma continuada apelaba al canon de la Palabra. Afirmaba que solo las Escrituras o ley divina pueden gobernar la Iglesia, de manera que concluía que "aquello que se afirma sin el apoyo de las Escrituras puede mantenerse como opinión, pero no es materia de fe". Refiriéndose a los predicadores, como siervos de Cristo, decía que solo deben enseñar y predicar la Palabra: "Debes afirmarte en una declaración explícita, clara y vigorosa de las Escrituras, para que sobre ellas puedas mantener tu posición". Para Lutero, la Escritura es valiosa porque revela a Cristo, puesto que toda ella da testimonio de Él (Ro. 3:21, 22), y Pablo no quiere saber otra cosa que Cristo (1 Co. 2:2).

Sin embargo, Lutero cuestionó algunos libros de canon, con toda seguridad por la aparente discrepancia con los principios esenciales de la justificación por la fe, como es el caso de la Epístola de Santiago, a la que llamó "epístola de paja"; incluso dijo que sería mejor que Ester no estuviera en el canon.

Ulrico Zwinglio. Nació en Wildhaus, Suiza, el 1 de enero de 1484, y murió en Kappel am Albis, el 11 de octubre de 1531. Fue el líder principal de la Reforma protestante suiza y el fundador de la Iglesia reformada suiza. Al estudiar las Escrituras desde el punto de vista de un entendido humanista, llegó a conclusiones similares a las de Lutero, que era Doctor Bíblico.

En 1516, un año antes de que el 31 de octubre de 1517 publicase Lutero sus noventa y cinco tesis, Diebold de Geroldseck llamó a Zwinglio para predicar en la abadía de Einsiedeln, entrando en contacto con uno de los centros más activos de peregrinación y, por tanto, de supersticiones. Por esa causa, comenzó su predicación contra esas prácticas y eventualmente se dirigió contra el negociante de indulgencias Bernardin Samson, que llegó a Suiza enviado por el papa en 1518. De igual modo predicaba sobre la costumbre de suizos de alistarse como mercenarios a las órdenes del papa, lo que le proporcionó el cargo de predicador en Zúrich, ya que el gobierno estaba enfrentado a la autoridad romana.

El 1 de enero de 1519 comienza a predicar en Zúrich, explicando los evangelios, enseñanzas que fueron apoyadas por el gobierno; esto condujo a que en 1520 dispusiera que todos los predicadores siguieran las pautas de Zwinglio. Escribió varios documentos en contra de enseñanzas no bíblicas de la Iglesia católica, como el ayuno, el celibato, la autoridad eclesial, la misa, etc. En 1525 escribió su tratado *De la verdadera y la falsa religión*. En líneas generales concuerda con Lutero, aunque trata de forma más radical temas como la eucaristía, al rechazar la presencia real de Cristo en la comunión, que debe hacerse bajo las dos especies.

Zwinglio hizo descansar toda su teología en la Biblia, apelando constantemente a ella en sus escritos. Puso la autoridad de la Escritura sobre cualquier otra, como los concilios ecuménicos, e incluso los Padres de la Iglesia. Decía que en las Escrituras, Dios revela su voluntad y el Espíritu enseña por medio de ellas. Cambió el concepto general sobre el sentido de los sacramentos. Acusó de superstición a quienes conferían al agua del bautismo cierto poder para limpiar los pecados. Sin embargo, también consideraba que el bautismo era un símbolo de un pacto con Dios, que reemplazaba la circuncisión del Antiguo Testamento.

Su atención a la Escritura y la sujeción a ella en materia de fe y conducta trajo como consecuencia que, en estrecha colaboración con Leo Jud, tradujese la Biblia entre 1524 y 1529 al alemán con marcadas características suizas. Esta traducción se conoce como Biblia zuriquesa, o Biblia de Zúrich. Esta es la primera traducción protestante de toda la Biblia, hecha cinco años antes de que Lutero la tradujese al alemán. Fue impresa por Christoph Froschauer entre 1524 y 1529, y se publicó completa en 1531.

Felipe Melanchtón. Nació en Bretten, el 16 de febrero de 1492, y murió en Wittenberg, el 19 de abril de 1560. Fue un reformador y erudito alemán. Estudió en las universidades de Tubinga y Heidelberg; en esta última ingresó a los doce años. En 1521 escribió el libro titulado *Loci comunes rerum theologicarum*, una disertación a favor de la Reforma. Reemplazó a Lutero como líder de esta causa en Wittenberg cuando fue confinado en el castillo de Wartburg. Acompañó a Juan de Sajonia en 1529 a la Dieta de Espira y fue uno de los firmantes de la Protesta de Espira, por la cual los príncipes luteranos reclamaron la tolerancia religiosa al emperador Carlos V, acto del que se generó el nombre de protestantismo.

Como los demás reformadores, afirmó la autoridad de las Escrituras. Decía que solo ellas ofrecen la forma del cristianismo[68], y solo ellas podían establecer artículos de fe. Se oponía abiertamente a la introducción de especulaciones filosóficas para el establecimiento del dogma.

Juan Calvino. Los datos histórico-biográficos se han considerado antes, citando en ellos algunos de sus escritos, en forma destacable la *Institución de la religión cristiana*.

Es, sin lugar a duda, el padre de la teología reformada, y se considera como el mayor teólogo de la Reforma. El pensamiento de Calvino sobre la Escritura está ampliamente expuesto en la *Institución*, a la que se remite al lector para consideración extensa y personal. Baste un ejemplo de su concepción sobre la autoridad de la Biblia en materia de fe:

> Sin Palabra no hay fe. En primer lugar, hemos de advertir que hay una perpetua correspondencia entre la fe y la Palabra o

---

[68] *Forma chistianismi*.

doctrina; y que no se puede separar de ella, como no se pueden separar los rayos del sol que los produce. Por esto el Señor exclama por Isaías: Oíd, y vivirá vuestra alma (Is. 55:3). También san Juan muestra que tal es la fuente de la fe, al decir: Estas cosas se han escrito para que creáis (Jn. 20:31). Y el Profeta, queriendo exhortar al pueblo a creer, dice: Si oyereis hoy su voz (Sal. 95:7). En conclusión; esta palabra oír se toma a cada paso en la Escritura por creer. Y no en vano Dios, por Isaías, distingue a los hijos de la Iglesia de los extraños a ella, precisamente por esta nota: Y todos tus hijos serán enseñados por Jehová (Is. 54:13). (Porque si este beneficio fuese general, ¿con qué propósito dirigir tal razonamiento a unos pocos?).

Está de acuerdo con ello el hecho de que los evangelistas pongan corrientemente estos dos términos fieles y discípulos, como sinónimos, principalmente Lucas en los Hechos de los Apóstoles; e incluso en el capítulo noveno lo aplica a una mujer (Hch. 6:1-2, 7; 9:1, 10, 19, 25, 26, 36, 38; 11:26, 29; 13:52; 14:20, 22, 28; 20:1). Por ello, si la fe se aparta por poco que sea de este blanco al que debe tender, pierde su naturaleza, y en vez de fe, se reduce a una confusa credulidad, a un error vacilante del entendimiento. Esta misma Palabra es el fundamento y la base en que se asienta la fe; si se aparta de ella, se destruye a sí misma. Quitemos, pues, la Palabra, y nos quedaremos al momento sin fe.[69]

Sin lugar a duda es necesario entender que no se han completado, sino muy parcialmente, los Prolegómenos teológicos y en especial, como introducción a la Bibliología, lo más destacable para el asentamiento de la fe y el reconocimiento de la que es la Palabra. Esto permitirá hacer una aproximación en la presente sistemática al estudio de la materia, dejando el próximo capítulo a las corrientes actuales y nuevas doctrinas sobre las Escrituras.

---

[69] Juan Calvino, *Institución de la religión cristiana*, III, II, 6.

CAPÍTULO II
PROPUESTAS SOBRE LA ESCRITURA

Introducción

En el capítulo precedente se ha hecho una aproximación a los Prolegómenos sobre la teología en general, buscando destacar en cada uno de los puntos considerados una relación con la Escritura, de manera que el desarrollo de la Bibliología que siga tenga para el lector la preparación de cómo se alcanzan las bases doctrinales que la determinan y sustentan.

El desarrollo doctrinal desde los tiempos primeros de la Iglesia hasta el momento actual pasó por las etapas primeras de la época de los Padres apostólicos hasta la Reforma. En ese decurso se estableció la sistematización de la doctrina, apreciándose en los breves retazos históricos que no siempre se ha mantenido la verdad revelada, total o parcialmente, y que produjo desviaciones en el tiempo en ese sentido. La Reforma recuperó la verdad sobre la Escritura, confiriéndole la autoridad suprema y única que tiene sobre todo lo relativo a la doctrina y, por tanto, al establecimiento de la dogmática.

Lo que debiera ser una continuidad en la firmeza de la Bibliología, caminando al desarrollo pleno de la doctrina en los múltiples aspectos que la constituye, se vio en el tiempo siguiente, sacudida por influencias sociológicas y de humanismo filosófico, que ha hecho necesaria la recuperación de la verdad despojando nuevamente a la doctrina del lastre que los hombres han añadido.

La dinámica de cambios en los dos últimos siglos, especialmente en el período de finales del diecinueve y principios del veinte ha sido vertiginosa, humanamente hablando. La evolución del pensamiento en todos los órdenes ha sido notable, de manera que en los últimos cincuenta años se ha producido un continuo cambio que deja como obsoletas posiciones anteriores.

Tal situación afecta también a la teología con los cambios que se producen desde la llamada ilustración, pasando por la lógica humanista, el liberalismo, el modernismo, el postmodernismo y el relativismo. En forma sintética, como no puede ser de otro modo a los propósitos de esta para de la teología sistemática, se presentarán al lector las consecuencias, a nuestro parecer más destacables, que han tenido repercusión en la teología.

Ilustración.[1] Fue un movimiento intelectual, principalmente europeo, nacido a mediados del s. XVIII y que duró hasta los primeros años del s. XIX. Tuvo su principal presencia en Alemania, Inglaterra y Francia. Este movimiento condujo a profundos cambios culturales y sociales, siendo uno de ellos la Revolución francesa. La denominación de Ilustración es la consecuencia de la orientación que tuvo el movimiento al declarar su finalidad como la de disipar las tinieblas de la ignorancia de la humanidad mediante las luces del conocimiento y de la razón. El s. XVIII es conocido, por esta razón, como el Siglo de las luces y de la nueva la fe en el progreso.

Los pensadores de la Ilustración sostenían que el conocimiento humano era el único medio para combatir la ignorancia, la superstición y construir un mundo mejor. Esto tuvo un gran impacto en los aspectos científicos, económicos, sociales y teológicos de la época. Las reuniones, los medios de difusión y la esfera de la intelectualidad difundieron pronto el pensamiento de la Ilustración, que alcanzó a muchos en los múltiples debates que se producían.

Como decía D'Alembert, uno de los más destacados representantes de la Ilustración, "se discutió, analizó y agitó todo, desde las ciencias profanas a los fundamentos de la Revelación, desde la metafísica a las materias del gusto, desde la música hasta la moral, desde las disputas escolásticas de los teólogos hasta los objetos del comercio, desde los derechos de los príncipes a los de los pueblos, desde una ley natural a las leyes arbitrarias de las naciones, en una palabra, desde las cuestiones que más nos atañen a las que nos interesan más débilmente"[2]. El efecto de la Ilustración transformó el pensamiento y la valoración del entorno a que se enfocaba.

Liberalismo. Procedente del tronco de la Ilustración, el liberalismo es un sistema filosófico que defiende la libertad de la persona y la igualdad de todos ante la ley, con una reducción del poder del Estado. Busca eliminar, entre otras cosas, la confesionalidad del Estado. Si bien es un modo político-filosófico, no deja de influir en otros estamentos, como la religión, y en mayor medida en la teología.

En forma especialmente destacable, el liberalismo teológico se manifestó en la Iglesia católica, pero no dejó de alcanzar al sistema de teología protestante, especialmente en Alemania. La corriente del liberalismo que afectó posiciones teológicas durante el s. XIX tiene

---

[1] En francés, *Lumières*; en inglés, *Enlightenment*; en alemán, *Aufklärung*; en italiano, *Illuminismo*.
[2] Art. Wikipedia.

sus raíces en el tiempo de la Reforma, considerándose como uno de los destacados pensadores en el ámbito protestante a Erasmo de Róterdam. En general afectó ya en el s. XIX a teólogos franceses, belgas, alemanes y neerlandeses, que exaltaban la racionalización de las concepciones y expresiones religiosas, procurando actualizar conceptos como pecado, moral, practicas piadosas, etc., y del mismo modo promovían una actualización del concepto de la Biblia como documento inspirado. El liberalismo considera la Escritura como un libro meramente humano.

Racionalismo. En todo el entorno del pensamiento filosófico y teológico, como consecuencia de la Ilustración, surgió lo que se conoce como racionalismo, que acentúa el papel de la razón en la adquisición del conocimiento. Se desarrolló en la Europa continental en los s. XVII y XVIII. Algunos entienden que el iniciador de esta forma de pensamiento fue René Descartes, destacando su expresión "pienso, por lo tanto, existo". Aseguraba que solo por medio de la razón se podían descubrir las verdades universales.

El racionalismo entiende que la fuente de todo conocimiento es la razón dada por Dios. Lo importante es, para este principio, la filosofía de un conocimiento científico, afirmando que las matemáticas establecen el ejemplo de la ciencia segura, formulando el principio filosófico de la matematización, desarrollado en su libro *Discurso del método*. El método descansa en cuatro reglas para toda investigación filosófica: a) Evidencia: solo es verdadero todo aquello que no emite ninguna duda al pensamiento. b) Análisis: Reducir lo complejo a partes más simples para entenderlo correctamente. c) Deducción: Permitir a la operación racional deductiva el peso de la investigación, para encontrar las verdades complejas a partir de la deducción de las simples. d) Comprobación: Comprobar si lo descubierto a partir de la razón fue conseguido a través de estas reglas antes mencionadas.

En relación con la ética establece que ciertas ideas morales primarias son innatas en el hombre y que esos principios morales son evidentes en sí a la facultad racional.

Esto trae consecuencias en la teología, al afirmar que los principios fundamentales de la religión son innatos o evidentes en sí y que la Revelación es innecesaria, como en el deísmo. Esto trajo la consecuencia del proceso desmitificador de la Biblia, para reducir toda la enseñanza teológica al proceso de la comprensión mental, rechazando todo cuanto no pueda valorarse por la razón, como es el caso de los milagros y acciones sobrenaturales en el contenido de pasajes bíblicos.

Es necesario recordar que a principios del s. XVII, la filosofía, mayoritariamente, estaba dominada por la escolástica, escrita por teólogos que seguían a Platón y Aristóteles en la filosofía, y los escritos y enseñanzas de la Iglesia en cuanto a dogmática. Descartes argumentó que las doctrinas metafísicas escolásticas no podían ser razonablemente aceptadas y, por tanto, carecían de sentido o eran falsas. Propuso comenzar la filosofía desde cero, arrastrando del mismo modo a la teología. El desarrollo argumental está en su obra *Meditaciones metafísicas*, tratando de sostener sus principios en seis ensayos. Propuso deshacerse de todas las creencias para aceptar solo aquellas que se saben con certeza. Esta posición conduce a dudar de casi todo: desde la realidad de objetos físicos, Dios, sus recuerdos, la historia, ciencias, incluso matemáticas, pero no puede dudar de que, de hecho, está dudando. Cuando alguien piensa, incluso si se trata de un contenido falso, sabe que algo tiene que existir para estar pensando en eso. Partiendo de aquí se construye un nuevo conocimiento. Acepta que algunas ideas no pueden originarse solo en la persona, sino que proceden de Dios, lo que le permite probar que Dios existe. Para él los métodos ordinarios del razonamiento pueden ser falibles, pero no falsos. Esta posición afectó directamente al pensamiento teológico y abrió la puerta para el liberalismo.

Modernismo. Es otro de los movimientos que surgen en Europa como consecuencia de la nueva orientación filosófica. Se usa para referirse al pensamiento que considera los dogmas y la misma iglesia como instituciones humanas, portadoras de rasgos debidos a su contexto histórico y, por consiguiente, necesitadas de ser revisadas y reformadas.

Situación en el s. XIX

La esperanza promovida por la Revolución francesa no alcanzó las expectativas. Los distintos pensamientos filosóficos que afectaron la intelectualidad y produjeron alteraciones en la orientación teológica se sucedieron uno tras otro sin lograr una estabilidad en las propuestas expresadas. La Segunda Guerra Mundial vino a agravar la situación, limitando los estudios teológicos especialmente en los países de Europa. Todo esto dio paso a una evolución de pensamientos filosóficos y teológicos que requieren un estudio detallado de los distintos planteamientos, cosa que excede a los objetivos de esta tesis, limitándolo a algunas manifestaciones que se seleccionan y que ofrecen una breve panorámica de esta evolución.

Idealismo trascendental

El máximo exponente fue Emanuel Kant. Nació en Königsberg, Prusia, el 22 de abril de 1724, y falleció en el mismo lugar, el 12 de febrero de 1804. Es el mayor representante del criticismo, considerado como uno de los mayores pensadores de la Europa moderna. Es el último exponente de la modernidad, anterior a la filosofía contemporánea que parte desde 1831.

Su pensamiento se planteó mediante la formulación de tres preguntas, a las que dio respuesta en tres obras literarias. La primera: ¿Qué debo hacer? La responde con la *Crítica de la razón práctica*, centrada en la ética y la metafísica de las costumbres; en ella hay una parte sobre la doctrina de la virtud y otra que se ocupa del *ius*, la doctrina del derecho. La segunda: ¿Qué puedo esperar? La respuesta está en la *Crítica del juicio*, una investigación sobre la estética y la teología. En tercer lugar, la pregunta: ¿Qué puedo conocer? A cuya respuesta dedica el escrito que titula *Crítica de la razón pura*, que es considerada como punto de inflexión en la historia moderna de la filosofía, donde investiga la estructura misma de la razón. En el trabajo propone que la metafísica tradicional pase a reinterpretarse por la epistemología, porque solo se pueden abordar temas de la metafísica en la medida en que entendamos y podamos relacionar la fuente con los límites del conocimiento.

Kant se propuso destruir el dogmatismo superficial de las escuelas que estaban en vigor y orientar el pensamiento hacia la búsqueda de un nuevo principio del conocimiento.

En relación con la teología, su pensamiento influyó en exaltar el principio de la razón práctica y en la concepción sobre el sistema moral teológico con Dios como origen y el reino de Dios como fin, puso las bases del racionalismo que abrió la puerta al liberalismo humanista, cuestionando los principios fundamentales de la teología.

Idealismo

El principal referente es Jorge Guillermo Federico Hegel[3]. Nació en Stuttgart, el 27 de agosto de 1770, y murió en Berlín, el 14 de noviembre de 1831. Es el máximo representante del idealismo, el último de la modernidad y uno de los más importantes de su época. A diferencia de Kant, Hegel defendía un tipo de razón que resultaba de la relación

---

[3] En alemán: *Georg Wilhelm Friedrich Hegel*.

dialéctica entre los raciocinios individuales y los hechos impredecibles de la realidad, por lo que el conocimiento solo era posible *a posteriori*, resultando así una razón histórica, colectiva y providencialista. Se considera como su obra más importante su *Fenomenología del espíritu*, editada en 1807.

Su influencia en las dos grandes corrientes de teología de esos años es evidente.

Sintéticamente, su pensamiento era que la única realidad es la mente del Absoluto, que es Dios; todas las demás cosas no son sino expresiones de esa única realidad. Por tanto, la filosofía es una parte de la teología. Según Hegel, el error se produce cuando el pensamiento o la abstracción son incompletos. La historia es la que pone al descubierto la finitud de los pensamientos y de las acciones, permitiendo a la mente infinita del Absoluto alcanzar niveles cada vez más altos de expresión cultural y espiritual.

Hegel dividió la religión en cuatro etapas, o cuatro modos de obtener el conocimiento del Absoluto, y cuatro vías para el estudio de la providencia divina: 1) La religión natural, el animismo, cuando el hombre adoraba árboles, corrientes de agua o animales. 2) Religión politeísta, cuando el hombre representaba a Dios bajo figuras humanas, construía templos y adoraba estatuas. 3) La religión cristiana, en la que, mediante la encarnación, Dios se hace presente en el mundo como Dios-hombre. Jesús no hizo distinción entre amigos y enemigos, derribó las desigualdades y expuso una moral que es una expresión espontánea de la vida: una participación de la vida divina. 4) En la encarnación, Dios estaba todavía confinado a un determinado contexto espacio-temporal. La religión ideal, según Hegel, es una reformulación de las creencias cristianas en términos de filosofía especulativa, porque una religión filosófica no conoce fronteras: Dios es amor, de forma que, aun cuando las tesis y las antítesis son necesarias históricamente, la reconciliación y la síntesis de los extremos es siempre esencial.

Las interpretaciones de Hegel varían mucho. Para unos, su cristianismo filosófico es herético, ya que es un panteísmo larvado. Para otros, el sistema de Hegel es un intento sincero de articular las verdades cristianas en lenguaje filosófico. Lo que no se puede negar es que su influencia ha sido, y es, amplísima, llegando por un lado hasta la dialéctica histórico-materialista de Marx, y por otro a la preocupación por la conciencia de sí mismo propia de S. Kierkegaard.

Posiblemente la precisión más correcta sobre el pensamiento de Hegel tiene que ver con un panteísmo idealista, en el que todas las mentes son expresiones de la única realidad absoluta, y todas las realidades no son otra cosa que expresiones mentales.

La influencia de Hegel ha sido dañosa para la teología, ya que afirma que el pensar prevalece sobre el ser. El resumen general es que, si se debe defender las verdades del cristianismo y existe una revelación sobrenatural que las contiene y expresa, se debe determinar primero cuál es el verdadero contenido de esa revelación. Esto abre el camino hacia la especulación sobre cuáles son las verdades divinas y leyendas humanas en el contenido de la Biblia.

Teología liberal[4]

Se conoce con este nombre —y también como liberalismo teológico— al movimiento de investigación surgido en el ámbito cristiano en el seno tanto de la teología protestante como católica que se desarrolló principalmente en Alemania durante el s. XIX. Acompaña a la teología restaurativa[5] y a la teología de la mediación[6], y es la tercera corriente teológica decimonónica con mayor incidencia, hasta el punto de que se llega a afirmar que la teología del s. XIX fue liberal. Se enraíza con el espíritu de una época marcada por la ilustración y el historicismo. La teología liberal supuso una posición que pretendió renovar lo concerniente con la exégesis bíblica y sobre todo con la crítica histórica del dogma. Esto abrió la discusión teológica contemporánea. Aunque no se puede hacer una distinción común al movimiento, se aprecia un fin determinado: situar a la teología dentro de los cánones del humanismo moderno, de la ciencia y de la crítica histórica. Esto supone despojar a la teología de toda dependencia de la doctrina fundamental y de toda sujeción a la fe. En todo se procuró fijar el cristianismo desde el punto de vista de la modernidad.

Esto comportaba secularizar lo que el sistema llama contenidos mitológicos del cristianismo; por tanto, la consecuencia natural era desmitologizarlos, es decir, que todos los contenidos de la fe cristiana, como pueden ser los milagros que no pueden concordar con las leyes de las ciencias naturales, deben ser releídos en clave del pensamiento de quienes tienen un grado de educación y cultura o, simplemente, considerarlos como leyendas sin base histórica. Se trataba de

---

[4] En inglés: *Liberale Theologie*; en alemán *Teologischer Liberalismus*.
[5] *Restaurative Theologie*.
[6] *Vermittlungstheologie*.

mantener la fe cristiana de modo que no supusiera el sacrificio de la inteligencia[7].

La teología liberal saca provecho de las consecuencias más extremas de la Ilustración, de la crítica de la superstición y del dogmatismo acrítico, elementos fundamentales utilizados por la crítica del supernaturalismo, sintomático de la modernidad, sujeto al lema de Kant: *Sapere Aude!*

En cierto modo, se trata de un neo-modernismo, resultado del período de la Ilustración en la teología alemana, que se levantó contra el intenso racionalismo de la Ilustración y contra la ortodoxia fría de las confesiones protestantes.

El propósito del liberalismo era armonizar la teología cristiana con los movimientos del razonamiento humanista, haciéndola concordar en un llamado nuevo aprendizaje.

El inicio de este sistema se atribuye a Schleiermacher, en su obra *Über die Religion. Reden an die Gebildeten unter ihren Verächter*, en castellano *Sobre la religión*, publicada en 1799, dirigida, como se expresa en el subtítulo, *A los menospreciadores cultivados de la religión*. La pregunta central del liberalismo es esta: ¿Cómo es posible hacer comprensible la verdad de la fe cristiana en términos del pensamiento moderno? Para esto se deben abandonar contenidos de fe que son inaceptables para el mundo actual.

La primera fase de la teología liberal se caracterizó por la crítica radical del dogma y de los textos bíblicos. Una segunda fase siguió la filosofía de Kant. La tercera se centra en la Escuela de Historia de la religión[8], que se convierten en las tareas prioritarias de esa investigación.

Necesariamente debe hacerse una referencia a Ferdinand Christian Baur (1782-1860), fundador de la Escuela de Tubinga. Para esta forma de pensamiento, los términos *histórico* y *crítico* tienen el mismo significado. Por tanto, tratar los textos bíblicos para determinar su historicidad exige ser crítico respecto de los textos que son objeto de estudio. Afirmaban que el mismo método histórico y filológico que se usa para investigar cualquier escrito profano antiguo debe aplicarse a los textos sagrados. Esto lleva a extremos inauditos, llegando a enseñar que el Cristo de la fe es solo la encarnación en el Cristo de la historia de la idea que la fe cristiana había establecido sobre Él. En ese sentido, el dogma no es ninguna verdad divinamente

---

[7] *Sacrificium intellectus.*
[8] *Religionsgeschichtliche Schule.*

revelada, sino que surge en la historia, de modo que ha de ser investigado por el método histórico-crítico.

Es necesario citar también a Federico Daniel Ernesto Schleiermacher. Nació en Breslau, el 21 de noviembre de 1768, y murió en Berlín, el 12 de febrero de 1834. Fue un teólogo, filólogo y filósofo alemán, uno de los teóricos de la hermenéutica. Su familia era muy devota. Su padre fue capellán militar de la Iglesia reformada. Se educó con los Moravos, cuya piedad le causó una profunda impresión.

En 1787 entró en la Universidad de Halle, donde se dedicó intensamente al estudio de la filosofía, especialmente de Platón y sobre todo de Kant. Su sentimentalismo, avivado por el pietismo, hizo que siguiera a este último no por la vía de la crítica de la razón pura, sino por la crítica de la razón práctica. Terminados sus estudios se radicó definitivamente en Berlín en 1897. Allí enseñó muchas materias teológicas y bíblicas, excepto Antiguo Testamento. Se opuso radicalmente a las especulaciones de la Ilustración, sosteniendo que la verdadera esencia de la religión consiste en el sentimiento, el cual nos concede una experiencia inmediata de Dios. La consecuencia de esta posición es que la esencia de la religión es una experiencia absolutamente subjetiva, que tiene especial dimensión en la aceptación de la revelación, inerrancia y autoridad de la Palabra. Pero, para él, la Palabra es revelación de Dios solo en cuanto actúe en la experiencia íntima del individuo.

Schleiermacher definió la religión como el sentimiento de absoluta dependencia. La teología se convierte en una materia científica de tipo histórico, cuya razón de ser es la de informar sobre la experiencia religiosa de cada generación. Prácticamente es una exposición histórica de la fe subjetiva de cada tiempo. Esta posición produce inmediatamente una rotura con la teología bíblica y con toda la enseñanza general aceptada por la Reforma.

Negaba la caída original y la subsiguiente corrupción de la naturaleza humana, sosteniendo que la justicia y el pecado han coexistido siempre en el ser humano.

Para él, la cristología tradicional había perdido el tiempo en discusiones sobre la persona y la obra de Cristo, en lugar de la experiencia inmediata de la redención misma, donde Cristo es el ejemplo ideal y, al mismo tiempo, la fuente de la consciencia de Dios con la que se vence al pecado.

Contradecía también la verdad revelada sobre la regeneración, considerando a los creyentes como quienes experimentan la regeneración, adquiriendo la conciencia que Cristo tenía de Dios en la vida corporativa de la Iglesia de cada época y no por medio de la fe en los hechos, simplemente históricos, de la muerte y resurrección de Jesucristo. Esto se opone radicalmente a la enseñanza del apóstol Pablo:

> También os recuerdo hermanos el Evangelio que os prediqué, el cual también recibisteis, en el cual también estáis firmes. Por el cual también, si os aferráis a la palabra que os prediqué, sois salvos, si no creísteis en vano. Porque primeramente os entregué lo que también recibí: Que Cristo murió por nuestros pecados, conforme a las Escrituras; que fue sepultado y que fue resucitado al tercer día, conforme a las Escrituras.
> (1 Co. 15:1-4)

Su redefinición de la teología cristiana ejerció su impacto más fuerte en el tema de la autoridad de la Biblia. Según él, ninguna autoridad, ya sea la bíblica u otra, expresada en los credos, o la de cualquier estamento eclesial, incluso la Iglesia misma, debe prevalecer sobre la experiencia inmediata de los creyentes. Esto le llevó a rechazar por irrelevantes doctrinas como la concepción virginal de Jesús, la Trinidad y la segunda venida.

Bases del liberalismo. Está basado filosóficamente en una de las múltiples formas que adquiere el idealismo filosófico alemán. Para Schleiermacher, se trata del romanticismo en un intento de mediación.

El liberalismo descansa en cuatro bases: 1) Aceptación de una de las expresiones del sistema filosófico del idealismo. 2) Confianza incondicional en el sistema de estudios críticos de la Escritura, que negaban implícita o explícitamente las doctrinas de la revelación e inspiración de la Biblia. 3) Los avances científicos hacen de muchas partes de la Biblia algo caduco y sin razón de ser. 4) El sistema pretende ser una armonía entre el nuevo aprendizaje y el cristianismo. Por tanto, es modernista y liberal.

Metodológicamente aceptó la filosofía en boga para formar su esquema y desde ella desarrolló la doctrina de la experiencia religiosa, trasladando el sistema filosófico a una crítica reconstructiva del cristianismo, mediante la identificación de este con una experiencia religiosa. Necesariamente tuvo que alterar las bases dogmáticas del cristianismo para adecuarlas al sistema filosófico de la experiencia religiosa. Entre otras cosas alteró la verdad sobre la Trinidad para asimilarla a una trinidad funcional. Del mismo modo, la encarnación del Verbo de Dios se trasladó a una simple manifestación de un Jesús histórico que fue simplemente el primero de los cristianos. Afirmaba que la salvación no es la liberación del pecado y de la ira, sino del sensualismo moral y de la ética egoísta. Se despojó el reino de Dios de sus elementos transcendentales y escatológicos, para convertirlo en una sociedad ética y religiosa.

Resumen del liberalismo. El racionalismo filosófico del s. XVIII afectó profundamente los conceptos bíblicos y teológicos del cristianismo. La Alta crítica o Crítica histórica ha dado paso al estudio de los problemas que, según el sistema liberal, hace de la Biblia un libro más, destruyendo con sus razonamientos las posiciones históricamente aceptadas sobre fecha, autor, fuentes, valor histórico, relación con el tiempo de origen y carácter de la composición.

Crítica radical

En el s. XIX nace la crítica radical, que tiene como premisa que "toda evidencia debe considerarse sospechosa hasta que pueda demostrarse su validez". Esto condujo a un escepticismo en relación con la veracidad y el contenido de la Biblia. Tal sistema conduce al rechazo de las acciones sobrenaturales, especialmente de los milagros que se registran en las Escrituras. En un análisis crítico de los evangelios, muchos de los liberales sostienen que los milagros de Jesús no han sido tales, sino relatos mitológicos para asentar verdades de fe. Este sistema invasivo procedía especialmente de las universidades alemanas, entre cuyos pensadores estaba Schleiermacher, que se distinguió entre ellos por aplicar los principios críticos de manera sistemática en la investigación de la literatura del Nuevo Testamento.

De gran influencia en el s. XIX fue la anteriormente citada Escuela de Tubinga, que nada tiene que ver con la primera escuela conservadora que hubo en la ciudad. El representante máximo de la escuela fue Ferdinand Cristian Baur (1792-1860). Quien enfatizó el rechazo a todo elemento sobrenatural en los escritos del Nuevo Testamento, presentando una reinterpretación de ellos desde el punto de vista histórico, como consecuencia de la influencia de la filosofía de la historia de Hegel.

Otro hombre de esta escuela fue David Federico Strauss (1808-1874). Entusiasta de la escuela de Hegel, fue nombrado tutor en el Seminario de Tubinga, donde escribió su obra *Vida de Jesús*, por la que fue obligado a dimitir. Utilizó la palabra "mito" en el sentido de dejar de ser una creación inconsciente de la comunidad cristiana para pasar a ser una invención más o menos refleja y buscada. En 1872 publicó la obra *La fe antigua y la nueva*, aceptando abiertamente el creacionismo e identificándose con el evolucionismo darwiniano; rechazó la creencia de un Dios personal y la vida después de la muerte, insistiendo que lo único que queda es el sentimiento de que dependemos absolutamente del universo.

El movimiento liberal, aunque tiene raíces históricas de consideración, su desarrollo alcanzó el punto máximo en el s. XIX. Para mediados del s. XX, un gran número de seminarios e instituciones de enseñanza teológica lo habían asumido, aceptando los postulados básicos de la crítica radical.

La crítica liberal basa su estudio de la Biblia en las siguientes premisas: 1) Mentalidad moderna que gobierne el análisis y estudio pleno de la Escritura controlándolo por la ciencia, filosofía, ética, historia, etc., y rechazando por el contario todo pensamiento lógico de las doctrinas del pecado, infierno, depravación en cuanto a la antropología y, entre otras, la resurrección literal de Cristo en cuanto a la cristología. 2) Rechaza el concepto tradicional de la inspiración plenaria y verbal de la Escritura, considerando que la inspiración es solo el poder para conducir al hombre a tener una experiencia religiosa. 3) Rechaza todo lo sobrenatural, considerando que no es algo extraordinario solo aquello que está por encima del orden material o más allá del proceso natural. 4) Aplica la teoría de la evolución a todo lo que tiene que ver con la religión de Israel en el Antiguo Testamento, incluyendo la formación del pueblo y los documentos sagrados. 5) Afirma que los escritores de la Biblia fueron más allá del simple hecho de proveer a sus lectores de un trasfondo histórico y cultural de los tiempos bíblicos, tomando prestados conceptos de las religiones y culturas paganas para incorporarlas de modo sincretista a sus documentos escritos. 6) Acepta como elemento imprescindible para interpretar la Biblia los sistemas filosóficos imperantes en cada momento.

Alta crítica y teoría documentaria. La comprensión de estos dos temas —que serán tratados más extensamente— exige una breve referencia a Julius Wellhausen, que es promotor de las dos teorías. Nació en Hamelin, el 17 de mayo de 1844, y murió en Gotinga, el 7 de enero de 1918. Fue un filólogo orientalista y teólogo protestante, experto en culturas orientales. Hijo de un pastor protestante, estudió teología en la Universidad de Gotinga con el profesor Georg Heinrich August Ewald, cuya obra *Historia del pueblo de Israel* ejerció en Wellhausen una profunda influencia. En la Universidad de Gotinga alcanzó la posición de profesor habilitado de Historia del Antiguo Testamento en 1870. En 1872 fue nombrado profesor ordinario de teología en la Universidad de Greifswald, dejando la Universidad diez años después. Según él, lo hizo por razones de conciencia:

> Me había convertido en teólogo porque me interesaba el tratamiento científico de la Biblia y, poco a poco, llegué a comprender que un profesor de teología también tenía la tarea práctica de preparar a los estudiantes para servir en la Iglesia protestante: yo no era adecuado para esta tarea práctica, sino que, a pesar de toda la precaución por mi parte, hacía que mis oyentes no fueran aptos para su oficio. Desde entonces, mi cátedra teológica ha estado pesando mucho en mi conciencia.[9]

Wellhausen es conocido en medios eruditos bíblicos especialmente por su libro *Prolegómenos a la Historia de Israel*[10], publicado en 1878. En él hizo una síntesis detallada de los puntos de vista existentes sobre los orígenes de los primeros cinco libros del Antiguo Testamento (Pentateuco o también Torá). Se apoyaba en los trabajos de Karl Heinric, Wilhelm de Wette y Wilhelm Vatke, que sostenían que el Pentateuco era anterior a los profetas. El resultado fue la propuesta de una teoría llamada Hipótesis documentaria, que identifica y data cuatro fuentes en el Pentateuco, y se convirtió en modelo para muchos eruditos bíblicos y continuó siéndolo también en el s. XX.

Wellhausen pertenecía a la Escuela de la historia de las religiones y contribuyó al movimiento de la Antigua búsqueda del Jesús histórico. Asumió como correctas las interpretaciones del racionalismo, de modo que el título de Hijo del Hombre, que Jesús aplica a sí mismo en los evangelios, equivalía simplemente a hombre. La significación del título como divino y mesiánico apareció, según él, después de la muerte de Jesús, como resultado de interpretaciones escatológicas de grupos mesiánicos del principio del cristianismo. No tenía en cuenta que el título procede de la profecía de Daniel, en la que se lee:

> Yo miraba entonces a causa del sonido de las grandes palabras que hablaba el cuerno: miraba hasta que la bestia fue muerta, y su cuerpo destruido y entregado al fuego devorador. En cuanto a las otras bestias, su dominio les fue quitado, pero sus vidas fueron prolongadas por un tiempo determinado. Proseguí mirando en las visiones nocturnas, y he aquí con las nubes de los cielos venía uno como hijo de hombre, y llegó hasta el

---

[9] Recogido por Oden, 1987.
[10] *Prolegomena zur Geschichte Israels.*

Anciano de días, y lo hicieron acercarse ante Él. Y le fue concedido señorío, gloria y un reino, para que todos los pueblos, naciones y lenguas lo sirvieran. Su dominio es dominio eterno, que nunca pasará, y su reino uno que no será jamás destruido" (Dn. 7:11-14 BT).

El texto de Daniel fue escrito en el tiempo del cautiverio en Babilonia, de modo que la propuesta de ser un título dado a Cristo por los cristianos no tiene sustento bíblico, histórico, ni teológico.

Neo-ortodoxia

Llamada también teología de crisis y teología dialéctica, es la designación por la que se conoce a un grupo de teólogos protestantes europeos, principalmente alemanes y suizos, seguidores del movimiento teológico de Karl Barth, especialmente expuesto en su comentario a la *Epístola a los Romanos*[11]. La neo-ortodoxia no acepta el progresismo historicista y racionalista de la teología liberal, afirmando que no es posible una teología humanista que acomode los principios de fe a la cultura coetánea con los intereses que le son propios. Estos principios de la neo-ortodoxia comenzaron a divulgarse a partir de 1923 a través de Barth y sus seguidores, entre los que puede citarse a Emil Brunner, Rudolf Bultmann, Friedrich Gogarten, Eduard Thurneysen y Dietrich Bonhoeffer.

La neo-ortodoxia influencia y orienta los desarrollos subsecuentes de la teología protestante, cuyas corrientes se manifiestan especialmente en Europa y Estados Unidos, entre otras en la Teología de la liberación, forjada en América Latina. La neo-ortodoxia descansa en la postulación formulada por Karl Barth: a) Tesis: Somos teólogos y, por tanto, debemos hablar de Dios. b) Antítesis: Somos hombres y, como tales, no podemos habar de Dios. c) Síntesis: Hemos de hacer ambas cosas, nuestro deber y nuestro no-poder, deben honrar a Dios. Tal posición se enfrenta al protestantismo cultural, ocupado en la ética y otros aspectos que contribuían a la cultura. La teología dialéctica afirma lo que es trascendente, que ellos llaman asuntos escatológicos[12], que nada tienen que ver con la escatología o doctrina de las últimas cosas, sino que se trata de enfrentar la vida en el momento presente con la proyección que generan los actos y pensamientos. En

---

[11] Cf. Barth, 2012.
[12] *Escathologische Dinge*.

este sentido debe hacerse referencia a la tesis de Dietrich Bonhoeffer, *Acto y ser*[13], presentada en 1931.

El sistema del protestantismo liberal llevó a Bath a reconsiderar su posición teológica. En 1919 publicó su libro *Der Römerbrief*[14], que le valió ser nombrado profesor de teología reformada en Gotinga. Su obra cumbre es *Church Dogmatics*[15]. En un ambiente liberal, su modo de pensamiento fue afectado de lleno por su ministerio pastoral, descubriendo que la teología liberal estaba vacía de contenido y no tenía respuestas a la problemática del pueblo de Dios. En su búsqueda a la respuesta de esta pregunta se puso cada vez más bajo la Palabra y la influencia de ella, comenzando a estudiarla con profundidad y seriedad.

Las claves del pensamiento de Barth se pueden agrupar en tres: 1) Su rechazo de la analogía del ser, a favor de la analogía de la fe. 2) Su afirmación de que la Biblia contiene la Palabra de Dios, pero no es toda ella Palabra de Dios. 3) Su teoría sobre la salvación universal de los seres humanos, incluido Judas, por ser Cristo el verdadero reprobado, al ser nuestro sustituto en la cruz.

Los principios hermenéuticos de la neo-ortodoxia pueden establecerse fundamentalmente de la siguiente manera.

Principio de revelación. La neo-ortodoxia niega la infalibilidad y la inerrancia de la Biblia, así como el concepto tradicional de revelación, rechazando que sea proposicional, es decir, objetiva, y se adhiere a una revelación existencial o subjetiva. Acepta que, en cuestiones sobre ciencia, antropología, historia, la Biblia es refutada por la ciencia moderna. Rechaza, por tanto, el concepto de revelación como comunicación de la verdad divina no determinada por poderes humanos. Según la neo-ortodoxia, Dios no puede hablar por Dios. La revelación ocurre cuando Dios habla, pero Dios no habla por medio de palabras, sino con su presencia personal. La manera objetiva del discurso de Dios es Jesucristo, quien es Dios presente en misericordia, gracia y reconciliación. Cuando Dios habla por medio de Jesucristo y recibe respuesta del hombre es el momento de la revelación. Por consiguiente, la Biblia no es revelación, sino testimonio de revelación y, como consecuencia, no es infalible.

Principio cristológico. Cristo es la Palabra de Dios, por tanto, solo lo que Él testifica es vinculante. Las doctrinas son entendidas en

---

[13] *Akt und Sein.*
[14] *La carta a los Romanos.*
[15] *Dogmática de la Iglesia.*

base a Cristo. Él es la Palabra de Dios, como Dios mismo dándose y comunicándose, en un encuentro con el hombre en el mundo.

Principio de totalidad. Afirma que no se puede probar una doctrina mediante citas de textos de la Escritura. La enseñanza de la Biblia se determina mediante la consideración de la plena totalidad de su enseñanza.

Principio existencial. Según la propuesta de la neo-ortodoxia, para entender la Biblia es necesario leerla existencialmente. Solo mediante este modo de lectura, la Biblia se convierte en Palabra de Dios para el lector. Una situación existencial tiene que ver con una realidad profunda de la vida. La Biblia no es primordialmente histórica, aunque contiene historia. Tampoco es teología, aunque la contiene. La Biblia es un libro que tiene que ver con la existencia, a fin de que las vidas adquieran un sentido amplio a la luz de Dios, que demanda respuestas y aceptaciones.

Principio de la paradoja. Paradoja es una declaración o proposición que parece ser autocontradictoria o absurda, y aun así es explicable porque expresa una verdad. En ese sentido, es necesario aplicar principios dialécticos para una correcta interpretación de la Biblia. Barth pone algunos ejemplos para justificar su tesis: a) El hombre tiene que usar la razón para entender a Dios, pero Dios está más allá de la razón humana. b) El hombre es un ser natural, pero como poseedor de espíritu trasciende a la naturaleza de las cosas. c) El hombre es responsable de su pecado, pero inevitablemente peca. d) Dios es uno, pero es tres. e) La cruz es locura, pero es sabiduría.

Principio mitológico. La mitología es un principio básico de comunicación. Ese sistema está también en la Biblia, que debe interpretarse seriamente, pero no literalmente. Para interpretar la Biblia seriamente debe ser desmitificada. Entre los mitos bíblicos están la creación, la caída, la encarnación, los milagros de los evangelios y la segunda venida. Bultmann afirmó que la Iglesia primitiva expresó su fe mitológicamente.

El lenguaje teológico. Un cambio en la esencia de la teología exige necesariamente un lenguaje adecuado a ello, ya que no es posible hablar de lo que es totalmente otro en lenguaje humano. Solo es factible hacerlo mediante la revelación de Dios.[16] Barth afirma que la forma de hablar en teología debe ser también dialéctica, y la diferencia de la forma dogmática de hacerlo. Para él el dogmatismo es la ortodoxia anclada en el supranaturalismo de ideas premodernas. El

---

[16] *Offenbarung Gottes.*

dogma se construye de verdades absolutas que parten del concepto de inerrancia bíblica. El camino de la dialéctica es, para Barth, la vía de mediación entre negación y afirmación. Esto no son vías de pensamiento filosófico, sino de una analogía tomada de la doctrina de la justificación, en la que el hombre es al mismo tiempo justificado y pecador[17]. El ser humano se mantiene entre la afirmación y la negación, en la esfera de la redención, tanto soteriológica y ónticamente, como en cuanto a la noesis.

Exégesis bíblica. A causa de la dialéctica, debe comprenderse lo que es el mensaje de la Biblia. Para Barth, los textos sagrados son idénticos y no idénticos, es decir, lo mismo y no lo mismo. Para él la Palabra de Dios siempre acaece en la acción, por eso no está de antemano en forma objetiva. Así lo expresa en su obra *Kirchliche Dogmatik*[18]*,* refiriéndose a la Biblia en tres sentidos: 1) La Palabra revelada, que se trata de la revelación de Dios inmediata, transmitida por los profetas y los apóstoles. Por tanto, la Biblia constituye un medio del testimonio inmediato de profetas y apóstoles. 2) La Palabra escrita, que es el testimonio para que permanezca en el recuerdo como lo que una vez sucedió, es decir, la revelación inmediata acontecida. Sin embargo, la Biblia no está libre de errores, manteniéndose fiel a la crítica bíblica, considerando que se trata de la transmisión humana de los primeros testigos. La Biblia es, por tanto, el medio por el cual la Iglesia recuerda el acontecimiento de la revelación de Dios.

Proclamación de la Palabra. La Biblia es la Palabra proclamada. El discurso humano sobre Dios es a su vez el propio discurso de Dios mismo. Por consiguiente, Dios viene a la Palabra en el lenguaje; de ahí que, al estar vinculado al lenguaje, está también sujeto a las limitaciones y errores propios del lenguaje humano.

Contra las propuestas de la neo-ortodoxia se estudiará más adelante la doctrina de la inspiración y de la inerrancia, entendiendo que el Espíritu Santo estaba en el control de la composición de toda la Biblia, impidiendo con ello errores en los textos originales. La Biblia es la revelación completa y suficiente de Dios (2 Ti. 3:16-17; 2 P. 1:21). Para el movimiento neo-ortodoxo, la Palabra de Dios es Jesús (Jn. 1:1), y dice que la Biblia es la interpretación que el hombre da a los hechos de la Palabra de Dios. Esto conduce a que entiendan que no es un escrito inspirado, sino un documento humano, de modo que algunas porciones de la Escritura no son realmente ciertas. Si Jesús es

---

[17] *Simul iustus et peccator.*
[18] *Dogmática de la Iglesia.*

la Palabra, entonces Dios habla solo a las personas que encuentran a Jesús, de modo que la Biblia no es en sí misma una verdad objetiva. Para un teólogo de la neo-ortodoxia, la revelación es siempre subjetiva, es decir, depende de la experiencia de cada individuo. La Biblia es Palabra de Dios cuando Él usa sus palabras para llevar a alguien a Cristo. Para esta teología, los datos bíblicos y en general todo su contenido no es tan importante como tener un encuentro transformador con Jesús.

El pecado para la neo-ortodoxia es la declinación de nuestra responsabilidad en el trato correcto hacia los demás. Por consiguiente, el resultado del pecado es la deshumanización, que puede alcanzar un alto grado de crueldad.

El problema teológico del neo-protestantismo

Es necesario entender que, en una introducción a los Prolegómenos y la Bibliología, no puede alcanzarse un trato extenso del problema teológico planteado con el neo-protestantismo. Sin embargo, cabe destacar que para este sistema, el mensaje central o kerigma de la verdad bíblica es increíble e inaceptable para el hombre moderno dentro del marco de la cosmología bíblica. Esto trae como consecuencia la necesidad de propiciar una expurgación de los elementos mitológicos de la Palabra para hacerla compatible con el conocimiento actual de la ciencia. Elementos bíblicos que son fundamento de la dogmática cristiana, como la preexistencia de Cristo, el nacimiento virginal, su deidad, el sacrificio vicario de la cruz, su resurrección y ascensión y su regreso futuro no son más que mitos que sustentan la fe y que necesariamente deben ser releídos o sustituidos. De igual modo, el juicio final y la condenación eterna son también mitos que deben ser actualizados o eliminados. Todo aquello que revista forma de milagro sin posibilidad de explicación racional es un mito bíblico. Es evidente que el proceso de desmitologización, cuando se lleva a cabo de un modo tan completo, mutila el cristianismo en forma tan radical que queda irreconocible. Jesús mismo pasa a ser un mero hombre y su venida y obra son tan solo una intervención divina objetiva en un fenómeno histórico relativo; por tanto, Jesús no es diferente de cualquier otro hombre.

En estos postulados, lo que está en verdadero peligro es, ni más ni menos, la verdad de la revelación, el conocimiento de Dios y, con ello, la salvación (Jn. 17:3). Para este sistema neo-protestante, el mito genera la incertidumbre a causa de la historicidad general, es decir, su verdad histórica concebida en forma general, y se sitúa en un fundamento falso porque afirma como histórico aquello que no lo es. Colocan como mito lo que, según este pensamiento, es resultado del simbolismo propio del lenguaje figurado necesario para expresar adecuadamente las cosas de Dios, es decir, la necesidad de expresar lo trascendente en lenguaje humano y lo divino en términos de la vida natural. Eliminar el mito conduciría al hombre a ser incapaz de decir cualquier cosa acerca de Dios; a Dios le sería imposible a su vez decir al hombre algo sobre Él que fuese aceptable a la inteligencia humana.

Sin dejar de aceptar que hay mucho lenguaje simbólico en la Biblia, que debe ser interpretado de ese modo, no es menos cierto que debe aplicarse a la interpretación bíblica el sistema literal siempre que sea posible. Las verdades dogmáticas como la ascensión de Cristo no son descripciones mitológicas que surgieron para afirmar algún aspecto de la fe, sino descripciones fenomenológicas, es decir, detalles expresados desde el punto de vista del observador que se han producido histórica y literalmente. Debe entenderse claramente que los fundamentos que sustentan los principios liberales son incompatibles con la doctrina bíblica sobre las Sagradas Escrituras. La Palabra es el Logos escrito y no el Logos Mito. La Biblia no necesita ninguna desmitologización por parte de los eruditos humanos.

Teología

Definición

Lingüísticamente, el término procede de las voces griegas Θεός, *Dios*, y λόγος, *palabra, discurso, expresión*; por consiguiente, *teología* es el discurso expresivo sobre Dios, la ciencia que se ocupa del estudio de Dios. Es, sin embargo, una especialidad rodeada de serias dificultades. Dios no puede ser comprendido por la mente humana y el hombre no puede alcanzar por sí mismo el conocimiento de Dios. Pero, frente a esta dificultad, Él mismo se ha revelado para que pueda ser conocido y la mente finita pueda comprender al Infinito en la dimensión en que Él mismo se ha manifestado. La dimensión suprema de la teología está en las palabras de Jesús: "…que te conozcan a ti, el único Dios verdadero" (Jn. 17:3). El conocimiento de Dios no es solo un asunto de la intelectualidad humana, sino más bien de la vivencia humana.

Dios no puede ser conocido de forma empírica, sino que el conocimiento está expresado en el Logos, tanto el encarnado, Verbo eterno de Dios, como en el escrito, su Palabra. No es posible, por tanto, la teología fuera de la Escritura; de ahí que la verdadera teología ha de ser necesariamente bíblica.

El término *teología*[19] no aparece como sustantivo en el texto bíblico griego. Ahora bien, el concepto semántico en cuanto a palabra o discurso conceptual acerca de Dios, está presente separadamente en varios lugares del Nuevo Testamento. Así ocurre, a modo de ejemplo, en el relato sobre la predicación del Evangelio al procónsul Sergio Paulo, donde se lee: "Y llegados a Salamina, anunciaban la palabra de Dios en las sinagogas de los judíos... el procónsul Sergio Paulo, varón prudente. Este, llamando a Bernabé y a Saulo, deseaba oír la palabra de Dios" (Hch. 13:5, 7). En los dos versículos se cita la Palabra de Dios[20], donde los términos Dios y palabra (*logos*) están unidos y vinculados por un artículo. De igual manera, la misma expresión en el tercer sinóptico, trasladando palabras de Jesús, dice: "Mi madre y mis hermanos son estos que oyen la palabra de Dios[21] y la ponen en práctica" (Lc. 8:21; BT). Así también ocurre en la Epístola a los Romanos, donde, hablando de los judíos, se lee: "Mucho, en todas maneras. Primero, ciertamente, que les ha sido confiada la palabra de Dios"[22] (Ro. 3:2), en cuyo texto están las dos palabras que forman el término teología. De manera que, si bien no aparece directamente, la palabra es bíblica en su carácter.

Si la teología es el estudio razonado acerca de Dios, necesariamente tiene que comprender el estudio de las cosas o hechos relacionados con Él. Podría definirse la teología como la disciplina que estudia el conjunto del conocimiento acerca de Dios, esto es, de su ser, personas y obras, revelado en la Escritura.

La palabra griega proviene del pensamiento de la Antigua Grecia y de los filósofos griegos, de entre los s. IV y V a. C. El término aparece por vez primera en el escrito de Platón, La República, del año 379 a. C., y lo usa para referirse a la comprensión de la naturaleza divina por medio de la razón. Más tarde, Aristóteles, en el año 350 a. C., usó la palabra muchas veces, dándole dos significados: 1) Como denominación del pensamiento mitológico antecedente a la filosofía, usándola peyorativamente para referirse a los pensadores antiguos no filósofos. 2) Para referirse a la rama fundamental y más importante de la filosofía, llamada estudio de los primeros principios, que más tarde

---

[19] Griego: θεολογία.
[20] Griego: τὸν λόγον τοῦ Θεοῦ.
[21] Griego: τὸν λόγον τοῦ Θεοῦ.
[22] Griego: τὰ λόγια τοῦ Θεοῦ.

se conoce como *metafísica*, y que, para distinguirla del ser creado por Dios, nace la filosofía teológica o teodicea.

Ya en la historia del cristianismo, Agustín de Hipona consideró a la teología sobrenatural como la única verdadera, basada en los datos de la Biblia. Esta teología está situada fuera del campo de acción de la filosofía, estando siempre por encima de esta, considerándola como su sierva, que le ayudaría a la comprensión de Dios. A partir de Lutero se inició un nuevo recorrido en el campo de la teología, que detiene la orientación que se le estaba dando en la Iglesia. Esta difiere de la teología católica tradicional en cuestiones doctrinales que son consideradas como fundamentales. 1) La Biblia es Palabra de Dios, infalible, manifestando absoluta supremacía sobre cualquier otro libro. No hay documentos fuera de la Biblia que puedan ser aceptados como infalibles. La Biblia está compuesta en el Antiguo Testamento por los libros del llamado Canon de Palestina, o Canon Hebreo, formado por treinta y nueve libros, a diferencia de la Biblia católica, que contiene cuarenta y seis libros, tomada del Canon de Alejandría. Estos libros reciben para los católicos el calificativo de deuterocanónicos, esto es, del segundo canon, mientras que, en el mundo evangélico o protestante se los denomina como apócrifos. 2) La prosternación ante cualquier imagen o simbolismo es inaceptable por contravenir la enseñanza bíblica. 3) La teología protestante margina absolutamente la enseñanza del purgatorio, considerándola como antibíblica. 4) No se reconoce a nadie más que a Jesucristo como intercesor entre Dios y los hombres. Los parámetros principales de la teología evangélica o protestante, se caracterizan por lo que se llaman los cinco puntos, que la resumen: *Sola Fide, Sola Gratia, Sola Scriptura, Solus Christus, Soli Deo Gloria*. Esto sintetiza la teología, significando que la salvación se alcanza por el medio instrumental de la sola fe (*Sola Fide*), que es por la sola gracia de Dios (*Sola Gratia*); que el conocimiento de esta y toda la verdad está expresada solamente en la Biblia, por la que puede conocerse al Dios verdadero, al revelarse por medio de ella a los hombres (*Sola Scriptura*); la salvación es posible por la única obra de Cristo (*Solus Christus*); y, por ser de Dios, le corresponde únicamente a Él toda la gloria (*Soli Deo Gloria*).

Carácter científico de la teología

Se ha formulado la pregunta de si la teología es o no una ciencia. Si es así, ha de determinarse a qué clase de ciencia debe vincularse. De otro modo, si es un aspecto del conocimiento, y de serlo, en qué sentido.

A lo largo del tiempo se han establecido dos posiciones. Una sitúa la teología en el ámbito de la sabiduría, otro en el del conocimiento. De este modo, a vía de ejemplo, la posición de Agustín de Hipona era la de llamarla sabiduría (*sapientia*), pero no ciencia (*scientia*). La distinción era el resultado de considerar que la ciencia trata de temas temporales, mientras que la sabiduría se asienta en aspectos atemporales o trascendentes. La sabiduría se alcanza por la fe en la revelación, mientras que el conocimiento se obtiene por el esfuerzo y razonamiento de la mente humana. Si la teología estudia el bien supremo que es Dios, las ciencias han de estar vinculadas, relacionadas u ordenadas al bien, por consiguiente, en sintonía con Dios. De este modo la teología y la filosofía han de servir como elementos de organización para el conocimiento de Dios.

Para Tomás de Aquino, la teología es una ciencia y como tal necesaria. Lo que es necesario incluye en sí la existencia, de ahí que todo lo que es necesario, existe. En cuanto se pueda demostrar la necesidad de algo, se induce que es también necesaria y, por tanto, existe. En la medida en que se pueda demostrar que la teología es necesaria, se concluye que existe y como tal puede ser investigada, estudiada y expresada. La existencia de la teología está basada en lo que su propio nombre indica: el estudio, discurso, tratado, de Dios y su obra. Desde la perspectiva filosófica, la parte que estudia a Dios desde la dimensión del conocimiento humano es teodicea, que estudia a Dios al margen de cualquier aspecto religioso. La teología está por encima de cualquier reflexión humana, por la revelación que Dios mismo hizo de sí mismo. La primera estudia a Dios en cuanto es cognoscible como causa por sus efectos, mientras que en la segunda el medio de conocer a Dios es sobrenatural, por medio de la Escritura. Es decir, el conocimiento que el hombre tiene de Dios obedece a la revelación que Él mismo hizo y le manifestó.

Ahora bien, si el conocimiento sobre Dios se alcanza por revelación, luego no se trata de una manifestación científica, sino de fe. Además, esta forma de conocimiento, por aceptación de fe, es propia del mito y adecuada para el hombre que no tiene conocimiento científico. Sin embargo, el teólogo acepta la fe como un asentimiento a la verdad revelada, pero aplica la ciencia a profundizar en ella con el método conveniente, lo que supone un esfuerzo intelectual, que conduce al razonamiento y luego al discurso, mediante el que puede expresar las conclusiones alcanzadas.

En el campo de la ciencia teológica, las verdades que expresa son revelaciones divinas explícitas e implícitas. La fe se formula sobre verdades que explícitamente están reveladas. Sin embargo, la investigación sobre las mismas conduce también a verdades implícitas, resultantes del estudio científicamente elaborado que, sin sustituir ni desvirtuar la verdad explícita, llega a la conclusión y expresa en amplitud la verdad implícita. A modo de ejemplo: la verdad revelada presenta a Dios en tres personas —Padre, Hijo y Espíritu Santo—, todas individuales y todas son el único Dios verdadero. La investigación con métodos científicos vinculada a esta verdad explícita trae como consecuencia la definición de la Trinidad que, como tal no está explícitamente mencionada, pero sí lo está en modo implícito. De igual manera, la verdad explícita es que el Verbo se hizo carne (Jn. 1:14). Dios se hace hombre; por consiguiente, la Biblia presenta la verdad de dos naturalezas en el Verbo encarnado. Sin embargo, no revela explícitamente la forma de subsistencia de las dos naturalezas en la única persona del Verbo; la investigación sobre la verdad explícita conduce a la verdad implícita de la unión hipostática, y a definir la realidad de Dios-hombre. La fe es la aceptación de lo que Dios revela operada en la mente del hombre. La teología es la misma verdad, estudiada desde la fe por la mente del hombre, expresando un conocimiento divino-humano de Dios.

En la ciencia, los primeros principios abren el camino para llegar a las conclusiones definitivas. Del mismo modo ocurre con la teología, que como ciencia recurre a los primeros principios de la revelación divina para alcanzar conclusiones.

La teología hace comprensibles a la mente humana la enorme dimensión de las verdades divinas. El discurso de Dios ha de darse desde la verdad única que es la Biblia, expresando las verdades en una forma razonable, que las hace comprensibles al hombre. Así la enseñanza de las perfecciones divinas, llamados atributos, debe asentarse única y exclusivamente en la Biblia que los revela, pero el razonamiento humano provee del camino necesario para hacerlos cognoscibles. Esto no significa, en modo alguno, modificación de la verdad, ya que entonces la teología desaparecería como tal.

En cuanto a investigación científica de la teología, debe entenderse claramente cuál es el objeto terminativo de esta. La primera apreciación es que los principios de la teología son la base de fe sobre la que se asientan las verdades divinamente reveladas. Por consiguiente, sujeto y objeto terminativo de la fe divina son necesariamente sujeto y objeto terminativo de la teología. Pero, como la revelación de las verdades que son objeto de la fe es Dios mismo, luego Dios es sujeto y objeto terminativo de la teología. De otro modo, objeto y sujeto terminativo de los principios y de las conclusiones son el mismo; por tanto, es necesario afirmar que en el desarrollo de los principios que alcanzan el final, el sujeto de unos y de otros es el mismo (esto es, Dios). Expresado de otro modo: todo cuanto se estudia en teología es Dios en sí mismo, es Dios como causa primera de todas las cosas y es Dios como fin último de todo lo creado.

La teología debe ser considerada como ciencia. Aristóteles definía la ciencia como el conocimiento evidente de las conclusiones establecidas en sus principios. Sin embargo, si los principios teológicos son misterios de la fe, será difícil considerarla como una verdadera ciencia. Pero, el hecho de que pueda investigar, aunque sea desde aspectos metafísicos, y llegar a conclusiones vinculadas y vinculantes con lo revelado, da a la teología las condiciones para ser considerada una ciencia. Con todo, no cabe duda de que es en cierta medida una ciencia especulativa, puesto que trata del ser divino conocido solo por lo revelado, pero también es práctica, puesto que estudia la realidad de Dios en los actos que Él ha ejecutado. En ese sentido, aunque el estudio de Dios en su propio ser es especulativo, la consideración de Él como fin y norma de las acciones es práctica. De modo que, siendo por causa de su objeto, formal y terminativo, es a su vez especulativa y práctica. En este último sentido, puesto que el término está unido a quién lo promueve y qué puede ser investigado para alcanzar conclusiones según el método científico, la teología debe estar en el campo de la ciencia.

Tomás de Aquino defendía la condición de ciencia en relación con la teología, escribiendo:

> Puede esta ciencia tomar algo de las disciplinas filosóficas, no porque forzosamente lo necesite, sino para mejor explicar lo que en ella se enseña, ya que no toma sus principios de las otras ciencias, sino inmediatamente de Dios por revelación. Pero, no obstante que tome algo de las otras ciencias, no las considera como superiores, sino que las utiliza como inferiores y sirvientes, cosa que también hacen las ciencias arquitectónicas, que emplean las auxiliares, y así la ciencia civil utiliza la militar. Pero la ciencia sagrada no lo hace porque haya en ella defecto o insuficiencia alguna, sino por la debilidad de nuestro entendimiento, el cual, mediante lo que conoce por la razón natural (de la cual proceden las otras ciencias), camina con más holgura, como llevado de la mano, a lo que está por encima de la razón, que es lo que esta ciencia enseña.[23]

---

[23] Tomas de Aquino, *Suma Teológica*, 1, 5, 2.

Mientras que las ciencias generales forman su trayectoria y conclusiones en la mente humana, que como tal es siempre limitada y expuesta a errores, la ciencia teológica descansa en la revelación de Dios (inalterable, definitiva e inerrante).

Se ha cuestionado en el tiempo más próximo la teología como ciencia al establecer la premisa de que solo es ciencia aquello que puede experimentarse sensitivamente y verificarse conforme al método científico, siguiendo los procedimientos propios de la lógica inductiva. Para esta posición, la teología no debe ser considerada como ciencia, puesto que los principios no son perceptibles, sino inductivos. Esto no supone una contradicción suficientemente firme ya que, el campo de los estudios científicos sobre aspectos de la parte anímica del hombre se sustenta en principios que son plenamente sensitivos. Valga como referencia el psicoanálisis, cuyo referente principal es Sigmund Freud; sobre la personalidad es una ciencia, pero sus fundamentos pueden ser considerados eminentemente científicos, puesto que descansan en aspectos que nadie puede medir ni probar.

El liberalismo teológico procuró eliminar la teología de ser considerada una ciencia. Especial mención requieren los trabajos de Heinrich Scholz, teólogo protestante y filósofo, considerado como atónico, que entendía que la lógica matemática era el secreto del conocimiento. Coincidió con Karl Barth en la Universidad de Münster, en la que enseñó teología protestante. Estableció las reglas que deberían exigirse para que la teología pudiera ser considerada como ciencia: 1) Debe estar libre de contradicciones internas; 2) Debe haber unidad de coherencia en sus proposiciones; 3) Sus afirmaciones deben poder comprobarse; 4) No debe afirmar nada que sea física o biológicamente imposible; 5) Debe estar libre de prejuicios; 6) Sus proposiciones deberían poder dividirse en axiomas y teoremas, y poder ser probadas según esto. Por su parte, Karl Barth acepta parcialmente el primer principio, pero rechaza plenamente los restantes. Afirma que debe llamarse ciencia a la teología porque está dentro de los parámetros de las otras ciencias: 1) Es el resultado del esfuerzo humano ante un objeto de conocimiento definido; 2) Sigue un camino definido, coherente hacia el conocimiento; 3) El que persista en este propósito y siga ese camino puede alcanzar los objetivos[24].

Para cerrar este apartado, se transcriben dos párrafos de la *Teología sistemática* del Dr. Millard Erickson:

---

[24] Karl Barth. *Church Dogmatics*. Vol. I, 1, pp. 7-8.

Si aceptamos los criterios tradicionales de conocimiento, la teología debe considerarse científica. (1) La teología tiene un objeto de estudio definido, principalmente lo que Dios ha revelado sobre sí mismo. (2) La teología trata de temas objetivos. No se limita a dar expresión a los sentimientos subjetivos del teólogo o del cristiano. (3) Tiene una metodología definida para investigar su objeto de estudio. (4) Tiene un método para verificar sus proposiciones. (5) Las proposiciones sobre su objeto de estudio son coherentes. […]

Hasta cierto punto la teología ocupa el mismo terreno que otras ciencias. (1) La teología está sujeta a ciertos principios básicos o axiomas. En particular, debe responder a los mismos cánones de lógica que otras disciplinas. (2) Implica comunicabilidad. Lo que dice un teólogo puede ser entendido, observado e investigado por los demás también. (3) La teología emplea, al menos hasta cierto punto, métodos utilizados por otras disciplinas específicas. Muestra una afinidad particular con la metodología de la historia, ya que hace afirmaciones basándose en momentos históricos, y con la metodología de la filosofía, porque expone afirmaciones metafísicas. (4) Comparte algunos temas con otras disciplinas. Por tanto, es posible que algunas de sus proposiciones puedan ser confirmadas o rechazadas por las ciencias naturales, las ciencias del comportamiento o la historia.[25]

Teologías

Las múltiples divisiones que pueden establecerse para la teología resultarían en algo excesivamente largo para el objetivo que se propone este trabajo. De ahí que se establecen una serie de divisiones con un breve comentario sobre cada una de ellas.

Teología natural

Es la ciencia que estudia a Dios basándose en las verdades que puedan ser sustentadas por la observación de la naturaleza, descartando todo lo que tenga carácter sobrenatural o metafísico, basado en una revelación especial. Al ser esta teología resultado de la observación de la naturaleza, se asienta en una operación meramente intelectual, dicho de otro modo, implica la filosofía y el razonamiento como vía para conocer a Dios.

---

[25] Erickson, 2008, pp. 36 ss.

En cierto modo, el apóstol Pablo se refiere a ella cuando escribió: "Porque lo que de Dios es conocido, es evidente para ellos, pues Dios se lo manifestó. Porque las cosas invisibles de Él, su eterno poder y deidad, se hacen claramente visibles desde la creación del mundo, entendiéndose por medio de las cosas hechas, de modo que no tienen excusa" (Ro. 1:19-20; BT).

Los que sostienen esta teología dejan de ser teólogos para convertirse en deístas. Consideran que esta es la vía propia para el conocimiento de Dios. Quienes sustentan esto suelen eliminar de la revelación cuanto tenga carácter sobrenatural, excluyendo como mitos todos los milagros manifestados en la Biblia.

Teología sobrenatural

Es la que establece sus bases en principios sobrenaturales que Dios expresa en la Biblia, y que, sin desechar los recursos de otras ciencias o de la filosofía, atiende, sin especulaciones, a lo que Dios ha revelado al hombre.

Teología fundamental

Es la que se ocupa de expresar las verdades que sustentan la fe y que constituyen la manifestación de la dogmática cristiana. Su función es la de expresar desde un correcto razonamiento los fundamentos de la doctrina, analizándola y desarrollando el modo de expresarla conforme a la revelación hecha por Dios, sin permitir que el pensamiento humano la altere. Puede también, para afirmar las verdades teológicas, compararlas con posiciones de otros sistemas y religiones.

El origen de la teología fundamental se remonta al tiempo de la apologética de los primeros siglos del cristianismo. El término comenzó a usarse en el s. XIX.

Esta teología cumple la demanda establecida por el apóstol Pedro cuando dice: "Estad siempre prestos para presentar defensa ante todo el que os demande razón acerca de la esperanza que hay en vosotros" (1 P. 3:15; BT).

Teología positiva

Es la parte de la teología que demuestra sus conclusiones con los principios y hechos de la revelación bíblica.

El proceso teológico comprende dos aspectos igualmente necesarios: escuchar la fe y comprender la fe. La teología positiva tiene como misión principal escuchar la fe como se recoge del hablar de Dios en su Palabra (He. 1:1).

En todo acto de conocimiento humano existen tres momentos: la experiencia, la comprensión y el juicio. La primera es el dato necesario sobre el que se ejerce la inteligencia. La segunda procesa y elabora reflexionando sobre el dato que ha sido recogido, que no es otra cosa que el entendimiento del mismo. La tercera es el juicio que se emite o la verdad que se establece sobre el proceso de las anteriores.

En la teología positiva se produce una apropiación del dato revelado, lo que constituye su función positiva, que dará paso luego a la función especulativa en el estudio y la reflexión sobre el mismo.

Teología especulativa

Es la segunda parte del proceso que se inicia en la positiva. De otro modo, la función especulativa es la reflexión mental y espiritual sobre el dato revelado para la comprensión de la doctrina.

Los dos aspectos de la teología están plenamente vinculados, de manera que no son diferentes, sino que son dos partes del trabajo teológico. No puede haber una teología especulativa sin que tome los datos para la reflexión y el estudio de la teología positiva. Es necesario entender que el dato que estudia la parte especulativa de la teología no procede de la experiencia humana, sino de la revelación que Dios ha entregado al hombre.

La teología especulativa no puede subsistir sin la aportación de la positiva. La doctrina se encuentra en la Biblia, pero necesita ser sistematizada. Las verdades de la fe deben ser estudiadas convenientemente para una correcta expresión de las mismas que sea entendible por el creyente. De ahí que la teología especulativa dependa plenamente de la positiva, sin cuya asistencia la teología se convertiría en filosofía. Aunque es ciencia e inteligencia, es realmente la ciencia de la fe, por consiguiente, no puede estar separada nunca de la Palabra de la que se obtienen los elementos a considerar y definir.

La teología especulativa se divide a su vez en:

Teología dogmática

Es la que estudia y define las verdades sostenidas con plena certeza en la Escritura.

Podría definirse como la exposición científica de la doctrina acerca de Dios y su obra que establece el dogma de fe. Su característica principal es la precisión que hace en la importancia de la verdad sobre cualquier experiencia intelectual o principios filosóficos al margen de ella.

La teología dogmática expone y sistematiza las doctrinas que son base inexcusable de fe para el cristiano, hasta el punto de que cualquier enseñanza contraria a las mismas se considera como herejía contra la doctrina.

Teología sistemática

Es una disciplina de la teología que tiene como propósito formular de forma ordenada, racional y coherente los distintos aspectos de las doctrinas fundamentales de la fe cristiana. Esta tarea se desarrolla con un método, de forma que puede aplicarse tanto a doctrina total como a particularidades de ella.

La base de la teología sistemática se establece en los textos revelados de las Escrituras, complementando su trabajo con elementos científicos auxiliares, como la historia, la lingüística, la filosofía, la ética, etc. El Dr. Chafer define la teología sistemática de este modo: "Es una ciencia que sigue un plan humanamente trazado o un orden de desarrollo doctrinal y que se propone incorporar en su sistema toda verdad acerca de Dios y su universo de todas y cada una las fuentes existentes"[26]. Sin duda alguna, la base que sustenta la teología sistemática no puede ser otra que la Biblia.

Teología histórica

Se considera teología histórica al desarrollo que la doctrina cristiana ha tenido a lo largo del tiempo, desde el establecimiento de la Iglesia hasta hoy. Es, por tanto, un estudio sobre el desarrollo y la formación de la doctrina establecido cronológicamente. Es, sintéticamente, la exposición de cómo los cristianos han entendido los temas teológicos a lo largo del tiempo, tales como Dios, la Trinidad, Jesucristo, el Espíritu Santo, la soteriología, etc.

En la teología histórica se estudian los credos y confesiones, los concilios, las bases doctrinales de la Reforma y las posiciones teológicas contemporáneas. En ella se estudia también el desarrollo de las doctrinas fundamentales, atendiendo a las herejías que se han producido en el tiempo en relación con cada una de ellas.

---

[26] Chafer, 1974, Vol. 1, p. 6.

Se suele dividir la teología histórica en cuatro períodos: 1) El período de la patrística, que generalmente se sitúa entre los años 100 y 500; 2) El período medieval y el renacimiento, que va desde el año 500 al 1500; 3) El de la Reforma y post-Reforma, que comprende el tiempo entre el año 1500 y el 1750; 4) El período moderno, que se extiende desde el año 1750 hasta la actualidad.

La teología histórica, al igual que otras formas, fue usada por los que rechazan las doctrinas fundamentales, y por la teología liberal, para poner en duda e incluso confrontar las doctrinas como resultado del pensamiento humano, negando que son verdades reveladas por Dios en su Palabra. De este modo han surgido las confrontaciones sobre la persona de Jesucristo y su deidad, la naturaleza trina de Dios, los milagros, etc. La teología histórica hará el seguimiento del desarrollo de las doctrinas en la historia de la Iglesia, partiendo fundamentalmente del inicio relatado en Hechos 2, y afirmando las verdades reveladas y aceptadas como dogma de fe a través de los siglos.

Teología patrística

Ya se ha considerado anteriormente la patrística, por lo que se hace solo una simple referencia para definir el tema.

La patrística es el estudio del cristianismo, el desarrollo de las doctrinas escritas por los apóstoles en el Nuevo Testamento, la fijación del dogma sobre las fundamentales en los primeros tiempos, tareas hechas por los Padres de la Iglesia.

Se puede fijar el tiempo de la patrística desde la muerte de los apóstoles hasta la consolidación del canon del Nuevo Testamento, alrededor del s. V. Dicho de otro modo, desde el final del período histórico de la Iglesia, recogido en Hechos de los Apóstoles, hasta el año 451, fecha del Concilio de Calcedonia. Otros la prolongan hasta el Segundo Concilio de Nicea.

La teología de la patrística se caracterizó por el estudio y desarrollo sistemático de las doctrinas, teniendo como base la interpretación bíblica, que reconocían como única base autoritativa en materia de fe. Incluye también la defensa apologética en relación con los ataques del paganismo politeísta contra la verdadera fe y también la confrontación con las interpretaciones contrarias a la Escritura que dieron lugar a las múltiples herejías que afectaron a las doctrinas fundamentales.

Teología escolástica medieval

La palabra escolástica deriva del griego *scholastikós*[27], con significado de ocio, tiempo libre; viene al castellano desde el latín medieval *scholasticus*, a través del latín tardío, que significa erudito. Es el ámbito de una corriente teológico-filosófica que manifestó y expresó la fe basándose en las formas propias de la filosofía grecolatina clásica, procurando expresar las verdades del cristianismo en un modo, lenguaje y pensamiento científico, fundamentado en la filosofía, con el propósito de que se conocieran de forma correcta las verdades del cristianismo.

Es la teología que sigue a la patrística y la forma teológico-filosófica propia de la época medieval. Se basaba en la coordinación entre fe y razón y, aunque se afirmaba que esta se subordinaba siempre a la primera, no ocurría de ese modo en todas las ocasiones, a pesar de que la escolástica decía que la filosofía es sierva de la teología.[28]

Fue la forma predominante en las escuelas teológicas, especialmente en lo que se conocía como escuelas catedralicias y en los estudios universitarios, de donde nacieron las universidades medievales europeas, especialmente entre mediados del s. XI y mediados del XV.

Como sistema fundamentalmente filosófico, la teología era una de las actividades intelectuales. En esta área entendían que la enseñanza teológica debía limitarse a la reiteración de los textos clásicos de los padres y de los concilios, entre ellos y, tal vez de un modo especial, el texto bíblico, fuente principal del conocimiento. Pero, al descansar tan firmemente en la filosofía, esto condujo a elevar a la máxima categoría el razonamiento y la especulación, adaptándose a un riguroso esquema lógico, lo que suponía que todo discurso teológico debía ser capaz de exponerse a ser refutado y preparar las correspondientes defensas a las refutaciones. Esto trajo como consecuencia que prevaleciesen las posiciones más intelectualistas frente a las propuestas presentadas en formas más débiles de razonamiento y oratoria.

La teología escolástica consideraba a la filosofía como un medio idóneo para entender y profundizar en los principios de la fe. Consideraba que todas las verdades que se pueden conocer por

---

[27] Griego: σχολαστικός.
[28] *Philosophia ancilla theologiae.*

medios experimentales deben ser expresadas por el recto uso de la razón, pero, en las que han sido establecidas mediante revelación directa de la Biblia, la filosofía debe ir detrás de la fe, poniéndose tan solo al servicio de la teología.

Hablando del inicio de la escolástica, pueden citarse como representantes de ese tiempo (s. IX al XII) a nombres como Anselmo de Canterbury (1033-1109), a quien algunos consideran como el primer escolástico; sus obras tuvieron una gran repercusión, y estaban centradas especialmente en su argumento ontológico, que tenía por objetivo probar *a priori* la existencia de Dios. Pedro Abelardo (1079-1142) renovó la lógica y la dialéctica. Bernardo de Chartres, junto con Bernardo Silvestre y Juan de Salisbury, todos ellos influenciados por el neoplatonismo y el estoicismo, se esforzaron por establecer el humanismo sobre cualquier otra ciencia.

A partir del s. XIII, la escolástica alcanzó su pleno desarrollo de la mano de grandes pensadores, entre los que cabe mencionar a Alberto Magno, Tomás de Aquino y Buenaventura de Fidanza. Algunos estuvieron notablemente influenciados por la filosofía de Aristóteles y marcaron una gran impronta filosófica en la teología.

Teología reformada

Como en el caso anterior, se han considerado anteriormente aspectos del período de la Reforma, por lo que solo se menciona aquí como una de las divisiones que pueden hacerse en la teología.

Puede entenderse como teología reformada a todo el sistema teológico que tiene su origen en la Reforma protestante del s. XVI. Es esencialmente una teología bíblica, admitiendo como verdad solo aquella que está extraída de la Escritura y es concordante con ella. Esto se expresa en uno de los puntos de la Reforma: Sola Escritura. No se trata, por tanto, de un nuevo sistema teológico, sino del mismo que fue enseñado por los apóstoles, al que retorna despojando a la teología hasta entonces de cuanto se sustenta en la tradición o dogmática conciliar o eclesial, sin base bíblica.

La llamada teología reformada reconoce la autoridad absoluta de la Escritura, la soberanía de Dios, la salvación únicamente por gracia mediante la fe, la evangelización a todas las naciones.

Sin duda hay distintas posiciones en algunos aspectos de la doctrina, manteniendo siempre los fundamentales (a modo de ejemplo, la posición hipercalvinista y la moderada). A los teólogos que sustentan la primera se los define como *tulip*, porque cada una de las letras de la palabra expresa uno de los llamados *cinco puntos del hipercalvinismo*, de este modo:

Total Depravity (depravación total). El hombre es totalmente incapaz, en su estado pecaminoso, de obrar algo por su propia cuenta en su aproximarse a Dios, hasta que la gracia lo hace posible (Gn. 6:5; Jer. 17:9; Ro. 3:10-18).

Unconditional Election (elección incondicional). Dios ha escogido desde la eternidad salvar a una gran multitud de pecadores (Ro. 8:29-30; 9:11; Ef. 1:4-6, 11-12).

Limited Atonement (expiación limitada). También llamada "redención particular". Cristo murió solo por los elegidos, pagando el precio de la redención de cada uno de ellos. En la cruz hizo posible la salvación, obteniéndola para cada uno de los que había escogido (Mt. 1:21; Jn. 10:11; 17:9; Hch. 20:28; Ro. 8:32; Ef. 5:25).

Irresistible Grace (gracia irresistible). El hombre que no se orienta personalmente a Dios es asistido por la gracia que hace que desee lo que antes resistía. Dios no dejará de cumplir la obra de salvación en aquellos que ha elegido (Jn. 6:37, 44; 10:16).

Perseverence of the saints (perseverancia de los santos). Dios protege a los salvos para que perseveren en la fe, y por consiguiente la salvación es eterna (Jn. 10:27-29; Ro. 8:29-30; Ef. 1:3-14). La perseverancia de los santos hace posible la proclamación del Evangelio y el testimonio de santidad ante el mundo.

La teología reformada afirma solo dos ordenanzas para la Iglesia, que son el bautismo y la Cena del Señor. Se reconocen como expresión máxima de los teólogos de la Reforma a Martín Lutero, Juan Calvino, Juan Knox y Ulrico Zwinglio.

Teología contemporánea

De igual manera que con los aspectos de la teología anteriormente mencionados, también la teología contemporánea ha sido considerada antes; por consiguiente, se hace solo una mención simple como complemento.

Generalmente se define como la teología y sus expresiones desde el tiempo posterior a la primera guerra mundial hasta el momento actual. Las corrientes o posiciones teológicas son diversas, incluyendo el fundamentalismo, la neo-ortodoxia, el pentecostalismo, el neo-liberalismo y el evangelicalismo, entre otras expresiones.

Esta llamada teología contemporánea ofrece otras orientaciones, algunas de las cuales son absolutamente contrarias a la fe bíblica.

En este ámbito cabe citar la teología de la liberación, las teologías étnicas, la teología feminista, e incluso la que procura adecuar la Biblia a las tendencias de la filosofía de género.

La teología contemporánea es también la puerta abierta para lo que se llama diálogo interreligioso. Para esto se compara la fe cristiana con las creencias no cristianas, a fin de buscar concordancias en este propósito. Estas comparaciones o aproximaciones buscan vínculos no solo en las llamadas religiones monoteístas, sino incluso en las orientales, tales como el budismo, hinduismo y otras.

La teología contemporánea se decanta especialmente por el área académica o científica. Esto conduce a estudiar temas intelectuales (la libertad, los Derechos Humanos) y situar al hombre como centro específico de la teología, lo que lleva a involucrarse en temas científicos, religiosos y sociales.

En el campo de la teología contemporánea, hay varios teólogos que son agnósticos, incluso ateos que se aproximaron a este campo por interés meramente científico, lo que les permite enseñar bajo esa cobertura puntos de vista contrarios a la fe cristiana. Es por tanto necesario entender que la teología contemporánea se aparta en muchas ocasiones de la doctrina cristiana, evaluando la fe en el contexto de movimientos sociales, no para que esos movimientos adopten la verdad bíblica, sino generalmente lo contrario: produciendo desviaciones entre cristianos.

No cabe duda de que, en gran medida, la teología contemporánea no es una teología bíblica porque no considera la Escritura como plenamente inspirada por Dios y, no siendo para ellos inerrante, tampoco es autoritativa en materia de fe.

Teología posmoderna

El término posmodernidad es usado para designar un amplio número de movimientos artísticos, culturales, literarios, filosóficos y teológicos que nacen en el s. XX y se extienden hasta hoy, superando los principios y postulados de la modernidad.

La teología posmoderna es una visión filosófica de la teología cristiana que ajusta los principios a una situación conceptual filosófica propia del posmodernismo. La Biblia no se considera como un escrito autoritativo, puesto que el pensamiento posmoderno no considera autoritativo ningún escrito humano y la Biblia no es, para ellos, más que un conjunto de libros que expresan pensamientos humanos.

En la teología, el movimiento posmoderno tiene sus bases en la filosofía continental post-heideggeriana. Esto convierte la teología en un símbolo dentro de la batalla de las ideologías contemporáneas. Entre las graves dificultades teológicas que esta situación produce está el incremento del judaísmo mesiánico y la llamada teología de la prosperidad. Indudablemente también, en algunas de sus formas, es proclive a los movimientos llamados de ideología de género, asumiendo que la Biblia necesita una relectura que ajuste sus conceptos a la situación del mundo actual.

Clasificación para el estudio

En los campos que la teología aborda pueden establecerse divisiones que determinan la actividad teológica en una área específica o forma propia de esa actividad. Sin que sea definitiva, se pueden establecer las siguientes áreas de estudio teológico.

Teología bíblica

En la introducción a su libro sobre teología bíblica, el Dr. Ryrie escribe:

> La teología bíblica no es teología sistemática o exégesis, ni es meramente una clasificación diferente del mismo material. Al contrario, es una combinación parcialmente histórica, parcialmente exegética, parcialmente crítica, parcialmente teológica, y, por lo tanto, totalmente distintiva. La teología bíblica se ocupa tanto en discutir la razón como el contenido de lo escrito. No solamente examina el producto, sino investiga los procedimientos y presuposiciones que estuvieron en el acto de escribir las Escrituras.[29]

La teología bíblica es la rama de la ciencia teológica que elabora cada doctrina desde la dimensión del progreso que históricamente se establece en la Biblia. Esto significa que el desarrollo de la dogmática bíblica se elabora no solo desde el texto bíblico, sino desde el progreso de la revelación. Con todo, al tratar del desarrollo de la base de fe, ha de establecerse sistemáticamente, es decir, como progresa la revelación de cada doctrina en el tiempo. Tiene la consecuencia de que la teología bíblica establece sus conclusiones teniendo en cuenta el tiempo en que

---

[29] Ryrie, 1959, p. 11.

ocurre la revelación progresiva, por tanto, está íntimamente vinculada con la historia. Es entonces necesario apreciar que las conclusiones de la investigación teológica dentro del marco de la teología bíblica estudian cómo ha sido revelada la verdad progresivamente. En esto es implicado no solo el tiempo, sino también los autores humanos de los escritos bíblicos, que no son solamente uno, sino varios, en el progreso temporal de la revelación desde los primeros hasta los últimos escritos bíblicos.

La teología bíblica estudia las doctrinas como una manifestación de la revelación de Dios en el tiempo en que se daba a conocer a lo largo de la historia. Permite, además, seleccionar un determinado ámbito bíblico, de manera que —a modo de ejemplo— puede tratar del contenido teológico en los evangelios, en los escritos de Juan, en las epístolas paulinas, en los Salmos, en el Pentateuco, etc. Pudiera situarse también en un tiempo de la historia, como sería el del exilio de Israel o el post-exilio, el de los reyes de Israel, el que antecede al diluvio, u otros. Puede también hacer una selección temática, considerando asuntos como el reino de Dios a lo largo del Antiguo Testamento, la ascendencia del Mesías, la elección, etc.

Siendo la teología bíblica la propia de un determinado tiempo, ha de establecer lo que se creía en los distintos momentos históricos. Esto supondría que la hermenéutica del teólogo no debería inferir en el resultado, como lamentablemente ocurre. Sobre todo, los temas a considerar deben estar desligados de los aspectos doctrinales, filosóficos o culturales del tiempo actual en el que se estudian.

Teología filosófica

Es una rama y una forma de teología en la que se utilizan métodos filosóficos para estudiar y expresar conceptos teológicos.

Esto ha generado una continua discusión sobre la extensión que debiera aplicarse al estudio teológico de los principios filosóficos. Las posiciones son antagónicas entre quienes entienden la absoluta separación de ambas ciencias y los que afirman que la filosofía, como ciencia de la razón, ha de aplicarse plenamente para entender correctamente lo que Dios revela en su Palabra. Dentro del mundo llamado conservador se entiende que la filosofía es un instrumento útil, pero que no es confiable en el sentido que lo es la revelación.

La teología filosófica tuvo su desarrollo a partir de los s. XVII y XIX, de la mano de pensadores positivistas, modernistas y en general de la Ilustración. Estas posiciones sirvieron para desprestigiar cualquier otro tipo de teología, sobre todo la bíblica, al pretender que solo desde la filosofía se podían explicar y defender las creencias religiosas cristianas. Esta forma de entender la teología tuvo el precedente histórico de los que usaron la filosofía antigua a estos efectos —tales como Agustín y más tarde Tomás de Aquino y los modernos, que usaron las ideas de Aristóteles, Platón y Sócrates para tratar de entender y expresar los conceptos bíblicos—. En el tiempo más cercano, hay teólogos que recurren a los argumentos ontológicos y teológicos para demostrar la existencia de Dios.

A pesar de los problemas que ha generado la teología filosófica, eso no significa que la filosofía no deba usarse como recurso para expresar verdades bíblicas, siempre que esté puesta al servicio de la Escritura, permitiendo con ello un método de razonamiento útil. Con todo, es necesario limitar la argumentación filosófica en el desarrollo de la teología, puesto que en ocasiones se entra de lleno en la prohibición apostólica del uso de "argumentos de la falsamente llamada ciencia" (1 Ti. 6:20), no sea que se esté obstruyendo la verdad con "palabras sin sabiduría" (Job 38:2).

La filosofía no es verdad en sí misma y solo es válida en sus razonamientos cuando está sujeta y supeditada a la única verdad que es la procedente de Dios en la Biblia. Dicho de otro modo, la Palabra es el juez supremo de la filosofía y no al revés.

Teología apologética

Es la que busca teológicamente la defensa de la fe, conforme a lo que Dios ha manifestado en su Palabra. Dicho de otro modo, es la teología que busca explicar lo que se cree y detecta los errores que permiten proteger la integridad de la fe. El ámbito de esta forma de teología está orientado tanto a los que están afirmados en la fe como a los que necesitan conocerla.

La teología apologética estudia y vindica científica y comprensivamente las bases que sustentan la fe cristiana, dando los elementos necesarios para la refutación de las objeciones que puedan presentarse contra ella, no solo desde un supuesto oponente, sino desde la formulación de cuestiones que surjan en la mente personal del cristiano, de modo que queden resueltas al afirmar la verdad que Dios ha manifestado en su Palabra sobre el tema en cuestión. Cualquier duda real o supuesta es conducida a la verdad para reconocer la confiabilidad de la revelación y luego aceptarla sin reserva. En cierto modo, ofrece la garantía intelectual de que la fe no es un asunto irracional, sino plenamente racional.

La gran pregunta que responde la teología apologética, es: ¿Por qué debo ser cristiano? Para responderla, apela a tres áreas de estudio: primero, el de la religión como tema general y la razón por la que debemos aceptar la existencia de Dios conforme a la demanda de la Escritura; luego, el estudio de la doctrina revelada en ella, que son las bases de la fe cristiana; finalmente, el estudio del desarrollo de las doctrinas a lo largo de la historia y las bases constituyentes de la fe.

Teología moral

Es la rama de la teología que trata del bien y del mal en el comportamiento humano. En realidad, es el estudio que fundamenta la ética cristiana.

La teología puede dividirse en dos grandes áreas: la dogmática y la moral. La primera estudia científicamente las doctrinas de la fe, con acatamiento pleno a lo que Dios ha revelado, excluyendo cualquier complemento humano a ello. La segunda tiene que ver con el estudio de los preceptos morales. Pero, estos son parte de las doctrinas de la fe, puesto que forman parte de la revelación. El objetivo de la teología moral es estudiar, dentro de la doctrina, las relaciones del hombre con Dios y las de los hombres entre sí, presentando los medios que Dios ha instituido para el logro de su voluntad, que es la de una relación de santidad. Por consiguiente, la teología dogmática y la moral son dos aspectos de la misma entidad. Aunque no puede establecerse una separación o límite entre los dos aspectos teológicos, la teología moral se delimita en relación con los componentes prácticos de la vida cristiana.

La teología moral comprende el estudio y la puntualización de la relación del hombre con Dios y unos con otros, bajo las condiciones establecidas en la Escritura. Es, en síntesis, establecer la regla del orden moral en las acciones humanas como tales, de modo que estén en consonancia con la voluntad de Dios. Teniendo en cuenta que, conforme al testimonio de Dios mismo, "todo designio de los pensamientos del corazón de ellos era de continuo solamente el mal" (Gn. 6:5). Esta incapacidad del hombre para una ética conforme a la demanda de Dios es resuelta por Él mismo, ya que produce en el hombre creyente "el querer y el hacer por su buena voluntad" (Fil. 2:13). Correctamente entendida, la teología moral es la ciencia de la ética revelada sobrenaturalmente. En ese sentido, rechazar la Escritura como revelación inspirada plenariamente, incapacita totalmente para hablar de teología moral.

Teología confesional

Se llama así a la parte de la teología que estudia las peculiaridades doctrinales de las distintas manifestaciones del cristianismo. Por consiguiente, se pueden establecer tantas divisiones cuantas sean sus expresiones confesionales.

Teología católica

Como se dice en el párrafo anterior, es aquella desarrollada en el seno de la Iglesia católica. La teología católica se asienta en tres bases: la Sagrada Escritura, la tradición y el magisterio.

Al admitir como libros canónicos los que no estaban en el primer canon, sino que se incorporaron posteriormente, algunos aspectos de la teología se sustentan en textos que no pueden considerarse como inspirados. Por otro lado, a las bases de la tradición y del magisterio se les otorgan valores equivalentes a los bíblicos, por lo que hay doctrinas que no pueden ser aceptadas como bíblicas, estableciendo diferencias insalvables con la teología reformada.

Teología ortodoxa

Es la relacionada con las materias de fe propias de la Iglesia ortodoxa oriental.

En la Iglesia ortodoxa son tres las realidades fundamentales: la experiencia, el culto divino y la vida ascética. A partir de estas fuentes se elaboran principios doctrinales tales como las personas de la Trinidad, la concepción de persona que emana de la teología de los iconos, la eclesiología que parte de la iglesia local y la expresión sacramental desde la teología del misterio.

La Iglesia ortodoxa se llama formalmente Iglesia católica apostólica ortodoxa; es considerada como una confesión cristiana cuya antigüedad se remonta a la Iglesia cristiana establecida por Jesús y los apóstoles. Su doctrina teológica se estableció en una serie de concilios, de los cuales los siete primeros son considerados como los más importantes; de ahí que los ortodoxos se llamen también Iglesia de los siete concilios. Estos tuvieron lugar entre los s. IV y VIII. Los desencuentros entre la Iglesia ortodoxa y la católica trajeron como consecuencia lo que se llamó Cisma de Oriente y Occidente, que ocurrió el 16 de julio de 1054.

Se citan tres de las doctrinas fundamentales del cristianismo según el entendimiento de la teología ortodoxa.

Trinidad: está resumida en el Símbolo niceno-constantinopolitano. Proclama la fe en un solo Dios, que es uno y trino. Las tres personas divinas, Padre, Hijo y Espíritu Santo, son de una sola naturaleza indivisible. La Trinidad son tres Personas distintas que comparten una misma esencia, increada, inmaterial y eterna. En relación con la creación, distinguen en Dios la esencia y sus energías increadas. Esto es más que nada una distinción teológica artificial, ya que, para la Iglesia Ortodoxa, tanto la esencia como las energías son inseparables porque no hay posibilidad de división en Dios; por consiguiente, ambas son Dios. Esta distinción permite a la teología ortodoxa explicar cómo Dios puede ser trascendente (relacionado con la esencia) e inmanente (interviniendo con sus energías increadas en el acto creacional).

Salvación: la teología ortodoxa enseña que el hombre fue creado en plena comunión con Dios y se ha alejado de Él a causa del pecado. La salvación y la adquisición de la vida eterna son obras hecha por Jesucristo, para lo que tuvo que encarnarse, subsistiendo en Él dos naturalezas, una divina y otra humana, esta última caída por causa del pecado original. La unión de las dos naturalezas en la persona del Verbo encarnado llevó a la transformación de la naturaleza humana en el proceso de su resurrección. Al pasar por ese proceso y a causa de la naturaleza divina, la parte humana recibió nuevas cualidades que no podía adquirir por sí misma. Desde entonces, todo ser humano lleva ese potencial de transformación y obtención de la vida eterna, condicionado a creer que Jesucristo es el Salvador y a seguir su doctrina expuesta en los trabajos de los apóstoles, evangelistas y Padres de la Iglesia.

Tradición: se considera continuadora de la Iglesia establecida por Jesucristo y sus apóstoles, proclamando la constancia e inmutabilidad de los dogmas de la doctrina cristiana. Cualquier cambio en la doctrina solo puede ser hecho por un concilio ecuménico. La Iglesia ortodoxa tiene la facultad de canonizar o beatificar. Siendo iglesias independientes, o agrupadas en un determinado número, cuando una de ellas añade a alguien a su santoral debe avisar obligatoriamente a las demás iglesias hermanadas.

En cuanto a la jerarquía, creen que la única cabeza de la Iglesia es Cristo. Las iglesias se gobiernan a sí mismas y quienes son los líderes principales de cada una, patriarcas y metropolitanos, se consideran iguales, pero respetan la supremacía meramente simbólica del Patriarca de Constantinopla.

Las sedes patriarcales suelen estar en las capitales de los países, cuyas iglesias nacionales presiden. Cada nueva iglesia independiente, que se gobierna a sí misma, debe ser reconocida por todas las iglesias ortodoxas. Si una sola de ellas no reconoce a la nueva iglesia, no puede estar vinculada a la comunión de las iglesias ortodoxas, herederas de la tradición cristiana y de la gracia. Es de notar que las diferencias dogmáticas con la teología protestante son evidentes.

Teología reformada

Se ha considerado suficientemente el tema al tratar sobre la teología histórica, remitiéndonos al apartado correspondiente.

Dentro de la división sobre la teología reformada pueden hacerse otras subdivisiones que tan solo se mencionan: teologías luterana, calvinista, arminiana, pentecostal, carismática, etc. Estas subdivisiones deben ser estudiadas en otros trabajos, que las tratarán con la extensión necesaria.

Teología conceptual

En cuanto a la división teológica por conceptos específicos, se pueden mencionar la teología liberal, la neo-ortodoxa, la fundamentalista, la dispensacionalista, la de la liberación, la existencial, la del proceso, la secular, la feminista, la relacional, la conservadora.

Muchos de estos conceptos se han repasado en el primer capítulo; se remite al lector al mismo para los datos más concretos. Entrar en la puntualización de los distintos aspectos de las teologías mencionadas y otras que pudieran añadirse excede la razón de ser de esta tesis.

CAPÍTULO III
MÉTODO TEOLÓGICO Y VERDAD DEL DOGMA

Introducción

La teología es una ciencia con los elementos propios que permiten considerarla de este modo. Como tal, se encuentra en los límites del saber teológico. Sus principios no son meramente filosóficos, propios del pensamiento, que condicionan lo que es la experiencia de las materias científicas. Sin embargo, no es empírica solamente, ya que puede analizarse desde los datos recogidos, que se estudian, contrastan y verifican para establecer las conclusiones que se obtienen.

Cualquier estudio científico requiere de un método que establezca el camino hacia las conclusiones que se alcancen. De igual modo ocurre con la teología. Pero, descansando esta en la revelación bíblica, por tanto, sobrenatural, requiere una metodología que esté absolutamente vinculada a los principios que informan la ciencia teológica para que se mantenga vinculada a ellos. De modo que el método a usar para hacer teología es importante para alcanzar conclusiones vinculadas a la Biblia, exentas de influencias básicas humanas, asumiendo solo su condición divina.

Los distintos métodos para la teología son fundamentalmente inductivos o deductivos, asunto que se considerará en el estudio. El primero establece principios, deduciéndolos del escrito bíblico, para fundamentar en la Escritura las conclusiones teológicas; el segundo induce, esto es, extrae a partir de observaciones o experiencias el principio general implícito en ella.

El método en teología permite llegar al conocimiento, significado e interpretación de las verdades reveladas sobre el elemento objeto de estudio dentro del ámbito general de la teología.

No hace falta afirmar que la sociedad de hoy, en todos los ámbitos, y de forma especial en el científico, se fundamenta en la comprobación de los hechos. Pero esto alcanza también a las llamadas humanidades o ciencias humanas, cuyos resultados se establecen en base a métodos comparativos, estructurales y sociológicos.

Siendo la teología una ciencia, dentro del campo de lo que se conoce como ciencias humanas, tiene necesariamente que desarrollar su propio método. Con todo, no existe un método único para la epistemología teológica; como escribe Juan María Tellería:

> Podemos decir, y sin temor a equivocarnos, que hay tantos métodos teológicos como teólogos, ya que estos, además de ser seres humanos con su propia individualidad y con peculiar percepción de la realidad y de los asuntos que tratan, vienen condicionados por su entorno cultural, familiar, filosófico y sobre todo denominacional, todo lo cual incide en el enfoque de sus trabajos, el valor que concedan a sus fuentes, su concepto de la autoridad eclesiástica, etc. Digámoslo claro: no hay un método único en teología; no existe solo un instrumento de trabajo en exclusiva que le ayude a esta especialidad a obtener lo que se propone, ni lo podrá haber jamás.[1]

Un discurso científico tiene que establecer el método para que pueda ser aquello que afirma ser. De ese modo ocurre con la teología, ha de establecer el método a seguir para alcanzar cualquier objetivo de los que se proponga.

El método

Ciencia y conocimiento

Reiteradamente se afirma desde el principio de esta sección que la teología es una ciencia, por tanto, debe ceñirse a un método de investigación que le permita alcanzar las conclusiones que le son propias en la investigación.

Los dos factores principales de las ciencias son los hechos y las ideas. Por consiguiente, la ciencia es más que un conocimiento. Al conocimiento se llega por persuasión o, si se prefiere, por experiencia probatoria de aquello que es cierto porque produce un efecto. La ciencia provee de fundamento al conocimiento, por lo que incluye varios elementos:

Datos básicos: los elementos primeros sobre los que se inicia la investigación que conducirá a conclusiones probadas.

Orden: el proceso consecutivo para llegar a la conclusión, avanzando según el método establecido punto a punto, hasta alcanzar el objetivo final.

---

[1] Tellería, 2011, p. 7.

Cronología de acontecimientos: los datos recogidos colocados en forma cronológica, de modo que en el estudio teológico se asientan los datos básicos conforme a la progresión de la revelación.

Relaciones causales: establece las causas que se han producido en el estudio de los acontecimientos.

Razonamiento: la capacidad de pensamiento y expresión de la reflexión sobre un determinado tema, de manera que puedan afirmarse los hechos experimentados y predecir con seguridad los futuros.

Si la teología es una ciencia, tiene que incluir algo más que el conocimiento de hechos concretos. Ha de aportar la interrelación interna entre ellos, demostrando que, si se admite uno, no puede negarse la realidad de los otros.

Como la Biblia no es un sistema teológico, el teólogo debe recopilar y disponer cada una de las verdades bíblicas exhibiendo su mutua relación interna. A modo de ejemplo: Dios es amor, esta verdad se ha de disponer usando los datos revelados en la cronología de los acontecimientos, interrelacionados estos entre sí, de manera que mostró amor en el acto creacional, haciendo que todo cuanto trajo a la existencia fuese "bueno en gran manera" (Gn. 1:31). El proceso siguiente puede interrelacionar entre sí la expresión divina del amor con la restauración de la vida humana y animal en la tierra después del diluvio. El amor de Dios se demuestra también en el proceso temporal cuando, a pesar de que Israel quebrantó su compromiso pactado de obediencia a Dios, y sufrió por ello el exilio y separación de su tierra, no fue extinguido, sino tratado con amor misericordioso (Lm. 3:22-24). Dios es amor porque restauró tiempo después a la tierra a una porción del pueblo rebelde. El amor suyo se manifiesta en la cronología de los acontecimientos, con el envío del Salvador al mundo (Gá. 4:4) y la obra de redención. Se manifiesta también en el cumplimiento de su promesa para establecer y sustentar a la Iglesia. Se evidenciará el futuro con el traslado de la Iglesia a la gloria, y culminará cronológicamente con la creación de cielos y tierra nuevos.

Mediante la teología bíblica se determinan y enuncian las verdades bíblicas y mediante la teología sistemática se interrelacionan las verdades, vindicándolas en su consistencia como revelación de Dios.

Ya que la teología es una disciplina científica, no puede dejar de reflexionar, valorizar y aplicar el método a su investigación, para que le permita una reflexión segura, metódica y cierta sobre las verdades reveladas en la Biblia. Así, solo es posible que las conclusiones teológicas puedan ser pensadas y expresadas con los presupuestos propios del pensamiento.

En relación con la teología evangélica, se aprecia la necesidad de establecer un método que mantenga una plena fidelidad de esta al *depositum fidei,* esto es, a la fe recibida procedente de las enseñanzas de Jesús y de los apóstoles. Pero que, a la vez, responda a los desafíos que presente la situación humana en cada momento, a fin de que en cualquier etapa exista una clara respuesta a lo que creemos, aplicando los principios de la fe a los condicionantes de cada momento.

Supone, pues, que para hacer teología en el tiempo, bajo los principios mencionados, se requiera una reflexión metodológica. Esto conlleva determinar cuál es el fundamento metodológico que permite alcanzar esa forma de teología y que, junto con la firmeza en la verdad, permita responder a las demandas de cada momento. Algunos proponen lo que llaman método trascendental, basado en las operaciones que funcionan en el proceso del conocimiento y del actuar humano. No cabe duda de que se trata de un método, puesto que propone una serie de pasos interrelacionados en un proceso que producen resultados progresivos y acumulativos. Sin embargo, desde este método se alcanzan respuestas a planteamientos filosóficos que surgen desde distintas posiciones teológico-filosóficas. Desde la teoría del conocimiento, procura dar respuesta a la pregunta: ¿Qué hago cuando conozco? De igual modo, desde la epistemología se procura contestar a otra cuestión: ¿Por qué esa actividad se llama conocimiento? Desde la heurística, quiere responder a: ¿Qué conozco cuando sigo el método trascendental, a dónde llego? Los pasos del método son concretos: experimentar, entender, juzgar y deliberar. Este es el proceso propio de la reflexión concluyente propia del hombre.

Bases del método teológico

Fundamentalmente deben seguirse los pasos que conduzcan al resultado que se desea, conocer la verdad, desarrollarla comprensiblemente, con el fin de que produzca resultados éticos, esto es, consecuentes con la verdad. Así lo indicó Jesús cuando dijo: "Conoceréis la verdad, y la verdad os hará libres" (Jn. 8:32). Los pasos en el proceso pueden establecerse así: 1) *Selección*: que busca los datos que deben interpretarse. Esta investigación parte del elemento investigable, que es la Biblia. A la investigación se aportan los procesos de datación histórica, buscando el tiempo en que fueron escritos los datos a investigar. Debe entrar también aquí lo que se ha establecido a lo largo de los siglos sobre una verdad bíblica enseñada así en la Iglesia. 2) *Interpretación*: consiste en interpretar los datos de la investigación, de otro modo, hacerlos inteligibles en una panorámica general. Corresponde esta operación a la hermenéutica bíblica, que da sentido al texto bíblico, no importa su extensión, para hacerlo plenamente comprensible al lector en aquello que dice, en el tiempo que lo dijo, y para los destinatarios que fue dicho. Esto requiere el estudio especializado de la hermenéutica. Dentro del campo de la interpretación, juega un papel importante la historia, el entorno que existía cuando se escribió el texto. Debe tenerse en cuenta que la Biblia, no es un libro de historia, pero los datos históricos que aporta son importantes para la interpretación, y trascienden al tiempo para ser aplicable a cualquier momento, como el apóstol Pablo indica: "Y estas cosas les acontecieron como ejemplo, y están escritas para amonestarnos a nosotros, a quienes han alcanzado los fines de los siglos" (1 Co. 10:11). 3) *Dialéctica*: procura la resolución de conflictos que aparentemente están en el texto bíblico, del tipo que sea, bien como aparentes contradicciones, bien como divergencias expresivas, o cualquier otra. La dialéctica opera para resolver las cuestiones argumentales, siempre que exista en ella una concordancia plena con toda la Escritura, buscando la concordancia en aquello que pudiera presentar diferencias. El trabajo dialéctico ha de basarse en que la Biblia, en los escritos originales, como Palabra de Dios no contiene errores. 4) *Conclusión*, a la que se llega luego de la investigación e interpretación. La conclusión o conclusiones puede/n alcanzar el rango de dogmáticas cuando sean relativas a verdades fundamentales, esto es, lo que es necesario creer como cristiano, o pueden ser generales, cuando se trata de interpretaciones diferentes sobre un mismo asunto, pero que no producen alteraciones en el dogma de fe. Debe tenerse en cuenta que no existe doctrina principal y doctrina secundaria, puesto que toda la Biblia, desde Génesis 1:1 hasta Apocalipsis 22:21, es Palabra de Dios, pero no puede dejar de entenderse que hay doctrina principal o fundamental, y doctrina general que, sin ser relativa, puede entenderse desde distintas ópticas, siempre que ninguna de ellas afecte a la fundamental.

Situación del método teológico

El que se acaba de proponer, al igual que cualquier otro, se enfrenta a una gran cantidad de desafíos que requerirían establecer una apologética para su defensa. La causa principal de esta situación está en las corrientes de pensamiento teológico que se suceden con una increíble rapidez desde el tiempo del liberalismo. En una sencilla aproximación a la historia de las doctrinas, se aprecia que la teología antigua estuvo presente como modelo durante siglos, como es el caso de las doctrinas de la gracia de Agustín de Hipona, que se han sostenido como referencia durante más de setecientos años. Igualmente, el pensamiento escolástico se mantuvo hasta la Reforma. La teología de Juan Calvino, de forma especial en su *Institución de la religión cristiana*, mantuvo las bases de la teología reformada durante más de dos siglos.

Acercándose más a los últimos años, se aprecia con Schleiermacher una nueva forma de pensamiento expresado en la teología liberal, como manifestación del idealismo alemán, que ocurre en el s. XIX. Muy poco tiempo después surge la neo-ortodoxia, que también duró pocos años. En 1941 se publicó el libro titulado, *El Nuevo Testamento y la mitología*, escrito por Rudolf Bultmann, que abre camino a la desmitologización bíblica, con lo que supone un alejamiento del punto de vista de la neo-ortodoxia. Las variantes siguen surgiendo; la búsqueda del Jesús histórico, para distinguirlo del Jesús de la fe, cuestiona las propuestas de Bultmann. No hace falta extenderse más para apreciar que los sistemas teológicos fueron reduciéndose en duración a lo largo del tiempo.

Un aspecto importante en la cuestión que se está considerando es la ausencia de escuelas teológicas. Entendiendo este término no como centros académicos que se ocupan de enseñar teología, sino como los agrupamientos en torno a una determinada forma de teología. Estos se manifestaban también en sistemas interpretativos sobre distintos asuntos doctrinales, en cuyo entorno estaban teólogos que coincidían con esa forma de pensamiento. Tales agrupaciones han prácticamente desaparecido, no habiendo referencias notables que orienten hacia algún modo específico de teología. Las escuelas teológicas que dedicaron tiempo al estudio de todos los aspectos de la doctrina, estableciendo posiciones determinadas sobre ellas, no se manifiestan hoy, y las que existían anteriormente están siendo poco atendidas.

Algunos apuntan a la falta de grandes pensadores de teología en la actualidad. Esto se debe acaso a que los medios de comunicación han saturado de definiciones, respuestas, orientaciones y alternativas que permiten lo que podría llamarse una autoformación, sin un esquema preciso, lo que hace que surjan maestros sin preparación general en teología. Esto trae consigo lo que puede llamarse especializaciones, donde un teólogo es especialista en una determinada área teológica, pero desconoce, lamentablemente, muchos otros aspectos de la teología.

Del mismo modo se aprecia un descenso notable en el interés por la teología sistemática, ya que se considera que un teólogo no puede tener el conocimiento detallado de todos los elementos que son necesarios para una sistematización de las doctrinas, de modo que tenga una visión general de todo el campo de la sistemática. Afectada por la idea de la historicidad, como elemento fundamental para las conclusiones doctrinales en el entorno en que se produjeron los escritos bíblicos, convirtió la teología en una serie de afirmaciones para un determinado contexto y no para la universalidad en todos los tiempos y sociedades.

Ejecución del método

Como se ha indicado antes, el método teológico propuesto tiene cuatro pasos: selección, interpretación, dialéctica y conclusión.

Selección. El primer paso exige la selección de materiales bíblicos que tengan que ver con la doctrina que va a ser considerada. En la selección ha de utilizarse todo lo necesario para delimitar aquello que esté relacionado con el trabajo teológico. Eso requiere el uso de herramientas que permitan una correcta selección.

Sin ningún lugar a duda, los materiales a considerar son los bíblicos; por consiguiente, la selección se hace desde la certeza de que la Biblia es la Palabra de Dios, plenamente inspirada, inerrante y autoritativa. Es la Escritura lo que va a estudiarse y analizarse para alcanzar el propósito de la investigación, que es la expresión fiel de la doctrina. Con todo, junto con la selección de los materiales bíblicos, puede buscarse también la consideración histórica de esos datos hecha en el tiempo por teólogos, procurando seleccionar especialmente aquellos que tratan la Escritura como plenariamente inspirada, esto es, que la aceptan como la Palabra de Dios.

La exégesis de la selección hecha a lo largo del tiempo evitará que el teólogo haga presuposiciones que no tienen la debida consistencia o seleccione textos que no tengan que ver con los materiales necesarios para la investigación.

En este primer paso, el teólogo debe asumir que la revelación de Dios está presente en todo el escrito bíblico; por consiguiente, acciones sobrenaturales que no tienen explicación desde el punto de vista de la razón y de la ciencia han de considerarse como algo plenamente válido y tomado como manifestación de la revelación de quien es el Todopoderoso, que actúa de forma incomprensible para la mente humana. Pero, también pudiera ocurrir lo contrario, que cualquier aspecto histórico revelado se considere como algo sobrenatural y se desligue de cualquier investigación histórica, lo que separa la recopilación de materiales de toda participación del hombre, confiriéndole solo un carácter divino. Ocurre, a modo de ejemplo, con los aspectos divino y humano de Jesucristo. Si a los hechos sobrenaturales se les busca explicación humana, rebajamos al Hijo de Dios a un mero hombre, tan especial como se desee, pero hombre al fin. Si en cambio cuanto Jesús hizo se considera desde la óptica de la deidad del Señor, situaremos a Jesús en el plano sobrenatural que corresponde a Dios, fallando en el natural equilibro de su condición divino-humana, que es imposible eludir en cualquier estudio que conduzca a una conclusión correcta de la pregunta sobre quién es Jesús.

Para evitar esto es preciso buscar en la selección los materiales relativos al tema, para alcanzar finalmente las conclusiones, todo lo relativo al asunto que se trata conforme lo expresa el texto bíblico, para evaluarlo convenientemente, sin descartar previamente material alguno por prejuicio personal. Sin este principio, cualquier conclusión puede estar alejada de la verdad que Dios ha revelado y del objetivo que Él tuvo al hacer esa revelación.

En la selección de los materiales debe entenderse que la Biblia no es un libro de historia, ni de ciencia, ni de geografía, ni de filosofía, sino que el propósito de ella es revelar a Dios, dándolo a conocer. Por consiguiente, el Espíritu de Dios seleccionó los materiales históricos, sociales, personales, etc. que están registrados en ella no con el propósito de que el lector conozca asuntos, bien sean históricos o humanísticos, ocurridos en la distancia mínima de dos milenios desde el punto del evento, sino porque en ellos y por ellos Dios se manifiesta para ser conocido.

Los materiales seleccionados en el primer paso de la investigación teológica han de ser tomados tal y como aparecen. De la misma manera que un arqueólogo no pretende acondicionar o contextualizar los restos encontrados, así el teólogo debe trasladarse al origen del documento en cuestión, teniendo en cuenta que su redacción no se hizo en un idioma moderno, sino en lenguas antiguas. Es en el idioma original que ha de entenderse el pasaje en cuestión. Esto exige tratar los materiales seleccionados en el entorno histórico y social del tiempo en que fueron escritos. Esto obligará a situarlos en relación con lo que Dios quiso decir a los destinatarios primeros, para entender luego qué enseñanza trasciende al tiempo para llegar al momento actual en que se alcanzan las conclusiones, no al revés.

Hecha la selección de materiales y antes de iniciar la interpretación debe establecerse una agrupación coherente con el tema a estudiar. No se trata de establecer aspectos diferentes de un todo, sino de llegar a este desde los distintos agrupamientos que puedan hacerse. A modo de ejemplo, no se trata de establecer el sentido de un tema sobre adoración, considerando lo que Moisés entendía, lo que revelan los libros sapienciales, el sentido de ese tema en tiempos de Jesús, o lo que la teología de Pablo, de Juan o de Pedro enseñan sobre él dejándolo aislado en los distintos momentos históricos de la enseñanza, sino integrándolos en un todo que defina el concepto bíblico que sustente las conclusiones que se deduzcan. Dicho de otro modo, debe procurarse una coherencia en la selección en lugar de buscar la discrepancia que pueda existir entre ellos, buscando establecer la correcta coordinación para un solo resultado. Es necesario entender que la Biblia se interpreta en un todo, buscando la unidad de contexto en los temas que se investigan.

Interpretación. Es el proceso en el cual se estudian los datos seleccionados. En él se responde esencialmente a una pregunta: ¿Qué quiere decir lo seleccionado? Conduce necesariamente a determinar otro parámetro: ¿Qué significado espiritual aporta? Inevitable al entender que Dios ha dado su Palabra para que el hombre le conozca y que no hay nada en la Biblia que camine en otra dirección.

En la interpretación es conveniente buscar una equivalencia al tiempo actual de los principios bíblicos que se consideran, pero no siempre es posible, sobre todo cuando se está refiriendo a cuestiones históricas; a estas se le puede buscar —como debe hacerse siempre— una aplicación, pero no una equivalencia actual. Hay porciones del texto bíblico, especialmente en profecía, que tienen dos cumplimientos en el tiempo, como ocurre, a modo de ejemplo, con las respuestas de Jesús en el llamado Sermón profético (Mt. 24), que una parte se cumple en la destrucción de Jerusalén por los ejércitos romanos en el año 70, y el resto tiene que ver con otro tiempo en el que tendrán cumplimiento pleno.

Sin duda tiene una gran importancia en el inicio de la interpretación de los datos recogidos la aplicación de una buena hermenéutica que huya del alegorismo y se mantenga en la correcta interpretación del texto bíblico siguiendo el método literal-histórico-gramatical. Es decir: qué significado tenía el texto para quienes se escribió y en el tiempo en que fue escrito. La posición del teólogo debe limitarse a expresar la verdad bíblica, sin forzarla en ninguna otra dirección para que sirva de justificación a la posición personal. Ocurre esto con el sistema de interpretación profética preterista, en el que se establece el cumplimiento de profecías futuras como ocurrido ya, buscando la justificación en acontecimientos que se produjeron ya, aunque no cumplan plenamente la enseñanza profética. Ocurre esto también en la interpretación alegórica, que permite establecer un significado conforme al pensamiento del intérprete, como ocurre con quienes, por principio, niegan el reino milenial de Jesucristo.

En la tarea de interpretación deben tenerse presente las condiciones sociales del tiempo en que se escribió el pasaje. No puede llegarse a conclusiones válidas en la interpretación general de un texto sin tener presente las circunstancias que se manifestaban en la sociedad para la que fue escrito. No tener en cuenta esto trae muchas veces consecuencias erróneas en los resultados. A modo de ejemplo: interpretar la Epístola primera de Pablo a los corintios requiere tener en cuenta el entorno social en que se encontraba la iglesia. No puede olvidarse que Corinto tenía una cultura grecorromana en la que se celebraban comidas de confraternidad, en algunas de las cuales los invitados traían alimentos para compartir. La comida de la iglesia antes del encuentro dominical y del partimiento del pan no era otra cosa que una cena romana; de ahí los problemas que surgían por la poca espiritualidad de muchos de los miembros. Algunos, los más pudientes, traían mucho alimento y mucho vino, mientras que los más pobres, entre los que estaban los esclavos, pasaban hambre porque no podían aportar nada. La ingestión de abundantes alimentos y mucho vino producía los efectos naturales, por lo que algunos se embriagaban antes de iniciar el culto dominical y se producían serios problemas en la reunión, hablando todos en lenguas, profetizando juntos, y las mujeres interrumpiendo con preguntas. No ocurre esto en el tiempo actual, por lo que el que interpreta los datos recogidos debe tenerlo en cuenta.

Esto supone hacer otra distinción, teniendo como referencia el ejemplo del escrito del apóstol Pablo a los corintios. El intérprete debe hacer diferencia entre el mensaje dado a los que viven en cierto entorno social del que se les da como cristianos. El primero procura una vida de testimonio en una sociedad permisiva y libertina; el segundo es la instrucción doctrinal que alcanza a todos los cristianos en todos los tiempos. Una tiene que ver con las disposiciones sobre la pecaminosidad de aquella época y otra distinta con la doctrina de la resurrección de Cristo y su venida para recoger a la Iglesia, con los eventos que se producirán en esa ocasión (1 Co. 15).

Otro aspecto que el intérprete debe tener en cuenta es el uso de ciencias para la interpretación de la Biblia. A modo de ejemplo, las ciencias que tratan de la antropología deben ser usadas para definir con mayor precisión las verdades reveladas en la Escritura. Así, cuando se lee que el hombre fue hecho a imagen y semejanza de Dios (Gn. 1:26), debe procurarse una respuesta a qué es la imagen y semejanza. Teológicamente puede reducirse a dos conceptos, acaso un poco abstractos, como la condición moral de ser humano y su capacidad de gobernar en su entorno. Pero, ayudados de otras ciencias como la psicología, puede profundizarse más en estos conceptos. El grave problema está en colocar la teología al mismo nivel que las otras materias científicas para que pueda ser condicionada por ellas, pero es absolutamente necesario tomarlas como colaboradoras en la investigación para potenciar el contenido de la misma.

Con todo, hay límites que no pueden sobrepasarse, de modo que, para hacer comprensible y aceptable la conclusión a la que se llegue, se cambie la doctrina por la reflexión humana. Nadie debe olvidar que no es posible convertir el mensaje de la cruz, que es locura para el mundo que se pierde, por uno que sea aceptable para él. La Biblia enseña este principio, pudiendo apreciarse en las palabras del apóstol Pablo:

> Porque el mensaje de la cruz es locura para los que se están perdiendo; pero para nosotros que somos salvos, es poder de Dios. Pues está escrito: Destruiré la sabiduría de los sabios y desecharé el entendimiento de los entendidos. ¿Dónde está el sabio? ¿Dónde está el letrado? ¿Dónde está el discutidor de este mundo? ¿No ha convertido Dios la sabiduría del mundo en necedad? Pues ya que en la sabiduría de Dios, el mundo no conoció a Dios mediante la sabiduría, agradó a Dios salvar a los creyentes mediante la locura de la predicación. (1 Co. 1:18-21 RVR)

Dialéctica. Se entiende como tal el arte de dialogar, argumentar y discutir. A la vez es también la serie ordenada de verdades o teoremas que se desarrolla en la ciencia o en la sucesión y encadenamiento de los hechos. Puede definirse como la teoría y técnica retórica de dialogar y discutir para descubrir la verdad mediante la exposición y confrontación de razonamientos y argumentaciones contrarios entre sí. Es el conjunto de razonamientos y argumentaciones de un discurso o una discusión y el modo de ordenarlos convenientemente.

Escogidos los datos e interpretados, deben establecerse de modo que permita dialogar sobre ellos, argumentando para demostrar los distintos elementos que sustenten las conclusiones que se alcancen. Para ello, las verdades deben ser ordenadas para que sirvan de camino conductor a las conclusiones que se expresen.

Se ha dado antes otro aspecto propio de la dialéctica que procura la resolución de conflictos que aparentemente están en el texto bíblico, del tipo que sea, bien como aparentes contradicciones, bien como divergencias expresivas, o cualquier otra.

En ocasiones las contradicciones aparentes están presentes en los datos recogidos y en la interpretación dada. La dialéctica permitirá hacer concordantes lo que aparentemente es discrepante. Dos casos a modo de ejemplos. En primer lugar, la omnisciencia de Jesús.

Afirmada: "Pero Jesús mismo no se confiaba de ellos, porque conocía a todos, y no tenía necesidad de que nadie le diese testimonio acerca del hombre, pues él sabía lo que había en el hombre" (Jn. 2:24, 25; RVR). "Ahora vemos que sabes todas las cosas, y no necesitas que nadie te pregunte" (Jn. 16:30; RVR). "Y le respondió: Señor, tú lo sabes todo; tú sabes que te amo" (Jn. 21:17). "Cristo, en quien están escondidos todos los tesoros de la sabiduría y del conocimiento" (Col. 2:3).

La aparente discrepancia en otros lugares: "Y viendo desde lejos una higuera que tenía hojas, fue por si quizás encontraba algo en ella, y al llegar cerca de ella, no encontró nada sino hojas, porque no era tiempo de higos" (Mr. 11:13; RVR). "Pero de aquel día o de aquella hora, nadie sabe, ni los ángeles en el cielo, ni el Hijo, sino solo el Padre" (Mr. 13:32 RVR). "Y dijo: ¿Dónde le habéis puesto? Le dijeron: Señor, ven y ve" (Jn. 11:34; RVR).

La dialéctica acude a la resolución haciendo apreciar que algunos pasajes presentan a Cristo en el aspecto de su deidad, mientras otros hacen referencia a su condición de hombre. Esto se evidencia cuando Lucas afirma que Jesús "creía en sabiduría y estatura" (Lc. 2:52), donde la humanidad del Verbo se pone de manifiesto. Pero en otro lugar el mismo Señor dice: "Antes que Abraham naciese, yo soy" (Jn. 8:58; RVR). Si no se reconcilian ambas verdades se puede llegar a conclusiones erróneas, que permitirían afirmar que Jesús es meramente hombre, o en el otro sentido, que es solamente Dios. En esta última posición permitiría llegar a la conclusión herética de que la humanidad de Jesús fue una mera apariencia, pero no era real. La unión de las dos verdades exige llegar a una conclusión que expresa que en la persona encarnada del Verbo subsisten dos naturalezas: la divina y la humana. Esa conclusión exige la utilización de la filosofía para establecer la condición en que se manifiestan como una unión hipostática.

Otro ejemplo, establecido a modo filosófico, sobre el contraste entre fe y obras.

Tesis: la salvación es por gracia y no por obras. "Justificados, pues, por la fe, tenemos paz para con Dios por medio de nuestro Señor Jesucristo" (Ro. 5:1). "Porque por gracia habéis sido salvados por medio de la fe; y esto no proviene de vosotros, pues don de Dios; no a base de obras, para que nadie se gloríe" (Ef. 2:8-9; RVR). "Concluimos, pues, que el hombre es justificado por fe sin las obras de la ley" (Ro. 3:28; RVR). "Sabiendo que el hombre no es justificado por las obras de la ley, sino por la fe de Jesucristo" (Gá. 2:16).

Antítesis: "Hermanos míos, ¿de qué aprovechará si alguno dice que tiene fe, y no tiene obras? ¿Podrá la fe salvarle?" (Stg. 2:14). "¿No fue justificado por las obras Abraham nuestro padre, cuando ofreció a su hijo Isaac sobre el altar? ¿No ves que la fe actuó juntamente con sus obras, y que la fe se perfeccionó por las obras?" (Stg. 2:21-22).

Síntesis: no hay contradicción entre ambas posiciones. Lo que ocurre es que se presentan dos aspectos de la misma verdad. Pablo argumenta contra quienes consideran que obrando algo pueden alcanzar la justificación delante de Dios. Santiago habla de quienes consideran que la aceptación de una verdad, no importa cuál sea su conducta, es suficiente para la salvación, lo que sería una fe que solo asiente. Pero la verdadera fe se demuestra por medio de obras. En la síntesis se manifiesta que Pablo está luchando contra la religiosidad, mientras que Santiago lo hace contra el antinomianismo.

Con el auxilio de la dialéctica se establecen ordenadamente las investigaciones de los principios seleccionados y se despeja aquello que pudiera servir de confrontación, armonizando lo investigado para alcanzar una correcta conclusión.

Conclusión. La conclusión de un tema teológico reviste la autoridad que procede de la Biblia, siempre que las conclusiones estén plenamente asentadas en ella.

En el sentido de autoridad de las conclusiones del método teológico, el Dr. Millard Erickson establece seis niveles, como indica:

> 1. A las afirmaciones directas de las Escrituras se les debe conceder el mayor peso. En la medida que representan correctamente lo que enseña la Biblia, tienen el estatus de palabra directa de Dios. Por supuesto, hay que estar muy seguro de que se está trabajando con lo que realmente están enseñando las Escrituras, y no con una interpretación impuesta.
> 2. A las implicaciones directas de las Escrituras también se les debe dar una gran prioridad. Sin embargo, se tienen que considerar como un poco menos autoritativas que las

afirmaciones directas, porque la introducción de un paso adicional (la inferencia lógica) lleva consigo la posibilidad del error interpretativo.

3. Las implicaciones probables de las Escrituras, esto es, las inferencias que se extraen en los casos en los que una de las presuposiciones o premisas es solo probable, tienen menos autoridad que las implicaciones directas. Aunque merecen respeto, estas afirmaciones deberían ser tomadas con cierta provisionalidad.

4. Las conclusiones inductivas de las Escrituras varían en su grado de autoridad. La investigación inductiva, por supuesto, solo ofrece probabilidades. La certeza de sus conclusiones aumenta en proporción a lo que aumenta el número de referencias realmente consideradas y el número total de referencias pertinentes que podrían considerarse.

5. Las conclusiones que se infieren de la revelación general, que es menos particular y menos implícita que la revelación especial, deben estar siempre sujetas a las afirmaciones más claras y explícitas de la Biblia.

6. Las especulaciones rotundas, que con frecuencia incluyen hipótesis basadas en una sola afirmación o insinuación de las Escrituras, o que se derivan de alguna parte oscura o poco clara de la Biblia, también pueden ser expuestas y utilizadas por los teólogos. No existe ningún peligro siempre que el teólogo sea consciente y advierta al lector o al oyente de lo que está haciendo. Surge un serio problema si estas especulaciones se presentan con el mismo grado de autoridad que se atribuyen a las afirmaciones de la primera categoría.[2]

Sin lugar a duda, las afirmaciones que se alcancen en el estudio de un tema de teología tendrán la condición de fundamentales cuando se asienten en afirmaciones directas de la Escritura. A medida que se introduzcan inducciones del teólogo, pasarían de una doctrina fundamental a una general. Toda la Escritura es doctrina porque toda ella procede de Dios que la reveló a los hagiógrafos elegidos por Él para escribir su Palabra. Es preciso hacer la distinción en cuanto a doctrina para no incurrir en establecer como fundamental lo que es general en ella. A modo de ejemplo, es fundamental la doctrina sobre la segunda venida del Señor, porque lo ha prometido personalmente en una declaración directa que no necesita interpretación (Jn. 14:1-3); es

---

[2] Millard Erickson. o.c., pág. 83.

MÉTODO TEOLÓGICO Y VERDAD DEL DOGMA

general la determinación de si se producirá antes de la tribulación, en el medio de ella o al final de ese período.

Métodos teológicos

Pueden distinguirse cuatro métodos aplicados a la teología: el deductivo, el inductivo, el especulativo y el místico. Los dos primeros son estrategias de razonamiento lógico para llegar a una conclusión. Son los más aptos para hablar de teología. El deductivo usa principios generales para llegar a una conclusión específica; el inductivo actúa en modo inverso, utilizando premisas particulares para llegar a una conclusión general.

Método deductivo

Como su nombre indica, alcanza conclusiones específicas deduciéndolas de un principio general. Dicho de otro modo, razona y explica lo investigado partiendo de leyes o principios generales hacia casos particulares.

Sus principales características son: 1) Establece conclusiones a partir de generalizaciones. 2) La conclusión de un razonamiento está incluida en las premisas. 3) No necesita observar las causas de algo para alcanzar conclusiones sobre él mismo. 4) Sus conclusiones son rigurosas y válidas. 5) No genera por sí mismo un nuevo conocimiento porque se limita a desarrollar lo verificado en el conocimiento previo.

En cuanto a dirección del razonamiento, parte de lo general a lo particular. El método deductivo considera que la conclusión está implícita dentro de las premisas. Por tanto, si las premisas son verdaderas, la conclusión lo es también. Este método aplica las leyes generales a los asuntos específicos.

Las principales características del método deductivo son: 1) Sigue la dirección de lo general a lo particular. 2) Es el método propio de las ciencias formales. 3) Deduce consecuencias que resultan de una determinada condición, lo que lo hace muy útil en escatología. 4) La conclusión está contenida en las premisas. 5) Si las premisas son verdaderas, la conclusión lo es también. 6) Las conclusiones deben conducir a consecuencias lógicas y rigurosas. 7) Por sí mismo, no produce un nuevo conocimiento.

En general, este método es sumamente apropiado para hacer teología de forma correcta. Los principios a considerar son verdaderos porque son tomados de la Biblia; por tanto, los resultados también lo son, en la medida en que las deducciones se ajusten a los principios seleccionados.

Método inductivo

Es el sistema que obtiene conclusiones generales a partir de premisas particulares. Es, probablemente, el método científico más usual. Se usan cuatro pasos esenciales: 1) La observación de los hechos para su registro. 2) La clasificación y estudio de esos hechos. 3) La derivación inductiva que partiendo de los hechos permite llegar a la generalización. 4) La contrastación que verifica que las conclusiones son correctas.

El razonamiento inductivo es una forma en que la verdad de las premisas apoya la conclusión, pero no la garantiza. El método inductivo es generalizador, ya que las premisas que apoyan la conclusión no siempre pueden garantizarla.

El método inductivo consiste realmente en plantear hipótesis que, a partir de una manifestación individual, sugieran la posibilidad de alcanzar una conclusión universal. Quiere decir que solo pueden afirmarse como probabilidades las conclusiones que se alcanzan; por tanto, nada puede afirmarse de una manera rotunda, salvo que las conclusiones correspondan a verdades establecidas.

El origen del método inductivo se establece en el s. XVII; su principal representante es el filósofo inglés sir Francis Bacon (1561-1626). En su libro *Novum organum scientiarum*[3], editado en 1620, precisó las reglas del método inductivo.

Los pasos en este método son: 1) Observación del elemento de interés. En síntesis, es la recolección de datos. 2) Establecer patrones posibles. Esto es, en la comparación de los datos se buscan elementos que los vinculen y que sirvan para alcanzar la declaración general. 3) Construcción de la teoría. Basándose en los datos obtenidos, se establece una conclusión generalizadora.

Inducción perfecta. Se llama así a la que examina y enumera todos los casos o premisas que sostienen la conclusión sin que sean posibles otros que no se han tenido en cuenta. Requeriría, en teología, la selección y examen de todos los pasajes bíblicos que sustenten la conclusión teológica que se alcance.

Inducción imperfecta. Cuando es imposible examinar todos los casos seleccionados porque pudiera quedar alguno que no se ha

---

[3] *Nuevos instrumentos científicos*.

considerado o que pasó inadvertido, la conclusión se conoce como inducción imperfecta.

Cabe mencionar el principal problema del método inductivo que debe tenerse en cuenta. Especial atención ha de prestarse al hecho de que este método no siempre logra una conclusión final comprobable fuera de todo cuestionamiento. Esto es consecuencia de que se basa en una forma de pensamiento generalizador, que permite establecer posibilidades o probabilidades dentro del carácter total de la conclusión, pero no puede garantizar que en el examen estaban la totalidad de los elementos necesarios para alcanzar la conclusión. Así el método inductivo puede conducir a conclusiones equivocadas, que permiten también la introducción de aspectos subjetivos que conducen a la conclusión, cosa imposible en el método deductivo, en el que la validez de las premisas garantiza la validez de la conclusión.

A modo de ejemplo: ¿Cuál es el tema central de la primera epístola de Pedro? Selecciono los datos recurriendo a la lectura del texto y observo que las pruebas están presentes en todos ellos (cf. 1:6, 7; 2:12, 19, 21; 3:14, 16, 17; 4:1, 12-19; 5:7, 9, 10), induzco que el tema es el de los padecimientos del cristiano. Sin embargo, es otro, como el mismo autor dice: "Por conducto de Silvano, a quien tengo por hermano fiel, os he escrito brevemente, exhortándoos, y testificando que esta es la verdadera gracia de Dios, en la cual estáis" (1 P. 5:12; RVR). Luego, el tema del escrito es la vida en la gracia.

Método especulativo

La especulación procede del latín *speculari*, que equivale a observar; es una forma del método teológico que conduce a pensar y reflexionar sobre las verdades de la fe para ganar conocimiento, no tanto experimentalmente, sino en la esencia de las cosas o de los principios revelados en la Escritura. Esta actividad intelectual permite la resolución dialéctica de las aparentes contradicciones.

Agustín de Hipona[4] se refería a las palabras del apóstol Pablo: "Pues ahora vemos mediante espejo, borrosamente; mas entonces veremos cara a cara. Ahora conozco en parte; pero entonces conoceré tan cabalmente como soy conocido" (1 Co. 13:12; RVR); unía, a su vez, este texto con otro: "Y todos nosotros, mirando a cara descubierta como en un espejo la gloria del Señor, vamos siendo transformados de gloria en gloria a la misma imagen, como por la acción del Señor,

---

[4] Agustín de Hipona, *De Trinitate,* XV, VIII 14, IX 15.

del Espíritu" (2 Co. 3:18; RVR). Indicaba que, en el tiempo actual, en la especulación, el hombre ve la verdad de Dios como en un espejo oscuro, que está en esa situación por la caída en el pecado, pero el hombre mismo, como ser espiritual y como imagen de Dios, representa el espejo que se puede orientar en dirección a Dios para ser iluminado y alcanzar el discernimiento de la verdad.

La función de la teología es recoger y sistematizar los datos de la revelación contenidos en la Biblia, estudiándolos para alcanzar la mayor comprensión de los mismos. Quiere decir que el proceso especulativo conduce a una mayor profundización en el conocimiento de los datos captados en la Palabra. Es necesario entender que la profundidad absoluta de la revelación de Dios es imposible y seguirá siendo un conocimiento limitado mientras el creyente transite por el mundo hasta alcanzarlo en plenitud en la glorificación. Sin embargo, sabe que a medida que persiste en el estudio de la verdad de Dios, irá incrementando su conocimiento de lo que Dios ha dado en su Palabra.

Dicho de otro modo, al proceso de escuchar la fe sigue la acción de entender la fe, cuya progresión no debe detenerse en el tiempo. Este entender la fe hace fluir el método especulativo.

El entendimiento de la fe está presente desde el principio de la Iglesia, si bien la investigación primera de las doctrinas y la expresión de las mismas obedeció, en gran medida, a la necesidad de confrontar las herejías que se sucedían en el tiempo. A partir de la Edad Media, los teólogos hicieron del entendimiento de la fe un trabajo permanente, que condujo a la sistematización de las verdades.

El método especulativo en la teología requiere algunas tareas esenciales para alcanzar el propósito: 1) Comprender, usando todos los recursos que puedan alcanzarse intelectualmente como instrumentos al servicio de la comprensión. 2) Sistematizar, ordenando en una síntesis coherente los resultados de la reflexión y comprensión. 3) Juzgar, apreciando el valor de los resultados obtenidos y de la sistematización alcanzada.

Definición. Hay distintas vías para la reflexión en el método especulativo; una de ellas es la definición. La Biblia enseña verdades que no es preciso definir, puesto que están plenamente expresadas, como por ejemplo "Dios es amor" (1 Jn. 4:8). Pero, en ocasiones, usa un lenguaje figurado o simbólico, como cuando dice: "Con sus plumas te cubrirá, y debajo de sus alas estarás seguro. Escudo y adarga es su verdad" (Sal. 91:4). Es necesario en estos casos recurrir a la definición para hacer comprensibles las acciones protectoras de Dios. El análisis permite definir dogmáticamente las perfecciones de Dios, limitando interpretaciones incorrectas. Así ocurre con otras expresiones que deben ser definidas, como reino de Dios, Hijo del hombre, casa del Padre, tercer cielo, etc. En otros momentos, el método especulativo permite definir asuntos que no se mencionan como tales en la Biblia; a modo de ejemplo, la verdad fundamental de que Dios existe eternamente en tres personas, y que la segunda procede de la primera y que la tercera procede de la primera y la segunda. Requiere que se defina qué es la Trinidad, qué debe entenderse por persona, qué es la procedencia. Pero, además, si son tres personas divinas de la misma sustancia, es preciso definir qué es consustancial[5], y usar términos que puedan expresar con certeza las verdades que la investigación descubre.

Conveniencia. Es otra de las vías en el método especulativo. Consiste en aportar formas comprensivas que expresen aspectos de las acciones y determinaciones divinas, que la mente humana en sí misma no puede aportar, como demostrables. Sin embargo, desde la dimensión expresada de la fe puede demostrar la conveniencia de la acción y desde ahí definirla para que pueda ser comprendida con la mente humana. Así, por ejemplo, no es posible demostrar la necesidad de la encarnación para que el Dios invisible pudiera ser revelado y pudiese ser comprendida la obra redentora, haciendo conveniente que Dios se acercase al hombre al mismo nivel, esto es, haciéndose hombre y expresando en su humanidad un discurso comprensible para el hombre.

Analogía. Consiste en utilizar una relación de semejanza entre cosas distintas que hagan comprensible a una de ellas. Cuando se trata de Dios, la Biblia usa todo lo existente universalmente para dárnoslo a conocer a Él y a su plan de salvación. La razón por la que se puede usar la analogía es que la palabra creadora precede a la reveladora y ambas tienen como origen a Dios. Así, para hacer comprensible el amor divino, se compara a Dios con una madre: "Como aquel a quien consuela su madre, así os consolaré yo a vosotros" (Is. 66:13). Cristo se refirió a Dios como su Padre, de manera que la analogía de relación paterno filial en el hombre permite vislumbrar algo de la relación eterna entre las dos personas en el seno trinitario.

Vinculación. Consiste es establecer un concepto final vinculando otros entre sí para dar una comprensión global de una verdad. Así, cuando se habla de la aplicación de la salvación, se une el llamado del Padre a salvación (Ro. 8:28-30) con la obra salvadora del

---

[5] Griego: ομοούσιος.

Hijo para todo el que cree (Jn. 3:36; 10:28) y la operación del Espíritu que vincula al creyente con Cristo uniéndolo vitalmente para vida eterna (1 Co. 12:13), sellándolo como propiedad divina (Ef. 1:13-14). Esta vinculación permite entender que "la salvación es de Dios" (Sal. 3:8; Jon. 2:9). Y establecer un proceso en ella: el Padre llama, el Hijo justifica, el Espíritu regenera.

Sistematizar. El método dogmático conduce inevitablemente a la sistematización de las verdades bíblicas, estableciéndolas en grupos homogéneos. Así puede tratarse de la cristología, fijando el dogma de los muchos asuntos que la componen, su eterna condición divina, pasando por la expresión de su humanidad, la gracia de su operación salvadora, la esperanza de gloria en la promesa a los suyos (Jn. 1:1-4), etc. De este modo, se sistematizan las doctrinas fundamentales de la Biblia permitiendo una enseñanza ordenada de las mismas. Es necesario recordar que el científico busca y descubre la verdad, mientras que el teólogo parte de la verdad para desarrollarla y expresarla convenientemente.

Método místico

Es el método que interpreta la Biblia desde la concepción espiritual propia del intérprete. Es un método en el que está presente en gran medida el subjetivismo, interpretando el texto bíblico desde las experiencias en lugar de dejar que la Biblia interprete las experiencias. Por otro lado, no todas las experiencias de carácter místico vienen de Dios o son impulsadas por el Espíritu.

Misticismo incorrecto. Es la utilización equivocada del método para enseñar que la revelación no está limitada a la Palabra escrita, sino que el Espíritu, autor de ella, viviendo en el creyente, revela a este complementos a lo contenido en el escrito bíblico que, viniendo del autor de la Biblia, tienen la misma autoridad que ella. Algunos enseñan que para estas revelaciones es preciso una manifestación de espiritualidad elevada, con negación al yo mediante esfuerzos personales, acompañado de prácticas piadosas. Este concepto usa cualquier sistema que trate del conocimiento de Dios, como la teosofía, el panteísmo humanista e incluso la filosofía griega. A este sofisma teológico, algunos añaden una exégesis incorrecta, usando las palabras del Señor:

> Aún tengo muchas cosas que deciros, pero ahora no las podéis sobrellevar. Pero cuando venga el Espíritu de verdad, él

os guiará a toda la verdad; porque no hablará por su propia cuenta, sino que hablará todo lo que oyere, y os hará saber las cosas que habrán de venir. El me glorificará; porque tomará de lo mío, y os lo hará saber. (Jn. 16:12-14)

En una interpretación correcta, se aprecia que la misión del Espíritu no es hacer nuevas revelaciones, por su propia cuenta, sino tomar de lo que Cristo dijo y hacerlo saber. La concordancia textual lo exige así porque antes el Señor dijo: "Mas el Consolador, el Espíritu Santo, a quien el Padre enviará en mi nombre, él os enseñará todas las cosas, y os recordará todo lo que yo os he dicho" (Jn. 14:26). La misión del Espíritu iluminará el entendimiento para que puedan comprender todas las cosas registradas en la Palabra y recordar a todos los creyentes lo que había enseñado Jesús. Cualquier pretendida nueva revelación sobre o al margen de lo escrito es contraria a la verdad bíblica y, sin duda, no procede de Dios.

Misticismo correcto. Aunque el método pueda considerarse superado por otros que se han comentado, hay una posición que sin duda es una verdad bíblica, que enseña la presencia del Espíritu Santo en cada creyente, desarrollando en cada uno la misión iluminadora, que conduce a toda verdad: "Pero cuando venga el Espíritu de verdad, él os guiará a toda la verdad" (Jn. 16:13a). La conducción del Espíritu hace comprensible la Palabra, única revelación dada por Dios, en la mente del lector. La dogmática cristiana es una y "fue dada una vez a los santos" (Jud. 3). El Espíritu toma lo que es de Cristo para hacerlo conocer comprensiblemente. Jesús afirma que Él no habla por su propia cuenta, sino que habla solo lo que oye, en sentido de la Palabra revelada por Dios. Esta revela y se resuelve en Cristo, núcleo de la Biblia y expresión definitiva de la profecía, como se lee "el testimonio de Jesús es el espíritu de la profecía" (Ap. 19:10). El pensamiento de Dios y su deidad solo es posible que sea revelada por el Logos eterno, que como tal expresa exhaustivamente la mente de Dios. El verbo expresar es un frecuentativo de exprimir, de modo que cuando el Verbo expresa, exprime la mente divina sin que quede en ella nada que Él no conozca y comunique, reservando solo aquello que, por ser potestativo de Dios, queda reservado a su solo conocimiento. Si el Espíritu es dado para guiarnos a toda verdad, quiere decir que solo puede hacerlo en relación con la Palabra, de lo contrario en lugar de guiarnos tendría que usar revelarnos. Esta operación del Espíritu permite a los creyentes y de una forma especial a quienes Él ha dotado con dones de maestros para que puedan conocer y profundizar en la verdad revelada, pero todo ello está contenido en la Palabra de Dios.

Características del teólogo

Teólogo es, según definición idiomática, aquel que es especialista en teología, pero también se llama así al estudiante de teología. En esta última acepción debiera estar todo el que ama y estudia la Biblia, esto alcanza a todos los creyentes y a los que tienen dones específicos de pastores y maestros. Pueden darse algunas características, sin que esto limite en absoluto otras que también le son propias.

Creyente. El hombre de ciencia acude al estudio de la materia que trata presuponiendo la fiabilidad de sus percepciones sensoriales, de sus funciones mentales y confiando en la certidumbre de las verdades que no se aprenden de la experiencia, sino que dan en la constitución de nuestra naturaleza, especialmente que a cada efecto corresponde una causa y que cada causa en iguales circunstancias produce los mismos efectos. De ahí que en base a esto recoge los datos para establecer una o varias conclusiones derivadas de la reflexión de los mismos que puedan sustentarse sobre ellos. En base a los hechos determinados y clasificados, deduce las leyes que los rigen, aceptándolos como verdaderos.

La Biblia es para el teólogo lo que la ciencia es para el científico. La Escritura es su base para determinar las verdades que deben ser expresadas. Pero esto presupone que cree firmemente en lo que ha sido revelado, aceptándolo como procedente de Dios. Solo el creyente que afirma sin condicionante alguno que la Biblia es la Palabra de Dios puede ser un verdadero teólogo. El que no cree y toma para sustentar sus conclusiones lo que para él no es verdad absoluta, no puede esperar que sus conclusiones sean tenidas como verdad. El teólogo da por supuesta la validez de las leyes de fe para entender los hechos de Dios.

En la selección de los datos para el estudio y las conclusiones, la fe es esencial, puesto que algunas verdades no tienen referencia ni aplicación en las ciencias naturales, como ocurre con la distinción entre el bien y el mal: Dios no puede ordenar nada contrario a la virtud; no se puede hacer mal, aunque sea con el propósito de hacer lo mejor; el pecado es acreedor de castigo; etc. Otras cuestiones semejantes están presentes en las bases sustentadoras de las verdades teológicas, tanto deducidas como inferidas.

Necesariamente el teólogo tiene que ser creyente, porque nadie puede asentar verdades de fe sobre sus propias opiniones personales que no se sustenten absolutamente en la Palabra y que no puedan soportar las pruebas de la universalidad y la necesidad, lo que se llama verdad inherente, que es estar interiormente ligado a algo.

Como quiera que el objeto de la teología es la Verdad, esto es, la revelación de Dios y su obra revelada en Jesucristo, el teólogo además de creyente está llamado a la experiencia de la vida de fe, uniendo a la investigación científica su relación vivencial con Cristo, mediante la dependencia del Espíritu y la oración. Solo de este modo podrá captar en mayor dimensión el sentido sobrenatural de la fe, sirviendo de modo para guiar su reflexión y medir la verdad de sus conclusiones teológicas.

Espiritual. Las verdades bíblicas, objeto del trabajo teológico, proceden de la acción del Espíritu. El teólogo es conducido por el Espíritu a la verdad (Jn. 16:13). Para la comprensión del mensaje procedente de Dios es necesaria la iluminación espiritual. Jesús no solo abrió las Escrituras a los discípulos de Emaús, sino que también les abrió el entendimiento para que las comprendieran sin condicionamiento alguno (Lc. 24:27-32, 45). Además, solo son conducidos conforme a la voluntad de Dios aquellos que no andan conforme a la carne, sino conforme al Espíritu (Ro. 8:4). Mediante la acción del Espíritu, el cristiano espiritual discierne todas las cosas, como expresa el apóstol Pablo: "Pero el hombre natural no percibe las cosas que son del Espíritu de Dios, porque para él son locura, y no las puede entender, porque se han de discernir espiritualmente. En cambio el espiritual juzga todas las cosas; pero él no es juzgado de nadie" (1 Co. 2:14-15). Solo aquel que está dispuesto a conformarse a la Palabra está en condiciones de interpretar la Palabra.

El teólogo debe reconocer sus limitaciones. Ha de entender claramente que la teología es una ciencia que trata de cosas sobrenaturales. Los límites de esas verdades escapan de la mente natural del hombre; por consiguiente, debe acercarse siempre reverentemente al estudio de la Palabra. Ese estudio exige un trabajo paciente e incansable. La Biblia, como Palabra de Dios, no tiene límites en su estudio. Quiere decir esto que el teólogo debe estudiar hasta el final de sus días la Escritura, a fin de que pueda "trazar bien la Palabra de verdad" (2 Ti. 2:15). Exige entender que la teología no debe ser abreviada, ya que el campo de investigación no es una parte, sino la totalidad de la Biblia. La meta del teólogo debe ser sostener la totalidad de la revelación divina en un equilibrio correcto de todas sus partes, libre de cualquier condicionante personal.

Investigador bíblico. La teología y, por consiguiente, el trabajo del teólogo está orientada, sustentada y consolidada por la Biblia. Pero el acto con que Dios se revela, la economía de la salvación, la acción en la gracia hacia el perdido, no son designios demostrativos del trabajo teológico, sino aceptaciones de fe al contenido bíblico. Cada una de los elementos seleccionados serán investigados y pensados desde la perspectiva de lo que constituye en objeto de su fe. Luego, la investigación teológica parte necesariamente de la fe, buscando en ella la expresión diversa de la multiplicidad de elementos que se desprenden de las verdades que se estudian. Quiere decir esto que el teólogo no duda de los fundamentos de su fe y su investigación se limita a sistematizar esas verdades para alcanzar conclusiones que lo son también de fe.

La investigación no se hace orientándola a producir la verdad, sino que trabaja con ella para hacerla inteligible, alcanzando conclusiones sobre aquellas verdades que investiga y que acepta plenamente por la fe.

Necesariamente, el teólogo ha de ser investigador y hacerlo científicamente, porque el hecho de que trabaje con elementos asentados en la fe no merma en nada el hecho de que la teología es una ciencia. Por esa razón, su investigación debe ir orientada a establecer las formas de comunicación de la verdad para hacer comprensible a todos lo que Dios ha revelado.

La investigación teológica pivota en la persona de Jesucristo. Él es el Logos eterno que expresa y revela a Dios; por tanto, cuanto Dios ha revelado para que pueda ser conocido tiene su expresión suprema en Jesucristo. Si Él es el Logos encarnado, es el que puede dar expresión definitiva al Logos escrito. Cualquier investigación teológica que se aparte de la centralidad bíblica de Cristo no conducirá a conclusiones verdaderas, puesto que solo Él puede decir: "Yo soy la verdad" (Jn. 14:6).

Libre. La palabra tiene una amplia connotación. Aquí demanda que el teólogo no sea esclavo, especialmente de convicciones humanas o de orientaciones preestablecidas. En ocasiones la escuela teológica a la que está adscrito ejerce una influencia exegética sobre el teólogo que le impide cualquier movimiento que descubra en la investigación bíblica y le oriente en otra dirección o, simplemente, abra otro camino distinto al tradicional de la escuela.

El teólogo ha de ser libre en el sentido de tener esfuerzo y ánimo para hablar lo que conviene a su condición. No es posible ignorar que

MÉTODO TEOLÓGICO Y VERDAD DEL DOGMA 137

el teólogo tiene la misión del libre examen de la Escritura. Este concepto significa que se acerca a ella sin otro criterio que la lectura y correcta interpretación conforme a lo que la Palabra dice y a la verdad a que el Espíritu conduce, sin ninguna otra autoridad que lo habilite para ese ministerio. En este sentido, la libertad comprende también la investigación. Esta libertad no le viene de otro recurso que no sea la Escritura; por tanto, la libertad de investigación exige armonizarla con el todo de la revelación, puesto que solo "la verdad os hará libres" (Jn. 8:32). El teólogo no es libre cuando el examen del texto está condicionado a la forma establecida por el magisterio de la iglesia que condiciona la función investigadora.

La teología evangélica o protestante sitúa entre sus principios el libre examen de la Biblia. No debe confundirse esto con la libre interpretación. En ningún caso la interpretación de la Biblia es libre, puesto que la Escritura se interpreta a sí misma y no pueden generarse contradicciones en una correcta exégesis. La confusión entre libre examen y libre interpretación es el resultado de la posición de la llamada contrarreforma, que identifica ambos términos para enseñar que es el resultado de la interpretación de cada confesión cuando se rechazan el magisterio, que se considera infalible, y la tradición. El libre examen ha traído como resultado las posiciones bíblicas que cimentaron la Reforma. Lutero afirmaba que la Sagrada Escritura no requiere mediación para su inteligibilidad en todo lo que se refiere al modo de alcanzar la salvación. El libre examen es orientado por el Espíritu para que el lector conozca el sentido espiritual de la Palabra sin que tenga que contar con ningún otro medio externo. Por su parte, Juan Calvino insiste en el mismo principio bíblico, aunque entiende que en ocasiones la iglesia puede reunir a sus pastores para definir en concilio lo concerniente a una determinada verdad bíblica que esté siendo cuestionada. Así escribe:

> Puesto que hemos probado que la Iglesia no tiene autoridad para formular nuevas doctrinas, hablemos ahora de la autoridad que le confieren para interpretar la Escritura.
> De buen grado les concedemos que si hay disputa acerca de algún dogma, no existe medio mejor y más cierto que reunir un concilio de verdaderos obispos, en el cual se examine el dogma en litigio; pues mucha mayor autoridad tendrá la determinación convenida en común por los pastores de las iglesias, después de invocar al Espíritu de Cristo, que si cada

uno la enseñase por su propia iniciativa al pueblo, o lo hiciesen unos cuantos en particular.

Además, cuando los obispos se reúnen, tienen más oportunidad para comparar y mirar lo que deben enseñar, y en qué forma, y así conseguir unanimidad, a fin de que la diversidad no engendre escándalo.

Sigue luego:

Y el mismo sentido común dicta que si alguno turbare la Iglesia con un nuevo dogma, y el asunto adquiriese tal importancia que hubiera peligro de caer en mayores inconvenientes, entonces ante todo que se reúnan las iglesias y examinen la causa; y finalmente, decidan de acuerdo con la Escritura, la cual quite toda duda al pueblo y cierre la boca a los amigos de novedades peligrosas, para que no vayan adelante.

De esta manera, cuando Arrio se levantó, se reunió el concilio niceno, que con su autoridad hizo fracasar su impía empresa y restituyó la paz a las iglesias que había agitado, confirmando la eterna divinidad de Cristo contra su impío dogma.[6]

Se aprecia que no existe una libre interpretación, sino que el examen de la verdad revelada conduce, por la acción del Espíritu, a establecer el dogma correcto. Sin embargo, para que el teólogo pueda alcanzar, individual o colectivamente con otros, la expresión de la verdad, requiere el libre examen, sin condición alguna, para seleccionar de la Palabra los elementos que, mediante reflexión y contextualización, conduzcan al establecimiento del dogma. De ahí que la fórmula absoluta Sola Escritura expresa el principio general de la única autoridad en materia de fe que es la Biblia.

Conocedor. El teólogo tiene la función de expresar la fe, en vinculación directa con la Palabra, lo que exige una comprensión cada vez más profunda del texto bíblico. No se trata solo de conocimiento científico, sino especialmente textual.

Por su propia naturaleza, la expresión de la fe hace necesaria la inteligencia y la disposición de un lenguaje preciso que pueda pronunciarla con concreción. No se trata de la expresión meramente científica, difícil en ocasiones e incomprensible para muchos en otras, pero sí de un lenguaje que, siendo comprensible a todos, declare las verdades de la fe con toda precisión. La verdad revelada supera siempre

---

[6] Calvino, 1968a, IV, 9, 13.

el modo de hablar y la capacidad intelectiva del hombre, puesto que es el hablar que expresa el pensar de Dios, cuya dimensión infinita es inalcanzable. Pero la expresión de conceptos revelados es posible, aunque como dice el apóstol Pablo: "... y de conocer el amor de Cristo, que sobrepasa a todo conocimiento, para que seáis llenados hasta toda la plenitud de Dios" (Ef. 3:19; RVR). Sin embargo, el auxilio del Espíritu y el don que otorga al maestro, lo capacitan para comprender, en cierta medida, lo que debe ser creído. Esto permite dar cuenta de nuestra esperanza, es decir, expresar nuestra fe a quienes lo soliciten de nosotros (1 P. 3:15). Ha de afirmarse que el teólogo tiene que ser un profundo conocedor del texto bíblico. Una de sus tareas personales es ocuparse de la lectura de la revelación divina. El ejemplo del apóstol Pablo es evidente, como escribe a Timoteo: "Trae, cuando vengas, el capote que dejé en Troas en casa de Carpo, y los libros, mayormente los pergaminos" (2 Ti. 4:13). En el tiempo final de su ministerio, cuando estaba esperando la ejecución de la sentencia que le condenó a muerte, pide los libros y los pergaminos, con los que podría seguir leyendo escritos espirituales y textos bíblicos.

La teología, por tanto, la tarea del teólogo es hacer que la fe sea comunicable. Esto constituye un propio saber científico, de ahí que el teólogo debe estar atento a las exigencias epistemológicas de su disciplina y al control racional de cada etapa del desarrollo teológico. De ahí que el hecho de elaborar teología exige una dimensión espiritual de santificación ante Dios y reverente obediencia a su Palabra.

El teólogo ha de ser capacitado en el conocimiento bíblico. El don de maestro es dado por el Espíritu Santo soberanamente a quien quiere (1 Co. 12:11). Pero, para ejercer plenamente el don, requiere la formación del maestro o del teólogo. Esta formación no se obtiene sino mediante el estudio de la Palabra durante un tiempo. Así lo enseñaba y practicaba el apóstol Pablo, como dice a Timoteo: "Lo que has oído de mí ante muchos testigos, esto encarga a hombres fieles que sean idóneos para enseñar también a otros" (2 Ti. 2:2). El haber oído la enseñanza del apóstol ante muchos testigos no quiere decir que se refiera a grandes congregaciones, sino a muchos momentos. Contextualizando, el teólogo tiene que ser formado por maestros que enseñen las verdades bíblicas, la exégesis textual, las lenguas bíblicas, etc. de manera que sea plenamente capaz para el cometido de su condición. El conocimiento científico para trabajar en la teología exige un continuo leer de la Palabra para investigar en la fe que está contenida en ella. No hay fin para esta tarea. Cuando el teólogo detiene la lectura, estudio y meditación de la Palabra, retrocede en el correcto ejercicio de la actividad teológica. No puede el teólogo dejar esta labor.

Antes de comenzar el trabajo propio del teólogo, este debe haber estudiado cuidadosamente el Antiguo y el Nuevo Testamento. Solo así tendrá claridad para el desarrollo de su labor. De igual modo, debe estudiar en toda la extensión posible la teología sistemática. Solo cuando tenga una completa panorámica bíblica por haber utilizado mucho tiempo en la interpretación de los pasajes bíblicos, relacionándolos sistemáticamente unos con otros, tendrá los elementos básicos para su tarea teológica.

Ejemplaridad. La labor de la teología es exponer las verdades contenidas en la Biblia, de manera que el teólogo estará expuesto a ellas en el cometido de su labor. La Biblia no se estudia para saber más de ella, sino para vivir conforme a ella. El encuentro con disposición humilde a la Palabra conduce a la santificación de vida.

Jesús afirmó esto en la oración por los suyos: "Santifícalos en tu verdad; tu palabra es verdad" (Jn. 17:17). Se aprecia la vinculación de la Palabra con Dios mismo usando el pronombre personal *tu* al referirse a ella (Jn. 17:6, 14). La consecuencia de la vinculación con la Palabra es el aborrecimiento del mundo. Separados para Dios por la obra de Cristo, son extraños y despreciables para quienes están en el sistema que desprecia a Dios. La Palabra santifica por su propia misión, ya que "toda la Escritura es inspirada por Dios, y útil para enseñar, para redargüir, para corregir, para instruir en justicia, a fin de que el hombre de Dios sea perfecto, enteramente preparado para toda buena obra" (2 Ti. 3:16-17). La conducción a una vida ejemplar está directamente unida a la acción de la Palabra: "Porque la palabra de Dios es viva y eficaz, y más cortante que toda espada de dos filos; y penetra hasta partir el alma y el espíritu, las coyunturas y los tuétanos, y discierne los pensamientos y las intenciones del corazón" (He. 4:12). Por consiguiente, es la única norma divina reguladora de la ética para el creyente. Es la que orienta el camino iluminándolo para que no se produzcan tropiezos: "Lámpara es a mis pies tu palabra, y lumbrera a mi camino" (Sal. 119:105). La vida genuinamente santa se orienta en la Escritura: "En mi corazón he guardado tus dichos, para no pecar contra ti" (Sal. 119:11). Esa es la razón principal por la que Dios instituyó el mandato de leer, meditar y cumplir lo establecido en su Palabra, que cubre todos los aspectos de la vida (Dt. 6:6-9). Desconocerla es la causa fundamental del infantilismo espiritual que, al convertir a los creyentes en niños en Cristo, hace que sean fácilmente engañados y conducidos a doctrinas no bíblicas (Ef. 4:15).

Jesús demanda una vida de testimonio que lo revele al mundo, como establece en la demanda a los que estaban con Él en el momento de su ascensión: "Pero recibiréis poder cuando haya venido sobre vosotros el Espíritu Santo, y me seréis testigos en Jerusalén, en toda Judea, en Samaria, y hasta lo último de la tierra" (Hch. 1:8). Aplicando esto a la individualidad del teólogo cristiano, su comprensión de la Biblia, el amplio conocimiento de la Palabra, traerá a su experiencia una vida ejemplar, como Dios establece en ella. Nada peor que una vida que enseña una cosa y es otra, a quien se le puede decir: "Suena tanto lo que haces, que no puedo escuchar lo que dices".

Ciencia y teología

La tarea propia de la teología, consistente en comprender y expresar el sentido de la revelación, exige la utilización de otras ciencias que permitan alcanzar más perfectamente ese objetivo y que puedan ser asumidas como ayuda en la reflexión sobre la doctrina revelada. Sirva aquí una breve mención sobre algunas de estas ciencias auxiliares para la teología.

Lingüística y filología. El conocimiento sobre el lenguaje es vital para el teólogo. La selección precisa de las palabras que sirven para expresar ideas debe ser conocida ampliamente. Un dominio del idioma castellano requiere utilizar unas diez mil palabras. La etimología de las palabras ayuda a seleccionar las mejores para expresar las ideas. Esto conlleva también el conocimiento de la estructura gramatical del idioma para utilizar correctamente los diferentes elementos que forman las oraciones y hacerlo de modo que el que escucha pueda percibir el mensaje que se quiere comunicar.

En relación con esta ciencia, será excelente que el teólogo conozca las lenguas bíblicas, esto es, los idiomas usados para escribir el texto sagrado. De forma especialmente necesaria será conocer bien tanto el hebreo como el griego y, convenientemente el arameo. La precisión comprensiva del texto obedece en gran medida al sentido y significado que el autor dio a las palabras que utilizó al escribirlo. Es más, algunas palabras de los mss. no tienen una traducción directa, esto es, palabra por palabra, porque la estructura del idioma es diferente. El sentido de los verbos y sus modos, las preposiciones, partículas y otros elementos idiomáticos condicionan el significado que debe dársele a una palabra al convertirla a los idiomas modernos. En otro momento un lenguaje figurado, como ocurre muy a menudo en el hebreo, ha de ser trasladado de una forma semejante dándole el sentido que pueda tener en el idioma al que se traslada. Este aspecto entra de lleno en el campo de la filología[7], literalmente amor por las palabras, que es la ciencia que estudia los textos escritos, a fin de poder trasladar a la comprensión de otro idioma, lo más fielmente posible, el sentido que subyace en ellos con el respaldo cultural en que fueron escritos.

Cabe destacar la importancia de la llamada filología clásica, que se ocupa de las lenguas griega y latina y sus pervivencias, que son el fundamento de la filología occidental. Prácticamente asociada a esta está la llamada filología bíblica, unida también a la filología hebrea, que se vincula conceptualmente a la hermenéutica bíblica.

Historia. La Biblia no es un libro de historia, pero sus escritos están vinculados a la historia humana, habiéndose producido en un determinado momento y tiempo que conlleva una época propia dentro de la historia.

Es la ciencia que estudia los sucesos del pasado, narrando científicamente esos acontecimientos. A su vez es una ciencia social por su metodología. Es una ciencia fáctica o tal vez mejor factual, porque está vinculada a los hechos. Por tanto, su propósito es analizar los acontecimientos producidos en el pasado e interpretarlos sujetándose a los criterios objetivos.

No hay duda de que, al acercarse al texto bíblico, fluyen las distintas etapas de la historia. Es necesario entender que la Biblia es la revelación progresiva que Dios da al hombre. Esta revelación ocurrió a lo largo de cientos de años. La datación de cada uno de sus escritos debe hacerse a la luz de la historia, que permite establecer criterios firmes para ello. Por otro lado, el decurso de las edades debe ser entendido históricamente, teniendo en cuenta qué sucesos ocurridos en un lugar determinado en el que se citan personajes vinculados a ellos coinciden con otros que viven en otro entorno en el mismo tiempo. Los relatos que ponen de manifiesto los sucesivos reinos o imperios mencionados en la Biblia deben ser entendidos a la luz de la historia humana. Existen nombres de personajes situados en lugares determinados que no son citados de ese modo en la historia secular, por lo que el teólogo debe encontrar el equivalente en la forma habitual en que se conoce.

Geografía. Se traduce literalmente de las palabras originales[8] como descripción de la tierra. Es la ciencia que trata de la representación

---

[7] Griego: φιλολογία.
[8] Griego: γεωγραφία.

gráfica y el detalle de la tierra. Estudia no solo la superficie terrestre, sino las sociedades que habitan en una determinada parcela de la Tierra, así como los territorios, lugares, regiones y accidentes físicos que la conforman y que se relacionan entre sí.

Se divide en dos ramas: la geografía regional y la general. La primera estudia las diferentes divisiones y subdivisiones del espacio terrestre, situando en él a los países, regiones y partes más pequeñas, como pueden ser una montaña, un lago, un río o un mar. La segunda se divide a su vez en geografía física y geografía humana. La geografía física se ocupa del estudio de aspectos relacionados con un determinado entorno, que puede incluir la investigación de aspectos relacionados con él, como el clima. La geografía humana estudia las relaciones humanas con el entorno de sus asentamientos.

La ayuda de esta ciencia permite al teólogo analizar comportamientos humanos. Así —a modo de ejemplo—, determinar la causa por la que Lot decidió extenderse por la llanura del Jordán cuando se separó de su tío Abraham, a causa de la gran cantidad de ganado que tenía (Gn. 13:5-11). De igual manera con la elección que hicieron los hijos de Rubén, de Gad y de la mitad de la tribu de Manasés, de la parte al oriente del Jordán, porque era tierra apropiada para el pastoreo (Nm. 32).

En la exégesis es también un elemento importante; cuando se dice que Jesús y sus discípulos cruzaron el mar, se refiere al de Galilea, el Mar de Genezaret, que es solo un lago con dimensiones relativamente más pequeñas que otros lagos del mundo. Al hablar de subirse a un monte en el entorno de ese mismo lugar, se está haciendo referencia a pequeñas elevaciones en el terreno y no a un pico de las altas montañas de otros lugares.

El conocimiento de la geografía permite entender a los habitantes del hemisferio sur que se hable de frío en los primeros meses del año, refiriéndose a hechos ocurridos en el hemisferio norte. De igual manera, cuando se hace referencia a ciertas constelaciones, se señala a las que son visibles en el hemisferio norte.

Sociología. Es la ciencia que se ocupa del análisis científico de la sociedad humana, bien en toda su extensión o referida a una determinada región de la Tierra. Estudia los fenómenos colectivos producidos por la actividad social de las personas, dentro del contexto sociocultural-histórico en que se encuentran.

Tiene importancia como elemento auxiliar en la teología, ya que cada escrito bíblico está vinculado con una determinada sociedad, con costumbres, cultura, ética y formas de vida que le son propias.

Sin el estudio social, no es posible entender referencias a pueblos y a tiempos cuya sociología es muy distinta a la actual. De este modo pueden comprenderse asuntos que aparentemente son contradictorios para nuestra sociedad. A modo de ejemplo, la causa por la que Lot escogió la vega del río Jordán cuando se separó de Abraham y caminó en dirección a Sodoma fue que tenía mucho ganado y la ribera del río proveía de abundantes pastos (Gn. 13). De la misma manera se comprende la petición que las tribus de Rubén, Gad y la mitad de la de Manasés hicieron a Moisés para que les diese como heredad las tierras de Jazer y de Galaad situadas al oriente del Jordán, porque tenían "una inmensa muchedumbre de ganado" (Nm. 32:1). En el Nuevo Testamento, la sociología permite entender la posición social de mujeres y de niños que no se tenían en cuenta al contar a un grupo grande de personas, como ocurrió con motivo de la multiplicación de los panes y los peces, donde se dice que "eran como cinco mil hombres, sin contar las mujeres y los niños" (Mt. 14:21).

Es necesario atender a la sociología para entender problemas sociales que se confrontan en las epístolas. Con ello se aprecia la situación propia de la sociedad grecorromana en la que estaban las iglesias del mundo gentil. Así se comprende la situación que se produce por los creyentes de ese entorno que no tenían problema en comer cualquier tipo de alimento y carne, frente a los que procedían del entorno judío, para los que comer algo considerado como inmundo en la ley ritual era un escándalo (Ro. 14:1, 5-10). De igual manera en lo referente a las comidas griegas o romanas a las que eran invitados ocasionalmente algunos creyentes y donde se servía carne que procedía de los sobrantes de los sacrificios idolátricos. Para la sociedad de entonces era algo habitual, pero los cristianos tenían que cuidar de no ser escándalo a otros (1 Co. 8:1, 10-12).

Los cultos de la iglesia primitiva en tiempos de los apóstoles no tenían lugares designados; se hacían en las casas durante la semana y, como ocurría en Corinto, se congregaban el domingo para la reunión eclesial conjunta. Habitualmente lo hacían por la noche. Era costumbre en Corinto celebrar lo que se llamaba cena romana, consistente en una comida al anochecer, en la que los invitados, en alguna ocasión, traían comida individualmente que era compartida con los otros invitados. Esa cena romana es lo que hacían los creyentes antes de la reunión dominical. Algunos más pudientes traían abundancia de comida y vino, otros, tal vez esclavos, no podían aportar nada, pasando hambre cuando otros comían en exceso. La ingestión de vino traía como consecuencia que cuando comenzaba el tiempo de la reunión dominical, algunos estaban ebrios (1 Co. 11:21), lo que traía problemas en el culto, cuando todos hablaban en lenguas, cuando se interrumpían unos a otros en el ministerio público, y las mujeres preguntaban públicamente, trayendo un desorden tal que si un ajeno a la comunidad cristiana entrase en aquella reunión diría que estaban locos.

Psicología. En algunos produce un notable rechazo, tal vez por las consecuencias que trae cuando se sitúa sobre la teología. Sin embargo, es la ciencia que estudia los procesos mentales, percepciones y comportamiento de las personas en relación con el medio que las rodea. Es también la manera de sentir, pensar y comportarse de una persona o una colectividad. Es decir, la psicología trata del estudio y análisis de la conducta en distintas situaciones.

El teólogo puede establecer un perfil personal que pueda hacer comprensible las actuaciones de muchos de los personajes bíblicos. A modo de ejemplo, en el caso de los discípulos hijos de Zebedeo, Santiago y Juan, se dice que Jesús les llamó Boanerges, que equivale a hijos del trueno. La razón psicológica es el temperamento propio de aquellos dos, que llegaba a límites insospechados, como proponer al Señor que hiciese descender fuego del cielo, como hizo Elías, sobre la ciudad de los samaritanos que no había querido hospedarlos (Lc. 9:54). Se complementa también su perfil psicológico con su carácter sectario, prohibiendo a uno que echaba fuera demonios en el nombre de Jesús que lo siguiera haciendo porque no se unía al grupo de los Doce (Mr. 9:38). Igualmente puede perfilarse el carácter del apóstol Pablo, a través de sus escritos y de la posición personal en relación con la decisión de su compañero de ministerio Bernabé, relativo a Juan Marcos (Hch. 15:36 ss.).

La psicología es un excelente instrumento puesto al servicio del teólogo en el desarrollo de su labor.

Filosofía. La filosofía es también abiertamente rechazada en algunos sectores de la Iglesia. El término[9] significa literalmente amor a la sabiduría[10]. Es esencialmente una disciplina académica, y un conjunto de reflexiones y conocimientos, de carácter trascendental, que, en sentido general, estudia la esencia de las causas primeras y los fines últimos de las cosas.

A lo largo del tiempo, se han establecido parámetros sobre la utilización de la filosofía como auxilio en la expresión de la teología.

---

[9] Griego: φιλοσοφία.
[10] De φιλεῖν, *amar*, y σοφία, *sabiduría*.

Si se utiliza adecuadamente, es un elemento imprescindible para establecer y expresar aspectos de la fe en forma adecuada y precisa.

Ambas ciencias, la teología y la filosofía, comparten entre sí muchos aspectos comunes en el estudio. Las dos se ocupan de asuntos que no pueden verse y que van más allá de lo empírico. Ambas centran muchos de sus enfoques en los seres humanos, a la vez que también están preocupadas por los valores de estos. De otro modo, la teología y la filosofía tratan de dar un enfoque preciso de la realidad y, por tanto, de aspectos que permitan el entendimiento de la vida. En ese sentido, en todo aquello en que ambas estudian y expresan aspectos comunes, es posible la utilización por el teólogo de elementos propios de la filosofía.

La idea de que la teología y la filosofía no tienen nada en común parte de posiciones históricas en tiempos de la Iglesia primitiva y de la patrística. Reflexionando sobre la filosofía procedente del entorno griego, Tertuliano formuló tres preguntas retóricas: "¿Qué tiene que ver Atenas con Jerusalén? ¿Qué relación hay entre la Academia y la Iglesia? ¿Qué tienen que ver los herejes y los cristianos?"[11]. Los interrogantes son correctos cuando se establece la filosofía como el lenguaje de expresión y la base de los conceptos propios de un sistema idolátrico en contraste con la verdadera fe de la Iglesia, que descansa en la Palabra. En ese tiempo las dos tenían sentidos tan opuestos que era aconsejable que los cristianos evitasen la filosofía porque sus presupuestos eran contrarios a la revelación que Dios había dado. En algunos grupos de la Edad Media se sostenía esta misma posición. Algunos reformadores considerando las conclusiones que se habían forjado en la escolástica, especialmente en conceptos de Tomás de Aquino, tendían a rechazar la filosofía. En tal sentido se expresó Martín Lutero: "Que la filosofía permanezca en sus límites, como señaló Dios, y utilicémosla nosotros como un personaje en una comedia"[12].

Sin embargo, la filosofía puede ser un elemento sumamente útil para expresar la teología, siempre y cuando esté al servicio de ella y no como elemento equivalente. Debemos afirmar la fe revelada, sobre cualquier otra sabiduría humana, pero no es menos cierto que la filosofía permite concretar aspectos complejos en la teología, que no están expresados explícitamente en el texto bíblico. A modo de ejemplo: para responder a la pregunta sobre si pudo haber pecado Jesús en su condición de hombre, es preciso recurrir a la filosofía para

---

[11] Tertuliano, *De praescriptione haereticorum*, 7.
[12] Citado en Erickson, 2008, p. 41.

hacer referencia al sujeto de atribución de las acciones humanas de Jesús. Es necesario primero comprender que Él es una persona divino-humana, esto es, una persona divina con dos naturalezas, la divina que eternamente le corresponde como Dios, y la humana, asumida por concepción en un determinado tiempo de los hombres. Ambas naturalezas subsisten en la persona divina, no como personas individuales o independientes, sino como vehículo de expresión natural de la persona. Por tanto, el sujeto de atribución expresa el elemento al que deben atribuirse las acciones, en este caso, cuanto la naturaleza humana hizo, o pudiese hacer, tanto en realidad histórica como futurible, afecta directamente a la persona en que subsiste, de modo que, si Jesús como hombre pudiese haber pecado, significaría que la responsabilidad de esa acción afectaría a la persona divina del Hijo que se ha encarnado. Este concepto, que se intuye en el estudio de la persona y obra de Jesucristo, es expresable solo desde el razonamiento filosófico, y coadyuva a la comprensión teológica, convirtiéndose en un elemento auxiliar de gran importancia. Igualmente ocurre con la expresión del ser divino, que hace preciso hablar de personas o de hipóstasis para referirse a la realidad de las tres personas en el único Dios verdadero, siendo Dios verdadero cada una de ellas.

Es necesario reafirmar que el uso por la teología de elementos conceptuales procedentes de la filosofía exige un procedimiento que tiene como norma la absoluta afinidad con la verdad revelada. Es decir, tiene que ser la Escritura la que determine los elementos conceptuales a utilizar, y no a la inversa. El teólogo puede usar la filosofía para expresar la fe, haciéndolo de modo que la enseñanza o las conclusiones no lesionen en modo alguno al dogma.

La verdad del dogma

El término *dogma*[13] procede del griego, cuya equivalencia es parecer, opinión o creencia, que a su vez procede de la raíz[14] que denota pensar, imaginar. Con el tiempo pasó a significar leyes u ordenanzas decretadas e impuestas como doctrina en el s. I. El término se usa en ocasiones como sinónimo de teología sistemática.

Un dogma puede definirse como una proposición que se asienta por firme y cierta, como principio innegable. La palabra designa el conjunto de doctrina autoritativamente definido. La autoridad

---

[13] Griego: δόγμα.
[14] Griego: δοκέω.

doctrinal le es dada por procedencia divina recogida en la Palabra revelada, por Dios, punto capital de toda doctrina. El dogma es la base fundamental de la fe cristiana y no puede alterarse o descartarse sin afectar a todo el paradigma del sistema doctrinal en sí.

La palabra aparece en la LXX en tres lugares: para referirse al decreto real[15] (Est. 3:9); cuando se habla del edicto real de Nabucodonosor contra los magos de Babilonia (Dn. 2:13)[16]; y en la misma profecía (Dn. 6:8), refiriéndose al decreto emitido por un rey. En el Nuevo Testamento ocurre en el evangelio según Lucas, al referirse al decreto de empadronamiento ordenado por Augusto César (Lc. 2:1), donde se lee literalmente *dogma*[17].

En la filosofía griega, sobre todo en el estoicismo, la palabra se usaba para aludir a principios axiomáticos considerados como definitivos, más allá de toda duda.

Josefo usa el término para los libros judíos considerados como sagrados, a los que denomina *los decretos de Dios*[18].

Este uso para aludir a cuestiones seculares se cambia para referirse a lo que hay que creer, y aparece así en una cita relativa a las ordenanzas establecidas por los apóstoles: "Y al pasar por las ciudades, les entregaban las ordenanzas[19] que habían acordado los apóstoles y los ancianos que estaban en Jerusalén, para que las guardasen" (Hch. 16:4). Igualmente, se usa para el acta de decretos que fue cancelada por Cristo en la cruz: "Aboliendo en su carne las enemistades, la ley de los mandamientos expresados en ordenanzas[20]" (Ef. 2:15); y también: "Anulando el acta de los decretos[21] que había contra nosotros, que nos era contraria, quitándola de en medio y clavándola en la cruz" (Col. 2:14).

En la patrística se emplea para designar la revelación que se establecía como fe fundamental para los cristianos. Se designan así aquellas proposiciones de verdad que se cree tuvieron su origen en la revelación divina y que forman parte del sistema doctrinal por la autoridad de procedencia. En el entorno del cristianismo, dogma es equivalente a doctrina fundamental. La sustentación doctrinal del

---

[15] Griego: δοκεῖ.
[16] Griego: ἐδογματίσθη.
[17] Greigo: δόγμα.
[18] Griego: Θεοῦ δόγματα.
[19] Griego: δόγματα.
[20] Griego: δόγμασιν.
[21] Griego: δόγμασιν.

cristianismo descansa sobre los principios establecidos por apóstoles y profetas (Ef. 2:20).

El dogma en el cristianismo

Detractores. Muchos han tratado de probar que el dogma, no tiene lugar en el cristianismo.

Vía unitaria. Una de las contradicciones se centra en la vía unitaria, que no descansa en dogmas, sino en una relación vivencial con Cristo, en la unidad vinculante de cada creyente con el Señor (1 Co. 12:13; Fil. 1:21; Gá. 2:20; Ef. 4:3). Sin embargo, debe entenderse que una de las bases unitarias es la fe: "Un Señor, una fe, un bautismo" (Ef. 4:5). Esa fe común a la Iglesia, fue dada una vez a los santos (Jud. 3) y sobre ella se establece el dogma del cristianismo. El apóstol Juan menciona ya un cuerpo doctrinal establecido en la iglesia apostólica; quienes no lo aceptan no deben ser recibidos en la comunión y compañerismo cristianos: "Todo el que se desvía, y no permanece en la doctrina de Cristo, no tiene a Dios. El que permanece en la doctrina, este tiene al Padre y al Hijo. Si alguno llega y no lleva esta doctrina, no lo recibáis en casa ni le digáis: Bienvenido" (2 Jn. 9-10; BT).

Problemas doctrinales. Otro elemento usado por los detractores del dogma cristiano es un asunto meramente subjetivo, resultado de la investigación en la historia de la Iglesia, de manera que, apreciando los conflictos producidos a lo largo de los siglos en materia de fe, entienden que no es posible la existencia del dogma, puesto que se ponen de manifiesto escisiones en esta materia y profundas y serias divisiones que han generado problemas graves en la Iglesia. La refutación a esta segunda posición es que el cristianismo tiene una forma especial para definir la fe, establecido mínimamente en credos que marcan las líneas generales de la doctrina. Por tanto, la existencia de la regla de fe y, por consiguiente, el dogma, está presente desde los tiempos de los padres apostólicos.

Necesidad histórica. Sin llegar a extremos radicales, hay quienes sostienen que el curso real del dogma es simplemente una necesidad histórica y una desviación de la forma original del cristianismo para ofrecer la evolución de las doctrinas. Afirman estos que el dogma es el resultado de la mezcla de ideas cristianas primitivas acompañadas de conceptos filosóficos griegos. El resultado es, según estos, una obra del espíritu griego sobre terreno del cristianismo, o lo que es igual, su helenización. Entienden que, aunque el cristianismo aporta los valores doctrinales de su enseñanza, es el espíritu griego que utilizando sus propios instrumentos y añadiendo sus nociones filosóficas, es el factor dominante en el dogma. Para estos detractores, la teología está llena de principios metafísicos de los que debe ser despojada.

Negativismo de fundamentos. Una tercera línea de ataque al dogma niega la certeza de los fundamentos que lo sustentan. Se sostiene en gran medida al negar los conceptos de revelación e inspiración. Cualquier aspecto sobrenatural en la doctrina es impugnado como incorrecto y contrario al pensamiento humano. Se ha considerado esto anteriormente con más extensión. El liberalismo radical propone la destrucción del dogma para iniciar un nuevo proceso de actualización teológica que resuelva el problema desde la perspectiva humanística.

Fijación del dogma

Se trata de un proceso histórico. Este tema es objeto del estudio de la historia de las doctrinas, por lo que se hace aquí una mera aproximación, debiendo el lector investigar en la materia mencionada.

Cabe preguntarse si el dogma, tal como lo tenemos, es un desarrollo en el tiempo de una acción del espíritu humano operando en el material bíblico provisto por la revelación divina. Sin duda se trata de una acción inversa, propia de la revelación, de la que parte y que conduce a la mente del teólogo a una concreción de las verdades reveladas en la Escritura. Las ciencias en general establecen sus postulados fundamentales mediante la adición de pequeños incrementos del conocimiento. La teología como ciencia sigue el mismo proceso a lo largo del tiempo.

Es inconcebible el cristianismo sin una expresión clara de sus bases doctrinales. El dogma expresa la formulación de la doctrina cristiana reconocida y establecida en credos históricos, materia de fe distintiva de los cristianos.

Es necesario destacar tres términos importantes: 1) Doctrina es la expresión básica esencial de la fe en el cristianismo, por medio del conocimiento que posee, respecto a Dios y las cosas divinas. La doctrina proporciona el material básico a la teología. 2) Teología es el resultado del ejercicio reflexivo sobre las doctrinas de la fe. Establece el estudio detallado de la doctrina cristiana, dándole base científica y expresándola con la mayor precisión posible, atendiendo también a establecerla de tal modo que permita entrar en lo cognoscitivo de ella. De esta manera se entiende que la teología es la presuposición del dogma. 3) Dogma es la formulación de la doctrina cristiana que ha sido aceptada por la Iglesia y expresada en documentos y credos.

MÉTODO TEOLÓGICO Y VERDAD DEL DOGMA 151

En la dogmática evangélica, la Biblia es la autoridad suprema para la fijación del dogma. Todo cuanto no pueda sustentarse directamente en la Palabra no puede considerarse verdad de fe. Un principio general tiene que ver con la fijación del dogma en el sentido de que toda propuesta doctrinal que ha sido discutida en la Iglesia y rechazada, no solo en el origen de la discusión, sino cuantas veces ha surgido en el tiempo, no tiene ninguna evidencia de seguridad, es decir, no significa que no haya evolución en la doctrina a lo largo del tiempo, pero las discusiones sobre las doctrinas han de ser afirmadas no en el pensamiento del teólogo, ni de la Iglesia, sino como resultado de la aceptación y acatamiento pleno a la Palabra, sin la que no existe firmeza alguna para la fe.

El dogma tiene siglos de desarrollo histórico y no es la creación de mentes individuales, sino que ha permanecido a pesar de las muchas corrientes de oposición que se levantaron contra ella durante la historia.

La fe del sistema dogmático evangélico se establece sobre las siguientes bases:

1) La Biblia es la Palabra de Dios, plenariamente inspirada por el Espíritu Santo, y por tanto, la única infalible y autoritativa.

2) La Biblia es la única regla de fe y conducta. Ningún otro medio humano, bien sea lo que se llama magisterio, ni la misma Iglesia, puede establecer los principios de fe autoritativos o dogmáticos fuera de la Biblia.

3) El razonamiento humano y el conocimiento deben estar totalmente sujetos a la Escritura.

4) No hay luz interior o revelación añadida más allá de lo que está contenida en la Biblia.

5) El Espíritu guía al creyente individualmente en lo concerniente a conducta y servicio, pero no en la formulación del dogma, que pueda ser sobreimpuesto a la Palabra de Dios.

6) Ninguna autoridad relacionada con la formulación del dogma ha sido encomendada a la Iglesia o a los hombres más allá de aquella dada a los escritores de la Palabra, tanto a los del Antiguo como a los del Nuevo Testamento.

Resumen sobre la verdad del dogma

El dogma del cristianismo es verdad no solo digna de crédito, sino acatada sin reserva por los cristianos, puesto que está supeditado directamente a la revelación divina recogida en la Palabra de Dios.

El dogma expresa la verdad en la medida en que dependa y se sujete a la relación de verdades bíblicas sobre cada una de las doctrinas, que son materia de fe. La Biblia condiciona, establece y determina el dogma.

La autoridad del dogma, que debe ser atendido y creído, no está en la Iglesia ni en ningún concilio o disposición humana, sino que la toma directamente de la Biblia. Cuanto no esté debidamente establecido en ella, no tiene ninguna fuerza para ser exigido como de aceptación y obediencia de los creyentes.

El dogma es verdad en la medida en que exprese la verdad revelada en la Palabra, que es la única verdad en materia de fe, porque solo de ella se puede decir: "Tu palabra es verdad" (Jn. 17:17).

Lo único infalible es la Palabra de Dios, el dogma es solo expresión de la verdad infalible de esa Palabra. Así decía el teólogo K. Barth: "La Palabra de Dios está por encima del dogma como los cielos están por encima de la tierra"[22].

Ordenación del sistema teológico

Las llamadas doctrinas fundamentales suelen agruparse del siguiente modo:

Bibliología. Estudia las verdades esenciales concernientes a la Biblia. Se sitúa en primer lugar porque es la base que sustenta todo lo relacionado con las doctrinas bíblicas.

Teología propia. Es la parte de la teología sistemática que trata y precisa las verdades que tienen que ver con Dios en su ser, Padre, Hijo y Espíritu Santo, como personas individuales presentes en lo que se llama Santísima Trinidad. Normalmente junto con la persona del Padre, trata también de sus obras personales.

Cristología. Expresión de las verdades bíblicas sobre la persona y obra de Jesucristo.

Pneumatología. Detalle sistematizado de las verdades registradas en la Biblia sobre la persona y obra del Espíritu Santo.

Angelología. Expresión de la verdad revelada con relación a los ángeles, tanto a los santos ángeles como a los ángeles caídos.

Antropología. Presentación sistemática de la enseñanza bíblica sobre el hombre.

Soteriología. Parte de la teología sistemática que trata de la doctrina sobre la salvación.

---

[22] Barth, 2009, Tomo I, p. 306.

Eclesiología. Establece ordenadamente las verdades reveladas sobre la Iglesia.

Escatología. Trata de los eventos futuros conforme a la profecía bíblica, ordenándolos temporalmente hasta el fin de los tiempos con la creación de cielos nuevos y tierra nueva.

CAPÍTULO IV
IDIOMAS Y TRANSMISIÓN DE LA BIBLIA

Introducción

La Biblia es la revelación de Dios. Dentro del aspecto general de revelación, es necesario destacar dos aspectos de ella. La revelación natural y la revelación sobrenatural. En los dos casos, el propósito divino es que el hombre le conozca para que también pueda reconocerlo, aceptándolo como lo que es, el Dios infinito, omnipotente, omnisciente, omnipresente y soberano. Este acercamiento en revelación de Dios se requiere para saber quién es y cómo es. Puesto que Él es infinito y, siendo Espíritu, es invisible a los ojos naturales, no es posible descubrirlo, conocerlo y comprenderlo desde la finitud de la criatura.

Mediante la revelación natural, sustentada en aquello que se ve, Dios manifiesta fundamentalmente dos aspectos de su glorioso ser; en palabras del apóstol Pablo: "Porque lo que de Dios se conoce les es manifiesto, pues Dios se lo manifestó. Porque las cosas invisibles de él, su eterno poder y deidad, se hacen claramente visibles desde la creación del mundo, siendo entendidas por medio de las cosas hechas, de modo que no tienen excusa" (Ro. 1:19-20). No se descubre a Dios como resultado de la investigación humana de la creación, sino que ella ha sido constituida por Él como elemento de revelación de su existencia y de su poder. Esta revelación natural, que es dada sin distinción a todos los hombres, demanda que la criatura le reconozca y, por su condición como Dios, le glorifique. Sin embargo, la revelación natural es cuestionada, hasta el punto de que el infinito y glorioso Creador fue reducido a la expresión idolátrica, equiparándolo a figuras de animales y de hombres. En el contexto moderno, negando la existencia de Dios, a pesar de estar claramente revelada.

Sin duda, además de la negación rebelde que el hombre hace de Dios cuestionando y tergiversando la revelación natural, el propósito divino es que el hombre le conozca. Para ello, proporcionó una revelación sobrenatural, que Él mismo hace, comunicando sus perfecciones y su obra. La revelación sobrenatural recibe este nombre porque toda ella ha sido dada de esta manera al hombre por medio de escritores que el mismo Dios seleccionó, comunicándoles el mensaje a transmitir y custodiándolo para que se diese con absoluta precisión al pensamiento suyo. Los escritos producidos por los hagiógrafos no surgen por el pensamiento de cada uno, ni proceden de una reflexión religiosa, sino que, como enseña el apóstol Pedro: "Porque nunca la profecía fue traída por voluntad humana, sino que los santos hombres de Dios hablaron siendo inspirados por el Espíritu Santo" (2 P. 1:21). De ahí que la revelación escrita es realmente una revelación sobrenatural.

Dios se revela para ser conocido, no tanto intelectualmente, que sin duda también lo comprende, sino vivencialmente, es decir, que ese conocimiento lleve a la criatura a una relación personal con el Creador. Esto da la pauta principal de la razón de la revelación, que no es otra que el propósito soteriológico de Dios, en el plan de salvación establecido desde antes de toda creación. Jesús dijo en la oración al Padre: "Y esta es la vida eterna: que te conozcan a ti, el único Dios verdadero, y a Jesucristo, a quien has enviado" (Jn. 17:3). Sobre esta revelación sobrenatural discurre cuanto sigue en la parte de esta tesis, sobre lo que técnicamente se llama Bibliología.

Es necesario apreciar que la base fundamental de esta parte de la teología sistemática descansa en el escrito bíblico, lo que se conoce como Escrituras o Palabra de Dios o Biblia. Pero, al tomar la base de la fe contenida en ella, se aprecia que toda esa revelación sobrenatural está escrita en lenguas que no son las utilizadas hoy. Ello requiere un estudio especializado de cada una, en la parte de la ciencia conocida como lingüística. Aquí será suficiente con una sencilla consideración sobre cada una de ellas. El cuestionamiento de la Escritura —que se lleva a cabo desde siglos atrás— alcanzó en el último siglo y medio una intensidad desconocida. Los incrédulos a la realidad de la procedencia divina de la Palabra han tratado de usar cuanto está en su mano para conseguir su propósito. Cuestionando incluso la antigüedad de la escritura en la humanidad para sembrar duda sobre la revelación escrita.

Una de las dificultades que pretenden establecer tiene que ver con los idiomas en que fue escrita, especialmente en relación con los del Antiguo Testamento. Se han hecho grandes esfuerzos para demostrar que la escritura hebrea no podía remontarse a los tiempos más antiguos, como sería los del Pentateuco, afirmando que la fijación escrita de la lengua hebrea no debía situarse antes de los tiempos de la monarquía en Israel. Lo que sigue procura presentar elementos básicos que permitan afirmarse en la antigüedad de los escritos bíblicos, sustentado también por las investigaciones científicas recientes.

Ideas generales

La escritura

La lengua escrita o gráfica es un invento humano para expresar en otra manera lo que era oral o fónico. La escritura comprensible y comunicativa surge cuando era necesario un código alternativo eficaz y más permanente que la lengua fónica o cuando esta era insuficiente para permanecer en el tiempo.

Los descubrimientos permiten afirmar que la escritura se dio en distintos lugares del mundo de modo independiente. Las primeras se remontan al cuarto milenio a. C. y su presencia ocurrió en Mesopotamia, Egipto y China. Estos sistemas de escritura, especialmente los procedentes de Egipto y Medio Oriente, se extendieron y de ellos proceden la mayoría de las escrituras en el mundo. En América está la evidencia de Mesoamérica, como se aprecia en los jeroglíficos de la escritura maya.

Puede hablarse de cierto tipo de escritos prediluvianos, como son tablillas y sellos hallados bajo sedimentos. Asur-banipal, el fundador de la biblioteca de Asiria, da testimonio de su interés por la lectura de escritos del tiempo anterior al diluvio. Junto con las tablillas está también la evidencia de los sellos. Estos contenían el nombre de la persona y se usaban para firmar documentos. Alguno de ellos apareció bajo los sedimentos consecuencia del diluvio. Estos escritos se hacían sobre barro húmedo que se secaban luego. En otros casos aparecen grabados en piedra o incluso en láminas metálicas.

Debe hacerse una referencia a la escritura cuneiforme, en la que cada signo representa una palabra o en ocasiones una combinación de ellas. En la evolución propia de la escritura, los signos vinieron a representar partes de una palabra o incluso sílabas. Esta escritura venía a usar más de quinientos signos, con unas treinta mil combinaciones. Se escribía habitualmente sobre tablillas de barro blando que luego se secaban al sol.

Una notable evolución de la escritura fue la alfabética, que utiliza signos que podían representar letras que componían sílabas y palabras. Eran suficientes unos treinta signos para escribir cuantas palabras fuesen necesarias. Hay testimonios de escritura alfabética en descubrimientos arqueológicos anteriores al 1500 a. C.

La arqueología ha puesto al descubierto escritos anteriores a la época de Abraham, en las ruinas de ciudades del entorno de Ur. Entre ellos está el Código de Hammurabi, llamado así por ser un escrito del tiempo del rey de Babilonia con ese nombre, que debe datarse sobre el año 2000 a. C. Este rey fue contemporáneo de Abraham. Algunos especialistas lo identifican con Amrafel, rey de Sinar (Gn. 14:9). En Ur y ciudades de importancia se descubrieron bibliotecas que contenían libros de distintos contenidos (históricos, científicos, astronómicos, religiosos, políticos, etc.).

El entorno del Pentateuco está vinculado con Egipto, de donde salió el pueblo de Israel en tiempos de Moisés. La escritura de ese país era pictográfica, con un dibujo o símbolo por cada palabra. Era ininteligible lo escrito en ellos hasta que se encontró la llamada Piedra Rosetta, descubierta en 1799, con escritos en griego, egipcio demótico y egipcio, lo que permitió interpretar los pictogramas.

Aproximándose a los tiempos anteriores a Abraham, se localizó el primer escrito alfabético que se conoce y que se data en torno al año 1800 a. C. Otro jarrón con alfabeto sinaítico del período 2000-1600 a. C. indica que era usado en el territorio de Palestina.

Estos datos sintéticos y breves permiten afirmar la existencia de la escritura en los tiempos del Pentateuco, en contra de lo que han tratado de negar los críticos liberales. Esa fue la opinión de Wellhausen, en su afán de rebatir las dataciones bíblicas, llegando a afirmar que la escritura del hebreo no puede establecerse antes de los tiempos de la monarquía. Contraria a esta afirmación, la arqueología demuestra que la escritura de las lenguas semíticas se producía mucho antes de los tiempos de Moisés.

La lengua hebrea

El idioma bíblico del Antiguo Testamento es principalmente el hebreo. Esta lengua pertenece al grupo occidental de la familia de las lenguas semíticas. Por ello está muy vinculado con el ugarítico, el fenicio y el moabita. Probablemente el cananeo ha sido la lengua madre del hebreo. Sobre las familias de estas lenguas, escribe el Dr. Archer:

> De la misma manera que el genio del idioma griego impuso su sello en la revelación del Nuevo Testamento y en los términos en que se entregó su mensaje, así también el genio del idioma hebreo fue un factor determinante en la expresión del mensaje del Antiguo Testamento. Estableció una gran diferencia el hecho de que el griego fue preciso al expresar el tiempo cronológico y que el hebreo puso su principal hincapié sobre el modo de acción y no sobre los tiempos verbales. Una adecuada interpretación de la revelación del Antiguo Testamento exige un total dominio de estos rasgos peculiares del verbo hebreo

y de la sintaxis hebrea en general; de lo contrario la Escritura resultará incomprensible y desvirtuada.

En gran medida el hebreo compartía con el resto de los idiomas semíticos estas características gramaticales y de sintaxis. Por ello es importante analizar estos idiomas afines y obtener de ellos la luz que puedan arrojar sobre el uso del hebreo. Más aún, en lo que se refiere al vocabulario, reviste máxima significación el estudio comparado de las lenguas semíticas. Ocurre a menudo que un vocablo que aparece solamente una o dos veces en la Biblia hebrea es de uso común en algunas de las lenguas afines, lo que permite, por comparación, interpretarlo con amplio margen de seguridad.

La clasificación tradicional de las diversas lenguas semíticas las dividía, según la localización de las naciones que las hablaban, en Norte, Sur, Este y Oeste. La lengua semita del Este suponía un solo idioma principal, el acádico, que admitía una división en los dialectos babilónico y asirio, con escasos matices diferenciales. Las lenguas semitas del Sur, incluían el árabe (subdividido en árabe del Norte, el lenguaje clásico y literario; y árabe del Sur, con sub-dialectos: sabeo, mineo, gatabaní y el hadramí) y el etíope antiguo o clásico (o Geez) con su moderno descendiente, el amárico. Las lenguas semitas del Norte abarcan la familia aramea, que se divide habitualmente en las ramas oriental y occidental (la oriental es la base del idioma siríaco de la era cristiana, y la occidental, la base del arameo bíblico tal cual se lo encuentra en Daniel y Esdras). Las lenguas semitas del Oeste (a menudo clasificadas por los eruditos modernos con el arameo en lo que se ha dado en llamar lengua semita del Noroeste) abarca el ugarítico, el fenicio y el cananeo (del cual el hebreo y el moabita son dialectos)[1].

Una característica común a los idiomas semíticos está en la raíz de tres consonantes que originan muchas voces con la combinación de vocales. Las consonantes iniciales fueron veintidós, añadiéndose posteriormente una más por distinción con una de ellas. Este idioma se escribe de derecha a izquierda. La lengua se escribía solo con consonantes, incluyéndose posteriormente las vocales para consolidar la transmisión textual correcta.

La lengua hebrea es una de las lenguas semíticas y es la cananea aceptada y desarrollada por los israelitas, no después de la conquista de Canaán, sino antes de ella.

---

[1] Archer, 1981, p. 18 ss.

La conservación del hebreo se manifiesta en el hecho de que en esa lengua se ha transmitido la mayor parte de los libros del Antiguo Testamento. Aparece también en las ostraka de Samaria, datada sobre el año 800 a. C. La lengua hebrea aparece también en muchos sellos, marcas, jarras y utensilios durante un largo período de tiempo. Especial atención merecen los hallazgos de Qumrán, que se considerarán más adelante.

La evolución de la lengua hebrea debe reconstruirse sobre la base de los libros históricos del Antiguo Testamento. Esta reconstrucción debe hacerse en relación a la datación de los mismos.

La escritura. Se escribía con el alfabeto fenicio de veintidós consonantes. Las vocales no se escribían, salvo ocasiones muy esporádicas en que aparecen en alguna forma o signo, para facilitar la precisión. La escritura consonántica hebrea revistió dos formas: a) La de las inscripciones más antiguas en hebreo antiguo, con alfabeto fenicio. b) La escritura cuadrada, introducida entre los s. IV-II a. C., llamada así por la forma de sus letras, que es la que aparece en todas las inscripciones y mss. de la Biblia.

En algunos documentos de Qumrán aparecen en parte con la escritura antigua, aunque también hay escritos con signos modernos. La vocalización es el resultado del trabajo de los masoretas, que incorporaron un sistema para representar todas las vocales por medio de puntos.

El arameo

Durante el período neoasirio (900-612 a. C.), aparecen inscripciones arameas con letra alfabética cursiva. Esta forma lingüística era empleada en algunos lugares de Mesopotamia. El arameo se utilizó en algunos pasajes del Antiguo Testamento (cf. Dn. 4:2-7, 28; Jer. 11:11; Ez. 4:8-6:18; 7:12-26).

Esta lengua utilizada en el Antiguo Testamento tiene una antigüedad mucho mayor, que apunta a varios siglos. Es posible que el proto-arameo se haya intensificado en el tercer milenio debido a los invasores nómadas provenientes de los desiertos del norte de Arabia, mencionados en las inscripciones sirias de Tiglat Pileser I y otras de fechas posteriores.

Hacia el s. XII a. C., estos grupos se establecieron en comunidades a lo largo de los ríos Tigris y Éufrates desde el Golfo Pérsico hasta el norte de Siria y, hacia el sur, a través de Palestina, hasta el norte de Arabia.

Una muestra extrabíblica del arameo, posiblemente la más antigua, sea la estela de Melqart, fechada en el s. XIX a. C. Otras más tardías son las inscripciones de Zenjirli, una de las cuales menciona a Tiglar Pileser III, datada en el s. VIII a. C. El arameo suele dividirse en cuatro períodos: a) Arameo antiguo, lengua del norte de Siria, de los s. X al VIII a. C. b) Arameo oficial, que se empleó habitualmente en correspondencia diplomática, especialmente entre 1100-600 a. c. y luego en el neo-babilónico entre los años 605-539 a. C. c) Arameo levantino, que alcanzó importancia en Siria y Palestina después del 721 a. C. d) Arameo judío, que en el tiempo del Nuevo Testamento estaba formado por varios dialectos, algunos de ellos muy extendidos en el norte de Israel (cf. Mt. 26:73).

El griego

Antes de considerar con la brevedad que requiere un apartado de la Bibliología, la lengua griega en que fue escrito el Nuevo Testamento, conviene entender la importancia de esta en relación con la expresión de la revelación de Dios, luego de la venida de Jesucristo, trasladando para ello unos párrafos del Dr. Everett Harrison:

> Lejos de ser una mera colección de libros, la Biblia tiene una unidad que hace posible que el lector pueda pasarse de Malaquías a Mateo con relativa facilidad. Esto es cierto a pesar de las diferencias externas ocasionadas por la alterada situación histórica y por la forma diferente que la revelación toma, hechos mejor expresados quizá en los grandes contrastes enunciados en palabras introductorias de la Epístola a los Hebreos.
>
> Factores divinos y humanos entran en esta unidad espiritual, a saber, el hecho que Dios se está revelando y que Él actúa desde el principio hasta el fin a través del pueblo de su pacto. La salvación viene de los judíos. De todos los escritores del Nuevo Testamento solo Lucas era un gentil. Esta misma circunstancia, empero, presenta un problema, ya que los judíos habían dejado en gran medida de usar su lengua original durante el período del exilio, utilizando en su lugar el arameo, idioma más popular y de cercano parentesco con el hebreo. Un Nuevo Testamento escrito en arameo era una posibilidad desde el punto de vista lingüístico, pero aun así el arameo no estaba idealmente equipado para transmitir el mensaje de la completada revelación de Dios, la que reclamaba sutilezas de distinción no muy necesarias para el flujo de los oráculos proféticos

ni para escribir una historia, pero que eran requisito ineludible para la compacta argumentación de un apóstol. Un Nuevo Testamento en arameo hubiera tenido relativamente pocos lectores fuera de la nación de Israel. En cambio, si el mensaje del Nuevo Testamento se propagaba en el idioma griego, que se había transformado en el verdadero lenguaje internacional de la época, la Palabra podría penetrar prácticamente en cualquier parte del mundo greco-romano.

Dos hechos, entonces quedan en claro. Es evidente que Dios tenía el propósito de usar a su propio pueblo, Israel, como instrumento para comunicar el cristianismo al mundo; sin embargo, el lenguaje de dicho pueblo no era un medio adecuado para tal tarea. Dios no podía permitirse el lujo de perder el medio hebraico, que representaba todo ese trasfondo y experiencia espiritual que era fruto de siglos de cultivo. En providencial decisión, Él le dio al devoto corazón hebreo una lengua griega para hacerse entender en todo el mundo. Es necesario bosquejar entonces el desarrollo que hizo posible dicho logro.[2]

El griego[3] es una lengua originaria de Grecia, perteneciente al tronco de las lenguas indoeuropeas. Es, dentro de estas, la de mayor antigüedad, con evidencia de haberse escrito hace tres mil cuatrocientos años. Su alfabeto es derivado del fenicio, que dio lugar a los alfabetos latino, cirílico y copto.

El idioma griego clásico es de gran importancia por las obras que se han escrito usando esa lengua, tales como *La Ilíada* y *La Odisea*, y ocupa un lugar principal en la historia de Europa, la llamada civilización occidental. En griego se escribieron muchos de los textos de la filosofía occidental, como los *Diálogos* de Platón y las obras de Aristóteles.

El griego clásico o griego antiguo es la forma literaria basada en el habla de Atenas, un dialecto ático, con gran influencia jónica. El modelo de griego antiguo que se estudia es el dialecto ático, porque en él se escribieron las obras de la mayoría de los grandes autores griegos. Está también griego jónico-ático, hablado en Jonia, en las islas del Mar Egeo, en Eubea y la región costera de Anatolia, donde estaban las ciudades de Esmirna, Éfeso y Mileto. Esta forma de la lengua griega era usada, entre otros, por Homero y Heródoto. La forma

---

[2] Harrison, 1980, p. 47 ss.
[3] Griego: Ελληνική γλώσσα.

del griego ático era utilizada especialmente en Atenas. El modo eólico se hablaba en la costa de Asia Menor, en la isla de Lesbos, Tesalia y Beocia. Otra forma del griego clásico era el Dórico y el griego del Noroeste, hablado en el Noroeste de Grecia, Macedonia, Peloponeso y la costa de Asia Menor.

De los dialectos literarios, el dórico, el eólico y el jónico, fue este último el que alcanzó una preeminencia sobre todos los demás. El ático fue una rama del jónico y era el lenguaje de Atenas, que dio un gran número de literatos. Hablar griego clásico casi equivalía a hablar el ático. Este idioma se propagó con la actividad colonizadora ateniense al otro lado del mar Egeo y mucho más allá. La conquista de las ciudades estado de Grecia por Felipe de Macedonia, en el s. IV a. C. consolidó el idioma.

El griego koiné

La acción conquistadora de Alejandro el grande llevó el idioma a vastas regiones del exterior. La presencia de hombres en el ejército que provenían de distintos lugares de Grecia, donde se hablaban otros dialectos, condujo a la formación de un modo de idioma griego en que las palabras de mayor uso sobrevivían, mientras que otras menos utilizadas dejaban de ser empleadas. En un corto lapso de tiempo se forjó un nuevo idioma griego, conocido como koiné.

La lengua koiné[4], literalmente lengua común, que se conocía también como dialecto koiné[5], fue una variedad de la lengua griega usada en el mundo helenístico a partir de las conquistas de Alejandro Magno. Esta lengua alcanza una gran extensión territorial, que abarcaba desde Roma hasta Egipto y llegaba incluso a enclaves en la India. Convivía con las lenguas autóctonas de los distintos territorios, como el arameo en Siria, el copto en Egipto, y el latín en occidente. El griego ático es el elemento base de la koiné, con otros elementos propios del jónico, especialmente en la construcción de las frases. Se distinguen en la koiné dos variantes principales: la egipcia, conocida por los papiros de la Biblia LXX, y la koiné literaria.

Esa nueva forma idiomática se convirtió en la lengua de gente común y el mayor medio de comunicación escrito y hablado del mundo antiguo, desde cerca del 300 a. C. hasta el 500 d. C. Adonde

---

[4] Griego: ἡ κοινὴ γλῶσσα.
[5] Griego: ἡ κοινὴ διάλεκτος.

llegaban los ejércitos de Alejandro, allí llegaba el idioma. Las conquistas hicieron necesario este idioma común de comunicación.

La presencia de la koiné se estableció fácilmente en oriente, pero en occidente tenía que competir con el latín, lengua del Imperio romano. Aunque no alcanzó la universalidad que tuvo en oriente, se hizo presente como idioma de relación en todo el Imperio hacia el occidente, manteniéndose como tal hasta el 200 d. C. A partir de ahí comienza a haber literatura cristiana en latín. La utilización generalizada del griego koiné era tan importante que incluso Pablo lo usó para escribir a la iglesia en Roma.

Palestina en tiempos del inicio del cristianismo era políglota. El arameo era el lenguaje más extendido entre el pueblo. El hebreo se mantenía en círculos más reducidos, especialmente entre maestros de la Escritura. Sin duda Jesús estaba familiarizado con este idioma (Lc. 4:16-20). En el Nuevo Testamento aparecen varias referencias en hebreo (cf. Jn. 5:2; 20:16; Hch. 22:2; etc.). Una tradición que se mantuvo en la iglesia antigua, especialmente en la que predominaban los judíos, afirmaba que el evangelio según Mateo fue escrito en hebreo y luego traducido al griego, aunque no existe documento alguno que lo justifique.

La presencia del griego era muy fuerte en Galilea, en contacto con el mundo heleno de forma más intensa que en Judea. Es seguro que tanto Cristo como los apóstoles podían hablar en griego, aunque sin duda usaban el arameo, como era habitual entre judíos. Incluso había judíos en Jerusalén que hablaban en griego y tenían una sinagoga propia (Hch. 6:9). Por otro lado, el latín era el idioma de las fuerzas de ocupación romanas en Palestina.

El griego del Nuevo Testamento

Es, esencialmente, griego koiné; sin embargo, por algunas peculiaridades, podría ser considerado como una variedad independiente en la que se aprecia alguna influencia del arameo y del hebreo, sin duda por ser las lenguas maternas de los escritores del texto bíblico, que se hace notar especialmente en sintaxis y léxico, a lo que debe unirse también la incorporación de neologismos cristianos. En la influencia que se acaba de indicar debe tenerse en cuenta que la koiné era la lengua vehicular de la parte oriental del Imperio romano, por lo que fue elegida por los judíos cristianos para su predicación tanto a los gentiles como a los judíos de la diáspora en Grecia y Egipto. Otra influencia en la redacción del Nuevo Testamento procede de la utilización de la LXX.

Una de las principales características del griego koiné del Nuevo Testamento es el predominio de la coordinación sobre el de la subordinación. La escritura era corrida, sin espacios entre vocablos, se usaban las letras mayúsculas y no aparecían signos de puntuación. Otra característica es el uso reiterado de partículas como καὶ, δέ, ἰδού, lo que en ocasiones hace un tanto monótono el escrito. A veces se aprecia el uso de semitismos, empleados en locuciones y modismos, y figuras de dicción, al modo semítico. En el léxico se introducen nuevas palabras como, por ejemplo, αββα, padre, o πάσχα, Pascua. Además, algunas palabras adquieren un significado diferente al que le era habitual, como δόξα, que se traduce generalmente por gloria, que tenía el sentido de opinión, punto de vista, también el de reputación, honor, valor personal. Otra palabra es δύναμις, usada para referirse a milagros, acción sobrenatural, que en el griego clásico tenía que ver con fuerza, poder, capacidades, facultades, capacidad de proporcionar, actuar para ser o llegar a ser, fuerza física, etc. También ὀφείλημα, que se usa para referirse a una deuda o pecado, tenía la acepción en griego literario de obligación.

Fuentes de la koiné

Escritos bíblicos. Es la principal fuente del idioma para la teología. Comenzando por la versión LXX. Este texto, comúnmente llamado Biblia Septuaginta o Biblia de los Setenta[6] es una antigua recopilación en griego koiné de los libros hebreos y arameos del Tanaj o Biblia hebrea y otros libros. El Pentateuco, o la Torá, fue traducido bajo el reinado de Ptolomeo II (285-246 a. C.); los otros libros se tradujeron posteriormente. La Alta crítica ha hecho esfuerzos considerables para datar la traducción de algunos libros de la LXX, como Ester, Ruth, Eclesiastés, Lamentaciones y el Cantar de los Cantares en el s. I. de la era cristiana.

Este fue el texto de la Biblia hebrea utilizado por las comunidades judías en todo el mundo más allá de Judea, y luego por la iglesia cristiana primitiva para el uso del Antiguo Testamento.

Escritos del Nuevo Testamento. Los textos de todos los libros que lo integran han sido escritos en griego koiné. Se ha comentado antes que algunos, valiéndose de una antigua tradición de la iglesia primitiva, probablemente producida por judaizantes o por cristianos judíos que mantenían firmemente sus principios, afirmaban que

---

[6] Griego: ἡ μεταφρασις τῶν ἑδομήκοντα.

el evangelio según Mateo fue escrito en arameo y luego traducido al griego, pero, como ya se ha dicho, no hay prueba documentaria alguna de que así fuera. El orden y los nombres de los libros del Antiguo Testamento de las Biblias cristianas siguen el de la LXX. Está plenamente demostrado que antes de Cristo ya se hacían recensiones y revisiones de la LXX para acercarla al texto hebreo vigente. La traducción de la LXX se acerca en ocasiones al texto masorético y en otras es bastante diferente.

Escritos de la patrística. Tanto los padres griegos, como todos los de los primeros siglos del cristianismo escribieron en koiné, como se aprecia en la transcripción de sus múltiples escritos. Es desde el s. III que se usa el latín en los escritos de la Iglesia.

Papiros no literarios. Comenzaron a ser tomados en consideración a finales del s. XIX. Tienen importancia para fijar el uso genérico de palabras, como eran comprendidas en el lenguaje de entonces. Estos papiros demuestran que el Nuevo Testamento fue escrito en el lenguaje común de entonces. Es un tanto extraño en algunos textos del Nuevo Testamento en contraste con el griego helenístico; se demuestra ahora que no obedece solo a semitismos incorporados por los escritores de procedencia hebrea, sino que eran modismos idiomáticos de algunos lugares donde se produjeron los escritos bíblicos. Estos descubrimientos permitieron reducir una lista de palabras que se consideraban semitismos, pero que son propias del griego común en el Nuevo Testamento, de 676 a 50, al encontrar el resto en papiros. Sin embargo, el griego del Nuevo Testamento tiene una calidad mucho mayor que el de los papiros. El valor de estos es muy limitado para el estudio del griego bíblico porque falta en ellos el léxico griego.

Semitismos en el griego del Nuevo Testamento. No cabe duda de que los escritos de esta parte de la Biblia fueron redactados por judíos que hablaban arameo y escribían en griego, de ahí que en algunas ocasiones construyen y expresan en griego formas que son propias del lenguaje que ellos usaban habitualmente. Sobre esto escribe Everett Harrison:

> Un factor importante que coloca al griego del Nuevo Testamento algo aparte del lenguaje popular es el elemento semítico que en él hay. Un semitismo es cualquier elemento de sintaxis, vocabulario o influencia lingüística de naturaleza sutil que aparezca en el texto griego y que pueda trazarse hasta un origen hebreo o arameo. Por ejemplo, el estilo hebreo de

redacción era paratáctico, una serie de cláusulas independientes unidas por conjunciones coordinantes. El estilo griego normal, por otra parte, es hipotáctico, en el que la cláusula principal tiene una o más clausulas subordinadas, las que frecuentemente hacen uso de una construcción basada en el participio. Ocasionalmente palabras semíticas son transliteradas al griego, como en el caso de Abba y Hosanna. Un ejemplo más sutil de influencia semítica se detecta en la expresión de Pablo "peso de gloria" (2 Co. 4:17), que refleja el hecho de que en hebreo la palabra habitual para decir gloria viene de una raíz cuyo significado es ser pesado.[7]

Algunas características de la koiné

Este tema corresponde en extensión a la lingüística, por lo que se limita aquí a algunos ejemplos para una mejor comprensión.

Número dual. En morfología lingüística, el número dual es una de las posibles formas del número gramatical, que expresa la cantidad dos; contrasta casi siempre con el singular y el plural. Se conservó en algunos idiomas ahora extintos, como el griego antiguo. Esta forma lingüística desaparece en relación con el griego clásico, permaneciendo solo los singulares y los plurales.

Adjetivos superlativos. Son escasos, siendo sustituidos por formas comparativas que se entienden como superlativos.

Optativo. Expresa deseo o posibilidad; es usado con cierta frecuencia en el griego clásico y queda marcadamente limitado en el griego koiné.

Cambios ortográficos. Son apreciables en algunas palabras.

Preposiciones. Se aumentan considerablemente en formas compuestas para dar mayor realce a la idea que se expresa.

Construcción perifrástica del verbo. Es utilizada con más frecuencia, como lo es la conjunción ἵνα —*que, para que, a fin de que*—, que no se limita a expresar propósito.

Nuevas palabras: Se incorporan de distintas fuentes y procedencias, e incluso para expresar alguna idea.

La construcción de la precisión ática en la estructura de las oraciones da paso a una mayor libertad, simplicidad y variedad.

---

[7] Harrison, 1980, p. 52.

La escritura de la Biblia

Se ha considerado antes que la escritura se remonta a tiempos anteriores a la época histórica de Abraham. De igual manera se ha establecido que la Alta crítica, o los teólogos liberales, han hecho grandes esfuerzos en su afán de alterar la datación de los escritos bíblicos, afirmando que no era posible que la escritura del hebreo estuviese presente en los días de Abraham, asunto que arqueológicamente ha quedado resuelto.

La Biblia es un libro formado por un conjunto de sesenta y seis libros, cuya diferencia de datación entre el primero y el último es de aproximadamente unos 1400 años.

La datación más compleja corresponde a los cinco libros de Moisés, conocidos como el Pentateuco, y dentro de estos libros, el que más problemas de datación ha confrontado es el que con mayor probabilidad fue el primero de los escritos por Moisés, Éxodo.

La providencia divina actuó dando para tan largo período de tiempo y para entre treinta a cuarenta escritores diferentes, tan solo tres idiomas para escribir toda la Biblia: hebreo, arameo y griego.

La transmisión oral y escrita

La palabra transmisión es la misma que tradición, y expresan el traslado de unos a otros, incluso de una generación a otra, del mensaje que se acepta como de fe y que la exige, la cual llega a los nuevos fieles mediante la audición de la Palabra. En la transmisión oral, el mensaje es independiente del que lo traslada, el cual actúa simplemente como vehículo transmisor. Las palabras tradición o transmisión[8] designan ordinariamente el contenido de la tradición, con menos frecuencia que el hecho mismo de la transmisión.

La transmisión oral

La transmisión de grandes porciones del Antiguo Testamento, en el sentido de trasladarlos a los fieles, se hizo por tradición o transmisión oral. Los estudiosos sienten recelo en aceptar como válida una transmisión oral. Se ha demostrado que, donde existe tal tradición en una sociedad estable, de modo que pueda ser recitada en festividades

---

[8] Griego: παράδοσις.

solemnes y en ocasiones especiales, la tradición oral es absolutamente confiable.

En el Nuevo Testamento se alude a la técnica de transmitir de este modo porciones del texto bíblico y enseñanzas de los maestros a alumnos en las escuelas rabínicas y en las sinagogas. Los evangelios aluden a enseñanzas tradicionales de los ancianos. Así ocurre en el relato de la conversación de los fariseos con Jesús: "Le preguntaron, pues, los fariseos y los escribas: ¿Por qué tus discípulos no andan conforme a la tradición de los ancianos...?" (Mr. 7:5). Las palabras de Jesús enseñan que la tradición de los hombres traía un problema en relación con la Palabra: "Invalidando la palabra de Dios con vuestra tradición que habéis transmitido" (Mr. 7:13).

Es evidente que la transmisión de las verdades bíblicas reveladas en el Antiguo Testamento fue puesta en forma escrita. El profeta recibía instrucciones en tal sentido de Dios mismo (Jer. 36:1-2; Ap. 1:19).

Sin embargo, no cabe duda de que las fuentes tomadas para escritos bíblicos no siempre fueron dadas directamente por Dios al hagiógrafo, sino que este las tomó de otros lugares, especialmente notables en la confección de los escritos históricos. Así, el Libro de los Reyes cita, entre sus fuentes, el Libro de los hechos de Salomón (1 R. 11:41), el Libro de las historias de los reyes de Israel (1 R. 14:19), el Libro de las historias de los reyes de Judá (2 R. 8:23). Los mismos libros históricos sobre la monarquía sirvieron de fuente para otro posterior, el de Crónicas, según indica el mismo autor (2 Cr. 16:11). No obstante, las fuentes no fueron nunca escritos inspirados, como lo son los relatos históricos incluidos en el canon.

La transmisión oral es evidente también en el Nuevo Testamento, donde hay considerables porciones de la información contenida en sus escritos que deben haberse transmitido oralmente por un período corto o largo de tiempo. A modo de ejemplo: "Retén la forma de las sanas palabras que de mí oíste..." (2 Ti. 1:13); "lo que has oído de mí ante muchos testigos..." (2 Ti. 2:2); "porque yo recibí del Señor lo que también os he enseñado..." (1 Co. 11:23). En esta última cita se lee literalmente traducido: "Recibí del Señor lo que también os entregué"[9]. Es evidente que lo que estaba escribiendo en la epístola sobre el tema en cuestión correspondía a una transmisión oral de la doctrina que ya circulaba en la Iglesia. En el mismo escrito aparece una frase en ese sentido: "Porque primeramente os he enseñado lo que

---

[9] Griego: παρέλαβον ἀπὸ τοῦ Κυρίου ὃ καὶ παρέδωξα ὑμῖν.

asimismo recibí..." (1 Co. 15:3). La identidad plena entre la transmisión oral y el Evangelio que los cristianos habían aceptado se aprecia en lo que escribe: "Además os declaro, hermanos, el Evangelio que os he predicado, el cual también recibisteis, en el cual también perseveráis" (1 Co. 15:1). Los tesalonicenses retenían con firmeza lo que Pablo les había enseñado en forma personal, no escrita, aunque ya comenzaban a circular algunos escritos del Nuevo Testamento: "Así que, hermanos, estad firmes, y retened la doctrina que habéis aprendido, sea por palabra, o por carta nuestra" (2 Ts. 2:15).

El verbo griego παραλαμβάνω confirma una tradición oral. Está compuesto por la raíz λαμβάνω, que denota tomar, coger, alcanzar, recibir, modificado por el prefijo preposicional παρά, que le da el sentido de tomar consigo, recibir, traer hacia sí mismo, aceptar, de manera que expresa la idea de recibir de otro. Aplicado a la doctrina que el apóstol transmitía, la recepción procedía del mismo Señor (1 Co. 11:23); de la recepción del Evangelio (1 Co. 15:1); de la recepción de la doctrina (1 Co. 15:3); de la recepción del Evangelio (Gá. 1:9). También demandaba una forma de actuar conforme a las enseñanzas que el apóstol había dado a las iglesias, de manera que escribe: "Lo que aprendisteis y recibisteis y oísteis y visteis en mí, esto haced..." (Fil. 4:9). Igualmente, la autoridad de la tradición está presente vinculando las enseñanzas tanto de Pablo, como de Silvano y Timoteo: "Pero os ordenamos, hermanos, en el nombre de nuestro Señor Jesucristo que os apartéis de todo hermano que ande desordenadamente, y no según la enseñanza que recibisteis de nosotros" (2 Ts. 3:6). En el texto, el pronombre personal *nosotros* comprende a los tres mencionados (2 Ts. 1:1).

Caben destacar algunas características de la tradición o transmisión oral de la Escritura. En el Antiguo Testamento, los escritores bíblicos afirman que la escritura de los mensajes iba precedida, en ocasiones, por la transmisión oral, que procedía de la revelación de Dios. A modo de ejemplo, Jeremías escribió lo que antes había recibido para dar al pueblo en el nombre del Señor (Jer. 1:2). Solo fue años más tarde que escribió los mensajes por indicación divina (Jer. 36:2). Del mismo modo ocurre en el Nuevo Testamento. Lo que escriben apóstoles y profetas tiene origen en la revelación directa que Dios les hace y no en instrucciones o enseñanzas de los hombres; en este sentido, el mensaje que predica y que luego escribe le es comunicado antes en su condición de apóstol enviado por Dios a predicar el Evangelio (Ro. 1:1; 15:16). El Evangelio, mensaje de salvación de procedencia divina, fue comunicado por medio de la predicación

(2 Co. 11:7). Así se lo recuerda a los tesalonicenses (1 Ts. 2:2, 8). Es evidente la transmisión oral del Evangelio.

El mensaje que transmiten los apóstoles procede de Cristo mismo, lo que pone de manifiesto la transmisión oral del mensaje, llenando todo —en palabras del apóstol Pablo— "con el evangelio de Cristo", es decir, procedente de Cristo (Ro. 15:19; 2 Co. 2:12; 9:13; 10:14; Gá. 1:7; Fil. 1:27). Escribiendo a los corintios, alude a los mandamientos recibidos de Cristo, que llegaron a él: "Así también ordenó el Señor a los que anuncian el evangelio, que vivan del evangelio" (1 Co. 9:14). Las palabras de Cristo llegan a los apóstoles: "Pues yo ni lo recibí ni lo aprendí de hombre alguno, sino por revelación de Jesucristo" (Gá. 1:12).

La tradición llega de los apóstoles a los maestros en la Iglesia. Tal es el caso de Timoteo, que imparte las enseñanzas recibidas del apóstol Pablo: "Como te rogué que te quedases en Éfeso, cuando fui a Macedonia, para que mandases a algunos que no enseñen diferente doctrina, ni presten atención a fábulas y genealogías interminables, que acarrean disputas más bien que edificación de Dios que es por fe, así te encargo ahora" (1 Ti. 1:3-4). Todavía más firme al escribirle: "Oh Timoteo, guarda lo que se te ha encomendado..." (1 Ti. 6:20). La transmisión oral de la enseñanza, conocida como tradición es, en cualquier caso, Palabra de Dios, expresada en forma definitiva por el apóstol Pablo: "Por lo cual también nosotros sin cesar damos gracias a Dios, de que cuando recibisteis la palabra de Dios *que oísteis* de nosotros, la recibisteis no como palabra de hombres, sino según es en verdad, la palabra de Dios" (1 Ts. 2:13; cursiva agregada).

La misión del profeta en el Antiguo Testamento, o la del profeta o apóstol en el Nuevo, es la de transmitir fidelísimamente lo que ha recibido del Señor.

La transmisión escrita

Los escritos bíblicos del Antiguo y del Nuevo Testamento originales no existen actualmente. Tan solo copias de ellos han llegado a nosotros en forma manuscrita. Esto puede dar, en ocasiones puntuales, alguna variante en las distintas copias que tenemos. Sin embargo, como se considerará más adelante, ninguna de esas alternativas de lectura modifican en absoluto las verdades de fe.

Los escritos bíblicos se produjeron por mandato divino, bien por instrucción directa, es decir, ordenando que se produjera, como es el caso de Jeremías, para el Antiguo Testamento: "Aconteció en el cuarto año de Joacim hijo de Josías, rey de Judá, que vino esta palabra de Jehová a Jeremías, diciendo: Toma un rollo de libro, y escribe en él todas las palabras que te he hablado contra Israel y contra Judá, y contra todas las naciones, desde el día que comencé a hablarte, desde los días de Josías hasta hoy" (Jer. 36:1-2); de igual manera al apóstol Juan en el Nuevo Testamento: "Escribe en un libro lo que ves…" (Ap. 1:11, 19; 2:8, 12, 18; 3:1, 7, 14; 14:13; 19:9; 21:5).

Los escritos se producen por impulso divino y no por voluntad humana: "Entendiendo primero esto, que ninguna profecía de la Escritura surge por iniciativa propia, porque la profecía nunca fue traída por voluntad humana, sino que los hombres hablaron de parte de Dios siendo guiados por el Espíritu Santo" (2 P. 1:20-21; BT).

Los escritos bíblicos originales fueron reproducidos mediante copias para su conservación y extensión. En relación con los del Antiguo Testamento, quienes se ocupaban eran los escribas, especialistas en la copia de los escritos bíblicos; la confección de las copias de un escrito bíblico era minuciosa, comprendiendo una relectura comparada, por varios lectores, el recuento de las letras y los signos. Reproducida y verificada la identidad de la copia con el texto copiado, se destruía el de origen, por reverencia al texto que dio lugar a la copia. Esto se desarrollará más adelante, bastando aquí una referencia al objeto de tema general que se considera.

Teoría sobre las fuentes del Antiguo Testamento

Frente a la afirmación bíblica de que los escritos bíblicos, la revelación de Dios por medio de los hagiógrafos, es de origen divino exclusivamente, surge la oposición de la Alta crítica o crítica liberal, que plantea dudas sobre varios aspectos de la Escritura, concretándose en las fuentes de procedencia de los escritos, en la negativa de autor y en la datación.

No cabe duda, como se ha considerado antes, que partes de los escritos bíblicos son tomados de fuentes, especialmente en relación con aspectos históricos. Pero los liberales procuraron hacer creer que esta es la tónica puntual de escritos básicos tanto del Antiguo como del Nuevo Testamento. En relación con este, la hipótesis documental o documentaria, ha generado un gran conflicto en relación con los escritos del Pentateuco, a fin de demostrar que no son de Moisés y que no corresponden a la datación aceptada por judíos y cristianos a lo largo del tiempo. Esto requiere un estudio especializado, haciendo aquí una aproximación al objeto al que se orienta este trabajo.

A lo largo de los siglos, tanto judíos como cristianos aceptaron que Moisés fue el escritor del Pentateuco, bajo la directa inspiración y mandato de Dios. Pocos se cuestionaron la autoría en base a algunos pasajes como la muerte de Moisés (Dt. 34:5 ss.), que sin duda tuvo que haber sido añadido al texto por un redactor luego de su muerte.

Los críticos trataron de reconciliar las que consideraban incoherencias del texto para hacerlo armonizar con el contexto histórico preestablecido por ellos, de otro modo, ajustar el texto al pensamiento que cuestiona datación y autoría. Estos llegaron a la teoría de que el Pentateuco estaba integrado por varios textos seleccionados que fueron enlazados entre sí, muchas veces en forma incoherente, de fuentes que trataban el mismo tema o temas relacionados, conduciendo a la conclusión de que Moisés no pudo haber escrito el Pentateuco porque contiene información no disponible para él.

En 1651, Thomas Hobbes, en su obra *Leviatán*, expuso un conjunto de pruebas que procuraban demostrar la imposibilidad de que el Pentateuco fuese escrito por Moisés, citando pasajes como el de la muerte de Moisés, donde se dice que fue enterrado en el valle en la tierra de Moab, frente de Bet-peor, que implica un autor que vivió mucho tiempo después de ese acontecimiento (Dt. 34:6). Lo mismo en la cita en que se dice que en días de Abraham "el cananeo estaba entonces en la tierra" (Gn. 12:6), lo que hace suponer que el escritor es posterior, ya que los cananeos no habitaban entonces esa tierra. Añadió alguna otra referencia, con lo que Hobbes llegó a la conclusión de que ninguno de esos textos podía ser escrito por Moisés. Algún otro erudito participaba de la misma idea, como Baruch Spinoza, John Hampder e Isaac de La-Peyrère, y sus trabajos fueron considerados como heréticos.

De este modo se abrió el camino para la hipótesis documental, orientada directamente al Pentateuco, pero que involucra necesariamente a todo el Antiguo Testamento y de forma especial al libro de Josué, que se incorpora a los cinco libros formando un Hexateuco. Esta hipótesis pretende establecer que el Pentateuco no fue un escrito de Moisés, sino una compilación de documentos diversos redactados en diferentes lugares, en un período mínimo de cinco siglos.

La teoría de las fuentes documentarias del Pentateuco se inicia con los trabajos del médico francés Jean Astruc sobre un análisis literario del Génesis. En 1753 publicó su obra, *Conjeturas sobre las memorias originales, aquellas que Moisés habría usado para componer el libro del Génesis*[10]. Para esto usó las herramientas de análisis textual que se aplicaban a los textos griegos clásicos, como *La Ilíada*, para identificar las variantes literarias tradicionales y llegar al texto primero. De este modo comenzó por identificar dos peculiaridades que aparentemente podían ser variantes literarias:

    a) El uso de los nombres de Dios Elohim y Yahvé, en relatos semejantes.

    b) Los relatos históricos duplicados, como pueden ser los dos diferentes de la creación en los dos primeros capítulos del libro de Génesis. Del mismo modo, ignorando la diferencia de los lugares en que ocurrieron los hechos, considera los relatos de Sara, la esposa de Abraham, con el rey de Egipto (Gn. 12), y posteriormente con el rey de Gerar (Gn. 20), como duplicados del mismo asunto.

Tratando de determinar las fuentes de los relatos estableció dos columnas: en la primera puso los textos que tienen el nombre de Dios como Elohim, y en la segunda, los del nombre Yahvé, y los relatos duplicados en otras dos columnas, al lado de estas. Las cuatro columnas contenían dos narraciones largas y dos cortas. Astruc presentó la hipótesis de que estos eran las fuentes usadas por Moisés, y en el texto original aparecerían de esta forma como cuatro relatos paralelos que deberían ser leídos por separado. Sugirió que los relatos largos fueron los documentos originales escritos por Moisés. Según este erudito, un redactor anónimo combinó los cuatro relatos para dar forma al texto que llegó hasta nosotros.

Siguiendo las propuestas de la hipótesis documental, Johann Gottfried Eichhorn publicó en 1780 un estudio clasificando el Génesis y los dos primeros capítulos del Éxodo según las supuestas fuentes pre-mosaicas. Sin embargo, la idea que el redactor final del Pentateuco no fue Moisés, sino alguien muy posterior a él, condujo a la clasificación total del Pentateuco en base a los documentos referidos, estableciendo la división según las fuentes.

Aunque la hipótesis documental estaba orientada directamente al Pentateuco, involucra también a todo el Antiguo Testamento, implicando también al libro de Josué, considerándolo como un apéndice de los cinco libros del Pentateuco, para convertir este en un Hexateuco. La hipótesis pretende establecer que el Pentateuco no fue escrito por Moisés, sino que es una compilación de documentos diversos redactados en diferentes lugares, en un período mínimo de cinco siglos.

---

[10] Originalmente: *Conjectures sur les memoires originaux, dont il parait que Moses s'est serví pour composer le livre de la Genèse.*

La hipótesis de la redacción anti-Moisés recibió un impulso con De Wette, quien afirmó que el Pentateuco no pudo haber sido escrito antes de los días de David[11]. Para este erudito liberal, el libro de Deuteronomio era la copia de la ley que Hilcías encontró en el templo de Jerusalén durante las reformas de Josías. Avanzando más en su hipótesis, llegó a afirmar que el Deuteronomio fue compuesto para servir al proyecto político-religioso de unificación del reino. La centralización religiosa ayudaría a la unificación política de las tribus integradas en él. Según esta hipótesis, la redacción del documento tuvo que haber ocurrido en tiempos de Josías, de la que se hizo una simulación de hallazgo, coincidiendo con las obras de reparación del templo. Esto traería como consecuencia introducir una nueva fuente para el Pentateuco, a cuyo documento, por llamarse Deuteronomista, se le asignó la letra D. La escritura del Deuteronomio —para los seguidores de la hipótesis documentaria— habría ocurrido en el año 621 a. C. Las fuentes documentarias se ampliaban a tres: primera, la del documento E; luego, la del documento J; y finalmente la del documento D. Es interesante notar que De Wette no pertenecía a la escuela documental, sino a lo que se conoce como escuela fragmentaria, que debe su hombre a la hipótesis de que el Pentateuco y Josué fueron el resultado de la recopilación de fragmentos separados, algunos antecedentes al mismo Moisés. El fundador de esta hipótesis fue el sacerdote católico romano escocés Alexander Geddes. La idea fragmentaria del Pentateuco llegó a extremos difíciles al continuar dividiendo cada uno de sus libros en los supuestos fragmentos que los habían originado, llegando en la fragmentación a sostener que para la compilación del Génesis no se utilizaron menos de treinta y nueve fragmentos. Esta fragmentación hacía necesario establecer subdocumentos que, a su vez, dividían las fuentes propuestas.

Añadiendo hipótesis sobre hipótesis, el profesor Heinrich Ewald propuso que algunos de los escritos del Pentateuco, como pueden ser el Decálogo y el ordenamiento legal más antiguo, fueron escritos directamente por Moisés. Posteriormente un escriba anónimo compuso el Libro de los Pactos, en tiempos de los jueces. Los orígenes de la nación, que correspondería al libro de Éxodo, se debieron a otro escriba anónimo, que los produjo durante los días de Salomón, cuando se aprecia un alto contenido del material de la fuente E. Un

---

[11] La hipótesis se expresa ampliamente en su obra *A dissertation in which it is shown that Deuteronomy, different from the earlier of de Pentateuch, is the work of some later author* (1805).

nuevo elemento se incorporaría en tiempos de Elías, como son los datos biográficos sobre Moisés. Finalmente, otro escriba anónimo de los tiempos de Uzías, en el s. VIII a. C., fue el que introdujo el nombre de Yahvé, hizo la adaptación de los materiales precisos, los conjuntó y produjo el Pentateuco, como responsable final del mismo.

El proceso no se detuvo con esto, sino que en 1822, Friedrich Bleek extendió la teoría documentaria al libro de Josué, proponiendo un Hexateuco en lugar de un Pentateuco. Este autor reconocía la paternidad literaria de algunos pasajes como de Moisés, pero vinculaba la aportación de la mayor parte de material del Génesis a un escriba anónimo durante la época del reino unido, en el s. X a. C. Afirmó también que un segundo escriba anónimo, durante los días de Josías, compiló el libro de Deuteronomio, incorporando entonces también el libro de Josué.

Pasando el tiempo aparecen los trabajos de Hermmann Hupfeld, quien sugiere la idea de la división de la fuente E en dos. Posteriormente, otros críticos, ampliando y extendiendo el alcance de la hipótesis, propondrían la existencia de una nueva fuente documental, que llamaron sacerdotal, conocida como fuente P. Bajo esta hipótesis, y en relación con esa supuesta fuente, consideraron que el Pentateuco contenía leyes que habían sido redactadas con posterioridad al documento D. Uno de los seguidores de esta hipótesis, Karl Heinrich Graf, trató de demostrar que la legislación contenida en P era de la época del exilio, 587-539 a. C., o incluso posterior a ella, por lo que la redacción final del Pentateuco tendría que haber ocurrido en tiempos de Esdras o Nehemías. Quedaban, pues establecidas cuatro fuentes para el Pentateuco o para el Hexateuco: J, E, D y P.

Sin embargo, la formulación definitiva de la teoría documental se debe a Julius Wellhausen. Sus escritos más notables en este campo fueron *Die komposition des Hexateuch*, publicado en 1876, y *Prolegomena zur Geschichte Israels*, publicado en 1878. Wellhausen no introdujo nuevos postulados a la hipótesis documentaria, pero conjuntó todas las propuestas anteriores, afirmando definitivamente el orden documentario.

Varios especialistas trabajaron en el estudio y desarrollo de lo que llamaron pruebas para el fortalecimiento de la hipótesis documentaria; entre los destacados, cabe citar a Abraham Kuenen, Johann Karl Wilhelm, Karl Heinrich Grar y Edouard Guillaume Eugène Reuss. Sin embargo, el más destacado de todos —que se ha mencionado antes— fue Julius Wellhausen (1844-1928), un teólogo, erudito bíblico y orientalista alemán que contribuyó al desarrollo de la hipótesis al ordenar las fuentes de manera cronológica como JEDP, creando un marco, que suponían coherente, para demostrar una hipotética evolución en la historia religiosa del pueblo hebreo, que se desarrolló y estableció en el transcurso del tiempo. La propuesta de Wellhausen se estableció del siguiente modo:

Tradición Yahvista (J), desarrollada en el año 950 a. C., en el reino de Judá.

Tradición Elohista (E), desarrollada en el año 850 a. C., en el reino de Israel.

Tradición Deuteronomista (D), desarrollada en el año 621 a. C. en Jerusalén, durante un período de reforma religiosa.

Tradición Sacerdotal (P), desarrollada en el año 450 a. C. por los Kohanim (sacerdotes judíos) durante el exilio en Babilonia.

La hipótesis de Wellhausen se convirtió en la opinión dominante sobre el origen del Pentateuco durante gran parte del siglo XX. La mayoría de expertos contemporáneos aceptaron, de alguna manera, la hipótesis documental de la Biblia; los académicos, de hecho, siguen recurriendo a la terminología de Wellhausen y sus conocimientos.

Se puede hacer una descripción resumida de los cuatro documentos de la hipótesis documental, según el Dr. Archer:

> J, escrito alrededor del año 850 a. de J. C., por un autor desconocido en Judá, reino del sur, interesado especialmente en biografías personales, caracterizadas por vívidas descripciones del carácter, a menudo describe a Dios o se refiere a Él en términos antropomórficos (es decir, como si poseyera cuerpo, partes y pasiones como un ser humano). Demostraba también un interés tipo profético en reflexiones éticas y teológicas, pero poco interés en sacrificios o rituales.
>
> E, escrito alrededor del año 750 a. de J. C. por un escritor desconocido del reino de Israel del Norte. Fue más objetivo que J en su estilo narrativo y menos matizado de consideraciones éticas y teológicas. Tendía más bien a detenerse en hechos particulares concretos (o los orígenes de nombres o costumbres de particular importancia para la cultura israelita). En el Génesis, E demuestra interés en el ritual y el culto, y representa a Dios comunicándose por medio de sueños y visiones (y no tanto por contacto antropomórfico directo, al estilo de J). Desde Éxodo a Números, E exalta a Moisés, como un obrador de milagros único en su género, con quien Dios podía comunicarse de manera antropomórfica.
>
> Alrededor del año 650 a. de J. C., un redactor desconocido combinó J y E en un solo documento: J-E.

D, compuesto posiblemente bajo la dirección del sumo sacerdote Hilcías, como programa oficial para el partido reformista patrocinado por el rey Josías en el avivamiento del año 621 a. de J. C. Tuvo por objetivo obligar a todos los súbditos de Judá a hacer abandono de sus santuarios locales en los "lugares altos" y traer todos sus sacrificios y contribuciones religiosas al templo de Jerusalén. Este documento estaba sometido a la vigorosa influencia del movimiento profético, particularmente el que encabezaba Jeremías. Miembros de esta escuela deuteronómica efectuaron una revisión histórica de los hechos registrados en Josué, Jueces, Samuel y Reyes.

P, compuesto en varias etapas de un largo camino que va desde Ezequiel, con su código de santidad (Levítico 17:16) alrededor del año 570 a. de J. C. (conocido como H) a Esdras, "escriba diligente en la ley de Moisés" (Esdras 7:6), bajo cuya dirección fueron añadidas a la Torá las últimas secciones sacerdotales. P relata en forma sistemática los orígenes e instituciones de la democracia israelita. Demuestra un interés particular en los orígenes, en listas genealógicas y en detalles de los sacrificios y del ritual.[12]

Si se pudiera definir lo que es la hipótesis documentaria, que conlleva aparejada la nueva datación y la autoría de los escritos bíblicos, se podría decir que es la hipótesis del no. Es un esfuerzo para establecer lo que ellos llaman desmitificar la Biblia. Se aprecia que la mayoría de las afirmaciones sobre autoría se critica y eliminan, del mismo modo la datación, pasando los escritos antiguos a tiempos muy posteriores. Además, no presentan nunca justificantes documentales que sustenten sus hipótesis, las supuestas fuentes del Pentateuco son una de las evidencias. Se habla de supuestos escribas, pero no se identifican, cuando históricamente, si hubiera sido así, habrían quedado registrados sus nombres, como ocurre con los del Nuevo Testamento. A pesar de que Jesús autentifica que el Pentateuco, la Ley, es de Moisés, a pesar de las manifestaciones apostólicas en ese sentido (cf. Lc. 2:22; 24:44; Jn. 7:23; Hch. 13:39; 15:5; 28:23; 1 Co. 9:9; He. 10:28) se consideran lo suficientemente sabios para derribar las afirmaciones de la Escritura y sustituirlas con sus hipótesis, a las que dan categoría de autoridad.

---

[12] Archer, 1981, p. 115 ss.

Escribas y escuelas

Escribas

Han tenido gran importancia en la transmisión del texto hebreo del Antiguo Testamento. El nombre procede del hebreo *sopher*, plural *sopherim*, que equivale a contar, decir, participio de *saphar*, con la connotación de escribir. Inicialmente se usaba el título para los encargados de escribir o copiar las leyes, oficio para el que se formaban desde niños en una escuela especial. El nombre se usaba en el Antiguo Testamento para referirse a los funcionarios reales que tenían la tarea de escribir las cartas del rey, o sus disposiciones (2 S. 8:17; 20:25; 1 R. 4:3; 2 R. 12:10; 2 Cr. 24:11; Est. 3:12; Is. 36:3). Ser escriba real era ocupar uno de los puestos más elevados, como se induce al ser mencionados junto a sumo sacerdote (2 R. 12:10; 2 Cr. 24:11). Con el tiempo pasaron a ser depositarios del saber religioso, social y cultural.

En Israel los escribas pasaron de ser copistas de la Ley a convertirse en dirigentes y maestros del pueblo. La enseñanza de la Ley, inicialmente en manos de sacerdotes y levitas, pasó a ser también trabajo de los copistas de la Ley, que se mantenía en tiempos de Cristo. Referencias bíblicas anteriores lo confirman: "¿Cómo decís: Nosotros somos sabios, y la ley de Jehová está con nosotros? Ciertamente la ha cambiado en mentira la pluma mentirosa de los escribas" (Jer. 8:8).

Después del cautiverio, la función de los escribas se centró en la interpretación y enseñanza de la Torá, en un marcado deseo de un retorno del pueblo a la voluntad de Dios expresado en la Escritura. Por eso se dice de Esdras que su ideal fue: "Porque Esdras había preparado su corazón para inquirir la ley de Jehová y para cumplirla, y para enseñar en Israel sus estatutos y decretos" (Esd. 7:10). Era un "escriba diligente de la ley" (Esd. 7:6) y "escriba erudito en la ley del Dios del cielo" (Esd. 7:12). Entre otras cosas, los escribas fijaron el canon del Antiguo Testamento. A ellos se debe el cambio de la escritura del hebreo antiguo, que apenas se entendía, por la cuadrada en que se perpetuó el texto masorético.

En el Nuevo Testamento, los escribas eran registradores y guardianes de los documentos públicos. En los días de Jesús, se conocían con el nombre de doctores de la Ley. Se dice de ellos que "se sientan en la cátedra de Moisés" (cf. Mt. 7:29; 23:2, 13-33). Por su condición espiritual y por dar a la tradición el mismo nivel de autoridad que a la Escritura, tuvieron muchos enfrentamientos con Jesús. El Señor pronunció contra ellos una serie de ayes, que recoge, de forma especial Mateo en su evangelio (cf. Mt. 23).

Misiones

Se puede hacer una síntesis de las misiones que eran propias de los escribas a lo largo del tiempo.

Muchos eran empleados para la transcripción de documentos, contratos, cartas, escritos, etc. (Jer. 32:12). Los registros escritos se originaban generalmente por dictado (Jer. 36:26).

Los escribas de la Ley eran empleados en la administración pública y estaban al servicio del rey (2 Cr. 24:11). El escriba principal actuaba como secretario de Estado, y se encargaba de los registros de las crónicas reales (2 S. 8:16; 1 R. 4:3). Por su trabajo estaba muy próximo al rey y a los altos dignatarios. Además, el escriba principal era consejero del rey (1 Cr. 27:32).

En algunas ocasiones eran enviados como delegados para asuntos de Estado, ya que eran idóneos para escribir las condiciones y los pactos que se alcanzaban (2 R. 18:18; 19:2; Is. 36:3).

Otro de los ministerios de los escribas de la ley era la lectura de la misma (2 R. 22:8), especialmente necesaria cuando no todos los que oían el escrito eran capaces de leer en el idioma en que estaba redactado, incluso en el que podían entender, como sucedía con los escritos en hebreo antiguo, que no había muchos que pudiesen leerlos.

Fue solo después del exilio que se les dio el papel de copistas, preservadores e intérpretes de la Ley (Esd. 7:6). Posteriormente la mayoría de los escribas eran sacerdotes (1 Mac. 7:12).

Escribas religiosos

Se les conocía en hebreo por *sôf^{e}rîm*, y en griego por νομοδιδάσ–καλω, *maestros de la Ley*[13], de νόμος, *ley* y διδάσκαλος, *maestro*.

Eran expertos en el estudio y la transmisión de la Ley de Moisés, la Torá. La principal actividad del escriba era el estudio de los textos sagrados, que nadie debía interrumpir ni distraer (Ecle. 38:21). La aparición de los escribas en este campo ocurre después del destierro a Babilonia (1 Cr. 2:55). Algunos de los escribas religiosos, fueron miembros del Sanedrín (Mt. 16:21; 26:3).

Después de la destrucción de Jerusalén en el año 70, la importancia de estos escribas aumentó considerablemente a causa de la preservación en forma escrita de la Ley, y la transmisión fiel de las Escrituras hebreas.

---

[13] Griego: νομοδιδάσκαλω.

La función principal de los escribas era preservar la Ley. Esto los llevó a profesionalizar su trabajo, como estudiosos de la Escritura. Por su conocimiento en la Ley, eran consultados y transmitían decisiones legales que se producían al aplicarla a los asuntos diarios. En esta tarea de preservar la Ley, necesitaban formar a otros para seguir el trabajo, para lo que reunían en torno a ellos muchos alumnos y les instruían en la Ley. Se esperaba que los alumnos retuviesen lo que se les había enseñado y que lo transmitiesen sin variaciones. Uno de los lugares de enseñanza de los maestros de la Ley era el templo (Lc. 2:46; Jn. 18:20). La enseñanza debía ser gratuita, pero probablemente recibían alguna paga. En ocasiones se aprovechaban de su posición, de manera que Jesús dijo de ellos: "Que devoran las casas de las viudas, y por pretexto hacen largas oraciones" (Mr. 12:40; Lc. 20:47).

Escuelas

Los escribas habían formado escuelas de enseñanza. A medida que el escriba se destacaba por sus condiciones de intérprete, erudito y conocedor de la Ley, adquiría mayor nivel entre sus colegas y sus escuelas eran sumamente apreciadas.

En los tiempos de Cristo había dos grandes escuelas rabínicas que interpretaban la Ley de forma diferente: la escuela liberal, presidida por Hillel, y la escuela conservadora, presidida por Shamai. Pero también el apóstol Pablo cita a Gamaliel como su maestro en teología y Biblia (Hch. 22:3). Según la tradición, era nieto de Hillel. Este escriba intervino en un discurso razonado y persuasivo en el juicio contra los apóstoles (Hch. 5:33-40).

Las escuelas tuvieron notable influencia, no tanto en la transmisión del texto bíblico, sino más bien en la interpretación del mismo, y en la enseñanza de su contenido.

Transmisión del texto hebreo

En la transmisión del texto manuscrito, como se ha dicho antes, juegan un importante papel los escribas. Estos eruditos evitaban escrupulosamente cualquier alteración de las consonantes del texto anterior, trasladándolo con absoluta fidelidad y dando por buena la copia cuando, después de muchas verificaciones, que incluían el recuento de letras, coincidía plenamente —salvo el siempre posible error humano— con el manuscrito anterior. Sin embargo, cuando se encontraban con palabras cuyo significado pudiera considerarse incorrecto o inducir a error, solían colocar al margen de la copia el vocablo que entendían sustitutorio o precedente, colocando un círculo sobre la palabra modificada. Las consonantes que estaban en el texto se denominaban *Qetîb*, que equivale a lo escrito, y las del margen *Quere*, que quiere decir lo que debe leerse. Los verbos se agrupaban en dos clases, los sustativales y los adjetivales. Los primeros son dinámicos, mientras que los segundos son esencialmente estáticos. Los verbos distinguen los dos aspectos de la acción. Cuando esta es completa, el modo es perfectivo; cuando no es completa, se trata de imperfectivo. La distinción entre ambas acciones se establece por la colocación del elemento pronominal que en el perfectivo va como sufijo y en el imperfectivo como prefijo. En los sustantivos se utiliza ampliamente el singular como expresión de colectividad o conjunto, usando en ocasiones la terminación femenina con función singular. Los pronombres posesivos aparecen como sufijos del sustantivo, incluso los adjetivos pueden preceder de artículo y utilizarse independientemente con valor de sustantivo.

En el idioma hebreo se usan muchas figuras relacionadas con el cuerpo humano para describir estados psicológicos. Sus imágenes verbales son tomadas normalmente de cosas y actividades de la vida cotidiana, siendo muy rico en figuras del lenguaje. Especialmente debe considerarse el uso de expresiones antropomórficas para referencias al mundo inanimado, principalmente para hablar de aspectos relacionados con Dios. Por tanto, en la interpretación ha de tenerse en cuenta para no darles el sentido literal que tendrían. Una larga serie de características gramaticales deben ser atendidas para la traducción correcta de los textos hebreos, de ahí que sea preciso un pleno dominio de las peculiaridades del idioma para este trabajo.

Debe tenerse en cuenta que, en la transmisión del texto bíblico a través de copias, no es imposible que se produzca alguna equivocación o error, ya que el único escrito inspirado es el primer original autógrafo. Por ello el texto bíblico manuscrito no está exento de todo error. Buena prueba son las discrepancias que aparecen entre ellos. Probablemente algunos se produjeron ya en la primera copia y luego se incrementaron en las sucesivas, copias de copias. Sin embargo, las diferencias textuales son relativamente poco importantes y lo sorprendente es que ninguna de ellas afecta a cuestiones doctrinales o precisiones teológicas. Buena prueba de la acción que el Espíritu Santo hace custodiando la mente y acción de los copistas. No puede hablarse de inspiración de los segundos escritos, es decir, de las copias de los originales, pero sí es evidente la acción divina para que la transmisión del texto revista toda la pureza necesaria que lo identifique plenamente con el mensaje que Dios quiso dar en el original. Si así no fuera, el propósito de Dios al transmitir su revelación a las generaciones sucesivas de la humanidad habría fracasado. La corrupción del texto bíblico traería consecuencias funestas en una mezcla de verdad y mentira que engañaría a los lectores. Todo el contenido de verdades del Antiguo Testamento se mantiene con absoluta precisión cuando se contrastan los manuscritos existentes con los descubrimientos más recientes, tales como el material de Qumrán. A la fijación del texto bíblico concurre con su ayuda la crítica textual, en la que expertos contrastan los manuscritos que van apareciendo y fijando el texto en su mayor proximidad al primer escrito.

Progresos en la transmisión del texto

La historia demuestra que en el tiempo inmediatamente anterior al cristianismo había varios textos en circulación, algunos con lecturas diferentes al texto masorético. Esto trajo como consecuencia la necesidad de preservar y transmitir el texto que llegaría a llamarse masorético. Debido a la aparición de traducciones griegas como la LXX y ya en el tiempo del cristianismo con los escritos del Nuevo Testamento que usaban como referencias citas del Antiguo, se trabajó en la fijación del texto hebreo, por necesidad de tener un texto normalizado, no solo como sustento para las controversias judeo-cristianas, sino para sustentar la voluntad divina expresada en los escritos que fueron transmitidos por los hagiógrafos, como revelación de Dios.

Durante el s. II se produjo una actividad tendiente a establecer un texto autorizado de la Biblia hebrea. En esto se distinguió de forma especial el famoso judío anticristiano Tabí Aqiba, muerto en torno al 132 d. C. Tenía claro la necesidad de tener un texto bíblico fijo, tanto para la controversia como para la enseñanza de las Escrituras. Sobre el año 130 d. C. se preparó una nueva versión griega del texto hebreo, de la mano de Aquila, un pagano convertido primero al cristianismo y luego al judaísmo. Esta versión generó el rechazo y disgusto de muchos, especialmente cristianos, al ver que se alejaba de la LXX.

Sin duda había muchas variantes, tanto de alternativas de lectura como incluso de ortografía. Los escribas dedicaron tiempo para hacer anotaciones y marcas a los pasajes del texto bíblico de cuya integridad dudaban. Para un trabajo eficaz lo dividieron en secciones, tomando para ello los relatos que comenzaban y terminaban en cada una, atendiendo también en otros casos a los pasajes usados para lecturas litúrgicas.

Los masoretas

Los escribas concluyeron su trabajo en la fijación del texto del Antiguo Testamento a finales del s. V o principios del VI d. C. y en su lugar aparecieron los masoretas. Eran judíos que trabajaron entre los s. VII y X d. C. en las ciudades de Tiberíades y Jerusalén como sucesores de los escribas, siguiendo con la responsabilidad de hacer copias fidedignas de la Escritura. Eran estudiosos que compilaban el texto masorético, que es el más usado para hacer traducciones de la Biblia hebrea y al que los eruditos consideran como el más fiable del Antiguo Testamento. El Códex de Aleppo, del s. X, es la versión más antigua conocida del texto masorético. Una parte de él se perdió quemado en 1947. El Códice de Leningrado del año 1008 es la versión masorética completa más antigua que se conserva.

En sus trabajos añadieron vocales y acentos al texto. El idioma hebreo no tuvo la mayoría de las vocales gráficas hasta siglos después de haberse escrito los textos originales del Antiguo Testamento, apareciendo ya a partir del s. X de nuestra era. Los masoretas eran extremadamente cuidadosos al copiar las Escrituras. En ocasiones rechazaban las letras que se escribían con tamaño distinto en el texto.

En la precisión de los textos originales, los masoretas hicieron notar algunos cambios que los escribas habían hecho, como sustituir el nombre de Dios YHWH, por Adonai, y en menor medida por Elohim. Al notar también otras alteraciones que los escribas habían hecho, las anotaron al margen de las copias. Este trabajo trajo como consecuencia copias del Antiguo Testamento que son un fiel traslado de los originales, como se ha puesto de manifiesto por los documentos del Mar Muerto, que concuerdan en gran medida con el texto masorético. Una de las rectificaciones del texto masorético es la conservación de tetragrámaton sagrado completamente intacto.

Qumrán

Dada la limitación natural del estudio sobre bibliografía, debe resumirse notablemente lo que tiene que ver con los descubrimientos y textos de Qumrán.

Qumrán es un tell situado a 13 km. de Jericó, al oeste del Mar Muerto. Se han descubierto a partir de 1947 varias grutas que contenían mss. hebreos, arameos y griegos. La mayor parte de ellos son anteriores al s. I y algunos no posteriores a él.

Hasta ahora son once las grutas en que se encontraron mss. Las más importantes por cantidad y calidad de los mismos son la I, descubierta en 1947, la IV, en 1952, y la II, en 1956.

El hallazgo de la gruta I fue enteramente casual y se debió a un beduino de la tribu taemireh, que entró allí buscando una cabra que se le había perdido. Otros beduinos, con el afán de buscar tesoros arqueológicos, descubrieron la gruta IV, que ha dado muchos kilos de fragmentos pertenecientes a centenares de mss. diversos. En la gruta II encontraron también un rollo bastante completo y gran número de fragmentos.

Siglas identificativas. Para designar todos los mss. descubiertos, R. de Vaux propuso un sistema que se ha generalizado. En cada sigla figura una letra mayúscula que indica el lugar en donde fue hallado el ms., precedida de un número que determina el correspondiente a la gruta cuando hay varias en el mismo lugar; p. ej. 1 Q equivale a primera gruta de Qumrán. Las siguientes letras indican el contenido; por ej., 1QIs^a se refiere a un ms. de Isaías de la cueva 1. El superíndice señala el primero o sucesivos, si hay más de uno. Cuando en lugar de un ms. se trata de un comentario, se le incluye la p.; por ej., 1QpPs68 sería la referencia a un comentario encontrado en la cueva 1 del Salmo 68.

Los escritos cuyo título se desconocen o que no se han conservado están indicados por números árabes en negritas, seguidos de la letra f para indicar que se trata de una serie de fragmentos y del número de orden que estos fragmentos llevan, p. ej. 1 Q35f7. Una p delante de la sigla indica que el texto está escrito sobre papiro; una o que se trata de un óstrakon; cuando nada se dice es porque el material del ms. es cuero.

Manuscritos bíblicos de Qumrán

Hay fragmentos de todos los libros bíblicos, excepto (hasta ahora) de Ester. También hay fragmentos con antigua escritura hebrea (fenicia), cuya fecha no ha podido ser determinada. Generalmente los textos no se diferencian mucho del masorético.

Relación de textos bíblicos de la cueva I.

A) **1 QIs^a**. Copia completa de los 66 capítulos de Isaías, que puede datarse sobre el año 150 a. C.
B) **1QIs^b**. Copia incompleta de la última mitad de Isaías, del cual falta por deterioro una porción de cada página. El texto se aproxima mucho al consonantado del masorético.

C) **1QpHab.** Un comentario versículo por versículo de Habacuc, 1 y 2, citando de un texto muy similar al masorético.
D) **1QpMIc.** Un comentario sobre Miqueas. Usa una antigua ortografía epigráfica para escribir YHWH.
E) **Fragmentos del Pentateuco.** En escritura epigráfica, algunos pueden remontarse al s. IV a. C.
F) **1QpPs68.** Un fragmento comentando el Salmo 68.
G) **1QJub.** Fragmento pseudoepígrafo del Libro de los Jubileos.
H) **1QDan.** Fragmentos del libro de Daniel escritos en el s. II a. C. Uno de ellos muestra cuando se abandona el hebreo y comienza el arameo en el capítulo 2.
I) **1QApoc.** El Génesis apócrifo, una ampliación al estilo de los midrash sobre las biografías de Noé y Abraham.

Relación de textos bíblicos de la cueva II.

A) **2QEx.** Porciones del Éxodo, 1, 7, 9, 11, 12, 21, 26, 30. Hay también otro ms. representado, que contiene Éxodo 18, 21, 34.
B) **2QJer.** Porciones de Jeremías, cap. 42-46, 48, 49.
C) **2QLev.** Porciones de Levítico 11:22-28, en escritura epigráfica.
D) **2QNum.** Porciones de Números 3:21-23; 49-52.
E) **2QDeu.** Un fragmento que contiene Deuteronomio 1:17.
F) **2QRu.** Un fragmento de Ruth 2:13-3:8, 14-18.
G) **2QPs.** Porciones de los Salmos 103:6-8 y 104:6-11.

Relación de textos bíblicos en la cueva III.

A) **3QIs.** Un pequeño fragmento de Is. 1:1.

Relación de textos bíblicos de la cueva IV.

A) **4QSam^a.** Porciones de 1 Samuel 1:22-2:6; 2:16-25, fragmentos en cuero correspondientes al s. I. Favorece constantemente las variantes de la LXX.
B) **4QSam^b.** Porciones de 1 Samuel 19-21, en escritura del s. III a. C. Concuerda con la LXX.
C) **4QIs.** Doce diferentes mss. que contienen porciones de Isaías 12, 13, 22, 23, en escritura de finales del s. I a. C.
D) **4QJer^b.** Jeremías 9:22-10:18, muestra omisiones semejantes a las de la LXX.
E) **4QXII.** Porciones diversas de los doce profetas menores.

F) **4QDeut.** Un fragmento de Deuteronomio 32:41-43.
G) **4QEc.** Fragmento de Eclesiastés en cursiva, del s. III a. C.
H) **4QDn.** Comprende Daniel 2:4 y 8:1, de finales del s. II a. C.
I) **4QEx.** Porciones del Éxodo 6-18, favorece el Pentateuco samaritano.
J) **4QJob.** Con escritura propia del s. II a. C.
K) **4QPs.** Diez diferentes mss. sobre los Salmos.
L) **4QNum.** Fragmentos que combinan variantes que favorecen en ocasiones a la LXX y en otras al Pentateuco samaritano.

Relación de textos bíblicos de la cueva VII.

A) **7Q1.** Éxodo 28:4-7 en griego.
B) **7Q4.** 1 Timoteo 3:16; 4:1-3.
C) **7Q5.** Marcos 6:52-53.
D) **7Q6^1.** Marcos 4:28 en escritura herculana.
E) **7Q6^2.** Hechos 27:38.
F) **7Q7.** Marcos 12:17.
G) **7Q8.** Santiago 1:23, 24, en escritura herculana.
H) **7Q9.** Romanos 5:11-12, posiblemente una copia del s. I.
I) **7Q10.** 2 Pedro 1:15, no hay suficiente texto para establecer la fecha.
J) **7Q15.** Marcos 6:48, de datación incierta.

Relación de textos bíblicos de la cueva XI.

A) **11QPs.** Textos bastante completos de los Salmos 93-150.
B) **11QtarJob.** Fragmentos de tárgumes normales.

Los mss. bíblicos de Qumrán han confirmado la tradición general al respecto del esmerado cuidado en la transmisión del texto bíblico hebreo, y han conducido a que se preste más atención e incluso respeto al texto masorético, que no siempre se le ha otorgado.

Cerrando este párrafo sobre los documentos de Qumrán, se traslada una cita de Roland Kenneth Harrison:

> Por las evidencias presentadas por los descubrimientos de Qumrán, parece que había por lo menos tres distintos tipos de textos bíblicos en circulación entre los judíos de la Segunda República. Este descubrimiento, que ya ha hecho estremecerse los fundamentos de la crítica literaria tradicional, que dependía de un texto clásico fijo, muestra evidentemente que la forma masorética representa solamente una línea de tradición

literaria hebrea. Aun la Torá existía en varias formas textuales, contrariamente a los puntos de vista sustentados por algunos eruditos de una generación anterior, como ha sido demostrado en forma concluyente por los fragmentos del Pentateuco recuperado de 4Q.[14]

Errores en las copias del texto bíblico

Los errores que suelen darse en las copias de los manuscritos son generalmente cambios muy sencillos, tales como letras o números, anulación involuntaria de separación de palabras o cuestiones similares. Se citan solo algunos ejemplos. Existe el error de fusión, consistente en la unión de dos palabras separadas; lo contrario, esto es, la separación de una palabra, se conoce como fisión. En otras ocasiones aparece una haplografía, error que se produce cuando se escribe una sola vez lo que debiera ser más de una, bien sean letras, o incluso sílabas o palabras. La homofonía consiste en la sustitución de una palabra homónima por otra. Cuando se omite un pasaje en razón de que el copista pasó de un lugar a otro similar, se conoce como homoioteleuton; en este caso, el manuscrito pierde una serie de palabras que no han sido copiadas. El caso inverso es la duplicación, que se produce cuando se escribe más de una vez el mismo pasaje; si son dos veces se conoce como ditografía. En otras ocasiones, la alteración es una metátesis, consistente en variar el orden de las letras de una palabra o incluso el orden de dos palabras. Siendo el hebreo un idioma con letras muy parecidas, no es difícil encontrar algún error debido a la incorrecta interpretación de letras similares, que incluso puede alcanzar también a confundir vocales con consonantes, especialmente en momentos en que la escritura hebrea comenzó a utilizar consonantes indicativas para la presencia de algunas vocales.

El Pentateuco samaritano

Junto con los documentos de Qumrán, hay otras fuentes que permiten avanzar en la recuperación del texto bíblico del Antiguo Testamento. Una de esas herramientas es el Pentateuco samaritano.

Es llamado en ocasiones Torá samaritana. Se trata de una versión del Pentateuco en idioma hebreo usada por los samaritanos. Este

---

[14] Harrison, 1990, Tomo I, p. 229.

documento es consultado para establecer el desarrollo de las familias textuales. Algunos consideran que los rollos del Mar Muerto deben identificarse como un tipo textual del Pentateuco proto-samaritano.

Los samaritanos establecieron sus prácticas religiosas sobre su versión de los cinco libros de Moisés. En el Pentateuco samaritano se aprecian algunas diferencias con el texto masorético e incluso con la LXX. Algunas diferencias no tienen gran importancia, como pueden ser las variaciones en la edad de personas de las genealogías; otras son de mayor importancia, como se aprecia en las alternativas de lectura del texto hebreo.

Los judíos consideraron a los samaritanos sin conocimientos sobre la Ley y prácticamente en la categoría de los gentiles. Sin embargo, no puede negarse que el Pentateuco samaritano procede de una fuente textual muy antigua. El grupo samaritano era celoso de mantener la integridad del texto de estos cinco libros, sobre los que sostenían la base de su fe. Además, las familias samaritanas que residieron en el entorno de Nablus eran pocas, por lo que el texto fue mejor preservado en pocas copias, haciéndolo muy seguro en cuanto a fidelidad, preservándolo de corrupciones textuales. Dejando a un lado algunas puntuales alteraciones hechas deliberadamente, el Pentateuco samaritano es, sin duda, uno de los textos más antiguos de esta parte, conocida como la Ley de Moisés, que estaba en circulación en el s. V a. C. y que, con muchas probabilidades, podía ser del tiempo del reino unido.

En cuanto a las alteraciones textuales, se aprecia la acción de los escribas samaritanos que alteraron el texto hebreo para sustentar sus afirmaciones sobre el lugar de adorar a Dios en el monte Gerizim, para lo que añadieron una larga interpolación después del Decálogo en Ex. 10:17 y en Dt. 5:21, formada por material de Dt. 11:29 ss. y 27:2-7, donde escribieron Monte Gerizim en lugar de Monte Ebal. Otro ejemplo de alteraciones intencionadas está en los dos lugares en que se lee "Que Jehová tu Dios escogiere" (Dt. 12:21; 16:6), donde se cambió por "que Jehová tu Dios ha escogido", para usarlo como referencia al monte Gerizim; para ello fue suficiente eliminar la consonante inicial.

Otro dato de interés es la sorprendente coincidencia que el Pentateuco samaritano tiene con la LXX, en contra del texto masorético, lo que hace pensar que ambos utilizasen una versión hebrea anterior a la que usaron los masoretas.

Versiones arameas del Antiguo Testamento

La palabra *tárgum*, plural *targumîn*, hace referencia a una traducción aramea o una paráfrasis de alguna parte del Antiguo Testamento. De otro modo, es una traducción interpretativa de alguna porción de la Escritura.

Los tárgumes fueron necesarios en la época post-exílica, cuando el arameo remplazó al hebreo como idioma, comenzando a aparecer a medida que evolucionó la sinagoga. Al sustituir el arameo al hebreo se hizo habitual que una lectura hebrea fuese seguida de una traducción oral al arameo para mejor comprensión de los oyentes. El siguiente paso fue la traducción directamente del texto hebreo al arameo. Es muy probable que la frase recogida por Nehemías sobre la lectura de la Ley —donde dice "Y los levitas Jesús, Baní, Serebías, Jaamín, Acub, Sabetay, Hanán y Pelaías, hacían entender al pueblo la ley; y el pueblo estaba atento en su lugar" (Neh. 8:7)—, probablemente en lugar de "hacían entender", debe ser "con interpretación", lo que supondría pasar del hebreo al arameo para una mejor comprensión.

El paso siguiente a la traducción oral al arameo fue la traducción escrita. El material más antiguo de los tárgum pertenece al s. II a. C. y procede de los documentos de Qumrán.

De los *targumîn* se puede hacer una sencilla relación:

La Ley:
A) *Tárgum Onkelos*: versión oficial de los judíos babilónicos.
B) *Tárgum palestino*: en tres recensiones.
   a) Versión completa Neofiti I, probablemente del s. III d. C.
   b) I y II de Jerusalén, incompletos. El primero muy complejo, en partes idéntico al Onkelos, y en otras muy perifrástico.

Profetas:
A) *Tárgum Jonatán ben Uzziel*: versión babilónica oficial, que tiene este carácter desde el s. IV d. C.
B) *Tárgum palestino*: no se conserva, aparte de algunos fragmentos y citas ocasionales.

Los escritos:
A) Existen targumîn separados sobre Job-Salmos, Proverbios, los Cinco Rollos y Crónicas.
B) De Qumrán hay fragmentos de un tárgum más antiguo y totalmente diferente sobre Job.

Versiones

LXX, o Versión alejandrina

No cabe duda de que la versión más importante del Antiguo Testamento es la que se conoce como Septuaginta o Versión alejandrina, llamada así por su vinculación con los judíos y sus actividades en Alejandría, Egipto. No se sabe realmente de dónde procede el título de esta versión. En referencia al origen, se traslada un párrafo de R. K. Harrison:

> Se desconoce el origen del nombre Septuaginta (o, título completo, Interpretación de los setenta hombres). Originalmente se aplicaba al Pentateuco en su traducción al griego. Una carta escrita aproximadamente en el año 100 a. C. y que pretende ser de un tal Aristeas a su hermano Filócrates, durante el reinado de Ptolomeo II Filadelfo (285-247 a. C.) ofrece una explicación legendaria. Este documento narra que el monarca, habiendo sido persuadido por su bibliotecario que obtuviera una traducción de las profecías hebreas para la biblioteca real, apeló al sumo sacerdote en Jerusalén, el cual respondió enviando setenta y dos ancianos a Alejandría con una copia oficial de la Ley. Estos hombres trabajaron en un período de setenta y dos días e hicieron una traducción completa de la Torah, trabajando independientemente en el día y comparando sus resultados en la noche para llegar a una traducción satisfactoria para todos los involucrados. Luego esta traducción fue leída ante la comunidad judía en medio de escenas de gran entusiasmo, y posteriormente fue entregada al rey. Esta historia fue embellecida por escritores judíos y cristianos al punto que en el siglo cuarto se creía firmemente que la traducción comprendía toda la Biblia hebrea, y que cada escriba había trabajado independientemente produciendo una traducción que era idéntica a la de sus colaboradores. Un fragmento de los escritos de un filósofo judío de Alejandría llamado Aristóbulo, cuya obra generalmente se atribuye al período 170-150 a. C., preservado por Eusebio y Clemente de Alejandría, trata del supuesto origen de la LXX. Según Aristóbulo, en un período anterior se habían traducido al griego porciones de las Escrituras hebreas relacionadas con la historia israelita, pero en contraste, toda la Torah fue traducida al griego durante el reinado de Ptolomeo II Filadelfo por los esfuerzos de Demetrio de Falero. Menos creíble, pretende

que Homero, Hesíodo, Pitágoras, Sócrates y Platón estaban familiarizados con porciones del Pentateuco.[15]

Lo que está documentado sobre la LXX es que ca. 250 a. C. se había traducido la Torá al griego, una traducción hecha en Alejandría. Esa traducción pudiera tener un propósito cultural o, tal vez mejor, dotar a las comunidades judías en el mundo heleno de una traducción en el idioma generalmente utilizado, para el estudio privado de la Ley o incluso para el culto en la sinagoga. Este fue el primer cuerpo de la LXX. Posteriormente se hicieron las traducciones de los otros libros. Los correspondientes al canon hebreo estaban traducidos al griego ca. del año 117 a. C. Quedaban los otros escritos de piedad, que se conocen como los libros apócrifos —en expresión de la Iglesia católica romana, deuterocanónicos—, que están traducidos a principios de la era cristiana y fueron puestos con los libros canónicos. El título de LXX para la versión griega, se dio a la compilación de las traducciones citadas.

El erudito Wutz, presentó la hipótesis de una transliteración del hebreo al griego, como presenta R. K. Harrison:

> Aunque la evidencia de Qumrán muestra que la LXX obviamente tuvo una prehistoria larga y compleja, parece improbable que como base de la LXX haya habido una transliteración del hebreo a letras griegas, como Wutz ha propuesto. Indudablemente había transliteraciones del texto hebreo al alfabeto griego en forma análoga al Pentateuco samaritano, como un paso inicial para ayudar a los judíos helenistas que no podían seguir la escritura hebrea para entender las porciones que se leían en voz alta en las sinagogas. Aunque, de hecho, la LXX emplea transliteraciones en ocasiones, particularmente en el caso de los nombres, es improbable que la LXX haya utilizado tales transcripciones en alguna medida significativa. Thackerat sugiere que la primerísima porción que se tradujo al griego fue la Torah, y que fue seguida por Isaías, partes de Samuel y Reyes, el resto de los Profetas y finalmente por los Escritos. El resto de Samuel y Reyes, se piensa, fue traducido por alguien de Éfeso, cuyo estilo griego se parece al de Teodoción.[16]

---

[15] Harrison, 1990, Tomo I, p. 236.
[16] Ibíd., p. 238.

Algunos eruditos hablan de una proto-LXX, basándose en que algunas citas del Antiguo Testamento en griego hechas por el historiador Josefo o el filósofo Filón no concuerdan con el texto de la LXX, estableciendo la hipótesis de una traducción al griego anterior a esta. Por esa misma causa, la conocida como Carta de Aristeas o Carta a Filócrates, escrito del s. III a. C., en la que relata el origen de la LXX, debe entenderse más que como una referencia a la traducción en sí, como una revisión de algunas traducciones existentes del texto hebreo al griego. Por esta causa, Kahle llama a esta colección de traducciones tárgum griego, haciendo notar las alternativas de lectura que se aprecian. Algunos especialistas consideran que la LXX que usó la Iglesia fue una de las traducciones que circulaban, y que adoptó como versión griega de las Escrituras canónicas del Antiguo Testamento. Se propone también que había más de una versión de la LXX, por lo que se aprecian alternativas de lectura en algunas citas usadas por los escritores del Nuevo Testamento, quienes regularmente usan la versión griega en lugar de la hebrea.

Sin embargo, no dejan de ser meras hipótesis, imposibles de documentar. Las diferencias en la transcripción en las citas del Antiguo Testamento pudieran deberse al uso de fuentes arameas o incluso a tradiciones orales que transmitían los textos hebreos. La concordancia mayoritaria del texto en la LXX hace entender que las diferencias textuales aparecen en mss. que pertenecen a la misma familia. Acaso las variantes pueden deberse a revisiones de la versión a lo largo del tiempo. Al principio del tiempo del cristianismo se usaba mayoritariamente la LXX como versión griega, aunque en tiempos anteriores a Orígenes hay evidencias del uso de una versión distinta. Con todo, la LXX es la utilizada generalmente.

Dentro del conjunto de la versión, hay partes sumamente precisas y en un griego excelente, como es el Pentateuco, lo que indica que era generalmente considerado como lo más importante de la Escritura; las variaciones son pocas y, en general, sumamente ajustada la traducción al texto hebreo. Pero en otras partes hay varias divergencias, especialmente en los libros históricos y en forma más destacada en Samuel. Pudiera ser que estos libros fuesen divididos entre más de un traductor y que por eso se aprecian las diferencias. Con todo, hay otros libros o secciones de ellos como pueden ser Josué, Isaías y 1 Macabeos con un griego koiné muy bueno, contrariamente a lo que ocurre con Crónicas, Salmos, Jeremías, Ezequiel, Profetas Menores y parte de Reyes.

Para concluir este apartado sobre la LXX, se acude nuevamente a un párrafo de R. K. Harrison:

En Jeremías se encuentran ajustes de gran magnitud, donde el texto de la LXX era solamente siete octavos en extensión con respecto al hebreo. Lo mismo ocurre en Job, donde el texto de la LXX fue aumentado con material de la versión de Teodoción para hacerlo corresponder apenas con la extensión del hebreo. El texto de Ester aparece en dos formas en la Biblia griega, una de las cuales es la LXX corriente y la otra la recensión de Luciano. Estas dos contienen interpolaciones que no tienen paralelo en el hebreo. La traducción LXX en Daniel era tan libre que fue reemplazada en el primer siglo de nuestra era por una traducción que generalmente se atribuye a Teodoción, aunque podría ser anterior a él. El problema de la relación entre la LXX y el texto hebreo de Esdras, Nehemías y Crónicas se ve complicado por la presencia de los libros apócrifos de I y II Esdras. Estas breves observaciones hacen evidente que la LXX como un todo es de una calidad decididamente desigual, y aunque hay muchos casos en que podría indicar una lectura más primitiva que la contenida en el texto masorético, su utilización requiere mucha más cautela que la que muestran algunos entusiastas defensores de la LXX.[17]

Otras traducciones del Antiguo Testamento.

Corresponde la investigación de las versiones a la especialidad de lingüística bíblica, de manera que es suficiente al propósito de esta tesis mencionarlas como mera referencia identificativa.

Papiros de Chester Beatty

Son un grupo de manuscritos en papiro de textos bíblicos; están en griego y son de origen cristiano. De los once mss., siete consisten en libros del Antiguo Testamento. Se les asigna como fecha más probable el s. III. Los documentos relativos al Antiguo Testamento son:

- A) 𝔓. IV y V. Contienen fragmentos del Génesis, uno fechado en el s. III y el otro en el s. IV. Estos manuscritos revisten como principal importancia el ser textos griegos más antiguos que el Codex Vaticanus y el Codex Sinaiticus.
- B) 𝔓. VI. Un mss. del libro de Números y del Deuteronomio, en cincuenta hojas fragmentadas de un total de ciento ocho, datado en la primera mitad del s. II.

---

[17] Ibíd., p. 240.

C) 𝔓. VII. Un mss. deteriorado del libro de Isaías, con notas marginales, fechadas en el s. III.
D) 𝔓. VIII. Dos hojas fragmentadas del libro de Jeremías, datado como del s. III.
E) 𝔓. IX y X. Son mss. de los libros de Ezequiel, Daniel y Ester.

Papiro 911

Procedente de Egipto; se considera del s. II. Está escrito en caracteres unciales cursivos y contiene partes del Génesis.

Manuscrito griego Freer V

Datado a finales del s. III. Está escrito en caracteres egipcios. Contiene los profetas menores (falta el libro de Oseas).

Hexapla[18] *de Orígenes*

Debe datarse sobre el 250. El trabajo se debe a las diferencias que Orígenes encontró con el texto griego de la LXX. Aunque se puede considerar como una versión de la Biblia hebrea, es también un trabajo de exégesis que se comenzó ca. del 212. Para determinar con precisión el texto hebreo, estableció uno paralelo en seis columnas:

1. Texto hebreo.
2. Texto hebreo pero con caracteres griegos, lo que facilita la pronunciación.
3. Versión griega de Aquila de Sinope.
4. Versión griega de Símaco el ebionita.
5. La LXX.
6. Versión griega de Teodoción.

Para los Salmos incluyó tres versiones más, con lo que el texto pasa de seis a nueve columnas.

De esta forma depuró el texto incluyendo la traducción al griego de pasajes del hebreo que no habían sido traducidos. De la versión final griega se conserva una publicación en el *Códice Sarraviano*, del s. IV.

La obra completa se ha perdido porque no se hicieron copias de ella y solo se conservaba como obra de consulta en la biblioteca de Cesarea. Sin embargo, se guardan numerosos fragmentos.

---

[18] Griego: ἑξαπλά.

Códice Vaticano

Es uno de los mss. más antiguos. Puede ser datado como un poco anterior al Códice Sinaítico, tal vez copiado durante el s. IV. Está escrito en griego, sobre pergamino, con letras unciales en formato *scriptio continua*. Se conserva en la Biblioteca Apostólica Vaticana. Se llama Codex Vaticanus por el lugar donde se conserva, aunque nadie sabe cómo llegó a ese lugar. Contenía originalmente una copia completa de la LXX y del Nuevo Testamento, pero las páginas 1519-1536 (desde Hebreos 9:14 hasta Apocalipsis) se perdieron y fueron sustituidas por un suplemento del s. XV. Falta también una parte del Génesis y algunos Salmos. El estilo de escritura es sencillo y elegante. El pergamino es muy fino y delgado. El texto griego es una representación del texto alejandrino.

Códice Sinaítico

Conocido como *Codex Sinaiticus*, está en la Biblioteca Británica de Londres. Es un mss. uncial del s. IV, que contiene la versión griega de la Biblia. La escritura es del tipo *scriptio continua*, y se data ca. 330-350. Originalmente, contenía la Biblia entera, pero solo han llegado hasta hoy fragmentos de la LXX, todo el Nuevo Testamento, la Epístola de Bernabé y fragmentos de El Pastor de Hermas. Es uno de los textos de mayor valor para la crítica textual del Nuevo Testamento en griego. En la mayor parte del Nuevo Testamento, el *Sinaiticus* concuerda con el *Codex Vaticanus* y también con el *Codex Ephraemi Rescriptuos*, confirmando que está vinculado con el texto alejandrino.

Códice Alejandrino

Presenta una gran afinidad con la *Hexapla*. Es un mss. del s. V de la Biblia griega; contiene la mayor parte de la LXX y el texto griego del Nuevo Testamento. Es uno de los más antiguos y completos mss. de la Biblia. Su nombre se deriva de la ciudad de Alejandría, donde se cree que tuvo su origen. Está escrito con letras de la llamada caligrafía uncial y está establecido en dos columnas. Hay entre 46 y 52 líneas por columnas y 20 a 25 letras por línea. Las primeras de cada libro están escritas en tinta roja.

Tiene 773 hojas de pergamino, de las que 630 corresponden al Antiguo Testamento y 143 al Nuevo. El texto del Antiguo Testamento contiene los libros apócrifos —para el mundo católico romano, deuterocanónicos—, incluyendo III y IV Macabeos, y el Salmo 151.

Algunas hojas se han perdido; por esa razón, los libros de Génesis, 1 Reyes y Salmos tienen saltos. Antes del libro de los Salmos se han insertado la Epístola a Marcelino, atribuida a Atanasio, y el Sumario de los Salmos de Eusebio de Cesarea.

Versión Aquila

Convertido primero al cristianismo y luego al judaísmo, hizo una traducción griega del Antiguo Testamento, que fue muy apreciada por los judíos del Imperio romano.

Es una traducción absolutamente literal, que esclaviza el idioma griego poniéndolo al servicio del hebreo, sin retroceder ante contrasentidos ni absurdos y con total desprecio por las leyes gramaticales del griego.

Teodoción

Prosélito judío del s. II, probablemente de Éfeso. Su trabajo es más bien una revisión de la LXX sobre el texto hebreo que una completa traducción. No fuerza el idioma griego, pero introduce muchas transcripciones.

Simmaco

Era samaritano, según Epifanio, y ebionita, según Eusebio. Tradujo el Antiguo Testamento a fines del s. II. Se esfuerza por ajustarse al uso lingüístico griego, atenuando, por ejemplo, los antropomorfismos.

Versiones siríacas

Mientras que los *targumín* se dirigían a los círculos judeo-arameos, las versiones siríacas se orientan hacia los lectores cristianos. Entre ellas cabe destacar:

Peshitta

Significa versión usual o versión común. Es una versión muy antigua del Antiguo Testamento, probablemente del s. II. Es una traducción directa del texto hebreo. Desde el s. V se convirtió en la versión modelo para la Biblia, ya que también contiene el Nuevo Testamento.

El Antiguo Testamento de la Peshitta es la obra más antigua conservada de la literatura siríaca. La mayoría de las obras cristianas de la época son tomadas del texto griego traducido, pero la Peshitta es una traducción directa del hebreo, con textos afines a los mss. que serían el texto masorético de las Biblias hebreas medievales y modernas. Los textos apócrifos fueron traducidos de la LXX, excepto el Sirácida, que lo fue del hebreo.

El estilo y la calidad de la traducción es variable. Algunas partes debieron ser traducciones de judíos que hablaban el siríaco. Se ha procurado situar el lugar de traducción, proponiendo la región de Edesa, donde hubo una gran colonia judía durante el s. II. Otros eruditos piensan que en la traducción hay ciertas características del arameo occidental; esto podría indicar un origen en Siria o Judea. Sin embargo, el análisis de esas características es muy complejo para ser determinante en la situación del lugar de traducción.

La Folxeniana

Fue una traducción por encargo de Filoxeno, conocido como Filoxeno de Mabbug, obispo de Herápolis, ca. 508, sobre el texto griego. Fue completada por su co-obispo Policarpo. Las revisiones de Filoxeno se iniciaron por la preocupación de que algunas lecturas de la Peshitta sirvieran de apoyo a la teología nestoriana. Se convirtió en la *Biblia Receptus* de los miafisitas sirios durante el s. VI. Esta versión contiene, del Antiguo Testamento, los Salmos y otras partes.

Sirio-hexapla

Es la traducción aramea-siria del griego de la LXX que se encuentra en la quinta columna de la *Hexapla* de Orígenes. La traducción fue realizada por el obispo Paul de Tella en el monasterio de Enaton en Egipto, ca. 617. Es una traducción muy literal del Antiguo Testamento y se basa en mss. griegos hexaplares con los signos críticos de Orígenes. Presenta una selección de variantes marginales, entresacadas de las otras columnas de la *Hexapla*, lo que la hace muy valiosa para la crítica textual.

Versiones latinas

Latinas antiguas

El origen de estas versiones es oscuro, pero posiblemente proceden todas de un solo arquetipo, aunque pudieran ser también traducciones independientes.

Entre otras, cabe destacar la Vetus Latina Hispana, que pude ser una versión latina anterior a Jerónimo. Realmente no es tanto una única traducción, sino el nombre colectivo dado a los textos bíblicos que fueron traducidos al latín a partir del s. II, desde el griego de la LXX, para la mayoría de los libros del Antiguo Testamento. Hay certeza de que la versión o colección de textos es anterior a la Vulgata de Jerónimo y se usaba antes de que esta se convirtiera en la Biblia común para los cristianos latino-hablantes de occidente. El título Vetus Latina significa Latina Vieja, conocida también como la Antigua Biblia Latina.

La Vulgata latina

La necesidad de una versión fiel a los originales impulsó al papa Dámaso I para promover una revisión de las versiones que había. Este la encargó, en el 382, dos años antes de su muerte, a Jerónimo de Estridón. La versión toma su nombre de la frase *Vulgata Editio* (Edición divulgada), y se escribió en latín popular, en contraposición con el clásico de Cicerón, que Jerónimo dominaba. El objetivo de la Vulgata fue ser más fácil de entender y más exacta en cuanto a idioma que sus predecesoras.

Jerónimo procuró conservar en lo posible la forma tradicional del texto. Tomó como base de su trabajo un texto latino antiguo de la familia europea, que corrigió utilizando buenos mss. griegos. Sin embargo, la labor de traducción del Antiguo Testamento fue muy compleja. Comenzó por la revisión del Salterio, cotejándolo con la LXX. Luego se estableció en oriente y conoció en Cesarea la *Hexapla* de Orígenes y por ella revisó, entre los años 386 y 392 en Belén, todos los libros protocanónicos del Antiguo Testamento. Finalmente tradujo entre el 290 y el 406, también en Belén, el Antiguo Testamento completo, excepto los apócrifos, desde los textos originales hebreo o arameo respectivamente.

Jerónimo adquirió su cultura hebrea bajo la dirección de rabinos; de ahí que no prestó casi atención a los libros apócrifos. Se aprecia el valor que da a las tradiciones textuales rabínicas y al énfasis marcado en pasajes mesiánicos del Antiguo Testamento. Con todo, la Vulgata es una de las mejores traducciones y una de las mejores obras culturales de la antigüedad, gracias a la notable claridad del texto y a su latín sencillo, pero elegante, fluido y, en muchas ocasiones, clásico.

Texto griego del Nuevo Testamento

Anteriormente se ha tratado el tema del griego koiné, por lo que se remite al lector a ese apartado para no reiterar lo que se ha considerado antes. Los escritores del Nuevo Testamento utilizan todos el griego koiné; la propuesta de que algunos escritos usaron el hebreo o el arameo y luego fueron traducidos al griego es una mera sugerencia sin base científica alguna, y generalmente procede del mundo judeo-cristiano o de los grupos llamados mesiánicos. Sin embargo, la calidad del texto griego que utilizan varía notoriamente de unos a otros. En ciertos casos, como la Epístola a los Hebreos o incluso la Epístola de Santiago, tienen un excelente griego, a la altura de la mejor koiné literaria. La elegancia del texto de estos dos escritos, en los que se debe incluir la Primera Epístola de Pedro, es notable. Sin duda se debe a los amanuenses que utilizaron para escribir lo que les dictaban.

Ejemplos de influencia semita

Se aprecia una notable influencia semítica en el campo de la sintaxis, apreciable en construcciones tales como *aconteció en* (Lc. 2:1, 15) o *temieron con gran temor* (Mr. 4:41). Además, se advierten patrones y terminología griega propia de la LXX (en ocasiones, probablemente inadvertida por el mismo escritor). Aunque se han mencionado algunos ejemplos de la influencia semita, cabe citar aquí unos ejemplos:

A) *Verdad* (ἀλήθεια). En el griego clásico indica básicamente lo que es evidente. En el hebreo se destaca no solo lo que es substancialmente cierto, sino también fidedigno. En su sentido esencial, la garantía de la verdad reside en Dios, que es fiel. En ambas tradiciones, la verdad ocurre muy naturalmente como lo opuesto a falsedad o error. Pero en Juan 14:6 y en Efesios 4:21, el pensamiento pasa más allá de la realidad y aun de la genuinidad para llegar al concepto de una cualidad sobre la cual uno puede edificar su vida para el presente y para la eternidad. El correcto concepto de verdad debe interpretarse a la luz de la terminología hebrea.

B) *Gloria* (δόξα). En el griego clásico adquiere el significado de opinión y reputación; el segundo concepto es el que prevalece, dado que es el sentido del hebreo. Se usa para referirse a la gloria de Dios en sus manifestaciones, de ahí que sea el sentido o nueva significación de la palabra. La influencia semita es evidente, ya que gloria llega a expresar el vehículo

utilizado para revelar la singularidad y perfección de Jesucristo y la manifestación de Dios (Jn. 1:14-15; Lc. 9:32; 2 Co. 4:6).
C) *Confesar* (ὁμολογέω). En el griego clásico equivale a estar de acuerdo. La LXX le da el sentido de confesar, dar gracias, alabar. Estos últimos pasan también al Nuevo Testamento como sentido novedoso de la palabra.

Influencia de la LXX

La influencia de la LXX en el Nuevo Testamento es evidente. Un gran número de lugares donde se cita el Antiguo Testamento son referencias literales de la versión griega. Considerado antes, se hace aquí solo una referencia como recordatorio.

Familias textuales

Los escritos originales en el griego koiné del Nuevo Testamento no existen; tan solo llegaron a nosotros copias de ellos. La Crítica Textual los ha agrupado en familias, que comparten lecturas semejantes o que tienen determinadas peculiaridades. Sin embargo, ninguna de estas copias o grupos textuales tiene garantía de no contener alguna alteración al respecto de los originales. Las familias textuales aceptadas generalmente son:

Alejandrina

La erudición cristiana de finales del s. II se manifestaba especialmente en Alejandría. En los siglos siguientes, ciertos escribas cuyo conocimiento del griego era excelente, copiaron cuidadosamente los mss. Esta familia se caracteriza por las lecturas más cortas.

En esta familia están los documentos del Nuevo Testamento más antiguos, que han sobrevivido, así como el tipo textual copto utilizado en los mss. egipcios. A partir del s. IX pasa a un segundo rango, ocupando su lugar los mss. de la familia bizantina. Con todo, la mayoría de las traducciones modernas del Nuevo Testamento usa un texto griego ecdótico, que está más cercano a la familia alejandrina.

Hasta el s. IX, los textos griegos fueron escritos enteramente en letras mayúsculas, conocidas como unciales. A partir de ahí, y sobre todo en el s. X, los mss. pasaron a usar las letras minúsculas, sustituyendo al viejo estilo. La mayoría de los mss. unciales griegos fueron recopilados en este período. Por esa razón, los mss. en griego del Nuevo Testamento que sobreviven a ese tiempo son relativamente

raros, pero de ellos nueve, que representan más de la mitad de los que existen, contienen casi puro el texto alejandrino. Estos incluyen los mss. más antiguos y casi completos del Nuevo Testamento.
Es necesario hacer notar que todos los mss. existentes de todas las familias textuales son idénticos en, por lo menos, un 85%. Como se indica, otra característica de la familia alejandrina son las lecturas, que suelen ser más cortas, con una menor tendencia a la paráfrasis y la ampliación. Algunos de los mss. que presenta el tipo textual alejandrino contienen correcciones bizantinas hechas más tarde. Los mss. alejandrinos tienen un mayor número de lecturas abruptas, como es el final corto del evangelio según Marcos, que en el texto alejandrino termina en 16:8, omitiendo los textos de Mr. 16:9-20; Mt. 16:2b-3; Jn. 5:4; Jn. 7:53-8:11). Hay otras omisiones que se pueden consultar en los apartados de Crítica Textual.

Entre los muchos mss. de la familia alejandrina, se destacan los siguientes:

Identif.	**Nombre.**	**Fecha.**	**Contenido.**
$\mathfrak{P}^{46}$	Chester Beatty	200	Epístolas de Pablo.
$\mathfrak{P}^{66}$	Bodmer II	200	Evangelios.
$\mathfrak{P}^{72}$	Bodmer VII/VIII	III/IV	1-2 Pedro y Judas.
$\mathfrak{P}^{75}$	Bodmer XIV/XV	III	Fragm. Lucas, Juan.
א	Códice Sinaítico	350	Nuevo Testamento.
B	Códice Vaticano griego 1209	ca. 350	Mateo-Heb. 9:14.
A	Códice Alejandrino	400	N. T. excepto Evan.
C	Cód. Ephraemi Rescriptus	V	N. T. excepto Evan.
Q	Cód. Guelferbytano B	V	Fragm. Lucas-Juan.
T	Códice Borgiano	V	Fragm. Lucas-Juan.
I	Códice Freeriano	V	Epístolas de Pablo.
Z	Códice Dublinense	VI	Fragmentos Mateo.
L	Códice Regio	VIII	Evangelios.
W	Códice Washingtoniano	V	Lc. 1:1-8:12; Jn. 5:12-21:25.
057	Uncial 057	IV/V	Hch. 3:5-6, 10-12.
0220	Uncial 0220	VI	N. T. excepto Apoc.
33	Minúsculo 33	IX	Romanos.
81	Minúsculo 81	IX	Hechos-Pablo.
892	Minúsculo 892	IX	Evangelios.

Occidental

Se le denomina de este modo porque algunos de los principales mss. griegos circulaban por el mundo llamado occidental, que era el Norte de África, Italia y Galia. Pero también hay en este grupo otros mss. que están relacionados con Egipto y las iglesias orientales de lengua siríaca. El calificativo tiene que ver también con los textos del Nuevo Testamento atestiguados en las traducciones del griego al latín antiguo, y también en las citas de escritores cristianos de los s. II y III, incluyendo a Tertuliano, Cipriano e Ireneo.

Como elemento destacable en este texto griego se debe mencionar que las lecturas son en ocasiones paráfrasis, más extensas que las lecturas breves alejandrinas, y da la impresión, en muchas ocasiones, que fueron añadidas palabras, lo que técnicamente se llama interpolaciones. Las diferencias textuales se reseñan en lo que se llaman lecturas alternativas de la Crítica Textual.

Como referencia de mss. que pertenecen a la familia occidental, se destacan los siguientes:

Identif.	Nombre.	Fecha.	Contenido.
$\mathfrak{P}^{37}$	Papiro 37	300	Frag. Mateo 26.
$\mathfrak{P}^{38}$	Papiro Míchigan	300	Frag. Hechos.
$\mathfrak{P}^{48}$	Papiro 48	III	Frag. Hechos 23.
$\mathfrak{P}^{69}$	Oxirrinco XXIV	III	Fragm. Lucas 22.
0171		IV	Frag. Mateo y Lucas
ℵ	Códice Sinaítico	IV	Juan 1:1-8:38.
D^{ea}	Códice de Beza	400	Evangelios y Hch.
W (032)	Códice Washingtoniano	V	Marcos 1:1-5:30
D^p (06)	Códice Claromontano	VI	Hechos, CE, Epíst. de Pablo.
F^p (010)	Codex Augiensis	IX	Epístolas de Pablo.
G^p (012)	Codex Boernerianus	IV	Epístolas de Pablo.

Como en el caso de la anterior familia textual, a esta selección deben añadirse una larga lista de papiros, unciales, códices y minúsculos, cuyas referencias, datación y contenidos pueden consultarse en documentos especializados.

Bizantina

Es un texto en el que los copistas intentaron suavizar las dificultades y armonizar las diferencias. Es llamado también Mayoritario, Tradicional, Constantinopolitano o Sirio. Usado como tipo textual por la Iglesia bizantina y texto normativo desde el s. VI. Se considera como un mss. tardío, sin embargo es la base de la mayor parte de mss. sobrevivientes del Nuevo Testamento. Con todo, aunque se establece como mss. tardío, hay traducciones y citas de autores cristianos sobre el texto a partir del s. I, en el que aluden al Texto Mayoritario. El texto griego del Nuevo Testamento de la Iglesia ortodoxa griega, la edición del Patriarcado de Constantinopla de 1904, está basada en este tipo textual. Aunque tiene importantes variaciones, es la base del *Textus Receptus*, de vital importancia en las traducciones bíblicas de las iglesias procedentes de la Reforma.

Durante el s. V se encontraban en el Este de Europa diferentes tipos de texto griego del Nuevo Testamento, pero finalmente el bizantino los desplazó casi por completo. El bizantino tiene, con mucha diferencia, el mayor número de mss. de los que han sobrevivido, varios de ellos escritos en minúsculas, de ortografía politónica, que se comenzó a usar en el s. III a. C. por Aristófanes de Bizancio, pero que fue aceptado en círculos eruditos varios siglos después. La presencia mayoritaria de la familia textual bizantina es evidente, ya que de los quinientos veintidós mss. completos o prácticamente completos de las epístolas generales reunidos por el Instituto de investigación textual del Nuevo Testamento en Münster, Alemania, trescientos setenta y dos de ellos atestiguan lecturas bizantinas en al menos el 90% de los lugares de examen.

El primer padre de la iglesia en dar testimonio de haber usado la familia textual bizantina en muchas de las citas del Nuevo Testamento fue Juan Crisóstomo (346-407). Incluso en las obras fragmentarias que han sobrevivido de Asterio el Sofista, muerto en el 341, se consideran sus citas conformes al texto bizantino. La traducción más antigua que atestigua una base griega del texto bizantino es la Peshitta Siríaca, a pesar de que también tiene algunas lecturas alejandrinas y occidentales. Sin embargo, hay en ella testimonio de varios pasajes cuya lectura es de la familia alejandrina.

Como referencia de mss. que pertenecen a la familia occidental, se destacan los siguientes:

Identif.	Nombre.	Fecha.	Contenido.
(02)	Códice Alejandrino	s. V	Evangelios.
C (04)	Códice Ephraemi Rescriptus	s. V	Evangelios.
W (032)	Códice Washingtoniano	s. V	Mt. 1-28; Lc. 8:13-Q 24:53.
Q (026)	Codex Guelferbytanus B	s. V	Lucas y Juan.
061	Uncial 061	s. V	1 Ti. 3:15-16; 4:1-3; 6:2-8.
E[e] (07)	Codex Basilensis	s. VIII	Evangelios.

Fᵉ (09)	Códice Boreelinao	s. IX	Evangelios.
Gᵉ (011)	Codex Seidelianus I	s. IX	Evangelios.
Hᵉ (013)	Codex Seidelianus II	s. IX	Evangelios.
L (020)	Codex Angelicus	s. IX	Hch., cartas Pablo.
V (031)	Codex Mosquensis II	s. IX	Evangelios.
Y (034)	Codex Macedoniensis	s. IX	Evangelios.
Θ (038)	Codex Koridethi	s. IX	Evang. sin Marcos.
S (028)	Códice Vaticano 354	949	Evangelios.
1241	Minúscula 1241	s. XII	Hechos.
1424	Minúscula 1424	s. IX/X	N. T. sin Marcos.

Como en el caso de la anterior familia textual, a esta selección deben añadirse una larga lista de papiros, unciales, códices y minúsculos, cuyas referencias, datación y contenidos pueden consultarse en documentos especializados.

Testigos textuales

Denominamos de esta manera a los diferentes textos que contienen total o parcialmente la Epístola. La Crítica Textual distingue en general tres tipos de mss. griegos.

Papiros

La sigla para el papiro es (P), aunque también se usa en tipo gótico 𝔓, con un número exponencial que lo identifica. El origen de estos es de procedencia egipcia. En papiros se encuentran muchos fragmentos y libros del Nuevo Testamento. Desde 1890, tiempo en que se muestra un creciente interés por los mss. bíblicos, se han descubierto cerca de un centenar de ellos, algunos datados en el s. II. Esta datación de los papiros se basa en la escritura, lo que técnicamente se llama paleografía. Entre los más antiguos están los siguientes:

> 𝔓⁴⁶, siglas correspondientes al Papiro Cherter Beatty II. Se trata de un *códex*, con 86 páginas, fechado sobre el año 200 o incluso anterior. Contiene epístolas de Pablo, incluye también Hebreos, que aparece detrás de Romanos, ya que los escritos están colocados por extensión. No aparecen las pastorales. Pertenece al grupo *cesariense*.

Códices unciales

Estos manuscritos en pergamino o *vellum* están escritos con letras mayúsculas, usuales entre los s. III al IX. Al proclamar el emperador

Constantino al cristianismo como religión tolerada en el Imperio, se crearon centros de estudio y monasterios donde se copiaron y conservaron muchos de estos códices. En ellos está la Biblia griega completa y, en ocasiones, obras cristianas no canónicas. Se conocen unos 300 códices, que se designan con una letra mayúscula, siendo los más importantes los que siguen:

>B (*Codex Vaticanus*), de mediados del s. IV. No tiene una parte del Nuevo Testamento. Se considera como el mejor ejemplo del tipo alejandrino. Algunos eruditos lo consideran como el mejor testigo del texto griego original del Nuevo Testamento.
>
>S o ℵ (*Codex Sinaiticus*), de comienzos del s. IV. Contiene todo el Nuevo Testamento, más la epístola de Bernabé y el Pastor de Hermas. Debe considerárselo como de tradición alejandrina, especialmente en los evangelios y en Hechos, pero en el resto es mayoritariamente de tradición occidental.
>
>A (*Codex Alexandrinus*), de comienzos del s. V. Originalmente contenía todo el Nuevo Testamento, además de 1 y 2 Clemente y los Salmos de Salomón. De él se han perdido algunas páginas. Es de tradición bizantina en los evangelios y alejandrina en el resto del Nuevo Testamento.

3) *Minúsculos*. Llamados así porque se escriben con mayúsculas y minúsculas, proceso de escritura que ocurrió hacia el s. IX. De los minúsculos se conservan no menos de 2900 mss. Dos familias de estos manuscritos, designados con los nombres de dos investigadores (K. Lake y W. H. Ferrar), son testigos de la tradición cesariense.

Otras lenguas antiguas se usaron también para textos del Nuevo Testamento, como traducciones a dichas lenguas del texto griego. Entre ellos cabe destacar las denominadas *Vetus Latina* y *Vetus Syra*, como ejemplos de las versiones latina y siriaca antigua. Estos títulos permiten distinguirlas de la traducción latina de finales del s. IV, llamada Vulgata Latina, obra de Jerónimo, convertida en versión normativa de la iglesia occidental. Igualmente, está la versión siriaca de los s. IV y V, denominada Peshitta, que es la Biblia normativa de la iglesia siríaca.

Textus Receptus

Como consecuencia de la Reforma, renació el interés por traducir a las lenguas vernáculas la Escritura, en forma especial el Nuevo

Testamento. La traducción directa de los textos griegos produciría versiones más exactas que la traducción de otra traducción, como sería si se tomasen de la Vulgata Latina.

Hay más de 5000 mss. de partes del Nuevo Testamento, con variantes de lectura entre ellos. Supone esto la necesidad de compilar, comparar y diferenciar todos ellos para llegar a un texto único que permita la traducción de una forma más fácil.

La compilación de los distintos mss., buscando un refundido, fue el trabajo al que se dedicaron eruditos durante años. El Textus Receptus, el texto griego recibido de la Reforma, comienza en tiempos anteriores. Las distintas familias textuales, de las que se han mencionado algunas, generó la necesidad de compilar un texto que atienda en lo posible a las distintas opciones de lectura. Debe recordarse que anteriormente se indicó que los mss. existentes de todas las familias textuales son idénticos en, por lo menos, un 85%. Esto lleva aparejado discernir la acción de custodia que el Espíritu hizo de la transmisión de los textos originales.

El Receptus siguió la transmisión textual de los mss. pertenecientes a la familia bizantina. Algunos consideran esta línea textual como la más fiel a los originales, pero, sin duda, ha de reconocerse que concuerdan con los otros textos en prácticamente el 90 %. Sin duda el texto bizantino está atestiguado como el propio de las iglesias fundadas y establecidas en Grecia y Asia Menor. Su transmisión fue propiciada especialmente por la iglesia griega. Poco a poco fue ganando presencia, de modo que los Padres de la Iglesia, especialmente los padres griegos, citan de esta línea textual en el uso que hacen de referencias del Nuevo Testamento en sus escritos. Anteriormente se citó a la antigua versión Peshitta Siríaca, en la que hay una importante presencia del texto bizantino. Por esa razón, a partir del s. V, el texto griego de la familia bizantina fue aceptado como mayoritario en las traducciones del Nuevo Testamento. Los mss. que contienen el texto despertaron interés en Europa, después de la caída de Bizancio, comenzando por la lectura y traducción de estos textos griegos. Hasta este tiempo, la lectura del Nuevo Testamento se hacía desde la Vulgata Latina.

El erudito humanista Erasmo de Róterdam, excelente conocedor del griego, dedicó un largo tiempo al análisis de los mss. griegos del Nuevo Testamento. A partir de 1512, comenzó a trabajar para la impresión de una nueva traducción latina del Nuevo Testamento; para ello recopiló varios mss. de la Vulgata y, como elemento corrector, se apoyó en mss. griegos. En abril de 1515 se comprometió con el impresor Johann Froben para publicar la traducción latina y a su vez un refundido del texto griego que le había servido de base. Para ello usó siete mss. para la edición griega, todos ellos minúsculos, 1^{eap}, 1^{rK}, 2^e, 2^{ap}, 7^p y 817. Para cada libro del Nuevo Testamento comparó por lo menos tres de los mss., excepto para Apocalipsis, del que tenía un solo texto griego, al que le faltaba la última hoja con seis versículos. Para completar el trabajo retradujo lo que le faltaba trasladando el texto latino de la Vulgata al griego. De ahí que en Ap. 22:19, en lugar de decir "del árbol" (ἀπὸ τοῦ ξύλου), escribió "del libro" (ἀπὸ βί-βλου), lectura que no está en ningún mss. griego. Hizo lo mismo en Hch. 9:5-6, donde incorpora el texto de la Vulgata. Su compilación se basó en mss. tardíos, lo que hizo necesario posteriormente un trabajo especial de crítica textual. La impresión comenzó el 2 de octubre de 1515 y terminó el 1 de marzo de 1516; fue publicada bajo el título *Novum Instrumentum ommne*. La versión griega, primera de la historia, contenía varios errores tipográficos, en modo alguno achacables a Erasmo.

Una segunda edición fue previamente corregida en 440 sitios y apareció en 1519; utilizaba también el mss. griego conocido como Minúsculo 3, o Codex Cosendocensis. La edición se llamó Testamentum y contenía también la traducción latina. En ese trabajo faltaba la parte de 1 Juan 5, conocida como Coma Juanina. Diego López de Zúñiga Avellaneda y Velasco reprochó a Erasmo esta ausencia en el texto griego, recibiendo como respuesta de Erasmo que no la había encontrado en ningún mss. griego, prometiendo insertarla en ediciones futuras con la condición de que se encontrase en un solo mss. griego. Esta segunda edición fue utilizada por Lutero para su traducción de la Biblia al alemán, en 1522, y para la Biblia de Zúrich de 1529.

Una tercera edición, de 1522, difería de la anterior en 118 lugares; en ella incluyó la Coma Juanina, ya que la encontró en un solo mss. del s. XVI, la Minúscula 61, aunque Erasmo dejó constancia de sus dudas sobre su autenticidad en las anotaciones personales.

El Textus Receptus fue usado por muchos de los reformadores para la traducción de Biblias a las lenguas vernáculas, para estudios de la Biblia y para las discusiones teológicas que restauraron las doctrinas bíblicas; de ahí que se lo conozca como el texto recibido de la Reforma. A este texto se le otorgó una importancia de tal dimensión que fue considerado como normativo del Nuevo Testamento en el mundo protestante, asumiéndose como incuestionable por sectores conservadores y pietistas extremos, llegando a considerarse como cuasi impío cuestionarlo, a pesar de los muchos mss. que presentan alternativas de lectura, con una antigüedad superior a los usados para el Receptus.

Crítica textual

La cantidad de mss. que contienen porciones o incluso la totalidad del Nuevo Testamento es muy grande. A pesar de la alta coincidencia entre todos (un 85-90%), hay lecturas diferentes, incluso ausencias de algunas. La necesidad de compilar todos los mss. hace necesaria la aportación científica de lingüistas expertos que, como filólogos especialistas, pueden identificar las variantes textuales en los mss. Estas comparaciones y clasificaciones tienen como objeto que los cambios no intencionados o también intencionados de los copistas sean detectados, y en concordancia con todos los textos, pueda establecerse cuál es la forma que corresponde a los más próximos al texto original, para reconstruirlo de la mejor manera posible. El objetivo del crítico textual es llegar a una mejor comprensión de la creación y transmisión histórica de los textos. Este trabajo lleva a lo que se conoce como edición crítica, que contiene un texto compilado con el mejor uso de la técnica lingüística, teniendo en cuenta que el que trabaja en la compilación ha de hacerlo de forma aséptica, sin condicionante personal alguno, puesto que se está trabajando no solo con un texto antiguo, sino, sobre todo, con un texto que Dios ha inspirado cuando se escribió el original.

La crítica textual estuvo presente en el trabajo de creación del Textus Receptus por Desiderio Erasmus. A modo de ejemplo, su negación a introducir la Coma Juanina sin tener un mss. que la contuviese. Su conocimiento académico hizo que cuestionase —de acuerdo con su propia nota— la autoridad del mss. que la tenía.

Al comparar diferentes documentos o testigos de un único texto original, las diferencias observadas se denominan alternativas de lectura o variantes. La crítica textual procura explicar cómo cada variante se ha producido e ingresado en el texto. La tarea del crítico textual es clasificar las variantes, estableciendo un texto crítico con la intención de aproximarse de la forma más cierta al texto original. En cualquier caso, pondrá las referencias a las distintas lecturas con especificación de los mss. de donde fueron tomadas. Dado que esto corresponde no a una sistemática, sino a una especialización lingüística, debe cerrarse aquí este tema general.

Dentro de los textos críticos del Nuevo Testamento, es necesario destacar el Nestle-Aland, que en el momento de escribir este capítulo está en la 28ª edición. La obra lleva el título de *Novum Testamentum Graece*, y es una edición crítica del griego del Nuevo Testamento elaborada por Eberhard Nestle y Kurt Aland. Fue editado por el Instituty für neutestamentliche Textforschung (Instituto para la investigación sobre el texto del Nuevo Testamento). Probablemente es uno de los más usados como base para las traducciones del Nuevo Testamento y como estándar para la investigación académica sobre los textos griegos del mismo.

En la obra que se comenta, las lecturas alternativas se contemplan ampliamente mediante llamadas que establecen procedencia con indicación del mss. que la contiene y alternativa griega en la lectura. Aunque para determinar cuál lectura se entiende como más próxima al texto original se requiere un conocimiento mucho más elevado de la lingüística, la historia, la unidad doctrinal, etc., es suficiente para el que use el Nestle-Aland conocer que señala las alternativas de lectura.

La primera edición se publicó en 1898; combinaba los textos de las ediciones de Tischendorf, de Westcott, de Hort y de Weymouth, colocando las coincidencias mayoritarias en el texto y las minoritarias en el aparato crítico. En 1901, Nestle sustituyó a Weymouth con el texto de Bernhard Weiss y, en las sucesivas ediciones, fue ampliando el aparato crítico con referencias de otros mss. Tras la muerte de Eberhard Nestle, su hijo Erwin, le sucede en el trabajo del texto griego, imprimiendo su tercera edición. Esta edición corrige y abandona las lecturas mayoritarias e introduce un aparato crítico separado. Kurt Aland fue el editor asociado de la 21ª edición en 1952.

Erwin Nestle le encomendó la revisión y expansión del aparato crítico, añadiendo muchos mss. Este trabajo condujo a la 25ª edición en 1963.

La gran cantidad de descubrimientos de mss. en el s. XX hizo necesaria una revisión del texto, que estuvo dirigida por Aland. Esta se sometió al comité editorial del Greek New Testament de las Sociedades Bíblicas Unidas y se convirtió en el texto de su tercera edición en 1975. Cuatro años después se publicó la 26ª edición del Nestle-Aland.

La actual edición, la 28ª, se caracteriza porque, en primer lugar, el aparato crítico fue revisado en profundidad con el propósito de darle la mayor claridad posible y facilitar su uso a todos los niveles; en segundo lugar, se incorporó el texto crítico de la Editio Critica Maior en varios lugares de interés, conservando siempre las alternativas de lectura en el aparato crítico.

El estudioso de la Biblia que no tenga posibilidades de lectura de los textos en griego puede elegir varias versiones de la Biblia en lengua castellana, lo que le permitirá una panorámica amplia del pasaje que desea examinar. La confianza en las versiones de traducción literal es plenamente confiable teniendo en cuenta que las variaciones entre los distintos textos griegos refundidos que sirven para las traducciones son idénticos en más del 80% y las variantes de lectura no afectan a doctrinas fundamentales.

CAPÍTULO V
LA REVELACIÓN DE DIOS

Introducción

El hombre ha sido y es un ser religioso, es decir, la religión, no importa cuál sea y en qué descanse, forma parte de la historia de la humanidad desde los albores del tiempo. Las manifestaciones religiosas son en extremo diferentes y sus dioses nacen del pensamiento humano que constituye divinidades a su manera y conforme a su concepción.

Las religiones del mundo, especialmente en tiempos en que la escritura se había establecido, han elaborado libros que consideran sagrados, en los que se describe al dios o a los dioses que el hombre estableció. Las religiones llamadas históricas tuvieron su origen en Asia. En el tiempo, las religiones multiplicaron los dioses, llegando a la dimensión del olimpo griego y de la misma semejanza en relación con manifestación de la mitología religiosa romana.

Sin embargo, tanto el judaísmo como el cristianismo son monoteístas, esto es, hay un solo Dios verdadero, y este se ha descrito a sí mismo para que, siendo infinito y espíritu, pueda ser conocido por seres limitados como los hombres. Solo estos pueden exhibir la verdad de un origen divino de su fe.

Las religiones de la tierra tienen, junto con sus libros, las tumbas de sus fundadores. Solo el cristianismo tiene un libro que puede dar vida y un fundador que ha sido resucitado de entre los muertos. Los libros sagrados de las religiones son una colección de leyendas entremezcladas con consejos morales y espirituales. Tan solo la Biblia ofrece un mensaje actual y permanente, inalterable en el tiempo, con unas disposiciones que no se ven afectadas por costumbres ni por temporalidad alguna. Este mensaje se ve reforzado por las revelaciones que hace sobre acontecimientos futuros, todos los cuales han tenido un cumplimiento exacto en el tiempo para el que fueron dichas y que la historia verifica como la más sorprendente realidad. Junto con ello, no hay ningún libro religioso que pueda presentar un mensaje de amor tan sublime como el que se sintetiza en las palabras de Juan: "Porque de tal manera amó Dios al mundo, que ha dado a su Hijo unigénito, para que todo aquel que en él cree, no se pierda, mas tenga vida eterna" (Jn. 3:16); ni un mensaje de reconciliación tan profundo como este:

> De modo que si alguno está en Cristo, nueva criatura es; las cosas viejas pasaron; he aquí todas son hechas nuevas. Y todo esto proviene de Dios, quien nos reconcilió consigo mismo por Cristo, y nos dio el ministerio de la reconciliación; que Dios estaba en Cristo reconciliando consigo al mundo, no tomándoles en cuenta a los hombres sus pecados, y nos encargó a nosotros la palabra de la reconciliación. Así que, somos embajadores en nombre de Cristo, como si Dios rogase por medio de nosotros; os rogamos en nombre de Cristo: Reconciliaos con Dios. Al que no conoció pecado, por nosotros lo hizo pecado, para que nosotros fuésemos hechos justicia de Dios en él. (2 Co. 5:17-21)

Ni de aliento y paz tan grandes como el que se expresa así:

> No se turbe vuestro corazón; creéis en Dios, creed también en mí. En la casa de mi Padre muchas moradas hay; si así no fuera, yo os lo hubiera dicho; voy, pues, a preparar lugar para vosotros. Y si me fuere y os preparare lugar, vendré otra vez, y os tomaré a mí mismo, para que donde yo estoy, vosotros también estéis. Y sabéis a donde voy, y sabéis el camino. (Jn. 14:1-4)

La Biblia tiene otra singular importancia. En ella Dios se ha revelado a sí mismo con un propósito soteriológico; de ahí que conocer a Dios es de vital importancia y necesidad para el hombre. El Señor Jesucristo enseñó que "esta es la vida eterna: que te conozcan a ti, el único Dios verdadero, y a Jesucristo, a quien has enviado" (Jn. 17:3). Aunque este conocimiento tiene que ver con una relación vivencial, no cabe duda de que incluye el conocimiento intelectual de Dios, que salva. Conocer qué es y conocer cómo es constituyen el gran desafío para la criatura. Este conocimiento es fundamental para el cristiano, ya que toda idea sobre Dios influye directamente en el resto de la doctrina, de modo que tener el mayor conocimiento posible acerca de Él es tener la mejor base posible para comprender todas las verdades reveladas en la Palabra, colocando cada cosa en el lugar que le corresponde.

La revelación de Dios se hace precisa para que el hombre, a quien el Creador ha dotado de capacidad para tener comunión con Él, lo conozca en una dimensión lo suficientemente precisa para que lo adore y ame. Dios se revela al hombre en sus perfecciones, cuya dimensión solo Él puede expresar mediante su Espíritu. La revelación de Dios tiene que ver no solo con su ser, sino también con sus propósitos, especialmente aquellos que vinculan al hombre con Dios y lo sitúan en el plano creacional, en el verdadero lugar que el Creador le ha asignado.

La revelación inicial de Dios al hombre se hizo por comunicación personal entre el Creador y la criatura, en el huerto de Edén, donde el hombre había sido colocado por Dios. Esa revelación personal se efectuaba mediante comunicación directa y diálogo personal, descendiendo Dios en el aire del día para hablar con el hombre. El primero existía en estado de inocencia desde el momento de su creación, pero, aun así, tenía necesidad de una revelación que le permitiese conocer más al Creador. De un modo más necesario, debe revelarse a la criatura después de la Caída, ya que al estado natural del pecador debe añadírsele el de rebeldía contra Dios mismo a causa de la acción del pecado en él. Con ese fin fue escrita la Biblia: para revelar al hombre, en su conjunto de verdad, lo que por sí solo jamás hubiera alcanzado. En ella, Dios se revela a sí mismo, su propósito y su obra.

El conocimiento de Dios no puede quedar en un mero intelectualismo, sino que ha de producir un resultado que es una mayor reverencia ante Él, por lo que es y por lo que hace, en una mayor disposición de obediencia a sus mandatos. Conocer a Dios es asumir la exigencia bíblica para quienes son sus hijos: "Sed, pues, vosotros perfectos, como vuestro Padre que está en los cielos es perfecto" (Mt. 5:48), o dicho de otro modo, en las palabras del apóstol Pedro: "Como aquel que os llamó es santo, sed también vosotros santos en toda vuestra manera de vivir; porque escrito está: Sed santos, porque yo soy santo" (1 P. 1:15, 16).

Pero, ¿es posible para la criatura, limitada y temporal, conocer a Dios, infinito y eterno? La respuesta corresponde a otra materia de la teología sistemática, conocida como teología propia, que tratará sobre lo cognoscible de Dios, por lo que aquí, en el apartado de Bibliología, se hará una sencilla aproximación, en lo que se requiera para entender la revelación que Él hace de sí mismo. De modo que es posible afirmar que el hombre puede conocer a Dios, porque Él se ha revelado.

Revelación y razón

La base para establecer la doctrina sobre la Escritura y su razón de ser tiene que ver con dos elementos. De una parte, la revelación que Dios hace de Él por medio de los escritos inspirados. Pero, no es menos cierto, que la razón del hombre, aunque limitada para expresar la dimensión infinita de Dios, actúa también. El ser humano fue creado a imagen y semejanza del Creador, lo que le capacita para tener relación y comunión con Él; por consiguiente, ha de conocerle para establecer el diálogo entre Creador y criatura.

Desde el momento en que Dios habló con el primer hombre, Adán, este transmitió a todos los hombres descendientes de él el conocimiento de la existencia y realidad del Creador. Tal transmisión permite a la razón humana demostrar su existencia. En la mente está la capacidad innata que hace que la criatura intuya la existencia de Dios. Además, puede conocerle porque Dios se ha revelado.

El racionalismo afirma que la razón humana puede conocer con certeza cuanto existe, por eso defiende la capacidad de la razón para llegar al fondo de toda realidad, incluyendo a Dios. Sin embargo, aún los defensores del racionalismo tienen que reconocer que la razón se detiene ante el misterio, que no es otra cosa que lo que Dios se ha reservado para sí. Pero esto contradice la enseñanza bíblica respecto a lo que el hombre natural puede alcanzar por *motu proprio* en cuanto al conocimiento de Dios: "¿Quién de los hombres sabe las cosas de del hombre, sino el espíritu del hombre que está en él? Así tampoco nadie conoció las cosas de Dios, sino el Espíritu de Dios. […] El hombre natural no percibe las cosas que son del Espíritu de Dios, porque para él son locura, y no las puede entender, porque se han de discernirse espiritualmente" (1 Co. 2:11, 14).

Los filósofos, teólogos y apologistas de todos los tiempos han reconocido en el hombre una intuición o capacidad congénita, establecida en el inconsciente, que presiente a Dios como una realidad suprema en la que "vivimos, y nos movemos, y somos" (Hch. 17:28). Intuición es la confianza o creencia que se desprende directamente de la constitución de la mente. Esta intuye temas como tiempo, eternidad, causa, efecto, bien, mal, etc.; esto no es más que la predisposición para aceptar ciertas verdades. En tal sentido la intuición sobre la existencia de Dios se produce ante la impresionante dimensión de la creación. Ante esta realidad intuitiva de la existencia de Dios, responde el agnosticismo con la duda existencial, y el ateísmo con la negación de esa realidad (Sal. 14:1; 53:1). La intuición precede a todo sistema de razonamiento sobre algo, incluyendo los de observación y dirección. Esta intuición sobre la existencia de Dios está en todos los hombres, de todas las razas, en todas las civilizaciones y en todos los tiempos.

La razón es el término que se usa para designar la capacidad más elevada del hombre en su adquisición del conocimiento de Dios.

El primer hombre salido de la mano del Creador era perfecto, bueno en gran manera (Gn. 1:31). Por el pecado quedó deteriorado o perdido, según el término bíblico, no solo por extraviarse de su lugar, sino por haberse echado a perder. Su libre albedrío fue esclavizado por el pecado, su intelecto quedó oscurecido por el error y su amor se deterioró volviéndose egocéntrico. La mente quedó entenebrecida, aunque conservó la capacidad suficiente para conocer a Dios. Esas son las causas por la que no se puede admitir una teodicea pura, esto es una teología natural convenientemente estructurada, al margen de la fe. Todo intento de sujetar el conocimiento de Dios desde la investigación humana deja de tener en cuenta que las premisas que establece están influenciadas por la fe. De ahí que el problema consiste en determinar si los principales argumentos para establecer el conocimiento de Dios desde la razón humana tienen suficiente fuerza en ellos mismos para demostrar la existencia y atributos esenciales de Dios.

Comoquiera que el hombre es finito y Dios es infinito, el conocimiento suyo tiene que ser por medio de la manifestación que Dios hace sobre sí mismo. Esta revelación es doble. La llamada revelación general es la que Dios hace a todos los hombres, en todos los lugares y en todos los tiempos acerca de Él. Pero, siendo absolutamente insuficiente para conocerle, se da a conocer por medio de la revelación especial o sobrenatural, a través de personas que Él mismo seleccionó y a quienes les comunicó el mensaje personal de su revelación, mensajes divinos que se han escrito por mandato de Él y que están a disposición del hombre en los escritos sagrados conocidos como Biblia, Escritura, Palabra de Dios.

Concepto de revelación. Etimológicamente el término establece su acepción en el vocablo latino *revelatio*, que literalmente significa la acción o efecto de revelar. Por su parte el verbo equivale a descubrir o manifestar lo revelado o secreto. Tratándose de Dios, significa manifestar a los hombres sus misterios secretos. Quiere decir esto que el que es invisible e inalcanzable por ser infinito se descubre o pone de manifiesto para que los hombres, que serían incapaces de descubrirlo a causa de sus propias limitaciones, alcancen el conocimiento de su existencia y descubran sus perfecciones.

Revelación general

Los ámbitos de la revelación general son tres: la naturaleza, la historia y el hombre.

Natural

El primero de los elementos de la revelación general es la naturaleza, instrumento que Dios utiliza para revelarse. No es que el hombre, investigando personalmente en la creación descubra a Dios, sino que Dios usa la creación para manifestarse al hombre. El apóstol Pablo afirma esta verdad cuando escribe: "Porque lo que de Dios se conoce les es manifiesto, pues Dios se lo manifestó. Porque las cosas invisibles de él, su eterno poder y deidad, se hacen claramente visibles desde la creación del mundo, siendo entendidas por medio de las cosas hechas, de modo que no tienen excusa"[1] (Ro. 1:19-20). La referencia no es al mero conocimiento o aceptación de la realidad de Dios, sino a una comprensión personal mayor que permite llegar a conocer aquello que es posible conocer de Él, literalmente "lo conocible de Dios". Hay un discernimiento de la deidad que no ha sido revelado, pero aquí se refiere a lo que por revelación suya es posible conocer acerca de Él. Con todo, el genitivo aquí no puede ser partitivo, sino expresivo al conocimiento racional del hombre. La causa del conocimiento es, pues, la revelación directa de Dios mismo. Es decir, el Creador no dejó a la criatura en la ignorancia acerca de su existencia, sino que se reveló a ella. Ningún ser, investigando por sí mismo podría llegar a descubrir a Dios. Él es invisible y ninguna de sus criaturas podría, si no se revelara a sí mismo, llegar a encontrarle y, mucho menos, a conocer como Él es y cómo se comporta.

Dios mismo se manifestó a los hombres. La Verdad absoluta se ha revelado a las criaturas, con el grave problema de que estas aprisionan la revelación de la verdad en su injusticia y la grandeza de lo revelado en su inmoralidad, procurando detener esta verdad mediante su propia injusticia (Ro. 1:18). Quiere decir esto que su disposición perversa, a causa del pecado personal que habita y esclaviza a cada uno, condiciona y procura entorpecer la realidad de este conocimiento que Dios da a cada uno. El énfasis del apóstol está en esto: "Dios lo dio a conocer claramente", con un propósito: que puedan comprenderlo y con ello conocerle.

Dios es Espíritu, infinito, y por tanto incomprensible, en el sentido de que no puede medirse o dimensionarse, porque nada infinito puede estar presente plenamente en lo que es finito (Jn. 4:24). Como

---

[1] Texto griego: Διότι τὸ γνωστὸν τοῦ Θεοῦ φανερόν ἐστιν ἐν αὐτοῖς· ὁ Θεὸς γὰρ αὐτοῖς ἐφανέρωσεν. τὰ γὰρ ἀόρατα αὐτοῦ ἀπὸ κτίσεως κόσμου τοῖς ποιήμασιν νοούμενα καθορᾶται, ἥ τε ἀΐδιος αὐτοῦ δύναμις καὶ θειότης, εἰς τὸ εἶναι αὐτοὺς ἀναπολογήτους,

Espíritu es además invisible al hombre (Jn. 1:18), singularmente la persona del Padre (1 Ti. 6:16). Este Dios invisible, incomprensible e inalcanzable para el hombre, se hizo visible en su Hijo Jesucristo, nuestro Señor, que hace en Él visible al Invisible. Dios reveló a todos los hombres dos atributos que llevan al conocimiento de cómo es, manifestando dos aspectos relacionados con Él: su omnipotencia, definida aquí como eterno poder, y su existencia, expresada como deidad. La realidad de las obras hechas ponen de manifiesto su omnipotencia (Sal. 111:2; 118:17; 119:27; 139:14; 145:10). Nada es difícil o imposible para Él (Gn. 18:14; Jer. 32:37). Los hechos poderosos de Dios en la historia de la humanidad son un respaldo a la realidad expresiva de su existencia; sin embargo, en un modo primario y continuado, el conocimiento de Dios se hace realidad mediante la revelación en lo que ha sido creado por Él.

Junto a la evidencia reveladora está el tiempo de la revelación: "Desde la creación", o sea, ocurre ya desde el principio de los tiempos, por tanto, ningún hombre estuvo jamás sin posibilidad de conocer a Dios. Él no solo se reveló, sino que capacitó al hombre para que entendiese esa revelación desde el mismo instante en que fue creado. De otro modo, el invisible Dios se abre al raciocinio humano que por medio de la mente capta en la creación la existencia de Dios. No se trata de un razonamiento filosófico que introduce al hombre en la reflexión cosmológica, mediante la cual lo detecta como causa de un principio divinamente establecido, sino que Dios, desde su invisibilidad, se vuelve totalmente hacia sus criaturas en las obras de la creación. Estas se convierten en un poema determinado para la revelación de Dios; tal es el significado de la raíz del sustantivo que se traduce como *obra*[2]. La creación es el gran poema que Dios ha escrito mediante el cual manifiesta, en una revelación natural y, por tanto, elemental, su eternidad y poder. Por ser esta una revelación de Dios mismo, no puede quedar sin ser entendida por el hombre.

Las perfecciones divinas y, por tanto, su conocimiento para los hombres, son el resultado de una revelación primaria que Dios mismo hizo para que fuese conocido como el único y verdadero Dios. La realidad de su existencia (divinidad) y omnipotencia (eterno poder) se hacen visibles a los ojos de los hombres con toda claridad. En los textos citados se usa un verbo[3] que expresa la idea de percibir con claridad. Estos aspectos de Dios, su existencia y poder, se captan

---

[2] Griego: ποιήμα.
[3] Griego: καθοράω.

claramente por la mente del hombre, a través del libro primario que Él mismo utiliza para ello, que es el universo creado. La creación es el texto que revela las perfecciones de Dios y habla de Él.

Ese conocimiento trae una consecuencia: el hombre no tiene excusa alguna en relación con la realidad de la existencia de Dios y su grandeza creadora, de modo que todos quedan sin excusa en este sentido. La revelación divina no se detuvo ni un instante, ya que conforme a las palabras del apóstol Pablo, ocurre "desde la creación"; de otro modo, en ningún momento el hombre estuvo sin revelación acerca de Dios. Él se reveló y capacitó al hombre para entenderlo desde su creación. Por tanto, todos los hombres son inexcusables sobre el conocimiento de Dios, quedando sin ningún argumento que pueda justificar si voluntariamente ignoran esa realidad. No se trata solo de conocerlo como Creador, sino como Ser con carácter moral. No es, como se dice antes, un conocimiento filosófico-especulativo, sino que determina una forma de aceptación que afecta a la ética del hombre hacia Él. No consiste en descubrir a Dios mediante la inteligencia, absurdo absoluto de la criatura, sino aceptar lo que se deja ver a la inteligencia: su eterno poder y deidad. No hay, pues, excusa si niegan a Dios, porque se trata de negarse a ver y despreciar el oír. Esa ignorancia es un desprecio a Dios, un acto de insumisión al Creador, una absurda arrogancia que niega la realidad de la voz divina que suena continuamente en la creación. No es posible esa absurda negación más que desde la suprema necedad humana (Sal. 14:1), porque no solo habla desde la creación, sino desde la proximidad e intimidad personal, porque en Él existimos, nos movemos y somos (Hch. 17:27-28). Por esa causa "no tienen excusa", desde la razón divina de la revelación. Dios no se ha revelado de modo que los hombres no tienen excusa, sino que se ha revelado para que no la puedan tener. La revelación es dada para dejar sin excusa a los hombres, para "que toda boca se cierre y todo el mundo quede bajo el juicio de Dios" (Ro. 3:19).

La idea de la revelación natural está presente también en el Antiguo Testamento. El Salmo la pone de manifiesto: "Los cielos cuentan la gloria de Dios, y el firmamento anuncia la obra de sus manos" (Sal. 19:1). Sin duda el salmista afirma un conocimiento de Dios mediante el libro de la naturaleza. Es, como decían los antiguos, un infolio, con lo que hacían referencia a los libros voluminosos, lujosamente encuadernados, que eran obras de referencia, de modo que la naturaleza es el infolio de Dios. Toda la creación y especialmente los cielos, conducen al conocimiento de Dios. Como el gran predicador Spurgeon decía, es un libro con tres capítulos: el cielo, la tierra y el mar. El firmamento aporta la luz suficiente para ver a Dios en la tierra y en los mares. El salmista afirma que los cielos cuentan la gloria de Dios, literalmente *proclaman*; quiere decir que Dios les encargó llevar a los hombres el mensaje de su existencia y constituyen el elemento primario de la revelación. El testimonio de la creación no es un mero indicio acerca de la existencia de Dios, sino la evidencia de la inteligencia suprema en la que el Creador se revela como quien los ha diseñado, creado y los sustenta desde entonces. El firmamento "anuncia la obra de sus manos". Todo proclama la habilidad suprema de la mano creadora de Dios. En el firmamento, Dios hace ondear su bandera estrellada, para que el hombre sepa quién es el que se revela para ser conocido. Debe recordarse que el hombre fue dotado por el Creador con capacidades mentales que le permiten el raciocinio, la reflexión y el estudio. El lugar en donde vive, la tierra, le sirve como la mejor plataforma en la que puede establecer comparativamente la dimensión de lo creado. La revelación natural como mensaje divino conduce a la criatura a comprender que "por la palabra de Jehová fueron hechos los cielos… porque él dijo, y fue hecho; él mandó y existió" (Sal. 33:6, 9). Tal manifestación de Dios en la naturaleza está recogida siglos después por el escritor de la Epístola a los Hebreos, donde se lee: "Por la fe entendemos haber sido constituido el universo por la palabra de Dios, de modo que lo que se ve fue hecho de lo que no se veía"[4] (He. 11:3). Es la consecuencia de la proclamación que Dios hace de sí mismo por medio de la revelación natural. El mensaje divino sobre su existencia comunicado a la criatura permite que esta lo acepte como creíble y, por tanto, lo crea por fe. Esta da un claro entendimiento sobre la organización del universo. El escritor afirma que por la fe entendemos, que como presente de indicativo en voz activa expresa un acto continuado, quiere decir, que continuamente entendemos. La raíz del verbo está vinculada a intelecto, mente, y se refiere a una acción comprensiva plenamente por la mente. La fe permite hacer una expresión formal sobre el origen del universo. Aunque la fe es creer, la verdadera fe es también razonable, ya que Dios revela como se produjeron las cosas. La razón humana infiere la existencia del Creador al contemplar la creación.

El hombre entiende el *universo*[5]; esta palabra literalmente tiene que ver con tiempo, edades, siglos, de modo que, a través de la

---

[4] Texto griego: Πίστει νοοῦμεν κατηρτίσθαι τοὺς αἰῶνας ῥήματι Θεοῦ, εἰς τὸ μὴ ἐκ φαινομένων τὸ βλεπόμενον γεγονέναι.
[5] Griego αἰών.

comprensión de la existencia del mundo como una enorme extensión de tiempo en el que se producen y discurren las cosas, se llega al significado del propio mundo, en este caso del universo creado, que literalmente serían las edades en el texto griego, que expresa al universo en cuanto a espacio y tiempo.

El universo fue *constituido*[6]; se utiliza un verbo que significa equipar, perfeccionar. Por tanto, el universo no es un caos, sino un cosmos, esto es, una perfecta organización que ha sido puesto en orden, tanto en el sentido de origen como después del origen. El universo, los mundos creados por Dios, han sido organizados en forma absoluta, estable y permanente por el mismo Creador. En ese sentido, el concepto tiene que ver más que con la creación en sí, esto es, el acto creador, con todo cuanto lo rodea como adorno y perfección a aquello que fue creado. Es decir, el escritor tiene en mente la organización de lo creado, más que el hecho mismo de la creación en sí, por lo que no usa el verbo crear, sino el verbo organizar. La palabra expresa la idea más que de la creación primera, esto es, de la venida a la existencia de cuanto antes no existía, del ornato de la creación y su orden divinamente establecido.

El universo surgió por la palabra de Dios. Es interesante apreciar que el término griego usado en la referencia es *dicho*[7], lo que tiene que ver con las palabras que definen una idea. En ese sentido, el *Sea* de la creación expresa la plenitud absoluta de la idea concebida en la mente divina, ejecutada con absoluta precisión.

La posterior revelación escrita permite entender la acción divina en la creación. La voz que hace oír la determinación divina corresponde al Logos que, como expresión exhaustiva del pensamiento de Dios, establece en el mandato soberano lo que debe producirse, por cuya autoridad omnipotente viene a la existencia cuando antes no existía. El universo surgió por la palabra de Dios. La voz de Dios y su omnipotencia hicieron el milagro (cf. Gn. 1:3, 4, 9, 11, 20, 24, 26). Pero no solo las cosas surgieron a la voz de Dios, sino que Dios mismo organizó hasta lo más mínimo su existencia, dando pleno orden a lo que de otra manera hubiera sido caos y no cosmos (Gn. 1:2). Aunque la referencia a la Palabra de Dios no tiene que ver esencialmente con el Logos, sino con la expresión de la voluntad divina, es absolutamente cierto que sin la intervención del Hijo no hubiera podido producirse la creación, ya que la palabra autoritativa de Dios

---

[6] Griego καταρτίζω.
[7] Griego: ῥῆμα.

se expresa por la voz del Hijo (He. 1:2). El apóstol Juan expresa también esa misma verdad: "Todas las cosas por Él fueron hechas, y sin Él nada de lo que ha sido hecho, fue hecho" (Jn. 1:3). De la misma manera la enseñanza del apóstol Pablo: "Porque en Él fueron creadas todas las cosas, las que hay en los cielos y las que hay en la tierra, visibles e invisibles; sean tronos, sean dominios, sean principados, sean potestades; todo fue creado por medio de Él y para Él" (Col. 1:16). La creación tuvo lugar en Cristo, fue hecha por medio de Él y está destinada a Él. Esa es la causa por la que a Jesús se le llama "el primogénito de toda creación" (Col. 1:15), en el sentido no de su origen o principio de vida personal, sino del elemento causante y fundante por lo que todo lo creado vino a la existencia, siendo "el principio de la creación de Dios" (Ap. 3:14). Sin embargo, el escritor no está tan interesado en vincular la creación con el Hijo, sino que más bien expresa la declaración divina que hizo posible la existencia del universo.

La creación ha sido un acto soberano que hizo posible cuanto existe: "De modo que lo que se ve fue hecho de lo que no se veía" (He. 11:3). El universo entero surgió de un acto creador de Dios por medio del Hijo (He. 1:2). En el acto creador vino a la existencia aquello que antes no existía: "Por la palabra de Jehová fueron hechos los cielos, y todo el ejército de ellos por el aliento de su boca... Porque Él dijo, y fue hecho; Él mandó y existió" (Sal. 33:6, 9). No es que Dios utilizase algo que no se veía para producir lo que se ve, sino que ese "no se veía" es la palabra de autoridad que el Creador pronunció y trajo a la existencia lo que ahora se ve, cuando antes no existía nada. De otro modo, la existencia vino a sustituir a la no existencia, esto es, *creatio ex nihilo*. La creación de todas las cosas como apareciendo donde no había nada es una idea aceptada por el pensamiento judío en general basada en la Biblia. Esa es la verdad expresada por el profeta: "Así dice Jehová, tu Redentor, que te formó desde el vientre: Yo Jehová, que lo hago todo, que extiendo solo los cielos, que extiendo la tierra por mí mismo" (Is. 44:24). Los mismos escritos piadosos de los libros apócrifos contemplan esta verdad: "Te suplico, hijo, que, mirando al cielo y a la tierra, y viendo todo lo que hay en ellos, sepas que Dios no los ha hecho de seres existentes, y que lo mismo ocurre con la raza de los hombres" (2 Mac. 7:28). La creación incluye tanto la aparición de las cosas como el orden que las gobierna. Los mundos creados han sido organizados definitivamente por Dios, de modo que el orden visible surge también de lo invisible, esto es de la Palabra de Dios. Esa es una de las verdades consideradas antes (He. 1:3). Las cosas visibles que componen el universo y el orden cósmico que lo gobierna son la expresión de la invisible soberanía de Dios. Estas cosas invisibles que hacen surgir los mundos son la expresión de las ideas divinas sobre lo que había de ser creado, y manifiestan la omnipotencia de Dios que se produce en razón a su palabra. Todo esto lo conocemos de hecho por medio de la fe que descansa en la Palabra revelada. Nadie estuvo en el origen de las cosas y en el modo como se produjeron. La Biblia describe esos hechos desde la revelación divina que es aceptada en fe por cada creyente.

La fe no es una mera credulidad, sino una aceptación lógica que da contenido a lo que Dios afirma en su Palabra. El incrédulo busca vías que sustituyan al Creador. Desde la evolución hasta la explosión cósmica, estas son algunas propuestas que el hombre hace para eliminar a Dios detrás de la existencia de las cosas. Incluso un seudo-creacionismo, que es más bien un evolucionismo teísta, como el de las propuestas de Teilhard de Chardin —en que Dios origina y luego deja que la evolución haga la obra hasta alcanzar la plena dimensión en el punto omega, que es un revertir a Dios—, distorsiona la verdad de la intervención plena y soberana que trae a la existencia cuanto antes no existía. Especialmente dificultosa la teoría de Teilhard en cuanto a la creación del hombre, inventando la figura de la persona colectiva: Dios creó un ser bisexual que luego, por evolución, dividió en dos seres diferentes, masculino y femenino, basándose en textos tomados fuera de contexto (cf. Gn. 5:2), no distinguiendo el nombre Adán en su concepto colectivo de humanidad, y el individual de la persona, y generando con ello intencionadamente la negación de la creación individualizada del hombre, primero del varón y luego de la mujer. El creyente genuino que cree en la inerrancia bíblica acepta por fe lo único que es verdad, la creación del universo por la palabra de Dios, con todo su orden, funcionamiento actual y proyecto de una nueva y futura creación (2 P. 3:10-13).

Puede añadirse un aspecto de la operación creadora, consistente en la sustentación de todo lo creado. El sostenimiento en perfecto orden y armonía de lo creado es también una operación divina, que revela la existencia del Creador. "Porque en él fueron creadas todas las cosas… y él es antes de todas las cosas; y todas las cosas en él subsisten" (Col. 1:16, 17). Esta operación de sustentación se realiza del mismo modo que la creadora, por la palabra de Dios (He. 1:10). La sustentación cósmica se produce por la autoridad soberana de Dios, aplicada por su omnipotencia (Jn. 1:4; 5:26; Hch. 17:25; 1 Co. 15:45), ya que en Dios vivimos, nos movemos y somos (Hch. 17:28). Uno de los nombres de Dios en el Antiguo Testamento es *El Shaddai*, que transmite la verdad de Dios sustentando a su pueblo. *Shaddai* equivale a pecho, y proyecta la idea de alimentar con el cariño de madre.

Histórica

El segundo elemento de la revelación general es la historia. Esta sirve también de elemento expresivo que comunica la existencia y actuación de Dios. El Creador mueve también el decurso de la historia, conduciéndola a la ejecución de sus propósitos. La comprensión del control divino sobre la historia humana exige acudir a los escritos bíblicos que anuncian proféticamente las acciones divinas conducentes a un propósito: que Él gobierne el cosmos, cielos y tierra, por medio de su Hijo. No es fácil descubrir a Dios en la historia por los hechos históricos en sí mismos, pero sí es sencillo desde los escritos bíblicos, que lo ponen de manifiesto, fundamentalmente en las referencias proféticas a hechos, eventos que tuvieron sobre toda lógica humana un fiel cumplimiento debidamente atestiguado por documentos históricos.

En una gran medida, Dios ha usado los hechos que la historia describe para que pueda ser conocido, como dice a Israel: "Al Señor, que os hizo subir de la tierra de Egipto con gran poder y con brazo extendido, a Él temeréis y ante Él os inclinaréis, y a Él ofreceréis sacrificio" (2 R. 17:36; BT). La importancia de estos hechos históricos está establecida en su objetividad: fueron así, de ese modo sucedieron y se produjeron por una determinada acción que no fue del hombre. Los hechos poderosos ocurridos están en relatos bíblicos que son objetivos y no subjetivos, es decir, son reales y no imaginarios. Dios demuestra su existencia por medio de sus hechos poderosos (Dt. 3:24). Las acciones poderosas de Dios dejan huella en la historia.

Dios se ha revelado, históricamente hablando, poniendo de manifiesto su providencia en la ejecución de su programa para las edades, estableciendo por ello el decurso de la historia humana (Is. 46:8-13). Este programa se ha manifestado por Dios al hombre (cf. Dt. 30:1-10; Dn. 2:31-45; 7:1-28; 9:24-27; Os. 3:4, 5; Mt. 23:37-25:46; Hch. 15:13-18; Ro. 1:13-29; 2 Ts. 2:1-12; Ap. 2:1-22:21). Todos los pormenores del propósito divino son perfectos aun en los más mínimos detalles revelados, abarcando hasta la muerte de los pajarillos y el recuento de los cabellos de la cabeza (Lc. 12:6, 7). Con todo, la revelación providencial tiene que estar respaldada por el conocimiento de la Palabra de Dios en la que se revela.

La aparición y desaparición de las naciones obedece a determinación divina. Ante la historia de este movimiento de pueblos, naciones, reinos e imperios, surge inevitablemente la pregunta: ¿Por qué causa ocurrió? La ciencia histórica propone respuestas que, sin duda, son en gran medida lógicas para el pensamiento del hombre. Pero, la revelación especial escrita, que es la Biblia, da la respuesta a los enigmas que la historia manifiesta. En el escrito más antiguo de los que integran la Escritura, se lee, en referencia a Dios: "El multiplica las naciones, y él las destruye; esparce a las naciones, y las vuelve a reunir" (Job 12:23). La causa de estas situaciones históricas obedece a que el trono de Dios está sobre el trono de los hombres, "porque Dios es el Rey de toda la tierra;… reinó Dios sobre las naciones; se sentó Dios sobre su santo trono" (Sal. 47:7-8).

La omnipotencia divina permite este control sobre las naciones del mundo: "Jehová Dios de nuestros padres, ¿no eres tú Dios en los cielos, y tienes dominio sobre todos los reinos de las naciones?" (2 Cr. 20:6). De otro modo lo expresa el salmista: "Jehová estableció en los cielos su trono, y su reino domina sobre todos" (Sal. 103:19). Por eso el profeta, hablando en nombre del Señor, dice: "Jehová dijo así: El cielo es mi trono, y la tierra estrado de mis pies" (Is. 66:1).

Por esta razón puede Dios comunicar al profeta Daniel, mucho antes de que ocurriese, el decurso de los imperios en el mundo a partir del babilónico, en el que se encontraba el profeta, revelándole como se iban a producir, porque "Él muda los tiempos y las edades; quita reyes, y pone reyes; da la sabiduría a los sabios, y la ciencia a los entendidos" (Dn. 2:21), de ese modo reveló el término del Imperio babilónico, el siguiente, que sería el medo-persa, al que seguiría un tercero, el greco-macedónico, concluyendo con el cuarto, el Imperio romano (Dn. 2:36-40). La historia se ejecutó conforme a lo que Dios había determinado. Con mayor amplitud se considerará más adelante el mensaje profético. El cumplimiento de la historia conforme al programa de Dios es la consecuencia de que, quien anuncia lo porvenir, lo ejecuta conforme a su propósito: "Acordaos de las cosas pasadas desde los tiempos antiguos; porque yo soy Dios, y no hay otro Dios, y nada hay semejante a mí, que anuncio lo por venir desde el principio, y desde la antigüedad lo que aún no era hecho; que digo: Mi consejo permanecerá, y haré todo lo que quiero; que llamo desde el oriente al ave, y de tierra lejana al varón de mi consejo. Yo hablé, y lo haré venir; lo he pensado, y también lo haré" (Is. 46:9-11). La historia es el segundo elemento que enseña la realidad de la revelación general.

Antropológica

Se suele buscar la realidad de Dios y su revelación general en el hombre como ser creado, centrándose en sus condiciones de organización corporal, atendiendo a la interrelación de sus miembros y la funcionalidad de los mismos, que sin duda asombra a cuantos con espíritu científico investigan al ser humano.

Sin embargo, no es tanto la coordinación y potencialidad del hombre en la dimensión de cada persona con las dos partes que la integran, material orgánica y psicológica espiritual, sino más bien en el hecho de que Dios —conforme a su Palabra— ha escrito en él lo que llama obra de la ley, en palabras del apóstol Pablo: "Porque cuando los gentiles que no tienen ley, hacen por naturaleza lo que es de la ley, estos, aunque no tengan ley, son ley para sí mismos, mostrando la obra de la ley escrita en sus corazones, dando testimonio su conciencia, y acusándoles o defendiéndoles sus razonamientos"[8] (Ro. 2:14-15). El hombre que no tiene la Ley escrita como revelación especial hace por naturaleza lo que establece la Ley. No significa esto que todos los hombres conozcan la Ley o que a todos les haya sido entregada. Es evidente que los pueblos gentiles desconocían, en su gran mayoría, la Ley escrita; por tanto, no está refiriéndose el apóstol al cumplimiento de las demandas de la Ley en toda su extensión. Pero el hombre ha sido creado por Dios como un ser moral, a su imagen y semejanza (Gn. 1:26), con capacidad interna para determinar lo que es bueno y lo que es malo. Pablo afirma que "estos, aunque no tengan ley", es decir, aunque desconozcan la Ley escrita, se convierten para ellos mismos en ley reguladora de sus actos morales.

Por otro lado, la misma historia sirve de referente a los hombres, mostrándoles las consecuencias producidas por acciones pecaminosas, cuyas huellas quedaron grabadas indeleblemente en el planeta, como puede ser —a modo de ejemplo— el diluvio universal. Es cierto que los gentiles "no tienen ley", pero no por ello carecen de referentes que condicionen sus acciones. Es preciso hacer una distinción: cumplir la ley no es lo mismo que tener y oír la Ley (Ro. 2:13). Algunos de los que no tienen ley cumplen las demandas morales de la Ley divina, mientras que otros que la tienen, resultan desobedientes a

---

[8] Texto griego: ὅταν γὰρ ἔθνη τὰ μὴ νόμον ἔχοντα φύσει τὰ τοῦ νόμου ποιῶσιν, οὗτοι νόμον μὴ ἔχοντες ἑαυτοῖς εἰσιν νόμος· οἵτινες ἐνδείκνυνται τὸ ἔργον τοῦ νόμου γραπτὸν ἐν ταῖς καρδίαις αὐτῶν, συμμαρτυρούσης αὐτῶν τῆς συνειδήσεως καὶ μεταξὺ ἀλλήλων τῶν λογισμῶν κατηγορούντων ἢ καὶ ἀπολογουμένων.

ella. Todo esto va vinculado al concepto de que Dios es el juez justo que juzga a los hombres por las realidades de sus hechos. Hay gentiles que sin Ley son temerosos de Dios y creyentes en Él, como fue el caso de Rahab (Jos. 2:9). Estos "por naturaleza", dice Pablo, es decir, en su estado natural, cumplen la Ley, sin pretensiones religiosas, sino *motu proprio*, por un conocimiento íntimo de la realidad de Dios. Como escribe Barth:

> En su estado natural cumplen ellos la Ley; en su condición creatural y mundana, en su sobrio y nada pretencioso cumplimiento son conocidos por Dios, al que, a su vez, conocen; no carecen de visión de la corruptibilidad de todo lo humano; perciben la silueta argentina de la redención y del perdón que rodea a la tenebrosa nube de nuestra existencia; no carecen de respeto al No que separa a la criatura del Creador y al Sí que los convierte en criaturas del Creador. Sin duda, su vida no es más que una metáfora, pero tal vez sea una metáfora tan perfecta que tenga ya ahí su justificación. Sin duda, su mundo está descuidado, pero tal vez sea ya un mundo tan deshilachado, tan disoluto, tan socavado, que la compasión de Dios parece más próxima, más creíble que en algunos otros lugares en los que el reino de Dios está en plena floración. Tal vez se dé un escepticismo extremo y malísimo, la total inaccesibilidad a todo lo más elevado, una completa incapacidad para permitir imposiciones de nadie; pero, quizás por eso mismo y ahí, se da verdadera fractura, sentido para captar a Dios, a Dios mismo. Tal vez haya censurable agitación febril, protesta que todo lo critica a intranquilidad interior; pero precisamente por eso se da ahí la referencia a la paz de Dios, que es superior a toda mente.[9]

Debido a la revelación que tienen de Dios y al condicionamiento moral que les permite distinguir entre el bien y el mal, estos alegales son ley a ellos mismos. Es necesario tener la suficiente humildad para considerar sin juzgar el estado espiritual de quienes no tienen la Palabra de Dios a su disposición. No es suficiente con decir que el hombre es moralmente religioso, sino entender que la gracia de Dios puede alcanzar a cualquier hombre en cualquier lugar, por lo que es posible que entre quienes aparentemente son más lejanos a Dios haya los que tienen en sí mismos las huellas propias de Dios, por lo que

---

[9] Barth, 2012, p. 115.

son ley para ellos mismos en plena sintonía con la Ley escrita dada a otros hombres. Dios puede dar gracia a los gentiles y, sin duda, se las da, por eso son inexcusables (Ro. 1:20), "porque no son los oidores de la ley los justos ante Dios, sino los hacedores de la ley serán justificados" (Ro. 2:13). En el juicio final no habrá lugar para disculpas, como no haber estado en posesión de la Ley escrita, porque entonces Dios "pagará a cada uno conforme a su obra" (Sal. 62:12). Todos, en la medida de la revelación recibida, serán juzgados por el mismo principio: si han obrado bien o mal. No hay acepción de personas ante Dios, por eso "todos los que sin ley han pecado, sin ley también perecerán; y todos los que bajo la ley han pecado, por la ley serán juzgados" (Ro. 2:12). El hecho de que los gentiles no tengan la Ley no será una eximente para ellos en el día del juicio. No serán juzgados y condenados por quebrantamiento literal de la Ley escrita, no obstante recibirán lo que corresponda a sus delitos. Quien careciendo de Ley peca, recibirá lo que merece sin ella. Los que teniendo la revelación especial conozcan la Ley y la quebranten, serán juzgados conforme a ella y recibirán también lo que merezcan sus hechos.

Si los gentiles hacen por naturaleza lo que es de la ley es porque Dios ha escrito en sus conciencias la obra de la ley, siendo para ellos la norma de conducta por lo que son responsables de sus actos. Es necesario entender bien que no escribió Dios la Ley, sino la obra de la Ley. Por medio de la Ley es el conocimiento del pecado (Ro. 3:20). Es un hecho de particular importancia que Dios mismo, como parte de su imagen en la creación, estableció en la intimidad de la parte espiritual de cada hombre ciertos principios éticos universales, de manera que aun en el alejamiento de Dios propio de la caída, esos principios se mantienen inalterables para dar testimonio de lo que es bueno y de aquello que no lo es. No se trata de ningún tipo de ley natural, como algunos suponen, que el hombre alcanza de algún modo, sino que es la acción de Dios que establece las bases éticas distintivas en la creación del ser humano y que se transmiten luego en la multiplicación de la humanidad. No se trata, como se dice antes, de escribir la Ley como principio genérico de conducta, sino de la obra de la ley, de manera que cuando obran de modo contrario a la voluntad de Dios tienen conciencia de que han hecho mal. No es posible suponer que los gentiles, aun los más alejados de Dios, no sepan distinguir entre lo que es bueno y lo que es malo. Todos saben cómo deben obrar en cada momento porque la conciencia juzga sus actos. Es decir, su conciencia determina y les hace sentir el obrar incorrecto cuando actúan de manera mala. En una progresión se hace notar en el versículo que son tres elementos que dan testimonio al hombre sobre su modo de obrar: 1) la obra de la ley escrita en el corazón; 2) la conciencia; 3) los razonamientos que acusan o defienden. Estos tres elementos sirven para demostrar que los hombres no tienen excusa cuando obran mal. Es necesario hacer aquí una advertencia: no se está, en modo alguno, hablando de una justificación por obras, eso sería contradictorio por cuanto una y otra vez se enseña que el hombre no puede justificarse por las obras de la ley, sino por la fe en Cristo. Se está estableciendo un continuado contraste entre quienes son oidores de la ley y quienes viven en obediencia a lo que Dios ha determinado, para lo cual tienen el testimonio en sus corazones, el juicio de sus conciencias y la reflexión íntima de sus razonamientos. No es por obras, sino por fe que el hombre puede ser justificado (Ro. 3:20, 28; 4:2; Gá. 2:16; 3:11, 12).

Es determinante entender bien qué es la conciencia. Según confesar, es decir la misma cosa, conciencia es tener el mismo conocimiento. Ese conocimiento conjunto es compartido por Dios y el hombre; Él lo ha comunicado y el hombre lo posee por esa comunicación divina. Tal conocimiento afecta y se relaciona esencialmente con el carácter moral del hombre. Conciencia es el término que denota varios factores esenciales en la experiencia moral. Así, el reconocimiento y aceptación de un principio de conducta obligada se denomina conciencia. En teología y ética, el término hace referencia al sentido inherente de lo bueno y lo malo en las elecciones morales, al igual que a la satisfacción que sigue a la acción considerada como buena y a la insatisfacción y remordimiento que resulta de una conducta que se considera mala. En la ética bíblica, la conciencia se consideraba como una facultad mental autónoma que tiene jurisdicción moral, bien absoluta o como reflejo de Dios en el alma humana. El conocimiento conjunto afecta esencialmente al conocimiento moral, ya que Dios es un ser moral. El Creador comunicó las normas morales y éticas al hombre, entre otros modos, por medio de su Ley. De esa forma escribió en el corazón del hombre, su conciencia, la obra de la ley. La conciencia está vinculada al conocimiento conjunto con Dios de una ética correcta. Esencialmente determina el conocimiento del bien y el mal (Gn. 3:5). Se puede definir la conciencia como el sentido moral que permite al hombre conocer la corrección o incorrección de su conducta. Para entender el origen y razón de la conciencia, debe partirse del contenido de la parte inmaterial del hombre (Gn. 2:7), donde la imagen divina ha sido establecida (Gn. 1:26). El hombre es, por creación, un ser moral. Aunque deteriorada por la caída, en la imagen divina en el hombre se aprecian tres características que son recuperadas en la regeneración: 1) Justicia (Ef. 4:24); 2) Santidad (Ef. 4:24); 3) Conocimiento (Col. 3:10). El conocimiento correcto es el que puede ser compartido con Dios. La causa final de la creación del hombre fue la gloria de Dios. Por eso hay una manifestación original de perfección como reflejo de la imagen divina (Mt. 5:48; Lc. 6:36). La parte inmaterial se ha visto afectada por la caída, contaminada y desorientada. La conciencia es el elemento sensibilizador de la parte inmaterial del hombre, que no está sujeta a la voluntad, sino que actúa juzgándola. Sin embargo, no es independiente de los otros elementos del hombre, formando todos, una experiencia que se llama vida. La acción conjunta de la parte inmaterial del hombre puede resumirse así: la mente origina los pensamientos; el espíritu discierne su valor; el alma responde a ellos; la conciencia juzga esos pensamientos según su valor moral. Como todo lo del hombre, la conciencia del no regenerado está contaminada y afectada por la caída, de ahí que se hable de una conciencia corrompida (Tit. 1:15) y se enseñe también que es mala (He. 10:22). Sin embargo, la conciencia sigue cumpliendo la misión acusadora ante el mal obrar del hombre y de sus perversas intenciones, habiendo perdido parte de su sensibilidad (1 Ti. 4:2). En la regeneración espiritual, Cristo es implantado en el creyente (Col. 1:18). Al mismo tiempo, el posicionamiento del creyente en Cristo establece necesariamente un nuevo modo de vida (2 Co. 5:17), con una nueva orientación (2 Co. 5:14-15). La purificación del hombre en la regeneración produce una conciencia purificada (He. 10:1-2). El pecador regenerado tiene en sí mismo la presencia de la deidad, como templo y morada de Dios: Padre e Hijo (Jn. 14:23), siendo el Espíritu Santo el residente divino en cada creyente (1 Co. 6:19). Como consecuencia de la predestinación que el Padre estableció para cada creyente (Ro. 8:29), se produce la vinculación vital con Cristo, alcanzando una nueva dimensión la imagen de Dios en el hombre, consistente en la manifestación vivencial de las perfecciones morales de Cristo en el cristiano (Gá. 5:22-23). Esa acción es potenciadora de la conciencia, en una acción actuante del Espíritu directamente sobre ella (Ro. 9:1). De ahí que la buena conciencia es el resultado de una vida concordante con la amplia obediencia y sujeción a la voluntad de Dios (1 Co. 4:4; 1 Jn. 3:20-22). La conciencia actúa juzgando las acciones bajo la dimensión espiritual de Cristo para hacer posible la vida cristiana consecuente (Gá. 2:20). La conciencia actuará como indicativo de todo aquello contrario a lo que hubiera sido la actuación de Cristo. Esto forma parte de la realidad expresiva de la ética de la vida cristiana (1 P. 1:15-16). Cualquier cosa contraria a esta conciencia renovada, en la libertad del Espíritu, es pecaminosa. Debemos concluir que la conciencia es el elemento sensibilizador de la parte inmaterial del hombre. La conciencia operando con la obra de la ley da testimonio y permite la valoración de las acciones.

Informada la mente de lo correcto o incorrecto de las acciones, se generan los pensamientos en un razonamiento del hombre para determinar lo que es bueno y lo que no lo es. Es decir, la conciencia incide sobre el razonamiento de los hombres para acusarlos o defenderlos, es decir, aprobar o reprobar la acción. Esto debiera llevarnos a considerar equilibradamente las acciones humanas. No debe olvidarse que el pecado ha incapacitado a los hombres, uniéndolos a todos en razón de la condición humana en la que el hombre se encuentra cautivo, bajo el yugo del pecado, de manera que no puede desear el bien como razón de vida, ni orientarse hacia él. Sin embargo, la obra de la ley como revelación general de Dios que alcanza a todos los hombres ha conducido a algunos al camino de la virtud, haciendo obras de admirable desinterés y entrega hacia otros. La misma Biblia pone de manifiesto acciones generosas hechas por gentiles, como es el caso de Ciro (Esd. 1:1-4; 5:13-17), de Darío (Esd. 6:1-12) y de Artajerjes (Esd. 7:11-26). Naturalmente, alguien podrá objetar que esto todo estaba en el propósito de Dios y que Él manejaba la historia conforme a su determinación, ¿y qué cosa está fuera del control soberano de Dios? Con todo Artajerjes actuó según lo que Dios había puesto en su corazón (Esd. 7:27). ¿En qué forma y en qué medida? En que Dios ha escrito la obra de la ley en el corazón de los hombres. Jesús enseñó que los gentiles pueden amar, hacer el bien y ser generosos con otros (Lc. 6:32-34).

Es notorio que, sin entrar en evaluación de lo que es correcto o incorrecto conforme al pensamiento humano, la orientación moral está presente en todos los seres humanos, lo que sirve como evidencia de la realidad de la revelación de Dios. Esto se extiende de igual modo a la condición religiosa de los humanos; igualmente, sin entrar en la valoración religiosa en sí, el hecho constatable de la existencia de religiones en todos los tiempos indica una revelación de la existencia de Dios, aunque en la distorsión del pensamiento humano se le asignen formas y manifestaciones no concordantes con la única verdad revelada que es la Escritura.

Revelación general

La revelación general, que se ha considerado en la sección anterior, es perfecta para los propósitos de hacer conocer al hombre la existencia de Dios, pero no es lo suficientemente amplia para que por ella pueda ser conocido en la dimensión necesaria para que se tenga la percepción de quién es y cómo es.

Siendo Dios espíritu infinito, siendo sus perfecciones incomunicables, incomprensibles en el sentido de comprensión medible para la mente humana, desconociendo su pensamiento, propósitos y demandas, siendo estas determinantes para el presente y futuro definitivo de los hombres, trascendiendo a la vida natural, es necesario que Dios se revele a sí mismo para hacer todo esto posible.

Todavía más: la soteriología está necesariamente vinculada con la revelación especial, puesto que en ella se proclama el mensaje de salvación, que es por gracia mediante la fe (Ef. 2:8-9). En toda la economía salvadora, Dios toma la iniciativa, desde su eterna determinación para salvar, a la ejecución de la salvación, la aplicación de los beneficios de ella y la esperanza de gloria final; por consiguiente, un plan tan extenso y preciso solo puede ser conocido por la revelación que el Dios que salva haga de él.

Es necesario entender que la revelación especial es también personal. En ella Dios se hace perceptible al hombre. Una de las evidencias es que se manifiesta unido o expresado en un nombre, como ocurre en la experiencia de Moisés, cuando preguntó a Dios con qué nombre lo designaría delante de los israelitas a quienes le enviaba, para recibir una respuesta personal: "Y respondió Dios a Moisés: YO SOY EL QUE SOY. Y dijo: así dirás a los hijos de Israel: YO SOY me envió a vosotros" (Ex. 3:14). Es, por tanto, el Dios personal que puede actuar y también bendecir, como se manifiesta en la bendición sacerdotal, que Él mismo estableció: "Jehová te bendiga, y te guarde; Jehová haga resplandecer su rostro sobre ti, y tenga de ti misericordia; Jehová alce sobre ti su rostro, y ponga en ti paz. Y pondrán mi nombre sobre los hijos de Israel, y yo los bendeciré" (Núm. 6:24-27).

La revelación especial tiene necesariamente que ser expresada analógicamente. Dios se revela al hombre, pero en esta revelación tiene que utilizar elementos analógicos que el hombre pueda discernir para que, por medio de ellos, aspectos de su eterno poder y deidad se asimilen comprensivamente por la razón humana. Dios usa en este modo elementos unívocos, esto es que tienen una misma significación, salvando la distancia dimensional entre lo que revela de Él y el elemento con el que establece referencia analógica, como relación de semejanza entre cosas distintas. Así, a modo de ejemplo, cuando Dios revela la dimensión de sus perfecciones de gracia y de fidelidad, establece la analogía: "Jehová, hasta los cielos llega tu misericordia, y tu fidelidad alcanza hasta las nubes" (Sal. 36:5). Cuando revela la posición inefable de la posición suprema de Dios, usa una analogía: "Sobre las alturas de las nubes subiré, y seré semejante al Altísimo" (Is. 14:14). Dios usó en su revelación especial elementos unívocos tanto en su esfera como en la nuestra. Las perfecciones de Dios son infinitas, pero pueden comprenderse con las limitadas en el hombre: así Dios ama, también el hombre ama, por tanto, la analogía permite al hombre conocer a Dios desde el contraste de un amor en el plano humano limitado con el amor infinito que está en Dios y que es Dios mismo (1 Jn. 4:8). Dada la infinita distancia entre realidad y analogía, Dios elige esta, de modo que sea lo suficientemente similar para que pueda servir de semejanza comprensible para la mente del hombre, pero, en todo caso, la verdad revelada tiene que ser aceptada por fe.

La revelación especial es también antrópica (aquello que está en la experiencia del hombre, siendo producido o modificado por él). Dios hace una revelación de sí mismo que para ser comprensible tiene que proceder del interés divino en ser conocido. No se trata de una revelación antropológica, en la que Dios usa elementos conocidos, experimentados y vividos por el hombre para revelar lo que Él es en analogías propias de la experiencia humana, sino de una revelación antrópica, en el sentido de ser orientada al humano y que se haga comprensiva por él. Esto exige usar no solo las analogías, sino el lenguaje propio de los hombres en un momento histórico determinado, y en un contexto social establecido. Así se usan medidas propias de una determinada época para referirse a parámetros dimensionales, descripciones naturales propias de un determinado lugar o evento, usando para ello palabras y formas propias de aquellos a quienes iba dirigido el mensaje escrito. En sentido antrópico, Dios utilizó sueños que son sucesos o imágenes que se representan en la fantasía del hombre mientras duerme, pero en el caso de la revelación, son generados e inducidos por Dios mismo como vehículo revelador.

Revelación

El verbo griego ἀποκαλύπτω denota el acto de descorrer un velo para poner al descubierto aquello que está oculto. Tanto el sustantivo como el verbo aparecen en el Nuevo Testamento con significado religioso. El uso de esta palabra aparece un total de cuarenta y cuatro veces en el Nuevo Testamento, de las que dieciocho están en forma de sustantivo y las restantes veintiséis son formas del verbo. El apóstol Pablo usa ambas formas, substantivo y verbo, para referirse a la revelación del Hijo de Dios que le fue concedida (Gá. 1:12, 16). Del estudio del término en el Nuevo Testamento, se detecta que Dios se revela a sí mismo como quien actúa en la historia, y lo hace para desvelar aquello que estaba escondido a la mente humana o que había permanecido oculto a los hombres. De otro modo, la revelación especial es aquella que se origina en Dios y se comunica por los medios que Él estableció para que se produzca un desvelamiento de la realidad de Dios, sus perfecciones y operaciones.

El propósito de la revelación especial es declararse a Él mismo y su actitud hacia los hombres, procurando atraerles hacia Él, a fin de que puedan acceder a la salvación, revelando su plan de redención y llamándolos al ejercicio de la fe salvadora. Así lo expresa el apóstol Pablo: "Quien nos salvó y llamó con llamamiento santo, no conforme a nuestras obras, sino según el propósito suyo y la gracia que nos fue dada en Cristo Jesús antes de los tiempos de los siglos" (2 Ti. 1:9). Nada ocurrido antes de que pudiera ser medido el tiempo podría descubrirse desde la temporalidad, porque corresponde a un contexto de eternidad. Nadie podría descubrir lo que es la gracia sin la revelación de quien hace donación de ella antes de ninguna existencia. Toda la revelación que Dios hace de Sí mismo tiene que ser Cristo-céntrica, por cuanto es el Verbo —según la revelación— quien puede hacer cognoscible al Invisible, a quien nadie ha visto ni puede ver jamás. Por eso el escudriñar en las Escrituras conduce inexorablemente a Cristo (Jn. 5:39), de modo que es Cristo-céntrica en su núcleo. La revelación especial está dada para que pueda ser entendida la operación salvadora y la intención que Dios tiene en ella. Vinculada al envío del Salvador, se hace notar que "cuando vino el cumplimiento del tiempo, Dios envió a su Hijo, nacido de mujer y nacido bajo la ley, para que redimiese a los que estaban bajo la ley, a fin de que recibiésemos la adopción de hijos" (Gá. 4:4-5). Así que la revelación es soteriológica en su intención. Puede resumirse el propósito de la revelación especial, como establecida para conocer a Dios y conocerlo en forma personal: "A fin de conocerle" (Fil. 3:10).

La Biblia como revelación especial

El discurso de Dios transmitido por medio de la escritura es la realidad de la revelación especial conocida por diversas palabras que denotan esa condición. Así se le llama Escritura, Palabra de Dios, Biblia, etc. En todos los casos, Dios se reveló a personas en distintos tiempos, mandándoles que escribiesen aquello que Él les comunicaba.

Esta verdad está expresada de forma muy precisa: "Dios, habiendo hablando muchas veces y de muchas maneras en otro tiempo a los padres por los profetas..."[10] (He. 1:1). El texto afirma que Dios habló, literalmente "Dios habiendo hablado", es decir, no ha quedado aislado de los hombres, sino que se ha comunicado con ellos. El verdadero y eterno Dios entró en comunicación con los hombres, enviándoles su mensaje personal, revelador y salvífico. No está pensando el autor en una revelación genérica y elemental que el mismo Dios hace por medio de la naturaleza (Ro. 1:19-20), mediante la cual pone de manifiesto su existencia y poder; ni tampoco en el hablar personal por medio de la conciencia de los hombres (Ro. 2:15), por cuya voz el hombre entiende lo que es y lo que no es correcto; ni es el hablar histórico por medio de su providencia. Dios habló a los hombres, esto es, se comunicó con ellos.

Esta revelación es progresiva: la hizo a lo largo del tiempo. Es también fragmentaria: la hizo en muchas partes, o en muchas veces. Estos muchos fragmentos de la revelación de Dios tienen el efecto gradual de un mayor conocimiento de Él a lo largo del tiempo durante el cual habló. Pero la revelación progresiva no lo es en sentido de lo no verdadero a lo verdadero, sino de lo más sencillo a lo más profundo. Es decir, el hombre recibe en la revelación progresiva un caudal cada vez mayor para conocer a Dios y en ese conocimiento alcanzar cotas mayores de madurez espiritual.

La revelación dada en muchos fragmentos incluye también muchas formas. Dios usó distintos y diferentes modos para comunicar su testimonio. Lo hizo en visiones (Is. 1:1, 2; 6:1 ss.; Ez. 1:3 ss.), en sueños (Dn. 7:1); por medio de éxtasis (Hch. 10:9-18); en traslaciones especiales (2 Co. 12:1, 2); por medio de ángeles (Dn. 8:15-19; Ap. 22:8, 9); y también directamente (Ex. 3:1-8). Junto con los modos, también las formas, ya que Dios usó una gran variedad dentro de los distintos modos de comunicación. Lo hizo mediante lenguaje humano, parábolas, símiles, leyes, promesas, relatos históricos, poemas, etc. Otras veces usó elementos naturales, como cuando habló a Moisés en la tormenta y el trueno (Ex. 19:19; Dt. 5:22 ss.), o al profeta Elías mediante un silbo suave y apacible (1 R. 19:12). Cuando el pueblo hizo oído sordo a las palabras suaves de la profecía, comparadas con el sonido del arroyo de Siloé, les hizo oír su voz en el estruendo torrencial del Éufrates, de donde venían sus enemigos (Is. 8:6-8). No

---

[10] Texto griego: Πολυμερῶς καὶ πολυτρόπως πάλαι ὁ Θεὸς λαλήσας τοῖς πατράσιν ἐν τοῖς προφήταις.

cabe duda alguna de que la revelación a la que está haciendo referencia el texto seleccionado es la Palabra escrita.

La revelación tiene también un tiempo de existencia y confección: "En otro tiempo". El adverbio[11] que se utiliza en el versículo hace referencia a un tiempo pasado, equivalente a antiguamente, desde antiguo, en otros tiempos. La Biblia es el producto del trabajo conjunto del Espíritu y los profetas a lo largo de mil quinientos años. Quiere decir que la Palabra se obtiene en un largo período de tiempo. Referido solo al Antiguo Testamento, el período de tiempo desde el primero de los escritos bíblicos, probablemente el libro de Job, hasta el último del profeta Malaquías en el s. V antes de Cristo, transcurrió un largo tiempo, que ha de ser contado en siglos. Los profetas anunciaron el mensaje que Dios les comunicaba por medio de escritos, y algunos lo hicieron sin que se escribiesen las palabras de sus mensajes, como es el caso del último de los profetas de la antigua dispensación, Juan el Bautista (Mt. 11:13).

La revelación que tuvo lugar en porciones y en períodos de tiempo fue recibida por "los padres", en el sentido de antepasados de la nación hebrea. A ellos, como pueblo, corresponde la bendición de "haberles sido confiada la palabra de Dios" (Ro. 3:2). Las Escrituras del Antiguo Testamento proceden de ellos, que fueron los hombres escogidos por Dios para recibir su revelación. Él entregó también en sus manos su Palabra para que la preservaran y transmitieran sin adulteración. La revelación de Dios fue entregada y recibida desde el principio por los patriarcas, en general la línea de ascendientes de la nación a lo largo del tiempo, de cuya línea, conforme a la descendencia natural procede, en el plano humano, nuestro Señor (Ro. 9:5). El término *padres*[12] se refiere a todos los antecesores de los judíos (Mt. 23:30, 32; Lc. 6:23, 26; 11:47; Jn. 6:31, 49, 58; Hch. 3:25; 7:38, 44, 45, 51, 52; 13:17). La revelación de Dios a los antiguos tuvo lugar en tiempos anteriores.

Los instrumentos para la comunicación de la revelación fueron "los profetas". El término significa literalmente hablar delante, predecir. De ordinario se considera a los profetas como personas a través de los cuales habló Dios. En el Nuevo Testamento, el prefijo *pro* se entiende no solo en sentido instrumental, sino también temporal. Los profetas hablaron en nombre de Dios y Él anunció anticipadamente

---

[11] Griego: πάλαι.
[12] Griego, en este caso concreto πατράσιν, caso dativo masculino plural del sustantivo *padres*.

su mensaje por medio de ellos en los escritos sagrados (Ro. 1:2). De ahí que en ocasiones, cuando hace referencia a los proféticos, se dice que el Señor dijo algo por medio de sus profetas (cf. Ro. 9:29; 2 P. 3:2). Por esa misma razón, los acontecimientos históricos son el cumplimiento de lo que Dios dijo antes por medio de los profetas (Hch. 3:18). La venida del Salvador fue anunciada anticipadamente por ellos (Hch. 7:52). Algunos acontecimientos anunciados conforme al mensaje recibido de Dios eran, en cierta medida, incompresibles a los mismos profetas, que dedicaron tiempo a la investigación de los términos del mensaje (1 P. 1:11). El mensaje profético era considerado como una de las dos partes en que se dividía el Antiguo Testamento, cuya división se comprendía en la fórmula "la ley y los profetas" (Mt. 5:17; 7:12; 11:13; 22:40; Lc. 16:16; 24:27, 44). La preposición *por*[13] debe considerarse aquí en sentido instrumental, por cuya razón se traduce como *por*, es decir, los profetas son instrumento de Dios, con lo cual Él se ha revelado a los hombres. El origen de la profecía no reside en la voluntad del hombre, sino en la acción divina que produce. Pedro hace una afirmación precisa en ese sentido: "Porque nunca la profecía fue traída por voluntad humana, sino que los santos hombres de Dios hablaron siendo inspirados por el Espíritu Santo" (2 P. 1:21). Con esto el apóstol responde a la pregunta: ¿Cómo se escribió la Biblia? La confección del escrito bíblico obedece a la acción soberana de Dios, y se inicia en la elección divina del mensajero, algunos de ellos escogidos por Él desde antes de su nacimiento (Jer. 1:5). Luego, en el momento que en su soberanía determina, comunica al profeta el mensaje que debe dar en su nombre (Jer. 1:9), y en algún tiempo de su ministerio profético le instruye para que el mensaje oral sea trasladado al escrito (Ex. 17:14; Jer. 36:1, 2; Ap. 1:19; 14:13). Todavía más, Dios limitó el escrito del profeta solo a las palabras dadas por Él, lo que quiere decir que custodió la mente y la acción del profeta para que, en la confección del escrito, estuviesen solo las palabras dadas por el Espíritu (Jer. 36:2). En el Nuevo Testamento se citan por nombre a algunos de los profetas escritores como Isaías (Mt. 3:3; 4:14; 8:17; etc.), Jeremías (Mt. 2:17; 16:14; 27:9), Daniel (Mt. 24:15; Mr. 13:14), Joel (Hch. 2:16), Jonás (Mt. 12:39, 40, 41), Samuel (Hch. 3:24), David (Hch. 2:29-30), Eliseo (Lc. 4:27), Balán (2 P. 2:16), incluyendo también una mujer, Ana (Lc. 2:36). Todos los profetas comunicaron a lo largo del tiempo fracciones del único mensaje de Dios registrado en las Escrituras y, por tanto, fueron instrumentos para la transmisión de

---

[13] Griego: ἐν.

la revelación de Dios, quien no dejó ningún tiempo sin que hubiera alguno de sus profetas hablando en su nombre.

Si bien es cierto que la preposición *por* debe entenderse como relación instrumental, Dios habló por medio de los profetas, puede considerarse también como elemental, es decir, Dios habló en los profetas. Quiere decir esto que Dios habló y habla en el mensaje profético escrito. Cada uno de los textos proféticos es Palabra inspirada de Dios y contienen toda la autoridad de la voz de Dios hablando en ellos. Esa es la razón por la que el apóstol Pablo advierte: "No menospreciéis las profecías" (1 Ts. 5:20), bien sea que se trate del ejercicio del don de profecía para consuelo y exhortación (1 Co. 14:3), bien sea la exposición bíblica relativa a la profecía escrita.

Debe llegarse a la conclusión de que la Biblia es el discurso divino sobre sí mismo, su obra y su propósito. Una frase reiterativa pone de manifiesto esa condición: "Palabra de Jehová que vino a..." (cf. Jer. 18:1; Ez. 12:1, 8, 17, 21, 26; Os. 1:1; Jl. 1:1; Am. 3:1). Los escritores bíblicos tenían conciencia de que lo que escribían no era resultado de su conocimiento o determinación, sino que era el mensaje que Dios les había entregado para que lo comunicasen. Con todo, el medio de comunicación del mensaje reviste distintas formas, que serán consideradas más adelante. Puede calificarse a los profetas como la boca de Dios (cf. Ex. 4:16; 7:1; Jer. 15:19).

Revelación especial en el Antiguo Testamento

El concepto de la revelación especial pone ante el hombre no solo quién es Dios, sino qué demanda de sus criaturas. Su voluntad personal está revelada en la Ley, que es además, el primer texto de la Escritura hecho por Dios mismo: "Ha manifestado sus palabras a Jacob, sus estatutos y sus juicios a Israel. No ha hecho así con ninguna otra de las naciones; y en cuanto a sus juicios, no los conocieron" (Sal. 147:19-20). Esta forma de revelación se extiende como algo permanente y continuo a lo largo del tiempo antiguo. La Palabra escrita recuerda al lector las acciones del Dios viviente frente a los ídolos muertos (Is. 40:12-16; 44:6 ss.). En el Antiguo Testamento, la historia constituye una firme y constante manifestación de Dios, revelándose como Rey y Señor universal. Es la revelación de quien es Soberano con capacidad para juzgar y cuidar a su pueblo: "Y Jehová rugirá desde Sion, y dará su voz desde Jerusalén, y temblarán los cielos y la tierra; pero Jehová será la esperanza de su pueblo, y la fortaleza de los hijos de Israel" (Jl. 3:16).

Revelación especial en el Nuevo Testamento

Puede agruparse en el siguiente orden:

Corpus Paulinus

El apóstol Pablo utiliza expresiones propias para referirse a la *revelación*:

A] ἀποκαλύπτειν, que equivale a *revelar, descubrir, desvelar.*
B] φανεροῦν, con sentido de *poner de manifiesto, dar a conocer, mostrar.*

Esta terminología usada para hablar de la revelación no fue tomada de religiones helenísticas, sino que puede explicarse perfectamente por el lenguaje del judaísmo posterior.

El concepto de revelación para Pablo es la manifestación del plan divino con respecto a la salvación y sus consecuencias, tanto presentes en la formación de un cuerpo en Cristo, como escatológicas. En el apóstol, la revelación tiene una orientación personal y activa, no objetiva y pasiva. No tiene por tanto que ver con la provisión de conocimientos intelectuales, sino vivenciales. Aunque evidentemente también en Pablo la revelación tiene que ver con el enriquecimiento del conocimiento humano regenerado y, por consiguiente, capacitado por el Espíritu: "Sin embargo, hablamos sabiduría entre los que han alcanzado madurez; y sabiduría, no de este siglo, ni de los príncipes de este siglo, que perecen. Mas hablamos sabiduría de Dios en misterio, la sabiduría oculta, la cual Dios predestinó antes de los siglos para nuestra gloria" (1 Co. 1:6-7). Para Pablo, quien puede revelar y el que únicamente puede hacerlo es Dios.

Sin duda la revelación especial por la Escritura es completa en la medida que trata de todo cuanto le es necesario al hombre para conocer a Dios; sin embargo, la revelación plena y total está en Cristo, el Verbo encarnado. Toda la revelación especial escrita está vinculada a Él, que es la capitulación de todo y la cabeza de todo (Ro. 3:25; 16:25-26; Ef. 1:9-10; Col. 1:18, 26). Cristo no es solo el revelador, sino el revelado. En su operación redentora, su muerte, resurrección y glorificación, así como en su acción corporativa, la Iglesia, representa el verdadero contenido del misterio revelado en el Nuevo Testamento (Gá. 1:16; Ro. 3:21 ss.; 16:25; Ef. 3:3, 5; 1 Ti. 3:16; 2 Ti. 1:10).

La revelación no es una doctrina secreta, destinada a los iniciados, como ocurre en las religiones helenísticas y romanas, sino una manifestación para todos en el sentido más amplio posible, con vistas a la salvación del hombre y a la admiración jubilosa de los ángeles (Ef. 3:10). El misterio estaba antes oculto (Ef. 3:5 ss.), aunque algunos aspectos del mismo se atisbaban en los escritos proféticos del Antiguo Testamento (Ro. 16:26; 1 P. 1:10-12). El conocimiento pleno de la verdad no se alcanza para salvación solo por la inteligencia humana, sino por la acción del Espíritu, que capacita al lector para la comprensión del mismo (Ro. 9:14 ss.; 1 Co. 2:10 ss.; 2 Co. 10:4-6).

La revelación escatológica tampoco tiene que ver con una mera información de eventos que sucederán en un momento preestablecido por Dios, sino con una vinculación personal con ellos. La gloria futura en que estarán involucrados los creyentes tiene que ver con la manifestación gloriosa de Cristo y de nuestra gloria en Él (2 Ts. 1:7; 1 Co. 1:7; Col. 3:3-4). La revelación sobre el futuro ofrece perspectivas de rendición de cuentas ante Dios (1 Co. 4:5). De la misma manera, el futuro encuentro de Cristo con la iglesia (1 Ts. 4:16 ss.). Así también el futuro eterno no está aislado de la experiencia de los hombres, sino que los comprende total y plenamente.

Teología de Juan

Debe entenderse que no se trata de teologías distintas o discrepantes, de modo que Pablo tiene una y Juan otra, sino que son las mismas verdades presentadas de distinta manera, pero esencialmente idénticas. Por esa razón el apóstol Juan no usa el sustantivo ἀποκάλυψις, como acción de descubrir algo, sino que lo cambia por φανερόω, y sus derivados de la misma raíz, equivalente a dar a conocer, poner de manifiesto. El apóstol Juan entiende que la Escritura es un mensaje revelado por Dios.

El punto de partida de la teología de la revelación en Juan es lo incognoscible esencial de la deidad, consecuencia de la invisibilidad de Dios (cf. Jn. 1:18; 6:46; 1 Jn. 4:20). De modo que nadie conoce, ni puede conocer al Padre fuera del Hijo, pero Dios ha enviado a su Hijo y en Él Dios se hace visible y palpable (Jn. 1:14; 1 Jn. 1:1 ss.). Esta revelación por Cristo y en Cristo fue comunicada por Él mismo a los discípulos y estos transmiten la verdad sobre la revelación divina en los escritos bíblicos del Nuevo Testamento. Por consiguiente, Jesús dio testimonio de cosas celestiales (Jn. 3:11-13).

Al mismo tiempo, Juan manifiesta que por Cristo y en Él, la verdad ha venido al encuentro del hombre, esto es, no solo dijo o presentó la verdad, sino que la verdad misma en sentido absoluto se manifestó en la persona del Verbo encarnado (Jn. 1:18). Junto con la verdad, Jesucristo manifestó la vida, que es potestativa y residente en Dios, de manera que la vida, invisible como tal, hecha cognoscible por las pruebas vitales, se manifestó visible y en su plena dimensión en Jesús, ya que en Él "estaba la vida", que a su vez es la luz de los hombres (Jn. 1:4), y que estando con el Padre se hace realidad en la manifestación del Hijo, "porque la vida fue manifestada, y la hemos visto, y testificamos, y os anunciamos la vida eterna, la cual estaba con el Padre, y se nos manifestó" (1 Jn. 1:2).

Teología de Pedro

Para el apóstol, la revelación tiene que ver con la manifestación de Dios sobre la vida eterna en su Hijo, que tiene palabras de vida: "Tú tienes palabras de vida eterna" (Jn. 6:68). El tiempo pasado con Jesús había llevado a los Doce al conocimiento de quién era Él realmente. Las posibles dudas iniciales habían dado paso a la certeza de que el Maestro era el Verbo encarnado. Cuando decía que su procedencia era celestial y que su vinculación con el Padre era absolutamente personal y única, esa era la única realidad. De un Mesías que vendría para gobernar sobre Israel y para sujetar las naciones a su control habían pasado a entender el carácter salvador que como Mesías había asumido en comunión y unidad con el Padre que lo había enviado al mundo con esa misión. Sin duda, hubo muchas conversaciones y enseñanzas de Cristo en ese sentido, en el círculo íntimo de aquellos doce hombres. Los otros discípulos, sin entender las palabras de vida del mensaje de Jesús, habían desertado y lo habían dejado. De ahí la pregunta retórica que Pedro hace en nombre de los Doce: ¿A quién iremos? No hay camino a la vida eterna si no es en Jesús; por tanto, ir a otro o volver al pasado era despreciar el único camino a la vida y al Padre.

Para el apóstol Pedro, los escritos del Antiguo Testamento, palabra profética, era una antorcha que alumbraba en la oscuridad: "Tenemos también la palabra profética más segura, a la cual hacéis bien en estar atentos como a una antorcha que alumbra en lugar oscuro, hasta que el día esclarezca y el lucero de la mañana salga en vuestros corazones" (2 P. 1:19). Lo que había oído y visto de Jesús no es la única forma válida para la enseñanza, porque las profecías dadas a lo largo de siglos concuerdan con lo que aquellos vieron y oyeron del Señor. Esta afirmación del apóstol prepara el camino para tratar el tema de la inspiración plenaria de la Biblia del que nos ocuparemos a renglón seguido. La revelación hecha por medio de los profetas que comunicaron por escrito lo recibido de Dios es firme, puesto que, en relación con el Mesías, cuanto manifestaron tuvo preciso cumplimiento, de modo que, si lo anunciado para un determinado tiempo se cumplió, también tendrá cumplimiento lo que resta por cumplir. Las profecías son, para el apóstol, como una luz que brilla en un lugar oscuro. El mundo es ese lugar en tinieblas que es iluminado por la presencia de quien es "la luz del mundo" (Jn. 8:12), recordando lo que siglos antes había escrito el salmista: "Lámpara es a mis pies tu palabra, y lumbrera a mí camino" (Sal. 119:105).

En la teología petrina, ninguno de los escritos del Antiguo Testamento surgió por voluntad, elaboración o reflexión humana, sino por revelación de Dios (2 P. 1:20-21). Los eventos escatológicos son, para Pedro, la expresión visible de la revelación de Dios (2 P. 1:16-18).

Desarrollo histórico de la doctrina de la revelación

La historia de la doctrina no procede de un corpus teológico específicamente establecido para la revelación, sino que está presente en lo referente a la autoridad de la Escritura, que se considerará junto con la doctrina de la inspiración de la Biblia. Esto se ha considerado brevemente con anterioridad en la evolución de los prolegómenos. Al concluir el tema de la inspiración, más adelante, se dará un resumen histórico de la fijación de la Doctrina General sobre las Escrituras, que comprende todos estos aspectos. Baste aquí con una referencia al tema de la revelación.

Discrepancias sobre la revelación

Realismo

La noción idealista (en el sentido de que la revelación de Dios es dada solamente en forma general) es destructiva para asuntos bíblicos puntuales, como el tema de la revelación especial, que de forma grave afecta a la soteriología, dejándola como inducción dentro de la revelación general.

El racionalismo del s. XVIII revivió la noción del idealismo griego precristiano, en el sentido de que los hechos son necesariamente relativos y nunca absolutos, y que la revelación consecuentemente debe ser separada de las realidades históricas e identificarse solamente con las ideas.

Aunque profesa ser una teología cristiana, esta forma de pensamiento racionalista disuelve la conexión esencial de la revelación especial con la revelación histórica. Esto deja la doctrina sin relación objetiva, ligándola a un subjetivismo pleno que la despoja de elementos para dejar de considerarla como ciencia y entrar, en el mejor de los casos, al campo de la subjetividad filosófico-religiosa.

Teología evolucionista

La teoría evolucionista moderna atribuye una nueva importancia al proceso histórico. La preocupación por la historia como elemento fundamental para asentar y afirmar la teoría generó presuposiciones hostiles hacia el punto de vista de la revelación. La tendencia a exaltar la evolución misma para que sea el principio último de explicación de todas las cosas obra en contra del reconocimiento de un centro fijo culminante en la historia que se produjo en el pasado con la presencia de Cristo y su obra salvadora.

Modernismo

Este sistema y sus múltiples formas ha sido también motivo de discrepancia en este aspecto de la doctrina. Desde los días de Friedrich Schleiermacher, la doctrina sobre la revelación ha sufrido profundas contradicciones. Las propuestas del filósofo, filólogo y teólogo alemán conducen a entender que conocemos a Dios solamente en relación con nosotros y no como Él es en sí mismo, como comunicador de vida y no de doctrinas. Estas ideas han sido muy influyentes en la animación de una disyunción artificial en varias exposiciones sobre la revelación.

Neo-ortodoxia

Como consecuencia de sus implicaciones para la revelación racional, la identificación de la Biblia, considerada tradicionalmente a lo largo de la historia del cristianismo como Palabra escrita de Dios, ha sido rebatida firmemente por la neo-ortodoxia en su teología.

Alegan que solamente Jesús ha de ser considerado e identificado como Palabra de Dios, de manera que cuando se da a las

Escrituras este calificativo se está rebajando a Cristo. Sin embargo, la doctrina bíblica distingue claramente entre el Logos encarnado y el Logos escrito.

Los motivos para el conflicto con la doctrina de la revelación que agitó a los neo-ortodoxos no son espirituales, sino meramente especulativos, especialmente porque el testimonio de la Palabra afecta directamente a la causa de la neo-ortodoxia.

Los profetas afirman en sus escritos que sus palabras son Palabras de Dios, usando la fórmula habitual: "Así dice el Señor". Igualmente ocurre en el Nuevo Testamento, como enseña el apóstol Pablo: "Por lo cual también nosotros sin cesar damos gracias a Dios, de que cuando recibisteis la palabra de Dios que oísteis de nosotros, la recibisteis no como palabra de hombres, sino según es en verdad, la palabra de Dios, la cual actúa en vosotros los creyentes" (1 Ts. 2:13). Expresado en otro modo por él mismo: "Si alguno se cree profeta, o espiritual, reconozca que lo que os escribo son mandamientos del Señor" (1 Co. 14:37). Jesús identificó sus palabras como palabras del Padre (Jn. 14:24) y se refirió a las Escrituras como la Palabra de Dios (Jn. 10:35).

La propuesta neo-ortodoxa de considerar la Escritura como un testimonio de la revelación contradice el punto de vista cristiano histórico de que la Biblia misma es la forma de revelación especialmente provista para el hombre en pecado, como una auténtica declaración de la naturaleza y voluntad de Dios.

Sistematización de la doctrina de la revelación

Se dan distintos nombres a la revelación especial escrita; esencialmente pueden establecerse tres.

Biblia

Transliteración de la voz griega βιβλία, que tiene la connotación de libros, siendo el plural de βιβλίον, libro. El plural *Biblia* se impuso por influencia de los padres griegos, marcando la realidad de que no se trata de un solo libro, sino de un conjunto de libros. En el s. IV, Jerónimo la llamó "biblioteca divina". Se considera que el primero en usar el término Biblia fue Juan Crisóstomo, que dijo: "Los judíos tienen libros[14], pero nosotros tenemos un tesoro de libros; ellos tie-

---

[14] Griego: βιβλία.

nen letras[15], pero nosotros tenemos tanto el espíritu como la letra"[16]. Expresando también: "Abasteceos de libros[17], la medicina del alma, pero si no queréis ningún otro procurad al menos el nuevo[18]: las Epístolas, los Hechos, los evangelios"[19]. Se aprecia que Crisóstomo, en esta última referencia, hace alusión al Antiguo Testamento, libros, y a los escritos del Nuevo.

El término libro[20], en referencia a los Escritos Sagrados, aparece en varios pasajes (cf. Lc. 4:17, 20; Jn. 20:30; 21:25; Gá. 3:10; 2 Ti. 4:13; He. 9:19; 10:7; Ap. 1:11; 5:1, 2, 3, 4, 5, 8, 9; 10:8; 17:8; 20:12; 21:27; 22:7, 9, 10, 18, 19).

Escrituras. Un segundo calificativo deriva del griego αἱ γραφαί, que equivale a *las Escrituras*, o también ἱερὰ γράμματα, *Santas Escrituras*. Este término se aplica tanto a los escritos en sí, como a las mismas letras, incluso se utiliza para referirse a cartas (Jn. 5:47; 7:15; Hch. 26:24; 28:21; Ro. 2:27, 29; 7:6; 2 Co. 3:6, 7; Gá. 6:11; 2 Ti. 2:15[21]).

Mayoritariamente, el texto se usaba para referirse a los escritos del Antiguo Testamento (2 Ti. 3:16). Pero también se usa para referirse a los escritos del Nuevo Testamento (Gá. 6:11). Teófilo de Antioquía, ca. 180, incluía a los evangelios en las Escrituras[22]. Un escrito del apóstol Pedro sitúa a las Epístolas de Pablo como Escritura, al mismo nivel que las del Antiguo Testamento (2 P. 3:16).

Para los autores del Nuevo Testamento, las Escrituras están revestidas de autoridad divina; de ahí que el Señor se refiera a ellas de este modo, en relación con el cumplimiento de lo que había sido determinado para Él, cuyo cumplimiento es cierto: "Y también otra Escritura dice: Mirarán al que traspasaron" (Jn. 19:37). Haciendo alusión a la justificación de Abraham, escribe el apóstol Pablo citando la Escritura: "Porque ¿qué dice la Escritura? Creyó Abraham a Dios, y le fue contado por justicia" (Ro. 4:3). Se citan también como referencia a actos divinos: "¿O pensáis que la Escritura dice en vano: El Espíritu que él ha hecho morar en nosotros nos anhela celosamente?" (Stg.

---

[15] Griego: γράμματα.
[16] Juan Crisóstomo, *Homilias* 2.
[17] Griego: βιβλία.
[18] Griego: καινή.
[19] Juan Crisóstomo, *Hom.* 9, *in Epistola ad Colosenses*.
[20] Griego: βιβλίον.
[21] Es probable que en ese sentido el texto bíblico haya servido como libro de enseñanza para que Timoteo pudiera aprender a leer el griego.
[22] Teófilo de Antioquía, *Autolicum* 3, 12.

4:5). La Escritura expresa la idea de que en ella se está expresando la voz viviente de Dios.

Palabra de Dios

Es el término usado indistintamente para referirse a los escritos del Antiguo y del Nuevo Testamento (Jn. 10:35; He. 4:12). En este término hay muchos pasajes que afirman que la Biblia es la Palabra de Dios (cf. Dt. 6:6-9, 17-18; 2 S. 22:31; Sal. 1:2; 12:6; 19:7-11; 119:9, 11, 18, 89-93, 97-100, 104-105, 130; Pr. 30:5-6; Is. 55:11; Jer. 15:16; 23:29; Mr. 13:31; Jn. 10:35; Ro. 10:17; 1 Ts. 2:13; 1 P. 1:23-25; Ap. 1:2).

Como Palabra de Dios, la Biblia posee en sí misma virtudes transformadoras que constituyen una evidencia interna de esta verdad. A modo de ejemplo, los textos del Salmo 19:7-9. En su lectura se aprecia que es perfecta, puesto que tiene poder para convertir el alma (v. 7); es fiel, por la capacidad de dar sabiduría (v. 7); es recta, produciendo alegría al corazón (v. 8); además es también pura, capaz de iluminar la visión orientándola convenientemente (v. 8); también es limpia, generando el respeto reverente por Dios, que permanece para siempre (v. 9); toda la Palabra de Dios es verdad, de modo que no existe error en ella que pueda contradecir la única verdad, que es Dios y que procede de Él (v. 9). Finalmente, en el grupo de textos del Salmo seleccionado, la Palabra de Dios es justa, en todas las disposiciones que dimanan de ella (v. 9).

Definición

Siempre es problemático establecer una definición, especialmente de cuestiones bíblicas o teológicas. Definir implica limitar. La palabra procede del latín *definiré*; en ella, el prefijo *de* tiene un valor de resultado, unido al verbo *finire*, terminar, de *finis*, término. De ahí que la idea es poner término, establecer límites para separarlo de otras cosas limítrofes, de modo que no se confunda. Así que cuanto no esté dentro de la definición, aunque pudiera ser muy parecido, queda excluido del ámbito. De ahí que la Biblia es un libro de afirmaciones, pero no tanto de definiciones. En este caso, se hace preciso concretar, de algún modo, lo más preciso posible, el sentido de revelación.

Para preparar la definición, es preciso entender que la Palabra de Dios es el contenido de la Biblia; por consiguiente, la única revelación que hace de sí mismo en forma precisa y fiel para que los hombres le conozcan (Jn. 10:34-35; 2 Ti. 3:15-16; He. 4:12; 2 P. 1:19-21). Esta revelación divina tiene como propósito que el hombre, al conocer a Dios, le crea y acepte como todo cuanto necesita, amándole, sirviéndole y obedeciéndole al reconocerle como Señor. Este conocimiento tiene consecuencias temporales y eternas. Además, cuanto Dios hace está rodeado de amor y orientado por él, de ahí que esa revelación tenga un componente soteriológico único, que conduce al hombre al Salvador.

Se puede definir la revelación como la operación declarativa que Dios hace de sí mismo por voluntad soberana, en una iniciativa amorosa, comunicándola a los escritores humanos de la Biblia, de modo que pudieran registrar en sus escritos verdades que están fuera del alcance del hombre con el propósito de hacerle conocer lo que Dios es y desea, expresando su propósito salvador, lo que redunda en gloria de su nombre, bendición a quienes creen y dejando sin excusa al que no acepte esa revelación.

Razón

Se ha considerado antes la naturaleza de la revelación, de modo que, a pesar del pecado del hombre, no ha dejado a la humanidad caminando en sus propios caminos sin darle testimonio de Él, como expresó el apóstol Pablo a los de Listra: "En las edades pasadas él ha dejado a todas las gentes andar en sus propios caminos; si bien no se dejó a sí mismo sin testimonio, haciendo bien, dándonos lluvias del cielo y tiempos fructíferos, llenando de sustento y de alegría nuestros corazones" (Hch. 14:16-17). De manera que Dios ha procurado por todos los medios manifestarse a sí mismo. El Espíritu conduce al hombre para desear este conocimiento. La causa de la revelación, como se ha dicho, es que los hombres le busquen: "Para que busquen a Dios, si en alguna manera, palpando, puedan hallarle, aunque ciertamente no está lejos de cada uno de nosotros" (Hch. 17:27).

El conocimiento de Dios alcanza cotas elevadas para el creyente. La revelación, especialmente la que Dios hace en el Hijo, tiene un propósito: "A fin de conocerle, y el poder de su resurrección, y la participación de sus padecimientos, llegando a ser semejante a él en su muerte" (Fil. 3:10). El conocimiento de Dios es la vida eterna (Jn. 17:3), si bien este conocimiento no se limita a la intelectualidad del hombre, sino a la experiencia vivencial que lo vincula por la fe al Salvador, en cuya identificación recibe, por el conocimiento íntimo y personal con Dios, la vida eterna. El conocimiento vivencial es el medio por el cual Dios hace al hombre salvo participante en su naturaleza (2 P. 1:4).

La necesidad de la revelación está en la incapacidad del ser humano para conocer a Dios más allá de su propia medida intelectual, siempre mínima ante la infinidad divina. Un detallado testimonio de esta verdad está en las preguntas que Dios formula a Job, en las que pone de manifiesto esta limitación humana (Job 38:1-7). Debe añadirse a la incapacidad natural, la limitación espiritual para comprender el pensamiento de Dios, ya que el "hombre natural no percibe las cosas que son del Espíritu de Dios, porque para él son locura, y no las puede entender, porque se han de discernir espiritualmente" (1 Co. 2:14).

Otros aspectos de la revelación

Mediante objetos

Dios ha revelado aspectos de su condición mediante objetos, a los que se califica de testimonio, revelando en ellos algunas de sus perfecciones.

Su santidad y justicia se ponen de manifiesto mediante las tablas de la Ley, entregadas a Moisés y escritas por Él mismo: "Y dio a Moisés, cuando acabó de hablar con él en el monte de Sinaí, dos tablas del testimonio, tablas de piedra escritas con el dedo de Dios" (Ex. 31:18). En ellas revela su condición de Dios único, verdadero y adorable, y establece la normas que permiten conocer su justicia, en relación con la sociedad humana.

Su poder y gloria se aprecian visiblemente mediante el mueble que estaba situado en el Lugar Santo del tabernáculo. Desde el propiciatorio, Dios comunicaba sus palabras a Moisés en el tránsito desde Egipto hasta llegar a Canaán. La gloria divina se manifestaba desde ella y el poder de Dios actuó del mismo modo como ocurrió con la detención de las aguas del Jordán para que pudiera pasar el pueblo en seco. Reiteradamente se le llama arca del testimonio (cf. Ex. 25:22; 26:33, 34; 30:6, 26; 31:7; 39:35; 40:3, 5, 21; Nm. 4:5; 7:89; Jos. 4:16). Dios se revelaba en ella.

El testimonio de amor y comunión de Dios se hacía visible en el mismo tabernáculo que también recibe el calificativo de testimonio (Nm. 1:50). En él se aprecia el amor que el Señor manifestaba a su pueblo, acompañándolo y estando con él día a día, al tiempo que se apreciaba una admirable dimensión de la comunión conviviendo con ellos en una tienda.

Dios revela la separación que necesariamente tenía de cualquier cosa corrompida y del acceso del pecador sin expiación de su pecado, colocando entre la parte del santuario llamada Lugar Santo, y el Lugar Santísimo, donde se manifestaba de un modo especial su presencia, un velo, al que se designa por el calificativo de velo del testimonio (Lv. 24:3).

Comunicación directa

Dios se reveló hablando directamente a los hombres, como ocurrió con Pablo dando testimonio de éxtasis y de las palabras que el Señor le dijo personalmente (Hch. 22:17-18).

En esta revelación directa se incluyen teofanías, visiones, sueños y comunicación verbal. Especialmente destacable en esta última forma la continua comunicación que Dios tuvo con Moisés, dando testimonio el escrito bíblico de que había una diferencia notable entre la revelación divina a él y la misma a los profetas (Nm. 12:6-8). Al cerrar la última referencia a Moisés en el Pentateuco se recuerda esto de una forma muy precisa (Dt. 34:10).

Sin embargo, en cuanto a la revelación especial escrita, no siempre exigió Dios que todo lo que Él habló a los hombres lo dejasen estos reflejado por medio de la escritura. La Escritura hace referencia a distintas vías para la revelación, como visiones, sueños, éxtasis, traslaciones, palabras y ángeles (Nm. 12:5-10; Jl. 2:28).

Mediante visiones se reveló a Abraham (Gn. 15:1), a Jacob (Gn. 46:2-4), a Isaías (Is. 1:1, 2; 6:1 ss.). Hay otras referencias que lo confirman (cf. Jer. 1:1 ss.; 2:1 ss.; Ez. 1;3; 2:1-8; 6:1; 7:1, 2; comp. Hch. 9:10-16; 10:1-8; Ap. 4:1-11).

Por medio de sueños, Dios se comunicó con Jacob (Gn. 28:10-22). Job hace referencia a este modo (Job 33:14-17). Otras referencias en la Escritura (Dn. 7; comp. Mt. 1:20; 27:19).

Por éxtasis y traslaciones, lo hizo con Pedro (Hch. 10:9-18); y también con Pablo (2 Co. 12:1-4).

Por medio de palabras, el Señor se reveló a Noé (Gn. 6:13; 7:1; 8:15-17), haciéndolo también con él y sus hijos (Gn. 9:8). Antes se hizo referencia a la relación de Dios con Moisés, revelándole su propósito de liberar al pueblo de Israel (Ex. 3:1-8).

Dios utilizó ángeles para comunicar su revelación, como ocurrió con Daniel (Dn. 8:15-16). Del mismo modo con Zacarías, el padre de Juan el Bautista (Lc. 1:11 ss.). Mediante un ángel hizo a María la revelación del nacimiento de Jesús (Lc. 1:26 ss.). En las revelaciones de Apocalipsis los ángeles fueron enviados por Dios al apóstol Juan con ese propósito (Ap. 22:6-9).

Revelación en el Hijo

Aunque la revelación escrita es completa, ya que por ella el hombre puede conocer a Dios, es también limitada, en el sentido de que a la infinitud divina no es posible limitarla al pequeño recipiente del conocimiento o de la mente humana. Sin embargo, Dios quiso darse a conocer en la dimensión plena de lo que es, por lo que el único medio para ello sería que Él mismo viniese al encuentro del hombre y se manifestase en su plena dimensión de Dios. Este propósito revelador se llevó a cabo con la irrupción divina en el mundo humano, dicho de otro modo, revistiéndose de humanidad y presentándose a los hombres como hombre. Esta presencia no supone un diálogo con palabras, aunque lo comprende, sino una revelación con su misma vida. Lo invisible de Dios se hace visible a la criatura por medio de la humanidad del Verbo, que se encarnó, para hacerlo visible (Jn. 1:18).

La limitación de la revelación por los medios que Dios usó o hubiera podido usar queda resuelta en total dimensión por Cristo y en Él. Dios se hace presente entre los hombres por el Logos encarnado: "Y aquel Verbo fue hecho carne, y habitó entre nosotros"[23] (Jn. 1:14). Aunque el texto se comenta más extensamente en el apartado de cristología, requiere hacer una aproximación aquí, a los efectos de la revelación en el Hijo.

Juan se refiere al acontecimiento por el cual el Verbo comenzó a existir en la carne, de otro modo, como Pablo dice, deviene de la forma de Dios a la forma de hombre (Fil. 2:6-8). De otro modo, Dios no podría revelar la dimensión y condición de su amor al hombre, es decir, no podría expresar a los hombres el mensaje del amor sin hacerse hombre, para que por su pobreza el hombre pueda ser enriquecido (2 Co. 8:9). El núcleo fundamental de la revelación en Dios mismo se manifiesta en quien se afirma como Verbo en la unidad del ser divino: "Fue hecho carne". Quien estaba junto a Dios (Jn. 1:1), Creador de todas las cosas (Jn. 1:3), acompaña a los hombres sumidos en tinieblas para hacerse luz en su mundo y en su interior (Jn. 1:4, 5, 9), haciendo posible la revelación exhaustiva de Dios. Se hace hombre, pero no depone su ser divino, por lo que la revelación plena se hace no solo por Dios, sino en Dios mismo. No se trata de una mera

---

[23] Texto griego: Καὶ ὁ λόγος σὰρξ ἐγένετο καὶ ἐσκήνωσεν ἐν ἡμῖν.

apariencia por la que Dios el Verbo se presenta de otra forma ante los hombres, sino una verdadera inserción de Dios entre ellos por medio de la encarnación y nacimiento virginal de María. En esa condición, hecho carne, Dios se revela a sí mismo como hombre, a fin de que, en esa dimensión limitada, pueda ser accesible a la mente humana. No es solo que el Verbo tome cuerpo humano, sino que se hace hombre, incluyendo en ello toda la entidad de la criatura, tanto en la parte material, el cuerpo, como en la espiritual propia del ser humano.

En el descenso de Dios al encuentro del hombre, en una humanidad subsistente en la persona divina del Verbo eterno, permite la máxima revelación de Dios, ya que el Verbo en la unidad del Padre y del Espíritu toma la decisión de proyectarse fuera de sí mismo, vinculándose a los hombres en una naturaleza humana, como la suya. Por esa acción surge una realidad nueva por medio de la cual el Verbo se exterioriza a sí mismo, y con Él, como expresión absoluta y completa de Dios, puede revelar sin ningún límite a Dios, que quiere manifestarse plenamente. Este hombre Jesús, el Verbo encarnado, es la expresión visible de la vida trinitaria de Dios en una criatura y la incardinación de la creatura en Dios.

El lugar del Verbo en la Trinidad explica que en la encarnación nos deja vislumbrar su naturaleza trinitaria, cuestión tanto o más incomprensible para la mente que cualquier otro aspecto de la revelación. El hacerse carne no es otra cosa que el decirse a sí mismo como Verbo eterno expresión exhaustiva de Dios, al salirse de sí mismo en una exteriorización reveladora, que comporta en ella el decir supremo del amor de Dios por la creatura. Solo en la encarnación y por el resultado de ella, el inmutable Dios que no puede padecer, puede compadecerse del hombre y experimentar los quebrantos de la creatura sin menoscabo de su deidad. En Cristo conocemos al Dios humilde y al Dios humillado, inalcanzable misterio para la mente humana, finita, condicionada, y limitada.

Junto con el hecho de hacerse carne, está el modo en el que el Verbo encarnado revela a Dios. El apóstol Juan escribe: "U habitó entre nosotros". Este es otro asombroso hecho: Dios se hace habitante del mundo. El verbo que utiliza Juan[24] tiene múltiples equivalencias, como habitar, vivir, poner tienda, fijar tabernáculo. Todas ellas tienen relación con el establecimiento de una residencia permanente. El término expresa la idea de poner una tienda donde residir, un tabernáculo donde morar. Tendríamos que inventar un verbo para establecer

---

[24] Griego: σκηνόω.

una relación con la palabra griega; en este caso, sería algo así como tabernacular. El Verbo tomó una residencia humana, se hizo hombre y plantó esa tienda entre los hombres. No se trataba de una deposición de la deidad, ya que, en su condición de hombre, comienza una existencia divino-humana, en la que la naturaleza divina permanece inalterable puesto que no se trata de un dios rebajado, sino del único Dios verdadero que se hace visible a los hombres no desde la inmensidad e infinitud que le son propias, sino desde la humildad de la criatura. Sin embargo, en esa naturaleza humana, en el hombre Jesús de Nazaret, habita corporalmente toda la plenitud de la deidad (Col. 2:9).

Dios se manifestó en el pasado en el tabernáculo, donde moraba con su pueblo, pero lo hacía en la distancia, de modo que nadie podía acceder al lugar donde manifestaba de forma especial su presencia. Pero el mismo santuario de Dios se levanta por la encarnación en la persona de Jesús, en quien la gloria de Dios se manifiesta, no para alejar al pecador, sino para llamarlo y atraerlo a Él mismo. No viene para distanciar al hombre, sino que lo hace para buscar y salvar lo que se había perdido (Lc. 19:10). La creatura podía material y literalmente rozarse con Dios y no ser muerto. Podía verter ungüento sobre sus pies; adorarle en la proximidad; pedir el beneficio de su misericordia; sentarse al lado de Dios, mientras Él participaba en la comida y en la bebida del hombre. Juan habla aquí de la presencia real del Verbo encarnado, cumpliendo la profecía que le nombra como Emanuel, Dios con nosotros (Is. 7:14).

En el tiempo de su ministerio terrenal, Jesús fue confesado por Pedro como portavoz de los discípulos, reconociéndolo como "el Cristo, el Hijo del Dios viviente" (Mt. 16:16). Ese conocimiento procedía directamente de revelación divina: "Entonces le respondió Jesús: Bienaventurado eres, Simón hijo de Jonás, porque no te lo reveló carne ni sangre, sino mi Padre que está en los cielos" (Mt. 16:17). No se trataba, con toda probabilidad, de una revelación especial y directa, sino que la vida del Verbo encarnado, sus operaciones omnipotentes y las manifestaciones de los atributos divinos en Él fueron la fuente de la revelación para hacerle reconocer la condición divina de Jesús.

El propósito de la irrupción divina en la historia humana es revelador. Se ha dicho ya que la misión de Jesús fue la de revelar a Dios (Jn. 1:18). De otro modo, el Dios invisible se hace visible en la persona de su Hijo encarnado.

Esa es la razón por la que se lee: "Dios, habiendo hablado muchas veces y de muchas maneras en otro tiempo a los padres por los profetas, en estos postreros días nos ha hablado por el Hijo"[25] (He. 1:1-2).

La verdad fundamental del texto es que Dios habló, literalmente: "Dios habiendo hablado", es decir, no ha quedado aislado de los hombres, sino que se ha comunicado con ellos. El verdadero y eterno Dios entró en relación con los hombres, enviándoles su mensaje personal, revelador y salvífico. No está pensando el autor en una revelación genérica y elemental que el mismo Dios hace por medio de la naturaleza (Ro. 1:19-20), mediante la cual pone de manifiesto su existencia y poder; ni tampoco en el hablar personal por medio de la conciencia de los hombres (Ro. 2:15), por cuya voz el hombre entiende lo que es y lo que no es correcto; ni es el hablar histórico por medio de su providencia. Dios habló a los hombres.

Como ya se ha dicho antes, esa revelación fue progresiva: la hizo a lo largo del tiempo. Es también fragmentaria: la hizo en muchas partes, o en muchas veces. Estos muchos fragmentos de la revelación de Dios tienen el efecto progresivo de un mayor conocimiento de Él a lo largo del tiempo durante el cual habló. Es decir, el hombre recibe en la revelación progresiva un caudal cada vez mayor para conocerle.

Después de los tiempos en que Dios habló por los profetas, llega el tiempo actual, definido aquí por medio de la expresión "en estos postreros días"[26]. Los *postreros días* es el tiempo de la actual dispensación, en la que, al comienzo, los hombres pudieron oír la misma voz de Dios expresada por su Hijo. Terminado el ministerio profético de la antigua dispensación, Dios habla en estos tiempos.

Los destinatarios de esta nueva forma de revelación se determinan mediante el uso del pronombre personal *nos, nosotros*[27], de manera que en estos postreros días "nos habló", manifestando un cambio sustancial en cuanto a la revelación. En la antigua dispensación, Dios habló a lo largo del tiempo "a los padres" y desde ellos llegó al resto de los hombres. En el tiempo del cumplimiento de la salvación preparada eternamente, son los creyentes y los hombres en general a quienes Dios habla definitiva y plenamente. Es el mensaje divino por excelencia (1 Co. 10:11).

---

[25] Texto griego: Πολυμερῶς καὶ πολυτρόπως πάλαι ὁ Θεὸς λαλήσας τοῖς πατράσιν ἐν τοῖς προφήταις. ἐπ' ἐσχάτου τῶν ἡμερῶν τούτων ἐλάλησεν ἡμῖν ἐν Υἱῷ, ὃν ἔθηκεν κληρονόμον πάντων, δι' οὗ καὶ ἐποίησεν τοὺς αἰῶνας.
[26] Griego: ἐπ' ἐσχάτου τῶν ἡμερῶν τούτων.
[27] Griego: ἡμῖν.

El mensajero, que es también mensaje en sí mismo, recibe el título: Hijo. Los profetas hablaron anunciando al Hijo; cuando vino el cumplimiento del tiempo, la profecía se cumplió dando paso a la realidad presencial del Hijo de Dios entre los hombres (Gá. 4:4). El mensaje progresivo de la revelación alcanza la cota suprema en el Hijo. Es necesario entender bien el texto, en el sentido de que Dios no solo habló por medio del Hijo, sino que habló definitivamente en el Hijo mismo, literalmente *en Hijo*[28]. En el texto griego no va precedido de artículo, ni de pronombre personal o posesivo en primera persona, por lo que el autor está haciendo una afirmación única en todo el Nuevo Testamento: el discurso revelador de Dios se llama Hijo. El mensaje absoluto de Dios se expresó en un hombre, que es Jesús. Pero no se pronuncia por medio de palabras solamente, sino que se manifiesta en la Palabra, que vino a los hombres mediante la encarnación del Hijo de Dios (Jn. 1:14), quien, al ser Verbo (Jn. 1:1), expresa absoluta, plena y totalmente a Dios. La misión del Hijo es hacer la exégesis de Dios a los hombres (Jn. 1:18). Esa revelación es tan completa que Jesús hace visible a los ojos de los hombres al Invisible que nadie puede ver jamás (1 Ti. 1:17). Los portavoces anteriores de Dios fueron los siervos de Dios, sus profetas, pero para la proclamación definitiva de su mensaje revelador, envió a su Hijo unigénito. Si la revelación fue *en Hijo*, alcanza dos modos; por un lado, el instrumental: la revelación se hace por medio del Hijo; por el otro, el local, ya que en Cristo habita corporal y sustancialmente toda la plenitud de la deidad (Col. 2:9). Esa es la razón por la que Jesús pudo decir a Felipe: "El que me ha visto a mí, ha visto al Padre" (Jn. 14:9). El Padre es inalcanzable al conocimiento humano, pero la voluntad de Cristo es revelarlo en el lenguaje propio y comprensible de los hombres y en la experiencia de relación que solo puede ser llevada a cabo por quien es, además de Dios, también hombre perfecto. De ahí que esa acción mediadora sea posible en Jesucristo hombre (1 Ti. 2:5).

El Señor se manifiesta a los hombres en la intimidad con el Padre en la unidad divina. La sabiduría del Hijo de Dios, como Verbo eterno, es tal que solo Él conoce perfectamente al Padre, porque está en su seno (Jn. 1:18), y solo Él puede alcanzar el conocimiento supremo de los secretos divinos, tanto los que en misterio se revelen a los hombres, como los que eternamente permanezcan en la intimidad de Dios. Jesucristo es el Verbo con el que Dios expresa lo que es, piensa, siente, desea y se propone (Jn. 1:1-2, 18; 14:9; Col. 2:9; He.

---

[28] Griego: ἐν Υἱῷ.

1:2-3). Todo lo que Dios puede revelar de sí mismo está encerrado en el Logos, Verbo personal del Padre, ya que en este Verbo el Padre expresa su interior, es decir, todo cuanto es, tiene y hace. Jesucristo, como Verbo encarnado, es la expresión exhaustiva del Padre. Cristo, el Logos personal de Dios es, por tanto, divino, infinito y exhaustivo, único revelador adecuado para el Padre que lo pronuncia. Así que este Verbo, al hacerse hombre (Jn. 1:14), traduce a Dios al lenguaje de los hombres, y es insustituible como revelador a causa de ser la única Verdad personal del Padre (Jn. 14:9). Como expresión exhaustiva del Padre, la mente divina agota en Él su producto mental, ya que, al pronunciar su Logos, da lugar por vía de generación a la segunda persona divina. No supone esto en modo alguno una existencia desde la no-existencia. Es decir, el hecho de que el Padre pronuncie la Palabra eterna que es el Hijo no significa que dé origen a la persona que es eterna como el Padre y el Espíritu, esto es, sin principio. Pero no cabe duda de que si el Logos, Palabra, vive en el que la expresa, así también el que la expresa, esto es, el Padre, vive al decirla. Ambas personas divinas establecen una relación en el seno de la deidad, de modo que lo que constituye al Padre es el acto vital de expresar su Verbo; de ahí que no pueda ser Padre sin el Hijo, ni tampoco el Hijo, como Verbo, puede vivir sin el Padre. De ahí que "todo aquel que niega al Hijo, tampoco tiene al Padre. El que confiesa al Hijo, tiene también al Padre" (1 Jn. 2:23). Por consiguiente, esa relación expresada por Cristo tiene que ver con la mutua inmanencia entre las dos personas divinas.

Cuando Jesús afirma que solo hay conocimiento completo del Padre en el Hijo y del Hijo en el Padre está presentando la verdad de la autocomunicación definitiva e irrevocable de Dios en Cristo, en solidaridad con el destino final de los pecadores. La relación de Dios con Jesús en el tiempo histórico de los hombres es una relación de entrega, en la medida en que Dios puede entregarse y otorgarse a los hombres, que no parte de la historia humana, sino que la antecede en todo, es decir no se inicia en el tiempo ni está condicionada por la obra de salvación, sino que pertenece al ser mismo de Dios. El Verbo encarnado es la manifestación temporal de la proximidad de Dios al hombre determinada en el plan de redención antes de que el hombre fuera. De ahí que Jesús entienda, y así lo exprese, su presencia entre los hombres como el enviado de Dios. Hasta tal punto es un hecho la eterna vinculación *ad intra* por lo que Jesús afirma que Él y el Padre son uno (Jn. 10:30). La preexistencia de Cristo que se hace realidad entre los hombres y viene con la misión de revelar al Padre tiene una finalidad soteriológica. De ahí que las referencias bíblicas al envío del Hijo por el Padre vayan acompañadas de la preposición *para*, que indica propósito (Gá. 4:5; Ro. 8:3-4; Jn. 3:16; 1 Jn. 4:9). En último extremo, la obra del Hijo tiene que ver con el aspecto salvífico por el que se otorga al pecador creyente la condición de hijo de Dios (Jn. 1:12). A Dios nadie le vio jamás, pero es el Unigénito que está en el seno del Padre el que lo da a conocer (Jn. 1:18). En Jesucristo es Dios quien se da y se manifiesta, introduciéndose literalmente en el campo de su Creación, mediante la humanidad. El propósito de Jesucristo es revelar a Dios, de modo que las personas lo conozcan, no en la intelectualidad, sino en la comunión de vida para que puedan tener vida y vida eterna (Jn. 17:3). Todos cuantos quieran adquirir este admirable conocimiento deben acudir al único que puede revelarlo, que es el Hijo, en quien resplandece "la luz del conocimiento de la gloria Dios en la faz de Jesucristo" (2 Co. 4:6).

Caben aquí como resumen las palabras de Juan de la Cruz, que escribe así:

> En lo cual (He. 1:1) da a entender el apóstol que Dios ha quedado como mudo y no tiene más que hablar porque lo que hablaba antes en partes a los profetas ya lo ha hablado en él todo, dándonos al Todo que es su Hijo. Por lo cual el que ahora quisiese preguntar a Dios, o querer alguna visión o revelación, no solo haría una necedad, sino hará agravio a Dios, no poniendo los ojos totalmente en Cristo, sin querer otra alguna cosa o novedad. Porque le podría responder Dios de esta manera, diciendo: "Si te tengo ya habladas todas las cosas en mi Palabra, que es mi Hijo, y no tengo otra, ¿qué te puedo ahora responder o revelar que sea más que eso? Pon los ojos solo en Él, porque en Él te lo tengo dicho todo y revelado, y hallarás en Él aún más de lo que pides y deseas. Porque tú pides locuciones y revelaciones en parte, y si pones en Él los ojos, lo hallarás en todo; porque Él es toda mi locución y respuesta, y es toda mi visión y toda mi revelación".[29]

En esa condición divino-humana, el Hijo expresa la realidad de la revelación del Padre, también en su enseñanza: "Mi palabra no es mía sino del Padre que me envió" (Jn. 14:24). Esa es la razón por la que el que viene del cielo da testimonio de lo que ha visto y oído (Jn. 3:31-32). Es en el Hijo que Dios se revela en plenitud absoluta. Él fue

---

[29] Juan de la Cruz, *Subida del Monte Carmelo*. Libro II, cap. XXII.

enviado por el Padre al mundo para superar la situación de ignorancia de los hombres en relación con Dios, por medio de la revelación por y en Él, y superar la situación del pecado mediante la redención. Lo que Jesús hacía revelaba el ser y el hacer de Dios, es en Él y por Él que podemos llegar a conocer la naturaleza de Dios y sus intenciones para con los hombres.

El Logos por su propia naturaleza es la absoluta revelación de Dios, en un discurso infinito y exhaustivo de Él. En el Hijo se hace visible el poder y la sabiduría divina ya que es "poder de Dios, y sabiduría de Dios" (1 Co. 1:24). No tiene esto relación solo con la omnipotencia creadora del Verbo que expresa la voz de autoridad que trae a la existencia lo que no existía (Jn. 1:3; Col. 1:16, 17; He. 1:2), sino que ese poder está también vinculado a la obra de la nueva creación en Él mismo, de los pecadores que han sido llamados a salvación (Ro. 1:16). Cristo es la revelación de la omnipotencia salvadora de Dios. De ahí que el apóstol habla de Cristo como poder y sabiduría de Dios, porque la revelación del plan de redención está en Él, ya que no hay otro bajo el cielo en que podamos salvarnos (Hch. 4:12), siendo además el único Mediador entre Dios y los hombres (1 Ti. 2:5); por consiguiente, es sabiduría de Dios poniendo de manifiesto el plan divino para salvación y ejecutándolo en plenitud.

La revelación de la gloria infinita de Dios se hizo visible en Jesucristo (Jn. 1:14). Esa es la razón de la precisa afirmación suya en respuesta a la petición de Felipe que le pedía que les mostrara al Padre: "¿Tanto tiempo hace que estoy con vosotros, y no me has conocido, Felipe? El que me ha visto a mí, ha visto al Padre; ¿cómo, pues, dices tú: Muéstranos al Padre?" (Jn. 14:9). La petición del discípulo no podía responderse porque ya lo había sido. Quería ver al Padre. Jesús había estado con él durante tres años, de modo que en Jesús se cumplía la revelación del Padre, por lo que quien le había visto a Él, había visto al Padre. Esto es natural puesto que no hay otra revelación del Padre que no sea en el Hijo (Jn. 1:18). Ver a Jesús es ver al Padre porque está en Él y es el realizador conjunto de las obras de Cristo. Él es uno con el Padre (Jn. 10:30), porque es Emanuel, Dios con nosotros. Solo es posible ver al Padre, invisible para el hombre, a través de la humanidad del Verbo, su Hijo. El apóstol Pablo escribe, refiriéndose al Padre: "A quien ninguno de los hombres ha visto ni puede ver" (1 Ti. 6:16). Si Dios es espíritu (Jn. 4:24), es necesariamente invisible a los ojos físicos. Al infinito Dios Padre solo le puede revelar otro infinito, que es Dios Hijo. Tan solo las tres personas divinas pueden verse plenamente como son. Jesús lo había enseñado y los discípulos lo habían oído de Él: "Todas las cosas me fueron entregadas por mi Padre; y nadie conoce quién es el Hijo, sino el Padre; ni quién es el Padre, sino el Hijo, y aquel a quien el Hijo lo quiera revelar" (Lc. 10:22).

En Jesucristo habita, es decir, está corporalmente la plenitud de la deidad (Col. 2:9). Nadie más que el Logos podía hacer las señales de Dios (Jn. 3:2). Nadie más que Él podía expresar la sabiduría de Dios (Jn. 7:46). La misma vida de Dios se hace manifiesta en Cristo (1 Jn. 1:1-3). Jesucristo revela absolutamente la dimensión de amor de Dios (Ro. 5:8; 1 Jn. 3:16). A causa de esta revelación plena y absoluta, Dios guarda ya silencio en cuanto a una nueva revelación de sí mismo, porque ha pronunciado su última y definitiva palabra (He. 1:2). No hay nada en Cristo que no esté vinculado a la deidad, no hay nada en Dios que no esté expresado en Cristo.

La revelación de Dios que ha quedado registrada en la Biblia expresa verdades acerca de Él independientemente de la capacidad cognoscitiva del hombre. Esto solo puede ser conocido porque Él las reveló a través del tiempo.

La revelación divina es múltiple en cuanto a temas, abarcando tanto lo devocional como lo histórico, profético y ético. Pero, en el caso de la revelación especial —que ha sido tratada antes— es parcial, habiendo cosas secretas que no han sido reveladas en ella (Dt. 29:29), pero a su vez es completa en cuanto a lo que el hombre necesita para conocer a Dios; con todo, habrá una progresión de revelación en la dimensión de la perpetuidad en gloria, en la que cada día conoceremos más a Dios. La revelación especial escrita es final porque fue dada una sola vez a los santos (Jud. 3); de ella nada se quitará, ni nada se añadirá. Todo lo revelado en ella tendrá cumplimiento fiel.

La Biblia como revelación

En relación con la revelación, la Biblia es la expresión en letras y lenguaje humano de Dios mismo, en la dimensión en que el hecho revelador ocurre. No es otra cosa que el discurso divino porque Dios habla de sí mismo. En ese sentido, lo que la Escritura dice es Palabra, dicho, de Dios. En ese modo, es el medio preciso para conocer a Dios.

El Espíritu Santo utilizó la escritura y los idiomas humanos para que la revelación fuese transmitida en modo escrito, a fin de preservarla como fue entregada sin que se produjeran los naturales errores de la tradición oral. No cabe duda de que tanto la revelación como la inspiración, que se tratará en el siguiente capítulo, son inseparables.

No pueden aseverarse las verdades escritas sin tener en cuenta ambos elementos. La Biblia es íntegramente verdad porque es la revelación de Dios inspirada por Él.

Permita el lector que se traslade un largo párrafo de Juan Calvino sobre la acción de Dios en la revelación escrita:

> Pues bien: sea que Dios se haya manifestado a los patriarcas y profetas por visiones y revelaciones, sea que Dios haya usado el ministerio y servicio de los hombres para enseñarles lo que ellos después, de mano en mano, como se dice, habían de enseñar a sus descendientes, en todo caso es cierto que Dios imprimió en sus corazones tal certidumbre de la doctrina con la que ellos se convencieran y entendieran que aquello que se les había revelado y ellos habían aprendido, había sido manifestado por el mismo Dios. Porque Él siempre ha ratificado y mostrado que su Palabra es certísima, para que se le diese mucho más crédito que a todas las opiniones de los hombres. Finalmente, a fin de que por una perpetua continuación la verdad de su doctrina permaneciese en el mundo para siempre, quiso que las mismas revelaciones con que se manifestó a los patriarcas se registraran como en un registro público. Por esta causa promulgó su Ley, y después añadió como intérpretes de ella a los profetas. Porque, aunque la doctrina de la Ley sirva para muchas cosas, como muy bien veremos después, sin embargo Moisés y todos los profetas insistieron sobre todo en enseñar la manera y forma como los hombres son reconciliados con Dios. De aquí viene que san Pablo llame a Jesucristo el fin y cumplimiento de la Ley (Ro. 10:4); sin embargo, vuelvo a repetir que, además de la doctrina de la fe y el arrepentimiento, la cual propone a Cristo como Mediador, la Escritura tiene muy en cuenta engrandecer con ciertas notas y señales al verdadero y único Dios, que creó el mundo y lo gobierna, a fin de que no fuese confundido con el resto de la multitud de falsos dioses. Así que, aunque el hombre deba levantar los ojos para contemplar las obras de Dios, porque Él lo puso en este hermosísimo teatro del mundo para que las viese, sin embargo, es menester, para que saque mayor provecho, tener atento el oído a su Palabra. Y así, no es de maravillar si los hombres nacidos en tinieblas se endurecen más y más en su necedad, porque muy pocos hay entre ellos que dócilmente se sujeten a la Palabra para mantenerse dentro de los límites que les son puestos; antes bien, se regocijan licenciosamente en su vanidad. Hay pues que dar por resuelto que, para ser iluminados con la verdadera religión, nos es menester comenzar

por la doctrina celestial, y también comprender que ninguno puede tener siquiera el menor gusto de la sana doctrina, sino el que fuere discípulo de la Escritura. Porque de aquí procede el principio de la verdadera inteligencia, cuando con reverencia abrazamos todo cuanto Dios ha querido testificar de sí mismo. Porque no solo nace de la obediencia la fe perfecta y plena, sino también todo cuanto debemos conocer de Dios. Y en realidad, por lo que se refiere a esto, Él ha usado en todo tiempo con los hombres una admirable providencia.[30]

Una cuestión esencial es determinar si la Biblia es creíble. Ante esto se ofrecen dos caminos, probablemente más, que salen como rutas de cada uno de ellos. La demanda de autoridad que se confiere a la Escritura puede autovalidarse como tal. Lo que Dios afirma en su revelación ha de ser comprobado a fin de alcanzar el valor que le otorgan a cada una de ellas. Por tanto, es esencial poder verificar las revelaciones. En la historia de la humanidad, y de forma especial en los parámetros establecidos para las religiones, las demandas de autoridad que llevan a los fieles al sometimiento, no se pueden verificar, como ocurre con la Biblia. El apóstol Juan hace una solemne advertencia a los cristianos: "Amados, no creáis a todo espíritu, sino probad los espíritus si son de Dios; porque muchos falsos profetas han salido por el mundo" (1 Jn. 4:1).

Dogmatismo

Está representado en el sector que entiende como pecaminosa la búsqueda de la validación o autentificación de la revelación. En tal sentido entienden que, si la Biblia es la revelación de Dios y esta es materia de fe, cualquier defensa que se haga de ella es despreciar al Espíritu que la ha comunicado.

Sin embargo, la controversia actual en este terreno requiere que, en muchas ocasiones, deba recurrirse a la verificación. El complejo mundo de la teología protestante reúne a grupos que van desde los fundamentalistas, algunos de los neo-ortodoxos, los evangélicos conservadores e incluso alguna rama de los liberales. Afirman algunos que la verdad de la revelación es siempre subjetiva y no debe considerarse como objetiva y por tanto verificable.

---

[30] Calvino, *Institución* I, VI, 3.

Esta posición del dogmatismo acepta que la Biblia es verdad revelada porque así está escrito en ella. De otra manera, no importa nada, en relación con la revelación, sino porque es proclamada como tal. El creyente tiene suficiente con lo que la Biblia afirme, y es la defensa que estamos llamados a presentar de nuestra fe a quien lo demande de nosotros (1 P. 3:15).

A modo de ejemplo, creemos por fe en la resurrección de Cristo, como la Biblia revela, pero esta verdad fundamental del cristianismo, no solo su resurrección, sino su posterior exaltación, tiene que ver con lo sucedido en el pasado histórico, que demuestra la realidad del hecho de fe. Cristo mismo apeló a una demostración histórica para poner de manifiesto la realidad de un principio de fe revelado, como es la resurrección de los muertos, ante aquellos que la negaban, considerándola como una demanda de la religión: "Pero respecto a que los muertos resucitan, ¿no habéis leído en el libro de Moisés cómo le habló Dios en la zarza, diciendo: Yo soy el Dios de Abraham, el Dios de Isaac y el Dios de Jacob? Dios no es Dios de muertos, sino Dios de vivos; así que vosotros mucho erráis" (Mr. 12:26). De manera que apeló a la historia que demostraba la existencia de los antepasados, para vincularla como ejemplo a la vida después de la muerte, no solo como un dogma de la religión, sino como una realidad lógica.

No cabe duda de que, si en algún momento no es posible una demostración de algún aspecto de la revelación, ha de prevalecer siempre la sumisión a ella como inspirada por Dios.

Empirismo

Como su acepción indica, es el conocimiento que se origina desde la experiencia, o el sistema que se basa en datos de la experiencia. El empirismo, relativo a la revelación, se posiciona en que creer que la Biblia es revelación divina, rechazando todo asunto de razón en la materia de fe, es contrario a lo que la misma Biblia enseña. La razón es competente para probar las verdades reveladas, pero no es capaz de originarlas como tales. Esto es, la revelación puede probarse, pero la revelación no puede establecerse desde el pensamiento y la experiencia humana.

Sobre esta posición escribe el Dr. Clark Pinnock:

> La aproximación inductiva-histórica se basa en la evaluación positiva de la relación entre la historia y la fe. La Escritura es el producto gramatical de una revelación que tiene la marca de

la credibilidad. Si el Evangelio no puede sostenerse por datos históricos, no puede sostenerse de ningún modo. Los mitos y las fábulas pueden ser inmunes a la investigación histórica, aunque sea solamente porque no son, en esencia, históricos. Pero la encarnación pertenece a la carne y huesos de la historia. La validez del teísmo cristiano está en sus credenciales históricas. Cualquier desacuerdo con la historia tiene un carácter doceta y es profundamente herético. La fe no es un salto existencial en la oscuridad; es motivada por una fuerte *preambula fidei*. ¡Es sin duda un paso hacia la luz! Hay suficiente evidencia de que la revelación divina ha sido entregada. Nuestra tarea es presentar esta evidencia a las personas perdidas.[31]

Sin embargo, frente a esta posición presentada, la revelación no es aceptable por demostración, sino por fe. La Biblia no es un libro de verdades científicas demostradas por la inteligencia humana, aunque es verdad que contiene verdades científicas que por muchos años no solo no fueron demostradas, sino que fueron cuestionadas por la ciencia de un determinado tiempo, pero que, abrazadas por fe en aquel que las revela, se demuestran en el tiempo o, en cualquier caso, se aceptan por ser Dios quien las manifiesta. El Espíritu genera en el corazón creyente la seguridad y certeza de lo que cree; de este modo, no puede demostrarse objetivamente que somos hijos de Dios, pero el Espíritu en nosotros comunica en un diálogo íntimo esa verdad y nos afirma el hecho real de esa posición, que nosotros profesamos porque creemos a Dios (Ro. 8:16).

---

[31] Pinnock, 2004, p. 204.

CAPÍTULO VI
INSPIRACIÓN

Introducción

La Biblia es la revelación de Dios para el hombre. Esta fue dada, como se ha considerado en el capítulo anterior, a lo largo de mucho tiempo, por medio de personas que Dios mismo seleccionó para escribirla. El tiempo transcurrido entre el primer escrito bíblico y el último es de aproximadamente unos mil cuatrocientos años. El número de autores oscila según diferentes eruditos, situándose más o menos entre treinta diferentes.

La revelación se conoce como tal por la información bíblica, de ahí que sea cuestionada en algunos sectores, e incluso aceptada en cierta medida por otros, quedando los que consideran que la revelación no necesita confirmación alguna para ser admitida; estos son los que se acercan a la Escritura no solo desde el punto de vista de la investigación científica, sino especialmente desde la perspectiva de la fe, que sin dejar de ser racional y demostrable en gran medida, asume que si la Biblia es la Palabra de Dios, como ella misma afirma, necesariamente tiene que haber sido revelada por Él.

Si Dios ordenó que su revelación se escribiese para que pudiera ser transmitida a lo largo del tiempo sin que se produjesen variables en ella, surgen preguntas relativas que solo pueden ser respondidas desde la inspiración, que expresa la acción divina de preservación de lo que ha revelado al trasladar esta al idioma y escritura de cada tiempo en que fue dada.

Esto trae también aparejada la autoridad de la Biblia. Si realmente es revelación de Dios, como creemos, cuanto en ella se escribe tiene carácter autoritativo, puesto que es el Soberano Dios que la ha comunicado a quienes Él mismo escogió. Quienes escribieron la revelación reclaman para el escrito producido esa autoridad. Pero es necesario estudiar la doctrina de la inspiración para eliminar cualquier supuesta reclamación de autoridad por parte de quien ha escrito, y afirmarse en que es autoridad porque Dios actuó para que el mensaje procedente de Él se transmitiese fielmente, conforme lo comunicó. De otro modo, ¿podemos estar seguros de que la Biblia ha sido inspirada por Dios? En caso afirmativo, sigue otra cuestión: ¿Cuánto de ella es inspirado y cuánto es resultado de la mente humana? Es decir, ¿puede hablarse de inspiración plenaria, que excluye cualquier porción en la Biblia, no importa su extensión, que no haya sido inspirada por Dios?

Frente a la fe que entiende que "toda la Escritura es inspirada por Dios", está la teología liberal humanista que lo niega claramente. Este problema complicó abiertamente la teología en el s. XX, convirtiendo la Biblia en un conjunto de partes inconexas, en el sentido de reveladas y no reveladas. La distinción entre ellas y la selección quedó al criterio del teólogo. Esto trajo como consecuencia el tambalearse de la teología, porque si se retira la base bíblica sustentada en la inspiración plenaria y, por tanto, en la autoridad, no hay sustento firme para las verdades que son objeto de la teología.

Cada uno de los parámetros relativos a la Bibliología descansa en elementos consistentes. A la revelación, sigue la inspiración, y a esta la inerrancia, que es la consecuencia lógica de la inspiración. Si la Biblia es la Palabra de Dios, plenariamente inspirada, quiere decir que los originales que salieron de la mano del hagiógrafo no contenían error alguno. Dios no puede mentir, de manera que, si en su revelación hubiese algún tipo de error, no sería fiable su Palabra, y carecería de toda autoridad. A causa de esta progresión, se hace necesario hacer una aproximación a cada uno de estos diferentes aspectos relativos a la Biblia.

Es preciso recordar, antes de iniciar el estudio de los temas de este capítulo, que la revelación es dada por Dios en un determinado tiempo y a una determinada persona. Él no reitera su discurso al hombre en cada época, sino que, lo que comunicó, lo hizo una sola vez. Si el discurso de Dios tiene por objeto que el hombre le conozca, tiene necesariamente que mantenerlo indefinidamente. La transmisión de la revelación ha de fijarse por medio de escritos y estos tienen que haber sido realizados bajo la atenta dirección de Dios, para que ninguna parte de su revelación descanse en el pensamiento del escritor, sino que se ajuste solamente a lo comunicado. Con todo, Dios no dictó su revelación, pero custodió la mente del escritor para que con su propio vocabulario escribiese sin alteración alguna lo que Dios quería revelar. De manera que la revelación está directamente vinculada con la comunicación, mientras que la inspiración está conectada con la transmisión de lo revelado.

Inspiración

Definición

Por ese término se quiere expresar la operación divina ejercida sobre los autores humanos, por la cual Dios les revela el mensaje a escribir, custodia su trabajo para que no se produzcan errores, pero sin alterar su propio estilo personal en la confección del original, comunicando luego al escrito.

Desarrollo

Se trata del control que Dios ejerce sobre el escritor, en el escritor y por medio del escritor. De otro modo, Dios actuó sobre el hagiógrafo impulsándole a escribir el mensaje divino. Lo hizo también en él, revelándole el mensaje que debía registrar, y preservando su intelecto para que, utilizando sus propias palabras, transmitiese con absoluta fidelidad y precisión el mensaje recibido. Actuó por medio del escritor, haciendo de este un instrumento para la transmisión de la Palabra.

Es necesario afirmarse en la inspiración como base fundamental del propósito divino de comunicar su revelación al hombre. Por medio de la acción divina de control se garantiza el elemento de exactitud en cada uno de los escritos sagrados, para que sean fundamento de la verdad en el conocimiento de Dios. Tal operación del Espíritu en la confección de la Biblia ha de aceptarse como plenaria y verbal, esto es: afecta y comprende a toda la revelación y a cada una de las palabras en los originales.

El sentido de inerrancia, esto es, ausencia de errores en el texto bíblico original, no supone que una parte importante de lo que se escribió como revelación en un determinado momento surgiese en el momento del escrito, sino que se incorporaron en la Escritura cuestiones tomadas de lo que existía antes de haberse escrito. Ocurre así con datos históricos, sociológicos, antropológicos, geográficos, etc. Con todo, es necesario un texto inerrante para establecer el desarrollo doctrinal y el dogma de fe. Esa es la razón fundamental del continuo ataque que se formula a la doctrina de la inspiración, procurando derribar el testimonio que la Escritura da de sí misma, en relación con la inspiración. Tal verdad, base de fe de la Iglesia, se sustenta no por la acción intelectual o potencial de los hombres, su determinación y sus razonamientos, sino en base a la autoridad de las declaraciones que la Biblia hace en ese sentido. Así escribe L. S. Chafer:

> Debido a que esta doctrina está de tal manera fijada en la Palabra de Dios, ningún santo ni apóstol podría hacer otra cosa, sino creer la palabra que Dios ha hablado. Podrá observarse, por lo tanto, que mantener la creencia tradicional tocante a la inspiración no es necesariamente un fanatismo a favor de

una causa perdida, ni tampoco una retirada a favor de la posición de la Iglesia romana de que una cosa es verdad porque la Iglesia así lo afirma; creer en la inspiración de la Biblia es un reconocimiento y una aceptación de la enseñanza de la Biblia y esa fe lleva al hombre al hermoso compañerismo de los apóstoles y profetas.[1]

Doctrina

Algunos textos fundamentales para establecer la doctrina de la inspiración van a ser considerados ahora con un orden lógico en las citas escogidas.

La primera responde a la pregunta: ¿Cómo se escribió la Biblia? A ella responde el apóstol Pedro: "Entendiendo primeramente esto, que ninguna profecía de la Escritura es de interpretación privada, porque nunca la profecía fue traída por voluntad humana, sino que los santos hombres de Dios hablaron siendo inspirados por el Espíritu Santo"[2] (2 P. 1:20-21). La inspiración es una verdad fundamental de la fe que, según el apóstol, debe ser conocida. Como ya se ha considerado, Dios se revela en la Palabra; por tanto, todo cuanto Él quiere que se conozca, bien sea divino, antropológico o histórico, queda registrado en la Biblia, que pone ante los hombres verdades acerca de Él, de su obra y de su programa escatológico, independientemente de la capacidad cognoscitiva del hombre. Las verdades reveladas sobre Dios solo pudieron ser conocidas porque Él las reveló. Esta revelación divina es múltiple en cuanto a temas, abarcando lo devocional, histórico, profético y ético; sin embargo, debe tenerse en cuenta que hay cosas secretas que no han sido aún reveladas en ella (Dt. 29:29). La revelación divina es progresiva.

Si Dios se revela en la Palabra, necesariamente ha de hacerlo bajo su control; esto entra de lleno en el concepto de inspiración. Supone que los autores humanos a quienes comunicó el mensaje para ser escrito, lo hicieron bajo impulso del Espíritu Santo. Todo cuanto está en la Biblia, dice el apóstol, no surgió por el discurrir del hombre, sino por la revelación de Dios. Esto es, ninguna parte de la profecía

---

[1] Chafer, 1974, Vol. I, p. 66.
[2] Texto griego: τοῦτο πρῶτον γινώσκοντες ὅτι πᾶσα προφητεία γραφῆς ἰδίας ἐπιλύσεως οὐ γίνεται· οὐ γὰρ θελήματι ἀνθρώπου ἠνέχθη προφητεία ποτέ, ἀλλὰ ὑπὸ Πνεύματος Ἁγίου φερόμενοι ἐλάλησαν ἀπὸ Θεοῦ ἄνθρωποι.

INSPIRACIÓN

es de interpretación privada. El verbo griego[3] (traducido en castellano por el verbo ser) en el texto de la epístola citada tiene muchas acepciones, entre ellas hacerse, ser hecho, llegar a ser. Esta última es la que corresponde para referirse a que la Escritura se produjo no por resultado de la mente humana. Ninguna porción de mayor o menor extensión es espuria al pensamiento de Dios, como ocurre con las falsas profecías. Nada mejor que acudir a una porción del texto bíblico para entender el alcance de esto. Dios demandaba a su pueblo que no escuchase a los falsos profetas:

> Así dice el Señor Todopoderoso: No hagáis caso de lo que dicen los profetas, pues os dan falsas esperanzas; cuentan visiones que se han imaginado y que no proceden de la boca del Señor. A los que me desprecian les aseguran que yo digo que gozarán de bienestar; a los que obedecen los dictados de su terco corazón les dicen que no les sobrevendrá ningún mal... Yo no envié a esos profetas, pero ellos corrieron; ni siquiera les hablé, pero ellos profetizaron. (Jer. 23:16-17, 21; NVI)

Quiere decir esto que ningún profeta enviado por Dios habló palabras por su cuenta, sino que se limitó a transmitir lo que se le había revelado.

La profecía nunca fue traída por voluntad de hombre, en sentido de procedencia de donde surge el contenido escrito. Esto define la influencia controladora que Dios ha ejercido sobre las personas que escribieron la Biblia y la acción que vitaliza el escrito bíblico. El control de Dios sobre los autores humanos tiene que ver con la acción preservadora del mensaje revelado, de modo que sea transmitido con absoluta fidelidad. Esta transmisión lleva a poder afirmar que todo lo escrito en el texto original es plena, total y absolutamente la Palabra de Dios. Al haber sido dado el mensaje y transmitido con fidelidad, el hombre tiene en la Palabra la autoridad plena en materia de fe y conducta.

Se confirma aquí lo que ya se ha dicho en la definición. La inspiración es la operación divina ejercida sobre los autores humanos, por la cual Dios les revela el mensaje a escribir, custodia su trabajo para que no se produzcan errores, pero sin alterar su propio estilo personal en la confección del original, comunicando luego al trabajo hecho su aliento divino para que todo el escrito sea absolutamente Palabra de Dios, viva y eficiente, u operante (He. 4:12). Dios actuó

---

[3] Griego: γίνομαι.

sobre el que escribe impulsándolo a hacerlo. Primeramente, revelándole el mensaje que debía registrar, y preservando su intelecto para que, utilizando sus propias palabras, transmitiese con absoluta fidelidad y precisión el mensaje de Dios. En esa operación, el escritor se convierte en el instrumento humano escogido por Él para la transmisión de su Palabra. Esta relación de las acciones divinas relativas al escrito es también aplicable a la transmisión del mensaje de Dios en forma verbal por aquellos a quienes había escogido. El hecho y la importancia de la inspiración es vital para entender la autoridad e inerrancia de la Escritura.

El apóstol habla de inspiración en el versículo que se considera, usando para ello un verbo[4] que en griego tiene las connotaciones de llevar, traer, arrastrar; de manera que lo que dice es que los hombres que Dios escogió fueron impulsados para escribir el mensaje que habían recibido.

Esto exige seguir el proceso de la confección del escrito sagrado, que comienza por la elección soberana del escritor: "Vino, pues, palabra de Jehová a mí, diciendo: Antes que te formase en el vientre te conocí, y antes que nacieses te santifiqué, te di por profeta a las naciones" (Jer. 1:4-5). Elegida soberanamente la persona, siguió luego, en el tiempo determinado por Dios, la comunicación sobrenatural del mensaje a transmitir, como el profeta testifica, cuyo testimonio precisa uniéndolo a tiempo, situaciones sociales y datos históricos para que pueda verificarse el momento de la revelación: "Palabra de Jehová que le vino en los días de Josías hijo de Amón, rey de Judá, en el año decimotercero de su reinado. Le vino también en días de Joacim hijo de Josías, rey de Judá, hasta el fin del año undécimo de Sedequías hijo de Josías, rey de Judá, hasta la cautividad de Jerusalén en el mes quinto" (Jer. 1:2, 3). El Señor le hace saber al profeta escogido qué es lo que iba a transmitir. Frente a las dificultades del entorno social en que se encontraba, buscó apoyo en su condición de persona limitada, comparándose con un niño, a lo que recibió respuesta divina: "Me dijo Jehová: No digas: Soy un niño; porque a todo lo que te envíe irás tú, y dirás todo lo que te mande" (Jer. 1:7). Lo que el profeta comunicaba era palabra de Dios, puesta directamente por Él en boca de quien había escogido: "Y extendió Jehová su mano y tocó mi boca, y me dijo Jehová: He aquí he puesto mis palabras en tu boca" (Jer. 1:9). De ese modo, las palabras del profeta

---

[4] Griego: φέρω.

son identificadas como de Dios, cuando constantemente dice "Palabra de Jehová" en los mensajes que escribe.

El tercer paso en la confección del escrito bíblico es la instrucción divina para escribir el mensaje comunicado por Dios. De ese modo ocurrió con Jeremías: "Aconteció en el cuarto año de Joacim hijo de Josías, rey de Judá, que vino esta palabra de Jehová a Jeremías, diciendo: Toma un rollo de libro, y escribe en él todas las palabras que te he hablado contra Israel y contra Judá, y contra todas las naciones, desde el día que comencé a hablarte, desde los días de Josías hasta hoy" (Jer. 36:1-2). De igual manera ocurrió antes con Moisés: "Y Jehová dijo a Moisés: Escribe esto para memoria en un libro" (Ex. 17:14). En el Nuevo Testamento instruyó al apóstol Juan para que escribiese la revelación que se le había comunicado: "Yo soy el Alfa y la Omega, el primero y el último. Escribe en un libro lo que ves" (Ap. 1:11); de otro modo al mismo: "Oí una voz que desde el cielo me decía: Escribe..." (Ap. 14:13).

La inspiración comienza por generar un impulso en el profeta para pronunciar lo que había recibido de Dios y escribirlo luego (Jer. 20:7-9). El verbo griego[5] expresa la idea de arrastrar, empujar a la acción, impulsar. Se usaba, a modo de ejemplo ilustrativo, para referirse al empuje que el viento produce en la vela de un navío. Nótese que el impulso, que arrastra, de ahí inspiración, en el sentido de empujar a la acción, procede del Espíritu Santo. En el proceso de escribir, Dios custodia la mente del escritor humano para que sea escrito con toda precisión y extensión (Jer. 36:2). Por esta causa, el mensaje escrito es Palabra de Dios, como si el mismo Dios directamente lo hubiese hecho: "Les escribí las grandezas de mi ley, y fueron tenidas por cosa extraña" (Os. 8:12). Cuando el escrito bíblico ha sido hecho, el resultado final es todo, sin ninguna exclusión, en el original, Palabra de Dios, revistiendo la autoridad suprema del autor, que es el Espíritu.

Un segundo texto tomado ahora del apóstol Pablo, quien, escribiendo a Timoteo, manifiesta: "Toda la Escritura es inspirada por Dios, y útil para enseñar, para redargüir, para corregir, para instruir en justicia"[6] (2 Ti. 3:16). La segunda pregunta relativa a la inspiración es esta: ¿Qué ocurre con el escrito bíblico bajo el impulso del Espíritu

---

[5] Griego: φέρω.
[6] Texto griego: πᾶσα γραφὴ θεόπνευστος καὶ ὠφέλιμος πρὸς διδασκαλίαν, πρὸς ἐλεγμόν, πρὸς ἐπανόρθωσιν, πρὸς παιδείαν τὴν ἐν δικαιοσύνῃ.

Santo? A esto responde el versículo que se considera. En él va a dar la razón por la que la Palabra actúa en la vida de quienes la leen, meditan y obedecen. Se refiere a toda la Escritura, o también puede aplicarse a cada Escritura. Esto es posible porque el sustantivo no va precedido de artículo. Ambas cosas, toda y cada Escritura, esto es, la totalidad de su contenido, como la individualidad de sus partes, están en la expresión *toda Escritura*. En el sentido de *cada Escritura* están las divisiones que se puedan establecer en ella, como cada uno de los libros, cada frase, cada palabra y cada letra del contenido bíblico. Jesús se refirió incluso a los signos de puntuación y lectura que aparecen en los originales de la Escritura (Mt. 5:18), que, por ser Palabra de Dios, han de tener cumplimiento y no pueden despreciarse.

El pensamiento liberal-humanista insiste en que la traducción correcta del versículo no es "toda Escritura es inspirada" en el sentido universal de la Biblia, sino que el verbo *ser* que se suple para traducción debe ser colocado en otro lugar, de modo que se leería "toda Escritura inspirada es...", lo que les permite afirmar que no toda la Escritura es inspirada, y por tanto, útil, sino que solo lo es aquella que ha sido inspirada. El texto debe tomarse en consonancia con la enseñanza general de la Escritura, por consiguiente, es una afirmación absoluta, que todo lo que está recogido en ella es inspirado por Dios.

La gran afirmación del texto es que toda la Escritura es inspirada por Dios. El adjetivo traducido como inspirada[7] que usa en esta ocasión es otro *hápax legomena*, que sale solo en este lugar. El significado literal es *Dios-soplada*, o si se prefiere, *soplada por Dios*. El apóstol tuvo que habilitar la palabra para expresar la verdad. Quiere decir que cada parte de la Escritura y toda ella ha sido soplada por Dios. Esta sola palabra abre aquí la dimensión doctrinal de la inspiración plenaria de la Escritura.

En el texto que se comenta, el apóstol Pablo responde a otra pregunta: ¿Cómo adquiere la Escritura vitalidad operativa? Se trata de la acción de Dios sobre el escrito bíblico. Cada unidad de la Palabra está bajo el aliento de Dios y procede de Él. Quiere decir que Dios no solo comunicó el mensaje en el ejercicio de su revelación, sino el Espíritu sopló sobre el escrito que contiene el mensaje de Dios por medio del hagiógrafo y lo vitaliza, de otro modo, le da vida, poder actuante en la vida del que lo lee (He. 4:12). Al soplo de Dios en el escrito original, adquiere vida, haciéndola viva y eficaz, a causa de que la vida está en el soplo divino que le comunica la misma vida de Dios y, por tanto,

---

[7] Griego: θεόπνευστος.

su capacidad operativa. Cuando el escritor, escogido soberanamente para trasladar la revelación divina al escrito bíblico, concluye la obra que Dios le había establecido, el mismo Espíritu de Dios sopla sobre el original vivificándolo. De la misma forma que cuando sopló sobre los elementos inanimados en la creación del hombre les comunicó vida para que formasen el ser viviente que se llama hombre (Gn. 2:7), así también comunica vida eficaz a la Escritura que es, toda ella, sin excepción alguna en el original, Palabra de Dios. La Biblia es, por tanto, un escrito vital y produce efectos de vida, ya que "el Espíritu es el que da vida" (Jn. 6:63). Por esa razón se exhorta al creyente a permanecer "asido de la Palabra de vida" (Fil. 2:16). La Palabra de Dios, viva, es implantada, sembrada, en el corazón, y salva al hombre, como enseña Santiago: "Por lo cual, desechando toda inmundicia y abundancia de malicia, recibid con mansedumbre la palabra implantada, la cual puede salvar vuestras almas" (Stg. 1:21). La Palabra, mediante la cual Dios habla, debe ser recibida con mansedumbre, muy acorde con la insistencia del escritor de la Epístola a los Hebreos, en contraste con aquellos que no atendieron a la Palabra de Dios a raíz de su actitud altiva. Esa Palabra implantada ha de ser recibida, aunque parezca un contrasentido. La Palabra fue implantada en el creyente en el acto de la regeneración, pero esa semilla divina sembrada en el buen campo debe germinar y enraizarse en el creyente de tal manera que forme parte de la misma vida de cada cristiano. Esa Palabra viva hará la obra completa para la que fue enviada por Dios. Esa Palabra actuó en el nuevo nacimiento como mensaje de vida en el Evangelio que ha sido anunciado (1 P. 1:23-25). Esa Palabra que se siembra en el corazón, porque es viva, salva al hombre (Stg. 1:21). No cabe duda de que quien salva al hombre es Cristo, el único Salvador establecido por Dios (Hch. 4:12), pero, Dios usa la Palabra como instrumento para llevar al hombre al Salvador, en el mensaje de salvación escrito en ella. La Palabra que inicialmente conduce a salvación prosigue su acción en la vida de santificación, que es el segundo nivel en el proceso de salvación, como experiencia de salvación en el tiempo terrenal del salvo. Los liberales afirman que el sentido de vida en la Palabra, es de una teología posterior al tiempo apostólico; sin embargo, Esteban, en su defensa ante el Sanedrín, alude a la Palabra viva de Dios, cuando dice: "Este es aquel Moisés que estuvo en la congregación en el desierto con el ángel que le hablaba en el monte Sinaí, y con nuestros padres, y que recibió palabras de vida que darnos" (Hch. 7:38). Quiere decir que ya los antiguos entendían que las palabras de Dios en los escritos bíblicos eran palabras de vida. Al tener la vida de Dios comunicada en el soplo inspirador (2 Ti. 3:16), y al ser la vida de Dios eterna, la Palabra "vive y permanece para siempre" (1 P. 1:23). Esto comporta que la Escritura sea atemporal, porque es la Palabra eterna que se oye en cualquier momento de la temporalidad humana, mientras que ella sigue siendo el eterno presente del mensaje de Dios.

Además de viva, la Palabra es también instrumento capacitador en manos del Espíritu, siendo útil[8]. El término en español pone de manifiesto lo que es activo y poderoso para obrar. Ese calificativo se aplica a Dios, que provee de la energía necesaria para el ejercicio de las actividades en la Iglesia (1 Co. 12:6), y da el poder necesario para formar "el querer y el hacer" en el creyente, por su voluntad (Fil. 2:13). La Palabra actúa siempre eficazmente para lo que Dios la envía (Is. 55:11). Cuando no produce vida, por rebeldía, produce juicio, pero siempre es operativa. Además, la Palabra comunica sabiduría según Dios (2 Ti. 3:15), porque es inspirada por Él. Todo aquello que no vaya sustentado en la Palabra, en relación con la vida del creyente, no conduce a alcanzar sabiduría y, por tanto, a un caminar sabio delante de Dios. Es preciso recordar permanentemente que solo la Palabra edifica al creyente, por ello el liderazgo en la iglesia debe velar por la exposición continuada de la Escritura en la congregación. Por otro lado, cuanto no sea Palabra de Dios no es eficaz, de manera que es inútil para la edificación de los creyentes. En algunas ocasiones se enseña, junto a la Palabra o incluso en sustitución de ella, mandamientos y tradiciones de hombres a los que se les da la categoría de enseñanza de Dios, pero que, al no serlo verdaderamente, conducen al debilitamiento espiritual de los creyentes y a introducirlos en el yugo del legalismo religioso, con gran apariencia de piedad, pero totalmente ineficaz contra los apetitos de la carne, porque esa enseñanza es carne en sí misma (Col. 2:18-23).

La inspiración es plenaria, esto es, afecta y alcanza a la totalidad del escrito bíblico, que incluye las letras y los signos que hacen inteligible el mensaje. Nada en el original ha sido traído por voluntad humana, o lo que es igual, procedente y salido del hombre. De este modo, la Biblia es inerrante, esto es, no contiene error alguno en los originales. No solo no contiene error, sino que es imposible que lo contenga, puesto que Dios es verdad, y su Palabra es también verdad. Si la Escritura procede exclusivamente de Dios, es también autoritativa, convirtiéndose en la única norma de fe y conducta para la vida

---

[8] Griego: ὠφέλιμος.

cristiana y la conducción de la iglesia. Estos dos aspectos de la inspiración se considerarán más adelante.

Alguien podría cuestionar la comunicación de vitalidad a las copias de los originales y a las versiones en distintos idiomas. Sin duda la inspiración tiene que ver con el original, de los que no tenemos ninguno. Pero el Espíritu custodia la labor tanto de los primeros copistas como de los traductores para las versiones en distintos idiomas, a fin de que el contenido del mensaje sea fiel a las palabras de Dios. Con todo, en cuanto a versiones influye mucho la determinación del traductor de trasladar con fidelidad a un idioma lo que aparece en los manuscritos y códices de la Escritura.

Siendo la Biblia un mensaje divino inspirado por Dios mismo, tiene virtudes esenciales en ella, mencionando en primer lugar la utilidad para enseñar. En la construcción de la cláusula aparece cuatro veces la misma preposición[9] de propósito, *para, con vistas a*. Sorprendentemente el apóstol no utiliza el verbo[10] *enseñar*, sino el sustantivo[11] *enseñanza*. Es decir, la Biblia es el instrumento que ha de usarse exclusiva y continuamente en la enseñanza. Es el único elemento válido para impartir conocimiento. De ahí la insistencia del apóstol sobre lo que debe ser predicado (2 Ti. 4:2). La Palabra no es útil solo para quien la lee, sino como instrumento único para el ministerio de la enseñanza. Solo la Biblia es la fuente válida, segura y eficaz para impartir el conocimiento de la revelación de Dios. Es sorprendente que, a medida que el tiempo pasa, se presta menos atención a la Palabra, y la enseñanza sistemática de ella ha declinado en muchas iglesias y escuelas de formación teológica.

Además de instrumento de enseñanza, la Palabra es también útil, o eficaz, para redargüir. De nuevo aparece en el texto griego el sustantivo[12] que en ocasiones se traduce por *represión*; en este caso se presenta la Escritura como el elemento que reconviene o reprende. Como en la expresión anterior, no está presente aquí el verbo convencer, sino el sustantivo convicción. El verbo expresa acción; el sustantivo, el elemento actuante. Todos los creyentes necesitamos ser redargüidos o corregidos. La única represión válida y con autoridad es por medio de las advertencias de la Palabra (Sal. 38:14; 39:11). Nadie por grande que sea en la iglesia tiene en sí mismo autoridad

---

[9] Griego: πρὸς.
[10] Griego: διδάσκω.
[11] Griego: διδασκαλία.
[12] Griego: ἐλεγμος.

para reprender conductas en otros, por su propia determinación y regulando la represión de acuerdo con su criterio personal. La exclusiva y excluyente autoridad en materia de fe y conducta es la Escritura. Esto tiene que ver también con el ministerio expositivo que evidencia y denuncia el pecado y la falsa enseñanza (1 Ti. 5:20; Tit. 1:9, 13; 2:15).

Una vez convencido el creyente por la Palabra, esta es también instrumento útil para corregir. El sustantivo denota la capacidad para restaurar a un estado correcto. Mientras que reprender y redargüir establece una expresión negativa por la conducta del que es reprendido, corregir es ya una operación positiva de reconducción a un camino correcto o a una vida consecuente con la verdad. La corrección reorienta al camino correcto, y ella solo es posible por medio de la Palabra. Nadie tiene derecho a demandar una forma de vida que no tenga apoyo en la Escritura. Muchas veces se pretende que el creyente, que es libre en Cristo, viva esclavo del sistema religioso, de las tradiciones de hombres, de las costumbres eclesiales y de la historia pasada, sin querer reconocer que solo la Biblia tiene autoridad para establecer los parámetros de vida del creyente y de la Iglesia. Intentar establecer lo contrario es un pecado contra la autoridad divina.

Finalmente, la Palabra es útil para instruir en justicia. El término usado en el texto griego[13] tiene que ver con la instrucción de un niño, de donde deriva la palabra *pedagogía*. La Biblia es el instrumento adecuado para educar en justicia. El creyente orientado hacia una vida de justicia corresponde al testimonio de la conversión en la vida de santificación. Todo cristiano necesita ser enseñado en la Palabra para que viva conforme a la voluntad de Dios. Ese es el carácter de instruir en justicia (Tit. 2:11-14).

Inspiración plenaria de la Biblia

La inspiración plenaria de la Biblia estaba presente en la enseñanza de Jesús: "Porque de cierto os digo que hasta que pasen el cielo y la tierra, ni una jota ni una tilde pasará de la ley, hasta que todo se haya cumplido"[14] (Mt. 5:18). Posiblemente debido al sistema religioso de entonces, algunos de los oyentes, conocedores de las demandas de la ley y de la disciplina establecida para los desobedientes, ponían en

---

[13] Griego: παιδεία.
[14] Texto griego: ἀμὴν γὰρ λέγω ὑμῖν· ἕως ἂν παρέλθῃ ὁ οὐρανὸς καὶ ἡ γῆ, ἰῶτα ἓν ἢ μία κεραία οὐ μὴ παρέλθῃ ἀπὸ τοῦ νόμου, ἕως ἂ ν πάντα γένηται.

duda que tuviese cumplimiento. Algunos líderes quebrantaban lo que Dios había determinado y no se producía sobre ellos el juicio divino por el pecado. Además, por largo tiempo habían estado esperando el cumplimiento de promesas nacionales anunciadas por los profetas y seguían siendo vasallos de otras naciones. Por ello, Jesús hace la afirmación del texto seleccionado. Nada de cuanto está en la Escritura (promesas, juicios, bendiciones, reino y gloria) quedará sin cumplimiento según lo recogido en ella. El cumplimiento de la Escritura tendrá plena eficacia hasta alcanzar el momento de la remoción de todo lo creado y el inicio de la forma definitiva en una nueva creación de Dios (2 P. 3:10-13). La Escritura, por ser plenamente inspirada, es inquebrantable, ya que toda ella, sin exclusión alguna, es la Palabra de Dios. No puede, por tanto, separarse la Palabra de Dios mismo. El salmista, refiriéndose a Dios, dice: "Desde el principio tú fundaste la tierra, y los cielos son obra de tus manos. Ellos perecerán, mas tú permanecerás; y todos ellos como una vestidura se envejecerán; como un vestido los mudarás, y serán mudados; pero tú eres el mismo, y tus años no se acabarán" (Sal. 102:25-27). La inmutabilidad de Dios alcanza y comprende también su Palabra, que, como Él, es inmutable y atemporal, es decir, el tiempo no le afecta envejeciéndola, sino que todo lo anunciado en ella tendrá cumplimiento fiel (Gá. 4:4a). El universo creado, estable a lo largo de los milenios, tiene un fin que contrasta con la permanencia de Dios (Is. 34:4). El final del universo creado será una realidad, por cuanto es una palabra profética que Dios mismo comunicó a sus siervos (Is. 51:6). Así también las palabras de Cristo, ya que es Dios manifestado en carne. Jesús de Nazaret, un hombre a los ojos humanos que lo observaban, es Emanuel, Dios con nosotros; por tanto, la fidelidad e inmutabilidad divinas son propias de su persona divino-humana. Sus palabras, como todas las palabras de Dios, tendrán cumplimiento; por eso Él mismo dijo: "El cielo y la tierra pasarán, pero mis palabras no pasarán" (Mt. 24:35). La remoción de cielos y tierra que confirman la temporalidad de todo lo creado está anunciada en la Palabra (cf. Ro. 8:21; He. 1:12; 2 P. 3:7, 10-13; Ap. 6:14; 21:1-3). La inmutabilidad de la Escritura es una verdad doctrinal que el Señor enfatizó en su enseñanza y que demuestra con total evidencia la inspiración de la Biblia.

Junto con la inmutabilidad está la importancia. La Palabra, por ser de Dios, merece atención y consideración totales. No hay cosas importantes y secundarias, porque toda la Escritura es inspirada por Dios (2 Ti. 3:16). Ninguno de sus escritos es el resultado del pensamiento humano, sino la comunicación que Dios hace de sí mismo, en su misericordia, para que el hombre le conozca y conociéndole en fe obtenga la vida eterna (Jn. 17:3). Cristo afirma que ni una jota[15] ni una tilde[16] pasarán de la ley, hasta que todo se haya cumplido. La jota es la letra más pequeña del alfabeto griego. La tilde es el acento que se ponía para sonorizar la palabra, o tal vez mejor, o posiblemente, el rasgo que cambiaba una letra en otra. Tal es la importancia de la Palabra de Dios, que incluso cada una de sus letras se llaman sagradas, por haber recibido el soplo divino de la inspiración (2 Ti. 3:15-16). Por esta causa, la Escritura no puede ser quebrantada. La ley expresa el pensamiento, propósito y voluntad de Dios, y es Él mismo quien la da a los hombres por medio de los profetas. El mismo Dios que da su palabra y anuncia lo por venir es el que con su omnipotencia se ocupa del cumplimiento (Is. 46:9-10).

No hay nada sin importancia o intrascendente en la Palabra de Dios, como Jesús mismo la llamó (Mr. 7:13). Nótese que al mencionar letras y signos pertenecientes a la Escritura, pone de manifiesto que toda ella es dada por Dios por medio de los escritores que Él seleccionó. Como todo cuanto está escrito es un mandato divino (Mt. 19:4, 5), todo ha de cumplirse conforme a lo que Dios ha establecido (Mr. 14:49). La enseñanza de Jesús descansaba en la Palabra; por esa razón dijo: "Mi doctrina no es mía, sino de aquel que me envió" (Jn. 7:16). Esa es la razón de la advertencia que hace a los que rechazaban su enseñanza e incluso procuraban deshacerse de Él: "El que me rechaza, y no recibe mis palabras, tiene quién le juzgue; la palabra que he hablado, ella le juzgará en el día postrero. Porque yo no he hablado por mi propia cuenta; el Padre que me envió, él me dio mandamiento de lo que he de decir, y de lo que he de hablar. Yo sé que su mandamiento es vida eterna. Así pues, lo que yo hablo, lo hablo como el Padre me ha dicho" (Jn. 12:48-50). Las palabras de Jesús son revelación de Dios; por consiguiente, hace de ellas la misma afirmación que hizo de la Escritura: "Mis palabras no pasarán" (Mt. 24:35). Sin duda, la posición de Cristo es la de aceptar la inspiración plenaria de la Escritura. Él consideraba a Dios como el autor de la Palabra, aceptando como hombre la plena autoridad de ella. Así se manifestó desde el inicio de su ministerio terrenal, cuando respondió a Satanás en la tentación, con la autoridad de la Palabra a la que se sujetaba sin límite. El Señor apelaba en ese sentido a la autoridad de la Palabra, cuando decía: "Está escrito" (Mt. 4:7; Lc. 4:12). No se puede aceptar a Cristo

---

[15] Griego: ἰῶτα.
[16] Griego: κεραία.

como el Hijo de Dios y rechazar la Escritura, lo que se haga con uno se hace también con el otro.

Por esa razón reiteró su afirmación ("La Escritura no puede ser quebrantada"[17]; Jn. 10:35) cuando apeló a un pasaje del Antiguo Testamento (Sal. 82:6) en el conflicto con los fariseos. Nadie podía negarse a entender que Dios los había llamado dioses y quedaba registrado en la Escritura; por tanto, no podía quebrantarse aquello que estaba escrito por revelación e inspiración divina. Toda la Escritura es inspirada por Dios (2 Ti. 3:16-17; 2 P. 1:21), de modo que no puede ser desposeída de la autoridad divina y de la inerrancia de la que está dotada por ser Palabra de Dios, así que, si llama dioses, es que quiere decir aquello que dice. Podría gustar o no a quienes la leen, pero no pueden alterarla por su condición y procedencia.

La verdad bíblica sobre la Escritura es que toda ella, entendida como una unidad, es el resultado de la inspiración divina. No se trata, como los liberales humanistas pretenden, de una inspiración en el mejor de los casos conceptual, sino que la doctrina sobre la inspiración comprende sin exclusión a toda la Escritura. No tiene importancia alguna el modo en que Dios reveló lo que había de ser escrito. Él se valió de las maneras que en su soberanía determinó. Algunos recibieron la revelación por traslaciones, otros mediante visiones, algunos por mensajes de ángeles y en ocasiones por comunicaciones personales, pero, en cualquier caso, el origen de la revelación es siempre divino y no humano. Es preciso entender que inspiración hace referencia al escrito y no a los escritores. Estos fueron conducidos, impulsados para escribir, pero solo el escrito fue soplado por Dios (2 Ti. 3:16). Por consiguiente, la inspiración es una cualidad que solo la Escritura posee. Todo cuanto hay en ella, con sus distintos tipos literarios, históricos, narrativos, poéticos, didácticos, dogmáticos, etc. son puestos por Dios para enseñar al hombre. De ahí que es necesario creer que no existen grados en la inspiración, toda ella es una realidad. Privar a la inspiración plenaria de un solo elemento es destruir toda la verdad revelada sobre ella. Los escritores bíblicos hicieron el trabajo encomendado y escribieron aquello que el Espíritu les condujo a escribir. De ahí que en aspectos históricos y en datos biográficos no se trate de una recopilación total de hechos, sino de una selección de los mismos que obedecen a un interés no humano, sino divino. De otro

---

[17] Texto griego: καὶ οὐ δύναται λυθῆναι ἡ γραφή.

modo, mediante una cita bíblica: "Por lo cual, como dice el Espíritu Santo: Si oyereis hoy su voz"[18] (He. 3:7).

Esta referencia permite hacer aquí una síntesis de lo dicho hasta ahora sobre la inspiración plenaria. Una nueva cita del Antiguo Testamento va a servir para iniciar la exhortación solemne advirtiendo a los lectores sobre el peligro que supone la incredulidad en la vida del cristiano. Antes de trasladar la cita del Antiguo Testamento, en aplicación a la conducta del pueblo de Dios en el tiempo presente, se remite al origen divino del pasaje, afirmando que quien escribe esas palabras, aunque se trata sin duda alguna de un escritor humano, proceden del Espíritu Santo. Las palabras del texto bíblico están tomadas de un Salmo de David (Sal. 95:7-11), pero el mismo rey de Israel afirma que él es un portavoz del Espíritu Santo, que hablaba por su medio: "El Espíritu de Jehová ha hablado por mí, y su palabra ha estado en mi lengua. El Dios de Israel ha dicho, me habló la Roca de Israel" (2 S. 23:2-3a). El apóstol Pedro reconoce también lo mismo: "Varones hermanos, era necesario que se cumpliese la Escritura en que el Espíritu Santo habló antes por boca de David" (Hch. 1:16). El mensaje del Antiguo Testamento era el hablar del Espíritu Santo por medio de los profetas (Hch. 28:25). La Biblia enseña que los escritos del Antiguo Testamento se produjeron según el impulso del Espíritu Santo, como se ha considerado (2 P. 1:20-21). El Espíritu de Dios impulsaba al escritor para que trasladase al escrito lo que le había comunicado, conduciéndolo y preservándolo de error. La inspiración de la Escritura es, por tanto, verbal o plenaria, esto es, que el Espíritu de Dios guio al autor humano en la elección de todas las palabras (verbal) usadas en los escritos originales, de modo que cada palabra usada, es también por Dios inspirada (plenaria), siendo toda la Escritura Palabra de Dios. Toda la Biblia y no solo alguna de sus partes es inspirada por Dios. Plenaria, del latín *plenarius*, califica aquello que está completo o cumplido, abarcando la totalidad del sujeto u objeto así calificado. Se aplica, pues, con toda propiedad a la inspiración de la Escritura (2 Ti. 3.16). Esta verdad contradice las afirmaciones de los teólogos liberales, que pretenden que la Biblia contiene, pero no es la Palabra de Dios. Al reconocer la intervención sobrenatural de Dios como el comunicador del mensaje y el controlador y supervisor del escrito bíblico, no por dictado, sino por conducción, reconoce la inerrancia

---

[18] Texto griego: Διό, καθὼς λέγει τὸ Πνεῦμα τὸ Ἅγιον· σήμερον ἐὰν τῆς φωνῆς αὐτοῦ ἀκούσητε,

de toda la Biblia. Solo la inspiración plenaria es garantía de la autoría divina de ella.

La Escritura como Palabra de Dios

Es imposible, salvo si se ignora la revelación, hacer distinción entre Escritura y Palabra de Dios. Esta es la contumaz posición del liberalismo humanista, que considera una grave equivocación este reconocimiento. Para estos, la Biblia es tan solo el testimonio humano de la revelación. No hay razón alguna para establecer un diálogo con ellos de modo que pueda alcanzarse un pensamiento concordante.

La Biblia misma identifica la Escritura con la Palabra de Dios. Los escritores del Nuevo Testamento reconocen al Antiguo como la palabra de Dios. En el evangelio según Mateo, al referirse a las palabras del ángel, que habló con José sobre el nacimiento de Jesús, hizo mención a la profecía que se cumpliría con ese nacimiento, escribiendo: "Todo esto aconteció para que se cumpliese lo dicho por el Señor por medio del profeta, cuando dijo: He aquí, una virgen concebirá y dará a luz un hijo, y llamarás su nombre Emanuel, que traducido es: Dios con nosotros" (Mt. 1:22-23). De modo que lo que había escrito el profeta Isaías eran palabras de Dios mismo. Este fue el instrumento para proclamar el mensaje que Dios mismo quería dar. El mensajero anunció anticipadamente el nacimiento del Mesías mediante una determinada señal. En la interpretación del texto de la profecía pueden seguirse distintos caminos, pero lo destacable es que la palabra de Dios dada por medio del profeta tenía cumplimiento fiel. Los hechos de la concepción y el mensaje del ángel a José estaban relacionados con el cumplimiento de la determinación divina que establecía el modo en que el Verbo de Dios entraría en el mundo de los hombres como hombre. La revelación hecha al profeta se anticipó siglos al acontecimiento del natalicio de Jesús. La fórmula introductoria que utiliza Mateo es concluyente: "Todo esto aconteció para que se cumpliese…"; no era un hecho fortuito o correspondiente a una decisión momentánea, sino una prueba más de la fidelidad de Dios en el cumplimiento de sus promesas.

Igualmente aparece en el relato del regreso a Galilea de José, María y el niño después del tiempo en Egipto, como se lee: "Y estuvo allá hasta la muerte de Herodes; para que se cumpliese lo que dijo el Señor por medio del profeta, cuando dijo: De Egipto llamé a mi Hijo" (Mt. 2:15), cuya cita corresponde a Oseas (Os. 11:1).

El apóstol Pablo expresa la misma verdad en la discusión que se produjo entre los judíos que le visitaron en su casa-prisión en Roma. El relato de Lucas recoge estas palabras: "Y como no estuviesen de acuerdo entre sí, al retirarse, les dijo Pablo esta palabra: Bien habló el Espíritu Santo por medio del profeta Isaías a nuestros padres, diciendo..." (Hch. 28:25). Toma del profeta, pero les advierte que tales palabras no procedían de la voluntad del que las escribió, sino que las dijo al impulso del Espíritu Santo (2 P. 1:21). Rechazar las palabras de Isaías no era despreciar las de un hombre, por grande que fuese, sino las de Dios mismo. No eran palabras novedosas, sino las antiguas dadas a los antepasados de quienes estaban presentes en aquel momento. No era Pablo quien daba la última advertencia, era el Espíritu Santo de Dios que hablaba por la Palabra escrita.

Los testimonios bíblicos sobre la inspiración de los escritos del Antiguo Testamento se han considerado al analizar el contenido de las palabras del apóstol Pedro (2 P. 1:19-21). El panorama de afirmaciones bíblicas sobre esa verdad se ha ofrecido antes en la consideración de algunos textos; no es necesario entonces entrar en mayor explicación porque lo que antecede es suficiente.

Al mismo tiempo se hace esa afirmación también para los escritos del Nuevo Testamento. El mismo apóstol Pedro lo enseña: "Amados, esta es la segunda carta que os escribo, y en ambas despierto con exhortación vuestro limpio entendimiento, para que tengáis memora de las palabras que antes han sido dichas por los santos profetas, y del mandamiento del Señor y Salvador dado por vuestros apóstoles" (2 P. 3:1-2). Los creyentes deben tener en mente continuamente el fundamento de la fe cristiana que descansa en Cristo, los profetas y los apóstoles (Ef. 2:20). El sentido de profetas en este versículo debería aplicarse primariamente a los del Antiguo Testamento, a cuyos mensajes se ha referido en las dos epístolas (1 P. 1:10-12; 2 P. 1:19). Estas profecías, dichas en el pasado, tienen plena vigencia en el presente y futuro, puesto que estos hombres hablaron siendo inspirados por el Espíritu Santo. Dios habló por ellos desde los tiempos antiguos (Lc. 1:70). El apóstol habló del "día de la restauración de todas las cosas" (Hch. 3:21), basándose en lo que Dios había hablado antes.

La segunda referencia es a los escritos del Nuevo Testamento, que es la enseñanza de los apóstoles, que expresaron el mandamiento de nuestro Señor y Salvador. Nada hay en los escritos apostólicos que no sea el desarrollo del pensamiento de Jesús, quien, antes de su ascensión mandó a los discípulos que enseñasen a los creyentes todas las cosas que había mandado (Mt. 28:20). De otro modo, la doctrina no tiene origen en los apóstoles, sino en el Señor. Por esa razón, Pablo, escribiendo a los corintios, les recuerda que cuanto escribe son "mandamientos del Señor" (1 Co. 14:37). Las palabras de Jesús en cuanto a enseñanza están al mismo nivel que las profecías del Antiguo Testamento, y estas son recogidas como mandamientos para la Iglesia por los apóstoles.

Escribe también más adelante: "Y tened entendido que la paciencia de nuestro Señor es para salvación; como también nuestro amado hermano Pablo, según la sabiduría que le ha sido dada, os ha escrito, casi en todas sus epístolas, hablando en ellas de estas cosas; entre las cuales hay algunas difíciles de entender, las cuales los indoctos e inconstantes tuercen, como también las otras Escrituras, para su propia perdición" (2 P. 3:15-16). La referencia a Pablo, a quien llama querido hermano nuestro, es interesante aquí. Lo que enseña Pedro en el pasaje (2 P. 3:14-15) tiene un notable paralelismo con textos escritos por Pablo (cf. Ro. 2:4-10; 1 Co. 1:8; Fil. 1:10-11; 2:15; 1 Ts. 3:13). No se refiere a una carta del apóstol Pablo en particular, sino a los escritos suyos en general. No solo debe ser entendida la referencia a las porciones inmediatamente anteriores, sino en general a los temas que están presentes en las cartas paulinas. Al decir *como también* se está refiriendo a exhortaciones y enseñanzas semejantes a las de la Epístola. Las cartas de Pablo estaban circulando por las iglesias cristianas desde tiempo antes y muchas de ellas eran bien conocidas por los lectores de esta epístola. La autoridad que le confiere a los escritos de Pablo la asienta, por cuanto las escribió "según la sabiduría que le fue dada". Reconoce que sus escritos, a los que ahora apela Pedro, no son ideas de un hombre sin instrucción divina, sino que está hecho bajo la inspiración plenaria de cada uno de ellos. De tal forma que cuanto aparece en el contexto de lo que Pedro está escribiendo, está también presente en las enseñanzas de Pablo. No hay discrepancia alguna en cuanto a doctrina, porque todos los apóstoles enseñaron y escribieron lo que habían recibido de Cristo. Siendo, por tanto, escritos inspirados, tienen plena concordancia entre sí, con las distinciones en la escritura hecha según la condición de cada uno.

Afirma, en cuanto a inspiración de los escritos de Pablo, que en ellos hay cosas "difíciles de entender". Son temas proféticos, en este contexto, en los que solo se da una panorámica de los acontecimientos anunciados, como pudiera ser el poder que detiene la aparición del hombre de pecado y el establecimiento de su sistema en el mundo (2 Ts. 2:1-12); el programa de resurrecciones (1 Co. 15:20 ss.); el modo de la resurrección y transformación de los cuerpos (1 Co. 15:35

ss.), etc. Pablo mismo entendía las dificultades de algunos temas, y recuerda que hay quienes consideraban sus escritos duros o difíciles (2 Co. 10:10). Algunos —dice Pedro— tuercen en base a estas dificultades, la enseñanza de Pablo. Tales verdades eran tergiversadas por quienes son aquí llamados indoctos e inconstantes. Los promotores de falsas doctrinas se aprovechan y tuercen también el sentido de las verdades de fe. Sin embargo, lo importante a efectos de la doctrina de la inspiración está en la frase "Como las otras Escrituras", con lo que está dando a los escritos apostólicos la misma condición de inspiración del resto de los de la Biblia. De modo que el Nuevo Testamento tiene la misma autoridad que el Antiguo, porque tanto uno como el otro proceden, no del pensamiento humano, sino de la revelación divina. No cabe duda de que los escritores del Nuevo Testamento conocían que estaban transmitiendo las verdades procedentes de Dios. La doctrina que escribía Pablo no la había recibido de hombres, sino directamente de Jesucristo (Gá. 1:11-12). A esto deben unirse las afirmaciones de los escritores del Nuevo Testamento, entre ellos Pablo, que afirmaba que Dios le había revelado aquello que él escribía (1 Co. 2:10). Por tanto, quien hablaba en Pablo era Cristo mismo (2 Co. 13:3). Esa es la razón por la que escribía: "Si alguno se cree profeta, o espiritual, reconozca que lo que os escribo son mandamientos del Señor" (1 Co. 14:37). Desoír las demandas de los escritos del Nuevo Testamento no es solo rechazar la verdad, sino desobedecer conscientemente a Dios.

Dualidad de autoría

Mediante esta expresión se señalan dos verdades:

A) Desde la perspectiva divina, la Escritura es la Palabra de Dios, en cuanto a que esta se origina en Él y es la expresión de su mente en lo absoluto.
B) Desde la dimensión humana, ciertos hombres han sido escogidos por Dios para recibir el mensaje y transmitirlo en lenguaje humano.

Esto plantea especialmente para la teología liberal algunas dificultades. Pareciera ser posible que la dualidad de autoría del escrito bíblico pudiera producir algún error, lo que traería como consecuencia que la Palabra de Dios escrita dejase de ser inerrante, si los escritores humanos tienen libertad como tales para escribir lo que su mente es capaz de entender. La misma Biblia acude a resolver esta pretendida duda, cuando afirma que algunos de los profetas, escribieron el mensaje revelado por Dios, sin ser capaces de definir y entender plenamente el alcance de lo escrito:

> Los profetas que profetizaron de la gracia destinada a vosotros, inquirieron y diligentemente indagaron acerca de esta salvación, escudriñando qué persona y qué tiempo indicaba el Espíritu de Cristo que estaba en ellos, el cual anunciaba de antemano los sufrimientos de Cristo, y las glorias que vendrían tras ellos. A estos se les reveló que no para sí mismos, sino para nosotros, administraban las cosas que ahora os son anunciadas por los que os han predicado el Evangelio por el Espíritu Santo enviado del cielo; cosas en las cuales anhelan mirar los ángeles. (1 P. 1:10-12)

Los profetas habían recibido la revelación, el mensaje a comunicar, pero no conocían por sí mismos quién cumpliría lo anunciado y cuándo tendría lugar. Todos ellos comprendían en sí mismo el mensaje que trasladaban al escrito, pero no las circunstancias que rodearían lo que anunciaban. Pedro afirma que el Espíritu estaba en los profetas revelando y controlando el mensaje para que se transmitiera con toda fidelidad, a fin de que la profecía fuese Palabra de Dios y, por tanto, con cumplimiento firme y fiel. Los profetas actuaban por indicación del Espíritu Santo. El mensaje que transmitían no era muchas veces comprensible para ellos, despertando preguntas que ellos procuraban responder mediante una investigación diligente del mensaje. A la investigación sin resolución, Dios les anunció que el mensaje que habían escrito tenía destinatarios de tiempos posteriores a los de ellos. Eran, por tanto, simples administradores o ministradores, mediante la manifestación y escritura del mensaje profético que habían recibido de Dios mismo para comunicar. Manifiestamente se aprecia que el hecho de la presencia de un escritor humano no produce ninguna disminución de veracidad absoluta porque el hagiógrafo se limitaba a transmitir el mensaje de verdad procedente de Dios.

Si esta dualidad de autor pudiera generar una disfunción del mensaje e incluso la manifestación de algún error en el escrito, sería semejante a lo que hubiera podido ocurrir en otra dualidad de personas, en el Verbo encarnado. Debido a que Dios ha combinado en una unión hipostática tanto la naturaleza divina como la humana en relación con el Hijo de Dios humanado, la misma conjetura podría hacerse en relación con la persona teantrópica del Verbo de Dios. Nadie puede poner en duda la perfección infinita y plena del Verbo encarnado, de la misma forma tampoco puede dudarse de la inerrancia del Verbo escrito. Ha de tenerse en cuenta que el término Verbo[19] es usado en el Nuevo Testamento unas doscientas veces para referirse a la Palabra de Dios escrita y siete veces para denotar al Hijo de Dios, la Palabra encarnada (cf. Jn. 1:1 (3 veces), 14; 1 Jn. 1:1; 5:7; Ap. 19:13). Es necesario afirmar que, en ambas formas del Verbo, existe una unión sobrenatural. Las dos formas están sujetas a similitudes que las identifican entre sí. Ambas son verdad (Jn. 14:6; 17:17); son eternas (Sal. 119:89; Mt. 24:34, 35; 1 P. 1:25); las dos son vida (Jn. 11:25; 14:6; 1 P. 1:23; 1 Jn. 1:1); ambas son razón de salvación (Hch. 16:31; 1 Co. 15:2); las dos son purificadoras (Tit. 2:14; 1 P. 1:22); son santificadoras (Jn. 17:17; He. 10:14); engendran vida (1 P. 1:23; Stg. 1:18); juzgan (Jn. 5:26, 27; 12:48); las dos son glorificadas (Ro. 15:9; Hch. 13:48). El paralelismo entre Verbo encarnado y escrito es mantenido solo hasta un grado limitado, si bien hay diferencias importantes.

Los textos seleccionados evidencian la verdad de la inspiración plenaria de la Escritura.

Llegando al final del capítulo, podrían destacarse varias aplicaciones personales, pero, sobre todo, destaca en el texto el párrafo sobre la Escritura como Palabra de Dios. En ella, la enseñanza de los apóstoles no fue asunto de reflexión personal o de creencias eclesiales, sino testimonio de lo que ellos vieron y escucharon de Jesús. Pedro afirma que toda la Escritura es inspirada por Dios, de modo que es autoritativa en toda materia de fe y conducta. De ahí que la enseñanza de la Iglesia que conduce a perfeccionar a los santos tiene que ser hecha mediante la exposición de la Palabra (2 Ti. 4:2). En ese sentido, el pastor o maestro se convierte en un heraldo que proclama solemnemente lo que viene de Dios. Predicar la Palabra no es exponerla simplemente o enseñarla sistemáticamente, sino darla como un mensaje que Dios encomienda a un servidor que ha seleccionado para ello. Es una proclamación hecha en su nombre (2 Co. 5:20). Tiene que ver con un mensaje fundamental, en sentido de establecido o determinado por Dios, que debe ser aceptado y obedecido como tal. Este es el tipo eficaz de predicación, aunque importune a quienes resisten a la verdad. Lo único que puede llamarse predicación tiene que ver con la Palabra. De otro modo, lo único que debe predicarse en la Iglesia es la Escritura. No es cuestión de charlas o mensajes motivadores, ni de reflexiones, ni de vanas palabrerías (2 Ti. 2:14, 16), sino de proclamar la enseñanza de la Biblia. La Iglesia no está

---

[19] Griego: λόγο.

para ser entretenida, sino para ser instruida. Algunos predicadores consideran que la congregación debe irse habiendo disfrutado, de modo que en el discurso se entremezclan historias, chistes, jocosidades y cosas por el estilo, que gratifican a los oyentes, pero no los edifican. La enseñanza de la Palabra en muchas iglesias está siendo reducida a la mínima expresión, mientras progresan en la misma medida otras cosas que, aun siendo aptas para el culto, no son en modo alguno sustitutivas de la exposición bíblica. Es la Palabra y no otra cosa la que debiera estar en la centralidad del culto, porque la alabanza, aunque es importante, no es otra cosa que la respuesta del pueblo a la voz de Dios. La iglesia se reúne para oír lo que Dios tiene que decirle y no para decirle a Dios lo que ella desea. Una iglesia madura, que abandona el infantilismo que es arrastrado por cualquier viento de doctrina, es la que está siendo instruida en la Palabra. La gran necesidad personal o colectiva es un retorno a la Biblia sin condicionante alguno.

Autoridad comunicada

En los escritos del Nuevo Testamento, la inspiración actúa del mismo modo en que lo hizo con los del Antiguo. Sin embargo, hay un elemento añadido que da inerrancia y autoridad a estos, que descansa en la autoridad delegada por Jesucristo a los apóstoles. El Señor reclamó para sí y para todas sus enseñanzas autoridad divina. Al concluir el llamado Sermón de la montaña, se hace notar que "cuando terminó Jesús estas palabras, la gente se admiraba de su doctrina; porque les enseñaba como quien tiene autoridad, y no como los escribas" (Mt. 7:28-29). Todos quedaron admirados de su doctrina. La admiración se produjo cuando terminó de hablar. Nunca nadie había oído enseñanzas semejantes, ni nadie había sido instruido de ese modo. La referencia concluye con una cláusula de comparación entre la enseñanza de Jesús y la de los escribas. Cristo enseñaba con poder, "como quien tiene autoridad". No había comparación posible con la forma de enseñanza que un buen maestro podía impartir. Los escribas hablaban acerca de la Ley, pero Jesús hablaba como el autor de la Ley, y juez capaz de dictar sentencia contra el quebrantamiento, no de la letra, sino del espíritu de la Ley. El Señor establecía mandamientos a lo largo de su enseñanza con la autoridad que como Dios tenía. Debe apreciarse que el maestro bíblico, no importa en qué tiempo, habla con la autoridad de la Palabra que expone o enseña, pero en ningún caso él es autoridad; sin embargo, Jesús no ejerce la autoridad de la Palabra que enseñaba: Él mismo era autoridad, puesto que quien hablaba era el Verbo encarnado.

Jesús no se arrogaba autoridad, sino que demostraba que Él mismo era autoridad y podía ejercerla. Cuando dijo al paralítico: "Hijo, tus pecados te son perdonados" (Mr. 2:5), muchos de los religiosos consideraron aquella expresión como un hablar blasfemo, puesto que solo Dios tenía facultad y derecho para perdonar pecados. Ante esa manifestación de incredulidad, afirmó: "Para que sepáis que el Hijo del Hombre tiene potestad en la tierra para perdonar pecados, (dijo al paralítico): A ti te digo: Levántate, toma tu lecho, y vete a tu casa" (Mr. 2:10-11). Se había cuestionado su autoridad para perdonar pecados, es más, se le estaba acusando (si no públicamente, sí en la intimidad del pensamiento de los escribas) de blasfemar al arrogarse una autoridad divina que como hombre no le correspondía, según la conclusión de aquellos. En esa circunstancia, iba a demostrarse su autoridad, no con palabras, sino con hechos. El título, tantas veces usado por Jesús para referirse a sí mismo, es más que una manifestación de su humanidad y debe entenderse a la luz del significado profético (Dn. 7:13-14). Un título que permite vincular aspectos totalmente opuestos y contradictorios, uniendo gloria y majestad divinas, con limitación y humillación humanas, que permite al Salvador llegar hasta la muerte y muerte de cruz (Fil. 2:6-8). Es el título que une también la humanidad débil y limitada del hombre, asumida por la segunda persona divina, rodeada de aflicciones, con la gloriosa majestad que sentado sobre el trono de Dios juzga a todas las naciones y establece el destino final de los hombres. Aparentemente, para aquellos que escucharon sus palabras en la sinagoga, era solo un hombre, pero es igualmente Dios manifestado en carne. Este juez supremo no ejerce su autoridad desde un componente externo, sino desde la intimidad de Él mismo. Jesús tenía autoridad para perdonar pecados en la tierra o, si se prefiere, sobre la tierra. Esta es una expresión de singular importancia en el campo de la soteriología. En cualquier lugar de la tierra donde haya un pecador, el Hijo del Hombre es el Salvador de ese y de todos los pecadores que crean en Él. Como Dios-hombre, tiene autoridad para perdonar sus pecados. Para demostrarlo, en aquella ocasión hizo lo difícil para los hombres, dejando lo fácil, que podían ser solo palabras, esto es, sanando al paralítico para demostrar que tenía autoridad en Él. Por consiguiente, si tenía la autoridad por ser Dios, no podía sino expresarla en las palabras de su enseñanza.

Jesús demostró su autoridad durante el tiempo de su ministerio. Esto se considerará más detenidamente en el estudio de la cristología.

El llamamiento a cada uno de los Doce está revestido de autoridad divina. Él escogió de entre sus discípulos a doce de ellos (Lc. 6:12-16). Estos elegidos por Él podrían actuar luego como enviados, en el nombre de quien los envía. Estuvieron con Él permanentemente durante tres años para capacitarlos a fin de que pudiesen cumplir la misión para la que los mandaría como emisarios suyos. En ese sentido, establece las bases de autoridad delegada para que ellos pudieran establecer la doctrina para la Iglesia, asegurándoles el respeto a la autoridad que les había conferido para esa misión. Por ellos ora: "Más no ruego solamente por estos, sino también por los que han de creer en mí por la palabra de ellos" (Jn. 17:20). La palabra, el mensaje, la doctrina apostólica iba revestida con la autoridad de Jesucristo, por lo que, en el ejercicio de la Gran Comisión, el Evangelio se proclamaba no como súplica, sino como una palabra de autoridad divina que lo convertía en mandamiento: "Pero Dios, habiendo pasado por alto los tiempos de esta ignorancia, ahora manda a todos los hombres en todo lugar, que se arrepientan" (Hch. 17:30). La enseñanza y los escritos de los apóstoles se formulan con la autoridad de Jesús, de modo que todos los creyentes están sometidos a la palabra de los apóstoles, que disponen solamente ellos de la autoridad delegada del Maestro.

De la misma manera que la autoridad de Jesús fue demostrada por los milagros que hizo, así también los apóstoles, ya que su ministerio estaba acompañado de señales y milagros, acciones sobrenaturales que corresponden solamente a Dios (Hch. 3:6, 7; He. 2:3, 4). El mensaje y la enseñanza de los apóstoles se sustentaba en la autoridad que habían recibido (Hch. 10:41, 42). Tal era la consideración que debía prestarse a sus palabras: "Por lo cual también nosotros sin cesar damos gracias a Dios, de que cuando recibisteis la palabra de Dios que oísteis de nosotros, la recibisteis no como palabra de hombres, sino según es en verdad, la palabra de Dios, la cual actúa en vosotros los creyentes" (1 Ts. 2:13). La palabra predicada fue recibida por los tesalonicenses y se hizo operativa en ellos. Pablo la llama en el texto "la palabra de Dios". Lo que los apóstoles predicaban era solo la Palabra y esta procedía de Dios. Su convicción era profunda: "Mas os hago saber, hermanos, que el evangelio anunciado por mí, no es según hombre; pues yo ni lo recibí ni lo aprendí de hombre alguno, sino por revelación de Jesucristo" (Gá. 1:11-12). Si se puede hacer alguna distinción entre la inspiración del Antiguo y del Nuevo Testamento, lo escrito en aquel procedía de revelación de Dios, en distintos modos; para este, la revelación va unida a la autoridad que Cristo da a causa de su propia autoridad sobre todo en cielos y tierra (Fil. 1:9-11). De modo que, desde la condición de apóstol de Cristo, el mensaje que proclame reviste la autoridad del Señor y se ajusta siempre a lo que Él le había enseñado directamente por revelación. En cierta medida, Jesús enseñó personalmente a los otros apóstoles, pero, en cualquier caso, la autoridad de Cristo está presente en el mensaje proclamado o escrito. El mensaje acogido por los creyentes "es en verdad, la palabra de Dios".

La misma verdad estaba en el pensamiento del apóstol Juan: "Cualquiera que se extravía, y no persevera en la doctrina de Cristo, no tiene a Dios; el que persevera en la doctrina de Cristo, ese sí tiene al Padre y al Hijo. Si alguno viene a vosotros, y no trae esta doctrina, no lo recibáis en casa, ni le digáis: ¡Bienvenido!" (2 Jn. 9-10). La autoridad apostólica está vinculada con la doctrina enseñada y escrita, que procede de Dios. Aquí se le llama *la doctrina de Cristo*, porque fue enseñada por el Señor e impartida en su nombre. Con esa autoridad, el apóstol establece que quien no acepta la doctrina enseñada en el nombre de Jesús, no es creyente y, por tanto, no tiene al Padre y al Hijo. A estos no se les puede admitir a la comunión eclesial, recibiéndolos en casa, donde la iglesia se reunía en la semana. De modo que solo es materia de fe la enseñanza apostólica porque procedía de Jesucristo y tenía su autoridad.

Los escritos de los apóstoles se presentaban como enseñanza autoritativa procedente del Señor. Estos escritos sustituían la presencia del apóstol que lo producía y estaban revestidos de la autoridad que Cristo les había conferido: "Esto tenga en cuenta tal persona, que así como somos en la palabra por cartas, estando ausentes, lo seremos también en hechos, estando presentes" (2 Co. 10:11).

La condición apostólica y la dignidad del apóstol eran respetadas en las iglesias fundadas, porque Cristo establecía la doctrina y la ética en su Iglesia por medio de los apóstoles, a modo de mandamiento: "Para que tengáis memoria de las palabras que antes han sido dichas por los santos profetas, y del mandamiento del Señor y Salvador dado por vuestros apóstoles" (2 P. 3:2). Los apóstoles, por su condición, eran considerados como "columnas de la iglesia" (Gá. 2:9). Por esa razón, se les reconocía el derecho para regular la vida de la Iglesia en el nombre del Señor.

El Nuevo Testamento, especialmente en cuanto a las epístolas, resuelve el problema de establecer la regulación de la Iglesia bajo un modelo de autoridad que no podía ser otra que la de Cristo mismo. Así escribe el Dr. Pinnock:

La Escritura del Nuevo Testamento fluyó de forma natural de este modelo de autoridad. La expansión de la Iglesia y la inestabilidad de la tradición oral dejada a su suerte necesitaban la producción de la Escritura. Ramm identifica tres presiones que aceleraron este proceso: la necesidad de solucionar las controversias que se extendieron en las iglesias con una palabra escrita estable; la necesidad de reforzar la fe histórica en Jesús mediante los evangelios; y la necesidad de comprobar la distorsión voluntariosa de la tradición, como era el caso del judaísmo (Mt. 15:3).[20]

La enseñanza apostólica y los mensajes proféticos del Nuevo Testamento correrían el riesgo de distorsionarse y modificarse de tal manera, si solamente hubiese una tradición oral, que el mismo Evangelio perdería la razón de ser y la doctrina se diferenciaría en el tiempo de la enseñanza original, hasta el punto que llegaría a ser una nueva doctrina y, dejando de ser la procedente de Dios, no tendría validez alguna para ser aceptada como verdad. Es en este sentido que los escritos apostólicos son el sustituto escrito de sus enseñanzas orales. La fe cristiana no procedía de la iglesia, sino de los apóstoles, a quienes Cristo les había conferido autoridad delegada por Él mismo. La Iglesia, en obediencia a lo que los apóstoles escribieron, vive en obediencia a la doctrina como autoridad del Señor que es la cabeza de la Iglesia y una de sus tres autoridades.

Del mismo modo que la revelación absoluta de Dios al hombre vino revestida de humanidad, ya que el Verbo se hizo carne (Jn. 1:14), así también la revelación dada por los apóstoles llega impartida en lenguaje humano, traducible y permanente en todos los tiempos y en todos los lugares.

Propuestas sobre inspiración

Aunque la doctrina sobre la inspiración se ha desarrollado a lo largo de la historia de la Iglesia, como se considerará más adelante, deben introducirse en este lugar algunas propuestas que contradicen en mayor o menor grado la verdad bíblica.

---

[20] Pinnock, 2004, p. 67.

Inspiración natural

Es la opinión de máxima incredulidad, al sostener que la Biblia es simplemente un libro como otro cualquiera, y aunque Dios haya podido dar una capacidad excepcional a los escritores, no deja de ser una producción totalmente humana. El resumen que hace de esta propuesta Millard Erickson es elocuente:

> La teoría de la intuición hace que la inspiración sea en gran medida un asunto de un alto nivel de perspectiva. En el ala izquierda del liberalismo algunos mantienen este tipo de idea. La inspiración es el funcionamiento de un gran don, quizá casi una habilidad artística, pero no obstante un atributo natural, una posesión permanente. Los autores de las Escrituras fueron genios religiosos. El pueblo hebreo estaba dotado especialmente para la religión, de la misma manera que algunos grupos parecen tener una aptitud especial para las matemáticas o los idiomas. Según esto, la inspiración de los autores de las Escrituras no era esencialmente diferente a la de otros pensadores religiosos y filosóficos, como Platón o Buda. La Biblia es pues una gran literatura religiosa que refleja las experiencias espirituales del pueblo hebreo.[21]

Resulta difícil sustentar esta propuesta, puesto que la diferencia entre los escritos bíblicos, la cultura personal, el entorno social, etc. hacen imposible la concordancia de ideas y la afirmación de verdades como ocurre en la Biblia. Escritos religiosos y pensamientos interpretativos, incluso de los maestros cristianos en el tiempo, son diferentes e incluso confrontadores entre sí. Mucho más tratándose de un tiempo no menor a catorce siglos de duración en que se han producido los escritos bíblicos.

Teoría mecanicista o del dictado

Esta propuesta afirma que la Escritura ha sido literalmente dictada por Dios a los escritores humanos, convirtiendo a estos en meros amanuenses.

Apelan generalmente a textos en los que se afirma que Dios habló y ordenó escribir y las referencias directas a la inspiración son atribuidas al Espíritu Santo, que no podía dejar en manos del hombre

---

[21] Erickson, 2008, p. 231.

lo que Dios mismo quería comunicar, para evitar cualquier error en la transmisión del mensaje.

Se suele acudir para defender esta posición en el término dictado usado por alguno de los reformadores, como es el caso de Juan Calvino, cuando dice que "la ley y los profetas no son una doctrina pronunciada según la voluntad y los placeres de los hombres, sino dictada por el Espíritu Santo"[22]. Sin embargo, leyendo todo el párrafo donde se encuentra la cita se aprecia que la idea es que se trata de una expresión relacionada con la inspiración, en la que se afirma que el Espíritu que comunicó el mensaje estuvo en el control de la transmisión del mismo para que cuanto se escribiese fuese solo Palabra de Dios.

Si la teoría del dictado fuese tal como pretenden los que la sustentan, sería imposible la diversidad de estilos y la Biblia sería un libro uniforme en este sentido. Esto es todo lo contrario. Cada autor tiene su propia forma de escribir, su léxico, su capacidad intelectual para expresar las cosas y usar las palabras que forman parte del idioma que conoce y usa. De otro modo, el dictado traería como consecuencia que la Biblia estuviese libre de las naturales formas de los escritores, como se aprecia en la referencia que Pedro hace de los escritos de Pablo (2 P. 3:15-16).

De igual manera desaparecería todo interés por parte de los autores humanos, ya que no cabría para ellos sino aceptar sin ningún tipo de consideración lo que había sido dictado; las palabras de interés carecerían de credibilidad o, es más, no serían verdad. Este es el caso del apóstol Pablo que frente a la situación de sus compatriotas dice "tengo gran tristeza y continuo dolor en mi corazón. Porque deseara yo mismo ser anatema, separado de Cristo, por amor a mis hermanos, los que son mis parientes según la carne" (Ro. 3:2-3). Esta manifestación carecería de sentido si se tratase de un dictado literal procedente de Dios.

Los escritores, como se ha considerado antes, no siempre comprendían el mensaje o su alcance (1 P. 1:12). Tan solo aparecería la revelación puntualmente escrita por el dictado divino, sin que tuviese lugar la manifestación del interés del escritor por descubrir el significado.

Las oraciones intercesoras son otra evidencia contra la teoría del dictado, ya que pierden todo su significado, porque sería como si Dios estuviese orando a Dios mismo. Las oraciones de intercesión

---

[22] Calvino, 1968b, p. 289 ss.

son una continua manifestación en las Escrituras, tanto del Antiguo como del Nuevo Testamento; a modo de ejemplo, la del apóstol Pablo a favor de los efesios (Ef. 3:14-21). En la doxología final de la oración citada, Dios estaría glorificándose a sí mismo.

Inspiración conceptual

Enseña que Dios inspiró el concepto, pero que el autor buscó las palabras para expresarlo sin que el Espíritu interviniera en ellos. Por tanto, para estos, la Biblia puede contener palabras puestas por el autor humano y contener errores propios del autor que escribió el texto.

Sin embargo, la Biblia afirma que no solo el concepto que se expresa en el mensaje, sino las mismas palabras que lo enuncian, han sido inspiradas por Dios. Es la verdad que Pablo enseña (2 Ti. 3:16). El Espíritu no comunica inspiración y vitalidad a las palabras que no sean las aptas para expresar el mensaje de Dios.

Esto no sirve de base para extremar la teoría verbal, que propone que la acción del Espíritu se extiende mucho más allá de custodiar el léxico que el escritor usa y conducirlo a seleccionar el modo correcto de usarlo, sin entrar en la selección misma de cada una de las palabras, lo que convertiría el escrito en una forma de dictado del mensaje, aunque los que proponen esta teoría procuran insistir en que no se trata de un dictado.

Inspiración parcial

Afirman en esta propuesta que las palabras que expresan verdades divinas son precisas y ciertas, pero que las declaraciones referentes a historia, geografía o ciencia no son inspiradas y pueden contener errores. De otro modo, la inspiración tiene que ver con lo que el escritor desconoce absolutamente, especialmente en lo referente a doctrina o profecía, mientras que el resto del escrito con los datos que registra son de conocimiento del autor humano y, por tanto, no inspirados.

Tal propuesta convierte al lector en juez que determina qué parte es inspirada y cuál no lo es.

Inspiración mística

Enseña que Dios dio una inspiración gradual a los autores, pero no les dio por completo la capacidad de escribir la Biblia sin error. De manera que en la Escritura hay inerrancia en todo cuanto procede de

Dios por revelación e inspiración, y deja de existir en todo cuanto descansa en el escritor.

Esta propuesta descansa en el hecho de que, como Dios opera en el hombre produciendo el querer y el hacer por su voluntad (Fi. 2:13), así también el Espíritu puede inducir al hombre en cualquier tiempo para que escriba un mensaje que procede de Dios, aunque no esté registrado en la Biblia. Esto es, como consideraba Schleiermacher, un despertar espiritual en el hombre de diferente grado, pero igual en clase a la inspiración del escrito bíblico.

Esta propuesta de la inspiración mística coloca al subjetivismo humano como centro de la producción del escrito sagrado. Este grado de espiritualidad que impulsa al hombre a escribir sobre Dios, su obra y sus mandatos, es el resultado de la relación personal del hombre con Dios que lo capacita para el trabajo de escribir sobre Él.

Inspiración falible

Es la propuesta principal de la neo-ortodoxia. En líneas generales, enseña que en la Biblia hay elementos sobrenaturales, pero también contiene errores; por tanto, no debe ser tomada literalmente como verdadera, sino simplemente como canal de revelación que se hace verdad en cuanto es comprendida, y la evidencia de verdad queda a juicio del lector.

Testimonio de Cristo sobre la inspiración

Lo que Cristo dijo sobre la inspiración de la Escritura tiene absoluta importancia, por cuanto no podía haber error ni confusión alguna en sus palabras. El Verbo encarnado hace referencia en varias ocasiones al Verbo escrito, y al hacerlo se precisa entender que Él dijo que es "la verdad" (Jn. 14:6). La veracidad de sus palabras es tal que no pueden dejar de cumplirse, de expresar lo que es realmente cierto, de modo que podrá desaparecer el universo antes de que sus palabras pasen (Mt. 24:35).

El Señor afirma la inspiración de la Escritura, que comprende las mismas letras: "Porque de cierto os digo que hasta que pasen el cielo y la tierra, ni una jota ni una tilde pasará de toda la ley, hasta que todo se haya cumplido" (Mt. 5:18). El cumplimiento de la Escritura tendrá plena eficacia hasta alcanzar el momento de la remoción de todo lo creado y el inicio de la forma definitiva en una nueva creación de Dios (2 P. 3:10-13). La razón de ello es que "toda la Escritura es inspirada por Dios" (2 Ti. 3:16). El soplo divino que vitaliza el escrito alcanzó toda la dimensión del mismo, que incluye las letras y los signos con que fue hecho. No significa que Dios haya dictado lo que el hagiógrafo escribió, pero custodió su mente para que expresara con el lenguaje habitual para él la revelación divina y solo ella.

A causa de la inspiración plenaria, Jesús afirmó el cumplimiento de todo el Antiguo Testamento. En varias ocasiones se refirió a los mensajes proféticos acerca de Él, que tenían que tener un fiel cumplimiento (cf. Mt. 26:56; Mr. 14:49; Lc. 12:50; 21:22, 24; 22:16, 37; Jn. 13:18; 15:25). A los discípulos de Emaús les señaló el testimonio que el Antiguo Testamento daba sobre Él (Lc. 24:27). El Nuevo Testamento señala el cumplimiento de las profecías del Antiguo (cf. Mt. 4:14; 8:17; 12:17; 15:7, 8; 21:4, 5; 26:31, 56; 27:9, 10, 35). La historia demuestra también que los acontecimientos predichos proféticamente tuvieron un cumplimiento fiel. Quiere decir esto que la inspiración es plenaria, alcanzando toda la Escritura.

Inspiración verbal y plenaria

Inspiración verbal

Cuando se habla de inspiración verbal, se quiere decir que todas las palabras de la Escritura han sido inspiradas por Dios. Debe reiterarse que el Señor no limitó al escritor el estilo personal para escribir, su nivel cultural, ni su conocimiento o desconocimiento del tema que escribía, pero trató con su mente para que las palabras utilizadas fuesen las apropiadas para el mensaje que tenía que transmitir. De manera que, cuando el texto terminó de escribirse, las palabras que lo expresaban eran palabras de Dios, puesto que Él expresa su revelación con ellas; de otro modo, Dios habló proclamando su mensaje por medio de las palabras usadas para escribirlo. Por esta razón, siendo todas ellas palabras de Dios, pueden ser sopladas por el Espíritu y comunicarles vitalidad (He. 4:12). Debe afirmarse que todas las palabras en el texto original han sido inspiradas por Dios, sin faltar ni una sola de ellas, que no esté dentro de esta acción divina.

Quien crea en la inspiración de la Palabra no puede dejar de aceptar la inspiración verbal, puesto que todo tiene que ver con las palabras con que se escribe la revelación. De otro modo, solo si existe una inspiración verbal, la Escritura puede ser considerada como plenamente inspirada por Dios. Es tan importante esto que los liberales llevan tiempo procurando cambiar la inspiración de la Escritura a los escritores. Es decir, la inspiración está en el que escribe, pero no en lo que ha escrito; esto permite afirmar los supuestos errores de la Biblia. Nadie puede dudar de la vinculación que existe entre el pensamiento y la palabra, porque este no puede hacerse conocer sin ella. Cualquier idea que quiera comunicarse debe hacerse mediante un medio de comunicación, que siempre estará vinculado de alguna manera y en alguna medida con la palabra. Por esa causa, si Dios quiso comunicarse con el hombre y hacer que este le conociera, necesariamente tuvo que custodiar no solo la revelación de sí mismo comunicada a la persona elegida, sino también las palabras precisas para que estas fueran expresadas concretamente sin error. De otra manera, si el pensamiento divino no es expresado con palabras inspiradas, no puede garantizarse la revelación. La capacidad del lenguaje humano es utilizado por Dios para hacer conocer con precisión lo que Él quiso comunicarnos. De ahí la necesidad de que la conversión del texto bíblico a los distintos idiomas busque necesariamente las palabras más precisas para que no se distorsione la revelación a causa de la traducción. La inspiración no está manifestada solo en el pensamiento, la idea, el mensaje, la doctrina que Dios quiere comunicar, sino que ha de serlo también con las palabras que se utilizan para comunicar el mensaje divino.

Si la Biblia es Palabra de Dios dicha en lenguaje del hombre, la Escritura, con todas las palabras que la expresan, se convierte en discurso divino por el que Dios se comunica. Esto hace necesario que, sin dictar el contenido del mensaje, sea custodiada la mente del escritor en la selección precisa de las palabras para confeccionarlo. De otro modo, equivale a que Dios mismo usara los términos del escritor para dar con toda precisión el mensaje a los destinatarios. Solo si las palabras utilizadas para escribir la Biblia no fueran las que Dios mismo usara para expresarlo, la Biblia no sería la Palabra de Él.

Algunos que no aceptan la inspiración verbal afirman que el lenguaje cambia en el significado de las palabras como resultado de la dinámica lingüística en el tiempo. Así, alguna palabra como conversación, que en el pasado significaba estilo de vida, hoy se entiende como diálogo entre personas. Pero los idiomas usados para escribir la Biblia son lenguas que no tienen variaciones, de modo que pueden ser traducidas siempre con el significado que tenían las palabras que se usaron para escribirlas. Pero las palabras con que se traducen en los idiomas modernos han de tener en cuenta la evolución idiomática natural, el sentido que adquiere la palabra en cada tiempo y el desuso en que algunas caen en el correr del tiempo. Los idiomas modernos son siempre dinámicos, de ahí el interés del uso de las equivalencias dinámicas. Con todo, esta técnica no supone establecer como traducción lo que es una paráfrasis. La equivalencia ha de ajustarse al sentido que la palabra tenía cuando fue escrita en el entorno socio-lingüístico de los destinatarios.

Por otro lado, la filosofía liberal moderna, en el campo de la teología, niega la inspiración verbal, asentándola en que Dios, que es infinito, pueda revelarse en lenguaje finito. Lo que aparentemente pudiera ser verdad en este sentido, queda resuelto en la realidad de la Palabra encarnada, ya que, en la limitación humana, puede contenerse la infinitud divina, y en Jesús, el hombre, naturaleza humana del Verbo, "habita corporalmente toda la plenitud de la deidad" (Col. 2:9). En la humanidad subsistente en la persona divina, Dios expresa la totalidad posible de la revelación, pronunciando el discurso divino en el Hijo (He. 1:2). La dimensión es completa, exhaustiva e infinita, puesto que Jesús afirmó que "quien me ha visto a mí, ha visto al Padre" (Jn. 14:9). Lo que es invisible al hombre, incapaz de ser comprendido (en el sentido de reducido a una dimensión) porque es infinito, es manifestado total y plenamente en Cristo. Ese es el alcance de la revelación en el Hijo, que se hace en plenitud porque, como Jesús dijo: "Yo y el Padre uno somos" (Jn. 10:30). La inmanencia divina se hace realidad en Cristo, quien está en el Padre, y el Padre está en Él (Jn. 10:38). Si la revelación del infinito se hace en la limitación del hombre, de igual modo la revelación escrita es suficiente para traer al conocimiento del hombre la infinita dimensión de Dios.

Es necesario afirmar que la inspiración verbal no implica en modo alguno anular la autoría humana del escritor seleccionado por Dios para revelarle primero el mensaje a transmitir y luego hacerlo en la escritura que lo comunica al lector. Por consiguiente, las palabras escritas son palabras de Dios.

Inspiración plenaria

Al referirse a la inspiración plenaria, se expresa la inspiración que alcanza todas las palabras, se extiende a la totalidad de la Biblia, en los originales primeros; de ahí que la Escritura sea inerrante, infalible y autoritaria. Estos elementos se considerarán en el próximo capítulo. La inspiración verbal y plenaria mantiene en un pleno nivel la dualidad de autor, es decir, el Espíritu que comunica el mensaje y el hombre elegido para escribirlo, atribuyendo a ambos lo que exactamente les corresponde.

Así se aprecia la dualidad de autor en varios lugares; a modo de ejemplo, en un pasaje se cita el mandamiento de Dios: "Porque Dios mandó diciendo: Honra a tu padre y a tu madre; y: El que maldiga al padre o a la madre, muera irremisiblemente" (Mt. 15:4). En otro, refiriéndose al mismo mandamiento, se lee: "Porque Moisés dijo: Honra a tu padre y a tu madre; y: El que maldiga al padre o a la madre, muera irremisiblemente" (Mr. 7:10). Lo que Moisés escribió expresaba lo que Dios quería ordenar; por tanto, lo escrito por Moisés era lo mismo que si fuese directamente escrito por Dios, ya que las palabras utilizadas habían sido inspiradas.

Una referencia tomada de los Salmos sirve para autentificar la verdad que se considera. Allí se lee: "Jehová dijo a mi Señor: Siéntate a mi diestra, hasta que ponga a tus enemigos por estrado de tus pies" (Sal. 110:1). La palabra en el Salmo se atribuye a Jehová; en el evangelio según Marcos, se asigna a David (Mr. 12:36-37). Quiere decir esto que lo escrito por David era lo que Dios le había comunicado, por lo que la inspiración es plenaria alcanzando a toda la Escritura. Sirvan unas referencias más. Moisés hace mención a las palabras con que Dios le habló (Ex. 3:6, 15); cuando se comparan con la referencia a ellas en el Nuevo Testamento, se aprecia que lo dicho por Moisés era palabra de Dios (Mt. 22:32); sin embargo Lucas las pone en boca de Jesús y las atribuye a Moisés (Lc. 20:37); sobre la misma cita, Marcos recoge las palabras de Jesús, en las que afirma que las palabras que pueden leerse en Moisés son las que Dios le había hablado (Mr. 12:26). Lo mismo sucede con textos de la profecía, en los cuales Dios ordena a Isaías que dé un mensaje al pueblo (Is. 6:9-10); en el evangelio según Juan, se le atribuyen directamente al profeta (Jn. 12:39-41), y el apóstol Pablo las vincula al Espíritu Santo (Hch. 28:25). Podrían citarse muchos más ejemplos, pero estos son suficientes para vincular la inspiración en relación con el mensaje divino y la transmisión del mismo. Las palabras escritas son palabras de Dios. Dicho de otro modo, Dios es el principio vital que obraba y hablaba por medio de los autores humanos; de ahí que toda la Escritura es una obra de Dios, anunciada al mundo por medio de hombres que Dios eligió para ello.

En resumen, la inspiración plenaria conduce a la verdad de que la Escritura es, en todo su contenido, inspirada por Dios. No solo las ideas, las propuestas teológicas, sino todos los datos contenidos en ella, teniendo siempre en cuenta que debe vincularse esto al original primero de la Palabra. Por esa razón, es fiable en todos los sentidos, bien sea el soteriológico, como el histórico y el doctrinal, tanto en los temas que pudieran resultar principales como en los que pudieran llamarse generales. No existe en la Biblia algo verdadero y algo falso. Por ser toda ella Palabra de Dios, dada para que Él sea conocido, tiene que ser considerada como doctrina, puesto que la procedencia es divina. Es cierto que existe doctrina fundamental, que resulta en dogma de fe y que ha de ser asumida plenamente, teniendo consecuencias en lo que tiene que ver con la soteriología; así, el que niega la deidad del Hijo, no puede tener al Padre, y quien no tiene al Hijo y al Padre, no puede tener vida eterna (1 Jn. 2:23); pero aún la doctrina general en la que hay interpretaciones distintas, toda ella es inspirada plenariamente por Dios. Es decir, en la Biblia desde Génesis 1:1 hasta Apocalipsis 22:21, todo cuanto hay es inspirado por Dios.

Jesús hace referencia al contenido total de la Escritura, considerando los relatos históricos como correctos, mencionando en su enseñanza acontecimientos desde la creación del hombre hasta la panorámica histórica de la profecía de Daniel o de Ezequiel. Sin embargo, se acusa a la Biblia de contener detalles que no pueden haber sido inspirados, pero en ella no se reconoce esta dicotomía. La firmeza de la inspiración en todos los detalles incluidos, por supuesto, las referencias históricas, tienen capacidad de enseñanza, como afirma el apóstol Pablo: "Porque las cosas que se escribieron antes, para nuestra enseñanza se escribieron, a fin de que por la paciencia y la consolación de las Escrituras, tengamos esperanza" (Ro. 15:4). De ahí que el apelar continuamente a la Escritura en la argumentación de la enseñanza tiene no solo el propósito de asentarla sobre la verdad suprema de la Palabra, sino que la lectura de ella produzca los efectos beneficiosos en los lectores, para lo que está destinada. Pablo habla en el texto seleccionado de todo cuanto fue escrito de antemano, o cuanto fue escrito antes. La forma verbal usada[23] corresponde al aoristo segundo de indicativo en voz pasiva del verbo, que literalmente significa *escrito antes*[24], compuesto de la preposición *antes*[25] y la raíz *escribir*[26], de ahí escrito antes o escrito de antemano. Se refiere, por tanto, a todas las Escrituras que habían sido conocidas hasta entonces. Los creyentes de esta dispensación tienen escritos bíblicos que les anteceden. La referencia es a las Escrituras que circulaban en su tiempo, especialmente a los escritos del Antiguo Testamento. La Biblia fue escrita para la enseñanza del creyente. Además, la

---

[23] Griego: προεγράφη.
[24] Griego: προγράφω.
[25] Griego: πρό.
[26] Griego: γράφω.

enseñanza de la Palabra produce resultado de madurez espiritual en el creyente, apropiado en el contexto inmediato del versículo para que los débiles venzan sus prejuicios y los fuertes aprendan a soportar a los débiles. La Escritura es el maestro supremo del creyente, y lo único útil para enseñar (2 Ti. 3:16). Es necesario entender esto a fin de que, en la iglesia, los maestros enseñen solo la Palabra, dejando a un lado cualquier otra cosa.

Cuando las escuelas liberales hablan de despojar a la Biblia de lo que no puede ser considerado como inspirado, se convierte en un desafío abierto contra el Espíritu Santo que la inspiró, al cuestionar algo que está contenido en ella. Decir que la Escritura procedente de Dios no puede tener las limitaciones de palabras o párrafos que son considerados elementales, es situarse en el terreno del que diga que el Verbo encarnado presenta aspectos que son indignos para ser aplicados a Dios, por el hecho haber devenido a ser hombre.

Son interesantes las palabras del obispo anglicano J. C. Ryle:

> Cuando más peligrosamente corrompemos la Palabra de Dios es cuando dudamos de la inspiración plenaria de cualquier parte de la Sagrada Escritura. No se corrompe solamente la copa, sino toda la fuente. No se corrompe simplemente el cubo de agua viva, que profesamos que está presente en nuestro pueblo, sino que se envenena todo el pozo. Si nos equivocamos en esto, todo el contenido de nuestra religión está en peligro. Es una grieta en los cimientos. Es un gusano en la raíz de nuestra teología. Si hemos permitido que el gusano roa la raíz, no debemos sorprendernos si las ramas, las hojas y los frutos, poco a poco se caen. Todo el tema de la inspiración, soy consciente, está rodeado de dificultades. Todo lo que diría es que, a pesar de que no hayamos sido capaces de resolver algunas todavía, la única base sostenible que mantener es esta; que cada capítulo, cada versículo, cada palabra de la Biblia ha sido dada por la inspiración de Dios. Nunca debemos renunciar a un gran principio de la teología, igual que no lo hacemos de la ciencia, por las aparentes dificultades que, de momento, no somos capaces de solventar.[27]

Cuando la Biblia afirma que fue inspirada por Dios, se está refiriendo a la acción que el Espíritu Santo hizo, controlando la totalidad de la comunicación del mensaje, de manera que los escritores bíblicos son

---

[27] Citado en Pinnock, 2004, p. 87.

solo portavoces de Dios, comunicando el mensaje perfectamente a los lectores. Si no existe inspiración plenaria, la Biblia deja de ser un mensaje con autoridad para convertirse en un texto genérico. No puede, por tanto, hacerse distinción entre texto y texto, ya que todos ellos son inspirados por Dios, pero tampoco puede negarse con esto que la revelación, como ya se ha considerado antes, es progresiva. La valoración del texto no la hace Dios, que los inspiró plenariamente, sino el hombre, que los pretende evaluar. Aunque se considere de poca importancia alguno de ellos, debemos aceptar que está puesto en el lugar donde se encuentra porque Dios así lo ha determinado.

Generalmente las distinciones entre texto y texto, entre verdad y verdad, entre libro y libro, son la disculpa que el teólogo utiliza para considerar como más importante una doctrina sobre otra. Además, si se considera que un texto es menos importante que otro, y se seleccionan textos sacándolos de su contexto, es el camino para que la Biblia sirva de base a quienes insisten en enseñar errores que proceden de la mente humana, pero no de la revelación divina.

Dualidad de autor

La Biblia es el resultado de una doble autoría; por una parte, la acción del Espíritu Santo en la tarea de inspiración y por otro la tarea del hombre en la transmisión escrita de lo que le fue revelado. Como se ha dicho antes, es algo análogo a la naturaleza humana en la persona divina del Hijo de Dios. En tal sentido, Dios se manifiesta no solo por medio, sino en un hombre.

La dualidad de autor pone de manifiesto que Dios, como origen de la revelación, importancia capital en ella, y el hombre, como agente de la transmisión del mensaje, forman una unidad en la concreción de un hecho histórico. Esta acción dual no contradice en nada a la verdad bíblica de que la revelación procede de Dios en cuanto a origen. De la misma manera el hecho histórico de la entrega a muerte de Jesús se concreta como resultado de la acción de Dios y de los hombres: "A este, entregado por el determinado consejo y anticipado conocimiento de Dios, prendisteis y matasteis por manos de inicuos, crucificándole" (Hch. 2:23). La determinación divina y la acción humana concurren juntas en el acto de la entrega de Jesucristo.

La dualidad de autor está claramente expresada en la Biblia. Así ocurre en el testimonio de David: "El Espíritu de Jehová ha hablado por mí, y su palabra ha estado en mi lengua" (2 S. 23:2). Quiere decir que el Espíritu es la causa originadora del mensaje y el autor humano es la causa instrumental. Esta concurrencia o, si se prefiere, confluencia, hace que el escrito bíblico sea realizado con el pensamiento y escritura libremente trasladados por parte del escritor humano, que fue impulsado y controlado al escribir por el Espíritu Santo. De esta manera, lo que escribieron no fue su trabajo literario, sino la expresión escrita de la revelación de Dios. Esto conduce a comprender que la providencia divina hace que el mensaje se escriba infaliblemente, sin convertir al autor humano en un mero amanuense. Un buen ejemplo está en los escritos apostólicos. Cada uno de los autores de una epístola lo hizo de forma personal y espontánea, pero cada uno de ellos fue elegido por Dios para ser instrumento en su mano del contenido del escrito, de manera que por medio de los apóstoles, Dios manifestó su pensamiento, descubrió nuevos aspectos de revelación que habían estado ocultos antes, anunció eventos futuros no escritos antes, sin limitar en absoluto la actuación de cada uno de los apóstoles al escribir sus epístolas.

A lo largo de los siglos, la Iglesia ha creído que la Palabra escrita fue preservada por Dios, aunque se trata de una redacción hecha por los hombres, siendo estos movidos o llevados por el Espíritu Santo (2 P. 1:21). Una porción muy pequeña de la Biblia, el Decálogo, fue escrito por el dedo de Dios en tablas de piedra, pero el contenido de los diez mandamientos fue trasladado por Moisés al pasaje correspondiente en el Éxodo, de ahí que se manifiesta la dualidad de autor en ese texto concreto. Sin embargo, es necesario afirmar que la Biblia no procede del hombre, ni este contribuye en nada a la infalibilidad de la Escritura, que el hombre transmite como medio y no como originador de ella.

El teólogo L. S. Chafer, sintetiza de este modo las posiciones ante la dualidad de autor de la Biblia:

> Aunque existen sugerencias secundarias y variaciones, hay solo cuatro clasificaciones primarias en cuanto a la doctrina de la inspiración. Estas son: a) La Biblia es de origen divino casi exclusivamente; b) La Biblia es de origen humano casi exclusivamente; c) La Biblia es en algunas partes casi exclusivamente divina y en otras casi exclusivamente humana y d) El origen divino y el humano existen sin peligro para ninguno, totalmente presente en cada palabra desde la primera hasta la última.[28]

---

[28] Chafer, 1974, Tomo I, p. 77 ss.

La dualidad de autor tiene que ser aceptada por tres razones esenciales: a) La Biblia es la Palabra de Dios, de manera que el autor divino le confiere toda la autoridad e inerrancia, que solo Él puede darle; b) La Biblia es una producción de los escritores humanos, que se identifican mayoritariamente en los escritos bíblicos, manifestando el trabajo propio de quienes escribieron, con su cultura, situación social y tiempo en que vivieron; c) La Biblia extiende la dualidad de autor a todos los escritos, tanto en cuestiones de revelación, como en el lenguaje en que fueron comunicadas.

Trasladamos aquí como síntesis del tema que se está considerando un párrafo del Dr. Pinnock.

1. Porque es palabra humana y reconocemos factores humanos. Los escritores sagrados mantuvieron su individualidad. La personalidad de Pablo luce de forma brillante en sus cartas. El Espíritu toca muchas teclas, resultando en una rica diversidad de sonidos. El profeta "clama" y "habla firmemente" (Ro. 9:27; 10:20). El Espíritu se acomoda a sí mismo a la manera de hablar humana. Los *auctores secundarii* humanos eran autores, no copistas. Utilizaron el conjunto de sus capacidades humanas. Ninguna experiencia psicológica fue común a todos los escritores sagrados. A los profetas, el ímpetu divino les llegó como fuego (Jeremías) o como el rugir de un león (Amós). A los historiadores de Israel y los escritores de la Sabiduría, no se les da ningún impulso sobrenatural. Lo que importa es el hecho de la inspiración, no su modo. Al mismo tiempo, debemos negar rotundamente que, para ser humana, la Escritura de ser falible. ¡El error no es más requisito de la humanidad bíblica que el hecho de que el pecado lo sea de la naturaleza humana de Cristo! Cristo fue totalmente humano y libre de error. En su afán por divorciar el elemento humano de la Escritura de la Palabra divina, los teólogos modernos revelan sus tendencias "nestorianas" en el ámbito de la inspiración. Los evangélicos, simplemente, están intentando apreciar el auténtico carácter humano de la divina palabra escrita. No es la humanidad de la Escritura lo que nos cuesta creer, sino la supuesta humanidad "pecadora" falible. Las teorías críticas que proponen formas literarias engañosas y errores históricos manifiestan la creencia en la humanidad de la Escritura, pero rechazan explícitamente su autoría divina.

2. Porque la Escritura es Palabra divina. "El Santo Espíritu habló por David", insistimos en su *fiabilidad* en todo lo que enseña. La Escritura es la perfecta unión entre los

portavoces humanos y divino. La inspiración puede ser plenaria y verbal sin ser mecánica, debido al misterio de la confluencia. De una forma inescrutable, el Espíritu utilizó un instrumento humano imperfecto para dar a su Iglesia la Palabra escrita de Dios.[29]

Síntesis histórica de la doctrina

La inspiración verbal y plenaria de la Escritura ha sido sostenida mayoritariamente por la Iglesia a lo largo de toda la historia. La mayor crisis de aceptación de la doctrina se produce a causa de las propuestas liberales y, en cierto modo también, de la neo-ortodoxia, donde se aprecia la manifestación del humanismo en la teología contemporánea. La Iglesia consideró que la Biblia es la revelación personal de Dios, plenariamente inspirada, manteniendo esa verdad de forma continuada hasta la llegada del modernismo, liberalismo y otros sistemas actuales. La permanente aceptación de la doctrina de la inspiración permitió el desarrollo de ella, sin apenas oposición, desde el principio de la Iglesia. Incluso en tiempos de la Reforma, tanto católicos como protestantes sustentaban que la Escritura era la manifestación escrita de la revelación hecha por el Espíritu Santo.

Esto tiene como consecuencia la aceptación de la inerrancia, que se considerará en el próximo capítulo. Desde el s. II hasta el XVIII, la inspiración verbal se consideró como doctrina verdadera. El liberalismo consideró la aceptación de la inspiración plenaria como un reducto del fundamentalismo, que no tiene posibilidad de subsistencia futura. Sin embargo, Kirsop Lake puntualiza sobre esto:

> Es un error bastante frecuente que personas cultas que parecen tener poco conocimiento de la historia de la teología supongan que el fundamentalismo es una forma de pensamiento nueva y extraña. No es nada de eso: es la supervivencia parcial y educada de una teología que una vez fue universalmente compartida por todos los cristianos. Por ejemplo: ¿Cuántas personas de las iglesias cristianas del siglo XVIII dudaron de la autoridad infalible de toda la Escritura? Unos pocos, quizás, pero muy pocos. No, el fundamentalista puede estar equivocado. Creo que lo está. Pero somos nosotros quienes nos hemos apartado de la tradición, no él, y siento lástima por el destino de cualquiera que quiera discutir con un fundamentalista sobre

---

[29] Pinnock, 2004, p. 92 ss.

la base de la autoridad. La Biblia y el *corpus theologicum* de la iglesia están del lado fundamentalista.[30]

La base de fe histórica está siendo cuestionada hoy como algo fuera de razón, pero quienes lo hacen no están dispuestos a admitir que es la fe creída por la Iglesia a lo largo del tiempo. Es más, si el Nuevo Testamento, como parte de la Escritura, no ha sido plenariamente inspirado, la enseñanza de Jesús y la doctrina apostólica establecida en su nombre carecen de autoridad y, lo más dramático, de credibilidad. La negación de esta doctrina se produjo en el tiempo como procedente de fuentes totalmente externas a la Iglesia; hoy, lamentablemente, provienen del interior de ella.

Esto exige hacer una aproximación al desarrollo de la doctrina, con las limitaciones que son propias de un escrito como este, dejando a la especialidad de Historia de la Iglesia el tratamiento con mayor extensión sobre sus particularidades.

La Iglesia primitiva

La predicación de los apóstoles enseñaba la inspiración de la Biblia. Dos de ellos, Pedro y Pablo, afirman esa verdad (2 P. 1:21; 2 Ti. 3:16). De este modo, como enseñanza apostólica que revestía la autoridad de Cristo, el Señor y cabeza de la Iglesia, fue aceptada por los cristianos. L. Caussen, afirma que

> con la única excepción de Teodoro de Mopsuestia, ha sido imposible producir, en el largo recorrido de los ocho primeros siglos de cristianismo, un doctor individual que haya rechazado la inspiración plenaria de las Escrituras, a no ser que sea en el seno de las más violentas herejías que han atormentado a la Iglesia cristiana.[31]

En la enseñanza doctrinal de los apóstoles, la verdad está presente, pero ha de ser considerada, reflexionada y desglosada para enseñar la verdad en la extensión que la determina. La tarea de hacerlo seguirá desde los apóstoles a los Padres apostólicos y de la Iglesia. La base doctrinal de Cristo y de los apóstoles se han considerado ya, por lo que se debe avanzar a la enseñanza de los Padres. Esta aproximación

---

[30] Lake, 1925, p. 61.
[31] Citado en Pinnock, 2004, p. 143.

a la patrística ha de hacerse a modo de referencia, dejando para la Historia de las doctrinas la amplitud que requiere.

Patrística

Entre los Padres de la Iglesia, que en alguna medida afirmaron la inspiración de las Escrituras, en el s. I, Bernabé hace referencia a la Escritura como las "proclamaciones del Espíritu Santo"[32], indicando con ello la creencia en la inspiración de la Biblia.

Clemente de Roma. Fue un cristiano destacado de finales del s. I, considerado dentro del grupo de Padres apostólicos, por haber transmitido el "eco vivo" de la predicación de los apóstoles. Según la tradición, había estado en contacto directo con los apóstoles, siendo mencionado por Pablo reconociendo la colaboración prestada a los filipenses (Fil. 4:3). En su Epístola a los corintios, escribe de este modo sobre la inspiración de la Escritura: "Contended, hermanos, y sed celosos sobre las cosas que afectan a la salvación. Habéis escudriñado las Escrituras, que son verdaderas, las cuales os fueron dadas por el Espíritu Santo; y sabéis que no hay nada injusto o fraudulento escrito en ellas"[33].

Justino Mártir. Nacido en Flavia Neapolis, llamada Siquem en el Antiguo Testamento, en el año 100. Sufrió martirio en Roma, durante el tiempo de Marco Aurelio, ca. 162/168. Este cristiano del s. II, escribió, entre otros, *Diálogo con Trifón*, en el que se lee: "Creemos en la voz de Dios hablada por los apóstoles"[34], lo que evidencia la creencia en tiempos apostólicos, o inmediatamente siguientes, de la inspiración. La Escritura era la voz por la que Dios hablaba.

Atenágoras de Atenas. Fue un filósofo cristiano de Atenas, nacido en el año 133; murió en la misma ciudad en el año 190. De sus escritos se conservan dos: *Apología* y *Tratado sobre la resurrección*. En una de sus obras, refiriéndose a los escritores bíblicos, dice: "El Espíritu, al utilizarlos como sus instrumentos, como un flautista hace sonar su flauta"[35].

Ireneo de Lyon. Nacido en Esmirna en el año 130, y fallecido en Lyon ca. 202. Fue un apasionado apologista contra el gnosticismo. En una de sus obras hace mención a la inspiración de la Biblia con

---

[32] Ibíd., p. 144.
[33] Citado en Lightfoot, 1990, p. 95.
[34] Justino Mártir, *Dial.* 119.
[35] Atenágoras, *Leg pro. Christi,* 9. Citado en Pinnock, 2004, p. 144.

estas palabras: "Las Escrituras son divinas y perfectas, al ser manifestadas por Dios"[36]. La afirmación de la verdad sobre la inspiración es sumamente precisa.

Tertuliano. Padre de la Iglesia, nacido en Cartago ca. 160, fallecido en la misma ciudad, ca. 220. Se sabe poco de su historia en forma directa, siendo tomados los datos más sobresalientes de los escritos de Eusebio de Cesarea y Jerónimo. En el grupo de escritos sobre Dogmática, hay una referencia a la inspiración de la Escritura, igualando la enseñanza de la Palabra con la verdadera doctrina: "Ya que es mejor ser ignorante cuando Dios no ha hablado que recibir conocimiento humano y depender de sus conjeturas"[37]. En cuanto a principios doctrinales, es preferible no avanzar más allá de lo revelado, que hacerlos descansar en el pensamiento humano.

Clemente de Alejandría. Original de Atenas, donde nació en 150; falleció en Jerusalén en 215. Escribió una obra destinada a los griegos no cristianos, para que abrazasen el cristianismo. En ella hay referencias a la inspiración de la Escritura, al afirmar que toda ella salió de la boca del Señor.[38] De igual modo se refiere a la Escritura como el contenido de la fe para alcanzar la salvación: "La fe en la revelación es necesaria para la salvación"[39]. Estos dos ejemplos ponen de manifiesto la aceptación de eruditos del s. III sobre la inspiración de la Biblia.

Orígenes de Alejandría. Nació y pasó gran parte de su vida en Alejandría (ca. 184-253). Entre sus muchos escritos, hay diversas referencias a la Escritura, haciendo notar en algunos de ellos su firme creencia en la inspiración, como cuando se negó a aceptar que pudiera haber otra tercera escritura, además de los dos Testamentos, porque "no sería divina como estos"[40]. También afirma que Dios mismo es el autor de la Escritura.

Cipriano de Cartago. Del s. III, nacido en Cartago, c. 200, y fallecido en el mismo lugar el 14 de septiembre del 258. Sostenía la autoría de la Escritura (*magisteria divina et dominica*).[41]

Atanasio de Alejandría. Uno de los llamados padres alejandrinos. Nació ca. 296 y falleció el 2 de mayo de 373. En sus escritos

---

[36] Ireneo de Lyon, *Adversus haereses*, 2.41.1; 2.28.2.
[37] Tertuliano, *De Anima*, 1.
[38] Clemente de Alejandría, *Protrepticus*, 9.82.1.
[39] Clemente de Alejandría, *Stromata*, II, 2, 432.
[40] Orígenes de Alejandría, *In Lev nom*, 5. Citado en Pinnock, 2004, p. 144.
[41] Ibíd.

afirma que "las Sagradas e inspiradas Escrituras son suficientes para la defensa de la verdad".

Cirilo de Jerusalén. Obispo del s. IV. Nacido en Cesarea Marítima en el 313 y fallecido en Jerusalén el 18 de marzo de 386. En una de sus veintitrés famosas *Lecturas catequéticas* se hace referencia a que "la certidumbre de nuestra fe no depende del razonamiento basado en un capricho, sino de la enseñanza extraída de la Escritura"; y también dice:

> No pretendemos ingenuamente cubrir lo poco que diremos con la multitud de lo que puede extraerse de la Escritura. Tampoco utilizaremos hoy razonamientos e invenciones humanas —no debe hacerse—, sino que nos bastará traer a la memoria las sentencias de la Sagrada Escritura. Es el procedimiento más seguro según el bienaventurado apóstol Pablo, que dice "... de las cuales también hablamos, no con palabras aprendidas de sabiduría humana, sino aprendidas del Espíritu, expresando realidades espirituales en términos espirituales" (1 Cor. 2:13). Hacemos cosas semejantes a los viandantes y navegantes, los cuales, teniendo en mente la meta de un larguísimo camino, se apresuran adrede, pero acostumbran, por la limitación humana, a detenerse en las distintas ciudades y puertos.[42]

El sustento de la fe está en la Escritura, que no procede del pensamiento humano, sino que fue inspirada por Dios.

Jerónimo. Del s. IV; es sumamente conocido por su erudición bíblica y por ser traductor del texto bíblico. Nació en Estridón en el 342 y murió en 30 de septiembre del 420 en Belén. Entre sus muchos escritos, merece destacarse, por su posición en relación con la Escritura, el prólogo al profeta Isaías, donde se lee:

> Cumplo con mi deber, obedeciendo los preceptos de Cristo, que dice: Estudiad las Escrituras, y también: Buscad, y encontraréis, para que no tenga que decirme, como a los judíos: Estáis muy equivocados, porque no comprendéis las Escrituras ni el poder de Dios. Pues, si como dice el apóstol Pablo, Cristo es el poder de Dios y la sabiduría de Dios, y el que no conoce las Escrituras no conoce el poder de Dios ni su sabiduría, de ahí se sigue que ignorar las Escrituras es ignorar a Cristo. Por esto, quiero imitar al padre de familia que del arca va sacando

---

[42] Cirilo de Jerusalén, *Catequesis* XVII.

lo nuevo y lo antiguo, y a la esposa que dice en el Cantar de los cantares: He guardado para ti, mi amado, lo nuevo y lo antiguo; y, así, expondré el libro de Isaías, haciendo ver en él no solo al profeta, sino también al evangelista y apóstol. Él, en efecto, refiriéndose a sí mismo y a los demás evangelistas, dice: ¡Qué hermosos son los pies del mensajero que anuncia la paz, que trae la Buena Nueva! Y Dios le habla como a un apóstol, cuando dice: ¿A quién mandaré? ¿Quién irá a ese pueblo? Y él responde: Aquí estoy, mándame. Nadie piense que yo quiero resumir en pocas palabras el contenido de este libro, ya que él abarca todos los misterios del Señor: predice, en efecto, al Emanuel que nacerá de la Virgen, que realizará obras y signos admirables, que morirá, será sepultado y resucitará del país de los muertos, y será el Salvador de todos los hombres. ¿Para qué voy a hablar de física, de ética, de lógica? Este libro es como un compendio de todas las Escrituras y encierra en sí cuanto es capaz de pronunciar la lengua humana y sentir el hombre mortal. El mismo libro contiene unas palabras que atestiguan su carácter misterioso y profundo: Cualquier visión se os volverá —dice— como el texto de un libro sellado: se lo dan a uno que sabe leer diciéndole: "Por favor, lee esto". Y él responde: "No puedo, porque está sellado". Y se lo dan a uno que no sabe leer, diciéndole: "Por favor, lee esto". Y él responde: "No sé leer".

Y, si a alguno le parece débil esta argumentación, que oiga lo que dice el Apóstol: De los profetas, que prediquen dos o tres, los demás den su opinión. Pero en caso que otro, mientras está sentado, recibiera una revelación, que se calle el de antes. ¿Qué razón tienen los profetas para silenciar su boca, para callar o hablar, si el Espíritu es quien habla por boca de ellos? Por consiguiente, si recibían del Espíritu lo que decían, las cosas que comunicaban estaban llenas de sabiduría y de sentido. Lo que llegaba a oídos de los profetas no era el sonido de una voz material, sino que era Dios quien hablaba en su interior, como dice uno de ellos: El ángel que hablaba en mí, y también: Que clama en nuestros corazones: "¡Abbá! (Padre)", y asimismo: "Voy a escuchar lo que dice el Señor".[43]

La firme aceptación de la inspiración se aprecia en todo el contenido trasladado, que cierra afirmando que va a escuchar lo que dice el Señor en el texto bíblico.

---

[43] Jerónimo, *Prólogo al profeta Isaías*.

Teófilo de Alejandría. Oriundo de Egipto; no se conoce la fecha de su nacimiento, pero sí la de su defunción, ocurrida el 15 de octubre del 412 en Alejandría. Según testimonio de Jerónimo, Teófilo dijo: "Sería actuar de acuerdo con la inspiración demoníaca el seguir el pensamiento de la mente humana y pensar que podría existir algo divino más allá de la autoridad de las Escrituras"[44].

Agustín de Hipona. Vivió en el s. V. Nació en Tagaste el 13 de noviembre de 354 y murió el 28 de agosto de 430 en Hippo Regius, Annaba, Argelia. Famoso por su erudición y por sus obras literarias. Fue obispo en Hipona y dirigió una larga serie de controversias con los herejes de aquel período de la Iglesia. Agustín llama a la Escritura "la pluma del Espíritu"[45]. De la misma manera, en una carta a Jerónimo, escribe: "Confieso por tu caridad que he aprendido a acatar en este respecto y a honrar los libros de la Escritura solamente a los que ahora se llaman canónicos, que creo muy firmemente que ninguno de estos autores se ha equivocado en ningún aspecto de la escritura"[46].

Edad Media

En este período se aprecia también el reconocimiento de la Escritura como Palabra de Dios, e inspirada por el Espíritu. Basten algunos ejemplos para evidenciar esta afirmación (que se trata más profundamente en la Historia de las doctrinas). Como resumen de este período, se traslada un párrafo de Clark Pinnock:

> Los teólogos del período medieval afirman, con igual fuerza, su fe en la completa autoridad y suficiencia material de la Sagrada Escritura. Para los hombres de este período, toda la verdad teológica surgía de la Biblia. Toda la verdad cristiana estaba revelada en las Escrituras.[47]

Anselmo de Canterbury. Vivió en el s. IX. Nacido en Aosta, en 1033, y fallecido en Canterbury, en 1109. Para este, toda la verdad teológica surgía de la Biblia y estaba revelada en las Escrituras. Confesó que no predicaría nada que no fuera lo contenido en la Escritura, producida por un milagro del Espíritu Santo.[48]

---

[44] Teófilo de Alejandría. Citado por Jerónimo, *Epístola* 96.6.
[45] Agustín, *Confesiones*, 7, 21, 23.
[46] Agustín, *Epístola*, 82.1.3.
[47] Pinnock, 2004, p. 145.
[48] Ibíd., p. 145.

Ruperto de Deutz. Nacido en Liega, en 1075, y muerto en Deutz, Colonia, el 4 de marzo de 1129. En uno de sus escritos decía: "Busquemos la sabiduría, consultemos las Sagradas Escrituras mismas, aparte de las cuales nada se puede encontrar, nada hablado que sea sólido o cierto"[49].

Buenaventura de Bagnoregio. Conocido generalmente como San Buenaventura, nació en Civita de Bagnoregio, en 1221, y falleció el 15 de julio de 1274 en Lyon. Fue general de la orden franciscana y un teólogo renombrado en la Edad Media. En el Prólogo al *Breviloquium*, hace una afirmación precisa: "Donde todo nuestro conocimiento debe tener su base es en el conocimiento de la Escritura"[50]. Tomamos un párrafo del Anuario Filosófico, que hace referencia a uno de los escritos de Buenventura:

> [En el Prólogo al *Breviloquium*, Buenaventura] invita a investigar, explicitar lo que la Palabra de Dios dice de forma certísima, sin fallo, eso es papel de la exposición de la misma, de la teología. Se trata de saber orientar los fines de los textos para entenderlos y darlos a entender en sus proporciones justas: se trata de orientar los textos en sus fines salvíficos, en sus géneros, en los sentidos, en no forzar la escritura, en no utilizarla como coartada argumental, sino al revés, establecer conclusiones desde ellas, mirar los textos paralelos, y establecer una línea abierta de comentario exegético antes de definir la Palabra de Dios, sobre todo en temas dudosos.
>
> Para san Buenaventura, el estudio de la Biblia supera la misma exégesis y se convierte en reflexión sobre *Sacra Scriptura*, es decir, la Biblia inspira una reflexión exegética, pero es más: es la base de la enseñanza teológica de los maestros y es el camino de la relación personal del hombre-sujeto con el Sujeto de la historia y del sentido. La Sagrada Escritura es Teología en cuanto hermenéutica teológica que abre el sentido del Misterio para ser profundizado como ciencia teológica en un horizonte de sabiduría, anticipando aquello de lo que hablaría el concilio Vaticano II en su constitución dogmática, cuando afirma que "el estudio de las sagradas páginas tiene que ser el alma de la sagrada teología" (DV 24).[51]

---

[49] Ruperto de Deutz, *In Apocalipsis.*
[50] Buenaventura de Bagnoregio, *Prol. Al Breviloquium.*
[51] Lázaro, 2016, pp. 398-399.

Tomás de Aquino. Nació en Roccasecca, Italia, en 1225, y falleció el 7 de marzo de 1274, en la Abadía de Fossanuova, Italia. Escritor prolífico, conocido sobre todo por la *Suma Teológica*. Afirmaba que nada podía ser añadido y retirado de la Escritura, y si algo no estaba respaldado por ella, no era necesario para la salvación.[52]

Juan Gerson. Fue un teólogo y filósofo francés, nacido en Rethel en 1363 y fallecido en Lyon en 1429. Vivió un tiempo convulso en el campo religioso, lo que generó persecución contra él. Sin embargo afirmaba que "nada debe oírse hablar de temas divinos, a no ser que sean los temas que se nos entregan en las Sagradas Escrituras"[53].

No cabe duda de que estos teólogos de la Edad Media, y especialmente de la Alta Edad Media, estaban lejos de admitir la dimensión única de la Escritura como base de fe —a gran distancia de uno de los lemas de la Reforma: *Sola Escritura*—, pero, con todo, consideraban la Escritura como la misma Palabra de Dios, lo que implica necesariamente aceptar la inspiración de ella.

Reforma

Se han hecho consideraciones sobre la Reforma en los prolegómenos, aunque en este lugar es necesaria una breve recapitulación del pensamiento de los reformadores en relación con la inspiración. En el próximo capítulo se hará sobre autoridad e inerrancia, con lo que se completará la posición total sobre lo que la Reforma expresó acerca de la Biblia. Aunque la Reforma es la recuperación y afirmación de las verdades sustentadas en la Palabra, siendo la fe predicada y enseñada por los reformadores, cabe mencionar como referencia a los más conocidos de ellos.

Lutero. Para el reformador, la Escritura como Palabra de Dios es la única autoridad en materia de fe que debe ser obedecida. Su deseo de que la Biblia se conociera se aprecia en las noventa y cinco tesis; en la número 54 se lee: "Se hace daño a la Palabra de Dios cuando, en el mismo sermón, se gasta un tiempo igual o mayor en hablar de indulgencias que en predicar la Palabra". En la 62, dijo: "El verdadero tesoro de la Iglesia es el Santísimo Evangelio de la gloria y de la gracia de Dios". El reformador se refiere a la inspiración de la Escritura:

---

[52] Tomas de Aquino, *De veritate*, q. 14, a. 10 y 11.
[53] *De examen doct.*, II

> Preséntasenos, por lo tanto, una concepción enteramente nueva de la autoridad e inspiración de las Escrituras. Su contenido específico, tanto en al Antiguo como en el Nuevo Testamento, es Cristo, su oficio y reino. Este es el contenido en el que la fe tiene interés y que la fe verifica en su experiencia interior. Esto es lo importante en las Escrituras; por consiguiente, esto debe ser también el motivo básico que impulsó la operación divina en las Escrituras y dio a estas su carácter peculiar. En otros términos, el testimonio del Espíritu Santo en las Escrituras es el testimonio de los grandes hechos de la salvación y la redención. Este es el propósito de su inspiración y en la medida en que lo cumplen, las Escrituras muestran la validez de su pretensión de ser consideradas como autoridad en materia de religión. Es esto lo que las hace criterio y piedra de toque mediante los cuales debe ser verificada toda enseñanza de la iglesia en su carácter de verdad evangélica.[54]

No cabe duda de que la aceptación de la inspiración de la Biblia era materia esencial en la teología de la Reforma.

Juan Calvino. Sirva de ejemplo un párrafo de su comentario a la Segunda Epístola a Timoteo, 2:16:

> Toda la Escritura, o el todo de la Escritura; aunque esto establece un poco de diferencia en cuanto al significado, Pablo prosigue la recomendación que en forma breve había hecho al principio. Primero, recomienda la Escritura por razón de su autoridad; y segundo, por razón de la utilidad que emana de ella. A fin de sostener la autoridad de la Escritura, declara que es divinamente inspirada; porque, de ser así, está fuera de controversia que los hombres deban recibirla con reverencia. Este es el principio que distingue nuestra religión de todas las demás, porque sabemos que Dios nos ha hablado, y estamos plenamente convencidos de que los profetas no hablaron por su propia cuenta, sino que, siendo instrumentos del Espíritu Santo, ellos únicamente dijeron lo que su comisión celestial les ordenó declarar. Quienquiera, pues, que desee sacar provecho de las Escrituras, que primero acepte como cosa establecida en este punto: que la Ley y los Profetas no son una doctrina entregada según la voluntad y beneplácito del hombre, sino dictada por el Espíritu Santo.[55]

---

[54] Citado en Seeberg, 1968, Vol. II, p. 206.
[55] Calvino, 1968b, p. 289 ss.

En una frase de *Instituciones*, escribe: "Se ve por señales manifiestas y evidentes que es Dios el que habla en la Escritura, y por consiguiente que la doctrina que en ella se contiene es del cielo"[56].

Casiodoro de Reina. Uno de los reformadores españoles, traductor al castellano de la Biblia, se refiere a la inspiración con las siguientes palabras:

> Notable cosa es a Satanás, padre de mentira y autor de tinieblas, que la verdad de Dios y su luz se manifiesten en el mundo porque por este solo camino es deshecho su engaño, se desvanecen sus tinieblas y se descubre toda la vanidad sobre la que su reino es fundado, donde luego está cierta su ruina. [...] Mas porque la fuente de esta divina luz es el mismo Dios, y su intento es de propagarla en este abismo de tinieblas, de aquí es que, aunque muchas veces por cierto el consejo suyo permita a Satanás potestad sobre los sagrados libros, y aunque él los queme todos, y aun también mate a todos los que ya participaron de aquella celestial sabiduría, quedándonos la fuente sana, la misma luz al fin vuelve a ser restaurada con gran victoria. [...] Por ser este su pertinaz ingenio contra la divina palabra, estamos ciertos de que no dejará de seguir en esta obra preferencia, y que cuanto ella es más necesario a la Iglesia del Señor, tanto más él se desvelará en despertar contra ella toda suerte de enemigos.[57]

Zuinglio. Se ha mencionado ya en prolegómenos. La Reforma de Zuinglio, a pesar de sus evidentes puntos de conexión con Lutero, presenta también características propias. Mientras el fin de Lutero era suprimir las indulgencias o bulas, Zuinglio solo acepta como Iglesia aquello que aparece en las Escrituras. De ahí que las iglesias reformadas sean en gran modo iglesias de la palabra, del verbo. En estrecha colaboración con Leo Jud, tradujo Zuinglio la Biblia entre 1524 y 1529 a un alemán con marcadas características suizas. Esta traducción se conoce hoy en día como la "Biblia zuriquesa" o "Biblia de Zúrich". Más tarde, los teólogos de Zúrich completaron la nueva traducción del griego y del hebreo cinco años antes de que Lutero tradujera la Biblia. Por tanto, la Biblia de Zúrich es la traducción protestante completa más antigua de toda la Sagrada Escritura; fue impresa por Christoph

---

[56] Calvino, 1968a, I, iv, 5.
[57] Casiodoro de Reina, Prólogo a la *Biblia del Oso*, 1569.

Froschauer entre 1524 y 1529, quien, en 1531, publicó la obra completa ricamente ilustrada.[58]

No es necesario añadir más datos que demuestren que los reformadores creían en la inspiración de las Escrituras, lo que las constituye en Palabra de Dios, con la autoridad que el hecho de la inspiración le confiere. Otros aspectos sobre la Escritura se tratan en el siguiente capítulo.

---

[58] Datos tomados de es.wikipedia.org.

CAPÍTULO VII
INERRANCIA, INFALIBILIDAD Y AUTORIDAD

Introducción

La Biblia, como conjunto de libros inspirados plenariamente por Dios, es el mensaje revelador suyo para el hombre. Quiere decir con esto que, puesto que sale el pensamiento divino y el Espíritu custodia al escritor humano para que transmita cuanto le es revelado con la precisión posible en el lenguaje humano de la revelación divina, lo que ha sido escrito es un mensaje con autoridad divina.

La autoridad está manifestada en las muchas ocasiones en que se lee: "Así dice el Señor". De modo que, si Dios es soberano y sus manifestaciones se establecen desde esa condición, la Palabra escrita procedente de Él es tan autoritativa como Él mismo. Dicha autoridad se pone de manifiesto en el escrito bíblico que revela la voluntad divina, anuncia lo que vendrá, establece las reglas éticas para la vida humana, y advierte al hombre del juicio que la desobediencia a la revelación tiene como consecuencia.

La duda sobre la inspiración plenaria, que se ha considerado en el capítulo anterior, sirve de cuestionamiento a la autoridad de la Escritura. Si algo, por pequeño y elemental que sea, no ha sido el resultado de la inspiración divina en todo el contenido de la Palabra, sino producto de la mente humana, la autoridad bíblica se resiente en la misma proporción. Afirmar lo que la Biblia dice de sí misma, que es inspirada por Dios, es darle la autoridad suprema que corresponde solamente a Dios.

Otra consecuencia de la inspiración es que las Escrituras son infalibles. Quiere decir que no pueden errar. La evidencia máxima está en dos aspectos: el cumplimiento de lo anunciado proféticamente en ellas y la utilidad del mensaje general en aplicación al creyente de todos los tiempos.

En tercer lugar, la Palabra de Dios es también inerrante. Aunque el concepto de inerrancia es semejante al de infalibilidad, hay una diferencia entre ambos, consistente en que no solo no pueden errar en su aplicación, sino que ellas mismas, en los escritos originales, están exentas de todo error. La inerrancia es un asunto más amplio que la infalibilidad, ya que en este sentido esta expresa la idea de que cuanto se está hablando en la Biblia expresa siempre, en todo tiempo, lo que Dios quiere comunicar sin limitación ni error alguno.

Los tres aspectos a considerar no son independientes, sino que están íntimamente ligados y dependen cada uno de los otros. Se puede hablar de inerrancia, de infalibilidad y de autoridad porque la Biblia es inspirada por Dios. De modo que no puede tener contradicciones, ni errores, por lo que la Escritura es inerrante, esto es, ausente de todo error. Si la Biblia es la Palabra de Dios, es infalible, de modo que es atemporal en cuanto a principios, enseñanzas y conceptos. Por consiguiente, si es inerrante e infalible, tiene toda la autoridad divina y no puede sino ser también autoritativa.

Inerrancia

Especialmente desde principios del s. XX, el mundo liberal ha pretendido que el concepto de inerrancia es un fenómeno moderno de la teología contemporánea. Esa propuesta se sustenta en el pensamiento tanto de liberales como de neo-ortodoxos, quienes pretenden hacer creer que, debido al conflicto con otras autoridades eclesiales, especialmente desde sectores católicos y protestantes nacionales, se ha colocado a la Biblia en una posición semejante a la de la máxima jerarquía en la iglesia. Hablando de los sectores fundamentalistas, especialmente americanos, se dice que: "Se puede respetar, incluso envidiar, tanto la postura que los fundamentalistas tienen de la Biblia como la que los católico-romanos tienen de la Iglesia"[1]. Sin embargo, no es posible defender esa posición si no se hace ignorando el concepto que la iglesia primitiva tenía sobre las inerrancia. Tal posición se considerará en lo que sigue.

La inerrancia, como se indica en la introducción, se ha considerado como sinónimo de infalibilidad; sin embargo, la primera es algo más extensa que la segunda. El gran problema de la inerrancia en los últimos años, especialmente en el s. XX, trató de expresar que la Biblia no era absolutamente precisa en toda su extensión, pero que sí lo suficiente para cumplir el propósito divino centrado en ella. Debido a esa situación debe hacerse una aproximación a los distintos conceptos de inerrancia. Como ocurre en el caso de la inspiración, el término tiene distintos significados según el concepto que se asigne a la palabra.

---

[1] Lewis, 1958, p. 131.

INERRANCIA, INFALIBILIDAD Y AUTORIDAD 319

Inerrancia total

Propone que la Biblia es absolutamente precisa en todo cuanto revela, tanto en el sentido espiritual, como en el material, histórico y social. En este sentido cuando aparece alguna contradicción en el escrito tiene que apelarse a explicarla convenientemente para eliminar las discrepancias, que se consideran siempre como aparentes.

Inerrancia de pleno alcance

Quiere decir que, aunque toda la Biblia es inspirada y es verdad, puede haber afirmaciones o datos, especialmente científicos e históricos, que son discrepantes entre sí. Pero, aun en estos casos, las diferencias no afectan a la enseñanza teológica y espiritual, que permanece firmemente asentada y es concordante en todo el texto bíblico. Entienden que los datos no coincidentes se deben a la apreciación humana del relator. Muchas veces no se trata sino de incorporación de tradiciones que son generalidades del tiempo en que se escribió la porción del texto bíblico.

Expresa la idea de que la Escritura es solo inerrante en las afirmaciones sobre doctrina, especialmente sobre la revelación soteriológica. Pero contiene materias de otro alcance que pueden tener errores. Todas esas expresiones y datos, cualquiera que sea el alcance, son el resultado del conocimiento y comprensión que se tenía del dato en el tiempo del escrito, teniendo en cuenta que el hagiógrafo estaba siempre sujeto al condicionante de su entorno histórico-social-cultural. De manera que el autor del escrito no está custodiado en todo lo que escribe, porque no todo es revelación divina, sino datos del conocimiento humano. Por consiguiente, se enseña que la Biblia puede tener errores en todo aquello que tenga que ver con mero conocimiento humano.

Inerrancia potencial

Enseña que la Biblia es inerrante en su propósito, que no es otro que acercar al hombre a Dios y conducirlo a una experiencia relacional con Cristo. La Biblia, por tanto, no pretende comunicar verdades generales, de manera que los datos de la Escritura no son inerrantes, sino relativos y en ocasiones no son verdad.

Inerrancia adaptada

Generalmente la posición es aceptada y enseñada por quienes no creen en la inerrancia. Son los que enseñan que la Biblia es un conjunto de libros introducidos por canales humanos, de modo que como el hombre es un ser que comete errores, los de los escritores se han trasladado a los escritos bíblicos. El posible error no solo está presente en datos históricos o científicos, sino en los temas teológicos. La Biblia refiere a expresiones de la verdad apelando al pensamiento de hombres, de manera que en cuestiones teológicas hay una mezcla de asuntos revelados y no revelados. De esta manera, se producen discrepancias en temas doctrinales. Así entienden contradictoria la enseñanza del apóstol Pablo sobre la resurrección en las dos cartas canónicas a los corintios (1 Co. 15 y 2 Co. 5), encontrando diferencias entre ambas. Es más, como hace notar Millard Erickson: "Algunos incluso creen que Jesús no solo ignoraba, sino que se equivocó sobre el momento de su regreso. Él creía y enseñó que sucedería durante la vida de sus oyentes, y por supuesto esto no fue así"[2].

Generalmente quienes sostienen esta teoría no creen en la inspiración plenaria, afirmando que la Biblia no es Palabra de Dios, por lo que los errores que contiene no pueden aplicarse a Dios, sino al autor humano correspondiente, por tanto, son errores de Isaías, Jeremías, Lucas, Pedro, etc. Entienden, sin embargo, que los errores que están en la Biblia no alteran la razón funcional que la orienta.

Inerrancia irrelevante

En una línea semejante a la anterior, están aquellos que consideran que la inerrancia es algo que carece de importancia y de interés. Es más, algunos de estos pensadores, no tanto teólogos, entienden que todo lo que tiene que ver con la inerrancia es negativo, porque distrae la atención del enfoque actual del concepto de inspiración y, por tanto, de la revelación en la Palabra. Para sustentar esta propuesta acuden también al concepto bíblico de errar, en sus distintas acepciones, que está vinculado teológicamente con la espiritualidad y la moralidad, dejando a un lado el sentido de intelectualidad. Afirman que ocuparse de la inerrancia, bajando al estudio de los pormenores lingüísticos, sociológicos, históricos, etc. priva de buscar en la Escritura el sentido orientador y de relación entre el hombre y Dios, que es su propósito fundamental. Aproximarse a una Bibliología que se sustenta en que la Biblia es un libro exento de errores en los originales, constriñe el campo de la investigación y limita la libertad del teólogo para investigar los escritos bíblicos desde la lógica y la ciencia humanista, como

---

[2] Erickson, 2008, p. 248.

cualquier otro escrito, quedando limitada la exégesis a la dogmática, impidiendo la interpretación libre del escrito.

Importancia de la inerrancia

La inerrancia es de capital importancia si se quiere afirmar la autoridad de la Biblia. Dicho de otro modo, ¿puede ser creíble la Biblia si no es inerrante? La pregunta es vital por cuanto, si no hay inerrancia plena, es necesario determinar qué tanto de la Biblia lo es y cuanto no lo es. La fe deja de tener un asiento firme y entra, en mayor o menor grado, la duda razonable sobre lo que no tiene errores y aquello que puede tenerlos en alguna medida.

La historia de la Iglesia afirma reiteradamente la inspiración de toda la Escritura. Es necesario insistir en que la inerrancia plena está en los documentos originales, pudiendo lamentablemente introducirse algún error en las copias que se han hecho de ellos. Agustín de Hipona se expresa así al respecto de los libros de la Biblia:

> He aprendido a ofrecer este respeto y honor solo a los libros canónicos de las Escrituras: solo en esos creo firmemente que los autores estaban completamente libres de error. Y en estos escritos quedo perplejo por cualquier cosa que a mí me parece que se opone a la verdad, no dudo en suponer que o bien el manuscrito tiene fallos, o el traductor no ha captado el significado de lo que se dijo, o yo no he sido capaz de entenderlo.[3]

Si esto comprende la totalidad de la Biblia, comprende a cada cosa que se ha escrito en ella, incluyendo los datos científicos, sociales e históricos. La inerrancia de la historia bíblica es importante. Sin duda debe afirmarse que la Escritura no es un libro de historia, pero los datos históricos que aparecen en ella, no son válidos si no son auténticamente verdaderos, es decir, carentes de todo error. Del mismo modo, lo que tiene que ver con datos científicos y sociales. En los conflictos de aparentes discrepancias en la Escritura, cuando Agustín no pudo resolverlos, acudió a la alegoría.

Los reformadores afirman creer en la inerrancia. Dos ejemplos son suficientes. Martín Lutero afirmó, con su habitual vehemencia: "Las Escrituras nunca erraron. [...] Las Escrituras no pueden errar.

---

[3] Citado en Erickson, 2008, p. 252.

[...] Es cierto que las Escrituras no se contradicen a sí mismas; solo les parece así a los hipócritas insensatos y obstinados"[4].

Juan Calvino creía en la inerrancia de la Biblia, si bien reconoce la libertad con que los autores del Nuevo Testamento usaron las citas bíblicas, tomando en general la versión LXX. Sin embargo, aunque este argumento se usa en la actualidad para negar la inerrancia plena, no debe olvidarse que, si los escritos del Nuevo Testamento son también inspirados, en ellos las citas que puedan discrepar de la tradición antigua toman carta de inerrancia por la inspiración de esos escritos. Junto con la Iglesia a lo largo de la historia, debe afirmarse que toda la Escritura en los escritos originales está ausente de error.

Haciendo una consideración sobre la negación de la inerrancia, escribe M. Erickson:

> Mientras hablamos de este tema, deberíamos señalar brevemente el impacto que la inerrancia ha tenido históricamente. La mejor manera de proceder es observar las implicaciones que se dan normalmente en otras áreas de la doctrina cuando se abandona la inerrancia bíblica. Hay evidencias de que cuando un teólogo, una escuela o un movimiento empieza a considerar la inerrancia bíblica como materia periférica u opcional y abandona esta doctrina, con frecuencia acaba abandonando o alterando otras doctrinas que la iglesia normalmente ha considerado muy importantes, como la deidad de Cristo o la Trinidad; ya que, como argumentamos en el capítulo primero de este libro, la historia es el laboratorio en el que la teología pone a prueba sus ideas, debemos concluir que apartarse de la creencia de la absoluta fiabilidad de la Biblia es un paso muy serio, no solo por lo que le hace a una doctrina, sino por el efecto que causa en otras doctrinas.[5]

La inerrancia está vinculada a responder a la epistemología que se inquiere si es cierto y puede ser demostrada, si la fe se asienta en el hecho de que la Biblia es inspirada y por consiguiente inerrante, no siendo posible demostrarlo salvo por los datos tomados para ello. Por tanto, si no se pueden demostrar aspectos valorables o verificables desde lo ocurrido, como sucede con la historia o, lo que es peor, si las referencias que pueden ser verificadas no son absolutamente ciertas, tampoco puede sustentarse la certeza de las afirmaciones sobre las

---

[4] Lutero, 1883-2009, Vol. 34.1, p. 356. Citado en Ibíd.
[5] Ibíd.

que se sustenta la fe, ya que muchas de ellas trascienden toda experiencia sensorial. Dicho de otro modo, si se puede demostrar que la Biblia tiene errores en lo que puede ser verificado, no existe base alguna para sostener aquello que se acepta solo por fe y no puede ser objeto de comprobación. Esto trae una seria consecuencia al no poder sustentar la base de la fe solo porque la Biblia lo afirma o niega.

Si las aparentes contradicciones se resuelven argumentando que la Biblia solo es inerrante en materia de fe, esto es, está relacionada solo con las verdades doctrinales o dogmáticas, consigue una aparente solución al problema, pero no libera la cuestión de la verdad relativa a la fe. Esto conduce generalmente a la filosofía de la religión, que establece lo que debe ser creído, aunque sostenga que algunas verdades de fe, como la inerrancia, tienen problemas de extensión a los que no se les ha dado solución.

Las discrepancias

Es evidente que existen discrepancias en los escritos bíblicos, algunas de las cuales resultan difíciles de explicar. Para ilustrar lo que se está considerando, apreciemos alguna aparente contradicción dentro de las que tienen que ver con la historia.

Discrepancia personal. En relación con Abiam, uno de los reyes de Judá, se dice de él: "Y reinó tres años en Jerusalén. El nombre de su madre fue Maaca, hija de Abisalom. Y anduvo en todos los pecados que su padre había cometido antes de él; y no fue su corazón perfecto con Jehová su Dios, como el corazón de David su padre" (1 R. 15:2, 3). En cambio, se lee también: "A los dieciocho años del rey Jeroboam, reinó Abías sobre Judá, y reinó tres años en Jerusalén. El nombre de su madre fue Micaías hija de Uriel de Gabaa" (2 Cr. 13:1-2). Siguiendo la lectura del texto de 2 Crónicas, se aprecia que Abiam, fue un hombre que aparentemente era temeroso de Dios, hablando al pueblo con palabras piadosas y refiriéndose a Jehová como el que se opondría al pecado del pueblo (cf. 2 Cr. 13:4-12). La discrepancia en cuanto a la vinculación familiar de la madre del rey, que en 1 Reyes se dice que fue hija de Abisalom, mientras que en 1 Crónicas se dice que lo fue de Uriel, lo aclara en gran medida Josefo en *Antigüedades*, al decir que Tamar, la hija de Absalón, se casó con Uriel, por lo que el parentesco según Crónicas es el directo, siendo su madre Micaías, hija de Uriel. En el caso de Reyes, la referencia es genérica en el sentido de madre, haciendo referencia a la abuela. Es usado el término padre para ascendientes que no son el padre directo.

La otra discrepancia es que cuando un impío lo necesita en beneficio personal, usa palabras piadosas para conseguir atraer al pueblo a sí mismo.

Discrepancias genealógicas

En la genealogía de Jesús aparecen dos listas diferentes, una correspondiente a Mateo (Mt. 1:1-16) y otra a Lucas (Lc. 3:23-38). Las discrepancias son evidentes. Según Mateo, la genealogía procede desde David por Salomón (Mt. 1:6), y según Lucas, Jesús está entroncado con David por medio de Natán (Lc. 3:31, 32). Se suele resolver la discrepancia dando a la genealogía de Mateo la condición de establecer la ascendencia de José, mientras a la de Lucas se le asigna la de María. La solución del porqué de esa discrepancia está en el propósito que los autores dan al contenido del evangelio que escriben. Mateo demuestra en su escrito que Jesús desciende directamente por la línea real de David, por lo que ciertamente es el Mesías descendiente de ese rey. Lucas tiene el propósito de presentar a Jesús como Dios vinculado con el hombre, llevando su ascendencia hasta Adán. Sin embargo, la razón teológica es evidente. En la genealogía de Mateo se menciona a Jeconías (Mt. 1:11), cuyo pecado le acarreo la maldición divina de que nadie de su descendencia se sentaría sobre el trono de David (Jer. 22:24, 28). El impedimento por línea directa de Salomón se supera, en relación humana, por la línea de Natán, en la que no está el nombre de Jeconías o Conías, por lo que el nacimiento de Jesús, producido por concepción virginal en María, supera el obstáculo ligándolo como descendiente de David en ambas genealogías.

Discrepancias geográficas

Según Números, Aarón murió en el monte Hor; así se lee: "Y Moisés hizo como Jehová le mandó; y subieron al monte de Hor a la vista de toda la congregación. Y Moisés desnudó a Aarón de sus vestiduras, y se las vistió a Eleazar su hijo; y Aarón murió allí en la cumbre del monte, y Moisés y Eleazar descendieron del monte" (20:27, 28). Lo mismo es confirmado en otro lugar: "Y subió el sacerdote Aarón al monte de Hor, conforme al dicho de Jehová, y allí murió a los cuarenta años de la salida de los hijos de Israel de la tierra de Egipto, en el mes quinto, en el primero del mes" (Nm. 33:38). En cambio, se lee de este modo en Deuteronomio: "Después salieron los hijos de Israel de Beerot-bene-jaacán a Mosera; allí murió Aarón, y allí fue sepultado, y en lugar suyo tuvo el sacerdocio su hijo Eleazar" (Dt. 10:6). Mosera es el lugar del campamento donde Israel estaba cuando murió Aarón, cuya muerte ocurrió en la cima del monte Hor, situado en la proximidad del campamento de Israel, por lo que en el relato de Deuteronomio se menciona el lugar donde el pueblo estaba y donde ocurrió la muerte del hermano de Moisés.

Debe entenderse que la Biblia, siendo Palabra inspirada, no contiene errores, y aquellos que aparecen bien pueden deberse a errores de copistas, sobre todo en discrepancias numéricas en el Antiguo Testamento, donde las letras con que se representaban los números en ocasiones son muy semejantes en grafismo, por lo que un copista puede inconscientemente confundirlas. Aunque debemos reconocer que no tenemos todas las respuestas, sí se reconcilian la mayoría de las aparentes discrepancias; por tanto, estaremos en la disposición de aceptar que la inerrancia es una manifestación de la Palabra y que por esa razón sustenta la fe.

Al hacer una aproximación al sentido del concepto inerrancia, debiera reflexionarse sobre algunos aspectos.

1. Inerrancia en relación con lo que afirma. Se traslada un párrafo del Dr. M. Erickson:

> La inerrancia pertenece a lo que se afirma o asevera más que a lo que meramente se cuenta. Esto incorpora el punto válido de la sugerencia de Carnell. La Biblia recoge declaraciones falsas hechas por gente profana. La presencia de este tipo de declaraciones en las Escrituras no significa que estas sean verdaderas; solo garantiza que han sido contadas de forma correcta. El mismo juicio se puede emitir sobre ciertas declaraciones de gente piadosa que no estaban hablando bajo la inspiración del Espíritu Santo. Esteban, en su discurso de Hechos 7, puede que no estuviera siendo inspirado, aunque sí estuviera lleno del Espíritu Santo. Por lo tanto, su declaración cronológica en el versículo 6 puede que no esté necesariamente libre de error[6]. Parece que incluso Pablo y Pedro hicieron afirmaciones incorrectas en algún momento. Sin embargo, cuando un escritor bíblico toma una declaración de cualquier fuente y la incorpora a su mensaje como afirmación y no como mera declaración, debe ser considerada cierta. Esto no garantiza la canonicidad del libro que se cita. Los no creyentes, sin una revelación

---

[6] Referido a los años de estancia de los israelitas en Egipto, aclaración no del autor del párrafo que se transcribe.

o inspiración especial, pueden estar no obstante en posición de la verdad. Aunque todo lo que hay en la Biblia es verdad, no es necesario mantener que toda la verdad está en la Biblia. Las referencias de Judas a dos libros no canónicos no suponen necesariamente un problema, porque no es necesario creer que lo que Judas afirmaba era un error o que Enoc y la asunción de Moisés son libros inspirados divinamente que tienen que ser incluidos dentro del canon de Antiguo Testamento.[7]

Sin lugar a duda, lo que es inerrante es aquello que los hagiógrafos escribieron según el impulso del Espíritu Santo. De este modo se debe entender que la inerrancia tiene que ver con la comunicación escrita, no tanto con la intención que el escritor tenía cuando lo dijo. En muchas ocasiones, la intención del autor es un elemento subjetivo del intérprete; sin embargo, la inerrancia tiene que ver con el mensaje que el pasaje contiene para el destinatario, y la verdad bíblica general que se sustenta en él y que es cierta en cualquier tiempo.

Con todo, no es posible aislar la intencionalidad del escritor con lo que traslada, sobre todo cuando se refiere a algún asunto detallado. Así, cuando el Señor enseña sobre desechar los afanes temporales de la vida, hizo referencia al afán por el vestido, señalando a las flores: "Considerad los lirios del campo, cómo crecen: no trabajan ni hilan; pero os digo, que ni aún Salomón con toda su gloria se vistió así como uno de ellos. Y si la hierba del campo que hoy es, y mañana se echa en el horno, Dios la viste así, ¿no hará mucho más a vosotros, hombres de poca fe?" (Mt. 6:28-30). El propósito de Jesús no era enseñar sobre la conservación y la forma de las flores de las que Dios se ocupa, sino de entender la verdad inerrante de que Él tiene cuidado de proveer de vestido para sus hijos.

2. La inerrancia de las afirmaciones bíblicas. Son siempre ciertas según el propósito que tenían cuando se escribieron. Eso ocurre, entre otras cosas, con datos numéricos, como cantidad de personas que intervinieron en una batalla, donde se dan citas que se consideran como números redondos. La inerrancia no está en el número matemático preciso, sino en que, con ese número genérico mencionado, Dios hizo una obra, que es la que está revestida de absoluta verdad. No es que el dato numérico sea falso, sino que se da para conformar el relato histórico, con lo que es, sin duda verdad.

---

[7] Erickson, 2008, p. 259.

3. La inerrancia de las declaraciones sociales. No es posible aislar el entorno social de los destinatarios primarios del pasaje. A modo de ejemplo, afirmaciones sobre indumentaria para el hombre y para la mujer, como puede ser la prescripción legal: "No vestirá la mujer traje de hombre, ni el hombre vestirá ropa de mujer; porque abominación es a Jehová tu Dios cualquiera que esto hace" (Dt. 22:5). Desconectando el texto del entorno social, sirve de base para prohibir que la mujer del tiempo actual use pantalones en su modo de vestir, porque es traje de hombre, ignorando que los hombres en tiempos de Moisés no usaban pantalones, sino vestidos, que eran diferentes a los largos propios de las mujeres. La inerrancia no está desligada del entorno social, sino sería una abominación a Dios en cualquier tiempo un determinado tipo de ropa.

Del mismo modo, lo relativo al pelo. Así escribe Pablo: "La naturaleza misma, ¿no os enseña que al varón le es deshonroso dejarse crecer el cabello?" (1 Co. 11:14). Sin duda está afirmando lo que era verdad en el contexto social de su tiempo, pero que ha variado en el actual; por tanto, la inerrancia está en la enseñanza general sobre el respeto delante de Dios en el culto, tanto del hombre como de la mujer.

4. La inerrancia de los relatos históricos y científicos. En la Biblia se describen en lenguaje fenomenológico, relatando lo que el escritor tenía delante de sí y apreciaba sobre cómo ocurrían los eventos. En cuanto a las afirmaciones científicas ocurre del mismo modo. En la Biblia se habla de la salida y de la puesta del sol, como también se hace en la literatura secular. Lo verdaderamente cierto no es que el sol sale, porque quien se mueve para que eso se perciba de esa manera es la tierra, pero el hombre desde la tierra ve que el sol sale y se pone, aunque en ese sentido sea incorrecto. La inerrancia está en la verdad del movimiento de los astros, no en cuál es el que se mueve.

Definición

La inerrancia afirma que todo cuanto hay en la Escritura, en los escritos originales, es absoluta y totalmente cierto, conforme al propósito que Dios tenía al comunicar su Palabra, cuando el escrito bíblico se interpreta correctamente, teniendo en cuenta los elementos sociales, geográficos e históricos propios del tiempo de cada escrito.

La inerrancia, se viene afirmando, solo puede ser aplicada en forma plena a los originales de todos los escritos bíblicos. Sin embargo, aunque las copias de dichos originales no son inerrantes en sí mismas, debe considerarse esta inerrancia tanto a las copias como a las versiones que hayan sido hechas siguiendo las normas de respeto y sujeción al texto original. Esto último supone un problema en el sentido de saber cuáles de las copias son fieles al texto bíblico original; de ahí que exista una cierta subjetividad para definirlas conforme a los códices y grupos que dieron origen a las copias. Anteriormente se ha tratado este asunto, teniendo en cuenta que la custodia divina en la producción de los originales estaba presente también en los copistas, por lo que las diferencias entre distintos troncales son muy pequeñas y no afectan a ninguna verdad esencial.

Como conclusión del apartado sobre la inerrancia y, en general, sobre la inspiración de las Escrituras, por su importancia se hace referencia a la Declaración de Chicago sobre la inerrancia bíblica, desarrollada del 26 al 28 de octubre de 1978, y firmada por doscientos cuarenta teólogos evangélicos, adoptada como tal por The Evangelical Theological Society en 2003, cuyos artículos contienen las siguientes declaraciones.

> Artículo I. Afirmamos que las Santas Escrituras deben ser recibidas como la absoluta Palabra de Dios. Negamos que las Escrituras reciban su autoridad de la Iglesia, de la tradición o de cualquier otra fuente humana.
> Artículo II. Afirmamos que la Escritura es la suprema norma escrita por medio de la cual Dios ata la conciencia, y que la autoridad de la iglesia está subordinada a la de la Escritura. Negamos que los credos, concilios o declaraciones de la iglesia posean mayor o igual autoridad que la Biblia.
> Artículo III. Afirmamos que la Palabra de Dios escrita es en su totalidad revelación dada por Dios. Negamos que la Biblia sea meramente un testimonio de la revelación, o solo se convierta en revelación cuando haya contacto con ella, o dependa de la reacción del hombre para confirmar su validez.
> Artículo IV. Afirmamos que Dios, el cual hizo al hombre a su imagen, usó el lenguaje como medio para comunicar su revelación. Negamos que el lenguaje humano esté tan limitado por nuestra humanidad que sea inadecuado como un medio de revelación divina. Negamos además que la corrupción de la cultura humana y del lenguaje por el pecado haya coartado la obra de inspiración de Dios.
> Artículo V. Afirmamos que la revelación de Dios en las Sagradas Escrituras fue hecha en una forma progresiva. Negamos que una revelación posterior, la cual puede completar una revelación inicial, pueda en alguna forma corregirla o contradecirla. Negamos además que alguna revelación

normativa haya sido dada desde que el Nuevo Testamento fue completado.

Artículo VI. Afirmamos que las Sagradas Escrituras en su totalidad y en cada una de sus partes, aún las palabras escritas originalmente, fueron divinamente inspiradas. Negamos que la inspiración de las Escrituras pueda ser considerada como correcta solamente en su totalidad al margen de sus partes, o correcta en alguna de sus partes, pero no en su totalidad.

Artículo VII. Afirmamos que la inspiración fue una obra por la cual Dios, por medio de su Espíritu y de escritores humanos, nos dio su Palabra. El origen de las Escrituras es divino. El modo usado para transmitir esta inspiración divina continúa siendo, en gran parte, un misterio para nosotros. Negamos que esta inspiración sea el resultado de la percepción humana, o de altos niveles de concientización de cualquier clase.

Artículo VIII. Afirmamos que Dios, en su obra de inspiración, usó la personalidad característica y el estilo literario de cada uno de los escritores que Él había elegido y preparado. Negamos que Dios haya anulado las personalidades de los escritores cuando causó que ellos usaran las palabras exactas que Él había elegido.

Artículo XIX. Afirmamos que la inspiración de Dios, la cual de ninguna manera les concedía omnisciencia a los autores bíblicos, les garantizaba, sin embargo, que sus declaraciones eran verdaderas y fidedignas en todo a que estos fueron impulsados a hablar y a escribir. Negamos que la finitud o el estado de perdición de estos escritores, por necesidad o por cualquier otro motivo, introdujeran alguna distorsión de la verdad o alguna falsedad en la Palabra de Dios.

Artículo X. Afirmamos que la inspiración de Dios, en sentido estricto, se aplica solamente al texto autográfico de las Escrituras, el cual, gracias a la providencia de Dios, puede ser comprobado con gran exactitud en los manuscritos que están a la disposición de todos los interesados. Afirmamos además que las copias y traducciones de las Escrituras son la Palabra de Dios hasta el punto en que representen fielmente los manuscritos originales. Negamos que algún elemento esencial de la fe cristiana esté afectado por la ausencia de los textos autográficos. Negamos además que la ausencia de dichos textos resulte en que la reafirmación de la inerrancia bíblica sea considerada como inválida o irrelevante.

Artículo XI. Afirmamos que las Escrituras, habiendo sido divinamente inspiradas, son infalibles de modo que nunca nos podrían engañar, y son verdaderas y fiables en todo lo referente a los asuntos que tratan. Negamos que sea posible que la Biblia en sus declaraciones, sea infalible y errada al mismo tiempo. La infalibilidad y la inerrancia pueden ser diferenciadas, pero no separadas.

Artículo XII. Afirmamos que la Biblia es inerrante en su totalidad y está libre de falsedades, fraudes o engaños. Negamos que la infalibilidad y la inerrancia de la Biblia sean solo en lo que se refiere a temas espirituales, religiosos o redentores, y no a las especialidades de historia y ciencia. Negamos además que las hipótesis científicas de la historia terrestre puedan ser usadas para invalidar lo que enseñan las Escrituras acerca de la creación y del diluvio universal.

Artículo XIII. Afirmamos que el uso de la palabra inerrancia es correcto como término teológico para referirnos a la completa veracidad de las Escrituras. Negamos que sea correcto evaluar las Escrituras de acuerdo con las normas de verdad y error que sean ajenas a su uso o propósito. Negamos además que la inerrancia sea invalidada por fenómenos bíblicos como la falta de precisión técnica moderna, las irregularidades gramaticales u ortográficas, las descripciones observables de la naturaleza, el reportaje de falsedades, el uso de hipérboles y de números completos, el arreglo temático del material, la selección de material diferente en versiones paralelas, o el uso de citas libres.

Artículo XIV. Afirmamos la unidad y consistencia intrínsecas de la Escritura. Negamos que presuntos errores y discrepancias que todavía no hayan sido resueltos menoscaben las verdades declaradas en la Biblia.

Artículo XV. Afirmamos que la doctrina de la inerrancia está basada en la enseñanza bíblica acerca de la inspiración. Negamos que las enseñanzas de Jesús acerca de las Escrituras puedan ser descartadas por apelaciones a complacer o a acomodarse a sucesos de actualidad o por cualquier limitación natural de su humanidad.

Artículo XVI. Afirmamos que la doctrina de la inerrancia ha sido esencial durante la historia de la Iglesia en lo que a su fe se refiere. Negamos que la inerrancia sea una doctrina inventada por el protestantismo académico, o de que sea una posición reaccionaria postulada en respuesta a una crítica negativa de alto nivel intelectual.

Artículo XVII. Afirmamos que el Espíritu Santo da testimonio de las Escrituras y asegura a los creyentes de la veracidad de la Palabra escrita de Dios. Negamos que este testimonio del Espíritu Santo obre separadamente de las Escrituras o contra ellas.

Artículo XVIII. Afirmamos que el texto de las Escrituras debe interpretarse por la exégesis gramática-histórica, teniendo en cuenta sus formas y recursos literarios, y de que las Escrituras deben ser usadas para interpretar cualquier parte de sí mismas. Negamos la legitimidad de cualquier manera de cambio del texto de las Escrituras, o de la búsqueda de fuentes que puedan llevar a que sus enseñanzas se consideren relativas y no históricas, descartándolas o rechazando su declaración de autoría.

Artículo XIX. Afirmamos que una confesión de la completa autoridad, infalibilidad e inerrancia de las Escrituras es fundamental para tener una comprensión sólida de la totalidad de la fe cristiana. Afirmamos además que dicha confesión tendría que llevarnos a una mayor conformidad a la imagen de Jesucristo. Negamos que dicha confesión sea necesaria para ser salvo. Negamos además, sin embargo, de que esta inerrancia pueda ser rechazada sin que tenga graves consecuencias para el individuo y para la Iglesia.

Infalibilidad

Infalible es la designación dada a algo o alguien que no puede fallar ni cometer errores. La palabra procede del latín *fallibilis*, que significa falible, que puede fallar, precedida por el sufijo *in*, que invierte su significado, señalando lo que no puede cometer errores.

En relación con la Biblia, la infalibilidad denota que ella nunca puede equivocarse o contener un error. Es, por tanto, segura, indefectible, porque nunca deja de ser un escrito absolutamente fiable.

Aunque el concepto de infalibilidad es muy semejante al de inerrancia, es preciso destacar alguna diferencia entre ambos para que los dos sean necesarios en la Bibliología. Examinada de una forma más extensa la inerrancia, limitamos a aspectos concretos que nos permitan conocer el sentido de infalibilidad; ambos están interrelacionados y los dos son dependientes de la inspiración, que se ha considerado ya.

La infalibilidad debe ser distinguida de la revelación y de la inspiración. Esta es la acción que Dios ejerce sobre el escritor humano que ha de transmitir la revelación no solo para ser guardado de todo error al hacerlo, sino que también es guiado hasta el punto de que las palabras que usa para transmitir el mensaje son palabras de Dios y, como tales, inerrantes. La infalibilidad está vinculada con la imposibilidad de errar.

La diferencia entre inerrancia e infalibilidad es un leve matiz entre ellas. Inerrancia es la cualidad de estar exento de error. Infalibilidad es la condición que no permite errar, que es segura, cierta, indefectible.

A modo de ejemplo para establecer el matiz distintivo, una persona conocedora de un destino llega a él sin error; por tanto, podemos calificarlo de inerrante. Pero esto no lo convierte en infalible, puesto que puede equivocarse en otro destino al que se dirija.

El ejemplo es válido para marcar diferencia de matiz, pero sumamente limitado para aplicarlo como referencia a la Biblia. La Escritura, como conjunto de sesenta y seis libros, es inerrante en todos ellos, puesto que son un conjunto único. No importa que el proceso de escribir la Biblia haya sido largo, más o menos unos 1500 años, y el total de autores numeroso; es inerrante en la totalidad y no solo en algunos de sus escritos, no solo en materia de fe, sino en todo su contenido y materias.

Si algo es inerrante, tiene que ser infalible. Luego, tratar las distinciones entre ambos conceptos, aparentemente no tiene razón. Sin embargo, la confrontación del mundo liberal contra la Escritura lo hace preciso.

De forma especial, a lo largo del s. XX, los movimientos liberales ponen en duda como no inspiradas ciertas partes de la Biblia, así que en ellas no hay infalibilidad. Lo inconsecuente de las manifestaciones de la crítica liberal, que se han considerado con anterioridad, es la afirmación que ellos hacen de que, si bien la Biblia contiene errores, en materia de fe es infalible.

Se ha precisado en su momento que la neo-ortodoxia abogó por librar la Biblia de la mitología y leyendas que contiene, pero que aun así reconocía que cumple un objetivo espiritual bueno. Esto genera un problema serio, ya que si un libro está afectado por errores ¿cómo puede tener una aplicación verdadera y que sustente la base de fe?

La Biblia es más que inerrante, es también infalible porque no puede equivocarse en modo alguno para cumplir el propósito para el que fue dada. La frase del profeta lo pone de manifiesto: "Así será mi palabra que sale de mi boca; no volverá a mí vacía, sino que hará lo que yo quiero, y será prosperada en aquello para que la envié" (Is 55:11). No hay ningún aspecto en el que la Palabra aplicada deje de ser infalible.

Jesús se refirió a la infalibilidad de la Escritura, como se aprecia en la oración recogida por Juan, donde se lee: "Tú palabra es verdad" (Jn. 17:17). No solo contiene la verdad, sino que toda ella es verdad en sí misma, por consiguiente, es también infalible en cuanto dice y en el objeto por el que lo dice. En ese sentido, la consecuencia no puede ser otra que la declaración de Jesús: "La Escritura no puede ser quebrantada" (Jn. 10:35); remarca que la Biblia es infalible en su objetivo final.

La soberanía de Dios está comprometida con la infalibilidad de la Escritura, puesto que cuanto ha determinado hacer, lo hace conforme a su propósito: "Todos los habitantes de la tierra son considerados como nada; y él hace según su voluntad en el ejército del cielo, y en los habitantes de la tierra, y no hay quien detenga su mano, y le diga: ¿Qué haces?" (Dn. 4:35). En ese sentido, lo que se ha propuesto con su Palabra, en la eficacia del mensaje y en la ejecución del envío, se cumplirá inexorablemente, haciendo infalible la totalidad del escrito bíblico y cada una de sus partes. Esta es también una de las bases que sustenta la autoridad de la Biblia, que será considerada en el apartado siguiente.

Es notable observar que el cuestionamiento de la infalibilidad se ha extendido en todo el mundo, comprendiendo también a los cristianos. No es difícil oír en comentarios de alumnos de seminarios que algunos se asombran de que haya alguien que crea en la inspiración plenaria, en la inerrancia, en la infalibilidad y en la autoridad de la Biblia. Tales personas deben sortear la dificultad de la verdad bíblica que enseña que "toda la Escritura es inspirada por Dios" (2 Ti. 3:16). El texto se ha considerado ya con anterioridad, pero es necesario entender que el Espíritu Santo inspiró al apóstol para el uso de un término único[8], que literalmente significa soplada por Dios, lo que conduce incuestionablemente a la infalibilidad, puesto que el aliento divino comunica vida al escrito y capacidad operativa (He. 4:12). Siendo instrumento divino al servicio del propósito revelador y operativo de Dios, no puede dejar de ser infalible, porque dejaría también de ser operativa, y de cumplir la misión para la que fue enviada. Es necesario entender que, en cierto modo, el término inspiración no es el sentido que tiene en la palabra usada por el apóstol Pablo, ya que la Biblia no es tanto el resultado de una inspiración, sino de un soplar de Dios, de modo que los escritores trasladaron en palabras el soplo divino. Cuando el Espíritu sopló en la materia inerte incapaz de

---

[8] Griego: θεόπνευστος.

reacción, le comunicó vida trayendo al hombre a la existencia (Gn. 2:7); de igual modo las letras que comunican el mensaje divino reciben vida actuante, porque todas las palabras de Dios son espíritu y vida (Jn. 6:63). El mensaje escrito no procede de sabiduría humana, en la que siempre existe, no importa en qué grado, la errancia, sino que el mismo Espíritu que las sopla es el que las hace sabiduría de Dios, por tanto, infalibles (1 Co. 2:13). Es el Espíritu que impulsó a los escritores, que les comunicó el mensaje a escribir y los guió a elegir las palabras más precisas, quien también custodió sus mentes para describir aquello que habían visto o incluso experimentado, por lo que la Biblia es inerrante e infalible. Dios habló por ellos, y sus palabras, descripciones y datos son Palabra de Dios. Dicho de otro modo la inspiración es el resultado de la acción del Espíritu y de la mente humana del escritor, conjuntados para escribir la Palabra inerrante e infalible de Dios, por la que se comunica a los hombres para que le conozcan y actúe en ellos para que puedan vivir conforme a su voluntad.

Será bueno recordar que lo que algunos afirman al decir que no toda la Biblia es inspirada, por lo que no puede hablarse de infalibilidad plena, ignora voluntariamente lo que la Biblia testifica de sí misma en el texto que se ha mencionado: "Toda la Escritura es inspirada por Dios" (2 Ti. 3:16). Si Dios no miente y si el Espíritu condujo al escritor humano a trasladar su Palabra, toda ella, sin excepción alguna, es infalible. No es posible que Dios mienta; por consiguiente, no pudo decir algo incorrecto o que no sea absoluta verdad (He. 6:18). Por ende, no existe nada, ni grande ni pequeño en la Escritura que por ser plenamente inspirada, pueda contener el más mínimo error, porque sería contradecirse a sí mismo dejando Dios de ser verdadero. Si lo inspirado por Dios es, según el apóstol Pablo, toda la Escritura, entonces carece de error y toda ella es infalible. Creer en la inspiración plenaria es creer en la infalibilidad de toda la Biblia, de cada parte y de cada palabra. La inspiración verbal y plenaria significa que la Biblia es la revelación dada por Dios mismo y, por tanto, infalible, en cada parte, sea doctrina, geografía, historia o sociología, y además lo es también en cada palabra que está en el texto original.

Aunque se ha puntualizado en otros momentos de la presente tesis, es necesario precisar que cuando se habla de inspiración, de inerrancia y de infalibilidad, se está afirmado que lo es en los originales de cada texto bíblico. Aun teniendo en cuenta que no se conserva ninguno de ellos, y que lo que tenemos son copias de copias, las diferencias que existen en la gran cantidad de ellas no afectan la inerrancia e infalibilidad de la Biblia, porque no afectan a ninguna de las verdades reveladas, ni al propósito que Dios tenía en su revelación.

Es necesario entender también que el hecho de que la Escritura sea infalible no significa que todo cuanto está escrito en la Biblia sea verdad. Así la Biblia traslada las palabras que Satanás usó en la tentación de Eva, donde afirma que la sentencia por desobediencia que Dios había decretado, que era la muerte, no era verdad (Gn. 3:4). De igual manera, hay otros lugares donde aparecen mentiras dichas por personas. Dichos escritos no hacen verdad las mentiras, sino que dan autenticidad de ser un registro exacto de lo que ocurrió.

La verdad de la infalibilidad no supone que no haya aparentes contradicciones, como se ha considerado ya, sino que todas ellas pueden ser resueltas, como se aprecia en los ejemplos considerados anteriormente.

La infalibilidad no significa que cada copia de las muchas que se han hecho del manuscrito autógrafo sea infalible. La infalibilidad solo está relacionada con el original del texto bíblico. Ya se ha considerado antes la identidad entre lo escrito y lo que Dios reveló. Es decir, el escrito es Palabra de Dios (Jer. 1:9). Por esa razón los apóstoles en el Nuevo Testamento reconocen esa identidad, de manera que en su oración afirman que las palabras de David en el Salmo 2 son palabras de Dios: "Que por boca de David tu siervo dijiste" (Hch. 4:25). En el relato sobre el encuentro de los judíos con el apóstol Pablo, cuando estaba preso en Roma, en la despedida les recordó: "Bien habló el Espíritu Santo por medio del profeta Isaías a nuestros padres" (Hch. 28:25). La convicción de que toda la Escritura es Palabra de Dios hace que se intercambie la referencia al origen, aplicando a la Escritura lo que es aplicable a Dios, como el apóstol Pablo hace: "Porque la Escritura dice a Faraón" (Ro. 9:17), cuando la referencia bíblica afirma que fue Dios quien habló a Faraón (Ex. 9:16). El Señor vinculó la Escritura con la infalibilidad, cuando dijo a los judíos que "la Escritura no puede ser quebrantada" (Jn. 10:35). También se refirió a sus palabras como aquella verdad que permanece inalterable, por tanto, inerrante en el tiempo: "El cielo y la tierra pasarán, pero mis palabras no pasarán" (Mt. 24:25).

Los liberales humanistas suelen decir que la infalibilidad de la Biblia se sustenta en el testimonio que da de sí misma, por lo que no es fiable para sustentar esa verdad. Sin embargo, los mismos suelen afirmar también que la Biblia es la Palabra de Dios, si bien hacen apreciaciones sobre si toda la Biblia es o contiene la Palabra de Dios. Con todo, si Dios habla en ella y cuanto Dios dice es verdad, puesto que no puede mentir, es suficiente sustento a la doctrina de la infalibilidad de la Biblia. Un serio problema en negar esta verdad tiene connotación soteriológica. La vida, enseñanzas, prodigios, muerte y resurrección de Jesús están registrados en los cuatro evangelios. Los liberales afirman que esos relatos son meramente leyendas para sustentar la fe del cristianismo primitivo, pero no son verdaderamente históricos, al menos en su mayoría. Esto da lugar a lo que ellos llaman el Jesús de la historia y el Jesús de la fe. En cuanto al primero, se trató de un mero hombre, con condiciones excepcionales, que sin duda habló mejor que los profetas, pero que no dejó de ser una persona más en el mundo. En cuanto al segundo, el Jesús de la fe, está sustentado por narraciones tradicionales, conforme al deseo de los cristianos, válidas para sustentar la fe en Cristo, pero que no tienen que ver directamente con hechos históricos. El primer grave problema en esto es negar la verdad de la Biblia y afirmar que lo que ha sido escrito por inspiración divina es mentira. Aún en el mejor de los supuestos, si en los relatos de la vida y obra de Cristo hay algo que no sea verdad, ponemos en duda cuanto tiene que ver con la cristología, porque es preciso detectar qué es verdad y qué es mentira en la sustentación de la fe. Además, si Cristo no es el Hijo de Dios, probado y manifestado por sus obras; si no ha resucitado, como algunos liberales afirman; si la ascensión a los cielos es una leyenda; entonces no tenemos salvación porque negamos a realidad y condición del Salvador. La fe que salva procede del oír y este de la Palabra de Dios (Ro. 10:17). Si Cristo no resucitó, nuestra fe es vana, inútil (1 Co. 15:14). Si Cristo no ascendió al cielo, no existe intercesión para nosotros delante de Dios (He. 7:25). Si Jesús no va a volver como ha prometido (Jn. 14:1-4), entonces no hay esperanza de gloria (Col. 1:27). Cuanto se predica y enseña, si se niega la verdad absoluta de los relatos de los evangelios, carece de fiabilidad para sustentar la fe y, por tanto, la salvación. Todavía más, tanto el apóstol Pedro como Santiago vinculan a la Palabra con el nuevo nacimiento: "Él, de su voluntad, nos hizo nacer por la palabra de verdad, para que seamos primicias de sus criaturas" (Stg. 1:18). "Siendo renacidos, no de simiente corruptible, sino de incorruptible, por la palabra de Dios que vive y permanece para siempre" (1 P. 1:23). Es preciso notar que la infalibilidad está bien presente en el texto del apóstol Pedro, ya que la Palabra vive y permanece para siempre. No podemos tener un Salvador fiable, sin una historia inerrante e infalible, ya que descansaría la fe en relatos humanos, con sus errores y falsificaciones.

La infalibilidad de la Biblia condiciona también la predicación y la enseñanza en la iglesia. Quien realmente cree que la Biblia es plena, exclusiva y excluyentemente la Palabra de Dios, asienta la Escritura en el centro del mensaje y en el núcleo de la enseñanza. La influencia del liberalismo se aprecia en el declinar de la exposición bíblica en los mensajes que se predican en las iglesias. Se ha dejado de apelar y aplicar la Biblia, sustituyéndola por los llamados mensajes motivacionales o devocionales, que se sustentan en lo que el predicador quiere decir sobre un determinado tema expresado con la mejor oratoria, apoyándolo con algún texto aislado de la Escritura que dé rasgo de autoridad a lo que el predicador dice. Solo la Biblia es eficaz en la enseñanza de los creyentes. La ausencia de formación bíblica trae como consecuencia el infantilismo espiritual que se aprecia en algunas congregaciones (Ef. 4:14). Un púlpito sin Biblia carece de toda autoridad.

Cerrando esta reflexión sobre infalibilidad, nada mejor que el resumen bíblico en dos textos de la Epístola a los Hebreos, en los que se lee: "Porque la Palabra de Dios es viva y eficaz, y más cortante que toda espada de dos filos; y penetra hasta partir el alma y el espíritu, las coyunturas y los tuétanos, y discierne los pensamientos y las intenciones del corazón. Y no hay cosa creada que no sea manifiesta en su presencia; antes bien todas las cosas están desnudas y abiertas a los ojos de aquel a quien tenemos que dar cuenta"[9] (He. 4:12-13). Nuevamente se apela a la Palabra, como lo que da razón a cuanto se ha dicho antes. No se trata del Verbo encarnado, sino de la infalibilidad de la Biblia, que es también proclamada en la Escritura. La Palabra confronta y revela las intenciones del corazón, que es engañoso (Jer. 17:9). Esa es una de las evidencias que prueban la inspiración plenaria y la infalibilidad de la Biblia.

La primera consecuencia de la infalibilidad es la vitalidad de la Palabra. Al soplo de Dios en el escrito original, adquiere vida, participando en el soplo divino que le comunica la misma vida de Dios y por tanto su capacidad operativa. Cuando el escritor, escogido soberanamente para trasladar la revelación divina al escrito bíblico, concluye la obra que Dios le había establecido, el mismo Espíritu de Dios sopla sobre el original vivificándolo. De la misma forma que, cuando

---

[9] Texto griego: Ζῶν γὰρ ὁ λόγος τοῦ Θεοῦ καὶ ἐνεργὴς καὶ τομώτερος ὑπὲρ πᾶσαν μάχαιραν δίστομον καὶ διϊκνούμενος ἄχρι μερισμοῦ ψυχῆς καὶ πνεύματος, ἁρμῶν τε καὶ μυελῶν, καὶ κριτικὸς ἐνθυμήσεων καὶ ἐννοιῶν καρδίας· καὶ οὐκ ἔστιν κτίσις ἀφανὴς ἐνώπιον αὐτοῦ, πάντα δὲ γυμνὰ καὶ τετραχηλισμένα τοῖς ὀφθαλμοῖς αὐτοῦ, πρὸς ὃν ἡμῖν ὁ λόγος.

sopló sobre los elementos inanimados en la creación del hombre les comunicó vida para que formasen el ser viviente que se llama hombre (Gn. 2:7), así también comunica vida eficaz a la Escritura que es, toda ella sin excepción alguna en el original, Palabra de Dios infalible. La Biblia es, por tanto, un escrito vital y produce efectos de vida, ya que "el Espíritu es el que da vida" (Jn. 6:63). Por esa razón se exhorta al creyente a permanecer "asido de la Palabra de vida" (Fil. 2:16). La Palabra de Dios, viva, es implantada, sembrada, en el corazón y salva al hombre, como enseña Santiago: "Por lo cual, desechando toda inmundicia y abundancia de malicia, recibid con mansedumbre la palabra implantada, la cual puede salvar vuestras almas" (Stg. 1:21). La Palabra, mediante la cual Dios habla, debe ser recibida con mansedumbre, en contraste con aquellos que no atienden a la Palabra de Dios en una actitud altiva. Esa Palabra implantada ha de ser recibida, aunque parezca un contrasentido. La Palabra fue implantada en el creyente en el acto de la regeneración, pero esa semilla divina sembrada en el buen campo debe germinar y enraizarse en el creyente de tal manera que forme parte de la misma vida de cada cristiano. Esa Palabra viva hará la obra completa para la que fue enviada por Dios. Esa Palabra actuó en el nuevo nacimiento como mensaje de vida en el Evangelio que ha sido anunciado (1 P. 1:23-25). Esa Palabra que se siembra en el corazón, porque es viva, salva al hombre (Stg. 1:21). No cabe duda de que quien salva al hombre es Cristo, el único Salvador establecido por Dios (Hch. 4:12), pero Dios usa la Palabra como instrumento para llevar al hombre al Salvador, en el mensaje de salvación escrito en ella. La Palabra que inicialmente conduce a salvación prosigue su acción en la vida de santificación, que es el segundo nivel en el proceso de salvación, como experiencia de salvación en el tiempo terrenal del salvo. Los liberales afirman que el sentido de vida en la Palabra es de una teología posterior al tiempo apostólico; sin embargo, Esteban, en su defensa ante el Sanedrín, alude a la Palabra viva de Dios, cuando dice: "Este es aquel Moisés que estuvo en la congregación en el desierto con el ángel que le hablaba en el monte Sinaí, y con nuestros padres, y que recibió palabras de vida que darnos" (Hch. 7:38). Quiere decir que ya los antiguos entendían que las palabras de Dios en los escritos bíblicos eran palabras de vida. Al tener la vida de Dios comunicada en el soplo inspirador (2 Ti. 3:16), y al ser la vida de Dios eterna, la Palabra "vive y permanece para siempre" (1 P. 1:23). Esto comporta que la Escritura sea atemporal, porque es la palabra eterna que se oye en cualquier momento de la temporalidad humana, mientras que ella sigue siendo el eterno presente del mensaje de Dios.

Además de viva, la Palabra es también eficaz. El adjetivo que aparece en el texto griego[10] expresa la condición de aquello que es eficaz y activo. El término en español pone de manifiesto aquello que es activo y poderoso para obrar. Ese calificativo se aplica a Dios, que provee de la energía necesaria para el ejercicio de las actividades en la Iglesia (1 Co. 12:6) y da el poder necesario para formar "el querer y el hacer" en el creyente, por su voluntad (Fil. 2:13). Pero la Palabra, además de eficaz, es también eficiente, que es la virtud o facultad para lograr un efecto. Para entender bien el significado completo de las dos palabras, podemos suponer que para una determinada enfermedad hay un medicamento que es eficaz, es decir, tiene poder operativo para resolver el mal, pero solo es eficiente cuando se toma, de manera que quien no toma el medicamento, posee algo eficaz, pero para él no es eficiente. Sin embargo, la Palabra es siempre eficaz y eficiente, de otro modo, es operativa y operante, es decir, no solo es eficaz porque tiene poder para actuar, sino que es eficiente en la aplicación del poder operante. La Palabra actúa siempre eficazmente para lo que Dios la envía (Is. 55:11). Cuando no produce vida, por rebeldía, produce juicio, pero siempre es eficiente. Además, la Palabra comunica sabiduría según Dios (2 Ti. 3:15), porque es inspirada por Él (2 Ti. 3:16). Todo aquello que no vaya sustentado en la Palabra, en relación con la vida del creyente, no conduce a alcanzar sabiduría y, por tanto, a un caminar sabio delante de Dios. Es preciso recordar permanentemente que solo la Palabra edifica al creyente, por ello el liderazgo en la iglesia debe velar por la exposición continuada de la Escritura en la congregación. Por otro lado, cuanto no sea palabra de Dios, no es eficaz, de manera que es inútil para la edificación de los creyentes. En algunas ocasiones se enseñan, junto a la Palabra o incluso en sustitución de ella, mandamientos y tradiciones de hombres a los que se les da la categoría de instrucción de Dios, pero que al no serlo verdaderamente, conducen al debilitamiento espiritual de los creyentes y a introducirlos en el yugo del legalismo religioso, con gran apariencia de piedad, pero totalmente ineficaz contra los apetitos de la carne, porque esa enseñanza es carne en sí misma (Col. 2:18-23).

La Palabra es también cortante. Para acentuar la fuerza cortante de la Palabra, la compara a una espada de dos filos, pero reforzando la idea con el adjetivo comparativo[11] que se traduce como *más cortante que*. Es decir, la Escritura es más cortante que una espada corta, de las

---

[10] Griego: ἐνεργής.
[11] Griego: τομώτερος.

utilizadas para la defensa personal, que en ocasiones se traduce como daga, a la que se le han hecho dos filos bien aguzados; por tanto, puede cortar a diestra y a siniestra. Es relativamente frecuente la comparación en la Biblia. De ese modo la usa el profeta cuando dice: "Puso mi boca como espada aguda" (Is. 49:2). El apóstol Pablo llama a la Biblia "la espada del Espíritu, que es la palabra de Dios" (Ef. 6:17). Sorprendentemente, es en el Apocalipsis donde más veces se recurre a la figura (cf. 1:16; 2:12, 16; 19:15, 21). Especialmente elocuente es cuando, describiendo al Señor, dice que "de su boca salía una espada aguda de dos filos". El verbo que utiliza Juan en participio de presente en voz media expresa la idea de algo que está en curso, como si dijese que la espada estaba saliendo de su boca. El arma no era defensiva, sino ofensiva. No se trataba de una espada corta, sino de la espada de combate, utilizada para el ataque en una ofensiva militar. La espada es el emblema de quien tiene autoridad para juzgar y ejecutar la sentencia judicial (Ro. 13:4). Esa espada se cataloga como de dos filos, literalmente en griego, *de dos bocas*, de manera que actúa en todas las direcciones. No importa hacia dónde dirija la espada el que la maneja, tiene filo cortante para herir al contrario. En cierta medida puede equipararse al bisturí con que un cirujano corta para sanar. Aunque es también el arma propia del juez, que juzga a los enemigos (Ap. 2:12). Además, Juan al detallar la visión señala también que era aguda, es decir, estaba bien afilada para que cumpliese la misión prevista para ella. El apóstol Pablo escribe sobre el magistrado que lleva espada para actuar contra los malvados (Ro. 13:4). Dios actuará en juicio contra quienes no se arrepientan con la espada, es decir, con el juicio y castigo que corresponda a cada uno según su estricta y recta justicia, que da tiempo para la rectificación y el arrepentimiento (Ap. 2:16). El aspecto judicial determinado en la figura de la espada alcanza a los individuos y a los colectivos, las naciones (Ap. 19:15). La victoria final de Dios sobre sus enemigos queda representada también por la acción de esta espada que sale de la boca del Señor (Ap. 19:21). La visión que Juan presenta es, sin duda, una visión de juicio. El Señor dispuesto a actuar judicialmente sobre el mundo a causa del pecado de los hombres. Esa espada que sale de la boca equivale también a su palabra de autoridad. Esa palabra del Señor es irresistible. Quien creó los mundos y los sustenta con la palabra de su poder (He. 1:3), cuya determinación por omnipotencia se cumple siempre, actuará también con ese mismo poder de su palabra contra los que se oponen impíamente a Dios. La Palabra escrita, vinculada a la boca de Dios, porque es su Palabra, es comparada también con una espada de dos filos que entra hasta lo profundo de la intimidad del hombre para poner al descubierto las intenciones del corazón (He. 4:12). Esa palabra del Señor juzgará y castigará a los perversos (Jn. 12:48). Será necesario que cada uno se pregunte ahora cuál es la relación personal que, como creyentes, tenemos con la Palabra de Dios. No siempre es nuestra delicia, como decía el salmista, y no siempre nuestros pensamientos discurren por las sendas marcadas por ella, siendo nuestra meditación en ella de noche y de día (Sal. 1:1-2). La Biblia no está marcadamente en el púlpito de las iglesias y ha desaparecido de la reunión familiar de los creyentes en las casas. Hay incluso quienes usan la Biblia solamente los domingos, dejándola en algún lugar del templo durante toda la semana. La ignorancia de la Palabra trae como consecuencia vidas alejadas de la voluntad de Dios. Ese olvido voluntario de la Biblia produce consecuencias lamentables en las vidas de muchos creyentes, que dejan de ser bienaventurados para pasar a la condición de ser infelices. No cabe duda de que el texto afirma continuamente la infalibilidad de la Biblia.

Es también, además de *cortante*[12], *penetrante*. Quiere decir, con la figura del lenguaje, que la Palabra llega donde ningún hombre puede penetrar, a lo más íntimo y secreto de su ser. El autor acumula términos en un esfuerzo retórico para expresar la naturaleza íntima del hombre en todas sus partes, es decir, la parte espiritual de la naturaleza humana. No debe buscarse aquí la forma de pensamiento del autor en relación con el hombre, como si se tratase de un ser de dos partes o de tres partes. La intención aquí es referirse a la intimidad del hombre en la forma más específica. Una manera de significar la sutil penetración de la Palabra se hace apelando a la distinción entre las coyunturas y los tuétanos, las articulaciones y la médula, para indicar que llega a los recovecos más escondidos del ser, trayendo también a la luz incluso los motivos propios y naturales del subconsciente. Es tan cortante y penetrante que llega a la línea divisoria separándola entre el alma y el espíritu. Es decir, profundiza en las intimidades e interioridades de la parte espiritual del hombre, donde nadie puede llegar salvo Dios mismo, que lo hace por medio de su Palabra.

La Escritura se hace también discerniente, poniendo de manifiesto "los pensamientos y las intenciones del corazón". Es decir, llega a la intimidad de los pensamientos que motivan los razonamientos y a las intenciones que producen las acciones. El escritor utiliza un

---

[12] Griego: presente en voz media del verbo διϊκέομαι.

adjetivo para referirse a la acción de discernir[13], que expresa la habilidad y capacidad para juzgar. La palabra da origen al término castellano *crítico*, que se refiere al arte de juzgar las cosas. Específicamente aquí tiene que ver con la capacidad para censurar las acciones o la conducta de la persona. La Palabra, pues, critica los pensamientos y las intenciones del corazón. Es decir, discierne y juzga los pensamientos y los sentimientos, revelando la verdadera naturaleza de ellos. Debe tenerse en cuenta que el corazón del hombre es engañoso, por tanto, puede engañar (Jer. 17:9). Un ejemplo que ilustra bien esta situación es la ocasión en que David, el rey de Israel, determinó trasladar el arca de Baala de Judá, de la casa de Abinadab, a Jerusalén. David tuvo un pensamiento que aparentemente era bueno, el de trasladarla en un carro nuevo (2 S. 6:3). Sin duda alguna, el rey pensó que sería más digno del arca un carro nuevo, posiblemente bien engalanado, que a hombros de los sacerdotes. La festividad era sincera, los cánticos y la música ponían de manifiesto la alegría genuina del momento; sin embargo, esto resultó en tragedia, con la muerte de Uza al tocar el arca, tratando de sostenerla cuando los bueyes que tiraban del carro tropezaron cerca de la era de Nacón (2 S. 6:6-7). El pensamiento del corazón de David fue engañoso. No hubiera ocurrido nada si antes del traslado del arca al estilo filisteo hubiese leído en la Palabra lo que Dios había establecido para el traslado del mueble. Los pensamientos y las intenciones del corazón son discernidos por la lectura de la Palabra. Lo que los hombres no pueden juzgar por desconocido, lo hace la Palabra de Dios.

La Biblia es también manifestante. No solo profundiza, separa y discierne, sino que también pone de manifiesto todo. Al entrar en lo más íntimo del ser personal, pone también de manifiesto todo cuanto hay en él, ante la mirada escudriñadora de Dios. El sujeto de la oración en este versículo no es la Palabra, sino Dios mismo, pero se vincula con ella como poseedora de las perfecciones de Dios porque procede de Él. Como dice Archibal Thomas: "El microscopio de Dios puede poner en evidencia al más diminuto microbio de duda y pecado". La figura en mente del escritor es la de un animal ofrecido en sacrificio de holocausto, que debía ser abierto para que el sacerdote manifestara que no tenía defecto interno alguno (Lv. 1:6, 9). El creyente está llamado a presentarse de esta misma manera ante Dios, por cuanto él es sacrificio en su presencia (Ro. 12:1).

---

[13] Griego: κριτικός.

Ante Dios, y también ante su Palabra, todas las imperfecciones personales quedan al descubierto y ninguna cosa puede esconderse ante ella. Los ojos de Dios ven lo que en ocasiones se quisiera ocultar a los de los hombres. Pueden ocultarse de otros hechos, pensamientos, y hasta podría incurrirse en autoengaño como consecuencia del corazón engañoso, pero no ocurrirá esto al escrutinio de Dios. Todos nosotros estamos abiertos ante su mirada, que descubre todo lo que hay en cada uno. En el texto griego se usa una palabra para *abiertas*[14], que expresa la idea de doblar el cuello, lo que significaría con el cuello descubierto. Esto es una extraordinaria ilustración de cómo queda expuesto el creyente por la acción de la Palabra ante los ojos de Dios. No cabe duda de que el texto hace referencia a la creación: "No hay cosa creada que no sea manifiesta", pero los términos en el griego exigen entender esto especialmente referido a los hombres creados por Dios, o incluso a los seres inteligentes, que comprendería también a los ángeles, aunque en un plano diferente al que se está tratando aquí. La relación entre la Palabra y Dios mismo en todo esto es sencilla: la Escritura actúa como bisturí en las manos del cirujano, que es Dios, de modo que las interioridades de cada uno quedan visiblemente abiertas ante sus ojos.

Esta Palabra escudriñadora es también amonestadora, advirtiendo individualmente lo que es real ante Dios, que conoce todas nuestras cosas y nos conoce íntimamente, ante quien "hemos de dar cuenta", la Escritura así lo advierte. La Palabra dada por Dios para conducción y guía de la vida cristiana será testigo de cargo contra quienes no hayan prestado atención a sus demandas y hayan desobedecido sus preceptos (Jn. 12:47-48). El examen que puede discernir los pensamientos y las intenciones del corazón es el encuentro personal con la Biblia en plena aceptación delante de Dios. No se trata de acercarse a la Biblia para buscar los textos sobre los que hacer descansar nuestras posiciones personales, ni buscarlos para justificar las acciones. Se trata de acudir personalmente para que Dios, por medio de su Palabra, hable a cada uno y conduzca su vida personal conforme a su voluntad.

La infalibilidad está plenamente establecida en la Bibliología y condiciona toda la actitud del teólogo frente a la Escritura. Negar la

---

[14] Griego: τετραχηλισμένα, caso nominativo neutro plural del participio perfecto en voz pasiva del verbo τραχηλίζω, *poner al descubierto*, aquí como *puesto al descubierto*; la palabra significa literalmente *con el cuello descubierto*.

infalibilidad conduce a la desconfianza de ella. No es extraño que, si se cuestiona esta parte esencial de la Biblia, se pierda el interés y la confianza en ella. Es necesario creer en la autoridad del escrito bíblico para entender que Dios ha hablado de modo inerrante e infalible. El púlpito de la iglesia sin Biblia es como los fuegos de artificio, lucen un instante, pero no producen ningún resultado.

Autoridad

Si la Biblia es inspirada, inerrante e infalible, es también necesariamente autoritativa. Es necesario recordar que a la Palabra se le dan los mismos calificativos que a Dios, que la reveló. Del Padre se dice que es verdad o que es verdadero (Dt. 32:4; Jn. 3:33; 8:26). Así también se aplica al Hijo (Jn. 14:6). Dios, el Espíritu Santo, es verdad (Jn. 15:26; 16:13). El título se aplica también a la Palabra (Jn. 17:17; 2 Co. 6:7a; Ef. 1:13a). Siendo la Palabra absoluta verdad por proceder de Dios, está revestida de plena autoridad. Un ejemplo evidente es el uso que Jesús hizo de ella en las respuestas dadas a Satanás en las tentaciones: "Escrito está: No solo de pan vivirá el hombre, sino de toda palabra que sale de la boca de Dios… Escrito está también: No tentarás al Señor tu Dios… Vete, Satanás, porque escrito está: Al Señor tu Dios adorarás, y a él solo servirás" (Mt. 4:4, 7, 10).

Se define el término autoridad como el poder que gobierna o ejerce el mando de hecho o de derecho. Hay otro significado y es la potestad, legitimidad, facultad. Esto está vinculado mayormente a la persona que puede actuar de ese modo. Es también el prestigio y crédito que se reconoce a una persona o institución por su legitimidad o por su calidad y competencia en alguna materia. Dios es autoridad suprema porque en Él concurren todos los elementos que la hacen posible en una dimensión infinita. La omnisciencia, unida a la omnipotencia, hacen que Él sea autoridad suprema. En ese sentido, tiene toda la facultad para definir la verdad y establecer la ética conforme, no solo a lo que determina, sino a lo que es.

La autoridad puede ser ejercitada directamente por quien la tiene, o puede ser delegada total o parcialmente, conforme convenga, a otros ámbitos. En el sentido de la Biblia, la autoridad suprema de Dios se le confiere al escrito, puesto que procede directamente de quien es la suprema autoridad.

El concepto de autoridad en el ámbito de la religión produce a menudo contrariedades. A los dignatarios religiosos se les suele llamar autoridades, pero, a la luz de la Escritura, tan solo hay en la iglesia de Cristo tres autoridades que son divinas. La autoridad suprema de Cristo como cabeza de la Iglesia; la autoridad vicaria ejercida por el Espíritu Santo que ocupa el lugar de Jesucristo; la autoridad en materia de fe y conducta que es la Palabra. Los hombres ejercen autoridad en la medida en que viven en plena comunión con Cristo, en sujeción al Espíritu Santo y en obediencia sin reservas a la Palabra de Dios.

La autoridad suprema está en Dios, quien tiene pleno derecho (por lo que es y por lo que hace) de ser creído, respetado y obedecido. Solo Él puede —y así lo hace por su Palabra— establecer lo que debe ser creído y las prácticas consecuentes con la ética establecida en su ley. Por tanto, la autoridad delegada de Dios está en la Biblia, que es su mensaje y que, por serlo, tiene total autoridad, puesto que en ella Dios mismo habla al hombre.

La autoridad de la Biblia no descansa en conceptos teológicos, filosóficos o religiosos, que la establecen como dogma. La acción del Espíritu Santo, autor divino de la Palabra, ilumina la mente del lector para que comprenda plenamente lo que Dios habla en ella y comprenda el mensaje, no solo intelectualmente, sino vivencialmente. Es decir, acepte lo que está escrito como procedente de Dios y con su autoridad. La Biblia tiene que ser entendida espiritualmente, puesto que procede del Espíritu eterno, infinito y supremo, que es Dios, y por medio del Espíritu Santo, tercera persona de la deidad, fue comunicado a los hombres escogidos para escribirla. Es por eso que el apóstol Pablo escribe: "Pero el hombre natural no percibe las cosas que son del Espíritu de Dios, porque para él son locura, y no las puede entender, porque se han de discernir espiritualmente" (1 Co. 2:14). Quién iluminado por el Espíritu discierne la Palabra, reconoce que es autoritativa. Es la consecuencia natural para conocer y comprender —siempre en el reconocimiento de la limitación humana— a quien es trascendente. Es imposible conocerlo en la dimensión que se relaciona con lo que Él es. Esto se ha tratado ya en capítulos anteriores. Pero la razón última por la que el hombre necesita la asistencia del Espíritu es que el hombre necesita certidumbre para los temas que tienen que ver con Dios. De ahí que en el texto citado más arriba en este párrafo, el apóstol afirma que al hombre natural le son incomprensibles las cosas de Dios y no pueden entenderlas a no ser con la ayuda de Dios mismo, el Espíritu Santo. Estos asuntos espirituales se hacen comprensibles por la iluminación del Espíritu en el lector de la Biblia.

El Espíritu Santo enseña a los creyentes todas las cosas, recordándoles cuanto Jesús enseñó: "Mas el Consolador, el Espíritu Santo, a quien el Padre enviará en mi nombre, él os enseñará todas las cosas, y os recordará todo lo que yo os he dicho" (Jn. 14:26). La misión del Espíritu enviado del Padre y del Hijo es también doble, como su nombre en el texto. Primeramente, viene para enseñarnos todas las cosas (referente a todo cuanto Jesús enseñó en su ministerio). Tales cosas son ampliadas por el Espíritu en la mente de los apóstoles que las trasladan a los escritos bíblicos del Nuevo Testamento. En el momento actual, sigue enseñando el verdadero sentido y significado de las verdades reveladas en la Escritura, de modo que podamos comprender, discernir y enseñar la Palabra como fuimos enseñados (2 Ti. 2:2). Todas las cosas son conocidas por quienes tienen la unción del Espíritu Santo (1 Jn. 2:20, 27). Esa operación la realiza conduciéndonos a toda verdad (Jn. 16:13). Más exactamente, el Espíritu enseña mediante la iluminación de la mente para que se puedan comprender las cosas de Dios. El Espíritu se centra en la revelación y enseñanza de Cristo, para conducir a los creyentes a la comprensión de todas las verdades que enseñó, de las que algunas no fueron entendidas cuando Jesús las dijo. La segunda misión del Espíritu es la de hacernos recordar, esto es, traer a la mente, para que no se pierda nada de lo que Jesús dijo. Obsérvese que *os enseñará todo* comprende la plenitud de la revelación escrita, donde no hay limitación para la enseñanza, pero cuando habla de recordar, la limitación es clara: *todo lo que yo os he dicho*, de otro modo, el mensaje de Cristo. En ese sentido, el recordar es elemento indispensable para escribir el mensaje bíblico, que trata de toda la enseñanza de Jesús. Esta acción tiene importancia capital en la confección del canon del Nuevo Testamento. Terminada la obra de escribir los textos inspirados, el recordar para revelar termina, mientras que persiste el recordar para recapitular en aquello que se ha escrito. Esta obra es posible porque el Espíritu viene en mi nombre, es decir, en el nombre y autoridad de Cristo. De modo que el Verbo vino en nombre del Padre y habla en lugar de Él, así también el Espíritu viene en nombre del Hijo para hablar y enseñar en lugar suyo. El propósito del Hijo en su venida fue revelar al Padre, dando a conocer su nombre (Jn. 17:6); el del Espíritu es revelar al Hijo, dar a conocer su nombre, que comprende todo Él, su persona y su obra. Recordar es literalmente volver a pasar las cosas por el corazón. Cuando el conocimiento se hace vida en el corazón, las cosas que Jesús estableció no se olvidan. Los discípulos eran olvidadizos, nosotros también, por eso no tenemos presentes las lecciones que Jesús dio. El Espíritu no añade nuevas revelaciones y da nuevas lecciones, no añade nada a lo que ha inspirado y condujo a escribir por los apóstoles en el Nuevo Testamento, pero recuerda esas verdades e ilumina los ojos del entendimiento y del corazón para comprenderlas (Ef. 1:18). El Espíritu es esa potencia interior que armoniza el corazón de los cristianos con el corazón de Cristo y los mueve a amar a los hermanos como Él los ha amado, cuando se ha puesto a lavar los pies de sus discípulos (Jn. 13:1-13) y, sobre todo, cuando ha entregado su vida por todos (Jn. 13:1; 15:13). El recordatorio del amor fraterno, distintivo del cristiano, es una de las enseñanzas y mandatos de Jesús, que el Espíritu nos recuerda, tanto en la mente como, sobre todo, en el corazón, puesto que el amor divino se ha derramado en nosotros por la presencia del Espíritu (Ro. 5:5). El gran secreto para la vida victoriosa es andar en el Espíritu (Gá. 5:16). El Consolador vino a nuestro lado enviado del Padre y del Hijo, pero todavía más, está en nosotros para que la enseñanza y el recuerdo sean continuos y nadie pueda impedir que progresemos más y más en el conocimiento del Hijo de Dios, para que podamos seguir sus pisadas.

También el Espíritu guiará a los creyentes a la verdad. Es interesante apreciar lo que el Señor dijo: "Pero cuando venga el Espíritu de verdad, él os guiará a toda la verdad; porque no hablará por su propia cuenta, sino que hablará todo lo que oyere, y os hará saber las cosas que habrán de venir"[15] (Jn. 16:13).

La misión del Espíritu es guiar, conducir a toda verdad. La idea es la de alguien que camina delante abriendo senda y marcando el camino que conoce a la perfección. Esta conducción orienta a toda la verdad, esto es, a aquello que Jesús dijo que les había enseñado y a lo que no enseñó porque no tenían capacidad de comprensión y no podrían soportar. El Espíritu capacitaría a los apóstoles y profetas para escribir la verdad que debía ser enseñada también a otros (2 Ti. 2:2). Es la instrucción del Maestro, que paulatinamente va guiando al discípulo introduciéndolo en un conocimiento cada vez más profundo. Este magisterio del Espíritu no se agota con los apóstoles, sino que continuará, mientras la Iglesia esté en el mundo, conduciendo a los creyentes a toda la verdad (Jn. 7:39). El Espíritu derrama luz sobre las verdades que Jesús había enseñado, ampliando la comprensión de ellas y orientando a los apóstoles y profetas en el primer tiempo, y a los pastores y maestros en el decurso histórico, para que descubran las verdades desarrolladas desde el pensamiento de Jesús y vinculadas a

---

[15] Texto griego: ὅταν δὲ ἔλθῃ ἐκεῖνος, τὸ Πνεῦμα τῆς ἀληθείας, ὁδηγήσει ὑμᾶς ἐν τῇ ἀληθείᾳ πάσῃ· οὐ γὰρ λαλήσει ἀφ' ἑαυτοῦ, ἀλλ' ὅσα ἀκούσει λαλήσει καὶ τὰ ἐρχόμενα ἀναγγελεῖ ὑμῖν.

Él. No solo haciendo más comprensible la Palabra, sino aplicándola a la vida de quienes la leen.

La conducción a toda verdad va acompañada de una acción del Espíritu que no habla por sí mismo, sino que habla lo que oye. La expresión relativa al Espíritu es muy semejante a lo que Jesús dijo antes de sí mismo: "De cierto, de cierto os digo: No puede el Hijo hacer nada por sí mismo, sino lo que ve hacer al Padre; porque todo lo que el Padre hace, también lo hace el Hijo igualmente" (Jn. 5:19). La diferencia entre el hacer y el oír, apenas tiene importancia y corresponde a la vía de procedencia de las personas divinas. La primera persona, el Hijo, procede del Padre por la vía mental o intelectual, ya que es el Verbo, que expresa exhaustivamente al Padre, de ahí que le corresponda ver mentalmente. El Espíritu procede del Padre por la vía del amor, lo que viene mejor la relación de oír, en lugar de hacer. Este testimonio del Espíritu hace posible la escritura del Nuevo Testamento, donde se asientan las verdades de nuestra fe. No cabe la menor duda de que el testimonio de la Escritura concuerda absolutamente con el del Espíritu, por cuanto procede de Él. El autor divino de la Palabra es el Espíritu (2 Ti. 3:16; 2 P. 1:21). Ahora bien, la verdad absoluta concuerda plenamente con el Padre y el Hijo; por tanto, el Espíritu no habla por sí mismo, sino en mutua concordancia con las otras dos personas divinas, ya que los tres subsisten en el ser divino, como Dios verdadero. Esto trae una consecuencia de gran importancia: el Espíritu no va a revelar nada que no esté en y conforme a la Palabra. Todas esas ideas que supuestamente vienen del Espíritu y que suelen presentarse como algo similar a "me dijo el Espíritu", sin concordancia absoluta con la Palabra, son meras indicaciones humanas, y muchas veces mentiras conscientes para engañar a otros en una falsificación impía.

Durante el ministerio, especialmente en los últimos meses, Jesús estuvo anunciando a los discípulos las cosas que venían. Con todo detalle les habló de los acontecimientos que iban a tener lugar en Jerusalén, de su muerte y de su resurrección. Ahora quedaban muchas otras cosas que vendrían en el futuro, tanto inmediato, como distante. En todo cuanto tiene que ver con lo que viene en el tiempo de la Iglesia, la revelación del Espíritu sería una constante, es más, aplicándolo genéricamente, el Espíritu pondrá delante el camino por el que se debe avanzar. El Espíritu Santo comunicó a los apóstoles la escatología bíblica, los eventos que tendrán lugar hasta el final definitivo de toda esta creación y la aparición de cielos nuevos y tierra nueva. No son respuesta a curiosidades, sino perspectiva divina de la historia. Al

Mesías se lo designa en la profecía como el que ha de venir, por tanto, las cosas venideras están íntimamente relacionadas con el Señor. La segunda venida, la profecía sobre el tiempo previo a ella, la proyección definitiva de la manifestación final del reino de Dios o reino de los cielos, llenan amplios espacios del Nuevo Testamento, sin olvidar un libro que enteramente está destinado a la panorámica de los tiempos futuros, como es el Apocalipsis. Esta revelación no tiene que ver solo con el futuro lejano, sino que el Espíritu revelaría también, por medio de los profetas, las cosas que iban a venir desde el tiempo del inicio de la Iglesia. Valgan como ejemplo las profecías de Agabo sobre Pablo, las revelaciones a Pablo sobre su futuro inmediato, la advertencia a Pedro del envío de los siervos de Cornelio, etc. Pero debe tenerse en cuenta que todas estas manifestaciones sobre eventos del futuro han sido trasladadas a los escritos bíblicos del Nuevo Testamento, de modo que el Espíritu deja de revelar eventos futuros porque lo que había de anunciar en ese sentido ha sido ya hecho y no puede añadirse nada más a la profecía ya cerrada.

El Señor insistió en la acción del Espíritu: "Él me glorificará; porque tomará de lo mío, y os lo hará saber"[16] (Jn. 16:14). La obra del Espíritu tiene como propósito glorificar al Hijo. Como este glorificó al Padre, así el Espíritu le glorificará a Él. La economía del tiempo de gracia es esencialmente cristocéntrica. Esta glorificación del Hijo comienza a manifestarse con el descenso del Espíritu, cumpliendo la promesa que había dado a los discípulos. Si Jesús no hubiera sido glorificado, no enviaría al Espíritu, por tanto, la presencia entre los hombres de la tercera persona divina es ya una manifestación de glorificación al Hijo. Todo lo que inmediatamente siguió a la venida del Espíritu, las lenguas, los milagros, etc., tenía como propósito glorificar a Cristo. El Espíritu no viene para glorificarse a sí mismo, sino que su misión es glorificar a Jesucristo, de modo que toda la atención se centre en el Señor. Todo cuanto el Espíritu hace y revela lo toma del tesoro admirable de Cristo y de la única y absoluta verdad que es Él. No vino el Espíritu a establecer otro reino que no fuera el de Cristo, ni a establecer una Iglesia que no fuera la suya, no actúa por su propia cuenta, sino que confirma lo que Jesús había establecido ya. En esto mismo se confirma que procede del Hijo, puesto que no podría tomar de Él lo que ha de revelar si no participase en la misma esencia

---

[16] Texto griego: ἐκεῖνος ἐμὲ δοξάσει, ὅτι ἐκ τοῦ ἐμοῦ λήμψεται καὶ ἀναγγελεῖ ὑμῖν.

y naturaleza, en la que la sabiduría se manifiesta como perfección común en la deidad.

Todo cuanto toma y declara es de Cristo y procede de Él. Lamentablemente, la ignorancia sobre esta verdad bíblica hace que muchos estén buscando que el Espíritu se glorifique a sí mismo, actuando independientemente de Cristo y obrando Él conforme a su propósito y determinación. Jesús advierte que el Espíritu no hará nada que no esté vinculado a Él. Ninguna manifestación del Consolador es ajena a lo que Cristo hizo, hace y hará. Nada que no esté relacionado con el obrar y enseñar de Jesús puede proceder del Espíritu. Las pretendidas manifestaciones de poder, que no fueron hechas nunca por Jesús, las revelaciones en las que Él no está presente, e incluso visiones en las que el centro no es Cristo, no proceden del Espíritu Santo y, en el mejor de los casos, son mero subjetivismo del hombre, cuando no algo peor, procedente de otro tipo de espíritu. La misión del Espíritu en relación con los creyentes es la de reproducir a Cristo en la vida del cristiano para cumplir el propósito que Dios ha determinado: que todos seamos conformados a la imagen de Cristo (Ro. 8:29). Vivir en el poder del Espíritu es vivir a Jesús, y Él es glorificado en el testimonio visible del cristiano. Se aprecia nuevamente la verdad de relación intratrinitaria en la que las personas divinas actúan glorificándose entre ellas, de cuyo contenido hay referencias en el evangelio de Juan (14:13; 16:14; 17:4, 5). La acción del Espíritu conduce a la verdad, recordando las palabras de Jesús, lo que da convicción a la Escritura, donde están esas verdades, y la reviste de infalibilidad.

La escolástica en el s. XVII hacía descansar la autoridad en las Escrituras. Sin duda —evitando todo exceso— la Biblia pone al lector en contacto directo con Dios, permitiéndole oír su enseñanza, conocer la ética que dispuso para la vida del ser humano, distinguir la puerta y el camino que lleva a la vida, amonestarle de las consecuencias que el pecado trae para la vida y la perpetuidad, reformar la conducta y hacerle sentir el consuelo que el Padre del cielo pone en los momentos de dificultad. El lector de la Biblia está en la experiencia del poder, puesto que las palabras tienen poder en sí mismas.

Frente a esto, está la neo-ortodoxia, que entiende la autoridad de la Biblia, no tanto desde una perspectiva objetiva, es decir, por la Escritura en sí, sino desde la subjetiva, ya que solo se convierte en Palabra de Dios cuando se hace operativa en la vida del individuo que responde a lo que está escrito en ella.

Es interesante el pensamiento del Dr. Millard Erickson sobre la autoridad histórica y normativa, que se traslada:

Es necesario trazar, elaborar otra distinción. Es la que se refiere a la manera en que la Biblia es autoridad para nosotros. La Biblia sin duda es autoritativa al decirnos cuál era la voluntad de Dios para ciertos individuos y grupos en el período bíblico. La cuestión que hay que considerar es, ¿lo que obligaba a aquellas personas también nos obliga a nosotros?

Es necesario distinguir entre dos tipos de autoridad: histórica y normativa. La Biblia nos informa de lo que Dios ordenó a la gente en la situación bíblica y lo que espera de nosotros. A efectos de lo que la Biblia nos enseña sobre lo que sucedió y lo que se le ordenó a la gente en los tiempos bíblicos, es autoridad histórica. Pero ¿es autoridad normativa también? ¿Estamos obligados a llevar a cabo los mismos actos que se esperaba que hicieran esas personas? En esto debemos tener cuidado en no identificar demasiado rápido la voluntad de Dios para aquella gente con su voluntad para nosotros. Será necesario determinar lo que es esencia permanente del mensaje y lo que es forma temporal de su expresión. Pudiera ser que algo fuese autoridad histórica sin ser normativa.[17]

Las Escrituras son autoritativas porque fueron inspiradas por Dios, como se ha considerado. La autoridad proviene de que toda ella, y no solo alguna parte, es Palabra de Dios. Por esa razón Jesús afirmó: "Porque de cierto os digo que hasta que pasen el cielo y la tierra, ni una jota ni una tilde pasará de la ley, hasta que todo se haya cumplido" (Mt. 5:18). Probablemente algunos oyentes de las enseñanzas de Jesús ponían en duda que todo lo escrito tuviese cumplimiento. Además, por mucho tiempo habían estado esperando el cumplimiento de promesas nacionales anunciadas por los profetas y, a pesar de ello, seguían siendo vasallos de Roma. El reino de los cielos seguía sin ser una realidad en la forma en que ellos esperaban, por eso Jesús hace esa precisa afirmación. Nada de cuanto está en la Escritura, promesas, juicios, bendiciones, reino y gloria quedará sin cumplimiento según lo que está escrito en ella. El cumplimiento de la Escritura tendrá plena eficacia hasta alcanzar el momento de la remoción de todo lo creado y el inicio de la forma definitiva en una nueva creación de Dios (2 P. 3:10-13). No puede separarse la Palabra de Dios mismo: "Desde el principio tú fundaste la tierra, y los cielos son obra de tus manos. Ellos perecerán, mas tú permanecerás; y todos ellos como una vestidura se envejecerán; como un vestido los mudarás, y serán mudados;

---

[17] Erickson, 2008, p. 84.

pero tú eres el mismo, y tus años no se acabarán" (Sal. 102:25-27). El fin del universo creado será una realidad, por cuanto la Palabra que lo anuncia es autoritativa y las palabras de Dios tendrán fiel cumplimiento por eso. "El cielo y la tierra pasarán, pero mis palabras no pasarán". Cristo afirma que ni una jota ni una tilde pasarán de la ley hasta que todo se haya cumplido. Por estar revestida de autoridad, porque expresa el pensamiento, propósito y voluntad de Dios, que Él mismo dio por medio de los profetas, anuncia lo por venir y hará que su omnipotencia dé el cumplimiento pleno de lo determinado y anunciado por Él.

La Biblia es autoritativa, porque fue escrita bajo la dirección e impulso del Espíritu Santo. La autoridad de la Escritura no procede de los hombres que fueron impulsados a escribirla, sino del mensaje divino inspirado plenaria y verbalmente escrito por estos. La mejor prueba son los escritos anónimos, y por ello dejan de ser autoritativos. Lo que el hagiógrafo ha escrito es siempre mandamientos de Dios (1 Co. 14:37). Debido a que todos los escritos bíblicos son autoritativos, la Escritura es, necesariamente, atemporal, es decir, trasciende a cualquier tiempo y es permanentemente actual (1 Co. 1:2).

Las Escrituras son autoritativas porque están acreditadas por los que primero las recibieron. Así es el caso del Antiguo Testamento, los escritos inspirados fueron autentificados por todos los ancianos, reyes, profetas y sacerdotes del pueblo de Dios. En el caso del Nuevo Testamento, fueron aceptados por los cristianos de la Iglesia.

Además, son autoritativas porque son atestiguadas por el Señor Jesucristo, la segunda persona de la deidad encarnada. En su naturaleza divina confirmó la Escritura y en su naturaleza humana se sujetó a ella. Los cuatro evangelios recogen más de treinta y cinco referencias directas y citas de la Escritura hechas por el Señor: Mt. 4:4, 7, 10; 6:29; 8:4, 11; 9:13; 10:15; 11:10; 12:3-8; 12:40-42; 13:14-15; 15:1-9; 16:4; 17:11; 19:3-9, 18-19; 21:13-16, 42; 22:36-40, 44, 45; 23:1-3, 23, 35; 24:15-16, 24, 31; 26:53-56; 27:46; Mr. 1:44; 6:11; 2:24-28; 7:6-12; 9:11-13; 10:2, 12, 19; 11:17; 12:10-11, 25-37; 13:14; 14:21-27, 49; 15:34; Lc. 4:4, 8, 12, 18; 5:14; 6:3-4; 7:27; 10:26, 27; 11:29-32, 51; 13:28; 16:29-31; 17:26-31; 19:20, 31; 19:46; 20:17, 41-44; 22:37; 23:46; 24:25-32, 44-47; Jn. 1:51; 3:14; 5:39, 45-47; 6:32, 45; 7:19-23, 38-39; 8:39, 40, 44, 56-58; 10:33-36; 13:18, 26; 17:12, 17; 19:28.

Jesucristo declaró de Sí mismo que era "la verdad", no una verdad relativa, sino absoluta (Jn. 14:6), de ahí que el testimonio y uso que hace de las Escrituras señalan su autoridad, reconocida por Él. El

Señor no solo expresa el sentido literal de la frase, en la que afirma que es "la Verdad", sino que señala el tema central de la Biblia, que es su persona (Ap. 1:5; 14:14; Is. 55:4). La misión de Cristo en su venida fue la de dar testimonio de la verdad (Jn. 18:37).

Las Escrituras son autoritativas por haber sido recibidas, transmitidas y atestiguadas por los profetas escogidos por Dios. La Ley estableció responsabilidades a distintos grupos del pueblo de Dios con respecto a la Escritura. De este modo manda a la congregación de Israel: "No añadiréis a la palabra que yo os mando, ni disminuiréis de ella, para que guardéis los mandamientos de Jehová vuestro Dios que yo os ordeno" (Dt. 4:2). Solo lo recogido en la Escritura es Palabra de Dios, por lo que el mandamiento la preserva, manteniéndola tal como fue recibida. Cualquier disminución es despreciar lo que Dios ha revelado, de igual manera que un añadido al texto, por simple que sea, es introducir lo que no tiene autoridad alguna, en medio de la Palabra autoritativa procedente de Dios. De la misma manera se ordena que cuando la nación tuviese rey, este tenía que prestar atención a la Palabra: "Y cuando se siente sobre el trono de su reino, entonces escribirá para sí en un libro una copia de esta ley, del original que está al cuidado de los sacerdotes levitas; y lo tendrá consigo, y leerá en él todos los días de su vida, para que aprenda a temer a Jehová su Dios, para guardar todas las palabras de esta ley y estos estatutos, para ponerlos por obra" (Dt. 17:18-19). Los jueces de la nación debían atender a lo establecido en la ley de Dios para su tarea y el dictado de las sentencias judiciales. En caso de que hubiese alguna dificultad interpretativa en un proceso judicial, debían acudir a los sacerdotes, que les indicarían cual era la sentencia conforme a la ley de Dios, ordenándoles: "Y harás según la sentencia que te indiquen los del lugar que Jehová escogiere, y cuidarás de hacer según todo lo que te manifiesten. Según la ley que te enseñen, y según el juicio que te digan, harás; no te apartarás ni a diestra ni a siniestra de la sentencia que te declaren" (Dt. 17:10-11). El mismo cuidado con la Escritura debía mantener la tribu sacerdotal, los levitas; a ellos se les manda: "Tomad este libro de la ley, y ponedlo al lado del arca del pacto de Jehová vuestro Dios, y esté allí por testigo contra ti" (Dt. 31:26). Los profetas debían sujetarse a comunicar solo la palabra que Dios les enviaba, porque Él demandaría responsabilidad de cada uno de ellos (Dt. 18:21-22). Es de entender que los profetas comunicaron en sus escritos lo que Dios les había revelado. Así también los escritores del Nuevo Testamento, que eran apóstoles y profetas, comunicaron el misterio que Dios les manifestó (Ef. 2:20).

Las Escrituras son autoritativas porque son la Palabra usada por Dios, el Espíritu Santo. Después de haber comunicado a los escritores de la Biblia la revelación de Dios, ahora utiliza la misma Palabra escrita como su propio lenguaje; por esa razón es en su mano la "espada del Espíritu" (Ef. 6:17). A la expresión del Antiguo Testamento "Así dice Jehová", corresponde en el Nuevo Testamento "el Espíritu dice claramente" (1 Ti. 4:1).

Las Escrituras son autoritativas porque, sin desviación alguna, esta verifica y satisface todo lo que dice ser. Una evidencia es su perdurabilidad, siendo preservadas sobrenaturalmente a lo largo de los siglos.

Las Escrituras son autoritativas por su poder salvador. La Biblia afirma que el Evangelio es poder de Dios para salvación (Ro. 1:16). El mensaje del Evangelio es la "palabra de la Cruz", esto es la doctrina de la cruz (1 Co. 1:18), sustentada en la revelación escrita. El Evangelio se dirige al hombre en forma de decreto divino, por tanto, debe ser obedecido. El decreto está recogido en la Escritura (Hch. 5:32; Ro. 2:8; 10:16; 2 Ti. 1:8; He. 5:9; 1 P. 4:17). La Palabra penetra en el corazón produciendo la fe salvadora (Ro. 10:17).

Las Escrituras son autoritativas por su poder santificador; detengámonos un momento en lo que Jesús enseñó: "Santifícalos en tu verdad; tu palabra es verdad"[18] (Jn. 17:17). La santificación es la expresión de la salvación en el curso de la vida del salvo. Equivale a vivir separado para Dios. Solo Dios puede santificarnos, porque solo puede separar quien es dueño. El creyente puede dedicarse, comprometerse, etc., pero Dios es el que lo santifica. Por tanto, la santificación es la expresión natural de vida para el cristiano. Sin embargo, debe entenderse que esto no puede alcanzarse desde el esfuerzo humano, sino desde el poder de Dios. La petición de Jesús equivale a rogar que el Padre confirme en ellos la obra de santificación. Esta debe ser una ocupación constante en el creyente (Fil. 2:12). Pero Dios es el que actúa produciendo tanto el querer como el hacer por su buena voluntad (Fil. 2:13). Quiere decir que el propósito de Jesús es que los suyos sean santos como Él es santo (1 P. 1:16). Si Cristo es santo y se hace vida en el cristiano, no queda otro camino por recorrer. La santidad no es una opción, sino la única forma de vivir la vida cristiana. La santificación en la expresión de una vida santa, es un asunto progresivo desde el momento de la justificación

---

[18] Texto griego: ἁγίασον αὐτοὺς ἐν τῇ ἀληθείᾳ· ὁ λόγος ὁ σὸς ἀλήθεια ἐστιν.

por la fe. Al creyente se le dan los elementos necesarios para vivir la vida santa, reproduciendo por el Espíritu el carácter de Cristo, en la expresión del sentir personal suyo (Fil. 2:5); su mente, para que el pensamiento se oriente conforme al suyo (1 Co. 2:16); la orientación celestial, para buscar las cosas de arriba y no las del mundo (Col. 3:1). La unión vital con Cristo traslada al cristiano a una posición celestial, sentado con Él en lugares celestiales, para que esa sea la esfera de vida. Desde el momento del ejercicio de la fe salvadora, todo creyente ha muerto y resucitado con Cristo, espiritualmente hablando, de manera que ya no vive el *yo* propio de la naturaleza caída, que siente deleite en las cosas del mundo, sino Cristo mismo, que controla plenamente su vida por la acción del Espíritu (Ga. 2:20). Esta es la manera de disfrutar la vida eterna recibida por fe en el Salvador. A esta forma de vida llama el apóstol Pablo *novedad de vida* (Ro. 6:4). La vida eterna recibida en la aceptación de Cristo por la fe, es totalmente diferente a la antigua vida mundana. Cada uno de los creyentes, unidos a Cristo, no pueden sino estar donde está Él, que es un terreno de victoria sobre el mundo, ya que Cristo lo ha vencido (Jn. 16:33). Jesús dijo al Padre que los suyos no son del mundo; por consiguiente en Cristo tienen una vida sobrenatural que los separa necesariamente de él. La posición de operatividad, realidad y experiencia de vida ha quedado vinculada perpetuamente con Jesús, en quien no solo está la vida (Jn. 1:4), sino que es razón, modelo y causa de vida para el cristiano (Fil. 1:21). Quienes están en Cristo tienen como objetivo natural desarrollar la vida en el lugar en que posicionalmente se encuentran: los lugares celestiales, buscando, por tanto, las cosas de arriba, puesto que es simplemente vivir en el lugar en que la vida personal se encuentra. Tener vida del cielo y vivir en el pecado del mundo no solo es un contrasentido, sino incluso una imposibilidad espiritual.

El elemento santificador es la Palabra. La norma de fe es también la de conducta. No es una santificación religiosa basada en reglamentos, normas y liturgias propias de los hombres, sino la vinculación obediente a la Palabra. La limpieza de vida está vinculada a ella (Sal. 119:9), y es su meditación en la que se afirma la disposición de vivir en santidad (Sal. 119:11). Es el único medio divino que tiene capacidad en sí mismo, porque es vital, es decir, vivo y eficaz (He. 4:12). Nada podrá llegar a separar o discernir los pensamientos y las intenciones del corazón más que la Palabra. Esta es la razón por la que se exhorta al creyente a permanecer "asidos de la Palabra de vida" (Fil. 2:16). Ella hará la obra completa para la que fue enviada por Dios.

Actuó en el nuevo nacimiento como mensaje de vida en el Evangelio que ha sido anunciado (1 P. 1:23-25). Dios usa su Palabra para llevar al hombre a la salvación y el Padre lo llama para llevarlo al Salvador. La Palabra que inicialmente conduce a salvación, prosigue su acción en la vida de santificación, que es el segundo nivel en el proceso de salvación, como experiencia de salvación en el tiempo terrenal del salvo. Siendo una Palabra viva, no solo porque procede de Dios, sino porque ha sido inspirada (2 Ti. 3:16), es también eficaz, que es la virtud o facultad para lograr un efecto. Tiene poder operativo para hacer distinguir al creyente la voluntad de Dios para su vida. De ahí que actúe siempre para aquello para lo que Dios la envía (Is. 55:11). Esta Palabra comunica sabiduría según Dios (2 Ti. 3:15). Todo aquello que no vaya sustentado en ella, en relación con la vida del creyente, no conduce a alcanzar sabiduría y, por tanto, a un caminar sabio delante de Dios. Es preciso recordar que solo la Palabra edifica al creyente, de modo que cuanto no sea Palabra de Dios, no es eficaz, es decir, no es instrumento útil para la edificación del cristiano. Según el escritor de la Epístola a los Hebreos, es cortante y penetrante, es decir, llega a donde ningún hombre puede penetrar, a lo más íntimo y secreto del ser personal. Es también capaz de discernir o separar los pensamientos que motivan los razonamientos y las intenciones que producen las acciones. Discierne porque tiene capacidad para juzgar. Los pensamientos sutilmente incorrectos y las acciones aparentemente santas son juzgadas por la Palabra que corrige el rumbo equivocado en la vida cristiana. Jesús manifiesta su deseo de que los creyentes estén vinculados a la Palabra.

El secreto de la vida de santificación está en la obediencia incondicional a la Palabra: "¿Con qué limpiará el joven su camino? Con guardar tu palabra... En mi corazón he guardado tus dichos, para no pecar contra ti" (Sal. 119:9, 11).

Un elemento más que asevera la realidad de la autoridad bíblica es su poder revelador. Toda información autoritativa de cosas celestiales y eventos futuros, así como de lo que es bueno y lo malo, provienen de la Escritura.

La Escritura es autoritativa por su exactitud. Se ha considerado esto antes, por lo que es suficiente con recordar la absoluta corrección en todo lo que está escrito en los manuscritos autógrafos u originales, asombrando la precisión histórica y el cumplimiento de las profecías bíblicas. La razón de esa exactitud obedece a la ejecución temporal de lo que Dios anuncia de antemano para la historia. Es decir, lo que comunica al profeta, lo ejecuta personalmente luego, por lo que la profecía es precisa en cuanto a cumplimiento. Ningún comentario mejor que la misma Escritura:

> Acordaos de las cosas pasadas desde los tiempos antiguos; porque yo soy Dios, y no hay otro Dios, y nada hay semejante a mí, que anuncio lo por venir desde el principio, y desde la antigüedad lo que aún no era hecho; que digo: Mi consejo permanecerá, y haré todo lo que quiero; que llamo desde el oriente al ave, y de tierra lejana al varón de mi consejo. Yo hablé, y lo haré venir; lo he pensado, y también lo haré. (Is. 46:9-11)

La Escritura es autoritativa por su poder eficaz. Se aprecia en la manera en que prevalece por encima de las actividades humanas. Ni la depravación imperante, ni las persecuciones han podido detener el avance y permanencia de la Biblia. La Palabra ha sido dada con un propósito y hasta que ese propósito se cumpla plenamente manifestará su poder eficaz, como Dios dice: "Así será mi palabra que sale de mi boca; no volverá a mí vacía, sino que hará lo que yo quiero, y será prosperada en aquello para que la envié" (Is. 55:11).

La Escritura es autoritativa por su precisión profética. En cierto modo, esto se ha mencionado antes. La Biblia manifiesta su autoridad al dar un programa profético que solo Dios puede completar y ejecutar. En una gran medida, el programa divino para la historia humana se ha ejecutado. Baste como ejemplo la revelación que hace a Daniel sobre el decurso de los imperios, desde el babilónico en adelante, con un cumplimiento preciso y perfecto según lo profetizado en nombre de Dios. El cumplimiento profético asombra a todos los que sin prejuicio se acercan a la Escritura. Solo es posible comprender este hecho desde la perspectiva de un programa divino irresistible, que se concreta en el tiempo que ha sido determinado: "Dice el Señor, que hace conocer todo esto desde tiempos antiguos" (Hch. 15:18).

La Biblia tiene todo el derecho a demandar nuestra obediencia, porque es autoritativa; su autoridad proviene de ser la Palabra inspirada plena y verbalmente por Dios. En ella no existe error alguno en todo lo que el Espíritu se propuso comunicar y para lo que fue comunicada. Tiene plena autoridad porque es el *principium cognoscendi*[19]. Es, por tanto, normativa en todo lo que tiene que ver con fe y conducta. Nada más que la Escritura y solo ella, puede reclamar la obediencia de cada creyente, porque es Dios hablándonos en ella. Por

---

[19] Principio de conocimiento.

consiguiente, rechazar la autoridad de la Biblia supone una afrenta directa a Dios mismo. Es por eso que nadie debe añadir a ella nada de tradiciones eclesiales, ni restar de ella nada por reflexiones intelectuales. La Biblia está sobre todo, juzga todo y establece el camino de la santidad y de la virtud conforme a Dios.

Todo lo que se ha considerado antes, conduce a una conclusión: la Biblia es suficiente. En todas las materias teológicas contiene la revelación suficiente y la luz necesaria para precisarlas, reflexionar sobre ellas y establecer, en base a ella, lo que debe ser materia de fe. La *Sola Scriptura* dejaría de serlo si no fuese cuanto antes se ha considerado sobre ella.

CAPÍTULO VIII
INTERPRETACIÓN

Introducción

La Biblia es un libro singular y excepcional. El tiempo que existe entre el primero y el último de sus escritos es de no menos de 1400 años. El conjunto de escritores se sitúa en un entorno próximo a 35/40 personas. Escrito en tres grandes idiomas, utiliza también una extensa serie de figuras literarias, poesía, narrativa histórica y, sobre todo, teología.

Se han estudiado en los capítulos anteriores aspectos generales concernientes a ella. Se examinaron aspectos que concurren solamente en la Escritura. La inspiración, inerrancia, infalibilidad, autoridad, y otros, que hacen de este un libro único. Por esa razón, es necesaria la interpretación correcta para poder no solo entender lo que está escrito en ella, sino para poder aplicarlo a la vida actual en la distancia milenaria que separa el tiempo de hoy y el de los escritos bíblicos. A causa de esa distancia temporal, hay aspectos que deben ser entendidos en el contexto social en que fueron escritos.

Cualquier escrito requiere interpretación, ya que en toda lectura surge una simple pregunta: ¿Qué quiso decir el autor? De este mismo modo ocurre con la Biblia. Un escrito general de la literatura actual utiliza figuras en él que deben ser entendidas e interpretadas. Cuando se dice que alguna dificultad es más larga que un día sin pan, requiere darle el sentido que tiene y explicar que toda dificultad se hace siempre larga como ocurre cuando pasas un día sin comer nada.

La interpretación bíblica pertenece a una disciplina llamada *hermenéutica*, cuyo nombre deriva del supuesto trabajo de Hermes, el dios griego, que era el intérprete o mensajero de los dioses. Esencialmente trata de la interpretación y significado del lenguaje escrito. La necesidad de una disciplina hermenéutica viene determinada por las complejidades del lenguaje. La hermenéutica trata de establecer el significado complejo que subyace en el mensaje escrito, intentando afirmar la razón misma del mensaje.

Algunos consideran que hermenéutica y exégesis son sinónimas y, aunque tienen una gran semejanza, la hermenéutica es una disciplina metodológica más amplia que la exégesis. Esta última tiene una relación más directa con la Escritura, e incluso con los textos filosóficos y artísticos.

Siendo la hermenéutica una disciplina en sí misma, sale del tema de la Bibliología para establecerse como materia independiente, que debe ser estudiada aparte. Sin embargo, dado que la Biblia debe ser interpretada, se procura en este capítulo dar una panorámica sencilla y limitada de la interpretación de la Biblia, junto con algunos datos específicos de los sesenta y seis libros que la forman. Como en otros lugares de esta tesis, se reiterarán algunos asuntos comentados con anterioridad sin extenderse en ellos, simplemente por necesidad de contextualización con el tema que se trate.

Hermenéutica

Procede del griego[1] y significa el arte de interpretar, explicar y traducir la comunicación escrita. La necesidad de la hermenéutica viene determinada por las complejidades del lenguaje. Esto puede traer como consecuencia que una misma expresión, o incluso una misma palabra, pueda tener en el mismo idioma significados distintos. Según Schleiermacher, descansa en alcanzar a comprender al autor de lo que él mismo alcanzaba a comprenderse. La hermenéutica trabaja en el examen del texto para alcanzar una explicación coherente. Inicialmente, la hermenéutica trabajó en el examen, análisis e interpretación de los textos bíblicos.

En el campo de la interpretación de un escrito, deben tenerse en cuenta tres elementos: el autor, las palabras utilizadas y el lector. El pensamiento del autor determina la razón del texto escrito. En el caso de la literatura bíblica, está condicionado por la revelación que Dios le hace y las instrucciones que le ha dado para escribir. En cualquier caso, hay ocasiones en que el significado de lo que ha sido escrito puede tener dos o más interpretaciones. Sin embargo, en la mente del autor hay una idea desarrollada por medio de lo que ha escrito, de ahí que el propósito del lenguaje sea la expresión de ideas.

Cualquier comunicación escrita está sujeta a las peculiaridades del lenguaje que se utiliza para expresarla. Debe tenerse en cuenta que el lenguaje, sobre todo en los idiomas vivos, tiene distintos significados a lo largo del tiempo, por tanto, será necesario al determinar el significado de un escrito plantearse el sentido que el lenguaje tenía cuando fue comunicado.

Es habitual, en una conversación, formular una pregunta retórica: ¿Has entendido lo que dije? En cualquier caso, se formula porque

---

[1] Griego: ἑρμηνευτικὲ τέχνη.

el significado de lo dicho está en la mente de quien lo expresó y no siempre en la del que lo ha escuchado.

Por otro lado, debe entenderse que cada texto tiene un solo significado. Darle un sentido diferente al que literalmente expresa es alegorizar el texto, mediante cuyo método puede dársele distintas interpretaciones.

Exégesis

El termino procede del griego[2], que significa literalmente extraer, interpretar objetivamente. Se trata de la interpretación crítica y completa de un texto. El exégeta es un especialista que practica esta disciplina. El trabajo, en forma adjetiva, es el exegético.

La antítesis de la exégesis es la eiségesis, que tiene que ver con insertar en un texto las interpretaciones personales. La exégesis presupone el intento de ver el significado de un texto en forma objetiva, mientras que la eiségesis implica una visión subjetiva.

Aplicada a la Escritura, la exégesis busca entender y expresar lo que el autor quería comunicar a los lectores a quienes iba destinado el escrito. Se atribuye a Juan Calvino la siguiente precisión sobre la exégesis: "La primera tarea del intérprete es permitir al autor que diga lo que quiere decir en lugar de atribuirle lo que piensa que debería decir".

Una exégesis totalmente objetiva es, muchas veces, imposible, ya que el exégeta está influido por principios que le han sido dados, especialmente en materia de fe, en sentido sociológico, en influencia denominacional, en razón de la escuela teológica en que se integre, etc. Todas estas influencias externas condicionan en mayor o menor grado el trabajo exegético a realizar.

Un principio esencial en el trabajo interpretativo de la Biblia es el genérico de interpretación de cualquier escrito. La misma palabra tiene igual significado en la frase en que se encuentra. De igual modo, la frase no puede descontextualizarse del párrafo en que está inserta. Finalmente, el párrafo expresa la misma idea en el entorno textual inmediato.

El intérprete objetivo procurará que el texto bíblico condicione la interpretación y cambie, si es necesario, las presuposiciones que podía tener en el momento de tratar de interpretarlo. Por esa razón, la honestidad interpretativa condiciona la técnica aplicada, ya que el

---

[2] Griego: ἐξήγησις, procedente del verbo ἐξηγέομαι, explicar.

intérprete está siempre dispuesto a dejar los condicionantes que apoyarían la interpretación cuando la Biblia le muestra que son presupuestos erróneos.

Método gramático-histórico-cultural

Se ha estudiado esto con anterioridad, por lo que se señala aquí el que se considera como preferente sobre el resto de sistemas interpretativos.

Gramática

Cada comunicación escrita se ajusta a las leyes propias de la gramática, en el tiempo en que se produjo el escrito. Quiere decir que cada hagiógrafo se sujetó a las leyes del idioma en que escribió y concretamente a las propias de la gramática del idioma usado para escribir.

Es habitual incidir en que lo que interesa en el escrito no es tanto lo que directamente se lee en él, sino lo que el autor tenía en mente o intencionalmente cuando escribió. Lo primero es preciso, lo segundo es tan subjetivo como el pensamiento del que pretenda establecer esa intencionalidad. El método que se está proponiendo como el más concordante a la hora de hacer una correcta exégesis textual presta su atención a todo el mensaje y a cada una de las palabras utilizadas en él para darle el significado.

Historia

Es el segundo cimiento del método propuesto. La Biblia no es un libro de historia, pero en ella hay más referencias históricas, personales y lugares que cualquier otra literatura religiosa. La extensión temporal desde el primero hasta el último de sus escritos permite situar acontecimientos diversos a lo largo de unos mil quinientos años. En muchos de sus escritos hay referencias puntuales a algún tiempo y personas de la historia. No es extraño que aparezcan en pasajes proféticos referencias a reyes, años e incluso meses, que establecen el momento en que fue escrito. En ese sentido, el intérprete debe prestar atención al entorno histórico del pasaje que está explicando. Esto no es propio solo del Antiguo Testamento, sino que es la manera en que pasajes están relacionados en el Nuevo. Así, el nacimiento de Jesús está vinculado con un lugar, Belén, con un rey, Herodes (Mt. 2:1), con un edicto imperial para elaborar un censo, con un gobernador romano llamado Cirenio, con un matrimonio de descendientes del rey David

(Lc. 2:1-3). Hechos históricos relatados en el texto bíblico están relacionados con personajes cuya presencia en el lugar, su cargo social y sus decisiones están plenamente atestiguados, como es el caso de Pilato en la crucifixión de Jesús.

Referencias a lugares geográficos precisos aparecen continuamente en el Nuevo Testamento, como es el caso de la predicación del Evangelio en Pafos, en la isla de Chipre, cuando se menciona el nombre de un procónsul romano llamado Sergio Paulo (Hch. 13:7). Igualmente se relaciona históricamente la causa de la presencia de algunas personas mencionadas, como es Aquila y Priscila, que aparecen en Corinto, donde Pablo se encontró con ellos, como consecuencia de la expulsión de los judíos de Roma, decretada por el emperador Claudio (Hch. 18:1-2).

Cultura

Es uno de los elementos fundamentales para entender el comportamiento y los problemas de una determinada área geográfica. No se puede alcanzar una correcta interpretación de textos bíblicos sin tener en cuenta el entorno social del tiempo y el lugar para donde fueron escritos. Sin contextualizar el pasaje con la sociedad, se llega a conclusiones erróneas. De este modo ocurre con textos del Antiguo Testamento, donde se habla de la prohibición de que el hombre vista ropa de mujer y la mujer de hombre. Si no se tiene en cuenta que el vestido del varón en tiempos de Moisés era una túnica, y que el de la mujer era también un vestido, más voluminoso y largo, se puede caer en prohibiciones absurdas para el tiempo actual (Dt. 22:9).

De igual manera sucede con pasajes del Nuevo Testamento, donde los aspectos culturales han de tenerse en cuenta para interpretarlos correctamente. De este modo debe entenderse a qué tipo de comida se refiere el apóstol Pablo cuando habla de lo que ocurría en Corinto (1 Co. 11:20-22), que era una cena romana, propia de la sociedad de entonces. La prohibición de un peinado ostentoso, con adornos de oro, mencionada por el apóstol Pedro (1 P.3:3), sin tener en cuenta el entorno social del mundo romano, en el que se hacían peinados que requerían el trabajo de esclavas, y cuyos trenzados se adornaban con lujo de piedras de alto valor, muchas de ellas de oro, no se entendería y podría llevar a caer en prohibiciones que no tienen ninguna razón escritural.

Requiere entender también los valores en medidas, monedas, salarios, posición social, etc. que permiten entender el sentido de muchas de las referencias del texto bíblico.

Estos tres elementos están presentes en el método exegético gramático-histórico-cultural, que es el más firme para una correcta exégesis del texto bíblico.

Interpretación literal

Basados en el método referenciado, se alcanza esta interpretación de las Escrituras, que exige entender el significado según la literalidad del escrito, salvo cuando el autor utiliza algún tipo de lenguaje figurado que debe tenerse en cuenta.

El método de interpretación literal es el que hace honor a la Palabra como mensaje procedente e inspirado por Dios. Además, el lenguaje literal es la forma habitual de comunicación entre personas. Este método no ignora las figuras de dicción propias del lenguaje. De este modo, cuando se lee acerca de Dios: "Con sus plumas te cubrirá, y debajo de sus alas estarás seguro" (Sal. 91:4), ha de entenderse que hay una figura del lenguaje y que no puede interpretarse cada palabra literalmente, puesto que Dios no tiene plumas ni alas, sino que por medio de esas expresiones se conduce al lector a entender el afecto protector de Dios sobre sus hijos.

Estas figuras de lenguaje están en todos los textos de la Biblia. Jesús se refiere a sí mismo diciendo: "Yo soy la puerta, el que por mí entrare, será salvo" (Jn. 10:9), y también "Yo soy el camino" (Jn. 14:6); no se pueden entender literalmente, sino que han de interpretarse figurativamente: Jesús da paso, como si fuese una puerta por la que se accede al camino de vida que conduce a Dios.

En la interpretación gramático-literal debe tenerse en cuenta también el significado que las palabras tenían en el entorno social de los lectores para quienes fueron escritas. Además, que ante aparentes diferencias, el autor no se contradice a sí mismo. El contexto es importante y esencial. Algunos llaman a esto el entorno textual. Este puede ser inmediato, cuando rodea al texto o al pasaje que se interpreta; próximo, cuando se extiende a un entorno más distante, pero dentro del mismo libro donde se encuentra; lejano, cuando se busca la conexión con otros lugares de la Escritura. El contexto o entorno textual condiciona el significado que el autor daba a la expresión o a la palabra que utiliza. Las dificultades deben ser interpretadas desde el reconocimiento de la evidencia. Cada elemento del texto bíblico debe interpretarse a la luz de la totalidad de la Biblia. De otro modo, la Biblia se interpreta a sí misma, y puesto que es inerrante, la concordancia de cada parte, textos, párrafos, libros, concuerda en revelación idéntica con el resto. El peligro está en descontextualizar la parte que se está interpretando, lo que permite darle un sentido que contradicen otros lugares. Un aspecto importante son los lectores a quienes estaba dirigido el escrito; ellos conocían a qué se estaba refiriendo el escritor cuando escribió. En situaciones dificultosas para que los destinatarios entendiesen correctamente el texto, el escritor aclaraba los conceptos para fijar una correcta interpretación de lo que había escrito.

Géneros literarios en la Biblia

Como en cualquier escrito, pueden establecerse distintos géneros literarios que están presentes en la Biblia. Cada uno de ellos tiene características diferentes que han de tenerse presente en la interpretación del texto bíblico. Podrían establecerse más de los que se citan seguidamente, pero, en general, son suficientes para el estudio que se realiza.

Historia

Tiene que ver con la narrativa de los acontecimientos relatados por el escritor. Es necesario tener en cuenta cuándo se produjo el relato o el libro en cuestión, atendiendo a la historia que se describe o que estaba ocurriendo en aquel momento. El tiempo histórico del relato es esencial para entender gran parte del contexto del escrito.

Es muy común encontrar datos históricos concretos en todos los libros de la Biblia. Así por ejemplo hay precisiones históricas en las profecías, como las indicaciones que el profeta hace del momento en que recibió el mensaje que escribe. Tal es el caso de Isaías: "Visión de Isaías hijo de Amoz, la cual vio acerca de Judá y Jerusalén en días de Uzías, Jotam, Acaz y Ezequías, reyes de Judá" (Is. 1:1). Ocurre lo mismo en el Nuevo Testamento, detallando el momento histórico en que se producen: "Cuando Jesús nació en Belén de Judea en días del rey Herodes" (Mt. 2:1). Lucas se refiere al tiempo del nacimiento de Jesús, vinculándolo con un determinado momento en la historia: "Aconteció en aquellos días, que se promulgó un edicto de parte de Augusto César, que todo el mundo fuese empadronado. Este primer censo se hizo siendo Cirenio gobernador de Siria" (Lc. 2:1-2). La muerte de Jesús ocurrió en los días en que Pilato era el quinto gobernador romano de Judea y Samaria, luego de la destitución de Arquelao por Augusto en el año 6 d. C., lo que da una aproximación histórica al hecho ocurrido.

Vinculado con la historia puntual, están los relatos o narraciones, que narran hechos históricos, pero no especifican el tiempo en que ocurrieron, como pueden ser los grandes relatos del Génesis sobre la creación, el establecimiento de los grupos de hombres en distintos lugares geográficos, el diluvio y otros semejantes.

Los relatos forman casi la mitad del Antiguo Testamento. Los llamados Libros históricos, junto con algunas profecías, tienen grandes porciones de material narrativo, como Génesis, Éxodo, Números, Josué, Jueces, Rut, 1 y 2 Samuel, 1 y 2 Reyes, 1 y 2 Crónicas, Esdras, Nehemías, Ester, Daniel, Jonás y Hageo. Sin olvidar partes históricas en las profecías de Isaías, Jeremías y Ezequiel. Están presentes también en libros poéticos, como puede ser el caso de Job.

Poesía

Forma parte del relato bíblico en múltiples lugares. La estructura poética hebrea tiene gran importancia, sobre todo cuando el autor comunica el mensaje desde sus propias emociones personales. En la poesía se aprecian multitud de figuras del lenguaje que han de ser trasladadas al concepto general que quieren expresar.

En todos los libros de la Biblia está presente el lenguaje poético, en mayor o menor extensión, sobre todo en los llamados libros poéticos, tales como Salmos, Proverbios, Eclesiastés y Cantar de los Cantares. La poesía está también presente en libros que no pertenecen a este grupo. Grandes partes de las profecías están escritas en poesía.

Sorprende que aproximadamente un tercio de la Biblia esté escrita en lenguaje poético. Los pasajes más emotivos de la Escritura apelan grandemente a las emociones y lo más importante en ellos son las imágenes o las figuras de dicción. Por consiguiente, en el análisis de los escritos poéticos no solo son esenciales la sintaxis y la gramática, sino las figuras literarias presentes en el poema.

Debe entenderse en la interpretación de la poesía, en especial la del Antiguo Testamento, que la forma poética hebrea no es comparable con la occidental y menos con la escrita en las lenguas vernáculas de cada pueblo. Uno de los elementos a destacar es la concisión, ya que la poesía usa pocas palabras, que se escogen por su intensidad. A modo de ejemplo la expresión en poesía hebrea: "Muéstrame, oh Jehová tus caminos; enséñame tus sendas" (Sal. 25:4). En hebreo solo la primera parte tiene tres palabras y la segunda dos. Al trasladarla al idioma moderno se amplía, pero aun así se aprecia la concisión del lenguaje.

Tratar de interpretar los escritos poéticos exige conocer la estructura de la poesía hebrea, especialmente lo que se conoce como paralelismo. El texto se establece sobre líneas de verso, más que sobre oraciones y párrafos. Generalmente las líneas están agrupadas en dos o tres para expresar un solo pensamiento. A esta forma se la llama paralelismo; de ahí que un pensamiento se expresa en dos líneas, aunque en ocasiones se hace en tres. El paralelismo puede ser: a) Sinónimo, que presenta una gran semejanza entre líneas y que utilizan palabras con significados semejantes, repitiendo en la segunda línea la misma idea que en la primera: "Oh Jehová, de mañana oirás mi voz; de mañana me presentaré delante de ti, y esperaré" (Sal. 5:3). b) De contraste, cuando en la segunda línea se establece una diferencia para intensificar lo expresado en la primera: "Porque Jehová conoce el camino de los justos; mas la senda de los malos perecerá" (Sal. 1:6).

Las figuras del lenguaje han de ser tenidas muy en cuenta, puesto que las expresiones no siempre pueden ser entendidas literalmente: "El que habita al abrigo del Altísimo morará bajo la sombra del Omnipotente" (Sal. 91:1). La interpretación exige explicar el sentido de lo que quiere decir con abrigo del Altísimo, y también lo que ha de entenderse por la sombra del Omnipotente. Una complejidad semejante es entender las figuras en otro texto: "Con sus plumas te cubrirá, y debajo de sus alas estarás seguro; escudo y adarga es su verdad" (Sal. 91:4), para comprender que se trata de protección divina y de la custodia que Dios tiene hacia los suyos.

La hermenéutica exige un detallado estudio de las figuras del lenguaje para establecer una correcta interpretación del texto, distinguiendo entre el símil, la metáfora, la analogía, la hipérbole, la personificación, el antropomorfismo; las que expresan sustitución, como en el caso de la confesión del pecado de David, en que pide al Señor: "Hazme oír gozo y alegría" (Sal. 51:8), refiriéndose a los efectos del perdón divino, que expresan la realidad del hecho. Sería necesario detallar aquí las múltiples figuras del lenguaje, que no siendo objeto de este estudio se derivan a la hermenéutica que las considera en amplitud.

Profecía

Son escritos en que Dios manifiesta al profeta un mensaje que será cumplido en su tiempo, bien sea histórico o de consecuencias morales y personales. En el Antiguo Testamento se clasifican en dos grupos: profetas mayores —Isaías, Jeremías, Ezequiel, y Daniel— y profetas menores —que son los doce restantes: Oseas, Joel, Amós, Abdías, Jonás, Miqueas, Nahúm, Habacuc, Sofonías, Hageo, Zacarías y Malaquías—. La extensión de la profecía es grande, ocupando la última mitad del Antiguo Testamento.

La literatura profética supone un desafío para el intérprete. Una de las principales dificultades es la falta de comparativa, ya que no hay en nuestro entorno literario algo con que se pueda equiparar. No cabe duda de que en los escritos modernos pueden hacerse predicciones, pero en nada resultan parecidos a lo que está registrado en la profecía bíblica. Los libros proféticos son una colección de mensajes cortos que el profeta dirige a personas o pueblos, especialmente a Israel, que contienen visiones de Dios, narraciones y acciones simbólicas. La profecía del Antiguo Testamento que todavía no se ha cumplido es relativamente pequeña en comparación de la que ya ha tenido cumplimiento. Esta profecía de eventos futuros es la base que sustancia el libro profético del Nuevo Testamento, el Apocalipsis.

La interpretación profética exige necesariamente un conocimiento histórico-cultural del tiempo del escrito y, especialmente, de la situación del pueblo o de las personas a quien se dirige. Esta situación comprende la sociológica y también la teológica. Es necesario tener esta base para entender mensajes de advertencia sobre pecados concretos que Dios revela en el escrito. De otro modo, la interpretación de la profecía necesita entender el texto en su entorno original, respondiendo a la pregunta: ¿Qué significó el pasaje para los destinatarios? No es correcto dar el sentido pleno a la profecía del Antiguo Testamento aplicando las verdades teológicas que el Nuevo Testamento dirige para la Iglesia.

Del mismo modo, los pasajes predictivos, salvo concreción en el texto profético, no deben identificarse con situaciones actuales, como divisiones nacionales, entornos sociales, etc., y mucho menos convertir las figuras usadas en la profecía para traerlas al entorno literal de hoy.

Sapienciales

Aunque son distintos a los históricos y a los proféticos, los libros de sabiduría son una parte importante en la Escritura, siendo, como toda ella, escritos inspirados por Dios. Mientras que los proféticos están representados por dos palabras —¡Creed! ¡Obedeced!—, los sapienciales añaden a estas las de "meditad" o "pensad". Todo esto conduce a un obrar que tanto unos como otros demandan del lector. Todas las advertencias y llamamientos que se formulan en ellos están orientados a desarrollar el carácter del lector. Aunque en ellos hay profecía y doctrina, están orientados a producir reflexiones personales para establecer una vida consecuente con la ética que Dios ha establecido.

Los libros sapienciales son cuatro: Job, Proverbios, Eclesiastés y Cantar de los Cantares. Aunque son distintos unos de los otros, la comprensión correcta del apartado de sabiduría ha de considerarse en conjunto para dar una correcta interpretación individual. El sentido de cada uno de ellos es el siguiente:

Job, el sufrimiento de los justos, incomprensible desde la razón humana. Esta situación parece contradictoria a la enseñanza de Proverbios, donde se reitera la bendición divina sobre los justos y el castigo sobre los injustos. En ocasiones, como es el caso de Job, la tragedia golpea al que es "perfecto y recto, temeroso de Dios y apartado del mal" (Job 1:8). Proverbios invita a la reflexión sobre la vida como algo racional, que toda persona sabia puede entenderla. Job presenta el contrapunto a lo que sabiamente podría entenderse. Algunos acontecimientos que son inexplicables solo pueden comprenderse desde la perspectiva de la soberanía de Dios, que permite cosas contrarias a la sabiduría del hombre, pero conduce todo para bendición de los que son suyos.

Proverbios ofrece la forma lógica de una vida consecuente o inconsecuente con lo que Dios establece. Lo hace de un modo racional, de manera que las conclusiones son, además de inspiradas divinamente, lo que cabe esperar del comportamiento de aquel cuya forma de vida se considera. Las normas de vida en Proverbios son habitualmente verdaderas, salvo circunstancias especiales, que se aclaran y consideran en el libro de Job. Es de esperar que quien vive una vida de laboriosidad disfrute de prosperidad, mientras que el desidioso se empobrezca. Es de esperar que quien viva honestamente, el que es justo, quien se mantiene en rectitud, sea respetado y bendecido, mientras que el perverso reciba la retribución de sus malas acciones. De ahí que los textos sapienciales deben ser considerados en su conjunto, ya que en Job se establece una excepción a la regla general propuesta en Proverbios.

Eclesiastés marca otra excepción a la enseñanza de Proverbios. Reflexiona sobre los resultados del raciocinio intelectual del hombre en el modo o estilo de vida. En el texto se establece que es mejor la sabiduría que la insensatez, pero también se aprecia que no siempre vivir inteligentemente da un verdadero sentido y significado a la vida. En apariencia, el disfrute de placeres y libertades humanas no es la forma de encontrar sentido a la vida. Esto culmina con la instrucción final de una correcta relación con Dios desde el principio de la vida. De otro modo, una vida inteligente, con sus muchas formas expresivas, no garantiza la felicidad, que solo se encuentra en una correcta relación con Dios.

Cantar de los Cantares presenta la experiencia suprema de una relación matrimonial rodeada y asentada en el amor. Proverbios trata este tema en varios lugares. Se exhorta al hombre a mantener una correcta relación de amor con su esposa. Se hacen en Proverbios serias advertencias para no unirse con mujeres no sabias y mucho menos con las abiertamente perversas. De igual modo se exhorta a estas a mantenerse lejos de quienes no son diligentes en sus trabajos y sanos en su comportamiento. Con todo, la perfecta relación de amor en el matrimonio no descansa en el desarrollo de un estilo sabio de pensar. Cantar de los Cantares ofrece un panorama de amor apasionado y también tranquilo y reposado. Como escriben Duvall y Hays:

> Es difícil construir una gran relación de amor en el matrimonio valiéndonos solo del pensamiento lógico y racional. El Cantar de los Cantares celebra los aspectos irracionales, apasionados, románticos y tiernos del verdadero amor. Este libro nos sugiere que, en la vida pública, marido y mujer han de ser las personas sosegadas, discretas y laboriosas de Proverbios, pero una vez que se apagan las luces, en la privacidad de su hogar, han de ser la pareja apasionada, enamorada y ligeramente irracional que encontramos en el Cantar de los Cantares.[3]

La poesía es la forma propia de los escritos sapienciales, aunque en ellos, especialmente en Job y en Eclesiastés, hay algunas secciones narrativas y en prosa. Especialmente en Proverbios se aprecia el paralelismo propio de la poesía hebrea.

Parábolas

Las parábolas ocupan un lugar destacado en la literatura tanto del Antiguo como del Nuevo Testamento. La parábola es la narración de un suceso imaginario del que, por comparación, se deduce una lección moral o espiritual. De un modo especial están presentes en las enseñanzas de Jesús, según recogen los evangelios.

---

[3] Duvall & Hays, 2008, p. 550.

Las parábolas se prestan a ser interpretadas según el método alegórico, pero esto reviste un cierto riesgo y no siempre hace honor a la interpretación del relato parabólico. A modo de ejemplo, la referencia que el Pr. José María Martínez selecciona de la interpretación que Agustín de Hipona hace de la parábola del buen samaritano:

> El hombre que iba de Jerusalén a Jericó representa a Adán. Jerusalén es la ciudad de la paz celestial, cuya dicha perdió Adán al pecar; Jericó simboliza la luna, y esta, a su vez, significa la mortalidad del hombre, pues la luna nace, crece, mengua y muere. Los ladrones son el diablo y sus ángeles; los golpes, la incitación a pecar; el despojamiento, la pérdida de la inmortalidad; la condición del herido (medio muerto), el deplorable estado moral del hombre caído; el sacerdote y el levita, el sacerdocio y el ministerio del Antiguo Testamento, incapaces de salvar; el samaritano, el Señor; el mesonero, Pablo; los dos denarios, fe y gracia; etc.[4]

En la interpretación de las parábolas es necesario atender a la razón de la parábola, esto es, cuál es la causa por la que se produjo. De igual modo ha de prestar atención a la estructura, que normalmente comprende la ocasión, la narración y la aplicación o lección espiritual que está contenida en ella.

Además de esto es preciso entender que la parábola enseña solo una verdad central, como si se tratase de la ilustración en un sermón. Es preciso entender también que junto con la verdad central hay otras enseñanzas secundarias que contribuyen a corroborar la lección principal. El intérprete debe entender que hay muchos detalles que son parte de la narrativa y que sirven de adorno a la parábola, pero que no deben entenderse como vehículos de enseñanza espiritual. Atender a cada detalle conduce a caer en interpretaciones extrañas al propósito para el que fue dicha.

Finalmente, la aplicación de la parábola está implícita en la enseñanza espiritual que se sustenta ilustrativamente en ella.

Aplicación

El estudio de la Escritura no tiene como objetivo saber más de ella, sino vivir conforme a ella. De otro modo, si el estudio de la Escritura satura la mente, pero deja impasible el corazón, se ha perdido el tiempo.

---

[4] Martínez, 1984, p. 455.

Durante tiempo la Iglesia consideraba la parte aplicativa de la Biblia al sermón, especialmente al dominical, de ahí que la enseñanza tenía que ver con vivir de modo que Dios fuese glorificado en la manifestación de una vida santa. Para ello se usaban, por regla general, las porciones de los escritos del Nuevo Testamento. Posteriormente y en general a partir de la Reforma, se buscó una aplicación a los escritos del Antiguo Testamento, ya que el apóstol Pablo afirma que han sido escritos para instruir al creyente en el tiempo actual (Ro. 15:4; 1 Co. 10:6, 11).

El campo de la aplicación incorpora también aspectos de la homilética, a los que se remite al lector, ya que es una materia que requiere un estudio especializado. A efectos prácticos en este aspecto, se ofrecerá una breve referencia a los asuntos elementales que son necesarios para hacer una aproximación a la aplicación de la Biblia.

La aplicación es necesaria puesto que la Biblia ha sido dada para "enseñar, para redargüir, para corregir, para instruir en justicia" (2 Ti. 3:16). Siendo la Biblia un mensaje divino inspirado por Dios mismo, tiene virtudes esenciales en ella, mencionando en primer lugar su utilidad para enseñar. En la construcción griega del párrafo seleccionado, la preposición griega[5] traducida en sentido de *para* aparece cuatro veces para establecer propósito en relación con la Biblia, el sentido es *con vistas a*. Sorprendentemente, el apóstol no utiliza el verbo *enseñar*[6], sino el sustantivo *enseñanza*[7]. Es decir, la biblia es el instrumento que ha de usarse única y continuamente en la enseñanza. Es el único elemento válido para impartir conocimiento. De ahí la insistencia del apóstol sobre lo que debe ser predicado (2 Ti. 4:2). La Palabra no es útil solo para quien la lee, sino como instrumento único para el ministerio de la enseñanza. Es la única fuente válida, segura y eficaz para impartir el conocimiento de la revelación de Dios en Cristo. Es sorprendente que a medida que el tiempo pasa se presta menos atención a la Palabra y la enseñanza sistemática de ella ha declinado en muchas iglesias y escuelas de formación teológica.

Además de instrumento de enseñanza, la Palabra es también útil, o eficaz, para redargüir. De nuevo el uso no es del verbo, sino del sustantivo[8], que en ocasiones se traduce por represión; en este caso se presenta la Escritura como el elemento que reconviene o reprende.

---

[5] Griego: πρὸς.
[6] Griego: διδάσκω.
[7] Griego: διδασκαλία.
[8] Griego: ἔλεγνος.

Como en la expresión anterior, no está presente el verbo *convencer*, sino el sustantivo *convicción*. El verbo expresa acción; el sustantivo, el elemento actuante. Todos los creyentes necesitamos ser redargüidos o corregidos. La única represión válida y con autoridad es por medio de las advertencias de la Palabra (Sal. 38:14; 39:11). Nadie, por grande que sea en la iglesia, tiene en sí mismo autoridad para reprender conductas en otros, por su propia determinación y regulando la represión de acuerdo con su criterio personal. La única autoridad en materia de fe y conducta es la Escritura. Esto tiene que ver también con el ministerio expositivo que evidencia y denuncia el pecado y la falsa enseñanza (1 Ti. 5:20; Tit. 1:9, 13; 2:15). Una conducta diferente causa dificultades y problemas congregacionales, algunos de ellos graves, produciendo divisiones en la iglesia y haciendo que hermanos valiosos se distancien del resto de la congregación por la actuación de los que se consideran con autoridad para establecer normas y regular conducta.

Una vez convencido el creyente por la Palabra, esta es también instrumento útil para corregir. Otra vez se aprecia en el texto griego el uso del sustantivo *corrección*[9], en lugar del verbo *corregir*. El sustantivo denota la capacidad para restaurar a un estado correcto. Mientras que *reprender* y *redargüir* establece una expresión negativa por la conducta del que es reprendido, *corregir* es ya una operación positiva de reconducción a un camino correcto o a una vida consecuente con la verdad. La corrección reorienta al camino correcto, y ella solo es posible por medio de la Palabra. Nadie tiene derecho a demandar una forma de vida para la que no tenga apoyo en la Escritura. Es propio de los que se consideran con derecho a gobernar la iglesia que corrijan a los santos para obligarlos a mantenerse en sus criterios personales. Muchas veces se pretende que el creyente, que es libre en Cristo, viva esclavo del sistema religioso, de las tradiciones de hombres, de las costumbres eclesiales y de la historia pasada sin querer reconocer que solo la Biblia tiene autoridad para establecer los parámetros de vida del creyente y de la Iglesia. Lo contrario es un pecado contra la autoridad divina.

La Palabra es también útil para instruir en justicia. El término griego usado aquí[10] tiene que ver con la instrucción de un niño, de donde deriva la palabra pedagogía. La Biblia es el instrumento adecuado para educar en justicia. El creyente orientado hacia una vida de justicia, como corresponde al testimonio de la conversión en la vida

---

[9] Griego: ἐπανουρθυσιν.
[10] Griego: παιδεία.

de santificación. Todo cristiano necesita ser enseñado en la Palabra para que viva conforme a la voluntad de Dios. Ese es el carácter de instruir en justicia (Tit. 2:11-14).

La aplicación de la Escritura produce un resultado: "A fin de que el hombre de Dios sea perfecto, enteramente preparado para toda buena obra"[11] (2 Ti. 3:17). El versículo comienza con la conjunción *para que*, que expresa propósito, es decir, la aplicación de la Biblia tiene un propósito definido en relación con el hombre de Dios. El sustantivo *hombre*[12] es el nombre genérico para varón y mujer, esto es, persona. No cabe duda de que son creyentes aquellos a quienes se refiere aquí el apóstol, puesto que le acompaña el dativo de Dios. Aunque no es excluyente, debe considerarse como aplicable a los maestros bíblicos. Al hablar de hombre, se establece un contraste con niños en Cristo, así como con las consecuencias que el infantilismo espiritual conlleva: divisiones, disensiones, conflictos, falta de estabilidad en la fe, etc. (1 Co. 3:1-4; Ef. 4:14; He. 5:11).

El propósito divino para este hombre de Dios, es que alcance la madurez espiritual; aunque se traduce en RV como *perfecto*, tiene que ver más bien con aptitud. De manera que sea ajustado, completo, que son acepciones del adjetivo y que comporta equilibrio y proporción. Esta acción de la Palabra es para que el creyente sea perfectamente apto para hacer algo. Además, que esté enteramente preparado; el verbo que el apóstol utiliza aquí[13] se empleaba para referirse al equipamiento completo de un navío dispuesto para hacerse al mar.

La Escritura coloca al creyente en el camino de toda buena obra. Es interesante notar que no se utiliza el plural *obras*, sino el singular *una obra*. La vida cristiana no consiste en hacer obras, sino en un estilo de obrar, es decir, de conducirse. Dios preparó estas obras, no para ser hechas, sino para andar en ellas (Ef. 2:10). Pablo habla de preparado para toda buena obra, que equivale al andar en ellas de la epístola a los Efesios, puesto que *toda* implica la totalidad de las buenas obras que manifiestan el testimonio cristiano y la vida de fe consecuente con el nuevo nacimiento. El objetivo para el tiempo actual es claro: "Para toda buena obra". Esa es la manera de seguir, no solo la enseñanza del Maestro, sino sus pisadas, ya que Él "anduvo haciendo bienes" (Hch. 10:38). La finalidad que Dios tiene con el

---

[11] Texto griego: ἵνα ἄρτιος ᾖ ὁ τοῦ Θεοῦ ἄνθρωπος, πρὸς πᾶν ἔργον ἀγαθὸν ἐξηρτισμένος.
[12] Griego: ἄνθρωπος.
[13] Griego: εξαρτίζω.

nuevo nacimiento o la nueva creación en Cristo Jesús no puede ser otra. Es preciso entender aquí que Dios no nos salva por obras, como el apóstol enseña, pero nos salva para obras. La fe produce obras que ponen de manifiesto la realidad de ella. Una fe teórica que no produce efectos es muerta (Stg. 2:17). De modo que, como salvos por gracia mediante la fe, el creyente está en el camino de la vinculación con Cristo, en el camino de la ejecución del buen obrar, equivalente a toda buena obra. El buen obrar es una forma visible de manifestar la santidad del llamamiento celestial al que los cristianos son llamados, propio de quienes Dios eligió desde la eternidad (Ef. 1:4). Estas buenas obras han sido preparadas por Dios de antemano. En unión vital con Cristo, no solo el creyente está capacitado en Él para hacer buenas obras, sino que Jesús se convierte también en el ejemplo a seguir en la senda del buen obrar (1 P. 2:21). Con todo, esas obras no están preparadas de antemano para que las hagamos, sino para que anduviésemos en ellas. Andar tiene el sentido de estilo de vida. Las buenas obras, esto es, las obras auténticas, son aquellas que Dios ha determinado como tales, en cuya máxima expresión está el andar de Jesús. Dios estableció ese buen obrar para que cada creyente muestre en su vida la condición de lo que es ser una nueva criatura en Cristo. Esta nueva creación de Dios tiene necesariamente que despojarse del viejo hombre que tiene un modo de obrar propio de la naturaleza caída y que lo pone de manifiesto con las obras de la carne (Gá. 5:19-21), para vestirse del nuevo que se va renovando conforme a la imagen del que lo creó (Col. 3:9-10). Estando en Cristo como nuevas criaturas (2 Co. 5:17), habiendo sido resucitados en Él (Ef. 2:6), escondiendo Dios nuestra nueva vida con Él en Dios (Col. 3:3), somos de tal manera en Cristo que el camino de la vida cristiana no puede ser otro que el de la reproducción, o conformación a Cristo, en el poder del Espíritu. Ese es el destino final y definitivo que el Padre ha preparado para quienes son una nueva creación en Cristo (Ro. 8:29). La condición para poder llevar a cabo este propósito divino, en el camino de las buenas obras conforme a Jesucristo, no es otro que la vivencia personal de Jesús, esto es, que el Señor se haga vida en la vida del creyente por su Espíritu a fin de alcanzar lo que Pablo expresa como "para mí el vivir es Cristo" (Fil. 1:21). En la identificación vital con Cristo se alcanza la demanda de Dios para andar en buenas obras. No se trata, pues, de que Dios haya almacenado obras buenas para que el creyente las use, sino que Él dispuso que el creyente adopte una conducta y forma de vida consecuente con la fe, orientada al buen obrar, que corresponde a quien vive a Cristo (Gá. 2:20).

Ahora bien, debe entenderse claramente que la única manera de vivir conforme a la voluntad divina en toda buena obra está basada en el estudio y obediencia a la Palabra, lo que determina la aplicación de la Biblia a la vida personal. Ante situaciones de alejamiento de la Biblia, una vez más se reitera la necesidad de retornar sin condiciones a ella, para la capacitación personal en el testimonio y en el ministerio eclesial. Es de urgente necesidad volver a situar la Palabra en el púlpito de la iglesia y en la vida de los creyentes.

De un modo preciso, Santiago advierte: "Pero sed hacedores de la Palabra, y no tan solamente oidores, engañándoos a vosotros mismos" (Stg. 1:22). Algunos afirman que la importancia máxima del ministerio de enseñanza está en el mensaje expositivo. Sin duda es una verdad, pero es preciso matizar que el mensaje expositivo no consiste en discursos académico-teológicos, que descansan en análisis gramatical de las palabras de los originales, en precisiones históricas, en cumplimientos proféticos, en argumentaciones interpretativas, en razones de una determinada tradición o escuela teológica. La verdadera validez de la exposición bíblica está en comunicar el significado del texto y aplicarlo luego a la vida. Quien se detiene solo en el significado literario del texto, sin otra consecuencia, "se engaña a sí mismo". Quien no hace una aplicación personal al mensaje bíblico, pierde la bendición que Dios ha establecido para él en su Palabra y entra en una dinámica en la que pierde poco a poco el conocimiento espiritual que ya había alcanzado (Mt. 13:12). La exhortación de la Palabra en este sentido es sumamente precisa: "Hijo mío, está atento a mis palabras; inclina tu oído a mis razones. No se aparten de tus ojos; guárdalas en medio de tu corazón; porque son vida a los que las hallan, y medicina a todo su cuerpo" (Pr. 4:20-22). La correcta exposición de la Biblia, no es técnica, sino espiritual, por tanto, aplicativa.

La exégesis y la aplicación no pueden disociarse en el verdadero discurso bíblico. Ahora bien, las aplicaciones prácticas de la Biblia son inválidas si descansan en una interpretación errónea. El propósito de la exposición está en las palabras de Moisés: "Oye Israel, los estatutos y decretos que yo pronuncio hoy en vuestros oídos; aprendedlos, y guardadlos, para ponerlos por obra" (Dt. 5:1). No se trata solo del conocimiento, *aprendedlos*, sino de la aplicación a la vida, *ponedlos por obra*. No cabe duda de que Dios quiere hablar a nuestra mente, pero no es menos cierto que quiere hacerlo a nuestro corazón, de ahí que deba haber un perfecto equilibrio entre ambas cosas en toda enseñanza bíblica.

Con todo, la aplicación requiere tener en cuenta principios propios de la hermenéutica, si queremos hacerlo correctamente. Se ha de entender el texto en su contexto histórico y cultural, apreciando el sentido que tenía para los destinatarios primeros del escrito bíblico. Esto permite detectar las razones del mensaje escrito, bien sea de una determinada situación, de un problema, de una advertencia, etc. Exige establecer en la exposición aquello que el texto significaba para los destinatarios a los que fue dirigido.

Del mismo modo debe, antes de hacer la aplicación, establecer las diferencias entre la situación escrita en la Biblia y la del tiempo actual. La diferencia histórica impide que se pueda contextualizar el texto bíblico como si fuese escrito para nosotros hoy. En ocasiones se aplican promesas que fueron dadas directamente para personas determinadas. De igual manera se aplican profecías que nada tienen que ver con el tiempo actual como si fueran dichas para los creyentes de hoy en día. Será siempre útil hacer una síntesis de la temática que se descubre en el pasaje, con lo que se puede detectar lo que es intemporal, es decir, lo que puede aplicarse al momento actual.

Dejemos a un lado aplicaciones a situaciones que son solo principios costumbristas o tradiciones religiosas del entorno en que se desarrolla la vida cristiana. Dios no se ocupa de la forma de vestido, pero sí lo hace del decoro. Dios no tiene en cuenta los sistemas usados para el desarrollo del culto, pero sí lo hace en el modo, esto es, que se desarrolle en espíritu y en verdad. Entendamos bien aspectos que si no se comprenden en su medida cabal pueden traer serias consecuencias. Así, la alabanza y la adoración no son actividades, sino actitudes. Cuando se da a esto condición de actividad, debe buscarse la situación que ha de ocupar dicha actividad, sin tener en cuenta que a Dios se lo alaba por lo que hace y se adora por lo que es.

Como cierre de este apartado, permítase trasladar dos párrafos de Duvall y Hays:

> Puesto que el carácter de Dios y la naturaleza humana no cambian, ¡su Palabra sigue siendo relevante! Nuestro acercamiento por medio de principios nos ofrece un modo de entender la relevancia de la Biblia para cada generación, no solo para nosotros, sino también para nuestros hijos, nietos, biznietos, etc.
>
> Puede que algunos piensen que este método restringe su libertad para aplicar las Escrituras. Queremos recordar que, en tanto que lectores, nuestra tarea no consiste en inventar

nuevos significados, sino en aplicar el significado que encierra el texto bíblico. No te preocupes. Es posible encontrar algunas situaciones paralelas de nuestras vidas y del mundo de hoy que contienen todos los elementos clave. Y cuando encontramos un paralelismo genuino, podemos tener la confianza de que estamos aplicando el verdadero significado del texto bíblico. Las personas necesitan ilustraciones y ejemplos que les enseñen maneras de aplicar el sentido del texto a la vida real. Dios quiere que su Palabra penetre profundamente en nuestros corazones y mentes y que transforme nuestra forma de vida.[14]

Reconocimiento de la Biblia como plenaria y verbalmente inspirada, aceptar sin reservas su condición de inerrante, asumir que es infalible y autoritativa en materia de fe y conducta son la puerta que da acceso a una correcta interpretación y a una eficaz aplicación.

---

[14] Duvall & Hays, 2008, p. 307.

CAPÍTULO IX
CANON

Introducción

Las religiones del mundo tienen sus libros sagrados. Todos ellos son producto de la reflexión y de la mentalidad de los hombres. Tan solo uno es de origen divino. Su contenido ha sido revelación divina. Dios estableció en él su Palabra sin limitación alguna, excluyendo en los originales cualquier manifestación que no proceda de Él. Esto se ha considerado en los capítulos precedentes.

La Biblia es el resultado del trabajo conjunto del Espíritu Santo y de los autores humanos que, habiendo recibido la revelación de Dios y la instrucción divina para escribirla, lo hicieron a lo largo de más de un milenio. No fue un solo escritor, sino unos treinta y cinco. Socialmente hablando eran muy diferentes. Estos produjeron los escritos que llamamos Biblia.

Otros libros de espiritualidad, con un alto contenido de verdades divinas, se escribieron en los siglos en que se escribió la Biblia. Algunos de esos escritos circularon entre el pueblo de Dios, tanto en la antigua como de la nueva dispensación. Durante un período, en el contexto del cristianismo, algunos de esos escritos se tomaron como inspirados, y fueron leídos en la Iglesia. Pero, transcurrido un tiempo, dejaron de considerarse como tales y fueron relegados a escritos de piedad.

La cuestión es cómo se puede determinar cuáles son los libros inspirados y cuáles no. De otro modo, cuál es el contenido de la revelación y cuáles son los escritos que no deben ser incluidos en ella.

Llegar a esta selección ha exigido tiempo. Aunque en la definición de los escritos inspirados, tanto del Antiguo como del Nuevo Testamento, hubo hombres con conocimiento profundo, espirituales y reverentes de la obra que Dios produjo por medio de los hagiógrafos que escogió, la aceptación de los escritos inspirados es el resultado del reconocimiento del pueblo de Dios, más que los concilios de sabios y entendidos.

A pesar de la importancia que reviste el canon, no se le presta demasiado interés, quedando relegado a una poca información general en la Bibliología. Salvo algunos pocos escritos especializados. Los libros aceptados por el canon de las versiones de la Biblia, llamada incorrectamente protestante, son aceptados como algo establecido desde siglos sin entrar en detalles de la razón de la aceptación como tales y del número aceptado como canónicos. Sobre esto escriben Messmer y Hutter:

> Lo cierto es que en la signatura de bibliología, la formación y extensión del canon se puede considerar como el eslabón más débil, básicamente porque se ha dado por sentado que el canon fue cerrado en el siglo IV y que todo el proceso simplemente obedeció a la providencia divina, sin preocuparse más de los detalles o establecer parámetros que nos permitan evaluar este proceso de una forma coherente y definitiva.[1]

La extensión del tema es lo suficientemente amplia como para que se considere en un apéndice de la Bibliología, por lo que en este capítulo se hace una aproximación al mismo que permita al lector tener una panorámica lo más precisa posible sobre el canon bíblico, en la extensión que requiere el apartado dentro de este estudio general, remitiéndolo a la lectura de libros especializados en la materia.

Canon

Definición

La palabra *canon* tiene un significado sencillo. Es la lista de libros reconocidos como inspirados que deben ser incluidos en la colección de los que forman la Biblia. De otro modo, puede definirse el canon como la lista de libros reconocidos por la Iglesia como documentos revelados por Dios. Esta palabra fue usada, probablemente por primera vez, por Atanasio, que fue obispo de Alejandría, nacido ca. 296 y fallecido el 2 de mayo de 373.

La palabra *canon* procede del griego[2], que primariamente tiene la acepción de caña o vara. Etimológicamente se usaba para hacer referencias a varillas que consolidaban el borde de un escudo. También para aludir a una hoja o una varilla. En ocasiones para referirse a una regla utilizada por los carpinteros y albañiles para trazar líneas o ajustar perfiles en el trabajo. En cuanto figura del lenguaje, el término se usó también como regla gramática, prescripción, canon; entre estas reglas, las que establecieron los poetas para los artistas en

---

[1] Messmer & Hutter, 2021, p. 119.
[2] Griego: κανών.

Alejandría. En relación con los deportes, se usó para aludir al reglamento en las competiciones.

Derivados de la palabra fueron usados en ocasiones en forma de lenguaje figurado, como es el caso de *kanonias*[3], para hablar de una persona delgada y alta como un rodrigón, la caña usada para mantener una planta. También *canónico*[4], lo que está ajustado a una regla. El adverbio *canónicos*[5] equivale a regularmente. Otro término era el verbo denominativo *canonizar*[6], equivalente a medir, actuar conforme a una regla, establecer una regla.

La palabra y sus diferentes acepciones fueron aplicadas en el vocabulario jurídico y religioso. Así el término *canon* se utiliza para referirse a una regla definitoria. *Canonizo*, denota regular, reglamentar. Al pasar el idioma general de la Iglesia del griego al latín, el término vino a usarse para designar el canon o la regla que ha permitido establecer los libros canónicos de los no inspirados. Es en el sentido de acepción la norma recta o correcta y la lista de los documentos o conceptos que conforman dicha norma.

En el comienzo del uso religioso de la palabra canon, se hacía referencia con ella a la regla de fe, o de verdad, usándose como el resumen de la enseñanza de los apóstoles, que permitía establecer todo el sistema doctrinal de los escritos que circulaban en la Iglesia antes de ser aceptados como textos inspirados y, por tanto, dignos de fe y elementos sustentadores de ella.

La Escritura es la regla de fe, esto es, lo único que tiene autoridad, en materia de fe y conducta. Esta aceptación de la Escritura no aparece con la Reforma, sino antes de ella. Los grandes escolásticos, como Tomás de Aquino, afirmaban que "solo la Escritura es la regla de fe"[7], como se ha considerado antes. Sin embargo, el sentido que mantuvo la palabra canon es el de la lista de libros que se reconocen como revelación de Dios y que forman la Biblia.

Conviene usar este término, en el presente estudio, para referirse a la composición de los dos Testamentos, que son la Biblia cristiana. En relación con el canon, se trata de establecer los libros que, reconocidos como inspirados, están integrados en las dos grandes divisiones de la Escritura. En esto ha de mantenerse presente a

---

[3] Griego: κανονίας.
[4] Griego: κανονικός.
[5] Griego: κανονικῶς.
[6] Griego: κανονίζω.
[7] Tomás de Aquino: *Sola canonica scriptura est regula fidei*.

las palabras de la Biblia, nadie puede añadir nada más, y de ellas nada se puede quitar. Esto apunta al principio fundamentalmente definitorio del canon bíblico, el reconocimiento de lo que Dios ha revelado e inspirado excluyendo todo aquello que conlleve retirar o añadir nada a lo que, por proceder de Él, es Palabra de Dios. Esto cumple el mandato divino: "No añadiréis a la palabra que yo os mando, ni disminuiréis de ella, para que guardéis los mandamientos de Jehová vuestro Dios que yo os ordeno" (Dt. 4:2). En el último de los libros canónicos se hace una advertencia semejante: "Yo testifico a todo aquel que oye las palabras de la profecía de este libro: Si alguno añadiere a estas cosas, Dios traerá sobre él las plagas que están escritas en este libro. Y si alguno quitare de las palabras del libro de esta profecía, Dios quitará su parte del libro de la vida, y de la santa ciudad y de las cosas que están escritas en este libro" (Ap. 22:18-19).

Tener el libro cuyo contenido es la Palabra de Dios requeriría un profundo respeto por todos los que van a estar bajo su influencia, desde quienes escuchan la Palabra, hasta aquel que la lee y expone. No significa esto que se convierta en una determinada liturgia cultual, que deba ser observada y que se convierte por el uso continuado en una ceremonia sin valor. Sin embargo, cabe señalar que lo importante en las congregaciones que consideran la Escritura como inspirada por Dios es el reconocimiento público del texto bíblico. Así, en las sinagogas judías se veneraban los rollos de la Ley, y cuando se trasladaban desde el arca santa donde se custodiaban hasta el lugar para leerlos a la congregación, se mantenía una singular manifestación de honra en el traslado. Por su parte, en la Iglesia ortodoxa griega, el Evangelio se lleva en procesión, reclamando la atención de los congregados con esta fórmula: "¡Sabiduría! Todos en pie; escuchemos el santo Evangelio". La atención reclamada no es al libro en sí como un escrito, sino a la consideración de ser la sabiduría, procedente de Dios y escrita en él. Del mismo modo, en la liturgia de la Iglesia católica romana se presta un especial respeto por el libro, cuya lectura va precedida y seguida de oraciones y expresiones relativas; generalmente al término de la lectura se dice: "Palabra de Dios", a lo que los presentes responden: "Te alabamos Señor". En la Iglesia anglicana, los presentes en el culto se ponen en pie para la lectura del Evangelio y, al anunciarlo, los presentes dicen: "Gloria a Cristo nuestro Salvador", y al terminar, el lector expresa: "Este es el Evangelio de Cristo", a lo que responden: "Alabado sea Cristo nuestro Señor". No cabe duda de que es una simple referencia al reconocimiento litúrgico de la Biblia en los cultos llamados cristianos. Como cierre, se traslada un párrafo escrito por F. F. Bruce:

> En las iglesias de carácter reformado (como la Iglesia de Escocia y otras iglesias presbiterianas de todo el mundo), el primer acto formal en un culto público de adoración tiene lugar cuando la Biblia se traslada desde la sacristía y se coloca en el púlpito. Alguien, por supuesto, debe llevarla (el oficiante), pero la persona que lo hace no tiene significado litúrgico (aunque antiguamente pensara que había que darle importancia a su misión); es la Biblia la que tiene significado litúrgico. La Biblia es seguida a una distancia respetuosa por el ministro. ¿Y por qué? Porque él es el ministro, es decir, en el sentido original del término, el siervo de la Palabra. Ninguna carta indicando logros académicos u honores públicos puede igualarse en dignidad a las letras V.D.M. que se añaden al nombre del pastor en algunas iglesias reformadas: Verbi Divini Minister, siervo de la Palabra de Dios. Cuando llega el momento en el culto de leer en voz alta la Biblia, la lección es subrayada por la exhortación introductoria siguiente: Escuchemos la Palabra de Dios.[8]

Esta breve reseña tiene como objeto resaltar el respeto a la Biblia de quienes la reconocen como Palabra de Dios y, por tanto, como base exclusiva y excluyente en materia de fe. Posición en el tiempo que condiciona la determinación del canon bíblico, tanto para el Antiguo como para el Nuevo Testamento.

Canon del Antiguo Testamento

Generalidades

El cristianismo se asienta en la persona y obra de Jesucristo, quien continuamente cita los escritos del Antiguo Testamento, para los que demanda obediencia y aceptación como Palabra de Dios, apelando continuamente a las Escrituras, que eran consideradas como verdad inerrante procedente de Dios. De ese modo llama la atención de los que le escuchaban apelando a algún texto bíblico y refiriéndose a lo que estaba ocurriendo ante ellos como cumplimiento del mensaje profético. De ese modo ocurrió en la sinagoga de Nazaret, cuando tras la lectura de la porción del profeta Isaías, "comenzó a decirles: Hoy se

---

[8] Bruce, 2002, p. 23 ss.

ha cumplido esta Escritura delante de vosotros" (Lc. 4:21). Otro, entre los muchos ejemplos, tuvo lugar cuando el intérprete de la ley, para probarle, le preguntó qué debía hacer para heredar la vida eterna, a lo que Jesús le respondió: "¿Qué está escrito en la ley? ¿Cómo lees?" (Lc. 10:26), remitiéndolo a la autoridad de la Palabra de Dios. Del mismo modo justifica la limpieza del templo en la autoridad de la Escritura: "Escrito está: Mi casa, casa de oración será llamada; más vosotros la habéis hecho cueva de ladrones" (Mt. 21:13). A quienes le acusaban de permitir que fuese aclamado con el Hijo de David y le tributaban hosannas, les remitió al mensaje de los Salmos: "¿Nunca leísteis: De la boca de los niños y de los que maman perfeccionaste la alabanza?" (Mt. 21:16). Cristo se refirió a las distintas divisiones de la Escritura, mencionando la ley, los profetas y los salmos. Todas las referencias dadas por el Señor requerían la aceptación de Palabra de Dios, aunque aquellos no aceptasen la aplicación que el Maestro le daba, por incredulidad. Todas esas citas estaban tomadas de los libros que consideraban sagrados y que formaban el conjunto de escritos reconocidos como Palabra de Dios.

El conjunto de los libros inspirados en tiempos de Jesús era tradicionalmente veinticuatro, que se distribuían en tres grupos. El primero era la *Tôräh*, la Ley, que estaba formada por los cinco libros escritos por Moisés: Génesis, Éxodo, Levítico, Números y Deuteronomio. El segundo grupo se conocía por el nombre de *N^{e}bî'îm*, los Profetas, con la distinción de los que se llamaban profetas anteriores —Josué, Jueces, Samuel y Reyes—, los profetas posteriores —Isaías, Jeremías, Ezequiel— y otros doce profetas llamados menores, no por ser menos importantes, sino porque los libros que llevan su nombre son de menor extensión. Un tercer grupo se denominaba *K^{e}tûbîm*, literalmente Escritos, donde se encontraban once libros, que comienzan por los Salmos, Proverbios y Job, a los que seguía un cuerpo de escritos conocidos como M^{e}gillôt, con sentido de Rollos, en los que están Cantar de los Cantares, Rut, Lamentaciones, Eclesiastés y Ester, seguido de Daniel, Esdras-Nehemías, considerado como un solo libro, y finalmente Crónicas. Estos veinticuatro libros coinciden totalmente con los treinta y nueve del Antiguo Testamento en la Biblia calificada de protestante. La diferencia se debe a que no se consideran como un libro solo los doce profetas menores y se separan en dos los de Samuel, Reyes, Crónicas y Esdras-Nehemías. La disposición de los libros es la que habitualmente aparece en las ediciones impresas de la Biblia hebrea.

Como curiosidad, en la colocación de los libros según la Biblia hebrea, el libro de Crónicas está después del de Esdras-Nehemías. No hay razón específica para que esto ocurra, puesto que el relato histórico de estos dos libros es posterior al de Crónicas. La única razón con aparente probabilidad es que el de Crónicas fue incorporado al canon hebreo con posterioridad al de Esdras-Nehemías, quedando colocado en el orden en que aparecen. La colocación de los libros en esta manera sin duda fue la conocida por Jesús. La evidencia es que el Señor mencionó "la sangre de todos los profetas que se ha derramado desde la fundación del mundo, desde la sangre de Abel hasta la sangre de Zacarías, que murió entre el altar y el templo..." (Lc. 11:50-51). Este Zacarías mencionado es probablemente el hijo de Joiada, que fue apedreado en el patio de la casa de Jehová, por la represión que hizo al rey y al pueblo por mandato de Dios, acusándolos de quebrantar lo que Él había establecido (2 Cr. 24:20-22), de ahí que el primer mártir fue Abel y el último citado en la Escritura por la posición que ocupaba el libro de Crónicas como último escrito de ella haga referencia a Zacarías.

La división de la Biblia hebrea en tres partes era también conocida por Jesús, que hace referencia a ella de este modo: "Estas son las palabras que os hablé, estando aún con vosotros: que era necesario que se cumpliese todo lo que está escrito de mí en la ley de Moisés, en los profetas y en los Salmos" (Lc. 24:44). El nombre Salmos se extiende a toda la tercera división, que se llamaba los Escritos, del cual los Salmos representaban el primer escrito. Sin embargo, Jesús se refirió a las dos grandes divisiones de la Escritura, como "la ley y los profetas" (Mt. 7:12). El apóstol Pablo, conocedor profundo de la Palabra y educado bajo la dirección de uno de los grandes maestros de Israel, se refiere —según el testimonio de Lucas— a las Escrituras, que usó para persuadir a los judíos que le habían visitado durante su prisión en Roma, como "tanto por la ley de Moisés, como por los profetas" (Hch. 28:23). La misma división es utilizada para el argumento sobre la justicia de Dios diciendo que es, "testificada por la ley y por los profetas" (Ro. 3:21).

Referencia histórica

En uno de sus escritos, Josefo, el historiador judío, dirigiéndose a Apión, hace referencia al canon hebreo de este modo:

> No tenemos miles de libros discordantes y contradictorios entre sí, sino solo veintidós que contienen el relato de lo acontecido en todos los tiempos y que están bien acreditados.

> De estos, cinco son libros de Moisés que contienen las leyes y la historia desde la creación del género humano hasta su propia muerte. Este período abarca un poco menos de tres mil años. Desde la muerte de Moisés hasta el reinado de Artajerjes, quien fue rey de Persia después de Jerjes, los profetas que sucedieron a Moisés escribieron en trece libros los hechos que tuvieron lugar en su tiempo. El resto de los libros contienen himnos en honor a Dios y preceptos para la vida de los seres humanos.
>
> Desde Artajerjes hasta nuestro tiempo se ha ido poniendo por escrito todo de forma detallada, pero estos relatos no se han considerado dignos de igual crédito que los anteriores porque desde entonces no ha sido bien establecida la sucesión exacta de los profetas.[9]

En el escrito, Josefo tiene clara la sucesión de los profetas desde el tiempo comprendido entre Moisés y Artajerjes (1465-423 a. C.). El número de veintidós libros en lugar de veinticuatro se debe a que, con toda probabilidad, consideraba el de Rut como vinculado a Jueces y el de Lamentaciones como apéndice de Jeremías.

Establecimiento del canon hebreo

Es probable que siguiese el curso del tiempo de modo que los escritos pudieran ser atestiguados como Palabra de Dios. De este modo se requería esta evidencia que permitiera establecer el canon.

No había problema alguno con el Pentateuco, ya que el testimonio de los escritos de Moisés estaba refrendado por pacto con el pueblo delante de Dios y el compromiso de obediencia a lo que se establecía en el escrito. Moisés hablaba ante el pueblo las palabras que Dios le había comunicado —"Y Moisés escribió todas las palabras de Jehová" (Ex. 24:4)—, por esa razón ya tenía carácter de procedencia divina. En días anteriores a la entrada del pueblo en Canaán, cuando ya el tiempo del ministerio de Moisés llegaba a su fin, lo escrito por él fue puesto al lado del arca de la alianza, en el santuario, reconociendo en esto que todo el pueblo se había comprometido en pacto con Dios de cumplir aquello que Él les había ordenado (Dt. 31:26). Este libro de la ley fue leído solemnemente en algunas ocasiones delante de todo el pueblo, como ocurrió en el reinado de Josías, para reiterar el pacto que había hecho de obediencia en tiempo de Moisés:

---

[9] Josefo, *Contra Pión*, 1.38-41.

> Y leyó, oyéndolo ellos, todas las palabras del libro del pacto que había sido hallado en la casa de Jehová. Y poniéndose el rey en pie junto a la columna, hizo pacto delante de Jehová, de que irían en pos de Jehová, y guardarían sus mandamientos, sus testimonios y sus estatutos, con todo el corazón y con toda el alma, y que cumplirían las palabras del pacto que estaban escritas en aquel libro. Y todo el pueblo confirmó el pacto. (2 R. 23:2-3)

Así también los días de Nehemías, donde se leyó la ley delante de los retornados de Babilonia: "Y se juntó todo el pueblo como un solo hombre en la plaza... y leyó en el libro delante de la plaza que está delante de la puerta de las Aguas, desde el alba hasta el mediodía" (Neh. 8:1, 3). A esta lectura sucedió la formalización de un pacto de obediencia a cuanto había sido leído, como mandamientos a obedecer, porque procedía de Dios. En cada ocasión se reconoció que la Ley era Palabra de Dios, por tanto, tenía que estar en los libros inspirados.

La autoridad que hacía canónicos los escritos de los profetas anteriores, le viene dada especialmente por el reconocimiento de los grandes profetas de Israel. Hay varias referencias en estos escritos, seleccionando, a modo de ejemplo las siguientes: "No seáis como vuestros padres, a los cuales clamaron los primeros profetas, diciendo: Así ha dicho Jehová de los ejércitos: Volveos ahora de vuestros malos caminos" (Zac. 1:4); "¿No son estas las palabras que proclamó Jehová por medio de los profetas primeros, cuando Jerusalén estaba habitada y tranquila, y sus ciudades en sus alrededores y el Neguev y la Sefela estaban también habitados?" (Zac. 7:7). La referencia a los profetas anteriores es manifiesta, reconociéndolos como quienes comunicaron la Palabra de Dios. En una forma más genérica, pero que comprende a los profetas anteriores, escribe Jeremías: "Desde el día que vuestros padres salieron de la tierra de Egipto hasta hoy. Y os envié todos los profetas mis siervos, enviándolos desde temprano y sin cesar" (Jer. 7:25). Sin duda, la colección de los escritos de los primeros profetas fue compilándose en el tiempo en la forma en que aparece en la Biblia hebrea.

La autoridad de los escritos de los profetas posteriores se demuestra por el cumplimiento de las predicciones que anunciaron. De este modo se evidencia que lo escrito era un mensaje procedente de Dios que tiene, por ser de Él, cumplimiento preciso. La destrucción del reino del norte, la transmigración a Babilonia y la destrucción de Jerusalén, la sucesión histórica de los imperios, la mención del nombre del emperador del imperio medo-persa, Ciro, con más de un siglo de distancia entre la profecía y su cumplimiento, causa admiración: "Que dice de Ciro: Es mi pastor, y cumplirá todo lo que yo quiero, al decir a Jerusalén: Serás edificada; y al templo: Serás fundado" (Is. 44:28), anunciando quién sería y cómo se llamaría el que autoriza la reconstrucción del templo, que tuvo lugar en tiempos de Esdras. De este modo dice también el profeta Isaías: "Así dice Jehová a su ungido, a Ciro, al cual tomé yo por su mano derecha, para sujetar naciones delante de él y desatar lomos de reyes; para abrir delante de él puertas, y las puertas no se cerrarán" (Is. 45:1).

Posiblemente una referencia a la colección de estos libros aparece en la profecía de Daniel: "En el año primero de su reinado, yo Daniel miré atentamente en los libros el número de los años de que habló Jehová al profeta Jeremías, que habían de cumplirse las desolaciones de Jerusalén en setenta años" (Dn. 9:2). La autoridad estaba en el cumplimiento, de modo que cuando se quería determinar si un profeta hablaba en nombre de Dios o lo hacía en el suyo procurando engañar a los oyentes como si fuese un mensaje recibido del Señor, se apelaba al cumplimiento de lo dicho: "Si el profeta hablare en nombre de Jehová, y no se cumpliere lo que dijo, ni aconteciere, es palabra que Jehová no ha hablado; con presunción la habló el tal profeta; no tengas temor de él" (Dt. 18:22). Si se ha cumplido parte de la profecía con la precisión establecida en ella, se ha de entender que se cumplirá en su totalidad en el momento determinado, de ahí que la profecía se tome como Palabra de Dios y haya sido incorporada al canon del Antiguo Testamento.

Encuentro de Jamnia

El canon hebreo fue estudiado detenidamente por los rabinos que estaban en Jamnia, como un elemento esencial en la reconstrucción de la vida de los judíos que habían sido esparcidos por el mundo como consecuencia del conflicto ocurrido en Jerusalén por los ejércitos romanos en el año 70 d. C.

Este encuentro entre expertos en la Escritura no tuvo que ver con incorporar o no incorporar los libros al canon, sino con determinar cuáles debían permanecer y cuáles no. Para ello entraron en un profundo y detallado estudio sobre aspectos que los acreditaba como canónicos. En ese análisis entraron no solo los veinticuatro aceptados como inspirados, sino los que se llaman apócrifos, entre los que está el Eclesiástico, o Sabiduría, difícil de distinguir de otros como

Proverbios en cuanto a vida de santidad y principios de ética, dejándolo como un libro de piedad, pero no inspirado, como los otros que estaban en la colección de la Biblia hebrea. Estas discusiones tuvieron momentos de profundas deliberaciones, como ocurrió para determinar si los libros de Ester y Cantar de los Cantares debían seguir como inspirados, ya que en ninguno de los dos se menciona el nombre de Dios. Para mantenerlos, pesó el principio de que el libro de Ester servía para sustentar la festividad judía de Purim, y que Cantar de los Cantares podía ser una expresión de la relación de amor de Jehová por Israel. Hubo también discrepancias con la profecía de Ezequiel, entre otras por dos razones: a) Las visiones del primer capítulo traían problemas interpretativos para algunos rabinos y podía compararse con otras de la mitología. b) La descripción y dimensiones del templo y las funciones religiosas y sacerdotales en él no concordaban con las establecidas en el Pentateuco. El análisis de todo esto fue tan exhaustivo que se llegó a conciliar las posiciones de las aparentes discrepancias entre el Pentateuco y Ezequiel.

Por el contrario, se demostró que algunos escritos que se pretendía introducir en la lista de libros del Antiguo Testamento, como el Apocalipsis de Esdras, eran escritos producido después de la destrucción del templo, en días de Tito; se procuraba hacerlo proceder de visiones que Esdras habría tenido después de la destrucción del templo de Salomón.

La versión LXX

Se ha estudiado ya en el capítulo IV, en el apartado de idiomas y transmisión de la Biblia. Es suficiente recordar que se trata de la versión griega de mayor difusión en tiempos de Cristo, utilizada ampliamente por los apóstoles en la producción de los escritos del Nuevo Testamento.

La LXX fue el texto utilizado por los judíos, especialmente por los que procedían del mundo grecorromano. En ella el orden de los libros es un tanto diferente al de la tradicional Biblia hebrea, y es el texto que orienta la colocación de los libros en el Antiguo Testamento cristiano. En la primera sección están los cinco libros de Moisés, el Pentateuco. En la segunda sección se sitúan los históricos, concordantes con los profetas anteriores, de la Biblia hebrea, a los que se añade el libro de Ruth, inmediatamente antecedente a Samuel. El conjunto de los libros de Samuel y Reyes se llaman Libros de los reinos. A continuación, Paralipómenos, que corresponde a Crónicas. Luego 1

Esdras, que comprende los relatos desde 2 Cr. 35:1 hasta Neh. 8:13), 2 Esdras, que son los de Esdras y Nehemías. Luego Ester y los apócrifos de Judit y Tobías, que no están incluidos en la Biblia hebrea. La tercera parte contiene los libros poéticos y de sabiduría, en la que están Salmos, Proverbios, Eclesiastés, Cantar de los Cantares, Job, Sabiduría y Eclesiástico. Los dos últimos se consideran apócrifos y no están en la Biblia hebrea. Finalmente, la cuarta sección, donde están los libros proféticos, que comprenden primero los doce libros de los profetas menores, después Jeremías, seguido de Lamentaciones, después el apócrifo de Baruc y la Carta de Jeremías, estos dos tampoco están en la Biblia hebrea. El de Daniel tiene los añadidos de Bel y el dragón, así como un cántico de los tres amigos de Daniel. Los libros de Macabeos, cuatro en total, son colocados como un apéndice.

Reconocimiento de la Iglesia

La Iglesia retuvo el Antiguo Testamento considerándolo como Palabra de Dios. No cabe duda de que la base de la Iglesia es Jesucristo y la fe descansaba en Él y en su obra. Pero en muchos momentos el Señor citó el Antiguo Testamento, con las palabras tantas veces reiteradas "escrito está" (cf. Mt. 4:4, 6, 7, 10; 21:13; 26:31; Mr. 14:27; Lc. 4:4, 8, 10; 19:46; Jn. 6:45). Por consiguiente, siendo citada como Palabra inspirada, cuyo cumplimiento es cierto, el reconocimiento del canon estaba asumido. Esa es la principal razón por la que la proclamación del mensaje del Evangelio está apoyado también como cumplimiento de las palabras del Antiguo Testamento. Cristo es presentado como Aquel de quien "dan testimonio todos los profetas" (Hch. 10:43). Es en la Escritura desde la que se partía para anunciar a Cristo como ocurre con el testimonio de Felipe al etíope (Hch. 8:35). Para el apóstol Pablo, el Evangelio que predicaba no era la novedad de un mensaje propio de los cristianos, sino "el evangelio de Dios, que él había prometido antes por sus profetas en las santas Escrituras" (Ro. 1:1, 2). El misterio que los apóstoles comunicaban había sido motivo de investigación por los profetas, como enseña el apóstol Pedro:

> Los profetas que profetizaron de la gracia destinada a vosotros, inquirieron y diligentemente indagaron acerca de esta salvación, escudriñando qué persona y qué tiempo indicaba el Espíritu de Cristo que estaba en ellos, el cual anunciaba de antemano los sufrimientos de Cristo, y las glorias que vendrían tras ellos. A estos se les reveló que no para sí mismos, sino

para nosotros, administraban las cosas que ahora os son anunciadas por los que os ha predicado el evangelio por el Espíritu Santo enviado del cielo; cosas en las cuales anhelan mirar los ángeles. (1 P. 1:10-12)

Por consiguiente, la revelación profética como elemento en el mensaje del Evangelio ha de ser reconocida como parte de la revelación inspirada y aceptarla como canon del Antiguo Testamento.

Junto con esto está la tipología del Antiguo Testamento, que tiene su antitipo en el Nuevo. Así el cordero pascual de Israel era figura de Cristo, como claramente enseña el apóstol Pablo: "Limpiaos, pues, de la vieja levadura, para que seáis nueva masa, sin levadura como sois; porque nuestra Pascua, que es Cristo, ya fue sacrificada por nosotros" (1 Co. 5:7). Refiriéndose como cumplimiento del simbolismo del Antiguo Testamento, el apóstol Pedro se refiere a Cristo como "un cordero sin mancha y sin contaminación" (1 P. 1:19). El cordero de la Pascua tenía que ser sin tacha; Jesús, el Cordero de Dios, era santísimo, sin mancha alguna.

La interpretación del Antiguo Testamento, como la de toda la Escritura, está en el Verbo encarnado. No hay interpretación posible de la Biblia en general, pero concretamente del Antiguo Testamento que pueda ser distante o discrepante con Jesús. La presencia de Cristo en el Antiguo Testamento condiciona la interpretación del mismo. La aceptación del canon hebreo era la forma natural para quienes usaban ese texto como base fundamental para la enseñanza y la predicación. Con todo, la interpretación del texto cambiaba en muchos aspectos, ya que, aunque palabra de Dios, había asuntos que no tenían que ser guardados como obligatorios en la Iglesia, tales como la circuncisión, el sábado, las festividades de Israel, etc. No variaba la autoridad del libro, pero variaba la interpretación del mismo, que se hacía conforme a las enseñanzas que Jesús había dado a sus discípulos.

El reconocimiento del canon del Antiguo Testamento por la Iglesia, está refrendado en algunas listas de libros sagrados, citados por los Padres de la Iglesia, pero especialmente firme está en los que se compilan en los códices que contienen libros de la LXX, de los que cabe destacar los papiros conocidos como Chester Beaty. Los códices unciales de la Biblia griega completa son del s. IV y V, en ellos aparecen los siguientes libros:

> Códice Sinaítico, del s. IV, tiene Génesis, Números, Jueces, 1 y 2 Crónicas, 1 y 2 Esdras, Tobías, Judit, 1 y 4 Macabeos,

> Isaías, Jeremías, Lamentaciones, Profetas menores, Salmos, Proverbios, Eclesiastés, Cantar de los Cantares, Sabiduría y Job.
>
> Códice Vaticano, del s. IV, contiene Génesis, Éxodo, Levítico, Números, Deuteronomio, Josué, Jueces, Ruth, 1-4 Reyes, 1 y 2 Crónicas, 1 y 2 Esdras, Salmos, Proverbios, Eclesiastés, Cantar de los Cantares, Job, Sabiduría, Sirac, Ester, Judit, Tobías, Profetas menores, Isaías, Jeremías, Baruc, Lamentaciones, Carta de Jeremías, Ezequiel y Daniel. No están los libros de Macabeos.
>
> Códice Alejandrino, del s. V, recoge Génesis, Éxodo, Levítico, Números, Deuteronomio, Josué, Jueces, Ruth, 1-4 Reyes, 1 y 2 Crónicas, Profetas menores, Isaías, Jeremías, Baruc, Lamentaciones, Carta de Jeremías, Ezequiel, Daniel, Ester, Tobías, Judit, 1 y 2 Esdras, 1-4 Macabeos, Salmos, Job, Proverbios, Eclesiastés, Cantar de los Cantares, Sabiduría, Sirac y Salmos de Salomón.

El testimonio de los Padres de la Iglesia, reconociendo los libros del Antiguo Testamento conforme a la LXX, es también evidente. Así Melitón de Sardes, que murió en 180, fue uno de los primeros que proporcionó la lista de los libros canónicos del Antiguo Testamento. Esta lista aparece en una carta a Onésimo, conservada por Eusebio en su *Historia Eclesiástica*:

> Habiendo llegado a conocer con exactitud los libros del Antiguo Pacto, los puse por escrito y te los envío. Estos son sus nombres: Cinco libros de Moisés: Génesis, Éxodo, Números, Levítico, Deuteronomio. Josué, el hijo de Nun, Jueces, Ruth, los cuatro libros de Reinos, dos libros de Crónicas. Los Salmos de David, los Proverbios de Salomón (también denominados Sabiduría), Eclesiastés, Cantar de los Cantares, Job. Los profetas Isaías, Jeremías, los Doce (en un solo libro), Daniel, Ezequiel y Esdras.[10]

Es muy probable que Melitón averiguase, como él mismo dice, el número de los libros del Antiguo Testamento y el nombre de cada uno como información directa de los judíos. En la lista falta el libro de Ester.

Orígenes (ca. 184-253) elaboró también una lista de libros del Antiguo Testamento. Es sin duda importante, puesto que a él se debe

---

[10] Eusebio, *Historia Eclesiástica*, 4.26.12-14.

CANON

la *Hexapla*, establecida para una mejor precisión del texto del Antiguo Testamento. Al igual que la lista de Melitón de Sardes, la de Orígenes se conserva en el escrito de Eusebio:

> No debemos ignorar que hay veintidós libros del Antiguo Testamento, según la tradición hebrea, que corresponden al número de letras de su alfabeto… Estos son los veintidós libros según los hebreos:
> El que entre nosotros se titula Génesis (pero que para los hebreos, debido al comienzo del libro es Bereshith, es decir, "en el principio"), Éxodo (We-elleh shemoth, es decir, "estos son los nombres"), Levítico (Wayyiqra, "llamó"), Números (Homesh piqqudim), Deuteronomio (Elleh hadde barim, "estas son las palabras"), Josué hijo de Nun, (Yoshua'ben-Nun), Jueces y Ruth juntos en un libro (Shophtim), 1 y 2 Reinos, un solo libro (Samuel, "el llamado por Dios"), 3 y 4 Reinos en un libro (Wehammelekh Dawid, es decir "Reino de David"), 1 y 2 Crónicas en un libro (Dibre yamim, es decir, "palabras de los días"), 1 y 2 Esdras en un libro (Ezra, es decir "el que ayuda"), el libro de Salmos (Sephar tehillim), los Proverbios de Salomón (Me[sha]loth), Eclesiastés (Qohélet), Cantar de los Cantares (no, como proponen algunos, Cantares de los Cantares, Shir hash-shirim), Isaías (Yesha'iah), Jeremías con Lamentaciones y la Epístola en un libro (Yiermeyahu), Daniel (Daniyyel), Ezequiel (Hezeqi'el), Job (Hiyyob), Esther (Ester). Aparte de estos están los libros de los Macabeos, titulados Sar Beth (sha-bene'el).[11]

Orígenes excluye a los libros de Macabeos. Los libros que relaciona corresponden a los veinticuatro de la Biblia hebrea.

Lista bilingüe. Datada con toda probabilidad en el tiempo de Melitón de Sardes, es una lista en un mss. griego copiado en el 105, perteneciente a la Biblioteca del Patriarcado griego en Jerusalén. Los nombres de los libros están en arameo y en griego. En la lista aparecen veintisiete libros: "Génesis, Éxodo, Levítico, Josué, Deuteronomio, Números, Ruth, Job, Jueces, Salmos, 1 Samuel (1 Reinos), 2 Samuel (2 Reinos), 1 Reyes (3 Reinos), 2 Reyes (4 Reinos), 1 Crónicas, 2 Crónicas, Proverbios, Eclesiastés, Cantar de los Cantares, Jeremías, los Doce, Isaías, Ezequiel, Daniel, 1 Esdras, 2 Esdras, Ester"[12].

---

[11] *Ibíd.*, 6.25.1,2.
[12] Bruce, 2002, p. 71.

Atanasio. Debido a las dificultades que algunos obispos tenían para coordinar las fechas de la llamada Semana Santa, en el Concilio de Nicea se encomendó al Obispo de Alejandría que comunicara con suficiente antelación las del año siguiente. Atanasio, que era el obispo en aquellas fechas, enviaba cartas a los obispos, con las fechas de la Semana Santa. En una de ellas, concretamente la número 39, propuso tratar el canon del Antiguo Testamento, porque algunos introducían como escritos sagrados obras que él calificaba de apócrifas. El escrito de Atanasio, entre otras cosas dice:

> Puesto que algunos se han encargado de poner en orden los denominados libros apócrifos e intercalarlos en la Escritura inspirada por Dios, lo cual afecta a cosas que entre nosotros han sido ciertísimas, como aquellos que desde el principio vieron con sus ojos y fueron ministros de la palabra entregada a los padres, me ha parecido oportuno también a mí, habiendo sido animado a ello por los verdaderos hermanos, exponer en orden los libros que están incluidos en el canon y que nos han sido entregados con la debida acreditación de ser divinos. Mi propósito es que cada uno de los que se han desviado puedan condenar a aquellos que les condujeron a desviarse y que aquellos que han permanecido intachables puedan regocijarse por haber recordado estas cosas.
>
> Los libros del Antiguo Testamento, por tanto, son veintidós en número, porque (según lo que he oído) este es el número tradicional de las letras entre los hebreos.
> 1. Génesis; 2. Éxodo; 3. Levítico; 4. Números; 5. Deuteronomio; 6. Josué el hijo de Nun; 7. Jueces; 8. Ruth; 9. 1 y 2 Reinos; 10. 3 y 4 Reinos; 11. 1 y 2 Crónicas: 12. 1 y 2 Esdras; 13. Salmos; 14. Proverbios; 15. Eclesiastés; 16. Cantar de los Cantares; 17. Job; 18. Los doce Profetas; 19. Isaías; 20. Jeremías con Baruc, Lamentaciones y la Epístola; 21. Ezequiel; 22. Daniel.

Se aprecia que Atanasio separa Ruth de Jueces y omite Ester. En cuanto a los apócrifos, dice:

> Pero para una mayor exactitud en lo que escribo debo añadir lo siguiente; hay otros libros aparte de estos que no están incluidos en el canon, sino que fueron señalados en tiempos de los padres para ser leídos por aquellos que hacía poco que se habían convertido y deseaban ser instruidos en la verdadera religión. Se trata de la Sabiduría de Salomón, la Sabiduría de

Sirac, Ester, Judit y Tobías... pero mientas que los primeros sí se incluyen en el canon y los últimos se leen, no se mencionan las obras apócrifas. Ésas son invención de herejes, que escriben según su propia voluntad y señalan y añaden gratuitamente fechas de manera que, presentándolos como escritos, tengan una excusa para apartar a los ingenuos.[13]

Debe apreciarse que, aunque coloca en la profecía de Jeremías, Baruc y la Carta de Jeremías, tal vez incluyera también las adiciones de la profecía de Daniel. Con todo, los libros no canónicos están en las lecturas recomendadas. Tampoco incluye en su lista de libros del Antiguo Testamento, los de Macabeos.

Canon del Antiguo Testamento en el cristianismo

Se hizo necesaria la aceptación y fijación del canon del Antiguo Testamento cuando se inició la traducción al latín. Esto tuvo lugar, probablemente, en la segunda mitad del s. II, en la provincia romana de África. La traducción del Antiguo Testamento siguió la versión LXX, ampliada, que contenía los llamados apócrifos. Esta fue la fuente hasta el s. IV, cuando Jerónimo hizo la traducción desde los textos hebreos.

Jerónimo que era un erudito en lenguas griega y latina, estudió y se licenció en Roma. Debido a una enfermedad que se le manifestó en Antioquía, decidió dejar la literatura secular y dedicarse solo a la bíblica. En el año 381 estuvo en el Concilio de Constantinopla y luego en el de Roma (382), donde se le invitó para quedarse como secretario y ayudante del papa Dámaso. Este le encargó que revisara la Biblia latina. Entre los años 382 y 384 produjo una nueva edición de los cuatro evangelios y una revisión de los Salmos. Cuando Dámaso murió en 384, Jerónimo fue animado a ser su sucesor. No salió elegido y dejó Roma poco después, estableciéndose en Belén, donde fundó un monasterio y dedicó el resto de su vida al estudio de los escritos bíblicos.

En sus actividades sobre los escritos bíblicos, se convenció de que las revisiones de la Escritura en latín tomada de la LXX tendrían siempre dificultades e imprecisiones, por lo que determino traducir el Antiguo Testamento desde el hebreo, trabajo que terminó en el 405. Este trabajo exigió que Jerónimo examinara el canon de la LXX

---

[13] Atanasio. Tomado de Ibíd., p. 77 ss.

ampliada, comenzando con enumerar los libros de la Biblia hebrea. Era conocedor de que el verdadero reconocimiento de los libros canónicos era solo a los veinticuatro que tradicionalmente aceptaban los judíos. Sin embargo, prefería hablar de veintidós, para lo que unía Ruth a Jueces y Lamentaciones a Jeremías. Llegó a la conclusión de que los libros canónicos eran veintisiete, dividiendo en dos los de Samuel, Reyes, Crónicas, Esdras-Nehemías y Jeremías-Lamentaciones. En sus comentarios sobre los otros libros, decía:

> Todo lo que no son estos libros debe ser considerado aparte dentro de los apócrifos. Por tanto, Sabiduría, que se denomina habitualmente de Salomón, junto con el libro de Jesús, el hijo de Sirac, Judit, Tobías y El Pastor, no están en el canon. He encontrado el primer libro de Macabeos en hebreo; el segundo está en griego, como se puede demostrar por el lenguaje que utiliza.[14]

Lo que Jerónimo entendía por libros apócrifos lo explica de forma clara en el prólogo a los tres libros de Salomón, donde se lee:

> Allí circula también la "virtuosísima" sabiduría de Jesús, hijo de Sirac, junto a una obra parecida: el pseudoepígrafo titulado "La sabiduría de Salomón". La primera de ellas la encontré también en hebreo, con el título no de "Eclesiástico", como en latín, sino de "Parábolas". El último no se ha encontrado en ninguna parte en hebreo; su mismo estilo tiene un sabor a la elocuencia griega y varios escritores antiguos afirman que es obra del judío Filón. Igual que la iglesia lee Judit, Tobías y los libros de los Macabeos sin considerarlos libros canónicos, permitamos leer también estos dos volúmenes para la edificación del pueblo, aunque no sean para establecer la autoridad de los dogmas eclesiásticos.[15]

Jerónimo afirmaba que los judíos no consideraban canónicos algunos añadidos que estaban en el libro de Daniel, y que no figuraban en los que estaban en los textos en hebreo y arameo, por lo que los judíos no consideraban como inspiradas estas partes, como es la historia de Susana, el himno de los tres jóvenes y las fábulas de Bel y el dragón. F. F. Bruce escribe:

---

[14] Jerónimo. Tomado de Ibíd., p. 90.
[15] Ibíd., p. 91.

> Lo que Jerónimo denomina "apócrifos" se corresponde con el segundo grupo de libros del Antiguo Testamento según Atanasio, llamados por Rufino y por otros "libros eclesiásticos" (es decir, libros para leer en la iglesia). Resulta, no obstante, un poco extraño descubrir que a veces Jerónimo utiliza la palabra "apócrifo" en el sentido en el que lo hizo Atanasio, para referirse a aquellos libros de la tercera categoría de este, los que no son apropiados para la iglesia. Su argumento es que, en 1 Corintios 2:9 (cosas que ojo no vio, ni oído oyó...), Pablo utiliza una paráfrasis libre de Isaías 64:4 y rehúsa imitar a aquellos escritores que corren tras los desvaríos de los libros apócrifos, encontrando el origen de las palabras en el Apocalipsis de Elías. Cuando, al prescribir una lista de lectura para la joven Paula, le dice que evite todos los escritos apócrifos, puede que tenga en mente obras de este grupo.[16]

No cabe duda de que Jerónimo reconocía como canónicos los libros que están hoy aceptados en el canon cristiano del Antiguo Testamento, sin incluir en él a los que algunos llaman deuterocanónicos, o libros del segundo canon.

Agustín. Obispo de Hipona en el norte de África, desde 395 hasta su muerte en 430; era un erudito en filosofía y considerado como el mejor escritor de la iglesia en lengua latina. Tenía ciertos prejuicios con que Jerónimo tradujese el Antiguo Testamento al latín a partir de las lenguas originales, en lugar de hacerlo desde la LXX, porque entendía que se produciría una división entre la Iglesia oriental, que mantenía la LXX, y la occidental, que tendría la traducción latina de Jerónimo. Sin embargo, Agustín escribió sobre el límite del canon de las Escrituras, indicando que comprendía los siguientes libros:

> Los cinco libros de Moisés: Génesis, Éxodo, Levítico, Números, Deuteronomio. El libro de Josué hijo de Nun, uno de Jueces, uno breve llamado Ruth, que parece más bien como si perteneciera al comienzo de Reyes; después los cuatro libros de Reyes y dos de Crónicas (estos últimos no transcurren de forma consecutiva, sino en paralelo, por así decirlo, cubriendo el mismo período)... Hay otros libros que parecen no seguir un orden regular, no estando relacionados ni con el orden de los libros precedentes ni entre sí, como son Job, Tobías, Ester y Judit, los dos libros de los Macabeos y los dos de Esdras,

---

[16] Ibíd., p. 92.

estos últimos parecen continuar con la historia regular con que terminan los libros de Reyes y Crónicas.

Después vienen los profetas, entre los que se encuentran un libro de Salmos de David, y tres libros de Salomón: Proverbios, el Cantar de los Cantares y Eclesiastés. Hay otros dos libros, uno denominado Sabiduría y otro Eclesiástico, que también se adjudican a Salomón a causa de su cierto parecido en el estilo, pero lo más probable es que fueran escritos por Jesús el hijo de Sirac. A pesar de todo, han de ser enumerados entre los libros proféticos, puesto que se ha reconocido su autoridad. El resto son los libros que se denominan estrictamente Profetas. Hay doce libros independientes de los profetas que se reúnen y, no habiendo sido separados nunca, se reconocen como un solo libro. Los nombres de estos profetas son Oseas, Joel, Amós, Abdías, Jonás, Miqueas, Nahúm, Habacuc, Sofonías, Hageo, Zacarías y Malaquías, Hay otros que son los cuatro profetas mayores: Isaías, Jeremías, Daniel, Ezequiel. La autoridad del Antiguo Testamento está contenida dentro de los límites de estos cuarenta y cuatro libros.[17]

La posición de Agustín condicionó abiertamente la aceptación del canon del Antiguo Testamento por la Iglesia occidental hasta los días de la Reforma.

La Iglesia, a partir de Jerónimo, aceptó su traducción del Antiguo Testamento en latín como la lectura oficial, decayendo el uso de la LXX y sus traducciones. Sin embargo, siguió cuestionándose esto ya que no se entendía que la traducción directa de los textos hebreos y arameos fuese más exacta que las procedentes de la LXX. Pero la Vulgata, como se llamaba a la traducción de Jerónimo, persistió en el tiempo. Comoquiera que esta versión contenía libros apócrifos, quienes la utilizaban no distinguían entre ellos, considerándolos a todos como canónicos.

En la primera parte de la Edad Media, se retomó el interés, especialmente académico, por los libros del Antiguo Testamento, especialmente en cuanto a los que son o no son canónicos. Hugo de San Víctor, nacido en Sajonia 1096 y fallecido el 11 de febrero de 1141, fue director de la escuela de la abadía que lleva su nombre. Enumera los libros de la Biblia hebrea en un escrito en el que trata del número de libros en los escritos sagrados, donde dice: "También hay en el Antiguo Testamento otros libros que se leen, pero no se inscriben

---

[17] Ibíd., p. 95.

en el cuerpo del texto o en el canon de libros con autoridad; son los libros de Tobías, Judit y Macabeos, los denominados Sabiduría de Salomón y Eclesiástico"[18].

La controversia sobre el canon de la Biblia hebrea se mantuvo durante toda la Edad Media, hasta el tiempo de la Reforma en el s. XVI. La afirmación de los teólogos reformados al respecto de la autoridad de la Escritura sobre la autoridad de la Iglesia recuperó la búsqueda del canon bíblico, a fin de usar solo la Escritura inspirada para establecer los dogmas de fe. Enseguida surgió la polémica cuando Martín Lutero se enfrentó con el sistema de indulgencias para el perdón de pecados y la creencia del purgatorio, a lo que se unía la oración por los muertos para que quedasen liberados del pecado; la tradición de la Iglesia y su dogmática hizo descansar esto como costumbre piadosa, apoyándose en textos de 2 Macabeos. Esto condujo a Lutero a afirmar que, según Jerónimo, no eran libros que se podían utilizar para establecer la autoridad de los dogmas. De ahí que, en la traducción de la Biblia al alemán, coloque los apócrifos en un apéndice del Antiguo Testamento (1534), en lugar de mantenerlos donde estaban en la Vulgata, escribiendo sobre esta sección de la Biblia alemana: "Los apócrifos: Libros que no hay que considerar como iguales a las santas Escrituras, pero que resulta útil y bueno leer".

Las ediciones de las Biblias que aparecen como consecuencia de la Reforma, como es la Biblia inglesa de Coverdale (1535), colocaron también los libros apócrifos separados del Antiguo Testamento, poniéndolos luego de Malaquías, con una indicación: Apócrifos: los libros y tratados que no fueron reconocidos por los padres de la antigüedad con la misma autoridad que los otros libros de la Biblia ni se encuentran en el canon hebreo.

Algo semejante ocurre con la Biblia española de Casiodoro de Reina, que abandonó el monasterio de San Isidoro, en Sevilla, y se refugió en Ginebra, debido a las persecuciones de la Inquisición. Desde Londres, donde se radicó luego de vivir en Ginebra, se dedicó a la traducción de la Biblia al castellano. Sin embargo, tuvo que salir de Londres y trasladarse a Amberes en el año 1564, salvando los manuscritos en los que había trabajado. En 1569 se editó la primera Biblia en castellano de la traducción de Casiodoro de Reina, que se conocía como la Biblia del Oso por el grabado de la portada. Las primeras ediciones de la Biblia Reina Valera, revisada por Cipriano de Valera, tenían al final del Antiguo Testamento los libros apócrifos.

---

[18] Hugo de San Víctor, *De Sacramentis Christianae fidei*, I, Prólogo, 7.

Para no superar los límites de las consideraciones sobre el canon del Antiguo Testamento en las llamadas Biblias protestantes, se fortaleció la selección de los inspirados y de los apócrifos, conforme a la aceptación canónica de los judíos, que concuerdan plenamente con los libros que tenemos en las versiones modernas de la Biblia.

El canon del Nuevo Testamento

Las enseñanzas de Jesús no quedaron escritas ni directamente por Él, ni por los discípulos durante el tiempo de su ministerio terrenal. Es posteriormente a su muerte que se producen los escritos del Nuevo Testamento.

La evidencia de que los apóstoles escribieron los libros que se conocen como canónicos en su mayor medida está atestiguada por los documentos escritos, de modo que el apóstol Pedro se refiere a los del apóstol Pablo, diciendo: "Y tened entendido que la paciencia de nuestro Señor es para salvación; como también nuestro amado hermano Pablo, según la sabiduría que le ha sido dada, os ha escrito" (2 P. 3:15).

La necesidad de escribir es determinante para preservar la tradición oral de las enseñanzas directas de Jesús; de ahí que aparezcan los cuatro evangelios, que con sus peculiaridades propias del objetivo que el autor tenía en mente al escribirlos, preservan las referencias tanto históricas como de enseñanza que habían presenciado durante el tiempo de tres años y medio, aproximadamente, que le acompañaron diariamente.

Pedro, en el texto citado anteriormente, se refiere al corpus paulino, en el que están integradas las Epístolas que escribió el apóstol Pablo a distintas iglesias y personas durante el tiempo de su ministerio.

Al mismo tiempo se producen también otros escritos que tienen un profundo componente de espiritualidad y contienen instrucciones para la Iglesia, como son el Pastor de Hermas y la Epístola de Bernabé, entre otras. Transcurriendo el tiempo era preciso establecer cuáles de los que circulaban en la Iglesia eran canónicos y cuales debían ser excluidos de la lista del canon. Para hacerlo se establecieron principios básicos que podían determinarlo.

Principio de origen

Los procedentes de los apóstoles de Jesucristo y de los profetas que Dios había dado a la Iglesia se consideraban como inspirados y por tanto con autoridad, debiendo estar incluidos en el canon. Estos se producían por inspiración divina, siendo Palabra de Dios manifestada al hagiógrafo por el Espíritu (2 P. 1:20-21). No se debía hacer distinción entre los profetas del Antiguo y los del Nuevo Testamento. Dios había hablado por medio de ellos (He. 1:1). La doctrina apostólica que establece el fundamento dogmático para la Iglesia no surge del pensamiento de ellos: es simplemente el desarrollo del pensamiento de Jesús. Así, como ejemplo, Cristo estableció la distinción fundamental para la Iglesia, que es el amor (Jn. 13:35; 15:12, 17); el mismo pensamiento sirve de argumentación para la enseñanza del apóstol Pablo (1 Co. 13:1 ss.). Los principios de ética desarrollados por los apóstoles en sus escritos son el reflejo de las enseñanzas de Jesús, entre otras, las del Sermón del Monte.

Los autores del Nuevo Testamento se identificaban convenientemente para que sus escritos fuesen reconocidos, como ocurre con las epístolas. Uno autografiado por un apóstol era admitido por la Iglesia como un libro del canon. La autoridad del mismo era como si fuese del propio Señor: "Si alguno se cree profeta, o espiritual, reconozca que lo que os escribo son mandamientos del Señor" (1 Co. 14:37). La enseñanza es tal que el mismo apóstol afirma que cualquiera que fuera diferente sea considerada anatema (Gá. 1:8-9). Las epístolas son de inspiración divina, porque "os hago saber, hermanos, que el evangelio anunciado por mí, no es según hombre; pues yo ni lo recibí ni lo aprendí de hombre alguno, sino por revelación de Jesucristo" (Gá. 1:11-12). Ningún otro escrito puede alcanzar esa condición.

Los libros del Nuevo Testamento tienen la particularidad de ser escritos por personas vinculadas de un modo muy especial con Cristo mismo. Ocho autores conocidos, a excepción del autor de la Epístola a los Hebreos, que es desconocido; tres eran discípulos del Señor: Mateo, Juan y Pedro, por tanto apóstoles; Pablo era también apóstol (Ro. 1:5); Santiago, el medio hermano de Jesús, estaba vinculado a los apóstoles (Hch. 15:27). Los evangelios según Marcos y Lucas son intérpretes de Pedro y Pablo, respectivamente, autorizados por ellos. Por esa razón algún libro tardó tiempo en ser parte del canon.

Principio de contenido

Sin lugar a duda, el escrito que sería reconocido en el canon había de ser espiritual, para la edificación de la Iglesia, la corrección de enseñanzas erróneas, la concreción de la doctrina y la revelación de la escatología.

Principio de autoridad

En cierto modo, considerado ya en el primer principio. Los libros del Nuevo Testamento han de expresar claramente la autoridad procedente de Dios en ellos como su Palabra. Se han mencionado ya las palabras del apóstol Pablo, que reclaman esa autoridad para sus escritos (1 Co. 14:37; Gá. 1:12). Esa autoridad determina la condición del libro, de ahí que algunos, cuya identidad en cuanto escritor no se conoce, requiriese tiempo para entrar en la lista de libros canónicos del Nuevo Testamento, como ocurrió con la Epístola a los Hebreos.

Formación del canon del Nuevo Testamento

La razón principal que se tuvo en cuenta para reconocer como canónico un libro es que procediera de los apóstoles. En ese sentido se entendía no solo que hayan sido producidos por ellos, sino que tengan el respaldo apostólico. De ese modo, se entiende que los evangelios según Marcos y según Lucas no vienen de mano directa de un apóstol, o no fueron dictados por ellos, pero se producen por su influencia y reciben de ellos el respaldo, como si fuera un escrito apostólico. Así también la Epístola a los Hebreos y la de Judas. La razón de inclusión en el canon se establece por la autoridad que conlleva el escrito en sí mismo.

Sin embargo, habría que determinar cuando concluyó el establecimiento del canon del Nuevo Testamento. Algunos entienden que concluyó para la Iglesia oriental con la carta de Atanasio de 367, mientras que el cierre del canon para la Iglesia occidental se produjo con el Concilio de Cartago. Posiblemente el concilio asumió los libros de la lista de Atanasio. A este obispo se hizo referencia anteriormente en relación con la lista de libros del Antiguo Testamento. En esa lista incluía también los que se consideraban canónicos para el Nuevo. Recogiendo de la carta 39, con la que se convocaba la Semana Santa del año 367, y se pedía hablar de los límites de libros del canon de la Biblia, así escribía:

> Tampoco debemos vacilar al nombrar los libros del Nuevo Testamento. Son los siguientes:
>
> Los cuatro evangelios: según Mateo, según Marcos, según Lucas y según Juan.
>
> Después están los Hechos de los Apóstoles y las siete denominadas epístolas católicas de los apóstoles, tal como

siguen: una de Santiago, dos de Pedro, tres de Juan y, por último, una de Judas.

Junto a estas hay catorce epístolas del Apóstol Pablo que son las siguientes escritas en orden: primero a los Romanos; después dos a los Corintios y después a los Gálatas y a los Efesios; después a los Filipenses, dos a los Tesalonicenses y la dirigida a los Hebreos. Después hay dos a Timoteo, una a Tito y la última a Filemón.

Por último, el Apocalipsis de Juan.

Estas son las "fuentes de la salvación", de manera que el que tenga sed debe satisfacerla con los oráculos que hay en ellas. Solo en estos libros se encuentra la verdadera religión proclamada como buenas nuevas. Que nadie añada a estos o quite de ellos. Porque respecto a estos nuestro Señor condenó a los saduceos cuando dijo: "Erráis, ignorando las Escrituras". Y reprendió a los judíos diciendo: "Escudriñad las Escrituras; porque... ellas son las que dan testimonio de mí".

Para una mayor exactitud verdaderamente debo, mientras escribo estas líneas, añadir esto; hay otros libros además de estos que no están incluidos en el canon, pero que han sido señalados desde tiempos de los padres para ser leídos a aquellos que son recién convertidos a nuestra comunión y desean ser instruidos en la palabra de la verdadera religión. Estos son... la supuesta Enseñanza de los Apóstoles, y El pastor. Pero mientras que los primeros se incluyen en el canon, los segundos se leen, no se hace mención alguna de las obras apócrifas. Estas son invención de herejes que escriben de acuerdo a su propia voluntad y de forma gratuita asignan y añaden fechas para que, presentándolas como escritos antiguos, sirvan como excusa para engañar a los sencillos.[19]

La Iglesia comenzó su andadura atendiendo a los escritos del Antiguo Testamento, citados ampliamente en los canónicos del Nuevo. Ellos eran mencionados con el calificativo de Escritura. Sin embargo, desde el principio los escritos del Nuevo Testamento fueron considerados por los apóstoles como Escritura, con la misma autoridad que los del Antiguo. De ese modo, Pedro advierte de la distorsión que algunos hacen de los de Pablo y escribe: "Casi en todas sus epístolas, hablando en ellas de estas cosas; entre las cuales hay algunas difíciles de entender, las cuales los indoctos e inconstantes tuercen como también las

---

[19] Atanasio, *Carta 39*. Citado en Bruce, 2002, p. 212.

otras Escrituras, para su propia perdición"[20] (2 P 3:16). En los escritos de Pablo hay algunas cosas difíciles de entender. Algunos tuercen en base a estas dificultades la enseñanza del apóstol. Tales verdades eran tergiversadas por quienes se llaman aquí indoctos e inconstantes. Los promotores de falsas doctrinas se aprovechan y tuercen también el sentido de las verdades difíciles de entender, dándoles una interpretación que no corresponde. Los indoctos son aquellos que no han profundizado y no conocen bien las verdades de la fe. Inducidos por los que enseñan errores, son llevados a una posición que sostiene lo que es contrario a la verdad. Pero, además, quienes se encuentran en la situación de indoctos también lo están en la de inconstantes. Al no estar bien cimentados en la fe, son fácilmente movibles de un lado para otro, por cuantos vientos de doctrina les alcanzan. La frase "como las otras Escrituras" está dando a los escritos apostólicos la misma condición de inspiración e inerrancia del resto de los de la Biblia. De modo que el Nuevo Testamento tiene la misma autoridad que el Antiguo porque tanto uno como el otro proceden, no del pensamiento humano, sino de la revelación divina. No cabe duda de que los escritores del Nuevo Testamento conocían que estaban transmitiendo las verdades procedentes de Dios, como se ha hecho notar antes. De ahí que quienes tuercen las Escrituras lo están haciendo para su propia perdición. El estudio de la Palabra hace sabios para salvación (2 Ti. 3:15), pero la permanencia en la ignorancia, que conduce a mal interpretar las enseñanzas bíblicas, resulta en perdición. Los falsos maestros, al enseñar mentiras, conducen a la perdición destinada a los impíos. En general, lo que no edifica, destruye, de modo que cualquier incomprensión de la verdad usada para enseñar a otros traerá como consecuencia la destrucción, no la edificación, tanto del que enseña incorrectamente como de los que son instruidos por él.

Una base estable para establecer el canon del Nuevo Testamento proviene de la confrontación que surge con un hereje del s. II, llamado Marción. Este publicó, probablemente, la primera lista de libros del Nuevo Testamento. Se identificó con los escritos de Pablo, al que consideraba como el único apóstol que había conservado la enseñanza de Jesús sin alteraciones. Consideraba que el Evangelio era algo totalmente nuevo, que fue traído a la tierra por Jesucristo.

---

[20] Texto griego: ὡς καὶ ἐν πάσαις ἐπιστολαῖς λαλῶν ἐν αὐταῖς περὶ τούτων, ἐν αἷς ἐστιν δυσνόητά τινα, ἃ οἱ ἀμαθεῖς καὶ ἀστήρικτοι στρεβλοῦσιν ὡς καὶ τὰς λοιπὰς γραφὰς πρὸς τὴν ἰδίαν αὐτῶν ἀπώλειαν.

Marción afirmaba que los otros apóstoles, salvo Pablo, habían pervertido las enseñanzas de Jesús con una mezcla de legalismo procedente del entorno judío en que vivieron. No solo rechazaba el Antiguo Testamento, sino que incluso hacía una distinción entre el Dios del Antiguo Testamento y el Padre a quien Jesús había revelado. Cuando hablaba de las Santas Escrituras no incluía en ellas parte alguna del Antiguo Testamento; consistía en una edición del Nuevo Testamento griego, al que dividía en dos partes: el Evangelio y el Apóstol. El primero era una edición del evangelio según Lucas, si bien no concuerda con el comienzo del auténtico evangelio según Lucas. En cuanto al Apóstol, consistía en una edición de diez cartas de Pablo. Estos eran los escritos que consideraba únicos en el canon.

Esta situación obligó a la Iglesia a tratar el tema del canon. A lo que se unió también el problema del montanismo, que fue un movimiento que se produjo en las comunidades cristianas primitivas, como un esfuerzo para reproducir las actividades carismáticas y las profecías de los primeros tiempos de la Iglesia. Estos sugerían una revelación continua y se oponían a considerar cerrado el canon.

Otros elementos, tal vez de menor importancia, condujeron al establecimiento para todos los tiempos de los límites del canon del Nuevo Testamento.

El planteamiento de la extensión del canon permanecía con propuestas que lo podrían alterar hasta el tiempo de la Reforma. Martín Lutero proponía que la Epístola de Santiago fuese retirada del canon por su apelación a las obras, que aparentemente, en una lectura prejuiciada, situaría la justificación más en las obras que en la fe. Igualmente sugería que tampoco el Apocalipsis era digno de estar en el canon. No solo había propuestas de revisión por la parte protestante, sino también por la católica, en la que el cardenal Cayetano manifestó sus dudas sobre la Epístola a los Hebreos, la de Santiago, 2 y 3 de Juan y también Judas.

Fue el Concilio de Trento en el que la Iglesia católica romana determinó establecer los libros que debían considerarse como canónicos; en cuanto al Nuevo Testamento, están todos los que están incluidos en las Biblias llamadas protestantes.

Además de los principios que rigieron para la determinación del canon, considerados antes, un elemento esencial para el reconocimiento de los escritos del Nuevo Testamento como canónicos está en la interrelación entre el Antiguo y el Nuevo Testamento. El primero se usa reiteradamente en los escritos del Nuevo como confirmación de la verdad inspirada que valida la enseñanza. Como decía Agustín de Hipona: "El Nuevo Testamento está latente en el Antiguo, y el Antiguo se hace patente en el Nuevo"[21]. Esto es posible a causa del mismo Autor de ambos cuerpos escriturales, que es el Espíritu Santo. Un análisis exhaustivo de los escritos del Nuevo Testamento pone de manifiesto la plena armonía con la revelación del Antiguo.

Además de esto está la centralidad de Cristo, presente en cada uno de los sesenta y seis libros de la Biblia. Cristo es el centro y la expresión plena de la Escritura que, como Logos escrito, revela al Logos encarnado. La Iglesia no llegó a un acuerdo pleno sobre la extensión del canon; por esa razón la Iglesia católica romana acepta como canónicos siete libros que nunca lo fueron por los judíos y por tanto no están en el canon aceptado por las Iglesias evangélicas o protestantes. Esto tiene que ver con el Antiguo Testamento; sin embargo, hay un completo acuerdo en relación con el del Nuevo Testamento. Con todo, no debe olvidarse que los reformadores siguieron inicialmente la línea de Agustín de Hipona, si bien hubo algunas reservas con libros del Nuevo Testamento; Lutero cuestionó si la Epístola de Santiago debía estar en el canon; por su parte, Calvino tuvo sus reservas con 2 Pedro y Apocalipsis. A pesar de todo, las Iglesias evangélicas han llegado a una plena identidad como canónicos de los libros que figuran en las Biblias del mundo evangélico, cuyo canon aceptado no tiene ya posible variación.

Es necesario recordar que las Iglesias cristianas evangélicas no declararon como inspirados los escritos que aparecen en el canon. Ningún concilio lo hizo tampoco. Todos ellos fueron reconocidos como tales. Esto diferencia notoriamente la posición protestante de la católica-romana y, en forma especial, de la ortodoxa, que reconoce a la Iglesia como superior a la Escritura.

Se puede resumir que, en cuanto al Antiguo Testamento, el canon reconoce solo a los que figuraban en el judío, en el tiempo de los apóstoles. Ese canon data de unos 350 años antes de Cristo. En relación con el del Nuevo Testamento, se apoyó en el respaldo que le otorga el Antiguo Testamento, en plena concordancia con él en todos los aspectos, que comprenden también los sociales, geográficos e históricos. El respaldo del Espíritu en cuanto al contenido de los escritos los define como inspirados y, siendo revelación, son Palabra de Dios autoritativa.

---

[21] *Novum Testamentum in Vetere latet, et in Novo Betus patent*. Agustín, *Quaestiones in Heptateuchum*, 2.73.

CAPÍTULO X
LOS LIBROS DEL LIBRO

Introducción

En el último capítulo se ha considerado, siempre con mucha brevedad, lo referido a la formación del canon. En él se ha llegado a la conclusión de que la Biblia es un libro formado por un conjunto de otros sesenta y seis, dividido a su vez en dos grandes partes, el Antiguo y el Nuevo Testamento.

Esos sesenta y seis libros, treinta y nueve del Antiguo y veintisiete del Nuevo Testamento, ordenados de una determinada manera al tratarse de la biblioteca de Dios, lo que exige un determinado orden en las dos secciones, han de ser leídos, examinados, estudiados, considerados, en cuanto sea posible memorizados y aplicados personalmente a la vida individual de cada lector, al grupo cuando sea leído conjuntamente y a la Iglesia en toda circunstancia y ocasión.

Los libros de la Biblia han de ser predicados, expositiva y aplicativamente, sin dejar ninguno de ellos fuera de la práctica de la enseñanza. Es el libro que debe conducir la vida familiar para que, junto con la fe y el poder del Espíritu, haya armonía en ella, amor y orientación de vida, en un mundo siempre complejo y, sobre todo engañoso. Es necesario recordar que el pecado que forma parte de nuestra vieja naturaleza es activado por la carne e inducido en las tentaciones de manera que la Palabra es un arma poderosa para hacer frente a estos conflictos. Las entidades académicas han de honrar la Biblia y enseñarla a quienes se están formando para un servicio más eficaz en el campo del ministerio. De ahí que el púlpito de cada iglesia ha de estar controlado por la predicación de la Palabra, atendiendo a la demanda apostólica: "Te encarezco delante de Dios y del Señor Jesucristo, que juzgará a los vivos y a los muertos en su manifestación y en su reino, que prediques la palabra; que instes a tiempo y fuera de tiempo; redarguye, reprende exhorta con toda paciencia y doctrina" (2 Ti. 4:1-2). El crecimiento de los creyentes hacia la madurez espiritual ha de seguir el camino de la enseñanza bíblica. Todo avivamiento a lo largo de la historia humana se ha producido por la lectura y exposición de la Biblia, unido a la oración. No solo en tiempos del cristianismo, sino en la antigua dispensación, como ocurrió en días de Nehemías, cuando todo el pueblo experimentó un arrepentimiento como consecuencia de la lectura de la Escritura, la aplicación de la misma y la oración en la presencia de Dios. No son sistemas apoyados en la tecnología humana, y mucho menos apelaciones a la sensibilidad del oyente, ni la religión por el mero hecho de tener apariencia de piedad, lo que producirá vidas victoriosas delante de Dios y luminosas delante del mundo.

La situación de corrupción social que se vive en todo el mundo afecta en muchas ocasiones a creyentes que no están firmemente establecidos en el conocimiento, aceptación y aplicación de la Palabra. La regla de la ética está escrita en ella (Sal. 119:11), la vida de santidad está orientada por la meditación reflexiva de la Biblia (Sal. 119:11). Una vida bendecida que disfruta de la comunión con Dios es la que atiende a la exhortación de Dios a su pueblo, tan vigente hoy como entonces y plenamente actual para hoy:

> Solamente esfuérzate y sé muy valiente, para cuidar de hacer conforme a toda la ley que mi siervo Moisés te mandó; no te apartes de ella ni a diestra ni a siniestra, para que seas prosperado en todas las cosas que emprendas. Nunca se apartará de tu boca este libro de la ley, sino que de día y de noche meditarás en él, para que guardes y hagas conforme a todo lo que en él está escrito; porque entonces harás prosperar tu camino, y todo te saldrá bien. (Jos. 1:7-8)

La Biblia ha ido perdiendo valor en la vida de muchos creyentes y en el púlpito de muchas iglesias. Los maestros, pastores y líderes espirituales afirman sin reparo alguno que "toda la Escritura es inspirada por Dios" (2 Ti. 3:16), pero muchas veces es una mera profesión teológica o la expresión intelectual de un dogma de fe. Si la firme creencia en la inspiración plenaria fuese auténticamente, no solo aceptada, sino creída como algo esencial, la Biblia se haría conocer a todos los cristianos. Es sorprendente apreciar como en muchas iglesias se sigue la exposición —si así se le puede llamar— de pasajes reiterativos y secuenciales, o de porciones seleccionadas aquí o allá para los mensajes motivacionales, pero la congregación desconoce el significado de grandes partes de la Biblia que no se predican en la enseñanza congregacional. Hay iglesias que nunca han oído una exposición, en mayor o menor extensión, del libro de Levítico, y se pretende que puedan conocer bien la Epístola a los Hebreos. Libros poéticos como Eclesiastés, Cantar de los Cantares o Lamentaciones apenas se usan expositivamente. Los profetas menores son unos grandes desconocidos para muchos creyentes. Los libros históricos son usados para repetir insistentemente durante un tiempo porciones como la oración de Jabes, los fracasos de Sansón, la grandeza de Salomón, pero se mantiene en ignorancia a los creyentes sobre el entorno de la vida de Josías, de Manasés, de Roboán y Jeroboán, y de tantos otros reyes de Israel y de Judá. Mensajes proféticos por cumplir del Antiguo y del Nuevo Testamento se usan en ocasiones alegorizando el texto a conveniencia del expositor.

Debido a todo esto, hay una confesión manifiesta en muchos cristianos sobre la dificultad que tienen de saber el contenido de los libros de la Biblia, un bosquejo sencillo que les permita seguir el texto, quien escribió cada uno de ellos, cuándo fueron escritos y que propósito tenía el autor humano cuando lo hizo.

Sin duda, varias materias son necesarias para esto, comenzando desde una Introducción del Antiguo y del Nuevo Testamento, que forma parte de la Hermenéutica; la datación del escrito, que necesita la asistencia de la Historia; la forma de exponer el texto, que está dentro de la ciencia de la Homilética; la precisión lingüística, para lo que es necesaria la Filología; la expresión de verdades con un lenguaje preciso, propia del pensamiento reflexivo, a lo que la Filosofía viene en ayuda.

Todos estos asuntos pormenorizados exceden la razón de ser de la Bibliología que se está presentando. Pero es necesario hacer una sencilla aproximación a cada uno de los sesenta y seis libros de la Biblia para dar una idea general de cada uno, estableciendo la datación del libro, autoría, tema y bosquejo. Sin descuidar el hecho de que Cristo está presente en cada uno de ellos, por lo que en forma sintética será destacable en este estudio.

Antiguo Testamento

Pentateuco

Generalidades

El término procede del griego, compuesto por el adjetivo numeral que significa *cino*[1] y el sustantivo que denota *libro, estuche*[2], de ahí el significado de Pentateuco, como el libro de cinco estuches, de cinco apartados y, en general, cinco rollos, que es el número de los cinco libros primeros del Antiguo Testamento.

---

[1] Griego: πέντε.
[2] Griego: τεύχος.

Esta es una de las partes de la Escritura que ha sido objeto de la llamada Alta crítica, con las propuestas de la indemostrable Teoría Documentaria, que ha sido considerada en un capítulo anterior, por lo que no es necesario reiterar aquí todo lo dicho entonces.

El Pentateuco trata de la historia desde la creación hasta la llegada del pueblo hebreo a la frontera de la tierra de Canaán, conforme a la promesa que Dios había hecho a Abraham y sus hijos. De otro modo, puede definirse como el relato histórico-teológico desde la creación del hombre hasta la muerte de Moisés. En el Pentateuco hay asuntos propiamente históricos y otros legislativos. Estos últimos constituyen la expresión del sistema teocrático que regía la nación formada por los descendientes de Abraham, integrada por las doce tribus originadas en cada uno de sus bisnietos, hijos directos de Jacob.

El desarrollo de los cinco libros se inicia con la acción creadora de Dios, la caída del hombre en la tentación y consecuentemente el comienzo de la experiencia pecadora en el mundo, la sociedad establecida después, la crisis de la ética social con la manifestación del primer acto judicial de Dios en el diluvio. Este es el preludio de la presencia de Israel en el mundo y las normas legislativas que Dios dio al pueblo en el tránsito del desierto desde Egipto a Canaán.

El pueblo al que primeramente se dirigen los escritos tiene la excepcionalidad de ser calificado por Dios como su primogénito (Ex. 4:22), su heredad selecta y su porción particular, comprada para hacerlo suyo (Dt. 9:26). Por tanto, el enfoque de todo el relato tiene que considerarse desde el punto de vista esencialmente religioso, destinado a una nación santa, establecida para ser un reino de sacerdotes (Ex. 19:6). Por determinación soberana de Dios, la historia de este pueblo está ligada a la historia de la economía de salvación de los hombres y a la historia de la revelación divina.

Autoría

A pesar de los insistentes esfuerzos provenientes del liberalismo humanista, la autoría del Pentateuco se sustenta, como se ha reconocido tanto de tiempos anteriores a Cristo, como posteriores en los siglos de historia de la Iglesia cristiana.

Testimonios internos

Explícitos

En la misma redacción se atestigua que Moisés fue el autor, recibiendo instrucciones de Dios para escribirlo: "Y Jehová dijo a Moisés:

Escribe esto para memoria en un libro" (Ex. 17:14). La necesidad de conservar fielmente el recuerdo de los hechos ocurridos en la salida de Egipto y en el tránsito por el desierto, así como las leyes entregadas por Dios para el pueblo eran instrumento preciso para que las generaciones futuras conocieran todo esto. No es esta la única vez que se lee en el Pentateuco la instrucción divina a Moisés para escribir: "Moisés escribió sus salidas conforme a sus jornadas por mandato de Jehová" (Nm. 33:2). Después de trasladar al pueblo las ordenanzas y leyes que Dios les establecía, se lee que "Moisés vino y contó al pueblo todas las palabras de Jehová, y todas las leyes; y todo el pueblo respondió a una voz, y dijo: Haremos todas las palabras que Jehová ha dicho. Y Moisés escribió todas las palabras de Jehová" (Ex. 24:3-4a). De igual manera, ordenó Dios a Moisés que escribiera las palabras de la alianza que estableció con Israel: "Y Jehová dijo a Moisés: Escribe tú estas palabras; porque conforme a estas palabras he hecho pacto contigo y con Israel" (Ex. 34:27). Al término de la vida de Moisés, concluyó el final de este conjunto de escritos, se lee: "Y escribió Moisés esta ley, y la dio a los sacerdotes hijos de Leví, que llevaban el arca del pacto de Jehová, y a todos los ancianos de Israel" (Dt. 31:9). Un poco más adelante se lee: "Y cuando acabó Moisés de escribir las palabras de esta ley en un libro hasta concluirse..." (Dt. 31:24). El himno que cierra el libro de Deuteronomio, se asigna a Moisés y se dice que él lo escribió, detallándose el contenido del mismo (Dt. 31:22).

No hay duda de que el relato de la muerte de Moisés (Dt. 34) no pudo haber sido escrito por Moisés, sino que algún contemporáneo suyo escribió estas palabras. Pero, en general, todo el contenido del Pentateuco como de Moisés se pone de manifiesto en las evidencias internas antes citadas.

Implícitos

Los relatos correspondientes a la vida de Israel en Egipto, la fabricación de ladrillos que le había sido impuesta por el Faraón, la exacción de los capataces que manaban sobre los esclavos, la misma historia de José concuerda con el género de vida de los egipcios, tal como hoy se conoce y la arqueología ha revelado.

Hay hechos en el relato que afectan directamente a Moisés, como fue su casamiento con una mujer madianita y no del pueblo de Israel (Ex. 2:21); su duda sobre la provisión de carne para todo el pueblo (Nm. 11:13, 21-22); la expresión de hastío y el deseo de morir por el comportamiento del pueblo (Nm. 11:11-12); la duda y obediencia a las palabras de Dios, cuando en lugar de hablar a la peña, la golpeó con su vara para conseguir agua para el pueblo en el desierto y la pena que conllevó tal acción (Nm. 20:10-12; Dt. 32:51). Un escritor posterior a la vida de Moisés, como pretenden los liberales, no se hubiera atrevido a escribir esto de un hombre venerado por todo el pueblo.

Los relatos de las etapas por el desierto del Sinaí concuerdan en las narraciones con la naturaleza geográfica del entorno. Así ocurre con las aguas salobres de Mara (Ex. 15:22-24).

Testimonios en históricos y proféticos

Los libros históricos y proféticos asignan a Moisés la autoría del Pentateuco, de modo que Josué, en la conquista de Canaán, levantó un altar en el monte Ebal en cumplimiento de lo establecido por Moisés: "Entonces Josué edificó un altar a Jehová Dios de Israel en el monte Ebal, como Moisés siervo de Jehová lo había mandado a los hijos de Israel, como está escrito en el libro de la ley de Moisés" (Jos. 8:30-31). Un poco más adelante se lee: "También escribió allí sobre las piedras una copia de la ley de Moisés, la cual escribió delante de los hijos de Israel" (Jos. 8:32). Casi al final de su vida, en la exhortación al pueblo, se lee: "Esforzaos, pues, mucho en guardar y hacer todo lo que está escrito en el libro de la ley de Moisés, sin apartaros de ello ni a diestra ni a siniestra" (Jos. 23:6).

Aunque en el libro de Jueces no se encuentran citas directas a los escritos de Moisés, sí se hace mención al pacto del Sinaí (Jue. 2:1). La historicidad de Moisés, puesta en duda por los liberales, se acepta hablando de él (Jue. 1:16, 20).

En los libros históricos de Samuel no se menciona directamente la ley de Moisés, pero se hace referencia personal a él (1 S. 12:6). Sin embargo, la expresión está presente varias veces en los libros de Reyes. A modo de ejemplo, las palabras de David a su hijo Salomón: "Guarda los preceptos de Jehová tu Dios, andando en sus caminos, y observando sus estatutos y mandamientos, sus decretos y sus testimonios, de manera que está escrito en la ley de Moisés, para que prosperes en todo lo que hagas y en todo aquello que emprendas" (1 R. 2:3). En el relato de la vida de Amasías relativo a lo que hizo por la muerte de su padre, se lee: "Pero no mató a los hijos de los que le dieron muerte, conforme a lo que está escrito en el libro de la ley de Moisés" (2 R. 14:6).

Continuamente en los profetas hay citas tomadas de los escritos del Pentateuco. Sin embargo, en los escritos post-exílicos, hay muchas citas que aluden a la "Ley de Moisés" (cf. 2 Cr. 25:4; 34:14; 35:12; Dn. 9:11, 13; Mal. 4:4). Nehemías afirma que la ley de Dios fue dada por medio de Moisés (Neh. 10:29).

Libros del Nuevo Testamento

Jesús habla frecuentemente de la Ley de Moisés, y del libro de Moisés (cf. Mt. 8:4; 19:8; Mr. 7:10; 12:26; Lc. 24:44). En otros lugares toma citas que están en los libros de Moisés para su enseñanza. Es interesante la referencia que Jesús hizo de Moisés para ponerlo como acusador de sus adversarios: "No penséis que yo voy a acusaros delante del Padre; hay quien os acusa, Moisés, en quien tenéis vuestra esperanza. Porque si creyeseis a Moisés, me creeríais a mí, porque de mí escribió él. Pero si no creéis a sus escritos, ¿cómo creeréis a mis palabras?" (Jn. 5:45-47). No cabe duda de que en estas palabras se aprecia que los adversarios de Jesús creían que el Pentateuco había sido escrito por Moisés. Los fariseos asumían esto (Mt. 19:7; Jn. 8:5; Hch. 6:14); igualmente los saduceos tenían la misma postura (Mt. 22:24).

Los discípulos de Jesús tenían igual convicción, como lo indican las palabras de Felipe a Natanael, refiriéndose a Jesús: "Felipe halló a Natanael, y le dijo: Hemos hallado a aquel de quien escribió Moisés en la ley, así como los profetas: a Jesús, el hijo de José, de Nazaret" (Jn. 1:45). Pedro citando un texto del libro de Deuteronomio (18:15), dice: "Porque Moisés dijo a los padres: El Señor vuestro Dios os levantará profeta de entre vuestros hermanos, como a mí; a él oiréis en todas las cosas que os hable" (Hch. 3:22). Santiago refiriéndose a la lectura de la ley en las sinagogas, dice: "Porque Moisés desde tiempos antiguos tiene en cada ciudad quien lo predique en las sinagogas, donde es leído cada día de reposo" (Hch. 15:21). Ocurre lo mismo en las epístolas, como se aprecia en las palabras del apóstol Pablo: "Porque en la ley de Moisés está escrito: No pondrás bozal al buey que trilla" (1 Co. 9:9). Desarrollando el argumento de la justificación, escribe: "Porque de la justicia que es por la ley Moisés escribe así" (Ro. 10:5).

Debe concluirse en esta breve introducción al Pentateuco que la autoría de Moisés está plenamente documentada en todos los aspectos que permiten aceptarlo como autor de los cinco escritos.

Génesis

Primero de los cinco libros del Pentateuco.

Título

La palabra castellana *Génesis*, procede a través del latín del título griego dado a este libro en la LXX. En la lengua hebrea, en la que fue escrito, está dado por las primeras palabras del libro: $b^e re\,\check{s}i^yt$, que significa *en el principio*.

Autor

Fue escrito por Moisés, junto con el resto del Pentateuco, durante los años de tránsito del pueblo de Israel, desde la salida de Egipto hasta la llegada a la frontera de Canaán.

Datación

Entre los años 1450-1410 a. C.

Contenido

El Génesis contiene historias reales de personas concretas. No existen leyendas o mitos, como los liberales pretenden, sino que son relatos verídicos, históricos y precisos de acontecimientos concretos. Los relatos históricos tienen que ver con genealogías, lo que divide el libro en diez secciones que comienzan todas ellas con las palabras: "Estas son las generaciones..." (6:9; 10:1; 11:10; 11:27; 25:12; 25:19; 36:1; 37:2).

El Génesis tiene un importancia capital porque revela al hombre los orígenes o principios de todas las cosas, como se aprecia: origen del universo (1:1-2:3); origen del hombre y de la familia (2:4-25); origen del pecado en el hombre (3:1-24); origen de la civilización (4:1-5:32); origen de la corrupción humana (6:1-22; 19:1-14); origen de los juicios divinos (7:1-8:22; 19:15-38); origen de las naciones (10:1-11:26); origen del pueblo hebreo: Abraham (11:27-25:11); origen de los pactos (2:16, 17; 9:1-17; 15:18-21); origen de las tribus de Israel (Gn. 25:19-36:43).

Bosquejo

Se establece el siguiente, en base al título del libro.

    I. Origen de la creación (1:1-2:25).
        1. El origen del universo (1:1-2).
        2. Los días de la creación (1:3-2:3).
        3. Los orígenes de la humanidad (2:4-25).
    II. Origen del pecado en el mundo (3:1-24).
        1. La tentación (3:1-7).
        2. El juicio (3:8-24).

LOS LIBROS DEL LIBRO 415

III. Origen de la civilización (4:1-5:32).
   1. Caín y sus descendientes (4:1-24).
   2. Set (4:25-26).
   3. Desde Adán hasta Noé (5:1-32).
IV. Origen de la corrupción humana (6:1-9:29).
   1. Las causas del diluvio (6:1-13).
   2. El desarrollo del diluvio (6:14-8:19).
   3. Acontecimientos después del diluvio (8:20-9:29).
V. Origen de las etnias (10:1-11:26).
   1. Los hijos de Jafet (10:1-5).
   2. Los hijos de Cam (10:6-20).
   3. Los hijos de Sem (10:21-32).
   4. Babel, dispersión de los pueblos (11:1-9).
   5. Los descendientes de Sem (11:10-26).
VI. Origen del pueblo hebreo (11:27-25:11).
   1. La familia de Abraham (11:27-32).
   2. El llamado de Abraham (12:1-20).
   3. La separación de Abraham y Lot (13:1-18).
   4. La liberación de Lot por Abraham (14:1-24).
   5. El pacto de Dios con Abraham (15:1-21).
   6. El nacimiento de Ismael (16:1-16).
   7. La circuncisión de Abraham (17:1-27).
   8. La destrucción de Sodoma y Gomorra (18:1-19:38).
   9. Incidentes en la vida de Abraham (20:1-24:67).
      9.1. Abraham y Abimelec (20:1-18).
      9.2. El nacimiento de Isaac (21:1-34).
      9.3. El sacrificio de Isaac (22:1-24).
      9.4. Muerte y sepultura de Sara (23:1-20).
      9.5. El matrimonio de Isaac (24:1-67).
   10. La muerte de Abraham (25:1-11).
VII. Origen de los árabes (25:12-18).
   1. Los descendientes de Ismael.
VIII. Origen de las tribus de Israel (25:19-36:43).
   1. El nacimiento de Esaú y Jacob (25:19-34).
      1.1. Nacimiento (25:19-26).
      1.2. Esaú vende su primogenitura (25:27-34).
   2. Isaac y Abimelec (26:1-35).
   3. La bendición de Isaac (27:1-46).
   4. Jacob huye a Mesopotamia (28:1-22).
      4.1. Inicio de la huida (28:1-9).
      4.2. Jacob en Betel (28:10-22).

5. Jacob y las hijas de Labán (29:1-30:43).
   5.1. El encuentro con Raquel (29:1-14).
   5.2. El matrimonio de Jacob con Lea y Raquel (29:15-30).
   5.3. Los hijos de Jacob (29:31-30:24).
   5.4. La ética de Jacob y Labán (30:25-43).
6. Jacob retorna a Canaán (31:1-33:20).
   6.1. La separación de Labán (31:1-55).
   6.2. La reconciliación con Esaú (32:1-33:20).
7. Continuación de la vida de Jacob (34:1-36:43).
   7.1. La venganza de los hijos de Jacob (34:1-31).
   7.2. La renovación del pacto en Betel (35:1-15).
   7.3. La muerte de Raquel e Isaac (35:16:29).
   7.4. Los descendientes de Esaú (36:1-43).

IX. Origen de la casa de José (37:1-50:26).
1. José vendido como esclavo (37:1-36).
2. Judá y Tamar (38:1-30).
3. José en casa de Potifar (39:1-23).
4. José intérprete de sueños (40:1-41:57).
   4.1. Sueños del copero y panadero (40:1-23).
   4.2. El sueño de Faraón (41:1-57).
5. Los hermanos de José en Egipto (42:1-45:28).
   5.1. La primera visita de los diez hermanos (42:1-38).
   5.2. La segunda visita de los once hermanos (43:1-44:34).
   5.3. José se revela e identifica ante sus hermanos (45:1-28).
6. La familia de José en Egipto (46:1-47:31).
7. Las bendiciones de Jacob (48:1-49:27).
   7.1. Bendiciones para los hijos de José (48:1-22).
   7.2. Bendiciones para sus hijos (49:1-27).
8. Muerte y sepultura de Jacob y José (49:28-50:26).

Cristo en el libro

Cristo preexistente en la creación (Gn. 1). Se reitera un continuo "dijo Dios" en cada momento de la creación de todas las cosas (cf. vv. 3, 6, 9, 11, 14, 20, 24, 26). Todo vino a la existencia por la acción soberana de Dios que lo estableció, lo ejecutó y lo conserva. El Nuevo Testamento aplica la acción creadora a Jesucristo.

De este modo lo enseña Juan: "Todas las cosas por él fueron hechas, y sin él nada de lo que ha sido hecho, fue hecho"[3] (Jn. 1:3). El

---

[3] Griego: πάντα δι' αὐτοῦ ἐγένετο, καὶ χωρὶς αὐτοῦ ἐγένετο οὐδὲ ἕν ὃ γέγονεν.

Verbo que se encarnó en el tiempo histórico de los hombres y se hizo hombre se manifiesta en actividad creadora. Todo cuanto existe lo crea Él conforme al designio divino. Para expresar esta actividad del Verbo, Juan utiliza la fórmula tan habitual en la literatura semítica, del paralelismo antitético. Este usa dos hemistiquios; el primero positivo: *todas las cosas fueron hechas por Él*; el segundo negativo: *y sin Él nada de lo que existe fue hecho*. La primera frase se introduce con el uso del adjetivo indefinido[4], expresado en neutro plural, que da idea de totalidad, de ahí que se deba traducir como todas las cosas. En ese sentido no está refiriéndose a globalidad, sino a particularidad total, es decir, no se trata de afirmar que cuanto existe fue creado por el Verbo, sino cada una de las cosas que conforman la totalidad de lo creado. Sin duda, en la mente de Juan está el relato creacional del Génesis, donde la voz creadora *sea* se produce para traer a la existencia cuanto antes no existía (Gn. 1:3 ss.). Todas las cosas, una a una, fueron creadas por medio del Verbo divino. Ahora bien, no solo se trata de un mero instrumento creador, sino de acción originadora en Él mismo de cuanto existe. Las cosas fueron creadas en Él, que sustenta lo creado y lo hace realidad, pero también como medio creador, ya que el apóstol Pablo enseña que todo lo creado tuvo existencia por medio de Él, siendo además destinatario de cuanto ha sido creado, que es para Él (Col. 1:15). Cristo es presentado en el Nuevo Testamento como primogénito de toda creación. La construcción en el texto griego al ser un predicado sin artículo no se puede referir a origen, en el sentido de la primera criatura creada, sino a causa de toda la creación y razón de ser de la misma.

La razón fundamental está en la relación del Padre con el Verbo, que expresa en una sola voz todo el perfecto y supremo pensamiento de Dios. La creación es el resultado de la determinación divina; por tanto, la autoridad omnipotente que da origen a cuanto existe se expresa en el Logos que traslada la plenitud del pensamiento divino a la manifestación de omnipotente autoridad mediante la cual lo que no existía vino a la existencia. De otro modo, la idea originadora de la creación parte del Padre que la expresa en plenitud por medio del Logos, el Hijo eterno, y es ejecutada en cuanto a realidad existencial por la omnipotencia del Espíritu Santo. De manera que la voz creacional *sea* es dada por el Verbo y la creación fue el resultado visible de ella.

---

[4] Griego: πάντα, caso nominativo neutro plural del adjetivo indefinido *todos*, aquí con sentido general: *todas las cosas*.

El segundo hemistiquio expresado en forma negativa refuerza la enseñanza del primero. El enunciado es preciso: *y sin Él ni una sola cosa de lo que existe, llegó a ser*. El énfasis de la creación, como se dijo antes, está en la contemplación distributiva de todas las cosas sin ninguna excepción; todas ellas fueron creadas por el Verbo. El que Juan afirme que toda la creación es el resultado de la acción del Verbo, y que cuanto existe surgió simplemente de la omnipotencia y autoridad de su mandato: *¡Sea!*, reafirma la deidad del Verbo encarnado, nuestro Señor Jesucristo. El Verbo es el agente de la trina deidad en la obra creadora. La creación no surgió por medio de Él, sino en Él mismo, es decir, con relación al Verbo, por tanto, Él es la causa originaria de toda la creación. No se trata de que el Verbo fuese modelo o paradigma de todo lo creado, sino centro de unidad y cohesión en lo que todo adquiere su verdadero valor y realidad. La creación tiene en el Verbo lugar de encuentro y razón de ser. Las cosas todas fueron creadas, o mejor quedaron creadas, en el Hijo, en quien está también la causalidad instrumental de la creación, en cuanto a que también es el único mediador. Se trata de una causalidad eficiente porque opera, no en nombre de Dios, sino porque es Dios. Al referirse al Verbo como creador de todas las cosas afirma la grandeza de su propia deidad. Jesús es Dios porque crea todas las cosas, en una única acción indivisible que involucra al Dios trino. Es necesario reafirmar que el Verbo no es simple elemento instrumental en manos del Padre para crear, puesto que supondría subordinación y, por tanto, inferioridad del Verbo al respecto del Padre. La enseñanza del apóstol exige entender esto como referencia a la capacidad creadora que está en Él, lo mismo que en el Padre, por comunicación de la naturaleza divina. Dios crea por el Verbo, en cuanto a que este, como Verbo, es la expresión exhaustiva de la mente divina (v. 1). La forma habitual de la Escritura es referirse como Creador al Padre, pero aquí se dice que todo fue creado por el Verbo. Debe entenderse claramente que en el seno trinitario existe una diferencia absoluta en cuanto a las personas divinas, siendo cada una distinta a la otra, esto es, el Padre no es el Verbo, y este no es el Padre. Esta distinción personal se expresa no solo en relación con la creación, sino en relación con el ser divino. Las acciones trinitarias *ad extra*, en la unidad de acción del ser divino, cada una de las personas puede ser sujeto de atribución de la acción creadora. La unidad de esencia divina exige que todo lo que es peculiar a la deidad, pertenece tanto al Padre como al Verbo y al Espíritu. Quiere decir esto que cuanto se aplique solo a Dios debe pertenecer y aplicarse a Cristo. Es decir, no hay nada divino que no tenga que aplicarse al Verbo. De ahí que la grandeza del Verbo a la que Juan se refiere es su condición de Creador de todo. El apóstol Pablo dirá que es creador de todas las cosas, las visibles y las invisibles, abundando en que es todo cuanto hay en los cielos y en la tierra (Col. 1:16). Según esa división, estarían las cosas que hay en el primer cielo, esto es el cielo atmosférico; también con el segundo cielo, el de las estrellas; y con el tercer cielo, lugar donde de forma especial se manifiesta Dios en su gloria, rodeado de los ángeles que le sirven. Pero también es Creador de cuanto existe sobre la tierra. De otra manera, los astros y el universo entero que incluyen los seres vivos de la tierra deben a Cristo su existencia. Ese es el mismo pensamiento de Juan. La actividad creadora queda recapitulada en Cristo. De ahí la importancia del versículo donde Juan atribuye al Verbo lo que en el Antiguo Testamento se atribuye a Dios como Creador de todo (cf. Sal. 146:5-6; Is. 40:12-31).

Éxodo

Segundo de los cinco libros del Pentateuco.

Título

En hebreo el título del libro es *W^{e}elleh sh^{e}mot*, que literalmente significa *estos son los nombre de*, derivadas de las palabras iniciales del libro (Ex. 1:1). La LXX le da el nombre de *Exodos*[5]; este nombre latinizado hace referencia al suceso principal descrito en el libro, que fue la salida de Israel de Egipto. Aunque hay sucesos sumamente importantes en la descripción histórica del libro, persiste la salida que caracteriza o abre la puerta a todo su contenido.

Cabe la probabilidad de que este haya sido el primero de los cinco libros del Pentateuco, que recoge los acontecimientos inmediatamente anteriores a la llegada de Israel a Canaán, siendo Génesis el complemento histórico necesario para entender el Éxodo y la razón del mismo.

Autor

Fue escrito por Moisés, junto con el resto del Pentateuco, durante los años de tránsito del pueblo de Israel, desde la salida de Egipto hasta la llegada a la frontera de Canaán.

---

[5] Griego: Έξοδος.

Datación

Entre los años 1450-1410 a. C.

Contenido

El tema es la liberación de Israel de la servidumbre en Egipto, en cumplimiento de la promesa que Dios hizo a Abraham (Gn. 15:13-14). Es la manifestación de Israel como nación, con la entrega de la ley por medio de Moisés. Dios se manifiesta continuamente en el libro como quien controla todas las cosas y ejecuta su compromiso en la relación pactada con Israel. Es el Dios glorioso que se digna a vivir en tienda de campaña en medio de su pueblo, acompañándolo en las jornadas del desierto y proveyendo de cuanto le fue necesario. Es el que protegió a Moisés en su nacimiento (cap. 2), quien lo llamó para liderar la salida de Israel y el caminar por el desierto (3:14; 5:1). El Dios de los milagros, como la apertura del mar para que su pueblo pasara en seco (cap. 14); el que proveyó de pan, el maná para alimento diario (cap. 16). Al mismo tiempo, se presenta como el soberano que entrega la ley para que sea cumplida por el pueblo (cap. 20). El que manifiesta su gracia mandando levantar para Él un tabernáculo donde su presencia se hace evidente (cap. 25-27). El que soporta misericordiosamente los agravios de quienes había liberado de la esclavitud, como el caso del becerro de oro (cap. 32).

Bosquejo

Se propone el siguiente para el análisis exegético del texto bíblico.

I. Opresión en Egipto (1:1-12:36).
   1. Elección de Moisés (1:1-4:31).
      1.1. Situación de Israel (1:1-22).
      1.2. Preparación de Moisés (2:1-25).
         1.2.1. Primera etapa de cuarenta años (2:1-10).
         1.2.2. Segunda etapa de cuarenta años (2:11-25).
      1.3. Llamado de Moisés (3:1-4:31).
         1.3.1. Dios se manifiesta a Moisés (3:1-22).
         1.3.2. Moisés expresa sus reservas (4:1-17).
         1.3.3. Aceptación del programa divino (4:18-31).
   2. Moisés enviado a Egipto (5:1-7:13).
      2.1. Primer encuentro con Faraón (5:1-7:7).
      2.2. Segundo encuentro con Faraón (7:8-13).

3. Los juicios de Dios sobre Egipto (7:14-12:36).
   3.1. Primera plaga: sangre (7:14-25).
   3.2. Segunda plaga: ranas (8:1-15).
   3.3. Tercera plaga: piojos (8:16-19).
   3.4. Cuarta plaga: moscas (8:20-32).
   3.5. Quinta plaga: mortandad en el ganado (9:1-7).
   3.6. Sexta plaga: tumores (9:8-12).
   3.7. Séptima plaga: granizo (9:13-35).
   3.8. Octava plaga: langostas (10:1-20).
   3.9. Novena plaga: tinieblas (10:21-29).
4. Término de los juicios, décima plaga: muerte (11:1-12:36).
   4.1. La plaga anunciada (11:1-10).
   4.2. La institución de la Pascua (12:1-36).

II. Liberación (12:37-18:27).
1. La salida de Egipto (12:37-51).
2. Dedicación de los primogénitos (13:1-16).
3. Conducción divina (13:17-22).
4. Cruce del mar en seco (14:1-22).
5. Destrucción de los perseguidores egipcios (14:23-31).
6. Canto de liberación (15:1-21).
7. Tensiones en el pueblo (15:22-17:7).
   7.1. Queja por el agua en Mara (15:22-27).
   7.2. Queja por la comida: el maná (16:1-36).
   7.3. Queja por la falta de agua (17:1-7).
8. Derrota de Amalec (17:8-16).
9. Establecimiento de colaboradores (18:1-27).

III. Israel en el Sinaí (19:1-40:38).
1. La entrega de la Ley (19:1-24:18).
   1.1. El pacto aceptado (19:1-25).
   1.2. El decálogo (20:1-26).
   1.3. Leyes sobre los esclavos (21:1-11).
   1.4. Leyes sobre daños personales (21:12-36).
   1.5. Leyes sobre el hurto (22:1-4).
   1.6. Leyes sobre daños a la propiedad (22:5-6).
   1.7. Leyes sobre honestidad (22:7-15).
   1.8. Leyes sobre inmoralidad (22:16-17).
   1.9. Leyes sobre obligaciones (22:18-23:9).
   1.10. Leyes sobre el sábado y fiestas (23:10-19).
   1.11. Leyes sobre conquistas (23:20-33).
   1.12. El pacto ratificado (24:1-8).
   1.13. La gloria de Dios (24:9-18).

2. El tabernáculo (25:1-31:18).
   2.1. Materiales (25:1-9).
   2.2. El arca y el propiciatorio (25:10-22).
   2.3. La mesa de los panes (25:23-30).
   2.4. El candelero (25:31-40).
   2.5. Las cortinas (26:1-14).
   2.6. Las tablas del cierre (26:15-30).
   2.7. Los velos (26:31-37).
   2.8. El altar de bronce (27:1-8).
   2.9. El atrio (27:9-19).
   2.10. El aceite (27:20-21).
   2.11. Las vestiduras sacerdotales (28:1-43).
   2.12. La consagración sacerdotal (29:1-46).
   2.13. El altar de oro (30:1-10).
   2.14. Dinero de la expiación (30:11-16).
   2.15. El lavacro (30:17-21).
   2.16. El aceite de la unción (30:22-33).
   2.17. El incienso (30:34-38).
   2.18. Los artesanos (31:1-11).
   2.19. El sábado (31:12-18).
3. Rebeldía del pueblo (32:1-34:35).
   3.1. El becerro de oro (32:1-10).
   3.2. Ira e intercesión de Moisés (32:11-35).
   3.3. Arrepentimiento (33:1-11).
   3.4. Oración de Moisés (33:12-23).
   3.5. Renovación del pacto (34:1-35).
4. Construcción del tabernáculo (35:1-40:38).
   4.1. Instrucciones al pueblo (35:1-36:7).
   4.2. Las cortinas (36:8-19).
   4.3. Las tablas (36:20-34).
   4.4. El velo (36:35-38).
   4.5. El arca (37:1-9).
   4.6. La mesa (37:10-16).
   4.7. El candelero (37:17-24).
   4.8. Altar de oro (37:25-29).
   4.9. Altar de bronce (38:1-7).
   4.10. Lavacro (38:8).
   4.11. El atrio (38:9-20).
   4.12. Los materiales usados (38:21-31).
   4.13. Las vestiduras del sumo sacerdote (39:1-31).
   4.14. La obra inspeccionada por Moisés (39:32-43).

4.15. El tabernáculo erigido (40:1-33).
4.16. La presencia de Dios en el tabernáculo (40:34-38).

Cristo en el libro

La presencia de Cristo se pone de manifiesto especialmente en dos aspectos. Por un lado, el libertador, sacando a su pueblo de Egipto; por otro, el presencial, en todo el simbolismo del tabernáculo. Dejando para la exégesis bíblica el análisis pormenorizado del texto, apuntamos a los dos aspectos mencionados en forma general.

Cristo el libertador. En el Nuevo Testamento aparece varias veces esta posición del Señor. Él mismo se presentó como el que puede liberar: "Así que, si el Hijo os libertare, seréis verdaderamente libres"[6] (Jn. 8:36). Las palabras de Jesús hacen referencia al único camino de libertad. Solo el Hijo puede hacer libre al hombre. Este Hijo es el mismo que habla, libre y libertador de todos los que creen en Él. Los judíos se creían libres, como linaje de Abraham, pero no lo eran realmente, de ahí que Jesús habla aquí no de una libertad posible, sino real, les dice que solo cuando el Hijo los libere serán verdaderamente libres. El Hijo es el único que puede otorgar dos grandes bendiciones al creyente: por un lado, la manumisión, por la que queda libertado de la esclavitud del pecado, y por otro, la adopción, por la que queda constituido hijo.

El apóstol Pablo precisa algo más en el aspecto libertador de Cristo: "El cual nos ha librado de la potestad de las tinieblas, y trasladado al reino de su amado Hijo, en quien tenemos redención por su sangre, el perdón de pecados"[7] (Col. 1:13-14). La capacitación para disfrutar de la herencia lleva aparejada la redención del pecador. El sujeto de la acción es el mismo del versículo anterior, esto es, el Padre. Esta liberación es el segundo motivo para expresar gratitud a Dios. La situación del pecador es de esclavitud a causa del pecado, sirviéndole como esclavo (Ro. 6:6). El pecado reinaba en la vida del pecador que le obedece en sus concupiscencias (Ro. 6:12). Con toda concreción el apóstol dice que los creyentes "erais esclavos del pecado" (Ro. 6:17). De este estado de esclavitud fuimos liberados por la obra de redención que el Padre planeó (Jn. 3:16; Hch. 2:23; 2 Co. 5:19, 21). El

---

[6] Texto griego: ἐὰν οὖν ὁ Υἱὸς ὑμᾶς ἐλευθερώσῃ, ὄντως ἐλεύθεροι ἔσεσθε.
[7] Texto griego: ὃς ἐρρύσατο ἡμᾶς ἐκ τῆς ἐξουσίας τοῦ σκότους καὶ μετέστησεν εἰς τὴν βασιλείαν τοῦ Υἱοῦ τῆς ἀγάπης αὐτοῦ, ἐν ᾧ ἔχομεν τὴν ἀπολύτρωσιν1, τὴν ἄφεσιν τῶν ἁμαρτιῶν.

plan eterno de redención tiene aparejada la entrega del Hijo en sustitución del pecador, dando su vida en precio del rescate por todos (1 P. 1:18-20; 1 Ti. 2:6). Por la obra de Cristo, el creyente es rescatado, salvado o liberado. El verbo griego[8] que usa aquí el apóstol aparece relativamente pocas veces en el Nuevo Testamento: solo diecisiete, en comparación con el habitual para salvar[9]. El deponente de la voz media que aparece aquí, tiene el significado de salvar, rescatar. La conexión entre ambos verbos se aprecia claramente en las palabras de la Epístola a los Romanos, donde Pablo dice: "Y luego todo Israel será salvo, como está escrito: Vendrá de Sion el Libertador" (Ro. 11:26), de modo que el Salvador es también el Libertador, o si se prefiere, salva porque libera; el verbo con el mismo sentido de liberar aparece también en el testimonio personal del apóstol relativo a sus últimos días (2 Ti. 4:18). En el ámbito puntual de la liberación que Dios hace en la vida del salvo se aprecia que nos libra del mal (Mt. 6:13); de los incrédulos (Ro. 15:31); de las personas malas y perversas (2 Ts. 3:2); de toda obra mala (2 Ti. 4:18); del cuerpo de muerte (Ro. 7:24); aquí, del poder de las tinieblas. Liberación sugiere la idea de libertad plena, donde la situación de esclavitud queda definitivamente cancelada y a la que ya no se puede regresar.

Estos de los que habla el versículo estaban bajo la potestad de las tinieblas, a cuya situación se había llegado a causa del pecado. Entenebrecidos y en tinieblas, estaban incapacitados para ser herederos por contraposición esencial, ya que nada tiene la luz con las tinieblas (2 Co. 6:14). Dios nos hace aptos para participar de la herencia de los santos en luz. Esta posesión de la herencia es la vida eterna en el reino celestial; de otro modo, es la posesión misma de Dios, quien es luz, y en Él que no hay tiniebla alguna (1 Jn. 1:5). En ese sentido, la libertad trae consigo la recepción de la vida eterna, dada como don de Dios a todo aquel que cree. El mundo de la luz está siempre en oposición al poder de las tinieblas, en cuya esfera, en cuyo mundo están los hombres no salvos. De este poder de tinieblas nos libró Dios. Quienes eran esclavos por voluntad propia van a ser liberados de la esclavitud para pasar a la libertad en Cristo, en la que han de mantenerse firmes (Gá. 5:1). Lo admirable del plan de redención, establecido en soberanía por Dios antes de la creación (2 Ti. 1:9), fue llevada a cabo por el heredero de todo, a quien Pablo se refiere en el versículo como *el Hijo de su amor*. La operación impactante de la gracia se ha

---

[8] Griego: ῥύομαι.
[9] Griego: σώζω.

estudiado en la Epístola a los Efesios, donde se ha considerado extensamente (Ef. 2:8-9). El modo de liberar consistió en asumir la deuda del pecado, pagando el precio del rescate consistente en la entrega de la propia vida del Salvador. En la operación de salvación, ejecutada en el cumplimiento del tiempo establecido eternamente (Gá. 4:4), exigió al Hijo un proceso de entrega que comienza por asumir el estado de limitación, al encarnarse y hacerse hombre; luego pasará por el de humillación, haciéndose siervo y obedeciendo en esa condición hasta la muerte y muerte de cruz (Fil. 2:6 ss.). La humanidad del Verbo fue el vehículo que hizo posible la humillación. Sorprende la dimensión en la encarnación del heredero (Jn. 1:14). En ella, Dios se dona o se da a sí mismo como don supremo a la criatura, que estaba en la condición de esclavo del pecado y perdido sin Dios y sin esperanza. El sacrificio de redención trajo también aparejado el vaciamiento del Hijo de Dios, que se despojó de la impronta visible de su gloria, que tuvo eternamente como Dios, y de sus riquezas hasta hacerse pobre (2 Co. 8:9). Esto es difícil de entender, por lo que también resulta difícil responder a la pregunta: ¿Cómo se hizo pobre? No debe olvidarse que Jesús, como enseñará en el párrafo siguiente el apóstol Pablo, es Dios mismo, al ser la imagen visible del Dios invisible (Col. 1:15). Es además el unigénito del Padre. Por tanto, heredero de todo. En su presencia corporal como hombre, no dejó ninguno de sus atributos esenciales, pues de lo contrario no será Dios infinito manifestado en carne. Quiere decir que todo cuanto existe es suyo. Todo fue creado en Él, por Él y para Él. A la vista de esto, ¿en qué consistió su pobreza, si es dueño y Señor de todo? No solo de cosas materiales, de la creación universal, sino de las espirituales que pertenecen a Dios, tales como la vida eterna que otorga por vinculación con quienes están en Él. Cuando se habla de pobreza en relación con Dios, debe entenderse la imposibilidad absoluta de que Dios pueda dar algo, porque lo ha dado todo. El Padre dio al Hijo Unigénito, y el Hijo dio su propia vida, por tanto, vino a una situación de pobreza en sentido de no tener nada más que dar. En esa pobreza que le hace descender no solo hasta la muerte, sino a las partes más bajas de la tierra, nosotros somos enriquecidos al ser liberados para poder acceder como libres al reino de Jesucristo. El Hijo de Dios, el heredero, gustó la muerte por todos (He. 2:9). No solo la muerte física para ser esperanza de resurrección a los que estamos en Él, sino la muerte espiritual, por la que el precio de la responsabilidad penal del pecado queda extinguido para el salvo, que puede decir con seguridad: "Ahora, pues, ninguna condenación hay para los que están en Cristo Jesús" (Ro. 8:1).

La operación de la gracia que nos libra de la potestad de las tinieblas nos traslada al reino de su amado Hijo, literalmente al reino del Hijo de su amor. Un traslado de una esfera de perdición y tinieblas a otra de vida y luz. Del poder tenebroso del pecado nos conduce al servicio agradable en el reino de su Hijo. De la tiranía esclavizante en la que estábamos prisioneros bajo la acción de los agentes de las tinieblas, que controlan la humanidad sin Cristo, nos traslada a la luz admirable del reino de Dios. El hecho de que el apóstol hable muy a menudo del reino de Dios, refiriéndose al Padre, no disminuye en nada la realidad de que el reino de Dios es también el reino del Hijo (Ef. 5:5). Este traslado del reino de las tinieblas al reino de Cristo se produce en el momento en que un pecador perdido deposita la fe en Jesús; el Espíritu Santo que la vincula con el Salvador lo bautiza en Cristo, quedando revestidos de Él (Gá. 3:27), el cual "nos llamó de las tinieblas a su luz admirable" (1 P. 2:9). Todavía más: la luz gloriosa del reino no solo está para ser disfrutada fuera, sino que se ha hecho realidad en la intimidad del cristiano, que es convertido en luz, "porque en otro tiempo erais tinieblas, mas ahora sois luz en el Señor; andad como hijos de luz" (Ef. 5:8). La presencia de Cristo en el creyente lo convierte en luz en el Señor, de manera que aquel que dijo "Yo soy la luz del mundo" (Jn. 8:12), dice a los suyos "vosotros sois la luz del mundo" (Mt. 5:14). La lumbre de vida, la luz gloriosa del reino de Dios, es dada a quien sigue a Jesús: "El que me sigue, no andará en tinieblas, sino que tendrá la luz de la vida" (Jn. 8:12).

El reino del Hijo, como todo lo que tiene que ver con el reino de Dios o reino de los cielos, comprende distintas manifestaciones de una única realidad. En el tiempo presente, los que creen están en el reino en misterio (Mt. 13), manifestado en la Iglesia, un pueblo que sirve y obedece a Dios, aceptando su señorío y haciendo su voluntad sin reservas. Esta manifestación del reino dará paso a otra nueva profetizada en el milenio, donde el Señor, rey de reyes, gobernará en todo el mundo llevando a cabo el programa divino para esa manifestación futura del reino. Finalmente, el reino tomará la dimensión eterna definitiva con la disolución completa de la creación actual (2 P. 3:10-12) y la creación de cielos nuevos y tierra nueva (Ap. 21:1). Toda la creación universal estará sujeta al Padre; Dios será, sin oposición, todo en todos (1 Co. 15:28). El Hijo heredero, como rey eterno, reinará perpetuamente (Lc. 1:33, Is. 9:6-7; Dn. 7:14).

La experiencia de la herencia y del reino van unidas. Hay promesas para cada etapa del reino. La relación de la Iglesia con el reino milenial y luego con el reino eterno, tiene que ver con la vinculación con el rey. Los que Dios ha libertado por la obra redentora del Hijo son llamados a la comunión con Él (1 Co. 1:9). La Iglesia aparece, en razón de la unidad corporativa con Cristo, reinando con Él. Sentada ya, posicionalmente, con Él en su trono (Ap. 3:21), reinará con Él en el reino milenial (Ap. 5:9-10). A su lado juzgará también con Él al mundo (1 Co. 6:2) y a los ángeles (1 Co. 6:3).

La herencia escatológica está incorporada plenamente en el hecho de haber sido trasladados al reino de su amado Hijo (1 P. 1:4-5). Es una herencia incorruptible[10], literalmente imperecedera, esto es, que no puede corromperse y desaparecer; todas las cosas espirituales y materiales serán perpetuas en el estado eterno; el tesoro celestial no se deteriora y destruye como los terrenales (Mt. 6:20). Esa herencia es también incontaminada[11]; no se trata de una herencia cualquiera, sino que es la herencia de Dios; todo lo que de Él procede es sin defecto, bueno en gran manera (Gn. 1:31). Además, es una herencia inmarcesible[12], que no puede secarse ni marchitarse. Es la herencia que corresponde a los hijos de Dios. Entrando en la posesión de ella será como los poseedores, inmarcesible (Ef. 5:27). Esta herencia es también segura (1 P. 1:4-5). Reservada por Dios mismo y guardada por Él para los suyos en los cielos (1 P. 1:4). Si la herencia es guardada también son guardados los creyentes herederos. Si la herencia no se pierde tampoco pueden perderse los herederos. Dios guarda tanto a una como a los otros. La seguridad es absoluta por cuanto es propósito y voluntad soberana de Dios: "Y esta es la voluntad del Padre, el que me envió: Que de todo lo que me diere, no pierda yo nada, sino que lo resucite en el día postrero. Y esta es la voluntad del que me ha enviado: Que todo aquel que ve al Hijo, y cree en él, tenga vida eterna; y yo le resucitaré en el día postrero" (Jn. 6:39-40). La garantía cierta del Señor sustenta la seguridad de la salvación: "Mis ovejas oyen mi voz, y yo las conozco, y me siguen, y yo les doy vida eterna; y no perecerán jamás, ni nadie las arrebatará de mi mano. Mi Padre que me las dio, es mayor que todos, y nadie las puede arrebatar de la mano de mi Padre. Yo y el Padre uno somos" (Jn. 10:27-30). La operación de la omnipotencia del Padre garantiza también esta misma seguridad: "Y aquel que es poderoso para guardaros sin caída, y presentaros sin mancha delante de su gloria con gran alegría, al único y sabio Dios, nuestro Salvador, sea gloria y majestad, imperio y potencia, ahora y

---

[10] Griego: ἄφθαρτον.
[11] Griego: ἀμίαντον.
[12] Griego: ἀμάραντον.

por todos los siglos. Amén" (Jd. 24-25). Todo eso en el poder de Dios, guardados eficazmente mediante la fe. La gloriosa realidad del reino y de la herencia ya se puede saborear en el presente mediante la fe (He. 11:1).

Pablo habla aquí de una esfera de relación: "El reino de su amado Hijo". El traslado al reino tiene una relación actual. La relación con el heredero comunica a los creyentes la condición de herederos y la participación en la naturaleza divina (2 P. 1:4). El creyente está en comunión con las tres personas divinas. La comunión con el Hijo, heredero de todo, hace posible que toda la herencia sea de cada heredero (Ro. 8:17). La reproducción del carácter del Hijo heredero en sus hermanos es la evidencia de la relación con Dios (Gá. 5:22-23). La condición indispensable para la relación entre los hijos de Dios en el reino de Cristo es precisamente la comunión con el Padre y con el Hijo (1 Jn. 1:3). Esta vinculación hace posible no solo la participación en la herencia, sino la grandeza de comunión en la divina naturaleza, modo propio de la vida eterna (2 P. 1:4). El reino del Hijo no es un asunto futuro, sino una realidad presente. Es cierto que habrá otras manifestaciones del reino, pero ya ahora, en este tiempo, estamos en él. De ahí que el reino de los cielos no es salario de siervos, sino herencia de hijos.

El término redención[13] (Col. 1:14) denota no solo el pago de un precio, sino un acto liberador que capacita también para recibir la herencia: "Así que, por eso es mediador de un nuevo pacto, para que interviniendo muerte para la remisión de las transgresiones que había bajo el primer pacto, los llamados reciban la promesa de la herencia eterna" (He. 9:15). El sujeto de la oración en el versículo de Colosenses es el Hijo, enlazando aquí y completando lo que dijo en el anterior. En Él se hace real y posible la redención. Escribiendo a los corintios, el apóstol dice: "Mas por él estáis vosotros en Cristo Jesús, el cual nos ha sido hecho por Dios sabiduría, justificación, santificación y redención" (1 Co. 1:30). Con toda precisión, afirma en otro escrito: "Siendo justificados gratuitamente por su gracia, mediante la redención que es en Cristo Jesús" (Ro. 3:24). La redención no es una posibilidad y mucho menos una probabilidad, sino una posesión: tenemos redención. Esta bendición no es solo por Cristo, sino en Cristo, esto es, mediante la unión vital con Él. El sacrificio cruento de Jesús operó la redención (Ro. 3:25; 5:9; Ef. 1:7). Esta no fue efectuada por medio de cosas corruptibles, sino mediante la sangre preciosa de

---

[13] Griego: ἀπολύτρωσιν.

Cristo (1 P. 1:18-19). No es suficiente con saber que Jesús hizo una obra redentora, es preciso incorporarse a Él por la fe para recibir el beneficio de la redención. Por la fe el creyente redimido está en capacidad de disfrutar de todos los bienes de la salvación, tanto actual como escatológica. La redención implica un amplio campo de libertad espiritual. Por ella queda anulada la maldición a causa de nuestra condición pecadora (Gá. 3:13). Además, como se ha considerado antes, se produce la liberación de la esclavitud del pecado (Jn. 8:34; Ro. 7:14), unida al disfrute de la verdadera libertad (Jn. 8:36; Gá. 5:1).

La obra redentora permite a Dios perdonar el pecado sin que ello afecte a su justicia. En el texto la expresión *el perdón de pecados* está en caso acusativo, en aposición con, redención[14]. Por fe en Cristo se recibe la remisión de los pecados, de otro modo, el perdón de las transgresiones (Ef. 1:7). Fue el Padre quien le entregó en un acto de amor infinito (Jn. 3:16; 1 Jn. 4:10), pero también el Hijo se entregó voluntariamente en sacrificio por el pecado (Jn. 10:11, 15, 17, 18). Cristo fue puesto como víctima expiatoria mediante el derramamiento de su sangre, ya que "al que no conoció pecado, por nosotros lo hizo pecado, para que nosotros fuésemos hechos justicia de Dios en Él" (2 Co. 5:21). Sobre el Señor fue cargada la responsabilidad penal del pecado de todos los creyentes (Is. 53:5-6). En carácter sustitutorio fue considerado como un maldito asumiendo la maldición del pecado de los hombres (Gá. 3:13). Dios descargó sobre su Hijo la ira por el pecado (Is. 53:10). La redención costó la vida del Salvador, de infinito valor por cuanto es la naturaleza humana de la persona divina del Hijo. La obra de redención comprende e incluye la sustitución. Cristo no solo murió a favor del pecador, sino ocupando su lugar (Mr. 10:45). La sustitución era necesaria a causa de la imposibilidad humana para restituir la ofensa cometida. La responsabilidad penal del pecado, que conlleva la muerte del pecador, queda saldada cuando se transfiere a Cristo, que la cancela muriendo sustitutoriamente por quienes tenían que morir individualmente por el pecado. En Cristo provee Dios de un sacrificio de valor infinito, definitivo y eterno (He. 9:26, 28). La sangre de Cristo cancela toda demanda para el creyente, restaurándolo a la esfera de la paz con Dios (Ro. 5:1) y remitiendo todas sus transgresiones para que no haya para el salvo ninguna condenación (Ro. 8:1). Con esta operación de la gracia Dios puede perdonar al pecador que cree y se acoge a la obra redentora del Hijo.

---

[14] Griego: ἀπολύτρωσιν.

El perdón otorgado no es limitado, sino ilimitado, no son cancelados algunos pecados o los pecados de algún tiempo, sino "los pecados" en su totalidad y en toda su temporalidad. Cualquier transgresión que ocurrió, ocurra en el presente o en el futuro de la vida de un creyente, ha sido ya cancelada por la obra de Cristo (Col. 2:13). Pablo suele tratar este aspecto del perdón, vinculándolo generalmente a la justificación por la fe. Sin embargo, en algunos lugares utiliza el concepto de perdón o remisión de los pecados (cf. Ro. 4:7; 2 Co. 5:19; Col. 2:13; 3:13). Justificación y perdón de pecados son inseparables (Mt. 26:28; Mr. 1:4; Lc. 1:77; 3:3; 7:48; He. 9:22; 10:18; etc.). El apóstol vuelve a citar aquí los mismos conceptos que tiempo antes expuso delante del rey Agripa (Hch. 26:18).

El segundo aspecto destacable de Cristo es el presencial. Dios manifestaba su presencia en el tabernáculo. Este es figura de Cristo. De ahí que el apóstol Pablo, hablando del Señor, diga: "Porque en él habita corporalmente toda la plenitud de la deidad"[15] (Col. 2:9). El Verbo encarnado, dice el apóstol Juan, "habitó entre nosotros" (Jn. 1:14), literalmente puso su tienda de campaña entre nosotros. La gloria de la deidad se manifestó en Él. El sujeto de la oración es Cristo, de ahí que el versículo se refiera exclusivamente a Él. Cristo es Jesús de Nazaret, el hombre que vivió como tal entre los hombres, murió en la cruz, resucitó de entre los muertos y ascendió a los cielos sentándose a la diestra de Dios. Este es Emanuel, Dios con nosotros (Is. 7:14; 8:8; Mt. 1:23). Se está refiriendo para los colosenses a aquel en quien habían sido puestos.

El apóstol afirma que en Cristo "habita corporalmente la plenitud". La plenitud divina en Jesucristo se manifiesta con el pleno beneplácito del Padre, sin que esto suponga una causa originadora por la que la deidad se manifieste en Cristo, sin cuya causa no ocurriría. La plenitud divina está en Cristo, como corresponde a la persona divino-humana del Verbo eterno de Dios manifestado en carne. No es posible desvincular aspectos de relación en el seno trinitario si queremos entender la dimensión de la verdad que Pablo expresa. Además de Hijo, la segunda persona divina es también Logos, que expresa exhaustiva y plenamente al Padre. Sobre esa base se entiende que en Jesucristo habite corporalmente toda la plenitud de la deidad. En contraste con el conocimiento progresivo de los gnósticos, que avanzaba paso a paso hasta el pleroma del conocimiento, en Jesucristo existe

---

[15] Texto griego: ὅτι ἐν αὐτῷ κατοικεῖ πᾶν τὸ πλήρωμα τῆς Θεότητος σωματικῶς,

infinita y totalmente la plenitud no del hombre ni de su ciencia, sino de Dios mismo. El Verbo eterno encarnado en María se hizo hombre y habitó entre los hombres (Jn. 1:14). Ese verbo *habitar* implica una acción presencial o una manifestación visible en el mundo; la idea es de una tienda de campaña asentada en el mundo dentro de la cual se manifiesta Dios mismo en toda su gloria. Jesús es el tabernáculo de Dios entre los hombres. En el reservado del tabernáculo de la antigua dispensación se manifestaba la presencia gloriosa de Dios, cuya dimensión, tanto de gloria como de santidad, hacía imposible que los hombres, incluyendo los sacerdotes, accedieran a su presencia, salvo una vez por año, portando la sangre del sacrificio expiatorio. Ahora bien, Dios viene en Jesucristo como encuentro de gracia, velando la *shekinah* de su gloria bajo el manto austero del siervo, que era su humanidad. Pero todos cuantos estuvieron cerca de Él pudieron apreciar la gloria de la deidad fluyendo en acciones sobrenaturales que la manifestaban expresivamente por medio de su naturaleza humana. Es verdad que en Jesucristo hombre hay limitación, pero es voluntaria a fin de llevar a cabo la misión encomendada en la forma de un siervo obediente hasta la muerte y muerte de cruz (Fil. 2:8). El hecho de que el Nuevo Testamento utilice títulos divinos para referirse a Cristo, tales como Señor y Salvador, que corresponden exclusivamente a Dios en el Antiguo, permite que el título divino Dios se aplique también a Jesucristo, en cuya base el apóstol establece aquí la verdad de la presencia absoluta de la deidad en Él. Una simple aproximación a los títulos antes señalados permite entender que, como Señor, es Dios soberano, presente en su Creación para traerla a la existencia, para sustentarla y para dominar sobre ella, tanto la material inanimada, como la material viva, y también sobre la inmaterial, en sentido de espíritus angelicales creados por Él. Ante esa autoridad se dobla toda rodilla en cielos, tierra y submundo (bajo la tierra). Ángeles, hombres, demonios, vivos y muertos están sujetos a su autoridad y señorío. Reconocerle como Logos implica deidad, que expresa para el conocimiento de los hombres cuanto les es necesario en relación con Dios. Solo la mente infinita de Dios puede ser expresada en el Logos divino. Pero la sintonía y perfecta armonía en el ser divino, entre las dos primeras personas divinas, se pone de manifiesto en el título Hijo de Dios, que es oportuno y propio para Jesucristo. El hecho de ser Hijo nos conduce a entender mejor el texto del apóstol, puesto que siéndolo, y siendo el revelador del Invisible, no podría realizarlo a no ser que en Él habite corporalmente la plenitud de la deidad. Jesucristo es Dios que se revela y, por tanto, tiene en Él la plenitud de aquello que va a revelar. El Señor Jesucristo manifiesta su procedencia eterna del Padre, de su esencia, pero no de su voluntad. De ahí que comparte vida, conciencia y potestad del Padre. De ahí que la plenitud de la gloria de Dios, infinita y eterna, es también la misma plenitud y gloria de Jesús. Siendo Hijo de Dios, su filiación se produce por generación eterna en un compartir de la misma vida. No se trata de que la plenitud de la deidad se invistiera en un hombre nacido de mujer, aunque fuese milagrosamente, sino que es Divino eternamente y se constituye hombre sin dejar de ser Dios, por eso en esa humanidad la plenitud de la deidad persiste, se expresa y es definitivamente revelada por Él y en Él. Estas admirables verdades expresadas tan sintéticamente aquí pertenecen al estudio de la cristología, de ahí que deba ponerse punto a la reflexión en este sentido que conduce inexorablemente a la confesión del apóstol: "En Él habita corporalmente toda la plenitud de la deidad". El verbo *habitar* implica estar presente, por tanto, si en Él habita la plenitud de la deidad, equivale a confesar que está presente en nuestro Señor Jesucristo. Cuando Pablo califica la inhabitación de la deidad en Cristo como corporal no se está refiriendo exclusivamente a la realidad de su humanidad, sino en el sentido de real y verdadera. Esto se opone a la falsa enseñanza de una mera apariencia de la deidad.

En Cristo mora, como en su propio hogar, no alguna expresión de la deidad, sino toda la esencia de la misma. La absoluta dimensión, la plenitud esencial del ser divino, está en Cristo. No hay nada de la esencia misma de Dios que no esté en Jesús. Pablo utiliza aquí el término[16] que equivale literalmente a deidad y que denota la totalidad absoluta de la esencia y naturaleza divinas. Es un concepto más amplio que el del sustantivo[17] griego que se refiere a alguna cualidad o perfección divina (Ro. 1:20). Pablo afirma que Cristo es Dios mismo, con toda la esencia de la deidad morando en Él (Jn. 14:9-11; 2 Co. 4:6; He. 1:3). Los atributos incomunicables que manifiestan la esencia divina, están en Jesús y le son propios. No es la deidad implantada en Él, sino que Él es Dios mismo manifestado en carne. Esto elimina las pretensiones de los falsos maestros que enseñaban a buscar la plenitud fuera de Cristo.

---

[16] Griego: θεότης.
[17] Griego: θειότης.

Levítico

Tercero de los cinco libros del Pentateuco.

Título

La Biblia hebrea titula el libro como *Wayyiqra*, literalmente *y llamó*. Nuestras Biblias toman el nombre de la LXX, que le llama *Levítico*[18], que lo nomina así por tratarse en él de los deberes y derechos de los pertenecientes a la tribu de Leví.

Autor

Fue escrito por Moisés, junto con el resto del Pentateuco, durante los años de tránsito del pueblo de Israel, desde la salida de Egipto hasta la llegada a la frontera de Canaán.

Datación

Entre los años 1450-1410 a. C.

Contenido

El tema principal del libro es el establecimiento del culto y la regulación de la vida de la tribu sacerdotal de Leví. Pero, en general, no se limita a las leyes para los levitas y los sacerdotes, sino que en él está presentada la ética que Dios establece como modo de vida para todo el pueblo.

Entre otras cosas, Dios regula los distintos tipos de sacrificio y el modo de realizarlos, muchos de ellos para expiación de los pecados, bien individuales, entre los que estaban los propios sacerdotes, o bien colectivos, cuando afectaban a la nación. Es necesario entender que todo el sistema legal de sacrificios no es la vida que Dios abre para la salvación de los hombres, en este caso referida más bien a los israelitas, ya que toda la salvación es por gracia mediante la fe. Las reglas generales, las prescripciones para el culto, la conducta del pueblo, están orientadas a una nación que había sido redimida por Dios y que Él había hecho suya, como un pueblo especial entre todos los de la tierra. Este pueblo debía obedecer los mandatos que Dios establecía para mantener la comunión con Él y ser objeto de sus bendiciones. Por esa razón se hace una notable distinción entre aspectos

---

[18] Griego: Λευειτικόν.

de lo que es puro y lo que es impuro. Todo esto como consecuencia de la condición santa de quien los había redimido de la esclavitud en que se encontraban.

La santidad de Dios exigía la santidad del pueblo: "Porque yo soy Jehová vuestro Dios; vosotros por tanto os santificaréis, y seréis santos, porque yo soy santo" (Lv. 11:44).

La soberanía de Dios está presente en el libro, porque es Él quien determina cómo quiere ser servido, cómo debe adorársele, cómo puede ser restablecida la comunión con Él cuando se viese interrumpida por el pecado. Sin embargo, aunque demanda todo esto, el libro pone de manifiesto el amor de Dios hacia su pueblo. Por todo lo hecho a favor de los suyos, por las promesas con que se comprometió con ellos, por la condición de testigos de Dios entre las naciones corrompidas del mundo, exige una vida de santidad que sea conforme al propósito de Dios.

Bosquejo

Se propone el siguiente para el análisis exegético del texto bíblico.

I. El culto regulado (1:1-7:38).
   1. Los sacrificios y ofrendas (1:1-7:38).
      1.1. El holocausto (1:1-17).
      1.2. La ofrenda vegetal (2:1-16).
      1.3. La ofrenda de paz (3:1-17).
      1.4. La ofrenda por el pecado (4:1-5:13).
      1.5. La ofrenda de expiación (5:14-6:7).
      1.6. Instrucciones sobre las ofrendas (6:8-7:38).
         1.6.1. Sobre el holocausto (6:8-13).
         1.6.2. Sobre la ofrenda vegetal (6:14-23).
         1.6.3. Sobre la ofrenda por el pecado (6:24-30).
         1.6.4. Sobre la ofrenda expiatoria (7:1-10).
         1.6.5. Sobre la ofrenda de paz (7:11-38).
   2. Regulaciones para el sacerdocio (8:1-10:20).
      2.1. La consagración al ministerio (8:1-36).
      2.2. Los primeros sacrificios del sacerdote (9:1-24).
      2.3. La profanación del ministerio: Nadab y Abiú (10:1-20).
II. Normas para la santificación del pueblo (11:1-27:34).
   1. Leyes sobre la pureza (11:1-15:33).
      1.1. Animales puros e impuros (11:1-47).
      1.2. Regulación sobre el parto (12:1-8).

      1.3. Regulación sobre la lepra (13:1-14:57).
           1.3.1. Clasificación de la lepra (13:1-59).
           1.3.2. Limpieza de la lepra (14:1-57).
      1.4. Regulación de impurezas físicas (15:1-33).
2. El día de la expiación (16:1-34).
      2.1. La preparación (16:1-4).
      2.2. Las ofrendas (16:5-28).
      2.3. Instrucciones (16:29-34).
3. Leyes sobre el sacrificio (17:1-16).
4. Código de santidad (18:1-20:27).
      4.1. Las relaciones sexuales (18:1-30).
      4.2. Asuntos de conducta (19:1-37).
      4.3. Delitos idolátricos y de conducta (20:1-27).
5. Leyes sobre la vida de los sacerdotes (21:1-22:16).
6. Leyes sobre las ofrendas (22:17-33).
7. Leyes sobre las fiestas solemnes (23:1-44).
      7.1. El sábado (23:1-3).
      7.2. La Pascua y los panes sin levadura (23:4-8).
      7.3. Las primicias (23:9-14).
      7.4. Pentecostés (23:15-22).
      7.5. Las trompetas (23:23-25).
      7.6. El día de expiación (23:26-32).
      7.7. Los tabernáculos (23:33-44).
8. Leyes sobre el aceite, el pan sagrado y la blasfemia (24:1-23).
9. Leyes sobre el año sabático (25:1-7).
10. Leyes sobre el año jubilar (25:8-55).
11. Bendiciones y maldiciones (26:1-46).
12. Leyes sobre votos y diezmos (27:1-34).

Cristo en el libro

Posiblemente sea el libro del Pentateuco con más tipos sobre Cristo y un mayor número de alusiones a su persona y obra. El holocausto como símbolo de su sacrificio; la ofrenda de harina como ejemplo de su servicio sin pecado; la ofrenda de paz como ejemplo de la comunión con Dios por la obra de la cruz; la ofrenda por el pecado, símbolo de Cristo que lleva sobre sí nuestra culpa; la ofrenda expiatoria como símbolo del pago de la responsabilidad penal que asumió en la cruz, etc.

    Entre las muchas figuras, está la del Cordero de Dios que quita el pecado. El apóstol Juan, en el evangelio, habló de Él en referencia al testimonio de Juan el Bautista, cuando presentó a Jesús delante de sus discípulos y dijo: "He aquí el Cordero de Dios, que quita el pecado del mundo"[19] (Jn. 1:29). La frase se inicia con la expresión *he aquí*[20], semejante a ver, atender; con el uso se convirtió en una interjección, equivalente a ¡*mira!* o ¡*atiende!*, que sin duda es el sentido que debe dársele en este lugar. La escena es muy vívida. El Bautista ve aparecer a Jesús y da una voz a todos para que le presten atención. No sabemos, salvo por lo que podría suponerse a la luz del evangelio según Mateo (Mt. 3:14), si el apóstol Juan conocía antes del bautismo a Jesús. Aunque su relación familiar podría haberlo permitido, no hay referencia bíblica que permita hacer una afirmación en ese sentido. Pero, lo que no cabe duda, es que el Bautista quedó impactado en la ocasión en que bautizó a Jesús, como se notará más adelante. Juan llama la atención de todos, como si dijese: ¡Mirad todos! o ¡Atended todos a lo que voy a decir!

Señala a Cristo como el Cordero de Dios. El genitivo de sujeto exige entender que es el Cordero que Dios ha escogido para víctima sacrificial. El cordero era la víctima ordinaria para los sacrificios del orden mosaico. El pueblo de Israel estaba muy acostumbrado a recordar en la Pascua el sacrificio del cordero cuya sangre, puesta en el dintel y en los postes de las puertas, había librado a los primogénitos de Israel de la muerte con el resto de los primogénitos, tanto de personas como de animales, en el día en que Dios liberó al pueblo de la esclavitud de Egipto (Ex. 12-13; cf. Jn. 19:36; 1 Co. 5:7; 1 P. 1:19). No cabe duda de que todos entendían el alcance espiritual del sacrificio del cordero. Además, la profecía de Isaías presenta al Mesías en el sentido en que Juan lo manifiesta: "Todos nosotros nos descarriamos como ovejas, cada cual se apartó por su camino; mas Jehová cargó en él el pecado de todos nosotros. Angustiado él, y afligido, no abrió su boca; como cordero fue llevado al matadero; ... con todo eso, Jehová quiso quebrantarlo, sujetándole a padecimiento" (Is. 53:6, 7, 10). Juan, que con toda probabilidad escribió primero el Apocalipsis, considera el Cordero como símbolo de redención y sacrificio por los pecados (Ap. 5:6, 8; 7:14; 12:11; 13:8). Más adelante, en el evangelio, relacionará la muerte de Jesús

---

[19] Texto griego: ἴδε ὁ ἀμνὸς τοῦ Θεοῦ ὁ αἴρων τὴν ἁμαρτίαν τοῦ κόσμου.
[20] Griego: ἴδε, que gramaticalmente es el aoristo de imperativo del verbo ὁράω.

con la del cordero pascual (Jn. 19:36). La idea fundamental aquí es la del sacrificio expiatorio por el pecado.

Dios había establecido en la ley ritual todo el orden sacrificial. Pero no había provisto de cordero al pueblo, sino que los sacrificios se repetían continuamente día a día, y era el pueblo, colectiva o individualmente, quien se proveía de un cordero. Sin embargo, ninguno de esos sacrificios podía retirar el pecado del pecador, simplemente en forma simbólica apuntaban al sacrificio definitivo por el pecado que tendría lugar en el sacrificio del Cordero de Dios, que es Jesucristo. El escritor a los Hebreos dice: "Y ciertamente todo sacerdote está día tras día ministrando y ofreciendo muchas veces los mismos sacrificios, que nunca pueden quitar los pecados" (He. 10:11). La razón para este proceder era que aquellos sacrificios "nunca pueden quitar los pecados". La principal dificultad no estriba en el ofrecimiento de los mismos sacrificios continuamente, sino en la necesidad de repetirse por incapacidad para solucionar el problema del pecado. Los sacrificios de la antigua dispensación no podían quitar, literalmente *despojar*, lo que equivale a quitar totalmente o suprimir, es decir, como si el hombre, en base al sacrificio, pudiera quitarse algo que lo oprimía alrededor y que es el pecado. A pesar de los sacrificios, seguían teniendo conciencia de que el pecado les afectaba. En el tiempo histórico de Juan el Bautista, Dios se había provisto de Cordero para un sacrificio definitivo, único e irrepetible. Allí en presencia de quienes rodeaban a Juan, estaba aquel que era el Cordero establecido desde la eternidad, así lo entendería más adelante el apóstol Pedro, cuando escribía: "Sabiendo que fuisteis rescatados… con la sangre preciosa de Cristo, como de un cordero sin mancha y sin contaminación, ya destinado desde antes de la fundación del mundo" (1 P. 1:18-20). El Cordero de Dios hacía irrupción en la historia del hombre como resultado o consecuencia de la eterna determinación relacionada con el ministerio soteriológico del Verbo encarnado. Juan lo precisa bien: "El Cordero de Dios".

Tal vez Juan, estando próximo el tiempo de la Pascua, estaba pensando en el Cordero pascual. Dios había establecido ese ritual como recuerdo permanente para el pueblo de Israel (Ex. 12:7-9). El sacrificio del cordero simbolizaba la base de la paz y el centro de la unidad de quienes eran objetos de la gracia de Dios en salvación. La sangre del cordero puesta en el dintel y en los postes garantizaba la paz (Ex. 12:13). En el tiempo de los apóstoles, cuando comenzó la andadura de la Iglesia, Pablo diría que justificados por la fe tenemos paz para con Dios (Ro. 5:1). Aquel cordero era también el núcleo central en la convocatoria familiar reunida para la celebración. Eran salvos solo por la sangre del cordero, pero mantenían comunión unos con otros en torno al cordero que había sido sacrificado. Simbólicamente el sacrificio limpiaba al pecador de su pecado, cumplimiento definitivo no en la figura, sino en la realidad de Cristo, cuya muerte nos limpia de todo pecado (1 Jn. 1:7). Nuestro Salvador, el Cordero de Dios, es el medio de unidad y comunión de los creyentes (Mt. 18:20; 1 Co. 12:13; 1 Jn. 1:3). Según la Epístola a los Hebreos, la muerte de Cristo está vinculada con el cumplimiento perfecto de las sombras de los viejos sacrificios. En ese escrito se ofrece más información sobre la muerte de Cristo que en ningún otro libro del Nuevo Testamento. Baste con algunas de las citas que están en ella respecto a la muerte del que Juan anuncia como el Cordero de Dios (He. 1:3; 2:9; 5:1-10; 7:25-27; 9:12-15,16-18; 10:1-21; 12:2, 24; 13:10-13).

Lo que sigue es el contenido de lo que Juan quería que atendiesen. Es posible que sus palabras fuesen pronunciadas señalando a Jesús que se había acercado. Lo que dice es sorprendente: "El Cordero de Dios que quita el pecado del mundo". El verbo[21] que Juan usa tiene un amplio significado, traduciéndose por tomar, quitar, levantar, cargar. Los sacrificios de la ley no hacían más que cubrir, pasando por alto los pecados, en vista a la realización del sacrificio perfecto del Cordero de Dios. El original griego podría traducirse aquí como toma sobre sí. De hecho, es así como Jesús quitó los pecados del mundo, tomándolos sobre sí. Esto implica necesariamente la idea de un sacrificio sustitutorio por los pecadores. Si la sentencia divina por el pecado es la muerte, y todos los hombres tienen que morir por esta razón, el Cordero viene a dar vida, pero ha de satisfacer la deuda penal contraída por el pecado. De otro modo, debe morir "el Justo por los injustos, para llevarnos a Dios" (1 P. 3:18).

Sustitución o sustituto, en relación con la obra de Cristo, no son en sí mismos términos bíblicos. Sin embargo, la Escritura enseña con toda claridad que Cristo murió por los pecados del mundo, siendo, en palabras que Juan pronunció en esta ocasión, "el Cordero de Dios, que quita el pecado del mundo" (Jn. 1:29). Jesús de Nazaret fue en su muerte el sustituto de los pecadores, ya que potencialmente ocupó su lugar, como se enseña extensamente en las Escrituras. Por medio de la muerte sustitutoria o vicaria, los juicios de Dios y la condenación por el pecado fueron llevados por Cristo, desviando la ira de Dios hacia su persona para que los herederos de ira pudieran ser hechos objetos

---

[21] Griego: αἴρω.

de misericordia y salvos por la obra de la cruz. Habiendo ocupado el lugar del pecador y satisfecho totalmente las exigencias divinas para salvación, el pecador puede ser salvo reconociendo que Cristo murió por sus pecados y aceptarlo por la fe como Salvador personal. La sustitución, aunque es necesaria para la eficacia de la obra salvífica, no expresa absoluta y definitivamente todo lo que se llevó a cabo en la muerte de Cristo. Sin embargo, representa un elemento vital en la obra de la cruz. En ocasiones se utiliza para referirse a la plenitud de la obra salvífica el término *expiación*; sin embargo, no aparece en ningún lugar del N. T., utilizándose, tal vez, en el sentido de cubrir o tapar el pecado, para aplicarlo a la obra que Cristo llevó a cabo en su muerte.

Cuando Juan anuncia a Cristo como el Cordero de Dios que quita el pecado del mundo tiene que estar hablando necesariamente del Cordero que sustituye al pecador muriendo por él. La enseñanza de la sustitución está probada en la Escritura aun sin mencionarla como tal, de igual modo que se enseña la Trinidad sin que haya un texto que se refiera a ella por ese nombre. La profecía anuncia la sustitución, en la que el Salvador es cargado con nuestras enfermedades, sufre nuestros dolores, es herido por nuestras rebeliones, molido por nuestros pecados, el castigo de nuestra paz fue sobre Él y por su llaga fuimos curados; aún más: Dios cargó en Él el pecado de todos nosotros (Is. 53:4-6). Esa misma verdad está establecida en las palabras de Jesús: "Como el Hijo del Hombre no vino para ser servido, sino para servir, y para dar su vida en rescate por muchos" (Mt. 20:28). Eso mismo enseña el apóstol Pablo cuando dice que el Señor se dio a sí mismo en rescate por todos (1 Ti. 2:6). En la idea de sustitución que el Cordero de Dios hace es necesario recordar el sufrimiento vicario, con lo que se quiere decir que uno ocupa el lugar y toma sobre sí el sufrimiento propio de otro. En el sentido de sustitución, el Cordero de Dios toma sobre sí el castigo de nuestra paz (Is. 53:5). La deuda contraída por el pecador a causa de su pecado adquiere una dimensión imposible de cancelar por él ni en el tiempo ni en la eternidad. Ningún hombre podría sustituir a otro hombre cargando con sus pecados, porque el sustituto tendría que estar exento de todo pecado para poder tomar la responsabilidad de los ajenos. Cuando Cristo es ofrecido en sacrificio por el pecado del mundo, con la voluntad del Padre, es evidente que no había otro medio para la salvación de los pecadores más que ocupando su lugar. Los sufrimientos de la Pasión, donde el Cordero de Dios ofrece su vida en sacrificio, expresan el amor eterno de Dios hacia los pecadores, siendo la necesaria ejecución en el tiempo de lo que Dios había planeado y determinado desde la eternidad (2 Ti. 1:9).

Para poder quitar el pecado del mundo, el Cordero de Dios tenía que ser el sustituto en relación al juicio del pecado. Hay varios textos que muestran el alcance de esa dimensión (cf. 1 Co. 15:3; 2 Co. 5:21; Gá. 3:13; 1 P. 2:24). Además, la muerte de Cristo es también un sacrifico propiciatorio. La palabra ἱλαστήριον se usa en relación con el propiciatorio situado sobre la cubierta del Arca del Testimonio, donde se extendía la sangre del sacrificio de expiación (He. 9:5). En el día de la expiación el propiciatorio era rociado con la sangre del sacrificio (Lv. 16:14 ss.). Por medio de ese sacrificio, figura del venidero, el pecado del pueblo era cubierto y pasado por alto, en espera de la ejecución en Cristo de lo que ese sacrificio simbolizaba. En nuestro lenguaje humano, la espera del tiempo en que se sacrificaría el Cordero de Dios significa que transcurran años, incluso siglos hasta que se lleve a cabo, pero el tiempo que transcurre para el hombre no lo hace para Dios, que es eterno y vive en la eternidad; por eso el sacrificio del calvario, planificado y establecido en la eternidad, era ya para Él cumplido, de modo que podía aplicarse porque era una realidad. Por esta causa, el pecador más perdido podía invocar el favor misericordioso y la gracia divina hacia él (Lc. 18:13). De modo perfecto, el sacrificio de Cristo cambia el trono de juicio por el de misericordia (He. 9:11-15). El término ἱλασμός alude al acto de la propiciación (1 Jn. 2:2; 4:10). Al morir en la cruz, Cristo satisfizo todas las demandas de Dios en cuanto al juicio por el pecado. En esa obra queda satisfecha la demanda pendiente por los pecados pasados anteriormente por alto (Ro. 3:25-26). La deuda penal por el pecado queda resuelta y cancelada sobre la base de la obra que Cristo haría en la cruz. Pero, a diferencia del sacrifico propiciatorio que cubría el pecado y que, por esa causa, había de ser repetido continuamente, el de Cristo no cubre, sino que quita el pecado, habiendo llevado sobre sí el juicio que la responsabilidad penal demandaba del pecador.

Hay todavía algo más: el sacrificio del Cordero de Dios tiene un aspecto expiatorio, siendo el sustituto que sufrió la pena o castigo que merecía el pecador (Lv. 16:21; Is. 53:6; Mt. 20:28; Lc. 22:37; Jn. 10:11; Ro. 5:6-8; 1 P. 3:18). Por esa causa, como sacrificio por el pecado, tiene que morir en la cruz y sufrir el juicio del pecado del mundo (1 Co. 15:3-4; 2 Co. 5:19-21; 1 P. 1:18-19). El cordero del sacrificio levítico era ofrecido por un sacerdote o por el sumo sacerdote si se trataba del sacrifico anual de expiación (He. 7:25-27). Jesús ofreció su vida en la cruz, voluntaria y personalmente, constituyéndose, además de víctima, en sacerdote que la ofrece (He. 10:1-10). La pena del pecado puede ser remitida por el carácter expiatorio del sacrificio del Cordero de Dios. En la antigua dispensación, el pecador era perdonado cuando presentaba un sacrificio para la expiación, que era tipo de la muerte de Cristo en la cruz (Lv. 4:20, 26, 31, 35; 5:10, 13, 16, 18; 6:7; 19:22; Nm. 15:25, 26, 28). Esa misma verdad prevalece en relación con la sangre derramada en el calvario, como base de perdón para todo pecador que cree (Ef. 1:7; Col. 1:14). Todo pecador puede ser perdonado porque el juicio por su pecado cayó con todo rigor sobre Cristo en la cruz (1 P. 2:24; 3:18). En razón del sacrificio expiatorio de Cristo, Dios está en libertad de manifestar su gracia a quienes no tienen mérito alguno, salvándolos a pesar de lo que son (Ro. 5:8; Ef. 2:7-10). Toda condenación es quitada para siempre en razón del sacrificio y los méritos del Cordero de Dios (3:18; 5:24; Ro. 8:1; 1 Co. 11:31-32).

El Cordero de Dios que quita el pecado del mundo establece en su sacrificio la paz con Dios, o lo que se llama la reconciliación. Este término tiene que ver con el restablecimiento de relaciones entre quienes estaban en enemistad. Para alcanzar esta situación en relación con Dios han de superarse primeramente los obstáculos que la impiden. En el Nuevo Testamento se habla de la reconciliación. La palabra[22], que como la mayoría procedía de la vida ordinaria y común en el mundo heleno, se vincula con un cambio positivo de una relación negativa. Esta es la palabra que junto con sus derivados se usa en el Nuevo Testamento para referirse a la reconciliación. El significado de reconciliación es cambiar completamente, esto es, producir un cambio de posición. El sujeto de la reconciliación no es el hombre, sino Dios: "Y todo esto proviene de Dios, quien nos reconcilió consigo mismo por Cristo, y nos dio el ministerio de la reconciliación; que Dios estaba en Cristo reconciliando consigo al mundo, no tomándoles en cuenta a los hombres sus pecados..." (2 Co. 5:18-19). La gran diferencia en el concepto de reconciliación en el N. T. con relación al mundo profano es que el sujeto de la reconciliación, no es el hombre, sino Dios. La reconciliación obrada por Dios es la consecuencia de una obra cumplida en la cruz (Ro. 5:10). Precede y excluye toda obra humana, ya que no es una actuación del hombre lo que provoca la reconciliación con Dios, sino al revés. El hombre responde a la obra

---

[22] Griego: καταλλάσσω.

que Dios hizo, aceptándola por fe. El apóstol Pablo enseña que es una obra realizada por Dios, fuera de toda intervención humana. La reconciliación tuvo lugar por medio de la obra de Cristo (Ro. 5:10 ss.). Esa obra permite a Dios declarar justificado a todo aquel que cree (Ro. 5:1).

Finalmente observamos el texto: *...quita el pecado del mundo*. ¿Cómo entender esta afirmación? ¿Acaso la obra del Cordero de Dios y su sacrificio hace salvo a todo hombre y retira de todo el mundo, entendiéndolo como de todos los hombres, sus pecados? ¿Produce esto una salvación universal? No, sin lugar a duda. Sin embargo, en esa obra se produce una doble sustitución, una potencial y otra virtual. La primera hace potencialmente salvable a todo hombre. Nadie podrá decir a Dios en el trono blanco que no hizo lo suficiente para su salvación. Otra es una sustitución virtual, por la que se salva todo aquel que cree. En este sentido tampoco hay limitación ya que Cristo murió por todos. Este mismo versículo es una de las bases que sustenta la muerte por todo y no por algunos. El mismo apóstol Pablo lo enseña con absoluta precisión cuando dice que "es el Salvador de todos los hombres, mayormente de los que creen" (1 Ti. 4:10b). En ocasiones se solventa el aparente problema diciendo que todo el mundo es una referencia a los escogidos desde la eternidad para salvación. Sin embargo, está muy lejos de poder sustentarse en el contexto inmediato que rodea la frase e incluso el que discurre desde los primeros versículos del evangelio. Otras veces se habla de una eterna elección para reprobación, de otro modo, Dios escogió desde la eternidad a unos para salvación, dejando a los otros condenados por sus pecados. El grave problema que supone el decreto de reprobación, está en que no existe un solo texto bíblico que lo afirme y, por tanto, a él se llega mediante una deducción lógica: si escogió a unos para salvación, luego, negó la salvación al resto. Una acción semejante no tiene que ver tanto con la justicia o injusticia del acto, injusticia que no puede existir en Dios, sino en la confrontación que supone con el deseo personal de Él: "Vivo yo, dice Jehová el Señor, que no quiero la muerte del impío, sino que se vuelva el impío de su camino, y que viva" (Ez. 33:11). Es más, el apóstol Pablo dice, refiriéndose a Dios, "el cual quiere que todos los hombres sean salvos y vengan al conocimiento de la verdad" (1 Ti. 2:4). No se trata de voluntad soberana o afectiva, sino de contraste en la determinación de pre-condenación y el deseo de salvación. Aquí Juan hace una afirmación clara, concreta, precisa: "He aquí, el Cordero de Dios que quita el pecado del mundo".

Este Cordero llamará a los hombres a salvación y salvará a todo aquel que cree en Él.

Números

Cuarto de los cinco libros del Pentateuco.

Título

El título que aparece en la Biblia hebrea tradicional es *wayedabber*, que significa *y dijo*, y que son las palabras con las que comienza el libro en el TM, según Jerónimo[23]. En las modernas se le llama *Be-midbar*, equivalente a *en el desierto*. El que figura en las Biblias actuales procede de la traducción del nombre que aparece en la LXX, que es *Números*[24], alusivo a los dos censos del pueblo que figuran en el libro.

Autor

Fue escrito por Moisés, junto con el resto del Pentateuco, durante los años de tránsito del pueblo de Israel, desde la salida de Egipto hasta la llegada a la frontera de Canaán.

Datación

Entre los años 1450-1410 a. C.

Contenido

Aunque realmente los censos están presentes al comienzo y al final de Números (cap. 1-3 y 26), el título hebreo "en el desierto" expresa el contenido del libro. Es la etapa del pueblo desde un año después de la salida de Egipto hasta el término de los treinta y nueve de peregrinación por el desierto, que concluyó en la llanura del Jordán antes de pasar a tomar posesión de la tierra prometida por Dios. El texto sitúa al pueblo en el Sinaí, donde ya estaba el tabernáculo erigido (Nm. 1:1), lo que ocurría un año después de la salida de Egipto. Es el relato de los años en el desierto.

---

[23] Jerónimo, *Praef. in libros Sam. et Mal.*
[24] Griego: Αριθμοι.

Es un libro que narra momentos de dificultades y tensiones a lo largo de tantos años. El pueblo había cometido serios errores y había pecado contra Dios. Sin embargo, la fidelidad de Dios se manifestó continuamente. La corrección divina fue, sin duda, notoria. Miles murieron en el desierto como sanción por la desobediencia de no entrar en Canaán, cuando Dios lo había ordenado, dudando de la provisión divina y atendiendo a la falta de fe y voluntad de los espías, cuyo informe sobre el territorio desalentó al pueblo y produjo una rebelión contra Moisés, que realmente era una rebelión contra Dios (Nm. 14:1-3). Por esa razón murieron en el desierto todos los hombres de guerra mayores de veinte años (Nm. 14:29). Continuamente se aprecia una desconfianza hacia Dios, y una ingratitud manifiesta no agradeciendo la continua provisión que Él hizo para su pueblo.

Todos los acontecimientos de esos cuarenta años prepararon a la generación nueva para que conociesen a Dios y le adorasen como único Dios verdadero y fiel, y confiasen en Él para la conquista de la tierra a donde los conducía.

El libro consta de dos secciones, cada una de las cuales empieza con un censo. El primer censo (cap. 1-4) hace el recuento de los hombres de guerra de la primera generación que salió de Egipto. El segundo (cap. 26) es el recuento de los hombres de guerra de la segunda generación, ya que la primera murió en el desierto. El primer censo da un número de personas que, por desobediencia y desconfianza, no entraron en Canaán, pero el segundo pone de manifiesto una cantidad prácticamente igual de personas nacidas en el desierto o niños que habían salido de Egipto. Esto evidencia que a pesar de los problemas y de la disciplina que ocasionaron por su pecado, Dios no cambió su propósito ni dejó de cumplir sus promesas.

El libro se cierra con el pueblo en las llanuras de Moab. Ante ellos el Jordán y más allá la tierra que Dios había jurado dar a Abraham, Isaac y Jacob. La fidelidad de Dios se describirá con absoluta claridad en el primer libro histórico que describe la conquista de la tierra prometida. No lo iba a conseguir el pueblo, Dios entregaría todo el territorio en sus manos, a pesar de la debilidad espiritual e incluso de la condición desobediente de ellos.

Como todos los escritos del Pentateuco, este es también objeto de cuestionamiento por la Alta crítica. Al hablar de la composición del libro procuran cuestionar la autoría única de Moisés para proponer distintos redactores, sin precisar quiénes ni el número de ellos, perdiéndose en proposiciones de la teoría documentaria. Sugieren que algunas de las tradiciones son de la época del desierto, pero otras son posteriores, situándolas incluso en los tiempos de Esdras.

Bosquejo

Se propone el siguiente para el análisis exegético del texto bíblico.

I. Israel en el Sinaí (1:1-10:10).
   1. El primer censo (1:1-4:9).
      1.1. Censo de las tribus (1:1-54).
      1.2. Posición en el campamento y en la marcha (2:1-34).
      1.3. Los levitas (3:1-4:49).
   2. Instrucciones para la santificación del pueblo (5:1-10:10).
      2.1. Separación de contaminación (5:1-31).
      2.2. El voto nazareo (6:1-27).
      2.3. Ofrenda de los príncipes (7:1-89).
      2.4. Separación de los levitas (8:1-26).
      2.5. La primera Pascua (9:1-14).
      2.6. La posición de Dios (9:15-10:10).
II. De Sinaí a Cades-barnea (10:11-12:16).
   1. La salida de Sinaí (10:11-36).
   2. Murmuraciones del pueblo (11:1-12:16).
      2.1. Murmuraciones por alimento: las codornices (11:1-35).
      2.2. Murmuración de María y Aarón (12:1-16).
III. Israel en Cades-barnea (13:1-20:13).
   1. Dios es cuestionado y desafiado (13:1-14:45).
      1.1. Reconocimiento e informe de los espías (13:1-33).
      1.2. Reacción del pueblo y juicio de Dios (14:1-45).
   2. Tiempo de disciplina (15:1-20:13).
      2.1. Leyes diversas (15:1-41).
      2.2. Rebelión de Coré (16:1-50).
      2.3. El sacerdocio de Aarón establecido (17:1-13).
      2.4. Tareas y sostenimiento de los levitas (18:1-32).
      2.5. La vaca alazana (19:1-22).
      2.6. La falta de Moisés (20:1-13).
IV. Desde Cades-barnea a Moab (20:14-21:35).
   1. Conflicto con Edom (20:14-22).
   2. Muerte de Aarón (20:23-29).
   3. Arad ataca a Israel (21:1-3).
   4. Disciplina y la serpiente de bronce (21:4-9).
   5. Derrota de los reyes Sehón y Og (21:10:35).

V. Israel en los campos de Moab (22:1-36:13).
  1. Balac y Balaam (22:1-41).
  2. Balaam bendice a Israel (23:1-24:25).
  3. Pecado de adoración a Baal-peor (25:1-18).
  4. Censo de la nueva generación (26:1-65).
  5. Instrucciones (27:1-30:16).
      5.1. Ley de la herencia (27:1-11).
      5.2. Designación de Josué (27:12-23).
      5.3. Ofrendas y fiestas solemnes (28:1-29:40).
      5.4. La ley de los votos (30:1-16).
  6. Derrota de Madián (31:1-54).
  7. Ocupación de Transjordania (32:1-42).
  8. Recapitulación del viaje desde Egipto (33:1-49).
  9. Instrucciones para la toma de la tierra (33:50-56).
      9.1. División de la tierra (34:1-36:13).
          9.1.1. Límites (34:1-12).
          9.1.2. Partición (34:13-29).
          9.1.3. Ciudades de los levitas (35:1-8).
          9.1.4. Ciudades de refugio (35:9-34).
          9.1.5. Herencia de las hijas (36:1-13).

Cristo en el libro

Hay continuos ejemplos de la presencia de Cristo en el libro. La roca abierta de donde salió agua para satisfacer la sed del pueblo (Nm. 20:8-11) es un ejemplo de la provisión de Dios por medio de Cristo, de quien el apóstol Pablo dice: "Y todos bebieron la misma bebida espiritual; porque bebían de la roca espiritual que los seguía, y la roca era Cristo" (1 Co. 10:4). La provisión de alimento por medio del maná representa también al pan de vida que descendió del cielo y satisface el hambre espiritual del hombre (Jn. 6:27).

Con todo hay una referencia que Jesús toma del libro y que la aplica a Él mismo en el diálogo con Nicodemo, al decirle: "Y como Moisés levantó la serpiente en el desierto, así es necesario que el Hijo del Hombre sea levantado, para que todo aquel que en él cree, no se pierda, mas tenga vida eterna"[25] (Jn. 3:14-15). La primera revelación que comunica Jesús a Nicodemo es que el Hijo del Hombre descendió

---

[25] Texto griego: Καὶ καθὼς Μωϋσῆς ὕψωσεν τὸν ὄφιν ἐν τῇ ἐρήμῳ, οὕτως ὑψωθῆναι δεῖ τὸν Υἱὸν τοῦ Ἀνθρώπου, ἵνα πᾶς ὁ πιστεύων ἐν αὐτῷ1 ἔχῃ ζωὴν αἰώνιον.

del cielo. Previo a esto hay una afirmación concreta y precisa: "Nadie subió al cielo", por tanto, nadie puede revelar las cosas celestiales. Todas las cosas que están reveladas en la Escritura no fueron conocidas por los escritores por haber subido al cielo, sino porque el cielo se las comunicó a ellos estando en la tierra. De ahí que Moisés diga, refiriéndose al mandamiento: "Porque este mandamiento que yo te ordeno hoy no es demasiado difícil para ti, ni está lejos. No está en el cielo, para que digas: ¿Quién subirá por nosotros al cielo, y nos lo traerá y nos lo hará oír para que lo cumplamos?" (Dt. 30:11-12). Por tanto, nadie puede de los hombres revelar las cosas celestiales, con la excepción del Hijo del Hombre, el que bajó del cielo.

Nicodemo recibe de Jesús una importante enseñanza cristológica. Ningún gran hombre, o el mayor de los profetas, puede compararse con el que ha descendido del cielo, por cuanto está en el cielo. Es cierto que la parte final del versículo, como está en RV, no figura en manuscritos seguros, pero el testimonio de la frase no deja de estar en muchos que también lo son. El Hijo del Hombre está en el cielo aun estando en la tierra. La inmanencia de la segunda persona de la deidad es una realidad. En su naturaleza humana solo podía estar en un sitio a la vez. En la ocasión del diálogo con Nicodemo estaba en Jerusalén. Pero, en su naturaleza divina, la omnipresencia es una de las perfecciones de la deidad. Aquel que estaba dialogando como un hombre en la tierra está en el seno del Padre, de donde desciende al ser enviado por Él. Es la encarnación del Verbo la que hace posible tal dimensión, inconcebible para el hombre, pero absolutamente determinada por Dios. Jesús mismo con su presencia estaba dando a aquel que vino de noche para conversar con Él un atisbo de lo que son las cosas celestiales. De modo que, si la regeneración de una persona humana por el poder del Espíritu es un misterio grande, mucho mayor es el hecho de la encarnación de una persona divina. Esta es la primera gran verdad que se expone sin muchas palabras delante del fariseo.

La encarnación del Verbo tiene cinco importantes consecuencias. La primera es que, puesto que desciende del cielo y está en el seno del Padre, posee una naturaleza divina y una naturaleza humana, ambas subsistentes en la persona divina del Hijo de Dios, así que en Él habita corporalmente la plenitud de la deidad (Col. 2:9). La segunda es que, a consecuencia de esa condición divino-humana, siendo además el Verbo eterno, es conocedor absoluto de todos los secretos divinos, de modo que Él y solo Él, puede revelarlos. La tercera verdad es que Jesús es la manifestación de Dios en carne humana (1:14; 1 Ti. 3:16; 1 Jn. 4:2). Si desciende del cielo y habla con los hombres en un diálogo terrenal, en el sentido que se produce como un coloquio con la creatura, quiere decir que vino para hacerse como uno de nosotros, aunque sin pecado, con el propósito de enseñarnos el camino de Dios, conducirnos a la salvación y convertirse Él mismo en la única esperanza de gloria (Col. 1:27). Esta es la gran manifestación del amor de Dios hacia nosotros (Ro. 5:8-11; 1 Jn. 4:9-10, 19), que será un tema de la enseñanza de Jesús, un poco más adelante. La cuarta lección es que Él es el Hijo del Hombre, título que para los judíos era propio del Mesías anunciado. Sobre este título se ha reflexionado con anterioridad. Esta es una expresión que Jesucristo se aplica a sí mismo con mucha frecuencia. Aunque vinculado con el hombre, no se trata de un término de humillación, sino de gloria. En ese sentido aparece en la profecía (Dn. 7:13 ss.). El Hijo del Hombre que se acerca al Anciano de Días hace entender que se trata de la glorificación de Cristo, como se presenta en la ascensión desapareciendo tras la nube (Hch. 1:9). Es interesante observar que Jesús utiliza el título en tercera persona, Hijo del Hombre, haciendo resaltar la distinción entre el estado de limitación en que se encontraba en la tierra y el de gloria en que había de encontrarse cuando ascendiese a la diestra de Dios. Este título se usa escatológicamente: "Porque el Hijo del Hombre vendrá en la gloria de su Padre con sus ángeles, y entonces pagará a cada uno conforme a sus obras" (Mt. 16:27); de la misma manera: "Entonces verán al Hijo del Hombre, que vendrá en las nubes con gran poder y gloria" (Mr. 13:26). Pero, también lo usa en relación con la obra de redención que llevaría a cabo en la cruz: "El Hijo del Hombre será entregado en manos de hombres, y le matarán" (Mt. 17:22-23); en este mismo sentido lo usará más adelante (Jn. 3:14). También lo utiliza en sentido de hacer notar la condición sobrehumana de su preexistencia y deidad, como ocurre en este versículo, en el que hace notar que solo Él ha descendido del cielo porque estaba en él. Más adelante volverá a presentarse con este título en este sentido: "¿Pues qué, si viereis al Hijo del Hombre subir a donde estaba primero?" (Jn. 6:62). El título es el adecuado para referirse a la condición humana del Señor, de modo que, hablando de sus relaciones sociales y sus costumbres, se lee: "Vino el Hijo del Hombre, que come y bebe, y dicen: He aquí un hombre comilón, y bebedor de vino, amigo de publicanos y de pecadores" (Mt. 11:19). En la enseñanza a Nicodemo utiliza este título.

Aunque la frase "que está en el cielo" no se encuentra en todos los mss., está atestiguada en algunos y viene bien como sustento de la verdad sobre la omnipresencia divina del Verbo eterno. Estando en la tierra como hombre, estaba en el cielo como persona divina. Con toda seguridad, Nicodemo y el grupo que consideraba a Jesús como un maestro no podía entender entonces su condición divino-humana, porque la misma teología hebrea no podía admitir que en el ser divino hubiese más de una persona, la del Padre. Pero lo entenderían más adelante cuando comenzase a predicarse el misterio de la piedad en la proclamación del evangelio de la gracia. De Cristo, estando en la tierra, podía decirse que estaba en el cielo por razón de su deidad. Es notable observar el silencio que sigue, en que Nicodemo no responde ya nada a las palabras de Jesús, convirtiéndose estas en un monólogo. Tal vez en la mente del maestro de Israel comenzaba a presentarse la dimensión sobrenatural y sobrehumana que el Señor ponía delante de él con todo lo que le estaba diciendo.

La frase *subió al cielo*, podría usarse también como una referencia a la resurrección y ascensión, que tendría lugar luego de concluir la misión redentora para la que había sido enviado. Aunque la expresión está construida con un perfecto, que denota una acción definitivamente concluida, el pasado es en profecía muchas veces un futuro que por proceder de Dios se da como un hecho realizado. Jesús subió a los cielos después de su resurrección, pero lo importante aquí no es tanto precisar la aplicación temporal a la que se refiere, sino el hecho de que Jesús descendió del cielo, permaneciendo en él.

Jesús presentó a Nicodemo la necesidad de que se produjera la obra de redención del hombre en su persona. Para ello, utiliza una ilustración tomada de la historia de Israel, en la que ella misma es tipo de la cruz en extensión y significado. Como judío, Nicodemo conocía bien aquel suceso producido en el tiempo del tránsito por el desierto. En aquella ocasión, el pueblo había hablado contra Dios y contra Moisés, quejándose de aquel caminar por el desierto y del maná que recibían cada día como provisión para su alimento. Dios envió entre el pueblo serpientes venenosas que mordían y causaban la muerte. La solución fue dada por Dios mismo, mandando a Moisés que hiciese una serpiente de bronce y la colocase sobre un asta a la vista de todos. Aquel que, mordido por la serpiente, estaba sentenciado a muerte, podía mirar a la serpiente de bronce y era sanado. Tanto en el Texto Masorético como en la LXX de Nm. 21:9 ss. se dice que Moisés puso la serpiente en un poste. Para los israelitas, la liberación de la muerte procedía de Dios mismo, como se lee en uno de los libros devocionales y comentarios de enseñanza hebreos: "Los que se volvían hacia la serpiente eran salvados, no gracias a lo que veían, sino gracias a Él, el Salvador de todos". Pero, ¿la serpiente tenía el poder sobre la vida y la muerte? No, sino que servía para enseñar que los israelitas se sanaban porque al mirar hacia arriba ponían su confianza en su Padre que está en los cielos. La serpiente de bronce era la provisión que Dios hacía para salvar a quienes por su pecado estaban en camino de muerte. Aquella serpiente de bronce fue necesaria para la salvación del pueblo. El tárgum interpreta el significado de mirar a la serpiente, como volver el corazón hacia la misericordia de Dios, que es volverlo a Dios mismo.

La segunda cláusula de la comparación es que de la misma manera como ocurría con la serpiente, así también era necesario que el Hijo del Hombre fuese levantado. Sin duda, Jesús estaba hablando de su levantamiento en el hecho redentor de la cruz. En el tipo de la serpiente de metal, cuyo anti-tipo es Él mismo, comienza la exposición del fin soteriológico de la obra de Cristo. La serpiente de bronce era símbolo de salvación y de vida; por tanto, en el plan de redención era necesario que el Hijo del Hombre también fuese levantado, para poder dar salvación, no a un pueblo limitado, sino a todo aquel que crea en Él. Estas palabras abren el pasaje soteriológico más importante del evangelio según Juan, y sin duda, uno de los más completos y precisos de todo el Nuevo Testamento, al que debemos aproximarnos para entender su contenido.

La situación del pueblo de Israel es figura de la humanidad afectada por el pecado. Números enseña que era el pueblo quien había pecado contra Dios. No se trataba de alguno o algunos en el pueblo, sino de todo el pueblo. La Biblia declara que el pecado es un hecho real, acusando directamente al hombre de ser pecador (Sal. 14:1-3; Is. 55:1-3, 6-7). Además, reconoce la condición perversa del corazón humano como efecto directo del pecado (Jer. 17:9-10). Desde Génesis 3, la Biblia presenta al hombre como un ser necesitado de redención. La evidencia del pecado en cada ser humano está atestiguada en el efecto de la Ley, que lo pone de manifiesto y para lo que fue dada (Ro. 3:19-23; 7:7; Stg. 1:22-25). Por medio de ella, se evidencia lo destituido que queda el hombre de la gloria de Dios (Ro. 3:19, 23). La universalidad del pecado es la verdad bíblica que manifiesta que no hay ni una sola persona perfecta que pueda llegar a alcanzar las demandas de justicia y santidad establecidas por Dios por medio de su esfuerzo personal o en base a sus méritos (Ro. 3:10, 23). La universalidad del pecado es una verdad manifestada en la Escritura (cf. Sal. 53:1-3; Ro. 3:9-20; 11:32). El pecado fue introducido por Satanás en la esfera de los hombres (Gn. 3:11-15), es decir, el pecado no se originó en el hombre, sino que antecede a este (Ro. 5:12). No cabe duda de que a Satanás le interesa que el hombre tenga ideas erróneas sobre el pecado, de modo que el humanismo actual procura enseñar que el pecado es una debilidad inconsecuente; sin embargo, la Biblia dice que el pecado es abominación a Dios, una violación de su voluntad. Por tanto, no es cosa de poca importancia (Ex. 34:7; Ro. 6:23). El concepto de pecado designa el múltiple fenómeno de los yerros humanos, que van desde la más insignificante transgresión de un mandato hasta la ruina de toda la existencia. Varios términos se usan en la Biblia para referirse al pecado y sus distintos aspectos o manifestaciones. Una de ellas equivale a hacer injusticia, oprimir, violentar, etc. (p. ej.: Lv. 19:13; Dt. 28:29; Sal. 119:120). El pecado, especialmente en el Antiguo Testamento, enfatiza no tanto un hecho aislado, sino el conjunto de la falta, siendo una rebelión contra el orden sagrado del derecho de Dios (1 S. 3:13, 14). El pecado es un fenómeno teológico y social que conduce a la destrucción del pueblo, de ahí la necesidad de desarraigarlo de entre ellos (Lv. 16:21-22; 17:4, 9). El pecado acarrea consecuencias de castigo; aún el cometido inconscientemente trae esas mismas consecuencias (Gn. 20:3). Una de las formas mejores para entender el pecado es el concepto bíblico que lo vincula con errar al blanco. Dios establece una forma de vida consistente en amarlo a Él sobre todo y al prójimo como a uno mismo. Es suficiente para conocer que todos erramos a ese objetivo, por tanto, erramos al blanco que Dios ha establecido (Ro. 5:21; 6:12, 14, 17; 7:11, 14, 17, 20, 23, 25; 8:2; 1 Co. 15:56; He. 3:13; 11:25; 12:4; Stg. 1:15). En su alcance, se incluyen los actos premeditados o ignorados y el estado malo o disposición impía de la mente y del corazón (Gn. 4:7; Ex. 9:27; Lv. 5:1; Nm. 6:11; Sal. 51:2; Pr. 8:36; Is. 42:24; Os. 4:7). Desde el punto de vista de la relación con Dios, el pecado es un acto de rebelión (1 S. 15:23) o la máxima expresión de la falta de amor a Dios (Dt. 6:5; Mr. 12:30). Desde el punto de vista de relación con la ley de Dios, el pecado es transgresión de la voluntad divina (Nm. 15:30; Sal. 19:13). Desde la dimensión de la relación con el hombre, el pecado es injusticia o falta de amor al prójimo como a uno mismo (Lv. 19:18; Mr. 12:31). Con uno mismo, el pecado es egoísmo (Sal. 51:5; Ro. 7:18).

A la universalidad del pecado, siguen las consecuencias. La primera de ellas es el estado de depravación en que se encuentra el hombre. Depravación es la positiva disposición y activa inclinación al mal que hay en todo ser humano a consecuencia del pecado, que lo incapacita totalmente en orden de la salvación y lo orienta al mal (Gn. 6:5; Mr. 7:20-23; Ro. 3:9-18). La segunda de ellas es que hace incurrir a los hombres en la ira de Dios. Es desde la confrontación con la ley que el pecado es como una potencia personal que actúa en y a través de los hombres (Ro.5:12, 21; 6:6, 17; 7:9). Juan trató antes el pecado desde la perspectiva de la obra del Cordero de Dios que quita el pecado del mundo (1:29; 1 Jn. 3:5). A consecuencia del pecado, el hombre ha quedado totalmente incapacitado para cambiar por sí mismo su carácter y conducta, de modo que pueda amar a Dios y obedecerle. En ese sentido, el hombre no regenerado no puede ni quiere hacer un solo acto que alcance el nivel moral prescrito soberanamente por Dios.

Sobre la ilustración de Israel que Jesús presenta a Nicodemo, se aprecia la consecuencia final del pecado, que era la muerte producida por la mordedura de las serpientes, contra lo que nadie tenía remedio alguno y que indefectiblemente se producía en todos los afectados por la mordedura. Dios estableció la pena por el pecado, que es la muerte (Gn. 2:17). El primer aspecto se refiere al salario del mal que se consigue con el pecado, al afrontar la ira de Dios (Jn. 3:36; Ro. 1:18; 6:23); el segundo es aplicable a una situación que se adquiere pecando (Pr. 5:22). La muerte en la Biblia se presenta como lo contrario a la vida. Si esta arranca de la íntima comunión con Dios, la muerte comporta primordialmente el apartamiento de Él. Adán no murió físicamente en el día en que quebrantó el mandamiento divino, pero en ese mismo instante comenzó su muerte espiritual. En este estado se encuentra toda persona no regenerada (Mt. 8:22; Lc. 15:32; Jn. 5:24; 11:25-26; Ro. 5:12, 14; Ef. 2:1; 5:14; 1 Ti. 5:6; 1 Jn. 3:14). La muerte física (Gn. 3:19) es una consecuencia visible del pecado (Sal. 90:7-9; Is. 38:17-18; Ro. 5:12, 14; 1 Co. 15:21-22). La muerte segunda o muerte perpetua es el estado definitivo para todo aquel que muere sin Cristo (Ap. 20:6, 14).

Frente a la situación irreversible para el hombre, Dios interviene en gracia para proveer de salvación. En la ilustración mosaica, la serpiente de bronce levantada sobre un mástil proveía de salvación a todo aquel que, mordido por la serpiente, levantaba sus ojos a la provisión divina y miraba por fe a ella. No tenía, como se dijo antes, ninguna magia especial o poder oculto, pero el que iba a morir levantaba una mirada de fe con toda su alma, de corazón, con deseo de ser sanado y con confianza en que la palabra de Dios era fiel para cumplir la promesa de sanidad dada a todo aquel que mirase de ese modo a la serpiente de bronce. De ese mismo modo, cumpliendo la ilustración, el Hijo del Hombre sería levantado, lo que para Juan es sinónimo de crucificar (8:28; 12:32-34). Por tanto, está anunciando a Nicodemo la futura crucifixión del Señor como instrumento de redención y liberación de la responsabilidad penal del pecado. Basta para ello una mirada de fe al redentor para recibir el perdón de pecados y la vida eterna, como explica el Señor en los versículos que siguen.

El verbo usado por Juan[26] tiene el significado de *levantar, elevar* y también *exaltar*. Para el apóstol y evangelista, la cruz no es solo el lugar de la humillación, sino también el de la exaltación de Jesucristo, que se manifiesta definitivamente en su resurrección y glorificación, por la cual fue exaltado a los lugares celestiales y sentado a la diestra de Dios. Sin la resurrección y ascensión a los cielos no puede haber salvación por cuanto no es posible la justificación más que por la resurrección del redentor (Ro. 4:25).

Ese es también el sentir del apóstol Pablo cuando habla de que su gloriarse no puede ser otro que el de la cruz de nuestro Señor Jesucristo, que provee de liberación espiritual de la esfera del mundo y consiguientemente del pecado, por identificación con Él (Gá. 6:14).

El hecho del levantamiento de Cristo en la cruz abre la provisión a la solución del pecado del hombre, en cuanto a condenación eterna, puesto que allí se produce la sustitución por nuestros pecados, al ser hecho Él maldición por nosotros, al ser colgado, equivalente a levantado, en un madero (Gá. 3:13). Si la ley hace maldita la existencia de todos los hombres, Cristo nos ha rescatado de esa existencia maldita, ocupando el lugar de maldición. Los perdidos pecadores debían ser condenados a causa de su pecado. La paga del pecado no podía ser otra que la muerte. Pero el inocente y santísimo Hijo del Hombre fue entregado por nosotros y puesto en el lugar de los extraviados y rebeldes. La copa de maldición fue asumida por Él para que los malditos seamos herederos de bendición. Jesús llega a ser hecho maldición al ser el sustituto universal y, por tanto, potencial del pecador. En la cruz ocupa el lugar del perdido y los pecados de cada salvo le son imputados; esto es, son puestos sobre Él (Is.53:6, 12; Jn. 1:29; 2 Co. 5:21; He. 9:28; 1 P. 2:24). Así se enseña: "Así también Cristo fue ofrecido una sola vez para llevar los pecados de muchos" (He. 9:28). Sobre Jesús fueron cargados nuestros pecados y hecho sacrificio expiatorio por el pecado (2 Co. 5:21). La consecuencia es la apertura de la justificación por la fe a todo el que crea (Ro. 5:1). En la muerte de Cristo, todo el pecado nuestro fue hecho suyo, por transferencia de la responsabilidad penal, lo que permite a Dios reconciliar consigo al mundo (2 Co. 5:19). No es posible dejar de considerar que la muerte es la situación final y definitiva del hombre a causa del pecado. La muerte es la expresión suprema de la maldición, porque supone la separación de

---

[26] Griego: ὑψόω.

Dios. En la muerte de Cristo, todo cuanto el pecado había hecho nuestro, fue hecho suyo, salvo la pecaminosidad, puesto que "nunca hizo Él maldad, ni hubo engaño en su boca" (Is. 53:9b). La muerte es, en cierto modo, la expresión absoluta de la repulsión que Dios hace del pecado, y Cristo murió. De otro modo, quedó alejado de Dios y sujeto a su ira por el pecado. El Salvador, en la ilustración de la serpiente de bronce, hecha realidad en Él, ocupa el lugar de su pueblo, para redimir a los condenados a muerte y poder llevarlos en Él a la vida.

Añade el apóstol Juan: "Para que todo aquel que en él cree, no se pierda, mas tenga vida eterna". El propósito de la muerte de Cristo es para salvación a todo aquel que cree en Él. El versículo anterior habla del modo de salvación, mediante la obra redentora y sustitutoria de Jesús, en este se habla del alcance de la salvación. Esto requiere la necesidad de establecer precisiones sobre si la salvación se da a todo aquel que cree, y en ese sentido no hay limitación, como más adelante dirá Cristo: "El que a mí viene, no le hecho fuera" (Jn. 6:37); quiere decir que la potencialidad salvadora alcanza a todos los hombres.

La comprensión del alcance de la muerte de Cristo ha sido diferente, según el modo de pensamiento teológico. Tales diferencias han dividido a muchos teólogos, produciendo en ocasiones posiciones radicales que generan enfrentamientos y causan profundas divisiones. Por un lado, están los que se conocen como redencionistas limitados, que sostienen que Cristo murió solo por algunos, concretamente por un grupo de personas que Dios eligió soberanamente para salvación, predestinándolos para gloria. Otro grupo, conocido como redencionistas ilimitados, entienden que Cristo murió por todos sin excepción alguna, proveyendo de salvación a todo aquel que cree. La posición de redención limitada forma parte del llamado quinto punto del calvinismo histórico, también llamado hipercalvinismo, sin embargo debe entenderse que no todos los que están en la posición calvinista sostienen la redención limitada. Lamentablemente no se puede militar en ambos posicionamientos, por lo que es preciso situarse en el campo que bíblicamente se entiende como correcto a la luz de la enseñanza general de la Palabra. Dicho de otro modo, es necesario determinar si la obra de la cruz estuvo solo dirigida a los escogidos, que serían personalmente salvos, de tal manera que todo cuanto se produce en el plano de la redención se realizó para ellos solamente, así la expiación, propiciación, reconciliación y rescate, se limita tan solo a quienes Dios ha elegido eternamente para salvación, o por el contrario esa obra se extiende sin limitación alguna a todos los hombres. Es necesario determinar si la obra de la cruz provee de medio de salvación a todos los hombres, aunque sea eficaz solo para los que creen. Es evidente que la posición de redención limitada se sostiene solo por el calvinismo extremo, mientras que todos los demás evangélicos, en sus diversos modos de entender la salvación, sostenemos la redención ilimitada según el sentido de interpretación literal de la Biblia. Posiblemente la dificultad del posicionamiento en relación con la verdad revelada, tanto para redencionistas limitados como para los redencionistas ilimitados, se produce por una deficiente comprensión de la dimensión de la obra de sustitución en la cruz, no distinguiendo entre dos aspectos: la sustitución potencial y la sustitución virtual. Esto es sumamente importante porque no es posible comprender un llamamiento universal a salvación de *bona fide*, de parte de Dios, si algunos quedan absolutamente excluidos de la salvación. Es necesario establecer, conforme al pensamiento de Juan, si Dios envió a su Hijo al mundo, con la voluntad antecedente, manifestada en el propósito decidido de salvar a algunos, o si el propósito de Dios fue más bien proveer de salvación para todo aquel que crea (Jn. 3:14-17).

Acudiendo a un análisis textual, se aprecia que muchos de ellos enseñan la universalidad de salvación. Comenzando por el versículo que comentamos: "Para que todo aquel que en él cree, no se pierda, mas tenga vida eterna". Este *todo aquel* está implícitamente comprendido en la palabra *mundo* de los versículos siguientes, que se comentarán en su momento. Aquí todo aquel se refiere a toda la humanidad. Dios provee en Cristo salvación con una única condición: creer en Cristo. Los limitacionistas fuerzan el concepto *todo aquel* y *mundo* para limitarlo a los escogidos. Pero sería igualmente contrario a toda buena interpretación sustituir como equivalente la palabra *mundo*, *todo aquel*, *todo el que*, por *mundo* en los pasajes en que ocurren (p. ej. 1:29; Hch. 10:43; 17:30; 2 Co. 5:14, 15, 19; 1 Ti. 2:4, 6; Tit. 2:11; He. 2:9; 1 Jn. 2:2). El contexto del evangelio enseña que la causa de la condenación para los hombres es "preferir las tinieblas a la luz" (Jn. 3:19). Es necesario apreciar que la causa de la condenación está en no creer en Jesucristo (3:36; 8:24). En otro versículo, se lee: "Pero Dios, habiendo pasado por alto los tiempos de esta ignorancia, ahora manda a todos los hombres en todo lugar, que se arrepientan" (Hch. 17:30). Dios establece el arrepentimiento y lo manda para todos los hombres, no solo para algunos. No sería posible admitir una demanda así sin que hubiera una salvación ilimitada que alcanzara a todos. Si Dios manda a todos que se arrepientan —en el sentido de que, dejando sus pensamientos idolátricos, cambien de mentalidad orientándose al único Salvador y se vuelvan a Dios— es que hay gracia suficiente para que todos puedan ser salvos. Dice también el apóstol Pablo: "Porque el amor de Cristo nos constriñe, pensando esto: que si uno murió por todos, luego todos murieron; y por todos murió, para que los que viven, ya no vivan para sí, sino para aquel que murió y resucitó por ellos" (2 Co. 5:14-15). No cabe duda de que quienes viven para Dios son aquellos que han creído, por lo que el texto podría aplicarse también a una redención limitada solo a los escogidos, pero más adelante se lee que "Dios estaba en Cristo reconciliando consigo al mundo, no tomándoles en cuenta a los hombres sus pecados, y nos encargó a nosotros la palabra de la reconciliación. Así que, somos embajadores en nombre de Cristo, como si Dios rogase por medio de nosotros, os rogamos en nombre de Cristo: Reconciliaos con Dios" (2 Co. 5:19-20). La redención ilimitada está claramente manifestada en uno que murió por todos. Se trata de una muerte potencial o contractual. En razón de la muerte de Jesús, Dios coloca al mundo en posición de reconciliación con Él. En esa base se exhorta al mundo a la aceptación del mensaje que proclama la reconciliación, sin límite en el llamamiento y sin límite en la respuesta. Más directas son las palabras del apóstol Pedro: "Pero hubo también falsos profetas entre el pueblo, como habrá entre vosotros falsos maestros, que introducirán encubiertamente herejías destructoras, y aun negarán al Señor que los rescató, atrayendo sobre sí mismos destrucción repentina" (2 P. 2:1). El versículo se refiere a los falsos profetas que están bajo el juicio de Dios, mientras continúan negando al que los rescató. Los limitacionistas explican el texto argumentando que no se trata de rescate, sino de los beneficios que Dios imparte también a los malos. El apóstol usa el verbo[27], *comprar, rescatar, redimir*, que se aplica indistintamente para creyentes o inconversos, mientras que otra forma[28] se usa solo para quienes, por salvación, salen del estado de esclavitud espiritual. El pago del precio de redención se hace en la cruz, por todo el mundo, prueba evidente de lo ilimitado de la misma. Nuevamente leemos en Pablo: "El cual quiere que todos los hombres sean salvos y vengan al conocimiento de la verdad... el cual se dio a sí mismo en rescate por todos" (1 Ti. 2:4, 6). El deseo de Dios, no su designio, es que todos los hombres sean salvos, llegando al pleno conocimiento de la verdad. Enfáticamente afirma que Jesucristo lo hace posible por cuanto se dio a sí mismo en rescate por todos. Es necesario observar la no limitación del término *todos*. Los limitacionistas sugieren que

---

[27] Griego: ἀγοράζω.
[28] Griego: ἐξαγοράζω.

ese *todos* quiere decir sin distinción de clases, pero no sin excepción. El verbo traducido por salvar en el versículo aparece en aoristo pasivo de infinitivo, lo que indica que Dios hizo provisión de salvación para todos, y no que haya decidido salvar definitivamente a todos los hombres. La sustitución ha sido a favor de todos.

Otro texto del apóstol Pablo es esencial en la respuesta a la pregunta de por quiénes murió Cristo: "Que por esto mismo trabajamos y sufrimos oprobios, porque esperamos en el Dios viviente, que es el Salvador de todos los hombres, mayormente de los que creen" (1 Ti. 4:10). En él, el apóstol enseña que Dios es el Salvador de todos los hombres y añade que lo es especialmente o también principalmente de los que creen. En él no se dice que haya alguna exclusión en la salvación, pero se precisa que la obra de salvación solo es eficaz para algunos, esto es, para los fieles. Esa misma verdad, la de un amor sin límite, extensivo a todos, se pone de manifiesto también en el Antiguo Testamento (Sal. 145:6). La gracia en salvación se dice que está manifestada para todos: "Porque la gracia de Dios se ha manifestado para salvación a todos los hombres" (Tit. 2:11). Esto concuerda con la apreciación de Juan sobre Jesús, del que dice que vieron su gloria, como la del Unigénito del Padre, lleno de gracia y de verdad (Jn. 1:14). Tan solo otras dos referencias más. Se lee: "Pero vemos a aquel que fue hecho un poco menor que los ángeles, a Jesús, coronado de gloria y de honra, a causa del padecimiento de la muerte, para que por la gracia de Dios gustase la muerte por todos" (He. 2:9). El sujeto del padecimiento es Jesús, hecho un poco menor que los ángeles, en cuanto a su naturaleza humana, que ha sido exaltado, coronado de gloria y de honor. Este gustó la muerte, en el sentido de experimentarla en toda su dimensión, consciente y libremente (10:17-18). La obra sustitutoria en su muerte comprende potencialmente a todos. El apóstol Juan en su primera epístola escribe: "Y él es la propiciación por nuestros pecados; y no solamente por los nuestros, sino también por los de todo el mundo" (1 Jn. 2:2); es una de las afirmaciones más claras y directas de todos los textos que enseñan la redención ilimitada, consecuente de la muerte de Cristo. El adjetivo en el texto griego es rotundo, al significar de todo; esto hace claramente extensible la propiciación, potencialmente a todos los hombres.

Hay también otras referencias que son usadas por los que sostienen la redención limitada. Así: "Como el Hijo del Hombre no vino para ser servido, sino para servir, y para dar su vida en rescate por muchos" (Mt. 20:28). Es evidente que la obra de la Cruz, en este texto se limita a muchos y no a todos. En base a una correcta exégesis, es preciso hacer concordar la afirmación con otras anteriormente consideradas. La obra eficaz solo alcanza a quienes creen, por lo que virtualmente murió solo por ellos. Debe considerarse de igual manera el paralelo de este texto (Mr. 10:45). En la profecía se lee: "Verá el fruto de la aflicción de su alma, y quedará satisfecho; por su conocimiento justificará mi siervo justo a muchos, y llevará las iniquidades de ellos" (Is. 53:11). El profeta anuncia una justificación que alcanza solo a muchos. El texto confirma el sentido considerado para el anterior. La justificación por fe solo es posible para aquel que cree (Ro. 5:1). Hay otras referencias en sentido limitacionista (cf. 10:15; 15:13; 17:2, 6, 9, 20, 24; Ro. 4:25; Ef. 1:3-7). Las referencias que se han señalado en el párrafo anterior son consideradas por quienes creen que Cristo murió solo por algunos, aplicándolas a los escogidos, forzando con ello la interpretación natural del texto. El argumento limitacionista puede resumirse así: Dios quedaría derrotado con la pérdida de aquellos que se pierden, aunque por ellos muriese Cristo. En un deseo de sostener la redención limitada consideran que si Cristo murió por quienes no se salvan, equivale a una derrota por su parte que hace nula y sin efecto la obra de la cruz en relación con los que se pierden. Considerar la redención como garantía de salvación es solo una presuposición, ya que la redención se convierte en garantía de salvación solo para quien cree (3:36). La incredulidad es motivo de condenación, especialmente para quienes resisten la convicción del Espíritu, manifestando el pecado de incredulidad (16:7-11).

Las argumentaciones limitacionista o ilimitacionista nacen de un limitado entendimiento de la naturaleza de la sustitución. De la que deben considerarse dos aspectos: la sustitución potencial y la sustitución virtual. Por la primera se entiende la condición universal de la obra del calvario, por la que Dios hace salvables a todos los hombres. Por la segunda, la virtual; se entiende que la eficacia de la obra del calvario solo se produce en aquellos que creen.

La profecía en el Antiguo Testamento ya hace la distinción universal y personal de la obra redentora (Is. 53:4-6). Se aprecia con claridad el concepto de muerte por todos, al cargar sobre el Salvador el (singular) pecado de todos los hombres. Esto concuerda plenamente con la enseñanza del Nuevo Testamento (Jn. 3:15, 16). Pero también hay una sustitución personal en los vv. 4-5, ya que no es la masa de pecado de todos, sino las enfermedades, dolores y rebeliones (plural). En tal condición, Cristo sustituye al pecador que cree, en su pecado y transgresión personal, obrando para él la eficacia de la salvación. Solo es posible entender los pasajes que declaran una obra salvadora para todos (cf. Jn. 3:16; 2 Co. 5:19; He. 2:9; 1 Jn. 2:2) si existe una sustitución potencial que los hace posibles. Otros muchos son inclusivos en su finalidad (cf. Ro. 5:6; 2 Co. 5:14; 1 Ti. 2:6; 4:10; Tit. 2:11); para estos, de igual manera, se hace necesaria para su correcta aplicación una obra que comprenda a todos los pecadores. El evangelio que llama a salvación contiene un llamamiento universal (Jn. 3:16; Hch. 10:43; Ap. 22:17). Solo es posible el llamamiento a salvación de *bona fide* si la muerte de Cristo tiene un alcance salvador para todos los hombres, dependiendo la eficacia de la fe depositada en el Salvador.

Para todo aquel que crea, Jesús promete la vida eterna. La vida eterna se alcanza al ver al crucificado. Una mirada de fe que acepta la obra realizada en su favor y la hace suya para justificación. La vida está relacionada con el Verbo (Jn. 1:4). La vida eterna es privativa y exclusiva de Dios. Él y solo Él tiene vida eterna por cuanto no tiene principio ni tendrá fin. Esta vida de Dios se comunica al creyente por el único mediador entre Dios y los hombres, que es Jesucristo hombre (1 Ti. 2:5). La salvación que comporta, entre otras bendiciones, la vida eterna, es una operación de la gracia. Es en ella que el Verbo fue enviado al mundo desde el cielo para hacer posible la salvación. Los dos elementos en la salvación son la gracia, razón, sustento y ser de la salvación, y la fe, instrumento por medio de la cual se alcanza, al depositarla en el Salvador. Aquí se habla del instrumento para justificación, que es la fe: todo aquel que cree. El proceso de salvación, la eterna determinación del plan de redención, la ejecución temporal en la historia humana, el llamamiento a salvación, la aplicación de la salvación y la fe son obra divina, puesto que "la salvación es del Señor" (Sal. 3:8; Jon. 2:9). La fe es el medio, pero nunca la causa de la salvación. Nunca se lee en la Biblia que somos salvos a causa de la fe, sino por medio de ella. Dios, que da todo cuanto es necesario para la salvación, como el Salvador, la obra salvadora (Gá. 4:4) y la gracia de su don, da también el medio para apropiarnos de ella, que es la fe. Algunos, en un afán humanista, afirman que en la salvación hay dos partes: por un lado, la de Dios, que es la gracia, y por otra la del hombre, que es la fe. Argumentan que Dios salva por gracia, pero pone una condición que nace del hombre, que es la fe. Es verdad que la responsabilidad de ejercer la fe y, por tanto, de creer, es del hombre; sin embargo, la fe, tanto en el inicio para justificación, como en el progreso para santificación, depende enteramente de Dios. El apóstol Pablo en la carta a Efesios afirma que eso de ser salvos por gracia mediante la fe no es de vosotros, sino un regalo de Dios (Ef. 2:8); por tanto, la fe está incluida en el don. Esto concuerda radicalmente con la advertencia que el apóstol hace en la misma carta y en el siguiente versículo, cuando dice que "no es por obras para que nadie se gloríe", pretendiendo evitar que alguno pudiera decir "por lo menos tengo el mérito de creer", lo que supondría una disminución de la gloria de Dios que, en su gracia, salva sin razón meritoria por parte del hombre. Con todo, la responsabilidad humana es evidente cuando dice "para que todo aquel que cree", ya que la fe queda sin actividad salvadora a menos que se ejerza. La fe es, por tanto, el medio instrumental que Dios da para alcanzar la salvación. Es el canal por medio del cual se reciben los beneficios de la obra de Cristo; por tanto, es el único medio para salvación (Jn. 5:24; 17:3). No es posible que esta fe instrumental de la que Jesús habla aquí con Nicodemo, fe para salvación, pueda proceder del hombre. En el ser humano, está la fe histórica o intelectual, de modo que el hombre entiende y admite la verdad intelectualmente. Esta fe es humana, es decir, procedente del hombre, pero esa fe intelectual no salva (Mt. 7:26; Hch. 26:27, 28; Stg. 2:19). Sin embargo, ningún tipo de fe —pueden añadirse a la histórica o intelectual otras más— puede ser considerada como fe salvadora, que es la confianza en la verdad del Evangelio y la aceptación personal del Salvador. Esta fe de entrega en renuncia al *yo* para aceptar el *tú* de Cristo no puede ser en modo alguno una obra humana. No está en la posibilidad del hombre no regenerado, porque no está en las obras muertas, que son las propias de quien está muerto en delitos y pecados (Ef. 2:1). Tampoco puede surgir de las obras de la carne, que son manifestaciones de rebeldía contra Dios y la excluyen abiertamente (Gá. 5:21). Ni en el legalismo, el sistema de justificación propia del judaísmo y practicada por los religiosos de tiempos de Jesús, entre los que estaba Nicodemo, este camino excluye la justicia de Dios (Gá. 2:16). Mucho menos puede estar en las obras satánicas, es decir, las obras que el hombre hace bajo la influencia de Satanás (Ef. 2:2-4). La fe no es una obra humana que el hombre pueda hacer, sino el acto de un alma vacía que recibe todo de Dios. No puede olvidarse que creer no es asunto volitivo y potestativo del hombre, sino una concesión de la gracia (Fil. 1:29). Mediante la fe con que Dios nos dota, recibimos la justicia de Cristo (Ro. 5:1). Habiendo provisto Dios de todo cuanto es necesario para salvación, manda al hombre que crea (Hch. 17:30). Con todo, también es necesario entender que Dios no fuerza a creer. El ejercicio de la fe es siempre un acto humano, impulsado y ayudado por la gracia de Dios, en el poder del Espíritu Santo (1 P. 1:2). La gracia puede ser resistida en un acto de rebeldía y rechazado el don divino que ofrece el perdón de pecados y la vida eterna, para quien rehúsa creer (Jn. 3:36).

La vida eterna, que como se dice más arriba, es la vida de Dios, se experimenta y recibe por posicionamiento en Cristo. De ahí que cuando se cree se pasa de muerte a vida (Jn. 5:24). Quiere decir que el hombre espiritualmente muerto a causa del pecado, recibe la vida por contacto vital con aquel que tiene vida en sí mismo y en quien está la vida (Jn. 1:4). Mediante la fe se produce una entrega incondicional al Salvador. En ese instante, el Espíritu Santo que regenera al hombre (Jn. 3:3, 5) une al pecador con el Salvador produciéndose en ese acto una resurrección espiritual, como el apóstol Pablo dice: "Pero Dios, que es rico en misericordia, por su gran amor con que nos amó, aun estando nosotros muertos en pecados, nos dio vida juntamente con Cristo" (Ef. 2:4-5). Esta acción de identificación y unión con Cristo se produce mediante la acción del bautismo del Espíritu (1 Co. 12:13). En la entrega del pecador al Salvador en un acto de fe, el Espíritu sitúa al nuevo creyente en Cristo, para que en contacto con Él, la vida de Dios, que es vida eterna, fluya hacia el salvo y se le comunique mediante la unión con el Salvador. La vida es dada al creyente por Dios, uniéndolo a Cristo, quien provee vida eterna para Él. La doctrina de la identificación con Cristo es la clave para entender la experiencia de vida eterna en el salvo (Gá. 2:20). Lo que la Biblia enseña es que la vida eterna se recibe solamente mediante la unión con Cristo, de otro modo, unidos al Hijo recibimos vida (Jn. 3:36a). La vida que se recibe al creer no es una reparación de la anterior propia de la naturaleza adámica, sino la dotación de una nueva vida procedente y vinculada con Dios mismo (1 Jn. 5:12), que no es otra cosa que la participación del salvo en la naturaleza divina (2 P. 1:4). La vida eterna se vive por vinculación con Cristo; esto quiere decir que al juntarnos, esto es, al unirnos con Cristo, se recibe vida, que se mantiene para siempre, ya que la unidad del pecador creyente con el Salvador es efectuada no por él, sino por el Espíritu.

Deuteronomio

El quinto y último libro del Pentateuco.

Título

En hebreo recibía el nombre de *'ellleh hadd^{e}barim*, que equivale a *estas son las palabras*, como comenzaba el libro; en algunos textos bíblicos se abrevia por *D^{e}baeim, palabras*. En las Biblias actuales, el nombre *Deuteronomio* es la traducción del que aparece en la LXX, *El*

Deuteronomino[29], literalmente *segunda ley*. Aunque verdaderamente, no es tanto una segunda ley, sino la misma ley del Sinaí orientada hacia el pueblo nuevo que nació durante los cuarenta años en el desierto y que estaba a punto de entrar en Canaán después cruzar el Jordán.

Autor

Fue escrito por Moisés, junto con el resto del Pentateuco, durante los años de tránsito del pueblo de Israel, y se terminó de escribir en las llanuras de Moab, donde el pueblo se había establecido en el tiempo previo a la toma de posesión de la tierra prometida.

Datación

Entre los años 1450-1410 a. C.

Contenido

Podríamos llamarle el libro de los discursos, porque en él Moisés habla varias veces al pueblo, recordándole hechos de los años pasados, exhortándole a guardar la ley, trayendo a su memoria ordenamientos legales que debía atender, alentándolo a la confianza y dependencia de Dios al entrar en la tierra y recomendándole una plena fidelidad en obediencia al Señor.

Moisés recuerda acontecimientos del tiempo pasado, incluyendo una mención al éxodo de Egipto, haciendo referencia a la manifestación de Dios en el Sinaí y la entrega de la Ley. Pero también tiene presente las muchas rebeliones de Israel contra Dios y la misericordia divina para con ellos. Una referencia concreta a un momento de grave pecado contra Dios, en la adoración idolátrica en Baal-peor, donde Dios produjo una gran mortandad en el pueblo para castigo de ese pecado, está presente en el texto de Deuteronomio (4:3). Sobre la base de esa situación, Moisés pidió al pueblo fidelidad a Dios y obediencia a sus leyes. Es interesante apreciar el uso de la palabra *hoy* para poner de manifiesto que, a pesar de todo lo ocurrido y de los muchos fracasos del pasado, podía iniciarse un nuevo tiempo. Aquel antes, donde los problemas y disciplina estuvieron presentes, podía dar paso a una nueva experiencia: "Jehová vuestro Dios os ha multiplicado, y he aquí hoy vosotros sois como las estrellas del cielo en multitud" (1:10). Ese hoy se reitera muchas veces (cf. 1:39; 4:4, 40; 5:1, 3; 6:6; 7:11). El

---

[29] Griego: τὸ Δευτερονόμιον.

pueblo no tenía que centrarse en lo que había ocurrido en el pasado, sino orientarse desde ese tiempo a un nuevo futuro de bendición.

Moisés proyecta su enseñanza a la renovación del pacto que tendría lugar cuando entrasen en la tierra que Dios les daba, describiendo la ceremonia que tendría lugar para ello en los montes Ebal y Gerizim. Allí se leerían las bendiciones a la obediencia y sujeción a Dios y las maldiciones que vendrían en caso de desobediencia y abandono del compromiso con Dios (11:29, 30). Las palabras de bendición y maldición serían escritas en piedras y también se levantaría un altar para sacrificios de gratitud a Dios (27:1-8). Esto que se establecía para el futuro no era impedimento para que el pueblo renovase allí mismo su compromiso con Dios y que ese compromiso se reiterase cada año a lo largo de las próximas generaciones del pueblo de Dios (31:9-13).

El libro debe ser considerado como una constitución que regiría la teocracia de la nación de Israel en la tierra de Canaán. Su estructura es semejante a la que establecía las leyes nacionales en aquel tiempo. De ahí la estructura básica del libro: 1) Un preámbulo a las leyes (1:1-5); 2) Un resumen histórico (1.6-4:49); 3) Leyes fundamentales (5:1-26:19); 4) Consecuencias de las bendiciones y maldiciones (27:1-30:20); 5) Modo de mantenimiento del pacto (31:1-33:29).

Bosquejo

Se propone el siguiente para el análisis exegético del texto bíblico.

I. Introducción (1:1-5).
II. Pasado histórico (1:6-4:33).
   1. Israel en Sinaí (1:6-18).
   2. Israel en Cades-barnea (1:19-46).
   3. De Cades-barnea a Moab (2:1-3:29).
      3.1. Transjordania (2:1-23).
      3.2. Conquista de Transjordania (2:24-3:1).
      3.3. Reparto de Transjordania (3:12-29).
   4. En las llanuras de Moab (4:1-43).
      4.1. Llamamiento a la obediencia (4:1-40).
      4.2. Las ciudades de refugio (4:41-43).
III. La reiteración de la Ley (4:44-26:19).
   1. La relación con Dios (4:44-12:32).
      1.1. El Decálogo (4:44-5:33).
      1.2. El mandamiento principal (6:1-25).
      1.3. La destrucción de los cananeos (7:1-26).
      1.4. La necesidad de recordar hechos pasados (8:1-10:11).

1.5. Demanda de compromiso (10:12-11:32).
1.6. El santuario único (12:1-32).
2. Leyes sobre los falsos profetas (13:1-18).
3. Leyes sobre los alimentos (14:1-21).
4. Leyes sobre los diezmos (14:22-29).
5. Leyes sobre el año sabático (15:1-23).
6. Leyes sobre las fiestas solemnes (16:1-17).
7. Leyes del liderazgo (16:18-22).
   7.1. Sobre los jueces (16:18-17:13).
   7.2. Sobre los reyes (17:14-20).
   7.3. Sobre los levitas (18:1-8).
   7.4. Leyes sobre adivinos (18:9-14).
   7.5. El Mesías (18:15-19).
   7.6. Sobre los profetas (18:20-22).
8. Leyes sobre las relaciones personales (19:1-26:19).
   8.1. Las ciudades de refugio (19:1-13).
   8.2. Sobre los límites de propiedades (19:14).
   8.3. Sobre los testigos (19:15-21).
   8.4. Sobre la guerra (20:1-20).
   8.5. Sobre el homicidio (21:1-9).
   8.6. Sobre la familia (21:10-22:30).
   8.7. Sobre el pueblo (23:1-18).
   8.8. Sobre los necesitados (23:19-25:19).
   8.9. Sobre las primicias (26:1-19).
IV. Ratificación del pacto con Dios (27:1-30:20).
   1. Establecimiento del ceremonial (27:1-26).
   2. Bendiciones (28:1-14).
   3. Maldiciones (28:15-68).
   4. Provisiones del pacto (29:1-30:20).
V. Conclusión (31:1-34:12).
   1. La situación de Moisés (31:1-29).
   2. Cántico de Moisés (31:30-32:47).
   3. Conclusión de la vida de Moisés (32:48-33:29).
      3.1. Indicaciones divinas (32:48-52).
      3.2. Moisés bendice a las tribus (33:1-29).
   4. La muerte de Moisés (34:1-12).

Cristo en el libro

La presencia de Cristo en el libro es notoria: el que conduce al pueblo, el que lo libra de enemigos, el que conquista territorios para los suyos, el que establece leyes y regula las actividades del pueblo, el que anuncia el futuro, etc.

Sin embargo, hay una referencia muy directa que se usa luego en escritos del Nuevo Testamento, aplicándolo a Cristo directamente; está en las palabras de Moisés: "Profeta de en medio de ti, de tus hermanos, como yo, te levantará Jehová tu Dios; a él oiréis" (18:15). Esa era la respuesta de Dios a la petición del pueblo en Horeb, cuando pidieron no volver a oír la voz de Dios directamente por miedo a la muerte (18:18). Él levantaría al profeta como un hombre de la descendencia de Israel, que les enseñaría todo el conocimiento de Dios y revelaría en plenitud a Dios (Jn. 1:18). En la defensa de Esteban, toma el texto: "Este Moisés es el que dijo a los hijos de Israel: Profeta os levantará el Señor vuestro Dios de entre vuestros hermanos, como a mí; a él oiréis"[30] (Hch. 7:37). Moisés, el libertador de Israel de la tierra de Egipto, como instrumento utilizado por Dios, ya había anunciado la venida del Profeta, que sería levantado por el Señor, como lo había sido él. Es notable que, aunque no aparece el artículo determinado delante del término profeta[31], todos entendían que se refería al único profeta en este sentido que sería enviado por Dios, que esperaban en los tiempos del ministerio de Juan el Bautista (cf. Jn. 1:21). Esteban usa el texto para introducir poco a poco la figura de Jesús de Nazaret.

Anteriormente, Pedro hizo referencia a las palabras de Moisés: "Porque Moisés dijo a los padres: 'El Señor vuestro Dios os levantará profeta de entre vuestros hermanos, como a mí; a Él oiréis en todas las cosas que os hable'"[32] (Hch. 3:22). Los judíos esperaban que Dios le enviara a un profeta y al Mesías, considerados como personas diferentes (Jn. 1:20, 21; 7:40, 41). La gente consideraba que antes de la venida del Mesías, sería enviado por Dios un profeta como Moisés, que ejercería la función mediadora a favor del pueblo como él había hecho durante su liderazgo. Pedro, en la traducción libre de los LXX, hace referencia a un texto de Moisés. Dios había prometido a Moisés el envío de un profeta semejante a él. El apóstol aplica esto a Jesús, identificado también como el profeta prometido por las señales que hizo en su ministerio (Jn. 6:14) y por su enseñanza (Jn. 7:40).

---

[30] Texto griego: οὗτος ἐστιν ὁ Μωϋσῆς ὁ εἴπας τοῖς υἱοῖς Ἰσραήλ· προφήτην ὑμῖν ἀναστήσει ὁ Θεὸς ἐκ τῶν ἀδελφῶν ὑμῶν ὡς ἐμέ.
[31] Griego: προφήτην.
[32] Texto griego: Μωϋσῆς μὲν εἶπεν ὅτι προφήτην ὑμῖν ἀναστήσει Κύριος ὁ Θεὸς ὑμῶν ἐκ τῶν ἀδελφῶν ὑμῶν ὡς ἐμέ· αὐτοῦ ἀκούσεσθε κατὰ πάντα ὅσα ἂν λαλήσῃ πρὸς ὑμᾶς.

El profeta enviado por Dios sería tomado de vuestros hermanos[33], es decir, uno de la nación de Israel. Desde los primeros tiempos del cristianismo, el texto se interpretaba como una referencia a Jesucristo, el enviado de Dios. Cristo es un profeta como Moisés, en el sentido de que habla las palabras que Dios le había dado, de modo que el pueblo debía oír con reverencia y acatamiento lo que Jesús había dicho. Desde los primeros tiempos del cristianismo, el texto se interpretaba como una referencia a Jesucristo, el enviado de Dios.

Una pregunta suscita la referencia utilizada por Pedro: Dios levantará profeta como a mí[34], es decir, como yo; ¿en qué sentido Jesús es como Moisés en cuanto a profeta? Ningún otro profeta en la historia humana fue como Moisés; el testimonio bíblico es evidente: "Y nunca más se levantó profeta en Israel como Moisés, a quien haya conocido Jehová cara a cara; nadie como él en todas las señales y prodigios que Jehová le envió a hacer en tierra de Egipto, a Faraón y a todos sus siervos y a toda su tierra, y en el gran poder y en los hechos grandiosos y terribles que Moisés hizo a la vista de todo Israel" (Dt. 34:10-12). Pero Cristo fue en todo superior a Moisés. Esa es la enseñanza de una sección de la Epístola a los Hebreos, ya que mientras Moisés actuó de esa forma como siervo en la casa de Dios, Jesucristo es el Hijo sobre esa casa (He. 3:5-6). El profeta Moisés fue el encargado de establecer, en nombre de Dios, el primer pacto para la nación de Israel (Ex. 24:3-8); sin embargo, aquel pacto quedó obsoleto (He. 8:13). Cristo, al contrario, estableció el Nuevo Pacto en su sangre, que alcanza a todos los creyentes, de todas las naciones, y con proyección perpetua (Mt. 26:28; 1 Co. 11:25). Refiriéndose a la identificación entre Moisés y Jesús, escribe Stanley M. Horton:

> ¿En qué aspectos era Jesús como Moisés? Dios usó a Moisés para instaurar el Pacto Antiguo; Jesús trajo el Nuevo. Moisés sacó a la nación de Israel de tierras de Egipto y la llevó al Sinaí, donde Dios la atrajo a sí mismo (la hizo entrar en una relación de pacto con Él). (Vea Ex. 19:4). Jesús se convirtió en el camino nuevo y viviente por el cual podemos entrar en lo más santo de la presencia misma de Dios. Moisés le dio a Israel el mandato de sacrificar un cordero; Jesús es el Cordero de Dios. Moisés fue usado por Dios para realizar grandes milagros y señales; Jesús realizó muchos milagros y señales; pero la mayoría eran señales de amor, más que de juicio. (Vea

---

[33] Texto griego: ἐκ τῶν ἀδελφῶν ὑμῶν.
[34] Griego: ὡς ἐμέ.

Hebreos 3:3-6, donde se proclama la superioridad de Cristo con respecto a Moisés).[35]

La manera de entender las palabras *profeta como yo* es en el sentido de que humanamente, tanto Moisés como Cristo, fueron tomados de entre los hermanos, es decir, de los descendientes de Abraham, israelitas de nacionalidad. Los oyentes del mensaje de Pedro tenían que comprender que Jesús es el profeta que Moisés había anunciado.

Todos los profetas, incluido Moisés, hablaban en nombre de Dios; de otro modo: eran la boca humana que expresaba en palabras de hombre la revelación de Dios. Ellos hablaban con la autoridad divina y las palabras que pronunciaban, o los escritos en que las trasladaban, no procedían de su mente, sino de la de Dios (2 P. 1:21). Las palabras de Dios llamaban al pueblo a la obediencia; de este modo debían ser oídos sus mensajes. El pueblo de Israel en los días en que Pedro pronunció este mensaje sentía orgullo de obedecer la Ley, que eran las palabras que Moisés les había dejado. De esta manera, si obedecían al profeta Moisés, debían obedecer a Jesús, profeta supremo, superior en todo a Moisés. Este profetizó acerca de Jesús y Jesús habló de él en su ministerio (Jn. 5:45-46).

Josué

Es el primer libro de los profetas anteriores, libro histórico que detalla la conquista de Canaán y la toma de posesión de la tierra que Dios había prometido a los antepasados de la nación de Israel. En el relato histórico sigue por orden al Deuteronomio, que concluye con la presencia de Israel en los llanos de Moab, al este del Jordán. En el de Josué, se relata en primer término el cruce del Jordán y la entrada de la nación peregrina a la tierra de la promesa.

Título

El libro toma el nombre del líder de la nación, que condujo el período de la conquista de la tierra. En hebreo el título del libro es *Yehôsûa*, que significa *Jehová es salvación*, nombre que Moisés dio a su servidor, llamado antes Oseas (Nm. 13:16) y con el que pasó a la historia bíblica (Ex. 17:9-14; Dt. 3:21, 28; 31:3; Jos. 1:1). El título del libro se identifica con el nombre propio del autor. La primera forma abreviada

---

[35] Horton, 1983, p. 48.

de su nombre (heb. *Hôsea*) es tomada por los LXX como título en griego para ese libro, apareciendo en esa versión como *Ieosus*[36], literalmente Jesús, el mismo nombre que sería dado al Señor (Lc. 1:31; 2:21). Para los creyentes evangélicos el libro toma el nombre, no solo del personaje central del mismo, sino de su autor, en contraposición con los eruditos liberales que consideran el nombre tan solo en relación a lo que llaman el héroe bíblico del relato.

Autor

Generalmente se aceptó a Josué, el sucesor de Moisés, como el autor de este libro. En el talmud[37] se hace esta afirmación: "Josué escribió su libro". Esta fue también, salvo contadas excepciones, la aceptación general del cristianismo. Los maestros de la Iglesia la tuvieron por indiscutible, apoyándola en sus escritos. A partir del s. XV, comienza a ser discutida la paternidad del libro, cuando A. Tostado señaló a Samuel como autor del mismo.

El libro identifica con toda precisión al autor en el primer versículo: "Josué hijo de Nun, servidor de Moisés" (1:1). Era de la tribu de Efraín. El nombre dado por sus padres fue Oseas, que significa "salvación" (Nm. 13:8, 16); después fue Moisés quien lo cambió por el de Josué (heb. *Y'hôshü'a*) que quiere decir *Jehová es salvación* (Nm. 13:16). A su padre se le menciona con el nombre de Nun, nieto de Elisama, jefe en la tribu de Efraín (1 Cr. 7:27; Nm. 1:10). El nombre Oseas, puesto por sus padres, era común en la tribu (2 R. 17:1; 1 Cr. 27:20; Os. 1:1).

Se conoce poco de su entorno familiar, aunque debe considerarse por extensión como el propio de la situación de esclavitud a la que el pueblo de Israel había llegado en Egipto. Josué era relativamente joven en el tiempo del Éxodo, como afirma Moisés (Ex. 33:11). Posiblemente en el tiempo de enviar Moisés los exploradores a reconocer la tierra prometida desde Cades-barnea, sería de una edad similar a la de su compañero Caleb, que entonces tenía cuarenta años (Jos. 14:7). Su primera actuación conduciendo los ejércitos de Israel ocurre en el tiempo del recorrido por el desierto, con motivo de la batalla contra Amalec en Refidim (Ex. 17:9). Aquella fue la primera vez que Israel se vio involucrado en una batalla que tenía que afrontar directamente con enemigos exteriores. Hasta entonces Dios

---

[36] Griego: Ἰησοῦν.
[37] Baba Batra 14b.

había combatido por ellos y, en momentos críticos, había sido llamado a mantener la tranquilidad, porque el mismo Señor se ocuparía de resolver la situación: "Jehová peleará por vosotros, y vosotros estaréis tranquilos" (Ex. 14.14).

Desde Refidim en adelante, las batallas de Dios serían libradas por medio de su pueblo. Ellos combatirían en el nombre del Señor, gozando en todo momento de su conducción y poder, pero debían aprender la dependencia de Él y la confianza en sus promesas.

Josué se convirtió en ayudante de Moisés[38], literalmente el "ministro", como el hombre de confianza de Moisés, acompañándole incluso en parte del camino hacia el Sinaí, cuando fue promulgada la ley, esperándole mientras estaba en el monte (Ex. 24:12-13). También estaba con él en el tabernáculo de reunión, desde donde Dios hablaba directamente con Moisés y adonde acudía todo aquel que buscaba al Señor (Ex. 33:7). Desde allí, Dios mismo dirigía toda la acción del pueblo de Israel, lo que se podría denominar, usando una terminología militar, el cuartel general del mando supremo de Israel. Ese era el lugar donde permanentemente estaba Josué (Ex. 33:11).

La experiencia cotidiana al lado de Moisés, el contacto con el pueblo y la vida de piedad cerca de Dios, iban a modelar el carácter y personalidad de Josué para hacer de él —utilizando una frase del apóstol Pablo— un hombre de Dios "enteramente preparado para toda buena obra" (2 Ti. 3:17). Cuando fue necesario seleccionar hombres probados y reconocidos por todo el pueblo para misiones especiales, Josué figuraba entre ellos, como en la ocasión antes mencionada del reconocimiento de Canaán por un grupo de exploradores enviados desde el desierto de Parán. Ya en aquella ocasión la relevancia social de Josué era evidente, siendo considerado entre los príncipes de Israel (Nm. 13:2). Sin duda había una notable diferencia espiritual entre Josué y su compañero Caleb y el resto de los enviados. Estos últimos se limitaron a una observación subjetiva de la tierra, considerando tan solo el número y la aparente fortaleza de los habitantes de Canaán, con sus ciudades amuralladas. Sobre la base de esa apreciación dieron un informe desfavorable, desalentador y negativo, afirmando delante del pueblo la imposibilidad de conquistar la tierra y el grave riesgo que supondría para Israel tal empresa (Nm. 13:32-33). Bien diferente fue la actuación de Josué junto con Caleb. Josué había participado en combates y había visto el poder de Dios obrando en favor de su pueblo en ocasiones dificultosas. De su mente no se podía

---

[38] Hebreo: *Mesaret Moseh*.

borrar la destrucción de los ejércitos de Egipto en el Mar Rojo (Ex. 14:23 ss.) y los de Amalec en Refidim, donde la victoria no se produjo como consecuencia de la potencia y estrategia del ejército de Israel, sino como respuesta divina a la oración intercesora de Moisés (Ex. 17:8-16). Josué y Caleb procuraron llevar al ánimo de todo el pueblo la conveniencia de obedecer la determinación de Dios y, confiando solo en su fuerza, acometer la tarea de iniciar la conquista de la tierra prometida (Nm. 14:6-9). Tal actuación estuvo a punto de costarles la vida, debido a la violenta reacción del pueblo contra ellos, salvándolos la presencia gloriosa de Dios sobre el santuario (Nm. 14:10). Al igual que había ocurrido con Moisés en el desierto de Arán, Josué iba formándose para ser el instrumento que Dios había escogido para suceder a Moisés e introducir a la nación en la tierra prometida.

Dios mismo estableció a Josué como el sucesor de Moisés. Junto con la determinación divina en relación con la sucesión, el Señor indicó el procedimiento que debía seguirse en el reconocimiento público de sucesión. Moisés debía imponer su mano sobre él en presencia del sumo sacerdote Eleazar, y esto había de tener lugar delante de toda la congregación, dándole el cargo en presencia de ellos. Al mismo tiempo, Moisés transferiría públicamente su dignidad, esto es, le constituiría de allí en delante como su sucesor, a fin de que la congregación de Israel le respetara y obedeciera en lo sucesivo, como habían hecho con él (Nm. 27:18-20). Así se hizo, tal como lo había determinado el Señor. Josué fue presentado delante del pueblo como el continuador de la obra que Dios había encomendado primeramente a Moisés, y el instrumento escogido para llevar al pueblo hasta la posesión de Canaán (Nm. 27:18). La sucesión, por tanto, se hizo efectiva en vida de Moisés. Debió haber sido algo muy emotivo. Junto con la presentación oficial, Moisés tuvo palabras de aliento para Josué en presencia de todo el pueblo. La empresa, siempre difícil, no debería causarle inquietud ni desaliento, ya que Dios había determinado y jurado que entregaría aquella tierra a los israelitas; Josué tan solo sería el instrumento por medio del cual se haría efectiva la promesa. Dios entregaría la tierra y Josué la repartiría haciendo que cada tribu entrara en posesión de la parte que le correspondía. Ninguna inquietud debía intranquilizar a Josué en la tarea de la conquista de la tierra y destrucción de los pueblos que la habitaban, ya que en todo momento tendría la conducción de Dios. Mediante una promesa concreta en palabras de Moisés, el Señor alentaba a Josué con la seguridad de su presencia y dirección continuas. No había, pues, razón para intimidarse (Dt. 31:7-8).

Terminado el ministerio de Moisés en la tarea de liberación de Israel de Egipto y el tiempo de conducción en el desierto, Dios mismo hablaba con Josué como había hecho antes con Moisés, ya que como líder de la nación por designación divina le correspondía proseguir con el programa establecido por el Señor, siendo Él quien le comunicaba las instrucciones sobre el modo de conducir al pueblo, como se aprecia en los primeros versículos del libro (1:1-9).

Es evidente que el personaje del libro no es un héroe de leyenda, como los liberales pretenden, sino un hombre perfectamente definido y conocido por el pueblo de Israel en aquellos días, cuya realidad histórica fue aceptada siempre por ellos y creída como tal por la iglesia en todos los tiempos.

Evidencias internas de autoría. Es necesario seguir afirmando, con los hombres de la iglesia antigua, que el autor de este libro es Josué, el servidor de Moisés. Algunas evidencias internas son incuestionables: (1) Datos biográficos. Figuran datos del hagiógrafo que difícilmente hubieran podido ser conocidos por otro que no fuera el propio autor; a modo de ejemplo, se dice que escribió su propio discurso de despedida (24:26). (2) Utilización de pronombre personal. El autor utiliza en varios lugares pronombres personales en primera persona, incluyéndose en las acciones que relata (cf. 5:1, 6). Aunque en la VRV60 se traduce el primer texto de un manuscrito donde no figura este plural, sí aparece en el segundo caso. (3) Nombres de ciudades. El hecho de que se mencionen ciudades por los nombres arcaicos que tenían hace necesario que su autor fuera anterior a la fecha que los liberales dan para la composición del libro.

Sin embargo, hay que reconocer que existen en el libro algunas partes que corresponden a sucesos posteriores a la muerte de Josué, que hacen necesaria la presencia de un redactor que los incorporase, como es el caso del pasaje que registra su muerte y enterramiento (24:29-30) y hace referencia a un período de tiempo que siguió a este evento, en el que se señala un seguimiento fiel del pueblo de Israel, mencionando a los guías de la nación que siguieron a Josué (24:31). Se recoge también la conquista de Quiriat-sefer a manos de Otoniel (15:16-17), cuyo acontecimiento figura como posterior a la muerte de Josué y se registra en el Libro de los Jueces (Jue.1:11-15). En esa misma línea algunos incluyen también el pasaje de la subida de los danitas hacia el norte del país por necesidades territoriales (19:47), con el relato de Jue. 18:27-29, aunque la evidencias para tales interrelaciones no son todo lo claras que sería necesario para una afirmación tan categórica.

Procede llegar a la conclusión de que el texto general del libro se debe al personaje cuyo nombre tomó y el complementario, sumamente breve en relación con el principal, fue compuesto por un personaje posterior, citando como posible —en opinión de algunos eruditos— a Finees, hijo de Eleazar.

Oposición liberal a la autoría

La paternidad literaria del libro es cuestionada por la Alta crítica. Las posturas más radicales anti-Josué provienen —según ellos— de razones internas del propio libro, en que —siempre según los liberales—, los argumentos anti-Josué llegan a desequilibrar los pro-Josué, por lo que afirman que el título del libro no corresponde al autor, sino al héroe principal del mismo. Esta conclusión negativa plantea el consabido problema de autoría, abriendo la triple pregunta: quién, cómo, cuándo.

El triunfo de la hipótesis wellhauseniana entre los sectores liberales del protestantismo, aunque cuestionada por sectores más modernos de la escuela crítica y liberal, trajo consigo el hecho de que este libro —para muchos eruditos— deba ser incorporado dentro del esquema crítico-literario del Pentateuco. A partir de Wellhausen, comienza a utilizarse el término y concepto de Hexateuco, en sustitución del Pentateuco, proponiendo la incorporación de Josué a los cinco de Moisés para considerarlos como un todo, dejando de tratarse el de Josué como un libro aparte. La principal razón que justifica, para los defensores de esta propuesta, el tratamiento conjunto de los seis primeros libros de la Escritura, se basa en la teoría documentaria que aparentemente sitúa el libro de Josué como tomado de las mismas fuentes del Pentateuco en sus cuatro documentos básicos: J E para la historia y D P para teología y geografía.

M. Noth, dentro de la Historia de las formas, establece una nueva hipótesis que está teniendo mayor aceptación en el contexto de la Alta crítica. Su propuesta desliga a Josué del Pentateuco, considerando que la fuente P no tiene que ver con este texto, y sustituye las fuentes J y E por la D, uniéndolas definitivamente por D R a un material pre-D, proponiendo que se trate como una unidad histórica el conjunto de Deuteronomio-Josué-Jueces-Samuel-Reyes.

Esta teoría establece dos secciones básicas en el libro: la D, que comprende el relato histórico de la conquista —capítulos 1-12 y 22-24—, y la pre-D, que trata de la distribución territorial de las tribus —capítulos 13-21—. Proponen que las dos secciones, inicialmente separadas, fueron unidas por un redactor deuteronomista, que dejó en el texto de la redacción del libro su estilo característico. La principales razones que sustentan la hipótesis son: a) El énfasis sobre la unidad del santuario (8:30-35); b) la introducción del héroe Josué, y su relación con Moisés para formar un nexo de enlace con toda la perspectiva histórica desde Deuteronomio al Segundo Libro de Reyes; c) el estilo parenético y exhortativo del libro (1:1-18; 12:1-24; 21:43-22:6).

Las teorías anti-Josué de la Alta crítica, pretendiendo justificar la no autoría del libro, plantean inmediatamente la necesidad de encontrar un autor sustituto, y ya que el libro contiene datos referentes a la muerte de Josué y acontecimientos posteriores tales como los de enterramiento (24:29-32), se formularon propuestas de autores diversos, inclinándose inicialmente por Samuel. Pero más tarde, insatisfechos algunos críticos con este, propusieron como autor a un personaje anónimo anterior a David, que posiblemente hubiera sido testigo de la conquista y utilizara documentos contemporáneos para las narraciones del libro.

En razón a su incorporación al Pentateuco, sigue su mismo tratamiento cronológico, poniendo a un lado las evidencias históricas que presenta el libro para distinta cronología. La Historia de las formas propone que la sección de la conquista —capítulos 1 al 12— se unen hacia el año 900 a. C., completados con los capítulos 22 al 24 por D, con lo que las dos agrupaciones independientes (leyendas y episodios) y la introducción vinculante del héroe Josué que les sirve de nexo, forman por primera vez una unidad. A esta redacción se incorporan más tarde dos documentos: uno sobre la distribución de las tribus, probablemente del S. X a. C., y otro sobre la relación de ciudades que se convierten en provincias en el S. VII a. C. Un redactor deuteronomista fundió todo el material en el S. VII a. C. para lograr el texto definitivo, con un notable sabor nacional.

Las dos hipótesis antes citadas están siendo cuestionadas en el momento actual, ya que ambas reducen a una simple leyenda toda la historia del pueblo hebreo en la época de la conquista, haciendo aparecer a Josué como una figura puramente mitológica y legendaria. Especialmente interesantes son las frases del profesor de la Universidad Gregoriana de Roma, Dr. Félix Asensio:

> La teoría de M. Noth abre a la exégesis de Josué horizontes nuevos a pesar de su visión radicalmente antihistórica. Para M. Noth, la sección de la conquista (1-12) es en su origen una serie de tradiciones etiológicas benjaminitas en torno a Gilgal

y de episodios heroicos de color local que el tiempo hizo entrar en el ámbito nacional, cuando Gilgal se convirtió en tiempo de Saúl en el lugar santo central de todas las tribus, y Josué, perteneciente a la poderosa tribu efraimita, surgió como el héroe de la conquista. Tampoco aparecería Josué en la sección primitiva 'tribus-geografía' (13-21), ni esta formaba originalmente un todo. Eran dos documentos distintos y de cancillería: el primero con el sistema ideal de las fronteras de las tribus (anterior a la unidad nacional bajo David), y el segundo con la lista de los nombres geográficos correspondientes a los doce distritos de Judá (del reino de Josías). La historia de la conquista y distribución de la tierra se reduce así a una pura leyenda y hasta desaparece la persona de Josué. Se ha ido demasiado lejos: si el sistema de M. Noth ofrece en su enfoque literario hilos más o menos débiles dentro de una recia trama de aciertos, en su enfoque histórico está exigiendo un cambio de rumbo.[39]

Datación

Establecer una fecha para el libro de Josué es tarea sumamente difícil, ya que depende enteramente de cómo se establezca la del Éxodo. Sin embargo, como se hubiera hecho con cualquier otro escrito, deben buscarse el mayor número posible de evidencias tanto internas —contenidas en el propio texto— como externas —ajenas al mismo—, que permitan establecer con la mayor aproximación posible la fecha en que fue escrito. La datación tiene mucho que ver con la posición en relación con el personaje del que toma título el libro. Si se trata —como proponen los liberales— del héroe del relato, pero no del autor del mismo, la fecha puede dilatarse en el tiempo mucho más allá del momento de la muerte de Josué. Si se parte de la convicción de que Josué no es el héroe, sino el autor, la fecha de datación del mismo debe establecerse en un período de tiempo no mayor de 50 o 60 años desde el momento del Éxodo, ya que quien introdujo a Israel en Canaán y les repartió la tierra había estado en la esclavitud de Egipto y salió de allí con todo el pueblo por la acción liberadora de Dios. Como para la datación de cualquier otro escrito, deben valorarse en primer lugar las evidencias internas, es decir, las referencias que aparecen en el propio texto que permiten establecer la fecha de su escritura y, seguidamente, las evidencias externas, esto es, las extrabíblicas, que complementan y coadyuvan a las bíblicas internas. Los eruditos discrepan

---

[39] Asensio, Buck, & Rodríguez Molero, 1968, p. .

notoriamente en la datación, estableciéndose generalmente una fecha temprana y otra u otras tardías.

Evidencias internas

Una consideración desprejuiciada de las evidencias internas exige una datación temprana para el libro de Josué. Entre otras deben valorarse las siguientes:
1) *Nombres de ciudades cananeas.* En el texto se nombran ciudades cananeas, conforme a como se llamaban en el tiempo de la conquista. Así, por vía de ejemplo, se da el nombre de Baala, a la que luego se llamaría Quiriat-jeraim (15:9); Quiriat-arba, a la que se llama después Hebrón (15:13); y también Quiriat-sana, que recibió luego el nombre de Debir (15:49). 2) *Ciudades sidonias.* Es muy notable observar que considera a Sidón en el libro como la ciudad más importante de la zona fenicia, llamando a los habitantes de aquel entorno sidonios (13:4-6), y a la ciudad de Sidón, "la gran Sidón" (19:28). Este dato evidencia una situación anterior al S. XIII a. C., ya que en esa época era Tiro la que había tomado preponderancia frente a Sidón. 3) *Los gabaonitas.* Otra evidencia que favorece una datación temprana consiste en la mención que se hace del trabajo de los gabaonitas como aguadores y leñadores, indicándose claramente que estaban ejerciéndolo cuando se escribió el libro: "Y Josué los destinó aquel día a ser leñadores y aguadores para la congregación, y para el altar de Jehová en el lugar que Jehová eligiese, lo que son hasta hoy" (9:27). Tal situación solo podía darse en un tiempo anterior a la instauración de la monarquía, ya que Saúl había procurado exterminar a los gabaonitas, por lo que en modo alguno habría podido hacerse tal afirmación en la época monárquica, informando que en el tiempo en que se escribió el libro estaban ejerciendo el oficio que se les había asignado en los días de la conquista (2 S. 21:1-9). 4) *Jerusalén.* Una cuarta evidencia interna tiene que ver con la ciudad de Jerusalén. Se dice que estaba habitada por los jebuseos (15:63; 18:16, 28), lo que denota una fecha de composición anterior a la monarquía, ya que la ciudad fue conquistada definitivamente por David (2 S. 5:6-10; 1 Cr. 11:4-9). Todas estas evidencias internas favorecen una datación temprana del libro.

Evidencias externas

1) *Fecha de inicio de la construcción del templo de Salomón.* La Biblia señala claramente que el templo de Salomón comenzó a construirse 480 años después de la salida de Egipto (1 R. 6:1). Comoquiera

que la edificación ocurrió aproximadamente sobre el año 961 a. C., el Éxodo tuvo que haber sido sobre el 1441 a. C., lo que sitúa el acontecimiento, conforme a la afirmación bíblica, en el S. XV a. C. Una notable garantía es que la fecha dada como referencia en el inicio de las obras de la construcción del templo coincide con todos los mss. de los que se dispone. 2) *Presencia de Israel en la tierra en tiempo de los jueces*. Con motivo del inicio de la disposición de los amonitas contra Israel, Jefté el juez entonces, en la respuesta que dio al rey de Amón que pretendía derechos sobre la tierra de Canaán, desde Arnón hasta Jaboc y el Jordán, aludió a la presencia de Israel en el territorio reclamado desde hacía trescientos años (Jue. 11:26). Este dato concuerda y justifica plenamente que el tiempo entre la salida de Egipto y el inicio de la construcción del templo de 480 años, son reales y no una cifra aproximada. Añadiendo a los cuarenta años del desierto el tiempo de la conquista y el período hasta Jefté, redondean los trescientos años de presencia de Israel en Canaán. De nuevo esta evidencia bíblica externa apoya la datación temprana del libro. 3) *Evidencias arqueológicas*. La misma arqueología viene a sustentar una datación temprana (s. XV a. C.) para el Éxodo, especialmente en base a las excavaciones de Garstan en Jericó, donde se encontraron evidencias conclusivas de que la ciudad fue destruida un poco antes del año 1400 a. C., coincidiendo con las fechas que, conforme a la cronología bíblica, corresponderían a los tiempos de la conquista. Las relaciones y correspondencia entre Jericó y Egipto cesan bajo el reinado de Amenhotep III (1405-1368 a.C.), tiempo en que debió ocurrir la destrucción de la ciudad, lo que llevaría a considerar a Amenhotep II como el faraón del Éxodo. 4) *Tablillas de Tell-El-Amanarna*. Correspondencia diplomática dirigida al faraón de Egipto que habla de los peligros de invasión de Canaán por parte de un pueblo que había llegado desde otro lugar. Las relaciones y correspondencia entre Jericó y Egipto cesan bajo el reinado de Amenhotep III (1405-1368 a.C.).

La conclusión en cuanto a datación del libro es que debe situarse en torno al año 1400 a. C.

Contenido

Tomados selectivamente algunos relatos del libro, puede dar la impresión de que la campaña militar de conquista de Canaán fue sencilla y que literalmente los israelitas destruyeron de forma rápida a todos los ejércitos de las naciones asentadas en el territorio; sin embargo, lo que realmente se aprecia en el contenido del libro es la acción de Dios orientando las acciones y conduciendo a su pueblo en triunfo.

A través de relatos históricos, el autor divino del libro quiere enseñar que Dios, como soberano, cumple fielmente sus promesas y pactos. Él había hecho promesas a Abraham tocante a su descendencia, que vendrían a entrar en posesión de la tierra de Canaán: "En aquel día hizo Jehová un pacto con Abram, diciendo: a tu descendencia daré esta tierra, desde el río de Egipto hasta el río grande, el río Éufrates; la tierra de los ceneos, los cenezeos, los cadmoneos, los heteos, los ferezeos, los refaítas, los amorreos, los cananeos, los gergeseos y los jebuseos" (Gn. 15:18-21). Junto con la promesa estaba el anuncio de un período de esclavitud para los descendientes de Abraham, que duraría cuatrocientos años, de la que serían libertados por la sola intervención divina al final de una serie de juicios de Dios sobre aquella nación (Gn. 15:13-14). Los pactos que Dios establece tienen absoluta garantía de cumplimiento en el tiempo determinado por Él. Su fidelidad está comprometida en el mismo pacto y no puede ser quebrantada. Dios dejaría de ser Dios si no fuera fiel. El pueblo rescatado de la esclavitud fue conducido por el desierto de modo providencial y admirable, proveyendo el Señor para ellos cuanto les fue preciso y, tras cuarenta años de larga marcha, fueron introducidos por su poder omnipotente en la tierra de la promesa.

Como parte del texto bíblico, en el libro de Josué, Dios se revela a sí mismo por medio de los relatos históricos que aparecen en él. A través del libro, el Espíritu ofrece una amplia manifestación de la grandeza de Dios. Los atributos divinos se descubren claramente en el texto bíblico. La omnipotencia resuelve las dificultades que hubieran sido insuperables para el pueblo, como es el caso de las ciudades fortificadas; la omnisciencia que conoce los pensamientos más íntimos de cada israelita, descubriendo el pecado oculto en lo más profundo del alma humana; el amor, manifestado en tantas formas, soportando a un pueblo rebelde, animándole en los momentos de desaliento, mostrándole en todo su misericordia. El libro de Josué se escribe para revelar a Dios y su modo de actuar.

Sin embargo, el tema general de la Biblia es responder a la pregunta: ¿Quién es el soberano? De ahí que lo más destacable de este escrito sea precisamente la gloriosa manifestación de la soberanía de Dios. Este libro, como el resto de la Escritura, está poniendo en evidencia la realidad de la soberanía divina, con lo que responde a la pregunta que produjo el cuestionamiento de Dios y la necesidad de obedecerle. Tal cuestión, que planteada por Satanás en el huerto del

Edén fue la base principal de la caída del ser humano al poner en tela de juicio el derecho soberano de Dios, abandonando la lealtad que la criatura le debe y la obediencia que la manifiesta, se demuestra paso a paso por la Escritura, de modo que la única conclusión posible es esta: Dios es el único soberano. La soberanía de Dios actúa en todos los planos de la vida de la nación hebrea en los días de la conquista. Él determina cada acción a realizar y el modo de llevarla a cabo; reprende al pueblo en sus desobediencias, reconduciéndoles con ello a la senda que habían dejado, para que en todo, el propósito divino tenga cumplimiento. Ejecuta su soberano propósito eliminando a los enemigos a causa de su persistente pecaminosidad, y al final del texto, como colofón, la soberanía de Dios queda plenamente manifestada en el resumen del discurso de Josué (24:1-15). Por esta causa, presenta al pueblo de Israel la demanda de servirle como único Dios soberano, con exclusión de cualquier otro dios entre ellos (24:14, 23, 24), advirtiéndoles desde la dimensión de su soberanía que actuaría en juicio contra ellos si desobedecían su voz y quebrantaban la alianza (24:20).

El libro presenta también el irresistible poder del pueblo de Dios en superar al mundo y tomar posesión de su herencia prometida, para lo cual debe descansar plenamente en Dios y no permitir que el pecado de desobediencia impida su relación de pacto con Él.

Podrían establecerse como los grandes temas del libro, aquellos que destacan algunas perfecciones de Dios que se revelan en su contenido, los siguientes: 1) *Dios es fiel*, por cuanto cumplió la promesa de llevar a los descendientes de Abraham a la tierra prometida (Gn. 13:15). 2) *Dios es santo*, por tanto, su pueblo debe serlo también. El pecado en medio del pueblo de Dios conduce a la interrupción de las bendiciones y a la derrota (7:1 ss.). 3) *Dios es justo*, por esa causa interviene judicialmente contra los pueblos de la tierra, en razón de la tremenda pecaminosidad de aquellas naciones, determinando que por medio de Israel fueran eliminadas de la tierra (Dt. 7:1-6).

Bosquejo

Se propone el siguiente para el análisis exegético del texto bíblico.

    I. Entrada en la tierra de Canaán (1:1-5:15).
        1. La comisión de Dios a Josué (1:1-9).
        2. La comisión de Josué al pueblo (1:10-18).
        3. El reconocimiento de Jericó: Rahab y los espías (2:1-24).
            3.1. Los espías enviados (2:1).
            3.2. El cuidado de Rahab (2:2-7).

LOS LIBROS DEL LIBRO 479

   3.3. La fe de Rahab (2:8-11).
   3.4. La petición de Rahab (2:12-16).
   3.5. La condición para Rahab (2:17-21).
   3.6. El informe de los espías (2:22-24).
  4. El cruce del Jordán (3:1-17).
   4.1. Desde Sitim al Jordán (3:1-6).
   4.2. Las instrucciones divinas para cruzar el río (3:7-13).
   4.3. El cruce del Jordán (3:14-17).
  5. Conmemoración del cruce del Jordán (4:1-24).
   5.1. Las piedras del Jordán y el primer monumento (4:1-9).
   5.2. Restauración del río a su curso (4:10-18).
   5.3. El monumento conmemorativo en Gilgal (4:19-24).
  6. Preparativos para la conquista (5:1-15).
   6.1. Circuncisión del pueblo (5:1-12).
   6.2. El príncipe del ejército de Jehová (5:13-15).
II. La conquista de la tierra de Canaán (6:1-12:24).
  1. Conquista de la parte central (6:1-8:35).
   1.1. Victoria en Jericó (6:1-27).
    1.1.1. Los seis primeros días (6:1-14).
    1.1.2. La ocupación y el anatema (6:15-21).
    1.1.3. El cumplimiento de la promesa a Rahab (6:22-25).
    1.1.4. La maldición sobre Jericó (6:26-27).
   1.2. Derrota en Hai (7:1-26).
    1.2.1. Causas de la derrota (7:1-5).
    1.2.2. Reacción de Josué (7:6-9).
    1.2.3. Las instrucciones divinas (7:10-15).
    1.2.4. El pecado quitado (7:16-26).
   1.3. Victoria en Hai (8:1-29).
    1.3.1. Instrucciones divinas (8:1-2).
    1.3.2. La estrategia para la batalla (8:3-9).
    1.3.3. Inicio de la acción militar (8:10-13).
    1.3.4. La batalla de Hai (8:14-22).
    1.3.5. El final de la batalla (8:23-29).
   1.4. Adoración en Ebal (8:30-35).
  2. La conquista del sur de Canaán (9:1-10:43).
   2.1. Pacto con los gabaonitas (9:1-27).
    2.1.1. La coalición de los reyes del sur (9:1-2).
    2.1.2. La astucia de los gabaonitas (9:3-13).
    2.1.3. El pacto con los gabaonitas (9:14-15).
    2.1.4. El engaño descubierto (9:16-19).

2.1.5. Los gabaonitas servidores del santuario (9:20-27).
2.2. Destrucción de la coalición amonita (10:1-43).
    2.2.1. Coalición contra Gabaón (10:1-5).
    2.2.2. Petición de ayuda (10:6-8).
    2.2.3. Derrota de la coalición amonita (10:9-11).
    2.2.4. El milagro de la prolongación del día (10:12-14).
    2.2.5. La ejecución de los cinco reyes (10:15-27).
    2.2.6. Toma y destrucción de las ciudades de sur (10:28-43).
3. La conquista del norte de Canaán (11:1-23).
    3.1. La coalición de los reyes del norte (11:1-5).
    3.2. La derrota de los reyes (11:6-9).
    3.3. La conquista de las ciudades del norte (11:10-15).
    3.4. Resumen de la conquista (11:16-20).
    3.5. Conclusión de la conquista del norte (11:23).
4. Resumen de la conquista (12:1-24).
    4.1. La conquista de Transjordania (12:1-6).
        4.1.1. El territorio de Transjordania (12:1).
        4.1.2. Conquista del reino amorreo (12:2-3).
        4.1.3. Conquista del reino de Basán (12:4-6).
    4.2. La conquista de Cisjordania (12:7-24).
        4.2.1. El territorio de Cisjordania (12:7-8).
        4.2.2. Conquista de la parte centro y sur (12:9-18).
        4.2.3. Conquista de la parte norte (12:19-24).

III. División de la tierra de Canaán (13:1-21:45).
1. Instrucciones de Dios a Josué (13:1-7).
2. División de Transjordania (13:8-33).
    2.1. Territorio de Transjordania (13:8-14).
    2.2. Heredad de Rubén (13:15-23).
    2.3. Heredad de Gad (13:24-28).
    2.4. Heredad de la media tribu de Manasés (13:29-33).
3. División de Canaán (14:1-19:51).
    3.1. Introducción (14:1-5).
    3.2. Heredad de Judá (14:6-15:63).
        3.2.1. Episodio de Caleb (14:6-15).
            3.2.1.1. Petición de Caleb (14:6-12).
            3.2.1.2. Heredad de Caleb (14:13-15).
        3.2.2. Fronteras de Judá (15:1-12).
        3.2.3. Episodio de Caleb y Otoniel (15:13-19).
        3.2.4. Las ciudades de Judá (15:20-63).
            3.2.4.1. Ciudades del sur (15:21-32).

LOS LIBROS DEL LIBRO 481

       3.2.4.2. Ciudades de las llanuras (15:33-47).
       3.2.4.3. Ciudades de las montañas (15:48-60).
       3.2.4.4. Ciudades del desierto (15:61-62).
       3.2.4.5. Los jebuseos (15:63).
   3.3. Heredad de José (16:1-10).
       3.3.1. Límites de la heredad (16:1-4).
       3.3.2. Heredad de Efraín (16:5-10).
   3.4. Heredad de la media tribu de Manasés (17:1-18).
       3.4.1. Distribución general de la heredad (17:1-2).
       3.4.2. La parte de Zelofehad (17:3-6).
       3.4.3. Delimitación del territorio (17:7-11).
       3.4.4. Incapacidad de los habitantes cananeos (17:12-13).
       3.4.5. Reclamación territorial de la tribu de José (17:14-18).
   3.5. División del resto de la tierra (18:1-19:51).
       3.5.1. Territorio a repartir (18:1-10).
       3.5.2. Heredad de Benjamín (18:11-28).
       3.5.3. Heredad de Simeón (19:1-9).
       3.5.4. Heredad de Zabulón (19:10-16).
       3.5.5. Heredad de Isacar (19:17-23).
       3.5.6. Heredad de Aser (19:24-31).
       3.5.7. Heredad de Neftalí (19:32-39).
       3.5.8. Heredad de Dan (19:40-48).
       3.5.9. Heredad especial de Josué (19:49-51).
  4. Las ciudades de refugio (20:1-9).
   4.1. La ley que las establecía (20:1-6).
   4.2. Las ciudades designadas (20:7-9).
  5. Ciudades de los levitas (21:1-45).
   5.1. La demanda de los levitas (21:1-2).
   5.2. Las ciudades por cada familia (21:3-8).
   5.3. Ciudades de los coatitas (21:9-26).
       5.3.1. De la casa de Aarón (21:9-19).
       5.3.2. Del resto de la familia de Coat (21:20-26).
   5.4. Ciudades de los gersonitas (21:27-33).
   5.5. Ciudades de los meraritas (21:34-40).
   5.6. Resumen y cumplimiento (21:41-45).
IV. Despedida y muerte de Josué (22:1-24:33).
  1. Mensajes de despedida de Josué (22:1-24:28).
   1.1. Para las dos tribus y media (22:1-9).
   1.2. El incidente del altar (22:10-34).
       1.2.1. La construcción del altar (22:10)

   1.2.2. La reacción de las restantes tribus (22:11-20).
   1.2.3. Explicación de las dos tribus y media (22:21-29).
   1.2.4. Conclusión del incidente (22:30-34).
  1.3. Discurso para el pueblo y sus dirigentes (23:1-16).
   1.3.1. Convocatoria (23:1-2).
   1.3.2. Exhortación (23:3-11).
   1.3.3. Advertencia (23:12-16).
  1.4. Discurso final de despedida (24:1-28).
   1.4.1. Convocatoria (24:1).
   1.4.2. Recuento histórico (24:2-13).
    1.4.2.1. De Abraham a Egipto (24:2-4).
    1.4.2.2. Moisés y la liberación (24:5-7).
    1.4.2.3. La peregrinación (24:8-10).
    1.4.2.4. La Conquista (24:11-13).
   1.4.3. Demanda de fidelidad (24:14-15).
   1.4.4. Promesas de compromiso (24:16-18).
   1.4.5. Advertencias (24:19-20).
   1.4.6. El pacto establecido (24:21-28).
 2. La muerte de Josué (24:29-33).

Cristo en el libro

No hay una referencia directa de Cristo o aplicada directamente a Él que se registre en el Nuevo Testamento. De igual manera, no se encuentra ninguna profecía específica en él sobre Jesús. Sin embargo, Josué es figura de Cristo, comenzando por la identidad de nombre, que significa *Dios salva*. El hecho de que Josué lidere el tránsito de la nación y ocupe la tierra de la promesa, al otro lado del Jordán, es figura de lo que Jesús hace con su pueblo, llevándolo en triunfo e introduciéndolo posicionalmente con Él en los lugares celestiales (Ef. 2:6). Dios, que salva, libera a los creyentes de la esclavitud del pecado y los introduce en el reino del Hijo amado (Col. 1:13).

  Tal vez un texto del apóstol Pablo pueda seleccionarse en este caso como figura de la presencia de Jesús en el libro de Josué: "Mas a Dios gracias, el cual nos lleva siempre en triunfo en Cristo Jesús, y por medio de nosotros manifiesta en todo lugar el olor de su conocimiento"[40] (2 Co. 2:14). No debe haber desaliento para el cristiano,

---

[40] Texto griego: Τῷ δὲ Θεῷ χάρις τῷ πάντοτε θριαμβεύοντι ἡμᾶς ἐν τῷ Χριστῷ καὶ τὴν ὀσμὴν τῆς γνώσεως αὐτοῦ φανεροῦντι δι' ἡμῶν ἐν παντὶ τόπῳ·

ni preocupación sobre el futuro. Lo que pudiera ser desalentador se transforma en alegría exultante al saber que la victoria se alcanza en Cristo, y esto conduce inevitablemente a una manifestación de reconocimiento y gratitud.

Hay alguna dificultad en la traducción de la primera oración de la cláusula, a causa del uso del verbo[41] que expresa la idea de llevar en triunfo. Este se usaba en el griego clásico para relatar la entrada triunfal de un general romano. Iba sobre su carro y tras él caminaban un grupo de prisioneros hechos en la batalla. Luego del paseo triunfal y del reconocimiento de todos por la victoria, algunos de esos presos serían condenados a muerte y otros seguirían vivos, aunque en su gran mayoría como esclavos. Sin embargo, el apóstol está usando esa ilustración parabólica en el sentido de que también el general romano vencedor hacía participar con él a los oficiales del ejército que se habían distinguido en el combate. De esta manera, Pablo considera que Dios lleva consigo a los creyentes, entre los que estaba el apóstol, en su desfile victorioso. Esta aplicación del verbo permite su traducción en este versículo como *llevar en triunfo*. Hay eruditos que cambian el sentido del verbo traduciéndolo por *dar a conocer*. En ese caso, la idea es que Dios da a conocer a los apóstoles en todo tiempo.

Es interesante un párrafo del profesor Pastor Gutiérrez, que, refiriéndose a este verbo, escribe:

> El verbo θριαμβεύω no se encuentra en el Nuevo Testamento sino en San Pablo, aquí y en Col. 2:15, en donde considera, de modo paradójico, la crucifixión de Cristo como una marcha triunfal de Dios, el cual, como *Imperator* mundial, lleva cautivas las potestades enemigas del mismo modo que el emperador romano se hacía acompañar en su parada triunfal por los prisioneros de guerra. Pablo concibe en su imaginación el Evangelio como el carro triunfal de Dios que recorre el mundo entero. Como un general romano disponía, del mismo modo Dios hace una exhibición gloriosa de sus ministros evangélicos, a quienes siempre lleva en triunfo, haciendo que su apostolado avance en el mundo, no obstante las dificultades de todo género. Dios se asocia al Apóstol en su gloria y lo lleva en triunfo no solo en Antioquía, Éfeso, Corinto y Roma, sino hasta el fin de su vida (siempre), en todos los lugares donde su divino poder y el dinamismo del Evangelio se abren camino.

---

[41] Griego: θριαμβεύω.

> El mismo Pablo se considera aquí como cautivo y como soldado en el triunfo de Dios (Crisóstomo).[42]

Aunque Pablo se consideraba como un esclavo de Cristo (Ro. 1:1; 1 Co. 4:11), el triunfo es de Cristo, y como esclavo forma parte del cortejo del vencedor (Ef. 4:8). A este esclavo a quien el vencedor no solo perdonó la vida, de modo que ya no hay condenación para él (Ro. 8:1), sino que le otorgó la vida eterna (Jn. 3:16). En la figura de este aspecto parabólico, él es exhibido por Cristo como botín de guerra arrebatado a Satanás, como presos liberados de la condena a muerte. Pero, también es posible que la figura se aplique en el sentido de que los cristianos somos llevados en el cortejo triunfal de Cristo que llevó cautiva la cautividad (Ef. 4:8). Todo esto forma parte de la obra de Dios en la salvación; por tanto, el apóstol, dejando por un momento los recuerdos de la tristeza y las heridas del desaliento, deja brotar de la pluma lo que inunda su corazón, que es manifestar la gratitud a Dios por la victoria otorgada y experimentada en Cristo. El triunfo no es puntual u ocasional, sino permanente y continuo, nos lleva en triunfo siempre, en toda circunstancia y en toda ocasión.

En el desfile del general victorioso se solía quemar incienso delante del carro del vencedor, lo que permitía percibir el olor del triunfo. El olor grato expresado aquí tiene relación con la obra total de Jesucristo, desde la omnipotencia creadora, a la gracia salvadora y al poder transformador de la vida del que cree. El aroma de la victoria se proclama en el mensaje del Evangelio, misión que cumplía el apóstol en tantos lugares como le era posible. Pablo es instrumento en la mano de Dios para esparcir la fragancia del mensaje salvador a todos los hombres.

Este olor grato tiene que ver con el conocimiento de Él. Conocer en la Biblia no tiene tanto un carácter intelectual, sino vivencial, es decir de relación íntima. Por consiguiente, quien conoce a Cristo es aquel que le ha recibido como Salvador, por cuyo acto de fe pasa de muerte a vida y entra en la íntima relación personal con Él.

El Evangelio que los apóstoles y los cristianos proclamaban en el mundo es de alcance universal: "En todo lugar". Cuando Jesús estableció la Gran Comisión, dijo a los suyos que fuesen a todas las naciones e hiciesen discípulos (Mt. 28:20). En el final largo del evangelio según Marcos se recoge el mandamiento de "Id por todo el mundo y predicar el evangelio a toda criatura" (Mr. 16:15). No importa cuál

---

[42] En *2 Corintios*. Cf. Leal, 1965, Nuevo Testamento, Vol. II.

sea la posición teológica en cuanto a la redención, si el sacrificio de Cristo ha sido para todos o solo para algunos, esto no afecta al hecho de cumplir el mandamiento que ordena predicar el Evangelio a todos. El mensaje extiende el perfume de la gracia en cualquier lugar donde se haga oír y es poder salvador para todos (Ro. 1:16). Algunos se atreven a sostener que si Dios ha escogido solo a algunos para salvación y estos serán salvos porque es propósito soberano, no es necesario anunciarles el Evangelio. Solo se salva el hombre por gracia mediante la fe, y esta es la respuesta del individuo a la proclamación del Evangelio. Es necesario entender que la responsabilidad nuestra es predicarlo a todos conforme al mandamiento de Jesús. Cada vez que esto se haga, el aroma admirable del Evangelio de la gracia se esparce delante de todos.

Una nota destacada en el versículo tiene que ver con la soberanía de Jesús. Dios nos lleva en triunfo siempre en Cristo. De manera que quien había establecido la evangelización se ocupaba en su soberanía para abrir puerta a fin de que se operase, en respuesta al mensaje, la salvación de muchos. De este modo, el apóstol sale victorioso siempre contra las artimañas de los enemigos que procuraban impedir la evangelización. Incluso, cuando está a punto de ser ejecutado, el Evangelio era conocido por los que rodeaban al apóstol en sus últimos momentos. La iglesia victoriosa es la que cree firmemente que Jesús es soberano y depende de él. En esa certeza de fe oraban en tiempos de conflicto pidiendo que Él les concediese predicar el Evangelio denodadamente (Hch. 4:24, 31).

Puede completarse esta referencia a Cristo en el libro de Josué mediante otra cita, también del apóstol Pablo: "Antes, en todas estas cosas somos más que vencedores por medio de aquel que nos amó"[43] (Ro. 8:37). Lo que a la vista humana pudiera ser anticipo de derrota es una victoria admirable. No se trata de vencer sobre algunas cosas, sino sobre todas ellas, es decir, sobre las mencionadas como elementos de conflicto y sufrimiento en los versículos anteriores. La culminación de esa situación está descrita como si se tratara de ovejas que viven para ser llevadas al matadero. El único destino es la muerte. Sin embargo, en medio de las más grandes dificultades, Dios da la provisión para vencer: "Pero Él da mayor gracia" (Stg. 4:6). Dios no retira a los cristianos de la persecución, del conflicto o de la angustia, pero da la gracia para superarlos (1 Co. 10:13). Las dificultades forman

---

[43] Texto griego: ἀλλ' ἐν τούτοις πᾶσιν ὑπερνικῶμεν διὰ τοῦ ἀγαπήσαντος ἡμᾶς.

parte de la vida del cristiano: "En mucha paciencia, en tribulaciones, en necesidades, en angustias; en azotes, en cárceles, en tumultos, en trabajos, en desvelos, en ayunos;… como engañadores, pero veraces; como desconocidos, pero bien conocidos; como moribundos, mas he aquí vivimos; como castigados, mas no muertos; como entristecidos, mas siempre gozosos; como pobres, mas enriqueciendo a muchos; como no teniendo nada, mas poseyéndolo todo" (2 Co. 6:4-5, 8-10). Pero, frente a lo que parece derrota, el apóstol afirma que "somos super-vencedores", literalmente sobre-vencemos, no como algo escatológico, sino presente y actual. El creyente vence ahora sobre todas las dificultades.

Sin embargo, la razón de la victoria no está en el cristiano, sino en quien le da la victoria. Somos más que vencedores "por medio de aquel que nos amó". Nada puede haber que separe al creyente del amor de Cristo. Ese amor se manifestó de forma especial en la entrega en precio de rescate por su iglesia (Ef. 5:25). Fue Jesús quien como el crucificado padeció y murió por nosotros (1 P. 2:21-25). Pero, si el Señor sufrió el mayor conflicto posible hasta dar su vida, también resucitó y fue glorificado, de modo que los cristianos que estamos identificados con Él, lo estamos tanto en su muerte como en su resurrección y glorificación, de modo que conseguimos ya, en medio de los sufrimientos, la victoria sobre ellos. Es una super-victoria, por cuanto sobrepasa a cualquier padecimiento de este tiempo y trasciende a algo mucho más grande que el término de cualquier aflicción. Es disfrutar de la victoria que el Señor consiguió para nosotros impulsado por su amor personal, del que nada puede separarnos. En Cristo, Dios nos lleva siempre en triunfo (2 Co. 2:14). El poder victorioso se recibe por medio del Señor (Fil. 4:13), mientras que separados de Él nada podemos hacer (Jn. 15:5). Por el hecho de estar en Cristo, quien tiene poder supremo en cielos y tierra (Fil. 2:9-11), el cristiano es un vencedor en Él.

Jueces

Título

Recibe el nombre del hebreo *sôpheîm*, que equivale a *jueces*. La LXX le da el nombre griego κριται, que tiene el mismo significado, refiriéndose a personas establecidas para juzgar. El título deriva del tipo de gobierno característico de las tribus de Israel, entre la muerte de Josué y la instauración de la monarquía con la coronación de Saúl.

Tema

Las biografías y los hechos divinos por medio de personas elegidas por Dios entre el pueblo de Israel para remediar sus problemas y reconducirlos a Él.

En el libro hay doce biografías. Seis corresponden a los llamados *jueces mayores*, que son Otoniel, Aod, Débora y Barac, Gedeón, Jefté y Sansón. Otras seis son de los llamados *jueces menores*, que son Samgar, Tola, Jair, Ibsam, Elón y Abdón.

Período histórico

Es el tiempo transcurrido desde la muerte de Josué hasta las fechas que anteceden a la monarquía. En este período debe añadirse el libro de Ruth, y parte de 1 Samuel, concretamente hasta el capítulo 9.

No se puede determinar con exactitud el tiempo que comprende este libro, aunque si se suman los años asignados a cada juez, dará un período aproximado de unos cuatrocientos diez años.

Este sería el cómputo que hace el apóstol Pablo, conforme a la referencia que hace Lucas del discurso que pronunció en la sinagoga de Antioquía de Pisidia (Hch. 13:20). Habría que deducir los cuarenta años de la judicatura de Elí para el período temporal del libro, pero aun así no sería posible determinar un tiempo exacto.

Autor y fecha

No hay evidencia interna sobre quién fue el que recopiló los relatos del libro.

La consideración sobre la fidelidad a Dios hace suponer que su redactor debió ser un profeta, o alguien vinculado a ese entorno.

El autor tuvo que ser una persona que vivió en un tiempo próximo al primero de los reyes de Israel. El relato detalla el largo tiempo transcurrido hasta la monarquía. Se reitera en el libro que el tiempo del relato histórico era aquel en que "no había rey en Israel" (18:1; 19:1; 21:25).

Es notable ver que en el texto del libro se aprecia el deseo de glorificar a Dios y no a los héroes de Israel, mostrando en ellos la misericordia de Dios para con su pueblo, aún en medio de sus continuas crisis espirituales.

Uno de los posibles autores pudo haber sido Samuel, siguiendo el Talmud hebreo. Es posible que haya escrito porciones del libro. Incluso pudiera haber sido alguno de los discípulos de Samuel.

Si no es posible precisar con exactitud quién fue el autor, tampoco es viable fijar la fecha de redacción. No cabe duda de que tuvo que haber sido escrito después de la muerte de Sansón. Incluso cabe pensar que lo fue después de la coronación de Saúl como rey, ya que se hace mención a que en ese tiempo "no había rey en Israel", como se indicó antes.

De igual modo, puede precisarse que el libro se escribió antes de la conquista de Jerusalén por David, ya que se lee en el texto: "Mas al jebuseo que habitaba en Jerusalén no lo arrojaron los hijos de Benjamín, y el jebuseo habitó con los hijos de Benjamín en Jerusalén hasta hoy" (1:21); sin embargo, se lee en 2 Samuel: "Pero David tomó la fortaleza de Sion, la cual es la ciudad de David" (2 S. 5:7).

Con los datos anteriores, se puede establecer la fecha de redacción aproximadamente alrededor del año 1000 a. C.

Contexto del libro

Político. Israel, dividida en doce tribus, no tenía capital política ni estaba bajo un rey. Jerusalén, que sería su capital en los días de los reyes, no había sido conquistada en tiempos de Josué (Jos. 15:63). Fue ocupada temporalmente por Judá (1:8), pero tuvo que haber sido recuperada nuevamente por los antiguos poseedores hasta los días de la monarquía de David.

En la lectura del libro se intuye una especie de anarquía general entre las tribus, con un relajamiento del respeto reverente por Dios y del compromiso de obediencia a sus leyes, con una grave falta de observancia a los mandamientos de Dios, como se aprecia en la lectura: "En estos días no había rey en Israel, cada uno hacía lo que bien le parecía" (17:6; 21:25). En medio de ese entorno destaca la figura de los jueces, que Dios levanta para ayudar a su pueblo a superar los problemas de opresión producida por los pueblos enemigos, como consecuencia de la desobediencia a lo que Él había determinado. No había lugar fijo para la actuación del juez y el ejercicio de la judicatura, estando este donde el problema lo requería.

Religioso. Básicamente tenían todos el mismo Dios y la misma ley divina. Había un lugar nacional para el culto, en Silo, donde estaba el santuario (18:1). Este siguió allí hasta los tiempos de Elí. Es patente en todo el libro la desobediencia a Dios, como se aprecia en su simple lectura.

Moral. El pueblo se había unido en matrimonios mixtos, con las naciones a las que Dios había determinado eliminar del territorio y había prohibido tales uniones: "Por tanto, no harás alianza con los moradores de aquella tierra; porque fornicarán en pos de sus dioses, y ofrecerán sacrificios a sus dioses, y te invitarán, y comerás de sus sacrificios; o tomando de sus hijas para tus hijos, y fornicando sus hijas en pos de sus dioses, harán fornicar también a tus hijos en pos de los dioses de ellas" (Ex. 34:15-16). En forma precisa lo establece en la recopilación de la ley dada por Moisés a la generación que iba a entrar en la tierra prometida: "Y no emparentarás con ellas; no darás tu hija a su hijo, ni tomarás a su hija para tu hijo" (Dt. 7:3). Tal práctica trajo serios problemas y graves fracasos al pueblo de Israel, quebrantando la norma establecida (3:5-6).

La moral era permisiva, con prácticas pecaminosas, tales como la prostitución, tal como se aprecia, entre otros lugares, en el relato de la vida de Sansón.

La degradación moral llegó a extremos tan graves que originó una guerra civil entre las tribus de Israel y la de Benjamín, como consecuencia del abuso y muerte de la concubina de un levita a manos de corruptos de una de las ciudades de Benjamín (20:20-21).

Puede resumirse esta etapa de la historia de Israel con cuatro palabras tomadas desde la base del relato bíblico que define la situación continuada: rebelión (2:12-13); disciplina (2:14-15); arrepentimiento (2:18b); restauración (2:16, 18a).

Propósito del libro

Es el relato que enlaza el período histórico de la conquista con el de la monarquía. Por medio de él, Dios enseña que la obediencia y la bendición van unidas, así como que la desobediencia acarrea dificultades, opresión y muerte.

Dios se manifiesta en el texto bíblico como el Dios de la gracia, que actúa a favor de los suyos, a pesar de su desobediencia, en un tiempo en que, como se dijo antes "cada uno hacía lo que bien le parecía (21:25).

Texto hebreo y versiones

El Texto Masorético es el único con que se cuenta. Hay algunos fragmentos del relato bíblico sobre Gedeón y Abimelec, en textos de Qumrán[44]. El texto bíblico es muy seguro, lo que permite el traslado a las versiones, sin necesidad de correcciones.

---

[44] Cf. Barthelemy & Milik, 1955.

Versiones griegas. La más importante es la LXX, que concuerda mayoritariamente con el Texto Masorético™.

El Códice Alejandrino (A), tomado probablemente de la misma fuente que el Vaticano.

El Códice Vaticano (B), aunque divergente en muchos puntos del Alejandrino, proceden ambos, muy probablemente, de la misma fuente, como se aprecia en el texto.

La Siro-Hexaplar, así como las recensiones de Luciano, proceden aparentemente de otro texto original griego, y son menos concordantes con el TM.

La Peshitta (versión siríaca) es un magnífico texto, que en lo que difiere del TM, sirve de gran ayuda para determinar el texto primitivo del libro.

Versiones latinas. Cabe mencionar especialmente la Vulgata, que fue trasladada al latín desde un texto hebreo fiel al TM, si bien da preferencia al estilo literario e incluso a la paráfrasis, cuando lo considera conveniente.

Cronología histórica. Se establece el siguiente gráfico orientativo para una panorámica histórica general.

Opresor	Datación	Juez	Fecha	Pasaje
Mesopotamia	1361-1353	Otoniel	1343-1313	3:7-11
Moab	1313-1295	Aod	1295-1215	3:12-30
Filistía	?	Samgar	?	3:31
Canaán	1215-1195	Débora	1195-1155	4:1-5:31
Madián	1155-1148	Gedeón	1148-1108	6:1-8:32
Amón	1105	Jefté	1105-1099	10:6-12:7
Filistía	1099-1059	Sansón	1085-1065	13:1-16:31

Bosquejo

Se propone el siguiente para el análisis exegético del texto bíblico:

I. Características del período de los jueces (1:1-3:6).
 1. Políticas (1:1-36).
 2. Espirituales (2:1-3:6).
II. Características políticas del período de los jueces (3:7-16:31).
 1. Situaciones de opresión (3:7-31).
  1.1. Opresión mesopotámica y liberación con Otoniel (3:7-11).
  1.2. Opresión moabita y liberación con Aod (3:12-30).
  1.3. Victoria de Samgar sobre los filisteos (3:31).

LOS LIBROS DEL LIBRO

2. Opresión cananea y liberación con Débora y Barac (4:1-5:31).
    2.1. El relato histórico (4:1-24).
        2.1.1. La situación del pueblo (4:1-2).
        2.1.2. La reacción del pueblo (4:3-24).
    2.2. El cántico de Débora (5:1-31).
3. Opresión madianita y liberación con Gedeón (6:1-8:35).
    3.1. El llamado a Gedeón (6:1-40).
        3.1.1. La situación de Israel (6:1-6a).
        3.1.2. La acción de Israel y la provisión de Dios (6:6b-10).
        3.1.3. El instrumento que Dios usa (6:11-40).
    3.2. Las victorias de Gedeón (7:1-25).
        3.2.1. Selección del ejército de Israel (7:1-8).
        3.2.2. El aliento divino (7:9-15).
        3.2.3. La intervención divina (7:16-22).
        3.2.4. La acción del resto e Israel (7:23-25).
    3.3. Victoria y final de Gedeón (8:1-35).
        3.3.1. Reacción de la tribu de Efraín (8:1-3).
        3.3.2. Derrota madianita e incidentes (8:4-12).
        3.3.3. Humildad de Gedeón (8:22-23).
        3.3.4. Problema de Gedeón (8:24-27).
        3.3.5. Final del tiempo de Gedeón (8:28-35).
4. Tiranía de Abimelec (9:1-57).
    4.1. Ascenso de Abimelec (9:1-6).
    4.2. Actuación de Jotam (9:7-21).
        4.2.1. Rebeldía de los siquemitas (9:22-29).
        4.2.2. Rebelión sofocada (9:30-41).
        4.2.3. Final de Siquem y sus moradores (9:42-49).
        4.2.4. Muerte de Abimelec (9:50-57).
5. Otras judicaturas (10:1-5).
    5.1. Judicatura de Tola (10:1-2).
    5.2. Judicatura de Jair (10:3-5).
6. Opresión amonita y liberación con Jefté (10:6-12:7).
    6.1. Situación de Israel (10:6-9).
    6.2. La reacción de Israel y la respuesta de Dios (10:10-18).
    6.3. Provisión de Dios para su pueblo (11:1-40).
        6.3.1. Origen y situación de Jefté (11:1-3).
        6.3.2. Restauración de Jefté (11:4-11).
        6.3.3. Actuación de Jefté (11:12-28).
        6.3.4. Acción divina contra Amón (11:29-33).
        6.3.5. Fracasos humanos (11:34-40).
    6.4. Problemas de los efraimitas (12:1-7).

7. Otras judicaturas (12:8-15).
   7.1. Judicatura de Ibzán (12:8-10).
   7.2. Judicatura de Elón (12:11-12).
   7.3. Judicatura de Abdón (12:13-15).
8. Opresión filistea y liberación por Sansón (13:1-16:31).
   8.1. Anuncio y nacimiento de Sansón (13:1-25).
      8.1.1. La situación de Israel (13:1).
      8.1.2. Anunciación del nacimiento de Sansón (13:2-5).
      8.1.3. Comunicación al padre de Sansón (13:6-7).
      8.1.4. Segunda confirmación de la promesa (13:8-14).
   8.2. El ángel (13:15-23).
   8.3. El nacimiento de Sansón (13:24-25).
   8.4. Casamiento de Sansón (14:1-20).
      8.4.1. El desprecio por los mandamientos de Dios (14:1-4).
      8.4.2. Poder y menosprecio (14:5-9).
      8.4.3. El mal consumado (14:10-18).
      8.4.4. La primera acción contra los filisteos (14:19-20).
   8.5. Acciones de Sansón (15:1-20).
      8.5.1. La venganza de Sansón (15:1-8).
      8.5.2. La venganza por su propia persona (15:9-17).
      8.5.3. Socorro oportuno (15:18:20).
   8.6. Caída y muerte de Sansón (16:1-31).
      8.6.1. Volviendo a la práctica del pecado (16:1-3).
      8.6.2. Jugando con el pecado (16:4-17).
      8.6.3. Las consecuencias del pecado (16:18-21).
      8.6.4. Dios vindica su santo nombre (16:22-30).
      8.6.5. Monumento a la fe y a la providencia de Dios (16:31).

III. Apostasía del período de los jueces (17:1-21:25).
1. Micaía y los hombres de Dan (17:1-18:31).
   1.1. Micaía y su sacerdote privado (17:1-13).
      1.1.1. Proveyéndose de un ídolo (17:1-6).
      1.1.2. Proveyéndose de un sacerdote (18:7-13).
   1.2. La emigración de lo danitas (18:1-31).
      1.2.1. Inspeccionando la tierra (18:1-6).
      1.2.2. La inspección, el informe y la reacción (18:7-13).
      1.2.3. Despojando a Micaía y los suyos (18:22-26).
      1.2.4. La conquista de Lais (18:27-29).
      1.2.5. La idolatría establecida (18:30-31).

2. La guerra contra Benjamín (19:1-21:25).
   2.1. La causa de la guerra (19:1-20:14).
      2.1.1. Una reacción incorrecta (19:1-9).
      2.1.2. Llegando a Gabaa (19:10-21).
      2.1.3. La acción de los benjaminitas (19:22-30).
      2.1.4. La congregación de Israel para juicio (20:1-7).
      2.1.5. La decisión de subir contra Gabaa (20:8-14).
   2.2. El desarrollo de la guerra (20:15-48).
      2.2.1. Los ejércitos de Israel y Benjamín (20:15-17).
      2.2.2. Los primeros resultados adversos (20:18-28).
      2.2.3. La derrota del ejército de Benjamín (20:29-48).
   2.3. Los resultados de la guerra (21:1-25).
      2.3.1. Una tribu en peligro de desaparecer (21:1-12).
      2.3.2. La reconstrucción de la tribu de Benjamín (21:13-23).
      2.3.3. El epílogo de la guerra civil (21:24-25).

Cristo en el libro

La situación de Israel en el libro de Jueces es de notoria decadencia espiritual. Apenas podría encontrarse algo que elogiar en el comportamiento del pueblo, en contraste con el anterior de Josué. El pecado toma carta de naturaleza. Los pueblos del entorno que quedaron asentados en el territorio y que no pudieron expulsar, comenzaron a influenciar en los israelitas de modo que sus costumbres idolátricas se manifestaron abiertamente, en oposición a la voluntad y mandamientos de Dios.

Dios había advertido en la ley que la transgresión a lo establecido traería consecuencias; así se produjo. Sin embargo, no hay un retorno definitivo de esa conducta, solo arrepentimientos esporádicos y motivados por situación de gravedad y opresión.

Sin duda, el Señor pudo haber juzgado a su pueblo y dejarlo en manos de sus enemigos, pero su gracia da continuas oportunidades y en cada ocasión la acción divina redime a los suyos de la opresión producida por sus enemigos como consecuencia del alejamiento de Dios y el quebrantamiento voluntario de sus mandamientos.

Puede ilustrar, históricamente hablando, al gran sumo sacerdote en relación con su pueblo hoy.

Cristo es el Dios poderoso que acude en auxilio de los que son tentados: "Por lo cual debía ser en todo semejante a sus hermanos, para venir a ser misericordioso y fiel sumo sacerdote en lo que a Dios se refiere, para expiar los pecados del pueblo. Pues en cuanto él mismo padeció siendo tentado, es poderoso para socorrer a los que son tentados" (He. 2:17-18). El sumo sacerdote, que es Jesucristo, el Hijo de Dios, tiene dos condiciones que le son propias y que el autor de la epístola destaca al decir que ha venido "a ser misericordioso y fiel"[45]. La primera condición lo relaciona con los hermanos, al ser misericordioso para con ellos. La misericordia es uno de los atributos comunicables de Dios, que expresa su amor hacia el culpable y miserable. Es el amor que expresa la compasión a causa de la situación originada por el pecado, viendo la desdicha que este produce en el hombre y las consecuencias de sufrimiento que origina. Es también el amor en extensión, es decir, constante. Dios ama permanentemente, a pesar de las circunstancias personales. De manera que el profeta, viendo la ruina de la ciudad de Jerusalén, a causa del juicio de Dios por el pecado reiterado del pueblo, habla de las misericordias provistas por Él, que son nuevas cada mañana y que, en base a ellas, no fueron destruidos totalmente (Lam. 3:22-23). Este sumo sacerdote, misericordioso, desciende al nivel del miserable, llegando hasta él para socorrerle en un acto de admirable dimensión de amor, hasta hacerse pobre para enriquecer a quien había perdido todo y no podía recuperarlo (2 Co. 8:9). El sumo sacerdote misericordioso, desciende hasta las partes más bajas de la tierra, para hacer salvable a todo pecador y abrir un camino de salvación a todo aquel que cree (Ef. 4:9). La segunda condición de este sumo sacerdote, nuestro Señor y Salvador, es la fidelidad. No solo es misericordioso, sino que también es fiel. Sorprende ver que ambas perfecciones aparecen unidas también en el texto de la profecía antes citado: "Por la misericordia de Jehová no hemos sido consumidos, porque nunca decayeron sus misericordias. Nuevas son cada mañana; grande es tu fidelidad" (Lam. 3:22-23). En relación con el hombre, misericordioso; en relación con Dios, fiel. La fidelidad se aprecia en que soportó el sufrimiento y la muerte hasta el final de la obra de redención prevista por Dios en su gracia (Fil. 2:7). Es fiel porque lo fue en todo lo que hizo, en servicio de absoluta fidelidad al que lo envió (He. 3:2). La fidelidad se aprecia en la entrega hasta el grado que exigió la obra de salvación, de modo que, ilustrándolo con la comida, indispensable para el alimento y con ello razón de vida, decía de su ministerio salvífico: "Mi comida es que haga la voluntad del que me envió, y que acabe su obra" (Jn. 4:34).

---

[45] Texto griego: ἐλεήμων γένηται καὶ πιστός.

La experiencia de Jesucristo en la obra de salvación es singular: "Pues en cuanto Él mismo padeció siendo tentado"[46]. Lo que no era posible en su deidad vino a ser experiencia en su humanidad. Como hombre soportó las pruebas de los hombres y sus experiencias humanas vinieron a ser sus propias experiencias. El término traducido como *tentar* es también *probar*. Ambas experiencias fueron propias del Señor. Al principio de su ministerio, luego de su bautismo, fue llevado al desierto y allí tentado por el diablo (Mt. 4:1). Durante su ministerio fue también tentado por Satanás, que procuró impedir que su fidelidad se llevase a cabo sujetándose plenamente al plan de Dios para salvación; por esa razón reprendió a Pedro, que utilizaba las palabras insinuantes del tentador (Mt. 16:23). Pero, no solo las tentaciones, sino también las pruebas, los conflictos, las penurias de los hombres, fueron su propia experiencia. Las pruebas de los hombres fueron continuas en la experiencia de nuestro Señor.

Esto trae al creyente una seguridad admirable, ya que el Hijo de Dios "es poderoso para socorrer a los que son tentados"[47]. Es poderoso para hacerlo en cuanto es Dios, pero especialmente por su experiencia en el plano de la humanidad; es capaz de entender la situación del que es tentado o del que está en una prueba y socorrerle. Él es quien, al entender plenamente la situación, no solo desde el plano de la intelectualidad divina, sino desde el de la experiencia humana, puede prestar la ayuda oportuna para cada caso y para cada situación. El Señor conoce por sí mismo la dificultad en que se encuentra el creyente y es poderoso para prestarle la ayuda necesaria a fin de que se pueda mantener firme, en plena fidelidad. Para los lectores de la carta que estaban pasando por la tentación de dejar a Cristo y por las pruebas que agitaban sus vidas, tenían aquí una admirable provisión para su necesidad. El creyente tiene un intercesor que pasó por las dificultades y tentaciones propias de los creyentes, venciendo sobre ellas. El Señor no promete quitar la carga de la aflicción, pero da una mayor gracia porque promete sostener al cargado para que sea capaz de llevar su carga (Sal. 55:22). Las palabras del apóstol Pablo son el mejor resumen para esta verdad: "No os ha sobrevenido ninguna tentación que no sea humana, pero fiel es Dios, que no os dejará ser tentados más de lo que podéis resistir, sino que dará también juntamente con la tentación la salida, para que podáis soportar" (1 Co. 10:13). Puede que se trate de pruebas o tentaciones, bien sean aflicciones o seducciones.

---

[46] Texto griego: ἐν ᾧ γὰρ πέπονθεν αὐτὸς πειρασθείς.
[47] Texto griego: δύναται τοῖς πειραζομένοις βοηθῆσαι.

Las dificultades son humanas, o sea, comunes a los hombres y adaptadas a lo que pueden soportar. Además, Dios es fiel; por tanto, su actuación estará regulada por su fidelidad y no permitirá una prueba mayor que las fuerzas para soportarla. Dios promete dar salida, esto es, liberar del cerco de la prueba. No hay promesa de eliminar la prueba, pero sí de dar suficiente resistencia para soportarla. La salida tiene que ver con mantenerse firme (Jud. 24). Tal vez en las pruebas y mucho más en las caídas, un creyente puede no ser comprendido ni ayudado por sus hermanos, pero siempre lo será por el Señor.

Pero además de esto, se lee en la misma Epístola: "Porque no tenemos un sumo sacerdote que no pueda compadecerse de nuestras debilidades, sino uno que fue tentado en todo según nuestra semejanza, pero sin pecado" (He. 4:15). El glorioso sumo sacerdote es también admirable por ser compasivo. Siendo Dios, está por naturaleza divina distante de los hombres, sobre todo de las imperfecciones y limitaciones de estos, pero como también es hombre perfecto, está absolutamente próximo, tanto que uno de la Trinidad se ha hecho compañero de limitaciones y sufrimientos de los hombres, ya que es semejante a los hombres. El verbo utilizado en el texto griego[48] es radical del término español *simpatía*. El sumo sacerdote simpatiza con las miserias del hombre. Etimológicamente, significa sufrir con y el modo verbal aoristo indica una acción realizada totalmente. El sumo sacerdote que podría estar en su estrado de gloria alejado y despreocupado de los creyentes y sus miserias, simpatiza con cada uno de los que son suyos. La expresión con doble negación en el texto griego enfatiza el hecho de la acción compasiva del sumo sacerdote celestial, que no solo puede compadecerse, sino que no deja de hacerlo. El verbo para *poder*[49] expresa, más que el deseo de simpatizar, la capacidad para hacerlo. Es decir, no solo quiere simpatizar con el creyente, sino que tiene poder y capacidad operativa para llevar a cabo ese compromiso de simpatía. En el creyente como hombre, solo hay debilidad; en el sumo sacerdote como Dios, solo hay fuerza.

El sumo sacerdote simpatiza, se compadece, de "nuestras debilidades". La debilidad humana es evidente en todos los aspectos de la vida. Es débil en cuanto a la propia existencia: "Se siembra en debilidad", dice el apóstol Pablo al referirse al final de la vida del creyente (1 Co. 15:43). El cuerpo actual tiene fuerzas muy limitadas. El tiempo va mermando su poder, como ocurría con el rey David, que al final

---

[48] Griego: συμπαθέω.
[49] Griego: δύναμαι.

de su reinado, cuando los filisteos volvieron a hacer guerra contra Israel, se dice que se cansó (2 S. 21:15). Los años habían mermado sus fuerzas físicas. El hombre es también débil en cuanto a poder sobre el mal (Ro. 6:19). El apóstol escribe a quienes experimentan "humanas debilidades", en razón de que la debilidad del creyente le hace, a veces, caer en el pecado de cuya esclavitud fue liberado en el nuevo nacimiento. El modo de comportamiento en la esclavitud del pecado era una vida entregada a la inmundicia, con un claro detalle de aquella situación (1 Co. 6:9-11). El nuevo modo de vida debiera salir de esa debilidad espiritual humana y presentar al creyente como servidor de la justicia, con el resultado de la santificación. El énfasis notorio está en la santidad de vida, que es la propia de la obediencia a Dios. La santidad es la forma de vida natural de quien ha sido liberado de la esclavitud del pecado. No se trata de una opción de vida, sino de la razón misma de ella (1 P. 1:14, 17). El creyente, como hombre, es también débil en cuanto al correcto conocimiento de la voluntad de Dios para la oración; de ahí que necesite el auxilio del Espíritu que "nos ayuda en nuestra debilidad" (Ro. 8:26). El Espíritu Santo es el ayudador del creyente, porque ha sido enviado por el sumo sacerdote para ser su vicario en la tierra. Con este propósito de ayuda, fue enviado del Padre y del Hijo (Jn. 16:7). La debilidad del cristiano se refiere a la limitación propia de quienes están aún en la carne. El mismo apóstol Pablo se incluye al decir "nuestra debilidad". Esta debilidad está referida también a las situaciones difíciles durante el tiempo de espera de la promesa de Dios. El creyente no sabe cómo pedir aquello que le es conveniente y coincidente con la voluntad de Dios. El mismo apóstol Pablo pidió a Dios algo que no era conveniente y el Señor no se lo otorgó (2 Co. 12:7-9). En tal situación de debilidad, la simpatía divina viene en un ministerio de intercesión. El Espíritu Santo actúa como paracleto, consolador, abogado intercesor al lado de los santos (1 Jn. 2:1). De tal manera que el cristiano tiene ahora dos intercesores: el sumo sacerdote, Cristo, en los cielos (Ro. 8:34; He. 7:25; 1 Jn. 2:1), y el Espíritu desde la tierra. Como vicario de Cristo, intercede por los salvos, como el Señor hizo antes (Jn. 17). Lo hace con "gemidos indecibles", es decir, sin traducción a ningún lenguaje humano. Dios mismo intercede y gime por los santos. Además, el creyente es débil en cuanto a la conciencia (1 Co. 8:7). Esa debilidad de conciencia consistía en que algunos no eran capaces de superar el escrúpulo. La conciencia débil es aquella que considera como malo lo que de hecho no lo es. Conciencia es la parte espiritual del hombre que juzga las acciones y permite, mediante el razonamiento distinguir lo bueno de lo que no lo es (Ro. 2:14-15). La conciencia ha de instruirse mediante la Palabra para que juzgue lo bueno y lo malo conforme a la voluntad de Dios.

El cristiano está rodeado de debilidad, pero el sumo sacerdote es capaz de compadecerse. La razón de la compasión suya es que "fue tentado en todo según nuestra semejanza". De otro modo, es capaz de compadecerse porque esa experiencia de debilidad fue gustada por Él en su ministerio terrenal. El Señor fue tentado por Satanás como lo puede ser el creyente (Mt. 4:1). Fue probado en los tres modos en que puede producirse la tentación (1 Jn. 2:16). La tentación no concluyó en el desierto, sino que Satanás se apartó de él por un tiempo para volver más adelante (Lc. 4:13). El sumo sacerdote pasó por las pruebas propias de los hombres. Hecho hombre, experimentó las limitaciones propias de los humanos, padeciendo sed, cansancio e incluso hambre (Jn. 4:6-8). El mismo Señor experimentó el frío del invierno (Jn. 10:22-23). Sintió la conmoción espiritual del dolor producido en la familia de sus amigos de Betania por la muerte de Lázaro (Jn. 11:25). Sufrió dolor por la situación incrédula de la nación y por el juicio que vendría sobre ella (Lc. 19:41). Experimentó la prueba de la traición de un amigo (Jn. 13:21). Sufrió el desamparo de los Suyos (Mt. 26:31, 40). La tristeza y el temor hicieron presa en Él (Mt. 26:37). Experimentó la tremenda dimensión de una agonía mortal (Lc. 22:43). De ahí que el escritor de la epístola afirme que fue probado en todo según nuestra semejanza. La experiencia de la limitación y de la debilidad humana fue su propia experiencia; de ahí que sea capaz de compadecerse de nuestras muchas limitaciones.

Sin embargo, las pruebas, aflicciones, tentaciones y angustia no disminuyeron ni afectaron a su santidad esencial, de tal manera que "fue tentado en todo según nuestra semejanza, pero sin pecado". Es interesante destacar dos verdades en la frase. Primeramente, Él fue semejante a nosotros. Habla de identidad con diferenciaciones. La primera de esas diferencias consiste en la vinculación de su humanidad con la deidad, única e irrepetible, ya que Jesús no es meramente un hombre vinculado con Dios, sino un hombre subsistente en la deidad como naturaleza humana de la persona divina del Verbo, el Hijo de Dios. Nadie de los hombres puede estar en unidad semejante como hipóstasis de la segunda persona divina. La segunda distinción que lo hace semejante a los hombres es la impecabilidad de este sumo sacerdote. Él mismo afirma su absoluta santidad cuando dijo a sus enemigos: "¿Quién de vosotros me redarguye de pecado?" (Jn. 8:46). Él fue acusado de pecado, es más, le acusaron de endemoniado y de aliado de Belcebú (Mr. 3:22; Jn. 8:48), pero en ningún modo pudo ser redargüido, convencido de pecado, porque nunca pecó. El diablo no tenía parte en Él (Jn. 14:30). La Escritura afirma que no hubo en Él pecado (Is. 53:9; 1 Jn. 3:5). El Señor jamás cayó en la práctica del engaño (1 P. 2:21-25). De modo que nunca conoció pecado (2 Co. 5:21). En razón de la unión hipostática que atribuye al Verbo la responsabilidad de la acción de las naturalezas era imposible un acto contrario a la absoluta santidad de Dios en la humanidad de Jesús. La misma ausencia en Él del pecado original evitó las consecuencias propias de la presencia del mal en el hombre.

Es necesario recordar elementos esenciales en la impecabilidad de Jesús. La razón primaria de la libertad de Jesús, está unida a la eterna filiación con el Padre. Es libertad plena en Cristo aquella vinculación con la deidad y su plan determinado. Como dice el profesor Olegario González de Cardedal: "Allí donde el sujeto está plenamente integrado en sí, ordenado a su fin, capaz para alcanzarlo y anclado en él, allí existe la plena libertad. Así fue Jesús libre"[50].

La impecabilidad está plenamente vinculada con la libertad y esta unida a la filiación divina del Hijo de Dios. Es decir, la unidad personal con Dios, como Hijo, junto con la asunción de la misión salvífica establecida en la eternidad, que lo identifica absoluta y plenamente con la voluntad del Padre, elimina toda posibilidad de pecado, permitiendo la afirmación de la impecabilidad del Señor Jesús. Pecado es esencialmente el rechazo de Dios, con las consecuencias morales y materiales que derivan de ella. El verdadero pecado está en el rechazo de Dios para sustituirlo por el yo personal, voluntarioso y contrario a Él. Cuando se establece la verdad de la unión absoluta del Hijo con el Padre (Jn. 10:30; 14:10, 11) se excluye radicalmente la posibilidad de pecar. Esto no permite negar la verdadera humanidad de Jesús, con la potencialidad que como hombre tiene, sino afirmarla en la mayor dimensión posible desde la condición de Emanuel, Dios con nosotros. La capacidad de pecar no puede vincularse jamás a la verdadera libertad, de la que Jesús es poseedor absoluto, sino todo lo contrario. El poder pecar, como el poder cometer errores o el poder padecer una enfermedad son imperfecciones del hombre, pero el sumo sacerdote, Jesús, el Hijo de Dios, es perfecto en toda la dimensión de la palabra. Es necesario afirmar que Jesús no cometió pecado, como verdad manifestada reiteradamente en el Nuevo Testamento. Es más, aquel que era sin pecado participó de nuestra

---

[50] González de Cardedal, 2001, p. 476.

situación de pecadores para rescatarnos de ella, pero sin contaminación con el pecado del que se hacía responsable penal para extinguir su pena con su misma muerte (2 Co. 5:21). El Salvador participó en la condición de maldito del hombre pecador para hacerlo partícipe de su bendición salvífica (Gá. 3:13). De ahí la importancia del versículo que se comenta de la Epístola a los Hebreos y de la expresión contenida en él: "Según nuestra semejanza, pero sin pecado". Esas palabras expresan una verdad incuestionable, pero sumamente difícil de comprender debido a la única e irrepetible dimensión de Hijo de Dios en carne humana que lo diferencia radicalmente de todos los demás hombres en el hecho de pasar por la experiencia de la tentación consintiéndola, pero sin caer en ella. El propósito del Padre en la tentación le fue presentado a Jesús por el Espíritu Santo, íntimamente ligado a la realidad e intimidad de su misión. El Padre abrió para el Hijo, sumo sacerdote que debía ser probado en todo conforme a la semejanza del hombre, la posibilidad de experimentar las tentaciones propias de los hombres, sabiendo que la capacidad de pecar no pertenece a la libertad que es propia del Hijo de Dios. La maldad pecaminosa en la tentación tiene que ver con el rechazo del plan de Dios, que es rechazo de Dios mismo; por tanto, desde su filiación había venido para hacer solo la voluntad del que le había enviado (Jn. 8:29). Por esa razón, Cristo no solo no cometió pecado, sino que nadie podía redargüirle de ellos (Jn. 8:46; 14:30; 1 P. 2:22; 3:18; 1 Jn. 3:5). Es necesario entender perfectamente también no solo la impecancia, es decir la carencia real de pecado, sino también la impecabilidad, imposibilidad de pecar como resultado de la unión hipostática que vincula no solo la naturaleza humana en subsistencia personal en el Hijo, sino también en la unidad de voluntad de Jesús con el Padre. Debe recordarse también que las naturalezas en Cristo son los elementos generadores de las operaciones o acciones, pero el sujeto de atribución, como sujeto realizador, es la persona, que les da el verdadero sentido. Pecar sería ponerse el Hijo en contradicción con su esencia, al tiempo que alcanzaría la negación de su propio ser personal, rompiendo con ello el fundamento y la relación de filiación. Una última observación en cuanto a la impecabilidad de Jesús es la razón de su santidad. Como Hijo encarnado, es Dios y por tanto santidad esencial visible en su naturaleza humana. Su santidad esencial se manifiesta en su encarnación, por cuanto sería alumbrado lo santo (Lc. 1:35), se expresa en toda su vida donde no hubo engaño y sustancia incluso en la hora de la cruz, donde el Justo muere por los injustos para retornarlos a Dios (1 P. 3:18).

La mayor bendición es que este ministerio de intercesión y la manifestación de la misericordia como expresión del amor de Dios en los fracasos del creyente permiten el aliento personal en cada situación de nuestra vida cristiana, ya que somos invitados por Dios mismo en su Palabra: "Acerquémonos, pues, confiadamente al trono de la gracia, para alcanzar misericordia y hallar gracia para el oportuno socorro" (He. 4:16). El admirable recurso para el creyente no está lejos de Él, ni es difícilmente alcanzable, consiste simplemente en acercarse al trono de la gracia. Es sorprendente la cercanía del trono de la provisión divina, al que ya hemos accedido todos en algún momento, por lo que el modo verbal *acerquémonos*, que en el texto griego es un presente de subjuntivo volitivo, que expresa la idea de seguir acercándose al trono de la gracia. El verbo denota venir cerca de algo. No solo el creyente puede acceder, sino que se le exhorta para que lo haga. Además, la aproximación debe efectuarse con confianza, una palabra que expresa la idea de seguridad y presencia de ánimo, que comunica al cristiano la cancelación del problema y responsabilidad penal del pecado. Antes el trono de Dios era un trono de ira, a causa del pecado, pero cargado este sobre Jesús, nuestro sumo sacerdote, y extinguida la responsabilidad penal que a causa del pecado recaía sobre el pecador, se convierte en un trono de gracia para todo aquel que está en Cristo. El sumo sacerdote hizo la expiación personal por el pecado del creyente (1 Jn. 2:1-2); por tanto, no hay razón de temor, en sentido de miedo ante el Juez supremo, porque ya "no hay condenación para los que estamos en Cristo Jesús" (Ro. 8:1). De ese trono se otorga también la gracia salvífica que concede el perdón de pecados y la vida eterna (Ro. 5:15). A ese trono de gracia puede acercarse por fe el pecador para salvación (Ro. 5:1; Ef. 2:8-9). Esa posición produce confianza. Es la confianza con que en la antigua dispensación se acercaba a Dios el publicano que orando en el templo decía: "Dios, sé propicio a mí, pecador" (Lc. 18:13). La sangre del sacrificio de la expiación extendida sobre el propiciatorio permitía esa oración confiada. Dios era propicio al pecador a causa de la muerte del animal inocente que figurativamente representaba lo que sería el perfecto sacrificio del Cordero de Dios. El sumo sacerdote está sentado en el trono celestial interesado y capacitado para compadecerse de las debilidades y flaquezas personales (He. 1:3, 13; 4:15). Los dones perfectos y la gracia abundante descienden del Padre de las lumbreras (Stg. 1:17) que está sentado en el trono y se hacen realidad por el único mediador entre Él y los hombres, que es Jesucristo hombre (1 Ti. 2:5). La actividad de Dios para sus hijos es siempre una actividad de bien. El Dios de gracia se dio a sí mismo al dar a su Hijo; por tanto, con el don supremo se dan también los demás dones (Ro. 8:32). Por otro lado, los dones de la gracia son perfectos, es decir, completos, abundantes para la superación de la necesidad más acuciante que pueda presentarse. La gracia de Dios siempre es mayor que la mayor necesidad del creyente (Stg. 4:6). Dios mismo otorga los dones de la gracia en la dimensión de la gracia misma, que es inagotable.

En ocasiones, el cristiano tendrá que aproximarse en confesión de pecado, pero aun así debe hacerlo con confianza. Para el problema del pecado del cristiano, Dios establece el método de la confesión (1 Jn. 1:9). En razón de la obra de Jesucristo en la cruz, su sangre nos limpia de todo pecado. No supone esto que el creyente no sienta profundamente la miseria de su rebeldía contra Dios expresada en la multiforme manera de las caídas personales. Pero, aun sintiéndola, como corresponde al benefactor afrentado, puede entrar con confianza sabiendo que el sumo sacerdote, sentado en el trono de gracia garantiza para él el continuo perdón.

El resultado para el creyente de acercarse al trono de gracia es "alcanzar misericordia y hallar gracia para el oportuno socorro". Desde ese trono destila el amor que se manifiesta en misericordia, como expresión compasiva hacia la limitación humana y sus miserias que producen sufrimiento. El creyente encuentra allí misericordia, expresión de amor en la solución de la miseria. Es la misericordia el amor que movió los brazos del padre del pródigo para estrecharlo firmemente contra su pecho a pesar de su ruina y suciedad. De la misma manera, el Padre del cielo abraza al creyente que ha fracasado y caído, restaurándolo sobre la base de la obra de su Hijo a la plena comunión con Él. Pero también desciende de allí la gracia manifestándose en el oportuno socorro. La expresión es sumamente interesante e indica la ayuda en el momento justo, o también la ayuda en el instante necesario. De otro modo, el auxilio de Dios es poderoso, porque en él está empeñada la gracia, y es oportuno porque llega en el momento necesario, en la hora de la prueba y de la crisis. La gracia de Dios llega en el momento oportuno, pero jamás llega tarde.

Como conclusión final, el pasaje nos exhorta a estar en las condiciones para alcanzar el reposo de Dios. La primera necesidad es la de despojarse de la tendencia del corazón que provoca a Dios, para ponerse humildemente a sus pies (He. 3:8, 9, 16). Las promesas han de mezclarse con fe, que se apropia de ellas y cree que las hará Dios realidad en el momento oportuno, eso conduce a un descanso completo en Dios (He. 4:3). La obra concluida de Dios es base firme para la fe del creyente y su confianza. El cristiano, por tanto, ante una obra realizada plenamente por Dios debe abandonar todas sus obras humanas para descansar en la perfectamente acabada de Dios (He. 4:9, 10). Esto no significa que no muestre diligencia en la práctica de la santificación como manifestación de la verdadera fe, realizada en el ejercicio de la fuerza de Dios (He. 4:11). La íntima relación de Dios ha de ser objetivo prioritario en la vida cristiana, examinándose cada día a la luz de la Palabra para rectificar cuanto sea necesario y, conociéndose a sí mismo, conocer mejor a Dios (He. 4:12-13).

Además de todo esto, hay un maravilloso recurso de aliento y ánimo en la visión final del trono de gracia que provee para el socorro oportuno. Las circunstancias de la vida del creyente podrán hacerle pasar por las pruebas más difíciles y atravesar por los valles más tenebrosos, como de sombra de muerte (Sal. 23:4); los recursos de la gracia le proveerán de valor y ánimo para atravesar el lugar sombrío. No importa cuál sea la necesidad, allí está el recurso y solo es necesario acudir para alcanzarlo. ¿Se trata de la provisión para el día, las necesidades de alimento y abrigo? La gracia proveerá de ello porque con Dios nada puede faltar (Sal. 23:1). Es posible que sea necesario alcanzar el lugar de reposo, donde el alma fatigada pueda encontrar la calma necesaria. La provisión está en el trono de la gracia, que conducirá al creyente a lugares de delicados pastos para descansar (Sal. 23:2). Posiblemente se atraviese por la necesidad de aliento. Las penas de la vida, las lágrimas de la tristeza, la confrontación de los problemas, las preguntas sin respuesta, harán necesaria la confortación, no tanto externa, sino personal e interna. En los momentos en que incluso la depresión alcance el ánimo del cristiano, no por pecado sin confesar, sino por circunstancias opresoras de la vida cotidiana, habrá provisión en el trono de la gracia, porque Dios confortará el alma (Sal. 23:3). Es posible que haya delante de nosotros un camino dificultoso, donde las resoluciones serán asunto decisivo. La referencia para saber el camino a seguir en cada momento está en el trono de la gracia, donde Dios alumbrará la ruta a seguir, conduciéndonos por sendas de justicia por amor de su nombre (Sal. 23:3). Tal vez las dificultades sean tan grandes que nos hagan pensar que estamos en un valle de sombra de muerte. El miedo no cabe en esta situación porque simplemente se trata de una sombra. En el momento de la angustia no habrá temor porque del trono de gracia viene la provisión de compañía divina aún en los trances más dolorosos (Sal. 23:4). Muchas veces necesitaremos aliento y protección ¿Quién no lo ha necesitado en algún momento? El trono de gracia hace provisión abundante porque el Buen Pastor, con su vara de protección y su cayado de restauración, estarán presentes para infundir aliento (Sal. 23:4b). Tal vez estemos atravesando momentos de aflicción, rodeados de angustiadores que buscan con sus acciones debilitar nuestra resistencia espiritual. Cuando esto se produce, el trono de gracia provee de la ayuda necesaria. Dios mismo con su mano poderosa apartará un poco a los angustiadores y en el lugar que ellos ocupaban pondrá una mesa de comunión para dialogar en afecto entrañable con quien es afligido (Sal. 23:5a). En medio de un mundo de tristeza, el trono de gracia hace provisión continua de gozo, con la bendición descendiendo sobre nuestra cabeza y haciendo rebosar la copa de nuestra vida (Sal. 23:5b). Esta provisión de gracia es tan notoria que no se manifestará en algún momento y en contadas ocasiones, sino que sigue los pasos del creyente en su camino, acompañándonos continuamente, tanto el bien como la misericordia, a lo largo de toda la vida (Sal. 23:6a). Y finalmente, el trono de gracia abrirá para el creyente las puertas de la gloria, para habitar, después de la vida, siempre problemática y difícil, eternamente con el Señor (Sal. 23:6b). ¡Que admirable dimensión! El trono de la gracia abierto para que nosotros, ahora mismo, podamos acceder a Él. No es natural que sigamos caminando con nuestras penas, tristezas y falta de ánimo, cuando Dios mismo nos exhorta a entrar ahora mismo a su trono de gracia y hallar la gracia necesaria para el oportuno socorro.

Ruth

Es uno de los dos libros con nombre de mujer. Se trata de una historia familiar ocurrida en tiempo de los jueces. En él se aprecia la gracia de Dios en la solución de problemas de los suyos, a la vez que se destaca la realidad de la profunda fe en Él que se aprecia tanto en Noemí como en su nuera Ruth.

El personaje del que toma nombre el libro está en la genealogía de Jesús y es una de las mujeres mencionadas en ella, cuyo origen no es israelita, sino gentil (Mt. 1:5).

Contexto histórico

Situada la historia en la época de los jueces, se caracteriza por un entorno de crisis espiritual y conflictos morales propios de aquel tiempo (1380-1050 a. C.).

La historia de Ruth contrasta con el entorno de corrupción, desobediencia, alejamiento de Dios y falta de fe. Es un ejemplo de lo que Dios hace manteniendo siempre un remanente fiel, evitando la extinción de su testimonio entre los hombres.

El relato tiene lugar en el entorno campestre de la tierra de Israel, vinculado con la pequeña aldea de Belén. Se aprecia esto en detalles agrícolas que se citan en el libro, como la cosecha de la cebada (1:22). La referencia a lugares propios de la agricultura, como son la era (3:6), donde se aventaba la cebada recogida para separar el grano de la paja (3:2). La estructura y funcionamiento de la sociedad es aludida en la comparecencia de comprador y vendedor de una propiedad ante testigos, a la puerta de la ciudad (4:1 ss.).

Tema

Frente a una situación de separación nacional histórica, en la que los israelitas se consideraban como beneficiarios personales de los dones de Dios, entendiendo también que la salvación es de los judíos y no de los gentiles, el Espíritu Santo hace notar en este relato inspirado que Dios salva también a los gentiles y los vincula con las promesas de su gracia. El Señor había hecho pacto con Abraham, que era extensible en la promesa de bendición contenida en él a todas las naciones (Gn. 12:1-3).

El amor genuino, aunque ligado a las imperfecciones del hombre, se hace visible en cada creyente, no importa en qué tiempo, de manera que el amor desinteresado de Ruth hacia su suegra Noemí la distingue como verdadera creyente, en la declaración que había manifestado de que el Dios suyo era también el de Noemí (1:16).

Un tema de alto interés aplicativo, como figura de la obra de salvación que Dios hizo en Cristo, es la del pariente redentor, el que tenía el derecho de comprar la herencia y con ella hacer también su esposa a la mujer viuda de Mahlón, uno de los hijos de Noemí (3:9). En este caso, Booz compró la tierra de Noemí y se casó con Ruth. Este acto es un ejemplo ilustrativo de la misericordia de Dios en Jesús, nuestro redentor (Gá. 3:13).

Autor y fecha

Aunque el autor es desconocido, algunos proponen al profeta Samuel, ya que está entre el final del tiempo de los jueces y el inicio de la monarquía.

Si imposible es fijar la autoría, igualmente lo es en cuanto a datación. A la luz de los testimonios internos y externos que se poseen, no es posible afirmar en qué fecha se redactó el libro. Los hechos narrados tuvieron lugar durante el tiempo de los jueces (c. 1000 a. C.; 1:1), pero el libro se escribió posteriormente. Una de las evidencias es que el autor tiene que describir costumbres que habían dejado de ser en tiempo de la redacción del texto (4:6-8).

No pudo haberse escrito antes del tiempo de los reyes, citándose en la genealogía de Ruth al rey David, el único designado por su nombre (4:22). Si hubiese sido escrito posteriormente, habría referencia a otros reyes descendientes de David, como Salomón.

Los críticos liberales tratan, como es normal en ellos, de datar el libro en una fecha posterior a la de su redacción lógica, buscando argumentos para desacreditar la datación aceptada históricamente, tanto por judíos como por la Iglesia. Estos lo sitúan en un tiempo posterior al reinado de Josías. La argumentación es que Ruth conocía los mandamientos establecidos en Deuteronomio 25 para la ley del levirato (Dt. 25:5-16). Según los críticos, Deuteronomio no fue escrito por Moisés, sino por algún redactor en tiempos de Josías. Como se puede observar, son meras suposiciones y propuestas que no se sustentan más que en proposiciones que no se sostienen ni por la Biblia, ni por la historia. A esto añaden también, como base para una datación tardía, supuestos arameísmos que aparecen en el libro, que no pueden ser sustentados como palabras posteriores al hebreo del tiempo de los jueces.

Ruth en el canon hebreo

Forma parte del canon como el primero de los cinco *M^egillôt* (Ruth, Cantares, Eclesiastés, Lamentaciones y Ester). En el canon griego y versiones figura a continuación de Jueces, como el último libro histórico de ese período. Algunos elementos de la tradición judía, así como testimonios de algunos Padres de la Iglesia, lo suponen situado inmediatamente después de Jueces.

Texto Masorético y versiones

El TM y los escritos de Qumrán son los textos más seguros para el estudio del libro. El códice G es fiel al TM, mientras que en el B y en el A, la influencia de la Vulgata es manifiesta.

Bosquejo

Se propone el siguiente para el análisis exegético del texto bíblico.

I. Entorno histórico (1:1-22).
  1. Situación personal (1:1-5).
  2. Determinación de Ruth (1:6-18).
  3. Retorno y llegada a Belén (1:19-22).
II. Ruth y Booz (2:1-23).
  1. Espigando en los campos de Booz (2:1-3).
  2. Booz se encuentra con Ruth (2:4-17).
     2.1. La primera conversación (2:4-7).
     2.2. Bajo la protección de Booz (2:8-13).
     2.3. Bajo la provisión de Booz (2:14-17).
  3. Resultados del trabajo de Ruth (2:18-23).
III. La petición de Ruth (3:1-18).
  1. Sugerida por Noemí (3:1-5).
  2. Ruth actúa conforme a la sugerencia de Noemí (3:6-9).
  3. Booz acepta la petición de Ruth (3:10-18).
IV. Booz redime a Ruth (4:1-22).
  1. El pariente cercano rechaza redimir (4:1-6).
  2. Booz decide redimir (4:7-12).
  3. Descendencia de Booz y Ruth (4:13-22).
     3.1. El nacimiento de su hijo (4:13-17).
     3.2. La descendencia (4:18-22).

Cristo en el libro

Una de las palabras que aparece tres veces en el libro es la hebrea *go'el*, cuyo significado es *pariente cercano* (3:9, 12). Esto lleva consigo el sentido de redentor.

Sin duda, es el ejemplo más notable de lo que Jesús es para nosotros, haciéndose cercano para ser redentor. La primera condición es la de ser pariente de quienes redime (Dt. 25:5, 7-10). Cristo cumple esta condición, así se lee en el evangelio: "Y aquel Verbo fue hecho carne, y habitó entre nosotros" (Jn. 1:14). El apóstol Pablo lo vincula también con David: "Acerca de su Hijo, nuestro Señor Jesucristo, que era del linaje de David según la carne" (Ro. 1:3). El Evangelio proclama al Salvador, de quien Pablo afirma que es Hijo de Dios: "Su Hijo", afirmando, por tanto, su filiación divina y, en ella, la exclusiva y única relación paterno-filial con Dios. No se trata de proclamar a un mero hombre, por grande que fuese, sino al Hijo de Dios. Es la persona que Pablo predica en el Evangelio (2 Co. 1:19), el objeto de la fe (Gá. 2:20) y la absoluta esperanza del creyente (Ef. 4:13). El

Evangelio de Dios se refiere a su Hijo, por cuya obra los hombres, enemigos de Dios por nuestras malas obras, fuimos reconciliados con Él (Ro. 5:10). Ese Hijo de Dios viene al encuentro del hombre en carne humana, porque el Padre no lo retuvo junto a sí (Ro. 8:32), sino que lo envió al mundo (Ro. 8:3; Gá. 4:4). El Hijo fue revelado a Pablo (Gá. 1:16) para que él lo predicase a los gentiles. La salvación proclamada en el Evangelio conduce inexorablemente a la comunión de existencia con el Hijo (1 Co. 1:9). La condición de Hijo fue manifestada por Jesús mismo, enseñando que nadie conoce al Hijo, sino el Padre y tampoco nadie conoce al Padre, sino el Hijo y aquel a quien el Hijo quiera revelarlo (Mt. 11:27). Todo esto afirma también la intimidad con el Padre en la unidad divina. La sabiduría del Hijo de Dios como Verbo eterno es tal que solo Él conoce perfectamente al Padre. Solo el Hijo que está en el seno del Padre (Jn. 1:18) puede alcanzar el conocimiento supremo de los secretos divinos, tanto los que en misterio se revelen a los hombres, como los que eternamente permanezcan en el secreto de Dios. Jesucristo es el Verbo con el que Dios expresa lo que es, piensa, siente, desea y se propone (Jn. 1:1-2, 18; 14:9; Col. 2:9; He. 1:2-3). Todo lo que Dios puede revelar de sí mismo está encerrado en el Logos, Verbo personal del Padre, ya que en este Verbo el Padre expresa su interior, es decir, todo cuanto es, tiene y hace. Jesucristo, como Verbo encarnado, es la expresión exhaustiva del Padre. Debe recordarse que expresar es un verbo frecuentativo de exprimir. Al expresarnos, exprimimos nuestra mente a fin de formar un logos que defina nuestro concepto. Cristo, el Logos personal de Dios, es por tanto divino, infinito y exhaustivo, único revelador adecuado para el Padre que lo pronuncia. Por ello, este Verbo, al hacerse hombre (Jn. 1:14), traduce a Dios al lenguaje de los hombres y es insustituible como revelador a causa de ser la única Verdad personal del Padre (Jn. 14:9). Como expresión exhaustiva del Padre, la mente divina agota en Él su producto mental, de modo que, al pronunciar su Logos, da lugar por vía de generación a la segunda persona divina. No supone esto en modo alguno una existencia desde la no existencia. Es decir, el hecho de que el Padre pronuncie la Palabra eterna que es el Hijo no significa que dé origen a la persona que es eterna como el Padre y el Espíritu, esto es, sin principio. Pero no cabe duda de que si el Logos, Palabra, vive en el que la expresa, así también el que la expresa, esto es, el Padre, vive al decirla. Ambas personas divinas establecen una relación en el seno de la deidad, de modo que lo que constituye al Padre es el acto vital de expresar su Verbo, y de ahí que no pueda ser Padre sin el Hijo, ni tampoco el Hijo, como Verbo, puede vivir sin el Padre. Por ello, "todo aquel que niega al Hijo, tampoco tiene al Padre. El que confiesa al Hijo, tiene también al Padre" (1 Jn. 2:23). En consecuencia, esa relación expresada por Cristo tiene que ver con la mutua inmanencia entre las dos eternas personas divinas.

Cuando Jesús dice que solo hay conocimiento completo del Padre en el Hijo y del Hijo en el Padre, está presentando la verdad de la autocomunicación definitiva e irrevocable de Dios en Cristo, en solidaridad con el destino final de los pecadores. La relación de Dios con Jesús en el tiempo histórico de los hombres es una relación de entrega, en la medida en que Dios puede entregarse y otorgarse a los hombres, que no parte de la historia humana, sino que la antecede en todo, es decir no se inicia en el tiempo ni está condicionada por la obra de salvación, sino que pertenece al ser mismo de Dios. El Verbo encarnado es la manifestación temporal de la proximidad de Dios al hombre, determinada en el plan de redención antes de que el hombre fuera. De ahí que Jesús entienda, y así lo exprese, su presencia entre los hombres como el enviado de Dios. Hasta tal punto es un hecho la eterna vinculación intratrinitaria que Jesús afirma que Él y el Padre son uno (Jn. 10:30). La preexistencia de Cristo que se hace realidad entre los hombres y que viene con la misión de revelar al Padre tiene una finalidad soteriológica. Por ello, las referencias bíblicas al envío del Hijo por el Padre van acompañadas de la preposición *para*, que indica propósito (Jn. 3:16; Ro. 8:3-4; Gá. 4:4, 5; 1 Jn. 4:9). En último extremo, la obra del Hijo tiene que ver con el aspecto salvífico por el que se otorga al pecador creyente la condición de hijo de Dios (Jn. 1:12). A Dios nadie le vio jamás, pero es el Unigénito que está en el seno del Padre el que lo da a conocer (Jn. 1:18). En Jesucristo, es Dios quien se da y se manifiesta, introduciéndose literalmente en el campo de su creación mediante la humanidad. El propósito de Jesucristo es revelar a Dios, de modo que las personas lo conozcan, no en la intelectualidad, sino en la comunión de vida para que puedan tener vida y vida eterna (Jn. 17:3). Todos cuantos quieran adquirir este admirable conocimiento deben acudir al único que puede revelarlo, que es el Hijo, en quien resplandece la luz "para la iluminación del conocimiento de la gloria de Dios en la faz de Jesucristo" (2 Co. 4:6).

El Hijo de Dios, revelación y revelador absoluto del Padre, se identifica con la situación del pecador, olvidado y alejado de Dios. Para superar esa situación, Jesús, el Hijo de Dios, se hace revelación directa de Dios para eliminar la ignorancia y se hace Redentor para superar la situación de pecado, involucrándose en la proclamación del Evangelio, que Él mismo predicaba (Mr. 14), en una existencia en favor de los hombres, lo que es una proexistencia activa, realizando luego en la cruz, en un acto de entrega suprema, una preexistencia pasiva en la muerte voluntaria y sacrificial a favor del pecador y por —en sentido sustitutorio— el creyente. En ambas formas, vive una relación plena y absoluta con el Padre, revelando el ser y el hacer de Dios, pudiendo mediante su persona y obra conocer nosotros la naturaleza de Dios y sus intenciones para con los hombres.

Pablo, por tanto, al referirse al Hijo de Dios, está llamando la atención del lector a la condición divina de Jesucristo y, en ella, a su preexistencia eterna como Dios. Es lo que podemos llamar preexistencia personal, en el sentido de que, como Hijo, estaba en el Padre eternamente. El Logos que estaba con Dios es también Dios (Jn. 1:1) y vive en relación filial absoluta con el Padre. La preposición usada por Juan y traducida por *con* es realmente la preposición anticuada *cabe*, que expresa la idea de estar frente a frente; en este caso, enfatiza la relación de eterno diálogo entre la primera y segunda personas de la deidad. El interés de la revelación tocante a la preexistencia no tiene en la epístola un sentido meramente teológico, sino soteriológico, vinculado plenamente con el Evangelio. Por un lado, en Él se manifiesta la plena revelación de Dios, pero al mismo tiempo en Él tenemos redención, perdón de pecados y vida eterna. Ambas cosas están vinculadas a Jesús en el Nuevo Testamento y cada una de ellas, tanto la eterna preexistencia como Dios, como la muerte y resurrección, son realidades plenas con existencia propia. Este es el doble aspecto de intelección cristológica: por un lado, la preexistencia de Cristo es el fundamento metafísico de la soteriología; pero, por el otro, la obra redentora del Hijo de Dios en carne humana y percibida como salvación en toda la extensión de la palabra es el fundamento gnoseológico para afirmar la preexistencia de Cristo.

Pablo confiesa aquí que Jesús es el Hijo de Dios, es decir, que Jesús es eternamente Hijo de Dios, sin que se vea afectada por su humanidad asumida. Esto es, que a pesar de su humanidad y con anterioridad a ella, Jesús es Dios, en unidad con el Padre y el Espíritu. De ahí que más adelante —como se estudiará entonces— afirme que Él es "Dios sobre todas las cosas, bendito por los siglos" (Ro. 9:5). Este que se anuncia en el Evangelio es "nuestro gran Dios y salvador" (Tit. 2:13), aquel en quien habita la plenitud de la deidad (Col. 2:9). Por esa causa es "nuestro Señor Jesucristo"; la expresión no aparece aquí en el texto griego, sino en el siguiente versículo, pasando aquí, sin duda, para una mejor expresión gramatical de la larga oración. Por tanto, será considerada la expresión en el siguiente versículo.

Pero, quien es eternamente Dios se hizo hombre: "Era del linaje de David según la carne". En eso versa el Evangelio, en el hecho singular de que el eterno Hijo se hizo hombre, en el contexto de una familia humana descendiente de David. Esa es la línea de intersección entre Dios y el hombre. El gran misterio de la eternidad, conocido solo por Dios, se hace historia en el tiempo de los hombres para dejar de ser misterio y ser realidad soteriológica, en la cual Dios desciende al encuentro de la criatura en su misma condición "según la carne". Es el entronque entre el mundo de Dios, desconocido para la criatura, y el de los hombres, donde la línea oculta de la eternidad se hace visible a los temporales en Jesucristo. El mundo de Dios se toca en Jesús con el mundo del hombre y lo hace suyo, concretando en Él la absoluta e imposible contradicción para el pensamiento humano en que eternidad y temporalidad se unen y concretan ya para siempre. La confluencia entre la eternidad de la deidad y la temporalidad del hombre tienen lugar en un hecho singular de concepción en el seno de una mujer, María, la Virgen, que era, al igual que su padre adoptivo José, de la descendencia o estirpe de David, este último por la línea de Salomón (Mt. 1:6), María por la de Natán (Lc. 3:31). Esto sucedía como consecuencia de la promesa reiterada en las Escrituras por medio de los profetas (cf. 2 S. 7:12, 13, 16; Sal. 89:3, 4, 19, 24; 132:17; Is. 11:1-5, 10; Jer. 23:5, 6; 30:9; 33:14-16; Ez. 34:23, 24; 37:24). Quiere decir que quien es engendrado por el Padre eternamente, alcanza una existencia humana, siendo engendrada su humanidad por el Espíritu en María (Lc. 1:35). No es que comience a existir por el acto de concepción, sino que su persona antecede en todo a este hecho y es anterior a su historia humana. De otro modo, el que es Hijo eternamente con el Padre, en la unidad del ser divino, comienza una existencia humana haciéndose hombre, tomando nuestra existencia y nuestra carne. Por eso, el énfasis del apóstol aquí; el principio personalizador y el sujeto de la encarnación es el Hijo: "Acerca de su Hijo, que era del linaje de David según la carne". Por esta asunción en la persona divina de una naturaleza humana, puede padecer y morir para ser el Salvador de los pecadores. La encarnación, tanto en el sentido del hecho en sí como del estado resultante es la expresión en la historia del envío por el Padre de su Hijo al mundo, con un propósito soteriológico que se anuncia en el Evangelio: hacer a los hombres partícipes de su filiación y salvarlos de la condenación y de la muerte. Mediante la encarnación el Hijo comienza una existencia semejante a la de los hombres, en igualdad de naturaleza con ellos y en plena solidaridad de destino con ellos, sometido como siervo para ser prójimo del hombre y en esa condición dar su vida, de infinito valor, por cuanto es la vida humana de la persona divina del Hijo, para que quienes la habían perdido por muerte espiritual la recuperen en unidad de vida con el resucitado. La entrada del Hijo en el mundo de los hombres tiene lugar por concepción, gestación y alumbramiento de María, ya que la encarnación supone el nacimiento de mujer, bajo la ley (Gá. 4:4). La concepción virginal en María es la forma libremente elegida por Dios para hacerse hombre (Mt. 1:18-25; Lc. 1:26-38). La encarnación designa la unión del Hijo con la humanidad mediante una naturaleza concebida por el Espíritu Santo, a la que el Hijo personaliza y en la que expresa visiblemente la filiación eterna con el Padre. Humanamente hablando, este Hijo encarnado es de la descendencia de David, porque había de ser el Cristo de Dios. El Mesías prometido había de venir de la descendencia de David, conforme al mensaje profético recogido en las Escrituras.

El propósito redentor de esa obra de gracia es claro: "Así que, por cuanto los hijos participaron de carne y sangre, él también participó de lo mismo, para destruir por medio de la muerte al que tenía el imperio de la muerte, esto es, al diablo y librar a todos los que por el temor de la muerte estaban durante toda la vida sujetos a servidumbre" (He. 2:14-15). La operación de redención, por el pariente cercano, consistió en darse a sí mismo para hacerla posible.

El Hijo, que lleva muchos hijos a la gloria, se identifica con cada uno de ellos en razón a su propia humanidad. El versículo enfatiza primeramente la realidad de la limitación de los hombres, expresada en el hecho de que todos ellos participan de carne y sangre. Todos ellos tienen en común el principio de vida y naturaleza humana. La carne y la sangre designan la naturaleza humana desde el plano de limitación, debilidad y flaqueza propias de ella. Esta expresión es muy común en los escritos del apóstol Pablo. De tal manera que, según la enseñanza del apóstol, la "carne y la sangre no pueden heredar el reino de Dios", porque tampoco "la corrupción hereda la incorrupción" (1 Co. 15:50). La expresión define en general a la condición propia de las personas humanas, de modo que el apóstol Pablo, en su llamamiento celestial, no subió a Jerusalén para recibir instrucciones de "carne y sangre", en clara referencia a los apóstoles que estaban en aquella ciudad (Gá. 1:16, 17). Del mismo modo, utiliza carne y sangre como elemento de contraste en la lucha espiritual del cristiano, que es contra demonios y no contra hombres (Ef. 6:12). El escritor de la epístola afirma que los hijos, que son hombres salvos, tienen en común una naturaleza que los identifica como humanos, participando todos en ella. Esta naturaleza propia de los hombres fue asumida por el Hijo, que vino en "semejanza de carne de pecado", que manifiesta la debilidad propia del hombre (Ro. 8:3). El Hijo tomó una naturaleza mortal haciéndose real y verdaderamente hombre y participando en todos los elementos propios de una verdadera humanidad (Jn. 1:14).

Él mismo participó de las mismas, esto es, de carne y sangre[51]. Es necesario entender con toda claridad que el Hijo, como persona divina, es eternamente Dios, en unidad con el Padre y el Espíritu, pero que este Hijo, persona divina, tomó una naturaleza humana y se hizo hombre en identidad plena con el hombre. No siempre se enfatizan las dos naturalezas en Jesucristo. Mayoritariamente, tal vez por dificultades con el humanismo radical, se hace referencia a la deidad de Jesús. Aquí es preciso, según el versículo, prestar atención al hecho de la humanidad asumida por el Hijo. La encarnación es el resultado del hecho transcendental del envío del Hijo al mundo procedente del Padre (Gá. 4:4) para llevar a cabo una obra en la cual Dios pueda, por el Hijo, hacer partícipes a los hombres de su filiación y rescatarlos de la muerte y la condenación a causa del pecado. La concepción es el primer movimiento de Dios para hacer posible la humanidad del Verbo. Ese acontecimiento da comienzo al existir de Dios en carne, en un estado de igualdad de naturaleza, sometido a todas sus limitaciones y alcanzando la posibilidad de morir la muerte el hombre, viviendo en una limitación voluntaria como hombre (Ro. 1:1-4; 2 Co. 5:21; 8:9; Gá. 3:13; 4:4-5; Fil. 2:6-8). El Hijo, que eternamente está junto al Padre, por quien todas las cosas vinieron a la existencia y son sustentadas en Él y por Él (He. 1:2), ha tomado carne y sangre[52] para morar entre los hombres como un hombre (Jn. 1:14). Este Hijo se hace hombre sin deponer su condición divina para poder llevar a cabo la obra que se dice seguidamente en el versículo, para introducirnos en la vida y comunión con Dios. La deidad de Jesús nada tiene que ver con el comienzo de su existencia terrenal, con existencia divina y, por tanto, preexistencia eterna a su encarnación y nacimiento terrenal. La encarnación es la expresión suprema de la donación de Dios al hombre en la persona del Hijo. En la encarnación, Dios se humana, identificándose en todo con los hombres, salvo en el pecado y en la relación de esa humanidad, solo la suya, con la deidad. La encarnación es el vehículo por el cual el Verbo se une con la humanidad en una naturaleza creada por el Espíritu Santo, que es personalizada por el Hijo,

---

[51] Texto griego: Αὐτὸς παραπλησίως μετέσχεν τῶν αὐτῶν.

y en cuya humanidad, carne y sangre[52], expresa visiblemente su filiación eterna. Esa unión entre el Hijo eterno y la naturaleza del hombre se expresa absolutamente en Jesús, el hombre. Desde el momento de la encarnación, la humanidad es ya perpetuamente la humanidad del Hijo. En ella se manifestó durante el ministerio público y en ella se perpetúa eternamente. La encarnación no es una divinización del hombre, sino la decisión libre del Hijo que se proyecta en amor fuera de sí mismo para salvación. La encarnación es la autoentrega del Hijo a favor de los hombres, para llevar a estos a la expresión máxima posible de la vivencia de lo que corresponde y pertenece a Dios, que es la vida eterna. El Hijo como hombre es la expresión de la vida trinitaria de Dios en una criatura, y la posición de una criatura en Dios, que se inserta en la historia humana. La criatura, en cuanto a carne y sangre, es acogida no solo en el Creador, sino dentro de Él mismo, viniendo a ser elemento integrante en su persona divina, de tal manera que, aunque permaneciendo la diferencia entre su naturaleza divina y su naturaleza humana, sin mezcla ni confusión, la unión entre el Creador y la criatura se hacen inseparables ya. El sujeto de la encarnación es el Hijo, el Verbo, el Logos eterno, por tanto, la encarnación es la prolongación a la criatura subsistente en la persona divina, de la realidad y relación eterna del Hijo en el seno de la Trinidad. De ahí que el versículo haga referencia a la acción, posible solo para Dios desde la naturaleza humana del Hijo, de destruir al opresor para liberar al hombre. La Pasión del Hijo, perfeccionado por aflicciones (v. 10), es la verdadera pasión de Dios, que no es otra cosa que compasión con el hombre, que se inicia en la concepción en el seno de María y se completa en la entrega de la vida sobre la cruz. Cristo, por tanto, llegó a ser hombre en la misma forma y con las mismas condiciones de los hombres. Distinguiéndolo de ellos en el hecho mismo de la concepción, que no se produce por relación humana, sino por acción divina en la operación omnipotente del Espíritu Santo. Participar de carne y sangre hace posible que se pueda escribir la biografía de Dios en sujeción a las limitaciones temporales de la criatura. Pero esa encarnación del Hijo es el vehículo instrumental para la kénosis de Dios. Participar de carne y sangre hace posible el descenso del Hijo a la forma de siervo. El que siendo Dios no puede sino demandar obediencia, por cuanto es soberano, obedece desde su condición de hombre hasta la entrega máxima en la expresión de dar su vida por los hombres. En esa dimensión de carne y sangre, el Hijo se mantiene sumiso a las

---

[52] Griego: αἵματος καὶ σαρκός.

condiciones del hombre, sufre bajo los poderes del mal en la tentación y asedio, pero sin contaminación alguna con el pecado, revelando a Dios como gracia absoluta y siendo para el hombre prójimo perfecto. No cabe duda alguna de que el Hijo se ha encarnado para expresar la gracia, y vivir la gracia es posible porque el Hijo se ha encarnado. Con todo, es necesario entender con toda claridad que este Cristo, descendiente "según la carne" de los hombres, es también "Dios bendito sobre todas las cosas por los siglos de los siglos" (Ro. 9:5).

El propósito de la encarnación está plenamente definido en el versículo: "Para destruir por medio de la muerte al que tenía el imperio de la muerte, esto es, al diablo"[53]. Primero se hace solidario con los hombres para poder morir por los hombres. Luego se ofrece en sacrificio por los pecados de los hombres para poder librar a los hombres. Siendo hombre, podía ser sustituto del hombre. La muerte de Jesús se considera aquí desde el plano soteriológico como la superación de la esclavitud y la liberación de los esclavos. El infinito Hijo se hace carne y sangre para ser consumado, perfeccionado, en el amor de entrega, no solo de Él, sino del Padre que lo da y esa perfección se alcanza en el dolor y en la muerte, posible solo desde la naturaleza humana del Hijo de Dios. La muerte en este caso no se considera tanto desde el sufrimiento, sino desde la batalla liberadora, consistente en destruir al que tenía el imperio de la muerte. El verbo destruir no equivale a eliminar, en el sentido de hacer desaparecer, sino de quitar los medios con que se mantenía e incluso impedir que vuelva a alcanzarlos. En ese sentido, equivale a reducir a la impotencia a quien tenía el dominio de la muerte, esto es, al diablo. El título tiene que ver con acusador, aquel que demandaba, en derecho, que la justicia de Dios que había sentenciado al pecador con la muerte (Gn. 2:17), como el apóstol Pablo afirma también —"La paga del pecado es la muerte" (Ro. 6:23)—, actuase contra él. En la cruz, el Hijo combate a Satanás, el acusador, retirándole el acta de los decretos contrarios al hombre, de modo que lo reduce a la impotencia para demandar la muerte y condenación del que ha sido justificado (Col. 2:14-15). Cristo en su muerte destruye, en sentido de dejar inoperativo al que tenía el imperio de la muerte. Con la resurrección de su humanidad destruye también a la muerte (1 Co. 15:20). La acción del Salvador hace posible el cumplimiento pleno de la profecía: "De la mano del Seol los redimiré, los libraré de la muerte. Oh muerte, yo seré tu muerte; y seré tu

---

[53] Texto griego: Ἵνα διὰ τοῦ θανάτου καταργήσῃ τὸν τὸ κράτος ἔχοντα τοῦ θανάτου, τοῦτ' ἔστιν τὸν διάβολον.

destrucción, oh Seol; la compasión será escondida de mi vista" (Os. 13:14). Cancelada el acta acusatoria y manifestado el poder victorioso en la resurrección, el diablo está destruido en sentido operativo contra quienes son hermanos de Jesús e hijos del Padre, por adopción.

El pecador está sujeto permanentemente por temor a la muerte, es redimido por Cristo y librado de este temor: "Y librar a los que por el temor de la muerte estaban durante toda la vida sujetos a servidumbre"[54]. Ese temor es un sentimiento de culpabilidad que surge en la propia conciencia del no regenerado, que le hace temer a la muerte. Este sentimiento produce esclavos y no libres. Por ese temor harían cosas que de otro modo no hubieran hecho. El miedo continuo es una verdadera esclavitud personal. De ahí la liberación que se produce en la experiencia del salvo: "Pues no habéis recibido el espíritu de esclavitud para estar otra vez en temor, sino que habéis recibido el espíritu de adopción, por el cual clamamos ¡Abba, Padre!" (Ro. 8:15). La liberación del creyente, que es hijo de Dios por adopción, le rescata de la esclavitud del pecado (Ro. 6:20-23), por tanto, le libra del temor a la muerte. Lo que cada creyente ha recibido es la adopción, literalmente entrar a la posición de hijo. Este espíritu es contrario al espíritu de esclavitud y temor. Por el nuevo nacimiento, el creyente viene a ser colocado como hijo adulto en una nueva relación con Dios, miembro de su familia (Ef. 2:19). Esta adopción confiere al creyente todos los derechos y privilegios de esa condición. El creyente viene a tener relación y comunión directa con el Padre (1 Jn. 1:3). El creyente tiene el privilegio de ser partícipe en la naturaleza divina (2 P. 1:4). Por haber nacido de arriba, el creyente comienza a llevar la imagen del Señor, primogénito entre muchos hermanos (He. 2:12-13). El temor desaparece porque el creyente es hijo y no enemigo, para quien ya no hay condenación (Ro. 8:1). Esa condición de hijos nos lleva a clamar, es decir, gritar en voz alta para llamar Abba al Padre del cielo, en esa expresión de intimidad familiar, que no implica falta del respeto que Dios merece, pero que manifiesta la condición de hijo.

El alcance liberador es pleno para todos los que son hijos: "Librar a todos"[55], literalmente, librar a estos. Por la unión con Cristo, los salvos participan en su victoria (1 Co. 15:54-57; 1 Ts. 4:13-18). La fe en la resurrección era creencia de los creyentes de la antigua dispensación, pero el creyente ahora no solo cree, sino que la ve como realidad en la

---

[54] Texto griego: Καὶ ἀπαλλάξῃ τούτους, ὅσοι φόβῳ θανάτου διὰ παντὸς τοῦ ζῆν ἔνοχοι ἦσαν δουλείας.
[55] Griego: καὶ ἀπαλλάξῃ τούτους.

resurrección de Cristo, "quien sacó a luz la vida y la inmortalidad" (2 Ti. 1:10). La muerte para el creyente no significa entrar en una esfera de juicio, perdición y condenación, sino la bendición de acceder a la liberación plena de todas las miserias de la vida para disfrutar de la presencia del Señor (Fil. 1:23). Quien está en Cristo y por Él recibe la condición de hijo de Dios ha dejado de ser esclavo para convertirse en dueño de todo, lo que incluye también a la misma muerte: "Porque todo es vuestro;... sea el mundo, sea la vida, sea la muerte..." (1 Co. 3:21-22). La muerte ha sido vencida por Cristo (1 Co. 15:21, 25). El creyente sabe que su resurrección será un hecho y la muerte quedará sorbida en victoria por la vida (1 Co. 15:54). La muerte inquieta a los perdidos, pero para el creyente es una nueva experiencia en Cristo, dormir en el Señor (1 Ts. 4:14). Lo que es ruina para muchos es ganancia para el salvo (Fil. 1:21). La muerte no puede separar al creyente de Cristo (Ro. 8:38). La muerte física, en lugar de ser objeto de miedo, es el paso para acceder a la presencia del Señor (2 Co. 5:8).

Primer libro de Samuel

El primero de Samuel enlaza el período de los jueces con el histórico de los reyes de Israel. Relata para ello el final de la etapa anterior y el ascenso al trono de Saúl, primer rey de Israel. El rey demandado por el pueblo tenía apariencia de grande, era alto de estatura y exitoso en sus empresas, pero rebelde contra Dios y desobediente a sus disposiciones, lo que trajo la disciplina divina sobre él y su muerte. El libro destaca estas circunstancias (13:7-12; 15:10-26).

Título

El libro lleva el título del personaje principal en los primeros capítulos, que fue el último de los jueces en Israel y el que ungió a los dos primeros reyes.

Inicialmente, los dos libros se integraban en uno solo en las Escrituras hebreas. Posteriormente, cuando se tradujeron al griego (c. 150 a. C.), Samuel y Reyes se agruparon en un libro que se ocupaba de la monarquía y se dividía en cuatro secciones denominadas 1, 2, 3, 4 Reinos. Más tarde volvieron a dividirse como era inicialmente, en un libro de Samuel y otro de Reyes; sin embargo, la división griega permaneció, siendo el resultado 1 y 2 Samuel y 1 y 2 Reyes.

Cuando Jerónimo hizo la traducción al latín, mantuvo la división griega, llamándolos *Libri Regum*. De modo que en la Vulgata se agrupan como 1 y 2 Samuel, que corresponden a los dos primeros de la división griega, y 1 y 2 Reyes (tercero y cuarto de dicha división). Esta forma estableció los títulos que son utilizados en la iglesia occidental desde entonces, mientras que la iglesia oriental mantiene la división de las cuatro partes de Reinos.

Autor y fecha

La tradición de los judíos considera a Samuel como autor de los primeros 24 capítulos. El texto afirma que "Samuel recitó al pueblo las leyes del reino, y las escribió en un libro, el cual guardó delante de Jehová" (10:24). El resto del primer libro y todo el segundo se atribuyen a Natán, Gad y otros redactores conforme a la referencia en el primero de Crónicas (1 Cr. 29:29). Necesariamente tiene que haber otros redactores además de Samuel, puesto que el primero de los libros habla de su muerte (25:1).

La referencia al reino divido, mencionando concretamente al de Judá (27:6), hace difícil datar el escrito completo antes de la muerte de Salomón. Si el reinado de David puede establecerse entre 1025 a 900 a. C., parece lógico datarlo a finales del s. VIII a C.

Como no podría ser de otro modo, los críticos racionalistas y liberales, al analizar el libro, sostienen que está compuesto de, por lo menos, dos documentos. Insisten en que algunas de las partes pertenecen a Salomón e incluso otras son resultado de un redactor de la escuela del Deuteronomio, sobre al año 550 a. C. Con todo, la redacción de algunas secciones del libro exigen datarlas mucho antes; algunos de los críticos sostienen que parte de esos escritos son del s. X a. C. En cambio, a otras partes las datan en tiempos del exilio, al mencionar en el texto a los levitas (cap. 6 y 7). La técnica empleada por los críticos en el análisis del libro es la misma que usaron para el Pentateuco, aislando pasajes y datando las aparentes duplicidades en fechas y documentos distintos. Proponen también discrepancias notables en dos actitudes totalmente distintas relativas a la monarquía, una primera en los capítulos 7 y 8, en los que se hacen serias advertencias por desear un sistema de gobierno que es para ellos una posición antiteocrática, y la del capítulo 9, donde se habla de bendiciones para esa forma monárquica. A esta proposición de los críticos, responde el Dr. Gleason:

> Lo que estos críticos no logran ver es que la condenación por la posición antiteocrática adoptada por la nación no anula la

bendición de Dios sobre el instrumento humano que ha escogido para dirigir a su pueblo bajo la nueva forma de gobierno que equivocadamente ha preferido. A lo largo de la historia hebrea hallamos numerosos ejemplos de este tipo de respuesta divina ante los errores humanos. Por ejemplo, a pesar de los crímenes perpetrados por David para adquirir a Betsabé como esposa, Dios magnánimamente escogió a su segundo hijo, Salomón, como sucesor de su padre, el más glorioso de sus descendientes. La artificialidad de la estratificación de la Alta critica se pone de manifiesto por el hecho de que en las últimas partes de la narración aparecen entrelazadas alusiones de las primeras secciones, pues con frecuencia estas alusiones cortan todas las líneas divisorias que han trazado los críticos. Ciertas frases características en las fuentes supuestamente distintas se repiten con tanta frecuencia que tornan altamente dudosa toda la técnica analítica utilizada.[56]

Texto y versiones

Por causas desconocidas, el texto de los dos libros de Samuel está muy deteriorado en la Versión Masorética, y tal vez sea el de peor estado de todos los libros de la Biblia hebrea. Acaso se deba a que el texto usado como oficial en el templo se basaba en un antiguo *vorlage*[57], que contenía defectos, acaso producidos por gusanos, o incluso por el uso continuado del mismo. Esto ocasionaría la ausencia de un número antes de la palabra años; alguna versión traduce: "Saúl reinó un año; y cuando hubo reinado dos años sobre Israel" (1 S. 13:1). Hay otras ausencias y dificultades en el texto que se debe al estado de la copia que se usó.

La LXX se utilizó en varias recensiones: una es la del Codex Vaticanus (B), otra la del Codex Alexandrinus (A) y la tercera es la edición de Lagarde (L). De estos citados, cuando están en concordancia, prevalecen sobre la lección del texto hebreo.

La versión latina de Jerónimo (Vg) muestra la influencia de versiones latinas anteriores, pero sigue muy de cerca el texto hebreo.

La versión siríaca P^{e}sitta' (Pes) sigue más bien el texto griego que el hebreo.

---

[56] Archer, 1981, p. 314 ss.
[57] Un *vorlage* se refiere a una versión anterior o manifestación de un texto bajo consideración.

Entorno histórico

La situación espiritual de Israel al comienzo del relato era semejante a los peores momentos del tiempo de los jueces. La corrupción era grave e incluso alcanzaba a la misma familia sacerdotal, que despreciaban los sacrificios que traían para ofrecerlos al Señor y cometían pecados graves con las mujeres que venían para orar al santuario (2:12-17). Pero no solo ocurría esto antes del ministerio de Samuel, sino que sus mismos hijos no eran hombres honrados (8:2, 3).

El rechazo por mantenerse en las ordenanzas dadas por Dios para su pueblo era evidente. La Palabra de Dios era despreciada por una gran cantidad de personas en Israel, hasta el punto de negarse a escuchar al profeta Samuel, rechazando lo que les comunicaba de parte de Dios (8:19).

Aunque esto era la generalidad, había, como siempre hubo, un pequeño grupo de personas que se mantenían fieles a los principios establecidos por Dios, como era el caso de los padres de Samuel (1:3). El santuario de Israel a donde debían concurrir para la adoración y los sacrificios estaba establecido en Silo desde los tiempos de Josué (Jos. 18:1; 1 S. 1:3), donde permaneció todo el tiempo de los jueces.

Los filisteos, enemigos tradicionales de Israel, en una de sus muchas batallas, tomaron el arca de la alianza que estaba en el lugar santísimo del tabernáculo y que había sido llevada al lugar de la batalla como si se tratase de un amuleto que daría la victoria a Israel (4:1). El arca fue devuelta luego de un tiempo en territorio filisteo, como consecuencia de la acción divina sobre aquellos pueblos (5:1-6:16). Ya no volvería al santuario en Silo, sino que quedaría en Quiryat-jearim (7:1) hasta que David la trasladó definitivamente a Jerusalén (2 S. 6:1-17).

Israel se cansó de judicaturas cuyos jueces oprimían al pueblo y se dejaban sobornar para favorecer a algunos injustamente (8:3-4). Los gobiernos de otras naciones en los que la monarquía establecida proveía de reyes con apariencia de grandeza, lo mismo que con los dioses de los pueblos que habitaban con ellos, despertó en los israelitas el deseo de tener también un rey "como todas las demás naciones" (8:5). Dios permitió que tuviesen el rey que querían, con apariencia atractiva (10:1). Su reinado terminó por un acto judicial de Dios como consecuencia de su rebeldía a los mandatos divinos. La vida de Saúl ocupa una parte importante en 1 Samuel. En él se narra el comienzo de la vida de David, segundo rey de Israel (cap. 16-31).

En cuanto a los reinos del entorno, se aprecia, históricamente hablando, un declive general. Los reinos asentados en Asia Menor estaban muy debilitados y dejaban de ser importantes. Asiria había entrado en un profundo declive, a la vez que Egipto, envuelto en luchas internas, había perdido la fortaleza que anteriormente tenía como imperio. Los más inquietantes para Israel eran los filisteos que, en el tiempo final de los jueces, se habían fortalecido grandemente, mientras Israel se debilitaba en la misma forma. Fueron los reyes quienes consiguieron liderar y reunir al pueblo para reducir el potencial de los filisteos.

Propósito

El principal propósito del libro es relatar el paso del gobierno de los jueces al de los reyes. La intencionalidad es la de relatar en forma breve los años que van desde el ascenso de Saúl al trono de Israel, su declive y muerte, y el establecimiento de David como el segundo rey de la nación. Este relato se extenderá al segundo libro de Samuel. El establecimiento de una nueva dinastía y el sustento para ella está en la elección que Dios hizo de David (16:1), a quién extiende un pacto incondicional, prometiéndole una dinastía perpetua, que se sustanciaría en el Mesías, rey de reyes y Señor de señores (2 S. 7:12-16; 1 R. 9:6-7; Sal. 89:30-37).

En el plano espiritual, el libro pone de manifiesto las consecuencias que el pecado acarrea, de forma especial en el liderazgo del pueblo de Dios.

Bosquejo

Se propone el siguiente para el análisis exegético del texto bíblico:

I. Samuel, el último juez.
  1. Entorno familiar (1:1-18).
    1.1. Los padres de Samuel (1:1-5).
    1.2. La situación y acción de Ana (1:6-18).
      1.2.1. Sufrimientos familiares (1:6-8).
      1.2.2. La oración de Ana (1:9-11).
      1.2.3. La actuación de Elí (1:12-14).
      1.2.4. La confesión de Ana (1:15-18).
  2. Nacimiento y consagración de Samuel (1:19-2:10).
    2.1. Nacimiento (1:19-20).
    2.2. Crianza en el hogar (1:21-23).
    2.3. Samuel en el templo (1:24-28).
    2.4. Cántico de Ana (2:1-10).

3. Ministerio de Samuel (2:11-3:21).
   3.1. Etapa en el templo (2:11-21).
      3.1.1. La perversidad del sacerdocio (2:11-17).
      3.1.2. El cuidado de Ana (2:18-21).
   3.2. La sentencia divina sobre el sacerdocio (2:21-36).
      3.2.1. La actuación de Elí con sus hijos (2:21-25).
      3.2.2. El crecimiento de Samuel (2:26).
      3.2.3. Profecía contra la familia de Elí (2:27-36).
   3.3. Llamamiento de Samuel (3:1-18).
      3.3.1. Dios llama a Samuel (3:1-9).
      3.3.2. Mensaje de Dios (3:10-14).
      3.3.3. Actividad de Samuel en el templo (3:15).
      3.3.4. Diálogo con Elí (3:16-18).
   3.4. Evidencia de la condición de Samuel (3:19-21).
4. Guerra contra los filisteos (4:1-7:2).
   4.1. Captura del arca (4:1-22).
      4.1.1. Israel derrotado (4:1-11).
      4.1.2. La muerte de Elí (4:12-18).
      4.1.3. La gloria traspasada (4:19-22).
   4.2. Juicio divino sobre los filisteos (5:1-12)
   4.3. El arca devuelta a Israel (6:1-7:2).
      4.3.1. Razones y modo de devolverla (6:1-12).
      4.3.2. El arca en Bet-semes (6:13-19).
      4.3.3. El arca en Quiryat-jeraim (6:20-7:2).
5. Ministerio de Samuel en Israel (7:3-17).
   5.1. El avivamiento espiritual (7:3-4).
   5.2. La intercesión de Samuel (7:5-8).
   5.3. La acción divina (7:9-14).
   5.4. La judicatura de Samuel (7:15-17).
6. Israel pide un rey (8:1-22).
   6.1. La situación de los hijos de Samuel (8:1-3).
   6.2. La petición de un rey (8:4-5).
   6.3. Dios accede a la petición (8:6-8).
   6.4. Advertencias sobre la situación bajo un rey (8:9-18).
   6.5. La reacción del pueblo (8:18-22).

II. Saúl, el primer rey de Israel (9:1-16:1).
   1. Saúl como primer rey (9:1-11:15).
      1.1. El entorno familiar (9:1-2).
      1.2. El incidente de las asnas (9:3-10).
      1.3. El encuentro con Samuel (9:11-27).
      1.4. Saúl ungido rey (10:1-8).

1.5. Regreso de Saúl (10:9-16).
1.6. Coronación de Saúl (10:17-27).
1.7. Saúl vende a los amonitas (11:1-15).
2. Discurso de Samuel al pueblo (12:1-25).
   2.1. El comportamiento reconocido (12:1-6).
   2.2. Palabras de despedida (12:7-25).
3. Dios rechaza a Saúl (13:1-15:35).
   3.1. Guerra contra los filisteos (13:1-23).
      3.1.1. Inicio de la batalla (13:1-5).
      3.1.2. La situación del ejército de Israel (13:6-7).
      3.1.3. La ofrenda pecaminosa de Saúl (13:8-12).
      3.1.4. Consecuencias de su pecado (13:13-23).
   3.2. Votos precipitados (14:1-52).
      3.2.1. La acción de Jonatán (14:1-16).
      3.2.2. La reacción de Saúl (14:17-23).
      3.2.3. La prohibición de Saúl (14:26-27).
      3.2.4. Jonatán quebranta la prohibición (14:28-30).
      3.2.5. Conclusión de la acción de guerra (14:31-46).
      3.2.6. Resumen del reinado de Saúl (14:47-52).
   3.3. Saúl desobediente (15:1-35).
      3.3.1. La acción de Saúl (15:1-9).
      3.3.2. Intervención de Samuel (15:10-19).
      3.3.3. Disculpas de Saúl (15:20-21).
      3.3.4. El rechazo anunciado (15:22-35).

III. David (16:1-31:13).
  1. David escogido y ungido (16:1-13).
     1.1. Dios escoge a David (16:1).
     1.2. Dios envía a Samuel para ungir a David (16:2-5).
     1.3. Elección de David (16:6-12).
     1.4. Samuel unge a David como rey (16:13).
  2. David en la corte de Saúl (16:14-23).
     2.1. Dios se aparta de Saúl (16:14).
     2.2. David toca para Saúl (16:15-23).
  3. Acciones de David (17:1-58).
     3.1. Conflicto con los filisteos (17:1-11).
        3.1.1. Preparativos para la guerra (17:1-3).
        3.1.2. Goliat (17:4-11).
     3.2. David enfrenta a Goliat (17:12-58).
        3.2.1. David enviado por su padre (17:12-25).
        3.2.2. El propósito de David (17:26-30).
        3.2.3. David acepta el desafío de Goliat (17:31-39).

3.2.4. El encuentro con Goliat (17:40-47).
3.2.5. La acción de David (17:48-54).
3.2.6. Saúl y David (17:55-58).
3.3. Pacto y peligro (18:1-30).
   3.3.1. Pacto con Jonatán (18:1-5).
   3.3.2. Celos de Saúl (18:6-16).
   3.3.3. Matrimonio de David (18:17-30).
4. Peligro para la vida de David (19:1-20:42).
   4.1. Saúl determina matar a David (19:1).
   4.2. Jonatán protege a David (19:2-10).
   4.3. David salvado por Mical (19:11-17).
   4.4. David protegido por Samuel (19:18-24).
   4.5. Amistad de David y Jonatán (20:1-42).
5. David huye de Saúl (21:1-26:25)
   5.1. David protegido por Abimelec (21:1-10).
   5.2. David entre los filisteos (21:11-15).
   5.3. David fugitivo (22:1-26:25).
      5.3.1. La cueva de Adulam (22:1-5).
      5.3.2. Saúl mata a los sacerdotes (22:6-23).
      5.3.3. David en Keila (23:1-14).
      5.3.4. David en el desierto (23:15-29).
      5.3.5. David perdona la vida de Saúl (24:1-22).
      5.3.6. David y Abigail (25:1-44).
      5.3.7. David perdona la vida de Saúl en Zif (26:1-25).
6. David en territorio filisteo (27:1-28:2)
   6.1. Con Aquís en Gat (27:1-12).
   6.2. Vasallo de los filisteos (28:1-2).

IV. Muerte de Saúl (28:3-31:13).
1. Conflicto con los filisteos (28:3-30:31).
   1.1. Situación (28:3-6).
   1.2. La adivina de Endor (28:7-25).
      1.2.1. La consulta de Saúl (28:7-11).
      1.2.2. El mensaje de Samuel (28:12-25).
   1.3. David despedido por los filisteos (29:1-11).
   1.4. David derrota a los amalecitas (30:1-31).
2. La muerte de Saúl (31:1-13).
   2.1. Muerte de los hijos de Saúl (31:1-3).
   2.2. Saúl se quita la vida (31:4-7).
   2.3. Actuación de los filisteos (31:8-10).
   2.4. Recuperación de los cuerpos de Saúl y sus hijos (31:11-13).

Cristo en el libro

El tema general del Primero de Samuel es la descripción histórica que llevó a la preparación para el ascenso de David al trono después de la muerte de Saúl.

Dios había determinado que fuese este quien sucediera al primero de los reyes de Israel. David era un hombre "conforme al corazón de Dios" (13:14). No significa esto que fuese perfecto, puesto que fue una vida en la que hubo pecados manifiestos, pero mientras que Saúl era el deseo del pueblo, David era conforme a la determinación de Dios, que lo puso para reinar. De él vendría en el tiempo quien es el Mesías, el Hijo del Altísimo, el Verbo encarnado. Este puede ser uno de los temas destacables del libro en relación con Cristo en el escrito bíblico. El Señor sería llamado Hijo de David (Mt. 1:1; 9:27; 12:23; 15:22; 20:30, 31; 21:9, 15; Mr. 10:47, 48; 12:35; Lc. 18:39; 20:41).

David es ejemplo ilustrativo de lo que sería Jesús. Fue pastor de ovejas; simbólicamente anticipaba al gran pastor de las ovejas por la sangre del pacto eterno (He. 13:20). David fue rechazado por años antes de ser rey; del mismo modo Jesús fue rechazado por su pueblo. La expresión suprema de abandono es la experiencia de la cruz. Proféticamente, David se hace eco de ello en el Salmo 22. Pero lo mismo que simbólicamente ocurrió con David, que reinó luego del rechazo que había experimentado, también Jesús, el rey de reyes, reinará para siempre conforme a lo determinado por Dios y anunciado a María por el ángel (Lc. 1:32-33).

El Mesías es el Hijo de David. En las referencias dadas anteriormente aparece el título aplicado a Cristo. Así lo llamó el ciego sentado junto al camino cuando pasaba Jesús: "Entonces dio voces, diciendo: ¡Jesús, Hijo de David, ten misericordia de mí"[58] (Lc. 18:38).

El ciego clamaba por misericordia, dirigiéndose al que llamaba Hijo de David. Ese era el título propio para el Mesías. No se puede determinar hasta dónde alcanzaba a comprender la condición mesiánica del que estaba pasando por aquel lugar, pero sin duda expresaba la realidad que correspondía a la pregunta sobre quién decía la gente que era el Hijo del Hombre. Nadie de la multitud lo aclamaba por aquel nombre, solo un hombre ciego y mendigo lo estaba gritando ante todo el gentío. Es probable que aquel hombre asoció a quien podía sanar ciegos con lo anunciado por los profetas como una de las señales que identificarían al Mesías cuando viniera.

---

[58] Texto griego: καὶ ἐβόησεν λέγων· Ἰησοῦ Υἱὲ Δαυίδ, ἐλέησον με.

El Hijo de David era misericordioso. El ciego gritaba: "Ten misericordia de mí". Era la expresión desgarradora de un alma que imploraba la compasión del bienhechor del hombre. Se daba cuenta de que no tenía ningún derecho para exigir que Jesús lo sanara, pero apelaba a la misericordia del Señor. El verbo usado[59] significa tener compasión o tener misericordia. *Compasión* es una palabra que significa *padecer junto*, *padecer con*, es un término que apela a la piedad del Señor, como si dijese: padece conmigo, siente lo que yo padezco, para resolver mi situación miserable. La otra palabra, *misericordia*, tiene que ver con *pasar la miseria por el corazón*; en este sentido gritaba para ser oído por Jesús, pidiéndole que pasara su miseria por su corazón y, sintiendo en lo más profundo de su alma la necesidad del ciego, acudiera a él prestándole la ayuda que necesitaba. Esta es la grandeza del descendiente de David según la carne. Es misericordioso para compadecerse.

El Verbo encarnado adquiere una notable dimensión en el libro como se expresa en el Nuevo Testamento: "Acerca de su Hijo, nuestro Señor Jesucristo, que era del linaje de David según la carne"[60] (Ro. 1:3). El texto presenta primero la condición divina del Mesías, a quien llama, en relación con el Padre, su Hijo. No corresponde considerar esto aquí, ya que el interés de la cita tiene relación con la condición humana de Jesús, el Hijo de Dios. Sin embargo, no es posible considerar este aspecto dejando de apreciar el primero, ya que la relación de Dios con Jesús en el tiempo histórico de los hombres es una relación de entrega, en la medida en que Dios puede entregarse y otorgarse a los hombres, que no parte de la historia humana, sino que la antecede en todo, es decir, no se inicia en el tiempo ni está condicionada por la obra de salvación, sino que pertenece al ser mismo de Dios. El Verbo encarnado es la manifestación temporal de la proximidad de Dios al hombre determinada en el plan de redención antes de que el hombre fuera. De ahí que Jesús entienda y así lo exprese, su presencia entre los hombres como el enviado de Dios. Hasta tal punto es un hecho la eterna vinculación intratrinitaria que Jesús afirma que Él y el Padre son uno (Jn. 10:30). La preexistencia de Cristo que se hace realidad entre los hombres y que viene con la misión de revelar al Padre tiene una finalidad soteriológica. Por ello, las referencias bíblicas al envío del Hijo por el Padre van acompañadas de la preposición *para*, que

---

[59] Griego: ελεέω.
[60] Texto griego: περὶ τοῦ Υἱοῦ αὐτοῦ τοῦ γενομένου ἐκ σπέρματος Δαυὶδ κατὰ σάρκα,

indica propósito (Jn. 3:16; Ro. 8:3-4; Gá. 4:4, 5; 1 Jn. 4:9). En último extremo, la obra del Hijo tiene que ver con el aspecto salvífico por el que se otorga al pecador creyente la condición de hijo de Dios (Jn. 1:12). A Dios nadie le vio jamás, pero es el Unigénito que está en el seno del Padre el que lo da a conocer (Jn. 1:18). En Jesucristo, es Dios quien se da y se manifiesta, introduciéndose literalmente en el campo de su creación mediante la humanidad. El propósito de Jesucristo es revelar a Dios, de modo que las personas lo conozcan, no en la intelectualidad, sino en la comunión de vida, para que puedan tener vida y vida eterna (Jn. 17:3). Todos cuantos quieran adquirir este admirable conocimiento deben acudir al único que puede revelarlo, que es el Hijo, en quien resplandece la luz "para la iluminación del conocimiento de la gloria de Dios en la faz de Jesucristo" (2 Co. 4:6).

El Hijo de Dios, revelación y revelador absoluto del Padre, se identifica con la situación del pecador, olvidado y alejado de Dios. Para superar esa situación, Jesús, el Hijo de Dios, se hace revelación directa de Dios para eliminar la ignorancia y se hace Redentor para superar la situación de pecado, involucrándose en la proclamación del Evangelio, que Él mismo predicaba (Mr. 14), en una existencia en favor de los hombres. El apóstol Pablo confiesa aquí que Jesús es el Hijo de Dios, es decir, que Jesús es eternamente Hijo de Dios, sin que se vea afectada por su humanidad asumida. Esto es, que a pesar de su humanidad y con anterioridad a ella, Jesús es Dios, en unidad con el Padre y el Espíritu. De ahí que más adelante —como se estudiará entonces— afirme que Él es "Dios sobre todas las cosas, bendito por los siglos" (Ro. 9:5). Este que se anuncia en el Evangelio es "nuestro gran Dios y salvador" (Tit. 2:13), aquel en quien habita la plenitud de la deidad (Col. 2:9).

Pero, quien es eternamente Dios, se hizo hombre, ya "que era del linaje de David según la carne". En eso versa el Evangelio, en el hecho singular de que el eterno Hijo se hizo hombre, en el contexto de una familia humana descendiente de David. Esa es la línea de intersección entre Dios y el hombre. El gran misterio de la eternidad conocido solo por Dios se hace historia en el tiempo de los hombres para dejar de ser misterio y ser realidad soteriológica, en la cual Dios desciende al encuentro de la criatura en su misma condición "según la carne". Es el entronque entre el mundo de Dios, desconocido para la criatura, y el de los hombres, donde la línea oculta de la eternidad se hace visible a los temporales en Jesucristo. El mundo de Dios se toca en Jesús con el mundo del hombre y lo hace suyo, concretando en Él la absoluta e imposible contradicción para el pensamiento humano, donde eternidad y temporalidad se unen y concretan ya para siempre. La confluencia entre la eternidad de la deidad y la temporalidad del hombre tienen lugar en un hecho singular de concepción en el seno de una mujer, María, la Virgen, que era, al igual que su padre adoptivo José, de la descendencia o estirpe de David, este último por la línea de Salomón (Mt. 1:6), María por la de Natán (Lc. 3:31). Esto sucedía como consecuencia de la promesa reiterada en las Escrituras por medio de los profetas (cf. 2 S. 7:12, 13, 16; Sal. 89:3, 4, 19, 24; 132:17; Is. 11:1-5, 10; Jer. 23:5, 6; 30:9; 33:14-16; Ez. 34:23, 24; 37:24). Quiere decir que quien es engendrado por el Padre eternamente, alcanza una existencia humana, siendo engendrada su humanidad por el Espíritu en María (Lc. 1:35). No es que comience a existir por el acto de concepción, sino que su persona antecede en todo a este hecho y es anterior a su historia humana. De otro modo, el que es Hijo eternamente con el Padre, en la unidad del ser divino, comienza una existencia humana haciéndose hombre, tomando nuestra existencia y nuestra carne. Por eso, el énfasis del apóstol aquí; el principio personalizador y el sujeto de la encarnación es el Hijo: "Acerca de su Hijo, que era del linaje de David según la carne". Por esta asunción en la persona divina de una naturaleza humana puede padecer y morir para ser el Salvador de los pecadores. La encarnación, tanto en el sentido del hecho en sí como del estado resultante, es la expresión en la historia del envío por el Padre de su Hijo al mundo, con un propósito soteriológico que se anuncia en el Evangelio: hacer a los hombres partícipes de su filiación y salvarlos de la condenación y de la muerte. Mediante la encarnación, el Hijo comienza una existencia semejante a la de los hombres, en igualdad de naturaleza con ellos y en plena solidaridad de destino con ellos, sometido como siervo para ser prójimo del hombre y en esa condición dar su vida, de infinito valor por cuanto es la vida humana de la persona divina del Hijo, para que quienes la habían perdido por muerte espiritual, la recuperen en unidad de vida con el resucitado. La entrada del Hijo en el mundo de los hombres tiene lugar por concepción, gestación y alumbramiento de María, ya que la encarnación supone el nacimiento de mujer, bajo la ley (Gá. 4:4). La concepción virginal en María es la forma libremente elegida por Dios para hacerse hombre (Mt. 1:18-25; Lc. 1:26-38). La encarnación designa la unión del Hijo con la humanidad mediante una naturaleza concebida por el Espíritu Santo, a la que el Hijo personaliza y en la que expresa visiblemente la filiación eterna con el Padre. Humanamente hablando, este Hijo encarnado es de la descendencia de David porque había de ser el Cristo de Dios. El Mesías prometido había de venir de la descendencia de David, conforme al mensaje profético recogido en las Escrituras.

La familia humana de Jesús se vincula con David como testimonio suyo desde la gloria: "Yo soy la raíz y el linaje de David, la estrella resplandeciente de la mañana"[61] (Ap. 22:16b). El Señor es descendiente de David. Las genealogías dadas por Mateo y por Lucas son evidencias de esa condición. Ambas líneas genealógicas, la de José, descendiente de David por la línea dinástica de Salomón (Mt. 1:1, 16), y la de María, descendiente de David por Natán (Lc. 3:23, 31, 32), entroncan a Jesús con el rey David, heredero de las promesas y del título al reino de Israel. En Él se cumplen las promesas, puesto que es el heredero del trono de David y en Él se extingue definitivamente la herencia real del pacto dado por Dios al rey de Israel (2 S. 7:12-16; Is. 11:1, 10; Ez. 34:23, 24, Ap. 5:5). El sustantivo raíz es un hebraísmo para expresar vinculación de origen, algo equivalente a vástago, lo que señala a Jesucristo como el sucesor y descendiente de David, por tanto, quien tiene derecho al trono conforme a la promesa del pacto que Dios estableció con el rey de Israel. Este título tiene también una marcada vinculación profética: "Saldrá una vara del tronco de Isaí, y un vástago retoñará de sus raíces" (Is. 11:1). Aparentemente, el árbol de la línea de David se ha secado, es decir, ninguno de sus descendientes ocupó el trono, pero la profecía anunció la aparición de un nuevo vástago, una nueva vara, de ese tronco, que se sentará en el trono y gobernará la tierra. La profecía continúa anunciando la gloriosa manifestación de su reino (Is. 11:2-9), donde "juzgará con justicia a los pobres, y argüirá con equidad por los mansos de la tierra; y herirá la tierra con la vara de su boca, y con el espíritu de sus labios matará al impío" (Is. 11:4). El título "la raíz de David" también tiene el mismo simbolismo en el Nuevo Testamento. El apóstol Pablo escribe sobre la cita de Isaías una relación del Mesías con los gentiles en el tiempo futuro: "Y otra vez dice Isaías: Estará la raíz de Isaí, y el que se levantará a regir los gentiles; los gentiles esperarán en Él" (Ro. 15:12). En el momento actual, el Señor, por su resurrección, se levantó para ser Señor. En el futuro ese señorío se acreditará en el ejercicio de autoridad en el reino terrenal, cuando gobierne sobre las naciones. El Señor vino a ser la esperanza para todos los creyentes (Col. 1:13). Dios estableció con David un pacto sobre uno de su descendencia

---

[61] Texto griego: Ἐγώ εἰμι ἡ ῥίζα καὶ τὸ γένος Δαυίδ. Ὁ ἀστὴρ ὁ λαμπρὸς ὁ πρωϊνός.

que se sentará en el trono para siempre (2 S. 7:12-13). La promesa de este rey perpetuo sobre el trono de David fue anunciada a María por el ángel (Lc. 1:32-33). En Jesús se cumplen todas las promesas y profecías mesiánicas. Los últimos párrafos del libro están dedicados a la descripción y detalles de la Jerusalén celestial. En ese sentido, el título que el Señor se da a sí mismo como raíz de David llama la atención a que, como David fundó la Jerusalén terrenal, así también el Hijo de David establecerá eternamente la Jerusalén de arriba. Pero es necesario observar que, aunque descendiente, se llama a sí mismo raíz de David, porque, como Dios, sustentó a David y a su descendencia. Él es raíz, también en el sentido de ser el Señor de David (Mt. 22:41-45), quien sustentó en el pasado la descendencia del rey y quien, como retoño, es también sucesor definitivo de él. Además, es también "el linaje" de David, el vástago que surge del trono de Isaí (Is. 11:1). El Hijo de David es el último y definitivo heredero del trono, y sentado ahora en los cielos espera el momento en que se manifieste su autoridad real sobre un reino, primero terrenal y después eterno. Él es principio y fin de todo cuanto se ha anunciado y prometido para el reino de David.

Jesús dice de sí mismo que es también "la estrella resplandeciente de la mañana". Una vez más, al finalizar el Apocalipsis, vuelve a manifestarse la estrecha relación con la profecía veterotestamentaria: "Saldrá estrella de Jacob" (Nm. 24:17). La promesa dada a los vencedores de la iglesia en Tiatira se hace realidad en el título del Señor: "Y le daré la estrella de la mañana" (Ap. 2:28). Los salvos serán hechos partícipes de la gloria del Señor, comparada con la de la estrella de la mañana. De la misma manera que los creyentes serán hechos partícipes de su autoridad, también lo serán de su gloria. La profecía apunta en esta dirección cuando dice: "Los entendidos resplandecerán como el resplandor del firmamento; y los que enseñan la justicia a la multitud, como las estrellas a perpetua eternidad" (Dn. 12:3). El Señor mismo dijo que "los justos resplandecerán como el sol en el reino de su Padre" (Mt. 13:43). Exaltados a la gloria por la gracia de Dios, vivirán eternamente brillando para la gloria del Padre. Habrán cumplido el propósito de Dios, que es su glorificación por medio de su vida tanto durante el tiempo en la tierra como después en los cielos (Mt. 5:48). Los justos han sido llamados a la gloria eterna en Cristo (1 P. 5:10). Dios, que los llamó, los mantuvo en la gracia para que eternamente fueran instrumentos para gloria de su gracia (Ef. 1:6, 12, 14). La esperanza de gloria es la porción de todos los salvos (Dn. 12:1-3; Hch. 14:22; 2 Ti. 2:12). La perspectiva de esa manifestación gloriosa tiene que ver con la consumación de los tiempos, cuando Cristo entregará el reino al Padre, sujetando y eliminando a todos los enemigos, lo que incluye la muerte como el último derrotado (1 Co. 15:24-28; Ap. 20:2). En aquel día se cumplirá en los redimidos de la Iglesia el propósito del Padre: que sean conformados a la imagen de su Hijo (Ro. 8:29). Esta promesa tiene proyección escatológica en relación con el reino eterno de Dios, que surgirá como la mañana tras la noche del mundo (Ro. 13:12). Los que fueron despreciados por el mundo gobernarán el mundo y brillarán en él. La luz gloriosa del Señor que sobrepasa en brillo a la luz del sol matinal será la gloriosa manifestación suya con los santos por toda la eternidad.

Segundo libro de Samuel

Colocados en un solo volumen y separados luego, lo dicho en la introducción acerca del primer libro de Samuel, es válido también para el segundo. Este continúa con la vida del rey David, relatando su experiencia de vida, esto es, sus victorias y también sus derrotas.

Rey de un pueblo dividido y derrotado, como había quedado a consecuencia de la acción de su antecesor Saúl, fue poco a poco transformándose en una unidad nacional, fundando las bases de un reino poderoso entre las naciones, que culminaría más tarde el que le sucedería en el trono, su hijo Salomón.

El relato histórico pone de manifiesto la fe que David tenía en Dios, como se hace notar la dependencia que le vinculaba con Él en las decisiones más importantes de su reinado, consultándole lo que debía hacer (2:1). Otro aspecto destacable de David está expresado en el testimonio que el pueblo da de él cuando vinieron a Hebrón para hacerle rey. Ya en tiempos de Saúl conducía a los ejércitos de Israel. Era además el rey que Dios había escogido (5:2). David no se impuso a las tribus de Israel por la fuerza para reinar, sino por un pacto hecho con ellas (5:3).

Título

Se llama de este modo por la tradición que vincula a Samuel con el relato, como se ha indicado en la introducción al primer libro, ya que los judíos lo consideraban autor de los primeros veinticuatro capítulos, y el resto era asignado a Natán y Gad. A causa de que los dos libros se integraban en un solo volumen, la autoría del segundo corresponde a la del primero.

Autor y fecha

Remitimos al lector a la introducción hecha para 1 Samuel, donde se especifica más detalladamente, siendo válido para este segundo libro.

No cabe duda de que Samuel no pudo haber escrito los relatos de los hechos ocurridos luego de su muerte, a partir del capítulo 25 del libro anterior. Es posible además que haya alguna nota que corresponde a la división del reino, ocurrida luego de la muerte de Salomón (1 S. 27:6). La rotura del reino ocurrió ca. 930 a. C. Al no aparecer referencia a la caída de Samaria, capital del reino del norte, esto induce a pensar que los libros tuvieron que acabarse antes de ese suceso (ca. 720 a. C.). Es necesario considerar que la mayor parte de la redacción tuvo que haberse hecho durante los reinados de David y Salomón. Sin embargo, hay alguna anotación de períodos posteriores.

La datación más aceptable debe establecerse sobre el 930 a. C.

Entorno histórico

Comprende un período de tiempo que va desde la muerte de Saúl (ca. 1010 a. C.) y la muerte de David (ca. 970 a. C.). Es un tiempo de cuarenta años en el que se une a todas las tribus de Israel en una sola nación. La acción de David, bajo la dirección y conducción divina, trajo la consecuencia de convertir a Israel en un potente estado de aquel tiempo, que ejercía dominio sobre las naciones de su entorno.

La conquista de Jebús, lugar dominado por los jebuseos durante gran parte del tiempo de los jueces, hizo posible establecer a Jerusalén como la capital del reino. Desde ella gobernó David sirviéndole de base para el establecimiento de su reino y poderío.

Los filisteos que habían dominado totalmente el territorio en que estaban asentados fueron despojados de su potencial y reducidos a vasallos de Israel durante el reinado de David y Salomón.

Esto supuso el control de todo el territorio de Israel, libre de la dominación tanto de cananeos como de filisteos, no sin el esfuerzo de varias batallas en las que Dios dio victoria a los ejércitos de su pueblo. La relación de estas acciones militares está reseñada en el capítulo 8.

Las alianzas con otros pueblos se consolidaron también mediante matrimonios. De este modo se dice que Absalón, el tercer hijo de David, tenía como madre a Maaca, que era hija de Talmai, rey de Gesur (3:3).

A consecuencia de estas acciones militares y de la continua presencia de un ejército numeroso, bien armado y entrenado, situado en todo el territorio, unido también a la debilidad en que estaban los reinos de Mesopotamia y también de Egipto, Israel alcanzó una posición de poder semejante a cualquier otro de los reinos del entorno.

Propósito

El relato de este segundo libro de Samuel completa el que comenzó en el primero, que hace una reseña histórica del establecimiento del reino en Israel en la dinastía que Dios mismo había escogido para ello. Se destaca que el tema principal del libro no es tanto dar datos sobre la vida del segundo rey de Israel, sino más bien manifestar la acción divina en el engrandecimiento de este reinado. De ahí la narración del rechazo de Dios del primer rey Saúl y la elección divina que llevó a David al trono desde su trabajo como pastor de las ovejas de su padre.

No pueden olvidarse los graves problemas personales que David tuvo en relación con la fidelidad de vida conforme a lo que Dios había establecido, pero no cabe duda de que frente a la falta de fe y obediencia de su antecesor, la vida del segundo rey pone de manifiesto una dependencia firme del Señor. Él confiaba en lo que Dios podía hacer y en su nombre emprendía las acciones necesarias para consolidar el reino. Quien desafió al gigante antes de iniciar su reinado en plena dependencia y confianza del Señor, así también lo hizo durante el tiempo en que fue rey, buscando en todo la dirección del Señor (2:1; 5:19). David tenía una clara convicción de que Dios debía ser honrado y obedecido, de manera que una de sus primeras acciones cuando se estableció en Jerusalén fue traer el Arca de la Alianza a la ciudad, en un traslado con una grandiosidad inusitada (6:1-23). Una segunda evidencia de su reconocimiento de Dios fue el deseo de construir un templo para su gloria, aunque no le fue permitido a él, pero lo haría su hijo Salomón (7:1-3).

Como hombre tuvo sus problemas y cayó en pecados serios, como ocurrió con el adulterio con Betsabé, la mujer de Urías, que terminó con su muerte por instrucción de David. Con todo, ante una situación de gravedad espiritual, mostraba auténtico arrepentimiento y confesaba su pecado (12:13-23). Un comportamiento idéntico se produjo con motivo del censo del pueblo que ordenó hacer, mostrándose también arrepentido ante el Señor (24:17-25).

Dios hizo un pacto incondicional con David, prometiéndole una descendencia y un reino perpetuo (7:8-16). En esa promesa está implícita la llegada del Mesías, que está profetizado, como cuando Isaías dice: "Porque un niño nos es nacido, hijo nos es dado, y el principado sobre su hombro; y se llamará su nombre Admirable, Consejero, Dios fuerte, Padre eterno, Príncipe de paz. Lo dilatado de su imperio y la paz no tendrán límite, sobre el trono de David y sobre su reino, disponiéndolo y confirmándolo en juicio y en justicia desde ahora y para siempre" (Is. 9:6-7). Jesús cumple toda esta promesa conforme a lo que fue dicho en la anunciación (Lc. 1:31-33). Natanael, uno de sus discípulos, reconoció que Él era el rey de Israel porque era el Hijo de Dios.

Bosquejo

Se propone el siguiente para el análisis exegético del texto bíblico:

I. David coronado como rey de Israel (1:1-5:5).
   1. Período de transición (1:1-27).
      1.1. El informe de la muerte de Saúl (1:1-10).
      1.2. Reacción de David (1:11-16).
      1.3. David endecha a Saúl y Salomón (1:17-27).
   2. David rey sobre Judá (2:1-4:12).
      2.1. Ungido por rey en Hebrón (2:1-7).
      2.2. Conflicto con la casa de Saúl (2:8-11).
      2.3. Guerra civil (2:12-4:12).
         2.3.1. Batalla de Gabaón (2:12-3:1).
         2.3.2. Hijos de David nacidos en Hebrón (3:2-5).
         2.3.3. Pacto de Abner con David (3:6-21).
         2.3.4. Muerte de Abner (3:22-39).
         2.3.5. Asesinato de Is-boset (4:1-12).
   3. David proclamado rey de Israel (5:1-5).
II. David en Jerusalén (5:6-6:23).
   1. Primeras acciones en Jerusalén (5:6-25).
      1.1. David conquista la fortaleza de Sion (5:6-10).
      1.2. Los embajadores de Hiram (5:11-12).
      1.3. Los hijos de David nacidos en Jerusalén (5:13-14).
      1.4. Derrota de los filisteos (5:17-25).
   2. El traslado del arca a Jerusalén (6:1-23).
      2.1. El primer intento y la muerte de Uza (6:1-11).
      2.2. El Arca en Jerusalén (6:12-17).
      2.3. La festividad (6:18-19).
      2.4. El problema de Mical (6:20-23).
III. Pacto de Dios con David (7:1-29).
   1. David desea construir el templo (7:1-3).
   2. Decisión divina (7:4-29).

LOS LIBROS DEL LIBRO 535

      2.1. Natán es enviado por Dios (7:4-7).
      2.2. El pacto con David (7:8-17).
          2.2.1. Sucesión en el trono por uno de sus hijos (7:8-12).
          2.2.2. Construcción del templo (7:13).
          2.2.3. Estabilidad en el trono (7:14-15).
          2.2.4. Reino establecido para siempre (7:16-17).
      2.3. La alabanza de David (7:18-29).
IV. Asentamiento en trono (8:1-10:19).
   1. Acciones militares (8:1-18).
      1.1. Derrota de Filistea (8:1).
      1.2. Derrota de Moab (8:2).
      1.3. Derrota de Soba (8:3-4).
      1.4. Derrota de Siria (8:5-12).
      1.5. Derrota de Edom (8:13-14).
      1.6. Estructura en el reino (8:15-18).
   2. David y Mefiboset (9:1-13).
      2.1. La misericordia de David (9:1-3).
      2.2. Mefiboset traído a Jerusalén (9:4-8).
      2.3. Bondad hacia Mefiboset (9:9-13).
   3. Derrota de Amón (10:1-19).
      3.1. El trato de David (10:1-2).
      3.2. La acción de los amonitas (10:3-5).
      3.3. Coalición militar con los sirios (10:6).
      3.4. La batalla y derrota de amonitas y sirios (10:7-19).
V. El pecado y restauración de David (11:1-12:14).
   1. El inicio de su caída (11:1-2a).
      1.1. Falta de interés (11:1).
      1.2. Pecado de desidia (11:2a).
   2. El pecado (11:2b-27).
      2.1. Adulterio (11:2b-13).
      2.2. Homicidio (11:14-27).
   3. La amonestación y perdón (12:1-14).
      3.1. La vista de Natán y su mensaje (12:1-12).
      3.2. El arrepentimiento y perdón de David (12:13-14).
VI. Conflictos de David (12:15-20:26).
   1. Muerte de su hijo con Betsabé (12:15-25).
      1.1. La acción divina (12:15).
      1.2. La oración de David (12:16-17).
      1.3. La muerte del niño (12:18-25).

2. Una nueva conquista de David (12:26-31).
   2.1. Sitio de Rabá (12:26-28).
   2.2. David captura la ciudad (12:26-31).
3. El incesto de Amón (13:1-19).
   3.1. Una difícil situación (13:1-4).
   3.2. Un plan pecaminoso (13:5-8).
   3.3. Una violencia perversa (13:9-19).
4. Rebelión de Absalón (13:20-18:33).
   4.1. El odio contra su hermano (13:20-22).
   4.2. Una acción premeditada (13:23-27).
   4.3. Muerte de Amnón (13:28-36).
   4.4. Huida de Absalón (13:37-39).
   4.5. Regreso de Absalón (14:1-23).
   4.6. Situación de Absalón en Jerusalén (14:24-33).
   4.7. Absalón se subleva contra David (15:1-17:29).
      4.7.1. Sublevación contra David (15:1-13).
      4.7.2. Huida de David (15:14-16:14).
      4.7.3. Absalón en Jerusalén (16:15-23).
      4.7.4. Planes contra David (17:1-29).
   4.8. Muerte de Absalón (18:1-33).
      4.8.1. La guerra contra Absalón (18:1-8).
      4.8.2. Muerte de Absalón (18:9-18).
      4.8.3. La noticia llega a David (18:19-33).
5. Situación conflictiva en el reino (19:1-43).
   5.1. Retorno de David a Jerusalén (19:1-23).
   5.2. Situación con Mefiboset (19:24-30).
   5.3. Barzilay (19:31-39).
   5.4. David en Jerusalén (19:39-43).
6. Sublevación (20:1-26).
   6.1. Inicio del conflicto (20:1).
   6.2. La nación dividida (20:2).
   6.3. Planes de David (20:3-7).
   6.4. La muerte de Amasa (20:8-13).
   6.5. La muerte de Seba (20:14-22).
   6.6. Joab jefe del ejército (20:23-26).
VII. Fin del reinado de David (21:1-24:25).
   1. El problema con los gabaonitas (21:1-14).
      1.1. El hambre y la causa (21:1).
      1.2. La acción de David (21:2-4).
      1.3. La petición de los gabaonitas (21:5-6).
      1.4. Ejecución de los familiares de Saúl (21:7-9).

1.5. Saúl y sus hijos sepultados (21:10-14).
2. Los gigantes (21:15-22).
    2.1. Abisay libra a David del gigante (21:15-17).
    2.2. Muerte de otros gigantes (21:18-22).
3. El canto de David (22:1-51).
4. Las últimas palabras de David (23:1-7).
5. Acciones de los valientes de David (23:8-39).
6. El censo del pueblo (24:1-25).
    6.1. David determina censar al pueblo (24:1-9).
    6.2. El remordimiento de David (24:10).
    6.3. La determinación divina (24:11-14).
    6.4. La peste sobre Israel (24:15-16).
    6.5. Arrepentimiento de David (15:17-25).

Cristo en el libro

Hacer una comparación entre David y Jesús es poco menos que imposible. El Hijo de Dios es santísimo, nunca pecó, mientras que el rey David fue un hombre y, por tanto, estaba sujeto a tentaciones y caídas. La relación entre ambos solo es posible desde la condición de rey, que concurre en los dos.

De forma especial debe ser observada desde el cumplimiento en Cristo de las promesas del pacto hecho con David.

La primera de ellas consistía en la promesa de que uno de sus hijos le sucedería en el trono (7:8-12). Sin embargo, pareciera que la promesa no tuvo cumplimiento luego de la cautividad. Pero, al acudir al anuncio del nacimiento de Jesús, coinciden ambas cosas en el que iba a nacer. Primeramente, era hijo de David, descendiente del rey de Israel, como se manifiesta en la genealogía de Lucas (Lc. 3:23, 31, 32). Lucas introduce a Natán, quien da origen a la genealogía como hijo de David. Fue el tercer hijo de David, de los nacidos en Jerusalén (2 S. 5:14; 1 Cr. 3:5; 14:4). Su nombre procede del hebreo *Nathán*, que equivale a *dado por Dios*. Hay siete personajes en el Antiguo Testamento que llevan este nombre, si bien aquí debe destacarse como hijo de David. Finalmente en el orden está David, el más destacado rey de Israel. Había nacido en Belén y era el menor de ocho hermanos (1 S. 17:12-14), aunque en la genealogía de la tribu de Judá solo se nombra a siete (1 Cr. 2:13-15). Era un hombre de hermosa apariencia (1 S. 16:12). Encargado de un trabajo humilde como era el de pastorear las ovejas de su padre. Estaba dotado de una buena capacidad para la música, especialmente en relación con el arpa. Estuvo un tiempo al servicio de Saúl, el primer rey de Israel; es recordado por la proeza de la muerte del gigante Goliat. Fue ungido como rey por el profeta Samuel (1 S. 16:4, 5, 13). Amigo entrañable de Jonatán, hijo de Saúl, que sería también cuñado suyo. La Biblia dice que era "conforme al corazón de Dios" (1 S. 13:14). En la Escritura se declara que él hizo siempre lo recto a los ojos del Señor, "salvo en lo tocante a Urías heteo" (1 R. 15:5). La biografía de este rey es muy amplia y debe limitarse en este lugar a la identificación del personaje en la genealogía. Sin embargo, la importancia que tiene está relacionada con el pacto que Dios hizo con él (2 S. 7:16). Sobre ese pacto se basa el reino de Cristo, del que se recordó a María en la anunciación (Lc. 1:32). Dios dio a David la seguridad de una casa, es decir, la familia de David alcanzaría la posteridad; le promete un trono, la autoridad real, de modo que de su descendencia se sentaría uno que ejercería un reinado estable eternamente. También le promete un reino, es decir una esfera de gobierno. El pacto tenía una condición: la obediencia incondicional a Dios. Debido a la rebeldía de la descendencia, las promesas incondicionales no fueron cumplidas en la dimensión que Dios estableció. Ninguno de la descendencia de David fue coronado en Jerusalén, salvo Jesús, que fue coronado de espinas y no con corona de rey. El pacto con David le fue confirmado por el juramento de Dios y reiterado a María por el ángel, siendo inmutable (Sal. 89:30-37). Dios dará el trono de David a Jesús, el descendiente final de la genealogía establecida por Lucas.

En el último texto de la genealogía de Lucas citado más arriba sigue la ascendencia, citando al padre de David, Isaí, cuyo nombre procede del hebreo *Yishay*, o también de *Ishay*, que puede significar, *firme* o *viviente*. Del linaje de Obed, belenita; padre de ocho hijos (1 S. 17:12), llegó a ser conocido gracias al más pequeño, el rey David, a quien definen como "el hijo de Isaí" (1 S. 20:27, 30, 31; 22:7, 8; 25:10; 2 S. 20:1; 1 R. 12:16; 2 Cr. 10:16). El Mesías es presentado como hijo de David, "vástago del tronco de Isaí" (Is. 11:1, 10). Sigue a este su padre Obed, del hebreo de la misma forma, que significa respetuoso, sumiso. Cinco personajes llevan este nombre en el Antiguo Testamento; el hijo de Eflal, padre de Jehú, esclavo egipcio de Sesán y de la hija de este (1 Cr. 2:37, 38); uno de los héroes o de los valientes de David (1 Cr. 11:47); el tercero de los hijos de Semaías, portero del templo en los días de David (1 Cr. 26:7); el padre de Azarías, uno de los del ejército que participó con el sacerdote Joiada para poner en el trono a Joás, en tiempos de la reina Atalía (2 Cr. 23:1). En el orden ascendente está Booz, nombre derivado del hebreo Boaz, que equivale a firmeza, ingenio; hombre de la clase alta en Israel, en tiempos de los jueces, oriundo de Belén; fue marido de Ruth la moabita (Rt. 2:4); antepasado de Cristo. Después aparece Salmón, del que no sabemos más que se trataba del padre de Booz y era de la tribu de Judá, de la familia de Fares. Cierra el versículo Naasón, del hebreo *Najshón*, que equivale a *encantador, hechicero*. Fue uno de los jefes de la tribu de Judá en la peregrinación por el desierto (Nm. 2:3; 1 Cr. 2:10) y cuñado de Aarón (Ex. 6:23; Nm. 1:7).

Cristo cumple plenamente la promesa hecha a David, en cuanto a que uno de su descendencia que se sentaría en el trono.

Otra promesa es la perpetuidad del reino. De esa manera se lee en la anunciación: "Este será grande, y será llamado Hijo del Altísimo; y el Señor Dios le dará el trono de David su padre; y reinará sobre la casa de Jacob para siempre, y su reino no tendrá fin"[62] (Lc. 1:32-33).

Al anuncio del nacimiento del niño que sería llamado Jesús, siguen las características personales que le son propias. La primera de ellas es que será grande. Lo será tanto en la tierra como en el cielo, pero fundamentalmente debe apreciarse la primera característica de quien es grande porque será rey y se sentará en el trono de David.

Ahora bien, la grandeza no viene de la condición de rey, sino de ser Hijo del Altísimo, de manera que ser grande se corresponde con el ser Hijo del Altísimo. El ser grande sin predicado limitativo alguno es solo posible en el plano de la deidad. Nótese que de Juan el Bautista también el ángel dijo a su padre que sería grande, pero lo sería delante del Señor (v. 15); aquí es grande por condición personal. En el Antiguo Testamento, el título *hijo de Dios* se aplica a los ángeles (Job 1:6; 2:1), pero aquí el título es distinto por la relación paterno-filial que se establece con el Altísimo. Este es un nombre de Dios en el Antiguo Testamento, que aparece en relación con el sacerdocio de Melquisedec, donde se lee El-Elyon, que significa simplemente *el más alto*. Es el poseedor de todo, de los cielos y de la tierra, porque es el Creador. Es el que puede determinar y se producirá todo según su consejo o propósito. Como poseedor de cielos y tierra el Altísimo tiene y ejerce autoridad en ambas esferas, es decir, en el cielo y en la tierra: así se aprecia su autoridad celestial en muchos lugares de la Escritura (cf. Dn. 4:35, 37; Is. 14:13, 14; Mt. 28:18), pero también

---

[62] Texto griego: οὗτος ἔσται μέγας καὶ Υἱὸς Ὑψίστου κληθήσεται καὶ δώσει αὐτῷ Κύριος ὁ Θεὸς τὸν θρόνον Δαυὶδ τοῦ πατρὸς αὐτοῦ, καὶ βασιλεύσει ἐπὶ τὸν οἶκον Ἰακὼβ εἰς τοὺς αἰῶνας καὶ τῆς βασιλείας αὐτοῦ οὐκ ἔσται τέλος.

se habla de la autoridad terrenal del Altísimo, sobre la que ejerce su soberanía y omnipotencia (cf. Dt. 32:8; 2 S. 22:14; Sal. 9:2-5; 21:7; 47:2-4; 56:2, 3; 82:6, 8; 83:16-18; 91:9-12; Dn. 5:18).

Entra aquí uno de los títulos cristológicos, Hijo del Altísimo, que equivale a Hijo de Dios. Cuando los cristianos decimos que Jesús es el Hijo del Altísimo estamos expresando algo que va más allá de un principio metafísico o, incluso, de un paradigma mítico sobre el que se asienta la fe cristiana. El evangelio, sus relatos históricos sobre Jesús, dice algo que va más allá de una verdad relativa como que Él es más que un hombre o que Jesús es Dios y no un mero hombre; aunque su semejanza con el hombre sea evidente, el relato bíblico que Lucas —en este caso— escribe dice con claridad meridiana que Jesús es el Hijo del Altísimo, o lo que es igual, es el Hijo de Dios. Por eso los hechos humanos de Jesús relatados en el evangelio son de una importancia insustituible, porque demuestran que la afirmación del ángel es absoluta, que Jesús debe ser llamado Hijo del Altísimo, porque ha demostrado esa verdad.

Esto nos sitúa, en el saludo del ángel, con la profunda verdad de la relación entre Jesús y el Padre, en el seno de la deidad. La personificación de la primera y segunda personas divinas está íntimamente vinculada con el eterno engendrar del Hijo. El padre lo es en toda la extensión e intensidad de su ser personal, como base personalizadora constitutiva, ya que en el presente absoluto sin cambio, ni sucesión, ni principio, ni fin de la eternidad divina, engendra un Hijo, que es la segunda persona de la deidad, comunicándole por este acto todo cuanto Él mismo tiene y cuanto Él es (Jn. 16:15), excepto, como es lógico, el ser Padre, distintivo esencial como persona que lo distingue de la del Hijo. Pero, esto trae como consecuencia que todo cuanto el Padre es y tiene lo comparta con el Hijo, a causa de que esa generación se produce en el seno del Padre. Por eso, el Hijo, que en cuanto persona divina es total y únicamente Hijo, es también total y absolutamente Dios. El Padre como progenitor único agota su función generadora en el Hijo, que viene a ser resultado exhaustivo de la generación del Padre. La generación del Hijo no es transeúnte, como la humana, sino inmanente, esto es, no se extingue. Por ser un acto generativo del Padre, es una comunicación total y de entrega al Hijo, manifestándose en una relación subsistente hacia otro, de modo que el Padre es persona divina por su relación con el Hijo, al decir: "Mi hijo eres tú; yo te he engendrado hoy" (Sal. 2:7). La igualdad en el ser divino es igualdad entre las personas divinas; en ese sentido, el hecho engendrador no da a la primera persona superioridad sobre la segunda. La razón principal es que el Padre debe su ser personal, dentro del ser divino, al acto eterno de engendrar al Hijo; de igual modo, el ser personal del Hijo procede de ser engendrado eternamente por el Padre. La idea de superioridad de una persona divina sobre otra y de subordinación no existe en la Santísima Trinidad. Tan solo hay una interdependencia entre ellas, porque el Padre no puede existir como Padre sin el Hijo, ni este puede existir sin el Padre (1 Jn. 2:23).

El ángel dijo a María que Jesús sería llamado Hijo del Altísimo, es decir, sería llamado por su nombre, que es este. No se le impone nombre, como ocurre con la humanidad del Hijo, que tiene un comienzo, sino que se le llamará, porque no existe otra forma que Hijo del Altísimo, ya que la existencia suya en su deidad es eterna. La revelación de la deidad se hace en el plano de su humanidad, de manera que a ese hombre Jesús de Nazaret le corresponde ser reconocido como Hijo del Altísimo.

Dios dio a Jesús lo que le corresponde, esto es, el trono de David, su padre, en sentido de descendencia. Jesús en el plano de su humanidad está unido a David como uno de su descendencia (Lc. 3:32). La expresión *trono de David* es una referencia al reino mesiánico. Dios estableció un pacto con David. Una de las premisas del pacto es esta: "Y será afirmada tu casa y tu reino para siempre delante de tu rostro, y tu trono será estable eternamente" (2 S. 7:16). Este pacto contiene varios aspectos que como promesa de Dios serán cumplidos: a) La perpetuación de su casa, es decir, de su posteridad. b) La existencia de un trono que será perpetuo. c) La realidad de un reino, esto es una esfera de gobierno. d) La perpetuidad del reino, "para siempre". No cabe duda de que la desobediencia a acatar la voluntad de Dios, por parte de la descendencia de David es una evidencia, por lo que el juicio de Dios vino sobre ella, pero eso no abolió el pacto (2 S. 7:15; Sal. 89:20-37; Is. 24:5; 54:3). Aparentemente, para los hombres ese compromiso divino no tiene posibilidad de cumplimiento. Israel ha estado por años sin territorio ni nación reconocida y, además, no ha sido puesto un rey de la descendencia de David sobre él. Todavía más, el heredero del trono de David, hijo mayor adoptivo de José, no fue coronado rey, sino crucificado en la capital del reino. Pero el pacto con David, confirmado con juramento, es recordado aquí a María por el ángel que le anuncia que el Señor Dios, que ha establecido el pacto con David, le dará el reino de su antepasado (Hch. 2:29-32; 15:14-17). El reino que será de Jesús es perpetuo. Ningún reino de los hombres lo ha sido, ni puede serlo, pero este no es un reino de este mundo (Jn. 18:36). El reino sobre cuyo trono se sentará el Señor es la dimensión eterna del reino de Dios, por eso dice el ángel a María que "no tendrá fin" (v. 33). Es el reino que se manifestará para siempre en cielos nuevos y tierra nueva. Habrá un anticipo durante el milenio. Sobre este reino eterno escribe Lensky:

> Es importante saber lo que se quiere dar a entender por el "trono", por βασιλεύω, "gobernar como un rey", y por este βασιλείας o reino. La costumbre nos hace pensar en un trono terreno, un reino, un gobierno real como modelo para concebir el reino de Jesús en una forma análoga. Pero todas las cosas terrenas son apenas débiles sombras de las celestiales; ellas no son del reino, que no es de este mundo. El reino terreno hace a su rey; sin él no puede haber rey; y este puede fácilmente ser destronado y cesar de serlo. Pero el rey celestial hace su reino; sin tal rey, el reino no puede existir; y la única alternativa estriba en si aceptamos su gobierno y su realeza, o si perecemos en nuestra rebeldía. Así el reino se halla donde el rey esté, donde Él ejercite su gobierno de gracia eterna, ya sea en la tierra o en el cielo. Y las gentes como súbditos no hacen el reino... realmente no hay súbditos, porque todos aquellos sobre los cuales gobierna Cristo son reyes ellos mismos y gobiernan con Él, y en ese sentido Él es rey de reyes (rey nuestro que nos ha hecho reyes espirituales, por su gobierno espiritual). Todas las realidades infinitas de la gracia divina se hallan comprendidas en las palabras del ángel.[63]

El reino del Mesías tendrá una expresión definida sobre la casa de Jacob, una forma usada en el Antiguo Testamento para referirse a Israel (Ex. 19:3; Is. 2:5-6; 8:17; 48:1). Dios dijo a David que "cuando tus días sean cumplidos, y duermas con tus padres, yo levantaré después de ti a uno de tu linaje, el cual procederá de tus entrañas, y afirmaré su reino" (2 S. 7:12). Los judíos esperaban el cumplimiento de la promesa en la persona de Mesías. Su teología les llevó a imaginar un rey glorioso que vencería sobre los enemigos de Israel y haría de la nación el núcleo del gobierno del mundo. La apariencia de Jesús, como hombre, no despertaba admiración y no fue reconocido como el Mesías de Dios. Sin embargo, Dios determinó en su soberanía que su Hijo reinaría sobre la casa de Jacob. Esto se aprecia en el análisis de la profecía sobre los tiempos finales de la historia humana, donde Israel será gobernado por el Hijo de Dios que descenderá del cielo.

---

[63] Lensky, 1963, p. 64.

Ese tiempo, que se conoce técnicamente como milenio, cumplirá las promesas y los pactos con Israel como nación, cuyo remanente fiel se habrá convertido a Dios de corazón. Ese reino tiene proyección eterna, en cielos nuevos y tierra nueva, lo que trasciende a toda historia humana. Esto está claramente recordado por el salmista: "No olvidaré mi pacto, ni mudaré lo que ha salido de mis labios. Una vez he jurado por mi santidad, y no mentiré a David. Su descendencia será para siempre, y su trono como el sol delante de mí. Como la luna será firme para siempre, y como un testigo fiel en el cielo" (Sal. 89:34-37). El profeta Isaías anuncia que "lo dilatado de su imperio y la paz no tendrán límite, sobre el trono de David y sobre su reino, disponiéndolo y confirmándolo en juicio y en justicia desde ahora y para siempre. El celo de Jehová de los ejércitos hará esto" (Is. 9:7). También Daniel anuncia que a uno como un hijo de hombre "le fue dado dominio, gloria y reino, para que todos los pueblos, naciones y lenguas le sirvieran; su dominio es dominio eterno, que nunca pasará, y su reino uno que no será destruido" (Dn. 7:14). Miqueas habla de la reunión del pueblo de Dios en un tiempo futuro y dice: "Y Jehová reinará sobre ellos en el monte de Sion desde ahora y para siempre" (Mi. 4:7). El ángel recuerda a María las promesas sobre el Mesías y la función mesiánica que ejecutaría el hijo que nacería de ella, a quien llamó Hijo del Altísimo.

Este Hijo de David, que es el Hijo del Altísimo, no solo es rey, sino también Salvador. De este modo existe una semejanza en relación con David, que salvó a Israel de sus enemigos. La dimensión de Jesús es suprema y absoluta, no salva de enemigos temporales, sino que es Salvador eternamente. Así fueron las palabras del ángel a José: "Y dará a luz un hijo, y llamarás su nombre Jesús, porque él salvará a su pueblo de sus pecados"[64]. Después de la concepción virginal seguiría la gestación, como cualquier otro proceso humano de descendencia, y finalmente el alumbramiento del niño: dará a luz un hijo. María era instrumento en la mano de Dios para llevar a cabo su propósito de dar al mundo el Salvador de los pecadores. La concepción era una obra divina, pero María fue instrumento voluntario para la operación suprema de la gracia, por eso llega a ser "bendita entre las mujeres" (Lc. 1:42). El ángel había comunicado a José que lo que había concebido en el seno de su desposada era un varón. Ese niño nacería en su momento, como es natural en los hombres. Sin embargo, el Santo

---

[64] Texto griego: τέξεται δὲ υἱόν, καὶ καλέσεις τὸ ὄνομα αὐτοῦ Ἰησοῦν· αὐτὸς γὰρ σώσει τὸν λαὸν αὐτοῦ ἀπὸ τῶν ἁμαρτιῶν αὐτῶν.

que nacería no era un hombre como los demás, sino el Salvador del mundo. Dios mismo indica, por medio del ángel, el nombre que debía imponerse al que nacería: debía ser llamado Jesús, como se lee literalmente en el texto griego: "Y llamarás el nombre de Él, *Jesús*". Ese nombre es la expresión griega del nombre hebreo *Y*ᵉ*hôsua*, *Josué*, que puede traducirse por *Dios es salvación*, que ya fue considerado antes. La misión que tendría el niño que iba a nacer es la encomendada por Dios y determinada en su propósito soberano de salvación desde antes de la creación del mundo (2 Ti. 1:9). El tiempo de la ejecución del programa de salvación había llegado y el Salvador era introducido en el mundo para llevar a cabo la misión que como Dios había asumido en la eternidad (1 P. 1:18-20). La razón del nombre que debía imponer al naciente estaba relacionada con la misión salvífica que, como Dios hecho hombre, iba a cumplir. La obra de salvación, aunque de valor y alcance universal (Jn. 3:16), tendría también un destinatario específico plenamente vinculado a la condición mesiánica de Jesús. Él venía para "salvar a su pueblo", lo que suponía una relación específica con Israel. La acción salvífica tiene que ver con la solución divina al pecado humano, Jesús salvaría a su pueblo de los pecados de ellos. Sin embargo, el Salvador no lo sería solo de ellos, sino de todo el mundo. El alcance de su pueblo incluye a todos los salvos. Estos y solo estos, son el pueblo de Dios (1 P. 2:9), sus hijos (Jn. 1:12), miembros de su casa y familia (Ef. 2:19) y herederos de todo en Cristo (Ro. 8:17). Aunque la salvación es provista para todos, solo los que aceptan la obra divina y creen en el enviado por Dios son salvos (Jn. 17:3).

Es preciso resaltar el énfasis que el texto, en armonía con toda la Escritura, pone sobre la obra de salvación. El que la ha planificado es también quien la ejecuta conforme a su propósito. La salvación no es de los hombres, sino de Dios (Sal. 3:8; Jon. 2:9). Es una absoluta operación de la gracia en la cual el hombre no tiene parte ni opción alguna: simplemente es el beneficiario de la obra y a quien está orientada. La salvación es una provisión de la gracia que incluye también al Salvador. Este vino con el propósito de redimir a los esclavos y salvar a los perdidos (Gá. 4:4; Lc. 19:10). Tanto en el Antiguo como en el Nuevo Testamento, el énfasis de la salvación descansa en Dios, el Salvador. Solo Él puede salvar, y salva (cf. Gn. 49:18; 2 R. 19:15-19; Sal. 3:8; 25:5; 37:39; 62:1; Is. 12:2; Jer. 3:23; Lm. 3:26; Mi. 7:7; Hab. 3:18; Zac. 4:6; Mt. 19:28; 28:18; Lc. 12:32; 18:13; Jn. 14:6; Hch. 4:12; Ef. 2:8-9; 1 P. 1:18-20).

El Salvador salvará del pecado. La palabra que Mateo utiliza es una de las más usadas para definir el pecado como un fracaso personal, un errar al blanco, un separarse de la regla determinada por Dios, un quebrantamiento de los principios morales y una separación voluntaria de la ley de Dios. Salvar del pecado implica necesariamente una liberación de la esclavitud espiritual que sujeta al hombre bajo un yugo insuperable para él (Ro. 6:6, 17, 22). Por tanto, ya aquí se aprecia el concepto bíblico de salvación que no es solo salvar de algo, sino salvar para algo (2 Co. 5:14-15). Los israelitas esperaban un Mesías liberador de los enemigos. Dios provee al Salvador que libera, no solo de los enemigos, sino de la esclavitud del pecado, para una vida transformada por el poder de Dios. Jesús vino al mundo para salvar a los pecadores de sus pecados (1 Ti. 1:15). Salvar de los pecados implica tres experiencias en el salvado: liberación de la responsabilidad penal del pecado, por lo que ya no hay condenación (Ro. 8:1); liberación del poder del pecado, mediante la obra del Espíritu, que permite llevar a cabo la santificación, como expresión de la salvación en la experiencia cotidiana (Fil. 2:12-13); liberación de la presencia del pecado en la glorificación, para ser un pueblo "sin mancha, ni arruga, ni cosa semejante" (Ef. 5:27). Es un Salvador perfecto porque "puede salvar perpetuamente" (He. 7:25). Es un Salvador único porque solo en Él hay salvación (Hch. 4:12).

Primer libro de Reyes

Entre los libros históricos, como continuación a los de Samuel en el relato de la monarquía hebrea, se sitúan los dos libros de los Reyes, el primero de los cuales inicia con el relato de la ascensión al trono del rey Salomón y termina con el reinado de Ocozías en Israel.

En los relatos hay personajes de marcado nivel espiritual, pero también otros de marcadas vidas de impiedad. En cuanto a profetas, Elías se distingue en el libro. En el entorno histórico, está presente la adoración a ídolos de las naciones de Canaán.

Título

Inicialmente, los dos libros de Reyes formaban una unidad con el título *Sefer melakim*, que literalmente significa Libro de los Reyes. Testimonios de gran importancia sobre esto son los de Orígenes, Eusebio y Jerónimo.

La división en dos libros pudo deberse a la extensión del texto, que haría demasiado grande el rollo que contuviese toda la obra. Sin embargo, se trata de una división artificial.

La división pasó a la LXX y a la Vetus Latinas, pasando también a la Vulgata. Probablemente de estas llegó a la Biblia hebrea de Felipe de Prato de 1517, y de aquí al resto de las ediciones hebreas. Sin embargo, la Versión Siríaca mantiene el texto de los dos libros en un solo volumen.

En el canon judío ocupa el último lugar entre los profetas anteriores. Estos libros se catalogan en la sección de históricos, y son reconocidos como libros inspirados.

Texto y versiones

El texto hebreo primitivo se ha conservado bien. Al masorético tendrían que añadirse los de Qumrán, a efectos de crítica textual.

La versión más antigua es la LXX. De esta se conserva una recensión anterior a la hexapla, cod. B, y otra posterior a Orígenes, cod. A. Se conserva también la versión de Luciano, cod. L, s. III, realizada sobre un original hebreo distinto a la LXX. Pueden citarse otras traducidas directamente del hebreo, como el Tárgum arameo, la Peshitta siríaca (Syr), fiel al texto masorético, y la Vulgata Latina de Jerónimo (Vg).

Autor y fecha

No es posible precisar el autor de estos dos libros. Se proponen varios posibles, todos ellos cercanos al tiempo de la cautividad, existiendo la posibilidad de que fuese alguno de los retornados de Babilonia, proponiéndose entre ellos a Esdras y también a Ezequiel y a Jeremías. En caso de aceptar a este último como autor, el capítulo final de 2 Reyes tuvo que haber sido redactado por otra persona, puesto que se supone que la muerte de Jeremías ocurrió en Egipto y no en Babilonia (Jer. 43:6-7).

Muchos entienden que el autor más probable fue Jeremías, por su vinculación con la familia sacerdotal, su actividad profética y el acceso que tuvo a las máximas autoridades de la nación. Unido a esto, también su presencia en el momento de la caída del reino de Judá, ocurrido a principios de s. VI a. C.

Con todo es necesario apreciar las diferencias de estilo literario entre la profecía de Jeremías y los libros de los Reyes. Esas diferencias conducen a suponer la autoría de uno que vivió en el tiempo final de Judá y la caída de Jerusalén en el 586 a. C.

La extensión del tiempo que comprenden los dos libros de Reyes, que son unos 400 años, hace necesario que el autor tuviese acceso a fuentes muy exactas.

Dentro de las explícitas se citan tres: a) Libro de los Hechos de Salomón, citado una vez (1 R. 11:41); b) Crónicas de los Reyes de Judá, citadas quince veces, que comprenden desde Roboam (1 R. 14:29) hasta Joaquín (2 R. 24:15); c) Crónicas de los Reyes de Israel, citadas diecisiete veces, que comprende desde Jeroboam (1 R. 14:19), hasta Peka (2 R. 15:31).

Entre las implícitas podrían estar algunos relatos de la vida de David (1:1-2:11), otros de la vida de Elías y Eliseo (16:29 a 2 R. 9:37), así como la profecía de Isaías, capítulos 36-39. Todos esos materiales se conservarían en centros sacerdotales y en las escuelas de los profetas, tanto en el reino del norte como en el del sur. Los liberales y las escuelas de la Alta crítica proponen una larga serie documental, llegando incluso a aplicar a estos libros la teoría documentaria de Wellhausen sobre el Pentateuco.

Si es imposible definir la autoría, lo es también determinar la datación. Si se considera que el libro fue escrito durante el exilio, en fechas cercanas a la destrucción de Jerusalén (2 R. 24:1), ocurrida el 586 a. C. y antes del retorno del cautiverio, ocurrido en el 538 a. C., es necesario apreciar también la liberación de Joaquim (2 R. 25:27-30), con la que se cierra el segundo libro, que tuvo lugar en el año 37 de su cautiverio, en el 560. La redacción debió haber tenido lugar entre el 538 o el 550, datándolo sobre ese año, 550 a. C.

Entorno histórico

No se trata de una historia completa de los reyes de Israel y Judá, lo que hubiera requerido un espacio mucho mayor; el Espíritu seleccionó dentro de ella los elementos esenciales para enseñar una lección espiritual, en relación con la obediencia a los mandamientos que Dios establece para la vida de su pueblo y las consecuencias de bendición a la obediencia o de falta de bendición e incluso juicio a la desobediencia voluntaria. De esa forma, a modo de ejemplo, la destrucción de Samaria, la capital del reino del norte, en cuya referencia histórica se lee: "Dejaron todos los mandamientos de Jehová su Dios… y desechó Jehová a toda la descendencia de Israel, y los afligió, y los entregó en manos de saqueadores, hasta echarlos de su presencia" (2 R. 17:16, 20).

Es interesante notar que los datos históricos, socio-políticos e incluso bélicos se mencionan en cuanto a necesidad de base de sustentación a las referencias espirituales del texto y sus consecuencias en relación con Dios.

Los reyes se destacan primariamente por su piedad o impiedad, de manera que —a modo de ejemplo— se resaltan las virtudes y hechos de los que obedecieron a Dios, tales como Ezequías y Josías, mientras que se hace referencia a otros por sus vidas pecaminosas, como es el caso de Manasés.

Se aprecia también la presencia de los profetas en el tiempo histórico de los reyes, tanto los del norte como los del sur, destacando la intervención de Dios por medio de su ministerio. De ese modo Natán actuó por indicación divina en la sucesión de Salomón a su padre David (1:11). Ahías anunció a Jeroboam la división del reino (11:29). Un profeta (no conocemos su nombre) fue enviado a Jeroboam para anunciarle el pecado y las consecuencias de haber establecido su propia religión, su propio sacerdocio y la asunción de funciones sacerdotales que no le correspondían. Este profeta pronunció su mensaje acompañándolo del poder de Dios que manifestaba la procedencia divina del mismo (13:1-32). La presencia de Micaías y su mensaje ante Acab, el rey de Israel, es otro ejemplo (22:8-28). Isaías fue enviado al rey Ezequías para anunciarle las consecuencias de su acción con los embajadores de Babilonia (2 R. 20:14-19). Otro profeta mencionado es Jonás (2 R. 14:25). Una profetisa llamada Hulda aparece en Reyes (2 R. 22:14-20). Aunque todos los profetas fueron importantes, por cuanto fueron mensajeros de Dios, hay dos sumamente destacados en el entorno histórico, como es el caso de Elías (17:18; 2 R. 1:3) y Eliseo (19:19; 2 R. 2:1-8:15; 13:14-21). La misión profética era, como ha indicado, la de amonestar en nombre del Señor, a que su pueblo se convirtiera de sus malos caminos (2 R. 17:13). Dios hablaba por medio de sus siervos los profetas (2 R. 21:10). La presencia profética condiciona la selección histórica llevándola a un fin exhortativo que condujese a una vida conforme a lo establecido por Dios, que sería bendecida por Él.

Los tres pecados más detectados ponen de manifiesto la desobediencia a lo que Dios había determinado en la ley: a) El culto en lugar no determinado por Dios, cuya práctica aparece en tiempo de Jeroboam, primer rey de Israel (1 R. 12:26-33; 15:26-34); b) El pecado del culto a Baal, especialmente notable en días del idolátrico Acab, que quebranta el primer mandamiento (Ex. 20:3-4; 1 R. 16:31; 23:53-54); c) el culto en los lugares altos, en honor de otros dioses (1 R. 14:21-24).

Esquema histórico

Tiene una notable uniformidad en la presentación, con una introducción cronológica, una referencia a la condición moral del rey que se trata, informe de la fuente que se utilizó para el relato y una fórmula conclusiva del tiempo del reinado.

El establecimiento de correlación temporal entre los dos reinos se aprecia generalmente en la introducción de cada referencia, sincronizando los tiempos en ambos reinos. Así, a modo de ejemplo, se lee: "En el año dieciocho del rey Jeroboam hijo de Nebat, Abiam comenzó a reinar sobre Judá" (15:1). Se da también el espacio de tiempo de cada reinado: "Y reinó doce años" (2 R. 3:1). En los reyes de Judá se indica la edad que tenía cuando subió al trono (14:21; 22:42).

Se deja constancia del resultado moral y espiritual de los distintos reinados, que, en el caso de Israel, siempre es el mismo: "Hizo lo malo ante los ojos de Jehová" (cf. 1 R. 15:26); esto alcanza incluso al reinado más corto, como es el caso de Zimrí, que reinó una semana (16:15, 19).

Ocho reyes en Judá son alabados en los relatos sobre su reinado: Asa, Josafat, Joás, Amasías, Azarías, Jotam, Ezequías y Josías. Sin embargo, en los seis primeros se menciona la falta de haber permitido el culto en los lugares altos, mientras que los dos últimos se elogian también por haberlo suprimido. Los últimos reyes de Judá son censurados con las mismas palabras que se usan para referirse a los reyes de Israel: "Hizo lo malo ante los ojos de Jehová".

Una fórmula conclusiva cierra los datos biográficos del rey, mencionando en ella su muerte y sepultura, junto con el nombre de su sucesor (cf. 1 R. 14:31). Como nota complementaria en los reyes de Judá se da el nombre de la madre del rey (cf. 1 R. 15:2).

El libro empieza con una referencia al reinado de David y sigue con el período de Salomón (1-11). En relación con este, se menciona su sabiduría excepcional (4:29-30, 34). Hace referencia también a la construcción de su palacio y el templo (5-8). El final de su reinado está ligado a pecados cometidos en esa etapa. Inmediatamente entra el texto en la división del reino, quedando dos tribus en el sur, Judá y Benjamín, y las restantes son constituidas como reino del norte, con capital en Samaria. Los dos primeros reyes fueron Jeroboam I en el norte y Roboam, hijo de Salomón, en el sur (12:1-24). La continua desobediencia a Dios se aprecia con mayor intensidad en el reino del norte y en menor grado en el del sur. Ambos terminarán con el destierro y el cautiverio.

Propósito

Como se ha dicho antes, no es informar sobre la historia de Israel y Judá en el período histórico, sino revelar que el pecado de la nación desembocó en la acción judicial de Dios (2 R. 17:7-23). De ahí el interés de establecer una valoración espiritual de cada uno de los reyes. Unido a esto están las referencias al ministerio profético como enviados por Dios y revestidos con su autoridad, destacando el ministerio de Elías (1 R. 17-19; 21; 2 R. 2:1-11) y de Eliseo (2 R. 2:12-8:15).

El propósito del libro es poner de manifiesto la necesidad de obedecer y andar conforme a la ley de Dios, contrastando el problema de vivir en relación vinculante con la religión cananea. La bendición estaba sujeta a la obediencia y el juicio al pecado.

PROFETAS Y REYES DE ISRAEL Y JUDÁ

Rey	Años	Total	Referencia	Profeta	
Roboam	930-913	17	1 R. 12:1-14:31		
Abiam	913-910	3	1 R. 15:1-8		
Asa	910-870	41	1 R. 15:9-24		
Josafat	872-847	25	1 R. 22:41-50		
Joram	848-841	8	2 R. 8:16-24		
Ocozías	841	1	2 R. 8:25-29		
Atalía	841-835	7	2 R. 11:1-16		
Joas	835-796	40	2 R. 11:17-12:21		
Amasías	796-767	29	2 R. 14:1-22		
Uzías (Azarías)	792-740	52	2 R. 15:1-7		
Jotam	750-736	16	2 R. 15:32-38	Oseas	Os. 1:1
Acaz	735-720	16	2 R. 16:1-20	Isaías	Is. 1:1
				Miqueas	Mi. 1:1
Ezequías	715-699	29	2 R. 18:1-20:21		
Manasés	697-642	55	2 R. 21:1-18		
Amón	642-640	2	2 R. 21:19-26	Nahúm	
Josías	640-609	31	2 R. 22:1-23:30	Sofonías	Sof. 1:1
Joacaz	609	3m	2 R. 23:31-33	Habacuc	
Joacim	609-598	11	2 R. 23:34-24:7	Jeremías	Jer. 1:3
Joaquín	598	3m	2 R. 24:8-16	Daniel	Dn. 1:1
Sedequías	598-586	11	2 R. 24:17-25:21	Ezequiel	Ez. 1:1-3.

ISRAEL

Rey	Años	Total	Referencia
Jerob. I	930-910	20	1 R. 12:25-14:20
Nadab	910-909	2	1 R. 15:25-31
Baasa	909-886	24	1 R. 15:32-16:7
Ela	886-885	2	1 R. 16:8-14

Zimri	885	7d	1 R. 16:15-20	
Tibni	885-880	3	1 R. 16:21-22	
Omri	885-874	11	1 R. 16:21-28	
Acab	874-853	22	1 R. 16:29-22:40	
Ocozías	853-852	2	1 R. 22:51-53	
Joram	852-841	12	2 R. 2:1-8:15	
Jehú	841-814	28	2 R. 9:1-10:36	
Joacaz	814-798	17	2 R. 13:1-9	
Joás	798-782	16	2 R. 13:10-25	
Jerob. II	792-752	41	2 R. 14:23-29	Amós 1:1
Zacarías	753	6m	2 R. 15:8-12	
Manahem	751-742	10	2 R. 15:16-22	
Pekaía	741-740	2	2 R. 15:23-26	
Peka	752-732	20	2 R. 15:27-31	
Oseas	732-722	10	2 R. 17:1-41	

Bosquejo

Se propone el siguiente para el análisis exegético del texto bíblico:

I. El reino unido (1:1-11:43).
   1. Último tiempo de David (1:1-2:12).
      1.1. Su situación personal (1:1-4).
      1.2. Adonías se proclama rey (1:5-27).
      1.3. David proclama rey a Salomón (1:28-40).
      1.4. La situación de Adonías (1:41-53).
      1.5. Exhortación de David a Salomón (2:1-9).
      1.6. Muerte de David (2:10-11).
   2. Reinado de Salomón (2:12-4:34).
      2.1. Acciones de limpieza de Salomón (2:13-46).
      2.2. Salomón se casa con la hija de Faraón (3:1-2).
      2.3. La sabiduría de Salomón (3:3-4:34).
         2.3.1. Salomón pide sabiduría (3:3-15).
         2.3.2. La actuación sabia de Salomón (3:16-28).
         2.3.3. La administración del reino (4:1-28).
         2.3.4. La fama de Salomón (4:29-34).
   3. La edificación del templo (5:1-8:66).
      3.1. Preparativos (5:1-18).
      3.2. Detalles de la edificación (6:1-38).
      3.3. Otras edificaciones de Salomón (7:1-12).
      3.4. Mobiliario del templo (7:13-51).
      3.5. Dedicación del templo (8:1-66).

4. Poderío de Salomón (9:1-10:29).
   4.1. Pacto de Dios con Salomón (9:1-9).
   4.2. Relación con Hiram (9:10-14).
   4.3. Otras actividades de Salomón (9:15-28).
   4.4. La reina de Sabá (10:1-13).
   4.5. Riquezas y fama de Salomón (10:14-29).
5. Declive de Salomón (11:1-43).
   5.1. Apostasía (11:1-8).
   5.2. Advertencia divina (11:9-13).
   5.3. Adversarios de Salomón (11:14-28).
   5.4. Profecía de Ahías (11:29-40).
   5.5. La muerte de Salomón (11:41-43).

II. El reino dividido (12:1-22:53).
1. La división del reino (12:1-24
   1.1. Demanda de las tribus del norte (12:1-4).
   1.2. Respuesta de Roboam (12:5-15).
   1.3. Escisión de las tribus del norte (12:16-24).
2. Reinado en Israel de Jeroboam I (12:25-14:20).
   2.1. Pecado de Jeroboam I (12:25-33).
   2.2. Amonestación a Jeroboam I (13:1-34).
   2.3. Profecía de Ahías (14:1-18).
   2.4. Muerte de Jeroboam I (14:19-20).
3. Reinado en Judá de Roboam (14:21-31).
   3.1. Pecado de Judá (14:21-24).
   3.2. Invasión de Sisac, rey de Egipto (14:25-28).
   3.3. Muerte de Roboam (14:29-31).
4. Reinado en Judá de Abiram (15:1-8).
5. Reinado en Judá de Asa (15:9-24).
   5.1. Ascensión al trono y reformas (15:9-15).
   5.2. Guerra contra Basa (15:16-22).
   5.3. Muerte de Asa (15:23-24).
6. Reyes en Israel (15:25-22:40).
   6.1. Reinado de Nadab (15:25-32).
   6.2. Reinado de Baasa (15:33-16:7).
   6.3. Reinado de Ela (16:8-14).
   6.4. Reinado de Zimri (16:15-20).
   6.5. Reinado de Omri (16:21-28).
   6.6. Reinado de Acab (16:29-22:40).
      6.6.1. Comienzo del reinado (16:29-34).
   6.7. La presencia del profeta Elías (17:1-19:21).
      6.7.1. Elías anuncia la sequía (17:1).

6.7.2. Provisión divina para el profeta (17:2-24).
6.7.3. Elías y Acab (18:1-19).
6.7.4. Elías y los profetas de Baal (18:20-40).
6.7.5. Elías ora por lluvia (18:41-46).
6.7.6. Elías huye a Horeb (19:1-18).
6.7.7. Llamamiento de Eliseo (19:19-21).
6.8. Victorias de Acab sobre Siria (20:1-43).
6.9. Otros hechos y muerte de Acab (21:1-22:40).
6.9.1. La viña de Nabot (21:1-3).
6.9.2. Acab y Jezabel (21:4-16).
6.9.3. Profecía de Elías (21:17-26).
6.9.4. Arrepentimiento de Acab (21:27-29).
6.9.5. Profecía de Miqueas (22:1-25).
6.9.6. Derrota y muerte de Acab (22:26-40).
7. Otros reyes de Judá e Israel (22:41-53).
7.1. Reinado de Josafat (22:41-51).
7.2. Reinado de Ocozías (22:52-53).

Cristo en el libro

Un personaje central en el libro es Salomón, el rey más sabio que accedió al trono en el reino unido. Sin embargo, su grandeza queda eclipsada por Jesús, que hablando de sí mismo en respuesta a la petición de los fariseos dijo: "La reina del Sur se levantará en el juicio con esta generación, y la condenará; porque ella vino de los fines de la tierra para oír la sabiduría de Salomón, y he aquí más que Salomón en este lugar"[65] (Mt. 12:42). Jesús da un testimonio condenatorio contra aquellos que estaban pidiendo señal, mencionando a la reina del Sur. Aquella reina vino de lejos, literalmente, de los confines de la tierra, haciendo un gran esfuerzo solo por haber oído acerca de la sabiduría de Salomón, el rey de Israel, con el objeto de oírlo personalmente. Mientras tanto, el pueblo de Israel no se dejaba persuadir por las palabras de sabiduría que oían cada día en el mensaje del Señor. La reina de Sabá vino sin ninguna invitación que se sepa, al menos por la Escritura, para visitar a Salomón y aprender de él. Jesús invitaba cada día a los rebeldes de Israel para que acudieran a Él (Mt. 11:28). Es notable apreciar aquí también importantes contrastes

---

[65] Texto griego: βασίλισσα νότου ἐγερθήσεται ἐν τῇ κρίσει μετὰ τῆς γενεᾶς ταύτης καὶ κατακρινεῖ αὐτήν, ὅτι ἦλθεν ἐκ τῶν περάτων τῆς γῆς ἀκοῦσαι τὴν σοφίαν Σολομῶνος, καὶ ἰδοὺ πλεῖον Σολομῶνος ὧδε.

entre la reina del sur y los judíos. La reina de Sabá se enfrentó a las dificultades y peligros de un largo viaje a través de un camino difícil. Probablemente haya venido desde lo que hoy sería Yemen, la parte sur-occidental de la península arábiga, en la costa asiática del Mar Rojo, frente a Etiopía. El viaje entre los dos reinos podría ser de unos 2000 km; mientras tanto, los escribas y fariseos, así como el resto de las gentes de Israel, tenían al Señor a su lado, fácil de alcanzar (Mt. 26:55). La reina de Sabá vino para escuchar la sabiduría que Dios había dado a Salomón, siempre infinitamente más pequeña que la de Jesús, el Hijo de Dios, el Verbo encarnado, en quien están todos los tesoros de la sabiduría (1 Co. 1:24, 30; Col. 2:3). Aquellos tenían al Señor permanentemente a su lado, y a pesar de su enseñanza, no era aceptado por ellos. Cuando la reina de Sabá visitó a Salomón, le hizo un presente muy grande (1 R. 10:10). Los judíos negaban incluso el reconocimiento a Jesús, procurando quitarle la vida. La reina de Sabá visitó a Salomón por referencias de su sabiduría. Los judíos habían disfrutado a lo largo del tiempo de enormes privilegios para conocer a Dios.

La realidad gloriosa de quien es más que Salomón se apreciaría en la transfiguración (Mt. 17): se puso de manifiesto la gloria del rey de reyes, infinitamente mayor que la de Salomón. Jesucristo era el rey anunciado a Israel. Él mismo había venido anunciando el Evangelio del reino. Las gentes que lo escuchaban y los discípulos que lo seguían entendieron que el reino prometido por los profetas estaba a punto de ser instaurado, ya que la persona del rey estaba en la tierra de Israel. Las muchas señales y prodigios que había realizado durante los años de ministerio manifestaban que Él era el Mesías esperado por tantos años y anunciado desde siglos antes por los profetas. Sin embargo, todo cuanto el Señor hacía quedaba reducido al ámbito de la gracia que operaba en beneficio de los necesitados, que sanaba a los enfermos, que daba vista a los ciegos, que restauraba al paralítico y que echaba fuera demonios, pero no se manifestaba en acciones concretas en relación con el establecimiento del reino de los cielos en la tierra. En la región de Cesarea de Filipo, Pedro expresó lo que era convicción plena de todos los discípulos: que Jesús era el Cristo. En esa ocasión especialmente importante Jesús no respondió a la confesión de Pedro afirmándose en la determinación de instaurar ya el reino de los cielos, sino que les habló de sufrimiento y muerte que esperaban en el futuro inmediato del rey. La idea generalizada del reino de los cielos, imbuida en la mente de los israelitas por una deficiente enseñanza teológica no se concretaba y, de seguir así, es probable que en la mente de los discípulos se produjera la misma pregunta que le formularon los dos que Juan el Bautista había enviado: "¿Eres Tú aquel que había de venir, o esperaremos a otro?" (Mt. 11:3). El Señor sabía la necesidad que había en aquellos cuya fe era poca y a quienes Él llamó "hombres de poca fe" de una concienciación sobre la realidad del reino de los cielos y de la gloria y majestad del rey, que hasta entonces era en apariencia un hombre más. La Pasión y muerte debían ser vistas por ellos no desde la perspectiva de un término, sino del comienzo de un camino de triunfo que desembocaría en el reino sobre la tierra. Les había hablado de la Iglesia como algo que sería edificado por Él, pero en ella no se agotarían las promesas sobre el reino de los cielos, sino que formaría parte de la expresión espiritual de ese reino en el tiempo siguiente a su muerte y resurrección. Cristo iba a darles una panorámica real de lo que será la venida del Hijo del Hombre con poder y gloria, esto es, un avance real de lo que será la realidad del reino de los cielos cuando llegue el cumplimiento del tiempo que Dios tiene determinado para él. El Señor había dicho que la venida del Hijo del Hombre en la gloria de su reino sería vista por algunos de los que estaban allí. Es en la transfiguración donde cumple la promesa. Es muy significativo que los tres sinópticos conectan la transfiguración con el relato anterior que, sin solución de continuidad, desemboca en el episodio del Señor transfigurado delante de ellos. En medio de un tiempo de ministerio que pasaba por acoso y desprecio de quienes estaban procurando su muerte y, sobre todo, frente a un futuro en que los judíos iban a matar a quien es el autor de la vida (Hch. 3:15), Jesús quiere darles una pincelada de la gloriosa majestad que tiene como Hijo de Dios. No se trata de un milagro por el que nuestro Señor resplandeció glorioso a los ojos de tres de sus discípulos, sino la manifestación de la gloria que siempre tiene por ser Dios, en la unidad con el Padre y el Espíritu Santo. Esta visión admirable de la gloria del rey iba a cambiar el concepto de la profecía en el Nuevo Testamento de una manifestación de revelaciones narradas a la descripción de testigos que vieron con sus ojos la majestad que en el futuro manifestará el rey de reyes y Señor de señores. Los discípulos estaban condicionados a la manifestación de Elías, que debía venir antes del reino, por lo que el Señor aprovecha la ocasión respondiendo a la pregunta que sobre esa venida del profeta le formularon los discípulos para disipar las dudas de ellos y clarificar sus ideas.

En aquella ocasión "Y se transfiguró delante de ellos, y resplandeció su rostro como el sol, y sus vestidos se hicieron blancos como la luz"[66] (Mt. 17:2). Con una expresión sencilla y concisa, Mateo afirma que el Señor "se transfiguró delante de ellos". En cierta medida la transfiguración era para que los tres discípulos viesen lo que nunca antes habían visto de Jesús. Se aprecia el hecho en sí: Jesús se transfiguró. El verbo que utiliza el evangelista es un verbo compuesto que expresa la idea de un cambio en la forma; de hecho, es una transformación, que equivale a hacer o producir un cambio en la forma de algo. El verbo *transfigurar*[67] equivale a hacer un cambio en el aspecto exterior o en la figura de algo. ¿Era una transformación, es decir, un cambio de forma o una transfiguración, un cambio de aspecto? Ambas cosas son verdad aquí. El Señor se transformó, es decir, se manifestó de otra forma, y se transfiguró, es decir, se manifestó en otro aspecto. La expresión visible de la forma personal revela la condición de siervo, semejante a los hombres, en contraste con la de Dios en poder y gloria. Esto en Jesucristo no supone una transformación, es decir, un cambio de forma, sino la expresión de quien, existiendo eternamente en forma de Dios, tomó la forma de siervo. Esta última era la realidad visible cotidiana; en el monte manifestó la forma divina al exterior. El verbo que Mateo usa está relacionado con un cambio de algo de un estado a otro, es decir, del estado de vaciamiento al que Jesús había llegado al hacerse hombre, y que lo lleva a la condición de siervo, al estado que como Dios le corresponde eternamente. La expresión externa de la forma de siervo se suspende temporalmente para revelar visiblemente la forma de Dios. El término *forma* en griego expresa una condición vivencial, íntima y personal, quiere decir esto que no podía manifestar en forma de siervo si no lo fuera realmente y no podría hacerlo en forma de Dios si no lo fuera esencialmente. Cuando Mateo dice que el Señor se transfiguró está describiendo un cambio visible externamente de algo que es realidad esencial. No se piensa en una transformación de la esencia de Jesús, sino que esta se hace visible delante de los tres discípulos escogidos. El uso de la voz pasiva en el texto griego indica que se trata de una acción de la deidad. Esta revelación de la gloria divina en el Jesús terreno tiene un aspecto de gracia destinada a los discípulos que tenían necesidad de entender la realidad del rey y la manifestación del reino.

---

[66] Texto griego: καὶ μετεμορφώθη ἔμπροσθεν αὐτῶν, καὶ ἔλαμψεν τὸ πρόσωπον αὐτοῦ ὡς ὁ ἥλιος, τὰ δὲ ἱμάτια αὐτοῦ ἐγένετο λευκὰ ὡς τὸ φῶς.
[67] Griego: μεταμορφόω.

Debe tenerse en cuenta, además del hecho en sí, la necesidad inmediata del acontecimiento como manifestación de ese hecho. Jesús se hizo resplandeciente, es decir, brilló con luz propia de tal manera que superaba el brillo del sol en el momento de mayor intensidad: como el sol.

De igual manera, los vestidos del Señor se hicieron brillantes, como luminosos. Todo el aspecto del Señor desprendía majestad y gloria. Los discípulos acostumbrados a las descripciones de la *shekinah*, la gloria de Dios, podían entender que la luminosidad y el aspecto majestuoso de Jesús correspondían al de Dios y estaban lejos de ser los de un hombre prodigioso o un gran profeta. La confesión de Pedro sobre que Él era el Cristo, el Hijo del Dios viviente, adquiriría aquí la dimensión real que contenía. La idea mesiánica en el judaísmo era la de un rey, el ungido de Dios prometido, el Hijo de David que se levantaría y heriría la tierra con la palabra de su boca, la purificaría de pecado, aplastaría a todas las naciones paganas y liberaría a Jerusalén, y después de reunir a sí mismo todas las tribus de Israel, reinaría para siempre como rey. Consideraban que de alguna manera tendría una vinculación especial con Dios e incluso una cierta condición divina, pero que no definían plenamente. Este rey de la casa de David recibiría dones sobrenaturales, reinando con justicia y rigiendo las naciones con vara de hierro, no por el poder de las armas, sino por el poder de Dios. A la confesión de Pedro, "tú eres el Cristo", Jesús respondió con profecía sobre su muerte y sufrimiento. Se discute sobre lo que Pedro quiso decir con su confesión mesiánica. Algunos piensan que Pedro estaba expresando la esperanza genérica del judaísmo como la manifestación de un rey de la casa de David, que destruiría las estructuras políticas de poder y reuniría a Israel bajo un reino. ¿Es esto lo que Pedro pensaba o incluso lo que pensaban los discípulos? No cabe duda de que algunos de ellos estaban esperando la manifestación de un reino literal, ya que la solicitud de Santiago y Juan de ocupar puestos de honor en el reino lo evidencian. No cabe duda de que, aunque estuvieran considerando algún otro aspecto del reino de los cielos que se desprendía de las enseñanzas de Jesús, el reino escatológico (podría llamársele en cierto modo *apocalíptico* de Jesucristo) estaba no solo en la mente esperanzada de estos dos discípulos, sino de todos ellos. En el comportamiento de Jesús no había nada que pudiera sugerir la presencia de un rey conquistador de la casa de David. Para Pedro, el Mesías era quien había de cumplir la esperanza del Antiguo Testamento, aunque no fuera como un rey conquistador. Sin embargo, no puede dudarse de que Pedro tenía un concepto más alto, por revelación divina, de que Cristo era el que cumpliría la esperanza de Israel conforme a los pactos y las promesas. Jesús era el Hijo del Dios viviente. La respuesta que Jesús dio a Pedro tiene que ver más con la filiación con el Padre que con el mesianismo. La comprensión de la filiación divina de Jesús exigía que se produjese una transfiguración que la manifestase visiblemente. Jesús es Hijo de Dios porque es Dios y comparte la naturaleza divina del Padre. Ese es el interés de Juan en su evangelio: demostrar que Jesús de Nazaret, el hombre, es también el Verbo de Dios, el Logos preexistente que se encarnó con el propósito de revelar a Dios ante los hombres. Es decir, hacer visible al invisible (Jn. 1:14, 18). Por esa causa, Dios mismo envió a su Hijo en semejanza de carne de pecado para hacer por los hombres la obra que el hombre no podía hacer (Gá. 4:4; Ro. 8:3). Jesús pensó siempre de sí mismo que era el Hijo de Dios, por lo que llamaba su Padre, en sentido personal y de relación única, al Padre eterno. Esa es la razón inspirada en la mente de Pedro tocante a su confesión de Mesías, Hijo de Dios. La transfiguración hará posible para aquellos confesantes apreciar la realidad de una vinculación divina entre Jesús y el Padre, que no podía resultar en otra cosa que en la aceptación de la deidad de Jesucristo.

Finalmente, en el relato de Mateo al que estamos haciendo referencia hay una frase que debe tenerse en cuenta aquí: "Y he aquí les aparecieron Moisés y Elías"[68] (Mt. 17:3). Esta breve declaración de Mateo introduce al segundo aspecto de la manifestación visible anticipativa del Hijo del Hombre viniendo en su reino. Los tres discípulos estaban viendo la gloriosa manifestación del rey que mostraba ante ellos la gloria de su deidad. Es preciso volver a recordar las palabras de Pedro, uno de los testigos de esa gloriosa manifestación que afirma: "Porque no os hemos dado a conocer el poder y la venida de nuestro Señor Jesucristo siguiendo fábulas artificiosas, sino como habiendo visto con nuestros propios ojos su majestad" (2 P. 1:16). Es necesario observar que Pedro se refiere a la venida de nuestro Señor Jesucristo; quiere decir que esa segunda venida tiene que ver con el reino que establecerá en la tierra y que forma parte del programa sucesivo de las manifestaciones del reino de los cielos. No vendrá entonces el Señor en la manifestación de su humanidad, como lo hizo en la primera, sino en la de la gloriosa majestad que como Hijo de Dios e hijo de David le corresponde en su oficio regio. El rey teocrático se presentó a los suyos rodeado de la impronta divina de su gloriosa majestad. Junto a

---

[68] Texto griego: καὶ ἰδοὺ ὤφθη αὐτοῖς Μωϋσῆς καὶ Ἡλίας συλλαλοῦντες μετ' αὐτοῦ.

Él aparecieron, es decir, se hicieron visibles, se manifestaron, Moisés y Elías; los tres, en el relato según Lucas, estaban rodeados de gloria, la gloria de la nube de Dios que los envolvía, aunque eran visibles a los ojos de los tres apóstoles presentes en el monte (Lc. 9:30-31). ¿Cómo supieron los discípulos que aquellos dos eran Moisés y Elías? ¿Fue una deducción conclusiva por las palabras que escucharon de la conversación de ellos con el Señor? ¿Fue una revelación divina? Estas y otras muchas preguntas podrían formularse procurando descubrir cómo habían llegado a ese conocimiento, pero cuanto es necesario saber es que, de un modo no revelado a los lectores, ellos reconocieron a los dos personajes que estuvieron hablando con nuestro Señor. El entorno de la transfiguración es celestial y los santos glorificados se reconocen mutuamente en la gloria. La segunda venida del Señor para establecer el reino de los cielos en su manifestación visible y literal sobre la tierra, estará acompañada de la presencia de los santos de la antigua dispensación, resucitados y glorificados con Él, para dar cumplimiento a las promesas hechas a ellos, quienes murieron todos viéndolas y saludándolas de lejos (He. 11:13). En el Antiguo Testamento, la esperanza de resurrección se asocia a la esperanza mesiánica del día del Señor (Dn. 12:2), suceso que sigue al "tiempo de angustia" (Dn. 12:1). El profeta Isaías relaciona la resurrección con el tiempo en que pase la indignación (Is. 26:19-21). Pablo enseña sobre un programa de resurrecciones, "cada uno en su debido orden" (1 Co. 15:22-24). La resurrección de los santos del Antiguo Testamento se producirá con la segunda venida de Cristo a la tierra. Será una resurrección diferente a la de los creyentes de la Iglesia en el arrebatamiento (1 Ts. 4:16). Los profetas anunciaron el acontecimiento, como se ha dicho (Dn. 12:3; Is. 29:19). Estos muchos que anuncia Daniel deben relacionarse, como se dijo al profeta, con "tu pueblo" (Dn. 12:1). En el texto hebreo hay una marcada distinción, ya que en lugar de unos y otros, se lee estos y aquellos, donde estos son los que resucitan y aquellos los que no resucitan. La expresión de Daniel "en aquel tiempo" es una alusión al final de la tribulación (Dn. 12:1), de la misma forma que Isaías habla de la resurrección cuando "pase la indignación" (Is. 26:19-20). Inmediatamente después de la tribulación, Dios resucitará a los santos del Antiguo Testamento, para que estén presentes en el reino literal anunciado a ellos como parte de las promesas que aún no tuvieron cumplimiento real para Israel. En las personas de Moisés y Elías, presentes con Cristo en el monte, los tres discípulos tuvieron una segunda manifestación de lo que será la venida del Hijo del Hombre en su reino.

Mateo se limita a decir que los dos profetas hablaban con Jesús; según Lucas, la conversación trató de su partida, que se cumpliría en Jerusalén (Lc. 9:31). Es interesante apreciar que la palabra aparece solo dos veces en el Nuevo Testamento, y en ambas tienen relación con la idea de muerte y las dos veces están en el entorno de la transfiguración (2 P. 1:15). No se dice hasta dónde los discípulos oyeron aquella conversación entre Moisés, Elías y el Señor. La muerte del Señor estaría rodeada de sufrimiento y desprecio, pero luego de ella vendría la resurrección seguida de la glorificación, donde la gloria del Señor sería la única manifestación. El siervo de Jehová, sufriente en esta dimensión de su obra redentora, recibiría nuevamente la gloria que le corresponde eternamente como Dios en la presencia de su Padre, por la que Él mismo oró (Jn. 17:5). El reino aparentemente imposible en la condición de siervo se revela aquí en la dimensión gloriosa que tendrá bajo la autoridad de aquel que tiene el nombre supremo de autoridad y gloria (Fil. 2:9-11).

Como se ha dicho en la breve introducción al Primero de Reyes, los dos estaban incluidos en un solo volumen; por tanto, lo dicho para el primero es también válido para el segundo.

Recordar el entorno histórico que da continuación al relato del libro anterior. La historia tiene que ver con el período de tiempo del reino dividido de Israel, desde Jeroboam I y Roboam. El Primero de Reyes concluye con la referencia a Josafat en el reino de Judá y Ocozías en el reino de Israel. Entrelazados con los reyes se destaca el ministerio profético de Elías y Eliseo (1:1-9:37).

Los sirios irrumpieron en distintas formas sobre el reino de Israel, citándose el nombre de los reyes sirios Ben-hadad II y Hazael. El reino asirio comenzó a tomar una notable dimensión, destacando especialmente uno de sus reyes, Salmanasar III (ca. 858-824 a. C.).

En el capítulo 10 se relatan los sucesos ocurridos en el reino del norte, luego de la muerte de Acab, donde aparece la figura de Jehú, que emprendió una acción decidida contra la adoración a Baal. Aparentemente este procuró alcanzar sus propósitos personales, usando la acción contra el culto a Baal. Con todo, el texto advierte sobre una conducta aparente, puesto que él siguió adorando los becerros de oro que Jeroboam I había puesto en Betel y Dan.

Segundo libro de Reyes

Uniendo al relato de los reyes del norte están los que reinaron en el reino del sur, iniciándose el detalle de los gobiernos por el de la impía Atalía (11:1-16), y llegando a los reyes Josías y Amasías. El peligro de Asiria para el reino del norte se concretó con lo acontecido después de la muerte de Zacarías, lo que acabó con la presencia del reino de norte (ca. 722 a. C.). Los peores reyes del Sur, Jorám y su hijo Acaz, dados a la idolatría y alejados totalmente de Dios y de sus mandamientos, trajeron como consecuencia el declive que llevó a la desaparición del reino de Judá.

Extinguido el reino del norte, el relato del libro sigue con la historia de Judá a partir de Ezequías, pasando por los perversos hijos de Josías. El deterioro nacional era grande y en el tiempo de estos últimos reyes pasó por la deportación a Babilonia.

Aunque hubo un breve retorno a Dios en los reinados de Ezequías y Josías, la caída espiritual se mantuvo y la idolatría que produjo la caída del reino del norte ocasionó también la de Judá, que fue llevado a un cautiverio que duró setenta años. Con la referencia a este hecho concluye el Segundo de Reyes. La fidelidad de Dios se aprecia al finalizar el libro con los datos de la liberación de Joaquín (25:27-30), que supone un anticipo del cumplimiento de la promesa que Dios hizo de restaurar a su pueblo (1 R. 8:46-53).

Bosquejo

Se propone el siguiente para el análisis exegético del texto bíblico:

I. Los dos reinos (1:1-17:41).
   1. Reyes de Israel (1:1-8:15).
      1.1. Reinado de Ocozías (1:1-18).
      1.2. Reinado de Joram (2:1-3:27).
         1.2.1. Arrebatamiento de Elías (2:1-11).
         1.2.2. Comienzo del ministerio de Eliseo (1:12-25).
         1.2.3. Guerra contra Moab (3:1-27).
      1.3. Ministerio de Eliseo (4:1-8:15).
         1.3.1. El aceite de la viuda (4:1-7).
         1.3.2. La mujer sunamita (4:8-37).
         1.3.3. Eliseo en Gilgal (4:38-44).
         1.3.4. Naamán el sirio (5:1-27).
         1.3.5. Eliseo hace flotar el hacha (6:1-7).
         1.3.6. Eliseo y los sirios (6:8-8:6).
         1.3.7. El profeta en Damasco (8:7-15).
   2. Otros reyes de Judá (8:16-29).
      2.1. Reinado de Joram (8:16-24).
      2.2. Reinado de Ocozías (8:25-29).

3. Otros reyes de Israel y Judá (9:1-15:12).
   3.1. Reinado de Jehú en Israel (9:1-10:36).
      3.1.1. Ungido por Eliseo (9:1-13).
      3.1.2. Muerte de Joram (9:14-26).
      3.1.3. Muerte de Ocozías (9:27-29).
      3.1.4. Muerte de Jezabel (9:30-37).
      3.1.5. Exterminio de la casa de Acab (10:1-17).
      3.1.6. Jehú acaba con la adoración a Baal (10:18-27).
      3.1.7. Fin del reinado de Jehú (10:28-36).
   3.2. Reinado de Atalía en Judá (11:1-21).
   3.3. Reinado de Joás en Judá (12:1-21).
   3.4. Reinado de Joacaz en Israel (13:1-9).
   3.5. Reinado de Joás en Israel (13:10-13).
      3.5.1. Muerte de Eliseo (13:14-21).
      3.5.2. Victoria sobre los arameos (13:22-25).
   3.6. Reinado de Amasías en Judá (14:1-22).
   3.7. Reinado de Jeroboam II en Israel (14:23-29).
   3.8. Reinado de Azarías (Uzías) en Judá (15:1-7).
   3.9. Reinado de Zacarías (15:8-12).
4. Reyes finales de Israel y Judá (15:13-17:41).
   4.1. Reinado de Salún en Israel (15:13-15).
   4.2. Reinado de Manahem en Israel (15:16-22).
   4.3. Reinado de Pekaia en Israel (15:23-26).
   4.4. Reinado de Peka en Israel (15:27-31).
   4.5. Reinado de Jotam en Judá (15:32-38).
   4.6. Reinado de Acaz en Judá (16:1-20).
   4.7. Reinado de Oseas en Israel (17:1-41).
      4.7.1. Derrota de Israel (17:1-6).
      4.7.2. Caída de Samaria y cautiverio de Israel (17:7-23).
      4.7.3. Asiria puebla Samaria (17:24-41).

II. Judá, el reino sobreviviente (18:1-24:20).
   1. Reinado de Ezequías (18:1-20:19).
      1.1. Ascenso al trono (18:1-2).
      1.2. Reformas de Ezequías (18:3-8).
      1.3. Caída de Samaria (18:9-12).
      1.4. Senaquerib invade Judá (18:13-19:37).
      1.5. Enfermedad de Ezequías (20:1-11).
      1.6. Recibe a los enviados de Babilonia (20:12-19).
      1.7. Muerte de Ezequías (20:20-21).
   2. Reinado de Manasés (21:1-18).
   3. Reinado de Amón (21:19-26).

4. Reinado de Josías (22:1-23:30).
   4.1. Comienzo del reinado (22:1-2).
   4.2. Reparación del templo (22:3-7).
   4.3. Hallazgo del libro de la ley (22:8-20).
   4.4. Renovación del pacto (23:1-3).
   4.5. Reformas de Josías (23:4-20).
   4.6. Celebración de la Pascua (23:21:27).
   4.7. Muerte de Josías (23:28-30).
5. Reinado de Joacaz (23:31-33).
6. Reinado de Joacim (23:34-24:7).
7. Reinado de Joaquín (24:8-10).
   7.1. Cautiverio por Nabucodonosor (24:11-16).
8. Reinado de Sedequías (Matanías) (24:17-20).

III. Caída y cautividad de Judá (25:1-30).
1. Caída de Jerusalén (25:1-7).
2. Cautividad de Judá (25:8-21).
3. Gedalías, gobernador (25:22-26).
4. Liberación de Joaquín (25:27-30).

Cristo en el libro

El pecado voluntariamente cometido contra Dios trae consecuencias. El pueblo de Israel pone de manifiesto esta verdad. La justicia de Dios no puede ser quebrantada, por tanto, todo lo que Él había establecido en la ley para el pecado tuvo cumplimiento en la cautividad y destrucción del reino del norte y luego de la misma manera en Judá, el reino del sur.

Con todo, Dios se hace refugio de gracia para su pueblo. Luego de setenta años de cautividad, va a traer nuevamente a la tierra que había prometido a sus padres, a un remanente que en gracia mantuvo en el cautiverio.

La admirable combinación de las perfecciones divinas de justicia y gracia, se hacen notorias en el Segundo de Reyes. Sin embargo, la dimensión absoluta de estas dos grandezas de Dios se hacen visibles en Jesucristo.

La responsabilidad penal por el pecado debía extinguirse para que Dios pudiera salvar al pecador. Por esa causa se lee, relativo a Jesucristo: "Al que no conoció pecado, por nosotros lo hizo pecado, para que nosotros fuésemos hechos justicia de Dios en Él"[69] (2 Co.

---

[69] Texto griego: τὸν μὴ γνόντα ἁμαρτίαν ὑπὲρ ἡμῶν ἁμαρτίαν ἐποίησεν, ἵνα ἡμεῖς γενώμεθα δικαιοσύνη Θεοῦ ἐν αὐτῷ.

5:21). La justicia de Dios determinó el castigo por el pecado, que es la muerte. Nada podía evitar el cumplimiento fiel de la determinación divina. Sin embargo, el perdón se hace posible por la obra de reconciliación porque Cristo cargó sobre sí el pecado del mundo, expiándolo potencialmente para todos y virtualmente para quienes creen. Lo que en la antigua dispensación estaba expresado en las figuras sacrificiales es una realidad en el tiempo presente. El pecador creyente queda exonerado del pago de la deuda porque Cristo ocupó su lugar. A pesar de la impecabilidad suya, es puesto como sacrificio expiatorio, llevando sin contaminación alguna el pecado del mundo, de manera que Dios puede, a quien debiera en justicia quedar eternamente condenado, otorgarle la gracia del perdón y trasladarlo a una nueva esfera de relación con Él.

A este santísimo Dios manifestado en carne se afirma que "Dios lo hizo pecado", es decir, a quien no conoció pecado Dios lo hizo pecado. Él era el Cordero de Dios que quita el pecado del mundo, cumpliendo en sí definitivamente la figura de los sacrificios por el pecado establecida en la antigua dispensación. Si Jesús no hubiera estado libre de pecado no podría ocupar el lugar de los pecadores. Las víctimas de los sacrificios habían de ser sin mancha, enseñando en esa figura que quien realizaría la ofrenda perfecta y definitiva por el pecado tenía que ser también sin pecado (He. 4:15; 1 P. 2:22; 1 Jn. 3:5). Pablo afirma que, al impecable Jesús, Dios —refiriéndose al Padre— lo hizo sacrificio expiatorio por el pecado. Así ya lo enseña la profecía: "Mas Jehová cargó en él el pecado de todos nosotros" (Is. 53:6b). Lo más sorprendente del amor divino es precisamente esto. Cuando se pregunta ¿quién entregó a Cristo? La primera respuesta es esta: quien le entrega es el Padre. Esto resulta incomprensible, pero es la infinita dimensión del amor divino, absurdo para la mente humana. El Padre, para la ejecución del plan de salvación establecido en la eternidad, lo situó en la dimensión de la muerte de un maldito (Gá. 3:13), descargando sobre el santo Hijo, Jesús, la pena por los pecados del mundo (Is. 53:10). Jesús es la ofrenda expiatoria por el pecado, siendo considerado y tratado como pecador, aunque en la misma cruz, y en las horas de tinieblas nunca fue contaminado por el pecado, siendo santísimo al mismo nivel que cuando era proclamada su santidad por los serafines (Is. 6:1-3).

La consecuencia de la imputación del pecado a Cristo es que la justicia de Dios, que es Cristo, nos es imputada a nosotros, que creemos en la obra redentora del Salvador. La justicia de Dios tiene dos connotaciones: a) porque procede de Él, esto es, fue el provisor de esa única justicia que justifica al impío; b) porque nos hace justos ante Él. Esto es posible porque lo somos con la justicia de Dios y no con la nuestra, que es una provisión infinita de su propio amado Hijo. Cristo fue condenado para que nosotros pudiésemos ser justificados. Cuando Dios lo hizo pecado por imputación de los nuestros, lo consideró como portador de los nuestros, pero no como pecador. Por tanto, el pecador llega a ser declarado justificado por Dios (Ro. 5:1). Dios declara justo al pecador, puesto que toda responsabilidad penal demandada y exigida en su santa ley ha sido cancelada en Cristo y por Él. Por la justificación, Dios declara exento de deuda al pecador (Ro. 5:19), colocándolo en condiciones de poder tener una plena relación y comunión con Él. El momento de efectividad de la justicia imputada se produce en el acto de creer.

La enseñanza del libro de Reyes tiene que ver con el castigo por el pecado, para abrir paso a la experiencia de la restauración. De ahí que, refiriéndose a Cristo, que hace posible por su obra el perdón y la reconciliación, se enseña que: "El Verbo se hizo carne, y habitó entre nosotros (y vimos su gloria, gloria como del unigénito del Padre), lleno de gracia y de verdad"[70] (Jn. 1:14). De una forma muy expresa, Juan dice que el Verbo fue hecho carne. El aoristo griego traducido como *se hizo*[71], a causa del sujeto, que es el Verbo, representa un desafío en cuanto a la traducción. No puede significar *llegó a ser*, pues el Verbo sigue siendo indefectiblemente el Verbo. Pero puede y debe entenderse como el proceso por el cual el Verbo entró en la historia humana como hombre. Juan utiliza el término *carne*[72] en la misma acepción que *hombre*, designando, en contraste con la omnipotencia y eternidad del Verbo, la debilidad y temporalidad de la criatura, resaltando su parte frágil (Is. 40:5; Lc. 3:6; Mt. 24:22; Jn. 17:2). El contraste de eternidad y temporalidad, entre Dios y el hombre, está continuamente presente en la Escritura; a modo de ejemplo en las palabras del profeta: "Voz que decía: Da voces. Y yo respondí ¿Qué tengo que decir a voces? Que toda carne es hierba, y toda su gloria como flor del campo. La hierba se seca, la flor se marchita, porque el viento de Jehová sopló en ella; ciertamente como hierba es el pueblo. Sécase la hierba, marchítase la flor; más la palabra del

---

[70] Texto griego: Καὶ ὁ λόγος σὰρξ ἐγένετο καὶ ἐσκήνωσεν ἐν ἡμῖν, καὶ ἐθεασάμεθα τὴν δόξαν αὐτοῦ, δόξαν ὡς μονογενοῦς παρὰ πατρός, πλήρης χάριτος καὶ ἀληθείας.
[71] Griego: ἐγένετο.
[72] Griego: σὰρξ.

Dios nuestro permanece para siempre" (Is. 40:6-8). Estos dos extremos infinitamente distantes y antitéticos se unen en la encarnación. De otro modo, el mismo que existe *ab eterno* comienza una existencia novedosa como hombre. El Creador se hace también criatura. No se trata de que el Verbo se convirtió en hombre, sino que se hizo hombre sin dejar de ser el mismo Verbo eterno.

Hablar de encarnación no es hablar de la autodivinización del hombre que por sí mismo llegó a ser Dios, sino que es referirse al acto de libertad en el que el Verbo en la unidad del Padre y del Espíritu toma la decisión de proyectarse fuera de sí mismo, vinculándose con una naturaleza humana que es subsistente hipostáticamente en su eterna persona divina. Por esa acción surge una realidad nueva por medio de la cual el Verbo se exterioriza a sí mismo. Desde la perspectiva divina la encarnación es una auto-donación de Dios al hombre. La acción se produce desde la omnipotencia divina, que es el principio activo de la encarnación, mientras que la humanidad del Verbo es el final receptor de la acción del principio activo de Dios. Este es otro asombroso hecho resultante de la encarnación: Dios se hace habitante del mundo. El verbo que utiliza Juan[73] tiene múltiples equivalencias, como habitar, vivir, poner tienda, fijar tabernáculo. Todas ellas tienen relación con el establecimiento de una residencia permanente. El término expresa la idea de poner una tienda donde residir, un tabernáculo en donde morar. Tendríamos que inventar un verbo para establecer una relación con la palabra griega que, en este caso, sería algo así como *tabernaculear*. El Verbo tomó una residencia humana, se hizo hombre y plantó esa tienda entre los hombres. ¿Por qué era eso necesario? No se trataba de una deposición de la deidad, ya que, en su condición de hombre, comienza una existencia divino-humana, en la que la naturaleza divina permanece inalterable puesto que no se trata de un dios rebajado, sino del único Dios verdadero que se hace visible a los hombres, no desde la inmensidad e infinitud que le son propias, sino desde la humildad de la criatura. Sin embargo, en esa naturaleza humana, en el hombre Jesús de Nazaret, habita corporalmente toda la plenitud de la deidad (Col. 2:9). La plenitud divina cubierta por el traje de trabajo que es su humanidad. Sin embargo, en un momento de su ministerio, en presencia de tres de sus discípulos, descorrió un poco el cierre de este traje de trabajo y bajo él resplandeció gloriosa la grandeza de su deidad (Mt. 17:2).

---

[73] Griego: σκηνόω.

Sorprende la frase de Juan: "Habitó entre nosotros", se rozó con nosotros, estuvo con nosotros, comió y bebió con los hombres, hasta tal punto que el escritor dirá en otro de sus escritos: "Lo que hemos oído, lo que hemos visto con nuestros ojos, lo que hemos contemplado, y palparon nuestras manos tocante al Verbo de vida" (1 Jn. 1:1). No se trata de otro, sino del Verbo de vida, en su visita a la tierra, en su manifestación como hombre entre los hombres.

En el desierto por donde transitó Israel se levantó el Tabernáculo, una tienda, sin duda mayor y más gloriosa que la del resto del pueblo, en la que Dios moraba, haciéndose presente con los hombres. Pero su presencia estaba rodeada de la gloria de su majestad, que mantenía necesariamente lejos al pueblo. Ninguno podía acceder al Lugar Santísimo donde, en la figura del Arca, Dios manifestaba su presencia. Aquel era lugar reservado solo para el sumo sacerdote que había de entrar portando una porción de la sangre del sacrificio de expiación. Todos podían mirar al Tabernáculo y saber que Dios moraba con su pueblo. La inauguración de esa casa estuvo relacionada con la gloria de Dios, que descendiendo del cielo llenó aquella tienda, su casa entre su pueblo (Ex. 40:34, 35). La gloria de Dios excluía de su presencia al hombre pecador. Yahvé habitaba en el Tabernáculo (Ex. 29:43-46; Lev. 26:11-12; Sal. 78:60). Más tarde lo haría en el templo que Salomón edificó a su nombre (Sal. 25:8; 2 Cr. 6:41; 7:1-3). Los profetas proyectan una dimensión escatológica de la presencia de Dios con su pueblo (Ez. 37:28; Zac. 2:5). Pero el mismo santuario de Dios se levanta por la encarnación en la persona de Jesús, en quien la gloria de Dios se manifiesta, no para alejar al pecador, sino para llamarlo y atraerlo a Él mismo. No viene para distanciar al hombre, sino para buscar y salvar lo que se había perdido (Lc. 19:10). La creatura podía material y literalmente rozarse con Dios sin morir. Podía verter ungüento sobre sus pies; adorarle en la proximidad; pedir el beneficio de su misericordia; sentarse al lado de Dios, mientras Él participaba en la comida y en la bebida del hombre. Juan habla aquí de la presencia real del Verbo encarnado, cumpliendo así la profecía que le nombra como Emanuel, Dios con nosotros (Is. 7:14). Israel sabía que Dios habitaba en medio de su pueblo porque había visto su gloria.

Como realidad de la presencia del Verbo encarnado entre los hombres, estos pudieron ver su gloria. La forma verbal del texto griego[74] expresa la idea de una observación puntual y pormenorizada que verifica las realidades de aquello que se observa y que establece

---

[74] Griego: ἐθεασάμεθα, como aoristo del verbo θεάομαι.

un resultado definitivo. En la Biblia, el término *gloria*[75] expresa mayoritariamente la manifestación visible que acompaña una teofanía (cf. Ex. 33:22; Dt. 5:22-24; 1 R. 8:11). El ejemplo más claro de la gloria proléptica de Jesús es la transfiguración, en la cual la gloria propia de su deidad se hizo visible ante los tres discípulos que estaban allí presentes. La gloria se manifestó en Jesús por medio de sus milagros, que ponían de manifiesto la omnipotencia divina; a esta gloria se refiere también Juan (Jn. 2:11; 11:4, 40). La gloria expresada en Cristo no es temporal, sino eterna; es decir, estuvo siempre presente en el Verbo antes de la encarnación y el nacimiento. A esta gloria, oculta por el velo de la humanidad, se refiere Jesús en la oración al Padre, cuando le pide recuperar la gloria que tuvo con Él antes de que el mundo fuese (Jn. 17:5, 24). Sin embargo, Cristo no estuvo buscando gloria para sí mismo, sino que, como enviado del Padre en su condición de siervo, buscó siempre la gloria de aquel que le envió (Jn. 5:41; 7:18; 8:50). Por tanto, la gloria de Jesús depende absolutamente de su relación con Dios y de la obediencia incondicional al que le había enviado a la misión que le fue dada. Juntamente con *gloria* está también el verbo[76] que se traduce por glorificar, honrar, alabar, que en relación con Cristo se manifiesta como consecuencia de la obra de redención que realiza (Jn. 7:39; 12:16, 23; 13:31 ss.). Este sentido aclarará el concepto de lo que para Juan supuso la grandeza de la gloria de Jesús, considerada en la última frase del versículo. El profeta habló de la poca importancia que el Mesías tendría cuando viniese al mundo: "No hay parecer en él, ni hermosura, le veremos, mas sin atractivo para que le deseemos" (Is. 53:2). Para los hombres, la gloria de Jesús fue transitoria y poco reveladora, ya que entendían que Él era un hombre como otro de los grandes hombres; para los apóstoles era el Cristo, el Hijo del Dios viviente (Mt. 16:13-14).

La gloria de Jesús era la que correspondía al Unigénito del Padre. Ambas naturalezas están presentes en perfecto equilibrio en el versículo. Por un lado, la humana, descrita con la precisión de las palabras consideradas ya: el Verbo fue hecho carne. Aquí entra la naturaleza divina, comparada con la gloriosa manifestación propia de quien es el Unigénito del Padre.

Juan expresa en la frase que la gloria que se descubre en Jesús, como Verbo encarnado, es la que corresponde a quien es Unigénito del Padre; de otro modo, es la que corresponde a quien viene del Padre.

---

[75] Griego: δόξαν.
[76] Griego: δοξάζω.

La idea es que la gloria procede del Padre, como enseña Juan, que así lo hace notar (Jn. 5:44; 17:22, 24). Sin embargo, del Unigénito se dice que ha salido del Padre (Jn. 3:15.17; 1 Jn. 4:9), y que también está en el Padre (Jn. 1:18). En este sentido de descenso y venida no se puede referir a la generación eterna, sino a la misión temporal, el punto de partida de la obra encomendada al Verbo encarnado. Sin embargo, en el versículo la aparición del término Unigénito se expresa con la preposición εκ (1 Jn. 2:29; 3:9; 4:7; 5:1, 4, 18), que condiciona la existencia del Verbo como procedente o salido del Padre. La filiación de Cristo, como Hijo de Dios, es radicalmente distinta a la nuestra; de ahí que Jesús nunca se coloca en el mismo plano de los demás en esta relación (Jn. 20:17). El Verbo Unigénito lo es por filiación eterna. A Jesús, como hombre, le corresponde el título de Hijo de Dios en sentido propio por filiación eterna. Además, si el Unigénito manifiesta la gloria de Dios en Él, esto quiere decir que da la medida exhaustiva de esa gloria, que al ser manifestada por el Unigénito es independiente de la encarnación. Como Unigénito viene al mundo de los hombres para por su obra hacerlos hijos de Dios a quienes cree y constituirse para ellos en esa nueva relación como primogénito entre muchos hermanos (Ro. 8:29). Es de este modo que se entiende el envío, ya que como Unigénito viene del Padre al mundo porque es Unigénito en el seno del Padre (v. 18); de manera que Dios entrega a quien es el único de esa condición con Él (Jn. 3:16); lo envía al mundo (1 Jn. 4:9); por tanto, la gloria suya no es temporal, sino eterna, la tiene desde antes de la creación (Jn. 17:5). A Dios que envía se le llama Padre (5:36-37; 6:44), y al que es enviado Hijo (Jn. 3:16 ss.; 5:23; 1 Jn. 4:9 ss., 14), así que como Verbo y vida que estaban en el Padre (Jn. 1:1; 1 Jn. 1:2) se han dejado ver en el Hijo (1 Jn. 1:3).

La siguiente expresión del versículo dice que los testigos presenciales de la persona de Jesucristo, que vieron su gloria, también descubrieron en Él la plenitud de la gracia y de la verdad. Previo a esto señaló a Cristo como el Unigénito del Padre y un poco más distante como el Verbo eterno y como Dios (Jn. 1:1). Por tanto, el adjetivo[77] tiene el sentido de lleno, completo y se usa para expresar ese mismo concepto en relación con personas o cosas; por ejemplo, cuando se dice que Esteban estaba lleno del Espíritu Santo (Hch. 7:55). Sin embargo, cuando se hace referencia a la plenitud del Verbo se está haciendo alusión a la infinita dimensión de esa plenitud; de otro modo, no puede haber dimensión mayor que esta para entender

---

[77] Griego: πλήρης.

aquello de lo que está lleno (gracia y verdad). Quiere decir que tanto la gloria como la gracia y la verdad del Verbo han sido observadas, contempladas, vistas por aquellos que estaban con Él.

La primera observación de la gloria descubierta por Juan en Cristo tiene que ver con la plenitud de gracia. La esperanza de vida para el hombre que se centra en el Verbo tiene una proyección eminentemente soteriológica. Jesús viene para buscar y salvar lo que se había perdido (Lc. 19:10). Es verdad que la salvación requiere el proceso redentor en el cual el Verbo encarnado da su vida para resolver el problema del pecado y sus consecuencias. Luego, la encarnación está orientada a la muerte. La encarnación hace a Dios en Cristo semejante al hombre, que como tal es mortal; de ahí que Dios acompaña a su criatura hasta el límite: muerte y muerte de cruz (Fil. 2:8). Pero, además, se orienta a la muerte, puesto que en la muerte actúa el poder victorioso del pecado, introduciendo al hombre en la angustia, el miedo y la desesperación, en sentido de sin esperanza. La muerte del Verbo encarnado es la vía para la liberación de esa situación (He. 2:14-15).

Al no existir nada fuera de Dios que motive sus decisiones o condicione su forma de obrar, por tanto, no queda sino buscar la explicación a ese proceder de Dios enviando al Verbo para que muera por los pecadores y abra para ellos la puerta de la luz y de la vida. Es más: no solo otorgará la luz al que crea, sino que hará mucho más, lo convertirá por su presencia en él, en luz del mundo, es decir comunicador de luz, antorcha que alumbra en las tinieblas (Fil. 2:15). Jesús dirá, según recoge Juan, "yo soy la luz del mundo" (Jn. 8:12), pero también dijo de quienes creían en Él "vosotros sois la luz del mundo" (Mt. 5:14). El fin que Dios se propone es que el pecador que crea comparta con Él la vida eterna (Jn. 3:14.21; 6:51). Cristo viene en misión restauradora de la comunión del hombre con Dios, interrumpida a causa del pecado. Para cumplir este propósito ha de restaurar antes lo que interrumpía la relación y hacía imposible la comunión. Para una obra semejante no podía Dios ni tan siquiera buscar algo mínimamente válido en el hombre que sirviera de estímulo o como razón causal de la entrega voluntaria de la vida del Verbo encarnado a la muerte. La única razón válida, según la Escritura, es el amor. Dicho de otro modo, el Verbo se ha encarnado porque Dios es amor, y Dios es amor porque el Verbo se ha encarnado. La cruz está asentada en el amor, como el apóstol Juan dirá en otro de sus escritos: "En esto consiste el amor: No en que nosotros hayamos amado a Dios, sino en que él nos amó a nosotros, y envió a su Hijo en propiciación por nuestros pecados" (1 Jn. 4:10). Es necesario entender que Jesús no se vio impulsado a morir por nosotros por nuestra maldad, sino por su amor sobrenatural.

Se suele definir la gracia como el favor inmerecido que se recibe de Dios. Sin embargo, aunque esto es una verdad, no expresa toda la dimensión de esa palabra. Realmente la gracia es un atributo de Dios, a quien se llama Dios de toda gracia (1 P. 5:10). La gracia es una de las manifestaciones de su amor. Ese amor infinito descansa en dos grandes elementos: la gracia y la misericordia. Gracia es el amor en descenso; en el entorno de gracia hay descenso (cf. 1:14; 2 Co. 8:9). La gracia es el amor salvador de Dios (Ef. 2:8-9). No cabe duda de que, cuando Dios determinó salvar al hombre, determinó cómo podría alcanzar la salvación, estableciendo que sería por gracia mediante la fe. Si la determinación salvadora se estableció antes de la creación (2 Ti. 1:9), la gracia tuvo que haber fluido en destino salvador en el momento de la determinación eterna de salvación. Ese fluir del amor divino orientado a la salvación es tan infinito como Él mismo. Sin embargo, la provisión para salvación se hacía antes de la creación del hombre y antes de que existiera pecador en el campo de la humanidad. Esa provisión de Dios en previsión salvadora con una dimensión infinita solo podía acogerse en lo que fuese infinito, que tenía necesariamente que ser Dios mismo. Así que el Verbo, segunda persona divina, es el recipiente divino donde se acumula la gracia, que sería luego, en el transcurso del tiempo y de la historia del pecado, comunicada para salvación por el único mediador entre Dios y los hombres, que es Jesucristo hombre. Cuando el Verbo irrumpe en la historia humana y entra como hombre en el mundo de los hombres, con Él viene también la infinita dimensión de la gracia (v. 17). Esa gracia se expresó visiblemente. Juan y los otros discípulos que estuvieron junto a Jesús durante su ministerio afirman haberla visto. Lo que impactó a Juan de Jesús no fueron las manifestaciones de poder, sino la dimensión de su gracia. Posiblemente esa percepción fue progresiva y culminó en la cruz, donde Dios hace ondear la bandera de su gracia enarbolándola sobre el lugar donde su Hijo, en expresión de gracia, amor en descenso, se anonada a sí mismo y desciende por amor a las partes más bajas de la tierra (Ef. 4:9). El Salvador tenía que descender al lugar del más perdido de los hombres para hacer potencialmente salvable a todo hombre. El pecado había saturado al hombre y a la creación, haciéndose sobreabundante, pero cuando esto ocurrió sobreabundó la gracia (Ro. 5:10). La cruz tuvo que haber sido el punto sin retorno en la experiencia de Juan para apreciar la cautivadora dimensión de la gracia. El soportar el juicio injurioso en casa del sumo sacerdote, el paso por el pretorio, los latigazos que desgarraron su espalda, la corona de espinas hincada en su cabeza, los atroces dolores de la crucifixión, el menosprecio y las burlas de las que Jesús fue objeto, la soledad y desamparo de las horas de tinieblas, el grito de victoria del triunfo alcanzado con el "consumado es" (19:30) son elementos que saturan el corazón de Juan, haciéndole entender, en la medida en que la creatura puede entender al Creador, la infinita dimensión de la gracia. Jesús no podía ser otra cosa que el lleno de gracia. El mensaje de salvación que Cristo encomendó proclamar al mundo en su nombre es la más grande expresión de gracia. Dios hizo una obra de valor infinito para la liberación perpetua del pecador condenado a muerte por su pecado, sin demandar de él más que una cosa: fe en su nombre (Jn. 1:12). Todavía más: el hombre puede recibir al autor de la vida. Esa es la suprema entrega de Dios. Se ofrece para ser recibido en la intimidad de la vida personal y hacerse vida en todos los que le reciban. Juan mira la cruz en retrospectiva, la vida de Jesús en su pasado y terminantemente entiende que la razón de todo aquello no era otra que la gracia. La esperanza es cierta para quienes estando sin Cristo, estaban sin Dios y sin esperanza (Ef. 2:12), porque esta se sustancia no en promesas, posibilidades o probabilidades, sino en Cristo mismo que es "en vosotros esperanza de gloria" (Col. 1:13). Esa es la razón por la que el Verbo hecho carne se aproxima al hombre, o mucho mejor, se aprojima, se hace nuestro prójimo, compañero de camino, para hacerse para nosotros camino, verdad y vida.

La plenitud infinita de la gracia contenida en el Verbo encarnado es compañera de la verdad. En el griego supone muchas veces aquello que corresponde a los hechos, esto es, lo que no es falso (cf. Jn. 5:33; 8:40, 44 ss.; 17:7). Pero aquí toma la dimensión de lo que es la revelación de Dios presentada y manifestada en Jesús (Jn. 1:17; 8:32; 16:13; 17:17; 17:19). El Verbo es la realidad definitiva de Dios entre los hombres. Verdad aquí tiene relación con palabra, mandamiento, mensaje; de otro modo, todo el mensaje divino de salvación que trae el Verbo encarnado, de cuya aceptación depende en el hombre la vida. La Palabra se encarna y fiel a su razón de ser, comunica a los hombres la única y absoluta verdad. Solo aquel que vive en el seno del Padre puede revelar a Dios y su propósito de salvación (v. 18). Sin embargo, no puede separarse la verdad de la fidelidad. Dios es verdad porque hace honor a lo que dice y cumple todo cuanto promete. En el génesis de la humanidad, cuando el pecado hizo mella mortal en el hombre, el Dios de gracia formuló promesa de salvación, o si se prefiere mejor, anunció la derrota definitiva y total del tentador, prometida en el tiempo histórico de los hombres determinado previamente por Él (Gn. 3:14-15). La noche del tiempo cubrió con sus sombras la promesa. Pasaron los siglos y para el hombre observador no tenía lugar el cumplimiento, pero Dios es verdad y en el momento determinado por Él, es decir, "cuando vino el cumplimiento del tiempo, Dios envió a su Hijo, nacido de mujer y nacido bajo la ley, para que redimiese a los que estaban bajo la ley, a fin de que recibiésemos la adopción de hijos" (Gá. 4:4-5). Jesús dijo de sí mismo que era "la verdad" (14:6). Su venida al mundo estaba en estrecha relación con la verdad: "Yo para esto he nacido, y para esto he venido al mundo, para dar testimonio a la verdad" (Jn. 18:37). Dios se manifiesta en Cristo haciendo visible en Él la gracia y la verdad infinita de Dios.

Esta es la causa por la que Dios reservó un remanente de su pueblo Israel para manifestarles su gracia y luego de un tiempo de ruina espiritual traerlos nuevamente a la tierra prometida, como se apreciará en otros libros históricos.

Primer libro de Crónicas

Título

En hebreo, el título del libro era *Dibrê hayyamîn*, literalmente *Hechos de los días*; de ahí la equivalencia de *Crónicas*. Jerónimo le llamó en la Vulgata Chronicon totius divinae historiae. La LXX lo nominaba como Παραλειπόμενος, Paralipómenos, que es el participio pasivo de παραλείπειν, literalmente *dejar de lado*, *omitir*. En consecuencia, παραλειπόμενα serían las cosas omitidas. Por el nombre de Paralipómenos se conoce el libro en el entorno académico, en documentos litúrgicos. Desde Lutero, la Reforma retomó el nombre que usó Jerónimo y se llama Crónicas.

Originalmente, como ocurre con los libros de Samuel y Reyes, estaba en un solo volumen, que fue dividido en dos en la LXX, pasando a las versiones griegas y latinas como primero y segundo.

Texto y versiones

El texto masorético se conserva en buenas condiciones.

Sin duda, una de las mejores versiones en griego es la LXX, con sus versiones filiales, de las que se conservan solo fragmentos.

En las latinas, cabe destacar la Vetus Latina (VL) y también la Vulgata Latina (Vg). Esta fue traducida por Jerónimo, con ayuda de un colaborador judío de Tiberíades; es usada en ocasiones para la fijación del texto hebreo.

Dentro de las orientales, cabe destacar la Siríaca (SIR), bien en la forma de la Siro-hexaplar, que está incompleta, y de la Siro-Pessittâ, más tardía. Otras versiones son la Árabe (Ar); la Copto-bohairica, de la que se conservan algunos fragmentos; la Etiópica, en dos mss. de los s. XV y XVII; el Tárgum de las Crónicas (Targ.), del s. IV, que tiene fragmentos del s. VIII.

Autor y fecha

No es posible determinar la autoría del libro. Algunos liberales proponen más de un autor, pero mayoritariamente se considera que ha sido solo uno.

La propuesta más firme es que fuese Esdras el redactor, como los mismos judíos entendían y como se manifiesta en el Talmud[78]. Esta posición tiene apoyo suficiente por los temas que selecciona en el libro concordantes con la forma, temas y estilo del libro de Esdras. En los dos aparece un tema que se destaca y que es la edificación del templo de Salomón en Crónicas y la reconstrucción del templo, luego del cautiverio, en Esdras.

Un problema que algunos destacan para negar la autoría de Esdras está en que aparentemente en 3:17-24 aparecen por lo menos once generaciones posteriores a Zorobabel, lo que produce la necesidad de una datación posterior al tiempo de Esdras, situándola hacia mediados del s. III a. C.

Sin embargo, es muy posible que las genealogías que aparecen en los textos citados sean solo tres generaciones, lo que permitiría datarlo en 430 a. C., una fecha concordante con el tiempo de Esdras.

Considerando el relato y la temática, se aprecia que el redactor debía pertenecer al sacerdocio y de forma personal al personal del templo, acaso a los levitas cantores. Esto se evidencia en el interés por detalles específicos del servicio en el templo, haciendo alusión en varias ocasiones al canto y la mención a los levitas (cf. 15:2; 2 Cr. 19:11; 23:18; 24:6; 30:22; 34:12; 35:5; etc.). Del mismo modo se hacen continuas referencias a los cantores (cf. 16:4, 41, 42; 2 Cr. 8:14; 20:19; 23:13; 29:25, 26; 35:15, etc.).

Por todo lo que antecede, considerando a Esdras como el autor del libro de Crónicas, es posible datarlo ca. 425 a. C.

---

[78] *Baba Batra* f. 14b-15a.

Fuentes

Sin duda, el redactor de Crónicas utilizó varias fuentes de escritos anteriores.

Canónicas. Algunas, aunque no se citen expresamente, son tomadas de libros del Antiguo Testamento. De ese modo, parte de las genealogías de 1 Cr. 1-9 proceden en gran medida de los libros de Gn., Ex., Nm., Jos. y Rt.

Otros relatos, a partir de 1 Cr. 10, están tomados de Samuel y Reyes, apreciándose también citas de algunos profetas; a modo de ejemplo, Zac. 4:10 está en 2 Cr. 16:9; asimismo una cita del Sal. 132:8 está también en 2 Cr. 6:41. Se mencionan fuentes como el libro de los reyes de Judá e Israel (2 Cr. 16:11; 25:26; 28:26; 32:32); en otras citas se mencionan los libros de los reyes de Israel y Judá (2 Cr. 27:7; 35:27; 36:8), que pueden considerarse como el mismo, alterando el orden final. Menciona también el libro de los reyes de Israel (1 Cr. 9:1; 2 Cr. 20:34). Una referencia al profeta Isaías aparece también (2 Cr. 32:32) posiblemente relativo a Is. 36, 37, 38 y 39.

No canónicas. Hay mención de varias fuentes, entre las cuales están las actas de los reyes de Israel (2 Cr. 33:18), así como las crónicas del rey David (1 Cr. 27:24).

Aparece también una referencia a las crónicas de Samuel el vidente; las crónicas de Natán; las crónicas de Gad vidente (1 Cr. 29:29).

Se citan los Libros del profeta Natán; la profecía de Ahías silonita; la profecía del vidente Ido (2 Cr. 9:29). También menciona a los libros de Semaías y del vidente Ido (2 Cr. 12:15). Cita las crónicas del profeta Ido (2 Cr. 13:22) y las Palabras de Jehú, hijo de Hannani (2 Cr. 20:34). Se hace referencia al escrito histórico del profeta Jeremías (2 Cr. 26:22). Menciona también el libro de los videntes (2 Cr. 33:19). Finalmente puede hacer referencia a las Lamentaciones de Jeremías por Josías (2 Cr. 35:25).

Canon

El libro entró en el canon después de los de Esdras y Nehemías. Hay varias posiciones para justificar la entrada posterior de Crónicas; una de ellas es que en el texto hebreo está situado en el último lugar de los Escritos, y casi se consideraba como un duplicado de los libros de Samuel y Reyes. Por otro lado, los saduceos tenían una actitud negativa por la referencia al sacerdocio en los descendientes de Sadoq.

En el sínodo de Jamnia (ca. 95 d. C.), la canonicidad de Crónicas era reconocida plenamente.

En el canon cristiano, los libros fueron recibidos al mismo tiempo por proceder de la LXX, aunque hay algunos catálogos y versiones como la Pessitta, que no los incluyen. Del mismo modo, Julio Africano y Teodoro de Mopsuestia no los mencionan. La Iglesia católica los menciona en el Concilio de Orange (529), así como en los de Florencia (706) y en el de Trento (784).

Entorno histórico

Crónicas describe un largo período de la historia de Israel, especialmente desde David hasta el tiempo de la cautividad de Judá.

Este relato histórico se escribió después del retorno de la cautividad. En momentos de dificultad para los retornados de Judá que se asentaban con muchas dificultades y peligros en el territorio nacional que antes habían ocupado.

En el entorno histórico no pueden dejar de apreciarse dos elementos de capital importancia. El primero tiene que ver con la reconstrucción del templo en Jerusalén, singularmente más pequeño y sin la majestuosidad del que había construido Salomón. En ese tiempo, los enemigos de Israel procuraron por todos los medios que la obra se detuviese, siendo ayudados para terminarla con los recursos de la gracia y la protección divinas. El edificio que se levantó en el lugar que ocupaba el templo de Salomón producía júbilo para los más jóvenes y nostalgia para los más viejos, que habían visto la gloria de aquel santuario (Hag. 2:3). Pero aquello era un principio en la restauración, profetizando Zacarías la gloria del santuario de Dios en el futuro.

Un segundo aspecto en el entorno histórico cuando se escribió Crónicas tenía que ver con la reconstrucción de la ciudad y el muro de Jerusalén, que ocurrió en tiempos de Nehemías, como consecuencia del decreto de Artajerjes (Neh. 2:5-9). Ese decreto inicia el cómputo de las setenta semanas de la profecía de Daniel (9:25).

En ese entorno histórico se escribieron los dos libros de Crónicas, inicialmente uno solo como se ha considerado antes.

Propósito

El primer libro de Crónicas tiene por objeto alentar a los israelitas retornados del cautiverio, como remanente del pueblo de Dios con una notable herencia espiritual, animándolos a seguir adelante en un compromiso con Dios que, como antes había hecho, seguiría bendiciendo y cuidando de su pueblo. A pesar del número reducido de la nación en comparación con los años desde la conquista, era el pueblo elegido por Dios y llamado a vivir una vida de victoria.

Jerónimo llamaba a los libros de Crónicas "la crónica de toda la historia divina"[79]. El entorno liberal ha procurado asignar distintos temas al propósito del libro, comenzando por negar, la mayoría de ellos, como es propio en ese sector, la autoría y la datación. A modo de ejemplo, es una nueva tentativa de presentar al pueblo de Israel en el período post-exílico como el verdadero pueblo de Dios[80].

El autor de Crónicas procura dar a la nueva generación que nace después del retorno el fundamento espiritual e histórico de ser el pueblo teocrático en el mundo, como pueblo del pacto. Por esa causa, la historia seleccionada pone de manifiesto que la grandeza de la nación y su importancia en el entorno histórico de su existencia obedecían a un fiel compromiso con lo que Dios había determinado y establecido en su ley. La administración religiosa tenía la importancia de ser establecida por Dios en una línea sacerdotal concreta y no por los hombres, como ocurría en las otras religiones. La línea real tampoco fue establecida por petición del pueblo, sino conforme al corazón de Dios, que escogió a David y a partir de él sustentó la descendencia real hasta el tiempo en que se escribió la crónica. Es por eso que se destacan las listas genealógicas que aparecen en el libro.

Bosquejo

Se propone el siguiente para el análisis exegético del texto bíblico:

I. Genealogías (1:1-9:44).
   1. De Adán a Abraham (1:1-27).
   2. De Abraham a Jacob (1:28-54).
   3. De Jacob a David (2:1-55).
   4. De David al cautiverio (3:1-24).
   5. Genealogías de las tribus (4:1-8:40).
      5.1. Judá (4:1-23).
      5.2. Simeón (4:24-43).
      5.3. Rubén (5:1-10).
      5.4. Gad (5:11-22).
      5.5. Manasés (5:23-26).

---

[79] Citado en Asensio, Buck & Rodríguez Molero, 1968, p. 774.
[80] Cf. Von Rad, 1930; Von Rad, 1962, pp. 344-351.

       5.6. Leví (6:1-81).
       5.7. Isacar (7:1-5).
       5.8. Benjamín (7:6-12).
       5.9. Neftalí (7:13).
       5.10. Manasés (7:14-19).
       5.11. Efraín (7:20-29).
       5.12. Aser (7:30-40).
       5.13. Benjamín (8:1-40).
    6. Relación de los retornados (9:1-34).
    7. Genealogía de Saúl (9:35-44).
II. Primera etapa de David (10:1-12-40).
    1. Muerte de Saúl (10:1-14).
    2. David proclamado rey (11:1-3).
    3. David toma la fortaleza de Sion (11:4-9).
    4. Los valientes de David (11:10-12:40).
III. Reinado de David (13:1-29:22).
    1. Traslado del Arca a Jerusalén (13:1-14).
       1.1. Determinación del traslado (13:1-4).
       1.2. El traslado (13:5-14).
          1.2.1. Forma del traslado (13:5-8).
          1.2.2. Muerte de Uza (13:9-11).
          1.2.3. El Arca en casa de Obed-edom (13:12-14).
       1.3. Fama de David (14:1-17).
          1.3.1. Relación con Hiram (14:1-2).
          1.3.2. Hijos de David nacidos en Jerusalén (14:3-7).
          1.3.3. Victoria sobre los filisteos (14:8-17).
       1.4. Traslado del Arca a Jerusalén (15:1-16:43).
          1.4.1. Preparativos (15:1-24).
          1.4.2. Traslado (15:25-29).
          1.4.3. El Arca en Jerusalén (16:1-6).
          1.4.4. Salmo de acción de gracias (16:7-36).
          1.4.5. El servicio encargado del Arca (16:37-43).
       1.5. Pacto de Dios con David (17:1-27).
          1.5.1. David desea edificar el templo (17:1-2).
          1.5.2. Pacto con David (17:3-15).
          1.5.3. Respuesta de David (17:16-27).
    2. Acciones militares de David (18:1-20:8).
       2.1. Extensión de los dominios (18:1-13).
       2.2. Oficiales de David (18:14-17).
       2.3. Derrotas de amonitas y sirios (19:1-19).
          2.3.1. Derrota de los amonitas (19:1-15).

2.3.2. Derrota de los sirios (19:16-19).
   2.4. Captura de Rabá (20:1-8).
3. El censo (21:1-22:1).
   3.1. David determina censar al pueblo (21:1-6).
   3.2. Corrección divina (21:7-14).
   3.3. Detención del castigo (21:15-27).
   3.4. El lugar para el templo (21:28-2:1).
4. Preparativos para la construcción del templo (22:2-19).
   4.1. Acopios (22:2-5).
   4.2. Instrucciones a Salomón (22:6-23:1).
5. La organización de los levitas (23:2-26:32).
   5.1. Responsabilidades de los levitas (23:2-32).
   5.2. Los veinticuatro grupos de levitas (24:1-31).
   5.3. Los músicos y cantores (25:1-31).
   5.4. Los porteros (26:1-19).
   5.5. Los tesoreros (26:20-28).
   5.6. Los magistrados (26:29-32).
6. Oficiales de David (27:1-34).
7. Instrucciones finales de David (28:1-21).
   7.1. La situación personal (28:1-4).
   7.2. La designación de Salomón como rey (28:5-9).
   7.3. Instrucciones a Salomón (28:10-21).
8. Ofrendas y adoración (29:1-21).
   8.1. Ofrendas (29:1-9).
   8.2. Adoración (29:10-22).
IV. Inicio del reinado de Salomón (29:23-30).
   1. Inicio del reinado (29:23-25).
   2. Muerte de David (29:26-30).

Cristo en el libro

Siendo un libro que relata de forma especial la vida de David sugiere la revelación de Cristo como el descendiente de ese rey, a quien Dios había confirmado el trono por el pacto hecho con él (17:1-27). En general el pacto davídico comprende: a) Sucesión de David; b) Ese sucesor construiría el templo; c) El trono de su reino sería perpetuo; d) El trono de Salomón no sería quitado; e) La casa de David sería establecida para siempre.

Un cumplimiento pleno no es posible en el plano humano, solo en el Mesías, que siendo Dios-hombre puede asumir el trono establecido por Dios y proyectarlo a la perpetuidad.

Esta es una enseñanza clara del Nuevo Testamento: "Más del Hijo dice: Tu trono, oh Dios, por el siglo del siglo; cetro de equidad es el cetro de tu reino"[81] (He. 1:8). El versículo se introduce con una expresión que marca contraste con la introducción del texto bíblico del Antiguo Testamento del versículo anterior, y el de este. En el anterior el "y de los ángeles" y en este "mas del Hijo" están construidas en el texto griego con dos adversativas diferentes. La del versículo anterior prepara la introducción de una cita sobre los ángeles, de los que viene hablando, mientras que en este establece un contraste marcado entre ellos y el Hijo. La cita está tomada de uno de los Salmos mesiánicos, esto es, aquellos que tienen relación profética con el Mesías; en este caso, es una canción de bodas, un epitalamio, dirigido a un rey de Israel, pero con proyección al rey de reyes, el Mesías, del que viene hablando el escritor de la epístola, como Hijo de Dios. En el Salmo se lee: "Tu trono, oh Dios, es eterno y para siempre" (Sal. 45:6). Una expresión semejante solo puede convenir al Mesías, pero en ningún modo se puede aplicar a alguno de los descendientes de David; de ahí que los traductores de la LXX hayan considerado la expresión como vocativo *oh Dios*, aunque el versículo del Salmo tenga que ver directamente con Dios, que más adelante se presenta como quien unge al Mesías (Sal. 45:7). Con todo, en el Salmo la figura de la esposa y del rey son excepcionalmente grandes para adecuarse a ningún canto nupcial propio de la tierra, aunque se trate de un rey, lo que exige una identificación como profecía mesiánica. De ese modo debe usarse la traducción del nominativo *el Dios*, como vocativo *oh Dios*. De manera que, a este rey, cuyo trono es eterno, se le llama aquí *Dios*, en vocativo, con lo que se le está atribuyendo al Hijo, de quien es el trono, dignidad divina. ¿Puede considerarse esto como una hipérbole del lenguaje? No, más bien debe planearse determinar si en la traducción griega ha de tomarse *Dios* como vocativo. Para algunos ha sido una acomodación del texto griego. En tal caso exigiría complementarlo con el verbo *ser*, de este modo: "Tu trono *es* Dios, eternamente y para siempre". Pero la expresión vendría a ser todavía más ambigua, dando origen a la idea de que el trono del rey es eterno porque es divino, tal como traduce RSV: "Tu trono divino es eterno y para siempre", ya que si no es un vocativo entonces se refiere a Dios y no al rey. Escribe el profesor Bruce:

---

[81] Texto griego: πρὸς δὲ τὸν Υἱόν· ὁ θρόνος σου ὁ Θεὸς εἰς τὸν αἰῶνα τοῦ αἰῶνος, καὶ ἡ ῥάβδος τῆς εὐθύτητος ῥάβδος τῆς βασιλείας σου.

La quinta cita, del Sal. 45:6 ss., está ubicada en contraste con la cuarta. El Sal. 45 celebra una boda real; el poeta se dirige primero al novio y después a la novia. Las palabras citadas aquí forman parte de su discurso al novio. No podemos estar seguros de si el novio fue un rey del norte o del sur, pero parece más probable que fuera un príncipe de la casa de David. Que se dirijan a él como Dios ha parecido demasiado difícil a muchos comentaristas que buscan evadirlo o justificarlo. La alternativa marginal "tu trono divino es eterno y para siempre" más puede decirse aun para apoyar la traducción de la Septuaginta que nuestro autor reproduce aquí. Más aun, nuestro autor puede haber entendido muy bien "Dios" en el vocativo, dos veces en esta cita; la última cláusula podría haber sido fácilmente entendida: "Por lo cual, oh Dios, te ungió Dios con óleo de alegría más que a tus compañeros". Este no es el único lugar del Antiguo Testamento donde se le habla a un rey, especialmente de la línea davídica, en un lenguaje que solo podría ser descrito como característico del estilo cortesano oriental si solo se interpretara referido al individuo a quien se dirige. Pero para los poetas y profetas hebreos, un príncipe de la casa de David era el vicerregente del Dios de Israel; pertenecía a una dinastía a la cual Dios le había hecho promesas especiales relacionadas con el cumplimiento de su propósito en el mundo. Además, lo que solo era parcialmente cierto acerca de cualquiera de los reyes históricos de la línea de David, y hasta del mismo David, se vería realizado en plenitud cuando aquel hijo de David apareciera; en él todas las promesas e ideales asociados con esa dinastía tomarían cuerpo. Y ahora, por fin, el Mesías había aparecido. En un sentido más completo de lo que era posible para David o cualquiera de sus sucesores de los tiempos antiguos, a este Mesías se le podía hablar, no meramente como el Hijo de Dios (v. 5), sino verdaderamente como Dios, porque Él era a la vez el Mesías de la línea de David y también el resplandor de la gloria de Dios, y la imagen misma de su sustancia.[82]

El pensamiento del escritor, que escribe bajo la conducción divina, determina la interpretación que exige considerar Dios como vocativo, designando al Mesías como Dios. Sigue aquí la misma forma usada por Juan para describir la expresión de Tomás ante la presencia del resucitado (Jn. 20:28). A este rey se le llama Dios. No hace con ello ninguna violencia al texto hebreo del Antiguo Testamento, por cuanto

---

[82] Bruce, 1964, p. 20.

es uno de los títulos proféticos para el Mesías (Is. 9:6). La deidad se enfatiza desde la perspectiva de la eternidad, ya que el trono en que se sienta es un trono eterno.

La segunda parte del testimonio sobre la condición divina del Mesías se expresa con las palabras del Salmo: "Cetro de equidad es el cetro de tu reino". La autoridad se establece en equidad. Tiene que ver esto con un reinado de perfecta justicia. Corresponde también al título mesiánico anunciado para el rey: "Jehová justicia nuestra" (Jer. 33:16). La justicia será no solo prerrogativa, sino señal distintiva en el reino del Mesías (Is. 11:5). El derecho y la justicia serán dos de los grandes valores en el futuro reino de Dios (Is. 9:7; 32:1). En cualquier caso, el versículo, al incorporar una referencia semejante, en la cual se proclama la condición divina del sujeto del que se habla, expresa claramente la deidad del Hijo, quien es superior en todo a los ángeles, por cuanto es Dios.

Debe entenderse que el Mesías recibió la unción de Dios para el ejercicio propio de esa condición, como también se lee en el siguiente versículo: "Has amado la justicia, y aborrecido la maldad, Por lo cual te ungió Dios, el Dios tuyo, con óleo de alegría más que a tus compañeros"[83] (He. 1:9). De nuevo el escritor, al usar el texto del Salmo desde la LXX, vuelve a llamarle Dios, puesto que la construcción debe tomarse una vez más en la primera referencia a Dios como un vocativo articular, en sentido de "oh Dios"; por tanto, lo que el texto está diciendo es "Por tanto, oh Dios, te ha ungido el Dios tuyo". El propio título *Cristo*, significa *Ungido*; de ahí el énfasis marcado en las referencias escogidas del Antiguo Testamento, que son aplicadas a Jesucristo. Cristo es el ungido de Dios profetizado (Is. 61:1). El Señor se aplicó a sí mismo la profecía de Isaías, dándola como cumplida plenamente en Él (Lc. 4:18).

¿Cuándo tuvo lugar el ungimiento del Hijo? La primera unción capacitadora para el oficio mesiánico de Jesucristo procede de la deidad vinculada a su humanidad en la unión hipostática desde la encarnación. Esta unidad de la naturaleza humana en la persona divina confiere a Jesús de Nazaret, el enviado como Mesías, la condición que eternamente tiene como Dios en el seno de la Santísima Trinidad. De modo que el Mesías es Dios, como también el apóstol Pablo enseña: "De quienes son los patriarcas, y de los cuales, según la carne, vino

---

[83] Texto griego: ἠγάπησας δικαιοσύνην καὶ ἐμίσησας ἀνομίαν· διὰ τοῦτο ἔχρισεν σε ὁ Θεὸς ἔλαιον ἀγαλλιάσεως παρὰ τοὺς μετόχους σου.

Cristo, el cual es Dios sobre todas las cosas, bendito por los siglos. Amén" (Ro. 9:5). Un segundo aspecto de la unción para el inicio para la presentación oficial de Jesús de Nazaret como el Cristo de Dios, el Mesías, se produce en el bautismo, con lo que se inicia el ministerio mesiánico entre los hombres (Hch. 10:38). El ungimiento de Cristo, en el plano de su humanidad, como Jesús de Nazaret, es expresado por Él mismo en la sinagoga de la ciudad que fue su residencia (Lc. 4:18). La verdad del ungimiento del Señor era ya un asunto de fe en la iglesia de los tiempos apostólicos, como se aprecia en la oración comunitaria de los creyentes ante la persecución que se avecinaba: "Porque verdaderamente se unieron en esta ciudad contra tu santo Hijo Jesús, a quien ungiste..." (Hch. 4:27). Más adelante es el apóstol Pedro quien dice: "Dios ungió con el Espíritu Santo y con poder a Jesús de Nazaret" (Hch. 10:38). En tal sentido, las señales mesiánicas relativas a quien actuaría en el poder del Espíritu se cumplen en Cristo, de modo que los mismos maestros de Israel, como es el caso de Nicodemo, reconocen que es el enviado de Dios a causa de esas señales que hace y que corresponden a las manifestaciones profetizadas para el Mesías (Jn. 3:2). En el poder del Espíritu haría las señales mesiánicas y manifestaría su control sobre los demonios, en su misión liberadora ya profetizada antes (Mt. 12:28). El ungimiento de Jesús de Nazaret sirvió para destacarlo y manifestarlo ante todos como el Mesías (Hch. 4:27). El acto de ungir a Jesús le capacita para el ministerio anunciado que llevaría a cabo el Mesías en su amplia diversidad libradora (Lc. 4:18). La evidencia de que Jesús era el Ungido de Dios queda manifiesta "en que anduvo haciendo bienes y sanando a todos los oprimidos por el diablo, porque Dios estaba con Él" (Hch. 10:38).

Evidentemente, el escritor de la epístola introduce aquí un aspecto trinitario. Por un lado, las referencias continuas a la primera persona divina, el Padre; luego, las otras muchas referidas al Hijo; en este momento, introduce también la unción del Mesías, que se lleva a cabo por el Espíritu Santo. La relación de Jesús con el Espíritu es una de las enseñanzas más extensas dentro de la cristología. El Señor estaba lleno del Espíritu como los evangelios enseñan (Lc. 4:1; Jn. 3:34); esta unción y plenitud cumplían las profecías sobre el Mesías (Is. 11:2; 42:1). Jesús estaba sellado con el Espíritu, ya que "a este selló el Padre", como se lee en el texto griego, no tanto señalado, como en RV, sino sellado (Jn. 6:27); sello es la marca de origen celestial y la prueba de su condición de Hijo de Dios. El Señor fue conducido por el Espíritu; por eso, en su humanidad actuó bajo el control del Espíritu para que también sirviese como modelo a los creyentes, de ahí que se enseñe que Él fue conducido o llevado por el Espíritu (Lc. 4:1). Cristo se regocijó en el Espíritu, ante la evidencia del poder ejercido por los discípulos en su nombre, como un regocijo interior producido por la acción del Espíritu Santo, como se lee en algunos mss. seguros. El poder del Espíritu Santo actuó en Cristo para llevar a cabo los milagros en su ministerio, como Él mismo enseña (Mt. 12:28; Lc. 4:14-15, 18).

Es evidente que muchos milagros los hizo por su propio y divino poder, como el caso de la hemorroisa, en cuya ocasión afirma que salió poder de Él (Mr. 5:30); la sanidad del paralítico que se atribuye al poder del Señor (Lc. 5:17); la curación de la multitud después de la elección de los discípulos fue el resultado de su propio poder divino (Lc. 6:19); sanidades de leprosos se produjeron porque Él lo quiso (Mt. 8:2, 3); milagros sobre la naturaleza obedecen al resultado de su propia autoridad divina (Mr. 4:39).

El modo de la unción se describe como con ἔλαιον ἀγαλλιάσεως, "óleo de alegría". El gozo en la humanidad del Mesías es producido por la plenitud del Espíritu en Él. "Óleo de gozo" es la consecuencia de la manifestación del Espíritu (Gá. 5:22). El gozo fue experimentado en toda su vida, incluso en los momentos de la angustia (He. 12:2). Pero en el texto se hace alusión a una alegría o a un intenso gozo mayor que el de παρὰ τοὺς μετόχους σου, "tus compañeros". ¿Quiénes son estos compañeros? ¿Tiene algún significado esto o es simplemente una parte de la cita que el escritor de la epístola introdujo aquí para servirse solo de la primera parte de ella? Esto resulta sumamente improbable y debe desecharse. ¿Son sus pares o sus acompañantes? Indudablemente lo primero es imposible porque solo Él es así, como Hijo de Dios y Unigénito del Padre. La referencia tiene que ver con aquellos que participan con Él en la filiación y naturaleza divinas (2 P. 1:14). Indudablemente la filiación de estos es por adopción (Gá. 4:4-5), mientras que la de Él es divina natural, eterna, sin origen ni término. No hay duda tampoco de que la naturaleza divina a Jesucristo le es propia, mientras que los otros compañeros suyos la tienen por comunión en Él. Pero con todo, cabe bien la relación con los creyentes, que son llamados en la misma epístola "muchos hijos" (He. 2:11), que son llevados a la gloria en el Hijo. A estos no se avergüenza el primogénito de llamarles *hermanos* (He. 2:11); se les denomina también en la epístola *participantes*[84] (He. 3:14). Aunque participantes también del

---

[84] Griego: μετοχοι.

Espíritu, no viven permanentemente en la plenitud que produce el gozo exultante de su presencia y acción. El gozo de sus compañeros es grande, en razón del mismo compañerismo con Él, que hace que su gozo esté en ellos y sea un gozo perfecto (Jn. 15:11), pero el de Él es mayor aún.

Cristo se hace presente en Primero de Crónicas como el que puede cumplir y cumple el compromiso de Dios con David en relación con el reino eterno.

Segundo libro de Crónicas

Título, autor, datación, fuentes, entorno histórico y propósito

Puesto que Crónicas era un solo libro y que la división en dos fue hecha después de haberse escrito, la introducción hecha para el primer libro de Crónicas es válida para este segundo.

El texto del segundo libro de Crónicas comienza con el relato del reinado de Salomón, donde concluye el primer libro de Crónicas. El tiempo del relato histórico comprende desde el 971 al 931 a. C. Sigue luego el de todos los reyes de Judá, desde Roboam (931 a. C.) hasta Sedequías (586 a. C.). Comprende la redacción histórica el mismo período de tiempo que los del primer y segundo libro de Reyes. Se distingue de estos en que Crónicas trata solo de los reyes de Judá y no considera a los de Israel.

Hace notar que la razón de la destrucción de Jerusalén y del reino de sur fue debida a la desobediencia a la ley de Dios, por cuya razón Judá fue llevado en cautiverio a Babilonia.

El relato se cierra con una referencia breve al decreto de Ciro el persa, que hace posible el regreso de grupos del cautiverio a Judea y autoriza la reconstrucción del templo.

Bosquejo

Se propone el siguiente para el análisis exegético del texto bíblico:

I. Reinado de Salomón (1:1-9:31).
   1. Investidura de Salomón (1:1-17).
      1.1. Salomón pide sabiduría (1:1-13).
      1.2. Comercio de Salomón (1:14-17).
   2. El templo (2:1-7:22).
      2.1. Pacto con Hiram para suministros (2:1-18).
      2.2. Comienzo de la edificación (3:1-14).

2.3. Las dos columnas (3:15-17).
2.4. Mobiliario del templo (4:1-22).
3. Dedicación del templo (5:1-7:22).
　3.1. Traslado del Arca (5:1-10).
　3.2. Dios toma posesión del templo (5:11-14).
　3.3. Discurso de dedicación (6:1-20).
　3.4. Oración por el pueblo (6:21-39).
　3.5. Conclusión de la oración (6:40-42).
　3.6. La gloria de Dios llena el santuario (7:1-3).
　3.7. Conclusión de la dedicación (7:4-10).
　3.8. Dios habla a Salomón (7:11-22).
4. El período del reinado de Salomón (8:1-9:28).
　4.1. Ciudades de Salomón (8:1-6).
　4.2. Los súbditos (8:7-11).
　4.3. Las ofrendas (8:12-13).
　4.4. Organización de los levitas (8:14-16).
　4.5. La marina de Salomón (8:17-18).
　4.6. La reina de Sabá (9:1-12).
　4.7. La riqueza de Salomón (9:13-28).
5. La muerte de Salomón (9:29-31).
II. Los reyes de Judá (10:1-36:21).
1. Roboam (10:1-12:16).
　1.1. División del reino (10:1-19).
　1.2. Roboam sigue a Dios (11:1-23).
　1.3. Roboam deja a Dios (12:1-2).
　1.4. Invasión de los egipcios (12:3-12).
　1.5. Pecado y muerte de Roboam (12:13-16)
2. Abías o Abiam (13:1-22).
　2.1. Conflicto con el reino del norte (13:1-3).
　2.2. Acción de Abías (13:4-22).
3. Asa (14:1-16:14).
　3.1. Reformas de Asa (14:1-8).
　3.2. Guerra contra los etíopes (14:9-15).
　3.3. Reformas religiosas (15:1-19).
　3.4. Guerra contra Basa de Israel (16:1-10).
　3.5. Muerte de Asa (16:11-14).
4. Josafat (17:1-20:37).
　4.1. Avivamiento (17:1-19).
　4.2. Alianza con Acab (18:1-34).
　4.3. Represión del profeta Jehú (19:1-3).
　4.4. Nombramiento de jueces (19:4-11).

4.5. Victoria sobre Moab y Amón (20:1-30).
4.6. Resumen del reinado de Josafat (20:31-37).
5. Joram (21:1-20).
    5.1. La maldad de Joram (21:1-4).
    5.2. Pecado de Joram (21:5-17).
    5.3. Muerte de Joram (21:18-20).
6. Ocozías (22:1-9).
    6.1. Reinado de Ocozías (22:1-6).
    6.2. Muerte de Ocozías (22:7-9).
7. Atalía (22:10-23:21).
    7.1. Atalía usurpa el trono (22:10-12).
    7.2. Preparación para el reinado de Joás (23:1-11).
    7.3. Muerte de Atalía (23:12-21).
8. Joás (24:1-27).
    8.1. Compromiso de Joás con Dios (24:1-14).
    8.2. Pecado y muerte de Joás (24:15-27).
9. Amasías (25:1-28).
    9.1. Compromiso con Dios (25:1-13).
    9.2. Amasías se aparta de Dios (25:14-16).
    9.3. Conflicto con el reino del norte (25:17-24).
    9.4. Muerte de Amasías (25:25-28).
10. Uzías o Azarías (26:1-23).
    10.1. Compromiso con Dios (26:1-15).
    10.2. Alejamiento de Dios (26:16-21).
    10.3. Muerte de Uzías (26:22-23).
11. Jotam (27:1-9).
    11.1. Fidelidad a Dios (27:1-8).
    11.2. Muerte de Jotam (27:9).
12. Acaz (28:1-27).
    12.1. Pecado de Acaz (28:1-4).
    12.2. Derrota contra los asirios e Israel (28:5-15).
    12.3. Los enemigos de Judá (28:16-21).
    12.4. Grave pecado de Acaz (28:22-25).
    12.5. Muerte de Acaz (28:26-27).
13. Ezequías (29:1-32:33).
    13.1. Restablecimiento del culto (29:1-36).
    13.2. Celebración de la Pascua (30:1-31:1).
    13.3. Reorganización de sacerdotes y levitas (31:2-21).
    13.4. Invasión asiria (32:1-19).
    13.5. Dios libra a Judá (32:20-23).
    13.6. Enfermedad de Ezequías (32:24-26).

13.7. Los enviados de Babilonia (32:27-31).
13.8. Muerte de Ezequías (32:32-33).
14. Manasés (33:1-20).
    14.1. Perversidad de Manasés (33:1-11).
    14.2. Arrepentimiento (33:12-19).
    14.3. Muerte de Manasés (33:20).
15. Amón (33:21-25).
    15.1. Pecado de Amón (33:21-23).
    15.2. Muerte de Amón (33:24-25).
16. Josías (34:1-35:27).
    16.1. Compromiso con Dios y reformas (34:1-13).
    16.2. Hallazgo del libro de la ley (34:14-33).
    16.3. Celebración de la Pascua (35:1-19).
    16.4. Muerte de Josías (35:20-27).
17. Joacaz (36:1-4).
    17.1. Reinado (36:1-3).
    17.2. Destitución (36:4-5).
18. Joacim o Eliaquim (36:5-8).
    18.1. Maldad de Joacim (36:5).
    18.2. Acción de Nabucodonosor (36:6-8).
19. Joaquín (36:9-10).
    19.1. Inicio del reinado (36:9).
    19.2. Cautivo a Babilonia (36:10).
20. Sedequías (36:11-16).
    20.1. Pecaminosidad de Sedequías (36:11-12).
    20.2. Rebelión contra Babilonia y corrupción (36:13-16).

III. Cautividad de Judá (36:17-23).
1. Acción contra Judá (36:17-21).
    1.1. Destrucción del templo (36:17-19).
    1.2. Cautiverio (36:29-21).
2. El decreto de Ciro (36:22-23).

Cristo en el libro

Podrían destacarse algunas figuras que tuvieron realidad en Cristo. Sin duda está la presencia de la fidelidad de Dios en el sostenimiento, a pesar de sus pecados, de los reyes de Judá, manteniéndose la línea de David, y con ello el cumplimiento de lo prometido por Dios.

    Sin embargo, una nota destacada está en la construcción del templo en días de Salomón, que se mantuvo en pie, con momentos de abandono, hasta que fue destruido por los ejércitos babilonios.

Cristo es la gloriosa manifestación del templo que Dios mismo ha puesto en el mundo de los hombres, mediante la encarnación del Verbo: "Y aquel Verbo fue hecho carne, y habitó entre nosotros, (y vimos su gloria, gloria como del unigénito del Padre), lleno de gracia y de verdad"[85] (Jn. 1:14). El Verbo que se ha presentado como Dios (v. 1), la expresión de Juan es la más sucinta y a la vez la más completa de la tremenda paradoja de Jesús. Esta es la primera proposición del versículo. De una forma muy expresa, Juan dice que el Verbo fue hecho carne. No puede significar *llegó a ser*, pues el Verbo sigue siendo indefectiblemente el Verbo. Pero puede y debe entenderse como el proceso por el cual el Verbo entró en la historia humana como hombre. Juan utiliza el término carne, en la misma acepción que hombre, designando, en contraste con la omnipotencia y eternidad del Verbo, la debilidad y temporalidad de la criatura, resaltando su parte frágil (Is. 40:5; Mt. 24:22; Lc. 3:6; Jn. 17:2). El contraste de eternidad y temporalidad, entre Dios y el hombre, está continuamente presente en la Escritura, a modo de ejemplo en las palabras del profeta: "Voz que decía: Da voces. Y yo respondí: ¿Qué tengo que decir a voces? Que toda carne es hierba, y toda su gloria como flor del campo. La hierba se seca, y la flor se marchita, porque el viento de Jehová sopló en ella; ciertamente como hierba es el pueblo. Sécase la hierba, marchítase la flor; más la palabra del Dios nuestro permanece para siempre" (Is. 40:6-8). Estos dos extremos infinitamente distantes y antitéticos se unen en la encarnación. De otro modo, el mismo que existe *ab eterno* comienza una existencia novedosa como hombre. El Creador se hace también criatura. No se trata de que el Verbo se convirtió en hombre, sino que se hizo hombre, sin dejar de ser el mismo Verbo eterno.

Por la encarnación, Dios estableció su templo en la máxima y suprema dimensión donde pueda manifestarse la plenitud de la deidad. Este es otro asombroso hecho resultante de la encarnación: Dios se hace habitante del mundo. El verbo que utiliza Juan, σκηνόω, tiene múltiples equivalencias, como habitar, vivir, poner tienda, fijar tabernáculo. Todas ellas tienen relación con el establecimiento de una residencia permanente. El término expresa la idea de poner una tienda donde residir, un tabernáculo donde morar. Tendríamos que inventar un verbo para establecer una relación con la palabra griega; en este caso, sería algo así como *tabernaculear*. El Verbo tomó una residencia

---

[85] Texto griego: Καὶ ὁ λόγος σὰρξ ἐγένετο καὶ ἐσκήνωσεν ἐν ἡμῖν, καὶ ἐθεασάμεθα τὴν δόξαν αὐτοῦ, δόξαν ὡς μονογενοῦς παρὰ Πατρός, πλήρης χάριτος καὶ ἀληθείας.

humana, se hizo hombre y plantó esa tienda entre los hombres. ¿Por qué era eso necesario? En los párrafos anteriores se consideraron diversos aspectos de la encarnación en sí; ahora Juan nos introduce en la visión humana del Dios encarnado. No se trataba de una deposición de la deidad, ya que en su condición de hombre comienza una existencia divino-humana, en la que la naturaleza divina permanece inalterable puesto que no se trata de un dios rebajado, sino del único Dios verdadero que se hace visible a los hombres no desde la inmensidad e infinitud que le son propias, sino desde la humildad de la criatura. Sin embargo, en esa naturaleza humana, en el hombre Jesús de Nazaret, habita corporalmente toda la plenitud de la deidad (Col. 2:9). La plenitud divina cubierta por el traje de trabajo que es su humanidad. Sin embargo, en un momento de su ministerio, en presencia de tres de sus discípulos, descorrió un poco el cierre de este traje de trabajo y bajo Él resplandeció gloriosa la grandeza de su deidad (Mt. 17:2).

Sorprende la frase de Juan: "habitó entre nosotros", se rozó con nosotros, estuvo con nosotros, comió y bebió con los hombres, hasta tal punto que el escritor dirá en otro de sus escritos: "... lo que hemos oído, lo que hemos visto con nuestros ojos, lo que hemos contemplado, y palparon nuestras manos tocante el Verbo de vida" (1 Jn. 1:1). No se trata de otro, sino del Verbo de vida, en su visita a la tierra, en su manifestación como hombre entre los hombres.

Tanto en el desierto por donde transitó Israel, donde se levantó el Tabernáculo, una tienda, sin duda mayor y más gloriosa que la del resto del pueblo, como en el Templo de Salomón, Dios moraba, haciéndose presente con los hombres. Pero su presencia estaba rodeada de la gloria de su majestad, que mantenía necesariamente lejos al pueblo. Ninguno podía acceder al Lugar Santísimo, donde en la figura del Arca, Dios manifestaba su presencia. Aquel era lugar reservado solo para el sumo sacerdote, que había de entrar portando una porción de la sangre del sacrificio de expiación. Todos podían mirar al Tabernáculo y saber que Dios moraba con su pueblo. La inauguración de esa casa estuvo relacionada con la gloria de Dios, que descendiendo del cielo llenó aquella tienda, su casa entre su pueblo (Ex. 40:34, 35). La gloria de Dios excluía de su presencia al hombre pecador. Yahvé habitaba en el Tabernáculo (Ex. 29:43-46; Lev. 26:11-12; Sal. 78:60). Más tarde lo haría en el templo que Salomón edificó a su nombre (2 Cr. 6:41; 7:1-3). Los profetas proyectan una dimensión escatológica de la presencia de Dios con su pueblo (Ez. 37:28; Zac. 2:5). Pero el mismo santuario de Dios se levanta por la encarnación en la persona de Jesús, en quien la gloria de Dios se manifiesta no para alejar al pecador, sino para llamarlo y atraerlo a Él mismo. No viene para distanciar al hombre, sino que lo hace para buscar y salvar lo que se había perdido (Lc. 19:10). La creatura podía material y literalmente rozarse con Dios y no morir. Podía verter ungüento sobre sus pies; adorarle en la proximidad; pedir el beneficio de su misericordia; sentarse al lado de Dios, mientras Él participaba en la comida y en la bebida del hombre. Juan habla aquí de la presencia real del Verbo encarnado, cumpliendo así la profecía que le nombra como Emanuel, Dios con nosotros (Is. 7:14). Israel sabía que Dios habitaba en medio de su pueblo porque había visto su gloria.

Como realidad de la presencia del Verbo encarnado entre los hombres, estos pudieron ver su gloria. La forma verbal *vimos*[86] expresa la idea de una observación puntual y pormenorizada que verifica las realidades de aquello que se observa y que establece un resultado definitivo. En la Biblia, el término *gloria*[87] expresa mayoritariamente la manifestación visible que acompaña una teofanía (cf. Ex. 33:22; Dt. 5:22-24; 1 R. 8:11). El ejemplo más claro de la gloria proléptica de Jesús es la transfiguración, en la cual la gloria propia de su deidad se hizo visible ante los tres discípulos que estaban allí presentes. La gloria se manifestó en Jesús por medio de sus milagros, que ponían de manifiesto la omnipotencia divina; a esta gloria se refiere también Juan (2:11; 11:4, 40). La gloria expresada en Cristo no es temporal, sino eterna; es decir, estuvo siempre presente en el Verbo antes de la encarnación y nacimiento. A esta gloria, oculta por el velo de la humanidad, se refiere Jesús en la oración al Padre, cuando le pide recuperar la gloria que tuvo con Él antes de que el mundo fuese (17:5, 24). Sin embargo, Cristo no estuvo buscando gloria para sí mismo, sino que, como enviado del Padre en su condición de siervo, buscó siempre la gloria de aquel que le envió (5:41; 7:18; 8:50). Por tanto, la gloria de Jesús depende absolutamente de su relación con Dios y de la obediencia incondicional al que le ha enviado a la misión que le fue dada.

Más tarde escribiría el apóstol Pablo: "Porque en él habita corporalmente toda la plenitud de la deidad"[88] (Col. 2:9). El sujeto de la oración es Cristo, de ahí que el versículo se refiera exclusivamente a Él. Cristo es Jesús de Nazaret, el hombre que vivió como tal entre los hombres. Este es Emanuel, Dios con nosotros (Is. 7:14; 8:8; Mt.

---

[86] Griego: ἐθεασάμεθα, como aoristo del verbo θεάομαι.
[87] Griego: δόξαν.
[88] Texto griego: ὅτι ἐν αὐτῷ κατοικεῖ πᾶν τὸ πλήρωμα τῆς Θεότητος σωματικῶς,

1:23). Se está refiriendo, para los colosenses, a aquel en quien habían sido puestos. La plenitud divina en Jesucristo se manifiesta con el pleno beneplácito del Padre, sin que esto suponga una causa originadora por la que la deidad se manifieste en Cristo, sin cuya causa no ocurriría. La plenitud divina está en Cristo como corresponde a la persona divino-humana del Verbo eterno de Dios manifestado en carne. Ese verbo *habitar* implica una acción presencial o una manifestación visible en el mundo; la idea es la de una tienda de campaña asentada en el mundo dentro de la cual se manifiesta Dios mismo en toda su gloria. Jesús es el tabernáculo de Dios entre los hombres. Jesucristo es Dios que se revela y por tanto tiene en Él la plenitud de aquello que va a revelar. El Señor Jesucristo manifiesta su procedencia eterna del Padre; de ahí que comparte vida, conciencia y potestad de Él. Por eso la plenitud de la gloria de Dios, infinita y eterna, es también la misma plenitud y gloria de Jesús. Siendo Hijo de Dios, su filiación se produce por generación eterna en un compartir de la misma vida. No se trata de que la plenitud de la deidad se investiera en un hombre nacido de mujer, aunque fuese milagrosamente, sino que es divino eternamente y se constituye hombre sin dejar de ser Dios; por eso en esa humanidad la plenitud de la deidad persiste, se expresa y es definitivamente revelada por Él y en Él. Estas admirables verdades expresadas tan sintéticamente aquí pertenecen al estudio de la cristología; de ahí que deba ponerse punto a la reflexión en este sentido que conduce inexorablemente a la confesión del apóstol: "En Él habita corporalmente toda la plenitud de la deidad". El verbo habitar implica estar presente; por tanto, si en Él habita la plenitud de la deidad, esto equivale a confesar que está presente en nuestro Señor Jesucristo. Cuando Pablo califica la inhabitación de la deidad en Cristo como corporal no se está refiriendo exclusivamente a la realidad de su humanidad, sino en el sentido de real y verdadera. Esto se opone a la falsa enseñanza de una mera apariencia de la deidad.

En Cristo mora, como en su propio hogar, no alguna expresión de la deidad, sino toda la esencia de la misma. La absoluta dimensión, la plenitud esencial del ser divino, está en Cristo. No hay nada de la esencia misma de Dios que no esté en Jesús. Pablo utiliza aquí el término[89] que significa literalmente *deidad*, que denota la totalidad absoluta de la esencia y naturaleza divinas. El apóstol Pablo afirma que Cristo es Dios mismo, con toda la esencia de la deidad morando en Él (Jn. 14:9-11; 2 Co. 4:6; He. 1:3). Los atributos incomunicables

---

[89] Griego: θεότης.

que manifiestan la esencia divina están en Jesús y le son propios. No es la deidad implantada en Él, sino que Él es Dios mismo manifestado en carne. Esto elimina las pretensiones de los falsos maestros que enseñaban a buscar la plenitud fuera de Cristo.

Por esta razón considerada, Cristo está presente como el sublime santuario de Dios, que hace realidad la figura del santuario que el rey Salomón construyó. Sin embargo, cualquier dimensión en todos los sentidos de aquel templo solo podía ser una sombra del venidero, que podía decir: "Uno mayor que el templo está aquí" (Mt. 12:6). En los cielos nuevos y en la tierra nueva, el Cordero de Dios, suplirá la necesidad de un templo "porque el Señor Dios Todopoderoso es el templo de ella, y el Cordero" (Ap. 21:22).

Esdras

El siguiente libro histórico luego de Crónicas enlaza de una forma notable la ruina nacional de Judá, como consecuencia de su pecado y abandono de Dios, con el inicio de la restauración de un pequeño remanente que fue guardado en la gracia divina para dar continuidad a la nación. Sin duda alguna, es una manifestación de la fidelidad de Dios, que hace honor a sus promesas y cumple siempre su palabra.

Título

Los dos libros, Esdras y Nehemías, eran tratados como uno solo por los escribas hebreos, hasta el punto que no existe separación entre el final del libro de Esdras y la continuación inmediata del de Nehemías. En el catálogo más antiguo de libros del Antiguo Testamento, que es la lista de Melitón de Sardes, ca. 170 d. C., se omite el libro de Nehemías porque estaba incluido con Esdras.

El título para los dos corresponde al personaje central del escrito, que para el primero es Esdras y para el segundo, Nehemías. La unidad de pensamiento teológico y forma literaria es igual para los dos, lo mismo que para Crónicas.

Autor y fecha

Muchos consideran que el autor de Crónicas es el mismo para Esdras y Nehemías. El hecho de que los versículos finales de 2 Crónicas se repitan en los dos primeros de Esdras establece una evidencia más sobre la identidad de autor.

Es evidente que el redactor de los libros escribe para presentar las bases de la historia post-exílica de Judá, ya que Israel como nación quedó diluida en la mezcla ocurrida por la invasión del reino del norte.

Es muy probable que el autor de estos dos libros fuese Esdras, aunque no se menciona su autoría directamente. Tenía acceso a y usó varias fuentes, como se aprecia en el escrito (cf. 4:7-16). Asimismo, tuvo documentos que permitieron la redacción de la genealogía (2:1-70). En la última parte están presentes memorias personales del autor (7:27-9:15).

El problema de datación se produce, como en la mayoría de los libros de la Biblia, como consecuencia de la Alta crítica o crítica liberal, que en cualquier caso niega la autoría y también la datación, y sitúa la autoría de estos libros no antes del 398 a. C. Estos teólogos afirman que Esdras vino a Jerusalén en el año 7 de Artajerjes II, que sería ca. 398 a. C. La tesis propuesta tiene tantas dificultades que incluso en el mundo liberal está cuestionada.

Si se fija con seguridad la actividad de Esdras y Nehemías, hay fechas históricas que se aprecian en el siguiente cuadro:

Edicto de Ciro y retorno a Judá de Sesbassar (Esd. 1).	538 a. C.
Terminación de la reconstrucción del templo (Esd. 6:14).	515 a. C.
Intrigas de los samaritanos contra Judá (Esd. 4:6).	495 a. C.
Se suspende la reconstrucción del templo (Esd. 4:23 ss.).	464 a. C.
Llegada de Nehemías a Jerusalén (Neh. 1-7).	445 a. C.
Segunda misión de Nehemías (Neh. 13:6-7).	430 a. C.

Con todo, en razón de la datación, debe entenderse que en la primera parte de Esdras se registran acontecimientos que ocurrieron unos 55 años antes de que Esdras regresara a Judá. Muchos datos del relato se toman de fuentes diversas, algunas mencionadas antes, como el decreto de Ciro (1:2-4); la relación de utensilios del templo (1:9-11); la carta para Artajerjes (4:11-16); la respuesta de Artajerjes (4:17-22); el informe de Tatnay (5:7-17); el decreto de Ciro (6:2-5); la respuesta de Darío (6:6-8); la genealogía de Esdras (7:1-5); la autorización de Artajerjes (7:12-26); la lista de los jefes de las familias (8:1-14); la lista de los matrimonios mixtos (10:18-44).

Probablemente el libro debe datarse entre los años 456 a. C. y el 445 a. C., cuando se produjo la llegada de Nehemías a Jerusalén.

Entorno histórico

Debe considerarse el período final del imperio babilónico y el inicio del medo-persa, donde el nuevo sistema político se encontró con los judíos que habían sido deportados en el tiempo de Nabucodonosor. Puede servir de ayuda el siguiente cuadro histórico:

Conquista de Babilonia por Ciro el grande	539 a. C.
Edicto de Ciro a favor de los judíos	538 a. C.
Cambises	530-522 a. C.
Darío I el grande	522-486 a. C.
Jerjes I (Asuero, Esd. 4:6)	486-464 a. C.
Artajerjes I (Neh. 2:1)	464-423 a. C.
Artajerjes II, Mnemón	404-360 a. C.
Artajerjes III, Ocos	359-338 a. C.
Arses	338-335 a. C.
Darío III	335-331 a. C.
Conquista del imperio persa	331 a. C.

La conquista de Babilonia fue rápida y, en cierto modo, fácil. Ciro entró victorioso en la ciudad el 29 de octubre del año 539 a. C. Los judíos consideraban a Ciro como el enviado de Dios para libertarlos del cautiverio, como había profetizado Isaías (Is. 44:28; 45:1). Los medo-persas se mostraron favorables a los pueblos dominados, buscando ganarse la confianza de todos. Con este mismo espíritu de comprensión, en el primer año de su gobierno Ciro publicó el decreto que permitía a los judíos regresar a su tierra y reconstruir el templo. A pesar de que este decreto revestía una importancia grande para el retorno, no hubo mucho interés por parte de un buen número de judíos, que se habían establecido en nuevas casas y ejercían el comercio. Pero para otros el entusiasmo por regresar a Jerusalén fue grande, retornando un número grande entre el 538 a. C. y la ascensión de Darío I en el año 522 a. C.

El viaje de retorno a través de lugares desiertos era difícil y peligroso. El final de esa ardua peregrinación era llegar a un país sumamente pequeño, que no llegaba a 50 km de norte a sur. La arqueología ofrece evidencias de un territorio devastado por los ejércitos babilónicos. Además, había enemigos en el entorno territorial, como eran los pobladores de Samaria, que consideraban como propia la provincia de Judea y se oponían a cualquier establecimiento en ella de un remanente judío.

Se aprecia el trabajo de los profetas post-exílicos, como fueron Hageo, Zacarías y Malaquías, para animar al pueblo a la obra de reconstrucción pese a los problemas que había en el entorno. El templo fue reconstruido y se dedicó en el año 515 a. C.

Sin duda había esperanzas mesiánicas, pero Judá y, por tanto, Jerusalén, siguieron bajo el dominio medo-persa y luego bajo el greco-macedónico. Para los persas, era la quinta satrapía, oficialmente conocida como la de "más allá del río" (Esd. 4:11, 16).

Resumiendo el entorno histórico: El pueblo de Israel había sido deportado a Babilonia, regresando con la autorización de los persas. Zorobabel regresó y lideró el primer grupo de retornados (538 a. C.); comenzó la reconstrucción del templo (caps. 1-6). Esdras condujo el segundo grupo de retornados (458 a. C.), estableciendo algunas reformas (caps. 7-10); Nehemías llevó al tercer grupo (444 a. C.) y reconstruyó la ciudad y el muro.

Bosquejo

Se propone el siguiente para el análisis exegético del texto bíblico:

I. Regreso bajo Zorobabel (1:1-6:22).
   1. Decreto de Ciro (1:1-11).
   2. Censo de los retornados (2:1-70).
      2.1. Líderes (2:1-2).
      2.2. Familias (2:3-20).
      2.3. Ciudades (2:21-35).
      2.4. Sacerdotes (2:36-39).
      2.5. Levitas (2:40-42).
      2.6. Sirvientes (2:43-54).
      2.7. Siervos de Salomón (2:55-58).
      2.8. Genealogías inciertas (2:59-63).
      2.9. Total de los retornados (2:64-70).
   3. Restauración del altar (3:1-13).
      3.1. Comienzo de los sacrificios (3:1-6).
      3.2. La nueva cimentación (3:7-13).
   4. Oposición (4:1-24).
      4.1. Convenio de los retornados (4:1-3).
      4.2. Campaña de los adversarios (4:4-5).
      4.3. Detención de la obra (4:6-24).
   5. Reedificación del templo (5:1-6:12).
      5.1. Mensajes de los profetas (5:1-2).
      5.2. La acción del gobernador Tatnai (5:3-17).
      5.3. Decreto de Darío (6:1-12).
   6. La reedificación del templo concluida (6:13-22).
      6.1. Conclusión de las obras (6:13-15).

      6.2. La dedicación (6:16-18).
      6.3. La Pascua (6:19-22).
II. El regreso bajo Esdras (7:1-10:44).
   1. Regreso a Jerusalén (7:1-8:36).
      1.1. Esdras (7:1-10).
      1.2. Decreto de Artajerjes (7:11-26).
      1.3. Determinación de viajar (7:27-28).
      1.4. El viaje (8:1-36).
   2. Esdras en Jerusalén (9:1-10:44).
      2.1. La situación espiritual del pueblo (9:1-4).
      2.2. Confesión de Esdras (9:5-15).
      2.3. El compromiso del pueblo (10:1-8).
      2.4. La purificación del pueblo (10:9-44).

Cristo en el libro

En Esdras se aprecia el cumplimiento fiel de la promesa que Dios había dado a David y, por tanto, al pueblo del mantenimiento de su descendencia hasta la llegada del Mesías, que es el Rey determinado por Dios para gobernar, primero en la tierra actual durante mil años y luego perpetuamente en cielos nuevos y tierra nueva, en la creación anunciada.

    Zorobabel, nieto de Jeconías, forma parte de la ascendencia del Mesías según la carne (1 Cr. 3:17-19; Mt. 1:12, 13). El lugar del nacimiento de Cristo, anunciado por el profeta: "Pero tú, Belén Efrata, pequeña para estar entre las familias de Judá, de ti me saldrá el que será Señor en Israel" (Mi. 5:2). Eso exigía que necesariamente la ascendencia de Jesús regresara de la cautividad a Judá, donde estaba asentada la pequeña población de Belén, lugar del nacimiento.

    El arrepentimiento forma parte natural y principal en el libro. Dios llamaba a su pueblo a la confesión de su pecado y al arrepentimiento que abriría para ellos un tiempo de bendición.

    El mensaje de Cristo y su enseñanza comprenden el llamamiento al arrepentimiento que había sido el mensaje de Juan el Bautista: "Bautizaba Juan en el desierto, y predicaba el bautismo de arrepentimiento para perdón de pecados" (Mr. 1:4). Fue este último profeta quien dijo anunciando al Mesías: "Viene tras mí el que es más poderoso que yo, a quien no soy digno de desatar encorvado la correa de su calzado" (Mr. 1:7). De este modo leemos acerca de Jesús: "Después que Juan fue encarcelado, Jesús vino a Galilea predicando el evangelio del reino de Dios, diciendo: El tiempo se ha cumplido, y el reino de Dios se ha acercado; arrepentíos, y creed en el evangelio"[90] (Mr. 1:14-15). Jesús vino predicando el Evangelio de Dios. La vinculación entre el ministerio de Juan y el de Jesús, que no era otro que el que predicaba Juan el Bautista; literalmente proclamaba como un heraldo enviado por Dios, el mensaje de buenas nuevas. No era un profeta que hablaba en nombre de Dios, como fuera Juan, sino Dios mismo en Cristo que proclamaba su mensaje de salvación. Lo que Jesús proclamaba era "el evangelio de Dios", la verdad siempre nueva que procede de Dios para salvación. Por tanto, no se trata de un mensaje religioso, sino de la expresión misma de la voluntad de Dios que habiendo hecho la obra de salvación por medio de Jesucristo la proclama al mundo. El Evangelio de Dios es también el Evangelio de Cristo. Un mensaje no de hombres ni por hombres, sino procedente de Dios. Este Evangelio, el único Evangelio, es atemporal porque es eterno, el mismo que se proclamó para salvación en distintas formas a lo largo del tiempo de la historia humana. En ocasiones se pretende hablar de Evangelio del reino y Evangelio de la gracia. Algunos piensan que el Evangelio que Jesús predicaba, el mismo que también predicaba Juan el Bautista, es un Evangelio distinto o diferente al que se predica en el día de hoy. Juan predicaba un mensaje idéntico al que tenemos que predicar actualmente. En él proclamaba la necesidad de arrepentimiento y anunciaba también a Jesús como el Cordero de Dios que quita el pecado del mundo (Jn. 1:29). Jesús llama a los hombres a la fe en Él (Jn. 3:16), lo que implica necesariamente el arrepentimiento, no como condición para salvación además de la fe, sino como consecuencia de ella.

El mensaje que Jesús proclamaba, anunciaba el cumplimiento de un tiempo establecido por Dios. Es una expresión semejante a la que Pablo utiliza (Gá. 4:4). El propósito eterno de Dios en relación con la evangelización que proclamaba la proximidad del reino había llegado. El reino de Dios se había acercado. Reino de Dios y reino de los cielos son títulos sinónimos que indican la esfera donde Dios actúa y es obedecido. El reino de Dios ha tenido muchas manifestaciones a lo largo de la historia humana. En el tiempo presente se aplica a la iglesia, en el sentido de ser la esfera donde se manifiesta la libertad

---

[90] Texto griego: Μετὰ δὲ τὸ παραδοθῆναι τὸν Ἰωάννην ἦλθεν ὁ Ἰησοῦς εἰς τὴν Γαλιλαίαν κηρύσσων τὸ εὐαγγέλιον τοῦ Θεοῦ καὶ λέγων ὅτι πεπλήρωται ὁ καιρὸς καὶ ἤγγικεν ἡ βασιλεία τοῦ Θεοῦ· μετανοεῖτε καὶ πιστεύετε ἐν τῷ εὐαγγελίῳ.

del pecado en Cristo (Col. 1:13). En el futuro se manifestará también en el reino milenial y luego en el reino eterno.

Por lo que se ha considerado antes, el término *reino de Dios* no debería vincularse a un determinado aspecto futuro o escatológico, sino también a la realidad presente que ocurre en la Iglesia como expresión del reino de Dios en el tiempo actual, a donde acceden los creyentes mediante la fe depositada en el Señor; de ahí que Pablo enseñe que "el cual nos ha librado de la potestad de las tinieblas, y trasladado al reino de su amado Hijo" (Col. 1:13). El reino de Dios es eterno, por tanto, es presente y escatológico a la vez. No es posible confinarlo a aspectos limitados por el tiempo. Quiere decir que el reino se había acercado y estaba iniciando un nuevo tiempo, en el que el Evangelio de Dios sería el mensaje de salvación para todo aquel que lo recibiera. Los tales entran al reino de Dios que se abre paso por la acción divina en todo el curso de la historia humana, especialmente destacable en el tiempo final de la historia abierto con la irrupción divina en Cristo y por Él. Es necesario entender que el reino de Dios se ha acercado, es decir, Dios está cumpliendo su propósito establecido eternamente, mucho más que señalar tiempos y sazones que solo Él conoce y tiene en su potestad, o referirse a algún acontecimiento que sin duda será cumplido en su momento, tanto presente como futuro y aún ambos. El ministerio de Jesús abre la puerta a un tiempo de cumplimiento divino y llama a todos los hombres a un encuentro personal con Dios en Él. En el Salvador, el reino se había acercado a los hombres, proveyendo para ellos un mensaje de salvación por fe en el que anunciaba el Evangelio. Jesús enseñó el significado actual en las parábolas del reino (Mt. 13).

Jesús proclamaba que la entrada al reino solo era posible mediante la fe en el mensaje del Evangelio, que demandaba el arrepentimiento, en el sentido en que se ha considerado antes, como expresión equivalente a nuevo nacimiento, sin cuya condición no podrían ver ni podrían entrar en el reino (Jn. 3:3, 5).

Si importante es conocer el sentido del término reino de Dios, no lo es menos entender el de arrepentimiento, de modo que aún a costa de alguna redundancia será bueno considerarlo nuevamente aquí. El arrepentimiento tiene que ver con un cambio de mentalidad que conduce al hombre a una consideración diferente a cuanto era su forma de buscar la salvación mediante otro procedimiento que no sea "creer al evangelio". La gran verdad es que la salvación nos es impartida en toda la dimensión de la palabra por medio de la fe en Cristo como Salvador personal. A este único requisito no se le puede añadir ninguna otra obligación, so pena de hacer violencia a la Escritura. Ese es el caso de añadir a la fe la necesidad de un arrepentimiento previo a ella para alcanzar la salvación, como si esta necesitase de dos elementos que establecen la responsabilidad humana en la recepción de la salvación: uno, el arrepentimiento, y otro, la fe. Esto impide comprender bien la doctrina de la gracia soberana de Dios en salvación, mensaje inicial y principal del ministerio de Jesús. Extendemos esta consideración para dejar claro el principio de salvación en el mensaje del Salvador, afirmando con toda determinación que la gracia soberana requiere del hombre solo una cosa: creer al Evangelio. La salvación que es por fe conduce inexorablemente a la regeneración y con ello a la transformación que hace del creyente una nueva criatura; garantiza la preservación del creyente y lo lleva finalmente a la presencia de Dios, hecho conforme a la imagen de Cristo. Es solamente necesario entender que cada uno de los aspectos que comporta la salvación es sobrehumano, es decir, incapaz para el hombre, de modo que ha de ser llevado a cabo por Dios, ya que solo Él puede realizarla. Por esa razón, el profeta pide: "Conviérteme y seré convertido" (Jer. 31:18).

El sentido de la palabra[91] equivale a cambio de sentimiento, de mentalidad. La idea de introducir un dolor interior de corazón no está presente en el sentido de la palabra. Pretender que el arrepentimiento vaya precedido de un dolor por la comisión del pecado no es motivo eficaz para el arrepentimiento, como no lo es tampoco la repetición de una oración o hacer alguna señal de aceptación para alcanzar la salvación. No cabe duda de que la "tristeza que es según Dios produce arrepentimiento" (2 Co. 7:10), pero esta tristeza no puede confundirse con el cambio que puede llegar a producir. La idea puritana de que antes de que el hombre sea llevado al Calvario debe ser conducido al Sinaí no está manifestada en ningún lugar de la Escritura. Como escribe el Dr. Chafer, "la llamada del Nuevo Testamento al arrepentimiento no es una invitación a la autocondenación, sino a un cambio de mentalidad que promueva un cambio de vida en el camino recién comenzado"[92].

Pero es necesario entender que, cuando se afirma que el arrepentimiento no es un elemento añadido a la fe para salvación, esto no significa que puede haber verdadera salvación sin arrepentimiento, o que el arrepentimiento no es necesario para salvarse. Es, por tanto, necesario afirmar contundentemente que el arrepentimiento

---

[91] Griego: μετάνοια.
[92] Chafer, 1974, Vol. I, p. 1200.

es imprescindible para salvación; de otro modo, nadie se salva sin arrepentirse, pero el arrepentimiento va implícito en la fe, sin que sea posible separarlo de ella. Sin embargo, nada ha hecho un daño mayor que enseñar que el pecador debe sentir un profundo dolor por el pecado que ha cometido como exigencia para creer, o como condición previa para recibir a Jesús como Salvador personal. Quiere decir que muchos no pueden asumir su salvación porque no han sentido dolor previo de corazón por la ofensa cometida contra Dios; esto implica hacer que el inconverso mire a su interior en lugar de dirigir su mirada al Salvador. Esta enseñanza no bíblica hace depender la salvación de sentimientos en vez de hacerla depender de la fe. En progresión, esta forma de entender el arrepentimiento conduce a otra consecuencia sustancialmente falsa: que Dios necesita reconocer al pecador por el dolor que manifiesta por el pecado, sin cuyo requisito no es aceptado a salvación. El hombre tiene delante de sí un mensaje de buenas noticias que debe creer: "Arrepentíos y creed al Evangelio".

El arrepentimiento, que es un cambio de mentalidad, está incluido en la fe. Nadie puede convertirse a Cristo desde cualquier posición que ocupe sin un cambio de mentalidad. Los judíos de los tiempos de Jesús estaban siendo enseñados en una justificación por obras, de manera que creer al Evangelio significa cambiar la mentalidad al respecto de la justificación por las obras de la ley para aceptar solo el camino de la fe. Pero ese cambio de mentalidad no es resultado del esfuerzo humano, ni del dolor íntimo, ni de la contrición, sino una obra del Espíritu Santo (Ef. 2:8). Es el Espíritu Santo y no la contrición del hombre quien convence del pecado que condena al hombre: "No creer" (Jn. 16:8-11).

Jesús llamaba a los hombres al arrepentimiento, pero los llamaba a creer al Evangelio. La fe es un solo acto, aunque las consecuencias o resultados de la fe son múltiples. No se trata de un simple cambio de una situación a otra, sino el cambio a una situación desde otra (1 Ts. 1:9). Convertirse a Cristo implica la fe y el arrepentimiento que es siempre consecuencia de ella y no paralela a o independiente de ella. A la luz del texto citado antes, se aprecia que la conversión a Cristo no se produce por un arrepentimiento que aleja de los ídolos por medio de la contrición y un segundo acto distintivo que sería el ejercicio de la fe.

El mensaje de Jesús puede explicarse de esta manera: arrepentíos, en el sentido de cambiar de forma de pensar sobre cómo alcanzar la justificación, y creed al Evangelio, cuyo contenido es el mensaje de Dios para salvación por medio de la fe en Cristo. Esta es la continuidad a la proclamación del Evangelio que Juan predicaba; esta es la buena nueva de salvación que predicamos; este es el Evangelio eterno de Dios.

Nehemías

Como se ha indicado en la introducción de Esdras, el libro de Nehemías se consideraba como un solo volumen con el anterior. De ahí que la introducción de Esdras sea válida para Nehemías en los apartados indicados en ella. Por esto, no es necesario duplicarla aquí, remitiendo al lector al libro anterior.

Autor y fecha

Al leerse en 1:1 *Palabras de Nehemías hijo de Hacalías*, algunos lo consideran como el autor del libro. Algunos eruditos le atribuyen, por lo menos, los siguientes pasajes del libro: 1:1-7:5; 12:27-43; 13:4-31. Con todo, es muy posible que el libro haya sido escrito por Esdras y que él mismo haya incorporado estos escritos tomados probablemente del diario personal de Nehemías que, como funcionario en el palacio y como servidor directo de Artajerjes, conocía las costumbres de redacción de crónicas históricas. Esta propuesta tiene como evidencia el hecho de un estilo de escritura casi idéntico en los dos libros.

La datación del libro corresponde a la misma que el de Esdras que, como se ha indicado en la introducción del mismo, debe establecerse entre los años 456 a. C. y 445 a. C., cuando se produjo la llegada de Nehemías a Jerusalén.

Entorno histórico

Nehemías era un alto funcionario al servicio personal y directo de Artajerjes I, Longimano, emperador persa. Era copero: servía y probaba el vino que el emperador bebería para evitar que pudiera ser envenenado con la bebida. Por su servicio estaba presente en las conversaciones del emperador con otras personas y representantes del estamento político del imperio.

Por informes facilitados por familiares que lo visitaron, pidió al emperador permiso para trasladarse durante doce años a Jerusalén para reconstruir la ciudad y el muro, autorización que le fue dada en el vigésimo año del reinado de Artajerjes, en el 444 a. C. Durante los doce años acometió la tarea de la reconstrucción de la muralla, estableciendo compromisos y formas de vida en la ciudad. Después de ese tiempo regresó nuevamente a Persia en el trigésimo segundo año del reinado de Artajerjes, en el 432 a. C.

Dada la situación de deterioro social que se había producido en Jerusalén durante su ausencia, volvió nuevamente a esa ciudad, lo que ocurrió ca. 425 a. C.

El libro recoge la restauración de Jerusalén durante el liderazgo suyo. Sin embargo, hay parte de la historia de Esdras registrada en el libro de Nehemías. La razón está en la necesidad de que, junto con la reconstrucción de la ciudad, se estableciesen bases éticas fundamentadas en lo que Dios había ordenado en su ley; de ahí la necesidad de que estas instrucciones estuviesen en manos del sacerdote Esdras, que asumió la enseñanza del pueblo (8:2).

Propósito

El libro de Nehemías tiene el propósito de hacer notar al pueblo retornado la necesidad de obedecer lo que Dios había establecido. La desobediencia había acarreado la ruina espiritual y la deportación a Babilonia.

La lectura de la ley y, sin duda, la aplicación de ella por el Espíritu produjo un avivamiento espiritual notorio, con la formalización de un pacto escrito por todo el liderazgo juntamente con el pueblo. Dicho pacto, hecho en presencia de quien ejercía la autoridad conferida por el emperador sobre el territorio de Judá, convertía el convenio en una ley que no podía ser quebrantada; de ahí la aparente rudeza en el tratamiento de los problemas en la segunda parte del libro.

La enseñanza en ese sentido era hacer notar que no puede practicarse el pecado sin que este traiga consecuencias.

Bosquejo

Se propone el siguiente para el análisis exegético del texto bíblico:

I. Reconstrucción de los muros (1:1-7:73).
   1. Regreso a Jerusalén (1:1-2:20).
      1.1. Informe a Nehemías (1:1-3).
      1.2. Oración de Nehemías (1:4-11).
      1.3. Petición a Artajerjes (2:1-8a).
      1.4. Concesión de Artajerjes (2:8b-10).
      1.5. Inspección de los muros (2:11-20).

2. Reconstrucción de los muros (3:1-7:4).
      2.1. Distribución del trabajo (3:1-32).
      2.2. Acción de los enemigos (4:1-6:14).
         2.2.1. Burla (4:1-6).
         2.2.2. Conspiración (4:7-23).
         2.2.3. Extorsión (5:1-19).
         2.2.4. Maquinaciones (6:1-4).
         2.2.5. Calumnia (6:5-9).
         2.2.6. Inducción al pecado (6:10-14).
      2.3. El trabajo realizado (6:15-7:4).
   3. Censo del pueblo (7:5-73).
II. Renovación del pacto con Esdras (8:1-10:39).
   1. Esdras lee la ley al pueblo (8:1-8).
      1.1. La lectura y bendición (8:1-6).
      1.2. La colaboración de los levitas (8:7-8).
   2. La respuesta del pueblo (8:9-18).
   3. El arrepentimiento del pueblo (9:1-38).
   4. Ratificación del pacto (10:1-27).
   5. Responsabilidades del pacto (10:28-39).
III. Organización del pueblo (11:1-13:31).
   1. Población de las ciudades (11:1-12:26).
      1.1. Jerusalén (11:1-24).
      1.2. Otras ciudades (11:25-36).
   2. Relación de sacerdotes y levitas (12:1-26).
      2.1. Relación de sacerdotes y levitas (12:1-9).
      2.2. Genealogía del sacerdocio (12:10-26).
   3. Dedicación del muro (12:27-47).
      3.1. Detalle (12:27-43).
      3.2. Porciones para sacerdotes y levitas (12:44-47).
IV. Reformas de Nehemías (13:1-31).
   1. Avivamiento del pueblo (13:1-3).
      1.1. Lectura de la ley (13:1-2).
      1.2. Reacción del pueblo (13:3).
   2. Reformas para el sacerdocio (13:4-14).
      2.1. El problema de parentesco ilícito (13:4-9).
      2.2. La falta de ofrendas (13:10-14).
   3. Reformas relacionadas con el sábado (13:15-22).
   4. Reformas relativas a matrimonios (13:23-31).
      4.1. Situación (13:23-24).
      4.2. Acción (13:25-27).
      4.3. Acción sobre familia sacerdotal (13:28-29).
      4.4. Resolución del problema (13:30-31).

Cristo en el libro

Nehemías es figura de Cristo en dos aspectos esenciales. De una posición privilegiada como funcionario de alta confianza al lado del emperador persa descendió para ser director de obra en la reconstrucción de la ciudad. Así también Cristo, que de su posición suprema como Dios se hizo hombre (Jn. 1:14) para compartir las miserias y problemas de los hombres y, con su obra, enriquecernos cambiando nuestra posición de perdición en otra de vida eterna en Él.

En la vida de Nehemías se manifiesta continuamente el ejercicio de la oración (cf. 1:4; 2:4; 4:4, 9; 6:9, 14). Así también Jesús era un hombre que practicaba la oración permanentemente durante su ministerio, dedicando largo tiempo a orar.

Podrían obtenerse de estos y otros aspectos importantes lecciones, pero la orientación de Nehemías y su principal propósito era la renovación del pueblo de Dios. Esta renovación se producía por obediencia a los preceptos establecidos en la ley y la sujeción a la Palabra. Sin embargo, no se alcanzó la plenitud de la renovación porque en gran medida dependía del mantenimiento de una relación con Dios basada en el cumplimiento legal.

Jesús viene anunciando una renovación plena, pero no por proximidad a Él, sino por identificación y posición en Él. Así lo enseña el apóstol Pablo: "Y todo esto proviene de Dios, quien nos reconcilió consigo mismo por Cristo, y nos dio el ministerio de la reconciliación; que Dios estaba en Cristo reconciliando consigo al mundo, no tomándoles en cuenta a los hombres sus pecados, y nos encargó a nosotros la palabra de la reconciliación"[93] (2 Co. 5:18-19). Es decir, el autor, ejecutor, dador y aplicador de la salvación en toda la extensión es Dios. La Biblia enseña esto con claridad cuando afirma que "la salvación es de Jehová" (Sal. 3:8; Jon. 2:9). Nadie más que Él planificó la salvación antes de la creación del universo y de los seres que hay en él. Así afirma que quien nos llamó con llamamiento santo según su propósito nos otorgó la gracia para salvación "antes de los tiempos de los siglos" (2 Ti. 1:9), o como también enseña el apóstol Pedro, que el rescate con la sangre preciosa de Cristo no fue un accidente histórico ni la provisión en el tiempo para la caída del hombre, sino que la antecede como algo "destinado desde antes de la fundación del mundo"

---

[93] Texto griego: τὰ δὲ πάντα ἐκ τοῦ Θεοῦ τοῦ καταλλάξαντος ἡμᾶς ἑαυτῷ διὰ Χριστοῦ καὶ δόντος ἡμῖν τὴν διακονίαν τῆς καταλλαγῆς, ὡς ὅτι Θεὸς ἦν ἐν Χριστῷ κόσμον καταλλάσσων ἑαυτῷ, μὴ λογιζόμενος αὐτοῖς τὰ παραπτώματα αὐτῶν καὶ θέμενος ἐν ἡμῖν τὸν λόγον τῆς καταλλαγῆς.

(1 P. 1:19-20). Todo cuanto tiene que ver con la salvación es de Dios, aunque toda responsabilidad en cuanto a aceptación es del hombre. Dios, que salva, nos reconcilia consigo mismo. La operación de reconciliación se hizo por medio de Cristo. Es natural, puesto que todo lo que tiene que ver con la salvación del hombre, el perdón de pecados, la dotación de vida eterna, la esperanza de gloria, etc. se hace en Cristo. Fuera de Él no hay salvación, porque "no hay otro nombre bajo el cielo, dado a los hombres, en que podamos ser salvos" (Hch. 4:12).

Técnicamente al verbo traducido por reconciliar se le da el sentido de cambiar completamente. De este modo, el versículo que se considera quedaría, aplicando este concepto, de la siguiente manera: "Y todo esto proviene de Dios, quien nos cambió completamente consigo mismo por Cristo". Igualmente ocurre con otro de los textos: "Y todo esto proviene de Dios, quien nos cambió completamente con Dios a ambos en un solo cuerpo, matando en ella las enemistades" (Ef. 2:16). Es en este pasaje que se está comentando donde mejor se manifiestan los dos aspectos de la reconciliación: el primero de ellos en el texto de este versículo y el segundo en el siguiente. La Biblia no afirma jamás que Dios se reconcilia, sino que Él reconcilia consigo mismo, bien al pecador a modo individual, bien colectivamente al mundo, como se aprecia en el versículo siguiente. La reconciliación general se hace virtual cuando el hombre cree personalmente. En este primer caso, la muerte de Cristo ha reconciliado enemigos con Dios y esta verdad se aprecia en la acción reconciliadora de Dios con el mundo en base a la obra de Cristo.

La reconciliación es para todos, como se aprecia en el uso de la palabra *mundo*. En el versículo anterior es virtual, ya que afirma que nos reconcilió, al incluirse el mismo apóstol se trata de la efectividad de la reconciliación en los que la aceptan, esto es, de los que han creído. Aquí es potencial, ya que Dios está reconciliando consigo al mundo. La reconciliación no estimula a Dios a tener misericordia o compasión hacia el hombre porque no nace de una condición externa a Él, sino de Él mismo, proporcionándole una situación en la que libremente, sin menoscabo a su justicia, puede ejercer su misericordia infinita sin limitación alguna puesto que Cristo extingue potencialmente en su obra de redención la responsabilidad penal del pecado. De otro modo, Dios estableció una forma de transacción con referencia al pecador, por medio de la muerte de su Hijo, pero esto es solo la potencialidad de la reconciliación, no la virtualidad de ella. Es decir, Dios reconcilia consigo al mundo, pero encomienda la proclamación del mensaje de la palabra de la reconciliación, que ha de ser aceptado por el hombre. Los que aceptan solo la redención limitada, para sustentar su posición teológica, afirman que Cristo murió solo por los elegidos y que solamente estos fueron reconciliados, esto es, cambiados completamente en la esfera de la relación con Dios. Esto no se sustenta a la luz de este versículo. No se puede sustituir la palabra *mundo* por la de *elegidos*, sino entraríamos en posiciones contrarias a la Palabra. *Mundo* significa en el entorno textual y en la teología de Pablo, la masa general de personas que viven en una situación de enemistad con Dios a causa de su pecado. Lo que está diciendo el apóstol es que la reconciliación del mundo no equivale a salvación universal, pero sí hace posible la reconciliación virtual que equivale, en este caso, a salvación.

El doble aspecto de la reconciliación aparece con toda claridad en otros escritos de Pablo, a modo de ejemplo: "Porque si siendo enemigos, fuimos reconciliados con Dios por la muerte de su Hijo, mucho más habiendo sido reconciliados, seremos salvos por su vida. Y no solo esto, sino que también nos gloriamos en Dios por medio de nuestro Señor Jesucristo, por el cual hemos recibido ahora la reconciliación" (Ro. 5:10-11)[94]. En el primer versículo se afirma que Dios ha reconciliado enemigos con Él mismo, siendo notorio que no puede referirse sino a la reconciliación del mundo; en el segundo, "estando reconciliados" por la fe personal y por la operación salvadora de Cristo son preservados en esa misma esfera de reconciliación ahora virtual, perpetuamente.

Es necesario adoptar una posición en relación con la frase del versículo. Una podría ser que Dios estaba en Cristo cuando reconciliaba consigo al mundo. Podría apoyarse en la identidad entre el Padre y el Hijo, de manera que Jesús dijo: "El Padre está en mí" (Jn. 10:38), haciendo notar con ello la identidad de las personas divinas en cuanto a la reconciliación. Pero también cabe entender que Dios estaba reconciliando al mundo consigo mismo en Cristo. Esto sería que Dios estaba, cuando Cristo murió, reconciliando consigo mismo al mundo. Esta debe ser la interpretación más concordante con el entorno textual. Dios estaba reconciliando al mundo, para lo que necesitaba la expiación por los pecados del mundo, y Cristo era quien podía hacerlo y lo hizo. Este reconciliar consigo al mundo, convertir a alguien en amigo suyo, de otro modo convirtiendo al mundo a Él, permite la demostración de que, por la obra de Cristo, es propicio a los pecadores. Lo hizo "no tomando en cuenta los pecados" de los

---

[94] Biblia Textual.

hombres, literalmente sus transgresiones. Realmente Dios no podría en justicia, sin otra razón, pasar por alto los pecados ni perdonar las transgresiones de los hombres. Su justicia demandaba la muerte del pecador a causa de su pecado. Pero, como se ha considerado ya, la obra de Cristo en la cruz abre el camino para el perdón, puesto que Él cargó sobre sí el pecado del mundo y en su vida entregada en sacrificio por el pecado establece la potencialidad salvadora para todo aquel que cree.

Hecha la obra de la reconciliación, determina que sea proclamada al mundo en el mensaje que llama aquí el apóstol *la palabra de la reconciliación*. Esto concuerda plenamente con lo que el apóstol escribió antes: "Porque la palabra de la cruz es locura a los que se pierden; pero a los que se salvan, esto es, a nosotros, es poder de Dios" (1 Co. 1:18). La doctrina de la cruz comprende el aspecto que trata en estos versículos sobre la reconciliación que posiciona al mundo en un cambio completo en relación con Dios. La evidencia de que la obra de la cruz ha sido realizada en toda la extensión y es definitivamente perfecta es que ha encargado que se anuncie al mundo que Él está reconciliado y en disposición de perdonar el pecado de todo aquel que crea en Cristo y lo reciba como Salvador personal en un acto de fe en su persona. De este modo, la invitación general del Evangelio toma razón de realidad cuando llama a todos los hombres para acudir a Cristo, anunciando que cualquiera puede volverse a Él y recibir el perdón de pecados y la vida eterna.

En la posición en Cristo se produce un cambio que sustenta una nueva vida, absolutamente contraria a la que antecede al nuevo nacimiento: "De modo que si alguno está en Cristo, nueva criatura es; las cosas viejas pasaron; he aquí todas son hechas nuevas"[95] (2 Co. 5:17) El cambio de orientación y de aceptación que se ha considerado en el versículo anterior recibe aquí la explicación de por qué se produce. Es la consecuencia de la regeneración. De otro modo, quien ha sido puesto en Cristo no es tanto una nueva criatura como una nueva creación. El apóstol trató este tema en el escrito anterior a los corintios (1 Co. 12:13). De manera que todo aquel que ha sido bautizado en Cristo adquiere ontológica y espiritualmente un nuevo ser, es una nueva creación de Dios. Debe notarse que está refiriéndose a que los lectores de la epístola, creyentes de la iglesia en Corinto, que así como todos los otros en cualquier lugar y tiempo, son verdaderos creyentes,

---

[95] Texto griego: ὥστε εἴ τις ἐν Χριστῷ, καινὴ κτίσις· τὰ ἀρχαῖα παρ–ῆλθεν, ἰδοὺ γέγονεν καινά.

puesto que solo quienes tienen esta condición están en Cristo. El hombre caído está inhabilitado delante de Dios; por tanto, cuanto él cree que es bueno, está deformado y deteriorado, nada puede hacer por sí mismo para revertir la situación, pero cuando cree no necesita ya nada puesto que, en Cristo, las cosas viejas pasaron. Es necesario entender con claridad que, por el bautismo del Espíritu, todos los creyentes individualmente y el conjunto de ellos están unidos vitalmente al Señor, estableciéndose una plena identidad de forma que las virtudes de Cristo pueden serles imputadas a los que están en Él. La acción del Espíritu Santo es una obra creadora de Dios, pero lo que se denomina nueva creación es el resultado de la unión con Cristo. Pablo enseña aquí que estar en Cristo es llegar a ser una nueva creación, habiendo pasado las cosas viejas y siendo sustituidas por las nuevas, todas ellas obra de Dios.

El mundo de la regeneración es un mundo nuevo. Cuando Cristo resucitado se une a los creyentes, o si se prefiere, cuando los creyentes son vitalmente unidos a Cristo, sentándose con Él en lugares celestiales (Ef. 2:6), formando una unidad definitiva e inconmovible, se le conoce como nueva creación. Pero, a su vez, como es el caso de este versículo, cada creyente individualmente por la misma razón es también como individuo una nueva creación. El salvo unido a Cristo resucitado, que es cabeza de la iglesia y cabeza personal del salvo, juntamente el salvo y el Señor constituyen la nueva creación de Dios. Por tanto, desde el momento de la vinculación con el resucitado, todas las cosas vienen a ser hechas nuevas, desapareciendo experimentalmente todo lo que era antiguo.

Ester

Se trata de un escrito bíblico que ha sido muy cuestionado a lo largo del tiempo.

Autor y fecha

No es posible determinar la identidad del autor. Por el relato se aprecia que se trata de un judío, con un nacionalismo fuerte, conocedor de los detalles que se produjeron en el entorno palaciego del rey Asuero.

Un dato importante en cuanto a la datación tiene que ver con el personaje central masculino del relato, que es el rey Asuero. Este es identificado con el rey Jerjes, cuyo reinado tuvo lugar del 485 al 465 a. C. Este rey luchó contra los griegos y fue derrotado dos veces: una en Salamina, en el 480 a. C., y la segunda en Platea, en el 479 a. C.

Es posible que los acontecimientos del relato se produjeran hacia el final del reinado de Asuero, quien probablemente se refugió en su palacio y en su harén para recuperarse de la tensión producida por las derrotas contra los griegos.

Puesto que 10:2 parece indicar que el reinado de Asuero o Jerjes había terminado, apelando a un relato de las crónicas reales, la datación del libro debe efectuarse ca. 465 a. C.

Cuestionamiento de historicidad

Especialmente procede de los críticos humanistas, que cuestionan abiertamente el libro y su historicidad. Uno de los argumentos apunta a que en los registros históricos no aparece ninguna reina con el nombre de Ester. Herodoto afirma que la reina durante el tiempo del libro era Amestris.

Otra base del cuestionamiento liberal afirma que en 2:5, 6 se lee sobre Mardoqueo que "había sido trasportado de Jerusalén con los cautivos que fueron llevados con Jeconías rey de Judá, a quien hizo transportar Nabucodonosor"; esto se produjo en el 597 a. C. y estaba vivo en el reinado de Jerjes (485-465 a. C.), pero lo que el texto indica es que quien fue deportado por Nabucodonosor no fue Mardoqueo, sino su abuelo Cis. De modo que habían pasado tres generaciones desde entonces a la época del relato.

Otra objeción tiene que ver con que los judíos no pudieron haber dado muerte a 75 000 enemigos en el término de un día (9:16, 17), ni esto hubiera sido permitido por el gobierno persa. Sin embargo, el hecho de que no fuera habitual no justifica afirmar que fuera imposible.

Se cuestiona también la duración del banquete que Asuero dio para los grandes de su imperio, que según parece duró ciento ochenta días (1:4), al que siguió otro de siete días (1:5). La primera referencia no es la de un banquete, sino el tiempo en que Jerjes se reunió para planificar la guerra contra los griegos con todos los grandes, a los que tuvo que alimentar durante el tiempo que duraron las reuniones. De ahí la presencia de ellos en los jardines del palacio y el acomodo en tiendas que se habían instalado para ello. El banquete final duró los siete días que se mencionan en el relato.

Entorno histórico

Los acontecimientos del libro de Ester comprenden unos diez años aproximadamente del reinado de Asuero o Jerjes, sucesor de su padre

Darío en el imperio Persa, en 486 a. C. Asuero prosiguió la campaña de su padre contra Grecia en la revuelta jónica.

Los judíos habían progresado económicamente durante la deportación a Babilonia, convirtiéndose en comerciantes y alcanzando una buena posición social, como se aprecia en las ofrendas dadas a los que regresaron a Jerusalén para la reconstrucción del templo. Del mismo modo, su situación social alcanzó altos niveles, como demuestra el hecho de que Nehemías hubiese llegado a ser el copero del emperador y, como tal, tuviese una cierta influencia con él.

En el entorno del relato está también la presencia de un omnipotente ministro del rey Asuero llamado Amán, quien ofendido porque Mardoqueo no le rendía pleitesía, urdió la muerte de este y de todos los judíos en el imperio. Esa gran matanza estaba fijada para el día 13 del mes Adar. En conocimiento de Mardoqueo, actúa con Ester para solicitar que se anule el decreto de exterminio de los judíos y consigue que se vuelva contra Amán y sus hijos, lo que también lleva a la muerte de 75 000 enemigos (9:16).

El cuidado divino sobre su pueblo generó una fiesta recordatoria llamada Purim.

Propósito

Esencialmente manifestar el carácter y la fidelidad de Dios hacia su pueblo. Él provee una defensa y libera a los suyos del exterminio porque es fiel a las promesas hechas a los antepasados, como dijo a Abraham: "Haré de ti una nación grande, y te bendeciré, y engrandeceré tu nombre, y serás bendición. Bendeciré a los que te bendijeren, y a los que te maldijeren maldeciré; y serán benditas en ti todas las familias de la tierra" (Gn. 12:2-3).

Dios permaneció fiel a su promesa a pesar de la infidelidad de Israel. Con todo, era el pueblo de su elección y hacía honor a sus palabras. El libro es un canto de testimonio sobre la protección fiel de Dios con su pueblo.

Canon

El libro de Ester tuvo dificultades para entrar en el canon, como libro inspirado.

Uno de los problemas en relación con el canon hebreo es la total ausencia de referencia a Dios en alguno de sus nombres.

En el sínodo de Jamnia (90 d. C.) algunos cuestionaron su condición de inspirado. Indudablemente tenía que ver con los capítulos de la Biblia hebrea que son los que están en las versiones de las Biblias protestantes. Aun en el s. III, un eminente rabino decía que Ester no era un libro sagrado.

Aceptado como canónico, comenzó a gozar de una gran popularidad, hasta el punto que Maimónides, muerto ca. 1204, llegó a decir que en los tiempos mesiánicos serán abolidos los *nebiim* (profetas) y todos los *ketubim* (escritos), salvo Ester, que es tan eterno como la *Torá* (la Ley) y no será nunca destruido.[96]

En el canon cristiano se aceptó sin reservas según la recensión griega y figura en las principales listas de libros inspirados, aunque en el Nuevo Testamento no hay ninguna referencia a Ester.

Con todo, hay alguna oposición a aceptarlo como canónico, como en el caso de Atanasio. En la traducción de Jerónimo, las partes añadidas procedentes de textos griegos son colocadas aparte.

Bosquejo

Se propone el siguiente para el análisis exegético del texto bíblico:

I. El peligro del pueblo de Dios (1:1-2:23).
   1. El divorcio de Vasti (1:1-22).
      1.1. El gran banquete (1:1-9).
      1.2. La desobediencia de Vasti (1:10-12).
      1.3. Rechazo de Vasti como esposa real (1:13-22).
   2. Búsqueda de una nueva reina (2:1-23).
      2.1. Propuesta al rey (2:1-4).
      2.2. Descubrimiento y aprobación de Ester (2:5-18)
      2.3. El complot contra el rey (2:19-23).
II. Complot contra los judíos (3:1-5:14).
   1. El odio de Amán (3:1-6).
      1.1. La causa (3:1-5).
      1.2. La reserva de Amán (3:6).
   2. El decreto de Amán (3:7-15).
      2.1. La argumentación y petición de Amán (3:7-9).
      2.2. La reacción del rey (3:10-11).
      2.3. El edicto redactado (3:12).
      2.4. El edicto enviado (3:13-15).
   3. Intervención de Mardoqueo (4:1-17).
      3.1. La situación de los judíos (4:1-3).

---

[96] Alonso Díaz, 1969, Vol. III, p. 217.

3.2. Ester informada (4:4-9).
3.3. La actuación de Ester (4:10-14).
3.4. La respuesta de Ester a Mardoqueo (4:15-17).
4. Acción de Ester (5:1-7:10).
   4.1. Primer banquete de Ester (5:1-8).
   4.2. La arrogancia de Amán (5:9-14).
   4.3. Lectura al rey de una crónica real (6:1-3).
   4.4. La arrogancia castigada (6:4-14).
   4.5. Segundo banquete de Ester (7:1-2).
   4.6. Ester informa al rey del plan de Amán (7:3-6).
   4.7. Sentencia y muerte de Amán (7:7-10).
III. Intervención divina a favor de su pueblo (8:1-9:32).
   1. Mardoqueo revestido de autoridad real (8:1-2).
   2. Ester comparece ante Asuero (8:3-17).
      2.1. Comparecencia (8:3-6).
      2.2. Respuesta de Asuero (8:7-8).
      2.3. Decreto de defensa para los judíos (8:9-14).
      2.4. Regocijo del pueblo de Dios (8:15-17).
   3. Días de liberación y gozo (9:1-32).
      3.1. Dos días de acción defensiva (9:1-17).
      3.2. Gozo del pueblo (9:18-19).
      3.3. Establecimiento de la fiesta de Purim (9:18-32).
   4. Epílogo (10:1-3).
      4.1. Tributo real (10:1).
      4.2. Exaltación de Mardoqueo (10:2-3).

Cristo en el libro

El relato pone de manifiesto de forma especial el cuidado que Dios tiene de su pueblo.

Los enemigos del cristiano hoy son también poderosos. El apóstol Pablo enseña que "no tenemos lucha contra sangre y carne, sino contra principados, contra potestades, contra los gobernadores de las tinieblas de este siglo, contra huestes espirituales de maldad en las regiones celestes"[97] (Ef. 6:12). Se trata de una continua lucha dirigida por el diablo que, en unión de sus huestes, lanza sus ardides y artimañas contra los cristianos. En este versículo se acentúa aún más

---

[97] Texto griego: ὅτι οὐκ ἔστιν ἡμῖν ἡ πάλη πρὸς αἷμα καὶ σάρκα ἀλλὰ πρὸς τὰς ἀρχάς, πρὸς τὰς ἐξουσίας, πρὸς τοὺς κοσμοκράτορας τοῦ σκότους τούτου, πρὸς τὰ πνευματικὰ τῆς πονηρίας ἐν τοῖς ἐπουρανίοις.

el carácter sobrehumano de la lucha, ya que esta no es "contra carne y sangre", sino contra las huestes de maldad, en una clara referencia a los demonios, es decir, ángeles caídos que sirven y siguen a Satanás.

Estas huestes están actuando en todos los frentes, siendo los principados[98] en este mundo, τὰς ἐξουσίας, las potestades, es decir, quienes ejercen la autoridad en el orden cósmicamente dañino y pecaminoso establecido por Satanás en oposición al orden divino, y los πρὸς τοὺς κοσμοκράτορας τοῦ σκότους τούτου, gobernadores de las tinieblas. Estos últimos son literalmente los *kosmokratores*, literalmente *gobernadores del cosmos*, que tienen que ver directamente con el sistema mundial de gobierno establecido por Satanás. No aparece él mismo actuando directamente, pero lo está haciendo por medio de sus huestes espirituales, tal como se lee en el texto griego, en relación a los espíritus caídos que le siguen y obedecen. Satanás como príncipe de la potestad del aire y como príncipe de las tinieblas controla todo el cosmos y reparte sus fuerzas como él quiere. Debe tenerse en cuenta que, aunque está derrotado, todavía sigue ejerciendo autoridad sobre los reinos de la tierra y él los da a quien quiere (Lc. 4:6). El mundo entero, todo el sistema de oposición a Dios establecido en la tierra, está bajo el maligno (1 Jn. 5:19). Satanás como usurpador no aceptó la derrota de la cruz ni ha sido atado para que no ejerza su autoridad perversa, de modo que sigue actuando como siempre lo hizo: contra Dios y su pueblo.

La posición de las fuerzas enemigas que luchan contra el cristiano es la de "regiones celestes", es decir, en el aire. Están, pues, en una posición que no nos permite verlos directamente; primero porque son espíritus, y en segundo lugar porque su plano de actividad no es el terrenal como el nuestro. Su campo de acción es desde el aire. Huestes invisibles que rodean continuamente al creyente. La imposibilidad humana de luchar contra ellas es clara. De ahí la advertencia de Pablo: el creyente debe tomar el poder y la armadura de Dios para no ser derrotado.

No cabe duda de que Dios ha dado a los creyentes las armas espirituales para defensa de las acciones diabólicas (Ef. 6:10-17), pero la centralidad de la defensa y de la victoria sobre los enemigos está en Cristo mismo.

---

[98] Griego: τὰς ἀρχάς.

Así se lee: "Y despojando a los principados y a las potestades, los exhibió públicamente, triunfando sobre ellos en la cruz"[99] (Col. 2:15). Los demonios acusadores son mostrados por Dios cósmicamente como agentes sin poder. Para ello despojó a quienes llama aquí principados y potestades, esto es, las huestes de maldad establecidas y agrupadas en estos dos órdenes, lo que ya se ha considerado antes (1:16; cf. 1 Co. 15:24; Ef. 3:10). A esta perversa fuerza enemiga, Dios la despoja de los elementos acusadores que usaba contra el hombre, por lo que ya no tiene capacidad operativa contra el salvo en cuanto a demandas de acusación penal. Es interesante notar que la Ley es la acusadora impersonal, pero los demonios son los acusadores personales. Sin embargo, Cristo se ha presentado antes como creador de todo lo que hay en cielos y en tierra, ya sea visible como invisible, sean tronos, dominios, principados o potestades, por tanto ninguno de estos grupos de maldad podrá hacer nada para recuperar aquello de lo que fueron despojados. La liberación es total y absoluta. En otro de sus escritos, el apóstol, ante la obra de extinción de las demandas de la ley, se pregunta: ¿Quién acusará a los escogidos de Dios? Y también dice: ¿Quién es el que condenará? (Ro. 8:33-34). No cabe duda de que la acusación es simplemente una parte de la acción diabólica contra el creyente. En su acción maligna y vil, los induce primero a pecar y luego, una vez conseguido ese objetivo, tomando las demandas de la ley, los acusa delante de Dios.

La obra de Cristo en la cruz permite a Dios no solo retirar el acta de decretos contraria, sino que, como indica el uso del participio aoristo primero en voz media del verbo ἀπεκδύομαι, *despojar, exhibir*, los expuso a irrisión universal. Los demonios acusadores son mostrados por Dios como agentes sin poder de la misma manera que un vencedor exhibe a las fuerzas vencidas a la vista de todos, de modo que quedan expuestas a espectáculo y risión general. El Verbo eterno tomó una naturaleza humana haciéndose hombre para poder realizar esta obra victoriosa, como enseña el escritor a los Hebreos al decir: "Así que, por cuanto los hijos participaron de carne y sangre, él también participó de lo mismo, para destruir por medio de la muerte al que tenía el imperio de la muerte, esto es, al diablo" (He. 2:14). El Hijo tomó una naturaleza mortal haciéndose real y verdaderamente hombre y participando en todos los elementos propios de una verdadera humanidad (Jn. 1:14). Este Hijo se hace hombre sin deponer su

---

[99] Texto griego: ἀπεκδυσάμενος τὰς ἀρχὰς καὶ τὰς ἐξουσίας ἐδειγμάτισεν ἐν παρρησίᾳ, θριαμβεύσας αὐτοὺς ἐν αὐτῷ.

condición divina para poder derrotar a las huestes de maldad y exhibirlas a vergüenza pública. Primero se hace solidario con los hombres para poder morir por ellos. Luego se ofrece en sacrificio por los pecados de los hombres para poder librarlos. Siendo hombre podía ser sustituto del hombre. El infinito Hijo se hace carne y sangre para ser consumado, perfeccionado en el amor de entrega no solo de Él, sino del Padre que lo da, y esa perfección se alcanza en el dolor y en la muerte, posible solo desde la naturaleza humana del Hijo de Dios. La muerte en este caso no se considera tanto desde el sufrimiento, sino desde la batalla liberadora, consistente en destruir al que tenía el imperio de la muerte. El verbo *destruir* no equivale a eliminar en el sentido de hacer desaparecer, sino de quitar los medios con que se mantenía e incluso impedir que vuelva a alcanzarlos. En ese sentido, equivale a reducir a la impotencia a quien tenía el dominio de la muerte, esto es, al diablo. El título tiene que ver con *acusador*, aquel que demandaba, en derecho, que la justicia de Dios, que había sentenciado al pecador con la muerte (Gn. 2:17), como el apóstol Pablo afirma también ("la paga del pecado es la muerte", Ro. 6:23), actuase contra él. En la cruz, el Hijo combate a Satanás, el acusador, retirándole el acta de los decretos contrarios al hombre, de modo que lo reduce a la impotencia para demandar la muerte y condenación del que ha sido justificado. Cristo en su muerte destruye, en sentido de dejar inoperativo, al que tenía el imperio de la muerte. Con la resurrección de su humanidad destruye también a la muerte (1 Co. 15:20). La acción del Salvador hace posible el cumplimiento pleno de la profecía: "De la mano del Seol los redimiré, los libraré de la muerte. Oh muerte, yo seré tu muerte; y seré tu destrucción, oh Seol; la compasión será escondida de mi vista" (Os. 13:14). Cancelada el acta acusatoria y manifestado el poder victorioso en la resurrección, el diablo y con él las huestes de maldad, principados y potestades están destruidos en sentido operativo.

El apóstol escribe literalmente *triunfando sobre ellos en él*. El triunfador es Cristo y el lugar del triunfo, la cruz. El verbo θριαμ–βεύω, *triunfar*, expresa la idea de la procesión o el desfile triunfal de un conquistador (2 Co. 2:14). Referido en este caso no a los acompañantes del vencedor, sino a los derrotados que exhibe. Cristo es Señor, dominador sobre sus enemigos. Para estos, el desfile triunfal es "olor de muerte para muerte" (2 Co. 2:16). En la cruz, Cristo privó a Satanás y a sus huestes del fundamento legal en que basar sus acusaciones. En ella, el hombre fuerte fue atado (Mt. 12:29). Satanás fue lanzado fuera del lugar donde ejercía su acusación (Lc. 10:18)[100]. El acusador de los hermanos es despojado (Ap. 12:10). Tras los príncipes de este mundo que crucificaron a Jesús estaban los principados y potestades (1 Co. 2:8). Si estos príncipes del mundo hubieran conocido el resultado que se iba a derivar de la cruz no hubieran crucificado al Señor de gloria (1 Co. 2:8). Sin embargo, la gloria de la cruz y la obra redentora hecha posible en ella se substancian en la actuación soberana de Dios que la ha determinado desde antes de la creación, de manera que ni principados, ni potestades, ni ninguna otra fuerza operativa podría impedir la realización de lo que Él había establecido en su plan de redención.

Dios mismo se hace seguridad para nosotros: "¿Qué, pues, diremos a esto? Si Dios es por nosotros, ¿quién contra nosotros?"[101] (Ro. 8:31). De forma especial, la pregunta confronta con la obra salvadora que Dios ha realizado y con la seguridad que alcanzan todos los que por la fe han sido justificados (1:17; 3:24, 28, 39; 4:1, 2, 7, 8; 5:1, 8, 9; 7:24, 25; 8:1). Fue Dios quien hizo esta obra entregando a su Hijo por nosotros, quien alcanzó la salvación para los creyentes mediante su muerte expiatoria. ¿Qué podremos decir a todo esto? No hay palabras en el lenguaje humano capaces de expresar lo que esta manifestación de la gracia significa; nada en los recursos de la oratoria para una dimensión infinita. Solo el silencio de la admiración y la gratitud silenciosa del alma es cuanto el creyente puede hacer ante la dimensión de la obra que Dios hizo por nosotros y para nosotros.

Todo ello es expresión clara de que Dios no solo está a nuestro favor, sino mucho más: está por nosotros. Dios está de parte del creyente. Por tanto, nadie puede infundir temor porque ningún enemigo es más poderoso que Dios. Porque Dios está a favor del creyente, nadie es lo suficientemente poderoso para derrotarlo. Que Dios está por nosotros se desprende del hecho de habernos colocado en su familia como hijos adoptados en el Hijo. El Padre celestial está de parte de sus hijos. Por esa razón, la segunda pregunta retórica, "¿Quién contra nosotros?", exige una respuesta negativa: ¡Nadie! Podrán perseguirnos, encarcelarnos, incluso privarnos de la vida, pero esas acciones son temporales, mientras que la vida que poseemos es eterna. Nada podrá amedrentar a quien sabe que Dios está por

---

[100] Sin dejar de apreciar en las palabras de Jesús un alcance escatológico.
[101] Texto griego: Τί οὖν ἐροῦμεν πρὸς ταῦτα εἰ ὁ Θεὸς ὑπὲρ ἡμῶν, τίς καθ' ἡμῶν.

él. Los enemigos podrán prepararse para guerrear contra el cristiano, Satanás y sus demonios podrán emplearse en una batalla poderosa para destruirnos, pero unos y otros no podrán nada contra los hijos de Dios. Donde la carne ve enemigos poderosos y ciudades amuralladas, la fe alcanza a conocer que Dios está por nosotros; por tanto, podemos alentarnos mutuamente y decir con seguridad: "No temáis al pueblo de esta tierra, porque nosotros los comeremos como pan; su amparo se ha apartado de ellos, y con nosotros está Jehová; no los temáis" (Nm. 14:9). Incluso en la soledad personal, cuando nadie está al lado, la seguridad de que Dios es por nosotros nos conducirá a la certeza de poder decir: "Jehová está conmigo; no temeré lo que me pueda hacer el hombre. Jehová está conmigo entre los que me ayudan; por tanto, yo veré mi deseo en los que me aborrecen" (Sal. 118:6-7). No hay derrota posible para quien está en la protección de Dios. No es una victoria ocasional la que podemos experimentar, sino continua, ya que Él nos lleva en triunfo siempre en Cristo (2 Co. 2:14). Aun en el valle de sombra de muerte, el temor desaparece porque tenemos la certeza de que Él está con nosotros (Sal. 23:4). Ante los mayores enemigos, hay siempre una mesa de bendición provista por Dios para sus hijos (Sal. 23:5).

Por consiguiente, podemos afirmar con plena seguridad: "Antes, en todas estas cosas somos más que vencedores por medio de aquel que nos amó"[102] (Ro. 8:37). Lo que pareciera derrota es una victoria admirable. No se trata de vencer sobre algunas cosas, sino sobre todas ellas, es decir, sobre las mencionadas como elementos de conflicto y sufrimiento en los versículos anteriores. La culminación de esa situación está descrita como si se tratara de ovejas que viven para ser llevadas al matadero. El único destino es la muerte. Sin embargo, en medio de las más grandes dificultades, Dios da la provisión para vencer: "Pero Él da mayor gracia" (Stg. 4:6). Dios no retira a los cristianos de la persecución, del conflicto o de la angustia, pero da la gracia para superarlos (1 Co. 10:13). Las dificultades forman parte de la vida del cristiano:

> ... en mucha paciencia, en tribulaciones, en necesidades, en angustias; en azotes, en cárceles, en tumultos, en trabajos, en desvelos, en ayunos; (...) como engañadores, pero veraces;

---

[102] Texto griego: ἀλλ' ἐν τούτοις πᾶσιν ὑπερνικῶμεν διὰ τοῦ ἀγαπήσαντος ἡμᾶς.

como desconocidos, pero bien conocidos; como moribundos, mas he aquí vivimos; como castigados, mas no muertos; como entristecidos, mas siempre gozosos; como pobres, más enriqueciendo a muchos; como no teniendo nada, mas poseyéndolo todo. (2 Co. 6:4-5, 8-10).

Pero, frente a lo que parece derrota, el apóstol afirma que "somos super-vencedores", literalmente "sobre-vencemos", no como algo escatológico, sino presente y actual. El creyente vence ahora sobre todas las dificultades.

Sin embargo, la razón de la victoria no está en el cristiano, sino en quien le da la victoria. Somos más que vencedores "por medio de aquel que nos amó". Antes enseñó que nada puede haber que separe al creyente del amor de Cristo. Ese amor se manifestó de forma especial en la entrega en precio del rescate por su Iglesia (Ef. 5:25). Fue Jesús quien como el crucificado padeció y murió por nosotros (1 P. 2:21-25). Pero si el Señor sufrió el mayor conflicto posible hasta dar su vida, también resucitó y fue glorificado, de modo que los cristianos que estamos identificados con Él, lo estamos tanto en su muerte como en su resurrección y glorificación (v. 17c), de modo que conseguimos ya, en medio de los sufrimientos, la victoria sobre ellos. Es una super-victoria, por cuanto supera a cualquier padecimiento de este tiempo y trasciende a algo mucho más grande que el término de cualquier aflicción. Es disfrutar de la victoria que el Señor consiguió para nosotros impulsado por su amor personal, del que nada puede separarnos. En Cristo, Dios nos lleva siempre en triunfo (2 Co. 2:14). El poder victorioso se recibe por medio del Señor (Fil. 4:13), mientras que separados de Él nada podemos hacer (Jn. 15:5). Por el hecho de estar en Cristo, quien tiene poder supremo en cielos y tierra (Fil. 2:9-11), el cristiano es un vencedor en Él.

Job

Por su forma, puede estar entre los libros poéticos del Antiguo Testamento, y por su contenido, entre los sapienciales.

Título

El nombre del libro es tomado del personaje principal. En el Texto Hebreo es *iyyôb*, transcrito al griego como Ιωβ, que se conserva también en la Vulgata.

Autor y fecha

Se han hecho intentos de identificar al autor con algunos personajes del Antiguo Testamento, proponiéndose a Moisés, incluso a profetas como Jeremías, Ezequiel, etc. Otros sustentan que la autoría corresponde a Job; sin embargo, tanto estas como otras propuestas no tienen una base bíblica que las sustente.

Se percibe en la lectura que el escritor es un hombre piadoso, creyente en el Dios único. Sobre esta base, se ha propuesto a Salomón como autor, o algún sabio de su tiempo, época de esplendor para la literatura sapiencial.

En cuanto a la datación, resulta también difícil de establecer. En el libro hay referencias a herramientas y armas de hierro (19:24; 20:24; 40:18), e incluso se menciona la minería para la extracción del hierro (28:2), lo que significa que es del tiempo de la Edad del Hierro, que se sitúa desde el 1200 a. C. Aparece también una referencia al caballo como animal utilizado para la guerra (39:19-25), cuya utilización se produjo a partir del s. X a. C. Salomón fue uno de los reyes con un gran cuerpo de caballería. Algunas citas con paralelismo con otros libros del tiempo de Salomón llevan a algunos a establecer el escrito del libro en tiempos de ese rey. Con todo, no puede establecerse una fecha para la composición del libro.

Entorno histórico

Los hechos del libro indican que tuvieron lugar en el tiempo de los patriarcas. Algunas evidencias: a) La riqueza de Job se mide en cabezas de ganado de distintos tipos (1:3; 42:12), lo que identifica la forma en que se medía también la de Abraham (Gn. 12:16; 13:2). Así se medía también la de Jacob (Gn. 30:43; 32:5). b) Se consideran como salteadores nómadas a los sabeos y caldeos, lo que supone un tiempo concordante con el de los patriarcas (1:15, 17). c) El término pieza de dinero (42:11) solo aparece en la Biblia en relación con Jacob, el nieto de Abraham (Gn. 33:19; Jos. 24:32). d) No se menciona el santuario, sea el tabernáculo o el templo, ni sacerdocio alguno; es Job quien ofrece sacrificios por su familia (1:5). e) Se usa para referirse a Dios el nombre de El Shaddai, no mencionándose el de Yahvé en las secciones poéticas, lo que conduce a pensar en un tiempo anterior al Éxodo (Éx. 3:14-15). f) La edad de Job (42:16) es la propia del tiempo de los patriarcas.

Los acontecimientos del libro ocurrieron en la tierra de Uz (1:1), desconociéndose la ubicación de ese lugar. Sin embargo, no puede situarse sino en la región que se conocía como oriental, situada al este del río Jordán. Se dice en el texto que Job era el más grande de todos los orientales (1:3).

Estructura del libro

Aunque puede clasificarse dentro de los libros poéticos, tiene partes en prosa. De este modo se inicia el texto (caps. 1 y 2) y así también concluye (42:7-17). También están en prosa las introducciones a los discursos de Eliú. Todo lo restante está en la forma poética hebrea: ritmo y paralelismo.

El libro consta de un prólogo (1:2-13), correspondiendo también el epílogo, en prosa y de forma propia de un relato histórico. Entre uno y otro se produce un poema (3:1-42:6), que en general es el diálogo entre Job y sus amigos que habían venido a consolarle (3:1-31:40). A esto sucede el poema que registra la intervención de Eliú, sin respuesta por parte de Job (32:1-37:24). La última parte se centra en las palabras que Dios dirige a Job (38:1-41:34). Siguen, antes del epílogo, unas cortas palabras de Job a Dios (42:1-6).

Propósito

Siendo Job un creyente y una persona ejemplar (1:1-5), era también un hombre con sus necesidades anímicas y con capacidad para enfermar, como todos los humanos. Estas circunstancias propias de la persona generan un tema central tomado de la situación a la que llegó Job, que puede formularse en una pregunta: ¿Por qué sufre el justo?

Se hace notar que, no importa cuál sea la condición moral de la persona, el sufrimiento es algo inherente al hombre (5:6, 7), del mismo modo que le es también inseparable el pecado (15:14-16). También se aprecia que, en medio de circunstancias adversas y de intenso sufrimiento, surge la idea de que Dios no es justo (9:22-24). El libro afirma las limitaciones propias de la comprensión humana, siempre limitada ante lo que Dios permite (11:7-9). Ante la soberanía de Dios, solo caben la sumisión y la fe.

Dentro del propósito del libro está exaltar y afirmar la soberanía de Dios. El sufrimiento solo se puede entender desde la permisión divina, y del mismo modo las bendiciones han de ser consideradas como una operación de su gracia. La soberanía está manifestada en el mismo nombre que se da a Dios en el libro: el Shaddai, que equivale a Todopoderoso. Así es descrito por Elifaz, como controlando el destino de todos los hombres, siendo independiente de la humanidad (22:2, 3), ejerciendo su gobierno sobre el universo (25:2, 3). Al mismo tiempo, Bildad afirma que Dios es siempre justo (8:3, 4). Porque es soberano, sus caminos son más altos y excelentes que cualquier camino humano, y se hacen muchas veces incomprensibles para las personas, como expresa Zofar (11:7-10).

Una razón del escrito es corregir el error, propio de entonces y de siempre, de que Dios no permite el sufrimiento del justo, de modo que cuando este pasa por una situación semejante a la descrita, es que hay pecado oculto sin confesar (4:7-11: 8:11-22; 18:5-21). A este pensamiento se une el contrario, esto es, que las bendiciones son el resultado de una perfección de vida delante de Dios. En esto se basa la acusación que formula Satanás contra Job (1:9-11). Toda esta falsa forma de pensamiento es corregida por Dios en el final del libro cuando habla con Job. Las acciones divinas están vinculadas siempre tanto a su justicia como a su amor, ejercidas siempre en su soberanía y absoluta libertad.

La gran lección y, sin duda, el propósito del libro es que aprendamos a someternos a la voluntad del Dios soberano, aceptando que todas las cosas serán conducidas para bien de aquellos que le aman (Ro. 8:28).

Canon

El libro de Job fue reconocido como inspirado tanto por los judíos como por la Iglesia. El apóstol Pablo lo considera como escritura divina (Job 5:13 al citar el texto en 1 Co. 3:19). Santiago pone a Job como ejemplo de paciencia (Stg. 5:11). Hay referencias al libro en otros lugares del Nuevo Testamento, como ocurre en 1 Ts. 5:22 (cf. Job 1:1, 8; 2:3), Fil. 1:19 (cf. Job 13:16) y Ap. 9:6 (cf. Job 3:21).

En la historia de la Iglesia hubo algunos que negaron el derecho del libro a estar en el canon por presentar a Job con actitudes indignas de la santidad de un varón justo, al no entender correctamente el carácter literario del libro; entre ellos están Teodoro de Mopsuestia y Junilio Africano.

Bosquejo

Se propone el siguiente para el análisis exegético del texto bíblico:

   I. La situación de Job (1:1-2:13).
      1. Rectitud y prosperidad de Job (1:1-5).
      2. La situación calamitosa de Job (1:6-2:10).

LOS LIBROS DEL LIBRO 623

    2.1. La acción diabólica (1:6-11).
    2.2. La permisión divina (1:12-22).
    2.3. La persistencia diabólica (2:1-6).
    2.4. La paciencia de Job (2:7-10).
  3. Los amigos de Job (2:11-13).
II. El diálogo con Job (3:1-42:6).
  1. Monólogo de Job (3:1-26).
  2. Diálogo en tres etapas (4:1-27:23).
    2.1. Primer discurso de Elifaz (4:1-5:27).
    2.2. Respuesta de Job a Elifaz (6:1-7:21).
      2.2.1. Job reprocha la actitud de sus amigos (6:1-30).
      2.2.2. Job argumenta contra Dios (7:1-21).
    2.3. Bildad proclama la justicia de Dios (8:1-22).
    2.4. Respuesta de Job (9:1-10:22).
      2.4.1. Su incapacidad para responder a Dios (9:1-35).
      2.4.2. Job lamenta su situación (10:1-22).
    2.5. Zofar acusa de maldad a Job (11:1-20).
    2.6. Respuesta de Job (12:1-14:22).
      2.6.1. Job reclama la sabiduría de Dios (12:1-25).
      2.6.2. Job defiende su integridad (13:1-28).
      2.6.3. Job habla sobre la brevedad de la vida (14:1-22).
    2.7. Elifaz responde a Job (15:1-35).
    2.8. Respuesta de Job (16:1-17:16).
      2.8.1. Queja de Job a Dios (16:1-22).
      2.8.2. Petición de Job (17:1-16).
    2.9. Bildad responde a Job (18:1-21).
    2.10. Respuesta de Job (19:1-29).
    2.11. Zofar responde a Job (20:1-29).
    2.12. Respuesta de Job (21:1-34).
    2.13. Elifaz acusa a Job (22:1-30).
    2.14. Respuesta de Job (23:1-24:25).
      2.14.1. Job desea abogar su causa ante Dios (23:1-17).
      2.14.2. Queja de Job ante Dios (24:1-25).
    2.15. Bildad responde a Job (15:1-6).
    2.16. Respuesta de Job (26:1-31:40).
      2.16.1. Afirma su inocencia (26:1-14).
      2.16.2. Describe el castigo de los malos (27:1-23).
      2.16.3. Declaración sobre la sabiduría (28:1-28).
      2.16.4. Recuerda su felicidad anterior (29:1-25).
      2.16.5. Lamento de su situación (30:1-31).
      2.16.6. Afirma su integridad (31:1-40).

3. Discurso de Eliú (32:1-37:24).
   3.1. Justificación para sus palabras (32:1-22).
   3.2. Censura contra Job (33:1-33).
   3.3. Justifica a Dios (34:1-35:16).
   3.4. Exaltación de la grandeza de Dios (36:1-37:24).
III. Respuesta de Dios a Job (38:1-42:6).
  1. Respuesta de Dios (38:1-41:34).
    1.1. Dios convence a Job de su ignorancia (38:1-40:5).
    1.2. Manifestaciones del poder de Dios (40:6-41:34).
  2. Respuesta de Job a Dios (42:1-6).
IV. Epílogo (42:7-17).
  1. Dios habla a los amigos de Job (42:7-9).
  2. Restauración de la prosperidad de Job (42:10-17).

Cristo en el libro

Nuevamente está presente en el libro la soberanía de Dios. Esto se pone de manifiesto en Cristo, que recibió "el nombre que es sobre todo nombre, para que en el nombre de Jesús se doble toda rodilla de los que están en los cielos, y en la tierra, y debajo de la tierra; y toda lengua confiese que Jesucristo es el Señor, para gloria de Dios Padre" (Fil. 2:9-11).

    Con todo, aunque la soberanía es un elemento esencial en el conocimiento y en el reconocimiento de Dios, el sufrimiento es difícil de asumir y comprender desde la perspectiva de quien es hijo de Dios.

    De ahí que sea necesario, a la luz del libro de Job, que entendamos que quien es soberano es también el que puede compadecerse de nuestros sufrimientos y abrir para nosotros un trono de gracia que provea del oportuno socorro en el trance difícil. Job afirma su fe y descansa en la actuación de Dios en medio de su aflicción para restaurarlo y devolverle ante los ojos de sus amigos la verdad de cuanto ha estado diciéndoles: "Yo sé que mi redentor vive, y al fin se levantará sobre el polvo; y después de deshecha esta mi piel, en mi carne he de ver a Dios" (19:25-26). No estaba pensando en el futuro de una vida con el Señor luego de la muerte, sino en el tiempo del sufrimiento, donde Él reivindicará su vida delante de quienes le acusaban injustamente.

    Esta es la enseñanza de los textos que ofrecen la dimensión de la presencia de Cristo en las tribulaciones de los suyos: "Porque no tenemos un sumo sacerdote que no pueda compadecerse de nuestras debilidades, sino uno que fue tentado en todo según nuestra semejanza, pero sin pecado. Acerquémonos, pues, confiadamente al trono de la gracia, para alcanzar misericordia y hallar gracia para el oportuno socorro"[103] (He. 4:15-16). El glorioso sumo sacerdote es también admirable por ser compasivo. Siendo Dios está, por naturaleza divina, distante de los hombres, sobre todo de las imperfecciones y limitaciones de estos, pero como también es hombre perfecto, está absolutamente próximo, tanto que uno de la Trinidad se ha hecho compañero de limitaciones y sufrimientos de los hombres, ya que es semejante a los hombres. El verbo utilizado en el texto griego[104] es radical del término español *simpatía*. El sumo sacerdote simpatiza con las miserias del hombre. Etimológicamente significa *sufrir con*, y el modo verbal aoristo indica una acción realizada totalmente. El sumo sacerdote que podría estar en su estrado de gloria, alejado y despreocupado de los creyentes y sus miserias, simpatiza con cada uno de los que son suyos. La expresión con doble negación en el texto griego enfatiza el hecho de la acción compasiva del sumo sacerdote celestial, que no solo puede compadecerse, sino que no deja de hacerlo. El verbo para *poder*[105] expresa, más que el deseo de simpatizar, la capacidad para hacerlo. Es decir, no solo quiere simpatizar con el creyente, sino que tiene poder y capacidad operativa para llevar a cabo ese compromiso de simpatía. En el creyente como hombre solo hay debilidad; en el sumo sacerdote como Dios solo hay fuerza.

El sumo sacerdote simpatiza, se compadece, de "nuestras debilidades". La debilidad humana es evidente en todos los aspectos de la vida. Es débil en cuanto a la propia existencia: "Se siembra en debilidad", dice el apóstol Pablo al referirse al final de la vida del creyente (1 Co. 15:43). El cuerpo actual tiene fuerzas muy limitadas. El tiempo va mermando su poder, como ocurría con el rey David, que al final de su reinado, cuando los filisteos volvieron a hacer guerra contra Israel, se dice que se cansó (2 S. 21:15). Los años habían mermado sus fuerzas físicas. El hombre es también débil en cuanto a su poder sobre el mal (Ro. 6:19). El apóstol escribe a quienes experimentan "humanas debilidades", en razón de que la debilidad del creyente le hace, a veces, caer en el pecado de cuya esclavitud fue liberado en el nuevo nacimiento. El modo de comportamiento en la esclavitud del

---

[103] Texto griego: οὐ γὰρ ἔχομεν ἀρχιερέα μὴ δυνάμενον συμπαθῆσαι ταῖς ἀσθενείαις ἡμῶν, πεπειρασμένον δὲ κατὰ πάντα καθ' ὁμοιότητα χωρὶς ἁμαρτίας. προσερχώμεθα οὖν μετὰ παρρησίας τῷ θρόνῳ τῆς χάριτος, ἵνα λάβωμεν ἔλεος καὶ χάριν εὕρωμεν εἰς εὔκαιρον βοήθειαν.
[104] Griego: συμπαθέω.
[105] Griego: δύναμαι.

pecado era una vida entregada a la inmundicia, con un claro detalle de aquella situación (1 Co. 6:9-11). El nuevo modo de vida debiera salir de esa debilidad espiritual humana y presentar al creyente como servidor de la justicia, con el resultado de la santificación. El énfasis notorio está en la santidad de vida, que es la propia de la obediencia a Dios. La santidad es la forma de vida natural de quien ha sido liberado de la esclavitud del pecado. No se trata de una opción de vida, sino de la razón misma de ella (1 P. 1:14, 17). El creyente, como hombre, es también débil en cuanto al correcto conocimiento de la voluntad de Dios para la oración, de ahí que necesite el auxilio del Espíritu que "nos ayuda en nuestra debilidad" (Ro. 8:26). El Espíritu Santo es el ayudador del creyente porque ha sido enviado por el sumo sacerdote para ser su vicario en la tierra. Con este propósito de ayuda fue enviado del Padre y del Hijo (Jn. 16:7). La debilidad del cristiano se refiere a la limitación propia de quienes están aún en la carne. El mismo apóstol Pablo se incluye al decir "nuestra debilidad". Esta debilidad está referida también a las situaciones difíciles durante el tiempo de espera de la promesa de Dios. El creyente no sabe cómo pedir aquello que le es conveniente y coincidente con la voluntad de Dios. El mismo apóstol Pablo pidió a Dios algo que no era conveniente y el Señor no se lo otorgó (2 Co. 12:7-9). En tal situación de debilidad, la simpatía divina viene en un ministerio de intercesión. El Espíritu Santo actúa como paracleto, consolador, abogado intercesor al lado de los santos (1 Jn. 2:1). De tal manera que el cristiano tiene ahora dos intercesores: el sumo sacerdote, Cristo, en los cielos (Ro. 8:34; He. 7:25; 1 Jn. 2:1), y el Espíritu desde la tierra. Como vicario de Cristo, intercede por los salvos, como el Señor hizo antes (Jn. 17). Lo hace con "gemidos indecibles", es decir, sin traducción a ningún lenguaje humano. Dios mismo intercede y gime por los santos. Además, el creyente es débil en cuanto a la conciencia (1 Co. 8:7). Esa debilidad de conciencia consistía en que algunos no eran capaces de superar el escrúpulo. La conciencia débil es aquella que considera como malo lo que de hecho no lo es. Conciencia es la parte espiritual del hombre que juzga las acciones y permite, mediante el razonamiento, distinguir lo bueno de lo que no lo es (Ro. 2:14-15). La conciencia ha de instruirse mediante la Palabra para que juzgue lo bueno y lo malo conforme a la voluntad de Dios.

El cristiano está rodeado de debilidad, pero el sumo sacerdote es capaz de compadecerse. La razón de la compasión suya es que "fue tentado en todo según nuestra semejanza". De otro modo, es capaz de compadecerse porque esa experiencia de debilidad fue gustada por Él en su ministerio terrenal. El Señor fue tentado por Satanás como puede ser tentado el creyente (Mt. 4:1). Fue probado en los tres modos en que puede producirse la tentación (1 Jn. 2:16). La tentación no concluyó en el desierto, sino que Satanás se apartó de Él por un tiempo para volver más adelante (Lc. 4:13). El sumo sacerdote pasó por las pruebas propias de los hombres. Hecho hombre, experimentó las limitaciones propias de los humanos, padeciendo sed, cansancio e incluso hambre (Jn. 4:6-8). El mismo Señor experimentó el frío del invierno (Jn. 10:22-23). Sintió la conmoción espiritual del dolor producido en la familia de sus amigos de Betania por la muerte de Lázaro (Jn. 11:25). Sufrió dolor por la situación incrédula de la nación y por el juicio que vendría sobre ella (Lc. 19:41). Experimentó la prueba de la traición de un amigo (Jn. 13:21). Sufrió el desamparo de los suyos (Mt. 26:31, 40). La tristeza y el temor hicieron presa de Él (Mt. 26:37). Experimentó la tremenda dimensión de una agonía mortal (Lc. 22:43). De ahí que el escritor de la epístola afirme que fue probado en todo según nuestra semejanza. La experiencia de la limitación y de la debilidad humana fue su propia experiencia, de ahí que sea capaz de compadecerse de nuestras limitaciones.

El admirable recurso para el creyente no está lejos de Él, ni es difícilmente alcanzable, consiste simplemente en acercarse al trono de la gracia. Es sorprendente la cercanía del trono de la provisión divina, al que ya hemos accedido todos en algún momento, por lo que el modo verbal *acerquémonos* se expresa en el texto griego mediante un presente de subjuntivo volitivo, que expresa la idea de seguir acercándose al trono de la gracia. El verbo denota venir cerca de algo. No solo el creyente puede acceder, sino que se le exhorta para que lo haga. Además, la aproximación debe efectuarse con confianza, una palabra que expresa la idea de seguridad y presencia de ánimo, que comunica al cristiano la cancelación del problema y la responsabilidad penal del pecado. Antes el trono de Dios era un trono de ira, a causa del pecado, pero cargado este sobre Jesús, nuestro sumo sacerdote, y extinguida la responsabilidad penal que a causa del pecado recaía sobre el pecador, se convierte en un trono de gracia para todo aquel que está en Cristo. El sumo sacerdote hizo la expiación personal por el pecado del creyente (1 Jn. 2:1-2); por tanto, no hay razón de temor, en sentido de miedo ante el juez supremo, porque ya "no hay condenación para los que estamos en Cristo Jesús" (Ro. 8:1). De ese trono se otorga también la gracia salvífica que concede el perdón de pecados y la vida eterna (Ro. 5:15). A ese trono de gracia puede acercarse por fe el pecador para salvación (Ro. 5:1; Ef. 2:8-9). Esa posición produce confianza. Es la confianza con que en la antigua dispensación se acercaba a Dios el publicano que orando en el templo decía: "Dios, sé propicio a mí, pecador" (Lc. 18:13). La sangre del sacrificio de la expiación extendida sobre el propiciatorio permitía esa oración confiada. Dios era propicio al pecador a causa de la muerte del animal inocente que figurativamente representaba lo que sería el perfecto sacrificio del Cordero de Dios. El sumo sacerdote está sentado en el trono celestial, interesado y capacitado para compadecerse de las debilidades y flaquezas personales (He. 1:3, 13; 4:15). Los dones perfectos y la gracia abundante descienden del Padre de las lumbreras (Stg. 1:17) que está sentado en el trono, y se hacen realidad por el único mediador entre Él y los hombres, que es Jesucristo hombre (1 Ti. 2:5). La actividad de Dios para sus hijos es siempre una actividad de bien. El Dios de gracia se dio a sí mismo al dar a su Hijo; por tanto, con el don supremo se dan también los demás dones (Ro. 8:32). Por otro lado, los dones de la gracia son perfectos, es decir, completos, abundantes para la superación de la necesidad más acuciante que pueda presentarse. La gracia de Dios siempre es mayor que la mayor necesidad del creyente (Stg. 4:6). Dios mismo otorga los dones de la gracia en la dimensión de la gracia misma, que es inagotable.

El resultado para el creyente de acercarse al trono de gracia es "alcanzar misericordia y hallar gracia para el oportuno socorro". Desde ese trono destila el amor que se manifiesta en misericordia, como expresión compasiva hacia la limitación humana y sus miserias que producen sufrimiento. El creyente encuentra allí misericordia, expresión de amor en la solución de la miseria. Es la misericordia el amor que movió los brazos del padre del pródigo para estrecharlo firmemente contra su pecho a pesar de su ruina y suciedad. De la misma manera, el Padre del cielo abraza al creyente que ha fracasado y caído, restaurándolo, sobre la base de la obra de su Hijo, a la plena comunión con Él. Pero también desciende de allí la gracia manifestándose en el oportuno socorro. La expresión es sumamente interesante e indica la ayuda en el momento justo, o también la ayuda en el instante necesario. De otro modo, el auxilio de Dios es poderoso porque en él está empeñada la gracia, y es oportuno porque llega en el momento necesario, en la hora de la prueba y de la crisis. La gracia de Dios llega en el momento oportuno, pero jamás llega tarde.

Salmos

El gran salterio de Israel es también uno de los libros más leídos y amados por los creyentes de todos los tiempos. Esta colección de canciones, poemas, oraciones y adoración pone de manifiesto tanto la espiritualidad como la intimidad del creyente. Muchas veces lo hace en súplica ante situaciones adversas; otras, glorifica a Dios por su majestad, gloria y soberanía; otras, viene a Él en confesión, poniendo de manifiesto la situación de un corazón que siente la caída en el pecado. Creyentes individualmente y otras veces en conjunto, como pueblo de Dios, se acercan a Él y le expresan sus sentimientos más profundos, adorándole por lo que es y alabándole por lo que hace.

Título

La palabra *salmo* procede del latín *psalmus*, y esta a su vez, del griego ψαλμός, que traslada la hebrea *mizmôr*. Sin embargo, solo cincuenta y siete llevan antepuesto este nombre en el Texto Masorético, sesenta y siete en la LXX, y setenta y cinco en la Vulgata. Los traductores griegos extendieron el término ψσαμοί a todo el libro, que de ahí pasó a las Biblias cristianas.

En ocasiones, aparece el término *salterio*, del griego ψσαλτη-΄ριον, y del latín *psalterium*, que vincula poema e instrumento, esto es: un poema para ser cantado.

Salmos es una colección de 150 poemas, establecidos en el mismo orden de los códices hebraicos y las versiones antiguas.

Paternidad literaria y datación

Los Salmos son una colección de poemas vinculados a muy distintos autores y, por tanto, a muy distintas fechas. Hay no menos de setenta y tres que se atribuyen a David; dos a Salomón; doce a los hijos de Coré; otros doce a Asaf; uno a Hemán; otro a Etán; y uno a Moisés. La mayoría fueron escritos en tiempos de David y Salomón.

La Biblia habla de David como compositor de salmos (cf. 1 S. 16:19-23; 18:10; 2 S. 1:17-27; 23:1-7; 1 Cr. 29:10-15). Uno de los salmos de David, que aparece en 2 S. 22, está también con alguna mínima variación en el Sal. 18. Parte de los de Asaf proceden de David (1 Cr. 16:8-36 aparece en Sal. 96; 105:1-15; 106:1, 47, 48). Estas evidencias bíblicas permiten afirmar una notable relación del rey David con Salmos.

Los Salmos se escribieron en un período de unos 1000 años, desde los días de Moisés, s. XV a. C., hasta Esdras, s. V a. C.

Estructura

El libro de Salmos está dividido en cinco secciones, al igual que el Pentateuco: el Libro I contiene los Salmos 1 al 41; el Libro II, del 42 al 72; el Libro III, del 73 al 89; el Libro IV, del 90 al 106; y el Libro V los restantes, del 107 al 150.

Cada uno de los cinco libros concluye con una doxología.

No puede establecerse la razón de esta división de los Salmos, pero un gran número de eruditos piensa que se debe al hecho de haber sido coleccionados adecuadamente para la alabanza y la adoración en el templo.

En los libros I y II se encuentran mayoritariamente salmos de David. En el III, los de Asaf (Sal. 77-83) y los de los hijos de Coré (Sal. 84-88). En los libros IV y V, junto con algunos de David, aparecen otros anónimos.

La recopilación de los Salmos ocupó un largo tiempo. En este proceso se añadieron algunos títulos, reorganizándose también varios Salmos. Sin duda, siendo Palabra de Dios, inspirada plenariamente, el Espíritu Santo preservó el texto inspirado y, sin duda, también impidió que los añadidos en cuanto a títulos del poema contradijeran el sentido original del texto, aunque ciertamente los títulos no son inspirados como el Salmo.

Clasificación

Se han establecido varios ordenamientos, especialmente en base al tema que se trata en el poema.

Así están los llamados penitenciales, en los que se confiesan pecados cometidos, como los salmos 6, 32, 38, 51, 102, 120 y 143.

Se llaman imprecatorios a los que invocan juicios o maldiciones sobre los enemigos. Son los salmos 7, 35, 55, 58, 59, 69, 109, 137, 139 y 140.

Los salmos de lamentaciones o súplica pueden ser tanto individuales (3) como colectivos (44).

Los salmos de las subidas, llamados también graduales, probablemente se cantaban cuando los israelitas subían a Jerusalén para celebrar las fiestas establecidas en la Ley; son los que van desde el 120 al 134.

También están los salmos proféticos, especialmente los relativos al Mesías (de ahí que se llamen salmos mesiánicos). Así abordan la profecía de la descendencia de David (132:11); que sería el Hijo de Dios (2:7); la resurrección de los muertos (16:10); la crucifixión (22; 69:21); la traición de un amigo (41:9); la ascensión al cielo (68:18); que sería reconocido por los reyes (72:10-11); sacerdote según el orden de Melquisedec (110:4); sentado a la diestra de Dios (110:1); Cristo como piedra angular (118:22); que sería traspasado (22:16); oposición por las naciones (2:2); asignado como rey (2:6-9).

Canon

La colección de los Salmos fue aceptada siempre como parte del canon hebreo. El libro de Salmos es el primero de los *Ketubim*, o hagiógrafos, y designa por ese título la tercera parte de los libros sagrados (Lc. 24:44).

En las versiones griegas, los Salmos suelen estar entre Job y Proverbios, como en la LXX.

De igual manera, Salmos fue aceptado por la Iglesia como canónico y está en las listas de libros del canon desde los Padres de la Iglesia.

Poesía hebrea

Este tema es de una especialidad literaria del texto bíblico que no puede ser considerada en esta tesis. Simplemente merece recordarse que, en la poesía hebrea, el paralelismo está continuamente presente y consiste en la expresión paralela de pensamientos, frases y hemistiquios o versículos; con ello se pretende que cada formulación precise el sentido de su gemela.

El paralelismo contrapone los esticos[106] o hemistiquios de un verso y es la forma espontánea de la locución poética semítica. El paralelismo puede ser sinónimo, antitético o sintético.

El paralelismo sinónimo, es la repetición de una idea con palabras distintas, pero con significado análogo. Ejemplo:

Muéstrame, oh Jehová, tus caminos;
Enséñame tus sendas (25:4).

---

[106] Se le dice estico al conjunto formado por dos mitades paralelas; con mayor precisión, se lo suele denominar también monostiquio, compuesto de dos mitades o hemistiquios.

El paralelismo antitético, es el que expresa la misma idea mediante dos expresiones contrarias. Ejemplo:

> Mi carne y mi corazón desfallecen;
> Mas la roca de mi corazón y mi porción es Dios para siempre (73:26).

El paralelismo sintético completa una idea con la siguiente. Ejemplo:

> Pero la salvación de los justos es de Jehová,
> Y él es su fortaleza en el tiempo de la angustia (37:39).

Como en toda literatura, y especialmente en la poética, es necesario prestar atención a las figuras de dicción, tales como antropomorfismo, prosopopeya, teofanía, asíndeton, hipérbole, pleonasmo, silepsis, etc.

Bosquejo

Es imposible establecer un bosquejo para Salmos porque requeriría hacerlo para cada uno de los ciento cincuenta, por lo que es suficiente establecer las divisiones del propio libro:

Libro I.	Salmos 1-41.
Libro II.	Salmos 42-72.
Libro III.	Salmos 73-89.
Libro IV.	Salmos 90-106.
Libro V.	Salmos 107-150.

Cristo en el libro

Cristo está presente en cada uno de los Salmos, de ahí la dificultad de enfatizar algún aspecto destacable, quedando a la subjetividad del exégeta que, como hombre, se inclinará por lo que le resulte más personal.

Los Salmos presentan a Cristo como el rey, pero también lo hacen como sumo sacerdote, como redentor, como Creador, como soberano, como el único digno de ser alabado, etc.

Acaso pueda destacarse la presencia de Cristo como el buen pastor, especialmente notable en el Salmo 23.

El mismo Señor se comparó con un pastor bueno o pastor excelso. De ese modo leemos: "Yo soy el buen pastor; el buen pastor su vida da por las ovejas"[107] (Jn. 10:11). La construcción con el verbo seguido inmediatamente del predicado con artículo precisa que solo Él es el buen pastor. El adjetivo[108], que se traduce por bueno, es más significativo que bondadoso[109], que se relaciona directamente con la bondad. El significado del que Juan usa tiene que ver más con la excelencia o con la belleza, destacando el atractivo del pastor. Podría traducirse como *el pastor excelente*. Es bueno o excelente porque es divino. La Biblia presenta a Dios como pastor de su pueblo (Sal. 23:1; 80:2; Is. 40:11; Sal. 74:1; 79:13; 95:7; 100:3; Jr. 31, 9).

La excelencia del pastor se aprecia en el hecho de dar su vida a favor o en lugar de sus ovejas. El verbo *dar*[110] expresa en el griego la idea de poner, entregar, que en presente de indicativo apunta a un dar definitivo y permanente. La preposición de genitivo *por*[111] tiene tanto el significado de *a favor de*, como *en lugar de*. En la primera acepción, el buen pastor pone su vida a favor de sus ovejas en sentido de protección ayuda, compañía, provisión, etc. En la segunda habla específicamente de sustitución, donde la vida del pastor es puesta en lugar de la vida de las ovejas. Esta segunda acepción es la que conviene más al pasaje, puesto que se está hablando de salvación. Para que en el ámbito de ella sea posible el perdón de los pecados y la donación de la vida eterna, es necesario un sacrificio de expiación por el pecado, que no es otra cosa que la sustitución de la vida del Salvador en lugar de la de las ovejas. Es decir, las ovejas por su condición de perdidas en sus pecados, no tenían otro destino que la eterna condenación, pero el buen pastor pone, entrega su vida, ocupando el lugar del perdido para que, con su muerte, quede cancelada la responsabilidad penal por el pecado, de modo que la oveja, en sentido del pecador, recibe la vida de quien le sustituye, pasando de condenación a salvación y de perdición a vida abundante. Dicho de otra manera, y atendiendo a la preposición ὑπὲρ, el pastor vive a favor de sus ovejas, y da su vida en sustitución por ellas. Da su vida, implica un acto voluntario, como va a decir más adelante (Jn. 10:17-18). Además, como hace notar León Morris, "la muerte de un pastor significa la perdición de sus ovejas.

---

[107] Texto griego: Ἐγώ εἰμι ὁ ποιμὴν ὁ καλός. ὁ ποιμὴν ὁ καλὸς τὴν ψυχὴν αὐτοῦ τίθησιν ὑπὲρ τῶν προβάτων.
[108] Griego: καλὸς.
[109] Griego: ἀγαθός.
[110] Griego: τίθημι.
[111] Griego: ὑπὲρ.

Pero la muerte del buen pastor significa vida para sus ovejas"[112]. Jesús se da a sí mismo, no solo su vida física, sino su vida personal. Es por eso que sus ovejas pueden tener vida eterna y disfrutar en su vida terrenal de vida abundante. Jesús muere por los que el Padre le da en sentido de ocupar el lugar de cada uno; la muerte sustitutoria de Cristo es eficaz para los que creen verdaderamente en Él (Jn. 3:16; 6:37, 39, 40, 44, 65; 10:11, 15, 29; 17:6, 9, 20, 21, 24). El rebaño del buen pastor es adquirido al precio de su vida (Hch. 20:28; Ef. 5:25-27).

El buen pastor además afirma: "Yo soy el buen pastor; y conozco a mis ovejas, y las mías me conocen, así como el Padre me conoce, y yo conozco al Padre; y pongo mi vida por las ovejas"[113] (Jn. 10:14-15). De nuevo vuelve a requerir la atención sobre Él mismo, al reiterar la afirmación de que es el buen pastor. Es el modo de abrir otro camino de reflexión mantenido en lo que sigue. La relación y consecuencias del pastor con las ovejas tiene resultados definitivos y perpetuos.

Una de las características del pastor es que conoce a sus ovejas en forma personal porque las conoce por sus propios nombres. Obsérvese que este conocimiento tiene que ver solo con las suyas. La seguridad de salvación consiste en ser conocidos por Dios como suyos (Jn. 10:14; 2 Ti. 2:19). Algunos pretenden conocer a Dios, pero no son conocidos por Él y se pierden (Mt. 7:23). Jesús dirá más adelante en oración, luego de la última cena, que la vida eterna consiste en que los hombres conozcan a Dios y a Jesucristo, a quien Dios ha enviado (Jn. 17:3). El conocimiento no es intelectual, sino vivencial, manifestado en una intimidad de vida, que hace al creyente participante de la divina naturaleza (2 P. 1:4). La iniciativa en la salvación corresponde y proviene de Dios, quien manifiesta un conocimiento afectivo para los suyos (Ro. 8:29). Los llamados por Dios son también los que Él conoció de antemano. Él los llamó a salvación según su designio porque los había conocido antes. El conocer de Dios no es un mero saber anticipado sobre la respuesta humana a su llamado. El previo conocimiento está vinculado al propósito para salvación. Muchos ejemplos bíblicos explican mejor que una definición teórica el sentido del pre-conocimiento divino. Dios habla así de su profeta Jeremías: "Antes de que te formase en el vientre te conocí, y antes que nacieses te santifiqué, te di por profeta a las naciones" (Jer. 1:5). Un

---

[112] Morris, 2005, Vol. II, p. 119.
[113] Texto griego: Ἐγώ εἰμι ὁ ποιμὴν ὁ καλὸς καὶ γινώσκω τὰ ἐμὰ καὶ γινώσκουσι με τὰ ἐμά.

ejemplo del sentido bíblico de este preconocimiento divino aparece en la profecía en relación con Israel: "A vosotros solamente he conocido de todas las familias de la tierra" (Am. 3:2). Dios conoce a todos los hombres, conocía también todos los pecados de su pueblo, denunciándolos por medio del profeta (Am. 1:2-2:16), pero solo conoció a Israel de una manera especial y determinada. Algunos entienden el preconocimiento de Dios como si se tratase de una visión anticipada que, como Dios, tenía de aquellos que iban a creer y de quienes no lo harían; por tanto, en base a esa fe pre-vista por Dios, Él escoge para salvación a aquellos que sabía que creerían al mensaje del Evangelio. De otro modo, Dios se convierte en un mero adivino seguro de las acciones de los hombres y con ello establece la elección de quienes aceptarían su propuesta de salvación. Sin embargo, todo en el campo de la salvación, incluida la fe, se otorga como un don divino (Ef. 2:8-9). El apóstol escribiendo a los creyentes en Éfeso, les dice: "Según nos escogió en Él antes de la fundación del mundo" (Ef. 1:4). El término lleva implícito el sentido de un afecto positivo, que elige. Pablo especifica aquí dos aspectos relacionados con la elección: 1) La elección se realizó "antes de la fundación del mundo"[114], hebraísmo que se refiere a la eternidad, antes de la creación. Es una expresión semejante a la que Jesús utiliza en su oración al Padre, al referirse a la gloria que tiene como Dios antes de la creación (Jn. 17:5) y al amor con que es amado por el Padre en la eternidad (Jn. 17:24). La misma expresión es usada por el apóstol Pedro para referirse a la predestinación divina para Cristo en relación con la redención (1 P. 1:20). Según la enseñanza del mismo apóstol, la elección divina descansa en la presciencia del Padre (1 P. 1:2), que no significa un mero conocer de las cosas, sino el previo designio de Dios para llevarlo a cabo. A estas, que son sus ovejas, el pastor conoce. La seguridad de salvación de las ovejas del rebaño del buen pastor consiste en este conocimiento identificativo de Dios, como dice el apóstol Pablo: "Pero el fundamento de Dios está firme, teniendo este sello: Conoce el Señor a los que son suyos" (2 Ti. 2:19).

El mutuo conocimiento trae como consecuencia que también las ovejas conocen al pastor. Este conocer no es asunto intelectual, equivalente a saber; no se trata de saber que existe el buen pastor y que ama a sus ovejas. Tampoco es un asunto religioso porque muchos dicen conocer a Jesús, pero Él afirma no conocerlos a ellos (Mt. 7:22-23). Conocer a Dios es la consecuencia de haber sido conocidos por Él

---

[114] Griego: πρὸ καταβολῆς κόσμου.

(Gá. 4:9). Al decir que Él conoce a las ovejas y que estas le conocen a Él, hace que exista en ese conocer y ser conocido una relación como la que existe en el seno trinitario. Ya que el conocimiento mutuo entre el pastor y las ovejas es reflejo del conocimiento infinito y eterno entre el Padre y el Hijo, cuya dimensión es inalcanzable, no para Dios, pero sí para el ser humano. Con todo, se trata de un conocimiento experimental en una vinculación de vida que se traslada a una manifestación de amor. De otro modo, el amor recíproco entre Jesús y sus ovejas se establece como reflejo en el amor mutuo entre el Padre y el Hijo.

Finalmente, como el pastor del Salmo 23, el buen pastor conduce a su rebaño: "Mis ovejas oyen mi voz, y yo las conozco, y me siguen, y yo les doy vida eterna; y no perecerán jamás, ni nadie las arrebatará de mi mano"[115] (Jn. 10:27-28). Continuamente Jesús hace referencia a la voz del pastor y a la atención que le prestan las ovejas porque lo conocen (Jn. 10:3, 4, 5, 16). No solo conocen la voz, sino que conocen al pastor. Ese conocimiento es mutuo porque también Él las conoce a ellas. De la misma manera que el Padre conoce al Hijo y viceversa, así también ocurre con las ovejas y el pastor. Ya que el pastor las conoce, quiere decir que las distingue de aquellas que no son suyas (2 Ti. 2:19). Las ovejas le siguen, no solo como rebaño, sino también individualmente, puesto que el cuidado del pastor y el llamamiento son individuales. De manera que, porque existe ese conocimiento mutuo, el pastor va delante y las ovejas lo siguen como algo natural. No es un seguimiento puntual u ocasional, sino continuo, habitual. Además, las ovejas oyen la voz cuando han sido sacadas del redil donde estaban, yendo el Señor delante de ellas (Jn. 10:3, 4).

Jesús afirma que a aquellas ovejas que lo conocen y siguen, les da vida eterna. Se ha considerado ya lo que es la vida eterna. Esta es potestativa y privativa de Dios, puesto que solo Él es eterno. Tal vida se comunica a los hombres por el único mediador entre Dios y los hombres, que es Jesucristo hombre (1 Ti. 2:5). Juan enseña que la vida estaba en el Hijo, tanto la comunicada a los seres para que vivan como la eterna, que da a quienes creen por unión vital con Él, por cuya causa la vida eterna que está en Cristo se hace vida en el creyente (Gá. 2:20). Si la vida es eterna, no puede extinguirse bajo ninguna condición o circunstancia, puesto que en sí misma, por ser

---

[115] Texto griego: τὰ πρόβατα τὰ ἐμὰ τῆς φωνῆς μου ἀκούουσιν, καγὼ γινώσκω αὐτὰ καὶ ἀκολουθοῦσίν μοι, καγὼ δίδωμι αὐτοῖς ζωὴν αἰώνιον καὶ οὐ μὴ ἀπόλωνται εἰς τὸν αἰῶνα καὶ οὐχ ἁρπάσει τις αὐτὰ ἐκ τῆς χειρός μου.

eterna, no puede extinguirse. Por consiguiente, más que una vida, es una forma de existencia eterna. La vida eterna que reciben los que creen es atemporal, esto es, el tiempo no la afecta, es una vida en tiempo presente absoluto, no está sujeta a transito temporal; por tanto, no tiene ni pasado ni futuro, solo un presente definitivo.

Junto con la dotación de vida eterna está la seguridad de salvación. Jesús afirma que no perecerán jamás. La construcción de la oración, con una negativa incondicional, afirma la imposibilidad de que la salvación recibida por quienes conocen al Salvador pueda perderse. Algunos sugieren que los creyentes pueden perderse, es decir, salir de la salvación y condenarse, como corresponde al pecador por su propia condición. La perdición o la condenación eterna no alcanzará jamás a quien, habiendo sido justificado por la fe en Cristo, tiene el perdón de pecados y la vida eterna. Así lo enseñará tiempo después el apóstol Pablo, cuando escribiendo a los romanos decía: "Ahora, pues, ninguna condenación hay para los que están en Cristo Jesús" (Ro. 8:1). La salvación se alcanza en Cristo y se sustenta en Él. Es el buen pastor que por su obra retira la responsabilidad penal del pecado a cada una de las ovejas que creen en Él. La liberación es completa y absoluta, elimina cualquier posibilidad de condenación. La responsabilidad penal del pecado ha sido extinguida plenamente por Cristo en la cruz; por tanto, no queda ya nada que pagar para quien se acoge por fe a la obra salvadora del Señor. Esta es una verdad fundamental de la fe. El sacrificio sustitutorio de Jesús cancela toda deuda del pecado (Jn. 10:11). El pastor libera del pecado plenamente a todas sus ovejas (Col. 1:14; 2:13). La justificación es asunto definitivo para quienes están en Cristo y les es aplicada su justicia (2 Co. 5:21). El perdón de los pecados abre la perspectiva de una nueva realidad espiritual para los que reciben la vida eterna. Esta victoria y seguridad eterna de salvación es solo posible estando en Cristo. Jesús dijo que conoce a sus ovejas y que ellas lo conocen a Él, lo que significa una identificación absoluta con Él (Gá. 2:20; Fil. 1:21). La operación que permite a Dios retirar toda condenación del creyente se realiza por medio de Cristo y se disfruta en Él. Esta certeza se hace realidad para todo aquel que está en Cristo. En esa gloriosa posición no puede existir ya condenación alguna.

La protección divina se manifiesta también en que esas ovejas han sido puestas en la mano de Jesús, y nadie puede arrebatarlas de esa mano. El gran enemigo nuestro, Satanás, homicida por condición, astuto por sistema, desearía poder tomar las ovejas que tienen vida eterna y arrebatarlas de la mano poderosa del Salvador, pero cualquier intento en ese sentido resultaría inútil porque la mano de Jesús es absolutamente poderosa para salvar a todo aquel que cree en Él. La mano de Cristo es la mano de sustentación, que mantiene en firmeza a quien ha creído. La salvación no descansa sobre la fe, sino sobre la gracia; por tanto, es en la gracia que somos sostenidos. La imposibilidad de caer de la gracia es una realidad, que será definitivamente enseñada en el versículo siguiente. La expresión *en mi mano* es un hebraísmo que se usa para referirse al poder omnipotente de Cristo, quien como Hijo de Dios, y Dios eterno en unidad con el Padre y el Espíritu, es el Todopoderoso Dios. Antes aludió al lobo que arrebata las ovejas que están indefensas sin pastor (Jn. 10:12); por eso, ahora afirma que estando en su mano no puede nadie arrebatarlas de esa posición. Es necesario entender claramente que una vez puestas en la segura posición en Cristo, nada ni nadie pueden separarlas de ese lugar. Algunos piensan que el creyente puede salir de la mano del Salvador y perderse, pero tal suposición no tiene base bíblica alguna y contradice abiertamente las palabras de Jesús. De otro modo, una vez salvo, siempre salvo. Los creyentes permanecen en Cristo definitiva y eternamente.

Proverbios

Es el tercero de los llamados sapienciales o de sabiduría. El libro no es solo una colección de dichos de sabiduría, sino de aquella que Dios mismo establece y a la que nos conduce para vivir sabiamente entre un mundo sujeto a la necedad de sus propios razonamientos. Como Palabra de Dios, inspirada plenariamente, la actualidad de los dichos sabios se mantiene invariable en el tiempo. En el desarrollo de los principios de sabiduría para afrontar la vida conforme a la voluntad de Dios se abordan problemas antiguos que son modernos y serán válidos en el tiempo futuro. Nada ha variado en el entorno de los problemas del mundo, solo las situaciones pueden ser diferentes, pero las dificultades siguen siendo las mismas.

Título

El título hebreo del libro es *mislê s^{e}lomoh*. Los expertos en hebreo antiguo indican que *mislê* proviene de una raíz que significa paralelo o similar, indicando que se trata de descripciones establecidas en forma de comparación.

La LXX le da el título de Παροιμίαι, literalmente *proverbios*. En ocasiones se le añade el nombre de Salomón. Nuestras Biblias toman el título del latín *Proverbia*, como tradujo Jerónimo la palabra hebrea *mislê*.

Algunos Padres y escritores eclesiásticos le añaden en ocasiones calificativos como παναρετός, virtuosísima o santísima, que sirvió en ocasiones, según Eusebio, de calificativo para el libro.

Literatura sapiencial en Israel

Los judíos consideran que la literatura sapiencial comenzó con Salomón, el hombre cuya sabiduría es reconocida en la Biblia: "Dios dio a Salomón sabiduría y prudencia muy grandes" (1 R. 4:29). Las condiciones de paz y prosperidad que se dieron en el reino de Salomón no existieron antes ni después de él, por lo que Dios estableció un tiempo propicio para el cultivo de la reflexión, meditación, atención a la Escritura y expresión de lo que Dios reveló. Sin embargo, aunque se manifiesta un escrito de sabias reflexiones y conclusiones, no se trata de algo elaborado por la mente humana independiente, sino por la inspiración divina que controlaba ese razonamiento para ajustarlo a su sabiduría; de otro modo, no se trata de expresar sabiduría de grandes hombres, sino de mostrar la sabiduría de Dios por medio de ellos.

Autor y fecha

Salomón escribió muchos proverbios; de todos ellos, han llegado a nosotros algunos. Desde el primer versículo, se identifica como autor a Salomón (1:1).

No es de extrañar que se mantenga el nombre como parte del título del libro. Sin embargo, hay otros autores, como Agur (cap. 30), Lemuel (31:1-19), si bien no hay datos históricos en la Biblia que puedan identificar a estos dos. Del mismo modo, no es muy seguro que Salomón compusiera los primeros nueve capítulos, pudiendo haber sido colocados por algún otro que los incorporase. Hay evidencia interna de que algunos proverbios de Salomón fueron trasladados por un grupo de escribas en tiempos del rey Ezequías (25:1), que reinó mucho después de Salomón, ca. 729-699 a. C., y que están en los capítulos 25-29.

Es sumamente difícil poder fijar una fecha para el escrito, aunque pudiera asignarse una compilación a lo largo de un período que va desde el año 950 al 700 a. C.

Estructura

Título (1:1), sigue el propósito del escrito (1:2-6), cerrando la introducción con el tema (1:7).

Seguidamente están las lecciones generales sobre la sabiduría (1:8-9:18). Se aprecia en ellas un llamamiento a que los jóvenes presten atención a lo que se indica; de ahí la reiteración de la palabra hijo, hijo mío, hijo (cf. 1:8, 10, 15; 2:1; 3:1, 11, 12, 21; 4:3, 10, 20; 5:1, 20; 6:1, 3, 20; 7:1).

Sigue en la estructura del libro una sección de proverbios de Salomón (10:1-22:16).

Hay a continuación dichos de los sabios, que aparecen en dos series: 22:17-24:22 y 24:23-34.

Luego, un grupo de proverbios de Salomón copiados por los escribas de tiempos de Ezequías (25:1-29:27). En ese grupo, se aprecia algunos repetidos literalmente de textos anteriores, a modo de ejemplo: 25:24 = 21:9; 26:22 = 18:8; 27:12 = 22:3. Otros expresan el mismo significado, pero con expresiones algo diferentes: 26:13 = 22:13; 26:15 = 19:24; 28:6 = 19:1.

Cabe pensar si tiene algún sentido definido el uso del término *hijo* en los proverbios de Salomón, es decir, si tenía en mente alguno de ellos. Pudiera, tal vez, estar pensando en Roboam, su hijo arrogante, que llevó a la división del reino (si bien Dios ya lo había determinado). Es una mera suposición, sin base bíblica, a modo de sugerencia reflexiva.

Al final, las palabras de Agur, hijo de Jaqué (30:1-33), y las de Lemuel (31:1-9). Cerrando el texto, la descripción de la esposa perfecta (31:10-31).

Crítica liberal humanista

Como no podía ser menos, los liberales atacaron el libro de Proverbios, procurando convertirlo en una mera colección de dichos de sabiduría popular que fueron compilados mucho después del retorno de los cautivos de Babilonia.

La argumentación presentada es compleja, acudiendo a la teoría evolucionista en relación con el pensamiento hebreo, para negarle la autoría de una gran parte del libro en días de Salomón, concediendo que pudo haber escrito algunos textos, pero que realmente no se le puede vincular con la autoría mayoritaria, afirmando que el libro no se puede datar en tiempos anteriores al s. VII a. C.

Recurren incluso a la sabiduría egipcia; afirman que hay una notable presencia suya en el libro, y que pudo haber sido escrita por Salomón como consecuencia de su matrimonio con la hija del Faraón. El hecho de la referencia continua a un único Dios supone para ellos un elemento más para afirmar una datación posterior al retorno del cautiverio, puesto que —según los liberales— el monoteísmo absoluto se produjo en ese tiempo. Para su propuesta sobre la manifestación de la sabiduría egipcia, citan un mss. descubierto en 1888 de la obra *Sabiduría de Amenemope*, para ellos un escrito correspondiente a la decimoctava dinastía, por lo que afirman que Salomón estuvo familiarizado con ella, adaptándola a sus propósitos en las secciones de Proverbios 22:17-24:34.

Como es normal en los liberales, una vez negada la autoría, hay que proveer de autor. Para ellos Proverbios es el resultado de reflexiones de un grupo de sabios que también escribió Eclesiastés, Sabiduría de Salomón y Eclesiástico.

Bosquejo

Se propone el siguiente para el análisis exegético del texto bíblico:

I. Introducción (1:1-7).
   1. Autor (1:1).
   2. Propósito (1:2-6).
   3. Tema (1:7).
II. Demandas de la sabiduría (1:8-9:18).
   1. El problema de las malas compañías (1:8-19).
   2. Los consejos de la sabiduría (1:20-33).
   3. El problema de la mujer adúltera (2:1-22).
   4. Exhortación a la obediencia (3:1-35).
      4.1. Confianza y honra a Dios (3:1-20).
      4.2. La generosidad (3:21-35).
   5. El camino de la sabiduría (4:1-27).
      5.1. El deber de adquirir sabiduría (4:1-9).
      5.2. Los problemas de las malas compañías (4:10-19).
      5.3. La vigilancia sobre la conducta personal (4:20-27).
   6. Amonestación contra la impureza (5:1-23).
   7. Amonestación a una vida sabia (6:1-7:27).
      7.1. Sobre ser fiador de otros (6:1-5).
      7.2. Sobre la pereza (6:6-19).
      7.3. Sobre el pecado del adulterio (6:20-35).
      7.4. Artimañas de la ramera (7:1-27).
   8. Sabiduría e insensatez (8:1-9:18).
      8.1. La sabiduría (8:1-21).
      8.2. La sabiduría junto a Dios (8:22-31).
      8.3. La bendición de la sabiduría (8:32-36).
      8.4. La vida sabia e insensata (9:1-18).

III. Los proverbios de Salomón (10:1-24:34).
  1. Contrastes entre vidas justas e impías (10:1-15:33).
  2. Sobre vida y conducta (16:1-22:16).
  3. Amonestaciones (16:17-23:35).
  4. Diferentes tipos de conductas (24:1-34).
IV. Otros proverbios de Salomón (25:1-29:27).
  1. Relaciones personales (25:1-26:28).
    1.1. Con los reyes (25:1-7).
    1.2. Con el prójimo (25:8-20).
    1.3. Con los enemigos (25:21-24).
    1.4. Con uno mismo (25:25-26:2).
    1.5. Con los necios (26:3-12).
    1.6. Con los perezosos (26:13-16).
    1.7. Con los chismosos (26:17-28).
  2. Comportamiento (27:1-29:27).
    2.1. Con la vida (27:1-27).
    2.2. Con la ley (28:1-10).
    2.3. Con las riquezas (28:11-28).
    2.4. Con la obstinación (29:1-27).
V. Las palabras de Agur (30:1-33).
  1. Palabras personales (30:1-14).
  2. Ejemplos numéricos (30:15-31).
  3. Conclusión exhortativa (30:31-33).
VI. Las palabras de Lemuel (31:1-9).
VII. La mujer virtuosa (31:10-31).

Cristo en el libro

Si el tema es la sabiduría, no cabe duda de que la presencia de Cristo en ese sentido está claramente en todo el libro. De forma especial, en la personalización de la sabiduría (8:1-36).

El apóstol Pablo escribe: "Mas para los llamados, así judíos como griegos, Cristo poder de Dios, y sabiduría de Dios"[116] (1 Co. 1:24). La salvación comprende el llamamiento del Padre, sin cuya acción nadie acudiría a Cristo, ya que "ninguno puede venir a mí, si el Padre que me envió no le trajere; y yo le resucitaré en el día postrero" (Jn. 6:44); de ahí que, en el detalle del movimiento divino para salvar al pecador, el apóstol enseña que los creyentes son aquellos

---

[116] Texto griego: αὐτοῖς δὲ τοῖς κλητοῖς, Ἰουδαίοις τε καὶ Ἕλλησιν, Χριστὸν Θεοῦ δύναμιν καὶ Θεοῦ σοφίαν.

a quienes el Padre llamó (Ro. 8:30). En el llamamiento divino no hay distinción. Son llamados tanto judíos como griegos. El Espíritu capacita por igual a quienes Dios llama. La salvación es para todos los hombres, es decir, para todo aquel que crea (Jn. 3:16). El cambio producido es claro; para los no salvos la cruz es locura, pero para los llamados, en ese mensaje Cristo es poder de Dios y sabiduría de Dios. Cristo crucificado es la base de salvación para judíos y para griegos. El creyente de origen judío no demanda ya señales, porque la cruz es la manifestación del poder supremo de Dios. Para el de origen griego, ya no busca sabiduría humana, porque en la cruz está expresada toda la sabiduría de Dios.

El poder de Dios en Cristo no está vinculado aquí a la acción creadora, en la que el Verbo expresa la voz de autoridad que trae a la existencia lo que no existía (Jn. 1:3; Col. 1:16, 17; He. 1:2), sino que está vinculado a la obra de la nueva creación en Él mismo de los pecadores que han sido llamados a salvación (Ro. 1:16). Cristo es la manifestación de la omnipotencia salvadora de Dios. En la resurrección se exhibe el poder divino que levanta al Salvador de entre los muertos, para que por su resurrección pueda haber justificación y seguridad de salvación. La mayor señal posible como respuesta a la petición de los judíos es precisamente esta, la resurrección de Jesús. Además, el resucitado y el mensaje de salvación en Él es también la respuesta a los griegos empeñados en encontrar la sabiduría. El contraste entre la sabiduría de Dios y la insensatez del hombre es evidente.

El apóstol habla de Cristo como poder y sabiduría de Dios. Él es poder de Dios para salvación porque es el único Salvador dado bajo el cielo en que podamos ser salvos (Hch. 4:12). Además, es también el único mediador entre Dios y los hombres (1 Ti. 2:5), nadie más que Él puede hacer que el pecador, muerto en delitos y pecados, venga a la experiencia de la vida eterna y pueda estar en comunión con el Dios santísimo. Es también sabiduría de Dios, poniendo de manifiesto el plan de Dios para salvación y ejecutándolo en plenitud.

De este modo dice el apóstol Pablo refiriéndose a Jesús: "En quien están escondidos todos los tesoros de la sabiduría y del conocimiento"[117] (Col. 2:3). La supremacía de Cristo se hace notoria aquí como expresión suprema de todos los tesoros de la sabiduría y del conocimiento. En Cristo están escondidos los tesoros de la infinita sabiduría y conocimiento de Dios. Estos tesoros siguen escondidos

---

[117] Texto griego: ἐν ᾧ εἰσιν πάντες οἱ θησαυροὶ τῆς σοφίας καὶ γνώσεως ἀπόκρυφοι.

en Él, que los revela a los suyos. Por tanto, el conocimiento queda asegurado en la medida en que conozcamos a Cristo. Solo Él puede contener y comprender todos los tesoros, ya que son incomprensibles, insondables e inconmensurables para el hombre. Se trata de una expresión de la sabiduría y del conocimiento de Dios, que como todo lo que tiene que ver con la mente del Padre, es infinito, de modo que solo una persona infinita, que es Cristo, puede contener todos los tesoros. Ante una dimensión así, el apóstol dice: "¡Oh profundidad de las riquezas de la sabiduría y de la ciencia de Dios! ¡Cuan insondables son sus juicios, e inescrutables sus caminos!" (Ro. 11:33). Es en Cristo y por medio de Él que llegamos a saber de la profundidad de Dios (1 Co. 2:10), percepción sensible solo a los que son conducidos por el Espíritu. Esto tiene que ver aquí con la profundidad de la sabiduría, que está en contraposición con la humana, que es necedad para Dios. Solo desde esa infinita y admirable sabiduría, Dios determinó la presencia de la Iglesia y la obra de Cristo desde la eternidad. Dentro de la profundidad de Dios, la ciencia. Esto es, el conocimiento infinito que Dios tiene para conducir todo al fin que había previsto en su soberanía. Esta sabiduría descansa también en la omnisciencia, por la que Él conoce todo cuanto sucede, sucederá o hubiera podido suceder en determinadas circunstancias. Estos elementos ponen de manifiesto la actuación divina que surge de la profundidad insondable de su misterio-persona: Dios es rico en misericordia, sabiduría y ciencia, por lo que es conocedor del hombre y capaz de darle de su riqueza, volviéndose definitivamente hacia él.

Al conocimiento a alcanzar en el misterio se le califica aquí como *tesoros*. Al nombre se le añade el adjetivo *todos*, para establecer otra vez la idea de plenitud. Dios mismo promete dar estos tesoros a los suyos: "Y te daré los tesoros escondidos, y los secretos muy guardados, para que sepas que yo soy Jehová, el Dios de Israel, que te pongo nombre" (Is. 45:3).

El primer tesoro que se encuentra en Cristo es la sabiduría. Él mismo es poder de Dios y sabiduría de Dios (1 Co. 1:24). El conocimiento permite comprender la verdad de Dios, mientras que la sabiduría permite aplicarla. En Cristo está el pleno conocimiento, que es supremo a causa de su deidad, conociendo todo y todas las cosas (Jn. 21:17). La omnisciencia de Cristo es un gran consuelo para el creyente. Conocimiento y sabiduría van juntos y son inseparables. No es necesario acudir a ninguna fuente de conocimiento o sabiduría para conocer el misterio de Dios, más que a Cristo, revelador del conocimiento y la sabiduría divina.

Eclesiastés

Título

El título hebreo es *Qohélet*, de ahí *Eclesiastés*; se usaba para referirse al ministerio del que predicaba. Procede de la raíz *qahal*, que significa convocar una asamblea para comunicar un mensaje. El término *Eclesiastés* es una buena acepción porque el predicador se dirige a la congregación.

Características

Es uno de los libros de sabiduría, así aceptado por los hebreos. En ese discurso de sabiduría se mencionan cuatro aspectos que deben tenerse en cuenta:

1. *Dios*. Su nombre aparece explícitamente en cuarenta y uno de los doscientos veintidós versículos; de ahí que imprima al libro un carácter eminentemente teológico.

2. *Hombre*. La idea del hombre aparece como núcleo principal de todo el discurso. La sabiduría del hombre no tiene respuestas a los problemas de la vida y la practicidad es sumamente limitada o incluso nula. El predicador se limita a presentar distintos momentos y circunstancias que concurren en los hombres, bajo la observación atenta de acontecimientos y perspectivas bajo el sol, es decir, conforme al pensamiento meramente humano.

Por esa razón la descripción que hace es poco halagüeña, haciendo resaltar lo negativo de cada situación.

Hace notar también las desigualdades que forman parte de la sociedad humana, en todos los aspectos y manifestaciones, tanto morales como sociales, que imposibilitan encontrar la verdadera felicidad que cada uno busca por distintos caminos.

También hace notar que esa situación es un desvío del propósito divino en la creación del hombre, ya que "todo lo hizo hermoso en su tiempo" (3:11). "Dios hizo al hombre recto, pero ellos buscaron muchas perversiones" (7:29). Con todo, son igualados en la muerte, porque todos nacen y todos mueren.

3. *Sabiduría*. El término usado en el libro no es tanto para referirse a la sabiduría en sí misma, sino para hablar de prudencia, cordura, sensatez, sagacidad, juicio, etc. Es decir, se trata de las consecuencias que la sabiduría produce en el orden práctico y no tanto especulativo. De ahí que lo contrario tenga una relación directa con necedad, insensatez, ignorancia.

La sabiduría es un don que Dios otorga al hombre que le agrada, dándole también gozo (2:26). Esta sabiduría crece (1:16) y se perfecciona (7:25). En la búsqueda de la sabiduría desde el plano meramente humano, el hombre sigue distintos caminos, que concluyen en fracaso, a pesar de haber arrostrado las dificultades de un arduo aprendizaje (1:18).

El necio vive en tinieblas y anda a oscuras (2:14), siguiendo malos caminos y proclamando su necedad (10:3).

4. *Vanidad*. Término que abre y cierra el libro (1:2; 12:8). Esta vanidad que se extiende a todos los hombres, sus propósitos y sus experiencias no es algo absoluto y definitivo, consistente en la imposibilidad natural debajo del sol de alcanzar la felicidad por esfuerzo personal humano. Por esa razón la clave del libro está en una mirada que deja de centrarse en lo que hay debajo del sol, lo terrenal y pasajero, para elevarla a lo que es eterno, como dice: "Acuérdate de tu Creador en los días de tu juventud" (12:1).

Autor y fecha

Las evidencias internas han de ser tenidas en cuenta para establecer la autoría.

El autor se identifica como "hijo de David, rey en Jerusalén" (1:1, 12, 16). Esta primera identificación solo es consonante con el único hijo de David que reinó en Jerusalén y que se conoce como escritor de proverbios, escritos de sabiduría, como Eclesiastés.

Se dice también que el autor tenía "sabiduría sobre todos los que fueron antes de mí en Jerusalén; y mi corazón ha percibido mucha sabiduría y ciencia" (1:16). Esto concuerda plenamente con la referencia a Salomón (1 R. 3:13).

Otro testimonio interno hace referencia a la riqueza del autor: "Me amontoné también plata y oro, y tesoros preciados de reyes y de provincias" (2:8), lo que concuerda también con el testimonio histórico relativo a Salomón (1 R. 10:11-22), concluyendo con esta afirmación: "Así excedía el rey Salomón a todos los reyes de la tierra en riquezas y en sabiduría" (1 R. 10:23).

El escritor tuvo siervos y siervas en un gran número: "Compré siervos y siervas, y tuve siervos nacidos en casa" (2:7), de lo que se da testimonio en los libros históricos (1 R. 9:20-23).

Hay una referencia a grandes construcciones hechas para él (2:4-6), algo respaldado por otros escritos (1 R. 9:1-19).

Hay una expresión en el texto del libro donde se lee: "Ciertamente no hay hombre justo en la tierra, que haga el bien y nunca peque" (7:20), que aparece casi literalmente en la oración de Salomón en la dedicación del templo (1 R. 8:46).

Finalmente, el autor afirma que "compuso muchos proverbios" (12:9), por lo que se identifica con el testimonio histórico relativo a Salomón (1 R. 4:32).

A la luz de las evidencias mencionadas, solo cabe que Salomón fuese el autor del libro, puesto que concuerda plenamente con los datos históricos-biográficos suyos.

Sin embargo, especialmente en el campo liberal, e incluso por parte de algunos cristianos modernos, se cuestiona la autoría en base a dos textos del primer capítulo. En el primero se lee: "Yo el predicador fui rey sobre Israel en Jerusalén" (1:12). El verbo está en pasado, por lo que se supone que ya no reinaba en Jerusalén, que su reino había ocurrido tiempo atrás. Sin embargo, se trata de una referencia temporal identificativa, esto es, el escritor fue rey en Jerusalén antes de escribir y continuaba siéndolo después de hacerlo. En el segundo se lee: "Hablé yo en mi corazón, diciendo: He aquí yo me he engrandecido, y he crecido en sabiduría sobre todos los que fueron antes de mí en Jerusalén" (1:16). Según esto, apuntan a que el autor se identifica como rey y afirma que hubo muchos antes de él. Realmente el pronombre indefinido muchos no es exclusivo para referirse a reyes, sino a los muchos moradores de Jerusalén que fueron también sabios. Sin embargo, aunque se refiriese a reyes de Jerusalén, no tienen que ser de la dinastía de David, ya que en la ciudad hubo antes reyes cananeos anteriores a la presencia de Israel en la tierra. La Biblia menciona también a personas como Melquisedec, rey de Jerusalén (Gn. 14:18), o Adonisedec, que también reinó en ese lugar en el tiempo de la conquista de la tierra (Jos. 10:1).

Por consiguiente, no hay razón para negar lo que siempre se tuvo como seguro: que el autor del libro es el rey Salomón.

Posiblemente fue escrito a finales de los tiempos de su reinado, luego de haberse apartado de los caminos de Dios por la influencia de las mujeres extranjeras, por lo que puede datarse en torno al 935 a. C.

Propósito

Una lectura desprejuiciada del libro apunta al fracaso de una vida que se centra en logros humanos, incluso en el alejamiento de Dios y en la práctica de asuntos pecaminosos. De ahí que sea posible que este libro haya sido escrito por Salomón después del fracaso de su vida, consecuencia de haberse alejado de los mandamientos de Dios.

La interpretación debiera establecerse sobre un principio que el mismo texto revela: "El fin de todo el discurso oído es este: Teme a Dios, y guarda sus mandamientos, porque esto es el todo del hombre. Porque Dios traerá toda obra a juicio, juntamente con toda cosa encubierta, sea buena o sea mala" (12:13-14). Quiere decir que el secreto de la verdadera sabiduría y de la felicidad del hombre está en el respeto reverente a Dios. La vida vivida en el abandono de Dios es una muerte en vida y una frustración continuada.

El texto

Es uno de los mejor conservados de todo el Antiguo Testamento. Cuando se hace la comparación entre el TM y las versiones antiguas, apenas pueden apreciarse variaciones. Todo esto es garantía de la fiabilidad de los documentos que sustentan las traducciones de este libro.

Versiones

Las versiones antiguas latinas son las dos de Jerónimo. Una de ellas sustenta el *Commentarius in Ecclesiasten*, escrito entre 389 y 392. La otra es la que figura en la Vulgata, del 389. Otras más modernas son dependientes de la Vulgata.

La principal versión griega es la de la LXX.

Canon

Eclesiastés fue considerado siempre como un escrito inspirado, por tanto, perteneciente a las Escrituras. En general, los rabinos admitieron siempre el carácter sagrado de este libro. Con todo, tuvo cierta oposición porque algunos, especialmente fariseos, creían que en el libro se propugna aparentemente el materialismo, y no se nombra la Ley, ni aparece tampoco el nombre santísimo de Yahvé.

Entre los cristianos, se aceptó como canónico desde el principio, aunque Teodoro de Mopsuestia no admitía como canónico este libro, juntamente con el de Job, Cantar de los Cantares, los títulos de los Salmos, los dos libros de Paralipómenos y Esdras, la carta de Santiago y las epístolas católicas de otros apóstoles.

Bosquejo

Se propone el siguiente para el análisis exegético del texto bíblico:

I. Prólogo (1:1-3).
   1. Autor (1:1).
   2. Tesis (1:2-3).

II. Demostración de la vanidad (1:4-2:26).
   1. La reiteración de los ciclos temporales (1:4-11).
   2. La futilidad de la sabiduría humana (1:12-18).
   3. La nimiedad de los placeres y riquezas (2:1-11).
   4. La inutilidad del materialismo (2:12-23).
   5. El secreto de una vida provechosa (2:24-26).
III. La provisión divina para la vida (3:1-22).
   1. Todo tiene un tiempo establecido (3:1-11).
   2. Los dones divinos (3:12-13).
   3. La prueba de la vida (3:14-21).
   4. Conclusión (3:22).
IV. Situaciones en la vida (4:1-6:12).
   1. Opresión (4:1-3).
   2. Trabajo (4:4-12).
   3. Éxito social (4:13-16).
   4. Ligereza en hacer promesas (5:1-7).
   5. Riquezas (5:8-17).
   6. Vanidad de las riquezas (6:1-12).
V. Advertencias y consejos (7:1-12:8).
   1. Sobre la maldad humana (7:1-29).
   2. Sobre la providencia divina (8:1-9:18).
   3. Sobre la incertidumbre de la vida (10:1-20).
   4. Sobre la rapidez del curso de la vida (11:1-12:8).
VI. Conclusión (12:9-14).
   1. Cierre del discurso (12:9-12).
   2. Demanda del discurso (12:13-14).

Cristo en el libro

El texto relata la singular experiencia del hombre debajo del sol, es decir, un detallado examen de las consecuencias de una vida que busca la esperanza en un entorno sin esperanza.

Es al final del texto que se hace una reflexión sobre la necesidad de levantar la vista de las cosas temporales y centrarla en Dios mismo.

Podrían escogerse algunos aspectos de Cristo que están presentes en el texto de Eclesiastés. De los muchos textos que podrían seleccionarse, el apóstol Pablo habla de la única vida de esperanza posible y el único estilo de vida bendecido, que es Cristo: "Porque para mí el vivir es Cristo, y el morir es ganancia"[118] (Fil. 1:21). La expresión de Pablo ofrece la perspectiva personal de la forma de vida que

---

[118] Texto griego: Ἐμοὶ γὰρ τὸ ζῆν Χριστὸς καὶ τὸ ἀποθανεῖν κέρδος.

glorifica a Dios. La construcción de la frase en muy interesante, ya que el vivir es el sujeto de la oración y Cristo el predicado. Esta oración es única en los escritos de Pablo y diferente a la que hace referencia a la identificación con Cristo (Gá. 2:20). El vivir tiene que ver con todos los aspectos de su vida. Comienza diciendo *para mí*, en sentido de expresar su pensamiento y creencia firme en cuanto a lo que supone vivir a Cristo. Es verdaderamente enfática la expresión, puesto que piensen otros lo que quieran, él tiene la profunda certeza de que no existe vida para él que no sea Cristo. De otro modo, no hay vida digna de llamarse de ese modo que aquella que se centra, subsiste, se establece, se orienta y descansa en Cristo. Como dice Augusto Segovia: "El vivir, sentido y concepto, fuente y objetivo, tarea de la vida, el vivir en sus aspectos de apostolado, de sufrimiento y de peregrinación sobre la tierra, en una total consagración a Él, principio y motor de sus acciones"[119].

Cristo se hace para Pablo esencia, fundamento y objetivo de la vida cristiana. La verdad es contundente y amplia. Todo cuanto tiene que ver con salvación, santificación y esperanza descansa y se sustancia en Cristo, de ahí que no sea posible la vida sino en Él.

Jesucristo es primeramente razón de vida. Por Él y en Él se recibe la vida eterna y el poder para vivir conforme a ella. Es el dador y mediador para vida, ya que solo en Él estaba la vida (Jn. 1:4). Se trata de la vida divina ampliamente participada, en el sentido de que sería revelación directa a los hombres de la existencia y omnipotencia de Dios (Ro. 1:19-22). De ahí que la luz de vida que les llega a los hombres los conduce al Salvador, el Verbo encarnado introducido en la esfera de los humanos para realizar la obra redentora que permita a estos un encuentro con Dios en vida, recibiendo por fe la vida eterna, posesión exclusiva de Dios (Jn. 3:16).

Cuando el apóstol dice *para mí el vivir es Cristo*, tiene que referirse primeramente a la experiencia de recepción de la vida eterna que está en la unión vital con el Salvador. Volverá más adelante a reflexionar sobre esto (Fil. 2:6-11). Pero ya aquí anticipa la deidad de que es vida y se hace vida eterna en el creyente; esto significa que Cristo es antecedente a todo y está en vinculación con Dios, presentándolo como unido al Padre, puesto que el aspecto de otorgar vida corresponde esencialmente a la deidad: solo Dios puede dar vida, porque es vida en sí mismo. La vida no es algo que fue traído a la existencia, aunque ciertamente se manifiesta en ello, sino que debe considerarse

---

[119] Cf. Leal, 1965, p. 746.

como procedente del Creador, que se hace también salvador de los pecadores, en quien estaba la vida. Esta expresión significa que desde toda la eternidad hasta el presente y el futuro, la vida residía en Cristo, que es el Verbo encarnado. En Él estaba la vida, no solo como vida residente, sino como vida personal e inmanente. No es que la vida fue puesta en Cristo, que se convierte en dador y administrador de ella, sino que Él era en sí mismo vida. Mientras que la vida de las criaturas llega a ser, lo que incluye también a los ángeles, nunca llegó a ser para Cristo, puesto que no tiene principio. Él y las otras dos personas participan o comunican eternamente la vida del ser divino. Por tanto, en Cristo la vida no era solo asiento vital, sino esencia en Él mismo; por eso da vida, ya que la vida y Cristo son inseparables. Pero aunque la vida biológica como hombre comenzó en la concepción, la vida divina está en la persona del Hijo de Dios; la humanidad de Jesús subsiste en dos hipóstasis de naturaleza: la divina, que eternamente le corresponde porque es Dios, y la humana, asumida en la temporalidad de las criaturas, inseparable ya definitivamente de su persona. Así lo entiende y así lo enseña también el apóstol Juan: "Y este es el testimonio: que Dios nos ha dado vida eterna; y esta vida está en su Hijo" (1 Jn. 5:11). De ahí que también diga que "el que tiene al Hijo, tiene la vida; el que no tiene al Hijo de Dios no tiene la vida" (1 Jn. 5:12). Pablo enseña con la expresión del versículo que Cristo es para él fuente y principio causal de vida. Jesús lo promete, como queda registrado en el evangelio: "Y yo les doy vida eterna; y no perecerán jamás, ni nadie las arrebatará de mi mano" (Jn. 10:28). Esa es la distinción que se marca en el versículo relativo a la vida. Es necesario entender también que, aunque la vida de Dios es absolutamente espiritual y no hay nada físico en ella, es desde ella que toda vida viene a la experiencia vital sobre el ser al que se le comunica.

El que es vida en sí mismo es también dador de vida eterna a todo aquel que cree (Jn. 3:16; 10:27-28). La recepción de la vida eterna solo es posible por unión vital con Cristo (1 Co. 12:13). El resultado es natural, los creyentes son piedras vivas porque han sido puestos en la piedra viva que es Cristo (1 P. 2:4). Los cristianos son transformados para vida nueva (2 Co. 15:17). Es como si el apóstol dijese: "Yo vivo solo para servirle a Él; solo para comunión con Él; y no tengo otro concepto de vida fuera de Él"[120]. Por eso Pablo dice: *Para mí el vivir es Cristo.*

---

[120] Lightfoot, 1994, p. 92.

Pero esta razón de vida se convierte en experiencia de vida, que opera en la santificación. Cristo es todo para Pablo. Es su fortaleza (Fil. 4:13), quien permite por unión vital que pueda tener su mismo sentir y su modo de pensar (Fil. 2:5-11). Además, permite conocerle, lo que no tiene que ver tanto con aspectos intelectuales, sino vivenciales; de ahí que pueda decir lo que humanamente hablando no es propio del hombre natural: "Y ciertamente, aún estimo todas las cosas como pérdida por la excelencia del conocimiento de Cristo Jesús, mi Señor, por amor del cual lo he perdido todo, y lo tengo por basura, para ganar a Cristo" (Fil. 3:8). La razón de vida se establece también en la relación con Dios, posible porque está cubierto con su justicia (Fil. 3:9). Cristo, que se ha hecho vida en Pablo, como ocurre también con todos los creyentes, es la razón y motivo del gozo (Fil. 3:1; 4:4). Por tanto, la vida victoriosa en la santificación no es otra que vivir para su gloria (2 Co. 5:14), descansar en Él y amarle en correspondencia a su amor (2 Co. 5:8).

Esta vida en Cristo se convierte también en firmeza y esperanza, ya que morir es ganancia. Es una expresión semejante a la que hay en otro de sus escritos: "Pero confiamos, y más quisiéramos estar ausentes del cuerpo, y presentes al Señor" (2 Co. 5:8). Cristo, que se hace vida, se hace también esperanza (Col. 1:27b). Las riquezas de gloria se convierten en esperanza de gloria por el hecho de la presencia de Cristo en el creyente; de otro modo, Cristo glorioso habitando en el cristiano. Como escribe el Dr. Lacueva:

> El hecho mismo de que los fieles sean miembros del Cuerpo de Cristo hace que la vida, ya gloriosa de Cristo circule por nuestras venas con la firme, gloriosa esperanza de que lo que es en la Cabeza una realidad consumada, lo será un día en cada uno de los miembros (comp. con Ef. 4:13; 1 Ti. 1:1).[121]

La presencia de Cristo y su promesa es ya esperanza de gloria. En sus propias palabras: "Yo soy la resurrección y la vida; el que cree en mí, aunque esté muerto, vivirá. Y todo aquel que vive y cree en mí, no morirá eternamente" (Jn. 11:25-26). La vida mortal, no solo por condición, sino por pecado, queda resuelta en la vida eterna, que es Cristo, y en su promesa de resurrección para vida perpetua. A la seguridad de vida se une también la promesa del encuentro con el Señor en su venida a buscar a su Iglesia:

---

[121] En *Colosenses*. Cf. Henry, 1989, p. 246.

No se turbe vuestro corazón; creéis en Dios, creed también en mí. En la casa de mi Padre muchas moradas hay; si así no fuera, yo os lo hubiera dicho; voy, pues, a preparar lugar para vosotros. Y si me fuere y os preparare lugar, vendré otra vez, y os tomaré a mí mismo, para que donde yo estoy, vosotros también estéis. Y sabéis a donde voy, y sabéis el camino. (Jn. 14:1-4)

La vida está vinculada al Hijo de Dios; por tanto, el que tiene al Hijo, tiene la vida (1 Jn. 5:12). La seguridad de la vida eterna no está en una relación religiosa, sino en una relación vivencial con Cristo. La esperanza está vinculada a Jesús: "Amados, ahora somos hijos de Dios, y aún no se ha manifestado lo que hemos de ser; pero sabemos que cuando él se manifieste, seremos semejantes a él, porque le veremos tal como él es" (1 Jn. 3:2). La esperanza está ligada también a la herencia de los santos en luz, posible por la unión vital con Cristo (Col. 1:12). La esperanza de gloria tiene que ver también con la seguridad de la presentación del creyente ante Él (Col. 1:22, 28). La esperanza de gloria está unida a Cristo (Ro. 5:2; 8:18-23; 1 Co. 15:12 ss.; Fil. 3:20, 21; Col. 3:4, 24; 1 Ts. 2:19; 3:13; 4:13-17; 2 Ts. 1:10; 2 Ti. 1:12; 4:8; Tit. 2:13).

Morir implica en este pasaje, no tanto la liberación del sufrimiento, sino el encuentro con Cristo. Es ganancia porque trae una experiencia mayor de Cristo. Hasta ahora la relación es limitada, pero entonces le veremos como Él es; de otro modo, la muerte nos introduce en el perfecto conocimiento de Él y en la completa unión con Él. Por eso el apóstol no dice en el versículo que Cristo es su vida, sino que, para él, el vivir es Cristo. Por consiguiente, el morir, que implica como demanda el aoristo de infinitivo, el estar muerto a la vida terrenal presente, que denota no el acto de morir en sí, sino el estado después de morir, que partir para estar con Cristo es mucho mejor.

Cantar de los Cantares

Se trata de un poema de amor entre una mujer joven, campesina y el rey Salomón. En él se describe la expresión de amor sincero y se hacen comparaciones entre ellos singularmente bellas. El libro trata de la sexualidad humana en el matrimonio.

Título

En hebreo el título del libro es *Sir has-sîrîm*, equivale literalmente a *El cantar de los cantares*, o *La canción mejor*. La LXX utiliza la expresión griega ΑΣΜΑ, tomada de las primeras palabras del libro, Ἄισμα ἀσμάτων.

Tanto en el hebreo como en el griego se hace referencia al mejor cantar de todos los escritos por Salomón.

Autor y fecha

Salomón reinó en Israel durante el último período del reino unido, durante cuarenta años (971 a 931 a. C.). La misma introducción al poema atribuye el escrito a Salomón (1:1). Es interesante apreciar que aparece siete veces por nombre en el libro (1:1, 5; 3:7, 9, 11; 8:11, 12). Es también aceptado como el autor por los judíos y por la Iglesia.

Si la autoría es sencilla de determinar, la fecha puede oscilar a lo largo del reinado de Salomón. Considerando la trayectoria de la vida del rey de Israel, pareciera que la datación debía establecerse en un tiempo anterior a su fracaso espiritual, propio del final de su reinado, situando la fecha ca. 900 a. C.

Canon

Hubo una etapa de duda entre los judíos sobre si el libro debía ser considerado canónico o no. Una de las razones apuntadas era la ausencia del nombre de Dios en todo el libro. Por esta causa, era considerado como uno de los cinco antilegómena, no tanto por duda de autor, sino por carecer —según la tradición hebrea— de valor religioso. Esto generó arduas y largas discusiones resueltas definitivamente en el Concilio de Jamnia (90 d. C.), en que se aceptó como inspirado y pasó a ocupar el puesto que tiene en la sección tercera de los libros sagrados (los *Kᵉtûbîm* = Hagiógrafos), dentro del grupo de los cinco *Mᵉgilôt* = Volúmenes (Cnt. Rt. Lm. Ec. Est.).

La iglesia lo aceptó acogiéndolo en el canon de la Escritura.

Entorno histórico

Se trata de un canto de amor entre Salomón y la sulamita (6:13). Sin embargo, no hay mención específica de ella, ni nominal, ni familiar, ni territorial. Posiblemente sea una mujer joven residente en Sunem, situado a unos 5 km al norte de Jezrel, en la zona sur de Galilea. Para algunos, se trata de la hija de Faraón, oculta en el nombre de la sulamita (1 R. 3:1), pero no hay evidencia para esta afirmación. Incluso otros la identifican con Abisag, la joven que atendió a David en sus últimos días (1 R. 1:1-4, 15), posición muy dudosa. La idea de que pertenecía a una familia que servía a Salomón y cuidaba de sus viñedos, uno de los cuales estaba en Baal-hammon, cerca de los montes del Líbano, está en alguna sugerencia. Es posible que Salomón haya conocido a la joven en alguna visita a sus posesiones y se haya enamorado de ella, proponiéndole matrimonio. Ella dudó un tiempo y finalmente se casó con el rey.

Hay referencias que no son necesariamente principales en el libro, como la referencia genérica usada varias veces "hijas o doncellas de Jerusalén" (1:5; 2:7; 3:5; 5:8, 16; 8:4), que pudieran ser parte del servicio femenino de la casa de Salomón, y que en su trabajo tapizaron con afecto la litera del rey (3:10).

El cortejo de la boda se describe de la forma habitual entonces, con la presencia de los valientes del rey, equipados con sus armas (3:6-11). Están presentes también los familiares de la esposa (8:8-9).

Se aprecia la celebración de la boda en la ciudad y el tiempo siguiente en la residencia de Salomón en Jerusalén (3:6-7:13).

El Cantar comprende un tiempo mínimo de un año, ya que se menciona dos veces la primavera. La primera de ellas en 2:11-13 y la segunda en 7:12.

Interpretación

Generalmente ha seguido tres modos interpretativos.

Alegórico. Fue el sistema más utilizado, tanto por los judíos, que consideraban que el libro era una alegoría sobre la relación de amor entre Dios e Israel, pasando luego al cristianismo, que siguió esa línea inicialmente a través de los Padres; se remite al lector a obras de Hipólito, Orígenes, Teodoreto, Ambrosio, Jerónimo, Agustín, Gregorio Magno, etc.

Incluso algunos teólogos considerados conservadores del s. XIX, como Hangstenberg y Keil, favorecían esta forma interpretativa.

Literal. Siendo, sin duda, el sistema hermenéutico más seguro, no puede entenderse el libro simplemente como una canción de amor sin la más mínima intención de transmitir otra cosa que el amor correcto entre un hombre y una mujer conforme a lo establecido por Dios para el matrimonio. Para el sistema literal absoluto se trata simplemente del registro histórico de un hecho acaecido entre Salomón, el rey de Israel, y una joven, la sulamita. El libro presenta el desarrollo del amor sano en el matrimonio. No hay duda alguna de que el amor físico correctamente desarrollado en el ámbito del matrimonio está claramente establecido y es honrado por Dios, como Él lo estableció en el principio.

Literal aplicativo. Es la forma más segura de interpretar el Cantar de los Cantares. Hace honor a la interpretación literal, pero no obvia la aplicación a Cristo y la Iglesia, puesto que el apóstol Pablo lo hace en su epístola a Efesios, donde luego de la exposición doctrinal, utiliza la ilustración del matrimonio como tipo de Cristo y de la Iglesia (Ef. 5:32). Esta interpretación exige la limitación de la aplicación a lo que concuerde con la lección espiritual que se detecta en el texto, sin llegar en modo alguno al alegorismo, y sin que la aplicación afecte a todos los detalles del texto.

Bosquejo

Se propone el siguiente para el análisis exegético del texto bíblico:

I. Título (1:1).
II. Cortejo (1:2-3:5).
  1. Deseo de la sulamita (1:2-4a).
  2. Expresión de las hijas de Jerusalén (1:4b).
  3. La sulamita (1:5-7).
  4. Las hijas de Jerusalén (1:8).
  5. Salomón habla a la sulamita (1:9-10).
  6. Las hijas de Jerusalén a la sulamita (1:11).
  7. Expresión de la sulamita (1:12-14).
  8. Respuesta de Salomón (1:15).
  9. Palabras de la sulamita (1:16-2:1).
  10. Respuesta de Salomón (2:2-6).
  11. Salomón a las hijas de Jerusalén (2:7).
  12. Testimonio personal de la sulamita (2:8-13).
  13. Respuesta de Salomón (2:14).
  14. Palabras de un coro (2:15).
  15. Diálogo personal de la sulamita (2:16-3:4).
  16. Palabras de Salomón a las hijas de Jerusalén (3:5).
III. El cortejo de bodas (3:6-11).
  1. Presentación (3:6).
  2. Detalles de la litera y de la custodia (3:7-8).
  3. Detalles de la carroza (3:9-10).
  4. Referencia a Salomón (3:11).
IV. La vivencia del matrimonio (4:1-5:1).
  1. Palabras de Salomón (4:1-15).
  2. La respuesta de la esposa (4:16).
  3. Palabras de Salomón (5:1a).
  4. Dios habla (5:1b).

V. Fin de la luna de miel (5:2-6:13).
  1. Primera queja de la esposa (5:2-8).
  2. Respuesta de las hijas de Jerusalén (5:9).
  3. La excelencia del marido (5:10-16).
  4. Respuesta de las hijas de Jerusalén (6:1).
  5. Palabras de la esposa (6:2-3).
  6. Palabras del marido (6:4-10).
  7. Reflexión personal de la esposa (6:11-12).
  8. Respuesta de las hijas de Jerusalén (6:13a).
  9. Palabras de Salomón a las hijas de Jerusalén (6:13b).
VI. Desarrollo del matrimonio (7:1-8:4).
  1. El marido admira a la esposa (7:1-9).
  2. La esposa habla del marido (7:10-8:3).
  3. El marido a las hijas de Jerusalén (8:4).
VII. La estabilidad del matrimonio (8:5-14).
  1. Una pregunta (8:5a).
  2. Recuerdos del esposo (8:5b).
  3. Peticiones de la esposa (8:6-7).
  4. Los hermanos a la sulamita (8:8-9).
  5. Palabras de la esposa (8:10-12).
  6. Petición del esposo (8:13).
  7. Petición de la esposa (8:14).

Cristo en el libro

Siendo un canto de amor, la presencia de Cristo sustancia la realidad del verdadero amor en el matrimonio, que se convierte en un ejemplo visible del amor del Señor hacia su esposa la Iglesia.

Podemos seleccionar un texto del apóstol Pablo: "Maridos, amad a vuestras mujeres, así como Cristo amó a la iglesia, y se entregó a sí mismo por ella"[122] (Ef. 5:25). El amor del marido para la mujer y la relación entre ambos, en todos los términos de la palabra, han de descansar en un amor sincero que sobrepasa el natural del hombre. Es muy importante notar que no se hace aquí una comparación sobre la relación simbolizada en el marido y la que hay entre Cristo y la iglesia, es decir, no se trata de una relación, sino de una acción de Cristo, en la que Él amó a la Iglesia. El objeto del amor de Cristo es la Iglesia, en una dimensión tal que "se entregó a sí mismo por ella". Quiere decir que para que la Iglesia viniese a ser una realidad, Cristo tuvo que

---

[122] Texto griego: Οἱ ἄνδρες, ἀγαπᾶτε τὰς γυναῖκας, καθὼς καὶ ὁ Χριστὸς ἠγάπησεν τὴν ἐκκλησίαν καὶ ἑαυτὸν παρέδωκεν ὑπὲρ αὐτῆς,

entregarse por ella; de otro modo, la Iglesia se constituyó como tal a causa de la operación de entrega de Cristo en amor por ella. La Iglesia necesitó de la obra de salvación y esta solo se produce en un acto de entrega incondicional de Cristo por amor. El Salvador se entregó a sí mismo a favor de la Iglesia. La expresión está muy ligada al mensaje profético sobre Cristo (Is. 53:4, 5).

El amor que se demanda aquí para el marido no es el eros, natural que se funda en la valía y belleza de la mujer; es el ágape, que expresa un amor desinteresado y de entrega. Se trata de que el marido ame a la esposa, no con la intensidad y dimensión con que Cristo amó a la Iglesia, cosa imposible en el plano limitado de los hombres, sino con un amor de la misma calidad que el que tuvo Cristo para la iglesia. El apóstol recuerda que en ese amor de "Cristo se entregó a sí mismo por ella" (Jn. 10:11, 15, 17, 18; Gá. 2:20c; 1 Jn. 3:16a). Es un amor de entrega que solo busca el beneficio de la esposa, sin interés egoísta alguno; la ama no por lo que puede recibir, sino por necesidad personal de amarla. La importancia del tema es tal que el apóstol introduce el mandamiento mediante el uso de un imperativo que demanda amor para las esposas y que, al estar en plural, se refiere a la totalidad de los maridos y a la totalidad de las esposas. Todos los maridos sin excepción deben amar a sus esposas. Tal demanda está plenamente justificada en un contexto en que anteriormente pidió sujeción a las esposas. Aunque el marido pueda entender que Dios lo ha colocado en una posición de liderazgo y, por tanto, de responsabilidad en relación con la esposa, no significa en modo alguno que esa relación se convierta en un mero arbitrio autoritativo. Se trata de que el marido no se considere señor y sea por tanto un tirano para la esposa, sino todo lo contrario: que el marido busque como fin prioritario y absoluto amar desinteresadamente a la esposa y manifestárselo en sus relaciones. La autoridad del marido es una autoridad en amor. El liderazgo dentro del hogar y del matrimonio solo es posible en amor. Ese amor demandado no es posible encontrarlo en el plano del hombre natural, ya que surge solamente en el poder y la plenitud del Espíritu (Ef. 5:18). Es el mismo amor de Dios que se derrama en el corazón del cristiano por la acción del Espíritu (Ro. 5:5). ¿Supone esto que cualquier otra forma de amor del marido para la esposa queda excluida? ¿Debe entenderse que el amor erótico, propio del eros, no cabe en esta demanda? Todo lo contrario, cabe absolutamente, puesto que el amor erótico que comprende las actividades sexuales está santificado por Dios dentro del matrimonio. Un mal entendimiento de esto puede traer problemas. Es verdad que Pablo pide amor ágape, desinteresado, de entrega, pero debe tenerse en cuenta que las relaciones íntimas en el matrimonio descansan precisamente en esto. El marido no es dueño de su propio cuerpo, sino la esposa, y viceversa (1 Co. 7:4). El amor ágape es el que deja de buscar en el amor eros su satisfacción para buscar también la satisfacción del otro (1 Co. 10:24). Lo mismo que cabe el amor eros, cabe también el filia, amor de amistad y compañerismo. Nada puede haber más destructivo que dejar de ser amigo de la esposa. Es una entrañable y encantadora relación de amistad cotidiana la que debe desarrollarse en el matrimonio. Ello requiere que haya tiempo para diálogo, actividades comunes que unan y vinculen, objetivos sociales y culturales en los que se involucren ambos cónyuges. El amor desinteresado en que se funda el mandato eleva a las otras expresiones de amor porque las conduce al desinterés y la entrega. Este es precisamente el campo donde el cristiano tiene acceso y debe ser su experiencia natural de vida.

Sin embargo, para que no quede duda alguna de la dimensión del mandato de amar a las esposas, el apóstol añade "así como Cristo amó a la iglesia", un elemento de capital trascendencia: "Y se entregó a sí mismo por ella". La primera razón de este énfasis y precisión en el amor demandado es para que el creyente, en este caso los maridos, preste atención al infinito amor con que Cristo amó a la iglesia. Es necesario entender que ese amor es un amor general, pero no deja de ser un amor personal. Pablo dice "el Señor me amó y se entregó a sí mismo por mí" (Gá. 2:20). En la medida en que el esposo cristiano comprenda el alcance del amor de Cristo por él estará en condiciones de comprender el alcance del mandamiento de amar a su esposa. En segundo lugar, para que el marido conozca el alcance testimonial de ese mandamiento, ama a la esposa para que sea una expresión del profundo misterio del amor de Cristo para con la Iglesia (Ef. 5:32). En la práctica, la relación de amor del marido hacia la esposa debe entenderse en la misma calidad de amor con que Cristo amó a la Iglesia. El Señor amó y ama a la Iglesia a pesar de sus defectos, indignidades e incluso rebeldía; por tanto, de esa misma manera tiene que manifestar el esposo su amor hacia su esposa. No tuvo el Señor en cuenta como éramos, simplemente dice la Biblia que el Salvador murió por nosotros, haciéndose obediente hasta la muerte y muerte de cruz (Fil. 2:8).

Es también necesario entender que el amor que se demanda, si es semejante al de Cristo, no puede ser algo teórico basado solo en meras palabras o en buenos propósitos. El marido que ama a su esposa con un amor de entrega lo pone de manifiesto en hechos concretos. Si se ha de seguir el ejemplo de Cristo, el Señor se entregó renunciando a todos sus derechos, ya que siendo en forma de Dios, no consideró esa condición como algo que debía ser mantenida, sino que se despojó a sí mismo en un acto supremo de entrega incondicional (Fil. 2:6-7). Esta es la demanda de amor para el creyente: "Haya, pues, en vosotros este sentir que hubo también en Cristo Jesús" (Fil. 2:5). Ese es el amor que se resume y expresa en la enseñanza de Pablo (1 Co. 13).

El amor general de Cristo por la Iglesia se convierte en individual por cada uno de los creyentes; de ahí que el mismo apóstol enseñe que "Cristo nos amó, y se entregó a sí mismo por nosotros" (Ef. 5:2). Es un amor abarcador, en el sentido de que comprende a todos. Nadie está fuera del amor divino y, de forma especial, cada creyente ha sido, es y será objeto directo de ese amor. Este admirable Señor fue "entregado por nuestras transgresiones" (Ro. 4:25). El Padre entregó al Hijo en una manifestación de amor infinito, pero no es menos cierto que el Hijo "se dio a sí mismo por nuestros pecados, para librarnos del presente siglo malo, conforme a la voluntad de nuestro Dios y Padre" (Gá. 1:4). Cristo se entregó a sí mismo a Dios por nosotros, en el sentido de *a favor de nosotros* y también en el de *en lugar de nosotros*. Es una entrega a nuestro favor, para que tengamos en Él el perdón de todos nuestros pecados. De ese amor tomamos nosotros por la acción del Espíritu (Ro. 5:5), siendo llamados a vivir en esa misma esfera.

Isaías

Es una de las profecías del Antiguo Testamento más leída, estudiada y comentada. Especialmente conocidos y predicados son los capítulos que se relacionan directamente con el Mesías, uno de los cuales es el cincuenta y tres.

Los distintos tiempos proféticos comprenden desde el tiempo primero de la profecía, pasando por el anuncio del juicio de Dios sobre Israel a causa de su pecado, las promesas de restauración para el pueblo, los diversos anuncios sobre el Siervo de Jehová y algunas referencias escatológicas.

Título

Se toma del nombre del profeta, que en hebreo es *Yesa-Yahû*, y que significa *Yahvé es salvación*. El nombre, en cuanto a significado, está vinculado con otros, como Josué, Eliseo y Jesús. La profecía es citada en el Nuevo Testamento más de setenta veces y su nombre es

LOS LIBROS DEL LIBRO

mencionado más de veinticinco. Sin duda, se nombra más que cualquier otro profeta.

Autor y fecha

Era hijo de Amoz, de familia de clase social alta, lo que le permitía relacionarse con la familia real de Judá (7:3), sirviendo incluso como consejero en asuntos de relaciones exteriores; era también cercano a un sacerdote de nombre Urías (8:2). Su período de ministerio comprende el reinado de Uzías (llamado Azarías en 2 Reyes), Jotam, Acaz y Ezequías (1:1). El tiempo de ministerio puede establecerse ca. 739-686 a. C., ya que escribió sobre las acciones y muerte de Senaquerib (36:1-39:8).

Su posición cultural tenía que ser muy elevada, manifestándose en la riqueza idiomática y en el uso refinado del vocabulario cuando escribe. Según los expertos en el hebreo de su época, supera en todo a cualquier otro escritor bíblico. Jerónimo, uno de los padres de la iglesia, lo comparó con el escritor griego Demóstenes para resaltar la riqueza de su composición escrita. El vocabulario que utiliza es muy grande para el idioma hebreo, usando no menos de 2130 palabras, en comparación con Ezequiel, que utiliza 1535, o Jeremías, que usa 1653. Según un testimonio bíblico, escribió una biografía del rey Ezequías (2 Cr. 32:32).

Era un hombre casado y tenía dos hijos con nombres simbólicos relativos al mensaje profético: Sear-jasub, que significa *remanente que regresa* (7:3), y Maher-salal-hasbaz, que equivale a *el despojo viene pronto*, o *corriendo a la presa* (8:3). El profeta fue contemporáneo de Oseas y Miqueas.

Una antigua tradición que se menciona en el apócrifo Martirio de Isaías habla de que su muerte se produjo durante el reinado de Manasés, siendo aserrado por la mitad.

La profecía puede datarse en el año 680 a. C.

Entorno histórico

El rey Uzías tuvo un reinado de cincuenta y dos años (ca. 730-739 a. C.). Durante ese tiempo, se produjo un crecimiento social, económico y militar de cierta importancia: se hicieron obras, como la construcción de murallas, torres y fortalezas, así como un puerto en el mar Rojo (2 Cr. 26:3-5, 8-10, 13-15). Pero junto con esto se inició un grave deterioro espiritual. El mismo rey Uzías trató de quemar incienso en el santuario, asumiendo las funciones propias y privativas de los sacerdotes (2 R. 15:3-4; 2 Cr. 26:16-19), con la consecuencia de que contrajo la enfermedad de la lepra, quedando así hasta su muerte (2 R. 15:5; 2 Cr. 26:20-21).

Su hijo Jotam (ca. 750-731 a. C.) fue regente en tiempos de la enfermedad de su padre. En esos años se pone de manifiesto el potencial del Imperio asirio, especialmente bajo Tiglat-pileser (ca. 745-727 a. C.) conforme al testimonio bíblico (2 R. 15:19). Los reinos más próximos, Israel y Siria, comenzaron a tener confrontaciones con Judá (2 R. 15:37). Jotam siguió los caminos de su padre, estableciendo lugares fortificados, pero no detuvo la degradación moral y espiritual que se había establecido en el reino (2 R. 15:34-35; 2 Cr. 27:1-2).

El rey Acaz comenzó a reinar en Judá cuando tenía veintisiete años y reinó hasta los cuarenta y uno, ca. 735-715 (2 Cr. 28:1). Tanto Israel, el reino del norte, como Siria formaron una alianza defensiva para tratar de eliminar la amenaza que Asiria constituía para ellos; sin embargo, no consiguieron que Acaz, el rey de Judá, formase parte con ellos (2 R. 16:5; Is. 7:6). Los dos reinos del norte iniciaron una guerra contra Judá, que comenzó en el 734 a. C. Con una gran falta de visión estratégica, Acaz buscó ayuda en Asiria (2 R. 16:7). Los ejércitos asirios invadieron Gaza, llevando a toda Galilea en cautiverio para terminar capturando también Damasco en 732 a. C. Las relaciones contrarias a lo que Dios disponía manifestadas en la alianza con Asiria trajeron sus consecuencias inmediatas, de manera que Acaz puso en el templo de Dios un altar pagano (2 R. 16:10-16; 2 Cr. 28:3), hecho ocurrido ca. 722 a. C. Asiria terminó esa primera campaña militar conquistando y destruyendo Samaria, capital del reino del norte, llevando a las personas más capaces en cautiverio (2 R. 17:6, 24).

Ezequías fue el siguiente rey en Judá (715 a. C.), reinando durante veintinueve años, hasta ca. 686 a. C. Cuando comenzó a reinar procuró la reforma espiritual de la nación (2 R. 18:4, 22; 2 Cr. 30). Asiria, antes aliada de Judá, amenazó con una invasión, forzando a Judá al pago de un oneroso tributo. Ezequías enfermó de gravedad, pero oró al Señor y Dios extendió su vida quince años más (2 R. 20; Is. 38), hasta el 686 a. C. Desde Babilonia, en un movimiento estratégico, enviaron a una comisión con el pretexto de felicitarlo por la sanidad de su enfermedad, pero cuyo objetivo probablemente era afianzar una alianza contra Asiria (2 R. 20:12 ss.; Is. 39). Por situaciones sociales internas, Asiria se debilitó, ocasión que Ezequías aprovechó para no hacerse tributario (2 R. 18:7). Por esa razón, Senaquerib en el 701 a. C. invadió la franja costera de Israel, avanzando con sus ejércitos hacia Egipto, lo que trajo como consecuencia la destrucción de varias poblaciones de Judea, llevando prisioneras a muchas personas a Asiria. En las acciones bélicas sitió la ciudad de Laquís, enviando desde allí un cuerpo de sus tropas para sitiar Jerusalén (2 R. 18:17-19:8; Is. 36:2-37:8). En un primer intento, la expedición fracasó, pero envió una segunda, reclamando la rendición inmediata de la ciudad (2 R. 19:9 ss.; Is. 37:9 ss.). En esta acción, el profeta Isaías alentó a Ezequías, asegurándole la protección de Dios, lo que hizo que no se rindiese ante las demandas asirias. El ejército de Senaquerib tuvo que regresar a Nínive y dejó de amenazar a Judá.

Isaías el profeta

El contenido y sobre todo el cumplimiento de profecías que tenían que ver con el tiempo en que fueron dadas acreditan al profeta como un mensajero enviado por Dios.

En su nombre denunció la situación de ruina espiritual que se manifestaba, entre otras cosas, por la celebración de un culto meramente ritual (1:10-15). La denuncia de la idolatría en que Judá había caído es continua. Esto trajo como consecuencia la cautividad babilónica (39:6, 7).

El cumplimiento profético es manifiesto. La profecía relativa al fracaso de Senaquerib en las pretensiones asirias que demandaban la rendición de Jerusalén fue tal como Isaías había profetizado (37:6, 7, 36-38). La sanidad de Ezequías se cumplió tal y como el profeta había dicho (38:5). Una profecía sorprendente es la relacionada con Ciro, el persa, que no solo mencionó su nombre, sino que lo cita como el que liberaría a Judá de la cautividad babilónica (44:28; 45:1).

De forma especial sobresalen las profecías mesiánicas, que tienen pleno cumplimiento en la vida de Jesús; así —a modo de ejemplo— el nacimiento y el nombre de Emanuel, Dios con nosotros (7:14), o las que se relacionan con la presencia del Siervo y su muerte (cf. Is. 52;13-53:12).

Hay muchas referencias escatológicas, especialmente relativas a Israel. La gloria futura del reino milenial está presente en ella. La administración del reino, en manos de "la vara del tronco de Isaí", con las características de la sabiduría y conocimiento de Dios (cf. 11:1-5). La restauración de la paz y la armonía en la tierra (cf. 11:6-9). La restauración de Israel de entre las naciones (cf. 11:11 ss.).

Crítica de la autoría

La paternidad literaria de Isaías está aceptada plenamente por los eruditos hebreos.

Sin embargo, como no podía ser de otro modo, la crítica liberal niega como mínimo parcialmente la autoría del libro.

La presencia humanista con el crecimiento del deísmo a finales del s. XVIII objetó la autoría sobre la base de sus convicciones contra todo cuanto resulta sobrenatural.

Algunos liberales propusieron —como es el caso de Joham C. Doederlein (1745-1792)— que no es posible datar el libro antes de la presencia de Ciro (ca. 550 a. C.). La razón más firme de esta propuesta es que no se concibe la predicción de la caída de Jerusalén ocurrida en 586 a. C. junto con los 70 años del cautiverio, ni las palabras de consuelo a los que fueron llevados en cautiverio que están en los capítulos cuarenta y siguientes. Puesto que se cita a Ciro por su nombre (Is. 44:28 y 45:1), el autor de estas profecías tuvo que ser un judío desconocido que vivió en Babilonia entre el tiempo de Ciro y la caída de Babilonia y que supuestamente vivió en Babilonia en torno al 540 a. C.

Unido a esto, entienden que las profecías sobre la caída de Jerusalén y los sucesos consecuentes no pudieron haber sido escritas por el Isaías tradicional, sino que fue otro Isaías, dando lugar a lo que llaman Deuteroisaías, al que conectan con extensas secciones de la profecía y los capítulos finales, 40 al 46. A esto se añaden propuestas de interpolación en otros lugares de la profecía. La idea es despojar al libro de todo aquello que pudiera ser revelación divina y predicción futura que Dios manifestó al profeta. La Alta crítica del mundo liberal divide Isaías en dos partes: I Isaías, que comprende los capítulos 1 al 39, y II Isaías, que tiene los restantes.

No es necesario dedicar tiempo a la argumentación contraria a las propuestas liberales, puesto que son quienes niegan la autoría los que han de demostrar sus propuestas, no subjetiva, sino objetivamente, de forma debidamente documentada.

El texto de la profecía

El texto que origina las traducciones de Isaías en las Biblias actuales se basa en tres códices hebreos medievales: 1) Mss. de El Cairo, del 895; 2) Códice de Alepo, del s. X; 3) Códice de Leningrado, de 1008. Estas eran las referencias más antiguas.

Actualmente se añaden varios mss. procedentes de Qumrán, con una antigüedad de unos 1000 años anteriores al primero de los citados. Hay un texto completo de Isaías procedente de la cueva 1 (I

QIs^a), y otro al que le faltan fragmentos (I QIs^b). El segundo está más próximo al TM y es, sin duda, un valioso testigo de la integridad de la profecía tal como la tenemos y como está en la LXX.

Bosquejo

Se propone el siguiente para el análisis exegético del texto bíblico:

I. Identificación (1:1).
    1. Autor y época (1:1).
II. Denuncia contra Judá (1:2-12:6).
    1. Causas del juicio sobre Judá (1:2-5:30).
        1.1. Acusación divina (1:2-23).
        1.2. Promesa de restauración (1:24-31).
        1.3. El reino escatológico (2:1-4).
        1.4. Aspectos del juicio (2:5-4:1).
        1.5. El reino milenial (4:2-6).
        1.6. La parábola de la viña (5:1-30).
    2. Dios comisiona al profeta (6:1-13).
    3. La venida del Mesías (7:1-12:6).
        3.1. La señal dada de la venida: Emanuel (7:1-25).
        3.2. La señal de Maher-salal-hasbaz (8:1-22).
        3.3. La señal del Mesías (9:1-7).
        3.4. Juicio de Samaria (9:8-10:4).
        3.5. Juicio sobre Asiria y regreso de Israel (10:5-34).
        3.6. Reinado del vástago de Isaí (11:1-16).
        3.7. Alabanza (12:1-6).
III. Denuncia contra otras naciones (13:1-23:18).
    1. Contra Babilonia (13:1-14:23).
    2. Contra Asiria (14:24-27).
    3. Contra Filistea (14:28-32).
    4. Contra Moab (15:1-16:14).
    5. Contra Siria e Israel (17:1-14).
    6. Contra Etiopía (18:1-7).
    7. Contra Egipto (19:1-20:6).
    8. Contra Babilonia (21:1-10).
    9. Contra Duma (21:11-12).
    10. Contra Arabia (21:13-17).
    11. Contra Jerusalén (22:1-25).
    12. Contra Tiro (23:1-18).

IV. Tribulación y reino (24:1-27:13).
   1. Tiempo de tribulación (24:1-23).
   2. El reino (25:1-12).
   3. Alabanza en el reino (26:1-21).
   4. Israel en el reino (27:1-13).
V. Advertencia contra Israel y Judá (28:1-35:10).
   1. El ay pronunciado (28:1).
      1.1. Contra Samaria (28:1-29).
      1.2. Contra Judá (29:1-31:9).
         1.2.1. Por hipocresía (29:1-24).
         1.2.2. Por alianza con Egipto (30:1-31:9).
   2. El Mesías y el reino (32:1-20).
   3. Destrucción de Asiria (33:1-24).
   4. Armagedón y juicios (34:1-17).
   5. Reino y bendiciones (35:1-10).
VI. Advertencia contra Senaquerib (36:1-39:8).
   1. Desafío de Asiria (36:1-22).
   2. Oración, promesa y señal y liberación (37:1-38).
      2.1. Oración (37:1-7).
      2.2. Desafío (37:8-13).
      2.3. Promesa (37:14-29).
      2.4. Señal (37:30-32).
      2.5. Triunfo (37:33-38).
   3. La enfermedad de Ezequías (38:1-22).
      3.1. Situación (38:1-8).
      3.2. Cántico de Ezequías (38:9-22).
   4. Ezequías y los enviados de Babilonia (39:1-8).
VII. El Dios incomparable (40:1-48:22).
   1. Consuelo para Sion (40:1-31).
      1.1. Aliento (40:1-11).
      1.2. Dios incomparable (40:12-26).
      1.3. Providencia omnipotente (40:27-31).
   2. Dios en contraste con los ídolos (41:1-29).
      2.1. Seguridad de Dios para Israel (41:1-20).
      2.2. Desafío a los ídolos (41:21-29).
   3. Promesa de restauración (42:1-25).
      3.1. El Siervo de Jehová (42:1-9).
      3.2. El cántico de alabanza (42:10-17).
      3.3. El problema de Israel (42:18-25).
   4. Restauración de Israel (43:1-44:28).
      4.1. El único Redentor (43:1-28).

LOS LIBROS DEL LIBRO

       4.2. El único Dios (44:1-8).
       4.3. Vanidad de la idolatría (44:9-20).
       4.4. El Redentor de Israel (44:21-28).
    5. Ciro instrumento de Dios (45:1-25).
       5.1. La comisión a Ciro (45:1-7).
       5.2. El Creador (45:8-25).
    6. Juicio contra Babilonia (46:1-47:15).
       6.1. La historia desde la providencia de Dios (46:1-13).
       6.2. El juicio anunciado (47:1-11).
       6.3. Declaración contra la magia y astrología (47:12-15).
    7. Promesa de liberación del cautiverio (48:1-22).
       7.1. La infidelidad de Israel (48:1-16).
       7.2. Plan de Dios para Israel (48:17-22).
VIII. La salvación de Dios (49:1-57:21).
    1. El Siervo enviado (49:1-26).
       1.1. Israel siervo de Jehová (49:1-7).
       1.2. Promesa de restauración (49:8-26).
    2. El Siervo comprometido (50:1-52:11).
       2.1. La ayuda divina en la confianza (50:1-11).
       2.2. Palabras de consuelo para Sion (51:1-16).
       2.3. Despertar de Jerusalén (51:17-23).
       2.4. Promesa de liberación del cautiverio (52:1-12).
    3. El Siervo sufriente (52:13-53:12).
    4. La salvación por la obra del Siervo (54:1-57:21).
       4.1. El amor de Dios hacia Israel (54:1-17).
       4.2. Misericordia para todos (55:1-13).
       4.3. Recompensa al compromiso (56:1-12).
       4.4. Condenación de la idolatría (57:1-21).
IX. Programa divino (58:1-66:24).
    1. Adoración verdadera y falsa (58:1-14).
       1.1. En relación con el ayuno (58:1-12).
       1.2. En relación con el reposo (58:13-14).
    2. Tratando con el pecado (59:1-21).
       2.1. Los pecados de Israel (59:1-8).
       2.2. Confesión (59:9-14).
       2.3. Limpieza (59:16-21).
    3. Gloria futura (60:1-22).
    4. La proclamación universal de salvación (61:1-11).
    5. Restauración de Israel (62:1-12).
    6. El camino de la bendición (63:1-65:16).
       6.1. El día de la venganza (63:1-6).

      6.2. Bondad divina hacia Israel (63:7-14).
      6.3. Pidiendo misericordia (63:15-64:12).
      6.4. Extensión mundial del Evangelio (65:1).
      6.5. Castigo a los rebeldes (65:2-16).
   7. La nueva creación (65:17-25).
      7.1. Cielos y tierra nuevos (65:17-18).
      7.2. El reino venidero (65:19-25).
   8. Limpieza y prosperidad (66:1-24).
      8.1. Condenación de la hipocresía (66:1-5).
      8.2. Avivamiento de Israel (66:6-9).
      8.3. Bendiciones futuras (66:10-24).

Cristo en el libro

Es sumamente difícil seleccionar un aspecto de Cristo en la profecía de Isaías, puesto que está presente en la totalidad de su contenido; sin embargo, se manifiesta el profundo contraste entre la humillación de la obra redentora y la gloria futura del reino.

Posiblemente las palabras del apóstol Pablo, son una buena expresión de la gloriosa dimensión de Cristo, no solo como Salvador, sino también como Señor: "Por lo cual Dios también le exaltó hasta lo sumo, y le dio un nombre que es sobre todo nombre, para que en el nombre de Jesús se doble toda rodilla de los que están en los cielos, y en la tierra, y debajo de la tierra; y toda lengua confiese que Jesucristo es el Señor, para la gloria de Dios Padre"[123] (Fil. 2:9-11). Del descenso más profundo a la posición más elevada. De la eterna forma de Dios desciende a la limitación de hombre y a la humillación de siervo, llegando en obediencia hasta la muerte y muerte de cruz. Por lo cual, Dios actúa exaltando al que entregó su propia vida. Es la respuesta divina a la humillación, porque el que se humilla será exaltado (Pr. 3:34; Mt. 23:12; Lc. 14:11; 18:14). Es la respuesta al deseo personal expresado en la oración de Jesús (Jn. 17:5). La exaltación de Jesús se produce a causa del padecimiento de muerte (He. 1:3; 2:9; 12:2).

Lo que era temporal y transitorio en el estado de humillación, dio paso a lo que es permanente y eterno, su estado de exaltación. En cuya dimensión se lo ve no limitado y mortal, sino coronado de

---

[123] Texto griego: διὸ καὶ ὁ Θεὸς αὐτὸν ὑπερύψωσεν καὶ ἐχαρίσατο αὐτῷ τὸ ὄνομα τὸ ὑπὲρ πᾶν ὄνομα, ἵνα ἐν τῷ ὀνόματι Ἰησοῦ πᾶν γόνυ κάμψῃ ἐπουρανίων καὶ ἐπιγείων καὶ καταχθονίων καὶ πᾶσα γλῶσσα ἐξομολογήσηται ὅτι Κύριος Ἰησοῦς Χριστὸς εἰς δόξαν Θεοῦ Πατρός.

gloria y de honra y revestido, en su humanidad, de inmortalidad. Esa situación es absolutamente irreversible, ya que fue el Padre quien lo exaltó hasta lo sumo. Sin embargo, es Señor no por adquisición, sino por derecho inherente a su condición de Dios-hombre (Col. 2:9). Aun en los días de su humanidad, en la limitación de su carne, era Señor (1 Co. 2:8). Pero el ejercicio del señorío supremo se manifiesta y ejerce después de la resurrección. No solo desde la naturaleza divina, sino también desde la humana, glorificada. Jesús, a causa de la unión hipostática, es eternamente Dios-hombre. Su naturaleza humana está también coronada de gloria y de honra, ya que el Padre lo exaltó hasta lo sumo. La exaltación estaba ya profetizada (Is. 53:10-12). El resucitado habló a los suyos de la gloria de su majestad en autoridad suprema sobre cielos y tierra (Mt. 28:18). Es necesario comprender bien, con el autor de la epístola, que el marcado contraste está en el Hijo, que es Jesús de Nazaret, Dios manifestado en carne. La humanidad glorificada de Jesús permanece eternamente unida a la deidad, sin mezcla en las naturalezas, pero subsistente perpetuamente en la persona divina. De otro modo, la humanidad asumida en la encarnación y glorificada en la resurrección y sesión a la diestra de la majestad perdura perpetuamente. La humanidad del Verbo no fue meramente instrumental, esto es, usada para un propósito divino y abandonada luego. Dios es ya para siempre encarnado, y es en esa humanidad del Hijo que una nueva naturaleza queda integrada en la realización del misterio trinitario. La humanidad de Cristo es definitivamente el lugar de encuentro entre Dios y el hombre. En la glorificación Jesús recuperó lo único de lo que se había despojado en su condición de hombre limitado, en su anonadamiento voluntario y personal, que era la gloria de su deidad, por lo que oró a su Padre antes de ir a la cruz (Jn. 17:5). Luego de la ascensión, las manifestaciones de Jesús a los hombres son todas ellas gloriosas. Rodeado de gloria, se apareció al apóstol Pablo en el camino a Damasco (Hch. 9:3). En esa misma impresionante dimensión se manifestó al apóstol Juan en la isla de Patmos (Ap. 1:12-16). La exaltación de Jesucristo supera cualquier otra, ya que no solo fue promovido a la gloria, como lo serán los creyentes; Él es el Mediador que traspasó los cielos (He. 4:14); el que ha sido hecho más sublime que ellos (He. 7:26); el que subió por encima de los cielos (Ef. 4:10); el que se sentó a la diestra del trono de Dios (Mr. 16:19; Hch. 2:33; 5:31; Ro. 8:34; He. 1:3; 12:2); es el rey sobre toda autoridad, ahora y por siempre (Ef. 1:20-22). La exaltación pasa necesariamente por tres etapas: a) Resurrección de entre los muertos (Jn. 10:18; Ro. 8:11; 10:9); b) Ascensión a los cielos (Lc. 24:26); c) Sesión a la diestra de

Dios (Mr. 16:19). El sujeto de la exaltación es el Verbo de Dios en su naturaleza humana.

Pablo apunta a otra manifestación de lo que él llama exaltación, literalmente super-exaltación. Enseña que Dios le dio el nombre que es sobre todo nombre. En ese sentido, Dios concede al exaltado el nombre como título de suprema soberanía celestial. Por tanto, ese nombre le es dado como algo vinculado con la obra de gracia; por esa razón se ha traducido por *dio el nombre*. Pablo aclara de qué nombre se trata en el siguiente versículo. Si el nombre es sobre todo nombre, ha de ser vinculado necesariamente con la deidad de Jesucristo. Este es, por tanto, la proyección eterna del nombre humano dado por Dios al Verbo encarnado. El término *nombre* debe ser relacionado con dignidad, majestad, gloria de la persona que tiene el título. Es interesante apreciar la presencia de los dos artículos determinados acompañando al nombre, de manera que literalmente se lee: *le dio el nombre, el sobre-todo nombre*. De esta forma, no hay posibilidad de confusión, porque solo el resucitado es poseedor de "el nombre" que, por precederle el artículo definido, es el único de esa condición. Este nombre sobre todo nombre expresa el rango supremo del ser divino: no es un simple título mesiánico, sino el que corresponde y pertenece exclusivamente a Dios. El nombre de honor y gloria suprema que recibió del Padre en la resurrección de entre los muertos lo proclama cósmicamente como Señor.

Jesús fue el nombre dado por Dios para su Hijo encarnado antes de ser concebido; como hombre, nacería en Belén (Mt. 1:21; Lc. 1:31). Jesús significa *Yahvé Salva*; es por tanto un nombre divino para la humanidad de Cristo, ya que la salvación es de Jehová (Sal. 3:8; Jon. 2:9). Del Señor se dice que "Él salvará a su pueblo de sus pecados" (Mt. 1:21). Con todo, el nombre de Jesús fue despreciado y desechado por muchos, considerándolo, como dice el profeta, sin atractivo, esto es, un hombre sin importancia ni estimable (Is. 53:2). Cuando Jesús declaró su deidad fue amenazado de muerte por los hombres (Jn. 10:33). Ese nombre fue motivo de burla y desprecio en la crucifixión (Mt. 27:37, 39). Sin embargo, Jesús es Dios bendito (Jn. 1:1; Ro. 9:5).

La autoridad suprema bajo ese nombre queda reconocida en el texto, ya que bajo la autoridad que dimana de Él se dobla toda rodilla, expresión que señala reconocimiento universal de su deidad y, por tanto, de su señorío. Quienes se inclinaron burlescamente ante Él habrán de hacerlo ante el mismo Jesús glorificado, reconociéndolo como Dios. Es algo profetizado ya en el Antiguo Testamento, donde Dios dice, por medio del profeta: "Por mí mismo hice juramento, de mi boca salió palabra en justicia, y no será revocada: Que a mí se doblará toda rodilla, y jurará toda lengua" (Is. 45:23). Jesús no es un hombre elevado o un dios rebajado, sino el infinito y eterno Dios hecho hombre (Jn. 1:14). La autoridad de ese nombre, que es identificativo de la persona, quedó evidenciada en los milagros que se hicieron bajo la autoridad de ese nombre (Hch. 3:6; 9:34; 16:18). Nadie puede resistir la soberanía de Dios y en su presencia caerán arrodillados por quien es.

La sujeción al resucitado y glorificado Jesús es universal. El apóstol mediante tres adjetivos agrupa todos los seres creados. Por un lado, literalmente los celestiales. No cabe duda de que tiene que ver con todos los ángeles, querubines, serafines, arcángeles y ángeles santos. Pero también con los millones de hombres salvos por gracia que están y los que estarán en el futuro en la presencia de Dios (Ef. 1:21; 3:10; 1 P. 3:22; Ap. 4:8-11; 5:8-12). También le rendirán pleitesía los que estén sobre la tierra, en alusión a los hombres vivos (1 Co. 15:40). Del mismo modo, los de debajo de la tierra, forma figurada para referirse a muertos sin salvación y ángeles caídos (Mt. 16:18; Jud. 6), poderes infernales, cuyo dominio quebrantó Cristo en su muerte. Quienes no hayan querido reconocer la deidad de Jesús y doblar sus rodillas voluntariamente tendrán que hacerlo en el futuro en reconocimiento universal de que Jesús es Dios. Esta es la demostración cósmica de que aquel que se hizo hombre es eternamente Dios.

A la universalidad del reconocimiento sigue la universalidad de la confesión. Esta confesión es, como la acepción indica, decir lo mismo. Dios dice que Jesús es el Señor y universalmente se reconoce confesando, esto es, diciendo lo mismo que Dios dice.

La confesión es la expresión de lo que Jesucristo es: el Señor. El término fue usado en la LXX para trasladar el nombre inefable de Jehová; por tanto, en la confesión se afirma: Jehová Cristo Jesús. Los apóstoles usaron ese término en el mismo sentido, como hizo Pedro en la proclamación del Evangelio en Jerusalén (Hch. 2:34). No solo es un acto de sumisión, sino de reconocimiento y proclamación. Un reconocimiento convencido de la realidad que proclama. El reconocimiento ahora de Jesús como Salvador produce la salvación de quienes creen en su corazón y confiesan con su boca (Ro. 10:9-10). No se trata aquí de una segunda oportunidad para quienes no han creído en Cristo, ni mucho menos un universalismo para salvación. La confesión universal sobre Jesucristo no altera situación de quienes confiesen entonces. La deidad de Cristo se hace manifiesta al final de este párrafo cristológico.

Todo el universo confesará proclamando que Jesús de Nazaret es el Señor. Equivale, como se dice antes, en el reconocimiento de Jesús como Dios. Ahora aún no se ve este reconocimiento del señorío y deidad de Jesús (He. 2:8). Hay, sin embargo, un grupo de seres que confiesan ya esto y reconocen y exaltan a Jesús de este modo; por un lado, los ángeles y salvos en los cielos (Ap. 5:11-14); por otro, los creyentes en la tierra, que por el Espíritu confiesan a Jesús como Señor (1 Co. 12:3). Jesús será proclamado Señor supremo, culminando así el reconocimiento del nombre recibido, en pleno sentido soteriológico y escatológico (Ap. 5:13; 17:14; 19:16).

La meta suprema de la exaltación será para gloria de Dios Padre. La gloria de Dios es el resultado supremo de toda la obra realizada desde el principio de la creación hasta el tiempo de cielos nuevos y tierra nueva. En ese momento, "luego que todas las cosas le estén sujetas, entonces también el Hijo mismo se sujetará al que le sujetó a él todas las cosas, para que Dios sea todo en todos" (1 Co. 15:28). En la proclamación universal del señorío de Cristo, el Padre que le exaltó a lo sumo será glorificado (Jn. 13:31, 32; 14:13; 17:1).

Jeremías

La segunda profecía dentro del llamado grupo de *profetas mayores*, por la extensión de sus escritos.

Título

Deriva del nombre del hagiógrafo *Yirm^{e}yahû*, con significado de *Yahvé exalta*, o *Yahvé confirma*, que aparece al inicio del escrito (1:1). Natural de Anatot, a unos cinco km al nordeste de Jerusalén (Jos. 21:18). Su nacimiento tuvo lugar ca. 607 a. C., ya que su ministerio comenzó cuando tenía 20 años, en tiempos del rey Josías.

Autor y fecha

Jeremías fue hijo del sacerdote Hilcías, no el sumo sacerdote que descubrió el libro de la Ley (2 R. 22:8). Como se indicó en el párrafo anterior, era natural de Anatot, nombre que se cita varias veces en el libro (cf. 1:1; 11:21, 23; 29:27; 32:7-9).

Fue escogido por Dios desde antes de su nacimiento para ser profeta, siendo santificado para esa misión (1:5). La misión profética comenzó en el año trece del reinado de Josías (1:2), prometiéndole su ayuda en la realización de la misión profética (1:2-19).

LOS LIBROS DEL LIBRO 673

Era célibe por disposición divina y su condición tenía un alcance simbólico (16:1-4).

Era un hombre eminentemente austero, dado a trabajar infatigablemente durante casi cincuenta años: cuarenta y un años en Judá, desde los días del rey Josías, hasta Sedequías, y después otro tiempo con los cautivos en Egipto (Jer. 43-44).

Fue un profeta firmemente fiel a la voluntad divina a pesar de los problemas que eso le acarreaba, hasta el punto de desear dejar el ministerio profético (20:8-10). Él conocía de antemano que su ministerio le traería persecuciones, cárcel y sentencia de muerte (11:18-21; 20; 26; 37). Estuvo condenado a muerte acusado de blasfemia contra Dios y traición al reino (26:10-14; 38:4). Nabucodonosor fue el liberador de Jeremías cuando estaba prisionero en Jerusalén (39:11-14); fue puesto en libertad sin ser llevado al cautiverio (40:1-6). Los líderes de Judá que sobrevivieron a la invasión babilónica lo llevaron con ellos a Egipto, haciéndolo prácticamente su prisionero (43; 44).

Su ministerio fue una continua denuncia de la perversidad de Judá y una incesante advertencia del juicio que Dios traería sobre su pueblo a causa de su pecado, llamándolo al arrepentimiento (7; 26).

Su ministerio cubrió cincuenta años, desde el año 13 del rey Josías (1:2), año 627 a. C., hasta el tiempo de la caída de Jerusalén, en el 586 a. C. (39; 40; 52). Después fue forzado a ir con los que huyeron a Egipto (43; 44). Posiblemente vivió para poder escribir la excarcelación del rey Joaquím, cautivo en Babilonia, y la nueva etapa de él en Babilonia (52:31-34), en cuyo caso tendría no menos de ochenta y cinco años.

El libro puede datarse ca. 585 a. C.

Entorno histórico

El gran declive espiritual de Judá comienza en tiempos de Acaz, seguido por su hijo Ezequías, antes del nacimiento y ministerio de Jeremías. El pecado de estos dos reyes fue grande, estableciendo sacrificios rituales de niños al dios Moloc en el valle de Hinom, en el entorno de Jerusalén (735-715 a. C.). Hubo un paréntesis de regeneración espiritual en los días de Ezequías (Is. 36:7). Sin embargo, su hijo Manasés durante unos cincuenta años generó un espíritu de apostasía religiosa que trajo como consecuencia la manifestación de pecado denunciado en la profecía de Jeremías.

Josías a los doce años en su reinado comenzó una reforma religiosa destruyendo los ídolos y estableciendo como ilegítimo cualquier culto a otro que no fuese Dios (2 Cr. 34:4-7). A esto siguió, seis años más tarde, a los dieciocho de su reinado, la reparación del templo, encontrando en él el rollo de la Ley, que fue leído primero por el liderazgo de la nación y el rey, y luego por todo el pueblo, estableciéndose un pacto de compromiso con Dios (2 R. 23:1-3; 2 Cr. 34:29-32). La limpieza de la idolatría con la destrucción de todo lo que estaba vinculado con ella tuvo lugar por orden del rey Josías.

Jeremías inició su ministerio profético en el año 13 del reinado de Josías (3:6). Con la muerte de Josías, los sucesores quebrantan el pacto y conducen al pueblo a la idolatría apoyándola decididamente (2 R. 23:32, 37; 24:9, 19; 2 Cr. 36:5, 9, 12), de forma que Jeremías encuentra una hostilidad manifiesta.

Otros importantes acontecimientos ocurrieron en el entorno histórico. Joacaz, después de tres meses de reinado, Nekó II, Nekao en RV, lo depone, lo apresa en Riblá y lo lleva a Egipto, donde muere (2 R. 23:30-34; 2 Cr. 36:1-3). Nekao puso por rey en Judá a Eliaquim, segundo hijo de Josías (1 Cr. 3:15), llamándolo Joaquim (2 R. 23:34-24:5; 2 Cr. 36:4-8). Este fue apresado por Nabucodonosor en su ataque a Jerusalén y fue conducido a Babilonia (2 Cr. 6:6), llevando a cabo la primera deportación de los habitantes de Judá (Dn. 1:1-2).

Varios discursos de Jeremías, en tiempos de Joaquim, están señalados con la indicación "comienzo del reinado" (Jer. 26:1); se menciona el "año cuarto de Joacim hijo de Josías" (25:1; 45:1), lo que pone de manifiesto el testimonio del tiempo histórico del escrito. Sería necesario hacer una síntesis histórica de los tiempos finales del reino de Judá y la cautividad, lo que excede a la síntesis de esta introducción a la profecía.

Es destacable también la lucha contra Jeremías de los falsos profetas que anunciaban la restauración de la nación y el fracaso de la invasión de los babilonios.

Cronología del tiempo de Jeremías

Dada la peculiaridad del entorno histórico, se propone la siguiente cronología a efectos de información general.[124]

Años	Datos históricos
627 a. C.	Llamamiento de Jeremías. Judá tributaria de Asiria.
612 a. C.	Nínive, capital de Asiria, es saqueada.

---

[124] Sintetizado de nota cronológica de C. C. Ryrie. Biblia de Estudio.

609 a. C.	Muerte del rey Josías en Meguido, en guerra con el faraón Nekao.
609 a. C.	Joacaz reina en Judá por tres meses; depuesto por Nekao y llevado a Egipto.
609-598 a. C.	Joacim reina en Judá como vasallo de Egipto (Jer. 22:13-17).
605 a. C.	Batalla de Carquemis. Nabucodonosor derrota a Egipto (Jer. 46:2). Invasión de Palestina por los babilonios, llevando cautivos a Babilonia, entre otros, a Daniel (2 R. 24:1). Joacim pasa a ser vasallo de Babilonia.
601 a. C.	Joacim se alía con Egipto pese a las advertencias de Jeremías (Jer. 22:13-19).
597 a. C.	Muerte de Joacim. Toma de Jerusalén por Nabucodonosor. Deportación de Joacim, reemplazado por Sedequías.
586 a. C.	Nabucodonosor toma nuevamente Jerusalén (2 R. 25:1-7). Gedalías nombrado gobernador de Judá (2 R. 25:22-26). Gedalías es asesinado y Jeremías es llevado a Egipto.

Texto y versiones

Es notable la diferencia entre el TM y la LXX, donde Jeremías es una octava parte más corta que el Texto Masorético. Hay también una diferencia en la colocación de algunos capítulos del libro. Incluso algunos párrafos del TM, como 33:14-26, faltan totalmente en la LXX.

En la Vulgata, Jerónimo sigue el texto hebraico.

La Vetus Latina es la traducción del texto griego, mientras que la VL es la traducción de Jerónimo sobre el texto hebreo.

Bosquejo

Se propone el siguiente para el análisis exegético del texto bíblico:

I. Llamamiento y comisión de Jeremías (1:1-19).
    1. Llamamiento (1:1-10).
    2. Comisión (1:11-19).
II. Profecías relativas a Judá (2:1-45:5).
    1. Situación (2:1-6:30).
        1.1. Infidelidad de Judá (2:1-3:5).
        1.2. Castigo anunciado (3:6-6:30).

1.2.1. Exhortación al arrepentimiento (3:6-18).
1.2.2. Un llamamiento a la conversión (3:19-4:4).
1.2.3. Anuncio de juicio (4:5-31).
1.2.4. Causa del juicio (5:1-31).
1.2.5. Seguridad del juicio (6:1-30).
1.3. Religión equivocada de Judá (7:1-10:25).
   1.3.1. Rechazo al mensaje del profeta (7:1-20).
   1.3.2. Castigo de la rebelión (7:21-8:3).
   1.3.3. El rechazo de Judá (8:4-17).
   1.3.4. Lamento sobre Judá y Jerusalén (8:18-9:22).
   1.3.5. La verdadera sabiduría (9:23-26).
   1.3.6. Los ídolos y el Dios verdadero (10:1-16).
   1.3.7. La ruina de Judá (10:17-25).
1.4. Quebrantamiento del pacto y consecuencias (11:1-15:21).
   1.4.1. El pacto quebrantado (11:1-17).
   1.4.2. Las consecuencias (11:18-12:17).
   1.4.3. Señal del cinto podrido (13:1-11).
   1.4.4. Señal de las vasijas llenas (13:12-14).
   1.4.5. Judá será llevado en cautiverio (13:15-19).
   1.4.6. Advertencia contra Jerusalén (13:20-27).
   1.4.7. Anuncio de la sequía (14:1-22).
   1.4.8. La ira divina contra Judá (15:1-9).
   1.4.9. Lamento y consuelo (15:10-21).
2. Pecados de Judá (16:1-23:40).
  2.1. Idolatría y pecado de Judá (16:1-17:18).
  2.2. El día de reposo (17:19-27).
  2.3. La parábola del alfarero (18:1-17).
  2.4. Conspiración contra Jeremías (18:18-23).
  2.5. La señal de la vasija rota (19:1-15).
  2.6. Profecía contra Pasur (20:1-6).
  2.7. Lamento de Jeremías (20:7-18).
  2.8. Los reyes y profetas de Judá (21:1-23:40).
    2.8.1. Respuesta a Sedequías (21:1-14).
    2.8.2. Profecías contra los reyes de Judá (22:1-12).
    2.8.3. Profecía contra Joacim (22:13-30).
    2.8.4. Mensaje sobre el Mesías (23:1-8).
    2.8.5. Los falsos profetas de Judá (23:9-40).
3. El cautiverio de Judá (24:1-29:32).
  3.1. La señal de los higos (24:1-10).
  3.2. Los setenta años de cautiverio (25:1-14).

3.3. Juicio contra las naciones (25:15-38).
3.4. Jeremías amenazado de muerte (26:1-24).
3.5. Advertencia de Jeremías (27:1-29:32).
    3.5.1. El símbolo de los yugos (27:1-22).
    3.5.2. Falsa profecía de Hananías (28:1-17).
    3.5.3. Carta a los deportados (29:1-32).
4. Promesa de restauración (30:1-33:26).
    4.1. Promesa a los deportados (30:1-24).
    4.2. Retorno de Israel a su tierra (31:1-26).
    4.3. El nuevo pacto (31:27-40).
    4.4. Compra de la heredad de Hanameel (32:1-44).
    4.5. Nuevas promesas de restauración (33:1-13).
    4.6. Instituciones futuras (33:14-26).
5. Eventos antes de la caída de Jerusalén (34:1-38:28).
    5.1. Mensaje a Sedequías (34:1-7).
    5.2. Liberación de los siervos hebreos (34:8-22).
    5.3. Obediencia de los recabitas (35:1-19).
    5.4. Joacim quema el rollo del profeta (36:1-32).
    5.5. Jeremías es encarcelado (37:1-38:28).
        5.5.1. Arresto de Jeremías (37:1-14).
        5.5.2. Prisión de Jeremías (37:15-21).
        5.5.3. Jeremías en la cisterna (38:1-13).
        5.5.4. Sedequías consulta a Jeremías (38:14-28).
6. La caída de Jerusalén (39:1-18).
    6.1. Toma de la ciudad (39:1-10).
    6.2. Nabucodonosor cuida de Jeremías (39:11-14).
    6.3. Dios promete librar a Ébed-mélec (39:15-18).
7. Sucesos posteriores a la caída de Jerusalén (40:1-45:5).
    7.1. Jeremías liberado (40:1-12).
    7.2. Conspiración contra Gedalías (40:13-41:18).
    7.3. Advertencia de Jeremías (42:1-22).
    7.4. La huida a Egipto (43:1-13).
    7.5. Ministerio de Jeremías a los judíos en Egipto (44:1-30).
    7.6. Palabras de consuelo para Baruc (45:1-5).
III. Profecías sobre las naciones (46:1-51:64).
    1. Profecía contra Egipto (46:1-28).
    2. Profecía contra Filistea (47:1-7).
    3. Profecía contra Moab (48:1-47).
    4. Profecía contra Amón (49:1-6).
    5. Profecía contra Edom (49:7-22).
    6. Profecía contra Damasco (49:23-27).

7. Profecía contra Arabia (49:28-33).
8. Profecía contra Elam (49:34-39).
9. Profecía contra Babilonia (50:1-51:64).
IV. Apéndice histórico (52:1-34).
   1. Captura de Jerusalén (52:1-23).
   2. Cautividad de algunos habitantes de Jerusalén (52:23-34).

Cristo en el libro

Aparte del pecado de los días finales de Israel antes del cautiverio a Babilonia, se da en el texto uno de los nombres de Dios: "En sus días será salvo Judá, e Israel habitará confiado; y este será su nombre con el cual le llamarán; Jehová justicia nuestra" (23:6).

No cabe duda de que la justicia de Dios es posible por Cristo y en Él. De ahí las palabras del apóstol Pablo: "Al que no conoció pecado, por nosotros lo hizo pecado, para que nosotros fuésemos hechos justicia de Dios en él"[125] (2 Co. 5:21). La profecía de Jeremías llama a Dios *Jehová justicia nuestra*. Siendo Dios, no hace falta entrar en demostrar su impecabilidad. El nombre corresponde a Jesús, puesto que la profecía habla del Salvador por cuya obra el pueblo de Dios puede habitar confiado. La doctrina sobre la impecabilidad de Jesucristo está presente como contraste con la obra de la reconciliación, posible para Dios porque Cristo cargó sobre sí el pecado del mundo, expiándolo potencialmente para todos y virtualmente para quienes creen. Por medio de una breve síntesis presenta la dimensión de esta operación divina afirmando, primeramente, la condición impecable de Jesucristo. Será bueno recordar que la santidad puede dividirse en ontológica y moral. La primera consiste en la absoluta separación de todo cuanto es defectuoso, inmundo, limitado, mediante un acercamiento a la trascendencia de Dios, infinitamente santo; la segunda es la vida en rectitud conforme a la voluntad de Dios. La santidad ontológica de la humanidad de Jesucristo se produce como consecuencia de la unión hipostática, en la que las dos naturalezas, la divina y la humana, hallan subsistencia en la persona divina del Hijo de Dios, de modo que vienen a formar una unidad absoluta en esa persona divina, sin mezcla entre ambas naturalezas, convirtiéndose cada una de ellas en vehículo expresivo de la personalidad que ordena las acciones. La unión hipostática confiere a la naturaleza humana del

---

[125] Texto griego: τὸν μὴ γνόντα ἁμαρτίαν ὑπὲρ ἡμῶν ἁμαρτίαν ἐποίησεν, ἵνα ἡμεῖς γενώμεθα δικαιοσύνη Θεοῦ ἐν αὐτῷ.

Verbo encarnado, Jesús el hombre, una santidad plena en razón de la vinculación existencial con la persona divina en que subsiste, asegurándole una absoluta separación del mal hasta el punto de que podía decir: "¿Quién de vosotros me redarguye de pecado?" (Jn. 8:46). Por otro lado, la presencia sin medida en Él del Espíritu Santo (Jn. 3:34) ungió a Jesús el hombre como estaba ya profetizado (Is. 61:1); esta dirección constante del Espíritu Santo le conducía a cumplir siempre, en cualquier lugar y circunstancia, la voluntad del Padre que le había enviado (Jn. 4:34; 17:4; He. 10:7). Conduce esto al perfecto control que tenía de sí mismo. No es una impasibilidad ante cualquier circunstancia y situación propia de los hombres, sino al control que podía ejercer sobre cualquiera de ellas, en una voluntad consciente, pero sometida por el Espíritu de Dios (Ro. 8:14; 12:1, 2). Nótese la afirmación del apóstol: "Al que no conoció pecado".

Cuando se habla de impecabilidad en Jesucristo es necesario entenderla bajo dos aspectos: a) Jesús nunca cometió pecado alguno; b) Jesús es y fue incapaz de pecar. En cuanto a la primera cuestión, el Señor no tuvo ninguna imperfección en el orden moral. Ningún ser humano podía decir, como se hizo notar antes, "¿Quién de vosotros me redarguye de pecado?" (Jn. 8:46); no dice que nadie podía acusarlo de pecado, sino que nadie podía convencerlo de él. Por esa razón, no tiene comparación alguna con el más santo de los hombres. Ante la dimensión de algunos de los hombres referenciados en la Biblia, podemos rendirnos en admiración, pero solo ante Jesús tenemos que prestarle adoración. Jesús como hombre está enraizado en la humanidad (Gá. 4:4; He. 2:14), heredando, pero no suprimiendo, las debilidades propias del hombre (Is. 53:4). No cabe duda de que Él asumió sobre sí el reato[126] del mundo, pero lo hizo en modo sustitutorio, por lo que asume la pena y la lleva en sí hasta extinguirla, pero en modo alguno queda contaminado por el pecado.

Otro aspecto de la impecabilidad tiene que ver con la concepción sobrenatural (Lc. 1:35), que exige asumir que la humanidad del Verbo no fue tomada por la persona divina, luego del nacimiento o en algún momento del proceso de gestación en el seno de María, sino que se hizo presente en ella para que la naturaleza humana se formase en la persona divina y no fuera de ella. Hay una gran cantidad de textos bíblicos que afirman la ausencia de pecado en Jesús (cf. Mt. 3:14, 17; Lc. 4:34; 5:8; 23:41, 47; Jn. 5:30; 8:29, 46; 14:30; 17:4; Hch. 3:14; He. 4:15; 7:26; 9:14; 1 P. 1:19; 2:22; 1 Jn. 2:1; 3:3, 5). El Señor no

---

[126] Obligación penal por el pecado.

pidió jamás perdón para sí, ni ofreció sacrificio alguno por sus pecados (He. 7:27, 28).

En el segundo aspecto enunciado al principio, Jesús es y fue incapaz de pecar. En relación con el pecado, hay tres posiciones en el hombre: a) ser capaz de no pecar (solo Adán antes de la caída); b) ser incapaz de no pecar (situación propia de todos los hombres luego de la introducción del pecado); c) no poder pecar (únicamente Cristo). Es necesario entender por qué causa Jesús no podía pecar. En la psicología de Jesús el hombre no existía incapacidad física o psíquica de elegir entre distintas opciones, puesto que era plenamente libre. Tampoco la impecabilidad de Cristo depende de la protección del Espíritu que tenía sin medida, aunque es elemento potencial para no caer en pecado. La razón de la impecabilidad de Jesús está en el sujeto de atribución de sus acciones que es la persona divina en quien subsiste. Jesús es un hombre sin personalidad humana, ya que Jesucristo no es una persona humana, sino la naturaleza humana del Verbo encarnado, que por subsistir en Él ambas naturalezas, es una persona divino-humana. Todo cuanto cualquiera de sus dos naturalezas haga, afecta directamente a la persona divina en que subsisten. Por tanto, si Jesús hubiera podido pecar, sería lo mismo que decir que una persona divina hubiera podido hacerlo. Cristo es el Santo por excelencia, en unidad con el Padre y el Espíritu en el ser divino. De ahí que, cuando fueron anunciados a María su concepción y nacimiento, se le dijo que "el Santo", neutro en el texto griego, *lo Santo*, que nacería de ella sería llamado Hijo de Dios (Lc. 1:35). De modo que el sujeto de atribución de las acciones de las dos naturalezas es el Hijo de Dios. Lo que santifica hasta el infinito a Jesús desde el instante de la concepción, el tiempo de gestación y el alumbramiento es la persona divina del Verbo en que subsiste la humanidad de Jesús, de modo que, siendo la naturaleza humana de una persona divina, no es posible que exista en Jesús ninguna relación con el pecado. De otro modo, el Espíritu Santo engendra un hijo en el seno de María, que es personalizado por el Hijo y en quien existe como hombre. Pablo hace una notoria afirmación cristológica: "Al que no conoció pecado".

Seguidamente afirma que "Dios lo hizo pecado". Es necesario entender la declaración desde la anterior, es decir, a quien no conoció pecado, Dios lo hizo pecado. Él era el Cordero de Dios que quita el pecado del mundo, cumpliendo en sí definitivamente la figura de los sacrificios por el pecado establecida en la antigua dispensación. Si Jesús no hubiera estado libre de pecado, no podía ocupar el lugar de los pecadores. Las víctimas de los sacrificios habían de ser sin mancha, enseñando en esa figura que quien realizaría la ofrenda perfecta y definitiva por el pecado tenía que ser también sin pecado (He. 4:15; 1 P. 2:22; 1 Jn. 3:5). Pablo afirma que al impecable Jesús, Dios, refiriéndose al Padre, lo hizo sacrificio expiatorio por el pecado. Así ya lo enseña la profecía: "Mas Jehová cargó en él el pecado de todos nosotros" (Is. 53:6b). Lo más sorprendente del amor divino es precisamente esto. Cuando se pregunta ¿quién entregó a Cristo?, la primera respuesta es esta: quien le entrega es el Padre. Esto resulta incomprensible, pero es la infinita dimensión del amor divino, absurdo para la mente humana. El Padre, para la ejecución del plan de salvación establecido en la eternidad, lo situó en la dimensión de la muerte de un maldito (Gá. 3:13), descargando sobre el santo Hijo, Jesús, la pena por los pecados del mundo (Is. 53:10). Jesús es la ofrenda expiatoria por el pecado, siendo considerado y tratado como pecador, aunque en la misma cruz y en las horas de tinieblas nunca fue contaminado por el pecado, siendo santísimo al mismo nivel que cuando era proclamada su santidad por los serafines (Is. 6:1-3).

La consecuencia de la imputación del pecado a Cristo es que la justicia de Dios que es Cristo nos es imputada a nosotros que creemos en la obra redentora del Salvador. La justicia de Dios tiene dos connotaciones: a) porque procede de Él, esto es, fue el provisor de esa única justicia que justifica al impío; b) porque nos hace justos ante Él. Esto es posible porque lo somos con la justicia de Dios y no con la nuestra, que es una provisión infinita de su propio amado Hijo. Cristo fue condenado para que nosotros pudiésemos ser justificados. Cuando Dios lo hizo pecado por imputación de los nuestros, lo consideró como portador de los nuestros, pero no como pecador. Por tanto, el pecador llega a ser declarado justificado por Dios (Ro. 5:1). Dios declara justo al pecador, puesto que toda responsabilidad penal demandada y exigida en su santa ley ha sido cancelada en Cristo y por Él. Por la justificación, Dios declara exento de deuda al pecador (Ro. 5:19), colocándolo en condiciones de poder tener una plena relación y comunión con Él. El momento de efectividad de la justicia imputada se produce en el acto de creer.

Lamentaciones

Un libro que pone de manifiesto el quebrantamiento de corazón de alguien que, amando la ciudad y el reino donde Dios se había manifestado de forma especial, donde estaba el santuario levantado como casa de oración y adoración, había visto que por causa del pecado y de la rebeldía había sido literalmente destruida la ciudad, quemado el templo y conducida en cautiverio a una gran parte de la población. El desconsuelo y las lágrimas están presentes en cada lugar del libro, cuyo título concuerda precisamente con esta situación: *Lamentaciones*.

Título

Procedió inicialmente de la palabra con que comienza el texto y que se repite dos veces más (2:1; 4:1), *Êkâ*, que equivale a ¡*cómo!* También se usó en el Talmud, Baba Bathra, el título *qînôt*, que significa *quebranto, elegía*, y que concuerda también con el tema del libro, que es un lamento del profeta por la situación.

La LXX utiliza el título de Θτῆνοι, equivalente a *lamentación fúnebre*, y también *llanto amargo*. De ahí pasó a la Vulgata, como *Threni* o *Lamentaciones*, pasando ya como título a las demás versiones de la Biblia.

Autor y fecha

No se menciona el nombre del autor en el libro; sin embargo, hay evidencias tanto internas como externas que permiten atribuir la paternidad literaria al profeta Jeremías.

En la LXX, se lee en 1:1: "Y sucedió, después de que Jerusalén e Israel fue llevado cautivo, Jeremías se sentó llorando y dijo..."; si bien estas palabras no están en el texto hebreo, y no han pasado a distintas versiones, constituye una evidencia histórica del reconocimiento de la autoría.

Como es habitual, los liberales humanistas niegan la autoría y con ella la datación. Sin embargo, no pueden evitar las similitudes de lenguaje entre Lamentaciones y Jeremías. A modo de ejemplo: "La oprimida virgen de Judá" (Lm. 1:15; Jer. 8:21); "Por esta causa lloro; mis ojos fluyen lágrimas" (Lm. 1:16; Jer. 9:1, 18). Hay conceptos semejantes, aunque dichos con palabras diferentes: "No tiene quién la consuele de todos sus amantes" (Lm. 1:2), comparado con: "Todos tus enamorados te olvidaron; no te buscan" (Jer. 30:14). En los dos libros se menciona la figura de la copa para referirse al juicio de Dios: "Gózate y alégrate, hija de Edom, la que habitas en tierra de Uz; aun hasta ti llegará la copa; te embriagarás, y vomitarás" (Lm. 4:21); así también: "Porque así ha dicho Jehová: He aquí que los que no estaban condenados a beber el cáliz, beberán ciertamente..." (Jer. 49:12).

En cuanto al autor, remitimos al lector a la introducción de la profecía de Jeremías, donde se hacen algunas precisiones al respecto de la persona del profeta.

Si la caída de Jerusalén tuvo lugar en 586 a. C., cayendo la ciudad en el mes de julio y la destrucción del templo ocurrió en agosto, el libro puede datarse a finales de ese año. En cualquier caso, antes de que Jeremías fuese llevado a Egipto en 586 a. C.

Entorno histórico

Durante más de cuarenta años, Jeremías anunció la destrucción de la ciudad y el cautiverio del pueblo, que fue objeto de burla e incredulidad por gran parte de ellos. El juicio de Dios tuvo lugar y la ciudad y el templo fueron destruidos por los ejércitos de Nabucodonosor. El profeta que había anunciado esto se sienta atónito y lamenta llorando la situación de ruina que había ocurrido.

El profeta se concentra en el sufrimiento que le produce especialmente la destrucción de la ciudad, hechos registrados en cuatro lugares (2 R. 25; Jer. 1-11; 52; 2 Cr. 36:11-21).

Propósito

Recordar y lamentar por la situación producida por el anunciado juicio de Dios en respuesta al pecado, la rebeldía y la obstinación del pueblo (1:5, 8, 18, 20; 3:42: 4:6, 13, 22; 5:16).

Como no podía ser menos de Dios, que si bien es justo, también es misericordioso y fiel, en medio del llanto por los acontecimientos que se produjeron está el aliento de la misericordia divina que impidió la muerte de todos los judíos (3:22-24, 31, 33). Al final, el profeta tiene delante la fidelidad de Dios, que hace honor a sus promesas y cumple su palabra (5:19-22).

Entre lamentaciones, el libro recuerda que el Dios justo no puede transigir con el pecado y envía juicio sobre los que lo desafían. Como instrumento de ejecución del juicio divino estuvo Babilonia (1:5, 12, 15; 2:1, 17; 3:37, 38). Sin embargo, el libro presenta la acción como un acto divino, sin mencionar al instrumento utilizado.

Otro propósito del libro es la oración. El profeta dedica espacios en el texto para la oración de intercesión y reconocimiento ante Dios. Es una oración de angustia, donde pareciera que el Señor no escucha (3:8). La situación conduce a una petición de ayuda que alivie el dolor (3:55-59). Ora también por la restauración, descansando en la misericordia de Dios (3:23-24).

Finalmente, en todo el entorno está presente la advertencia de que Dios no transige con el pecado y disciplina a los suyos para limpieza espiritual. Esta es una seria amonestación para cada creyente en cualquier tiempo, de modo que nos apartemos del pecado y vivamos vidas dignas de nuestro Dios santo.

Canon

Lamentaciones es un libro sagrado para los judíos. Se lee públicamente en el día 9 del mes Ab, cuando se conmemora la destrucción del templo. En el canon cristiano está incluido como un libro inspirado.

Bosquejo

Se propone el siguiente para el análisis exegético del texto bíblico:

I. Primer lamento (1:1-22).
   1. La desolación de Jerusalén (1:1-22).
      1.1. La situación de la ciudad (1:1-11).
      1.2. La angustia de la ciudad (1:12-22).
II. Segundo lamento (2:1-22).
   1. El enojo de Dios (2:1-22).
      1.1. El juicio divino (2:1-10).
      1.2. La tristeza y el oprobio (2:11-19).
      1.3. La oración del profeta (2:20-22).
III. Tercer lamento (3:1-66).
   1. El desconsuelo del profeta (3:1-66).
      1.1. El lamento (3:1-18).
      1.2. La esperanza (3:19-39).
      1.3. Los sufrimientos (3:40-54).
      1.4. La oración (3:55-66).
IV. Cuarto lamento (4:1-22).
   1. La realidad de la ira de Dios (4:1-22).
      1.1. Para Jerusalén (4:1-20).
         1.1.1. El sitio de la ciudad (4:1-12).
         1.1.2. La causa de esa situación (4:13-20).
      1.2. Para Edom (4:21).
   2. Esperanza (4:22).
V. Quinto lamento (5:1-22).
   1. Oración por el pueblo (5:1-22).
      1.1. Confesión (5:1-18).
      1.2. Petición de restauración (5:19-22).

Cristo en el libro

Siendo Él la razón, expresión y cumplimiento de la profecía, pueden seleccionarse varios aspectos que se destacan de la admirable persona de Cristo.

El pueblo de Judá y Jerusalén se habían hecho acreedores del juicio de Dios. No merecían en justicia otra cosa que la acción de Dios castigándolos por su condición de rebeldía, pero en medio de toda la dimensión de la ira divina descargada sobre ellos está la admirable dimensión de su gracia y misericordia, como reconoce el profeta: "Por la misericordia de Jehová no hemos sido consumidos, porque nunca decayeron sus misericordias" (3:24). De igual modo, el hombre no es merecedor de ningún trato especial por parte de Dios, pero en su misericordia, Él ha tenido compasión y ha provisto de medios para que la condenación se transforme en salvación y el juicio en seguridad. Trasladando esto al Nuevo Testamento, podemos seleccionar estas palabras del apóstol Pablo centradas en la obra de Jesucristo: "Pero cuando se manifestó la bondad de Dios nuestro Salvador, y su amor para con los hombres, nos salvó, no por obras de justicia que nosotros hubiéramos hecho, sino por su misericordia, por el lavamiento de la regeneración y por la renovación en el Espíritu Santo..."[127] (Tit. 3:4-5). El cambio ocurrido en el creyente se basa en el amor generoso, la benignidad de Dios para con los que estábamos extraviados y en una mente desorientada. Dios manifestó para hacer esa obra su benignidad. El adjetivo tiene relación con aquello que es bueno, útil y saludable. Se usa para referirse a los alimentos (Lc. 5:39). También se aplica para calificar al hombre que es bondadoso, servicial, honorable. Este es el amor que está unido a la generosidad. La benignidad, perfección infinita de Dios como un elemento de su naturaleza, es también una virtud cristiana (Col. 3:12). Es lo opuesto a la malicia y a la maldad del corazón no regenerado. Tiene directamente que ver con lo que es justo y recto. Es la disposición del corazón que se manifiesta en hechos bondadosos. No solo se trata de la bondad como cualidad, sino de esta en acción. La benignidad es una perfección propia de Dios. El salmista dice que debemos gustar y ver que Dios es bueno. El creyente revestido de Cristo se manifestará como alguien que de natural es afable, piadoso (Sal. 34:8). No se trata de debilidad, sino de entrega sin resistencia a favor de otros. La benignidad se manifiesta en la dimensión admirable de la entrega de Jesucristo: "Angustiado él, y afligido, no abrió su boca; como cordero fue llevado al matadero; y como oveja delante de sus trasquiladores, enmudeció, y no abrió su boca" (Is. 53:7). De otro modo,

---

[127] Texto griego: ὅτε δὲ ἡ χρηστότης καὶ ἡ φιλανθρωπία ἐπεφάνη τοῦ Σωτῆρος ἡμῶν Θεοῦ, οὐκ ἐξ ἔργων τῶν ἐν δικαιοσύνῃ ἃ ἐποιήσαμεν ἡμεῖς ἀλλὰ κατὰ τὸ αὐτοῦ ἔλεος ἔσωσεν ἡμᾶς. ἡμᾶς διὰ λουτροῦ παλιγγενεσίας καὶ ἀνακαινώσεως Πνεύματος Ἁγίου,

habla Pablo de esa benignidad: "Ciertamente, apenas morirá alguno por un justo; con todo, pudiera ser que alguno osara morir por el bueno. Mas Dios muestra su amor para con nosotros, en que siendo aún pecadores, Cristo murió por nosotros" (Ro. 5:7-8). La benignidad es la capacidad de favorecer a todos, incluyendo a los ingratos y malos que no son merecedores de ese trato. Así también en la relación hermanable: "Antes sed benignos unos con otros" (Ef. 4:32). Por formar parte del carácter moral de Jesús, tiene necesariamente que ser producida por el Espíritu Santo en el creyente. Expresando en cada momento de la vida cristiana el carácter de ser hijos de Dios, que es capaz de favorecer a todos, incluyendo a los ingratos y malos, de modo que quien es hijo de Dios en Cristo debe manifestarlo (Mt. 5:45). Lucas ajusta ese modo de actuar a la benignidad de Dios: "Porque Él es benigno para con los ingratos y malos" (Lc. 6:35). La benignidad es una de las virtudes requeridas para el servicio (2 Ti. 2:24-26).

Junto con la benignidad está la filantropía, el amor al género humano. Este es otro *hápax* del apóstol, al ser el único lugar donde aparece el sustantivo, y que traslada el sentido clásico del latín *humanitas*, como amor al hombre. Se trata de la virtud que conduce a hacer bien a los hombres. Se usa para el trato entre personas en general. Esta benignidad y la filantropía aparecieron procedentes de nuestro Salvador, Dios. Esta aparición fue de arriba, como da a entender el verbo resplandecer, aparecer, dando el sentido de procedencia de arriba, por lo que se usa para hablar de la luz de las estrellas. No estaba en la tierra esa bondad y esa filantropía, vinieron de arriba porque venían de Dios. Aquí debe entenderse como Dios el Padre, con lo que la salvación descansa en la obra de las tres personas divinas, donde aparece el Padre, como quien establece el plan de redención, el Hijo que salva al pecador, y el Espíritu Santo, que regenera (Jn. 3:5). La orientación de Dios hacia el pecador perdido no es la de ira contra él a causa del pecado, sino la de gracia compasiva, bondadosa, que alcanza a todos los hombres (Jn. 3:16).

Como suprema expresión de amor, el apóstol presenta la obra de salvación que se establece, en el versículo anterior, en la manifestación de la bondad y del amor divino hacia todos los hombres. No se trata de una simple declaración de amor, sino de la expresión en una obra concreta, que es la salvación y regeneración de los pecadores que creen. Esta operación salvadora no se debe a los méritos que el hombre hubiera podido tener, sino todo lo contrario. Con firmeza dice el apóstol que no fueron nuestras obras de justicia las que propiciaron la acción salvadora de Dios. La Biblia enseña que, por las obras de la ley, que expresan las demandas de justicia para la vida del hombre, ninguna carne será justificada (Ro. 3:20). Nadie puede justificarse, por cuanto nadie es capaz de cumplir la Ley de Dios. El resumen de la ley pone de manifiesto esa incapacidad: "Amarás al Señor tu Dios con todo tu corazón, y con toda tu alma, y con toda tu mente. Este es el primero y grande mandamiento. Y el segundo es semejante: Amarás a tu prójimo como a ti mismo. De estos dos mandamientos depende toda la ley y los profetas" (Mt. 22:37-40). El hombre ha sido creado con capacidad de amar y para amar como meta de su vida. El amor es el cumplimiento absoluto y completo de la ley por cuanto quien ama no incumple ningún precepto establecido por Dios, ni busca, en provecho propio, ofender al prójimo. El amor a Dios es la primera consecuencia de reconocerle como lo que Él es. Dios es amor infinito y bien absoluto; por tanto, debe ser amado en primer término y sobre cualquier otro ser o cosa. Ningún amor incompatible con el amor de Dios debe ser considerado en la vida de quien reconoce a Dios sobre todo. Todo debe ser amado conforme a Dios. A Dios hay que amarlo desde la relación personal con Él. Es necesario apreciar el énfasis del texto en ese sentido: "Amarás al Señor tu Dios". Amarle en la relación personal es amarle por cuanto es de uno mismo como absoluto bien y dador de todos los bienes. Amarle en esa dimensión requiere una entrega en dependencia absoluta hacia Él. No hay amor posible sin entrega incondicional y no hay entrega incondicional sin dependencia plena. El Señor enseña que el amor debe involucrar tres aspectos de la personalidad humana: "Con todo el corazón, con toda el alma y con toda la mente". Unido al amor a Dios está también el amor al prójimo. El mandamiento del amor al prójimo aparece en la Ley (Lv. 19:18). El primer mandamiento resume y expresa el cumplimiento del resto de los mandamientos de la primera tabla; este lo hace con los de la segunda. Quien ama al prójimo como a sí mismo no tendrá ningún pensamiento impropio ni realizará ninguna acción indigna contra él. Además, el segundo mandamiento de amor al prójimo es la consecuencia y evidencia de cumplir el primero, porque "si alguno dice: Yo amo a Dios, y aborrece a su hermano, es mentiroso. Pues el que no ama a su hermano a quien ha visto, ¿cómo puede amar a Dios a quien no ha visto?" (1 Jn. 4:20). Es interesante notar que en el mandamiento el amor al prójimo se vincula con el amor a uno mismo: "Cómo a ti mismo". Hay un incorrecto amor a uno mismo, egoísta, e incluso ególatra, pero hay un amor a uno mismo conforme al pensamiento de Dios. El apóstol Pablo enseña a tener un concepto de uno mismo, moderado y ecuánime, la prohibición es a un concepto personal más alto del que corresponda (Ro. 12:3). Todas las disposiciones que Dios dio para su pueblo y que están recogidas en todo el Antiguo Testamento incluyen o, si se prefiere mejor, desarrollan puntualmente uno u otro de estos dos mandamientos. De ahí que el apóstol Pablo afirme que quien ama al prójimo ha cumplido la ley (Ro. 13:10). El equilibrio perfecto está en el cumplimiento de ambos y no de uno solo, o parcialmente de cada uno.

Al pecado de transgresión acompaña también el de omisión (Ro. 1:21, 28; 2:21; 3:11). La Ley pone de manifiesto los pecados evidentes y ocultos (Ro. 2:16). La Ley no fue dada para salvación, sino para evidenciar la realidad del pecado. Pone de manifiesto la santidad de Dios ante la pecaminosidad del hombre, su perversidad y la incapacidad para superar la situación abriendo una vida de justificación delante de Dios. De modo que el mundo entero, tanto judíos como gentiles, caen bajo el derecho divino del juicio y de la ira que ejecutará la sentencia. Por el cumplimiento de la ley, ninguna carne, es decir, nadie de los hombres sobre la tierra, tanto en el pasado como en el futuro, serán reconocidos como justos ante el juicio divino. De ahí que por las obras humanas no hay posibilidad alguna de justificarse delante de Dios, sin cuya justificación permanece la condenación por el pecado y el hombre necesita ser salvo de otro modo. Además, no hay justo ni aun uno (Ro. 3: 10-12), de modo que puesto que todos han pecado, todos están también bajo pecado. Es necesario entender que ni siquiera el que ponga su máximo empeño en vivir conforme a las demandas de la Ley será por ello justificado, ya que incluso ahí estaría presente el egoísmo humano de buscar la justicia propia desechando la justicia de Dios. La justicia divina es tan completa que no se alcanza por obras humanas, recibiéndose tan solo por la gracia divina, que la otorga, y la fe, instrumento para recibirla.

Por tanto, Dios nos salvó por su misericordia. La misericordia es la orientación del amor hacia el miserable para resolver su miseria. Es pasar la miseria por el corazón. Dios, en manifestación infinita de amor, se mueve a misericordia, por la condición en que se encuentra el pecador. La paga del pecado, que es muerte, condena a eterna perdición a todos los hombres, puesto que todos son pecadores. Esa situación miserable es atendida por Dios para alcanzarlos a salvación a quienes por derecho no tienen posibilidad de ser asistidos por Él. Debe entenderse que el plan de salvación no se produjo por la condición del hombre, sino por la soberanía de Dios que lo estableció antes de la creación (2 Ti. 1:9; 1 P. 1:18-20).

El medio que Dios utilizó para salvarnos fue el lavamiento de la regeneración y la renovación por el Espíritu Santo. Ambas cosas van unidas y debieran considerarse como dos aspectos de una sola obra. Ninguna obra física o ninguna ordenanza puede explicar este lavamiento de regeneración. No se trata del bautismo de agua, sino de la aplicación de la obra redentora del Hijo de Dios a cada pecador que cree; es decir, no es un bautismo físico, sino uno espiritual. Mediante esta obra del Espíritu, el cristiano es santificado o purificado para Dios. La antigua dispensación tenía tipos de esto en los muchos lavamientos rituales para purificación del pecado. Todo esto concluye con el bautismo del Espíritu que vincula al pecador que cree con Cristo mismo, dándole la vida eterna y el perdón de pecados, pero a la vez, lo introduce, lo sumerge en Cristo para la formación de un cuerpo en Él (1 Co. 12:13). La obra justificadora de la cruz es aplicada a cada creyente y le son borrados todos los pecados. El lavamiento espiritual permite la purificación, como el apóstol Juan dice, porque han lavado sus ropas en la sangre del Cordero (Ap. 7:14), expresando el sentido de pureza por la aplicación de la obra expiatoria de Cristo (1 P. 1:2). La limpieza se alcanza en "la sangre del Cordero". Es la verdad enseñada por el apóstol Juan: "Si confesamos nuestros pecados, Él es fiel y justo para perdonar nuestros pecados, y limpiarnos de toda maldad" (1 Jn. 1:9). De la misma manera, el escritor a los Hebreos: "¿Cuánto más la sangre de Cristo, el cual mediante el Espíritu eterno se ofreció a sí mismo sin mancha a Dios, limpiará vuestras conciencias de obras muertas para que sirváis al Dios vivo?" (He. 9:14). De forma directamente referida a la salvación enseña el apóstol Pedro: "Elegidos según la presciencia de Dios Padre en santificación del Espíritu, para obedecer y ser rociados con la sangre de Jesucristo: Gracia y paz os sean multiplicadas" (1 P. 1:2). La sangre de Cristo es aplicada al que cree para limpieza, purificación y redención. El perdón de pecados se alcanza por la fe en aquel que murió en la cruz. Es un contingente de redimidos por la sangre de Jesucristo, por tanto, una multitud de creyentes que están en la presencia de Dios, procedentes de la gran tribulación.

Con el lavamiento, formando parte de la obra salvadora de Dios, está la regeneración, que aquí se aplica a personas. Esta regeneración es equivalente al nuevo nacimiento. La regeneración es una necesidad para llevar a cabo el programa y propósito de la salvación. Jesús dijo a un conocedor de la Escritura y maestro de la ley, Nicodemo, que para acceder al reino era necesario que naciese de nuevo, es decir, que fuese regenerado (Jn. 3:6). La imposibilidad de estar en la presencia de Dios, gozar de una relación directa con Él, es imposible en la condición del hombre natural, ya que el pecador con su pecado no puede estar en comunión con el Dios santísimo (Sal. 24:3-4). Además, el no regenerado no puede vivir en obediencia a la voluntad de Dios por su propia condición e incapacidad. Igualmente, es imposible que quienes están muertos en delitos y pecados tengan vida eterna. Por otro lado, la regeneración es necesaria para capacitar al hombre a fin de que pueda ser templo de Dios en Espíritu (1 Co. 3:16). La promesa de Dios para el salvo es que tenga vida eterna (Jn. 3:16). La vida eterna es la vida de Dios, sin principio ni fin. Esa vida está en el Hijo (Jn. 1:4). Cristo afirma que Él es la vida (Jn. 14:6). Él mismo dijo que la misión por la que vino al mundo era para dar vida al pecador (Jn. 10:10). Mediante la regeneración del Espíritu, Cristo es implantado en el creyente (Col. 1:27). La regeneración produce una resurrección espiritual (Ef. 2:1, 4, 5, 6). Esta operación es posible por la acción vinculante que el Espíritu hace en el pecador creyente, uniéndolo vitalmente al Salvador. La regeneración dota de una nueva forma de vida, teniendo comunión con Cristo y siendo partícipe de la naturaleza divina (2 P. 1:4). Esta nueva forma de vida está detallada por el apóstol Pablo (Ro. 6:3-4). El que ha sido bautizado en Cristo entra en una nueva posición en Cristo. Por esa posición, la relación de esclavitud con el pecado ha sido cortada, recibiendo plena libertad y siendo dotado para llevar a efecto la vida de santificación. Esa identificación con Cristo opera un poder libertador sobre el yo (Gá. 2:20); sobre la carne (Gá. 5:24); y sobre el mundo (Gá. 6:14). Cristo comunica vida a la nueva humanidad en Él, como "espíritu vivificante" (1 Co. 15:45). Finalmente, la regeneración dota al creyente de un corazón nuevo, templo donde Dios reside en el creyente y donde el Espíritu lo capacita para la obediencia a los mandamientos de Dios (Ez. 11:19; 36:26-27).

El apóstol habla también de la renovación. Mientras que la regeneración es un acto instantáneo, la renovación que es esencialmente el proceso de santificación es una actividad que dura toda la vida del creyente. La renovación es una operación en la que Dios capacita y el hombre actúa conforme a esa capacidad. Mientras que para la regeneración no se exige nada del hombre, para la renovación es necesaria la rendición incondicional del hombre a Dios. La santificación, que es también la renovación, es la operación que el Espíritu Santo hace en el cristiano, mediante la cual lo liberta del poder del pecado, renovando su orientación a imagen de Cristo y lo capacita para el buen obrar, produciendo en él tanto el querer como el hacer por su buena voluntad (Fil. 2:13). Esto le permite progresar día a día hasta conformarse a la imagen de Cristo (Col. 3:10).

La obra de renovación se aplica aquí al Espíritu Santo. Opera en cada creyente para conducirlo en la dirección que Dios ha determinado para el santo, esto es, para quien ha separado del mundo para sí. El estado perfecto solo se alcanzará en la glorificación (Ef. 5:26-27). La santificación es la expresión de la voluntad de Dios para el creyente (1 Ts. 4:3). La vida santa exige la separación del pecado (2 Ti. 2:21). Dios demanda a su pueblo que salga de la corrupción del mundo y se aparte de ese sistema (2 Co. 6:17). La santificación práctica demanda una entrega incondicional a Dios (Ro. 12:1), para un modo de conducta consonante con el llamamiento celestial (Ef. 4:1). La orientación del creyente es también celestial (Col. 3:1). La expresión de vida santa comprende todos los aspectos de vida del creyente, lo que se ha considerado anteriormente. La santificación es obra del Espíritu Santo, que santifica al creyente para Dios. La salvación que comprende también la santificación es posible por la obra del Espíritu (2 Ts. 2:13; 1 P. 1:2). La obra de Dios mediante la santificación por el Espíritu y la responsabilidad del hombre, en el ejercicio de la fe, son igualmente necesarias en la salvación. Los gentiles son ofrenda agradable a Dios, por la obra santificadora del Espíritu (Ro. 15:16). Sin la ayuda del Espíritu es imposible una vida victoriosa para el cristiano (Gá. 5:16). La vida de santificación consiste en manifestar un carácter divino, que solo es posible para quien está sometido al Espíritu Santo (Gá. 5:22-23). Esto es posible por la residencia de la tercera persona divina en el creyente. Cualquier esfuerzo del creyente para conseguir la renovación por sí mismo será un fracaso, porque solo es posible por la acción del Espíritu (Zac. 4:6).

Ezequiel

Era hijo de una familia sacerdotal (1:3). El profeta vivió en su juventud en Jerusalén hasta que fue llevado cautivo con otros muchos a Babilonia a causa de la invasión de Nabucodonosor en 597 a. C.

Título

Lleva el nombre del autor, Ezequiel, en hebreo *Y^{e}hezqu'l*, que significa *Dios es fuerte*; algunos traducen como *fortalecido por Dios*.

Autor y fecha

La referencia temporal del "año treinta del mes cuarto, a los cinco días del mes" pudiera considerarse como la edad que Ezequiel tenía cuando estaba con los cautivos junto al rio Quebar y fue llamado al ministerio; por tanto, cinco años antes fue llevado cautivo desde Jerusalén. Su ministerio comenzó en el 592 a. C. y se extendió por lo menos veintiún años hasta el 571 a. C.

Era un profeta contemporáneo tanto de Jeremías como de Daniel, de su misma edad, al que nombra en el libro (14:14, 20; 28:3). Ezequiel fue tanto un profeta como un sacerdote (1:3).

En la transmigración a Babilonia fue llevada también su esposa, a la que menciona en el libro (24:15-18). En el libro, a diferencia de otros escritores, no da detalles de su propia vida, solo que fue llevado al destierro después del asedio de Jerusalén y la rendición de la ciudad, diez años antes de su destrucción (cf. 2 R. 24:8, 14-17).

Vivió en una localidad llamada Tel Abib, cerca del río Quebar, donde tuvo su primera visión en el tiempo de su profecía (1:3). Afirma que estaba casado y que tenía una casa (24:18; 8:1). Cuando su mujer murió repentinamente, Dios le mandó no guardar luto (24:15-27).

El pueblo que estaba en Babilonia tenía una falsa esperanza de que Jerusalén no sería destruida y mucho menos el templo. Ezequiel especialmente en forma ilustrativa anuncia lo contrario (4:1-24, 27). Todos esperaban una solución e incluso la reposición de la monarquía, esperando que el desterrado rey Joaquín fuese restaurado en su trono en Jerusalén.

Luego de la destrucción de Jerusalén, Ezequiel trabajó entre los desterrados en Babilonia, tratando de sostener el espíritu del pueblo, conduciéndolo a la necesidad de una restauración espiritual, anunciándoles un mensaje de aliento y esperanza, como en la parábola de los huesos humanos que se unen adquiriendo nueva vida, representando la resurrección nacional (cap. 37). Profetizó también un nuevo comienzo para el pueblo (caps. 38-39). Les habla de la necesidad de una renovación interior, con un corazón nuevo y un espíritu nuevo. Les anuncia también la llegada de un nuevo pastor, que llevará a su pueblo en el tiempo en que la antigua alianza será substituida por una nueva, dándoles Dios un corazón nuevo.

No es posible establecer una datación exacta, por lo que puede establecerse ca. 570 a. C. Para ello se establece la siguiente cronología:

- Comienzo del ministerio profético de Jeremías: 627 a. C.
- Nabucodonosor derrota a los egipcios y un gran número de habitantes de Jerusalén, entre los que estaba Daniel, fue llevado a Babilonia: 605 a. C.
- Ezequiel comienza su ministerio profético: 592 a. C.

- Nabucodonosor concluye la conquista de Judá y Jeremías es llevado a Egipto: 586 a. C.
- Ciro decreta el regreso de los judíos: 538 a. C.

Aspectos destacables de la profecía

Es destacable un estilo literario en el que abundan las visiones, como se aprecia en 1-3; 8-11; 37:1-14; 40-48. Además hay acciones simbólicas, donde el profeta actúa comprometido con el mensaje que quiere transmitir, como el ladrillo para hablar del sitio de Jerusalén (4:1-3); acostarse sobre un lado y luego sobre otro para referirse al tiempo de la duración del exilio (4:4-8); hacer una manifestación de marcha con objetos propios (12:1-16), unido a la señal de comer y beber temblando (12:17-28), profetizando la cautividad y advirtiendo del cumplimiento de lo que Dios había anunciado antes; la ilustración de los dos caminos (21:18-23) anunciando el juicio sobre Jerusalén; los dos palos unidos (37:15-23) para anunciar la unión futura de la nación. Las ilustraciones y metáforas se suceden en toda la profecía.

Canon

En el canon judío, el libro de Ezequiel va a continuación del de Jeremías. Era considerado como libro sagrado, aunque debido a las dificultades interpretativas y a supuestas contradicciones con la Torah, incluyendo la complejidad de las visiones y la interpretación de las mismas, los rabinos no permitían que se leyera antes de haber cumplido el lector los treinta años.

Para el canon católico, que contiene los libros apócrifos, llamados por ellos deuterocanónicos, Ezequiel está entre Baruc y Daniel.

En el canon protestante, Ezequiel está situado entre Lamentaciones y Daniel. Siempre ha sido considerado como un libro inspirado, al igual que el resto de las Escrituras.

Bosquejo

Se propone el siguiente para el análisis exegético del texto bíblico:

I. Llamamiento y comisión de Ezequiel (1:1-3:27).
   1. Preparación (1:1-28).
      1.1. El profeta (1:1-3).
      1.2. La visión divina (1:4-28).
         1.2.1. Los cuatro seres vivientes (1:4-14).

1.2.2. Las cuatro ruedas (1:15-21).
  1.2.3. La gloria radiante (1:22-28).
 2. Llamamiento (2:1-10).
 3. Comisión (3:1-27).
II. Profecías contra Judá y Jerusalén (4:1-24:27).
 1. Profecías por símbolos (4:1-5:17).
  1.1. El ladrillo: El sitio de Jerusalén (4:1-3).
  1.2. La postura: La duración del exilio (4:4-8).
  1.3. El pan: La escasez (4:9-17).
  1.4. Rasurarse: La destrucción del pueblo de Jerusalén (5:1-17).
 2. Profecías por medio de mensajes (6:1-7:27).
  2.1. Contra los montes de Israel (6:1-10).
  2.2. Los pecados de Israel (6:11-14).
  2.3. La proximidad del fin (7:1-27).
 3. Profecías por medio de visiones (8:1-11:25).
  3.1. Visión del pecado en el templo (8:1-18).
  3.2. Visión del castigo de los culpables (9:1-11).
  3.3. La gloria de Dios abandona el templo (10:1-22).
  3.4. Castigo de los príncipes malvados (11:1-13).
  3.5. Promesa de restauración y renovación (11:14-25).
 4. Señales, mensajes y parábolas (12:1-24:27).
  4.1. La salida de Ezequiel: cautividad (12:1-16).
  4.2. La señal del temblor (12:17-28).
  4.3. Condenación de los falsos profetas (13:1-23).
  4.4. Juicio contra la idolatría (14:1-11).
  4.5. Consolación de Jerusalén (14:12-23).
  4.6. Parábola de la vid inútil (15:1-8).
  4.7. Parábola de la mujer adúltera (16:1-63).
   4.7.1. Su juventud (16:1-14).
   4.7.2. Sus pecados (16:15-34).
   4.7.3. Su condenación (16:35-52).
   4.7.4. Su restauración (16:53-63).
  4.8. Parábola de las dos águilas (17:1-24).
  4.9. Las uvas agrias rechazadas (18:1-32).
   4.9.1. El mensaje (18:1-20).
   4.9.2. El justo camino de Dios (18:21-32).
  4.10. Lamento sobre los príncipes (19:1-14).
  4.11. Las infidelidades de Israel (20:1-32).
  4.12. Promesa de restauración (20:33-44).
  4.13. Profecía contra el Négueb (20:45-49).

LOS LIBROS DEL LIBRO   695

    4.14. La espada afilada (21:1-32).
    4.15. Los pecados de Jerusalén (22:1-31).
        4.15.1. Lista de los pecados (22:1-12).
        4.15.2. Certeza del juicio (22:13-22).
        4.15.3. Clases de pecadores (22:23-31).
    4.16. La parábola de las dos hermanas (23:1-49).
        4.16.1. Su identidad (23:1-4).
        4.16.2. Su infidelidad (23:5-21).
        4.16.3. Su castigo (23:22-49).
    4.17. Parábola de la olla hirviente (24:1-14).
    4.18. Señal en la muerte de la esposa de Ezequiel (24:15-27).
III. Profecías contra las naciones (25:1-32:32).
    1. Profecía contra Amón (25:1-7).
    2. Profecía contra Moab (25:8-11).
    3. Profecía contra Edom (25:12-14).
    4. Profecía contra Filistea (25:15-17).
    5. Profecía contra Tiro (26:1-28:19).
        5.1. Profecía contra Tiro (26:1-21)
        5.2. La destrucción de Tiro (27:1-21).
        5.3. Lamento sobre Tiro (27:1-36).
        5.4. La caída del príncipe de Tiro (28:1-10).
        5.5. La caída del rey de Tiro (28:11-19).
    6. Profecía contra Sidón (28-20-26).
    7. Profecía contra Egipto (29:1-32:32).
        7.1. La certeza del juicio (29:1-21).
        7.2. Descripción del juicio (30:1-26).
        7.3. Parábola del cedro del Líbano (31:1-18).
        7.4. Endecha sobre Egipto (32:1-32).
IV. Profecías de la restauración de Israel (33:1-39:29).
    1. El atalaya (33:1-33).
        1.1. El deber del atalaya (33:1-9).
        1.2. Mensaje de justicia (33:10-20).
        1.3. La caída de Jerusalén (33:21-33).
    2. Los pastores de Israel (34:1-31).
        2.1. Los falsos pastores (34:1-10).
        2.2. El verdadero pastor (34:11-31).
    3. Profecía contra el monte de Seír (35:1-15).
    4. Restauración futura de Israel (36:1-38).
        4.1. Promesas de restauración (36:1-24).
        4.2. El nuevo pacto (36:25-38).
    5. El valle de los huesos secos (37:1-14).

    6. Un solo reino (37:15-28).
    7. Profecía contra Gog, rey de Magog (38:1-39:29).
        7.1. La invasión por Gog (38:1-16).
        7.2. La victoria sobre Gog (38:17-39:29).
V. Profecías para el futuro de Israel (40:1-48:35).
    1. Un nuevo templo (40:1-43:27).
        1.1. Preparación de la profecía (40:1-4).
        1.2. Las puertas (40:5-16).
        1.3. El atrio exterior (40:17-23).
        1.4. El pórtico meridional (40:24-49).
        1.5. El templo (41:1-26).
        1.6. Las cámaras en el atrio (42:1-20).
        1.7. Regreso de la gloria de Dios (43:1-5).
        1.8. El altar y los holocaustos (43:6-27).
    2. Culto renovado (44:1-46:24).
        2.1. Ministerio (44:1-31).
        2.2. Sostenimiento del ministerio (45:1-17).
        2.3. Las ofrendas (45:18-46:24).
            2.3.1. Las ofrendas en las fiestas solemnes (45:18-25).
            2.3.2. Otras ofrendas (46:1-15).
            2.3.3. Reglamento para el príncipe (46:16-18).
            2.3.4. Lugares para las ofrendas (46:19-24).
    3. Nueva tierra (47:1-48:35).
        3.1. El río (47:1-12).
        3.2. Los límites de la tierra (47:13-23).
        3.3. La división de la tierra (48:1-35).

Cristo en el libro

El espíritu de la profecía es el Señor. Muchos aspectos de su presencia pueden alcanzarse en cada libro. De este mismo modo ocurre con Ezequiel. Sin embargo, dadas las características especiales del libro, podría elegirse la gloria de su impronta divina que se manifiesta ya en el inicio de la profecía. El Dios de la gloria se hace visible ante su siervo rodeado de la majestad que le es propia.

    Eso mismo ocurre con la manifestación del Señor a su siervo Juan en la isla de Patmos:

> Y en medio de los siete candeleros, a uno semejante al Hijo del Hombre, vestido de una ropa que llegaba hasta los pies, y ceñido por el pecho con un cinto de oro. Su cabeza y sus

cabellos eran blancos como blanca lana, como nieve; sus ojos como llama de fuego; y sus pies semejantes al bronce bruñido, refulgente como en un horno; y su voz como estruendo de muchas aguas. Tenía en su diestra siete estrellas; de su boca salía una espada aguda de dos filos; y su rostro era como el sol cuando resplandece en su fuerza. (Ap. 1:13-16)[128]

La síntesis de esta visión de Juan debe ser breve, no habiendo lugar para comentar todo el texto[129]. El apóstol vio a alguien que es semejante a hijo de hombre. El título tiene origen profético: "Miraba yo en la visión de la noche, y he aquí con las nubes del cielo venía uno como un hijo de hombre" (Dn. 7:13). Hijo del Hombre es el título que mayoritariamente utilizó el Señor para referirse a sí mismo durante su ministerio (cf. Mt. 16:13, 15; 17:9; Mr. 9:8 9). El título no corresponde a humillación, sino a gloria. Especialmente, el título adquirió una relevancia especial en la pregunta que Jesús hizo a los suyos sobre la opinión que ellos tenían de quién era el Hijo del Hombre: "¿Quién dicen los hombres que es el Hijo del Hombre?" (Mt. 16:13). El mismo Señor dijo directamente a los Doce: "Y vosotros ¿quién decís que soy yo?". Después del testimonio, la pregunta directa de Jesús a los discípulos. Es interesante apreciar el énfasis que el texto griego pone sobre *vosotros*, al situarlo al comienzo de la oración. Es también interesante notar que la estructura gramatical de la formulación de la pregunta se hace con una partícula que puede traducirse tanto por *y* como por *pero*. En este sentido se produciría un contraste: las gentes dicen que yo soy Juan, Elías, Jeremías, alguno de los profetas, *pero vosotros*, ¿quién decís que soy yo? No se trata de un grupo más, sino de los discípulos, a quienes se reclama el testimonio del concepto que tenían sobre quién era Jesús. La respuesta de Pedro es evidente: "Tú eres el Cristo, el Hijo del Dios viviente" (Mt. 16:16). El título Hijo del Hombre está vinculado directamente también con la obra redentora (Mt. 17:22; 20:18, 29, 28; 27:22; Jn. 3:14). Ese título tiene

---

[128] Texto griego: καὶ ἐν μέσῳ τῶν λυχνιῶν ὅμοιον υἱὸν ἀνθρώπου ἐνδεδυμένον ποδήρη καὶ περιεζωσμένον πρὸς τοῖς μαστοῖς ζώνην χρυσᾶν. ἡ δὲ κεφαλὴ αὐτοῦ καὶ αἱ τρίχες λευκαὶ ὡς ἔριον λευκόν ὡς χιὼν καὶ οἱ ὀφθαλμοὶ αὐτοῦ ὡς φλὸξ πυρός καὶ οἱ πόδες αὐτοῦ ὅμοιοι χαλκολιβάνῳ ὡς ἐν καμίνῳ πεπυρωμένης καὶ ἡ φωνὴ αὐτοῦ ὡς φωνὴ ὑδάτων πολλῶν, καὶ ἔχων ἐν τῇ δεξιᾷ χειρὶ αὐτοῦ ἀστέρας ἑπτὰ καὶ ἐκ τοῦ στόματος αὐτοῦ ῥομφαία δίστομος ὀξεῖα ἐκπορευομένη καὶ ἡ ὄψις αὐτοῦ ὡς ὁ ἥλιος φαίνει ἐν τῇ δυνάμει αὐτοῦ.
[129] Ver mi *Comentario al Texto Griego del Nuevo Testamento, Apocalipsis.*

connotación de la preexistencia de Cristo (Jn. 3:13; 6:62). Expresa también la condición humana del Señor (Mt. 11:19). En un solo título se recoge deidad y humanidad, es el título que corresponde por concreción a quien es Dios-hombre, esto es, Dios que se hace hombre por la encarnación y entra al mundo de los hombres para realizar la obra de salvación que Dios solo podía llevar a cabo (Jn. 1:14). Aunque Juan dice que vio a uno semejante a hijo de hombre, lo que estaba viendo realmente era la visión del Hijo del Hombre, que siendo Dios, es también semejante a los hombres (cf. He. 2:14). Juan está contemplando al glorioso Señor resucitado y glorificado.

La descripción del vestido que Juan vio corresponde al traje propio del sumo sacerdote. Ya en la anterior dispensación era la vestimenta habitual para el ejercicio de las labores sacerdotales en el santuario (Ex. 28:4, 31-32). El vestido que Juan vio era una túnica talar, es decir, un vestido que llegaba hasta los tobillos, al borde de los pies. Jesucristo es el sumo sacerdote según el orden de Melquisedec (He. 4:14). Junto con el ministerio sacerdotal está también la dignidad real que le corresponde a quien es rey de reyes. La cinta de oro puesta como un fajín a la altura de su pecho pone de manifiesto la condición real del Señor. Quien es rey es también juez; solo Él ha recibido la capacidad judicial que Dios ha puesto en su mano (Jn. 5:22).

La visión de Juan detalla los cabellos del Hijo del Hombre. Indudablemente, es una visión semejante a la que el profeta Daniel hace de aquel que llama Anciano de Días (Dn. 7:9). Una referencia alusiva a la eternidad del Hijo de Dios (Jn. 1:1; He. 13:8). No está refiriéndose la visión a expresar la idea de santidad del Hijo, sino más bien la gloria eterna que comparte con el Padre. No encontrando otras formas para que el lector entienda lo inmaculado del blanco que Juan vio, establece una comparativa doble: por un lado, blancos como lana blanca; por otro, como nieve.

Observa también Juan los ojos del Señor y los describe como llama de fuego. Los ojos emitían destellos como llama flameante. Esa figura trata de poner de relieve la penetración de la mirada escudriñadora del Señor. Están haciendo referencia a una vista clara y penetrante.

De los pies del Señor dice que tenían un aspecto semejante al bronce bruñido. Esos pies además eran refulgentes. Juan utiliza aquí una forma verbal que equivaldría a fulgurar por fuego. Es decir, algo semejante a lo que significa al rojo vivo, tal como se pone un horno caliente al máximo; de ahí la expresión: como en horno ardiente.

Junto con la descripción de los pies, está la voz del Señor. Juan la compara con el estruendo de muchas aguas. Aquí está equiparada al ruido impresionante que produce la caída de una gran catarata de agua. Juan estaba en una isla rodeada de mar y seguramente oyó en algún momento el batir de las olas encrespadas del mar contra las rocas de la costa.

Presta atención a su mano derecha, en la Biblia, la mano del poder, símbolo de quien tiene honor, autoridad y gloria. En esa mano "tenía", literalmente debe traducirse como "teniendo". La visión es más bien de una mano que se cierra que de la palma de una mano. En ella, bien sujetas, estaban siete estrellas.

Junto con la mano, la espada que salía de su boca. El verbo que utiliza Juan en participio de presente en voz media expresa la idea de algo que está en curso, como si dijese que la espada estaba saliendo de su boca. El arma no era defensiva, sino ofensiva. No se trataba de una espada corta, sino de la espada de combate, utilizada para el ataque en una ofensiva militar. La espada es el emblema de quien tiene autoridad para juzgar y ejecutar la sentencia judicial (Ro. 13:4). Esa espada se cataloga como de dos filos, literalmente en griego, de dos bocas, de manera que actúa en todas las direcciones. No importa hacia dónde dirija la espada el que la maneje, tiene filo cortante para herir al contrario. Es el arma propia del juez, que juzga a los enemigos, sentencia y ejecuta la sentencia establecida.

La visión de Juan, lo mismo que la de Ezequiel, pone de manifiesto que Cristo no solo es glorioso, sino que también es poderoso para juzgar los pecados del mundo e incluso los de su pueblo, no para condenación, pero sí para disciplina.

En Patmos, Juan descubre la gloria de la persona divino-humana del Señor Jesucristo, glorioso e impactante a los ojos asombrados de su siervo, apóstol y profeta. El resucitado, que es luz de luz, resplandecía glorioso como corresponde a la admirable luz de Dios que alumbra a todo hombre (Jn. 1:9), en una forma semejante en la que se manifestó a su profeta Ezequiel.

Daniel

Aunque en el canon judío, Daniel no está entre los profetas, sino entre los otros escritos, es, sin lugar a dudas, uno de los libros proféticos del Antiguo Testamento.

Título

Como en otros libros, lleva por título el nombre del autor. En hebreo *Daniyye'l*, que significa *Dios es juez*, o también *Dios es mi juez*.

Igualmente ocurre en la LXX, que titula la profecía como Δανιήλ, Daniel. La Vulgata lo titula Daniel, con el que figura también en las Biblias.

Autor y fecha

El cuarto de los profetas llamados mayores es muy posible que estuviese emparentado con la familia real de David (Dn. 1:3). Fue llevado cautivo a Babilonia cuando era joven, en el año tercero del reinado de Joacim, rey de Judá (605 a. C.). En Babilonia le fue impuesto el nombre de Beltsasar (1:7).

Uno de los aspectos destacables es el de la interpretación de los sueños de los reyes, bajo cuyos mandatos sirvió en Babilonia. Debido a ello y especialmente a su carácter de fidelidad al rey y éxitos en el servicio encomendado, llegó a ocupar lugares altamente destacados en el gobierno de la nación, como el de regente de toda la provincia de Babilonia y jefe de los sabios (2:48). No se habla de él luego de la muerte de Nabucodonosor (561 a. C.).

Aparece luego en el palacio de Belsasar en víspera de la conquista de Babilonia por Ciro (538 a. C.). Inmediatamente antes de la acción de Ciro, interpretó el significado de lo que la mano de un hombre escribía en el encalado de la pared.

En el tiempo de Darío (485 a. C.), tomó el reino y nombró a Daniel para presidir un consejo de unos 120 príncipes. Estos formaron un complot contra él, cuyo resultado ocasionó que fuese echado al foso de los leones, de donde salió con vida por la protección de Dios.

Siguió prosperando en sus actividades en el reinado de Darío y de su sucesor, Ciro de Persia. Vivió hasta ver el decreto para el retorno de muchos de los expatriados a Jerusalén, aunque no se sabe si él volvió alguna vez a la ciudad.

Teniendo en cuenta las referencias históricas que aparecen en el libro, pudiera datarse ca. 537 a. C.

Entorno histórico

El libro comienza en el tiempo de la conquista de Jerusalén por el ejército babilónico, donde se llevó cautivo a un gran contingente de personas, entre las que estaban Daniel y tres de sus amigos.

El texto se proyecta al tiempo siguiente con la acción de los medo-persas, que sitió Babilonia (5:30, 31) en el 539 a. C. El contexto histórico se considera en la profecía de Jeremías, que menciona a los últimos cinco reyes de Judá antes de la cautividad (Jer. 1:1-3), que son Josías, Joacim y Sedequías. Daniel se menciona en Ezequiel (Ez. 14:14, 20: 28:3), donde es calificado de sabio y justo. El incidente del foso de los leones está presente en la epístola a los Hebreos, como los que taparon bocas de leones (He. 11:32, 33).

En Babilonia, Daniel recibió revelación de Dios sobre los sucesivos imperios hasta la llegada del Mesías, y el detalle de la etapa final de la historia antes del establecimiento del reino de los cielos en la tierra, en el contexto de la última semana de las setenta que Dios le reveló para la historia.

Canon

El Texto Masorético coloca el libro entre los hagiógrafos, como se indicó antes. En la LXX y la Vg, está inmediatamente después de la profecía de Jeremías. No obstante, hay testimonios de que ya entre los judíos se consideraba el libro de Daniel como uno de los proféticos.

Para el canon cristiano, no ha habido dificultad alguna para la admisión entre los libros inspirados. Pero las partes apócrifas solo han sido recibidas por el canon católico, mientras que están excluidas del canon protestante.

Cuestionamiento de la autoría

Como es habitual, el sector liberal humanista, ha negado radicalmente la autoría del libro. La mayoría de la Alta crítica considera la profecía como un libro falsamente atribuido al Daniel del s. VI a. C. Para ellos, se habría compuesto alrededor del año 160 a. C. como un escrito alentador durante la represión de Antíoco Epifanías en el entorno temporal de los Macabeos, que supondría los primeros capítulos del libro, mientras que los siguientes, hasta el capítulo seis, se habrían producido en el s. III a. C. Esto determina una serie de fuentes de donde se habría obtenido el sustento para el texto.

Argumentan también, para justificar una datación tardía, que el libro no estaba entre los *Profetas* en el canon hebreo, sino entre los *Escritos*; por consiguiente, no podría datarse en el tiempo del período profético, sino más tarde. A esto añaden que en el Eclesiástico, en el 170 a. C., donde se hace mención a todos los profetas, no se cita a Daniel.

Otra propuesta es que los acontecimientos que se citan en el texto tienen alteraciones y contradicciones, lo que permite sostener que los acontecimientos fueron descritos después de haber sucedido.

Podrían citarse otros argumentos típicos y propios de los liberales, que corresponden a una introducción crítica que no está justificada en este lugar.

Texto y versiones

La parte hebrea en el TM es bastante deficiente, de modo que versiones más antiguas tienen más claridad en algunos textos.

La LXX tiene algunas partes de las versiones hebraico-arameas más antiguas, datándola en el s. II a. C. Esta versión, no tan concordante con el texto hebreo, no fue aceptada por la iglesia, que fue desplazada por la de Teodoción, más concisa, pero reconocida por la crítica textual como una revisión de otra versión más antigua.

Los papiros Chester Beatty del s. II d. C. contienen la versión LXX. La Vg está hecha sobre un texto hebreo-arameo muy afín al TM, aunque Jerónimo tiene en cuenta otras versiones latinas y también la griega de Teodoción.

Bosquejo

Se propone el siguiente para el análisis exegético del texto bíblico:

I. Introducción (1:1-21).
   1. Conquista de Jerusalén (1:1-2).
   2. Preparación obligatoria (1:3-7).
   3. Determinación de fidelidad (1:8-16).
   4. Ascenso de Daniel (1:17-21).
II. El programa de la historia (2:1-4:37).
   1. Sueño de Nabucodonosor (2:1-49).
      1.1. Situación (2:1-6).
      1.2. El sueño revelado a Daniel (2:7-23).
      1.3. El sueño declarado e interpretado (2:24-45).
      1.4. El ascenso de Daniel (2:46-49).
   2. El horno de fuego (3:1-30).
      2.1. La disposición sobre la estatua de oro (3:1-7).
      2.2. La acusación y condena (3:8-19).
      2.3. La ejecución de la sentencia en el horno de fuego (3:20-23).
      2.4. La vindicación de la fe (3:24-30).
   3. Visión del gran árbol (4:1-37).
      3.1. La visión de Nabucodonosor (4:1-18).
      3.2. La visión interpretada (4:19-27).
      3.3. La visión cumplida (4:28-37).

III. El tiempo de Belsasar (5:1-31).
   1. La fiesta en el palacio (5:1-31).
      1.1. El ambiente en la fiesta (5:1-4).
      1.2. La escritura en la pared (5:5-6).
      1.3. Anuncio del juicio divino (5:7-29).
      1.4. La destrucción de Babilonia (5:30-31).
IV. Precio de la fidelidad (6:1-28).
   1. Daniel en el foso de los leones (6:1-28).
      1.1. La posición de Daniel (6:1-3).
      1.2. La conspiración contra Daniel (6:4-9).
      1.3. La oración de Daniel (6:10-11).
      1.4. La acción contra Daniel (6:12-17).
      1.5. La protección de Daniel (6:18-28).
V. Visiones proféticas de Daniel (7:1-9:27).
   1. Las cuatro bestias (7:1-27).
      1.1. Los detalles de la visión (7:1-14).
      1.2. Interpretación de la visión (7:15-28).
   2. El carnero y el macho cabrío (8:1-27).
      2.1. La visión (8:1-14).
      2.2. La interpretación (8:15-27).
   3. Oración de Daniel (9:1-19).
   4. Las setenta semanas (9:20-27).
      4.1. La presencia de Gabriel (9:20-24).
      4.2. El inicio del cómputo de las semanas (9:25).
      4.3. Fin de la sexagésima novena semana (9:26).
      4.4. El inicio de la septuagésima semana (9:27).
VI. Panorama profético (10:1-12:13).
   1. Visión de Daniel (10:1-8).
   2. Aliento a Daniel (10:9-11:1).
   3. Profecías sobre las naciones (11:2-45).
      3.1. Persia (11:2)
      3.2. Grecia (11:3-4).
      3.3. Egipto y Siria (11:5-20).
      3.4. Antíoco Epifanías (11:21-35).
      3.5. El Anticristo (11:36:45).
   4. El tiempo del fin (12:1-13).

Cristo en el libro

Está presente en muchas referencias. Él es el cuidador de Daniel en los momentos de dificultades, así como Jesús es el que cuida a sus santos, teniéndolos en su mano. Es también el anunciado en el cumplimiento del término de la sexagésima semana como el Mesías que muere. Muchas de estas figuras se han considerado ya en libros anteriores, pero hay una que merece ser destacada: como la piedra que destruirá los reinos del mundo (2:34, 35, 44). El Señor dijo estas palabras al pueblo de Israel:

> ¿Nunca leísteis en las Escrituras: La piedra que desecharon los edificadores, ha venido a ser cabeza del ángulo. El Señor ha hecho esto, y es cosa maravillosa a nuestros ojos? Por tanto os digo, que el reino de Dios será quitado de vosotros y será dado a gente que produzca los frutos de él. Y el que cayere sobre esta piedra será quebrantado; y sobre quien ella cayere, le desmenuzará. (Mt. 21:42-44)

El pasaje trata de las consecuencias de rechazar al enviado de Dios, pero los dos versículos finales tienen una gran importancia en relación con el cumplimiento de la visión de Daniel. "Por tanto os digo, que el reino de Dios será quitado de vosotros y será dado a gente que produzca los frutos de él"[130] (Mt. 21:43). Ellos habían considerado que el reino de Dios era de su exclusividad, ahora se les anuncia que no serán ellos quienes retengan el reino, sino que les será quitado para entregarlo a otros pueblos que lleven el fruto espiritual que Dios desea recibir. Esta solemne determinación se cumplió en gran medida con la destrucción de Jerusalén por los ejércitos de Tito en el año setenta. A causa del rechazo, la mayoría de los judíos por incredulidad dejó de alcanzar la salvación que el Mesías había venido a darles. No les sirvió de nada el privilegio de ser descendientes de Abraham e hijos de las promesas. Todos han quedado desposeídos de esas bendiciones hasta el tiempo en que se vuelvan nuevamente en arrepentimiento a Dios y reconozcan a Jesús como el Mesías. Esta situación no será definitiva, como Pablo enseña claramente en su epístola a los Romanos (11:25-29). El reino no sería quitado solo a los líderes de la nación, a quienes Jesús hablaba especialmente, sino a todo el pueblo judío en general.

Pero sigue en el pasaje: "Y el que cayere sobre esta piedra será quebrantado; y sobre quien ella cayere, le desmenuzará"[131] (Mt. 21:

---

[130] Texto griego: διὰ τοῦτο λέγω ὑμῖν ὅτι ἀρθήσεται ἀφ' ὑμῶν ἡ βασιλεία τοῦ Θεοῦ καὶ δοθήσεται ἔθνει ποιοῦντι τοὺς καρποὺς αὐτῆς.
[131] Texto griego: καὶ ὁ πεσὼν ἐπὶ τὸν λίθον τοῦτον συνθλασθήσεται· ἐφ' ὃν δ'ἂν πέσῃ λικμήσει αὐτόν.

44). La piedra desechada como inútil tiene poder judicial para destruir a los rebeldes. Fue desechada, pero caerá sobre quienes la desecharon demostrando su validez. Todo aquel que persista en su rechazo y oposición a Cristo será pulverizado por Él. La gran roca eterna de los siglos, que es Jesucristo, caerá judicialmente sobre quienes, consciente y voluntariamente, lo rechazaron provocando su destrucción, que aquí se ilustra mediante el uso de un verbo fuerte, que admite varias traducciones. Sin embargo, debe entenderse la dimensión del verbo, que no se refiere tanto a *desmenuzar*, *quebrantar debajo de un peso*, sino que está ligado con *aventar*, *esparcir*, como se hacía con la paja para dejar el grano. De ahí que Juan hable de que el aventador está en su mano (Lc. 3:17). La palabra tiene relación con la profecía: "Entonces fue también desmenuzado el hierro, el barro cocido, el metal, la plata, y el oro, y se tornaron como tamo de las eras del verano: y se los llevó el viento sin que de ellos quedara rastro alguno. Mas la piedra que hirió a la imagen fue hecha un gran monte que llenó toda la tierra" (Dn. 2:35). Un poco después, Daniel escribe: "Y en los días de estos reyes el Dios del cielo levantará un reino que no será jamás destruido, ni será el reino dejado a otro pueblo; desmenuzará y consumirá a todos estos reinos, pero él permanecerá para siempre" (Dn. 2:44). La idea en las palabras de Cristo no es solo destruir por aplastamiento, sino esparcir los destrozos hasta que no quede nada de ellos. La figura final de la enseñanza es que aquel que se escandaliza en la piedra, choca con ella y cae, y sobre él, caído, la misma piedra cae destrozándolo, desmenuzándolo (Is. 8:14; 1 P. 2:8). El que rechaza al Mesías como rey, lo rechaza también como salvador; por tanto, como pecador irredento, será como "tamo que arrebata el viento" (Sal. 1:4). La segunda parte de la figura puede entenderse mejor si se pone la piedra desechada en lo alto del ángulo. Alguno pretende derribarla de ese lugar y cae sobre él destruyéndolo. Los judíos en general y los líderes religiosos en particular trataron de derribar al Mesías del lugar donde Dios lo había puesto. Tratar de derribarlo es intentar anular su misión salvífica; por tanto, no tienen salvación y se perderán para siempre. No solo existe el quebrantamiento de tropezar en Él, sino el juicio de Él al caer sobre ellos para vergüenza y confusión perpetuas (Dn. 12:2).

Oseas

El ministerio profético no solo se comunicaba por palabra o en escritos, sino que la vida del profeta era, en muchas ocasiones, un complemento al mensaje, como ocurre con Oseas, a quien Dios coloca en situaciones familiares sumamente graves para enseñar con ello las lecciones espirituales a su pueblo.

Además, los libros de la Biblia no están colocados ordenadamente según el tiempo en que se escribieron. Por esa razón, los profetas no siguen este orden y algunos de los llamados menores tendrían que estar antes de otros de los llamados mayores.

Título

El libro, que es el primero de los doce profetas llamados menores, no por importancia, sino por extensión, toma el nombre del autor, en el hebreo *'Hosea*, que equivale en su forma abreviada a los de *José* y *Jesús*, que significa *Jehová salva*, aunque relativo al nombre de Oseas, equivale a *salva* o *salvación*.

En la LXX, el título es Ωσήε, título que está en las Biblias para este libro.

Autor y fecha

Apenas hay referencias históricas al profeta, salvo el nombre de su ,padre llamado Beeri, también desconocido históricamente.

Su profecía es abiertamente dirigida a Israel, el reino del norte, y las referencias a Judá, el reino del sur, están un tanto condicionadas por la situación general de la nación antes unida. El profeta identifica al rey del norte llamándole "nuestro rey" (7:5).

Por esta razón, se considera que es oriundo de algún pueblo de Israel, ya que muestra mucha familiaridad con la historia, situaciones y geografía del reino del norte (cf. 4:15; 5:1, 13; 6:8, 9; 10:5; 12:11, 12; 14:6). En caso de que fuese nacido en el reino del norte, serían junto con Jonás los dos únicos profetas de Israel que dejaron escrita su profecía.

El ministerio del profeta fue amplio, considerando que lo hizo ca. 755-710 a. C. Su ministerio comenzó siendo Uzías rey de Judá (1:1) (790-739 a. C.), y siguió por el tiempo del reinado de Jotam (750-731 a. C.), Acaz (735-715 a. C.) y Ezequías (715-686 a. C.), todos ellos reyes en Judá, y Jeroboam II (793-753) en Israel. Su ministerio estuvo presente durante el tiempo de los últimos seis reyes de Israel, desde Zacarías (753-752 a. C.) hasta Oseas (732-722 a. C.). Es notorio que la referencia sobre el derrocamiento de Zacarías, último de la dinastía de Jehú, ocurrido en el 752 a. C., se considera en el libro como futuro (1:4). Oseas fue, pues, contemporáneo de Isaías y Miqueas, profetas en Judá, y Amós, en Israel, el reino del norte.

No se dice nada de la clase social del profeta, aunque fue un hombre instruido para seguir y juzgar todo el sistema político y religioso del país; pudiera ser más bien una persona del campo que de la ciudad, por las imágenes de la profecía.

En cuanto a la familia, por mandato de Dios, contrajo matrimonio con una mujer de mala vida o, como también pudiera ser, una mujer que había sido infiel a su marido, llamada Gomer (1:2-3). Con esta mujer tuvo tres hijos, a los que dio nombres simbólicos relacionados con la perversión espiritual de Israel.

Siguiendo las fechas mencionadas antes de los distintos reyes de Israel y Judá que comprenden el período del ministerio de Oseas, cabe datar el libro ca. 710 a. C.

Propósito

La prosperidad de Israel, en el reinado de Jeroboam II, es evidente (cf. 2:10-11; 10:1; 12:9), pero trajo como consecuencia un notable incremento de la idolatría, con la relajación de las costumbres en el pueblo. Esa situación hizo surgir una religión sincretista, contra la que profetizó denodadamente Oseas. Aunque mantenía costumbres cumpliendo lo establecido en la ley, como guardar el sábado y celebrar las fiestas anuales (2:13); también ofrecía sacrificios a Dios (5:6; 8:13); igualmente juraban por Jehová (4:15); visitaban lugares relacionados con el culto (4:15); no dejaban de quemar incienso (4:13); hacían ídolos de plata y de oro (8:4; 13;2). Junto a esto estaba el libertinaje al que se entregaban en las cimas de los montes (4:13-14). Un pensamiento incorrecto e incluso perverso se había fijado en la mente del pueblo: que Jehová no iba a fijarse en esa conducta moral, ni en la injusticia y violencia de la sociedad. Las leyes divinas eran consideradas como las de un extranjero (8:12).

El propósito del profeta fue denunciar el pecado y anunciar el juicio que Dios iba a enviar sobre ellos por esta causa. Anunció a Israel acerca de ser infiel a Dios como su esposa le había sido infiel a él o a los suyos. El Señor no podía tolerar aquella rebelión continuada y estaba preparado para derramar su juicio sobre la nación.

Aunque el juicio divino podía hacer pensar que Dios había abandonado para siempre a su pueblo, el propósito era el de la restauración si se arrepentían de su pecado, prometiendo devolverles a su tierra, uniéndose los dos reinos y restaurando las bendiciones que habían sido interrumpidas por el pecado,

Es notorio en el estudio de la profecía que Dios, que juzga y castiga a su pueblo, también lo ama y desea una restauración plena. Al final se anuncia un cambio futuro que establecerá de nuevo la relación entre ellos y el Señor.

Transmisión textual

A pesar de los intentos de la Alta crítica, no hay elementos que permitan negar la autoría de Oseas y la unidad de todo el libro. Los críticos pretenden que hubo un redactor que introdujo las sentencias destinadas a mitigar las palabras condenatorias, presentes en algunos fragmentos (2;15b-25 y 14:2-10).

No cabe duda de que hay ciertas dificultades en el estilo lacónico de redacción, donde algunas frases se cortan abruptamente, lo que es debido al carácter emotivo y afectivo del profeta.

El TM es sumamente deficiente, teniendo que recurrir a versiones para reconstruir la lectura más próxima al original.

La LXX está hecha sobre un texto muy corrompido, de modo que es preciso acudir a las exigencias del contexto para alcanzar el posible sentido en el original. Así ocurre también en la parte poética de la profecía. Es célebre la frase de Agustín al referirse al libro: "Oseas es cómico, y por así decirlo, habla en oraciones"[132].

Bosquejo

Se propone el siguiente para el análisis exegético del texto bíblico:

I. Mujer infiel y esposo fiel (1:1-3:5).
   1. La esposa infiel y los hijos (1:1-11).
   2. Amor divino (2:1-23).
      2.1. Castigo (2:1-11).
      2.2. Restauración (2:12-23).
   3. La redención (3:1-5).
II. El pueblo de Israel ante Dios (4:1-14:9).
   1. Mensaje de juicio (4:1-10:15).
      1.1. Controversia con Israel (4:1-19).
      1.2. Castigo por apostasía (5:1-15).
      1.3. Arrepentimiento no sincero (6:1-11).
      1.4. Iniquidad y rebelión de Israel (7:1-16).

---

[132] *Oseas commaticus est, et quasi per sententias loquens.*

1.5. Represión de la idolatría de Israel (8:1-14).
1.6. Castigo por la infidelidad de Israel (9:1-10:15).
2. Mensaje de restauración (11:1-14:9).
 2.1. Compasión de Dios por su pueblo (11:1-12).
 2.2. Efraín reprendido por falsedad (12:1-14).
 2.3. Anuncio de la destrucción de Efraín (13:1-16).
 2.4. Camino de restauración (14:1-9).

Cristo en el libro

Del mismo modo que en el resto de los libros de la Biblia, Cristo es el núcleo central del mensaje y la razón de su contenido. La profecía de Oseas brinda un texto directo que el evangelio según Mateo aplica al retorno de Jesús y sus padres de Egipto, después del intento de Herodes para matar al niño (Mt. 2:15). Sin embargo, la lectura del libro conduce a la manifestación del amor que perdona y que restaura.

De este modo escribe el apóstol Juan: "En esto consiste el amor: no en que nosotros hayamos amado a Dios, sino en que él nos amó a nosotros, y envió a su Hijo en propiciación por nuestros pecados"[133] (1 Jn. 4:10). A la realidad del amor divino sigue la prueba que lo evidencia. El apóstol afirma "en esto consiste el amor", literalmente "en esto es el amor". Para ello va a referirse al ámbito supremo de amor de Dios, la infinita prueba de su realidad.

La primera evidencia es la falta de mérito de quienes son destinatarios del amor divino. Ninguno de ellos se había distinguido por amar a Dios y, por ello, no eran merecedores de que se les correspondiese amándolos. El amor a Dios no es distintivo del pecador. La Biblia califica al pecador delante de Dios como débil, impío, transgresor, enemigo (Ro. 5:6-10). Estos que tienen tales características, que de por sí los hacen indignos de ser amados, están además alejados de Él y no tienen interés alguno en buscarle, como ocurrió desde el principio de la historia humana: "No hay justo, ni aun uno; no hay quien entienda, no hay quien busque a Dios" (Ro. 3:10-11). Los destinatarios del amor divino son injustos. La injusticia es manifiesta al no encontrar a nadie que haga permanentemente el bien; por tanto, hacer el mal es una forma de comportamiento injusto, por cuanto está en contradicción con la ley de Dios. Eclesiastés hace una afirmación

---

[133] Texto griego: ἐν τούτῳ ἐστὶν ἡ ἀγάπη, οὐχ ὅτι ἡμεῖς ἠγαπήκαμεν τὸν Θεὸν ἀλλ' ὅτι αὐτὸς ἠγάπησεν ἡμᾶς καὶ ἀπέστειλεν τὸν Υἱὸν αὐτοῦ.

firme: "Ciertamente no hay hombre justo en la tierra, que haga el bien y nunca peque" (Ecl. 7:20). Pero, además, conforme al texto de Pablo, el pecador es ignorante, ya que "no hay quien entienda". El salmista dice que "Jehová miró desde los cielos sobre los hijos de los hombres para ver si había algún entendido, que buscara a Dios" (Sal. 14:2). Se destaca primeramente la insensatez del hombre, que no entiende las cosas de Dios porque el pecado le ha hecho incapaz para discernirlas. El apóstol Pablo enseña esta verdad: "Pero el hombre natural no percibe las cosas que son del espíritu de Dios, porque para él son locura, y no las puede entender, porque se han de discernir espiritualmente" (1 Co. 2:14). Las palabras del mensaje de Dios son verdades espirituales, expresadas con palabras espirituales, claras y comprensivas, es decir, entendibles en cuanto a significado por la mente del hombre. No percibirlas equivale a no recibirlas, o lo que es igual, a rechazarlas. Las palabras de Dios no tienen valor para él porque proceden de una sabiduría contraria a la del hombre pecador. Tal ocurre con la proclamación del mensaje de la cruz (1 Co. 1:18), que para el pecador es algo insípido y absurdo. Sin otra ayuda, el hombre no regenerado no comprende ni acepta la revelación divina en la que están contenidos los propósitos divinos para él. Pero la última consecuencia del pecado es el alejamiento de Dios. El pecador huye del Dios santo, que es incompatible con su pecado. Lo hizo desde el mismo momento en que afectó su vida. La historia lo confirma: en la caída, Adán no buscó a Dios para confesar su fracaso y restaurar la relación rota por el pecado; hizo todo lo contrario: esconderse de Dios (Gn. 3:8). Alguien podrá sugerir que este momento en la historia de Adán le impulsó a esconderse por miedo a Dios y a la reacción suya ante la desobediencia en que había incurrido (Gn. 3:10). Sin embargo, la tónica sigue igual en la historia del hombre, como escribe Isaías: "Todos nosotros nos descarriamos como ovejas, cada cual se apartó por su camino" (Is. 53:6). Es el resultado al que conducen todos los caminos que el hombre emprenda; ninguno de ellos le conducirá a Dios, sino todo lo contrario, lo alejará de Él porque "hay camino que al hombre le parece derecho; pero su fin es camino de muerte" (Pr. 14:12). La condición natural del hombre, a causa del pecado, le lleva a repudiar a Dios (Jn. 3:19-20). Algunos podrán ampararse en el espíritu religioso, pero no en la búsqueda de Dios. La primera oración del versículo conduce al lector para que entienda la grandeza de un amor que está orientado hacia quienes no tienen derecho alguno de ser amados y, aún más, no tienen razón alguna para no ser condenados.

Pero, a pesar de la condición del pecador, Dios tomó la iniciativa en la comunión de su amor. Este es el amor original, el primer amor que se manifestó en la eternidad (Jer. 31:3; Ef. 1:4-5). Sin mérito alguno, Dios ama por pura manifestación de lo que Él es. Ama a quienes no tienen razón alguna para ser amados porque "Dios es amor". La realidad de ese amor es que Dios, al amarnos, "envió a su Hijo en propiciación por nuestros pecados". Lo envió con el propósito de que muriera por el pecador, para que los que le ofendieron puedan vivir de la propia vida divina (1 Jn. 4:9). La propiciación asegura la posibilidad de salvación para todo el que crea, porque ya Dios es propicio a causa del sacrificio de su Hijo. El pecador no está llamado a persuadir a Dios por lágrimas, ni súplicas, para que esté bien dispuesto. La propiciación fue hecha para todos por el Hijo de Dios, al morir en la cruz. Por esa razón, la ira divina queda desviada de todo aquel que cree. El medio de la propiciación fue la sangre, esto es, la vida de Cristo, "a quien Dios puso como propiciación por medio de la fe en su sangre" (Ro. 3:25). La soberanía de Dios en la salvación se pone de manifiesto por la acción en la que Dios pone a Cristo como sacrificio propiciatorio. La idea es que Dios designó al que había de redimir. En el decreto de redención, Dios tuvo en cuenta todo esto, de modo que la salvación es el resultado de la soberanía divina, sin atender a circunstancias humanas y determinado antes de la creación (2 Ti. 1:9). El apóstol Pedro enseña que el Cordero redentor había sido destinado, literalmente *predestinado*, para ello antes de la creación del mundo (1 P. 1:18-20). Quiere decir que la salvación, que es de Dios (Sal. 3:8; Jon. 2:9), quedó determinada y establecida en todos sus detalles y alcance en razón a la soberanía divina.

Dios puso a Cristo como propiciación, lo que comprende todo lo relativo con esa operación salvadora. El término indica aquello que aplaca la ira mediante una ofrenda. La ofrenda se colocaba en un determinado lugar, que recibía el nombre de propiciatorio. En el concepto pagano, la propiciación consistía en ofrecer a un dios enojado un regalo que devolvería al oferente el contentamiento, cancelando el enojo existente. Siempre la ofrenda procedía del esfuerzo del ofensor. Este concepto es absolutamente contrario a la verdad bíblica. En el Antiguo Testamento, Dios había establecido un sacrificio anual de expiación por el pecado del pueblo (Lv. 16:9). La sangre del sacrificio era llevada por el sumo sacerdote al interior del lugar santísimo y colocada sobre la plancha de oro en la cubierta del arca, por lo que se llamaba propiciatorio (Lv. 16:9, 14-15). Sobre el propiciatorio, en la cubierta del arca, había dos querubines, cuyos rostros miraban a la cubierta (Ex. 25:20). Los querubines son ángeles que velan por la santidad y justicia de Dios, impidiendo que todo pecador pueda acceder a su presencia a causa del pecado que lo contamina (Gn. 3:24). La ley de Dios, que acusa al hombre de pecado, estaba guardada en el interior del arca, bajo esa cubierta. Los querubines, simbólicamente hablando, miraban continuamente el propiciatorio y la sangre del sacrificio de la expiación que cubría el pecado del pueblo. En base al sacrificio expiatorio, Dios era propicio al pueblo (He. 8:12).

En el Nuevo Testamento, el sacrificio de la cruz satisface todas las demandas de Dios en cuanto al juicio por el pecado. Así leemos en Hebreos: "Porque seré propicio a sus injusticias, y nunca más me acordaré de sus pecados y de sus iniquidades" (He. 8:12). La obra del sumo sacerdote, Jesucristo, lleva a cabo en plenitud el sacrificio de propiciación delante de Dios. En base al sacrificio expiatorio, Dios era propicio al pueblo y sobre esa base oraba y fue justificado el publicano (Lc. 18:13). El sacrificio de la cruz satisface todas las demandas de Dios en cuanto al juicio por el pecado. Cristo mismo es propiciación, propiciatorio y propiciador. El resucitado tiene en sí las señales del sacrificio realizado (Lc. 24:40; Jn. 20:20, 27; Ap. 5:6). Para el creyente, el trono de juicio se transforma por el sacrificio de Cristo en un trono de gracia (He. 4:16). Al encontrarse con Dios en Cristo, el creyente experimenta completa confianza (Ro. 8:33). El creyente tiene derecho a acercarse a Dios y entrar confiadamente en su presencia (He. 4:16). El que haya pecado puede acercarse a Dios en confianza para confesar y obtener la restauración a la plena comunión con Él (1Jn. 1:9), ya que al trono de gracia ha de llegarse en limpieza espiritual (He. 10:19-22). El perdón pleno se expresa con toda claridad: "Y nunca más me acordaré de sus pecados y de sus iniquidades". No acordarse o acordarse del pecado era algo más que un asunto mental; llevaba aparejada una determinada actuación divina. Bajo el antiguo pacto había un sacrificio anual como consecuencia de la memoria que Dios tenía de los pecados, trayéndolos simbólicamente a juicio en la figura de ese sacrificio anual (He. 10:3). Tanto pecados como iniquidades no estarán más presentes delante de Dios para el salvo, en sentido de responsabilidad penal, como consecuencia del sacrificio de Cristo (He. 7:27). La ira divina por el pecado queda fuera para quienes entran en el vínculo del nuevo pacto. Cristo fue exhibido por Dios como ofrenda de propiciación y como resucitado pone de manifiesto eternamente que Dios puede ser propicio al pecador sobre la base del sacrificio propiciatorio que Él hizo, entregándose a sí mismo en precio del rescate por todos.

La finalidad que Dios tuvo para poner a Cristo como sacrificio propiciatorio es la manifestación de su justicia. Esa justicia que justifica al impío se otorga en base a la obra redentora de Jesucristo. Dios puso a Jesús como propiciación, en el sacrificio de su vida, para que, por su muerte, los que estaban muertos en delitos y pecados, ajenos de la vida y gloria de Dios, la retomen por vinculación con el resucitado por medio de la fe. Dios, con esa obra redentora, pone de manifiesto que puede justificar al impío porque otro ocupó su lugar, murió por él y extinguió con su muerte la responsabilidad penal que existía por el pecado, cuya sentencia definitiva es la muerte (Ro. 6:23). Él murió para que los muertos tengamos vida y vida en abundancia (Jn. 10:10). Nadie podrá acusar a Dios de injusto porque el sacrificio propiciatorio, que expía el pecado, está manifestado en el altar de la cruz, donde Jesús fue puesto en sacrificio propiciatorio por nuestros pecados. No fue una obra oculta, sino la obra admirable de la gracia, que brilla diáfana ante el cosmos, demostrando con ello que Dios es justo cuando justifica al pecador que cree. Dios quiso mostrar en este tiempo que era justo y que, sin menoscabo a su justicia, podía justificar a todo aquel que cree en Cristo.

Lo asombroso de ese amor al que se refiere el apóstol es que Dios entregó a la muerte a su Hijo Unigénito por amor de los perdidos para darles vida eterna, perdón de pecados, comunión con Él y relación como hijos (Is. 53:10a; Jn. 3:16; Hch. 4:27-28). Al considerar el versículo, se aprecia que no hay posible parangón entre el amor nuestro, aunque se manifieste por la obra del Espíritu, y el amor de Dios. Mientras que nosotros amamos impulsados por el amor de Dios, el suyo es un amor sacrificial y de entrega por quienes, como se ha dicho reiteradamente, no éramos dignos de ser amados.

Joel

Como ocurre con la mayoría de los libros proféticos, lleva el título de su autor, nombre que se encuentra varias veces en pasajes del Antiguo Testamento.

Título

El nombre hebreo *Yo'el* equivale a *Jehová es Dios*. Con ese mismo título pasó a la LXX, Ιωηλ, tomándolo también de ahí las versiones de la Biblia.

En el original hebreo, el libro tiene cuatro capítulos. En la versión P^{e}sitta' y en la Vulgata, el contenido de los cuatro capítulos queda reducido a tres, de modo que el capítulo tres del hebreo se añade como los versículos finales del capítulo dos de las versiones y el cuatro es el tres de las versiones.

Autor y fecha

La Biblia no nos da del profeta Joel más que el nombre de su padre (1:1). Tampoco hay datos que nos indiquen aspectos destacados del entorno histórico. Por su nombre puede deducirse que nació en una familia piadosa. Las referencias a Judá y a Jerusalén (2:15, 23, 32; 3:1), especialmente a esta última, bajo el nombre de Sion, permite suponer que vivió y predicó en el reino del sur.

Hay continuas referencias al ministerio sacerdotal en el templo (1:9, 13, 14; 2:17), por lo que algunos suponen que pudo haber sido un sacerdote y alguien de la familia sacerdotal, incluso algún levita. Con todo, podía tener un conocimiento preciso del oficio sacerdotal sin que estuviese vinculado con el sacerdocio.

Sin precisión en cuanto al autor, tampoco hay una precisión interna para datar el libro. Por esta causa, según el entorno se data en tiempos de Joás, el rey de Judá (835-796 a. C.); otros lo sitúan en tiempos del reinado de Azarías (ca. 760), por lo que sería contemporáneo de Amós y Oseas. También hay quienes sitúan el escrito en tiempos de Josías, o después de su muerte (609 a. C.). En el canon hebreo está situado entre esos dos profetas. Muchos piensan que es un libro postexílico, llegando a datarlo después de las reformas de Esdras y Nehemías, eligiendo la fecha del 400 a. C.

Por deducciones de las evidencias internas: a) No se menciona al rey, lo que permitiría pensar en el tiempo de regencia anterior al ascenso al trono de Joás, que fue coronado a los siete años (2 R. 11:4 ss.). b) Se aprecian frases semejantes entre esta profecía y la de Amós: "Los montes destilarán mosto" (Jl. 3:18; Am. 9:13); también: "Y Jehová rugirá desde Sion, y dará su voz desde Jerusalén" (Jl. 3:16; Am. 1:2). El hecho de que Amós tome la expresión para iniciar su profecía hace suponer que la tomó de Joel. c) Los enemigos de Israel en la profecía no son las grandes potencias de Asiria y Babilonia, sino otros distintos, como Tiro, Sidón, Filistea, Edom y Egipto; este último era una potencia militar importante antes de la presencia en ese sentido de Asiria y Babilonia (Jl. 3:4, 19).

Atendiendo a esto, se puede establecer como fecha probable del libro el 835 a. C.

Propósito

Dos son los propósitos principales del libro. El primero es llamar a la nación al arrepentimiento y retorno a Dios (2:12). Para ello toma los graves problemas que se confrontaron, como las incursiones militares de Tiro, Sidón y Filistea, unidos a una plaga de langosta que devastó la agricultura y produjo un serio quebranto económico y social en Judá (1:7-20).

El segundo, basándose en la situación nacional, le permite apuntar por revelación divina al juicio de Dios que tendrá lugar en lo que llama "día del Señor" (1:15; 2:1, 11, 31; 3:14). Esta expresión no se refiere a un determinado día cronológicamente hablando, sino a un período de juicio e ira de Dios sobre el mundo.

Este día del Señor se asocia en la profecía con convulsiones sísmicas (2:10, 30-31; 3:16), nubes y oscuridad (2:2). Lo califica como un día "muy terrible" (2:11). Es día de destrucción del Todopoderoso (1:15). En ese tiempo, habrá un derramamiento del Espíritu, acompañado de señales (2:28, 29). Como consecuencia del día del Señor seguirá un tiempo de bendición (2:21ss.; 3:18-21).

El hebreo es excelente, con un estilo brillante; de él escribe F. Vigouroux: "Su estilo es elevado por la sublimidad, superior a los otros profetas, exceptuando a Isaías y Habacuc. Une la fuerza de Miqueas, la ternura de Jeremías y la vivacidad de colores de Nahúm. La descripción de la invasión de las langostas es un admirable trozo literario"[134].

Canon

Por regla general, no hay duda de la condición de inspirado de la profecía de Joel. Como se ha indicado antes, el TM es usado en la LXX, de donde pasa a las versiones latinas y de ellas a las Biblias más modernas.

En el canon cristiano, Joel está presente en textos bíblicos del Nuevo Testamento, especialmente destacable en la explicación que el apóstol Pedro da en Pentecostés (Hch. 2:16-21). Los Padres Apostólicos y los Padres de la Iglesia lo reconocieron como Escritura.

---

[134] Bacuez & Vigouroux, 1909, Tomo II, p. 618.

Bosquejo

Se propone el siguiente para el análisis exegético del texto bíblico

I. Introducción (1:1).
   1. Autor (1:1).
II. La desolación (1:2-20).
   1. La realidad de la desolación (1:2-12).
   2. Demandas frente a la desolación (1:13-14).
   3. Aspectos de la desolación (1:15-20).
III. El día del Señor (2:1-17).
   1. Advertencia de la venida del día del Señor (2:1).
   2. Detalles del día del Señor (2:2-11).
   3. Llamamiento al arrepentimiento (2:12-17).
IV. Promesas de liberación (2:18-3:21).
   1. La restauración anunciada (2:18-27).
   2. La restauración espiritual (2:28-32).
   3. Los juicios sobre las naciones (3:1-15).
   4. La acción divina (3:16-17).
   5. La restauración nacional (3:18-21).

Cristo en el libro

Se podrían seleccionar varios temas que evidencian la presencia de Cristo en el libro. Uno de los temas es la referencia al Espíritu Santo y su actuación al final de la historia de esta dispensación, prometido por Cristo a los suyos y enviado del Padre y del Hijo. La manifestación de la gracia a pesar del pecado reiterado del pueblo es otro aspecto que podría seleccionarse. Sin embargo, es un libro que habla extensamente del día del Señor, en el que la omnipotencia del Señor se hará manifiesta.

De esto escribe el apóstol Pablo: "Porque vosotros sabéis perfectamente que el día del Señor vendrá así como ladrón en la noche"[135] (2 Ts. 5:2-3).

Lo que aquellos conocían era lo referido a un tiempo determinado. El término *día* en la Escritura comprende un período de tiempo que supera siempre al de un día natural. Nótese aquí que está relacionado con los tiempos y las sazones. En la Escritura, especialmente

---

[135] Texto griego: αὐτοὶ γὰρ ἀκριβῶς οἴδατε ὅτι ἡμέρα Κυρίου ὡς κλέπτης ἐν νυκτὶ οὕτως ἔρχεται.

en el Nuevo Testamento, aparecen algunas referencias con el término *día*. Se habla del día de Cristo (1 Co. 1:8; 5:5; 2 Co. 1:14; Fil. 1:6, 10; 2:16). Este espacio temporal está dentro del período más extenso que comprende el día del Señor, pero debe referirse a los acontecimientos que tienen que ver específicamente con la Iglesia, que comprende la resurrección de los muertos en Cristo y la transformación de los vivos. Es notable que en todos los lugares donde aparece el término se habla de recompensas a creyentes, y en ninguno a aspectos de juicio sobre el mundo. Esencialmente, el día de Cristo comprende el traslado de la Iglesia (4:13-18); el tribunal de Cristo (Ro. 14:10; 2 Co. 5:10); y las bodas del Cordero (Ap. 19:7, 8). Aparece también la expresión *día de Dios* (2 P. 3:12). Es posible que sea un término sinónimo al de *día del Señor* o *día de Jehová* (2 P. 3:10). Si se hace distinción, entonces habría que aplicarlo al tiempo de la remoción de la actual creación y la aparición de cielos nuevos y tierra nueva, donde Dios "será todo en todos" (1 Co. 15:24, 28).

El apóstol habla aquí de lo que llama "día del Señor". Este término es equivalente al Día de YHWH, día de Jehová, en el Antiguo Testamento. Esta expresión o sus equivalentes son el título que se da a un tema frecuente, tanto en el Antiguo Testamento (cf. Is. 2:12-21; 13:6-9; Jer. 30:3, 7; 46:10; Ez. 30:3; Jl. 1:15; 2:1-11, 28-32; 3:14; Am. 5:18-20; Abd. 15; Sof, 1:7; 14; Zac 14:1 ss.) como en el Nuevo (1 Ts. 5.1-4; 2 Ts. 2:2; 2 P. 3:10; Ap. 2:10; 6:17; 16:14). Este día se prolonga durante el tiempo que abarca lo que se llama la tribulación, culminando en la última batalla de la guerra de Armagedón. Las citas revelan un tiempo de juicio de Dios sobre el mundo. Lo que es evidente es que comprende el tiempo de la tribulación. Dentro de los eventos de ese tiempo está la Segunda Venida del Señor a la tierra. Algunos incluyen dentro del tiempo del día del Señor el reino milenial de Jesucristo, basándose en un pasaje del apóstol Pedro (2 P. 3:10). En este tiempo se manifestará la segunda venida, visible para todos, del Señor Jesucristo, cuyos pies se posarán sobre el Monte de los Olivos (Zac. 14:1 ss.; comp. con Hch. 1:11). Su venida será precedida por señales, pero el momento preciso será instantáneo y sorpresivo. Es necesario entender que en la profecía hay una superposición de planos: el mismo pasaje profético se refiere a hechos distintos, como ocurre en Is. 66:22, donde se mencionan los cielos nuevos y la tierra nueva en un contexto que habla claramente del milenio. Este día del Señor seguirá inmediatamente a la terminación de la dispensación de la Iglesia, por lo que, si el traslado será sorpresivo, ya que no hay señal alguna que anticipe el acontecimiento, así también el comienzo de ese día, aunque sucesos precisos como el pacto que dará comienzo a la última semana de Daniel puede o no ser inmediato al traslado de la Iglesia. Debe concluirse que el día del Señor será el tiempo prolongado en la historia de la humanidad que comienza con el traslado de la Iglesia, sigue durante la tribulación y se extiende a través del reino milenial hasta la creación de cielos nuevos y tierra nueva. Ese período incluye el tiempo de la tribulación, cuya duración será de siete años, que corresponderán a la última de las setenta semanas anunciadas en la profecía de Daniel.

Una frase tal vez difícil de comprender es que el apóstol Pablo dice que ese día vendrá como ladrón en la noche (1 Ts. 5:2), figura literaria para referirse a algo sorpresivo, que no se espera. Ahora bien, si la Escritura apunta a señales que serán cumplidas antes de la segunda venida, y se manifiesta proféticamente que habrá una señal específica para el comienzo de la semana sesenta y nueve, ¿cuál es el elemento sorpresivo de que se habla aquí? En lo que se llama venida del Señor es necesario destacar dos aspectos. Por un lado, dentro de esa referencia está el traslado de la Iglesia; realmente Cristo no viene a la tierra, sino que es la Iglesia la que saliendo de ella se encuentra con el Señor en el aire. El segundo aspecto tiene que ver con la realidad del descenso de Jesús a la tierra, real y literalmente. Este segundo acontecimiento está precedido de distintas señales que se cumplirán conforme a lo profetizado. En ese sentido, la segunda venida no debiera resultar sorpresiva. Pero a lo que Pablo se refiere aquí no es al hecho en sí de esa venida, sino al comienzo del día del Señor, que seguirá al tiempo del arrebatamiento de la iglesia; por tanto, sorprenderá a todos por lo inesperado. Además, el retorno de Jesús, su descenso desde el cielo, va a producirse sorpresivamente por cuanto las naciones se habrán coaligado para luchar contra el Señor, ocurriendo entonces el descenso de Cristo y la destrucción de los ejércitos de las naciones, que se disponían a luchar contra Él, como consecuencia del resplandor de su venida (2 Ts. 2:8). Esa acción divina será sorpresiva para todos en aquel día. Además, se habla de la venida del ladrón en la noche, con una alusión a la noche en la que el mundo se encuentra. Los despreciativos de la humanidad sin salvación niegan la venida del Señor, considerándola como uno de los mitos proféticos. Sobre estos que no esperan al Señor vendrá sorpresivamente la destrucción repentina.

La actuación final está en las manos de Jesús: "Y entonces se manifestará aquel inicuo, a quien el Señor matará con el espíritu de su boca, y destruirá con el resplandor de su venida"¹³⁶ (2 Ts. 2:8). El Señor Jesús se manifestará. El velo que impedía hacerlo visible se descorre y aparece ante el mundo. Se manifestará por el poder de Satanás (Ap. 13:1, 2). La utilización del artículo determinado delimita al único de esa condición. Muchos inicuos se manifestaron en la historia, pero solo uno lo hará en el tiempo que Dios haya determinado para que pueda hacerlo. Cristo destruirá, en sentido de matar, eliminar, retirar, pero también reducir a impotencia, más que hacer morir; también se traduce como *le recogió* (Hch. 7:21), es decir, será reducido a impotencia y recogido para ser lanzado al lugar de perdición que le corresponde (Ap. 19:20). El significado tiene que ver también con que será castigado con muerte eterna.

El modo de actuación divina contra el Anticristo será "con el espíritu de su boca y el resplandor de su venida". El espíritu de su boca es una expresión para referirse al modo de actuación del juicio de Dios (Job. 4:9; Is. 11:4; Os. 6:5; Ap. 2:16; 19:15, 20, 21). El apóstol Juan dice que de la boca del Señor sale una espada aguda y Él pisará el lagar de la ira del Dios todopoderoso. Es la expresión del poder y de la justicia divina. Es, pues, una visión de una acción definitiva del carácter judicial de Dios. El Señor actuará con la omnipotencia de su poder contra las fuerzas levantadas por el Anticristo contra Dios, pero la actuación que destruirá sus enemigos apresará también al Anticristo. Esa acción será rápida y fulminante, de manera que no podrá escapar de ella. Esto estaba ya profetizado: "Juzgará con justicia a los pobres, y argüirá con equidad por los mansos de la tierra; y herirá la tierra con la vara de su boca, y con el espíritu de sus labios matará al impío" (Is. 11:4). La acción del espíritu de su boca es manifestación de la omnipotencia divina del Señor. En la creación, las cosas que no existían vinieron a la existencia por la palabra de su boca, quien simplemente habló y fue hecho. Esta creación fue posible por la palabra viviente, que es Cristo (Jn. 1:3; He. 1:2). El juicio sobre los ejércitos agrupados, producto del sistema del Anticristo y contra él mismo, se producirá por la acción de la omnipotencia divina del Señor Jesucristo, presentada aquí en el simbolismo del espíritu de su boca.

---

¹³⁶ Texto griego: καὶ τότε ἀποκαλυφθήσεται ὁ ἄνομος, ὃν ὁ Κύριος ἀνελεῖ τῷ πνεύματι τοῦ στόματος αὐτοῦ καὶ καταργήσει τῇ ἐπιφανείᾳ τῆς παρουσίας αὐτοῦ,

La expresión *el resplandor de su venida* complementa el detalle de omnipotencia divina que se aprecia en el versículo e indica la manifestación de la gloria del Señor. Esa impronta divina rodeó a Saulo en el camino a Damasco y lo derribó a tierra (Hch. 9:3, 4). Es la gloria propia del entronizado Señor que se manifiesta desde el cielo de donde viene. No habrá por tanto un conflicto de fuerzas en el que finalmente será vencedor Jesucristo, simplemente se enseña que la gloria majestuosa del rey de reyes apareciendo desde el cielo será suficiente para destruir la coalición de fuerzas del impío y apresarlo en un instante. No es que hubiera podido resistir si continuase teniendo las fuerzas que fueron destruidas, sino que se produce todo al mismo tiempo: la destrucción de ellas y el apresamiento de él. El que había ofrecido un programa de paz al margen de Dios, quien había presentado una propuesta de riqueza por medio de su sistema, el que había congregado los ejércitos de la tierra para luchar contra el Señor es apresado por el Señor y enviado a su destino perpetuo, que el apóstol Juan precisa cuando dice: "Estos dos fueron lanzados vivos dentro de un lago de fuego que arde con azufre" (Ap. 19:20). En el texto griego adquieren un énfasis especial tanto las primeras palabras como las últimas en una oración; en este caso, la primera palabra que aparece es *vivos*, ya que literalmente se lee: "Vivos fueron lanzados los dos". Confirma la interpretación que debe darse a la expresión "matará con el espíritu de su boca". No había sido muerto, sino simplemente apresado, y en esa dimensión personal arrojado "al lago de fuego". El lugar a donde fue lanzado no estaba preparado por Dios para los hombres, sino para los ángeles caídos, como Jesús enseñó en su ministerio: "Entonces dirá también a los de la izquierda: Apartaos de mí, malditos, al fuego eterno preparado para el diablo y sus ángeles" (Mt. 25:41). Quien se proclamaba invencible y al que la humanidad consideraba de ese modo, es apresado por Cristo y lanzado por Él al lago de fuego. Si el lago de fuego es de azufre ardiente, expresa la realidad inimaginable de un lugar de tormentos indescriptibles. De ahí que, al ser arrojado vivo, se enfatiza el tremendo tormento, comparable con un fuego inextinguible que se extenderá perpetuamente, sin posible solución (Ap. 20:9-11).

La acción contra el Anticristo tendrá lugar en el tiempo de la venida del Señor. Esto es, cuando Cristo se haga presente. Ni la aparición del inicuo se producirá en cualquier momento, puesto que solo ocurrirá cuando llegue el cumplimiento del tiempo que Dios ha establecido, ni tampoco terminará en otro momento que no sea el de la venida del Señor Jesús. La soberanía de Dios se manifiesta una vez más en la acción contra el inicuo.

Amós

En la relación de profetas, dentro del grupo llamado profetas menores, está situado Amós.

Título

Como en la mayoría de los libros proféticos, el título es el nombre del profeta, en este caso Amós, en hebreo *amôs*, forma abreviada de *'amasyâ*, que equivale a *Jehová ha sostenido*, de modo que Amós sería *carga, llevador de cargas* o *porteador*.

Autor y fecha

Poca información disponemos de este profeta. Se sabe que era oriundo de Tecoa, una pequeña población situada a 16 km al sur de Jerusalén, cercana a Belén, en el límite de la zona poco poblada que lleva su nombre (2 Cr. 20:20).

No era persona de clase alta, socialmente hablando, sino "uno de los pastores" en Tecoa (1:1). La palabra hebrea que se usa aquí aparece solo dos veces en el Antiguo Testamento; además de en esta profecía, se aplica a Mesa, el rey de Moab, para hacer notar que era propietario de ovejas. Es posible, por la palabra usada, que Amós fuera propietario de su rebaño y el término posiblemente esté vinculado al árabe *naqad*, tiene que ver con un tipo de oveja que es pequeña, pero tiene una lana muy estimada.

Además de ser pastor, alternaba el trabajo con recoger fruto del árbol sicómoro (7:14), que producen un fruto parecido al higo. De ahí que el profeta no estuviese integrado en algunos de los grupos de profetas, como dice al sacerdote Amasías.

Amós testifica que Dios le tomó de "detrás del rebaño" (7:15) para destinarlo a ser profeta, particularmente en Israel (cf. 1:1; 7:9-11, 15). Este llamamiento, procedente de Dios, era irresistible (3:8). Amós tuvo que haber dejado Judá y se trasladó al reino del norte, Israel, para anunciar el mensaje de Dios.

Amós fue contemporáneo del profeta Jonás (2 R. 14:25), de Oseas (Os. 1:1) y de Isaías (Is. 1:1). Por tanto, la fecha de escritura debe establecerse a mediados del s. VIII a. C. durante los reinados de Uzías, rey de Judá (ca. 790-739 a. C.) y Jeroboam II, rey de Israel (ca. 793-753 a. C.). Podemos datar el libro en 750 a. C.

Entorno histórico

El reinado de Jeroboam II, que fue largo en el tiempo y próspero económicamente hablando, siguió el ejemplo de su padre Joás (2 R. 13:25) y restauró los límites de Israel (2 R. 14:25). La paz estuvo presente en el reino de Israel. Eso no significa que se hubiese restaurado la condición pecaminosa del pueblo, que siguió en un absoluto desenfreno de rebeldía y rechazo a Dios, con una gran decadencia moral (cf. 4:1; 5:10-13; 2 R. 14:24).

Propósito

A modo general, Amós escribe denunciando dos graves pecados que se manifestaban en su tiempo. El primero tenía que ver con una adoración que descansaba en formas, pero no tenía espiritualidad. Esta adoración ritual es reprendida por el Señor a través del mensaje del profeta (4:4-5). El sistema de adoración ritual era considerado por ellos como válido y conforme a lo que Dios había establecido (5:4-21).

El segundo pecado viene como consecuencia natural de una vida de espiritualidad ritual, consistente en una forma social de vida totalmente ajena a lo que Dios había establecido. Así hay quienes viven en un lujo extremo, siendo sus riquezas adquiridas a través del abuso contra los más débiles (3:10; 5:11). No solo vivían en mansiones ostentosas, sino que las habían amueblado con muebles lujosos (6:4). Gastaban muchos recursos en festines grandiosos (4:1; 6:5-6). Con el lujo se generaba también la licencia y la avaricia (2:6-8; 5:12) y, como es natural, el espíritu de solidaridad social se desvanecía (8:4-6). Amós denuncia la arrogancia de los ricos, que consideraban que esa situación en que se encontraban no se acabaría.

El mensaje profético de Amós era tenido en poca estima y rechazado por una gran mayoría, por lo que se anuncia el juicio que Dios iba a enviar sobre Israel, el reino del norte (7:15-17). Con todo, la fidelidad de Dios se mantendría en gracia restauradora, no abandonando a Israel en forma definitiva, sino que habrá una restauración futura para el remanente que Dios establecería en gracia (9:11-15).

Bosquejo

Se propone el siguiente para el análisis exegético del texto bíblico:

  I. Autor y tema del libro (1:1-2).
    1. Autor (1:1).
    2. Tema (1:2).

II. Profecías de Amós (1:3-2:16).
   1. Profecía contra Damasco (1:3-5).
   2. Profecía contra Filistea (1:6-8).
   3. Profecía contra Tiro (1:9-10).
   4. Profecía contra Edom (1:11-12).
   5. Profecía contra Amón (1:13-15).
   6. Profecía contra Moab (2:1-3).
   7. Profecía contra Judá (2:4-5).
   8. Profecía contra Israel (2:6-16).
III. Mensajes de Amós (3:1-6:14).
   1. La ruina de Israel (3:1-15).
   2. Pecado de Israel (4:1-13).
      2.1. Mujeres privilegiadas (4:1-3).
      2.2. Inducción al pecado (4:4-5).
      2.3. Advertencia divina (4:6-11).
      2.4. Soberanía de Dios (4:12-13).
   3. Lamento sobre Israel (5:1-6:14).
      3.1. La ruina de Israel (5:1-17).
      3.2. Censura a la religión aparente (5:18-27).
      3.3. Amonestación a la nación (6:1-14).
IV. Visiones de Amós (7:1-9:15).
   1. Las langostas (7:1-3).
   2. El fuego (7:4-6).
   3. La plomada (7:7-9).
   4. Paréntesis histórico (7:10-17).
   5. El canastillo de fruta de verano (8:1-14).
   6. El juicio de Jehová (9:1-10).
   7. La bendición futura (9:11-15).

Cristo en el libro

Como en otros libros del Antiguo Testamento, podrían seleccionarse en este varios aspectos relativos a Cristo presentes en la profecía. Pero no podemos dejar de notar una referencia que se hace literalmente en el Nuevo Testamento sobre un texto de Amós.

En boca de Jacobo, en el concilio de Jerusalén, se dice: "Después de esto volveré y reedificaré el tabernáculo de David, que está caído, y reparará sus ruinas, y lo volveré a levantar"[137] (Hch. 15:16). La cita

---

[137] Texto griego: Μετὰ ταῦτα ἀναστρέψω καὶ ἀνοικοδομήσω τὴν σκηνὴν Δαυὶδ τὴν πεπτωκυῖαν καὶ τὰ κατεσκαμμένα αὐτῆς ἀνοικοδομήσω καὶ ἀνορθώσω αὐτήν,

profética en apoyo de lo que acaba de afirmar es probablemente de Amós, donde se lee: "En aquel día yo levantaré el tabernáculo caído de David, y cerraré sus portillos y levantaré sus ruinas, y lo edificaré como en el tiempo pasado" (Am. 9:11). Sin embargo, hay una notoria diferencia, ya que Santiago la inicia con "después de esto". ¿Corresponde esta expresión a algo intencionado de Santiago simplemente para introducir luego la cita? ¿Se produce en la incorporación de los gentiles a la iglesia el cumplimiento del pasaje profético? ¿Es un cumplimiento total o parcial? ¿Es una profecía alegórica o es literal? Estas y otras muchas preguntas están siempre en la mente del intérprete cuando se encuentra con esta cita y la aplicación que de ella hace Jacobo. Intentar llegar a un consenso es tan difícil aquí como lo es en el pasaje profético de Joel, utilizado por Pedro para explicar el descenso del Espíritu Santo y sus manifestaciones (Hch. 2:17-21).

No cabe duda de que la profecía mesiánica tiene que ver con la restauración del reino de David, que no puede ser ya en otra persona que la de Jesucristo. En Él se cumplen todos los compromisos divinos expresados en el pacto davídico (2 S. 7:12-16). En la anunciación, el ángel dijo a María que Jesús tendría el reino de David su padre (Lc. 1:32). Cuando el Señor fue resucitado y ascendió a los cielos, se abre un paréntesis temporal, mientras llega el tiempo de la segunda venida del Señor a la tierra para reinar. Será entonces cuando la profecía de Amós en relación con la restauración y edificación de la tienda de David tendrá lugar. En aquellos días se cumplirá la profecía del Salmo 2, en el que se anuncia la venida del rey divino que gobernará con soberanía, vara de hierro a las naciones de la tierra (Sal. 2:9). Ese tiempo del reino literal de Jesús sobre el mundo dará cumplimiento definitivo a las promesas hechas a los antepasados de Israel y que todavía no tuvieron cumplimento. Promesas de tierra y de reino.

Los israelitas y especialmente los fariseos esperaban que el Mesías, cuando viniese, restaurara la casa de David y estableciera el reino. Pero la primera venida del Señor tenía que ver con la operación de salvación que debía realizar a favor y en lugar de los hombres que creyesen en el Evangelio. El aspecto mesiánico como rey tendrá lugar en el futuro, cuando se produzca su segunda venida. Los israelitas consideraban que las promesas eran solamente para ellos y que solo ellos heredarían las promesas y bendiciones de los pactos, e insistían en que la salvación escatológica correspondía solo para ellos y para quienes judaizaran, circuncidándose y guardando la ley. La incorporación de los gentiles a la iglesia sin otra condición que la fe en Cristo no tenía cabida en su teología.

Esa salvación e integración obedecía al propósito divino que había encomendado a Pedro la predicación del Evangelio y que había confirmado la unidad en la Iglesia de los gentiles y los judíos convertidos en la misma igualdad de condiciones, es decir, mediante el ejercicio de la fe en el Salvador. En una manera espiritual, los gentiles y los judíos que creen en la dispensación de la Iglesia entran en la experiencia del reino de Dios (Col. 1:13) trasladados por la obra de la gracia de Dios de una situación de condenación a la bendición del "reino de su amado Hijo". Esto no significa que las promesas dadas a David en relación con el reino se hayan cumplido en la Iglesia, ni que las contenidas en el pacto con Abraham se realicen espiritualizadas en ella. Ambas cosas tendrán cumplimiento escatológico cuando Jesús, el rey de reyes y Señor de señores, el Hijo de David, venga a reinar en la tierra. Pero, mientras tanto, la incorporación a la Iglesia de los gentiles que creen en Cristo se produce sin otra condición que la fe personal en el Salvador.

El tiempo en que se producirá todo lo profetizado será después de esto, es decir, después de estas cosas, de lo que estaba ocurriendo en aquel tiempo, como era la incorporación de judíos y gentiles como miembros del cuerpo, que es la Iglesia. Santiago apunta escatológicamente a acontecimientos que tendrán lugar después de la conversión de los gentiles en el tiempo de la Iglesia y que confirma la interpretación escatológica del pasaje profético.

Abdías

Es el libro más corto del Antiguo Testamento, con tan solo veintiún versículos, con la particularidad de ser la profecía de más difícil datación. Otra característica es que la profecía está dirigida a una nación que no tiene que ver con Israel o con Judá, ya que se trata de Edom; con ello se pone de manifiesto la enemistad entre los dos pueblos, los descendientes de Jacob y los de su hermano Esaú. Además, el libro no se cita en el Nuevo Testamento.

Autor y fecha

El título del libro se toma de su autor, cuyo nombre en hebreo es *obadyâ*, que significa *siervo de Jehová*. Hay varios personajes que llevan el mismo nombre en el Antiguo Testamento: Abdías, el mayordomo de Acab (1 R. 18:3); uno de los hijos de Hananías (1 Cr. 3:21); un hijo de Zabulón (1 Cr. 27:19); uno de los príncipes de Josafat (2 Cr.

17:7); un mayordomo de Josías (2 Cr. 34:12); un nombre en la lista de Nehemías (Neh. 10:6), sin tener en cuenta el nombre de Obadías, que algunos eruditos toman como Abdías.

Es el cuarto de los llamados profetas menores. En la Biblia hebrea sigue al libro de Amós, de ahí también la posición en la mayoría de las versiones de la Biblia en castellano.

Las referencias a Jerusalén, Judá y Sion sugieren que era natural del reino de sur (cf. vv. 12, 21).

El texto permite identificarlo como un hombre de carácter apasionado y fogoso, especialmente por las expresiones figurativas, las imágenes fuertes, el uso de las exclamaciones, la expresión de las amenazas y de las advertencias que expresan al mismo tiempo dolor e ira.

Como se ha indicado antes, es un libro de difícil datación. La profecía está ligada al ataque de Edom contra Jerusalén (vv. 10-14), dando la impresión de que escribió poco tiempo después de que se produjese el conflicto. Este es uno de los problemas de datación, puesto que se mencionan cuatro invasiones de Jerusalén: a) la de Sisac, rey de Egipto, ca. 925 a. C., ocurrida durante el reinado de Roboam (1 R. 14;25, 26; 2 Cr. 12); b) la de los filisteos y árabes, ca. 840 a. C., durante el reinado de Joram, rey de Judá (2 Cr. 21:8-20); c) la de Israel, en tiempo de Joás, ca. 790 a. C. (2 R. 14:2; 2 Cr. 25); y d) la de Nabucodonosor, rey de Babilonia, con la caída de Jerusalén, ca. 586 a. C. Sin embargo, de todas ellas, tan solo la segunda y la cuarta podrían asentarse en la información que se da en la profecía. En cuanto a la segunda de ellas, la ciudad no fue destruida completamente, lo que sí ocurrió en la cuarta, con la invasión de Nabucodonosor. Además, no menciona Abdías a los babilonios por su nombre, como ocurre en otras profecías.

Al no haber confirmación segura para una de las dos fechas, podría datarse alternativamente en 841 a. C. o 586 a. C.

Entorno histórico

La profecía está dirigida a Edom, los descendientes de Esaú, el hermano gemelo de Jacob (Gn. 25:24-26). El nombre Edom equivale a rojo, posiblemente como referencia a la venta de la primogenitura de Esaú a Jacob por un guiso rojo (Gn. 25:30). Esaú se estableció en una región en las montañas al sur del mar Muerto (Gn. 33:16; 36:8, 9; Dt. 2:4, 5) llamada Edom. La lucha inicial de los dos hermanos ya antes de su nacimiento y luego en el curso de la historia conforme a la profecía dada a su madre Rebeca (Gn. 25:23). La enemistad entre ambos pueblos es notoria, hasta el punto de que Edom no permitió el paso de Israel por su territorio cuando salieron de Egipto (Nm. 20:14-21), aunque Dios ordenó a Israel a tratar con bondad a Edom (Dt. 23:7, 8). Abdías profetiza contra Edom anunciándole su destrucción.

En la historia, los edomitas se opusieron a Saúl (ca. 1043-1011 a. C.), siendo controlados por David (ca. 1011-971 a. C.) y también por Salomón (ca. 971-931 a. C.). Combatieron contra Josafat (ca. 873-848 a. C.) y se rebelaron con éxito contra Joram (ca. 853-841 a. C.). Vencidos por Amasías (ca. 796-767 a. C.), se liberaron en el reinado de Acaz (ca. 735-715 a. C.). Fueron conquistados por Asiria y Babilonia, y en el s. V a. C. fueron obligados por los nabateos a dejar el territorio donde se asentaban, llegando a ser conocidos como edomitas. Herodes el Grande, edomita, fue rey de Judea bajo la dominación romana en el 37 a. C. Participaron en la rebelión de Jerusalén contra los romanos y fueron derrotados por los ejércitos de Tito en 70 d. C.

Propósito

La profecía dirigida a Edom presenta su destrucción como el juicio de Dios sobre ella por su pecado. Pero aun cuando se trataba de una advertencia directa, es utilizada como palabras de aliento a los supervivientes de Judá, recordándoles que Dios no los había desechado y que volvería a manifestar su gracia restaurándolos en el futuro a una posición bendecida.

El profeta presenta la soberanía de Dios, que controla la historia de todas las naciones. El Señor anuncia a Judá que el territorio de Edom les sería dado (vv. 15-21).

Bosquejo

Se puede dividir el libro en tres partes:

I. Juicio anunciado (vv. 1-9).
   1. La seguridad del juicio (vv. 1-4).
   2. La ruina de Edom (vv. 5-9).
II. Cargos contra Edom (vv. 10-14).
   1. Falta de misericordia (v. 10).
   2. Indiferencia (vv. 11-12).
   3. Violencia (vv. 13-14).
III. Destrucción de Edom (vv. 15-21).
   1. El tiempo del juicio (v. 15).
   2. La forma de la destrucción (vv. 16-21).

Cristo en el libro

Hay un punto central en el mensaje profético de Abdías: Dios vendrá para juzgar a las naciones y establecer a su pueblo.

Estas son las palabras del mismo Señor: "Cuando el Hijo del Hombre venga en su gloria, y todos los santos ángeles con él, entonces se sentará en su trono de gloria y serán reunidas delante de él todas las naciones; y apartará los unos de los otros, como aparta el pastor las ovejas de los cabritos... E irán estos al castigo eterno y los justos a la vida eterna"[138] (Mt. 25:31, 32, 46). El Señor proyecta la enseñanza profética al tiempo en que Él vendrá a la tierra en su segunda venida: "Cuando el Hijo del Hombre venga en su gloria". El tiempo aludido aquí es el de la segunda venida del Señor. Ese acontecimiento no se producirá como en la primera ocasión, revestido de humildad y pobreza, asumida en una expresión de su gracia (2 Co. 8:9), sino en la gloria de su majestad, que como Dios eternamente tiene. Esa gloria fue reasumida cuando cumplió el tiempo de servicio en la tierra, llevando a cabo la obra de redención (Jn. 17:5). En la resurrección, recibió el nombre supremo que es sobre todo nombre (Fil. 2:9-11) y con él, la honra de su gloriosa deidad, que había sido encerrada dentro del traje de trabajo que fue su humanidad. En la transfiguración dejó traslucir al exterior de su humanidad la gloria de su deidad, que impactó a los tres discípulos a quienes llamó para acompañarle (Mt. 17:1-6). La segunda venida del Señor será en gloria y no ya en el estado de humillación. Así le fue dado a Juan conocerla en visión (Ap. 19:11 ss.). En esa segunda venida, se manifestará sobre las nubes del cielo con gran poder y gloria (Mt. 24:30). El propósito de su regreso es completar la obra de juicio que se inició con la tribulación y llevar a cabo el "día de la venganza de nuestro Dios" (Is. 61:2b). El Señor vendrá acompañado de sus ángeles. Estos tuvieron un ministerio muy directo y cercano al Señor en su primera venida, comenzando por profetizar su nacimiento (Lc. 1:26-33); luego anunciaron el nacimiento del Salvador (Lc. 2:13); tuvieron la misión de proteger al niño (Mt. 2:13); en la tentación descendieron para servir al Señor (Mt. 4:11); en su agonía estuvieron dispuestos para defenderlo cumpliendo, si fuese

---

[138] Texto griego: Ὅταν δὲ ἔλθῃ ὁ Υἱὸς τοῦ Ἀνθρώπου ἐν τῇ δόξῃ αὐτοῦ καὶ πάντες οἱ ἄγγελοι μετ' αὐτοῦ, τότε καθίσει ἐπὶ θρόνου δόξης αὐτοῦ· καὶ συναχθήσονται ἔμπροσθεν αὐτοῦ πάντα τὰ ἔθνη, καὶ ἀφορίσει αὐτοὺς ἀπ' ἀλλήλων, ὥσπερ ὁ ποιμὴν ἀφορίζει τὰ πρόβατα ἀπὸ τῶν ἐρίφων,46 καὶ ἀπελεύσονται οὗτοι εἰς κόλασιν αἰώνιον, οἱ δὲ δίκαιοι εἰς ζωὴν αἰώνιον.

necesario, su voluntad (Mt. 26:53); en Getsemaní le confortaron (Lc. 22:43); en la resurrección removieron la piedra del sepulcro para que todos pudiesen ver la tumba vacía (Mt. 28:2); luego anunciaron la resurrección del Hijo de Dios (Mt. 28:5-7; Mr. 16:5-8; Lc. 24:4-7); finalmente, a los congregados en el día de la ascensión les confirmaron la promesa de la segunda venida del "mismo Jesús" que habían visto ir al cielo (Hch. 1:10, 11). En la segunda venida se producirá primero la destrucción de los ejércitos que se oponían a Dios, capitaneados por el Anticristo y el falso profeta (Ap. 19:19-21). El apóstol presenta la visión del descenso del Cristo que destruye a los impíos, rodeado de sus ejércitos celestiales, vestidos de lino finísimo, blanco y limpio, cabalgando sobre caballos blancos (Ap. 19:14). El Señor hace referencia en el sermón profético de ese acontecimiento. Sin embargo, es notable apreciar que Mateo utiliza un adjetivo para referirse a los ángeles que vendrán con el Señor, que denota todo; en este sentido, todos sus ángeles con Él. ¿Significa esto que vendrá con el Señor la totalidad de la creación angélica? No necesariamente. El soberano tiene bajo control todos los acontecimientos futuros, habiendo determinado en su soberanía el tiempo en que se producirán, no solo el año, sino el día y la hora (Mt. 24:42, 44). De la misma manera, está determinado el grupo de ángeles que vendrán acompañando al Señor. Ni uno solo de los establecidos dejará de estar presente en aquel momento; de ahí la expresión "y todos los santos ángeles con Él". En su descenso a la tierra, el Señor se sentará sobre su trono glorioso, como corresponde a quien es el Señor de gloria (1 Co. 2:8). Es ante esa gloria y autoridad que toda rodilla se doblará (Fil. 2:11).

El tiempo en que ocurrirá esto seguirá al juicio sobre Israel (Jl. 3:1-2). Este acontecimiento precederá al establecimiento del reino de los cielos, es decir, será inmediatamente antes del establecimiento del reino milenial sobre la tierra, como se aprecia en el fallo del juicio (Mt. 25:34). Sentado sobre el trono de gloria estará el Hijo del Hombre, título usado generalmente por el mismo Señor para referirse a Él mismo. El mismo Hijo del Hombre que fue entregado en manos de pecadores y fue muerto, resucitó y se manifestará glorioso en su segunda venida. El juez sentado sobre el trono es Cristo mismo, ya que solo Él ha sido designado por Dios como juez supremo (Jn. 5:22).

El Señor anuncia una acción judicial sobre las naciones, esto es, sobre las personas que constituyen las naciones de la tierra. Ese juicio permitirá hacer una separación entre las gentes, expresada aquí como una separación entre ellos, al estilo como se aparta las ovejas de las cabras.

El lugar del juicio está profetizado: "Reuniré a todas las naciones y las haré descender al valle de Josafat, y allí entraré en juicio con ellas a causa de mi pueblo, y de Israel mi heredad, a quien ellas esparcieron entre las naciones, y repartieron mi tierra; y echaron suertes sobre mi pueblo, y dieron los niños por una ramera, y vendieron las niñas por vino para beber" (Jl. 3:2-3). El problema de la profecía es que no puede establecerse el lugar señalado en ella, porque en ningún momento se conoce una zona geográfica denominada valle de Josafat. Probablemente la solución al problema se alcance si se consideran los efectos que la segunda venida de Cristo producirá en la tierra, cuando se afirmen sus pies sobre el monte de los Olivos: "Y se afirmarán sus pies en aquel día sobre el monte de los Olivos, que está en frente de Jerusalén al oriente; y el monte de los Olivos se partirá por en medio, hacia el oriente y hacia el occidente, haciendo un valle muy grande; y la mitad del monte se apartará hacia el norte, y la otra mitad hacia el sur" (Zac. 14:4). Que este acontecimiento se producirá en la segunda venida de Cristo se comprueba en la misma profecía que dice: "Y huiréis al valle de los montes, porque el valle de los montes llegará hasta Azal; huiréis de la manera que huisteis por causa del terremoto en los días de Uzías rey de Judá; y vendrá Jehová mi Dios, y con él todos los santos" (Zac. 14:5). Ese gran valle que se formará con la escisión y el desplazamiento del monte de los Olivos podrá ser el de Josafat, profetizado por Joel, ya que el mismo nombre significa Jehová juzga. Ese gran valle no existe en la actualidad, ni ha existido antes, formándose por la acción de la segunda venida del Señor. En ese lugar comparecerán las naciones, es decir, las gentes no israelitas que vivan en el regreso de Jesucristo, para ser juzgadas. La comparecencia será ante el trono de gloria del Señor, puesto aquí en la tierra. Las gentes de las naciones habrán tenido ocasión de escuchar el Evangelio de gracia que se proclama a todo el mundo durante la tribulación (Mt. 24:14). Nadie debe confundir este juicio con el llamado juicio final, que tendrá lugar delante del trono blanco de Dios (Ap. 20:11-15). Simplemente cualquier lector sin prejuicio distinguirá las diferencias que hay entre este juicio detallado por Mateo al recoger la enseñanza de Jesús y la descripción que Juan hace en el Apocalipsis del juicio final (Ap. 20:11-15). En la comparecencia del llamado juicio final no hay naciones vivas, sino los muertos, grandes y pequeños que son llamados a comparecer finalmente delante de Dios. El juicio ante el trono blanco no tendrá lugar en la tierra porque será el juicio para los que hayan muerto en sus pecados. El juicio del que habló Jesús en este pasaje es un juicio destinado a naciones vivas antes del milenio.

El juicio del gran trono blanco se describe como huyendo la tierra y el cielo (Ap. 20:11), mientras que en este los juzgados son congregados en un determinado lugar de la tierra con nombre propio: el valle de Josafat. En este juicio hay algunos que siendo juzgados son dejados y entran al reino y otros que son condenados y lanzados fuera de él.

El cambio del neutro al masculino en el texto griego es una evidencia de juicio individual. Son llamadas las naciones de la tierra, pero son juzgados los hombres de esas naciones. El juicio tiene que ver con gentiles vivos y su propósito es hacer una selección entre los hombres, separando la humanidad en dos grupos, comparados aquí con ovejas y cabras.

Un nuevo contraste se establece al final de la ilustración: castigo eterno... vida eterna. El decreto del juez justo es inapelable y afecta para siempre a los dos grupos de personas que habían sido colocados a la derecha y a la izquierda de Él. La conclusión comienza con estos, es decir, con los que han sido sentenciados a eterna condenación. Los impíos serán arrojados a las tinieblas de afuera por lo que no les será permitida la entrada al reino milenial de Jesucristo en la tierra y al reino eterno de Dios en la proyección definitiva de cielos nuevos y tierra nueva (2 P. 3:13). Así lo dijo Dios antes del ministerio de su Hijo por medio del profeta: "Os haré pasar bajo la vara, y os haré entrar en los vínculos del pacto; y apartaré de entre vosotros a los rebeldes, y a los que se rebelaron contra mí; de la tierra de sus peregrinaciones los sacaré, mas a la tierra de Israel no entrarán; y sabréis que yo soy Jehová" (Ez. 20:37). Estos son los tomados en las ilustraciones anteriores para ser lanzados fuera a perpetua separación de Dios. Es interesante notar que tanto para castigo como para vida se utiliza el mismo calificativo: eterno. En este caso, el castigo es eterno. Baste aquí apuntar alguna referencia bíblica que confirma, como Palabra de Dios, la realidad del infierno, donde se vive la eterna condenación de los perdidos en un castigo eterno (Mt. 18:8; Mr. 9:48; 2 Ts. 1:9; Jd. 13; Ap. 20:10). El castigo eterno es la expresión de un tiempo indefinido y continuo. Debe entenderse que eternidad es un concepto semejante a atemporalidad. La eternidad no es la extensión indefinida del tiempo, sino la ausencia total de tiempo. El tiempo se detiene para los que son enviados al castigo y se hace eterno, es decir, no transcurre tiempo en esa situación que se hace definitiva como forma absoluta de vida, excluidos de la presencia de Dios y de su gloria (2 Ts. 1:9). El infierno es un lugar de tormento. Todos en el lago de fuego tendrán una existencia perpetuamente atormentada, ya que no se trata de un lugar de aniquilación, sino de vida atormentada. Dios se ha limitado a confirmar la elección que estos hombres hicieron en su vida. No quisieron tener a Dios en cuenta; no aceptaron la gracia para salvación; eligieron la condenación y reciben lo que había sido su elección en vida. Será estar siempre muriendo sin acabar de morir. Es lo que la Biblia llama *la muerte segunda* (Ap. 20:14; 21:8). Nadie debe llamarse a engaño, pues toda oportunidad de salvación concluye con la muerte física del ser humano. Todos deben entender que el soberano ha decretado para el hombre que "muera una sola vez y después de esto el juicio" (He. 9:27).

Los salvos serán introducidos al reino milenial y dejados para disfrutar de las bendiciones que Dios tiene reservadas en ese tiempo para los suyos y definitivamente en la perpetua comunión con Él en su reino eterno. Entran estos en los vínculos del pacto en la experiencia de una vida eterna recibida antes por fe en Cristo (Jn. 3:16). Esa vida de comunión con Dios se proyecta eternamente para el salvo. Estos ya tenían vida eterna. Este concepto está vinculado también con eternidad, atemporalidad, vida fuera del tiempo. La vida eterna solo existe en Dios, que es eterno. La participación en la divina naturaleza provee al hombre pecador creyente la experiencia y disfrute de la vida eterna, que es la naturaleza de Dios en Él (2 P. 1:4). Esa vida eterna, que fue la forma natural de vida, con las consecuencias morales de amor al prójimo, se proyecta definitivamente y los justos son introducidos en la experiencia de la participación definitiva de la vida eterna sin la presencia del pecado, por toda la eternidad. Es, en contraste con la muerte segunda, el estado de vivir sin acabar de vivir. Esta vida eterna perfectamente santa por ausencia del pecado será una vida perfectamente feliz. Si la ausencia del mal es bastante para producir regocijo, cuánto más la presencia de todo bien en la eternidad con Dios. Por eso el apóstol Pablo escribe: "Cosas que ojo no vio, ni oído oyó, ni han subido en corazón de hombre, son las que Dios ha preparado para los que le aman" (1 Co. 2:9).

Jonás

Profecía destinada a Nínive, importante ciudad capital del Imperio asirio que se elevaba sobre la ribera izquierda del Tigris.

Autor y fecha

No se conoce apenas nada de Jonás, cuyo nombre en hebreo *yônâ*, equivale a *paloma*. El nombre aparece solo en el título de este libro y en la referencia al profeta hijo de Amitay, que fue de Gat-hefer, cerca de Nazaret, en la tribu de Zabulón (Jos. 19:13). Debió vivir durante el largo y próspero reinado de Jeroboam II (ca. 793-753 a. C.). Era un profeta de las tribus del norte de Israel, poco tiempo antes de Amós y, con toda probabilidad, contemporáneo de este.

Los antiguos comentaristas afirmaban que el mismo Jonás fue el autor del libro. Aunque realmente no hay indicación de la autoría, como ocurre en la mayoría de los escritos proféticos. Esto es aprovechado por los críticos humanistas para negar la autoría y la datación, afirmando que es un libro escrito tiempo después del regreso del exilio. A esto se añade que la narración está en tercera persona, aunque esto era una práctica en algunos escritos del Antiguo Testamento; a modo de ejemplo, Ex.11:3 o 1 S. 12:11, donde los autores se refieren a ellos mismos en tercera persona. Los relatos en primera persona hablan de experiencias que solo pueden ser el testimonio de Jonás, el autor del libro.

Considerando que Nínive "era una ciudad grande en extremo, de tres días de camino" (3:3), se ajusta a la situación de aquella capital de gran importancia en el entorno histórico de Asiria.

Sobre esta base, podría datarse la profecía en 760 a. C.

Propósito

Se trata de un escrito singular, comenzando porque el profeta, del norte de Israel, no era reconocido por los fariseos, que dijeron a Jesús que ningún profeta había venido de Galilea (Jn. 7:52). Sin duda por dos razones: a) por la enemistad histórica generada con los del norte por su relación con gentiles; b) por ser enviado a profetizar a un país gentil, enemigo de Judá, para anunciarle gracia en lugar de ira.

La profecía se reduce al mensaje que es enviado a anunciar: "De aquí a cuarenta días Nínive será destruida" (3:4). Esta profecía no fue cumplida por el arrepentimiento de los ninivitas. El resto del libro es relato histórico sobre cómo se produjo ese hecho.

Los críticos humanistas cuestionan la veracidad del relato, basándose en singularidades del libro, lo que les lleva a proponer que se trata de una composición didáctica, basada en una leyenda, con un personaje imaginario, cuyos hechos no reales se usan para enseñar ciertas verdades doctrinales. Por tanto, es —para ellos— un relato parabólico dramatizado, con un protagonista al que se le da un nombre propio. Encuentran inverosimilitudes que son —según ellos— un relato novelesco imaginado por alguien, creando hechos para expresar una enseñanza teológica.

Jonás recibe el mandato de trasladarse a Nínive, que estaba a más de mil kilómetros de distancia de Galilea, lugar de residencia de Jonás. Rebelde, se embarca para otro destino, concretamente hacia Tarsis, desde el puerto de Jope, en Judá, el reino del sur, no queriendo cumplir la misión que Dios le había encomendado. La ciudad de Nínive había sido fundada por Nimrod, el bisnieto de Noé (Gn. 10:6-12). La rebeldía de Jonás trajo como consecuencia un temporal y que fuese arrojado al mar por los navegantes, donde un gran pez lo tragó; estuvo en el interior del mismo durante tres días, desde donde oró a Dios, que hizo que el pez devolviese a Jonás a tierra. Desde allí comenzó nuevamente la misión encomendada, con el resultado del arrepentimiento de los ninivitas, que trajo un cambio en la determinación de Dios y no destruyó la ciudad (3:5-10).

Jonás fue enviado a Nínive para manifestar a Israel la rebeldía continuada contra los profetas que habían sido enviados continuamente sin que se arrepintiesen de su pecado, mientras que una ciudad gentil se arrepintió ante el mensaje de un extraño para ellos. El amor de Dios alcanza a todos (4:2, 10, 11), no solo al llamado pueblo del pacto (cf. Gn. 12:3; Lv. 19:33, 34; Is. 2:2; Jl. 2:28-32).

El libro pone de manifiesto la soberanía de Dios sobre la creación y sobre el hombre. Él es el Creador (1:9) que tiene poder sobre su creación (1;4, 17; 2:10; 4:6, 7).

La autenticidad del libro y de su relato es dada por Jesús, al usarlo para reprender a los fariseos, manifestando una dureza de corazón que les impedía un arrepentimiento (Mt. 12:38-41; Lc. 11:29-32).

Bosquejo

Se propone el siguiente para el análisis del texto bíblico:

I. Jonás huye (1:1-17).
   1. Comisión al profeta (1:1-2).
   2. Huida a Tarsis (1:3).
   3. Resultados de la huida (1:4-17).
      3.1. La tormenta (1:4-8).
      3.2. El testimonio de Jonás (1:9).
      3.3. Arrojado al mar (1:10-16).
      3.4. La provisión para Jonás (1:17).
II. Jonás ora (2:1-10).
   1. El reconocimiento de Jonás (2:1-3).
   2. Confesión (2:4-7).

3. Arrepentimiento (2:8-9)
4. Liberación de Jonás (2:10).
III. Jonás obedece (3:1-10).
 1. Comisión renovada (3:1-3).
 2. Jonás predica (3:4).
 3. Consecuencias de la predicación (3:5-10).
IV. Jonás es enseñado (4:1-11).
 1. Cuestionando a Dios (4:1-3).
 2. La enseñanza de Dios (4:4-9).
 3. La gracia de Dios (4:10-11).

Cristo en el libro

Ya que Jonás es un tipo de la vida, muerte y resurrección de Jesús, podemos acudir a las palabras del Señor: "Porque como estuvo Jonás en el vientre del gran pez tres días y tres noches, así estará el Hijo del hombre en el corazón de la tierra tres días y tres noches... y he aquí más que Jonás en este lugar"[139] (Mt. 12:40, 41b). Al pedirle una señal, el Señor la describe aplicando la historia del profeta. Es interesante apreciar que Jesús respaldó la historicidad de Jonás llamándole profeta y afirmando que estuvo en el vientre del pez tres días y tres noches. Mateo, a diferencia de Marcos y Lucas, utiliza un término para referirse al gran pez, que se usa para indicar un monstruo marino. Indudablemente un pez de las dimensiones del que tragó a Jonás no era un pez cualquiera, sino un verdadero monstruo marino. El término hebreo (*dag gadôl*) que usa la profecía de Jonás equivale literalmente a *gran pez*. Jonás estuvo en el vientre del pez durante tres días y tres noches, lo que supone que estuvo en el corazón del mar durante ese tiempo (Jon. 2:3). De la misma manera, el Hijo del Hombre, refiriéndose a Él mismo, estaría en el corazón de la tierra tres días y tres noches. La comparación es clara: Jonás estuvo tres días y tres noches en el vientre del pez, en el corazón del mar, y fue devuelto a tierra vivo; así también el Hijo del Hombre estaría en el corazón de la tierra tres días y tres noches después de su muerte y sería devuelto en vida por la resurrección. Eso lo entendieron claramente los fariseos, como lo manifestaron más tarde, cuando pidieron a Pilato que pusiera una guardia para custodiar el sepulcro de Jesús (Mt. 27:63).

---

[139] Texto griego: ὥσπερ γὰρ ἦν Ἰωνᾶς ἐν τῇ κοιλίᾳ τοῦ κήτους τρεῖς ἡμέρας καὶ τρεῖς νύκτας, οὕτως ἔσται ὁ Υἱὸς τοῦ Ἀνθρώπου ἐν τῇ καρδίᾳ τῆς γῆς τρεῖς ἡμέρας καὶ τρεῖς νύκτας... καὶ ἰδοὺ πλεῖον Ἰωνᾶ ὧδε.

Hay un aparente problema en relación con los tres días y tres noches que Jesús dice que estaría en el sepulcro. Realmente el Señor no estuvo setenta y dos horas sepultado. Un tiempo así requeriría que su muerte se hubiese producido el jueves y no el viernes. La dificultad se resuelve a causa del modo habitual en que los judíos contaban y consideraban el término *día*. Los orientales en general consideran una porción de día como un día. De modo que los tres días, en relación con el tiempo de Jesús en el sepulcro, serían el tramo correspondiente al viernes, el sábado y la parte del domingo. Las tres noches encierran mayor dificultad, pero por el mismo sentido de cómputo de tiempo, un día entero y partes de otros dos, junto con dos noches, son popularmente denominados como tres días y tres noches. Esta manera oriental de designar intervalos de tiempo se halla en otras partes de las Escrituras[140]. Sobre este aparente problema escribe Hendriksen:

> Tampoco es completamente satisfactorio decir que, aunque Jesús murió el viernes y resucitó el domingo en la mañana, hay que contar la solución en el hecho de que, como ya se ha probado, los judíos contaban una parte del día como equivalente a un día, y una parte de la noche como equivalente a una noche. En lo que concierne a los días, esto sería una explicación satisfactoria, pero todavía serían solo dos noches y no tres. Entonces, ¿qué? Algunos, desesperanzados de lograr una solución, declaran que el dicho, aunque ha sido parte del Evangelio desde el principio, es espurio y jamás fue pronunciado por Jesús mismo. Sin embargo, no hay una buena razón para cortar así el nudo gordiano. La verdadera solución probablemente esté en una dirección diferente. Cuando nosotros decimos "el universo", los antiguos dirían "los cielos y la tierra". Del mismo modo, ¿no debería tomarse la expresión "un día y una noche" como una unidad de tiempo, un período del día, una parte de tal período tomada como un todo? Él ciertamente estuvo en el corazón de la tierra tres "días-y-tres noches", esto es, durante tres de estas unidades de tiempo.[141]

Los fariseos se consideraban a sí mismos justificados y además como hijos de Abraham, no estarían expuestos a condenación. Los ninivitas, como el resto de los gentiles, no eran considerados como receptores de la gracia y salvación. Tan solo algunos de los gentiles, por incorporación al pueblo de Israel como prosélitos, podrían salvarse. Sin

---

[140] Comparar 1 S. 30:12, 13.
[141] Hendriksen, 1986, p. 560.

embargo, Jesús apela a los hombres de Nínive diciendo que en el día del juicio se levantarán como testigos de cargo contra aquella generación, especialmente contra los que estaban pidiendo una señal. Es sorprendente la comparación que el Señor hace entre su predicación y la de Jonás. Sin duda, los de Nínive recibieron el mensaje llamando al arrepentimiento por medio de un profeta menor, mientras que aquellos habían recibido el Evangelio proclamado por el mismo Hijo de Dios, quien los llamaba al arrepentimiento (Mt. 4:17; 11:28-30; 23:37). Además de esto, Jonás había sido un profeta rebelde, negándose en principio a asumir el mandato de Dios y procurando huir de aquel compromiso para no predicar a los ninivitas (Jon. 1:3; 4:1-3, 9b). Cristo, el mensajero enviado del cielo mismo, era sin pecado (Jn. 12:17-21; 8:46). Jonás era un hombre que no entendía las razones de Dios para perdonar a aquel pueblo porque tampoco tenía en cuenta la misericordia divina (Jon. 4:1-4). Aquellos de los tiempos de Jesús habían oído el mensaje por quien en sí mismo estaba lleno de sabiduría y de gracia (Mt. 11:27-30; 15:32; 1 Co. 1:24). Jonás había presentado un mensaje de condenación y juicio contra los ninivitas, aunque en él estaba implícito un llamado al arrepentimiento, al anunciar el plazo en que se ejecutaría la acción divina (Jon. 3:4). Jesús presentaba un mensaje de gracia y salvación sin límite alguno para cuantos creyeran (Mt. 9:2; 11:28-30; Lc. 19:10; Jn. 7:37). Las señales fueron también diferentes. Jonás no hizo ninguna señal, mientras que todos aquellos habían visto continuamente señales a lo largo de su historia y de un modo más particular en los días de Jesús (Dt. 4, 7, 8; 19:4; Sal. 147:19, 20; Is. 5:1-4; Am. 3:2; Ro. 3:1, 2; 9; 4, 5). Los ninivitas se arrepintieron por la predicación de Jonás, mientras que los israelitas rechazaron el mensaje del Hijo de Dios. Por tanto, no es de extrañar que Jesús diga que los hombres de Nínive serán testigos de cargo contra los judíos en el día del juicio se levantarán en juicio contra la generación esta y la condenarán con una evidencia cierta: se arrepintieron a la palabra de Jonás. Los del tiempo de Cristo no recibían la palabra y las señales por medio de un profeta, sino por el Hijo, mayor que todo profeta: he aquí, más que Jonás aquí.

Miqueas

El libro figura tanto en la Biblia hebrea como en la Vulgata, en el sexto lugar entre los llamados profetas menores. En cambio, en la LXX, Miqueas sigue a Oseas y a Amós, lo que cronológicamente es más exacto.

Autor y fecha

El nombre Miqueas, en hebreo *Mîkâh*, es la forma abreviada de *Mi-ka-Yahû*, que equivale a *¿Quién es como Yahvé?*, que es también el sentido de Micaías.

Se sabe muy poco de este profeta. No hay referencia a su nacimiento ni se nombra a su padre. De su llamado a profetizar, se dice solo: "Palabra de Jehová que vino a Miqueas de Moreset en días de Jotam, Acaz y Ezequías, reyes de Judá" (1:1). El pueblo de nacimiento o de residencia, Moreset, estaba situado a unos 40 km al suroeste de Jerusalén en la frontera entre Judá y Filistea, cerca de Gat; de ahí que se le llame Moreset-gat (1:14), que equivale a posesión de Gat; no distaba mucho de la ciudad filistea de Gat (Jos. 11:22).

A efectos de datación, Miqueas profetiza durante los reinados de Jotam (ca. 750-731 a. C.), Azaz (ca. 731-715 a. C.) y Ezequías (ca. 715-686 a. C.). Sus contemporáneos son Oseas en el norte (ca. 755-710 a. C.) e Isaías en el sur (ca. 739-690 a. C.).

Al mencionar la inminente caída de Samaria (1:6), exige una datación anterior al 722 a. C., que pudiera establecerse en torno al 710 a. C., incluso 700 a. C.

Propósito

El reino del norte estaba a punto de caer en manos de Asiria; por esa razón, data su profecía relacionándola con los reyes de Judá. Las referencias al reino del norte son más cortas (1:5-7), mientras que se extiende mucho más en relación con Judá.

Después de que Asiria hubiera derrotado a Siria e Israel, Ezequías se desligó de Asiria, lo que trajo como consecuencia que Senaquerib sitiara a Jerusalén (701 a. C.) (cf. 2 R. 18, 19; 2 Cr. 32). Dios envió a su ángel para librar a Judá (2 Cr. 32:31). Ezequías condujo a Judá a un retorno a Dios y estableció nuevamente el culto. Después del reinado de Uzías, que murió en 739 a. C., su hijo Jotam no quitó los centros de idolatría. La bonanza económica trajo aparejada un deterioro moral y corrupción social, junto con una mezcla en asuntos religiosos. La adoración a Baal tomó fuerza alcanzando la mayor fuerza durante el reinado de Acaz (2 Cr. 28:1-4). La caída de Samaria trajo un aluvión de refugiados que añadieron también las religiones idolátricas que se practicaban en el norte. Miqueas profetizó sobre las consecuencias de este pecado.

Pero una de las consecuencias fue la pérdida de valores personales y sociales que produjeron una mala situación en la nación, contra los cuales se posicionó en forma enérgica (cf. 7:5, 6).

Un propósito final de la profecía fue anunciar la invasión de Judá por Babilonia, nación que en tiempos del profeta estaba bajo dominio de Asiria y que destruiría la ciudad de Jerusalén junto con el templo, llevando al pueblo en cautiverio (4:10).

En medio de las advertencias solemnes de juicio en cada una de las profecías, concluye con promesas de restauración y esperanza. Esto refleja el carácter de Dios, que aun en su ira no olvida su misericordia. De manera que, en medio de los oráculos de juicio, el Señor revela un futuro glorioso. El rey que vendría reuniría a todo su pueblo (2:12, 13), establecería la paz (4:3) y traería la justicia a la tierra (4:2, 3). Es notable que Miqueas profetiza el lugar donde nacería Jesús (5:2). Si esta profecía se cumplió plenamente, es garantía cierta del cumplimiento del glorioso futuro que ocurrirá en el mundo con la presencia del rey de reyes y Señor de señores.

Bosquejo

Se propone el siguiente para el análisis exegético del texto bíblico:

I. Presentación (1:1).
   1. El profeta (1:1a).
   2. El tiempo del comienzo de la profecía (1:1b).
II. Profecía sobre Samaria y Jerusalén (1:2-2:13).
   1. Presentación del juicio (1:2-16).
   2. Causa del juicio (2:1-13).
III. Ruina y liberación (3:1-5:15).
   1. La ruina anunciada (3:1-12).
      1.1. Juicio contra los dirigentes (3:1-4).
      1.2. Juicio contra los falsos profetas (3:5-8).
      1.3. Juicio contra Jerusalén (3:9-12).
   2. Liberación en el reino venidero (4:1-5:1).
      2.1. El reinado universal de Jehová (4:1-5).
      2.2. Israel redimido del cautiverio (4:6-8).
      2.3. Los sufrimientos que preceden al reino (4:9-5:1).
   3. La venida del rey (5:2-15).
      3.1. Anuncio de la primera venida (5:2-3).
      3.2. Anuncio de la segunda venida (5:4-15).

IV. Mensajes de denuncia (6:1-7:7).
   1. Controversia de Dios con su pueblo (6:1-5).
   2. Lo que Dios demanda (6:6-8).
   3. La acusación de Dios (6:9-16).
   4. Corrupción moral de Israel (7:1-7).
V. Promesas de bendición (7:8-20).
   1. Dios trae luz y libertad (7:8-13).
   2. La compasión de Dios por su pueblo (7:14-17).
   3. La seguridad de perdón y bendición (7:18:20).

Cristo en el libro

Algo destacable en la profecía es el anuncio del lugar donde ocurriría el nacimiento del Señor. Él está presente en todo el libro, como quien juzga y reprende a su pueblo, pero también quien está lleno de gracia y misericordia para restaurarlo a pesar de su fracaso.

Trasladamos aquí las palabras de Mateo: "Y tú, Belén, de la tierra de Judá, no eres la más pequeña entre los príncipes de Judá; porque de ti saldrá un guiador, que apacentará a mi pueblo Israel"[142] (Mt. 2:6). Mateo traslada aquí la profecía a la que apela para confirmar con ella la respuesta que los religiosos dieron a Herodes. La cita de Miqueas (5:2) es tomada parcialmente y modificada en cierta medida, ya que en la profecía se lee "pequeña para estar entre las familias de Judá", mientras que Mateo escribe "no eres la más pequeña", equivalente a *en ningún modo menor,* o *en ningún modo eres mínima,* no tanto entre las ciudades, sino entre los gobernadores de Judá. La población era pequeña en tamaño, sobre todo comparada con la metrópolis capital del reino que tenía cercana; sin embargo, la dimensión no se medía por la situación geo-social, sino por el guiador, que Dios haría salir de ella y que apacentaría al pueblo. La importancia de Belén no estaba en el lugar en sí, sino en el rango de los príncipes que salieron de ella. Ninguna otra ciudad en Israel había sido la cuna de David, el rey de las promesas, amado por la nación. Era la ciudad del gran rey, el lugar del nacimiento del Mesías. No era la más insignificante, sino la más importante en cuanto a rango de los príncipes que nacieron en ella. Mateo modifica, en cierta medida, la parte segunda del texto profético, en la que se afirma que de Belén saldría aquel que sería "Señor en Israel", cambiándolo por

---

[142] Texto griego: καὶ σὺ Βηθλέεμ, γῆ'Ιούδα, οὐδαμῶς ἐλαχίστη εἶ ἐν τοῖς ἡγεμόσιν'Ιούδα· ἐκ σοῦ γὰρ ἐξελεύσεται ἡγούμενος, ὅστις ποιμανεῖ τὸν λαόν μου τὸν'Ισραήλ.

"un guiador que apacentará". La idea aquí es la de un gobernante pastor. Esto encaja notablemente con la historia de David, de quien Cristo desciende según la carne y de quien es heredero al trono conforme a la promesa, cuando las tribus de Israel fueron para acatarlo como rey en Hebrón y le dijeron: "Jehová te ha dicho: Tú apacentarás a mi pueblo Israel, y tú serás príncipe sobre Israel" (2 S. 5:2). Los representantes religiosos y maestros del pueblo aplican estas mismas palabras al Hijo de David, el Mesías que nace en Belén. Nunca hubo tanta unanimidad en una respuesta de los líderes religiosos a una pregunta formulada. Ninguno vacilaba en afirmar que el Cristo tenía que nacer en Belén.

Belén significa casa del pan. Ningún lugar mejor para que naciese aquel que venía del cielo como el pan de vida (Jn. 6:33, 50, 51, 58). En un momento de sed, David deseó beber del agua cristalina de una fuente que había en las puertas de Belén (2 S. 23:15). Siglos después, aquella fuente queda eclipsada por el nacimiento en ella de aquel que es agua de vida, que mitiga no la sed temporal, sino la espiritual y eterna, a quien puede acudir todo aquel que se sienta sediento y necesitado (Jn. 4:10, 14; 7:37; Ap. 22:7). Este texto puede conducir a quien no tiene a Cristo a su encuentro como Salvador para recibir el agua de vida eterna, y al creyente fatigado con las cargas propias de la vida, o sediento por haber dejado la fuente de la que mana agua viva, a un retorno nuevamente a Cristo para recibir la satisfacción espiritual que no puede ser encontrada fuera de Él.

Nahúm

Es el segundo libro de los profetas menores dirigido a una nación gentil, concretamente a Nínive, la capital de Asiria, a quien escribió tiempo antes Jonás, que profetizó en la ciudad y cuyo resultado fue el arrepentimiento. El libro no se cita en el Nuevo Testamento, salvo que se considere 1:15, reflejado en Romanos 10:15.

Autor y fecha

No hay indicación alguna sobre el profeta, salvo su nombre en hebreo, *Najum*, que significa *consolador*.

Dice que era de Elcos, en hebreo *Elqosî*, localizada en Judá, a unos 30 km al sudoeste de Jerusalén, cerca de la Pentápolis filistea. No obstante, Jerónimo la sitúa en el reino del norte, concretamente en Galilea; de ahí que algunos consideran que podría tratarse de la Capernaum de los tiempos de Cristo, ya que se explicaría el nombre de la población como k^epar nahûm, que equivale a la *aldea de Nahúm*. Con todo, los muchos intentos por identificar el lugar no han dado resultado, si bien su lugar de nacimiento no supone limitación alguna para la interpretación y aceptación del escrito.

La datación supone también un reto. En el testimonio interno del libro, se anuncia el juicio contra Nínive, a la que menciona como una ciudad fortaleza, en un tiempo previo a su caída en 612 a. C., e incluso podría situarse como anterior a la muerte de Asurbanipal en 626 a. C. Después de la caída de Nínive, Asiria decayó rápidamente. La mención a la caída de Tebas (3:8), conquistada en 663 a. C. Sugiere una fecha durante el reinado de Manasés (ca. 695-642 a. C.). Puede sugerirse como fecha del escrito una datación entre 663 y 612 a. C.

Propósito

Luego del arrepentimiento de los ninivitas por la proclamación del mensaje de Jonás, regresó otra vez a la idolatría, sumándose a ello la violencia y la arrogancia. Asiria estaba encumbrada, al haberse recuperado de la derrota de Senaquerib (701 a. C.) en Jerusalén (Is. 37:36-38). Dios anuncia por medio de Nahúm la inminente destrucción de Nínive.

La descripción que hace de la ciudad de Nínive es muy intensa: "¡Ay de ti, ciudad sanguinaria, toda llena de mentira y de rapiña, sin apartarte del pillaje!" (3:1), para seguir luego con la descripción de una acción militar que produce "multitud de cadáveres". En todo ello, está presente el triunfo de Dios sobre los enemigos de su pueblo.

Bosquejo

Se propone el siguiente para el análisis exegético del texto bíblico:

I. Autor y tema (1:1).
   1. Propósito (1:1a).
   2. Tema (1:1b).
II. La grandeza de Dios (1:2-14).
   1. Las perfecciones de Dios (1:2-8).
   2. La ira de Dios (1:9-14).
III. El juicio anunciado (1:15-3:19).
   1. El juicio inminente (1:15).
   2. El juicio que viene (2:1-2).
   3. El juicio descrito (2:3-12).
   4. Destrucción total de Nínive (2:13-3:19).

Cristo en el libro

Como en otros profetas, la justicia divina y la omnipotencia se unen en juicio contra el pecado; en cada mensaje está presente la gloria admirable del Señor.

Con todo, podría hacerse una precisión en referencia a la manifestación del aliento y consuelo de las palabras de Nahún, donde hablando de Dios, dice: "Jehová en bueno, fortaleza en el día de la angustia; y conoce a los que en él confían" (1:7). En medio del juicio que conmocionaría a la ciudad está un futuro de paz para el pueblo de Dios.

Así también en un momento de tensión entre los discípulos con la inminencia de la muerte del Señor, dijo a los suyos: "No se turbe vuestro corazón; creéis en Dios, creed también en mí. En la casa de mi Padre muchas moradas hay; si así no fuera, yo os lo hubiera dicho; voy, pues a preparar lugar para vosotros"[143] (Jn. 14:12). El rostro de los once hombres alrededor de la mesa debía reflejar la inquietud de su alma. Jesús se dirige a ellos con palabras de aliento, exhortándoles a que no se dejasen turbar, inquietar, amedrentar. Ellos sabían que el Señor iba a dejarlos, pero una situación así no debía producir inquietud para quien tiene fe. El problema se asentaba en el interior de cada uno: lo que estaba turbado era el corazón, núcleo y asiento de la personalidad; por tanto, de la abundancia del corazón se manifestaba la expresión preocupada de sus rostros. La preocupación de los discípulos es, para Jesús, un hecho real. La explicación es la próxima partida del Señor.

La segunda parte de la cláusula tiene la dificultad de determinar si los verbos están en presente de indicativo o en imperativo. Probablemente, el primero esté en presente de indicativo, y el segundo en presente de imperativo. Esto supone que llama la atención de los discípulos a la fe que todos ellos tenían en Dios. Pero esa misma fe en Dios la demanda para sí. Lo que Jesús les decía es: como creéis en Dios, creed también en mí; o si se prefiere, del mismo modo que creéis en Dios, así también creed en mí. Es la mejor forma de entender el texto y de distinguir si el primer verbo está en presente de imperativo o de indicativo, ya que no es necesario llamar a la fe en Dios; en ese sentido creed, porque todo israelita creía en Dios. Creer en Cristo

---

[143] Texto griego: Μὴ ταρασσεσθω ὑμῶν ἡ καρδια· πιστευετε εἰς τὸν Θεὸν καὶ εἰς ἐμὲ πιστευετε. ἐν τῇ οἰκιᾳ τοῦ Πατρος μου μοναὶ πολλαι εἰσιν· εἰ δὲ μή, εἶπον ἂν ὑμῖν ὅτι πορεύομαι ἑτοιμασαι τοπον ὑμῖν.

es la razón para sentir paz, la que procede de Dios y se alcanza por la fe (Ro. 5:1). Esta presencia de Jesús por fe alcanza una mayor dimensión que su presencia física, siendo la razón del gozo mientras dura su ausencia, y se viven los conflictos propios de la vida en este mundo.

La deidad de Cristo se hace evidente. Ya no es un *yo soy*, que alteraba los ánimos de los enemigos de Jesús; aquí demanda la misma fe que para el Padre. Solo quien es Dios puede pedir para sí mismo la fe que Dios pide para Él. Juan entiende claramente que la fe en Jesús no es algo de segundo nivel, sino prioritario. Que no se puede creer en el Padre sin creer en el Hijo, ni en este sin creer en aquel.

El Señor habla a los suyos de la casa del Padre. Es una forma de lenguaje para referirse al cielo, a donde Él regresaría en poco tiempo. La afirmación es que en la presencia de Dios hay muchas moradas. El término, con varias acepciones, debe considerarse aquí como un lugar de residencia permanente. Un poco más adelante va a hablar de *lugar para nosotros*. La primera revelación que les hace el Señor tiene que ver con un lugar que será residencia para todos los creyentes. Unidad y pluralidad. Una habitación con muchas moradas. Coincidiría con la Jerusalén de arriba, la ciudad celestial, a la que se hace referencia en otros lugares. Es la ciudad construida por Dios mismo, que era la esperanza de los santos de la antigua dispensación, la ciudad que tiene fundamentos cuyo arquitecto y constructor es Dios (He. 11:10,16). La ciudad que Jesús prepara para los suyos tiene fundamentos sólidos; no se trata de algo temporal que con el tiempo se extingue y queda en el olvido. No es tampoco comparable con la tienda exigua de nuestra peregrinación. El arquitecto es también celestial. Esta ciudad celestial es la esperanza escatológica de los creyentes, de la que ya se disfruta por fe, aunque no se haya producido el traslado a ella. El diseñador divino de la ciudad es también el constructor de ella. Esto es, la ciudad celestial será una absoluta realidad divina que solo Dios trae a la existencia, diseñándola y construyéndola Él mismo.

El Señor les advierte de la realidad de esa promesa. La construcción gramatical es un tanto compleja, ya que se trata de una condición de segunda clase suprimida. Jesús les dice que si no hubiera muchas mansiones, se los hubiera dicho. La palabra de Jesús no puede contradecirse y tendrá cumplimiento fiel, porque Dios no puede negarse a sí mismo. Es seguro lo que dice, de manera que nuestra esperanza no puede verse frustrada. Cristo les dice *si en la casa de mi Padre no hubiera espacio para muchas moradas, os lo hubiera dicho*. El propósito de Jesús al consolar a sus discípulos es hacerles saber que todos tienen lugar en la casa del Padre, lugar que Él va a prepararles. El mismo Juan recibirá una revelación sobre el lugar que Jesús prepara para los suyos, cuyo detalle está en Apocalipsis.

El Dios vivo que juzga el pecado es el Dios de la gracia y de las promesas. Ese lugar prometido alienta la esperanza del creyente. No es algo temporal, por glorioso que pudiera resultar, sino una ciudad con perspectiva trascendente y dimensión eterna. El regalo perpetuo de Jesús para los suyos, la herencia de los santos en luz, "incorruptible, incontaminada, inmarcesible y reservada" (1 P. 1:4).

El lugar del que Cristo habla a los discípulos será donde Dios manifieste, de un modo singular y especial, su presencia, como lo hacía también en el Lugar Santísimo. La belleza de ese lugar es admirablemente descrita (cf. Ap. 21).

Jesús, que habla del lugar, se compromete a construirlo. El Creador de cuanto existe en el universo actual, con sus millones de galaxias, el mismo Señor Jesucristo (Jn. 1:3; Col. 1:16). Además, la creación actual, con asombrosas dimensiones, se sustenta en el orden cósmico establecido por la palabra autoritativa y soberana de Jesucristo (He. 1:3). Por tanto, quien ha podido crear todo cuanto existe y sustentarlo puede hacer algo más pequeño en dimensiones, como será el lugar que promete a los suyos. No hay, pues, razón alguna para buscar argumentos que humanamente hagan posible esto y formas que se ajusten al subjetivismo propio del hombre. La promesa de Jesús y la revelación profética apuntan a medidas que la harán apropiada para recoger dentro de ella a los millones de santos que han sido salvos por gracia, mediante la fe, a lo largo del tiempo transcurrido de la historia humana. La idea que se hace relevante en medidas se acompaña también de la belleza de su luminosidad. Jesús ama a los suyos hasta el infinito (Jn. 13:1). Por ellos da su vida. No podía hacer otra cosa para los suyos que la gloriosa mansión donde estaremos para siempre con Él. Las mansiones son muchas porque son muchos los hijos que son llevados a la gloria (He. 2:10). Todo esto alentaba a quienes tenían turbados los corazones.

Quien advierte "en el mundo tendréis aflicción" (Jn. 16:33), hace la promesa del gozo perpetuo en su presencia. Las aflicciones momentáneas "producen en nosotros y cada vez más excelente y eterno peso de gloria" (2 Co. 4:17).

Habacuc

Como en otros profetas, el título se toma del nombre del profeta Habacuc, que aparece en el primer versículo. El nombre en hebreo

Jabaquq tiene un significado vinculado con *abrazar*; algunos traducen *abrazo* y otros *el que abraza*.

Autor y fecha

Por el título del libro (1:1) y el de la oración (3:1), se sabe que su autor era *nabî*, profeta.

No hay referencias patronímicas ni geográficas para identificar al autor. Por la referencia en la oración del profeta (3:16), pudiera ser que viviese en Jerusalén.

Una falta de datos personales para conocer al autor complica también la datación. La profecía tuvo que haberse escrito un poco antes de la primera acción de Nabucodonosor contra Judá (ca. 605 a. C.), en la que llevó cautivos a Babilonia, entre otros, a Daniel. La referencia a los caldeos (1:6) así lo manifiesta.

El profeta fue comisionado para anunciar el castigo que el Señor enviaba sobre Judá y la deportación del pueblo a Babilonia.

Nabucodonosor comenzó una acción militar marchando a través de Nínive (612 a. C.), luego Harán (609 a. C.), siguió Carquemis (605 a. C.) y finalmente Jerusalén (605 a. C.).

El lamento del profeta (1:2-4), pudiera reflejar su estado de ánimo por la muerte de Josías (609 a. C.), donde tuvieron lugar serias reformas religiosas (2 R. 23), a las que sucedió un retorno a la idolatría, problemas sociales y deterioro moral en días de su sucesor, Joaquim (Jer. 22:13-19).

Con estos datos, puede datarse la profecía ca. 607-604 a. C.

Entorno histórico

Habacuc, contemporáneo de Jeremías, Ezequiel, Daniel y Sofonías, profetizó en el tiempo final del Imperio asirio y en el principio del babilónico, que dominó el mundo de entonces. Los reyes más destacados en la expansión del imperio fueron Nabopolasar, que ascendió al poder en 626 a. C., y su hijo, Nabucodonosor, quien venció a Nínive en 612 a. C. La nobleza asiria se refugió primero en Harán y después en Carquemis. Nabucodonosor los persiguió, venciendo primero en Harán en 609 a. C. y después en Carquemis en 605 a. C.

El rey egipcio Necao pasó por Judea a fin de ayudar a su aliado asirio; Josías entró en confrontación con él y murió en la batalla (2 Cr. 35:20-24). A causa del descubrimiento del libro de la ley en la limpieza del templo, condujo al pueblo a un retorno a Dios y se produjo un avivamiento espiritual (2 R. 22-23). En el trono le sucedieron tres hijos y un nieto, conduciendo nuevamente a Judá a la idolatría (Jer. 22:13-19).

El profeta Habacuc pide a Dios que intervenga para restaurar espiritualmente a la nación, pero no recibe respuesta y se lamenta de ello ante Dios (1:2-4).

Propósito

Habacuc no entiende el silencio de Dios, que no interviene para purificar al pueblo (1:2-4). Dios le revela que enviará a los caldeos para hacerlo, a los que considera más injustos que a Judá (1:13). Dios respondió al profeta que también en su tiempo juzgaría a los caldeos (2:2-20); esto intensificó el conflicto teológico del profeta. En cierta medida, entra en discusión con Dios. Finalmente entiende que Dios debe ser adorado no tanto por lo que da, sino por lo que es (3:17-19).

Bosquejo

Se propone el siguiente para el análisis exegético del texto bíblico:

I. Introducción (1:1).
   1. Contenido y autor (1:1).
II. Dilema del profeta (1:2-2:20).
   1. Primera queja. Dios no interviene para frenar la impiedad (1:2-4).
   2. La primera respuesta de Dios (1:5-11).
   3. Segunda queja. Dios usa malvados contra su pueblo (1:12-2:1).
   4. La segunda respuesta de Dios (2:2-20).
III. Adoración de Habacuc (3:1-19).
   1. Petición de misericordia (3:1-2).
   2. Adoración por el poder de Dios (3:3-7).
   3. Adoración por el propósito de Dios (3:8-16).
   4. Adoración en confianza (3:17-19).

Cristo en el libro

Es uno de los mensajes proféticos antes del juicio de Dios sobre Judá y el cautiverio; se destaca la salvación que Dios traería (3:13-18). Podría relacionarla con la gracia que Cristo trajo consigo cuando vino al mundo, enviado del Padre, pero cabe relacionarlo con Él mismo como Salvador.

Así recoge Mateo, refiriéndose a la anunciación: "Y dará a luz un hijo, y llamarás su nombre Jesús, porque él salvará a su pueblo de sus pecados"[144] (Mt. 1:21). Después de la concepción virginal, seguiría la gestación, como cualquier otro proceso humano de descendencia, y finalmente el alumbramiento del niño: "Dará a luz hijo". María era instrumento en la mano de Dios para llevar a cabo su propósito de dar al mundo el Salvador de los pecadores. La concepción era una obra divina, pero María fue instrumento voluntario para la operación suprema de la gracia, por eso llega a ser "bendita entre las mujeres" (Lc. 1:42). El ángel había comunicado a José que lo que había concebido en el seno de su desposada era un varón. Ese niño nacería en su momento, como es natural en los hombres. Sin embargo, el Santo que nacería no era un hombre como los demás, sino el Salvador del mundo. Dios mismo indica, por medio del ángel, el nombre que debía imponerse al que nacería, debía ser llamado Jesús: "Y llamarás el nombre de Él, Jesús". Ese nombre es la expresión griega del nombre hebreo *Y*ͤ*hôsua*, *Josué*, que puede traducirse por *Dios es salvación*. La misión que tendría el niño que iba a nacer es la encomendada por Dios y determinada en su propósito soberano de salvación desde antes de la creación del mundo (2 Ti. 1:9). El tiempo de la ejecución del programa de salvación había llegado y el Salvador era introducido en el mundo para llevar a cabo la misión que como Dios había asumido en la eternidad (1 P. 1:18-20). La razón del nombre que debía imponer al naciente estaba relacionado con la misión salvífica que, como Dios hecho hombre, iba a cumplir. La obra de salvación, aunque de valor y alcance universal (Jn. 3:16), tendría también un destinatario específico plenamente vinculado a la condición mesiánica de Jesús. Él venía para salvar: "Porque Él salvará a su pueblo", lo que suponía una relación específica con Israel. La acción salvífica tiene que ver con la solución divina al pecado humano; Jesús salvaría a su pueblo de los pecados de ellos. Sin embargo, el Salvador no lo sería solo de ellos, sino de todo el mundo. El alcance de su pueblo incluye a todos los salvos. Estos y solo estos son el pueblo de Dios (1 P. 2:9), sus hijos (Jn. 1:12), miembros de su casa y familia (Ef. 2:19) y herederos de todo en Cristo (Ro. 8:17). Aunque la salvación es provista para todos, solo los que aceptan la obra divina y creen en el enviado por Dios son salvos (Jn. 17:3).

Es preciso resaltar en énfasis que el texto, en armonía con toda la Escritura, pone sobre la obra de salvación. El que la ha planificado

---

[144] Texto griego: τέξεται δὲ υἱόν, καὶ καλέσεις τὸ ὄνομα αὐτοῦ Ἰη–σοῦν· αὐτὸς γὰρ σώσει τὸν λαὸν αὐτοῦ ἀπὸ τῶν ἁμαρτιῶν αὐτῶν.

es también quien la ejecuta conforme a su propósito. La salvación no es de los hombres, sino de Dios (Sal. 3:8; Jon. 2:9). Es una absoluta operación de la gracia en la cual el hombre no tiene parte ni opción alguna, simplemente es el beneficiario de la obra y a quien está orientada. La salvación es una provisión de la gracia que incluye también al Salvador. Este vino con el propósito de redimir a los esclavos y salvar a los perdidos (Gá. 4:4; Lc. 19:10). Tanto en el Antiguo como en el Nuevo Testamento, el énfasis de la salvación descansa en Dios, el Salvador. Solo Él puede salvar y salva (cf. Gn. 49:18; 2 R. 19:15-19; Sal. 3:8; 25:5; 37:39; 62:1; 81:1; Is. 12:2; Jer. 3:23; Lm. 3:26; Dn. 4:35; Mi. 7:7; Hab. 3:18; Zac. 4:6; Mt. 19:28; 28:18; Lc. 12:32; 18:13; Jn. 14:6; Hch. 4:12; Ef. 2:8-9; 1 P. 1:18-20; etc.). Escribe Guillermo Hendriksen:

> Es siempre Dios, solamente Dios, quien en su Hijo y por medio de él, salva a su pueblo. Aunque algunos confían en carros, y otros en caballos (Sal. 20:7), en la fortaleza física, el conocimiento, la reputación, el prestigio, la posición, la maquinaria magnificente e impresionante, los amigos influyentes y los generales intrépidos, ninguna de estas cosas, operando solas o en conjunto con todas las demás, puede librar al hombre de su enemigo principal, el enemigo que poco a poco lo está destruyendo en su mismo corazón, a saber, el pecado; o como aquí, pecados, los de pensamiento, de palabra y de hecho; los de omisión y de comisión y de disposición interior: todas aquellas diversas maneras en que el hombre "yerra el blanco", es decir, la gloria de Dios. Limpiar corazones y vidas requiere nada menos que la muerte redentora de Jesús y el poder santificador de su Espíritu.[145]

El Salvador salvará del pecado. La palabra que Mateo utiliza es una de las más usadas para definir el pecado como un fracaso personal, un errar al blanco, un separarse de la regla determinada por Dios, un quebrantamiento de los principios morales y separarse voluntariamente de la ley de Dios. Salvar del pecado implica necesariamente una liberación de la esclavitud espiritual que sujeta al hombre bajo un yugo insuperable para él (Ro. 6:6, 17, 22). Por tanto, ya aquí se aprecia el concepto bíblico de salvación, que no es solo salvar de algo, sino salvar para algo (2 Co. 5:14-15). Los israelitas esperaban un Mesías liberador de los enemigos. Dios provee al Salvador que libera no solo de los enemigos,

---

[145] Hendriksen, 1986, p. 144.

sino de la esclavitud del pecado para una vida transformada por el poder de Dios. Jesús vino al mundo para salvar a los pecadores de sus pecados (1 Ti. 1:15). Salvar de los pecados implica tres experiencias en el salvado: liberación de la responsabilidad penal del pecado, por lo que ya no hay condenación (Ro. 8:1); liberación del poder del pecado mediante la obra del Espíritu, lo que permite llevar a cabo la santificación, como expresión de la salvación en la experiencia cotidiana (Fil. 2:12-13); liberación de la presencia del pecado en la glorificación, para ser un pueblo "sin mancha, ni arruga, ni cosa semejante" (Ef. 5:27). Es un Salvador perfecto porque "puede salvar eternamente" (He. 7:25). Es un Salvador único porque solo en Él hay salvación (Hch. 4:12).

Sofonías

Del mismo modo que los demás profetas menores, este libro lleva el nombre del autor.

Autor y fecha

Su nombre, en hebreo $s^e panya$, significa *Dios oculta*, o también *Dios esconde*; algunos prefieren *Dios protege*.

Sin duda era una persona de la alta sociedad, probablemente emparentado con la familia real. Su genealogía alcanza cuatro generaciones (1:1), hasta llegar al rey Ezequías (ca. 715-686 a. C.). Una ascendencia real facilitaría el gran conocimiento que tenía de Jerusalén. Es de suponer que su residencia fuera esa ciudad, conociendo barrios de la ciudad y puertas de la misma, como la puerta del Pescado, la segunda Puerta, el Mortero (1:10, 11).

Algunos piensan que pudo haber ayudado en tiempos de Josías, en lo que tuvo que ver con el avivamiento de la nación (2 Cr. 34:3).

La datación la da el mismo profeta, al fechar sus mensajes en tiempos de Josías (640-609 a. C.). Por las referencias a las prácticas pecaminosas, probablemente el escrito debió ocurrir en tiempo previo a las reformas de Josías, que derribó los altares de Baal y los ídolos (2 Cr. 34:3-7). El libro de la ley fue encontrado en el templo en 622 a. C. (2 Cr. 34:8-35:19). Puede establecerse una fecha para la profecía entre los años 625-635 a. C.

Entorno histórico

El término del reino de Judá comenzaba a manifestarse. Ezequías había perdido cuarenta y seis ciudades conquistadas por Senaquerib. En ese tiempo, hubo una primera deportación y se le impuso un tributo elevado. Este estado siguió durante los reinados de Manasés (2 R. 21:1-18) y de Amón (2 R. 21:19-26).

La situación religiosa en Judá atravesó momentos muy graves luego de la muerte de Ezequías, al que sucedió uno de los más impíos, Manasés, que reconstruyó lugares de adoración idolátrica y sacrificó a su propio hijo al dios Moloc. En el templo de Dios se practicaba la prostitución religiosa. La nigromancia y la brujería se practicaba en todas sus formas. No había mensaje profético porque Manasés mataba a cualquier profeta de Dios (2 R. 21:3-16).

Su hijo Amón siguió en el mismo desenfreno que su padre, sirviendo a los ídolos (2 R. 21:21). Tras un breve reinado, fue asesinado por sus súbditos (2 R. 21:24).

En el 628 a. C., Josías, que comenzó a reinar con ocho años, derribó todos los altares de Baal. Por la lectura de la profecía, se aprecia que comenzó a profetizar unos años antes de la reforma de Josías, ya que todavía había culto a Baal y a los astros (1:4-5), además de prácticas mágicas (1:9). Las acusaciones del profeta se dirigen a los príncipes, sin mencionar al rey (1:8).

Bosquejo

Se propone el siguiente para el análisis exegético del texto bíblico:

I. Autor y época (1:1).
 1. Nombre y antecedentes genealógicos (1:1).
II. Anuncio de juicios (1:2-3:8).
 1. Sobre Judá (1:2-18).
 2. Llamamiento al arrepentimiento (2:1-3).
 3. Juicios sobre naciones gentiles (2:4-15).
  3.1. Filistea (2:4-7).
  3.2. Amón y Moab (2:8-12).
  3.3. Asiria (2:13-15).
 4. Juicio de Jerusalén (3:1-7).
 5. Juicio de las naciones (3:8).
III. Anuncio de bendiciones (3:9-20).
 1. Para los gentiles (3:9-10).
 2. Para los judíos (3:11-20).

Cristo en el libro

Sofonías presenta la intervención de Dios en juicio contra los que practican el pecado y han sido un obstáculo al testimonio.

De este mismo modo dijo Jesús: "De manera que como se arranca la cizaña, y se quema en el fuego, así será el fin de este siglo, enviará el Hijo del Hombre a sus ángeles, y recogerán de su reino a todos los que sirven de tropiezo, y a los que hacen iniquidad, y los echaran en el horno de fuego; allí será el lloro y el crujir de dientes"[146] (Mt. 13:40-42).

La ilustración de la recogida de la cizaña, seleccionándola del trigo, sirve para introducir la acción judicial que Dios ejercerá en el final de los tiempos para separar definitivamente a los perdidos de los salvos. De igual manera que se recoge la cizaña en un campo y se entrega al fuego para que sea consumida, así también ocurrirá en el tiempo final.

La actuación divina al final de los tiempos se manifestará en la acción del Hijo del Hombre, que enviará a sus ángeles. Con la misión de recoger del reino de Dios a todos los que son tropiezo o escándalo y a los que hacen iniquidad. Escandalosos e inicuos serán recogidos por los ángeles en una acción definitiva al final de los tiempos.

Los hijos del maligno están destinados al mismo lugar y fin preparado para él y sus ángeles (Mt. 25:41). El destino final de los malos está determinado por Dios, que se nombra como lago de fuego (Ap. 20:15). La acción divina tiene que ver tanto con la separación de los malos como con la limpieza del reino y de su nueva creación de todo vestigio y presencia del pecado. La creación ahora contaminada por el pecado del hombre será limpiada por fuego de forma absoluta y definitiva. El apóstol Pedro escribe sobre ese acontecimiento de este modo: "Pero el día del Señor vendrá como ladrón en la noche; en el cual los cielos pasarán con grande estruendo, y los elementos ardiendo serán deshechos, y la tierra y las obras que en ella hay serán quemadas"; y añade luego "esperando y apresurándoos para la venida del día de Dios, en el cual los cielos, encendiéndose, serán deshechos, y los elementos, siendo quemados se fundirán" (2 P. 3:10, 12). Todo cuanto haya en la creación que "sirva de tropiezo" será recogido. Es necesario entender bien lo que dice el texto griego: "Recogerán de él todas las cosas que induzcan al pecado", los elementos que son utilizados por el maligno y que sirven a sus propósitos serán eliminados

---

[146] Texto griego: ὥσπερ οὖν συλλέγεται τὰ ζιζάνια καὶ πυρὶ κατακαίεται, οὕτως ἔσται ἐν τῇ συντελείᾳ τοῦ αἰῶνος ἀποστελεῖ ὁ Υἱὸς τοῦ Ἀνθρώπου τοὺς ἀγγέλους αὐτοῦ, καὶ συλλέξουσιν ἐκ τῆς βασιλείας αὐτοῦ πάντα τὰ σκάνδαλα καὶ τοὺς ποιοῦντας τὴν ἀνομίαν καὶ βαλοῦσιν αὐτοὺς εἰς τὴν κάμινον τοῦ πυρός· ἐκεῖ ἔσται ὁ κλαυθμὸς καὶ ὁ βρυγμὸς τῶν ὀδόντων.

definitivamente para que no sean utilizados jamás en esa actividad. Junto con ellos también serán recogidos "los que hacen iniquidad", esto es, quienes están al margen de la ley de Dios y no tienen temor de él en sus corazones, los que han desafiado a Dios mismo.

La realidad de la parábola del trigo y la cizaña se cumplirá entonces. Los malos como cizaña serán lanzados al castigo eterno, descrito aquí como un horno de fuego. Aquellos escandalosos e inicuos serán tomados por los ángeles, los echarán al horno de fuego. Quienes han desafiado a Dios y despreciado el mensaje de salvación que anunció por el Evangelio serán despertados para condenación, como dice el profeta: "Y muchos de los que duermen en el polvo de la tierra serán despertados… para vergüenza y confusión perpetua" (Dn. 12:2). El destino de los que practicaron la iniquidad es el tormento descrito como fuego y azufre. De igual manera que el humo de la destrucción de la ciudad que se oponía a Dios y su reino subirá por los siglos de los siglos (Ap. 19:3), así también estos inicuos serán sumidos en una situación de juicio irreversible, en compañía del diablo que los engañó (Ap. 20:10, 15). Los pasajes sobre el castigo eterno son numerosos, siendo reforzados por la enseñanza que Jesús mismo hace de esa verdad. Bajo la acción de Dios y su justicia perfecta, quienes no tienen cabida en el granero celestial porque no son trigo, la tendrán en el infierno, todos juntos, como los manojos de cizaña que los segadores preparan para ser quemados (v. 30). El Señor define la situación de los perdidos como de un llorar y crujir de dientes, literalmente, *allí será el llanto y el rechinar de los dientes*. La figura presenta una situación en la que solo hay cabida para profundos aullidos, ¿de impotencia? ¿De desesperación? Probablemente exprese la idea de un lloro producido por la ira de Dios sobre ellos perpetuamente, el fuego inextinguible, el remordimiento que formará parte de la vida en la segunda muerte y la compañía indeseable de todos los inicuos. La segunda figura tiene que ver con lo que se traduce como rechinar de dientes, el castañeteo que se produce por impotencia y rabia incontenible al ver que Dios ha triunfado y que la vida de oposición a Él y su voluntad ha venido a ser el modo natural en una muerte espiritual eterna. El lloro y el crujir de dientes tampoco tendrá fin jamás (Dn. 12:2; Mt. 3:12; 18:8; 25:46; Mr. 9:43, 48; Lc. 3:17).

Hageo

La historia inspirada de Israel, esto es, la que está en la Escritura, ha sido preservada providencialmente por Dios, a fin de que llegara hasta este tiempo y sirviera para la enseñanza continuada de los creyentes desde que fue escrita hasta ahora. En ella se aprecia la continua manifestación de la gracia de Dios.

Todas las profecías necesitan analizarse en el entorno histórico en que se produjeron. Tal es el caso de la del profeta Hageo, cuyos mensajes han de ser comprendidos en el marco histórico que concurría cuando fueron pronunciados.

Título

Como ocurre con las profecías, el libro lleva el nombre del autor Hageo. Así aparece en el texto hebreo y de allí pasa a la versión LXX como Αγγαιου. De ese modo se trasladó a las versiones latinas, pasando también a las versiones modernas de la Biblia.

Autor y fecha

Se menciona al profeta únicamente en este libro y en el de Esdras (Esd. 5:1; 6:14). Su nombre se deriva de la palabra hebrea *Haggai*, que significa *alegre*, de la raíz hebrea *hag*, que equivale a *alegría*; de ahí que el nombre del profeta podía significar *festivo*.

No se dice nada de su familia, lo que hace suponer que era de origen humilde. Algunos piensan que el profeta había visto el templo de Salomón en la gloria que tenía (Hag. 2:3). De ser cierta esta hipótesis, esto situaría al profeta en una edad de, por lo menos, ochenta años; sin embargo, no es una evidencia firme.

La datación de la profecía es firme por el testimonio interno del libro, ya que cada uno de los mensajes de Hageo están ligados a una fecha expresa (1:1; 2:1; 2:10; 2:20). Se produjeron en un período de cuatro meses en el segundo año del reinado de Darío Hystaspes (ca. 521-486 a. C.). Por tanto, siendo en el segundo año de ese reinado, la fecha del libro debe establecerse en 520 a. C.

La crítica humanista, en base a la utilización de la tercera persona, afirma que fue un escrito no del mismo profeta, sino de un autor posterior. Como de costumbre, no aportan ninguna evidencia documentaria que lo pruebe.

Entorno histórico

El retorno de la cautividad (1:1-2). El reino de Judá había sido llevado en cautiverio a Babilonia en el cumplimiento de lo anunciado a lo largo de muchos años por distintos profetas. El último de ellos en anunciar el cautiverio fue Jeremías, desde el principio de su ministerio profético (Jer. 1:11-16). La razón de la cautividad no fue otra que el pecado y la rebeldía persistente contra Dios, tanto de Israel como de Judá (Jer. 2:13).

La cautividad tuvo dos etapas principales. La primera en días de Joacim (2 Cr. 36:5-7). En aquellos días fueron llevados en cautiverio algunos de los príncipes de Judá, entre los cuales estaba Daniel (Dn. 1:1.7). La segunda ocurrió en tiempos de Sedequías (2 Cr. 36:11 ss.). En aquella ocasión, muchos de los judíos fueron muertos (2 Cr. 36:17). El templo fue saqueado (2 Cr. 36:18) y luego destruido y quemado (2 Cr. 36:19). Quienes escaparon a la muerte fueron llevados cautivos a Babilonia (2 Cr. 36:20).

La destrucción del templo traía como consecuencia que los judíos perdían el lugar de unión de su identidad religiosa. Habían sido enseñados a orar en ese lugar y, si no podían hacerlo, por lo menos dirigiendo su rostro hacia el santuario (1 R. 8:44). Incluso si estuvieran cautivos por su pecado en tierra extraña (1 R. 8:46-48). Pero debido a la invasión babilónica, habían quedado sin templo.

Dios intervino en gracia a favor de su pueblo. De modo que Ciro el persa estableció un decreto, permitiendo a los judíos regresar a Jerusalén y reedificar el templo (Esd. 1:1-4). Este decreto tuvo lugar en 538 a. C. La destrucción del templo había ocurrido en 586 a. C.; por tanto, habían transcurrido cuarenta y nueve años. Como resultado, se produjo el retorno de 50 000 judíos bajo la dirección de Zorobabel (Esd. 2). El decreto de Ciro permitía solamente la reconstrucción del templo de Jerusalén.

Los retornados se asentaron en el territorio (Esd. 3:1). Repararon el altar y restablecieron los sacrificios (Esd. 3:3). Comenzaron a guardar las fiestas solemnes de Israel, la de los Ázimos, la del Jubileo y la de los Tabernáculos (Esd. 3:4-5). Iniciaron los preparativos para la reconstrucción del templo (Esd. 3:7). Comenzó la reconstrucción (Esd. 3:8 ss.).

Los samaritanos, resultado de la mezcla de israelitas del reino del norte e invasores, se habían establecido en el territorio y sabían del significado que el templo tenía para el pueblo de Israel, tanto en el sentido político como en el religioso. Era un elemento vinculante de la unidad nacional como pueblo de Dios. Los samaritanos utilizaron la estrategia de unirse al pueblo de Dios en la obra de reconstrucción (Esd. 4:2). Al ser rechazados en sus pretensiones, acudieron a la estrategia de acusar a los judíos de sediciosos y denunciaron que estaban reconstruyendo la ciudad y los muros (Esd. 4:4-23). Las acusaciones trajeron como resultado la orden de Artajerjes que impedía la edificación de la ciudad (Esd. 4:21). Ese edicto no prohibía que se siguiera con la reconstrucción del templo. La obra de reconstrucción del templo se detuvo por miedo (Esd. 4:24).

La pasividad de los judíos era evidente. Se adaptaron a la situación y se conformaron con no edificar el templo (Esd. 4:24). Buscaban una justificación personal para dejar la obra de Dios y atender a sus propios intereses personales (Hag. 1:2-4). Hubieran podido continuar con la obra de reconstrucción, a pesar de la actuación de sus enemigos, ya que Artajerjes prohibía solo la reconstrucción de la ciudad, pero no anulaba el decreto de Ciro para reconstruir el templo.

Dios intervino para despertar a su pueblo, enviándoles profetas para animarlos a reanudar la obra (Esd. 5:1). El primero que es mencionado por nombre es Hageo (Esd. 5:1; 6:14). El segundo profeta fue Zacarías, hijo de Iddo. Ambas profecías tenían que ver con el templo que debía ser construido.

La profecía

Es el segundo libro más pequeño en extensión de todo el Antiguo Testamento, siguiendo en tamaño, como se ha indicado, a la profecía de Abdías.

Es la primera profecía post-exílica. El estilo del mensaje es de precisión y decisión. La autoridad con que habla el profeta es evidente. En cinco ocasiones dice que habla en nombre del Señor (1:1, 3; 2:1, 10, 20). Afirma que es un enviado del Señor (1:13).

La razón de la profecía es esencialmente un mensaje de Dios para animar al pueblo. Primeramente, para que inicien de nuevo las obras de reconstrucción del templo (1:4, 9). En segundo lugar para que retornen al Señor y vivan conforme a su voluntad.

Es un mensaje de reflexión. En dos ocasiones aparece la frase: "Meditad sobre vuestros caminos" (1:4, 9). Dios estaba indicando a su pueblo la necesidad de que reflexionasen sobre la situación en que se encontraban y buscasen la causa. La reflexión ha de ser íntima, interna, como se indica: "Meditad en vuestro corazón" (2:15, 18).

Es la profecía de las preguntas, que son formuladas por Dios, y que son preguntas retóricas que necesitan o exigen una respuesta. Las hay para el pueblo en general (1:4, 9; 2:3, 19), y otras están dirigidas a los sacerdotes (2:12, 13).

El profeta apela a la Escritura, de modo que hay varias citas bíblicas en la profecía. Lo hace para demostrar con ella que los juicios por los que habían atravesado estaban ya anunciados. Utiliza en ocasiones textos del Deuteronomio; así se aprecia si se compara 1:6 con Dt. 28:38-40; y también 2:17 con Dt. 28:22. El profeta recuerda al pueblo que las maldiciones anunciadas por Moisés para un determinado comportamiento se habían cumplido, e incluso se estaban cumpliendo en el tiempo de la profecía.

La profecía es un mensaje de aliento divino. Como ocurre siempre, cuando Dios reprende, también alienta. En medio de las circunstancias difíciles hay claras palabras de aliento. Algunas recuerdan a las dirigidas a Josué (2:4; comp. con Jos. 1:9).

Bosquejo

Se propone el siguiente para el análisis exegético del texto bíblico:

I. Primer mensaje: Reconstruid el templo (1:1-15).
   1. Introducción (1:1).
   2. Las disculpas del pueblo (1:2-4).
   3. Las dificultades del pueblo (1:5-6).
   4. La reacción del pueblo (1:12-15).
II. Segundo mensaje: La gloria del templo (2:1-9).
   1. El templo actual y el de Salomón (2:1-3).
   2. El aliento divino (2:4-5).
   3. La promesa divina (2:6-9).
III. Tercer mensaje: Un cambio de situación (2:10-19).
   1. La contaminación del pecado (2:10-13).
   2. La condición espiritual de Israel (2:14).
   3. Las razones de la crisis económica (2:15-17).
   4. Las bendiciones del compromiso (2:18-19).
IV. Cuarto mensaje: Mirando al futuro (2:20-23).
   1. La destrucción de las naciones (2:20-22).
   2. La exaltación de Zorobabel (2:23).

Cristo en el libro

Hay reprensión y exhortación, pero también aliento. Dios, que hace notar a su pueblo las deficiencias y problemas, les habla de restauración, promete su compañía y les anuncia la destrucción de sus enemigos.

Es también la gran promesa de Cristo: "Yo también te digo, que tú eres Pedro, y sobre esta roca edificaré mi iglesia, y las puertas del Hades no prevalecerán contra ella"[147] (Mt. 16:18).

En la respuesta de Jesús hay una solemne determinación que es además una manifestación sobre el propósito suyo en relación con la Iglesia. La expresión de Jesús es enfática: "Y yo también te digo"; es decir, de la misma manera que tú dijiste de mí algo tan importante como la confesión de quien soy, así también yo digo acerca de ti. El Señor comienza su afirmación diciendo al apóstol *tú eres Pedro*. El pronombre personal en la construcción griega adquiere una notable importancia, en un énfasis semejante a *solo tú eres Pedro*, no hay otro Pedro más que tú, en el sentido de lo que sigue. Jesús le había dado mucho antes el sobrenombre (Jn. 1:42); ahora se refiere a él como algo significativo. En esta solemne afirmación se aprecia primeramente la autoridad de Jesús: "Y yo también te digo". Es el fundador de la Iglesia, Soberano como Dios sobre cielos y tierra, el que hace la afirmación y pone sobre las manos de Pedro el acta fundacional de la Iglesia, sin que esto suponga ninguna conferencia de poderes o atribuciones especiales de jerarquía sobre ella.

El Señor establece aquí un compromiso personal sobre algo que Él mismo iba a edificar y que llama "mi Iglesia". La palabra es usada solo por Mateo en dos ocasiones, y no figura en los otros tres evangelios. El sentido de la palabra significa literalmente "los llamados fuera", que es el concepto espiritual de un cuerpo de creyentes que, estando en el mundo y formando parte de él, son llamados por la gracia y separados para Dios. El mismo Señor intercedería por su Iglesia diciendo al Padre que son "los que me has dado" (Jn. 17:6, 9, 11); por tanto, "no son del mundo, como tampoco yo soy del mundo" (Jn. 17:16). La realización del proyecto divino sobre el Cuerpo en Cristo para esta dispensación, que es la Iglesia, sería llevada a cabo no por esfuerzo de hombres, sino por la autoridad y poder de Jesús, que sería el que la edificaría. El problema interpretativo del versículo no está en la promesa sobre la Iglesia, ni en la acción divina para llevarla a cabo, sino en el fundamento sobre el que la Iglesia sería edificada: "Sobre esta piedra", que no puede ser desligada de lo que

---

[147] Texto griego: καγὼ δέ σοι λέγω ὅτι σὺ εἶ Πέτρος, καὶ ἐπὶ ταύτῃ τῇ πέτρᾳ οἰκοδομήσω μου τὴν ἐκκλησίαν καὶ πύλαι ᾅδου οὐ κατισχύσουσιν αὐτῆς.

antecede: "Tú eres Pedro y sobre esta roca edificaré mi Iglesia"[148]. Las diferentes interpretaciones juegan con el nombre del apóstol y la roca en que se edifica la Iglesia. Como Pedro significa piedra, la interpretación natural, sin confrontaciones dogmáticas, sería la natural: "Tú eres piedra y sobre esta piedra edificaré mi iglesia". Sin embargo, el conflicto se ha producido y debe considerarse bien este asunto para tener una definición clara de lo que Jesús quiso decir. Esencialmente hay tres interpretaciones: la primera establece que la Iglesia se edifica sobre Pedro, como piedra; una segunda es que piedra se refiere a la confesión que Pedro hizo sobre Jesús; una tercera es que la piedra se refiere a Cristo mismo.

Los primeros Padres de la Iglesia interpretan el significado de piedra de otro modo; así Crisóstomo dice: "Sobre esta piedra, esto es sobre la fe de su confesión"; en otro momento dice: "No dijo sobre Pedro, porque no fue sobre el hombre, sino sobre su fe". El pensamiento de Crisóstomo es el mismo de sus contemporáneos Gregorio Niceno, Isidoro de Polusium y el Padre latino Hilario, y los últimos Padres griegos, Teodoreto, Teófanes, Teofilacto, Juan de Damasco.[149] Es interesante lo que escribe Agustín de Hipona: "En esta confesión, Pedro representaba a toda la Iglesia... Por consiguiente, sobre esta piedra que has confesado, edificaré mi Iglesia. Pues la piedra era Cristo, y el mismo Pedro fue edificado también sobre este fundamento"[150].

La interpretación de un texto bíblico debe hacerse a la luz de todo el contexto; por tanto, es preciso buscar la claridad de otros pasajes para entender el significado de este. Pedro hace una confesión referente a Cristo, que es la base principal de la fe cristiana: "Tú eres el Cristo, el Hijo del Dios viviente". Esta confesión es la piedra fundamental del cristianismo. Es necesario entender la interpretación que Pedro mismo da al término roca o piedra; su testimonio es claro: "Este Jesús es la piedra reprobada por vosotros los edificadores, la cual ha venido a ser cabeza del ángulo" (Hch. 4:11). Por tanto, Pedro afirma que la estabilidad y orientación de la Iglesia consiste en que descansa, se cimenta en Cristo mismo. La enseñanza de Pedro es desarrollada también por Pablo cuando, en su tratado magistral sobre la Iglesia, que es la carta a los Efesios, escribe: "Edificados sobre el fundamento de los apóstoles y profetas, siendo la principal piedra del ángulo

---

[148] En la versión latina se lee: *Tu es Petrus et super hanc petram aedifcabo Ecclesiam mean.*
[149] Cf. Pérez Millos, 2015.
[150] Agustín de Hipona, *Tractatus in Joannem*, 124.5.

Jesucristo mismo" (Ef. 2:20). La roca fundamental que sustenta la Iglesia es Cristo mismo. Nuevamente el apóstol Pedro, refiriéndose a la roca, escribe un pasaje en el que introduce también un texto del Antiguo Testamento para aplicarlo a Cristo:

> Acercándoos a Él, piedra viva, desechada ciertamente por los hombres, mas para Dios escogida y preciosa, vosotros también, como piedras vivas, sed edificados como casa espiritual y sacerdocio santo para ofrecer sacrificios espirituales aceptables a Dios por medio de Jesucristo. Por lo cual también contiene la Escritura: He aquí pongo en Sion la principal piedra del ángulo, escogida, preciosa; y el que creyere en Él, no será avergonzado. (1 P. 2:4-6)

En todo el pasaje, el apóstol se refiere al fundamento de la Iglesia que es Cristo mismo, a quien se aplica en todo el Nuevo Testamento el calificativo de piedra angular. Sin embargo, no debe olvidarse en esta consideración que surge del texto del evangelio que, junto con la piedra principal, están también los apóstoles y profetas, sobre cuya doctrina se edifica, en el sentido de llevar a buen término la Iglesia. Los fundamentos puestos por los apóstoles no significan que ellos mismos no estén puestos y edificados sobre Cristo, único fundamento de la Iglesia. El fundamento doctrinal fue expuesto en la primera etapa por los apóstoles y profetas, y escritos por ellos en el Nuevo Testamento. Ellos, en el nombre del Señor, expresan la doctrina base de la fe cristiana, haciéndolo siempre en nombre de Él y por inspiración divina (1 Co. 11:23; Gá. 1:11, 12; 2 Ti. 3:16; 2 P. 1:21). Los escritos de apóstoles y profetas revisten la autoridad de Dios mismo, por lo que Pablo llama la atención a los creyentes en Corinto recordándoles esa realidad (1 Co. 14:37).

La segunda parte de la afirmación de Cristo tiene que ver con la estabilidad y permanencia de la Iglesia que Él iba a edificar: "Yo edificaré mi Iglesia". Jesús contrae el compromiso de edificar; lo hará Él y no otro; lo harán otros por delegación de Él; lo seguirán haciendo en el tiempo mediante el uso y ejercicio de los dones que el Espíritu repartirá a cada uno conforme a su soberanía (1 Co. 12:11). El verbo edificar está en futuro lo que sugiere una acción que se realizaría en el tiempo posterior al momento del diálogo con Pedro. Esta acción de edificar será algo continuado en el tiempo y que demanda una cierta lentitud. El edificio vivo que es la Iglesia va en continuo crecimiento para ser un templo santo en el Señor (Ef. 2:21). Quien edifica es Cristo mismo; Él es la piedra angular; los apóstoles son los que establecen la estructura del edificio; cada creyente es una piedra viva (1 Co. 3:9-11; Ef. 2:20; 1 P. 2:6-7; Ap. 21:14). Esta edificación que Cristo está llevando a cabo actúa en cada uno de los creyentes que, como piedras, han sido sacados de la cantera del mundo y colocados en el edificio para ser individual y colectivamente el templo de Dios en Espíritu, avanzando hacia su meta de crecimiento, siendo también colaboradores de Dios en esa tarea (Ef. 4:16). Mediante el uso de los dones, contribuyen a la edificación mutua del cuerpo (1 P. 4:10). De ahí la admirable maravilla de la construcción de Dios que hace de la Iglesia un edificio que cobija a todas las ovejas del buen pastor que, sintiéndose protegidas por Él, viven una vida de libertad con Cristo, entrando y saliendo y encontrando pastos (Jn. 10:9). La Iglesia, al ser un edificio vivo, es también un templo vivo en que se rinde culto a Dios, en espíritu y en verdad (Jn. 4:24), donde se adora, alaba e intercede (cf. 1 Co. 3:16-17; 2 Co. 6:16; Ef. 2:21; 1 Ti. 3:15, comp. con Mr. 11:17 y Jn. 2:16).

Un segundo aspecto de la enseñanza sobre la Iglesia la identifica como un cuerpo de propiedad divina. El Señor enfáticamente dice que es *mi Iglesia*, esto es, de su propiedad. Es un pueblo de formación divina, integrada por todos aquellos a quienes Dios llama a salvación y la reciben de Él (Hch. 15:14). Este cuerpo está formado por gentes sin limitación de raza o condición, habiendo abolido Dios en Cristo las separaciones históricas entre judíos y gentiles para hacer de todos los salvos un solo y nuevo hombre que experimente la paz (Ef. 2:14-16). Si la iglesia es de Cristo y el Señor es de condición celestial, así también su cuerpo, cuya ciudadanía está en los cielos (Fil. 3:20). Este cuerpo es un don del Padre a su Hijo (Jn. 6:37, 39; 17:6, 9, 11, 12). Y un cuerpo cuya vida procede de la Roca sustentante, que es Cristo mismo, en quien, al estar la vida, la comunica por identificación comunicativa a cada uno de los miembros. Estos, como piedras muertas, reciben la vida solo cuando entran en contacto con la roca que tiene vida en sí misma (1 P. 2:4).

Otra verdad manifestada tiene que ver con la unidad de la Iglesia. Jesús dice que el edificaría solo su Iglesia. El sustantivo en singular y el pronombre *mi* hablan claramente de exclusividad y unidad. El Señor no vino para edificar muchas iglesias, sino una sola. Por esta unidad vital y vivencial, Jesús oró al Padre (Jn. 17:21-24). Es necesario tener presente que Jesús pidió una unidad absoluta a semejanza de la unidad divina: "Que sean uno así como nosotros". La unidad que Cristo establece para su Iglesia es una unidad tan perfecta y permanente como la que existe entre las personas divinas en el seno de la Santísima Trinidad. Del mismo modo que no es posible la separación, en sentido de subsistencia individual, en el seno trinitario, así tampoco es posible que haya tal división en el cuerpo de Cristo. Esta unidad es hecha por el Espíritu Santo a través del bautismo en Cristo (1 Co. 12:13). La unidad es posible a causa de la regeneración espiritual que implanta a Cristo en el cristiano; por eso Él dijo al Padre "Yo en ellos" (Jn. 17:23). La unidad de la Iglesia se manifiesta en todas las figuras que se utilizan para referirse a ella. Es un solo rebaño (Jn. 10:16); esposa (Ef. 5:24-27; 2 Co. 11:2; Ap. 19:7; 22:17); cuerpo (Ef. 4:11-16); edificio (Ef. 2:20-22); una vid y pámpanos en ella (Jn. 15:1, 2). Tan importante es la unidad que hay un mandamiento expreso para guardarla con solicitud (Ef. 4:3). De este modo, ha de considerarse la unidad de la Iglesia como algo deseado y hecho por Dios. El creyente debe, pues, tener una solicitud especial en relación con la unidad. Fomentar la división es intentar la destrucción del Cuerpo de Cristo para lo que existe la solemne advertencia de que Dios destruirá a quién intente destruir el cuerpo (1 Co. 3:17).

Una expresión de definitiva seguridad para la Iglesia está en las siguientes palabras de Jesús: "Y las puertas del Hades no prevalecerán contra ella". La palabra griega es la forma de la hebrea *sheol*, referida al mundo de los muertos (Gn. 37:35), es decir, al lugar a donde iban las almas de los difuntos. La connotación del Hades es diferente según los lugares donde se cita. La relación de este lugar en el Antiguo Testamento tiene que ver generalmente con los que son apartados de Dios y de los hombres (2 S. 12:23; Job 7:9). En muchas ocasiones hay referencias que conectan el lugar con la maldad cometida en la vida (Sal. 9:17; Pr. 5:5). En el Nuevo Testamento, el Hades está muy vinculado con la connotación doctrinal de recompensa o castigo, como se aprecia en la mayoría de las veces que aparece (cf. p. ej. Hch. 2:27; Ap. 20:13). En el contexto de este versículo, Hades está relacionado con algo en contraste con la Iglesia; esta está edificada como un templo vivo, mientras el Hades es un edificio de muerte. En el Antiguo Testamento, las puertas del Hades solo tienen el significado de lugar de muerte (Is. 38:10). La figura no presenta al Hades atacando a la Iglesia, sino que expresa la imposible victoria de la muerte sobre ella. La muerte no prevaleció primero sobre el que había dicho: *Yo edificaré mi Iglesia*; en segundo lugar, tampoco prevalece sobre los miembros de la Iglesia que experimentan, como todo hombre, la muerte física. Para estos, el morir es simplemente dormir en Cristo, para ser resucitados un día y estar para siempre con Jesús (1

Ts. 4:16-17). Jesús garantiza con su vida la perpetuidad de su Iglesia. Las llaves del lugar de los muertos están en la mano del Señor de la Iglesia (Ap. 1:18). Con su propia muerte, Jesús derrotó al pecado, a la muerte y a Satanás (He. 2:14-15). Por su resurrección tiene absoluta autoridad sobre la muerte y la vida. La Iglesia pasará durante su existencia terrenal por graves dificultades; miles de sus miembros serán muertos violentamente; Satanás desencadenará su furia infernal contra ella; pero el Señor la sostiene con el cimiento firme de su vida, que transmite la vida eterna a cada una de las piedras que son unidas a Él (1 P. 2:4). Esa vida eterna garantiza la victoria definitiva sobre el poder de la muerte; por tanto, ninguno de los miembros de la Iglesia que Jesucristo edifica perecerá jamás, porque nadie podrá moverlos de la posición que ocupan en la mano del Señor (Jn. 10:28). Mientras el tiempo de la dispensación de la Iglesia dure, antes de que sea recogida por el Señor, Él tendrá siempre una Iglesia que es suya. No cabe duda de que a la Iglesia se le garantiza por Cristo su inmortalidad, pero no su indefectibilidad, en el sentido de faltar; en todo caso, con sus imperfecciones y dificultades, los cristianos son siempre "más que vencedores por medio de aquel que los ama" (Ro. 8:37).

Zacarías

Al igual que las otras profecías, toma su nombre del autor, en hebreo *Z^ekaryâ*, que equivale a *Yahvé se ha acordado*, o también *Yahvé recuerda*. Es el escrito profético más extenso dentro de los tres del post-exilio.

Autor y fecha

Hay treinta y dos personales con el mismo nombre en el Antiguo Testamento. Al igual que Jeremías y Ezequiel, Zacarías estaba vinculado a la familia sacerdotal (Neh. 12:12-16). Se presenta como hijo de Berequías, a su vez hijo de Iddo. En Esdras se omite el nombre de su padre y se dice de él que era hijo de Berequías (Esd. 5:1). Al relacionarlo en este caso con el abuelo, se puede suponer que su padre había muerto, antes de que pudiera suceder a su padre en el sacerdocio. Su vinculación sacerdotal se aprecia en que aparece como uno de los sacerdotes retornados de Babilonia con Zorobabel y Josué, sumo sacerdote (Neh. 12:4).

Zacarías es profeta y es consciente del ministerio profético que le había sido encomendado. Él mismo se considera como continuación de los profetas anteriores (1:4; 7:7).

Zacarías es contemporáneo de Hageo, comenzando su ministerio dos meses después de él, y se desenvuelve en el mismo ambiente y con las mismas dificultades. Pudiera ser joven cuando comenzó a profetizar (2:4).

Por los datos internos del libro, Zacarías profetizó entre los años 520 a 518 a. C., cuando reinaba en Persia Darío I Histaspes (522-586 a- C.), el sucesor de Cambises (1:1, 27; 7:1).

En base a estos datos históricos, podría datarse la profecía de Zacarías entre 520-518 a. C.

Entorno histórico

Es el mismo que se ha dado para la profecía de Hageo. Está en el tiempo de la reedificación del templo. Estos dos profetas, Hageo y Zacarías, fueron enviados por Dios para despertar el interés del pueblo y retomar la reedificación del santuario, que había quedado interrumpido por la acción de los enemigos de su entorno geográfico más próximo.

Propósito

Jerónimo dijo de esta profecía que era el libro "más oscuro y el más largo de entre los doce"[151]. Este pensamiento se intensifica en el capítulo seis: "Ahora se pasa de una oscuridad a otra todavía mayor, y como Moisés entramos en una nube caliginosa"[152]. Refiriéndose al capítulo 11 escribe que "tantos misterios se entrelazan, que necesitamos la ayuda misericordiosa de Dios y vuestras oraciones"[153].

No cabe duda de que el estilo profético reviste un cierto aspecto apocalíptico o, en el mejor de los casos, de visiones que deben ser interpretadas; de ahí que algunos llaman a Zacarías el Apocalipsis del Antiguo Testamento. Esta perspectiva profética tiene habitualmente dos tiempos de cumplimiento. Comienza con el entorno actual en cada una de las tres secciones del libro (caps. 1-6, 7, 8, 9-14), después de lo cual se proyecta escatológicamente al tiempo de la segunda venida, con el regreso del Mesías a su templo para establecer el reino terrenal.

---

[151] *"Obscurissimus liber Zachariae prophetae, et inter duodecim longissimus"*. Alonso Díaz, 1969, Vol. VI, p. 433.
[152] *"Ab obscuris ad obscuriora transimus, et cum Moyse ingredimur in nubem et caligiem.* IB.
[153] *"Tantis... contextis mysteriis, ut misericordia Dei et tuis indigeamus orationibus"*. IB.

El texto se enfoca en la gloria venidera del Señor para servir de aliento a su pueblo en las dificultades por las que estaban pasando a causa de la persecución de los enemigos terrenales.

Aunque hay un gran contenido escatológico que se establece por medio de visiones, al mismo tiempo cumple el propósito de alentar al pueblo y llamarlo a la tarea de la reconstrucción del templo, que es el tema central para el tiempo de la profecía. Unido a esto está el llamamiento a un arrepentimiento y retorno incondicional a Dios en obediencia incondicional.

Un aspecto interesante es notar que Zacarías menciona los nombres propios de los líderes de aquel tiempo, como Zorobabel (4:6, 7, 9, 10) y Josué (6:11), unido a la precisión cronológica de la recepción de las visiones nocturnas que le fueron reveladas y que narra en primera persona (1:7-6:15). Posiblemente las visiones tuvieron lugar en el espacio de una noche.

Terminadas las visiones, siguen los capítulos siete y ocho, con motivo de la pregunta hecha a los sacerdotes y a los profetas sobre aspectos de prácticas religiosas como el ayuno.

El profeta apunta al futuro señalando a la purificación de Jerusalén (13:1-9) y a la segunda venida del Mesías a Jerusalén (14:1-21), que cierra la profecía.

Bosquejo

Se propone el siguiente para el análisis exegético del texto bíblico:

I. Llamado al arrepentimiento (1:1-6).
 1. Presentación del profeta y fecha del mensaje (1:1).
 2. La situación de la nación (1:2-3).
 3. El llamamiento divino (1:4-6).
II. Las visiones de Zacarías (1:7-6:15).
 1. Visión de los caballos (1:7-17).
 2. Visión de los cuernos (1:18-21).
 3. Visión del medidor (2:1-13).
 4. Visión del sumo sacerdote (3:1-10).
 5. Visión del candelabro y los olivos (4:1-14).
 6. Visión del rollo volante (5:1-4).
 7. Visión del efa y la mujer (5:5-11).
 8. Visión de los cuatro carros (6:1-8).
 9. La coronación de Josué (6:9-15).

III. Preguntas (7:1-8:23).
   1. Sobre el ayuno (7:1-14).
      1.1. El ayuno que Dios reprueba (7:1-7).
      1.2. La desobediencia y sus resultados (7:8-14).
   2. Promesa de restauración de Jerusalén (8:1-23).
IV. Profecías sobre el futuro (9:1-14:21).
   1. Profecía sobre las naciones e Israel (9:1-11:17).
      1.1. Victorias de Alejandro Magno (9:1-8).
      1.2. La venida del Mesías rey (9:9-10).
      1.3. Victorias de los macabeos (9:11-17).
      1.4. Bendiciones del Mesías (10:1-12).
      1.5. Rechazo del pastor (11:1-17).
   2. Profecía sobre el futuro de Israel (12:1-14:21).
      2.1. Liberación de la nación (12:1-9).
      2.2. Renovación espiritual de la nación (12:10-13:9).
      2.3. Segunda venida del Mesías (14:1-7).
      2.4. Reino del Mesías (14:8-11).
      2.5. Juicio sobre los enemigos de Israel (14:12-15).
      2.6. La adoración en el reino milenial (14:16-21).

Cristo en el libro

Nuevamente la profecía está orientada a la renovación espiritual de un regreso incondicional a Dios y la visión escatológica del glorioso reino de los cielos establecido en la tierra con el regreso del Señor.

Será suficiente con destacar las palabras de Cristo: "Vendré otra vez"[154] (Jn. 14:3). Sin duda se estaba refiriendo al regreso del cielo al aire para recoger a su iglesia. Los ángeles recordarán a los discípulos que estaban presentes en la ascensión que "este mismo Jesús, que ha sido tomado de vosotros al cielo, así vendrá como le habéis visto ir al cielo" (Hch. 1:11). Del trono de majestad donde ha sido entronizado regresa para recoger a los suyos. Lo hará con toda la gloria que tiene quien ha recibido un nombre que es sobre todo nombre (Fil. 2:9-11).

La promesa de Cristo precisa la proyección eterna de la situación que se producirá cuando Él venga a buscarnos. Donde Él está, estaremos también nosotros. Los discípulos debían entender sus palabras, como si les dijese: *Donde yo estaré en breve y para siempre, también vosotros estaréis conmigo*. El apóstol Pablo dice lo mismo con otras palabras: "Y así estaremos siempre con el Señor" (1 Ts.

---

[154] Texto griego: παλιν ἔρχομαι.

4:17). Nunca hemos dejado de tener la presencia del Señor con nosotros. Él mismo promete la presencia del Espíritu Santo. El Señor prometió su compañía (Mt. 28:20). Sin embargo, no le vemos cara a cara, es ahora la limitada visión de la fe y la revelación de la Palabra la que nos permite ver a Jesús. Pero entonces la visión será perfecta porque "le veremos tal como Él es" (1 Jn. 3:2). Una experiencia inimaginable, gozando para siempre de la admirable presencia del Señor. Las tristezas, las penas, las lágrimas, las aflicciones, las persecuciones, los fracasos, las caídas, la angustia, los tramos del valle de sombra de muerte, el desencanto y la depresión que, como Elías, hemos sentido en algún momento, la soledad y la tristeza habrán desaparecido para siempre, la oscuridad de la senda dará paso a la gloriosa luz del lugar que el Señor prepara para nosotros. La reunión eterna de todos en la presencia del Señor añadirá gozo y alegría que será la forma natural de la vida perpetua con Él. Será un encuentro definitivo para no separarnos jamás de Él. Entonces se cumplirá, además de la promesa de la que habla el Señor, su deseo personal expresado en la oración al Padre: "Para que donde yo estoy ellos estén conmigo" (Jn. 17:24).

Pero no es menos importante la proyección siguiente en la que Jesús mismo regresará a la tierra para establecer el reino que Dios ha determinado. Para eso ha sido revestido de autoridad suprema: "Por lo cual Dios le exaltó hasta lo sumo, y le dio un nombre que es sobre todo nombre. Para que en el nombre de Jesús de doble toda rodilla de los que están en los cielos, y en la tierra, y debajo de la tierra; y toda lengua confiese que Jesucristo es el Señor, para la gloria de Dios Padre" (Fil. 2:9-11). Lo que era temporal y transitorio en el estado de humillación, dio paso a lo que es permanente y eterno, su estado de exaltación, en cuya dimensión se lo ve no limitado y mortal, sino coronado de gloria y de honra y revestido, en su humanidad, de inmortalidad. Esa situación es absolutamente irreversible, ya que fue el Padre quien lo exaltó hasta lo sumo. Sin embargo, es Señor no por adquisición, sino por derecho inherente a su condición de Dios-hombre (Col. 2:9). Aun en los días de su humanidad, en la limitación de su carne, era Señor (1 Co. 2:8). Pero el ejercicio del señorío supremo se manifiesta y ejerce después de la resurrección. No solo desde la naturaleza divina, sino también desde la humana, glorificada. Jesús, a causa de la unión hipostática, es eternamente Dios-hombre. Su naturaleza humana está también coronada de gloria y de honra, ya que el Padre lo exaltó hasta lo sumo. La exaltación estaba ya profetizada (Is. 53:10-12). El resucitado habló a los suyos de la gloria de su majestad en autoridad suprema sobre cielos y tierra (Mt. 28:18).

Dios concede al exaltado el nombre como título de suprema soberanía celestial. Por tanto, ese nombre le es dado como algo vinculado con la obra de gracia; por esa razón se ha traducido por *dio el nombre*. Si el nombre es sobre todo nombre, ha de ser vinculado necesariamente con la deidad de Jesucristo. Este es, por tanto, la proyección eterna del nombre humano dado por Dios al Verbo encarnado. El término *nombre* debe ser relacionado con dignidad, majestad, gloria de la persona que tiene el título. Es interesante apreciar la presencia de los dos artículos determinados acompañando al nombre, de manera que literalmente se lee: le dio el nombre, el sobre-todo nombre. De esta forma, no hay posibilidad de confusión, porque solo el resucitado es poseedor de "el nombre" que, por ser precedido por el artículo definido, es el único de esa condición. Este nombre sobre todo nombre expresa el rango supremo del ser divino: no es un simple título mesiánico, sino el que corresponde y pertenece exclusivamente a Dios. El nombre de honor y gloria suprema que recibió del Padre, en la resurrección de entre los muertos, lo proclama cósmicamente como Señor. La autoridad suprema bajo ese nombre queda reconocida en el texto, ya que bajo la autoridad que dimana de él se dobla toda rodilla, expresión que señala reconocimiento universal de su deidad y, por tanto, de su señorío. Quienes se inclinaron burlescamente ante Él habrán de hacerlo ante el mismo Jesús glorificado, reconociéndolo como Dios. Es algo profetizado ya en el Antiguo Testamento, donde Dios dice, por medio del profeta: "Por mí mismo hice juramento, de mi boca salió palabra en justicia, y no será revocada: Que a mí se doblará toda rodilla, y jurará toda lengua" (Is. 45:23). Jesús no es un hombre elevado o un dios rebajado, sino el infinito y eterno Dios hecho hombre (Jn. 1:14). La autoridad de ese nombre, que es identificativo de la persona, quedó evidenciada en los milagros que se hicieron bajo la autoridad de ese nombre (Hch. 3:6; 9:34; 16:18). Nadie puede resistir la soberanía de Dios y en su presencia caerán arrodillados por quien es.

En el Apocalipsis se leen dos revelaciones sobre el reino. Una de ellas expresada en presente escatológico: "Los reinos del mundo han venido a ser de nuestro Señor y de su Cristo; y él reinará por los siglos de los siglos"[155] (Ap. 11:15). Juan ve el cielo y escucha grandes voces en él. El momento final, tanto de los juicios de Dios como del retorno de Jesucristo para establecer el reino milenial está próximo. El mismo Señor lo advirtió cuando dijo a los discípulos: "Cuando estas

---

[155] Texto griego: ἐγένετο ἡ βασιλεία τοῦ κόσμου τοῦ Κυρίου ἡμῶν καὶ τοῦ Ξριστοῦ αὐτοῦ, καὶ βασιλεύσει εἰς τοὺς αἰῶνας τῶν.

cosas comiencen a suceder, erguíos y levantad vuestra cabeza, porque vuestra redención está cerca" (Lc. 21:28). La séptima trompeta es la última de las que Dios había dispuesto; sin embargo, no debe confundirse esta trompeta con la última que el apóstol Pablo menciona en la carta a Corintios (1 Co. 15:52). La "final trompeta" de Pablo tiene que ver con la resurrección de los muertos en Cristo y el traslado de la iglesia a la presencia del Señor para estar para siempre con Él (1 Ts. 4:16-17). La trompeta que menciona Pablo es una trompeta de gloria, mientras que la séptima trompeta del Apocalipsis es de juicio. Esta séptima trompeta que Juan oyó sonar en manos del ángel establece el comienzo de los últimos días de la semana de tribulación, como preludio necesario al establecimiento del reino del Mesías en la tierra.

La voz del cielo proclama que "el reino del mundo ha venido a ser de nuestro Señor y de su Cristo". El sustantivo *reino* va precedido de artículo determinado, que establece su condición única y de una posición de pertenencia del mundo. Aunque en el mundo hay muchos reinos, aquí se refiere a uno que los comprende a todos. El versículo se refiere al tiempo final de la última semana de Daniel, en que el reino del Anticristo irá avanzando hasta agrupar en él a todos los reinos del mundo. El reino del mundo es el reino de Satanás y de su sistema diabólico. La Biblia enseña que, aunque aparentemente están divididos entre sí y en continuo conflicto, el mundo entero está bajo el maligno (1 Jn. 5:19). El tentador afirmó delante del Señor, en la tentación, que él podía dar los reinos del mundo a quien quisiera porque eran suyos, ya que se le habían entregado (Lc. 4:6). El gobierno de la tierra había sido dado por Dios al hombre en la creación (Gn. 1:28), pero a causa de la tentación y caída, le fue entregado a Satanás, que se convierte en el príncipe de los reinos de este mundo; por tanto, estaba en su derecho al hacer la oferta de entregar los reinos del mundo a Cristo. La cruz es la solución divina a la recuperación para el hombre, en el hombre perfecto, Jesús, lo que estaba en manos del usurpador, que es "echado fuera", al ser vencido en la cruz (Jn. 12:31). El reino del mundo, en singular, expresa la dimensión en cuanto a gobierno del sistema llamado mundo, organizado por Satanás y que rechaza a Dios, oponiéndose al soberano en todo. La voz celestial proclama el final de este sistema que gobierna en el mundo. El reino del mundo, en manos de Satanás, pasa a ser el reino de Dios y de su Cristo. La expresión "ha venido a ser" indica que el reino, que antes era de otro, se convierte en el reino de Dios.

Juan hace referencia a la voz del cielo que proclama que el reino del mundo vino a ser el reino de Dios. Dios siempre ha reinado sobre grupos de personas que le acatan como Señor (Sal. 93:1; 97:1; 99:1). Él reina sobre quienes le obedecen voluntariamente y le reconocen como rey. Siempre tuvo reino en la tierra en ese sentido (Dn. 4:3). Los creyentes de la iglesia, hijos de obediencia, están en el reino de Dios (Col. 1:13). En el futuro, Dios gobernará reinando sobre la tierra, cuyo rey será Jesucristo. Ese reino está anunciado reiteradamente en la profecía (Is. 32:1-7; 33:17:33; Ez. 21:26-27; Dn. 2:35, 44; 7:14, 26, 27; Miq. 4:1-5; Zac. 14:8, 9; Lc. 1:32-33). El reino en el futuro no estará sujeto a ángeles, sino a Cristo (He. 2:5). Potencialmente, el Señor es el rey que reinará, pero espera el tiempo previsto por Dios para poner a sus enemigos bajo sus pies, en absoluta victoria (Sal. 110:1; He. 10:23). El rey ha sido determinado en la soberanía divina, expresado en un futuro profético mediante un pasado: "Yo he puesto mi rey sobre Sion mi monte santo" (Sal. 2:6). El enunciado en tiempo pasado, "El reino del mundo ha venido a ser el reino de nuestro Señor y de su Cristo", es un futuro profético usado para determinar una acción futura en el propósito soberano de Dios, que por decisión divina tendrá un cumplimiento cierto. Aquí todavía más, al proclamar que llegó el momento para que lo anunciado proféticamente tenga cumplimiento y el reino de Dios se establezca en la tierra.

Junto con la seguridad del reino, la extensión temporal de ese reino, que será eterno. El futuro de indicativo "reinará", en voz activa en el texto griego, expresa una acción que se producirá sin límite de tiempo, es decir, reinará sobre la tierra y definitivamente sobre la nueva creación de Dios, en un reino eterno. La soberanía de Dios cuestionada por influencia diabólica en el mundo y afirmada por Dios se resolverá definitivamente en el hecho trascendental de la instauración del reino de Dios en la tierra, gobernado por su Cristo, designado para ser el rey. El cuestionamiento que se hizo negando la soberanía de Dios queda definitivamente cancelado, puesto que quien afirma ser el soberano viene a establecer su soberanía en el reino terrenal, tomándolo de quien se opuso a su soberanía desde la caída del hombre. Tal acontecimiento será un motivo de exultante gozo en las regiones celestiales con la proclamación jubilosa de que el reino opositor a la soberanía de Dios ha sido disuelto para pasar a la posesión del soberano que reinará en la tierra, donde se había asentado el reino del mundo. El gobierno será de Dios y de su Cristo en una unidad inseparable (1 Co. 15:27). Este gobierno trasciende al tiempo y se proyecta ya a la eternidad, estableciéndose sobre la nueva creación o recreación de Dios, donde se perpetuará para siempre (2 P. 3:11-13). La proclamación celestial no distingue sobre el establecimiento del reino milenial de Cristo y el reino eterno de Dios. Pablo distingue dos períodos, uno entre la resurrección y la exaltación, con el regreso a la tierra y el establecimiento del reino milenial, y otro cuando entregue el reino a Dios el Padre en plena sujeción de todos a Él (1 Co. 15:24-28). Aquí Juan escucha la voz desde el cielo que afirma que el Mesías, el Cristo de Dios, reinará "por los siglos de los siglos". El reino mesiánico o milenial introduce el período del reino de Dios en proyección perpetua en mano del rey de reyes y Señor de señores, designado para ser rey por Dios mismo y anunciado de esa manera antes de su nacimiento: "Y ahora, concebirás en tu vientre, y darás a luz un hijo, y llamarás su nombre Jesús. Este será grande, y será llamado Hijo del Altísimo; y el Señor Dios le dará el trono de David su padre; y reinará sobre la casa de Jacob para siempre, y su reino no tendrá fin" (Lc. 1:31-33). Ambas cosas, reino milenial como el hijo de David sobre la casa de Jacob, y reino eterno sobre toda la creación de Dios.

Malaquías

Tanto en la Biblia hebrea como en la griega, este libro es el último de los de los doce profetas llamados menores. Como los restantes, lleva por título el nombre del profeta. Con este libro, Dios cierra el canon del Antiguo Testamento, tanto histórica como proféticamente, por lo que nada pudo añadirse como Escritura.

Autor y fecha

No hay dato alguno sobre la familia del profeta. Su nombre, *Malakî*, puede significar mensajero o incluso ángel, lo que permite para algunos suponer que es una referencia a su ministerio y no a su nombre.

El término Malaquías aparece en otros dos pasajes sin vinculación personal (2:7; 3:1), que se traduce como *mensajero*. Con todo, no hay razones suficientes para negar que Malaquías sea el nombre del profeta.

Si es difícil puntualizar esto, también resulta difícil establecer la datación de la profecía, que debe hacerse atendiendo al mensaje del profeta. Por eso los mensajes apuntan al tiempo de Nehemías y, posiblemente al tiempo del regreso de este a Persia, cumplido el tiempo que el rey le había permitido para la reconstrucción de la ciudad. Esto se produjo ca. 433-424 a. C. (comp. Neh. 5:14 con 13:6).

El templo había sido reconstruido y se ofrecían sacrificios en él (1:7-10; 3:8). La reconstrucción del templo terminó en 516 a. C. (Esd. 6:13-15). El tiempo trajo consigo lo que había sido natural durante los siglos anteriores a la destrucción de la ciudad. El sacerdocio se había hecho tolerante, incluso corrupto, y estaban satisfechos con la forma de vida de aquella sociedad (2:8). Los matrimonios con extranjeras eran algo habitual (2:11). Retener los diezmos también ocurría (3:8-10). Todo esto había degenerado en injusticia social (3:5).

Nehemías regresó a Jerusalén ca. 424 a. C., poniendo orden a todo lo que se había deteriorado. Por tanto, es de suponer que el profeta dio sus mensajes en el intervalo de las dos visitas, por lo que el libro puede datarse entre 450-420 a. C.

Entorno histórico

En tiempos de Artajerjes I Longimano, se firmó el edicto imperial que permitía a los judíos la reconstrucción de Jerusalén, la ciudad y el muro (Neh. 2:1 ss.). Decreto importante porque marca el inicio de las setenta semanas reveladas por el profeta Daniel (Dn. 9:25).

La obra de reconstruir el muro se hizo en un tiempo récord, de tan solo 52 días (Neh. 6:15). El período anterior, desde la salida de los primeros cautivos de Babilonia, fue de 90 años.

Nehemías estableció reformas sociales (Nh. 5:12-13). Especialmente dedicadas a la protección de los pobres. Supone esto que la pobreza había vuelto a ser una característica de muchos de los retornados desde Babilonia.

La situación espiritual era mala, con pecados notorios en medio de la nación: falta de amor hacia los hermanos (Neh. 5:1-19); se practicaba la usura, con lo que había llegado la penuria económica; habían vuelto a contraer matrimonios mixtos (Neh. 10:30); había un notorio desprecio por la ley de Dios (Neh. 10:29); no se guardaba el día de reposo (Neh. 10:31); no había compromiso con el servicio del Señor (Neh. 10:32); no se ofrendaba como se había establecido en la ley (Neh. 10:35-39); etc.

Esto llevó a Nehemías, junto con los líderes de la nación, a firmar un compromiso de obediencia delante del Señor, precedido de un tiempo de oración en confesión de pecado (Neh. 9). La firma del compromiso fue hecha por todo el pueblo (Neh. 10).

Nehemías había recibido autorización para ausentarse de su servicio en el palacio durante el tiempo que él mismo había establecido, que fue de 12 años (Neh. 5:14). Por consiguiente regresó a Babilonia ausentándose de Jerusalén por un tiempo (Neh. 13:6a).

Durante la ausencia de Nehemías se produjo una serie de alteraciones en los compromisos contraídos delante del Señor (Neh.

10:29-31). Las noticias de esa situación en Jerusalén lo llevaron a pedir permiso para un segundo viaje a su ciudad (Neh. 13:6b-7a).

Ya en Jerusalén, procedió a establecer las reformas que aquella situación requería. Una de ellas tenía que ver con los extranjeros (Neh. 13:1-3). Las razones para la separación con los otros pueblos se indican (Neh. 13:1-2), que era la obediencia necesaria a la Palabra de Dios (Dt. 23:3-5); también la separación entre Israel y los pueblos, cuya maldad y origen pecaminoso eran notorios (Gn. 19:30-38). Estas reformas rompieron vínculos afectivos.

Igualmente hubo reformas con el ministerio (Neh. 13:4-14). Los israelitas habían dejado de ofrendar, de manera que las camas de las ofrendas se dedicaban a otros menesteres (Neh. 13:5). La nación había perdido la confianza en el sacerdocio. Estos habían tratado de evitar la persecución del mundo con pactos sociales y familiares emparentando con los enemigos de Israel (Neh. 13:4). La intervención de Nehemías fue contundente (Neh. 13:8, 11).

También hizo reformas en relación con el sábado (Neh. 13:15-22). El día de reposo había sido un obstáculo comercial con los pueblos vecinos. Esa dificultad se había superado despreciando lo que Dios establecía en su ley. El sábado era el día de reposo, establecido por Dios como sagrado para su pueblo (Ex. 16:23; 20:10, 11; 31:17). Todo trabajo y comercio estaban expresamente prohibidos en él (Ex. 35:3; Nm. 15:32). Ese día se había convertido en señal del pacto entre Dios y su pueblo (Ez. 20:12-20). La actuación de Nehemías fue también determinante, con represión al pueblo y el cierre de las puertas de la ciudad para que eso no se produjese, colocando hombres de confianza para cerrarlas durante todo el sábado.

En relación con el establecimiento de matrimonios mixtos, estableció también reformas (Neh. 13:23-31). La necesidad era evidente. El pueblo estaba desobedeciendo a lo que Dios había establecido. Esto también generó problemas de infidelidad y divorcio. Las consecuencias eran hogares destruidos e hijos de los israelitas que eran educados en costumbres paganas. La actuación de Nehemías consistió en una reprensión enérgica, recordarles los problemas históricos y aplicar la consecuente disciplina.

Aspectos del libro

El estilo es muy poético, incluso algunos sugieren que debía ser colocado en la sección de los libros poéticos.

El libro se desarrolla como un diálogo entre Dios y el pueblo. El Señor revela los muchos pecados en que habían caído. Es notable observar las muchas preguntas que aparecen en el libro, tanto de parte de Dios como del pueblo (cf. 1:2, 6, 7, 8, 9, 13; 2:10, 14, 15, 17; 3:2, 7, 8, 13).

Dios descubre la hipocresía del pueblo, que estaba buscando disculpas a las acusaciones de pecado que recibía del Señor. Dios manifiesta la realidad de la situación espiritual con impactantes respuestas, que revelan la profunda miseria espiritual del pueblo, quien alegaba que era mejor dejar de servir al Señor.

Hay profundos contrastes en el libro. La grandeza de Dios contrastada con la falta de respeto del pueblo (1:5, 11, 14; 2:2; 1:6, 12; 2:13-14).

Propósito

La profecía está orientada a despertar al pueblo hacia un compromiso de santidad y temor de Dios (1:6, 11, 14; 2:5; 3:5, 16; 4:2, 5).

El profeta, en nombre del Señor, hace promesas de bendición para quienes retornen a su temor, incluyendo también juicio para los rebeldes. Dios deseaba derramar bendiciones sobre su pueblo (2:2; 3:10); la impiedad manifestada impedía que se hicieran realidad, cambiando la bendición en maldición (1:14; 2:2; 3:9; 4:6).

Bosquejo

Se propone el siguiente para el análisis exegético del texto bíblico:

I. El amor de Dios desconocido (1:1-5).
   1. El amor declarado (1:2a).
   2. El amor cuestionado (1:2b).
   3. El amor manifestado (1:3-4).
   4. La gloria de Dios anunciada (1:5).
II. Quejas divinas (1:6-3:18).
   1. Santidad aparente (1:6-14).
      1.1. Un sacerdocio que deshonra a Dios (1:6).
      1.2. Unos sacrificios despreciables (1:7-10).
      1.3. Negando al Señor (1:11-14).
   2. Corrompiendo la enseñanza (2:1-9).
      2.1. Un sacerdocio negligente (2:1-3).
      2.2. Un contraste (2:4-9).

LOS LIBROS DEL LIBRO

    3. Pacto roto, hogares rotos (2:10-16).
        3.1. Rompiendo el pacto con Dios (2:10-12).
            3.1.1. Dioses ajenos (2:10-11).
            3.1.2. Los resultados (2:12).
        3.2. Rompiendo el vínculo con Dios (2:13-16).
            3.2.1. Causas del rechazo de las ofrendas (2:13).
            3.2.2. El divorcio como pecado (2:14).
            3.2.3. Las evidencias divinas (2:15-16).
    4. Dios no puede ser burlado (2:17-3:6).
        4.1. La justicia de Dios (2:17).
        4.2. La manifestación de Dios (3:1).
        4.3. La intervención de Dios (3:2-5).
            4.3.1. Para limpiar (3:2-4).
            4.3.2. Para disciplinar (3:5).
        4.4. La razón de Dios (3:6).
    5. Robando a Dios (3:7-12).
        5.1. La falta de ofrendas (3:7-8).
        5.2. La maldición divina (3:9).
        5.3. El llamado de Dios (3:10-12).
    6. Arrogancia (3:13-15).
    7. Las consecuencias del retorno a Dios (3:16-18).
III. Mirando al futuro (4:1-6).
    1. El día del Señor (4:1-3).
    2. Las demandas del Señor (4:4).
    3. El mensajero del Señor (4:5-6).

Cristo en el libro

Hay muchas referencias que tienen, como todo en profecía, cumplimiento en Cristo. Sin embargo, el último versículo ofrece una perspectiva de juicio antes de que "yo venga y hiera la tierra con maldición" (4:5). La referencia al "día del Señor" está presente (4:1-3), de modo que el Antiguo Testamento se cierra con una panorámica de lo que Cristo hará en el futuro y la advertencia profética: "¿Y quién podrá soportar el tiempo de su venida?" (3:2). La acción divina restaurará el orden y abrirá el glorioso reino de los cielos.

    Es una vez más el retorno del rey que viene para reinar. Se ha considerado esto en aplicación a alguno de los libros, pero realmente el tema de la Biblia es la soberanía de Dios, presente también en esta última profecía del Antiguo Testamento. Esta es la promesa del Señor: "Vendré otra vez, y os tomaré a mí mismo, para que donde yo estoy, vosotros también estéis"[156] (Jn. 14:3). Los discípulos estaban entristecidos porque el Señor les había anunciado su partida y les había dicho que a donde Él iba ahora, ellos solo podrían ir después. Sin embargo, les anuncia su regreso. La espera es larga para nosotros, pero el cumplimiento para Él es inmediato. La profecía, desde la perspectiva celestial afirma: vengo pronto (Ap. 22:12, 20). Esta es una enseñanza que se desarrollará más tarde en varios lugares de los escritos del Nuevo Testamento. Específicamente, ese regreso tiene que ver con un propósito que no alcanza a todos, sino solo a los discípulos, tanto los presentes como los que se conviertan en sus seguidores a lo largo del tiempo. No se trata del regreso a la tierra para establecer el reino, ni del regreso final para juzgar a vivos y muertos y establecer el gobierno de Dios eternamente en su creación. El apóstol Pablo enseña que en un tiempo inminente, Jesús vendrá a recoger a los suyos: "Porque el Señor mismo con voz de mando, con voz de arcángel, y con trompeta de Dios, descenderá del cielo; y los muertos en Cristo resucitarán primero. Luego nosotros los que vivimos, los que hayamos quedado, seremos arrebatados juntamente con ellos en las nubes para recibir al Señor en el aire, y así estaremos siempre con el Señor" (1 Ts. 4:16-17). Los ángeles recordarán a los discípulos que estaban presentes en la ascensión que "este mismo Jesús, que ha sido tomado de vosotros al cielo, así vendrá como le habéis visto ir al cielo" (Hch. 1:11). Del trono de majestad donde ha sido entronizado, regresa para recoger a los suyos. Lo hará con toda la gloria que tiene quien ha recibido un nombre que es sobre todo nombre (Fil. 2:9-11). La primera manifestación que ocurrirá entonces es la resurrección de los que durmieron en Jesús. La Biblia habla de un programa de resurrecciones, cuya primera ocurrió con la resurrección de Jesús de entre los muertos (1 Co. 15:22-23). La segunda tiene que ver con los creyentes que han partido de esta vida y están con Cristo a lo largo de la dispensación de la Iglesia. No será una simple interrupción de la muerte, sino un definitivo despertar a una nueva experiencia de vida con Jesús. Todos los resucitados recibirán el cuerpo incorruptible, que les permite entrar en el disfrute pleno de una nueva dimensión de vida en la presencia del Señor, gozando perpetuamente de las riquezas de gloria que Él tiene como herencia para los suyos (1 P. 1:4). Pero, junto con los resucitados, el Señor promete venir para recoger a los suyos; en este sentido, los creyentes que estén vivos en

---

[156] Texto griego: παλιν ἔρχομαι και παραλημψομαι ὑμᾶς πρὸς ἐμαυτον, ἵνα ὅπου εἰμὶ ἐγὼ καὶ ὑμεῖς ἦτε.

ese tiempo. Los que hayan sido resucitados no precederán a los vivos en el disfrute del encuentro con Cristo, sino que se unirán en un solo grupo para ser trasladados de la tierra al aire para encontrarse con el Señor que, cumpliendo su promesa, regresa para recoger a los suyos. Todos, los resucitados y los vivos, seremos transformados recibiendo el glorioso cuerpo de resurrección. Este elevarse de la tierra implica, según el apóstol Pablo, encontrarse con el Señor en el aire. Es cierto que esperamos seguros el lugar que Cristo prepara, pero la puntualización no es el sitio que esperamos, sino la persona que viene a nuestro encuentro. La esperanza del creyente no son lugares ni hechos, sino que Cristo es en nosotros esperanza de gloria (Col. 1:27).

La promesa de restauración futura se abre con el traslado de la Iglesia, pero la de venir a la tierra es un compromiso divino. En esa ocasión se cumple lo anunciado por el apóstol Juan: "Los reinos del mundo han venido a ser de nuestro señor y de su Cristo; y él reinará por los siglos de los siglos"[157] (Ap. 11:15).

Nuevo Testamento

Siguen las breves introducciones a los libros del Nuevo Testamento.

La extensión ha de ser necesariamente breve por el propósito de dar una aproximación al libro con el correspondiente bosquejo analítico.

En cuanto a *Cristo en el libro*, la presencia del Señor está en cada uno de los escritos, de modo que hacemos una simple sugerencia del tema cristológico destacable en el libro, dejando al lector el estudio personal de las citas que puede recoger en el libro para profundizar en ese tema.

Se ha procurado desarrollar un bosquejo analítico más extenso que permita un análisis más profundo del escrito y facilite las divisiones naturales de cada libro.

Mateo

Es el primero de los llamados *evangelios sinópticos*. Reciben este calificativo porque tienen una visión común o visión conjunta de la vida y obra de Cristo. La identidad de ellos es notable.

---

[157] Texto griego: ἐγένετο ἡ βασιλεία τοῦ κόσμου τοῦ Κυρίου ἡμῶν καὶ τοῦ Ξριστοῦ αὐτοῦ, καὶ βασιλεύσει εἰς τοὺς αἰῶνας τῶν.

La Iglesia consideró la aparición de los evangelios conforme al orden en que figuran en el Nuevo Testamento. Agustín llegó a afirmar que Marcos se limitó a abreviar el texto de Mateo. Incluso Crisóstomo pensaba que Marcos, intérprete de Pedro, escribió el evangelio más corto porque Pedro era hombre parco en palabras.

Autor y fecha

Desde los primeros siglos, la tradición de la Iglesia ha considerado de forma unánime y constante que el autor del primer evangelio es el apóstol Mateo, uno de los discípulos del grupo de los Doce. Su nombre aparece en las cuatro listas de los nombres de los apóstoles, tanto en los evangelios (Mt. 10:2-4; Mr. 3:14-19; Lc. 6:13-16) como en Hechos (Hch. 1:13). No es posible dejar de identificarlo con Leví, el publicano cobrador de tributos (Mr. 2:14; Lc. 6:15). En el evangelio según Mateo se detalla como Jesús lo encontró en el puesto de cobranza, el banco de los públicos tributos (9:9), de donde fue llamado al seguimiento de Cristo. Marcos añade el dato biográfico del nombre de su padre, que era Alfeo (Mr. 2:14). Es evidente, por comparación de los relatos, que el publicano Leví era el mismo apóstol Mateo (10:3). Con toda probabilidad, Leví tenía, como ocurría en muchas personas, dos nombres. Teniendo en cuenta que, en las listas de los apóstoles, Santiago el Menor se dice que era hijo de Alfeo (Mt. 11:3; Mc. 3:18; Lc. 6:15; Hch. 1:13), cabe preguntarse si ambos eran hermanos. Sin embargo, cabe dudar fundamentadamente de este parentesco, teniendo en cuenta que en las listas aparecen siempre juntos los hermanos, y en ellas la advertencia de ese parentesco, lo que no ocurre con Mateo y Santiago, y en el único lugar donde aparecen juntos, que es la lista de Hechos, solo se dice que Santiago era hijo de Alfeo.

Mateo era publicano, recaudador de tributos a favor de Roma. El puesto de recaudación lo tenía en Capernaum. Era, como todos los publicanos, odiado en Israel por ser considerado como un opresor al servicio de la potencia colonizadora. Ciertamente había razones para tal recelo por cuanto, abusando de la autoridad, solían cobrar más de lo que estaba establecido en los impuestos. Posiblemente Mateo presenció milagros de Cristo en el área de Capernaum, y tal vez escuchó discursos y enseñanzas de Jesús. La invitación de Cristo a seguirlo lo llevó a abandonar su profesión y seguir al Maestro (Mr. 2:14). Mateo hizo un gran banquete en su casa, en el que estuvieron presentes un gran número de publicanos y de gentes a quienes los fariseos llamaban pecadores (Mt. 9:10; Lc. 5:29).

No se sabe a ciencia cierta cómo fue la vida de Mateo después de la muerte, resurrección y ascensión de Cristo. Una tradición lo sitúa evangelizando en Palestina; luego siguió ministrando en otros lugares fuera de ella, pero los testimonios no son concordantes. Lo mismo ocurre en relación con su muerte, aunque desde los primeros tiempos la Iglesia, tanto la oriental como la occidental, lo consideró como mártir; sin embargo, no hay acuerdo en cuanto al lugar y las circunstancias de su muerte.

El lugar de redacción y la fecha presentan dificultades. Los documentos más antiguos de la Iglesia consideran que este fue el primero de los sinópticos; de ahí el lugar que ocupa en el Nuevo Testamento. Según el testimonio de Eusebio, Mateo escribió su evangelio antes de salir de Palestina para predicar en otros lugares[158]. No se puede encontrar una referencia fidedigna para fechar la supuesta partida de Mateo para ministrar fuera de Palestina, que algunos consideran como resultado de la dispersión de los creyentes de la iglesia en Jerusalén, que sitúan unos doce años después de la ascensión. Tal presuposición exigiría una datación muy temprana del evangelio según Mateo, sobre el año 45, o incluso antes. Con todo, la fecha parece muy improbable sobre la base del testimonio de Lucas (Hch. 15) y de Pablo (Gá. 2:1-10), que sitúan a los apóstoles en Jerusalén; por tanto, no hay evidencia de que hubiesen iniciado algún ministerio fuera de Palestina en ese tiempo. Si se considera a Mateo como el primer evangelio escrito, y teniendo en cuenta que se habla en él de la destrucción de Jerusalén como algo futuro, acontecimiento que ocurrió en el año 70, la fecha de escritura tendría que situarse antes de Marcos y Lucas, lo que exigiría datarlo antes del año 60.

Lo más probable en relación con el lugar del escrito y la fecha de composición permite proponer que debió haberse escrito en algún lugar de Palestina, probablemente en Jerusalén, sobre el año 60. Con todo, no es posible con los documentos que actualmente se poseen determinar con exactitud estos extremos.

Propósito

El principal propósito es comunicar el mensaje de salvación que descansa en la persona y obra de Jesucristo. Posiblemente, como consecuencia del recuerdo que Mateo tenía de la Gran Comisión, cuando escribió el evangelio, que comprendía además de la evangelización la

---

[158] Eusebio, *Historia Eclesiástica*, III, 24.6. MG 20.266.

enseñanza a los recién convertidos (28:20), la estructura del escrito está también orientada a la enseñanza elemental o catecumenado de los recién conversos.

Otra razón de peso que se descubre en el evangelio según Mateo es la de enfatizar la identificación de Jesús con el hijo de David prometido y esperado. La intencionalidad no pasa desapercibida desde el principio, en la genealogía que lo vincula tanto con David como con Abraham, en quienes se concretaron los pactos de Dios con Israel. Los milagros descritos en el evangelio sirven de referencia cierta a la realidad de que Jesús es el Mesías, como evidencia real contra los líderes de la nación que lo habían repudiado y crucificado. Queda demostrado que Jesús era el hijo de David, a pesar de la acusación que los grandes de la nación formularon contra su nacimiento, considerándolo ilegítimo.

Mateo escribe el evangelio fundamentalmente para responder a una pregunta: "Si Jesús es el Mesías ¿dónde está el reino?". De otro modo: ¿Podemos creer que Jesús de Nazaret es el Mesías anunciado en el Antiguo Testamento a pesar de no haber establecido el reino? Esta pregunta es respondida plenamente en el evangelio, con una visión hacia el futuro, donde la manifestación del reino de los cielos será una realidad en la tierra. Esa es la razón especial por la que Mateo enfatiza continuamente, como se dijo antes, el título de hijo de David para referirse a Jesús, poniendo de manifiesto que en Él se cumplen las profecías del Antiguo Testamento en relación con el Mesías.

El género literario del evangelio es más teológico y didáctico que histórico. Los hechos históricos absolutamente verdaderos están al servicio de la enseñanza que se desprende continuamente tanto de ellos como de las palabras de Jesús. Todo el texto está enfocado en la edificación e instrucción, orientado a servir de base de fe en Jesús, el Mesías, Hijo de Dios, Salvador de los pecadores, fuera del cual no hay salvación.

Bosquejo

Se propone el siguiente para el análisis exegético del texto bíblico:

I. El rey (1:1-4:25).
   1. La genealogía del rey (1:1-17).
      1.1. Desde Abraham a David (1:1-5).
      1.2. Desde David a la deportación (1:6-11).
      1.3. Desde el retorno hasta Jesús (1:12-17).

LOS LIBROS DEL LIBRO

    2. El nacimiento del rey (1:18-2:23).
        2.1. La anunciación del rey (1:18-25).
        2.2. La adoración al rey (2:1-12).
        2.3. La infancia del rey (2:13-23).
    3. El bautismo del rey (3:1-17).
        3.1. El ministerio de Juan el Bautista (3:1-6).
        3.2. La exhortación del Bautista (3:7-10).
        3.3. La profecía del Bautista (3:11-12).
        3.4. El bautismo de Jesús (3:13-17).
    4. La tentación del rey (4:1-11).
    5. El comienzo del ministerio del rey (4:12-25).
        5.1. Su presencia en Galilea (4:12-17).
        5.2. Sus primeros discípulos (4:18-22).
        5.3. Su ministerio (4:22-25).
II. La enseñanza del rey (5:1-7:29).
    1. El Sermón del Monte (5:1-7:29).
        1.1. Introducción (5:1-2).
        1.2. El carácter del creyente (5:3-12).
        1.3. El testimonio del creyente (5:13-48).
            1.3.1. La influencia del creyente (5:13-16).
            1.3.2. La ley (5:17-20).
            1.3.3. La vida (5:21-22).
            1.3.4. La reconciliación (5:23-26).
            1.3.5. El adulterio (5:27-30).
            1.3.6. El divorcio (5:31-32).
            1.3.7. Los juramentos (5:33-37).
            1.3.8. La injusticia (5:38-42).
            1.3.9. El amor (5:43-48).
        1.4. La piedad del creyente (6:1-18).
            1.4.1. Las limosnas (6:1-4).
            1.4.2. La oración (6:5-15).
                A) El modo de orar (6:5-8).
                B) El ejemplo de oración (6:9-13).
                C) La disposición para la oración (6:14-15).
            1.4.3. El ayuno (6:16-18).
        1.5. La ambición del creyente (6:19-34).
            1.5.1. El tesoro del creyente (6:19-21).
            1.5.2. Dios o las riquezas (6:22-24).
            1.5.3. La ansiedad (6:25-34).
        1.6. Las relaciones del creyente (7:1-12).
            1.6.1. El problema de juzgar a otros (7:1-5).

                1.6.2. El modo de relación con el intransigente (7:6).
                1.6.3. La confianza en Dios (7:7-11).
                1.6.4. El comportamiento (7:12).
            1.7. La evidencia del creyente (7:13-27).
                1.7.1. El camino (7:13-14).
                1.7.2. La vigilancia (7:15-20).
                1.7.3. La realidad (7:21-23).
                1.7.4. La estabilidad (7:24-27).
            1.8. La conclusión del sermón (7:28-29).
    III. Evidencias del rey (8:1-9:38).
        1. El poder del rey (8:1-34).
            1.1. Poder sobre la contaminación (8:1-4).
            1.2. Poder en la distancia (8:5-13).
            1.3. Poder sanador (8:14-17).
            1.4. Manifestación de autoridad (8:18-22).
            1.5. Poder sobre la naturaleza (8:23-27).
            1.6. Poder sobre los demonios (8.28-34).
        2. El perdón del rey (9:1-17).
            2.1. Perdonando pecados al paralítico (9:1-8).
            2.2. Perdonando pecados al publicano (9:9-13).
            2.3. El problema del ayuno (9:14-17).
        3. La autoridad del rey (9:18-38).
            3.1. Autoridad sobre la muerte (9:18-26).
            3.2. Autoridad sobre la oscuridad (9:27-31).
            3.3. Autoridad sobre los demonios (9:32-34).
            3.4. Autoridad sobre la enfermedad (9:35).
            3.5. Compasión del Rey (9:36-38).
    IV. El programa del rey (10:1-16:12).
        1. El programa anunciado (10:1-11:1).
            1.1. Los discípulos de Jesús (10:1-4).
            1.2. La comisión encomendada (10:5-15).
                1.2.1. Destino y acción (10:5-8).
                1.2.2. Provisión (10:9-15).
            1.3. Peligros y provisión (10:16-20).
            1.4. Advertencias (10:21-23).
            1.5. El discípulo (10:24-33).
            1.6. La misión de Jesús y sus consecuencias (10:34-36).
            1.7. Discipulado y compromiso (10:37-11:1).
        2. El programa evidenciado (11:2-12:50).
            2.1. Consuelo a los discípulos de Juan (11:2-19).
                2.1.1. Pregunta de Juan y respuesta (11:2-6).

LOS LIBROS DEL LIBRO 783

- 2.1.2. Testimonio sobre Juan (11:7-15).
- 2.1.3. Comparaciones (11:16-19).
- 2.2. La condena del rey (11:20-24).
- 2.3. El llamamiento del rey (11:25-30).
- 2.4. Las controversias con el rey (12:1-13).
  - 2.4.1. La acusación sobre lo lícito en día de reposo (12:1-8)
  - 2.4.2. La sanidad en día de reposo (12:9-13)
- 2.5. Condenando a los fariseos (12:14-37).
  - 2.5.1. Propósito contra Jesús (12:14-21).
  - 2.5.2. Sanidad y confrontación (12:22-24).
  - 2.5.3. Argumentación de Jesús (12:25-30).
  - 2.5.4. El pecado imperdonable (12:31-37).
- 2.6. Señal demandada y señales anunciadas (12:38-45).
- 2.7. La familia del rey (12:46-50).
3. El programa extendido (13:1-52).
   - 3.1. El sembrador (13:1-23).
     - 3.1.1. La parábola (13:1-9).
     - 3.1.2. La razón de las parábolas (13:10-17).
     - 3.1.3. La explicación de la parábola (13:18-23).
   - 3.2. El trigo y la cizaña (13:24-30).
   - 3.3. La semilla de mostaza (13:31-32).
   - 3.4. La levadura (13:33).
   - 3.5. Explicación de la parábola del trigo y la cizaña (13:34-43).
   - 3.6. El tesoro escondido (13:44).
   - 3.7. La perla de gran precio (13:45-46).
   - 3.8. La red (13:47-50).
   - 3.9. El padre de familia (13:51-52).
4. El programa cuestionado (13:53-16:12).
   - 4.1. Rechazado por sus conciudadanos (13:53-58).
   - 4.2. Rechazado por Herodes (14:1-36).
     - 4.2.1. El pensamiento de Herodes (14:1-2).
     - 4.2.2. La muerte del Bautista (14:3-12).
     - 4.2.3. La alimentación de los 5000 (14:13-21).
     - 4.2.4. Jesús calma la tempestad (14:22-33).
     - 4.2.5. Jesús en Genesaret (14:34-36).
   - 4.3. Rechazado por los escribas y fariseos (15:1-39).
     - 4.3.1. La confrontación con los escribas y fariseos (15:1-9).
     - 4.3.2. La parábola de lo que contamina (15:10-11).

        4.3.3. La consecuencia de la parábola (15:12-14).
        4.3.4. La explicación de la parábola (15:15-20).
        4.3.5. La mujer cananea (15:21-28).
        4.3.6. La alimentación de los 4000 (15:29-39).
    4.4. Rechazado por fariseos y saduceos (16:1-12).
        4.4.1. Pregunta y respuesta (16:1-4).
        4.4.2. La levadura de los fariseos y saduceos (16:5-12).
V. Las enseñanzas del rey (16:13-20:28).
    1. La enseñanza sobre la Iglesia (16:13-20).
        1.1. La opinión de las gentes sobre Jesús (16:13-14).
        1.2. La confesión de Pedro (16:15-20).
    2. La enseñanza sobre su muerte (16:21-28).
    3. La enseñanza sobre su gloria (17:1-21).
        3.1. La transfiguración (17:1-9).
        3.2. La enseñanza sobre Elías (17:10-13).
        3.3. La sanidad del muchacho endemoniado (17:14-21).
    4. La enseñanza sobre su entrega a muerte (17:22-23).
    5. La enseñanza sobre los impuestos (17:24-27).
    6. La enseñanza sobre la humildad (18:1-20).
        6.1. La lección de un niño (18:1-6).
        6.2. El mal testimonio y el propósito de salvación (18:7-11).
        6.3. La oveja descarriada (18:12-14).
        6.4. La disciplina (18:15-20).
    7. La enseñanza sobre el perdón (18:21-35).
        7.1. La pregunta de Pedro (18:21-22).
        7.2. La parábola del siervo sin misericordia (18:23-35).
    8. La enseñanza sobre problemas humanos (19:1-26).
        8.1. Las multitudes (19:1-2).
        8.2. El divorcio (19:3-12).
            8.2.1. Problema y respuesta (19:3-9).
            8.2.2. Inquietud de los discípulos (19:10-12).
        8.3. Jesús y los niños (19:13-15).
        8.4. Las riquezas (19:16-26).
            8.4.1. El joven rico (19:16-22).
            8.4.2. La aplicación (19:23-26).
    9. La enseñanza sobre el reino (19:27-20:28).
        9.1. Las recompensas (19:27-30).
        9.2. La parábola de los obreros en la viña (20:1-16).
        9.3. Posiciones en el reino (20:17-28).
            9.3.1. Jesús anuncia su muerte (20:17-19).
            9.3.2. La petición de los hijos de Zebedeo (20:20-23).

9.3.3. La humildad (20:24-28).
VI. La presentación del rey (20:29-23:39).
1. El poder del rey (20:29-34).
2. La presentación del rey (21:1-11).
3. La purificación del templo (21:12-17).
4. La maldición de la higuera (21:18-22).
5. La demanda de los líderes (21:23-27).
6. Parábolas del rey (21:28-22:14).
    6.1. Los hijos del dueño de la viña (21:28-32).
    6.2. Los labradores malvados (21:33-46).
        6.2.1. La parábola (21:33-41).
        6.2.2. La aplicación (21:42-44).
        6.2.3. La reacción (21:45-46).
    6.3. Las bodas del hijo del rey (22:1-14).
        6.3.1. La parábola (22:1-10).
        6.3.2. El asistente sin vestido de boda (22:11-14).
7. Las declaraciones del rey (22:15-23:39).
    7.1. El tributo al César (22:15-22).
    7.2. La respuesta a los saduceos (22:23-33).
    7.3. El gran mandamiento (22:34-40).
    7.4. Pregunta a los fariseos (22:41-46).
    7.5. Declaraciones sobre los escribas y fariseos (23:1-36).
        7.5.1. El carácter de los escribas y fariseos (23:1-7).
        7.5.2. El contraste de los discípulos de Jesús (23:8-12).
        7.5.3. Los ayes sobre los escribas y fariseos (23:13-36).
            A) Sobre los obstáculos (23:13).
            B) Sobre la codicia (23:14).
            C) Sobre el proselitismo (23:15).
            D) Sobre el extravío (23:16-22).
            E) Sobre la obediencia aparente (23:23-24).
            F) Sobre la piedad aparente (23:25-26).
            G) Sobre la santidad aparente (23:27-28).
            H) Sobre el desprecio por los enviados de Dios (23:29-36).
    7.6. Declaraciones sobre Jerusalén (23:37-39).
VII. Las profecías del rey (24:1-25:46).
1. La destrucción del templo (24:1-2).
2. Las preguntas de los discípulos (24:3).
3. La respuesta de Jesús (24:4-31).
    3.1. Las señales del fin de la dispensación (24:4-8).
    3.2. Tiempo de tribulación (24:9-14).

3.3. Intensidad de la tribulación (24:15-22).
3.4. El engaño en la tribulación (24:23-28).
4. Señales sobre la segunda venida (24:29-31).
5. Ilustraciones sobre la etapa final (24:32-25:30).
   5.1. La higuera (24:32-35).
   5.2. Los días de Noé (24:36-39).
   5.3. Tomados y dejados (24:40-41).
   5.4. El padre de familia (24:42-44).
   5.5. El siervo prudente (24.45-51).
   5.6. Las diez vírgenes (25:1-13).
   5.7. Los talentos (25:14-30).
6. El juicio de las naciones (25:31-46).

VIII. La Pasión del rey (26:1-27:66).
1. La preparación (26:1-16).
   1.1. Reiterando el anuncio de su muerte (26:1-2).
   1.2. El consejo contra Jesús (26:3-5).
   1.3. El Señor ungido en Betania (26:6-13).
   1.4. La oferta de Judas (26:14-16).
2. La última Pascua (26:17-30).
   2.1. El lugar para celebrarla (26:17-20).
   2.2. Jesús anuncia la traición de Judas (26:21-25).
   2.3. La institución de la ordenanza del partimiento del pan (26:26-30).
3. La traición y prendimiento de Jesús (26:31-56).
   3.1. Jesús anuncia la negación de Pedro (26:31-35).
   3.2. Getsemaní (26:36-46).
   3.3. El prendimiento de Jesús (26:47-50).
   3.4. El incidente del siervo del sumo sacerdote (26:51-56).
4. Jesús ante los tribunales (26:57-27:26).
   4.1. Ante el sumo sacerdote (26:57-75).
      4.1.1. Falsas acusaciones (26:57-61).
      4.1.2. Jesús conminado a responder (26:62-64).
      4.1.3. Acusado de blasfemia (26:65-66).
      4.1.4. Jesús es injuriado (26:67-68).
      4.1.5. La negación de Pedro (26:69-75).
   4.2. Ante el Sanedrín (27:1-10).
      4.2.1. Decisión del Sanedrín (27:1-2).
      4.2.2. El remordimiento de Judas (27:3-4).
      4.2.3. El suicidio de Judas y provisión de sepultura (27:5-10).

4.3. Ante Pilato (27:11-26).
    4.3.1. Acusación y silencio (27:11-14).
    4.3.2. Barrabás (27:15-23).
    4.3.3. La sentencia a muerte (27:24-26).
5. La crucifixión del rey (27:27-44).
    5.1. Jesús escarnecido y coronado de espinas (27:27-31).
    5.2. La vía dolorosa (27:32).
    5.3. La crucifixión (27:33-37).
    5.4. Los malhechores crucificados (27:38).
    5.5. Las burlas de las gentes (27:39-44).
6. La muerte del rey (27:45-56).
    6.1. Las tinieblas sobre la tierra (27:45-49).
    6.2. La muerte de Jesús (27:50).
    6.3. La rotura del velo del templo y la resurrección de muertos (27:51-53).
    6.4. El testimonio del centurión (27:54).
    6.5. Las mujeres presentes (27:55-56).
7. La sepultura del rey (27:57-66).
    7.1. La sepultura (27:57-61).
    7.2. La guardia en la tumba (27:62-66).

IX. La victoria del rey (28:1-20).
1. El triunfo (28:1-10).
2. La mentira (28:11-15).
3. La comisión (28:16-20).

Cristo en el libro

Por el contenido y el propósito del libro se aprecia la presencia de Cristo como el rey de reyes que había llegado, como el Mesías prometido a quien presenta Mateo de ese modo en por lo menos doce ocasiones (1:23; 2;2, 6; 3:17; 4:15.17; 21;5, 9; 22;44, 45; 26:64; 27:11, 27-37).

Marcos

El segundo de los evangelios sinópticos, junto con Mateo, el primero, y Lucas, el tercero. La vinculación con los otros dos es notable. Apenas hay unos treinta versículos que no están, sea en Mateo o en Lucas. Los textos son: 1:1; 2:27; 3:20-21; 4:26-29; 7:2-4; 3:2-7; 8:22-26; 9:29, 48-49; 14:51-52.

Autor y fecha

Desde los primeros tiempos del cristianismo, ha sido admitido unánimemente que Juan Marcos, que estuvo relacionado por tiempo con Pedro, fue el autor del evangelio. Con todo, algunos consideran que este Marcos no es el que fue compañero de Pablo y Bernabé durante parte de su primer viaje misionero.

Juan Marcos no es el nombre directo de una persona, sino una composición del nombre Juan y el sobrenombre Marcos, como le llama Lucas (Hch. 12:12, 25; 15:37). Junto con el nombre y el sobrenombre, es también Lucas quien da un dato familiar al relacionar la casa de su madre con uno de los lugares donde se reunía la iglesia en Jerusalén, refiriéndose a su nombre como María (Hch. 12:12). Es muy probable que el aposento alto, donde Jesús celebró la última cena con los apóstoles, estuviese en esa casa, en cuyo caso Juan Marcos habría conocido personalmente a Jesús (14:15; Lc. 22:12); esto no permite suponer la presencia de Marcos en la celebración de la última cena, por tanto, el relato que hace de ella procede del apóstol Pedro. Puede pensarse también que, en esa sala, conocida por todos los discípulos, se produjo la reunión de ellos anterior al momento de la ascensión (Hch. 1:13). La casa amplia suponía que sus dueños eran personas acomodadas en la sociedad de Jerusalén. Posiblemente, era hijo de una viuda distinguida en la ciudad.

Juan Marcos aparece relacionado con los líderes de la Iglesia, especialmente con Bernabé y Pablo, que lo llevaban con ellos (Hch. 12:25). Es por el relato de Lucas que se conoce que Juan Marcos acompañó a Pablo y Bernabé en su primer viaje misionero, aunque Lucas no cita en el principio del viaje el sobrenombre Marcos, llamándolo simplemente Juan (Hch. 13:15); sin embargo, el contexto reclama la identidad de este con Juan, que tenía por sobrenombre Marcos, puesto que dice Lucas que se apartó de Pablo y Bernabé desde Panfilia (Hch 13:13) para identificarlo más tarde como la razón de la violenta discusión entre Pablo y Bernabé al inicio del segundo viaje misionero, cuando Bernabé quería llevar con ellos a Juan, el que tenía por sobrenombre Marcos, pero Pablo se opuso por ser este quien los había dejado en Panfilia (Hch. 15:37-38). Siendo el ayudante de los dos en el primer viaje, es de suponer que a su cargo estaban la intendencia y los asuntos generales, mientras que la responsabilidad de la proclamación del Evangelio y la enseñanza estaba en manos de Bernabé y Pablo. Juan Marcos fue llevado por Bernabé en un viaje del que sabemos que comenzó en Antioquía y llegó a Chipre (Hch. 15:39).

Sin duda, la relación de Juan Marcos con los dos compañeros, Pablo y Bernabé, supuso para él un amplio conocimiento de la doctrina que se enseñaba en las iglesias fundadas en el mundo grecorromano. El tiempo y la vida de Juan Marcos hizo que Pablo lo volviese a utilizar en el ministerio, de modo que aparece en el saludo que hace a la iglesia en Colosas, en la epístola que les remitía, precisando que el Juan al que se refiere era el sobrino de Bernabé (Col. 4:10). Pablo dice a los colosenses que, si Marcos los visitaba, debían recibirlo sin reparo alguno, lo que hace suponer que el conflicto entre él y Bernabé a causa de Juan Marcos había quedado resuelto y que era una persona digna de confianza. En la primera prisión de Pablo en Roma, Juan Marcos estuvo con él, no sabemos si todo el tiempo, pero sí cuando escribió la carta a Filemón, donde también lo cita en el saludo (Flm. 24). Es en el escrito final del apóstol cuando se aprecia la recuperación y el peso específico que Juan Marcos tenía en las iglesias, al pedir a Timoteo, entonces en la iglesia en Éfeso, que lo llevara consigo en la última visita que haría a Pablo antes de su muerte, porque le era útil al apóstol para el ministerio, usando el sobrenombre Marcos en lugar del nombre Juan (2 Ti. 4:11). Esto hace suponer que Juan Marcos vino con Timoteo a Roma y, tal vez, se quedó allí un tiempo después de la muerte de Pablo.

No solamente son Lucas y Pablo quienes citan a Juan Marcos. El apóstol Pedro también lo hace al final de su primera epístola: "La iglesia que está en Babilonia, elegida juntamente con vosotros, y Marcos mi hijo, os saludan" (1 P. 5:13). Si Babilonia se utiliza como una referencia velada a Roma[159], es evidencia que estuvo al lado de Pedro en aquella ciudad, tal vez hasta la muerte del apóstol, lo que situaría ese tiempo sobre el año 63. Lucas vincula a Pedro con la familia de Juan Marcos, acudiendo a casa de María, su madre, cuando fue liberado de la cárcel milagrosamente (Hch. 12:12). No cabe duda de que de esta relación salió la fuente para escribir el evangelio.

En cuanto a datación, la propuesta de los liberales de que Marcos antecede a Mateo y a Lucas en los escritos sinópticos produce un cierto conflicto en lo que sería la lógica de la datación. Si el evangelio según Lucas se escribió sobre el año 60 y tenía como bosquejo de redacción el de Marcos, tendría que datarse por lo menos unos diez años antes, lo que supondría una redacción más o menos sobre el año 50. Sin embargo, no es necesaria una fecha tan temprana, teniendo en

---

[159] Ver este versículo en mi *Comentario al Texto Griego del Nuevo Testamento, 1 Pedro*.

cuenta la presencia de Marcos en Roma antes de la muerte del apóstol y, todavía más, si estuvo en Roma luego de la muerte de Pedro; no podría fecharse antes del 60. A esto debe añadirse que el sermón profético del capítulo 13 no tendría razón de ser después del año 70, fecha de la destrucción de Jerusalén por las fuerzas de Tito. Con todo, no debe datarse el escrito más allá del año 60 si realmente es el segundo de los evangelios en el orden de aparición. Una gran mayoría de eruditos sitúan el escrito entre los años 65-67.

Propósito

Se han propuesto muchos temas que incluyen también los motivos que llevaron a Marcos a escribir el evangelio. La Alta crítica ha formulado propuestas tales como que el escrito es una apologética de desviaciones o posiciones incorrectas de la iglesia primitiva. Estas propuestas de los críticos se expresaron en escritos tales como *The Heressy that Necessitated Mark's Gospel* (La herejía que necesitaba el evangelio de Marcos)[160]. Esas cuestiones del mundo liberal no pueden ser comprobadas. Aceptar estas propuestas exige considerar a Marcos como un escritor polémico, asunto que nunca en la historia de la iglesia se ha considerado posible. Es simplemente una proposición formulada por eruditos que cuestionan las razones que tuvo Marcos para escribir este evangelio. En algunos casos, se apeló al concepto Dios hombre de la cristología antigua como una influencia filosófica por la que se explica a los discípulos como receptivos al ideal helenístico, en sentido de Jesús como un hombre que, al hacer prodigios, fue considerado por ellos como semidivino. La propuesta liberal es que Marcos escribió para oponerse a esta idea y presentar a Jesús como el Siervo sufriente que llama a sus seguidores al camino de la humildad y la entrega sin condiciones, de modo que el Mesías que presenta en el evangelio, rechazado, cuestionado y muerto, era un intento que hacía contra un pensamiento que presentaba solo el aspecto divino de Jesús. De la misma manera, según los liberales, el hecho de presentar a los discípulos en un entendimiento del reino de Dios distinto a la enseñanza de Jesús se hacía para radicalizar en los cristianos y en los lectores en general una idea de reino distinta a la que habitualmente se ofrecía.

La preocupación de Marcos era esencialmente presentar la realidad del Hijo de Dios que vive como hombre entre los hombres, actúa en el poder de Dios que le correspondía, y en su naturaleza humana da

---

[160] T. J. Weeden, *Beihefte zur Zeitschrft für die netestamentliche Wissenschaft* (1968).

su vida en la cruz por los hombres para el perdón de sus pecados y el don de vida eterna por fe en Él.

Jesús es el siervo perfecto; de ahí que, entre otras diferencias, no hay genealogía suya en el evangelio.

Bosquejo

Se propone el siguiente para el análisis exegético del texto bíblico:

I. Ministerio (1:1-10:52).
   1. Antecedentes (1:1-13).
      1.1. Ministerio de Juan el Bautista (1:1-8).
      1.2. El bautismo de Jesús (1:9-11).
      1.3. La tentación (1:12-13).
   2. Inicio del ministerio (1:14-20).
      2.1. Jesús el predicador (1:14-15).
      2.2. Los primeros discípulos (1:16-20).
   3. El poder de Jesús (1:21-3:12).
      3.1. Autoridad sobre la enseñanza de la Palabra (1:21-22).
      3.2. Poder sobre un demonio (1:23-28).
      3.3. Poder sobre la enfermedad (1:29-45).
         3.3.1. Curación de la suegra de Pedro (1:29-31).
         3.3.2. Curación de diversos enfermos (1:32-34).
         3.3.3. Paréntesis histórico (1:35-39).
            A) Jesús orando (1:35).
            B) Viajando y ministrando en Galilea (1:36-39).
         3.3.4. Sanidad de un leproso (1:40-45).
      3.4. Poder para perdonar pecados (2:1-12).
         3.4.1. El paralítico de Capernaum (2:1-4).
         3.4.2. Jesús perdona los pecados (2:5).
         3.4.3. Jesús es cuestionado (2:6-7).
         3.4.4. La evidencia de su autoridad para perdonar pecados (2:8-12).
      3.5. Otros aspectos de su ministerio (2:13-22).
         3.5.1. Llamamiento de Leví (2:13-14).
         3.5.2. Jesús come con publicanos y pecadores (2:15-17).
         3.5.3. La cuestión del ayuno (2:18-20).
         3.5.4. Lo viejo y lo nuevo (2:21-22).
      3.6. Autoridad sobre el sábado (2:23-3:6).
         3.6.1. La autoridad expresada (2:23-28).
         3.6.2. Sanando en sábado (3:1-6).

3.7. Poder manifestado (3:7-12).
    3.7.1. Sobre enfermedades (3:7-10).
    3.7.2. Sobre los demonios (3:11-12).
4. Enseñanzas y milagros (3:13-6:6).
    4.1. Elección de los Doce (3:13-19a).
    4.2. Gentío y reacción (3:19b-21).
    4.3. El pecado imperdonable (3:22-30).
    4.4. La familia espiritual de Jesús (3:31-35).
    4.5. Enseñando por parábolas (4:1-34).
        4.5.1. Parábola del sembrador (4:1-12).
            A) La parábola (4:1-9).
            B) La explicación (4:10-20).
        4.5.2. Parábola de la lámpara (4:21-25).
        4.5.3. Parábola del crecimiento de la semilla (4:26-29).
        4.5.4. Parábola de la semilla de mostaza (4:30-34).
    4.6. Jesús calma la tempestad (4:25-41).
    4.7. El endemoniado de Gadara (5:1-20).
    4.8. Dos milagros (5:21-43).
        4.8.1. La petición de Jairo (5:21-24).
        4.8.2. Curación de la hemorroísa (5:25-34).
        4.8.3. Resurrección de la hija de Jairo (5:35-43).
5. Otros aspectos del ministerio de Jesús (6:1-10:45).
    5.1. Rechazado en Nazaret (6:1-6).
    5.2. Enviando a los Doce en misión (6:7-13).
    5.3. Herodes Antipas (6:14-29).
        5.3.1. El temor supersticioso de Herodes (6:14-16).
        5.3.2. El asesinato de Juan el Bautista (6:17-29).
    5.4. El testimonio de los Doce (6:30-31).
    5.5. Milagros de Jesús (6:32-56).
        5.5.1. Alimentación de los cinco mil (6:32-44).
        5.5.2. Jesús camina sobre el mar (6:45-52).
        5.5.3. Jesús cura a muchos enfermos (6:53-56).
    5.6. Piedad verdadera y falsa (7:1-23).
        5.6.1. La piedad farisaica (7:1-5).
        5.6.2. La respuesta de Jesús a los fariseos (7:6-13).
        5.6.3. La parábola dicha a la multitud (7:14-16).
        5.6.4. La explicación de la parábola (7:17-23).
    5.7. Milagros, conflictos y testimonio (7:24-8:38).
        5.7.1. La mujer sirofenicia (7:24-30).
        5.7.2. Curación de un sordomudo (7:31-37).
        5.7.3. Milagros en tierra de gentiles (8:1-9).
        5.7.4. La petición de los fariseos (8:10-21).

5.7.5. Curación de un ciego (8:22-26).
5.7.6. Testimonio de Pedro (8:27-30).
5.7.7. Primer anuncio de su muerte (8:31).
5.7.8. Represión a Pedro (8:32-33).
5.7.9. El verdadero valor de la vida (8:34-38).
5.8. La transfiguración (9:1-13).
5.9. El final del ministerio (9:14-10:52).
    5.9.1. Curación de un endemoniado (9:14-29).
    5.9.2. Jesús anuncia su muerte y resurrección (9:30-32).
    5.9.3. La verdadera grandeza (9:33-37).
    5.9.4. Condenando el sectarismo (9:38-41).
    5.9.5. Advertencias solemnes (9:42-50).
    5.9.6. Enseñanza sobre el divorcio (10:1-12).
    5.9.7. Jesús y los niños (10:13-16).
    5.9.8. El joven rico (10:17-31).
        A) La situación del joven rico (10:17-22).
        B) Advertencia sobre las riquezas (10:23-31).
    5.9.9. Anuncio, petición y curación (10:32-52).
        A) Anuncio de su muerte (10:32-34).
        B) Petición de Santiago y Juan (10:35-45).
        C) Curación de Bartimeo (10:46-52).

II. Jesús en Jerusalén (11:1-13:37).
1. La entrada en Jerusalén (11:1-11).
   1.1. Preparativos para la entrada en Jerusalén (11:1-7).
   1.2. La comitiva (11:8-11).
2. Jesús en Jerusalén (11:12-13:37).
   2.1. La higuera estéril (11:12-14).
   2.2. La purificación del templo (11:15-19).
   2.3. Enseñanzas sobre la fe y la oración (11:20-26).
   2.4. Jesús cuestionado (11:27-33).
   2.5. La parábola del dueño de la viña (12:1-12).
   2.6. La cuestión del tributo (12:13-17).
   2.7. Los saduceos (12:18-27).
   2.8. Los escribas (12:28-40).
      2.8.1. El primer mandamiento (12:28-34).
      2.8.2. La pregunta de Jesús (12:35-37).
      2.8.3. Jesús acusa a los escribas (12:38-40).
   2.9. La ofrenda de la viuda (12:41-44).
3. Sermón profético (13:1-37).
   3.1. Las preguntas de los discípulos (13:1-4).
   3.2. Panorama del comienzo de la tribulación (13:5-13).
   3.3. El tiempo final de la tribulación (13:14-23).

3.4. La segunda venida del Señor (13:24-27).
3.5. Señales del fin (13:28-37).
    3.5.1. Parábola de la higuera (13:28-33).
    3.5.2. Llamamiento a la vigilancia (13:34-37).

III. Pasión, muerte y resurrección (14:1-16:20).
1. El camino a la Pasión (14:1-31).
    1.1. El complot contra Jesús (14:1-2).
    1.2. Jesús ungido en Betania (14:3-9).
    1.3. El compromiso de Judas (14:10-11).
    1.4. Preparativos para la Pascua (14:12-16).
    1.5. La última Pascua (14:17-31).
        1.5.1. Crisis del discipulado (14:17-21).
        1.5.2. Institución de la Cena del Señor (14:22-25).
        1.5.3. Jesús anuncia la negación de Pedro (14.26-31).
2. Getsemaní (14:32-42).
    2.1. La agonía (14:32-34).
    2.2. La primera oración (14:35-38).
    2.3. La segunda oración (14:39-40).
    2.4. La tercera oración (14:41-42).
3. La Pasión (14:43-15:41).
    3.1. Traición y prendimiento de Jesús (14:43-46).
    3.2. Reacción de Pedro y conducción de Jesús (14:47-52).
    3.3. Jesús ante el sumo sacerdote (14:53-65).
    3.4. La negación de Pedro (14:66-72).
    3.5. Jesús ante Pilato (15:1-15).
        3.5.1. La comparecencia (15:1-5).
        3.5.2. Liberación de Barrabás y sentencia de Jesús (15:6-15).
    3.6. Jesús escarnecido (15:16-20).
    3.7. La crucifixión (15:21-36).
    3.8. La muerte de Jesús (15:37-41).
4. Sepultura (15:42-47).
5. La resurrección (16:1-18).
    5.1. Las mujeres ante el sepulcro (16:1-4).
    5.2. Los ángeles en la resurrección (16:5-7).
    5.3. La reacción de las mujeres (16:8).
    5.4. María Magdalena (16:9-11).
    5.5. Los discípulos de Emaús (16:12-14).
    5.6. La Gran Comisión (16:15-18).
6. La ascensión (16:19-20).

Cristo en el libro

La presencia del Señor es continua en el evangelio. Es el Hijo del Hombre que vino del cielo y se hace compañero de andadura de los hombres. Es que vino para servir y no para ser servido, hasta el extremo de dar su vida como rescate por los pecadores (10:45). Pero es también el que se hace sensible a las necesidades del hombre, tanto en el plano físico como en el espiritual.

Es impactante descubrir en el relato bíblico al Siervo; de ahí que comienza el texto presentando el ministerio del Señor, sin ocuparse de su ascendencia. Aunque está sirviendo, como había sido profetizado, es el Hijo de Dios manifestado en carne.

Lucas

El tercero y último de los evangelios sinópticos. Es el más extenso de los tres. El contenido tiene más concordancia con Mateo que con Marcos. No cabe duda de que Lucas utilizó tradiciones orales y, posiblemente, alguna escrita, aunque no pueda determinarse cuál, pudiendo incluso tener delante alguno de los otros dos evangelios que deben datarse antes que este.

Autor y fecha

Por el contenido se detecta que se trata de un grecoparlante, con facilidad para escribir y destacada habilidad para la transmisión de relatos históricos. Conocedor de las Escrituras del Antiguo Testamento en la versión griega LXX. No había sido testigo presencial de los acontecimientos y tampoco conoció personalmente a Jesús.

En los mss. más antiguos, el tercer evangelio comienza como *Evangelium secundum Lucam*. Si bien el título no es original, debió haber sido puesto por alguno de los obispos del s. II para distinguir los evangelios canónicos de los apócrifos. Este título aparece en escritos de Ireneo, Clemente de Alejandría y Tertuliano. La Vetus Latina que usa Cipriano tiene el título griego con letras latinas *Cata Lukam*, lo que da un sentido de autor, esto es, *escrito por Lucas*, y también *conforme a* o *según*, que expresa la forma o tradición del autor inmediato.

A pesar de la negativa de la Alta crítica, que no admiten la autoría de Lucas, la tradición histórica desde los primeros tiempos del cristianismo atribuye el evangelio a Lucas, el compañero de Pablo, a quien el apóstol llama "el médico amado" (Col. 4:14).

El autor es un gentil, a quien Pablo distingue de los de procedencia judía (Col. 4:11, 14). Su nombre aparece tres veces en el Nuevo Testamento (Col. 4:14; 2 Ti. 4:11; Flm. 24), en todas ellas relacionado con el apóstol Pablo.

En la introducción a Hechos de los Apóstoles, el autor hace referencia a otro escrito anterior, al que llama "primer tratado", en el que había escrito sobre las "cosas que Jesús comenzó a hacer y a enseñar" (Hch. 1:1). Ambos están dirigidos a la misma persona, Teófilo. Ningún otro escrito podía ser, sino el evangelio (Lc. 1:3). Si el escritor de Hechos fue Lucas, el mismo es también el del Evangelio.

La identidad del autor ha de vincularse necesariamente con el de Hechos de los Apóstoles, ya que el autor hace notar que este es un segundo libro que completa lo que dijo en el anterior, que no puede ser otro que el Evangelio, es decir, este ha tenido que escribirse antes de Hechos. El relato de Hechos de los Apóstoles termina abruptamente en la primera cautividad de Pablo. Si la puesta en libertad del apóstol ocurrió aproximadamente en el año 63, el relato de Hechos tuvo que concluirse antes y antes también el del evangelio.

Una fecha probable de redacción sería el año 60.

Propósito

El evangelio presenta un alcance salvador universal, manteniendo también la particularidad de la salvación (cf. 2:30-32; 4:18, 19, 25-27; 6:17-19; 7:19, 22, 23, 36-50; 8:21; 9:48, 60; 10:1, 10-15, 30-37; 13:29; 14:23; 15:7, 10, 11-32; 17:11-19; 24:47). Por otro lado, la firme enseñanza sobre la fe para la salvación es evidente (cf. 1:45; 7:9, 50; 8:25, 48; 12:28; 17:5, 6, 19; 18:8, 42; 20:5; 22:32). Por lo menos en una cita del evangelio se aprecia la justificación en el sentido jurídico que también Pablo le da (18:14).

El ejemplo de Jesús en la oración es propósito orientador para los cristianos. Las oraciones de Cristo aparecen en varios lugares del relato bíblico y son notables las muchas referencias a la oración (1:10, 13; 2:37; 3:21; 5:16; 6:12, 28; 9:28, 29; 10:2; 11:1-4; 18:1-8, 9-14; 19:46; 21:36; 22:32, 40-46).

A Cristo se lo presenta en el evangelio como el Hijo del Hombre, demostrando en el relato la naturaleza humana del Señor.

Bosquejo

Se propone el siguiente para el análisis exegético del texto bíblico:

I. Prólogo (1:1-4).
   1. Método y dedicatoria (1:1-3).
   2. Propósito (1:4).
II. Relatos de la infancia (1:5-2:52).
   1. Anuncios de los nacimientos (1:5-38).
      1.1. Anuncio del nacimiento de Juan el Bautista (1:5-25).
      1.2. Anuncio del nacimiento de Jesús (1:26-38).
   2. Visita de María a Elisabet (1:39-56).
      2.1. Relato de la visita (1:39-45).
      2.2. El *Magníficat* (1:46-55).
      2.3. Conclusión de la visita (1:56).
   3. Nacimiento de Juan el Bautista (1:57-2:52).
      3.1. El nacimiento (1:57-58).
      3.2. Circuncisión y manifestación de Juan (1:59-66).
      3.3. Profecía de Zacarías (1:67-79).
      3.4. Conclusión del relato sobre Juan (1:80).
   4. Nacimiento de Jesús (2:1-20).
      4.1. El nacimiento (2:1-7).
      4.2. Los ángeles y los pastores (2:8-20).
   5. La circuncisión y manifestación de Jesús (2:21-52).
      5.1. La circuncisión (2:21).
      5.2. Presentación en el templo (2:22-24).
      5.3. Alabaza y profecía de Simeón (2:25-35).
      5.4. Alabanza de Ana (2:36-38).
      5.5. Crecimiento de Jesús (2:39-40).
      5.6. Jesús en el templo (2:41-52).
II. Preparación del ministerio público de Jesús (3:1-4:13).
   1. Juan el Bautista (3:1-6).
   2. Predicación de Juan (3:7-18).
   3. Prisión de Juan (3:19-20).
   4. Bautismo de Jesús (3:21-22).
   5. Genealogía de Jesús (3:23:38).
   6. Tentaciones de Jesús (4:1-13).
III. Ministerio de Jesús en Galilea (4:14-9:50).
   1. Jesús en Nazaret (4:14-30).
      1.1. Comienzo del ministerio (4:14-15).
      1.2. Discurso en la sinagoga (4:16-27).
      1.3. Reacción al discurso (4:28-30).
   2. Jesús en Capernaum (4:31-44).
      2.1. Liberación de un endemoniado (4:31-35).
      2.2. Reacción al milagro (4:36-37).

2.3. Curación de la suegra de Pedro (4:38-39).
2.4. Curación de enfermos y endemoniados (4:40-41).
2.5. Salida de Capernaum (4:42-44).
3. Primeros discípulos y milagros (5:1-39).
    3.1. Los primeros discípulos (5:1-11).
        3.1.1. Enseñando a la gente (5:1-3).
        3.1.2. La pesca milagrosa (5:4-10).
        3.1.3. Siguiendo a Jesús (5:11).
    3.2. Curación de un leproso (5:12-16).
    3.3. Curación de un paralítico (5:17-26).
    3.4. Llamamiento de Leví (5:27-32).
    3.5. Pregunta sobre el ayuno (5:33-39).
4. Milagros, elección y enseñanza (6:1-49).
    4.1. Controversias sobre el sábado (6:1-5).
    4.2. Curación de un impedido (6:6-11).
    4.3. Elección de los Doce (6:12-19).
    4.4. Bienaventuranzas y advertencias (6:20-26).
    4.5. Amor verdadero y recompensa (6:27-36).
    4.6. Problema de juzgar a otros (6:37-45).
    4.7. Los dos cimientos (6:46-49).
5. Omnipotencia, reconocimiento y perdón (7:1-50).
    5.1. Curación del siervo del centurión (7:1-10).
    5.2. Resurrección del hijo de la viuda de Naín (7:11-17).
    5.3. Los discípulos de Juan (7:18-35).
        5.3.1. Enviados a Jesús (7:18-23).
        5.3.1. Testimonio sobre Juan (7:24-35).
    5.4. Jesús perdona a una pecadora (7:36-50).
        5.4.1. La situación (7:36-38).
        5.4.2. La enseñanza al fariseo (7:39-47).
        5.4.3. El perdón (7:48-50).
6. Poder y enseñanza (8:1-56).
    6.1. Mujeres que servían a Jesús (8:1-3).
    6.2. La parábola del sembrador (8:4-18).
        6.2.1. La parábola (8:4-8).
        6.2.2. Explicación de la parábola (8:9-18).
    6.3. La madre y los hermanos de Jesús (8:19-21).
    6.4. Jesús calma la tempestad (8:22-25).
    6.5. El endemoniado gadareno (8:26-39).
    6.6. La petición de Jairo (8:40-42).
    6.7. Curación de la hemorroisa (8:43-48).
    6.8. Resurrección de la hija de Jairo (8:49-56).

LOS LIBROS DEL LIBRO 799

- 7. Quién es Jesús (9:1-62).
  - 7.1. Misión de los Doce (9:1-6).
  - 7.2. Herodes oye de Jesús (9:7-9).
  - 7.3. Alimentación de los cinco mil (9:10-17).
  - 7.4. Confesión de Pedro y anuncio de la Pasión (9:18-27).
    - 7.4.1. La confesión de Pedro (9:18-21).
    - 7.4.1. Primer anuncio de la Pasión (9:22).
    - 7.4.2. La demanda para el discipulado (9:23-27).
  - 7.5. La transfiguración (9:28-36).
  - 7.6. Curación del muchacho endemoniado (9:37-43).
  - 7.7. Segundo anuncio de la Pasión (9:44-45).
  - 7.8. El mayor en el reino de Dios (9.46-50).
- IV. El viaje a Jerusalén (9:51-19:27).
  - 1. Viaje y episodios (9:51-62).
    - 1.1. Primera mención del viaje (9:51).
    - 1.2. Rechazo de los samaritanos (9:52-56).
    - 1.3. Tres aspirantes a discípulos (9:57-62).
  - 2. Misión, enseñanza y parábolas (10:1-42).
    - 2.1. El envío de los setenta (10:1-16).
    - 2.2. Regreso de la misión (10:17-20).
    - 2.3. El regocijo de Jesús (10:21-24).
    - 2.4. La vida eterna (10:25-29).
    - 2.5. Parábola del buen samaritano (10:30-37).
    - 2.6. Marta y María (10:38-42).
  - 3. Enseñanzas y denuncias (11:1-54).
    - 3.1. Enseñanza sobre la oración (11:1-13).
    - 3.2. Acusado de alianza con Belcebú (11:14-26).
    - 3.3. La verdadera dicha (11:27-28).
    - 3.4. Petición de una señal (11:29-36).
    - 3.5. Acusaciones contra fariseos y juristas (11:37-54).
  - 4. Advertencias, parábolas y enseñanza (12:1-59).
    - 4.1. Advertencias (12:1-34).
      - 4.1.1. Advertencia contra la hipocresía (12:1-12).
      - 4.1.2. Advertencia contra la avaricia (12:13-21).
      - 4.1.3. Advertencia contra la ansiedad (12:22-34).
    - 4.2. Parábolas (12:35-48).
      - 4.2.1. Parábola de los siervos vigilantes (12:35-40).
      - 4.2.2. Parábola de los siervos fiel e infiel (12:41-48).
    - 4.3. Enseñanzas (12:49-59).
      - 4.3.1. Jesús causa de división (12:49-53).
      - 4.3.2. Discernimiento y consecuencias (12:54-59).

5. Parábolas, milagros y lamento (13:1-35).
   5.1. Llamamiento al arrepentimiento (13:1-5).
   5.2. Parábola de la higuera estéril (13:6-9).
   5.3. Curación de la mujer encorvada (13:10-17).
      5.3.1. El milagro (13:10-13).
      5.3.2. Reacción al milagro (13:14-17).
   5.4. Parábola del grano de mostaza (13:18-19).
   5.5. Parábola de la levadura (13:20-21).
   5.6. Segunda mención del viaje (13:22).
   5.7. La puerta estrecha (13:23-30).
   5.8. Lamento sobre Jerusalén (13:31-35).
6. Curación, lecciones, discipulado (14:1-35).
   6.1. Curación del hidrópico (14:1-6).
   6.2. Lección sobre la humildad (14:7-14).
   6.3. Parábola de la gran cena (14:15-24).
   6.4. Costo del discipulado (14:25-35).
7. Perdidos y hallados (15:1-32).
   7.1. La oveja perdida (15:1-7).
   7.2. La moneda perdida (15:8-10).
   7.3. El hijo perdido (15:11-32).
8. Los fariseos y la ley (16:1-31).
   8.1. Parábola del mayordomo infiel (16:1-13).
   8.2. Los fariseos y la ley (16:14-18).
   8.3. El rico y Lázaro (16:19-31).
9. El reino de Dios (17:1-37).
   9.1. Advertencias a los discípulos (17:1-4).
   9.2. La fe y el servicio (17:5-10).
   9.3. Tercera mención del viaje (17:11).
   9.4. Curación de diez leprosos (17:12-19).
   9.5. La llegada del reino de Dios (17:20-37).
10. Lecciones, demandas, anuncio (18:1-43).
    10.1. Parábola de la viuda y el juez injusto (18:1-8).
    10.2. Parábola del fariseo y el publicano (18:9-14).
    10.3. Jesús y los niños (18:15-17).
    10.4. El joven rico (18:18-30).
    10.5. Tercer anuncio de la Pasión (19:31-43).
11. Final del camino (19:1-27).
    11.1. Zaqueo (19:1-10).
    11.2. Parábola de las diez minas (19:11-27).

LOS LIBROS DEL LIBRO 801

V. Jesús en Jerusalén (19:28-21:38).
   1. El Señor en la ciudad (19:28-21:38).
      1.1. Entrada triunfal (19:28-40).
      1.2. Jesús llora sobre la ciudad (19:41-44).
      1.3. Limpieza del templo (19:45-46).
      1.4. Enseñando en el templo (19:47-48).
   2. Jesús es confrontando (20:1-47).
      2.1. La autoridad de Jesús cuestionada (20:1-8).
      2.2. Parábola de los labradores malvados (20:9-18).
      2.3. El pago del tributo (20:19-26).
      2.4. Pregunta sobre la resurrección (20:27-40).
      2.5. El hijo de David, Señor de David (20:41-44).
      2.6. La advertencia contra los escribas (20:45-47).
   3. Últimas enseñanzas en Jerusalén (21:1-38).
      3.1. La ofrenda de la viuda (21:1-4).
      3.2. Profecía sobre la destrucción del templo (21:5-9).
      3.3. Señales y persecuciones (21:10-24).
      3.4. La venida del Hijo del Hombre (21:25-28).
      3.5. Parábola de la higuera (21:29-33).
      3.6. Exhortación a velar (21:34-38).
VI. La Pasión (22:1-23:56).
   1. Preliminares (22:1-38).
      1.1. Traición de Judas (22:1-6).
      1.2. La última cena (22:7-38).
          1.2.1. Preparación de la Pascua (22:7-13).
          1.2.2. Institución de la Cena del Señor (22:14-23).
          1.2.3. Discusión entre los discípulos (22:24-30).
          1.2.4. Jesús anuncia la negación de Pedro (22:31-34).
          1.2.5. Bolsa, alforja y espada (22:35-38).
   2. Comienzo de la Pasión (22:39-71).
      2.1. Getsemaní (22:39-46).
      2.2. El arresto de Jesús (22:47-53).
      2.3. La negación de Pedro (22:54-62).
      2.4. Jesús escarnecido y vituperado (22:63-71).
   3. Muerte y sepultura de Jesús (23:1-56).
      3.1. Jesús ante Pilato (23:1-7).
      3.2. Jesús ante Herodes (23:8-12).
      3.3. Jesús condenado a muerte (23:13-25).
      3.4. La vía dolorosa (23:26-32).

       3.5. Jesús crucificado (23:33-43).
           3.5.1. La crucifixión (23:33-38).
           3.5.2. Los dos malhechores (23:39-43).
       3.6. La muerte de Jesús (23:44-49).
       3.7. La sepultura de Jesús (23:50-56).
VII. La resurrección (24:1-53).
    1. Relato de la resurrección (24:1-12).
    2. Los discípulos de Emaús (24:13-35).
    3. Jesús se aparece a los discípulos (24:36-43).
    4. La Gran Comisión (24:44-49).
    5. La ascensión (24:50-53).

Cristo en el libro

Jesús satura, satisface y es la razón del contenido del Evangelio según Lucas. Cabe resaltar el afecto entrañable y la sensibilidad con que se presentan las relaciones de Jesús con los hombres, atendiendo a sus problemas y liberándolos de opresiones devastadoras. Lucas presenta a Jesús en una incomparable dimensión humana, poniendo de manifiesto la expresión del Verbo a través de su naturaleza humana, pero resaltando su impecabilidad. Esa es también la razón por la que el título que Lucas usa habitualmente para referirse al Señor es *Hijo del Hombre*.

Juan

Es el cuarto evangelio en orden de colocación en los libros del Nuevo Testamento.

Autor y fecha

No hay identificación personal en cuanto a autoría. No se da nombre del redactor, al que solo se identifica como "el discípulo a quien Jesús amaba" (21:20-24). Al mismo tiempo, los liberales niegan que fuese uno solo el autor porque hay testimonio de otro en el escrito, ya que se lee "este es el discípulo que da testimonio de estas cosas, y escribió estas cosas; y sabemos que su testimonio es verdadero" (21:24).

    Juan el presbítero. Esta suposición de autoría está vinculada con una cita de Papías en la que distingue a dos creyentes con el mismo nombre: uno sería Juan el apóstol y otro Juan el presbítero, o Juan el anciano. Esta cita tuvo lugar en un largo escrito de Papías, obispo de Hierápolis, en el s. II., cuya obra en cinco volúmenes se titulaba

Exposiciones de los oráculos del Señor. En ella se hace referencia a Juan el presbítero, diferenciándolo de Juan el apóstol. Pero la tradición no dice nada de este supuesto segundo Juan.

    Juan el apóstol. El autor se presenta como el discípulo a quien amaba Jesús, mencionado de este modo en cinco ocasiones (13:23; 19:26 ss.; 21:7, 20 ss.). Observando sin prejuicio los distintos lugares, se puede llegar a las siguientes conclusiones: 1) El discípulo amado estaba sentado con Jesús en la última cena, donde los comensales eran necesariamente los Doce. Por tanto, el que recibe ese título tenía que ser uno de los discípulos de Jesús. 2) A este se le menciona varias veces en relación con Pedro y una con la madre de Jesús. La identificación del discípulo a quien Jesús amaba concuerda mejor con Juan que con ningún otro.

    La lectura del texto hace percibir claramente la influencia del pensamiento judío y griego, subordinado todo ello al objetivo del relato que busca exponer el contenido de la tradición primitiva sobre Jesús y su obra. En él se percibe la presencia del teólogo que, dotado de un profundo conocimiento de la verdad enseñada por Jesús, expresa doctrina que es base de la fe cristiana. No hay duda de que se trata de un judío. Entre otras evidencias, están las referencias topográficas que ponen de manifiesto un conocimiento personal de Palestina; en segundo lugar, se aprecia también la profunda comprensión en relación con las fiestas judías; en tercer lugar, muchos de los detalles en los relatos no pueden ser sino procedentes de un testigo ocular. Hay referencias a aspectos sociales de entonces, como la pregunta "¿De Nazaret puede salir algo de bueno?", probablemente un dicho usado por los judíos. Se hace referencia también a festividades propias de Israel, prohibiciones legales, sitio para adorar, etc., cosas que solo un judío podía tener presente en el relato.

    Por el relato se aprecian testimonios personales que solo un testigo presencial podía dar. Probablemente la razón que tenía para no mencionar su nombre era asunto de humildad, ya que estaba escribiendo sobre la persona y obra de Jesús. El autor cita a varios discípulos, guardando el suyo bajo el título del discípulo que amaba Jesús. En días del ministerio apostólico de Pablo, este da testimonio de que la Iglesia de sus días tenía como columnas a Pedro, Santiago y Juan (Gá. 2:9).

    Juan era uno de los hijos de Zebedeo, el hermano de Jacobo que sufrió martirio bajo el poder de Herodes I Agripa (Mt. 4:21; Hch. 12:12). Es muy posible que Juan fuese el menor de los dos. La madre de ellos se llamaba Salomé y posiblemente era hermana de la madre de Jesús. Pertenecía a la clase social acomodada; su padre tenía barcos de pesca y gente que trabajaba para él en su negocio de pesca en el mar de Galilea (Mr. 1:19-20). Era un seguidor de Juan el Bautista, probablemente discípulo suyo, aunque no estuviese involucrado con él tanto como otros de ellos. Escuchó de él que Jesús era el Cordero de Dios que quitaba el pecado del mundo en presencia de Andrés y de otro discípulo anónimo, que evidentemente era Juan (1:35-40). Acompañó al Señor muy al principio de su ministerio y estuvo con Él en las bodas de Caná de Galilea (2:1-11), aunque todavía no había sido llamado a dejar todo y seguir al Maestro. En ocasiones compartía con Pedro lo que tenía que ver con el trabajo de pesca en el lago de Galilea (cf. Lc. 5:10). Jesús invitó a los dos hermanos, Jacobo y Juan, para que dejasen sus actividades y le siguieran (Mt. 4:21, 22; Mr. 1:19, 20). Más adelante serían designados apóstoles por el Señor (Mt. 10:2).

A causa de su carácter fácilmente irascible, Jesús les puso a los dos el sobrenombre de *Boanerges*, que significa *hijos del trueno* (Mr. 3:17). Este carácter violento se pone de manifiesto en algunas ocasiones, como fue cuando en una ciudad de los samaritanos no les dieron hospedaje y Juan quería mandar que descendiese fuego del cielo y quemase la ciudad (Lc. 9:54); además, era también un sectario, como pone de manifiesto la prohibición al que echaba demonios en nombre de Jesús y se lo prohibieron porque no seguía al grupo de discípulos (Mr. 9:38). Otra característica personal es que tanto él como su hermano tenían deseos egoístas de estar en posiciones elevadas, posiblemente mayores que las que pudieran tener sus otros compañeros de discipulado, en el reino de los cielos, sentándose a la diestra y a la siniestra de Jesús, usando también a su madre para que intercediese por ellos ante el Señor (Mt. 20:20-23; Mr. 10:35-41). Sin embargo, el contacto con Jesús y su gracia transformadora hicieron que se produjese un notable cambio en Juan para pasar a la historia como aquel que demandaba de los cristianos un amor sincero por todos.

Juan fue uno de los tres discípulos a quien Jesús dejó ver algunas de sus grandes y poderosas obras. Él presenció la resurrección de la hija de Jairo (Mr. 5:37; Lc. 8:51), contempló la transfiguración (Mt. 17:1; Mr. 9:2; Lc. 9:28) y la agonía de Getsemaní, junto con sus dos compañeros, en un lugar más próximo a Jesús que el resto de los discípulos (Mt. 26:37; Mr. 14:33). Durante la última cena, había sido el que estuvo más cercano al Señor (13:23). Desde Getsemaní, siguió a Jesús al lugar donde le juzgaron, acusaron y maltrataron durante la noche, estando también junto a la cruz, donde el Señor le confió a su madre María, a quien tomó consigo (18:15; 19:27). Ante las noticias que las mujeres llevaron a los apóstoles sobre la resurrección de Jesús y el encuentro con ellas, Juan fue corriendo con Pedro al sepulcro, constatando que el Señor había resucitado (20:1-10). La tarde del mismo día, en compañía de otros discípulos, vio al resucitado que se les apareció, y lo hizo nuevamente una semana después (Lc. 24:33-43; Jn. 20:19-20; 1 Co. 15:5). Juan fue con los otros discípulos a Galilea, acudiendo a la cita del Señor, donde pudo verle nuevamente (Mt. 26:32; 28:10, 16; Jn. 21:1-7). Las palabras sobre Juan con que Jesús respondió a Pedro hicieron creer a algunos que no iba a morir (21:22).

Después de la ascensión, quedó un cierto tiempo con los otros discípulos en un aposento alto en Jerusalén mientras esperaban el descenso del Espíritu Santo, dedicando el tiempo de espera mayoritariamente a la oración (Hch. 1:13-14).

Al día siguiente a Pentecostés, aparece junto con Pedro en el inicio de una importante obra misionera (Hch. 3:1). Tiempo después, ambos fueron encarcelados por las autoridades judías, permitiéndoles testificar de su fe en Cristo (Hch. 4:19). Una de sus misiones primeras fue ir con Pedro hasta Samaria para asistir a Felipe el evangelista que había iniciado la tarea de predicar el evangelio en aquella zona (Hch. 8:14).

Durante las persecuciones que se originaron en Jerusalén contra los cristianos, Juan fue uno de los que permaneció en la ciudad. Como columnas de la iglesia, estaban allí cuando Pablo acudió a Jerusalén después de su primer viaje misionero (Hch. 15:6; Gá. 2:9).

A Juan se le atribuyen cinco libros del Nuevo Testamento: además del evangelio, tres epístolas y el Apocalipsis. La tradición dice que su ministerio finalizó en Éfeso. Es muy probable que Juan tomase a su cuidado la labor apostólica y pastoral de las iglesias de Asia Menor (Ap. 1:11). Cuando redactó el Apocalipsis, en torno al año 90, se hallaba desterrado en la isla de Patmos a causa del testimonio y de su fe en Cristo (Ap. 1:9). La ascensión de Nerva en el año 96 le trajo la libertad y pudo volver a Éfeso según la tradición histórica. Policarpo, Papías e Ignacio fueron los cristianos destacados que estuvieron más próximos a la teología de Juan. Policarpo dice que Juan estuvo en Éfeso hasta su muerte, que se produjo bajo el reinado del emperador Trajano, que gobernó del 98 al 117 y fue el primero de los emperadores no italianos, nacido en Itálica (España).

Es indudable que el evangelio según Juan es el último de los evangelios canónicos. Probablemente sea el último de todos los escritos de Juan. Habla en pasado de algunos lugares como Betania (11:18), del huerto en que Jesús se reunía con los discípulos (18:1), del lugar donde estuvo el sepulcro donde fue puesto Cristo (10:41). La expresión en pasado puede ser simplemente una forma coloquial al escribir, pero también pudiera ser que se esté refiriendo al tiempo posterior al año 70 después de la destrucción de Jerusalén por los ejércitos de Tito.

Sin poder precisar puntualmente la fecha de redacción, no debe datarse antes del 90 d. C.

Propósito

Juan debió haber escrito el evangelio después de Apocalipsis. La razón es que la primera revelación que hace en ese libro es la del Cristo glorioso (Ap. 1:12-20). Esa admirable dimensión requiere una explicación para quienes no conocían a Jesús; de ahí que escriba el evangelio, para presentar al Verbo eterno que desciende y se encarna, haciéndose hombre (1:14) sin dejar de ser Dios.

Para ese propósito acude no solo a los datos históricos de la vida de Jesús, sino especialmente a la cristología para presentar al Señor en su condición divino-humana. Así utiliza títulos para referirse a Él que no son habituales en otros escritos, especialmente en los evangelios, y frases únicas como "el Verbo era Dios" (1:1), "el Cordero de Dios" (1:29), "el Mesías" (1:41), "Hijo de Dios y rey de Israel" (1:49), "Salvador del mundo" (4:42), "Señor y Dios" (20:28). Una de las expresiones típicas del texto es "Yo soy", que para los judíos era un título divino (6:35; 8:12; 10:7, 9, 11, 14; 11:25; 14:6; 15:1-5). Juan apunta en el escrito a las veces que Cristo usó ese término para sí mismo (4:24, 26; 8:24, 28, 58; 13:19).

Juan escribe un evangelio cristológico, de una elevada formulación doctrinal, que no se adquiere sin un tiempo de reflexión en la revelación que permite fijar en esa dimensión la cristología más precisa del Nuevo Testamento.

A diferencia de los otros escritores, el apóstol Juan presenta a Jesús como Dios manifestado en carne, el Verbo eterno que se hace hombre (1:14). Por esta razón, el Evangelio no contiene parábolas, y solo aparecen en él siete milagros, cinco de los cuales solo están registrados en este evangelio. Sin embargo, el equilibrio teológico en la cristología de Juan es notable, presentado al Señor tanto en el plano de la deidad como en el de la humanidad. El que es Verbo eterno, Creador y dador de la vida, es también un hombre que tiene sed, se fatiga, siente dolor y muere. Posiblemente esté también en la mente de Juan el gnosticismo que negaba la realidad física del Señor.

Finalmente, el escritor mismo indica el propósito del escrito: "Pero estas cosas se han escrito para que creáis que Jesús es el Cristo, el Hijo de Dios, y para que creyendo, tengáis vida en su nombre" (20:31).

Bosquejo

Se propone el siguiente para el análisis exegético del texto bíblico:

I. Encarnación del Verbo (1:1-18).
   1. Eternidad del Verbo (1:1-2).
   2. Operatividad del Verbo pre-encarnado (1:3-5).
   3. Testimonio de Juan (1:6-8).
   4. Rechazo al Verbo encarnado (1:9-11).
   5. Aceptación del Verbo encarnado (1:12-13).
   6. Deidad del Verbo encarnado (1:14-18).
II. Presentación del Verbo encarnado (1:19-4:54).
   1. Presentación por Juan el Bautista (1:19-34).
      1.1. Ante el liderazgo religioso (1:19-28).
      1.2. El bautismo de Jesús (1:29-34).
   2. Presentación a los discípulos de Juan (1:35-51).
      2.1. Andrés, Juan y Pedro (1:35-42).
      2.2. Felipe y Natanael (1:43-51).
   3. Presentación en Galilea (2:1-12).
      3.1. Primera señal (2:1-10).
      3.2. Los discípulos creen en Jesús (2:11).
   4. Presentación en Judea (2:12-3:36).
      4.1. La limpieza del templo (2:12-22).
      4.2. La presencia en Jerusalén (2:23-25).
      4.3. Jesús y Nicodemo (3:1-21).
         4.3.1. El problema de Nicodemo (3:1-3).
         4.3.2. La ignorancia de Nicodemo (3:4-12).
         4.3.3. La enseñanza de Jesús (3:13-21).
      4.4. Predicación de Juan el Bautista (3:22-36).
   5. Presentación en Samaria (4:1-42).
      5.1. Jesús pasa por Samaria (4:1-6).
      5.2. Enseñanza a la samaritana (4:7-26).
      5.3. Testimonio de la samaritana (4:27-30).
      5.4. Enseñanza a los discípulos (4:31-38).
      5.5. Reacción de los samaritanos (4:39-42).

    6. Presentación en Galilea (4:43-54).
        6.1. Su presencia en Galilea (4:43-45).
        6.2. La sanidad del hijo del oficial del rey (4:46-54).
III. Oposición al Verbo encarnado (5:1-12:50).
    1. Confrontación en Jerusalén (5:1-47).
        1.1. Sanidad de un paralítico (5:1-9).
        1.2. La reacción contra Jesús (5:10-18).
        1.3. El discurso de Jesús (5:19-47).
    2. El tiempo de la Pascua (6:1-71).
        2.1. Alimentación de los cinco mil (6:1-15).
        2.2. Jesús anda sobre el mar (6:16-21).
        2.3. El discurso de Jesús (6:22-40).
        2.4. La reacción al discurso (6:41-71).
            2.4.1. Murmurando contra Jesús (6:41-43).
            2.4.2. Enseñanza de Jesús (6:44-51).
            2.4.3. Reacción y nueva enseñanza (6:52-58).
            2.4.4. Enseñanza a los discípulos (6:59-65).
            2.4.5. Deserción de muchos discípulos (6:66).
            2.4.6. Testimonio de Pedro (6:67-71).
    3. La fiesta de los tabernáculos (7:1-10:21).
        3.1. Confrontación con sus hermanos (7:1-9).
            3.1.1. La incredulidad de los hermanos (7:1-5).
            3.1.2. La reacción de Jesús (7:6-9).
        3.2. Jesús en la fiesta de los tabernáculos (7:10-10:21).
            3.2.1. Primera confrontación (7:10-15).
            3.2.2. Discurso de Jesús (7:16-24).
            3.2.3. Reacción y respuesta de Jesús (7:25-29).
            3.2.4. Reacción del pueblo (7:30-36).
            3.2.5. Enseñanza de Jesús (7:37-39).
            3.2.6. Reacción a la enseñanza (7:40-52).
            3.2.7. La mujer adúltera (8:1-11).
            3.2.8. Discurso de Jesús y reacciones (8:12-59).
                A) La afirmación de Jesús (8:12).
                B) La reacción (8:13).
                C) La respuesta de Jesús (8:14-20).
                D) Enseñanzas y reacciones (8:21-27).
                E) Enseñanza y consecuencias (8:28-30).
                F) Enseñanza sobre la libertad y reacciones (8:31-51).
                G) La eternidad de Jesús (8:52-58).
                H) La reacción (8:59).

3.2.9. Sanidad de un ciego (9:1-41).
  A) Pregunta de los discípulos (9:1-2).
  B) Respuesta de Jesús (9:3-5).
  C) El milagro (9:6-7).
  D) Reacción ante el milagro (9:8-12).
  E) El ciego y los religiosos (9:13-34).
  F) Jesús y el ciego (9:35-39).
  G) Reacción de los fariseos (9:40-41).
3.2.10. Discurso del buen pastor (10:1-21).
  A) Discurso (10:1-18).
  B) Reacción (10:19-21).
4. La fiesta de la dedicación (10:22-42).
  4.1. Pregunta de los fariseos (10:22-24).
  4.2. Respuesta de Jesús (10:25-30).
  4.3. Reacción y nueva respuesta (10:31-39).
  4.4. Jesús al otro lado del Jordán (10:40-42).
5. Jesús en Betania (11:1-12:11).
  5.1. Resurrección de Lázaro (11:1-44).
  5.2. Reacciones a la resurrección (11:45-53).
  5.3. Jesús en Efraín (11:54).
  5.4. El tiempo de la Pascua (11:55-57).
  5.5. María unge a Jesús (12:1-8).
  5.6. Reacciones encontradas (12:9-11).
6. Jesús en Jerusalén (12:12-50).
  6.1. La entrada en Jerusalén (12:12-19).
  6.2. Enseñanzas de Jesús (12:20-50).
    6.2.1. El deseo de unos griegos (12:20-22).
    6.2.2. Reacción y enseñanza de Jesús (12:23-26).
    6.2.3. Testimonio celestial (12:27-29).
    6.2.4. Enseñanza de Jesús (12:30-36).
    6.2.5. Reprobación de Israel (12:37-43).
    6.2.6. Creer y rehusar (12:44-50).
IV. Enseñanza a los Doce (13:1-16:33).
  1. Enseñanza sobre la restauración y el amor (13:1-20).
    1.1. El lavamiento de los pies (13:1-11).
    1.2. El alcance (13:12-20).
  2. Jesús anuncia su entrega (13:21-30).
    2.1. La traición anunciada (13:21-26).
    2.2. La reacción (13:27-30).
  3. Jesús anuncia su partida (13:31-38).
    3.1. El anuncio (13:31-33).

3.2. El mandamiento nuevo (13:34-35).
3.3. Reacción de Pedro y respuesta de Jesús (13:36-38).
4. Promesa de Jesús (14:1-7).
    4.1. La promesa (14:1-4)
    4.2. La reacción de Tomás y la respuesta de Jesús (14:5-7).
5. Enseñanza sobre la unidad divina (14:8-14).
6. Enseñanza sobre el envío del Espíritu Santo (14:15-26).

V. La oración del Verbo encarnado (17:1-26).
1. Los temas de la oración (17:1-26).
    1.1. La vida eterna (17:1-3).
    1.2. Rendición de cuentas y glorificación (17:4-5).
    1.3. La relación de la Palabra (17:6-8).
    1.4. Petición de protección por los suyos (17:9-13).
    1.5. Intercesión y misión (17:14-19).
    1.6. Intercesión por la unidad (17:20-23).
    1.7. Petición personal (17:24-26).

VI. Crucifixión del Verbo encarnado (18:1-19-42).
1. El arresto de Jesús (18:1-11).
2. Jesús juzgado (18:12-19:16).
    2.1. Ante Anás (18:12-23).
    2.2. Ante Caifás (18:24-27).
    2.3. Ante Pilato (18:28-19:16).
        2.3.1. Acusaciones (18:28-32).
        2.3.2. Diálogo con Jesús (18:33-37).
        2.3.3. Jesús y Barrabás (18:38-40).
        2.3.4. Jesús azotado y afrentado (19:1-7).
        2.3.5. Debilidad de Pilato (19:8-16).
    2.4. La crucifixión, muerte y sepultura (19:17-42).
        2.4.1. Crucifixión (19:17-29).
        2.4.2. Muerte (19:30).
        2.4.3. Epílogo de la cruz (19:31-37).
        2.4.4. Sepultura de Jesús (19:38-42).

VII. Resurrección del Verbo encarnado (20:1-21:25).
1. La tumba vacía (20:1-10).
2. Las apariciones del resucitado (20:11-21:23)
    2.1. A María Magdalena (20:11-18).
    2.2. A los discípulos sin Tomás (20:19-25).
    2.3. A los discípulos y Tomás (20:26-31).
    2.4. A siete discípulos en Galilea (21:1-14).
    2.5. Diálogo con Pedro y el discípulo amado (21:15-23).
3. Conclusión (21:24-25).

Cristo en el libro

La admirable dimensión de la cristología, de las más precisas del Nuevo Testamento, está en continua presencia en el libro. La deidad de Cristo abre el evangelio (1:1-5). El uso del título "Yo soy", divino por excelencia en el Antiguo Testamento en referencia a Dios, aparece ocho veces: "Yo soy el pan de vida" (6:35, 38); "Yo soy la luz del mundo" (8:12); "Yo soy la puerta" (10:8, 9); "Yo soy el buen pastor" (10:11, 14); "Yo soy la resurrección y la vida" (11:25); "Yo soy el camino, la verdad y la vida" (14:6); "Yo soy la vid verdadera" (15:1). Por la fe en Cristo se tiene vida eterna, mientras que el rechazo condena inexorablemente al incrédulo (3:36). Jesús se identifica con el Padre que lo envió y por fe otorga vida eterna (5:24). Los milagros seleccionados por Juan ponen de manifiesto la condición divino-humana de Cristo. La eternidad, atributo exclusivo de Dios, está en Cristo (8:58). La obra de redención es asumida voluntariamente y ejecutada de la misma manera (10:17-18). La humanidad asumida en la persona divina está presente en varios lugares, pero de forma destacada en el conocimiento humano, voluntariamente limitado (Jn. 11:34), y en las emociones propias del hombre (Jn. 11:35). El envío del Espíritu Santo, junto con el Padre, es una promesa de Jesús (14:16-17). Juan escribe el Evangelio para que los lectores crean "que Jesús es el Cristo, el Hijo de Dios, y para que creyendo, tengáis vida en su nombre" (20:31).

Hechos de los Apóstoles

El libro de Hechos de los Apóstoles es un libro singular. No hay ningún otro como este en la Biblia. Los otros históricos en el Antiguo Testamento e incluso los evangelios en el Nuevo no tienen la singularidad de Hechos. Singular también por su extensión, con mil siete versículos en los veintiocho capítulos, siendo uno de los más extensos de todos los libros del Nuevo Testamento. Además, recoge la última página de una dispensación y abre la primera de la actual dispensación de la Iglesia. Por otro lado, facilita la comprensión de las epístolas, con referencia especial a las de Pablo.

Título

En los manuscritos griegos antiguos suele aparecer el libro bajo el título de Πράξεις ἀποστόλων, literalmente Hechos de Apóstoles. Algunos manuscritos le añaden el artículo, leyéndose Hechos de los Apóstoles;

en otros se lee sencillamente Hechos. Por su lado, los manuscritos latinos llaman al libro *Actus Apostolorum*, o también *Acta Apostolorum*. Estos títulos son propios de la literatura griega, en referencia a hechos de personajes famosos, sin que ello supusiera una biografía completa del mismo, sino el traslado escrito de sus gestas más destacables. Eso es lo que realmente ocurre en el libro de Hechos, donde el escritor describe, con mayor o menor amplitud, los hechos más destacables de cada uno de los personajes que ha seleccionado y que mayoritariamente son apóstoles. Esa es la razón del título Hechos de los Apóstoles, aunque el autor casi no menciona a otros apóstoles fuera de Pedro y Pablo. Sin embargo, los Doce, como colegio apostólico, están presentes en el libro (cf. 1:2, 26; 2:14; 5:18; 6:2; 8:14; 9:27; 11:1; 15:2).

Probablemente el título con que habitualmente conocemos el libro ha sido agregado en el s. II. Aunque respaldado por algunos Padres de la Iglesia, como Ireneo, Clemente de Alejandría y Tertuliano, y en los códices Sinaítico, Vaticano y Bezae (donde aparece también el título), esto no deja de ser problemático por varias razones. El autor trata solo del ministerio de Pedro y de Pablo. La mención a Juan es simplemente de vinculación histórica en un determinado relato del libro, como el caso de acompañar a Pedro al templo a la hora de la oración (3:1) y de estar también con él en Samaria (8:14). Sin embargo, no se registra en el libro nada respecto a él. Por esta razón se ha sugerido que sería mejor titular el libro como Hechos de Pedro y de Pablo, pero tampoco es satisfactorio porque en él se hace mención a hechos de otras personas, tales como Esteban, Felipe, Bernabé, Silas o Timoteo.

Autor y fecha

Como es habitual en la mayoría de los libros del Nuevo Testamento, la autoría de Hechos no fue cuestionada hasta el tiempo de la crítica liberal, a finales del s. XVIII y principios del XIX. Siempre hubo unanimidad al considerar a Lucas, compañero y colaborador de Pablo (cf. Col. 4:14; 2 Ti. 4:11; Flm. 24), como autor del libro. En escritos de la patrística, sobre todo de los antiguos, procedentes de mediados del s. II, se da por hecho que el libro es un segundo escrito de Lucas. Los testimonios principales están en el Fragmento Muratoriano; igualmente Ireneo, Tertuliano, Clemente de Alejandría y Orígenes.

El autor del libro afirma que es la continuación de otro escrito anterior sobre los hechos y enseñanzas de Cristo, dedicado a Teófilo (1:1-2), de modo que el anterior no puede ser sino el tercer evangelio, dirigido también a la misma persona. Por otro lado, la comparación lingüístico-estilística de los dos libros muestra que son muy semejantes, llevando también a la misma conclusión la identidad de autor. La investigación textual hecha a lo largo del tiempo por muchos expertos da como resultado una larga lista de palabras comunes y de construcciones gramaticales idénticas, lo que confirma que tanto el evangelio como Hechos son del mismo autor. En ninguno de los dos casos se menciona el nombre del autor. Un aspecto interesante es que, tanto en el evangelio como en Hechos, aparecen términos técnicos propios de un médico (cf. Lc. 4:38; 5:18; 22:44; Hch. 3:7; 9:18; 28:8). Esta es una prueba más de que ambas obras son del mismo autor.

Del autor tenemos pocos testimonios bíblicos con los que elaborar una nota biográfica. Se supone que es el único escritor gentil entre los del Nuevo Testamento, ya que Pablo lo distingue de los de la circuncisión en la despedida de la carta a los Colosenses (cf. Col. 4:10-11), citándolo más adelante (Col. 4:14). Era médico de profesión. Eusebio y Jerónimo afirman que Lucas era natural de Antioquia de Siria; probablemente por eso menciona tantas veces en el escrito el nombre de la ciudad —de las quince veces que aparece en el Nuevo Testamento, catorce están en Hechos—. Si esto es así, Lucas debió haber conocido a personas que estuvieron relacionadas con la iglesia, como Bernabé (11:22), Pablo (11:25) y Pedro (Gá. 2:11). Siguiendo la lectura del texto latino, se presenta una evidencia de la presencia de Lucas en la iglesia en Antioquía, al aparecer en el escrito la primera persona plural, que incluye al autor: "En aquellos días unos profetas descendieron de Jerusalén a Antioquía. Y había allí mucho gozo; y cuando todos nosotros estuvimos reunidos..." (11:27).

Debe llegarse a la conclusión de que el autor de Hechos es el mismo que el del tercer evangelio y que, como fue aceptado universalmente por la Iglesia a lo largo de los siglos, el autor es Lucas.

Hechos fue escrito después del tercer evangelio, del que se hace mención en la introducción (1:1). El evangelio según Lucas —como se considera allí— debió haberse escrito posteriormente al de Mateo y Marcos. Sin embargo, no hay evidencias absolutamente precisas para la datación de los evangelios, recurriendo algunos a una datación inversa, partiendo de Hechos.

La redacción de los capítulos correspondientes a episodios de la vida de la iglesia en Jerusalén y el entorno descrito sobre el ambiente de los judíos, incluso ya avanzado el ministerio del apóstol Pablo, supone que fueron redactados antes del año 70, fecha en la que fueron destruidos Jerusalén y el templo.

Apelando además a la historia secular, en el verano del año 64 se produjo el incendio de Roma, que destruyó diez de los catorce distritos de la ciudad. Nerón culpó del hecho a los cristianos, comenzando las persecuciones contra ellos. Si Hechos hubiese sido escrito después del año 64, habría necesariamente alguna alusión a esa circunstancia. Por el contrario, se aprecia, sobre todo al final del libro, un trato benévolo hacia los cristianos. Hay una iglesia consolidada en Roma y a Pablo no se le impide la proclamación del evangelio desde la casa de alquiler donde estuvo en su prisión domiciliaria. Esto exige una datación anterior al verano del año 64.

Las evidencias internas anteriores, permiten establecer la datación del libro sobre el año 62, antes de la puesta en libertad de Pablo y del inicio de sus viajes finales previos a su nueva detención, juicio y martirio.

Propósito

Siendo este el segundo libro de los dos que escribió Lucas, el propósito de este ha de estar necesariamente vinculado con el anterior. En el evangelio se ocupó de "las cosas que Jesús comenzó a hacer y a enseñar", que comprende desde su nacimiento hasta "el día que fue recibido arriba" (1:1-2). El propósito del primer libro, el evangelio según Lucas, no deja lugar a dudas, puesto que Lucas mismo lo indica:

> Puesto que ya muchos han tratado de poner en orden la historia de las cosas que entre nosotros han sido ciertísimas, tal como nos lo enseñaron los que desde el principio lo vieron con sus ojos, y fueron ministros de la palabra, me ha parecido también a mí, después de haber investigado con diligencia todas las cosas desde su origen, escribírtelas por orden, oh excelentísimo Teófilo, para que conozcas bien la verdad de las cosas en las cuales has sido instruido. (Lc. 1:1-4)

El evangelio tenía como objetivo que el cristiano Teófilo conociera con detalle todo aquello en lo que había sido enseñado. Pero la primera obra concluye con la resurrección y ascensión de Jesús, nada se dice en ella de las consecuencias que trajo su obra y de las que produjo el cumplimiento de la Gran Comisión, que impulsó a la predicación del Evangelio en todo el mundo.

El propósito de Hechos es relatar lo que Jesús siguió haciendo en el cumplimiento de su promesa de edificar su Iglesia durante los aproximadamente treinta años siguientes a su ascensión (Mt. 16:18).

Sin embargo, aunque estas cuestiones están presentes en Hechos, lo que realmente tiene Lucas como objetivo del escrito es presentar a Jesús, el Señor resucitado y ascendido, actuando al igual que cuando estaba presente en la tierra. Está dando una imagen de la Iglesia que se extiende por el mundo, como una comunidad en comunión con el resucitado, dirigida y auxiliada por el Espíritu Santo. No se trata de una nueva religión en el mundo que pudiera significar alternativa al judaísmo, ni tampoco una modificación del judaísmo, sino algo esencialmente nuevo. No se trataba de religión, sino de relación con Dios, como nunca antes se había manifestado.

Bosquejo

Para la exégesis del libro se da el siguiente bosquejo analítico:

I. La Iglesia establecida en Jerusalén (1:1-8:3).
   1. El Señor resucitado (1:1-26).
      1.1. Últimas instrucciones de Jesús (1:1-8).
         1.1.1. Instrucciones (1:1-5).
         1.1.2. Comisión (1:6-8).
      1.2. La ascensión del Señor (1:9-11).
      1.3. El Señor escoge (1:12-26).
         1.3.1. La ocupación de los creyentes (1:12-14).
         1.3.2. La propuesta de Pedro (1:15-22).
         1.3.3. La elección de Matías (1:23-26).
   2. El principio de la Iglesia (2:1-47).
      2.1. El descenso del Espíritu Santo (2:1-4).
      2.2. Manifestaciones y reacción (2:5-13).
      2.3. La predicación de Pedro (2:14-36).
         2.3.1. Apelando a las Escrituras (2:14-21).
         2.3.2. La persona y la obra de Jesucristo (2:22-28).
         2.3.3. La profecía de David (2:29-31).
         2.3.4. La resurrección y exaltación de Jesús (2:32-36).
      2.4. La consecuencia (2:37-47).
         2.4.1. Los primeros convertidos (2:37-41).
         2.4.2. La vida de los primeros cristianos (2:42-47).
   3. La curación de un cojo (3:1-26).
      3.1. El milagro (3:1-10).
      3.2. El mensaje (3:11-26).
         3.2.1. El lugar (3:11).
         3.2.2. El autor del milagro (3:12-16).
         3.2.3. La obra y el llamamiento de Dios (3:17-26).

4. La primera persecución (4:1-37).
    4.1. Reacción de los líderes judíos (4:1-4).
    4.2. Los apóstoles ante el concilio (4:5-22).
        4.2.1. La comparecencia (4:5-7).
        4.2.2. La respuesta de Pedro (4:8-12).
        4.2.3. La reacción del concilio (4:13-18).
        4.2.4. La firmeza de los apóstoles (4:19-22).
    4.3. Oración ante la persecución (4:23-31).
        4.3.1. Reconociendo la soberanía de Dios (4:23-28).
        4.3.2. Encomendando la situación a Dios (4:29-30).
        4.3.3. La plenitud del Espíritu (4:31).
    4.4. La comunión generosa de los cristianos (4:32-35).
    4.5. Bernabé (4:36-37).
5. La persecución se incrementa (5:1-42).
    5.1. Mentira y disciplina (5:1-11).
    5.2. Poder y milagros (5:12-16).
    5.3. Persecución (5:17-42).
        5.3.1. La causa de la persecución (5:17-18).
        5.3.2. La acción sobrenatural de Dios (5:19-25).
        5.3.3. Los apóstoles ante el concilio (5:26-28).
        5.3.4. La respuesta de Pedro (5:29-32).
        5.3.5. Reacción del concilio y propuesta de Gamaliel (5:33-39).
        5.3.6. Conclusión y resultado (5:40-42).
6. Los primeros colaboradores (6:1-7).
    6.1. Situación en la iglesia (6:1).
    6.2. Propuesta de los apóstoles (6:2-4).
    6.3. Elección de los primeros diáconos (6:5-6).
    6.4. Crecimiento de la Iglesia (6:7).
7. El primer mártir (6:8-8:3).
    7.1. Promoviendo la agitación del pueblo (6:8-15).
    7.2. El discurso de Esteban (7:1-53)
        7.2.1. Esteban ante el tribunal (7:1)
        7.2.2. La referencia a Abraham (7:2-8).
        7.2.3. La referencia a José (7:9-16).
        7.2.4. La referencia a Moisés (7:17-38).
        7.2.5. El pecado en el desierto (7:39-43).
        7.2.6. El tabernáculo del testimonio (7:44-45).
        7.2.7. La referencia a David (7:46-50).
        7.2.8. La acusación (7:51-53).
    7.3. La reacción del concilio (7:54-60).

7.3.1. La ira contra Esteban (7:54-57).
7.3.2. La muerte de Esteban (7:58-60).
7.4. El incremento de la persecución (8:1-3).
II. La Iglesia establecida en Palestina y Siria (8:4-12:25).
 1. Los cristianos esparcidos (8:4-40).
    1.1. El evangelio en Samaria (8:4-25).
       1.1.1. El ministerio de Felipe (8:4-8).
       1.1.2. Simón el mago (8:9-13).
       1.1.3. Los samaritanos creyentes y el Espíritu (8:14-17).
       1.1.4. El pecado de Simón el mago (8:18-25).
    1.2. El etíope (8:26-40).
       1.2.1. El Espíritu conduciendo (8:26-29).
       1.2.2. La enseñanza de Felipe (8:30-35).
       1.2.3. El bautismo del etíope (8:36-40).
 2. La conversión de Saulo (9:1-31).
    2.1. El relato de la conversión (9:1-19).
       2.1.1. El perseguidor (9:1-2).
       2.1.2. El encuentro con el Señor (9:3-6).
       2.1.3. El resultado del encuentro (9:7-9).
       2.1.4. La comisión a Ananías (9:10-16).
       2.1.5. Saulo convertido (9:17-19).
    2.2. Saulo predicando en Damasco (9:20-22).
    2.3. La reacción contra Saulo (9:23-25).
    2.4. Saulo en Jerusalén (9:26-30).
    2.5. La presencia de las iglesias (9:31)
    2.6. El ministerio de Pedro (9:32-43).
       2.6.1. Sanidad de Eneas (9:32-35).
       2.6.2. Resurrección de Dorcas (9:36-43).
 3. La evangelización de los gentiles (10:1-11:30).
    3.1. Preparación de Pedro (10:1-22).
       3.1.1. La visión de Cornelio (10:1-8).
       3.1.2. La visión e instrucción de Pedro (10:9-16).
       3.1.3. Los enviados de Cornelio (10:17-22).
    3.2. Pedro en Cesarea (10:23-48).
       3.2.1. En casa de Cornelio (10:23-33).
       3.2.2. Predicando el Evangelio (10:34-43).
       3.2.3. El Espíritu sobre los gentiles (10:44-48).
    3.3. Regreso a la iglesia en Jerusalén (11:1-18).
       3.3.1. La posición judía (11:1-3).
       3.3.2. El informe de Pedro (11:4-17).

            3.3.3. La reacción de los judeocristianos (11:18).
        3.4. La iglesia en Antioquía (11:19-30).
            3.4.1. Los primeros convertidos (11:19-21).
            3.4.2. Bernabé enviado a Antioquía (11:22-25).
            3.4.3. Pablo y Bernabé en la iglesia en Antioquía (11:26-30).
    4. La persecución de Herodes (12:1-25).
        4.1. La muerte de Jacobo (12:1-2).
        4.2. Prisión y liberación de Pedro (12:3-19).
            4.2.1. Pedro encarcelado (12:3-5).
            4.2.2. Liberación de Pedro (12:6-11).
            4.2.3. Pedro con los creyentes reunidos (12:12-17).
            4.2.4. La reacción de Herodes (12:18-19).
        4.3. La muerte de Herodes (12:20-23).
        4.4. La extensión del evangelio (12:24-25).
III. La Iglesia en el mundo grecorromano (13:1-28:31).
    1. El primer viaje misionero (13:1-14:28).
        1.1. Llamamiento y encomendación (13:1-3).
        1.2. El Evangelio en Chipre (13:4-12).
            1.2.1. Pablo y Bernabé en Chipre (13:4-5).
            1.2.2. El procónsul Sergio Paulo (13:6-12).
        1.3. El Evangelio en Galacia (13:13-14:20).
            1.3.1. Predicando en Antioquía de Pisidia (13:13-15).
            1.3.2. El mensaje de Pablo (13:16-41).
                A) Resumen histórico hasta David (13:16-22).
                B) Jesús el Salvador (13:23-31).
                C) La promesa cumplida (13:32-37).
                D) La justificación (13:38-41).
            1.3.3. Predicando en la ciudad (13:42-50).
                A) La oposición de los judíos (13:42-45).
                B) La determinación de Pablo y Bernabé (13:46-48).
            1.3.4. La extensión del Evangelio (13:49-52).
            1.3.5. Predicando el Evangelio en Iconio (14:1-6).
                A) Llegada y oposición (14:1-2).
                B) El poder de Dios (14:3-4).
                C) Persecución y prudencia (14:5-6).
            1.3.6. Predicando el Evangelio en Listra (14:7-20).
                A) La sanidad del paralítico (14:7-10).
                B) Reacción ante el milagro (14:11-14).
                C) El mensaje de Pablo (14:14-18).
                D) Persecución (14:19-20).

1.4. Regreso a Antioquía (14:21-28).
    1.4.1. El camino de regreso (14:21-26).
    1.4.2. Informando a la iglesia (14:27-28).
2. El concilio de Jerusalén (15:1-35).
    2.1. El problema (15:1-3).
    2.2. La reunión general de la iglesia en Jerusalén (15:4-5).
    2.3. Exposición y debate del problema (15:6-21).
        2.3.1. Reunión de apóstoles y ancianos (15:6-18).
           A) La intervención de Pedro (15:6-11).
           B) El testimonio de Pablo y Bernabé (15:12).
           C) La intervención de Jacobo (15:13-21).
    2.4. Resolución (15:22-35).
        2.4.1. El acuerdo alcanzado (15:22-29).
        2.4.2. La comunicación del acuerdo a las iglesias (15:30-35).
3. El segundo viaje misionero (15:36-18:22).
    3.1. Disensión y nuevo equipo misionero (15:36-41).
    3.2. Visitando las iglesias (16:1-5).
        3.2.1. Timoteo (16:1-3).
        3.2.2. Confirmando a los creyentes (16:4-5).
    3.3. Misión a Europa (16:6-10).
    3.4. El Evangelio en Filipos (16:11-40).
        3.4.1. Los primeros cristianos (16:11-15).
        3.4.2. La liberación de la adivina (16:16-18).
        3.4.3. Pablo y Silas encarcelados (16:19-24).
        3.4.4. La intervención divina (16:25-27).
        3.4.5. La conversión del carcelero (16:28-34).
        3.4.6. Puestos en libertad honrosamente (16:35-40).
    3.5. El Evangelio en Tesalónica, Berea y Atenas (17:1-34).
        3.5.1. El alboroto en Tesalónica (17:1-9).
        3.5.2. La actividad en Berea (17:10-14).
        3.5.3. Pablo en Atenas (17:15-34).
           A) La situación en la ciudad (17:15-17).
           B) Pablo llevado al areópago (17:18-21).
           C) Predicación en el areópago (17:22-31).
               a) Introducción del mensaje (17:22-23).
               b) El único Dios (17:24-29).
               c) La demanda de Dios (17:30-31).
           D) El resultado (17:32-34).
    3.6. El Evangelio en Corinto (18:1-17).
        3.6.1. Evangelización y oposición (18:1-11).
        3.6.2. Acusación contra Pablo (18:12-17).

3.7. El Evangelio en Éfeso (18:18-21).
3.8. Regreso a Antioquía (18:22).
4. Tercer viaje misionero (18:23-21:26).
  4.1. Visitando las iglesias (18:23).
  4.2. Apolos (18:24-28).
  4.3. Pablo en Éfeso (19:1-41).
    4.3.1. Los discípulos de Juan (19:1-7).
    4.3.2. Evangelización y milagros (19:8-12).
    4.3.3. Los judíos exorcistas (19:13-17).
    4.3.4. Testimonio y crecimiento (19:18-20).
    4.3.5. Proyectos de Pablo (19:21-22).
    4.3.6. El alboroto en Éfeso (19:23-41).
  4.4. El Evangelio en Macedonia y Grecia (20:1-6).
  4.5. Despedida de Pablo en Troas (20:7-12).
  4.6. De Troas a Mileto (20:13-16).
  4.7. Despedida de Pablo en Mileto (20:17-38).
    4.7.1. Recordando el trabajo evangelístico (20:17-21).
    4.7.2. Anunciándoles que no lo verían más (20:22-27).
    4.7.3. Advertencias a los líderes (20:28-31).
    4.7.4. Palabras de despedida (20:32-35).
    4.7.5. Oración y lágrimas (20:36-38).
  4.8. De Mileto a Cesarea (21:1-14).
  4.9. Pablo en Jerusalén (21:15-23:22).
    4.9.1. De Cesarea a Jerusalén (21:15-17).
    4.9.2. Recepción y consejos (21:18-26).
    4.9.3. El alboroto en el templo (21:27-36).
    4.9.4. Defensa de Pablo ante el pueblo (21:37-22:29).
      A) Identificándose ante el tribuno (21:37-40).
      B) Presentándose ante el pueblo (22:1-5).
      C) Relatando su conversión (22:6-16).
      D) La comisión divina (22:17-21).
    4.9.5. Pablo en manos del tribuno (22:22-29).
    4.9.6. Pablo ante el concilio (22:30-23:11).
    4.9.7. El complot contra Pablo (23:12-22).
5. El viaje a Roma (23:23-28:31).
  5.1. Preso en Cesarea (23:23-26:32).
    5.1.1. Pablo enviado a Félix (23:23-35).
    5.1.2. Defensa ante Félix (24:1-27).
      A) La acusación contra Pablo (24:1-9).
      B) La defensa de Pablo (24:10-21).

           C) Determinación de Félix (24:22-23).
           D) Testimonio privado ante Félix (24:24-27).
    5.1.3. Pablo ante Festo (25:1-12).
           A) Complot contra Pablo (25:1-5).
           B) Pablo ante el tribunal (25:6-9).
           C) Pablo apela a César (25:10-12).
    5.1.4. Pablo ante Agripa (25:13-26:32).
           A) Exposición de Festo (25:13-21).
           B) Testimonio de Festo ante Agripa (25:22-27).
           C) Defensa de Pablo ante Agripa (26:1-32).
              a) Su vida anterior (26:1-8).
              b) Pablo el perseguidor (26:9-11).
              c) Relato de su conversión (26:12-18).
              d) La visión de Pablo (26:19-23).
              e) Invitando a Agripa a la fe (26:24-29).
           D) Opinión sobre Pablo (26:30-32).
  5.2. De Cesarea a Roma (27:1-28:31).
    5.2.1. De Cesarea a Buenos Puertos (27:1-8).
    5.2.2. Decisión equivocada de navegar (27:9-12).
    5.2.3. La tempestad (27:13-38).
           A) La situación (27:13-20).
           B) Pablo alentando (27:21-26).
           C) Cerca de tierra (27:27-38).
    5.2.4. El naufragio (27:39-44).
    5.2.5. Pablo en Malta (28:1-10).
    5.2.6. De Malta a Roma (28:11-16).
    5.2.7. Pablo en Roma (28:17-31).

Cristo en el libro

El Señor ascendido al cielo sigue actuando y está presente en todo el libro de Hechos. Los testigos oculares de la resurrección de Jesús dan testimonio de ese hecho, acreditándolo con señales y milagros en su nombre. Es en ese nombre que se sana el cojo en el templo (3:6), que se resucita a Dorcas después de haber orado (9:40), que se sanó al cojo en Listra (14:8-10, 15-16), que se expulsa al espíritu de adivinación de una joven en Troas (16:18). Es por la realidad del resucitado que se extiende el Evangelio por todo el mundo poniendo de manifiesto que no son tanto los hechos de los apóstoles, sino los del glorificado Señor.

Romanos

La epístola a los Romanos es, sin duda, uno de los escritos bíblicos que mayor impacto ha causado en el mundo cristiano a través de los siglos. Maestros, teólogos y comentaristas de todos los tiempos han comentado total o parcialmente esta joya de la literatura bíblica. Algunos de ellos lo han hecho de tal forma que ha supuesto un cambio radical en las mismas bases de la fe y en la forma de vida de la Iglesia; tal es el caso de los reformadores. Martín Lutero (s. XVI) basó en ella la doctrina de la justificación por la fe, que había ensayado antes con el estudio de los Salmos. Otros reformadores, tales como Juan Calvino, Juan Knox y Felipe Melanchtón despertaron a grandes verdades de la fe por la lectura de la epístola. Este mismo escrito fue base para grandes avivamientos. El que correspondió a los tiempos de Wesley comenzó por la lectura y el estudio de la epístola a los Romanos. El gran evangelista Moody pidió a William R. Newell que visitara las iglesias en Estados Unidos para enseñar la epístola a los Romanos.

Autor y fecha

Hay un apoyo notorio, tanto interno como externo, que sustenta la autoría paulina de la epístola. Entre otros: 1) El autor se identifica como Pablo, el apóstol (1:1). 2) Él mismo se reconoce como apóstol de los gentiles (11:13). 3) La referencia a la ofrenda para los necesitados que Pablo estaba por llevar a Jerusalén lo identifica con el mismo que la promovía en las iglesias fundadas por él (15:25, 26), coincidiendo con la actividad del apóstol (Hch. 24:17) y con referencias de la correspondencia corintia (1 Co. 16:1-4; 2 Co. 8:9). 4) El deseo de visitar Roma es otro de los argumentos que favorecen claramente la autoría paulina (1:13; 15:23, 24), coincidiendo con el propósito de Pablo recogido en Hechos (19:21). 5) El estilo y contenido son evidentemente paulinos.

Las evidencias externas son también fuertes: 1) El escrito es reconocido como de Pablo por Clemente Romano, Ignacio, Justino Mártir, Policarpo, Hipólito, Ireneo, Tertuliano, Agustín y otros. 2) En el Canon Muratori figura la carta como de Pablo. La autenticidad paulina de la carta es universalmente admitida.

Por el "praescriptum" se presenta el autor como "Pablo, siervo de Jesucristo, llamado a ser apóstol". No cabe duda de que el autor es un judío, al referirse a los lectores como gentiles (1:5, 6, 13; 11:13). Ningún otro sino Pablo, el perseguidor de la Iglesia, alcanzado por la gracia en el camino a Damasco, podría identificarse con quien se presenta de este modo. Como se ha dicho antes, la Iglesia ha considerado el escrito como de Pablo sin cuestionarlo a lo largo de los siglos.

Unos datos personales son suficientes para identificar al autor. Era de la tribu de Benjamín y miembro del grupo de los fariseos (Hch. 23:6; Ro. 11:1; Fil. 3:5). Natural de Tarso, tenía por esa razón la ciudadanía romana (Hch. 16:37; 21:39; 22:25 ss.), lo que lleva aparejado que los padres de Pablo hubieran residido allí bastante tiempo antes del nacimiento de su hijo. Tarso era una ciudad con un alto nivel cultural, por lo que Pablo llegó a conocer bien la filosofía y la cultura del mundo grecorromano. Pablo fue llamado por el Espíritu y encomendado por la iglesia en Antioquia para la obra misionera (Hch. 13:1-3). Cierra el relato histórico de Hechos con su retención bajo custodia de un soldado en una casa de alquiler (Hch. 28:16, 30). Lo más probable es que después de esto, Pablo haya sido puesto en libertad sobre el año 63, tal vez por incomparecencia de los acusadores judíos; probablemente visitó España y la región del Egeo antes de ser encarcelado nuevamente por orden de Nerón, quien lo sentenció a muerte, siendo ejecutado en Roma.

En cuanto a la datación, la misma epístola provee de los elementos necesarios para determinar con bastante aproximación la fecha de redacción, especialmente en el contenido de los capítulos 15 y 16. Pablo daba por concluido su ministerio en Oriente (15:18 ss.) y estaba a punto de abandonar Grecia para llevar la ofrenda a los hermanos en Jerusalén, que estaban atravesando por una gran necesidad (15:31), concordante plenamente con el relato de Hechos (Hch. 20:1-5). Especialmente destacable en aquella ofrenda, por su condición de amor y entrega personal, fueron las aportaciones de las iglesias en Macedonia y Acaya (15:26), coincidente también con lo que el mismo apóstol informa a los corintios (2 Co. 8:1-5). El apóstol piensa seguir con la evangelización hacia Occidente, llegando a España, por lo que espera pasar por Roma en ese viaje (15:28). Para comunicarles la visita dicta la carta a Tercio (16:22), enviándola —con toda probabilidad— por medio de Febe, una diaconisa de la iglesia en Cencreas (16:1), para preparar la visita a Roma (15:15-16; 22-24), anunciándoles en ella uno de sus propósitos en la visita (1:11-15).

En la datación de la carta merece mención especial el hecho de la presencia del procónsul Galión en Corinto (Hch. 18:12), así como la sucesión de Festo a Félix en el gobierno de la provincia romana de Judea (Hch. 24:27-25:1). Esta sucesión se produjo en el año 59-60, cuando Pablo llevaba dos años en la prisión de Cesarea; por tanto, tuvo que haber salido de Grecia un año antes (57-58). La mención de Galión en Corinto, ante quien Pablo tuvo que comparecer (Hch. 18:12-17), se ubica entre los años 52 y 53.

La epístola tuvo que haberse escrito desde Corinto, donde Pablo estaba mientras se hospedaba en casa de Gayo (16:23), miembro de la iglesia, quien había sido bautizado por Pablo (1 Co. 1:14). En la epístola se menciona también a Erasto (16:23), que también era residente en Corinto (2 Ti. 4:20).

La fecha de composición oscila entre los años 57-58; posiblemente sea el año 58, poco antes de la Pascua, en cuya fecha estaba en Filipos, algunos días después de haber salido de Corinto.

Propósito

El escrito apunta a una serie de cuestiones que son el propósito del escrito y que se sintetizan:

1) *Anunciar el deseo de visitar Roma.* El escrito sirve para anunciarles su visita y deseos (15:22). Proyectaba hacer este viaje luego de llevar la ofrenda a Jerusalén (15:23-32).

2) *Pablo desea involucrar a los creyentes en Roma con su programa misionero.* El apóstol es ejemplo de vinculación con una iglesia local. Hasta aquel momento, estuvo ligado a la iglesia en Antioquia, pero en su propósito de extender el Evangelio hacia Occidente, era Roma la iglesia idónea para vincularse y desde allí salir a realizar el trabajo misionero. Pablo desea ser respaldado por la iglesia en Roma para la evangelización hasta España (15:24b). Se reconoce que la labor misionera es responsabilidad de todos.

3) *Expresar la doctrina del Evangelio, especialmente en lo que se refiere a la sola fe y la sola gracia para la salvación proclamada en el Evangelio (1:16-17).* El tema de la epístola pone de manifiesto que el apóstol estaba preocupado por la amenaza que algunos sectores externos, pero próximos a la Iglesia, como los judaizantes, representaban para la Iglesia cristiana naciente. La crisis producida por los judaizantes en las iglesias de Galacia confirmaba la gravedad del peligro. Por tanto, en el proyectado viaje a Occidente retoma la doctrina expresada en la carta a los Gálatas para exponer a los romanos, sin polémicas ni apasionamiento, con toda precisión, los aspectos de la doctrina de la justicia de Dios para salvación, anunciando el propósito desde el principio del escrito (1:16-17).

4) *Establecer la enseñanza escatológica sobre Israel.* Para ello habla del propósito inmutable de Dios para la nación (9:1-11:36),

enseñando la restauración del Israel elegido (11:25, 26) y poniendo de relieve que Dios preserva una descendencia a Abraham y escoge un remanente para que se cumplan en ellos las bendiciones del Nuevo Pacto (9:29; 11:27).

5) *Hacer comprender la necesidad de comunión entre los grupos que componen la Iglesia.* Los gentiles deben respetar a los creyentes judíos sabiendo que Dios no los ha desechado. Del mismo modo, los judíos deben respetar a los creyentes gentiles sabiendo que Dios tiene un plan de salvación para ellos (1:8-17).

6) *Conducir a los creyentes a entender que la vida nueva en Cristo exige una ética consecuente con ella.* Que cada cristiano debe vivir como miembro del Cuerpo de Cristo (12:1-21).

Bosquejo

Para la exégesis del libro se da el siguiente bosquejo analítico:

I. Introducción (1:1-17).
  1. Saludos (1:1-7).
  2. Interés del apóstol por los creyentes en Roma (1:8-13).
    2.1. Orando por la iglesia (1:8-10).
    2.2. Deseando edificarles (1:11-13).
  3. Tema de la epístola (1:14-17).
    3.1. La posición de Pablo frente al Evangelio (1:14-15).
    3.2. Tesis de la epístola (1:16-17).
II. La justicia necesaria (1:18-5:21).
  1. Condenación: la necesidad universal de la justicia (1:18-3:20).
    1.1. La culpa de los gentiles (1:18-32).
      1.1.1. Revelación del conocimiento (1:18-20).
      1.1.2. Rechazo del conocimiento (1:21-23).
      1.1.3. Resultados del rechazo (1:24-32).
    1.2. La culpa de los judíos (2:1-3:8).
      1.2.1. La declaración de la culpa (2:1).
      1.2.2. El criterio del juicio (2:2-16).
        A) Según verdad (2:2-5).
        B) Según obras (2:6-10).
        C) Sin acepción de personas (2:11-16).
      1.2.3. El peligro del judío (2:17-29).
        A) Sus privilegios (2:17-20).
        B) Sus prácticas (2:21-24).
        C) Su posición (2:25-29).

1.2.4. Las promesas del judío (3:1-8).
1.3. La prueba de la culpa universal (3:9-20).
   1.3.1. La acusación (3:9).
   1.3.2. La demostración (3:10-18).
   1.3.3. La aplicación (3:19-20).
2. Manifestación: La provisión universal de la justicia (3:21-26).
   2.1. Justicia sin ley (3:21).
   2.2. Justicia aprobada por la fe (3:22-23).
   2.3. Justicia consumada por el sacrificio de Cristo (3:24-26).
3. Armonización: la justificación y la ley (3:27-31).
4. Ilustración: la justificación en el Antiguo Testamento (4:1-25).
   4.1. Abraham y la justificación (4:1-5).
   4.2. David y la justificación (4:6-8).
   4.3. La circuncisión y la justificación (4:9-12).
   4.4. La herencia y la justificación (4:13-17).
   4.5. La fe y la justificación (4:18-25).
5. Exultación: la certeza de la salvación (5:1-11).
   5.1. Seguridad por la justificación (5:1-5).
   5.2. Seguridad por el amor de Dios (5:6-8).
   5.3. Seguridad por la posición alcanzada en Cristo (5:9-11).
6. Aplicación: la universalidad de la justificación (5:12-21).

III. Justicia impartida: santificación (6:1-8:39).
1. Santificación: la apropiación de la justicia (6:1-8:17).
   1.1. La base de la santificación: identificación con Cristo (6:1-14).
      1.1.1. Identificación con la persona y obra de Cristo (6:1-10).
      1.1.2. El reconocimiento de la nueva realidad (6:11).
      1.1.3. La entrega de la vida a Dios (6:12-14).
   1.2. Un nuevo principio gobernante: esclavos de la justicia (6:15-23).
   1.3. Una nueva relación: emancipación de la ley (7:1-25).
      1.3.1. El creyente y la ley (7:1-6).
      1.3.2. El creyente y el pecado (7:7-13).
      1.3.3. El creyente y el ego (7:14-25).
         A) Sin Cristo, el creyente es esclavo del pecado (7:14-17).
         B) Sin Cristo, el creyente no produce justicia (7:18-25).
   1.4. Un nuevo poder en la vida: la obra del Espíritu Santo (8:1-17).

1.4.1. Liberación del pecado (8:1-8).
1.4.2. Liberación del cuerpo (8:9-11).
1.4.3. Liberación de la esclavitud (8:12-13).
1.4.4. Liberación de los hijos de Dios (8:14-17).
2. Glorificación: conformidad con el Señor de la justicia (8:18-39).
2.1. Los sufrimientos de la vida presente (8:18-27).
2.1.1. Sufrimientos de la creación (8:18-22).
2.1.2. Sufrimientos de los creyentes (8:23-25).
2.1.3. Intercesión del Espíritu (8:26-27).
2.2. La gloria que será manifestada (8:28-30).
2.3. Himno de seguridad y alabanza (8:31-39).
IV. La justicia de Dios y la soberanía (9:1-11:36).
1. La consideración del rechazo de Israel (9:1-29).
1.1. La tristeza de Pablo por Israel (9:1-5).
1.2. La luz de la historia bíblica (9:6-13).
1.3. La luz de los principios bíblicos (9:14-29).
2. La explicación del rechazo de Israel (9:30-10:21).
2.1. El tropiezo de Israel (9:30-33).
2.2. La ignorancia del canal de salvación (10:1-11).
2.2.1. El deseo de Pablo (10:1-2).
2.2.2. La descripción de la justicia legal (10:3-5).
2.2.3. La descripción de la justicia de la fe (10:6-11).
2.2.4. Ignorancia del carácter universal de la salvación (10:12-13).
2.3. Ignorancia de la proclamación universal del Evangelio (10:14-21).
2.4. La consolación del rechazo de Israel (11:1-36).
2.4.1. El rechazo no es total (11:1-10).
A) El caso de Pablo (11:1).
B) La presciencia de Dios (11:2a)
C) El llamamiento del remanente (11:2b-10).
2.4.2. El rechazo no es final (11:11-32).
A) Consecuencias del rechazo de Israel (11:11-24).
B) La promesa de la restauración de Israel (11:25-32).
2.4.3. Alabanza por la sabiduría infinita de Dios (11:33-36).
V. La justicia actuante (12:1-15:13).
1. Aplicación a la congregación (12:1-21).
1.1. La base de la conducta cristiana (12:1-2).
1.2. La práctica de la humildad (12:3-8).

1.3. La práctica del amor con los creyentes (12:9-13).
   1.4. La práctica del amor con todos (12:14-21).
 2. Aplicación al gobierno civil (13:1-14).
   2.1. Obligaciones públicas (13:1-7).
   2.2. Obligaciones privadas (13:8-10).
   2.3. Motivación para el cumplimiento de las obligaciones (13:11-14).
 3. Aplicación a las cosas dudosas (14:1-15:13).
   3.1. Exposición del problema (14:1-3).
   3.2. Principios que gobiernan el problema (14:4-15:13).
     3.2.1. El principio de la libertad en Cristo (14:4-13).
       A) No juzgar (14:4).
       B) Reconocer la relación con el Señor (14:5-9).
         a) El derecho del Señor a juzgar (14:10-12).
     3.2.2. El principio de no causar tropiezo (14:13-23).
     3.2.3. El principio de agradar a otros (15:1-4).
     3.2.4. El principio de glorificar a Dios mediante la unidad (15:4-13).
VI. Mensajes personales y bendición (15:14-16:27).
 1. El propósito de Pablo al escribir la epístola (15:14-21).
   1.1. La madurez espiritual de los romanos (15:14).
   1.2. Su celo en ministrar la Palabra (15:15-21).
 2. Los planes futuros de Pablo (15:22-33).
   2.1. Su deseo de visitar la iglesia en Roma (15:22-29).
   2.2. Su deseo de que la iglesia orase por él (15:30-33).
 3. Saludos, despedida, advertencias y alabanza (16:1-27).
   3.1. Recomendación de Febe (16:1-2).
   3.2. Saludos a varias personas (16:3-16).
   3.3. Advertencias (16:17-20).
   3.4. Saludos personales (16:21-24).
   3.5. Doxología final (16:25-27).

Cristo en el libro

Cristo está presente continuamente en la epístola, en relación a muchos de los temas que el apóstol trata. Pero si el tema principal del escrito es la justificación, ha de verse la presencia de aquel que justifica, el modo de hacerlo y la aplicación de la justicia por medio de la fe. La justicia de Dios permite al cristiano la absoluta seguridad de salvación, entendiéndose que esta imputación de justicia solo es posible para quienes están en Cristo (8:1).

1 Corintios

Un interés muy especial se encuentra en los escritos del apóstol Pablo a la iglesia en Corinto. No se trata de una epístola dogmática, como pueden ser las de Romanos, Gálatas y Efesios, donde trata de forma ordenada asuntos doctrinales en una precisa estructura teológica. Tampoco es una epístola pastoral, en el sentido de establecer formas de funcionamiento para las iglesias. Aunque indudablemente contiene una gran enseñanza doctrinal, inalterable a lo largo del tiempo y, por tanto, de aceptación eclesial universal, el apóstol trata asuntos particulares de una iglesia local, la establecida en Corinto, prestando atención a cuestiones que alteraban la buena marcha de la congregación y que se estaban introduciendo, y otras que amenazaban con introducirse en ella. La epístola es el resultado de circunstancias especiales, locales y temporales, lo que constituye un admirable fragmento de la historia de la Iglesia a finales del s. I.

Autor y fecha

Nadie pone en cuestión que se trata de una epístola del apóstol Pablo, con notorias evidencias. Incluso el mundo de la crítica humanista no pone prácticamente objeciones al escrito. La autenticidad paulina de la carta es universalmente admitida.

En el "praescriptum" el autor se presenta como "Pablo llamado a ser apóstol de Jesucristo" (1:1). Ningún otro sino Pablo, el perseguidor de la Iglesia, alcanzado por la gracia en el camino a Damasco, podría identificarse con quien se presenta de este modo. La Iglesia ha considerado el escrito como de Pablo, sin cuestionarlo, a lo largo de los siglos.

Para una breve síntesis de los datos personales del escritor, se remite a la introducción de Romanos.

Puede vincularse la vida de Pablo, por los datos de Hechos y las epístolas, con los emperadores y gobernadores romanos de aquel tiempo para llegar a una datación de los acontecimientos de una forma bastante precisa.

La epístola se escribió desde Éfeso, adonde había llegado luego del tiempo de fundación de la iglesia en Corinto (Hch. 19:1). La carta fue escrita desde Éfeso y se sabe por la despedida de la epístola que quería estar allí hasta después de Pentecostés (16:8). La salida de Pablo desde Éfeso fue precipitada por las circunstancias adversas que relata Lucas (Hch. 20:1). Por los datos personales de la administración imperial romana citados en relación con la vida de Pablo, se puede establecer que la epístola fue escrita en la primavera del año 55 o 56.

Propósito

El apóstol recibió en Éfeso una carta de la iglesia en Corinto, en la que le formulaban preguntas en relación con problemas surgidos en el entorno de la evolución de la iglesia. Además, los "de Cloé" habían visitado a Pablo y le informaron de problemas que se presentaban en la iglesia (1:11). Por todo esto, el apóstol escribe esta epístola, que tiene los siguientes propósitos:

1. *Corregir los problemas que afectaban a la iglesia*. a) La arrogancia y las divisiones entre hermanos (1:11-4:21); b) Pecados en miembros de la iglesia, especialmente en uno de ellos (5:1-13); c) Abordar el problema de los litigios de los creyentes ante los tribunales civiles (6:1-11); d) Asuntos graves de inmoralidad (6:12-20).

2. *Responder preguntas que le habían formulado*: a) Sobre el matrimonio y la vida cristiana en general (7:1-24); b) Cuestiones acerca del casamiento y el celibato (7:25-40); c) Asuntos relacionados con la comida de carnes sacrificadas a los ídolos (8:1-11:1).

3. *Establecer las normas generales sobre el culto público*: a) En relación con el atuendo femenino (11:2-16); b) Sobre el significado y la forma de practicar la ordenanza del partimiento del pan (11:17-34); c) Enseñanza relativa al uso de los dones (12:1-14:40).

4. *Exponer la doctrina sobre la resurrección* (15:1-58).

Bosquejo

Se establece el siguiente bosquejo exegético de la epístola:

I. Introducción.
   1. Saludo y acción de gracias (1:1-9)
      1.1. Saludo (1:1-3).
      1.2. Acción de gracias (1:4-9).
II. Divisiones en la Iglesia (1:10-4:21).
   1. La realidad de las divisiones (1:10-17).
      1.1. Informe sobre las divisiones (1:10-11).
      1.2. La forma de las divisiones (1:12-13).
      1.3. El ministerio de Pablo (1:14-17).
   2. Causas de las divisiones (1:18-2:16).
      2.1. Dificultades con el mensaje de la cruz (1:18-2:5)
         A. El triunfo sobre la sabiduría humana (1:18-24)

B. El contraste de la sabiduría de Dios (1:25-31).
   C. El modo de actuación de Pablo (2:1-5).
  2.2. Desconocimiento del ministerio del Espíritu (2:6-16).
   A. La sabiduría divina revelada (2:6-13).
   B. Discernimiento natural y espiritual (2:14-16)
  3. Consecuencias de las divisiones (3:1-4:5).
   3.1. El crecimiento espiritual detenido (3:1-9).
   3.2. Pérdida de recompensas (3:10-15).
   3.3. Disciplina divina (3:16-17).
   3.4. Seguimiento equivocado (3:18-23).
   3.5. Juicio equivocado (4:1-5).
  4. El ejemplo de Pablo (4:6-21).
   4.1. Ejemplo de humildad y entrega (4:6-13).
   4.2. Ejemplo de interés (4:14-21).
III. Graves problemas morales (5:1-6:20).
  1. El problema del incesto (5:1-8).
   1.1. El problema detallado (5:1-2).
   1.2. La disciplina establecida (5:3-8).
  2. Disciplina en la iglesia (5:9-13).
   2.1. Un mandamiento apostólico (5:9-11).
   2.2. La conclusión apostólica (5:12-13).
  3. Litigios ante incrédulos (6:1-11).
   3.1. El problema detallado (6:1-8).
   3.2. La disciplina establecida (6:9-11).
  4. La moral permisiva (6:12-20).
   4.1. Licitud y conveniencia (6:12-14).
   4.2. Consecuencias de la permisividad (6:15-18).
   4.3. Precio y pertenencia (6:19-20).
IV. Enseñanza sobre el matrimonio (7:1-40).
  1. Matrimonio y celibato (7:1-9).
   1.1. Una necesidad (7:1-2).
   1.2. Deberes conyugales (7:3-5).
   1.3. Concesión del apóstol (7:6-7).
   1.4. Conclusiones (7:8-9).
  2. Matrimonio y divorcio (7:10-24).
   2.1. La separación matrimonial (7:10-11).
   2.2. Matrimonio con infieles (7:12-16).
   2.3. La norma general (7:17-24).
  3. Matrimonio y servicio cristiano (7:25-40).
   3.1. Consejos apostólicos (7:25-31).
   3.2. El servicio a Dios y el matrimonio (7:32-35).

3.3. La libertad cristiana (7:36-38).
3.4. Viudez y nuevo matrimonio (7:39-40).
V. Lo sacrificado a los ídolos (8:1-11:1).
1. El problema planteado (8:1-13).
   1.1. El uso de la libertad cristiana (8:1-8).
   1.2. El abuso de la libertad cristiana (8:9-13).
2. El ejemplo de Pablo (9:1-27).
   2.1. Los derechos de Pablo (9:1-11).
   2.2. El uso correcto de los derechos (9:12-18).
   2.3. El objetivo de la renuncia a los derechos (9:19-27).
3. Exhortaciones (10:1-11:1).
   3.1. Sobre la indulgencia (10:1-13).
      A. El ejemplo de Israel (10:1-5).
      B. Las consecuencias que deben producir (10:6-13).
   3.2. Separación de las fiestas idolátricas (10:14-22).
   3.3. Sobre los objetivos del creyente (10:23-11:1).
      A. En relación con los hermanos (10:23-26).
      B. En relación con el testimonio (10:27-30).
      C. En relación con Dios (10:31-11:1).
VI. Enseñanzas sobre el culto (11:2-14:40).
1. El atavío femenino (11:2-16).
   1.1. Introducción al tema (11:2-3).
   1.2. Contrastes (11:4-5).
   1.3. Acción y consecuencias (11:6-7).
   1.4. Razones para el orden (11:8-10).
   1.5. El varón y la mujer en Cristo (11:11-12).
   1.6. Apelando a los creyentes (11:13-15).
   1.7. Conclusión (11:16).
2. La Cena del Señor (11:17-34).
   2.1. Corrigiendo abusos (11:17-22).
   2.2. Institución de la ordenanza (11:23-26).
   2.3. Participación incorrecta (11:27-34).
3. Dones del Espíritu y ejercicio (12:1-14:40).
   3.1. Diversidad de los dones (12:1-11).
      A. Intervención divina (12:1-6).
      B. Relación de dones (12:7-11).
   3.2. El propósito de los dones (12:12-31).
      A. La unidad del cuerpo (12:12-13).
      B. Unidad en la diversidad (12:14-20).
      C. Interrelación de los miembros (12:21-27).
      D. La dotación para el cuerpo (12:28-31).

3.3. La supremacía del amor sobre los dones (13:1-13).
    A. El valor del amor (13:1-3).
    B. La naturaleza del amor (13:4-7).
    C. La permanencia del amor (13:8-13).
3.4. El don de lenguas (14:1-25).
    A. Inferioridad respecto a la profecía (14:1-5).
    B. Ejercicio incorrecto del don (14:6-13).
    C. Uso incorrecto del don en la oración (14:14-20).
    D. La razón del don (14:21-22).
    E. Uso de los dones y sus consecuencias (14:23-25).
3.5. Corrigiendo desórdenes en la iglesia (14:26-40).
    A. Como usar los dones de lenguas y profecía (14:26-33).
    B. El ministerio de la mujer (14:34-35).
    C. Conclusiones finales (14:36-40).

VII. Doctrina de la resurrección (15:1-58).
1. Proclamación de la resurrección (15:1-11).
    1.1. El resumen del Evangelio (15:1-4).
    1.2. El testimonio de la resurrección (15:5-11).
2. Las consecuencias si Jesús no hubiese resucitado (15:12-19).
    2.1. Predicación y fe vanas (15:12-14).
    2.2. Testimonio falso (15:15).
    2.3. Esperanza falsa (15:16-19).
3. La esperanza cristiana (15:20-34).
    3.1. Programa de resurrecciones (15:20-25).
    3.2. Eliminación de la muerte (15:26-28).
    3.3. Firmeza en la esperanza (15:29-34).
4. La resurrección del cuerpo (15:35-50).
    4.1. Enfrentando el problema (15:35-41).
    4.2. Características del cuerpo de resurrección (15:42-50).
5. La victoria del cristiano en Cristo (15:51-58).
    5.1. Revestidos de inmortalidad (15:51-53).
    5.2. La victoria sobre la muerte (15:54-58).

VIII. Enseñanzas generales (16:1-9).
1. La ofrenda (16:1-4).
    1.1. Modo de hacer la ofrenda (16:1-2).
    1.2. Forma del envío de la ofrenda (16:3-4).
2. Planes de Pablo (16:5-9).
    2.1. Anunciando su visita (16:5-6).
    2.2. La próxima estancia en Éfeso (16:7-9).

IX. Conclusión saludos y despedida (16:10-24).

1. Conclusión (16:10-12).
    1.1. Indicaciones sobre la vista de Timoteo (16:10-11).
    1.2. Indicaciones acerca de Apolos (16:12).
2. Exhortaciones (16:13-16).
    2.1. Firmeza y amor (16:13-14).
    2.2. Relación con el liderazgo (16:15-16).
3. Saludos (16:17-20).
    3.1. Visita confortadora (16:17-18).
    3.2. Saludos de hermanos e iglesias (16:19-20).
4. Despedida (16:21-24).
    4.1. Saludo personal y advertencia (16:21-22).
    4.2. Bendición (16:23-24).

Cristo en el libro

Cristo es el centro de la epístola, cada uno de los temas tiene la presencia suya. Él es el todo para la iglesia y para los creyentes porque en Él "nos ha sido hecho por Dios sabiduría, justificación, santificación y redención" (1:30). El pensamiento está orientado conforme a Cristo porque "nosotros tenemos la mente de Cristo" (2:16). La posesión de todo es posible porque "sea Pablo, sea Cefas, sea el mundo, sea la vida, sea la muerte, sea lo presente, sea lo por venir, todo es vuestro, y vosotros de Cristo y Cristo de Dios" (3:21). De ahí que la posición más alta que un cristiano pueda alcanzar es ser "servidores de Cristo" (4:1). La realidad de la Iglesia como cuerpo descansa en Cristo, en quien los miembros son bautizados por el Espíritu (1 Co. 12:13). La esperanza cristiana, desde la seguridad de la resurrección venidera hasta la gloria, está vinculada a la resurrección y glorificación de Cristo (15:1 ss.).

2 Corintios

Al igual que la primera epístola, descubre el mundo de la Iglesia en tiempos de los apóstoles, no exento de dificultades y problemas, manifestando la imperfección terrenal de la Iglesia de Jesucristo; es, por tanto, un escrito de permanente actualidad. Se aprecia en ella un alto contenido de enseñanza teológica, rodeado de exhortaciones prácticas.

Autor y fecha

Nadie pone en cuestión que se trata de una epístola del apóstol Pablo, con notorias evidencias. Incluso el mundo de la crítica humanista no pone prácticamente objeciones al escrito. La autenticidad paulina es universalmente admitida.

Ya en la introducción al escrito se presenta el autor como "Pablo apóstol de Jesucristo por la voluntad de Dios" (1:1). Ningún otro sino Pablo, el perseguidor de la Iglesia, alcanzado por la gracia en el camino a Damasco, podría identificarse con quien se presenta de este modo. La Iglesia ha considerado el escrito como de Pablo, sin cuestionarlo, a lo largo de los siglos.

Para un detalle personal del escritor, remitimos al lector a la introducción de la epístola a los Romanos.

Es difícil precisar ambas cosas. Algunos elementos que permiten hacer una aproximación tanto a la fecha como al lugar de redacción hacen apreciar que el apóstol estaba en Macedonia cuando escribió la epístola (2:13; 7:5; 8:1; 9:2-4; Hch. 19:21-22). Algunos mss.[161] incluyen en el encabezamiento la indicación de haber sido escrita en Filipos.

Esta epístola debió haberse escrito unos siete u ocho meses después de la primera. La expresión "desde el año pasado" favorece esta posición (8:10; 9:2) en referencia a lo que escribe sobre la ofrenda para los santos de Judea en el primer escrito. Por tanto, hay aproximadamente un año y medio entre las dos epístolas.

Pablo debió haber salido de Éfeso, donde estaba fundando y confirmando la iglesia, poco después de Pentecostés del año 57 (1 Co. 16:8), dirigiéndose luego a Troas, esperando encontrar allí a Tito, que había sido enviado a Corinto con la carta de las muchas lágrimas. Tito tardaba en llegar, lo que impulsó a Pablo a dejar todo e ir a Macedonia (2:12-13), encontrándolo por fin y recibiendo de él informaciones agradables sobre la reacción que el escrito había producido en la iglesia. Esa información y la necesidad de precisar definitivamente ante los corintios las falsedades de los llamados apóstoles que habían visitado la iglesia y levantaban sospechas e incluso calumnias contra él fueron dos de los motivos que impulsaron a Pablo para escribir la epístola.

Es muy probable, a la luz de los datos considerados, que fuese escrita desde Filipos de Macedonia. Como fecha probable, se indica el otoño del año 57 o primeros meses del 58.

---

[161] Entre ellos B, P, K, y la versión Peshitta.

Entorno histórico

Se pretende vincular la epístola como una continuación de la primera, pero ciertamente hay serias dificultades para conseguir esto. Un análisis de la epístola presenta al apóstol en una situación de cierta inquietud, recomendando el perdón a un ofensor y reconociendo una acción disciplinar dentro de la iglesia. Estas condiciones no pueden vincularse con la anterior carta, de modo que ni los problemas ni los aspectos individuales son los mismos. No se aprecia en esta epístola un tratamiento específico de pecados concretos y asuntos que podían producir un quebranto espiritual a la iglesia, como ocurre con la primera. Aun cuando se habla de una persona a la que se aplicó una disciplina en la iglesia, no es posible identificarla con el incestuoso de la primera (1 Co. 5:1-13).

Se aprecia un estado de enfriamiento entre la iglesia en Corinto y el apóstol, debido con toda probabilidad a los hechos ocurridos desde el tiempo de la primera epístola. Un elemento que, sin duda, contribuyó a esta situación era un grupo que se calificaba a sí mismo como *apóstoles*, y que se presentaron en la iglesia con supuestas cartas de recomendación, pero no habían sido comisionados por los apóstoles en Jerusalén, como hace notar la carta emitida por el concilio de Jerusalén (Hch. 15:24). Estos procuraban destrozar la obra del apóstol, enseñando que era necesario circuncidarse y guardar la ley para alcanzar la salvación; para alcanzar ese propósito, cuestionaban la autoridad de Pablo delante de los creyentes. Las enseñanzas del apóstol eran consideradas por estos como una traición a la historia de los antepasados israelitas, haciendo notar a los que podían alcanzar que Pablo predicaba un Evangelio que le había sido enseñado por los apóstoles verdaderos, que Jesucristo había reconocido como tales. Además de enseñarles a judaizar, llamaban también a guardar las fiestas de Israel, lo que esclavizaba religiosamente a quienes la gracia había librado. Así les hacían notar a otras iglesias que habían sido seriamente dañadas por estos adversarios, no solo de Pablo, sino de la gracia de Dios: "¿Cómo es que os volvéis de nuevo a los débiles y pobres rudimentos, a los cuales os queréis volver a esclavizar? Guardáis los días, los meses, los tiempos, y los años. Me temo de vosotros, que haya trabajado en vano con vosotros" (Gá. 4:9-11).

Estos falsos apóstoles son calificados con dureza por el apóstol, que los llama "falsos apóstoles, obreros fraudulentos, que se disfrazan como apóstoles de Cristo" (11:13). Con toda seguridad, pertenecían al grupo de los judaizantes. Estos, sumamente celosos de su condición de judíos, sentían también que las iglesias fundadas por Pablo eran un peligro para mantener como principal la de Jerusalén. Estos creían en

Jesús como el Mesías, pero no abandonaban las tradiciones religiosas que los habían imbuido, eran incapaces de abandonar el sistema religioso antiguo. Incursionaron, sin duda, en la iglesia en Corinto, haciéndolo sin comisión alguna de la iglesia en Jerusalén, pero hablaban en nombre de los apóstoles para tener una franca aceptación entre los creyentes.

Esta situación de la iglesia fue fomentada sin duda por los falsos apóstoles y secundada por algunos, entre los que se destacó uno de los miembros de la iglesia que públicamente ofendió a Pablo. Este ofensor es considerado, por los que tratan de contextualizar esta epístola con la primera, como el incestuoso mencionado en ella (1 Co. 5:1 ss.). Por esta razón, el apóstol salió de Corinto para regresar a Macedonia. Allí escribió una carta que él mismo define como *de muchas lágrimas* (2:4). Debía ser un escrito muy fuerte (10:10). El apóstol pide en la epístola a la iglesia la consecuente reparación del daño hecho (2:3-9). La iglesia obedeció a las demandas del apóstol en esa carta de muchas lágrimas, que no se conserva, la tercera de las enviadas a Corinto, antes de la segunda canónica que estamos considerando (que sería la cuarta de las que envió a la iglesia allí).

De este escrito de muchas lágrimas hay alusiones en la epístola (1:13; 2:1, 3, 9; 7:8, 12). Esta carta fue enviada por Tito desde algún lugar de Macedonia; él tenía la misión de ser no solo portador de la carta, sino de restaurar las relaciones entre la iglesia en Corinto y el apóstol. Debe tenerse presente que el carácter de Tito debía ser firme y fuerte; por esa razón, Pablo lo envió en misiones importantes que requerían una actuación decidida. Esta carta, junto con la intervención de Tito, resultó en una rectificación decidida de la oposición contra Pablo (7:6 ss.).

Propósito

Tres partes son claramente destacables en la epístola, que en sí mismas dan las razones del escrito. a) La primera, además de la introducción, trata de la apología del apóstol y su ministerio (1:12-7:16). b) El segundo propósito de la epístola (8:1-9:15) trata de la colecta para los necesitados de la iglesia en Jerusalén, de la que ya hizo referencia en la primera epístola; en ella se recuerda el compromiso adquirido anteriormente, se pide a los hermanos que imiten el compromiso de las iglesias de Macedonia y se les presenta como estímulo para ello la entrega sin límite de Jesús para hacer la salvación (8:9). c) Finalmente, la tercera sección (10:1-13:14) retoma el tema de la apología del apóstol contra sus enemigos, donde formula las respuestas a varias acusaciones que habían expresado contra él, entre otras, las evidencias del desinterés de su ministerio frente a la calumnia de que tenía intereses personales, procurando dominar a los cristianos y someterlos a su autoridad. En este tercer motivo para escribir la epístola les hace una advertencia solemne al anunciarles su visita.

Bosquejo

Se indica el siguiente para el estudio analítico de la epístola:

I. Inicio.
   1. Saludos (1:1-2).
   2. Gratitud por la ayuda divina (1:3-11).
      2.1. Consolados para consolar (1:3-5).
      2.2. El propósito de la consolación (1:6-7).
      2.3. Experiencia de la acción divina (1:8-11).
II. Posición por la ofensa recibida (1:12-2:13).
   1. El cambio de planes y sus razones (1:12-2:4).
      1.1. Honestidad del apóstol (1:12-14).
      1.2. El programa inicial (1:15-16).
      1.3. Crítica del programa (1:17).
      1.4. Firmeza en el compromiso (1:18-22).
      1.5. Cambio del programa (1:23-2:4).
         A. Razones primeras (1:23-24).
         B. Determinación (2:1-4).
   2. Actitud conciliadora (2:5-11).
      2.1. Invitación al perdón (2:5-7).
      2.2. Razones para la restauración (2:8-11).
   3. La inquietud de Pablo (2:12-13).
III. El ministerio del apóstol (2:14-6:10).
   1. La confirmación del ministerio: victoria (2:14-17).
   2. La recomendación del ministerio: los creyentes (3:1-3).
   3. La competencia para el ministerio: el nuevo pacto (3:4-18).
   4. El carácter del ministerio: sobrenatural (4:1-7).
      4.1. Lo oculto y lo manifiesto (4:1-2).
      4.2. Los ciegos y los iluminados (4:3-4).
      4.3. La predicación y la luz (4:5-6).
      4.4. Los débiles y el poderoso (4:7).
   5. Las circunstancias del ministerio (4:8-18).
      5.1. Pruebas y triunfos (4:8-10).
      5.2. Muerte y vida (4:11-12).

5.3. Lo escrito y lo hablado (4:13).
5.4. Pasado y futuro (4:14).
5.5. Gracia y acción de gracias (4:15).
5.6. Lo temporal y lo eterno (4:16-18).
6. El impulso para el ministerio (5:1-21).
   6.1. Seguridad de la resurrección (5:1-9).
   6.2. Juicio ante el tribunal de Cristo (5:10-13).
   6.3. El amor de Cristo (5:14-21).
7. La conducta en el ministerio (6:1-10).
   7.1. El ejemplo de exhortación (6:1-2).
   7.2. El ejemplo de sufrimiento (6:3-10).
IV. Exhortaciones apostólicas a los corintios (6:11-7:16).
   1. Cambio de actitud respecto a su persona (6:11-13).
   2. Separación del mal (6:14-7:1).
   3. Gozo en el arrepentimiento (7:2-16).
V. La ofrenda para los santos de Judea (8:1-9:15).
   1. Principios para ofrendar (8:1-6).
   2. Propósitos al ofrendar (8:7-15).
   3. Normas para ofrendar (8:16-9:5).
      3.1. Los comisionados del apóstol (8:16-22).
      3.2. Recomendaciones sobre Tito (8:23-24).
      3.3. Preparación para la ofrenda (9:1-5).
   4. Promesas para quien ofrenda (9:6-15).
      4.1. Gozo en el que ofrenda (9:6-7).
      4.2. Bendiciones para quien ofrenda (9:8-15).
VI. Defensa del ministerio apostólico (10:1-12:18).
   1. La autoridad apostólica de Pablo (10:1-18).
      1.1. Resolución del apóstol (10:1-7).
      1.2. Confrontando a los adversarios (10:8-18).
   2. Las señales del apostolado de Pablo (11:1-12:18).
      2.1. La conducta del apóstol (11:1-15).
      2.2. Los sufrimientos del apóstol (11:16-33).
      2.3. Las revelaciones del apóstol (12:1-10).
      2.4. El desinterés del apóstol (12:11-18).
VII. Últimas instrucciones (12:19-13:10).
   1. Llamado al arrepentimiento (12:19-21)
   2. Firmeza en su programa (13:1-10).
VIII. Saludos y despedida (13:11-14).
   1. Exhortación (13:11).
   2. Saludos (13:12-13).
   3. Bendición (13:14).

Cristo en el libro

No es posible vincular la presencia de Cristo a un determinado aspecto, puesto que está en toda la carta. Al comienzo del escrito, en medio de las pruebas y dificultades, la consolación de Dios alcanza al creyente en medio de los padecimientos: "Porque de la manera que abundan en nosotros los padecimientos de Cristo, así abunda también por medio de Cristo nuestra consolación" (1:5). Por esa misma razón, Dios "nos lleva siempre en triunfo en Cristo Jesús" (2:14). La dinámica para un servicio comprometido del creyente está en el amor de Cristo (5:14). La expresión suprema de la gracia está también vinculada a Él (8:9). Es esa gracia sobre la que descansa la bendición al final del escrito (13:14).

Gálatas

La predicación de Pablo contaba con la fuerte oposición de los judaizantes, judíos que aceptaban a Jesús como el Mesías, pero pretendían que el cristianismo fuera un judaísmo reformado y, por tanto, procuraban convertir en prosélitos del nuevo sistema judaico a los cristianos, enseñándoles la necesidad de guardar la ley y practicar la circuncisión ritual. Dichos problemas ocasionaron abiertas confrontaciones con el apóstol y sus colaboradores, originando lo que para algunos es el primer concilio de la Iglesia en Jerusalén, donde se elaboró un documento orientativo para todas las iglesias. La epístola a los Gálatas pone claramente de manifiesto esa problemática, introduciendo al lector a las circunstancias que se producían en los días apostólicos en iglesias fundadas y supervisadas por ellos mismos.

Autor y fecha

La paternidad literaria de Pablo es evidente en el escrito, de modo que no ha sido cuestionada como suya. Su nombre y condición están registrados en el primer versículo, volviendo a citar su nombre en el versículo 5:2. La personalidad de Pablo se manifiesta claramente en el contenido de la epístola.

El espíritu liberal de la escuela de Tubinga, que cuestiona como de Pablo todas las epístolas que llevan su nombre, acepta como paulinas las de Romanos, 1 y 2 Corintios y Gálatas. F. C. Baur y sus colaboradores dan a esas epístolas el calificativo de principales, diciendo que tales escritos "sostienen de manera tan incontestable la originalidad paulina, que no existe apoyo posible para sustentar las dudas críticas en estos casos"[162].

El escritor de la epístola se identifica como Pablo apóstol de Jesucristo (1:1). Hace referencia a asuntos que están directamente vinculados con él, especialmente en lo que se refiere a la razón principal del escrito, cuyas consecuencias son descritas por Lucas en Hechos (cf. Hch. 15:1 ss.).

Para un detalle biográfico, se remite al lector a la introducción de la epístola a los Romanos.

Fijar la fecha del escrito depende enteramente de considerar si los que habían venido a alterar las iglesias de Galacia lo hicieron inmediatamente después del primer viaje misionero y el problema fue tratado en el concilio de Jerusalén, o si se produjo más adelante, luego del segundo viaje misionero de Pablo.

Algunos elementos internos permiten aproximarse a la fecha en que debió haberse escrito.

Gálatas tuvo que haberse escrito después del concilio de Jerusalén porque en ella se menciona la relación de Pablo con los líderes de aquella reunión. El viaje que el apóstol hizo a Jerusalén (2:1) debe ser el mismo que el del concilio (Hch. 15:1-4).

La carta tuvo que haberse escrito luego de las dos visitas a Galacia del sur. Las dos primeras son las que se detallan en Hch. 13 y 14, y la segunda la de Hch. 15:40-16:5; esto resolvería la dificultad de la "enfermedad en el cuerpo", por cuya causa les había anunciado el Evangelio (4:13).

La epístola tuvo que haberse escrito poco tiempo después del establecimiento de las iglesias en Galacia, ya que el apóstol habla del asombro que le produce el hecho de que los creyentes se estuviesen alejando "tan pronto" del evangelio que habían recibido (1:6).

Si el escrito se dirige a las iglesias de Galacia del sur, la fecha de redacción debió haber sido sobre el año 49 o 50. Si se considera que está dirigida a las de Galacia del norte, la fecha de redacción tuvo que haber sido alrededor del año 54 o 55.

Propósito

El propósito del escrito puede sintetizarse de este modo: amonestar a los creyentes a perseverar en el evangelio de la gracia. Advertirles del

---

[162] Baur, 1845, Vol. I, p. 246.

peligro de la desviación. Señalarles el resultado de vivir en la carne y vivir en el Espíritu. Neutralizar la doctrina errónea, volviendo a hacer una exposición detallada del Evangelio único y eterno de Dios.

Podría decirse que el tema de la epístola es el Evangelio único. En ese sentido, trata sobre la justificación por la fe excluyendo toda obra humana. La palabra Evangelio aparece repetidas veces en la carta (1:6, 7, 8, 9, 11; 2:2, 5, 7, 14; 4:13). Esa misma palabra que, en cierta medida, condiciona el desarrollo de todo el escrito, aparece ya en la salutación. Por esta causa aparece como razón esencial la cruz de Cristo, considerándola bajo diferentes aspectos. Ya muy al principio aparece la cruz como lugar de sustitución (1:4); después como lugar de identificación (2:20); luego como lugar de visión (3:1); a continuación como lugar de maldición (3:13-14); más adelante como lugar de redención (4:4-5); sigue como lugar de tropiezo (5:11); y, finalmente, como lugar de gloria (6:14).

La libertad en Cristo condiciona inevitablemente toda la vida del cristiano, que es la expresión visible de la salvación. A esto dedica Pablo un largo espacio, que va desde 5:1 a 6:10. En esta parte, el tema tiene que ver con la libertad cristiana (5:1-12); con la licencia y el amor (5:13-16); con la relación con la carne y con el Espíritu (5:16-26); con la restauración espiritual de los hermanos (6:1-5); y con la ética en la sociedad (6:6-10).

Bosquejo

Se plantea el siguiente bosquejo para el análisis de la epístola:

   I. Introducción (1:1-10).
      1. Saludo (1:1-5).
         1.1. Remitente y destinatarios (1:1-2).
         1.2. Salutación (1:3).
         1.3. La cruz, lugar de sustitución (1:4).
         1.4. Doxología (1:5).
      2. Tema de la epístola (1:6-10).
         2.1. Asombro e indignación de Pablo (1:6-9).
         2.2. Objetivo del apóstol (1:10).
  II. El mensaje del Evangelio (1:11-2:21).
      1. La autoridad del apóstol (1:11-24).
         1.1. Apostolado especial (1:11-17).
            A) El mensaje por revelación (1:11-12).
            B) La etapa anterior del apóstol (1:13-14).

C) Apóstol por disposición divina (1:15-17).
1.2. Aceptación de su apostolado (1:18-24).
   A) Encuentro con los líderes de la Iglesia (1:18-20).
   B) Viaje a Siria y Cilicia (1:21-24).
1.3. Su autoridad apostólica reconocida (2:1-14).
   A) El concilio de Jerusalén (2:1-8).
   B) La identificación de los líderes en Jerusalén (2:9-10).
   C) La reprensión a Pedro (2:11-14)
2. Las bases del mensaje que predicaba (2:15-21).
   2.1. Justificación por fe y no por obras (2:15-19).
   2.2. La identificación con Cristo y sus consecuencias (2:20-21).
III. Exposición del Evangelio (3:1-4:31).
   1. La experiencia de los gálatas (3:1-5).
   2. La justificación de Abraham y su alcance (3:6-9).
   3. Los efectos de la ley (3:10-4:11).
      3.1. La evidencia (3:10-12).
      3.2. La cruz, lugar de redención (3:13-14).
      3.3. Inviolabilidad del pacto de la promesa (3:15-18)
      3.4. El propósito de la ley (3:19-22).
      3.5. Filiación no por ley, sino por fe (3:23-29).
      3.6. La adopción en Cristo (4:1-7).
      3.7. La verdadera libertad (4:8-11).
   4. El cambio de la relación con Pablo (4:12-20).
      4.1. La situación descrita (4:12-16).
      4.2. La acción de los falsos hermanos (4:17).
      4.3. La inestabilidad de los gálatas (4:18).
      4.4. El deseo de Pablo (4:19-20).
   5. Argumentos por alegoría (4:21-31).
      5.1. La alegoría presentada (4:21-23).
      5.2. La alegoría aplicada (4:24-31).
IV. La vida en la libertad (5:1-6:10).
   1. La libertad cristiana (5:1-12).
      1.1. Firmeza en la libertad (5:1).
      1.2. Fe y circuncisión (5:2-6).
      1.3. Advertencia solemne (5:7-12).
   2. Libertad en el amor (5:13-15).
   3. Libertad en el Espíritu (5:16-26).
      3.1. El control del Espíritu y de la carne (5:16-18).
      3.2. Las obras de la carne (5:19-21).
      3.3. El fruto del Espíritu (5:22-26).

4. La libertad en la relación con los hermanos (6:1-5).
5. Libertad y ética cristiana (6:6-10).
V. Conclusión (6:11-18).
 1. Motivación del escrito (6:11-15).
 2. Deseo final (6:16).
 3. Testimonio final (6:17).
 4. Bendición final (6:18).

Cristo en el libro

El escrito presenta a Cristo como la base de salvación y el centro del mensaje del Evangelio. Este fue comunicado por el mismo Señor a Pablo (1:11-12), por lo que no puede ser modificado. La fe en Cristo es el único modo de justificación (2:15). La vida eterna, como vida cristiana, se establece en la identificación con Cristo (2:20). Es por la fe en Cristo que alcanzamos la condición de hijos de Dios (3:26). La verdadera libertad, resultado de la salvación, está en Cristo (5:1). La gloria del cristiano no puede ser otra que la obra de Cristo y, por consiguiente, Él mismo (6:14).

Efesios

La Carta del apóstol Pablo a los Efesios es uno de los más admirables tesoros de la revelación. Ningún creyente que la lea y estudie con actitud humilde podrá dejar de experimentar un notable cambio en su vida cristiana, especialmente en cuanto al concepto personal de Dios y su obra. La profundidad doctrinal del escrito llega a límites insospechados para una extensión epistolar relativamente corta. Pero no es menos cierto que la llamada parte práctica o aplicativa de la carta alcanza cotas de la misma dimensión que la parte dogmática. Su lectura nos conduce directamente a Dios y a la obra que Él hizo para conseguir su propósito eterno: la formación de un Cuerpo en Cristo y, con ello, el establecimiento de una familia espiritual de hijos suyos. Esta condición de hijos de Dios determina la necesidad de una ética totalmente distinta a la de aquellos que no tienen la bendición de haber alcanzado tal privilegio por gracia.

Autor y fecha

Por el "praescriptum" se presenta el autor como "Pablo, el apóstol de Jesucristo". Esta misma referencia aparece más adelante (3:1). Un párrafo bastante extenso identifica también al escritor con el apóstol, al referirse a la gracia del apostolado que le había sido encomendada, y a la condición de ser el "más pequeño de todos los santos" (3:8). No cabe duda de que el autor es un judío, al referirse a los lectores como incircuncisos, término que distinguía a los gentiles de los judíos, que por señal del pacto eran circuncidados (2:11).

Para algunos datos personales del autor, se remite al lector a la introducción de la epístola a los Romanos.

Siendo esta epístola una de las escritas desde la prisión, debe ser fechada ca. 60, probablemente durante el año 61, en lo que sería el segundo año de la prisión en Roma antes de su liberación.

El primer propósito del escrito tiene que ver con la confirmación de la doctrina de la Iglesia; esta carta constituye un compendio de eclesiología como no aparece unido en ningún otro lugar del Nuevo Testamento. Esta manifestación de la verdad inspirada sobre la Iglesia arranca, en el pensamiento de Pablo, desde la perspectiva eterna que Dios establece para llevar a cabo el propósito, mediante la elección para salvación en Cristo (1:4), y los distintos elementos que comportan el único propósito de Dios para salvación. Llegado el final del desarrollo doctrinal, el apóstol escribe un compendio de lo que es la Iglesia como unidad, manifestando el costo que supuso la realización del programa divino, la dotación para el crecimiento y edificación de la iglesia, y la demanda de guardar, con toda solicitud, la unidad hecha por Dios (4:1-16).

El segundo propósito de la epístola está íntimamente vinculado a la exposición doctrinal sobre el misterio de Dios en relación con la Iglesia. Aquellos que han sido llamados por Él para salvación y han recibido la gracia para perdón de pecados y vida eterna son puestos en Cristo, y Cristo en ellos, para que por el poder del Espíritu vivan conforme al llamamiento celestial. Este segundo aspecto de la carta sigue, en perfecta uniformidad, desde el final de la exposición doctrinal y continúa hasta el término del escrito.

Bosquejo

Para el análisis del texto se establece el siguiente bosquejo:

I. Introducción y saludo (1:1-2).
   1. Presentación (1:1-2).
      1.1. Introducción (1:1).
      1.2. Saludo (1:2).

II. Posición del creyente (1:3-3:21).
 1. Bendiciones espirituales (1:3-14).
  1.1. Escogidos por el Padre (1:3-6).
  1.2. Salvos por el Hijo (1:7-12).
  1.3. Sellados por el Espíritu (1:13-14).
 2. Primera oración de Pablo (1:15-23).
 3. Salvos por gracia (2:1-10).
  3.1. La condición del pasado (2:1-3).
  3.2. La condición del presente (2:4-6).
  3.3. La condición del futuro (2:7-10).
 4. La unidad en un cuerpo (2:11-22).
  4.1. Los gentiles sin Cristo (2:11-12).
  4.2. El cuerpo en Cristo (2:13-18).
  4.3. Los cristianos como edificio (2:19-22).
 5. La gloria del cuerpo (3:1-13).
  5.1. Administración de la gracia (3:1-6).
  5.2. Manifestación del misterio (3:7-13).
 6. Segunda oración de Pablo (3:14-19).
 7. Doxología (3:20-21).
III. La ética del cristiano (4:1-6:24).
 1. Andar en dignidad (4:1-16).
  1.1. Modo de mantener la unidad (4:1-3).
  1.2. Las bases unitarias (4:4-6).
  1.3. El precio de la unidad (4:7-10).
  1.4. Los medios para fortalecer la unidad (4:11-12).
  1.5. Unidad de fe y conocimiento (4:13-16).
 2. El compromiso de la nueva vida (4:17-32).
  2.1. El modo de vida sin Cristo (4:17-21).
  2.2. Despojarse y revestirse (4:22-24).
  2.3. Aplicación personal (4:25-32).
 3. El creyente bajo el Espíritu Santo (5:1-6:9).
  3.1. Andar en amor (5:1-7).
  3.2. Andar en luz (5:8-14).
  3.3. La demanda de una vida en sabiduría (5:15-17).
  3.4. La vida en la plenitud del Espíritu (5:18-6:2).
   A) Gozo y oración (5:19-20).
   B) Deberes matrimoniales (5:21-33).
   C) Hijos y padres (6:1-4).
   D) Siervos y amos (6:5-9).
 4. La vida cristiana como lucha (6:10-20).
  4.1. La fortaleza y la armadura de Dios (6:10-17).
  4.2. Oración intercesora (6:18-20).

IV. Cierre y bendición (6:1-24).
  1. Asuntos personales (6:21-22).
  2. Bendición y doxología (6:23-24).

Cristo en el libro

En forma especial, está presente en relación con la Iglesia. A Él se le presenta con precisión: "Y sometió todas las cosas bajo sus pies, y lo dio por cabeza sobre todas las cosas a la Iglesia, la cual es su cuerpo, la plenitud de aquel que todo lo llena en todo" (1:22-23). El camino cristiano en la senda del buen obrar obedece a que cada uno es "creado en Cristo Jesús" (2:10). Cristo se hace vida en el creyente por medio de la fe (3:17). La vida en el amor obedece a la relación con Cristo (5:2). La paz y el amor con fe están ligadas al Señor (6:23).

Filipenses

Es un escrito que nace de un corazón agradecido por una ofrenda enviada de sus hijos en la fe, en la iglesia en Filipos. El amor profundo hacia ellos, así como el aliento que le produjo la dádiva, junto con la visita de Epafrodito se hacen claramente expresivos en el contenido de la epístola. Es un prisionero, ya mayor, que vibra de gratitud por lo recibido, que se goza en la comunión que le manifiestan, y que deja traslucir la alegría de una experiencia en el servicio comprometido. El gozo personal y la exhortación al gozo de sus hermanos aparecen continuamente. Todo ello produce una sensación de profunda paz espiritual cada vez que se lee. Añadido a esto, está el párrafo cristológico de una dimensión elevada (2:6-11).

Autor y fecha

Desde el primer versículo, la presencia de Pablo como autor de la epístola es evidente, remitiendo al lector a la introducción a la epístola a los Romanos para datos complementarios del escritor.

Colosenses, Efesios, Filipenses y Filemón fueron enviadas desde Roma, tres de ellas por medio de Tíquico y Onésimo (Col. 4:7-9; Ef. 6:21-22; Flm.10-12), mientras que la escrita a los filipenses fue remitida por Epafrodito, quien había sido portador de la ofrenda para el apóstol y había estado gravemente enfermo (2:27). Pablo estaba en prisión. El lugar desde donde escribieron los llamados escritos de la prisión fue con toda probabilidad Roma, donde el apóstol gozaba de libertad para predicar el Evangelio y tenía un lugar como para poder dictar las epístolas (Col. 4:3-4). Esto todo concuerda con la situación suya en Roma (Hch. 28:30, 31) durante el tiempo en que estuvo prisionero.

La primera prisión en Roma ocurrió entre los años 60 al 62; por consiguiente, esta epístola, junto con las otras antes citadas, debió haberse escrito durante el año 61 o incluso en la primera mitad del año 62, en lo que sería el segundo año de la prisión en Roma antes de su liberación.

Propósito

Siendo uno de los escritos más personales, hay una relación de temas que determinan el propósito que motivó al apóstol Pablo para redactar esta epístola.

Se ha procurado establecer un tema central con las correspondientes subdivisiones. El gozo, aunque es uno de los temas destacados, no es el único importante, ni siquiera el principal.

Pablo se presenta en la epístola como un siervo gozoso de Cristo (1:1-11). Luego se descubre el apóstol como un preso optimista (1:12, 14) que se goza en sus prisiones porque son para progreso del Evangelio. Cristo es glorificado en él, bien sea por su vida o incluso por su muerte. Se aprecia también quien es el humilde portador de la cruz (2:1-18). Por tanto puede, y así lo hace, exhortar a los creyentes a vivir una vida de concordia, humildad y servicio, imitando a Cristo. Les llama a brillar como luces en el mundo. Esta vida traerá para el escritor y los lectores gozo abundante.

Pablo es también un administrador solícito (2:19-30). Promete enviar a Timoteo cuando su caso sea resuelto, mientras tanto les manda a Epafrodito para que la iglesia se goce con su venida.

En la lectura se descubre también que el apóstol es un idealista infatigable (3:1-21). Advierte sobre los falsos obreros que tratarán de establecer su propia justicia, en contraste con los verdaderos siervos de Dios. Se pone a sí mismo como ejemplo de quien sigue hacia la perfección, exhortando a los filipenses para que le imiten. Los coloca delante del ideal de vida de quienes saben que su patria está en los cielos.

En la epístola aparece Pablo como un pastor prudente (4:1-9), exhortando a los hermanos a permanecer firmes en la fe, llamando a concordia a quienes tienen diferencias entre sí, mientras les insta a regocijarse en el Señor llamándolos a pensar en lo que es de alabanza.

Finalmente es también un receptor agradecido (4:10-23). Se goza en la generosidad de los filipenses, testifica que sabe contentarse con cualquier situación por la que tenga que pasar, concluyendo con palabras de saludo y bendición.

Bosquejo

Para el análisis del texto se establece el siguiente bosquejo:

I. Saludos y gratitud (1:1-11).
  1. Saludos (1:1-2).
  2. Gratitud por los creyentes en Filipos (1:3-11).
II. Circunstancias personales de Pablo (1:12-30).
  1. Su prisión como medio de evangelización (1:12-20).
  2. Su disposición para glorificar a Cristo con su vida (1:21-26).
  3. Exhortación a santidad de vida (1:27-28).
  4. Exhortación a una vida comprometida (1:29-30).
III. La humildad como modo de vida cristiana (2:1-30).
  1. Exhortación a la humildad (2:1-4).
  2. Ejemplo supremo de humildad (2:5-11).
  3. Llamamiento a una conducta cristiana digna (2:12-18).
  4. El ejemplo y recomendación de Timoteo (2:19-24).
  5. El ejemplo y recomendación de Epafrodito (2:25-30).
IV. El compromiso de la vida cristiana (3:1-21).
  1. Advertencias sobre los judaizantes (3:1-3).
  2. El ejemplo de Pablo (3:4-14).
    2.1. Su condición anterior (3:4-6).
    2.2. Su transformación (3:7).
    2.3. Sus objetivos (3:8-11).
    2.4. Su meta (3:12-14).
  3. La exhortación a los creyentes (3:15-21).
V. La paz en la experiencia del cristiano (4:1-13).
  1. Paz como modo de vida en la iglesia (4:1-4).
  2. Paz en la experiencia personal (4:5-9).
  3. Paz en toda ocasión (4:10-13).
VI. Gratitud, saludos y bendición (4:14-23).
  1. Gratitud por la ofrenda (4:14-20).
  2. Salutaciones finales (4:21-22).
  3. Bendición (4:23).

Cristo en el libro

La presencia en la epístola es evidente y continua. De forma especial, en la síntesis de su limitación, humillación y glorificación presenta a Jesús en toda la dimensión de su persona divino-humana, constituyendo uno de los párrafos cristológicos más completos del Nuevo Testamento. Con todo, no es la única manifestación suya en el escrito. Cristo es la causa, razón y esperanza de la vida cristiana; de ahí que el apóstol afirme: "Porque para mí el vivir es Cristo" (1:21). La vida de servicio, humildad y compromiso está vinculada a Cristo, exhortando al cristiano a que en ella se manifieste: "Haya, pues, en vosotros este sentir que hubo también en Cristo Jesús" (2:5).

Colosenses

La epístola a los Colosenses es uno de los escritos paulinos del Nuevo Testamento, con una importante dimensión cristológica en párrafos concretos, de una gran profundidad. Salvo el pasaje de la humillación y exaltación de Cristo en Filipenses (Fil. 2:6-11), ningún otro escrito alcanza un mayor nivel doctrinal sobre la persona y obra de Jesucristo que el contenido de esta epístola. Sin duda expresa el desarrollo doctrinal de la cristología en la Iglesia de los tiempos apostólicos y pone de manifiesto la dimensión que en esta doctrina había desarrollado el apóstol Pablo. No cabe duda, a la luz del escrito, que la Iglesia había alcanzado la plenitud total del desarrollo de las doctrinas fundamentales en el tiempo de los apóstoles y por sus enseñanzas.

Autor y fecha

Basta con iniciar la introducción del escrito para descubrir con toda claridad que el autor de la epístola es Pablo, el apóstol de Jesucristo por la voluntad de Dios (1:1). Para complementar los datos personales del autor, remitimos al lector a la introducción de la epístola a los Romanos.

Colosenses, Efesios y Filemón fueron enviadas al mismo tiempo por medio de Tíquico y Onésimo (4:7-9; Ef. 6:21-22; Flm.10-12). Pablo estaba en prisión, como se ha considerado antes. El lugar desde donde escribió los llamados escritos de la prisión fue con toda probabilidad Roma, donde el apóstol gozaba de libertad para predicar el Evangelio y tenía un lugar cómo para poder dictar las epístolas (4:3-4). Esto concuerda con la situación suya en Roma (Hch. 28:30, 31).

La primera prisión en Roma ocurrió entre los años 60 al 62; por consiguiente, esta epístola, junto las otras antes citadas, debió haberse escrito durante el año 61, o incluso en la primera mitad del año 62, en lo que sería el segundo año de la prisión antes de su liberación.

Propósito

La característica principal de esta epístola es su cristología. Todos los problemas que surgían de las enseñanzas erróneas afectaban directamente al menoscabo de Jesucristo, rebajándolo de su posición de único mediador entre Dios y los hombres. La intención del apóstol es dejar firmemente establecida la absoluta suficiencia de Cristo y su preeminencia sobre todo y sobre todos, único en quien habita corporalmente toda la plenitud de la deidad (1:19; 2:9). En este escrito se destaca la función de Señor que Cristo ejerce en relación con todo el universo y toda la creación.

En el escrito se aprecian dos partes. En la primera se destacan los aspectos doctrinales en relación con la trascendencia divina de Jesucristo y la absoluta, total y plena eficacia de su obra redentora, en contraposición a todas las diferentes doctrinas que los falsos maestros pretendían introducir entre ellos para seducirlos y hacerles declinar en su fe (1-2). En la segunda se aplican las consecuencias que la verdadera fe en Cristo produce en cada cristiano, desarrollando aspectos prácticos relativos a la vida en Cristo o a la consecuencia de vivir a Cristo.

En la epístola, luego de la introducción (1:1-14), con el saludo (1:1-2) y la acción de gracias (1:3-14), pasa a tratar la doctrina de la supremacía de Cristo (1:15-2:23). En ella trata sobre su persona y obra (1:15-23), y sobre la participación del apóstol en la obra de Cristo (1:24-2:3). Luego llama la atención a los lectores en relación con las falsas doctrinas que menoscaban la fe verdadera y debida a Cristo (2:4-23). En una segunda parte, presenta las consecuencias de la vida cristiana (3:1-46). Allí habla de la unión con Cristo como principio vital (3:1-17), de la familia cristiana (3:18-4:1), y cierra con una petición personal de oración a su favor (4:2-6). Por último, da un breve informe personal (4:7-9), saludos (4:10-17) y una bendición final (4:18).

Bosquejo

Para el análisis del texto se establece el siguiente bosquejo.

    I. Preámbulo (1:1-14).
        1. Salutación (1:1-2).
        2. Acción de gracias (1:3-8).
        3. Intercesión (1:9-14).
            3.1. Conocimiento y fortaleza espiritual (1:9-11).
            3.2. Comprensión de la condición de herederos (1:12).
            3.3. Comprensión del alcance de la salvación (1:13-14).

II. La plenitud de Cristo (1:15-2:23).
   1. Soberano (1:15-19).
      1.1. Creador (1:15-17).
      1.2. Cabeza (1:18-19).
   2. Reconciliador (1:20-23).
      2.1. Reconciliador universal (1:20).
      2.2. Reconciliador de los creyentes (1:21-23).
   3. Señor (1:24-29).
      3.1. Pablo heraldo de Cristo (1:24-27).
      3.2. Pablo maestro en nombre de Cristo (1:28-29).
   4. Cristo superior a la filosofía (2:1-10).
      4.1. La inquietud de Pablo (2:1-5).
      4.2. Las demandas de Pablo (2:6-8).
      4.3. Cristo expresión de la plenitud divina (2:9-10).
   5. Cristo superior al legalismo (2:11-17).
      5.1. Fuente de nueva vida (2:11-14).
      5.2. Conquistador de los poderes cósmicos (2:15).
      5.3. Las consecuencias (2:16-17).
   6. Cristo superior al misticismo (2:18-19).
   7. Cristo superior al ascetismo (2:20-23).
      7.1. La identificación en la muerte de Cristo (2:20-22).
      7.2. La vanidad del ascetismo (2:23).
III. La vida en Cristo (3:1-4:6).
   1. Vida nueva en Cristo (3:1-4).
   2. Características de la nueva vida en Cristo (3:5-4:6).
      2.1. Despojarse de lo viejo (3:5-9).
      2.2. Revestirse de lo nuevo (3:10-14).
      2.3. Bajo el control de Dios (3:15-17).
      2.4. La ética familiar (3:18-21).
      2.5. La ética de relaciones entre amos y siervos (3:22-4:1).
      2.6. La perseverancia en la oración (4:2-4).
      2.7. La ética en el mundo (4:5-6).
IV. Epílogo (4:7-18).
   1. Recomendaciones (4:7-9).
   2. Saludos de los colaboradores de Pablo (4:10-14).
   3. Salutación y bendición de Pablo (4:15-18).

Cristo en el libro

Un aspecto notorio de la epístola es la presentación de Cristo como Dios, en quien, residiendo la plenitud de la deidad, es el soberano sobre todo: "Porque en él habita corporalmente toda la plenitud de la deidad y vosotros estas completos en él, que es la cabeza de todo principado y potestad" (2:10). La revelación absoluta de Dios se manifiesta en Cristo porque "Él es la imagen del Dios invisible, el primogénito de toda creación" (1:15). Su obra de salvación traslada al creyente a una esfera nueva, en su reino: "El cual nos libró de la potestad de las tinieblas, y trasladado el reino de su amado Hijo" (1:13). Cristo hace posible la reconciliación de todas las cosas con Dios (1:20). De igual modo, es la esperanza para el creyente (1:27). La vida del cristiano está escondida con Él en Dios (3:3). Cristo es Dios, por tanto, supremo absoluto e infinito en todo.

1 Tesalonicenses

Se trata de uno de los escritos más antiguos de la Iglesia y el primero de los del apóstol Pablo. El escrito de la primera epístola a los Tesalonicenses abre de par en par las puertas que nos permiten adentrarnos en las circunstancias que rodearon el establecimiento de las primeras iglesias. En esa misma forma se considera el modo en que se establecía y precisaba la doctrina bíblica, atendiendo a cierta falta de conocimiento en algunas verdades de la fe cristiana, como era lo relacionado con la muerte de los creyentes y el traslado de la Iglesia.

Autor y fecha

El autor se identifica con Pablo, que en el contexto de la Iglesia primitiva solo podía referirse al apóstol de los gentiles. Como se ha dicho antes, la Iglesia ha considerado el escrito como de Pablo sin cuestionarlo a lo largo de los siglos.

Para un mayor conocimiento del autor, se remite al lector a la introducción a la epístola a los Romanos.

Determinar la fecha aproximada de la redacción del escrito requiere atender a alguna situación histórica, especialmente a un descubrimiento arqueológico. Según el relato de Hechos, la presencia de Pablo en Corinto tuvo lugar durante el tiempo del gobierno de Galio, el procónsul romano de Acaya. Desenterrando restos de Delfos, apareció una lápida que reproduce una carta a la ciudad escrita por el emperador Claudio, en la que se cita a Galio y su proconsulado. El emperador se refiere a él mismo como investido con el poder tribunicio por duodécima vez y aclamado como emperador veintiséis veces. Este reconocimiento le fue concedido veintisiete veces; por tanto, la carta desenterrada debe proceder del tiempo final de su reinado. La aclamación vigésimo séptima tuvo ocasión en el año 52 d. C., de modo que la presencia de Galio tuvo que haber sido en ese año, aunque no se pueda precisar el año de su llegada a Acaya. Posiblemente Galio remitía a Roma el asunto del que trata la carta en piedra desenterrada, en el tiempo inicial de su presencia, lo que supondría el año 51 d. C. Por Hechos sabemos que el apóstol fue llevado ante el gobernador poco después de su llegada, que estaría cercana al fin de la estancia de Pablo en Corinto. Como el ministerio allí duró unos dieciocho meses (Hch. 18:11), es posible que el escrito tuviese lugar en el año 50, aunque generalmente se prefiere datarlo en el año 51.

Sobre la base de esta datación, muy confiable, la primera epístola a los Tesalonicenses es, sino el primero, uno de los primeros escritos del apóstol Pablo. El único que podría ser anterior sería la epístola a los Gálatas. Se trata, de cualquier modo, no solo de primeros escritos de Pablo, sino de primeros escritos del Nuevo Testamento; de ahí la importancia que debe darse a las dos epístolas como referentes del pensamiento circulante en la Iglesia del tiempo de los apóstoles.

Propósito

A la vista del escrito, se nota que la intención del apóstol no es la exposición doctrinal de algunas verdades de la fe, como ocurre con las epístolas a los Romanos y a los Gálatas, sino que más bien es un escrito pastoral para animar a los creyentes en medio de las dificultades y conducirlos a una vida de testimonio entre el mundo corrompido de aquellos días. El cuerpo doctrinal más extenso en la carta tiene que ver con la parusía, la presencia, la manifestación, la venida de Cristo a recoger a su Iglesia (4:13-18). Aparte de recordarles la enseñanza sobre esto, sirve al apóstol para alentar a quienes habían visto partir a los suyos y, en general, a toda la iglesia.

Bosquejo

Para el análisis del texto se establece el siguiente bosquejo:

I. Pablo y los tesalonicenses (1:1-10).
   1. Saludos (1:1).
   2. Acción de gracias (1:2-10).
      2.1. Gratitud por las virtudes de la iglesia (1:2-3).
      2.2. Gratitud por el ejemplo de la iglesia (1:4-7).
      2.3. Gratitud por el compromiso de la iglesia (1:8-10).

II. La conducta del apóstol (2:1-3:13).
  1. La honestidad del apóstol (2:1-4).
  2. El trabajo del apóstol (2:5-8).
  3. El ejemplo del apóstol (2:9-12).
  4. La preocupación del apóstol (2:13-3:13).
     4.1. Preocupación por los conflictos de los creyentes (2:13-20).
     4.2. Preocupación por la firmeza de la fe (3:1-8).
        A. El envío de Timoteo (1:1-5).
        B. El informe de Timoteo (3:6-10).
     4.3. Preocupación por el desarrollo de los creyentes (3:11-13).
III. Parte exhortativa (4:1-5:22).
  1. La santidad de vida (4:1-8).
  2. El amor cristiano (4:9-10).
  3. La vida ordenada (4:11-12).
  4. La esperanza cristiana (4:13-18).
     4.1. La certeza cristiana (4:13-14).
     4.2. El traslado de la Iglesia (4:15-17).
     4.3. El aliento de la esperanza (4:18).
  5. El día del Señor (5:1-11).
     5.1. La manifestación (5:1-3).
     5.2. La amonestación (5:4-8).
     5.3. La seguridad y el aliento (5:9-11).
  6. La ética cristiana (5:12-22).
     6.1. Reconocimiento del liderazgo (5:12-13).
     6.2. Ayuda fraternal (5:14-15).
     6.3. Deberes espirituales (5:16-22).
IV. Deseo, peticiones y despedida (5:23-28).
  1. Deseo (5:23-24).
  2. Peticiones (5:25-27).
  3. Despedida (5:28).

Cristo en el libro

En medio de los conflictos propios de la vida cristiana y de la Iglesia, Cristo se presenta en la epístola con la esperanza personal y colectiva para el cristiano. Su gracia hace que Él "nos libre de la ira venidera" (1:10). La esperanza está ligada a Cristo y a la promesa personal suya de venir otra vez para recoger a los suyos (2:19). La venida del Señor a buscar a la Iglesia está detallada en la epístola (4:13-18). El día del

Señor está también presente en el escrito (5:1-11). La expectativa de la venida de Cristo debe despertar la atención del creyente y cierra la bendición final (5:23).

2 Tesalonicenses

Este escrito contiene, a pesar de los criterios del mundo liberal, una amplia enseñanza doctrinal, especialmente destacable en relación con la escatología; aborda asuntos relativos al tiempo anterior a la segunda venida del Señor. Pero no es menos importante a la hora de conocer instrucciones apostólicas para la vida cristiana y la administración eclesial. La iglesia de los tiempos apostólicos se describe en la epístola con todas sus perfecciones y problemas.

Autor y fecha

Remitimos al lector a este mismo apartado en la primera epístola a los Tesalonicenses.

El lector debe consultar los argumentos históricos que permiten precisar la fecha de la anterior epístola. Siendo esta segunda muy próxima en el tiempo, puede situarse con ella en el mismo año, o en el siguiente, tratándose de un escrito del año 51.

Propósito

Poco tiempo después de haber enviado la primera epístola, el apóstol remite esta segunda para precisar asuntos relativos a la segunda venida y al tiempo de tribulación que la antecederá. Sin duda habían llegado noticias a Pablo de que algunos aspectos doctrinales sobre este tema habían sido distorsionados o incluso mal interpretados (2:2). Probablemente no habían hecho una buena distinción en cuanto a los diferentes aspectos de la venida del Señor.

Al estar rodeados de un tiempo de tribulación y persecución, donde el emperador romano recibía ya el tratamiento de divinidad y se le tributaban honores divinos, algunos creyentes fueron inducidos a entender que ya estaban en la tribulación proféticamente anunciada y que el emperador, que se hacía pasar por dios, podía muy bien ser el Anticristo anunciado en la profecía.

Esta confusión hizo que algunos pensaran que el fin de los tiempos estaba cercano y que era mejor dejar de trabajar para dedicarse a la oración, la exhortación, la ayuda mutua, etc., por lo que la congregación se veía afectada por quienes sin trabajar querían ser mantenidos por la bondad de los creyentes (3:6, 11). Pablo aborda la cuestión con mayor determinación y firmeza que en la primera epístola, siendo una de las razones del escrito.

Bosquejo

Para el análisis del texto se establece el siguiente bosquejo:

I. Saludo (1:1-2).
   1. Autor (1:1).
   2. Bendición (1:2).
II. El creyente en la tribulación (1:3-12).
   1. El modo de afrontarla (1:3-4).
   2. El tiempo de la tribulación (1:5-10).
   3. El resultado de la tribulación (1:11-12).
III. El día del Señor (2:1-17).
   1. El tiempo presente (2:1-2).
   2. La apostasía precedente (2:3a).
   3. El hombre de pecado (2:3b-5).
   4. El control divino (2:6-9).
   5. La situación de los incrédulos (2:10-12).
   6. La seguridad del creyente (2:13-17).
IV. Las amonestaciones prácticas (3:1-15).
   1. Confianza respecto a los tesalonicenses (3:1-5).
   2. Instrucciones para con los desordenados (3:6-13).
   3. Instrucciones para con los desobedientes (3:14-15).
V. Bendición y despedida (3:16-18).
   1. Bendición (3:16).
   2. Despedida (3:17-18).

Cristo en el libro

Al corregir defectuosas interpretaciones sobre la segunda venida y el tiempo de la tribulación, se produce un notable contraste entre el Salvador, que con su gracia rescató un pueblo perdido trasladándolo a su reino, esperando anhelante el momento cuando Él sea revelado (1:7), y la acción judicial suya en el final de la historia de esta época. El regreso del Señor revestirá una impactante manifestación de su poder y gloria:

> Porque es justo delante de Dios pagar con tribulación a los que os atribulan, y a vosotros que sois atribulados, daros reposo con nosotros, cuando sea revelado el Señor Jesús desde el cielo

> con los ángeles de su poder, en llama de fuego, para dar retribución a los que no conocieron a Dios, ni obedecen el evangelio de nuestro Señor Jesucristo; los cuales sufrirán pena de eterna perdición, excluidos de la presencia del Señor y de la gloria de su presencia. (1:6-9)

Sobre esta perspectiva presenta al hombre de pecado (2:1 ss.). Es también Cristo quien en medio de las pruebas del cristiano da consolación y conforta el corazón (2:17).

1 Timoteo

Se da el nombre de epístolas pastorales a las últimas del grupo de escritos paulinos, según el orden en que aparecen en la mayoría de las versiones del Nuevo Testamento: 1 y 2 Timoteo y Tito. La distinción principal de las pastorales es el propósito. El escritor está tratando temas generales relacionados con las iglesias locales en general. Considera peligros a los que debe prestarse atención; establece pautas generales para determinar las condiciones personales que han de concurrir en quienes sean los líderes de la iglesia; hace precisiones sobre la ética de relación entre los creyentes en las congregaciones; trata también del testimonio de vida en el mundo; y advierte a los destinatarios de todas estas cosas para que "sepan cómo deben conducirse en la iglesia" (1 Ti. 3:15).

Autor y fecha

Hasta que la crítica liberal presentó el cuestionamiento de la autoría, no se puso en duda que el autor, conforme a lo que se lee en el primer versículo, fuese el apóstol Pablo (1:1).

Sobre el autor, se remite al lector a la introducción de la epístola a los Romanos.

Después de ser liberado en Roma de su primera prisión, el apóstol volvió a visitar las iglesias que había establecido. Por la epístola puede entenderse que estaba en Macedonia (1:3) y posiblemente en viaje a Nicópolis (Tit. 3:12). Si el apóstol fue liberado en el año 62, y su segundo encarcelamiento ocurrió en los años 66-67, el escrito puede datarse aproximadamente en el año 63 o tal vez el 64, puesto que a su salida de la prisión visitó también, con toda probabilidad, el occidente del imperio, llegando hasta España, no sabemos si solo o en compañía de Tito. La historia de la Iglesia dice que vino a España, mencionando lugares en los que supuestamente predicó, y que desde aquí regresó otra vez al Oriente para visitar las iglesias que había fundado. Desde alguna de ellas escribió esta epístola a su hijo en la fe, Timoteo.

Propósito

Los judaizantes, enemigos abiertos de Pablo y de la verdad que enseñaba, entraban en las iglesias para confundir a los cristianos y apartarlos de la doctrina que les había sido enseñada, insistiendo en la necesidad de practicar la circuncisión y el cumplimiento de la ley ceremonial para alcanzar las bendiciones de la salvación. Es seguro que esto estaban haciendo en la iglesia en Éfeso. Sus doctrinas iban vinculadas a la demostración de las bendiciones que habían sido prometidas a Abraham y partían de él. Por consiguiente, les era preciso apelar a genealogías interminables y asentar mucho de su enseñanza en lo que el apóstol llama *fábulas profanas y de viejas* (4:7). A estas falsedades debía responderse con firmeza recordando a los creyentes las verdades que los apóstoles habían enseñado.

En esa misma línea de enseñanzas falsas, algunos establecían una ética con valores superiores, en la que se prohibía el casamiento y la ingesta de cierto tipo de alimentos (4:3).

Había que mantenerse atento también a la forma correcta de vestimenta y de prácticas en el culto, como el modo de orar y las limitaciones en el ejercicio de autoridad (2:8-15).

El reconocimiento del liderazgo, como son los ancianos y los diáconos, y las condiciones que deben tener para ser aceptados en sus oficios ocupan también parte de la epístola (3:1-13).

Bosquejo

Para el análisis del texto se establece el siguiente bosquejo:

   I. Presentación y saludos (1:1-2).
  II. Atención a la doctrina (1:3-20).
      1. Las desviaciones doctrinales (1:3-11).
      2. El testimonio de Pablo (1:12-17).
      3. Advertencia a Timoteo (1:18-20).
 III. Instrucciones sobre el culto (2:1-15).
      1. La oración en la iglesia (2:1-8).
      2. Las mujeres en la iglesia (2:9-15).
  IV. El liderazgo eclesial (3:1-16).
      1. Requisitos para los ancianos (3:1-7).

2. Requisitos para los diáconos (3:8-13).
  3. Advertencia a Timoteo (3:14-16).
V. Los falsos maestros (4:1-16).
  1. Su enseñanza (4:1-5).
  2. Como enfrentar la falsa enseñanza (4:6-16).
VI. Ética y trabajo pastoral (5:1-6:2).
  1. Trato a los mayores y jóvenes (5:1-2).
  2. Trato a las viudas (5:3-16).
  3. Trato a los ancianos (5:17-25).
  4. Trato con los amos y siervos (6:1-2).
VII. Instrucciones personales (6:3-21).
  1. Advertencias sobre los falsos maestros (6:3-5).
  2. Comportamiento con maestros fieles (6:6-10).
  3. Comportamiento del hombre de Dios (6:11-14).
  4. Doxología (6:15-16).
  5. Sobre las riquezas (6:17-19).
  6. Exhortación final y despedida (6:20-21).

Cristo en el libro

La presentación especialmente notable es la de mediador entre Dios y los hombres (2:5). Esta relación exige la operación salvadora que permite primero a Dios acercarse al hombre y luego en Cristo el hombre que cree acercarse a Dios. Cristo vino al mundo para salvar (1:15). Una síntesis de la persona y obra de Cristo está en el himno que se inicia con la verdad de que Dios ha sido manifestado en carne y luego de la obra salvadora fue recibido arriba en gloria (3:16). Cristo está presente también como el único Salvador que lo es "de todos los hombres, mayormente de los que creen" (4:10). El regreso de Cristo para buscar a su Iglesia está presente también (6:14).

2 Timoteo

Se ha hecho una introducción general a las pastorales en el comentario a la primera epístola a Timoteo, por lo que no es necesario repetir aquí los conceptos que se han considerado entonces, así que el lector es remitido a los puntos correspondientes, añadiendo aquí tan solo lo que es privativo de esta epístola.

El escrito tiene un condicionante emotivo al ser el último de los escritos del apóstol Pablo, por lo que podríamos calificarlo como su testamento espiritual.

Autor y fecha

Remitimos al lector a la primera epístola, donde se detalla el autor de los escritos llamados pastorales, que sirve en todo para los datos correspondientes a esta epístola. Si se quieren datos más identificativos, puede acudirse a la introducción de la epístola a los Romanos, donde se encuentran.

Por Clemente de Roma se sabe que Pablo viajó a España, como era su propósito según les comunicó a los creyentes en Roma cuando les escribió la epístola (Ro. 15:24). No hay evidencias bíblicas, pero sí históricas. El libro de Hechos concluye con la prisión de Pablo en Roma, último testimonio de Lucas. Pablo fue liberado después de dos años en prisión allí, cinco en total; Clemente de Roma afirma, en una carta a los corintios, que el apóstol murió después de haber llegado hasta los extremos de Occidente. Un fragmento de Muratori dice que Lucas no pudo contar la prisión de Pedro y el viaje de Pablo cuando fue de Roma a España. Otras referencias de ese viaje aparecen en escritos de los Padres de la Iglesia (Atanasio, Cirilo de Jerusalén, Epifanio, Juan Crisóstomo, Teodoreto de Ciro y Jerónimo). Este viaje solo pudo ocurrir después del período de su primera prisión en Roma (Hch. 28:30, 31). Hay quienes opinan que Alejandro el calderero (4:14) es el mismo que Pablo cita en su primera epístola (1 Ti. 1:20). Pudiera ser un judío que, resentido porque Pablo predicaba el ,Evangelio lo denunció a los tribunales romanos y fue preso por segunda vez. Esto no deja de ser una especulación sin apoyo bíblico. Tal vez los acusadores que no se presentaron en el juicio de la primera prisión en Roma recurrieron nuevamente al Emperador y fue hecho prisionero, juzgado y sentenciado a muerte.

Nerón era el emperador romano que quemó la ciudad de Roma en al año 64, culpando de ello a los cristianos. Como consecuencia, se desencadenó una persecución contra ellos y, según Eusebio, Pablo fue hecho prisionero y ejecutado en Roma en el año 67. Pudiera ser que fuese apresado en Troas, en casa de Carpo, donde, al ser arrestado, no pudo llevar consigo nada, dejando allí incluso el capote y los pergaminos (4:13). Juzgado y sentenciado a muerte, esperaba el cumplimiento de la sentencia en la cárcel donde estaba y desde donde escribe.

Posiblemente el amanuense de la epístola fue Lucas. Hay formas de expresión y utilización del idioma comunes a los escritos lucanos. Dos palabras de esta carta solo aparecen en escritos de Lucas. Su presencia al lado de Pablo, según testimonio del propio apóstol, lo hace muy posible (4:11).

A la luz de los acontecimientos históricos, la fecha más probable debiera situarse en el año 65, siendo por tanto el último escrito de Pablo y lo que realmente supone su última voluntad.

Propósito

El escrito tiene como propósito principal exhortar a Timoteo en el mantenimiento de la fe, frente a las muchas desviaciones que se estaban produciendo y a la presencia de falsos maestros que enseñaban doctrina contraria con el propósito de apartar a los creyentes de la verdadera fe. Por tanto, el escrito recuerda y recalca lo necesario para asegurar la buena marcha y continuidad de la enseñanza doctrinal correcta, manteniendo como válido únicamente lo que había recibido del apóstol en muchas ocasiones (2:2) y la de los escritos del Nuevo Testamento que comenzaban a circular.

Junto con la exhortación, le escribe para alentarlo en esa tarea, por lo que hay muchas palabras de ánimo en la epístola, alentándolo a llevar a cabo la misión que le había sido encomendada desde tiempo atrás (1:6-7).

Además, el escrito tiene también el propósito de advertir a Timoteo sobre la necesidad de que sea ejemplo en la iglesia mientras lleva a cabo el ministerio de liderazgo (2:14-26). Junto con esto, le recuerda los peligros que rodean a la iglesia, que se harían cada vez más notorios e intensos, de los que no solo debía estar atento, sino afrontarlos decididamente (3:1-9).

La disposición a sufrir por Cristo es natural para todo aquel que desee llevar una vida en la verdadera piedad, por lo que debía tener esto en cuenta y no considerarlo como un problema, sino como una bendición que el Señor permite en la vida del que le sirve (3:12).

La prisión, la soledad, el abandono de muchos, la sentencia dictada contra él que lo condenaba a muerte, la espera de la ejecución y todas las demás circunstancias que rodeaban a Pablo encarcelado le hacen añorar a sus amigos y de forma muy especial a Timoteo, comunicándole el deseo de tenerlo consigo, a su lado; es otro de los motivos del escrito (1:4; 4:9, 21).

Pablo se propone también informarle de su situación personal y contar a su hijo en Cristo la realidad anímica en que se encontraba a causa de los padecimientos de los que era objeto. Le escribe para pedirle que vaya a visitarlo cuanto antes y le lleve los efectos personales que necesitaba con urgencia: el capote para abrigarse el cuerpo y los libros, especialmente los pergaminos, para dar calor al alma (4:13).

Finalmente le pide que, en su visita, traiga consigo a Juan Marcos, el sobrino de Bernabé, porque le es necesario en Roma (4:11).

Bosquejo

Para el análisis del texto se establece el siguiente bosquejo:

I. Saludo y oración de gratitud (1:1-5).
   1. Saludo (1:1-2).
   2. Oración de gratitud por Timoteo (1:3-5).
II. Responsabilidad de Timoteo (1:6-18).
   1. El don que había recibido (1:6-7).
   2. El deber de soportar las pruebas (1:8-12).
   3. Ejemplos de lealtad y oposición (1:15-18).
III. Responsabilidad en la formación (2:1-4:5).
   1. La responsabilidad en la doctrina (2:1-26).
      1.1. Preparar maestros (2:1-2).
      1.2. Exhortación a un comportamiento ejemplar (2:3-7).
      1.3. Conservar y estimar la doctrina (2:8-26).
         1.3.1. Verdad y ejemplo (2:8-10).
         1.3.2. La doctrina como una palabra fiel (2:11-13).
         1.3.3. La enseñanza acompañada del ejemplo (2:14-19).
         1.3.4. La doctrina en la vida cotidiana (2:20-26).
   2. La responsabilidad de perseverar en la doctrina (3:1-17).
      2.1. El peligro de separarse de la doctrina (3:1-9).
      2.2. Las dificultades al perseverar en la doctrina (3:10-13).
      2.3. La necesidad de perseverar en la doctrina (3:14-17).
   3. La responsabilidad de predicar la doctrina (4:1-5).
      3.1. El solemne encargo a Timoteo (4:1-2).
      3.2. La advertencia sobre la oposición a la doctrina (4:3-5).
IV. Conclusión y despedida (4:6-22).
   1. Conclusión (4:6-18)
      1.1. Testimonio de la situación íntima de Pablo (4:6-8).
      1.2. Peticiones al amigo (4:9-15).
      1.3. Informe de la situación de Pablo (4:16-18).
   2. Despedida (4:19-22).
      2.1. Saludos y bendición (4:19-22).

Cristo en el libro

Presente en varios lugares de la epístola, está vinculado de una forma especial con la gracia en salvación. El gran regalo de la gracia es posible en Cristo: "Quien nos salvó y llamó con llamamiento santo, no conforme a nuestras obras, sino según el propósito suyo y la gracia que nos fue dada en Cristo Jesús antes de los tiempos de los siglos" (1:9). La gracia que salva alcanza a los tiempos actuales y se ha manifestado en una persona, Jesucristo: "Pero que ahora ha sido manifestada por la aparición de nuestro Salvador Jesucristo, el cual quitó la muerte y sacó a la luz la vida y la inmortalidad por el evangelio" (1:10). La gracia dada en la eternidad tuvo su resultado para salvación en la manifestación de Jesucristo y su obra redentora.

Por la salvación, el cristiano viene a una identificación plena con Jesús, de modo que la vida de piedad es posible solo en Él, aunque esto producirá consecuencias de conflicto, como ocurrió con el Señor (3:12). Luego de la vida, Cristo dará la recompensa al que ha vivido para servir al que lo rescató (4:8).

Tito

Aunque cronológicamente esta epístola a Tito debiera estar situada entre la primera y la segunda a Timoteo, en la colocación de los libros del Nuevo Testamento en la mayoría de las versiones está en tercer lugar, siguiendo el orden lógico en el destino de los escritos. Esta epístola es una de las llamadas epístolas pastorales; como se ha dicho en la introducción a las dos anteriores, tiene que ver con enseñanzas, demandas y advertencias a colaboradores directos del apóstol Pablo, a quienes encarga resolver problemas en alguna determinada iglesia o en grupos de iglesias, como es el caso de la dirigida a Tito, dando instrucciones y, sobre todo, alentando en la realización de tareas no siempre fáciles y gratas.

Autor y fecha

En el saludo inicial aparece el nombre del remitente de la carta, que no es otro que "Pablo, siervo de Dios y apóstol de Jesucristo". Como se ha dicho en otras introducciones anteriores, solo puede ser atribuido el escrito al único que con ese nombre y condición de apóstol se identifica en el Nuevo Testamento.

Para detalles personales, remitimos al lector a la introducción de la epístola a los Romanos.

La epístola está dirigida a Tito, a quien llama "verdadero hijo en la común fe" (1:4). Es notable que este hombre no aparece mencionado nunca en Hechos de los Apóstoles; sin embargo, su nombre aparece doce veces en las epístolas paulinas (2 Co. 2:13; 7:6, 13, 14; 8:6, 16, 23; 12:18; Gá. 2:1, 3; 2 Ti. 4:10; Tit. 1:4). Como se aprecia, hay una reiterada mención en la correspondencia corintia. Mediante los pasajes que se citan, se puede establecer una síntesis biográfica de Tito.

Propósito

El escrito tiene como propósito principal exhortar a Tito en el mantenimiento de la fe frente a las muchas desviaciones que se estaban produciendo y a la presencia de falsos maestros que enseñaban doctrina contraria con el propósito de apartar a los creyentes de la verdadera fe. Pablo escribe para dar instrucciones a Tito sobre el modo del buen gobierno de la iglesia local. Por esta razón, de la manera en que dejó a Timoteo en Éfeso (1 Ti. 1:3), así deja a Tito en Creta para que terminase de ordenar lo que faltaba y estableciese ancianos (1:5).

Al darle instrucciones concretas sobre aspectos relativos a la organización eclesial y hablarle de los peligros que generaba gente a la que califica de "contumaces, habladores de vanidades y engañadores" (1:10), usa el escrito para animarle en esa tarea, mientras le conmina a hablar lo que concuerda con la sana doctrina (2:1). Además, debía insistir en las iglesias sobre la necesidad de que los creyentes se ocupasen de las buenas obras (3:8).

Se trata de tiempos posteriores a la primera prisión de Pablo, pues antes no se mencionan iglesias o resultados de la predicación del evangelio en esa isla. Lucas no dice nada en Hechos de esa obra, cosa que resultaría difícil de entender si se hubiese establecido antes de la primera prisión de Pablo.

Otro de los propósitos es recordarle los peligros que rodean a la iglesia, que se harían cada vez más notorios e intensos, y a los que no solo debía estar atento, sino afrontarlos decididamente. Advierte de personas que causaban divisiones y a los que había que disciplinar (3:8-11).

Finalmente, el escrito tiene también la misión de pedir a Tito que una vez llegasen Artemas o Tíquico a donde él estaba, viniese a encontrarse con Pablo a Nicópolis, donde tenía previsto pasar el invierno (3:12).

En cuanto a datación, por Clemente de Roma se sabe que Pablo viajó a España, como era su propósito según lo comunicó a los creyentes en Roma cuando les escribió la epístola (Ro. 15:24). No hay evidencias bíblicas, pero sí históricas. El libro de Hechos concluye con la prisión de Pablo en Roma, último testimonio de Lucas. Pablo fue liberado después de dos años en prisión en Roma, cinco en total; Clemente de Roma afirma en una carta a los corintios que el apóstol murió después de haber llegado hasta los extremos de Occidente. Un fragmento de Muratori dice que Lucas no pudo contar la prisión de Pedro y el viaje de Pablo cuando fue de Roma a España. Otras referencias de ese viaje aparecen en escritos de los Padres de la Iglesia (Atanasio, Cirilo de Jerusalén, Epifanio, Juan Crisóstomo, Teodoreto de Ciro y Jerónimo). Este viaje solo pudo ocurrir después del período de su primera prisión en Roma (Hch. 28:30, 31). De modo que la visita a Creta y la fundación de iglesias en la isla pudo haberse producido durante el tiempo entre la liberación de la primera prisión y el de su segunda, en la que le condenarían a muerte.

La epístola debió ser escrita entre el año 62 y el 64, en el tiempo de ministerio de Pablo entre la liberación de su primera prisión y la segunda, mientras ministraba en las iglesias en Macedonia, bien sea desde Corinto o, tal vez mejor, desde Nicópolis (3:12). No se sabe a ciencia cierta quién llevó la epístola, pero se sugiere que pudieron haber sido Zenas y Apolos (3:13).

Bosquejo

Para el análisis del texto se establece el siguiente bosquejo:

I. Introducción (1:1-4).
   1. Salutación (1:1-4).
      1.1. Remitente y saludos (1:1-3).
      1.2. Destinatario (1:4).
II. Liderazgo y problemas eclesiales (1:5-16).
   1. Nombramiento y necesidad de ancianos (1:5-16).
      1.1. Pluralidad de ancianos (1:5).
      1.2. Requisitos para los ancianos (1:6-9).
   2. Problemas en la congregación (1:10-16).
III. Compromiso eclesial (2:1-3:11).
   1. Ministerio de conducción (2:1-10).
   2. Vida en la gracia (2:11-15).
   3. Ejemplos de conducta (3:1-11).
      3.1. Con las autoridades (3:1).
      3.2. En la sociedad (3:2-7).
      3.3. Con el compromiso doctrinal (3:8-11).

IV. Conclusión (3:12-15).
   1. Consejos finales (3:12-14).
   2. Despedida y bendición (3:15).

Cristo en el libro

Ya en la introducción de la epístola está presente Cristo, en el saludo donde se desea al destinatario "Gracia, misericordia y paz", que como todo don perfecto y toda buena dádiva proceden del Padre de las lumbreras (Stg. 1:17), y que en esta ocasión están vinculadas tanto a Dios Padre, como al Señor Jesucristo, que es también el Salvador. Es por Él que podemos ser agraciados y reconocidos como hijos en la familia de Dios.

Cristo se presenta también como quien hace la obra redentora, con el propósito de "redimirnos de toda iniquidad y purificar para sí un pueblo propio, celosos de buenas obras" (2:14). Pero, además de Salvador, es también la esperanza: "Aguardando la esperanza bienaventurada y la manifestación gloriosa de nuestro gran Dios y Salvador Jesucristo" (2:13). El calificativo de gran Dios presenta a Cristo como Dios en unidad con el Padre y el Espíritu.

Filemón

La epístola a Filemón es el escrito más corto de la correspondencia paulina. Aunque está colocado en el Nuevo Testamento al final de las llamadas cartas pastorales, no corresponde a ellas. Es realmente la carta más personal de todas las que proceden del apóstol Pablo y es única en su género, puesto que el contenido y la razón de ser no obedecen a cuestiones eclesiales ni se dirige a orientar conductas pastorales, ya que está enviada a un creyente llamado Filemón para interceder por un esclavo suyo que se había comportado incorrectamente con él y que, por la legislación de entonces, podía ser acusado e incluso condenado a muerte. Pablo ruega a su amigo y conocido para que perdone a quien, sin dejar de ser su esclavo, es ahora, por obra de la gracia, su hermano en la fe.

Autor y fecha

La presentación del autor lleva por nombre Pablo y afirma que es "prisionero de Jesucristo". Solamente puede identificarse de este modo al apóstol Pablo durante el tiempo de su primera prisión en Roma.

Sumamente conocido, se remite al lector, para datos personales del apóstol, a la introducción a la epístola a los Romanos.

El nombre del destinatario, Filemón, entró en la historia gracias a este escrito. Todo lo referente a este cristiano de los tiempos de Pablo está en el contenido de la epístola. Se aprecia que era un creyente residente en Colosas y miembro de la iglesia en aquella ciudad. La mayor evidencia es que su esclavo Onésimo era de allí (cf. Col. 4:9). La conversión de Filemón se debió al apóstol Pablo (v. 10), muy probablemente durante los tres años que estuvo en Éfeso (cf. Hch. 19:10; 20:31), ya que no se sabe que Pablo estuviese en Colosas (cf. Col. 1:7; 2:1). Debía ser un hombre de posición acomodada porque era dueño de por lo menos un esclavo y disponía de una casa lo suficientemente amplia como para que en ella se reuniese un grupo de creyentes de la iglesia en Colosas (v. 1, 2). Esa era una forma habitual para las reuniones de creyentes fuera del día en que se juntaban para el partimiento del pan (Hch. 12:12; Ro. 16:5; 1 Co. 16:19; Col. 4:15). Es de apreciar que el concepto de Pablo sobre la iglesia local era la iglesia en la ciudad; esta se reunía en casas de creyentes especialmente por la semana. Así, había una congregación que lo hacía en casa de Filemón, pero el apóstol no escribió nunca una epístola a ninguna de estas congregaciones de la iglesia en la ciudad, sino a la iglesia misma. La relación del destinatario con Pablo tenía que ser no solo cordial, sino amistosa, al apreciarse el cariño y la confianza con que le trata en el escrito (cf. vv. 8, 17, 19, 21). Posiblemente Filemón era un líder, anciano o sobreveedor de la iglesia en Colosas, puesto que el apóstol le da el calificativo de colaborador (v. 1).

En cuanto a la datación de la epístola, esta, junto con Colosenses y Efesios, fueron enviadas al mismo tiempo por medio de Tíquico, al que acompañaba Onésimo (Ef. 6:21-22; Col. 4:7-19; Flm. 10-12). Pablo estaba en prisión. El lugar desde donde escribió los llamados escritos de la prisión fue con toda probabilidad Roma, donde el apóstol gozaba de libertad para predicar el Evangelio y tenía un lugar cómodo para poder dictar las epístolas (Col. 4:3-4). Esto todo concuerda con la situación suya en Roma (Hch. 28:30, 31).

La primera prisión en Roma ocurrió entre los años 60 al 62; por consiguiente, esta epístola, junto las otras antes citadas debió haberse escrito durante el año 61 o incluso en la primera mitad del año 62, en lo que sería el segundo año de la prisión en Roma antes de su liberación.

Propósito

La causa que motiva el escrito es un asunto familiar. Filemón era dueño de un esclavo llamado Onésimo, que había cometido un fraude contra su dueño, posiblemente asunto de sisa, quedándose con parte de lo que le entregaba para alguna adquisición. Pudiera suponerse que fuese un hurto mayor, pero no hay base bíblica para sostenerlo. El hecho había supuesto un quebranto para Filemón (v. 18). No sabemos por qué razón se escapó, aunque lo más probable es que estuviese relacionado con el daño causado a su amo. Acaso el esclavo fuese perezoso e incluso desobediente, por lo que le era inútil (v. 11). Tal vez el escaparse de casa de su dueño fuese para evadir el trabajo o simplemente como búsqueda de la libertad.

El huido del amo y, por consiguiente, de la justicia romana, llegó a Roma, la capital del Imperio, ciudad grande y cosmopolita, donde un fugitivo podía ocultarse mejor que en otros lugares. La ciudad era bastante indulgente con los visitantes de todos los tipos; incluso, como dice Tácito, "afluye gente de todas partes y se exaltan todos los crímenes y vergüenzas"[163]. Por alguna razón, no se sabe cuál, Onésimo se encontró allí con Pablo. Es posible que lo hubiese visto o quizás conocido en Éfeso, donde estuvo tiempo fundando la iglesia y evangelizando, y aunque no lo hubiese conocido personalmente, es muy probable que lo supiese por referencias. Posiblemente la conversión de su amo hubiese llevado al esclavo al conocimiento de la existencia del apóstol y su ministerio. Onésimo podía saber que Pablo estaba en Roma prisionero y tal vez lo buscó para que intercediera por él a su dueño, buscando en el apóstol protección de su situación siempre peligrosa de esclavo fugitivo, en peligro de ser arrestado y castigado con severidad como era habitual en esos casos. No importa el cómo, pero la realidad es que ambos se encontraron. Sin duda, el apóstol le acogió con el amor cristiano que era natural en él, hablándole de la esperanza en Cristo, de manera que Onésimo creyó, convirtiéndose a Cristo y pasando a ser cristiano (v. 10).

Pablo vio en Onésimo una persona que, transformada por la gracia, podía dejar de ser inútil para ser útil tanto a su dueño como incluso al apóstol mismo. Es probable que pensara en tenerlo junto a él, contando con la seguridad de que Filemón estaría de acuerdo

---

[163] Tácito, *An.*, 15.44.

con ello, pero consideró más conveniente remitirlo a su amo para que resolviera definitivamente aquella situación personal (vv. 13-14).

En la prisión, Pablo había escrito una epístola a la iglesia en Colosas, donde estaba Filemón. La iba a enviar por medio de un creyente muy vinculado con él llamado Tíquico. Por tanto, consideró que Onésimo debía ir con él de regreso a Colosas. La compañía del portador de la epístola sería buena para quien, como ya se dijo antes, podía ser objeto de persecución por los que buscaban esclavos fugitivos y hacían de aquello una forma de comercio personal que le aportaba ganancias al reintegrarlos a sus dueños o a la justicia secular. Por tanto, determinó que ambos fuesen a Colosas (Col. 4:7-9). Para ello necesitaba poner en manos de Tíquico un escrito personal para Filemón, intercediendo por Onésimo y pidiéndole que lo recibiese, no solo como un esclavo arrepentido de lo que había hecho, sino como un hermano en Cristo por la conversión. La redacción de este escrito personal tuvo lugar en el tiempo en que escribió la epístola a los Colosenses.

Bosquejo

Para el análisis del texto se establece el siguiente bosquejo:

I. Salutación (vv. 1-3).
II. Acción de gracias (vv. 4-7).
   1. Por la participación en la fe de Filemón (vv. 4-6).
   2. Por la manifestación de su amor (v. 7).
III. Apelación a Filemón (vv. 8-22).
   1. Ruego por Onésimo (vv. 8-17).
   2. Compromiso del apóstol (vv. 18-21).
   3. Petición de alojamiento (v. 22).
IV. Saludos y bendición (vv. 23-25).

Cristo en el libro

Aun siendo un escrito personal, Cristo está presente en el escrito del apóstol. La fe personal se sustenta en Cristo y trae consecuencias de vida hacia los demás (v. 6). La autoridad apostólica y la libertad para el trato con los hermanos obedece a la posición en Cristo (v. 8). Las diferencias sociales y las ofensas personales se cancelan por el hecho de que cada uno de los que son cristianos son hermanos (vv. 15-16). La comunión cristiana es posible en Cristo (v. 20).

Hebreos

La acción soberana de Dios, el Espíritu Santo, en la producción de la Biblia se hace evidente de muchas maneras. Es notable apreciar su actividad en la confección de los escritos bíblicos, escogiendo al escritor humano que ejecutaría la tarea de la escritura, revelándole el mensaje a comunicar y custodiando el modo de escribirlo. En ocasiones se revela quién ha sido el instrumento humano para confeccionar el escrito. Otras, como ocurre con la epístola a los Hebreos, se oculta celosamente. Las razones para estas diferentes maneras de actuar obedecen a la soberanía divina que así lo determina. Sin embargo, la simple lectura del contenido de esta epístola pone abiertamente de manifiesto que se trata de un escrito divinamente inspirado. El contenido doctrinal es profundo y el argumento corresponde a la consonancia absoluta de toda la Palabra de Dios. Por tanto, se hace evidente que Dios es el autor divino de la epístola.

Autor y fecha

Tradicionalmente, la epístola se atribuyó a Pablo, sosteniéndose como tal en la mayoría de los autores católicos. Sin embargo, la epístola no es anónima en el sentido de que los lectores desconozcan quién era su autor. No es probable que los destinatarios primeros que la hayan recibido ignorasen de quién procedía. El escritor pide que se ore por él para que pueda llegar a visitar a los destinatarios (13:19). El mismo autor habla de Timoteo como liberado de la prisión y expresa su esperanza de que con él vaya a visitarlos también (13:23). Es anónima para nosotros hoy, en el sentido de que el nombre del escritor no aparece indicado en el texto. Aunque la autoría paulina se mantuvo mayoritariamente, entre los antiguos Tertuliano dice que "existe también un escrito intitulado a los Hebreos, escrito por Bernabé, hombre suficientemente autorizado por Dios"[164] . Ciertamente no es posible establecer la autoría con suficiente certeza, entendiendo que Dios ha querido guardar silencio sobre el hagiógrafo.

La datación de la epístola es también difícil de precisar. De ahí que se hayan sugerido fechas desde el año 60 al 90. Se puede considerar como probable que el escrito haya tenido lugar antes del año 70, en que ocurrió la destrucción del templo de Jerusalén por los ejércitos de Tito, ya que el autor habla del ritual ceremonial y de las prácticas

---

[164] Tertuliano, *De Pudicita*, 20.

propias del ejercicio sacerdotal en el santuario, como si estuviesen ocurriendo en aquellos días (9:6; 10:11; etc.). La referencia a las persecuciones pudiera tratarse de la desencadenada en Jerusalén contra los judíos conversos (Hch. 11:19; 12:1). La referencia a la epístola por parte de Clemente de Roma obliga a datarla antes del año 96. Hay una referencia a la libertad de Timoteo (13:23). Posiblemente el servicio prestado por Timoteo a Pablo en el final del tiempo de su encarcelamiento en Roma, antes de ser ejecutado, pudiera haber supuesto la prisión de Timoteo. Si el escritor dice que estaba libre, tendría que situarse en un tiempo cercano a la muerte del apóstol, ya que tanto Pablo como Pedro murieron entre los años 67-69. Por tanto, la fecha de datación podría situarse en los años sesenta de nuestra era. Tal vez en el 67 o 68.

Propósito

El propio autor dice que es una "palabra de exhortación" (13:22). Por tanto, el interés que le mueve a escribir la epístola es animar y hacer reflexionar a los lectores, con una problemática específica, que eran verdaderos creyentes (3:1).

En segundo lugar, el escrito tiene el propósito de alentar. Los destinatarios estaban pasando por un tiempo de persecución (10:32-34; 12:4). El escritor desea hacerles reflexionar sobre los aspectos de la persecución por Cristo y animarles a perseverar en el seguimiento fiel del Señor.

En tercer lugar, el escritor desea advertir. Algunos lectores estaban en peligro en cuanto a la fe: de incredulidad (3:12) y de desconocimiento de la Palabra (5:11-6:3), habiendo abandonado el estudio de la Biblia en profundidad. Por esta causa, se habían debilitado y vuelto a una notoria inmadurez espiritual. Entre ellos, había una cierta inestabilidad doctrinal, como consecuencia del alejamiento de la Palabra y de la superficialidad de su estudio. Las diversas doctrinas y formas ajenas a la correcta interpretación de la Palabra los estaban afectando y desorientando (13:9). Aquellos manifestaban apatía espiritual, de modo que se habían hecho negligentes en la asistencia a las reuniones de la iglesia (10:25); poco practicantes de la oración (12:12); y poco persistentes en mantenerse en el compromiso cristiano (2:1). Tal era la situación que algunos estaban dispuestos a abandonar el cristianismo y regresar a un judaísmo reformado. Esto estaba generando inquietud en el resto de los creyentes que permanecían en la fe y el compromiso, sobre la posibilidad de que aquellos que dejasen la fe cristiana pudiesen perder la salvación (6:4-6). En vista de esta situación, el escritor establece cinco advertencias solemnes: 1) La primera sobre el descuido de la salvación (2:1-4). 2) La segunda sobre el peligro de la incredulidad (3:7-4:13). 3) Otra advertencia está relacionada con el abandono de la fe (5:11-6:20). 4) La cuarta en relación al juicio a causa del pecado voluntario (10:26-29). 5) En quinto lugar, la exhortación o advertencia solemne está orientada a las consecuencias que produce una vida de impiedad (12:15-19).

Bosquejo

Para el análisis del texto se establece el siguiente bosquejo:

I. Supremacía de Cristo (1:1-4:16).
   1. La supremacía de la persona de Cristo (1:1-4:16).
      1.1. Cristo supremo sobre los profetas (1:1-4).
      1.2. Cristo supremo sobre los ángeles (1:5-2:18).
         1.2.1. Como persona divina (1:5-14).
         1.2.2. Como dador del mensaje de salvación (2:1-4).
         1.2.3. Como realizador de la verdadera libertad (2:5-18).
      1.3. Cristo supremo sobre Moisés (3:1-6).
      1.4. Cristo supremo como objeto de fe (3:7-4:16).
         1.4.1. Advertencia solemne sobre la incredulidad (3:7-19).
         1.4.2. Consecuencias de la incredulidad (4:1-10).
         1.4.3. Recursos contra la incredulidad (4:11-16).
II. Supremacía del sacerdocio de Cristo (5:1-10:39).
   1. Supremo por su condición (5:1-10).
      1.1. Constituido como sumo sacerdote (5:1-6).
      1.2. Probado como sumo sacerdote (5:7-10).
   2. Advertencia solemne (5:11-6:20).
      2.1. Situación espiritual (5:11-14).
      2.2. Necesidad de crecimiento (6:1-3).
      2.3. La seguridad y disciplina del salvo (6:4-8).
      2.4. La evidencia y bendición del salvo (6:9-12).
      2.5. Ejemplo y certeza (6:13-20).
   3. Supremacía de Cristo en su sacerdocio (7:1-8:13).
      3.1. La figura de Melquisedec (7:1-3).
      3.2. La preeminencia de Melquisedec (7:4-10).
      3.3. La necesidad de un cambio de sacerdocio (7:11-19).

3.4. La perpetuidad del sacerdocio de Cristo (7:20-28).
   3.5. Sacerdocio y santuario (8:1-5).
   3.6. Esbozo del Nuevo Pacto (8:6-13).
  4. La supremacía de Cristo en su ministerio sacerdotal (9:1-10:18).
   4.1. El sacerdocio terrenal (9:1-10).
      4.1.1. El santuario (9:1-5).
      4.1.2. El ministerio sacerdotal (9:6-10).
   4.2. El sacerdocio de Cristo (9:11-14).
   4.3. El mediador del Nuevo Pacto (9:15-18).
   4.4. La purificación por el sacrificio perfecto de Cristo (9:19-28).
   4.5. La imperfección de los sacrificios legales (10:1-4).
   4.6. La perfección del sacrificio de Cristo (10:5-18).
      4.6.1. La preparación del sacrificio perfecto (10:5-10).
      4.6.2. La realidad en Cristo del sacrificio perfecto (10:11-18).
  5. Advertencia solemne (10:19-39).
   5.1. La exhortación (10:19-25).
   5.2. La advertencia sobre el pecado voluntario (10:26-31).
   5.3. El aliento (10:32-39).
III. La supremacía de la vida en Cristo (11:1-13:19).
  1. La superioridad de la vida de fe (11:1-40).
   1.1. La especificación de la fe (11:1-3).
   1.2. Los ejemplos de la fe (11:4-38).
      1.2.1. Abel (11:4).
      1.2.2. Enoc (11:5-6).
      1.2.3. Noé (11:7).
      1.2.4. Abraham (11:8-19).
      1.2.5. Isaac (11:20).
      1.2.6. Jacob (11:21).
      1.2.7. José (11:22).
      1.2.8. Moisés (11:23-29).
      1.2.9. Josué y el pueblo (11:30).
      1.2.10. Rahab (11:31).
      1.2.11. Otros ejemplos de fe (11:32-38).
      1.2.12. Una mejor provisión (11:39-40).
  2. La superioridad de la vida con Cristo (12:1-29).
   2.1. La visión para la vida (12:1-2).
   2.2. La disciplina para la vida (12:3-11).
   2.3. La orientación para la vida (12:12-17).

        2.4. El aliento para la vida (12:18-24).
        2.5. La responsabilidad para la vida (12:25-29).
        2.6. La superioridad de la vida en Cristo (13:1-19).
        2.7. El ejemplo en la sociedad (13:1-6).
        2.8. El ejemplo en la iglesia (13:7-19).
            2.8.1. Compromiso y esperanza (13:7-14).
            2.8.2. Ministerio sacerdotal (13:15-16).
            2.8.3. Obediencia (13:17).
            2.8.4. Intercesión (13:18-19).
IV. Bendiciones y cierre.
   1. Doxología (13:20-21).
   2. Recomendaciones, saludo y despedida (13:22-25).

Cristo en el libro

No hay un solo párrafo en la epístola donde Cristo no esté presente. El tema general tiene que ver con la superioridad de Cristo sobre todo. Por esa razón, cubre la misma introducción, donde se presenta como Creador y entronizado Señor (1:1-4). Cristo es superior a los ángeles como persona divina (1:1-14). Es en quien se realiza la salvación, no solo por proclamación, sino por realización en Él mismo (2:1-4). Es el Señor a quien Dios sujetó el mundo venidero (2:5-18). Se presenta como superior a Moisés (3:1-6), como objeto de la fe (3:7-18). Él es superior al orden sacerdotal del Antiguo Pacto (5:1-10-39). Él es la suprema esperanza porque es mediador de un nuevo pacto (12:23). En Él está el camino para hacer lo que es agradable a Dios (13:21).

Santiago

Entre las epístolas universales está la de Santiago, cuyos destinatarios son llamados "las doce tribus que están en la dispersión" (v. 1); es dirigida no tanto a una iglesia, sino a un determinado grupo de cristianos, mayoritariamente judíos, en Palestina. No significa esto que no hubiese allí iglesias establecidas, ya que en Hechos se mencionan a las de Judea, Galilea y Samaria, como iglesias pujantes que crecían y se consolidaban (Hch. 9:31). Con todo no se conoce mucho de la fundación de estas iglesias, que probablemente no fueron fundadas por los apóstoles, sino por cristianos convertidos en Jerusalén y por los dispersos a causa de las primeras persecuciones (Hch. 8:4). La epístola es un escrito dirigido a los hermanos de ascendencia judía, con la intención de exhortarles a una vida cristiana consecuente atendiendo, en una expresión visible de la fe, al compromiso del seguimiento a Cristo.

Autor y fecha

Cinco personas aparecen en el Nuevo Testamento con el nombre de Santiago, si bien la primera de ellas, el hijo de Matán y padre de José, el esposo de María (Mt. 1:15 ss.), no tiene nada que ver con la posible autoría del escrito. El nombre es una contracción castellanizada de dos palabras latinas, *Santus Iacobus*, esto es, *san Jacobo*.

El primero de este nombre es Santiago, el hijo de Zebedeo, que era hermano del apóstol Juan (Mt. 4:21). Fue llamado por el Señor junto al mar de Galilea (Mt. 4:21) y seleccionado junto con su hermano menor Juan para ser uno de los doce apóstoles (Mt. 10:2; Mr. 3:17; Lc. 6:14; Hch. 1:13). El segundo es Santiago, el hijo de Alfeo, otro de los doce apóstoles (Mt. 10:3; Mr. 3:18; Lc. 6:15; Hch. 1:13). También se dice que Leví era llamado hijo de Alfeo, pero probablemente se trate de otro con ese nombre, y que Leví y Jacobo o Santiago no fuesen hermanos. A este se lo identifica generalmente como Santiago el Menor, tal vez por su estatura, o por su juventud, para distinguirlo de Santiago el hijo de Alfeo. Su madre era una de las mujeres con nombre de María (Mr. 15:40). En tercer lugar, aparece el padre de Judas, no el Iscariote (Lc. 6:16). No se dice nada de él, salvo esta relación con el apóstol Judas. Por esta razón, debe descartarse como posible autor de la epístola.

Queda en último lugar Santiago, el hermano del Señor. Aparece en la lista que el evangelio da de los hermanos de Jesús (Mt. 13:55; Mr. 6:3). Posiblemente, durante el ministerio de Jesús, Santiago no debía admitir la autoridad del Señor (cf. Mt. 12:46-50; Mr. 3:31-35; Lc. 8:19-21; Jn. 7:5) y probablemente no lo reconocía como el Mesías. A Santiago, el hermano del Señor, se le apareció Jesús resucitado (1 Co. 15:7), lo que sin duda supuso para él la evidencia máxima de la realidad de quién era su medio hermano, es decir, hijo de la misma madre, pero no del mismo padre, ya que Jesús, nuestro Señor, fue concebido por operación especial y omnipotente del Espíritu Santo (Mt. 1:20).

Luego de la ascensión del Señor, aparece en el lugar de oración donde se reunían los doce y las mujeres, junto también con María, la madre de Jesús (Hch. 1:12-14). Es posible que llegase al liderazgo de la iglesia en Jerusalén como consecuencia de la muerte de Santiago, el hermano de Juan (Hch. 12:2). El lugar que ocupaba en la iglesia en Jerusalén era de relevancia. Cuando fue visitada por Pablo, lo llama una de las tres columnas de aquella iglesia (Gá. 1:18-19; 2:9). El apóstol Pedro habla con mucha deferencia de él, encomendando que diesen aviso de su liberación "a Jacobo y a los hermanos" (Hch. 12:17). No cabe duda de que en ese tiempo este Jacobo no podía ser el hermano de Juan, puesto que había sido muerto por Herodes (Hch. 12:2). Santiago tomó parte importante en el Concilio de Jerusalén, que con toda seguridad presidió (Hch. 15:13-29). Fue una figura clave para recomendar una solución de convivencia, pidiendo a los gentiles que evitasen ciertas prácticas a fin de facilitar la comunión con los cristianos de origen judío (Hch. 15:28-29). Es evidente que sentía una simpatía muy fuerte por las costumbres judías, como se pone de manifiesto en la recomendación que hace al apóstol Pablo cuando visitó Jerusalén posiblemente por última vez (Hch. 21:17-26). Utiliza también personajes del Antiguo Testamento para ilustrar sus enseñanzas, como por ejemplo Abraham e Isaac (2:21), Rahab (2:25), Job (5:11), Elías (5:17, 18). Hace también continuas apelaciones a la ley.

En cierta medida, se le considera apóstol (Gá. 1:19), en el sentido de ser enviado con un campo de ministerio entre los judíos (Gá. 2:9). Su autoridad espiritual se ponía de manifiesto cuando algunos visitaron las iglesias del mundo gentil demandando en nombre de Jacobo que el mismo apóstol Pedro comiese en mesas separadas de los gentiles (Gá. 2:12). Era un hombre que estaba casado, como se testifica en un escrito del apóstol Pablo (1 Co. 9:5).

En cuanto a datación, si el autor fue, como se ha considerado, Santiago el hermano del Señor, el lugar de redacción no parece que pueda ser otro que Palestina. En la epístola, se hace alusión a las condiciones climatológicas propias de esa región, con lluvias en primavera y en otoño (5:7). De igual manera, menciona el calor abrasador, propio del verano palestino (1:11). Hace referencia a productos típicos de la zona, como son las aceitunas y los higos (3:12). Dentro del territorio de Palestina, el lugar más probable, puesto que allí desarrollaba su ministerio, es Jerusalén.

Aceptar la epístola como de Santiago, el hermano del Señor, requiere una datación temprana del escrito. La persecución de los creyentes se produjo muy pronto en Jerusalén y siempre antes del año 70. Es interesante observar el uso que hace de la palabra *sinagoga* para referirse a la congregación, lo que indica también una utilización temprana del término, que luego sería el de iglesia (2:2).

En el escrito no se aprecia referencia alguna a la controversia sostenida en el Concilio de Jerusalén del año 49, ni a los acuerdos que salieron de él; por tanto, debe entenderse que la redacción de la epístola debió haber ocurrido antes. La fecha puede establecerse entre los años 44 y 48, lo que nos sitúa ante uno de los escritos más antiguos del Nuevo Testamento.

Propósito

A la luz del contexto de las iglesias, Santiago escribe para exhortar y corregir lo que estaba desordenado. Especial interés en el escritor era el de llamar la atención a los lectores sobre la necesidad de vivir la fe, en la práctica de la ética cristiana consecuente con ella.

No cabe duda de que, en contraste con otros escritos del Nuevo Testamento, especialmente con el corpus paulino, se aprecia menos interés en la teología formal. El escritor está más interesado en corregir los desequilibrios que se producen en las congregaciones, en el trato de los creyentes entre sí, dando ánimo a quienes están sujetos a injusticias sociales por parte de los ricos, y a exhortar a todos a una vida conforme a los principios cristianos. Por esta razón, en la epístola aparecen una serie de normas morales que son tomadas o se sustentan en los textos sapienciales del Antiguo Testamento, adquiriendo la forma de una instrucción moral.

La finalidad de la epístola sería recordar la necesidad de una vida concordante con la fe que se profesa, llamando a ser hacedores de la Palabra en lugar de simples oidores de la misma (1:22).

Bosquejo

Para el análisis del texto se establece el siguiente bosquejo:

I. Saludo (1:1).
II. El cristiano ante las pruebas y tentaciones (1:2-18).
   1. La fe puesta a prueba (1:2-4).
   2. Los recursos en la prueba (1:5-8).
   3. Gozo en las circunstancias (1:9-11).
   4. Soportando las pruebas (1:12).
   5. Aflicciones de la concupiscencia (1:13-16).
   6. Objetivo divino en las pruebas (1:17-18).
III. El cristiano y la Palabra (1:19-27).
   1. Aceptando la Palabra (1:19-21).
   2. Obedeciendo la Palabra (1:22-25).
   3. Viviendo bajo la Palabra (1:26-27).
IV. El cristiano y la fe (2:1-26).
   1. La fe exige imparcialidad (2:1-4).

2. La fe evita las afrentas (2:5-7).
3. La fe cumple la ley real (2:8-11).
4. La fe manifiesta misericordia (2:12-13).
5. La fe se evidencia en obras (2:14-19).
6. La fe ejemplificada (2:20-25).
7. La inutilidad de la fe intelectual (2:26).

V. El cristiano y el dominio propio (3:1-18).
  1. El uso de la lengua (3:1-12).
    1.1. Modo de hablar (3:1-2).
    1.2. Ejemplos sobre el modo de hablar (3:3-8).
    1.3. Inconsecuencias del modo de hablar (3:9-12).
  2. La sabiduría para la vida (3:13-18).
    2.1. La sabiduría terrenal (3:13-16).
    2.2. La sabiduría celestial (3:17-18).

VI. El cristiano y el sometimiento (4:1-17).
  1. Las causas de los conflictos (4:1-2).
  2. Oraciones sin respuesta y sus causas (4:3-6).
  3. El sometimiento a Dios (4:7-10).
  4. Juzgando al hermano (4:11-12).
  5. El pecado de arrogancia (4:13-17).

VII. El cristiano y la vida de fe (5:1-20).
  1. La paciencia (5:1-11).
    1.1. Causas que producen impaciencia (5:1-6).
    1.2. La necesidad de la paciencia (5:7-9).
    1.3. Ejemplos sobre la paciencia (5:10-11).
  2. Los juramentos (5:12).
  3. La oración (5:13-18).
    3.1. Oración y alabanza (5:13).
    3.2. Oración, enfermedad y poder (5:14-16).
    3.3. Ejemplo del poder de la oración (5:17-18).
  4. La restauración del extraviado (5:19-20).

Cristo en el libro

La mención directa a Cristo es menor que en otros escritos del Nuevo Testamento; sin embargo, está presente y es central en el desarrollo del escrito, ya que se inicia con una referencia al Señor (1:1). Llama a los lectores a una experiencia de fe en Cristo (2:1). En medio de las pruebas y dificultades, está presente la esperanza de la venida del Señor (5:7). Estas son las referencias directas, sin embargo, cualquier lector conocedor de las Escrituras apreciará el enorme contenido en la enseñanza del escritor en relación con el Sermón del Monte, lo que puede apreciarse en el siguiente cuadro:

Tema	Epístola	Mateo
Gozo en medio del sufrimiento.	1:2	5:10-12
Exhortaciones a la perfección.	1:4	5:48
Buenas dádivas.	1:5	7:7
Los términos *hacedores* y *oidores*.	1:22	7:24
La expresión *guardar toda la ley*.	2:10	5:19
Las bendiciones de la misericordia.	2:13	5:7
Las bendiciones para los pacificadores.	3:18	5:9
La amistad del mundo y sus consecuencias.	4:4	6:24
Las bendiciones para los humildes.	4:10	5:5
El pecado de juzgar a otros.	4:11-12	7:1-5
La polilla y el orín en relación a las riquezas.	5:2-3	6:19
El mal uso de los juramentos.	5:12	5:33-37

La forma de las expresiones y el modo de la exhortación es muy semejante en ambos casos.

1 Pedro

Se llama también *católica*, en sentido amplio del término, porque están dirigidas a un grupo mayor de personas que la mayoría de las otras del Nuevo Testamento; sin embargo, debe apreciarse que tiene destinatarios concretos (1:1). En la formación del canon de esta segunda división de la Biblia, las epístolas de Santiago, 1 y 2 Pedro, 1, 2 y 3 de Juan y Judas fueron agrupadas dándoles el nombre de católicas o universales porque, con la excepción de Segunda y Tercera de Juan, estaban dirigidas a un auditorio más amplio que el de una iglesia local o una persona. El término *católica* es usado por Clemente de Alejandría cuando habla de la circular enviada por el concilio de Jerusalén (Hch. 15:23), tratándola como "epístola católica de todos los apóstoles". De igual modo, Orígenes se refiere a este escrito con el mismo calificativo. Posteriormente, este término se aplicó a las epístolas que eran aceptadas por la iglesia universal y que eran ortodoxas en su doctrina. Por tanto, se convirtió en sinónimo de genuino o canónico. Contrariamente, al referirse a otros escritos atribuidos al apóstol Pedro, dice: "Desconocemos en absoluto que haya sido transmitido como escrito católico"[165].

---

[165] HE 3.3.

El sentido más amplio del término, como epístola católica o universal, no se ajusta plenamente. Está dirigida a un grupo mayor que la mayoría de las otras epístolas del Nuevo Testamento, pero tiene unos destinatarios concretos (1:1).

Autor y fecha

Según el encabezamiento, el autor es Pedro, apóstol de Jesucristo, que envió el escrito a los cristianos "expatriados de la dispersión en el Ponto, Galacia, Capadocia, Asia y Bitinia" (1:1). Solo una persona podía calificarse de ese modo, que era Simón, a quien Jesús puso por sobrenombre Pedro. El nombre hebreo del autor era Simón (Hch. 15:14; 2 P. 1:1). Su padre se llamaba Jonás, y el nombre completo era Simón Barjonás (Mt. 16:17). Era un hombre casado (Mr. 1:30) y parece que cuando viajaba, ya en tiempos de su ministerio apostólico, lo hacía acompañado de su esposa (1 Co. 9:5). Era natural de Betsaida (Jn. 1:44), pero más tarde se radicó en la ciudad de Capernaum (Mr. 1:21, 29). Posiblemente, su negocio de pesca les permitía tener una casa espaciosa en esa ciudad (Mr. 1:21). Su oficio era de pescador del mar de Galilea. Probablemente estaba influido por la predicación de Juan el Bautista, del que su hermano Andrés era discípulo (Jn. 1:40).

Tuvo un primer encuentro con Jesús por mediación de su hermano Andrés, que lo invitó para conocer a quien consideraba ya como el Mesías (Jn. 1:41). Posteriormente fue llamado por Jesús al seguimiento como discípulo a orillas del lago (Mr. 1:16 ss.). Pertenecía al llamado grupo íntimo, junto con Santiago y Juan, lo que le permitió estar en momentos claves del ministerio de Jesús y contemplar milagros específicos (Mr. 3:16 ss.). Entre los tres había una notable afinidad de carácter. Jesús le puso por sobrenombre *Pedro*, literalmente *Cefas*, derivado de la palabra tanto en griego como en arameo que equivale a piedra (Jn. 1:42); hasta ese momento nadie lo había llamado de esa manera. Con motivo del testimonio que dio sobre quién era Jesús, junto a los Doce en Cesarea, le fue reiterado ese nombre de nuevo (Mt. 16:18).

Fue uno de los primeros discípulos y líder del grupo, tomando la palabra en nombre de todos en varias ocasiones como portavoz de los Doce (Mt. 15:15; 18:21; Mr. 1:36; 8:29; 9:5; 10:28; 11:21; 14:29 ss.; Lc. 5:5; 12:41). Eso no significa ningún tipo de superioridad o primacía sobre el resto de los discípulos. De carácter impulsivo, deja claro muchas veces su devoción por Jesús (Mt. 14:28; Mr. 14:29).

Junto con los otros dos del llamado círculo íntimo, presenció la transfiguración de Jesús, lo que le produjo un profundo impacto y le dio una nueva visión sobre la profecía (2 P. 1:16-17).

Jesús encomendó a Pedro la apertura del reino de los cielos, en el sentido de proclamar el Evangelio por primera vez después de la ascensión del Señor. En esa ocasión, Jesús dijo unas palabras que han generado controversia a lo largo del tiempo. Primeramente, está el testimonio que hace sobre quién era Jesús: "Tú eres el Cristo, el Hijo del Dios viviente" (Mt:16:16), a lo que siguen las palabras del Señor: "Yo también te digo, que tú eres Pedro, y sobre esta roca edificaré mi iglesia; y las puertas del Hades no prevalecerán contra ella. Y a ti te daré las llaves del reino de los cielos; y todo lo que atares en la tierra será atado en los cielos; y todo lo que desatares en la tierra será desatado en los cielos" (Mt. 16:18-19). La polémica surge de la interpretación del sentido que se dé al término *piedra*. Algunos han intentado explicarlo usando las palabras griegas que distinguen roca y piedra, pero en arameo, lengua que usó Jesús, no existe tal distinción. Sin duda Pedro entendía y reconocía que la roca sobre la que descansa la Iglesia, no es él, sino Cristo: "Acercándoos a él, piedra viva" (2:4). Cristo hace descansar la estructura de la iglesia sobre la doctrina de apóstoles y profetas (Ef. 2:20). Pero también comisiona a Pedro para abrir el reino de los cielos por la predicación. Luego de la resurrección lo llama para que pastoree sus ovejas (Jn. 21:15-17). En este afecto pastoral escribe la epístola.

En la iglesia apostólica, Pedro es una figura indiscutiblemente importante. Antes de Pentecostés, asume el liderazgo de la comunidad que, reunida en Jerusalén, esperaba el descenso del Espíritu Santo (Hch. 1:15 ss.). Tomó la iniciativa para buscar sustituto a Judas Iscariote (Hch. 1:15-26). Es el predicador en los momentos principales del inicio de la Iglesia, haciéndolo en Jerusalén ante la multitud que se había reunido por el impacto del descenso del Espíritu Santo (Hch. 2:14 ss.) y más adelante con motivo de la sanidad del cojo en la puerta Hermosa (Hch. 3:12 ss.). Ante las autoridades judías habló en nombre de los demás discípulos (Hch. 4:8). También aparece presidiendo la administración de disciplina sobre el matrimonio que mentía al Espíritu Santo (Hch. 5:3 ss.). En Samaria, primer punto misionero de la iglesia en Jerusalén, ocupó el mismo liderazgo (Hch. 8:14 ss.). Fue el primer apóstol en predicar el evangelio a los gentiles en la ciudad de Cesarea (Hch. 10:1 ss.).

Pedro estuvo en Roma, no como fundador de la iglesia, pero es evidente su presencia en esa ciudad, donde la historia traslada la tradición de su muerte por crucifixión, pidiendo a sus verdugos que lo ejecutaran poniéndolo con la cabeza hacia abajo porque no era digno de ser crucificado como su Señor. Es evidente que no estaba en Roma cuando Pablo escribió la epístola a los Romanos, sobre el año 57, puesto que su nombre no aparece en la lista de personas a las que el apóstol saluda al final de su escrito (Ro. 16:1-15). Tampoco debió haber estado en aquella ciudad durante el tiempo de la primera prisión de Pablo, puesto que de la misma manera no se menciona en ninguna de las cartas de la prisión, Efesios, Filipenses, Colosenses y Filemón. Lo más probable es que llegase a Roma luego de la liberación de Pablo, donde ambos sufrieron martirio por la persecución de Nerón. Puesto que este emperador murió en el año 68, la muerte de Pedro tuvo que producirse antes de esa fecha.

En cuanto a la datación, necesariamente ha de situarse el escrito antes de los años de los emperadores que permitieron y promovieron las grandes persecuciones. De modo que, si murió sobre el año 64 en Roma, tuvo que haberse escrito entre los años 62-64. La muerte de Pedro, según la tradición histórica, se produjo en julio del 64. Desde el incendio de Roma hasta la muerte de Pedro y Pablo pasó aproximadamente un año, y si Nerón fue asesinado en junio del año 69, el escrito puede datarse como fecha más tardía en 62-63.

Propósito

Se insiste habitualmente en que el tema y la razón de la epístola es hablar y alentar a los creyentes frente al sufrimiento. Sin duda, es un contenido amplio en la misma, pero es el mismo Pedro quien da la razón de ello cuando dice: "Por conducto de Silvano, a quien tengo por hermano fiel, os he escrito brevemente, amonestándoos, y testificando que esta es la verdadera gracia de Dios, en la cual estáis" (5:12). Es en la vida en la gracia que se producen todos los aspectos que menciona en el escrito. La gracia que salva, santifica, permitiendo el sufrimiento cuando sea necesario, y glorifica como expresión final de la razón de la salvación del hombre.

Bosquejo

Para el análisis del texto se establece el siguiente bosquejo:

I. Saludos (1:1-2).
   1. Remitente y destinatarios (1:1-2a).
   2. Saludo (1:2b).

II. Gracia en salvación (1:3-2:10).
  1. Seguridad de salvación (1:3-12).
     1.1. Preservada por el poder de Dios (1:3-5).
     1.2. Probada por el sufrimiento (1:6-9).
     1.3. Anunciada por los profetas (1:10-12).
  2. La vida en la salvación (1:13-25).
     2.1. Demanda santidad (1:13-16).
     2.2. Demanda respeto reverente (1:17-21).
     2.3. Demanda amor (1:22-25).
  3. Crecimiento en la salvación (2:1-3).
     3.1. Lo que debe dejarse (2:1).
     3.2. Lo que debe buscarse (2:2-3).
  4. Posición en la salvación (2:4-10).
     4.1. Edificio y sacerdocio (2:4-5).
     4.2. Confirmación de la Escritura (2:6-8).
     4.3. Una nueva posición (2:9-10).
III. Gracia en la ética (2:11-3:12).
  1. Sumisión a los gobernantes (2:11-17).
     1.1. Demandas de comportamiento (2:11-12).
     1.2. Sujeción a las instituciones (2:13-17).
  2. Relación en el servicio (2:18-25).
     2.1. La demanda de sumisión (2:18-20).
     2.2. El ejemplo supremo (2:21-25).
  3. Comportamiento en la familia (3:1-7).
     3.1. Demandas para las esposas (3:1-6).
     3.2. Demandas para los maridos (3:7).
  4. Comportamiento entre creyentes (3:8-12).
     4.1. Desarrollo de las demandas (3:8-9).
     4.2. Razón de las demandas (3:10-12).
IV. Gracia en el sufrimiento (3:13-4:19).
  1. Causas del sufrimiento (3:13-4:19).
     1.1. Sufrimiento por causa de la justicia (3:13-14).
     1.2. Defensa en el sufrimiento (3:17).
     1.3. El ejemplo supremo (3:18-22).
  2. Valorando el sufrimiento (4:1-6).
     2.1. Vida conforme a la voluntad de Dios (4:1-2).
     2.2. El tiempo pasado (4:3).
     2.3. Contradicción del mundo (4:4-6).
  3. Reaccionando en el sufrimiento (4:7-19).
     3.1. Comportamiento hermanable (4:7-11).
     3.2. La gloria del sufrimiento (4:12-14).

LOS LIBROS DEL LIBRO 885

      3.3. El testimonio en el sufrimiento (4:15-16).
      3.4. El juicio divino (4:17-18).
      3.5. La pauta en el sufrimiento (4:19).
  V. Gracia en el servicio (5:1-11).
    1. Deberes eclesiales (5:1-9).
      1.1. Demandas a los ancianos (5:1-4).
      1.2. Demandas a los jóvenes (5:5).
      1.3. Demanda a la humildad (5:6-7).
      1.4. Demanda a la sobriedad (5:8-9).
    2. Doxología (5:10-11).
  VI. Despedida y bendición (5:12-14).
    1. Tema de la epístola (5:12).
    2. Saludos (5:13).
    3. Exhortación y bendición (5:14).

Cristo en el libro

Presente en la razón de ser del escrito, se pueden destacar las referencias que se hacen a Cristo, presentándolo como la razón de ser de la esperanza y de la herencia vivas (1:3, 4). Esta relación asentada en el amor produce gozo en medio de las pruebas (1:8). La obra redentora y el sacrificio de Cristo ocupan un lugar destacado (2:24). La conversión en la dimensión de la iglesia como ovejas de Cristo se hace notar como un retorno al que es "pastor y obispo de vuestras almas" (2:25). La esperanza de gloria está ligada con la aparición del príncipe de los pastores (5:4).

2 Pedro

El relativismo produce también serios problemas entre los creyentes. Este sistema, que ha dado paso a la posverdad, procura destruir los valores absolutos dejando solo los relativos, que aumentan o disminuyen de valoración según se requiera en el tiempo y la ocasión. La santidad de vida está en retroceso en muchos cristianos, entendiendo que una separación del pecado es siempre asunto relativo, puesto que lo que se consideraba pecado ayer, ya no lo es hoy, y tampoco lo será mañana, destruyendo el valor fundamental de la práctica de la vida cristiana, que es la santidad.

    Por esa razón, la epístola toma una importancia grande, por las advertencias continuadas a prestar atención a la verdad enseñada por los apóstoles y a vivir en la expectativa del regreso de Jesucristo.

Además, y como final de las palabras de introducción, la epístola ha sido el libro más cuestionado y debatido en cuanto a su paternidad literaria. Al tiempo transcurrido para la aceptación en el canon por la iglesia antigua, se suma el cuestionamiento más moderno por el liberalismo humanista, que lucha denodadamente para que la idea de que sea considerado como un libro seudónimo tome carta de naturaleza y se acepte sin reservas.

Autor y fecha

El autor usa el nombre de Simón Pedro en el saludo (1:1). Constituye esto una diferencia con la primera epístola, en la que usa solo el de Pedro. Simón no aparece en la forma griega, sino en su adecuación semítica[166], literalmente *Simeón*.

Quien escribe la epístola es alguien que anuncia su muerte, que ocurrirá de forma repentina (1:14), lo que parece ser un recuerdo de lo que el Señor les anunció antes de la ascensión (Jn. 21:18). Usa el término *éxodo*[167] (1:15), que concuerda con la forma usada por Lucas para referirse a la muerte de Jesús (Lc. 9:31).

El autor manifiesta haber sido un testigo presencial de la transfiguración (1:16); por tanto, tiene que ser o bien Juan, o Jacobo, o Pedro y, solo este puede hablar de este escrito como el segundo, concordando con la primera y la segunda epístolas.

Quien escribe usa el término *tabernáculo*[168] para referirse al cuerpo, y fue Pedro el que propuso la erección de tres tabernáculos en el lugar de la transfiguración (Mr. 9:5).

También hace la promesa de dejar a los lectores algo que les recuerde continuamente las cosas que él estuvo enseñándoles, que sin duda comprendía aspectos generales de la vida y las enseñanzas de Jesús (1:15). Es posible que estuviese pensando en el evangelio que Marcos escribiría como portavoz o intérprete de Pedro.

Para una mayor identificación del escritor, remitimos al lector a la introducción de la primera epístola de Pedro.

En cuanto a datación, está íntimamente vinculada con la aceptación de la autenticidad. Aceptando sin reservas la autoría de Pedro, debe considerarse que fue escrito poco tiempo antes de la muerte del

---

[166] Griego: Συμεών.
[167] Griego: εξοδον.
[168] Griego: σκηνώματος.

apóstol (1:14). Según la tradición, Pedro sufrió martirio en tiempo de Nerón. Este murió en el año 68 d. C.; por tanto, el escrito tuvo que haberse producido un poco antes, calculando que debe proceder del año 67 o principios del 68.

Pedro no menciona el lugar desde donde escribía, pero puesto que habla de su muerte inminente, y esta ocurrió en Roma, es el lugar propio para la procedencia de la epístola.

Propósito

La epístola tiene por objeto alentar a un grupo no concretado de creyentes que están en algún lugar donde están actuando los falsos maestros que intentan desviar a los cristianos de las verdades bíblicas.

El apóstol les recuerda los recursos espirituales que tienen (1:1-4), los alienta a una vida de fidelidad (1:5-9) que confirme la realidad de su elección (1:10-11), mientras reitera para ellos las verdades de la fe como algo que puede hacer antes de su partida (1:12-15). Las advertencias contra los falsos maestros ocupan un amplio espacio en la epístola (2:1-22). También les recuerda el regreso de Cristo y las realidades éticas que debiera producir en la vida del creyente (3:1-18).

Bosquejo

Para el análisis del texto se establece el siguiente bosquejo:

I. Introducción (1:1-2).
   1. Saludo (1:1-2).
II. Vida en la fe (1:3-21).
   1. Promesas y virtudes (1:3-11).
      1.1. Promesas (1:3-4).
      1.2. Virtudes (1:5-7).
      1.3. Desarrollo de la vida de fe (1:8-9).
      1.4. Seguridad (1:10-11).
   2. La Palabra y sus efectos (1:12-21).
      2.1. Recordando la doctrina (1:12-15).
      2.2. Testigos oculares (1:16-18).
      2.3. La autoridad de la Escritura (1:19-21).
III. Peligros para la vida en la fe (2:1-22).
   1. Los falsos profetas (2:1-3).
      1.1. La acción (2:1).
      1.2. Prácticas perversas (2:2-3).

2. La condenación de los falsos profetas (2:4-9).
   2.1. El ejemplo de los ángeles (2:4).
   2.2. El ejemplo del diluvio (2:5).
   2.4. El ejemplo de Sodoma y Gomorra (2:6).
   2.5. La aflicción del creyente (2:7-9).
3. Características de los falsos profetas (2:10-22).
   3.1. La condición (2:10a).
   3.2. Difamadores (2:10b-11).
   3.3. Blasfemos (2:12).
   3.4. Pecaminosos (2:13-14).
   3.5. Extraviados (2:15-16).
   3.6. La condenación (2:17-22).

IV. El futuro (3:1-18).
1. El día del Señor (3:1-13).
   1.1. Recordatorio (3:1-2).
   1.2. Incredulidad y desprecio (3:3-4).
   1.3. Ignorancia voluntaria (3:5-7).
   1.4. Paciencia divina (3:8-9).
   1.5. Disolución de la Creación (3:10).
   1.6. Vida en la esperanza (3:11-13).

V. Expectación y conclusión (3:14-18).
1. Expectación (3:14-16).
   1.1. Vida en esperanza (3:14).
   1.2. Conocimiento (3:15-16).
2. Conclusión (3:17-18).
   2.1. Demandas (3:17).
   2.2. Atención y crecimiento (3:18a).
   2.3. Doxología (3:18b).

Cristo en el libro

Desde la introducción, con el saludo, está presente Cristo como dador de la gracia y de la paz, juntamente con el Padre (1:2). La vida cristiana progresa día a día a un mayor conocimiento de Cristo (1:8). En la epístola está el testimonio personal de quien, habiendo visto la gloria del Señor en el monte de la transfiguración, puede dar a conocer "el poder y la venida de nuestro Señor Jesucristo" (1:16). En esa manifestación gloriosa oyó el testimonio del Padre afirmando la condición de Jesús como su Hijo amado, en el cual tiene complacencia (1:17). Cristo está también presente en la conclusión de la epístola, al exhortar a los lectores a crecer "en la gracia y el conocimiento de nuestro Señor y Salvador Jesucristo" (3:18).

1 Juan

Los escritos epistolares de Juan han sido estudiados, comentados y predicados a lo largo de los siglos; con todo, no se les ha dedicado tanta atención como a las llamadas grandes epístolas del Nuevo Testamento. Acaso no haya una razón bien definida para esa situación. No son muy extensos, están situados en la colección de libros bíblicos e inspirados del canon casi al final de todos los escritos de esta segunda sección de la Biblia. Tal vez los dos grandes escritos del mismo autor, el evangelio y Apocalipsis, dejan por extensión y temática muy en un aparente segundo plano a las tres epístolas.

En el sentido más amplio del término, como una epístola católica o universal, no se ajusta plenamente al tipo de calificación para ella. No tiene destinatarios concretos, como ocurre con la mayoría de las del Nuevo Testamento, iniciándose sin introducción alguna para entrar en el tema cristológico principal.

Autor y fecha

En base a las evidencias, tanto internas como externas, se llega a la conclusión de que se trata de un escrito cuyo autor no puede ser otro que el apóstol Juan.

Juan era uno de los hijos de Zebedeo, el hermano de Jacobo que sufrió martirio bajo el poder de Herodes I Agripa (Mt. 4:21; Hch. 12:2). Es muy posible que Juan fuese el menor de los dos. La madre de ellos se llamaba Salomé, y posiblemente era hermana de la madre de Jesús. Pertenecía a la clase social acomodada; su padre tenía barcos de pesca y gente que trabajaba para él (Mr. 1:19-20). Era un seguidor de Juan el Bautista y escuchó de él que Jesús era el Cordero de Dios que quitaba el pecado del mundo (Jn. 1:35-40). Acompañó al Señor muy al principio de su ministerio y estuvo con Él en las bodas de Caná de Galilea (Jn. 2:1-11), aunque todavía no había sido llamado a dejar todo y seguir al Maestro. Jesús invitó a los dos hermanos Jacobo y Juan para que dejasen sus actividades y lo siguieran (Mt. 4:21, 22; Mr. 1:19, 20); fueron designados apóstoles por el Señor (Mt. 10:2).

A causa del carácter fácilmente irascible, Jesús les puso a los dos el sobrenombre de *Boanerges*, que significa *hijos del trueno* (Mr. 3:17). Este carácter violento se pone de manifiesto en algunas ocasiones, como fue cuando en una ciudad, los samaritanos no les dieron hospedaje y Juan quiso mandar que descendiese fuego del cielo y los quemase (Lc. 9:54); además era también un sectario, como pone de manifiesto la prohibición al que echaba demonios en nombre de Jesús y se lo prohibieron porque no seguía al grupo de discípulos (Mr. 9:38). Otra característica personal es que tanto él como su hermano tenían deseos egoístas de estar en posiciones elevadas, posiblemente mayores que las que pudieran tener sus otros compañeros de discipulado, en el reino de los cielos, sentándose a la diestra y a la siniestra de Jesús, usando también a su madre para que intercediese por ellos ante el Señor (Mt. 20:20-23; Mr. 10:35-41). Sin embargo, el contacto con Jesús y su gracia transformadora hicieron que se produjese un notable cambio en él para pasar a la historia como quien demandaba de los cristianos un amor sincero por todos.

Juan fue uno de los tres discípulos a quien Jesús escogió para estar presente en algunas de sus grandes y poderosas obras, como la resurrección de la hija de Jairo (Mr. 5:37; Lc. 8:51), así como en notables momentos, como la transfiguración (Mt. 17:1; Mr. 9:2; Lc. 9:28), y la agonía de Getsemaní, junto con sus dos compañeros, en un lugar más próximo a Jesús que el resto de los discípulos (Mt. 26:37; Mr. 14:33). Durante la última cena, fue el que estuvo más cercano al Señor (Jn. 13:23). Desde Getsemaní siguió a Jesús al lugar donde lo juzgaron, acusaron y maltrataron durante la noche, estando también junto a la cruz, donde el Señor le confió a su madre María, quien la tomó consigo (Jn. 18:15; 19:27). Ante las noticias que las mujeres llevaron a los apóstoles sobre la resurrección de Jesús y el encuentro con ellas, Juan fue corriendo con Pedro al sepulcro, constatando que el Señor había resucitado (Jn. 20:1-10). La tarde del mismo día en compañía de otros discípulos vio al resucitado que se les apareció, y nuevamente lo hizo una semana después (Lc. 24:33-43; Jn. 20:19-20; 1 Co. 15:5). Juan fue con los otros discípulos a Galilea, acudiendo a la cita del Señor, donde pudo verlo nuevamente (Mt. 26:32; 28:10, 16; Jn. 21:1-7). Las palabras con que Jesús respondió a Pedro sobre Juan hicieron creer a algunos que no iba a morir (Jn. 21:22).

Después de la ascensión, quedó un cierto tiempo con los otros discípulos en un aposento alto en Jerusalén mientras esperaban el descenso del Espíritu Santo, dedicando el tiempo de espera mayoritariamente a la oración (Hch. 1:13-14).

Al día siguiente a Pentecostés aparece junto con Pedro en el inicio de una importante obra misionera (Hch. 3:1). Tiempo después, ambos fueron encarcelados por las autoridades judías, permitiéndoles testificar de su fe en Cristo (Hch. 4:19). Una de sus misiones primeras fue ir con Pedro hasta Samaria para asistir a Felipe el evangelista que predicaba el Evangelio en aquella zona (Hch. 8:14).

Durante las persecuciones que se originaron en Jerusalén contra los cristianos, Juan fue uno de los que permaneció en la ciudad. Como columna de la iglesia, estaba allí cuando Pablo acudió a Jerusalén después de su primer viaje misionero (Hch. 15:6; Gá. 2:9).

A Juan se le atribuyen cinco libros del Nuevo Testamento. Además del evangelio, tres epístolas y el Apocalipsis. La tradición dice que su ministerio finalizó en Éfeso. Es muy probable que Juan tomase a su cuidado la labor apostólica y pastoral de las iglesias de Asia Menor (Ap. 1:11). Cuando redactó el Apocalipsis, en torno al año 90, se hallaba desterrado en la isla de Patmos a causa del testimonio y de su fe en Cristo (Ap. 1:9). La ascensión de Nerva en el año 96 le trajo la libertad y pudo volver a Éfeso, según la tradición histórica. Policarpo, Papías e Ignacio fueron los cristianos destacados que estuvieron más próximos a la teología de Juan. Policarpo dice que Juan estuvo en Éfeso hasta su muerte, que se produjo bajo el reinado del emperador Trajano, que gobernó del 98 al 117 y fue el primero de los emperadores no italianos, nacido en Itálica (España).

En cuanto a la datación, la primera epístola de Juan debió haberse escrito antes del evangelio, pero en fechas muy próximas. El tratamiento que se hace de la escatología es menos elaborado que el del evangelio, lo que hace suponer que era el conocimiento general que se tenía de ella entre las iglesias del Asia Menor. Sin embargo, no es posible afirmar esta cuestión taxativamente. En los primeros versículos aborda la misma verdad que desarrolla en el evangelio, por lo que este era un tema doctrinal urgente ante los acosos de los falsos maestros sobre la condición divino-humana de Jesucristo.

Según la cronología de la vida de Juan apoyada en la historia de la Iglesia, se cree que el apóstol estuvo un tiempo en Éfeso, desde donde ministró entre las iglesias. Al no hacer mención en ella a las persecuciones, debe considerarse que se escribió antes de las que se iniciaron en el tiempo de Domiciano, que comenzaron en el año noventa y cinco; por tanto, podría aceptarse como lo más probable que fue escrita desde Éfeso en la década de los 80 d. C.

Propósito

La lectura de la epístola revela claramente que el motivo principal de ella era advertir a los lectores sobre el peligro de los falsos maestros. El perfil personal de tales personas se determina en el escrito, a los que llama, entre otras cosas, anticristos (2:18); apóstatas, salidos de la iglesia (2:19); engañadores que arrastran a los débiles en la fe (2:26;

3:7); hijos del diablo, un calificativo sumamente fuerte (3:10); falsos profetas, esto es, profetas mentirosos, que se hacen pasar por tales, pero no lo son (4:1).

Bosquejo

Para el análisis del texto se establece el siguiente bosquejo.

I. Prólogo (1:1-4).
   1. La persona que se proclama (1:1-2).
   2. El propósito del escrito (1:3-4).

II. La relación con Dios (1:5-2:2).
   1. Bases (1:5-10).
      1.1. Lo que es Dios (1:5).
      1.2. Evidencias de la relación con Dios (1:6-7).
      1.3. Confesión (1:8-10).
   2. La obra divina (2:1-2).
      2.1. El abogado (2:1).
      2.2. La propiciación (2:2).

III. Estilo de vida (2:3-29).
   1. Evidencias de conocer a Dios (2:3-6).
      1.1. Obediencia (2:3-5).
      1.2. Alcance (2:6).
   2. Condiciones para la vida cristiana (2:7-11).
      2.1. El mandamiento (2:7-8).
      2.2. La contradicción (2:9-10).
      2.3. La realidad (2:11).
   3. Demandas de separación (2:12-17).
      3.1. Características del cristiano (2:12-14).
      3.2. Separación del mundo (2:15-17).
   4. Demanda de firmeza (2:18-29).
      4.1. Advertencia sobre los falsos maestros (2:18-19).
      4.2. La unción (2:20).
      4.3. La verdadera fe (2:21-25).
      4.4. La operación de la unción (2:26-27).
      4.5. Firmeza y seguridad (2:28-29).

IV. Condiciones del creyente (3:1-24).
   1. Pureza (3:1-3).
   2. Justicia y amor (3:4-18).
      2.1. Alejamiento del pecado (3:4-9).
      2.2. Vida en la justicia (3:10).

       2.3. Vida en el amor (3:11-18).
    3. Práctica de la oración (3:19-24).
       3.1. En confianza (3:19-21).
       3.2. En obediencia. (3:22-24).
V. Vida vigilante (4:1-21).
    1. Advertencias (4:1-6).
       1.1. Como distinguir los engañadores (4:1-3).
       1.2. Certeza y seguridad (4:4-6).
    2. La manifestación del amor (4:7-21).
       2.1. El mandamiento (4:7-10).
       2.2. El alcance (4:11-12).
       2.3. Discernimiento (4:13-19).
       2.4. Advertencias (4:20-21).
VI. Consecuencias de la relación con Dios (5:6-21).
    1. Amor a los hermanos (5:1-3).
    2. Vida victoriosa (5:4-5).
    3. Permanencia en la verdad (5:6-12).
    4. Seguridad de salvación (5:13).
    5. Confianza en la oración (5:14-17).
    6. Victoria sobre el pecado (5:18-21).

Cristo en el libro

La epístola introduce a los lectores a Cristo mismo en su condición divino-humana, con un párrafo muy parecido al que inicia el Evangelio según Juan (1:1-3). La verdad sobre la obra salvadora de Dios está relacionada con la "sangre de Jesucristo su Hijo", que limpia al creyente de todo pecado (1:7). Cristo es presentado también como nuestro abogado (2:1) y como propiciación (2:2). Juan relaciona a los mentirosos con quienes niegan que Jesús es el Cristo (2:22). La esperanza cristiana descansa en la manifestación gloriosa de Cristo (3:2). El mandamiento a la fe está relacionado con Cristo (3:23). El Espíritu de Dios conduce a creer que Jesucristo ha venido en carne (4:2). El verdadero cristiano cree que "Jesús es el Cristo" (5:1); del mismo modo, la victoria que vence al mundo es la fe en Cristo (5:4). El Hijo de Dios, Jesucristo, es el verdadero Dios y la vida eterna (5:20).

2 Juan

Hecha ya una introducción a los escritos epistolares de Juan, no es preciso reiterar aquí lo que se ha dicho antes en la primera epístola, limitando aquí solo lo que tiene que ver con la segunda epístola, remitiendo al lector para los datos comunes, como referencias biográficas del autor, al apartado de introducción de la primera epístola.

Autor y fecha

Tanto las evidencias externas históricas, como las internas del propio escrito, exigen considerar a Juan, el apóstol, como el autor de la epístola.

En primer lugar, se destaca la enorme semejanza que tienen las tres epístolas entre sí, lo que demanda considerarlas como de un mismo autor. El tema central de ellas difiere, como es natural, por el contenido y la orientación, pero el comienzo y el término se corresponden abiertamente.

El autor se identifica en las dos con el calificativo *el anciano*; este título, precedido del artículo determinado, expresa una identidad única para quien era conocido en la iglesia como el presbítero, único de esa manera entre los otros presbíteros de la congregación. Aunque se alude a la edad avanzada del escritor que se califica como anciano, probablemente deba entenderse esto, más que como debido a la edad, por su autoridad, propia de un apóstol de Jesucristo, aunque no cabe duda de que cuando Juan escribió estas epístolas no era un hombre joven, sino mayor en edad. En el tiempo de la datación de la epístola, Juan era el único vivo del colegio apostólico, a fines del s. I.

Relativo a la datación, según la cronología de la vida de Juan apoyada en la historia de la Iglesia, se cree que el apóstol estuvo bastante tiempo en Éfeso, desde donde ministró entre las iglesias. Al no hacer mención en ella a las persecuciones, debe considerarse que se escribió antes de las que se iniciaron en el tiempo de Domiciano, que comenzaron en el año noventa y cinco; por tanto, podría aceptarse como lo más probable que fue escrita desde Éfeso, pudiendo datarse en torno al año 90.

Propósito

La lectura de la epístola permite apreciar la preocupación del apóstol por la situación que atravesaba la familia espiritual, en general el interés que tenía por la buena marcha de la iglesia local. Entre otras preocupaciones, estaba la expansión y presencia de los falsos maestros, que procuraban desviar la fe de los creyentes, por lo que, junto con la advertencia correspondiente, está la exhortación a perseverar en la doctrina de Cristo, recordándoles que solo quien tiene al Hijo puede tener al Padre; de otro modo, como enseñó en la primera epístola, no hay salvación sin el reconocimiento de Jesús como Hijo de Dios (vv.7-9). Esta situación lleva al apóstol a exhortar a los creyentes para que no tengan comunión ni relación íntima con los falsarios (vv. 10-11).

Bosquejo

Para el análisis del texto se establece el siguiente bosquejo:

1. Introducción y saludo (vv. 1-3).
2. Alabanza por permanecer en la verdad (v. 4).
3. Exhortación al amor (vv. 5-6).
4. Advertencias sobre los falsos maestros (vv. 7-11).
5. Conclusión y despedida (vv. 12-13).

Cristo en el libro

La presencia de Cristo en la Epístola es evidente desde el inicio de la misma, donde el deseo de gracia para los lectores se hace preceder de "Dios Padre y del Señor Jesucristo" (v. 3). Los engañadores que se extendían por el mundo negaban que Jesucristo hubiese venido corporalmente (v. 7). Quien no persevera en la doctrina de Cristo es prueba de que no tiene a Dios (v. 9).

3 Juan

La tercera epístola de Juan es el escrito más breve de todo el Nuevo Testamento. Con toda seguridad cabe en una sola hoja de papiro. No llega a doscientas palabras en el texto griego. Pero es importante porque documenta nombres de tres personas que tuvieron relación con la naciente Iglesia cristiana de hace dos mil años. Tiene ciertas características únicas del escrito, como la ausencia de mención de Jesús por este nombre. Aparentemente no contiene un material teológico al estilo de los otros de Juan; sin embargo, el comportamiento cristiano, tan presente en la epístola, expresa la evidencia del nuevo nacimiento, aunque no hable directamente de él. Permite apreciar los problemas que ya habían surgido en la iglesia de los tiempos apostólicos, sobre todo en relación con el deseo de controlarla y alcanzar la primacía en la congregación. Esto nos permite entender cuál era la dinámica histórica de las iglesias en tiempos de los apóstoles o inmediatos a ellos.

Todo lo que se ha dicho para la segunda epístola es válido para la introducción de esta, por lo que se remite al lector a las lecturas correspondientes para no reiterarlas aquí.

Autor y fecha

Sin duda, tanto las evidencias externas históricas, como las internas del propio escrito exigen considerar a Juan, el apóstol, como el autor de la epístola. Para complementar los datos de autoría se debe acudir a la introducción de la primera epístola.

Relativo a la datación del escrito, según la cronología de la vida de Juan apoyada en la historia de la Iglesia, se cree que el apóstol estuvo por tiempo en Éfeso, desde donde ministró entre las iglesias. Al no hacer mención en ella a las persecuciones, debe considerarse que se escribió antes de las que se iniciaron en el tiempo de Domiciano, que comenzaron en el año noventa y cinco; por tanto, podría aceptarse como lo más probable que fue escrita desde Éfeso, sobre el año 90.

Propósito

La lectura de la epístola permite apreciar la preocupación del apóstol por la situación que atravesaba la iglesia en aquella localidad. Parece que el apóstol había enviado una carta anterior a la iglesia, que no fue atendida (v. 9). Juan está haciendo una nueva tentativa de restaurar la correcta funcionalidad de aquella congregación, enviando a nuevos colaboradores suyos, como puede ser Demetrio. Sin embargo, dada la situación que estaba originando Diótrefes, al no atender a los requerimientos del apóstol y al comportamiento indigno con sus colaboradores, anuncia a su amigo Gayo la disposición a visitar la iglesia personalmente (vv. 10, 14).

En medio de las dificultades que debían ser arregladas, aprovecha para exhortar a Gayo a fin de que siga practicando la hospitalidad y la ayuda a los que son enviados, mayormente a los extranjeros.

No es posible identificar a Gayo, ya que ese era un nombre muy común en los tiempos de Juan, y en el Nuevo Testamento aparecen por lo menos tres personas con ese nombre (cf. Hch. 19:29; 20:4; 1 Co. 1:14; Ro. 16:23). No cabe duda de que había permanecido fiel a las enseñanzas de los apóstoles y estaba vinculado a Juan (v. 3).

Es muy probable que debido a que Diótrefes retenía la correspondencia de Juan y no la daba a conocer a la iglesia, en esta ocasión no escribe al que se había convertido en el que quería controlar y dominar la congregación, sino que envía el escrito a Gayo, uno de los creyentes destacados y fieles de aquella iglesia. En el escrito le advierte sobre la actitud de Diótrefes y le avisa de una posible visita a la congregación para resolver el problema.

Relativo a la datación y según la cronología de la vida de Juan apoyada en la historia de la Iglesia, se cree que el apóstol estuvo por tiempo en Éfeso, desde donde ministró entre las iglesias. Al no hacer mención en ella a las persecuciones, debe considerarse que se escribió antes de las que se iniciaron en el tiempo de Domiciano, que comenzaron en el año noventa y cinco; por tanto, podría aceptarse como lo más probable que fue escrita desde Éfeso, sobre el año 90.

Bosquejo

Para el análisis del texto se establece el siguiente bosquejo:

1. Introducción y saludo (vv. 1-4).
2. Elogios y exhortación (vv. 5-8).
3. El problema con Diótrefes (vv. 9-10).
4. Exhortación personal (v. 11).
5. Presentación de Demetrio (v. 12).
6. Conclusión y despedida (vv. 13-15).

Cristo en el libro

La mención directa de Cristo no aparece en el escrito. Sin embargo, el pronombre personal *Él*, al referirse a misioneros que salieron a predicar en servicio a Dios y por amor al nombre de *Él*, es una referencia que bien puede considerarse como a Cristo (v. 7).

Judas

La epístola de Judas es otro de los escritos breves del Nuevo Testamento. Pero siendo un texto plenariamente inspirado, ha de ser tratado con el mismo respeto, consideración y obediencia que cualquier otro de los aparentemente más destacados, como ocurre con las grandes epístolas.

Autor y fecha

La epístola se presenta como procedente de Judas, que se llama a sí mismo como siervo de Jesucristo y hermano de Santiago (v. 1). El nombre era común en el entorno semita, especialmente en el contexto social judío del mundo grecorromano de los tiempos de la fundación de la Iglesia. Era un nombre que se imponía a muchos niños a causa de la connotación histórica con dos personajes: uno de los doce hijos de Jacob y también el Macabeo, héroe del levantamiento contra el griego Antíoco Epífanes en el s. II a. C. De los ocho con ese nombre en el Nuevo Testamento, solo dos están relacionados con alguien llamado Jacobo o Santiago. Por tanto, pudiera tratarse del apóstol Judas, o de Judas el medio hermano del Señor Jesús. En cuanto al primero, esto no es aceptable, ya que la relación con Jacobo no era la de hermano, sino la de hijo (Lc. 6:16; Hch. 1:13); la traducción de RV60 como "Judas hermano de Jacobo" no es correcta en los dos versículos. Con toda seguridad, si fuese escrita por Judas el hijo de Alfeo se hubiera identificado como apóstol, porque era uno de los Doce. Pero el escritor se sitúa a sí mismo en un lugar diferente.

Según el apóstol Pablo, el hermano de Judas, Jacobo o Santiago es hermano del Señor (Gá.1:19), pastor o líder en la iglesia de Jerusalén, autor de la epístola de Santiago. Luego de la muerte del apóstol Santiago (Hch. 12:2), no hubo otro con ese nombre en la Iglesia primitiva. Al autor de la epístola se le nombra en la lista de los hermanos de Jesús (Mt. 13:55; Mr. 6:3).

No hay muchos datos biográficos sobre el autor de la epístola, salvo que, como todos los hermanos de Jesús, no creía en Él antes de la resurrección (Jn. 7:5; Hch. 1:14). Según un testimonio de Pablo, Judas era uno de los misioneros itinerantes que viajaba acompañado de su esposa (1 Co. 9:5). Necesariamente tenía que ser bien conocido por los destinatarios ya que quiso haberles escrito antes sobre otros temas que no se indican, salvo la referencia a temas de la común salvación (v. 3).

Sin duda, el autor de la epístola no era un apóstol de Jesucristo, pero no cabe duda de que tanto él como su hermano Santiago, principal en la iglesia en Jerusalén, eran bien conocidos en el mundo cristiano de entonces, teniendo la autoridad que proviene del ministerio itinerante que estaba realizando entre las iglesias.

En cuanto a datación, siendo imposible determinar la fecha con exactitud, debiera fijarse en el tiempo posterior a la segunda epístola de Pedro, aunque, como se apreciará más adelante, no es posible establecer una dependencia entre las dos, salvo que el tema es semejante. Pero si Judas conocía la de Pedro, tuvo que haber llegado a manos de Judas bastante tiempo después de haberla escrito el apóstol sobre el año 65; este escrito debe fecharse en torno al año 70 o incluso más allá.

LOS LIBROS DEL LIBRO

Propósito

Se sabe por el contenido que está dirigida a cristianos que eran acosados por falsos maestros, inmorales, codiciosos, perversos, que generan problemas especialmente doctrinales y morales en la convivencia con los cristianos. A estos quería prevenir de y advertir sobre las falsas doctrinas que aquellos procuraban introducir. Es probable que estos falsos maestros fuesen partidarios de la incipiente doctrina gnóstica que se estaba extendiendo entonces.

Es evidente que los falsos maestros no estaban en todas las iglesias, sino que trataban de desviar a algunos de ellas. De modo que sería un escrito dirigido a cristianos procedentes del paganismo sin que se pueda precisar la iglesia o las iglesias a las que pertenecían. Las inmoralidades que los falsos maestros practicaban no parece que pudieran ser aceptadas fácilmente por cristianos de ascendencia judía, a los que las costumbres tradicionales y la enseñanza de la ley impedían que fuesen asumidas. Sin embargo, el contexto social pagano lo hacía mucho más posible, generando el consiguiente peligro de que algunos fuesen arrastrados por esas enseñanzas.

Bosquejo

Para el análisis del texto se establece el siguiente bosquejo:

1. Saludo y propósito (vv. 1-4).
    1.1. Presentación y saludo (vv. 1-2).
    1.2. Propósito (vv. 3-4).
2. Los falsos maestros (vv. 5-16).
    2.1. El castigo que les amenaza (vv. 5-7).
    2.2. Sus errores (vv. 8-11).
    2.3. Su perversidad (vv. 12-16).
3. Exhortación a los creyentes (vv. 17-23).
    3.1. Recordar la enseñanza de los apóstoles (vv.17-19).
    3.2. Edificación, oración y esperanza (vv. 20-23).
4. Doxología (vv.24-25).

Cristo en el libro

La presencia de Cristo en el escrito es determinante. Los creyentes santificados son guardados en Jesucristo (v. 1). Los impíos que convierten la gracia en libertinaje niegan a Dios y al Señor Jesucristo (v. 4). Los apóstoles que enseñaron la verdad eran apóstoles del Señor

Jesucristo (v. 17). La gloria eterna está relacionada con la misericordia del Señor Jesucristo (v. 21).

Apocalipsis

El libro de Apocalipsis es uno de los escritos bíblicos de más difícil interpretación. Se encuentra en el último lugar del Nuevo Testamento y, por tanto, de toda la Biblia. Génesis es el libro de los principios; Apocalipsis, el de las culminaciones. Génesis describe el comienzo de todas las cosas, comenzando por los cielos y la tierra; Apocalipsis presenta el término de las cosas actuales y el comienzo de las cosas perpetuas, con la creación de cielos nuevos y tierra nueva. Génesis ofrece la panorámica del gobierno del mundo creado en mano del hombre; Apocalipsis presenta proféticamente el definitivo gobierno del mundo y de todo el universo en manos del hombre perfecto, el Hijo de Dios, que establece el reino eterno de Dios entre los hombres y lo proyecta cósmicamente a toda la creación. Génesis describe el pecado y sus consecuencias; Apocalipsis levanta la mirada hacia un mundo nuevo donde el pecado no existe y las consecuencias producidas por el mismo desaparecen. Por la naturaleza y disposición de su contenido, no es posible un análisis superficial que permita entender su contenido y aplicarlo a la vida personal. Apocalipsis es el libro profético del Nuevo Testamento y la culminación de toda la revelación de Dios por medio de sus siervos, los profetas.

Autor y fecha

El autor aparece nombrado al principio y al final del libro (1:1, 4, 9; 22:8). Sin embargo, la identificación es sumamente genérica y simplemente aparece el nombre de Juan, en uno con el calificativo de siervo y en otro vinculado a los lectores, a quienes dice que es "su hermano y copartícipe en la tribulación, en el reino y en la paciencia de Jesucristo" (1:9). Juan se considera a sí mismo como uno más entre los profetas (22:9).

Se aprecia que el autor tenía la suficiente autoridad en la iglesia y el reconocimiento general, por lo que no le era necesario utilizar otra identificación. No cabe duda de que usa la misma forma epistolar propia de los escritos apostólicos. Nadie con ese nombre en esa dimensión puede ser otro, sino el apóstol Juan.

Las evidencias internas en el Apocalipsis apuntan a Juan, el apóstol, como el autor del escrito bíblico, primero en relación con el uso idiomático de ciertas palabras que son propias de Juan, pudiendo destacarse entre otras las siguientes: a) El uso del término *Logos*, en sentido personal para calificar al Verbo de Dios, solo aparece en el Nuevo Testamento en los escritos de Juan (Jn. 1:1, 14; 1 Jn. 1:1; Ap. 19:13). b) El título *Cordero*, referido a Jesús, aparece veintiocho veces en el Apocalipsis y en el evangelio según Juan; si bien en el evangelio se usan dos palabras diferentes, una de ellas es diferente a la del Apocalipsis[169] (Jn. 1:29, 36) y la otra es la misma que se repite en él[170] (Jn. 21:15). c) Otra característica típica de Juan es el uso que hace del nombre Jesús, sin artículo, tanto en el evangelio como en Apocalipsis. d) El uso del adjetivo *verdadero*[171] aparece solo cinco veces en otros escritos del N. T., mientras ocurre trece veces en el evangelio y diez veces en Apocalipsis. e) Otra palabra típica de Juan es *vencer*[172], que aparece solo tres veces en otros escritos del N. T. mientras ocurre seis veces en la primera epístola de Juan, otra vez en el evangelio y dieciséis veces en Apocalipsis. f) La palabra *habitar*, en la forma verbal del sustantivo *tabernáculo*[173] aparece una vez en el evangelio (Jn. 1:14) y cuatro veces en Apocalipsis. g) La expresión *fuentes de aguas vivas*[174] aparece solo en el evangelio y en Apocalipsis (Jn. 4:14; 7:38; Ap. 7:17; 21:6). g) La profecía de Zacarías 12:10 respecto a que el rey rechazado por Israel sería traspasado es citada en Ap. 1:7 y en Jn. 19:37. En ambos pasajes, la misma palabra es utilizada con el significado de traspasar, una palabra que no aparece en la LXX del pasaje de Zacarías.

Para datos personales del apóstol Juan, remitimos al lector a las introducciones del evangelio y la primera epístola.

Para la datación del escrito, el libro se escribe en un tiempo de persecución contra los cristianos, que alcanza a Juan (1:9). No es posible determinar con seguridad a qué persecución de las que hubo por parte de Roma se trata. Es muy probable que los hechos de su destierro correspondan a la persecución que el emperador Nerón desencadenó contra los cristianos, a quienes culpó del incendio de Roma en el año 64. Sin embargo, la Iglesia antigua sostenía generalmente que se trata de la persecución desatada por Domiciano (81-96 d. C.). Ireneo,

---

[169] En estos dos pasajes, Juan utiliza el término ἀμνὸς, traducido por *cordero*.
[170] En este caso, utiliza el término ἀρνίον, que expresa un sentido diminutivo, aunque no necesariamente, y que usa solo Juan.
[171] Griego: ἀληθινός.
[172] Griego: νικάω.
[173] Griego: σκήνωμα.
[174] Griego: πηγὴ ὕδατος ἁλλομένου.

refiriéndose al Apocalipsis, dice que la tribulación se vio en su propia generación al final del reino de Domiciano. Según el mismo autor, Juan estaba en Patmos, condenado a las minas por César Domiciano. Las circunstancias descritas para las iglesias de Asia Menor concuerdan muy bien con el tiempo del mencionado emperador romano. Durante el tiempo de ese emperador hubo un fuerte incremento en la práctica idolátrica de la adoración al emperador, que se promovió muy intensamente en el Asia Menor. Otra evidencia que justificaría la consideración del tiempo de Domiciano es que en los días de Nerón la ciudad de Laodicea había sido destruida por un terremoto, mientras que en tiempos de Domiciano había sido ya reconstruida, y los habitantes de la ciudad habían rechazado la ayuda que Roma les ofreció con la frase: "Me he enriquecido y de ninguna cosa tengo necesidad". En base a las consideraciones anteriores, el libro debe fecharse sobre el año 90 d. C.

Propósito

La naturaleza profética del libro no es solo para predecir acontecimientos futuros, sino para fortalecer a los creyentes y traer consolación a quienes están sufriendo por el testimonio de su fe. Juan escribe a quienes están pasando por intensa aflicción, señalándoles el futuro glorioso que Dios tiene para ellos y dándoles a conocer lo que el Señor hará también en el mundo cuando se cumpla el tiempo determinado para ello.

Otro de los propósitos del libro tiene que ver con la enseñanza que debe materializarse, tanto en la vida de la Iglesia, respondiendo al llamado de atención sobre los peligros que entonces, tanto como ahora, se ciernen sobre ella, como en la vida de los creyentes que integran las congregaciones locales de la Iglesia en cualquier tiempo. Como se verá en el comentario más adelante, Dios llama a la Iglesia, pero la respuesta al llamado de Dios es siempre individual, de cada creyente que se siente apelado por las advertencias que el Señor hace. Es más, el mismo apóstol exhorta a los creyentes a guardar, las palabras de la profecía (1:3; 22:7).

Fundamentalmente, como cualquier escrito bíblico, tiene el propósito de revelar a Dios en Jesucristo, que se presenta como el núcleo central de todo el libro (1:11). En el texto de Apocalipsis se aprecia al Señor en su gloria como el Salvador entronizado a la diestra del Padre, en el trono de su majestad. Ese es el gran tema de la visión del capítulo 1. El Señor sigue manifestándose como quien es Señor de la Iglesia, dirigiéndose a ella desde su autoridad, pero también desde su amor hacia ella, como claramente se aprecia en los capítulos 2 y 3. Jesús es el glorioso Cordero de Dios que ha muerto por nuestros pecados, el resucitado vencedor sobre la muerte y entronizado en la gloria, que recibe la adoración desde su condición divina, según se presenta en los capítulos 4 y 5. Además, el libro presenta a Jesús como el que ejerce el juicio de Dios sobre el mundo, cuyas distintas expresiones son una manifestación de la ira de Dios a causa del pecado del hombre, según se aprecia en los capítulos 6 al 19. El Señor que prometió regresar a la tierra llevará a cabo su promesa descendiendo del cielo, lo que Juan revela en el capítulo 19:11-21. El descenso de Jesús tiene por objeto reinar sobre la tierra, conforme a las promesas dadas especialmente a David; de ahí la descripción del reino milenial en el capítulo 20. El discurso profético del libro concluye presentando al Señor en su condición de rey eterno sobre el nuevo orden cósmico de Dios en la creación de los cielos nuevos y la tierra nueva, introduciendo la visión profética al estado eterno donde los creyentes gozaremos para siempre de la plena comunión y relación con Dios en un mundo donde la ausencia del pecado será una realidad, tal como se expresa en los capítulos finales, 21 y 22.

Bosquejo

El mismo libro establece tres divisiones naturales (1:19). La primera se define como "las cosas que has visto", referido a la visión que el apóstol tuvo de Cristo en el primer capítulo (1:9-20). La segunda división se establece como "las cosas que son", y que, por el mismo contexto, tienen que ver con la Iglesia en general en el presente tiempo histórico, representada en las siete cartas a las siete iglesias en Asia (2:1-3:22). La tercera división, la más extensa del libro, se determina con la expresión "las cosas que han de ser después de estas" y se refiere al futuro, en el tiempo que comenzará a partir del arrebatamiento de la Iglesia (4:1-22:21). Sobre la base de estas tres divisiones que da el mismo libro, se establece el siguiente bosquejo analítico:

I. Prólogo (1:1-8).
   1. El sobrescrito o título (1:1-3).
   2. El saludo (1:4-8).
II. Las cosas que has visto (1:9-20).
   1. Circunstancias de la visión (1:9-11).
   2. Contenido de la visión (1:12-16).

3. Consecuencia de la visión (1:17-20).
III. Las cosas que son (2:1-3:22).
   1. El mensaje a la iglesia en Éfeso (2:1-7).
      1.1. Presentación del Señor (2:1).
      1.2. Elogios (2:2-3).
      1.3. Amonestación (2:4).
      1.4. Exhortación (2:5-6).
      1.5. Apelación y promesas (2:7).
   2. El mensaje a la iglesia en Esmirna (2:8-11).
      2.1. Presentación del Señor (2:8).
      2.2. Elogios (2:9).
      2.3. Exhortación (2:10).
      2.4. Apelación y promesas (2:11).
   3. El mensaje a la iglesia en Pérgamo (2:12-17).
      3.1. Presentación del Señor (2:12).
      3.2. Elogios (2:13).
      3.3. Amonestación (2:14-15).
      3.4. Exhortación (2:16).
      3.5. Apelación y promesas (2:17).
   4. El mensaje a la iglesia en Tiatira (2:18-29).
      4.1. Presentación del Señor (2:18).
      4.2. Elogios (2:19).
      4.3. Amonestación (2:20-23).
      4.4. Exhortación (2:24-25).
      4.5. Apelación y promesas (2:26-29).
   5. El mensaje a la iglesia en Sardis (3:1-6).
      5.1. Presentación del Señor (3:1a).
      5.2. Amonestación (3:1b).
      5.3. Exhortación (3:2-3).
      5.4. Elogios (3:4).
      5.5. Apelación y promesas (3:5-6).
   6. El mensaje a la iglesia en Filadelfia (3:7-13).
      6.1. Presentación del Señor (3:7).
      6.2. Elogios (3:8-10).
      6.3. Exhortación (3:11).
      6.4. Apelación y promesas (3:12-13).
   7. El mensaje a la iglesia en Laodicea (3:14-22).
      7.1. Presentación del Señor (3:14).
      7.2. Amonestación (3:15-19).
      7.3. Exhortación (3:20).
      7.4. Apelación y promesas (3:21-22).

IV. Las cosas que serán después de estas (4:1-22:5).
   1. El tiempo de la tribulación (4:1-19:21).
      1.1. El trono en el cielo (4:1-11).
         1.1.1. El trono (4:1-3).
         1.1.2. El entorno (4:4-8).
         1.1.3. La alabanza (4:9-11)
      1.2. El rollo en el cielo (5:1-14).
         1.2.1. El rollo (5:1).
         1.2.2. La búsqueda (5:2-5).
         1.2.3. El Cordero inmolado (5:6-7).
         1.2.4. El cántico celestial (5:8-14).
      1.3. El comienzo del juicio: los sellos (6:1-17).
         1.3.1. El primer sello (6:1-2).
         1.3.2. El segundo sello (6:3-4).
         1.3.3. El tercer sello (6:5-6).
         1.3.4. El cuarto sello (6:7-8).
         1.3.5. El quinto sello (6:9-11).
         1.3.6. El sexto sello (6:12-17).
      1.4. Salvación en medio de la ira (7:1-17).
         1.4.1. Los 144 000 sellados (7:1-8).
         1.4.2. La multitud de los gentiles salvos (7:9-17).
            A) La multitud (7:9-12).
            B) Su procedencia (7:13-17).
      1.5. El séptimo sello (8:1-6).
      1.6. Las seis trompetas (8:7-9:21).
         1.6.1. La primera trompeta: juicio sobre la tierra (8:7).
         1.6.2. La segunda trompeta: juicio sobre el mar (8:8-9).
         1.6.3. La tercera trompeta: juicio sobre las aguas (8:10-11).
         1.6.4. La cuarta trompeta: juicio en el universo (8:12-13).
         1.6.5. La quinta trompeta: ira sobre los hombres (9:1-12).
            A) El pozo del abismo abierto (9:1-2).
            B) Las langostas y su acción (9:3-6).
            C) La descripción de las langostas (9:7-12).
         1.6.6. La sexta trompeta: hombres atormentados (9:13-21).
            A) Los cuatro ángeles desatados (9:13-19).
            B) La rebeldía de los hombres (9:20-21).
      1.7. El rollo pequeño (10:1-11).

  1.7.1. La aparición del ángel (10:1-4).
  1.7.2. La acción del ángel (10:5-11).
 1.8. Los dos testigos (11:1-14).
  1.8.1. El templo (11:1-2).
  1.8.2. El tiempo (11:3).
  1.8.3. Las características de los dos testigos (11:4-6).
  1.8.4. La muerte de los dos testigos (11:7-10).
  1.8.5. La traslación de los dos testigos (11:11-14).
 1.9. La séptima trompeta (11:15-19).
 1.10. La guerra (12:1-17).
  1.10.1. Guerra en la tierra (12:1-6).
  1.10.2. Guerra en el cielo (12:7-12).
  1.10.3. La acción del dragón (12:13-17).
 1.11. Las dos bestias (13:1-18).
  1.11.1. La primera bestia (13:1-10).
  1.11.2. La segunda bestia (13:11-18).
 1.12. Advertencias celestiales (14:1-20).
  1.12.1. Sobre los 144 000 (14:1-5).
  1.12.2. Sobre el evangelio eterno (14:6-8).
  1.12.3. Sobre los adoradores de la bestia (14:9-13).
  1.12.4. Sobre la cosecha de la tierra (14:14-20).
 1.13. Introducción a los juicios de las copas (15:1-8).
  1.13.1. Dos visiones (15:1-2).
  1.13.2. El cántico de Moisés y del Cordero (15:3-4).
  1.13.3. La preparación para la consumación de la ira de Dios (15:5-8).
 1.14. Los juicios de las copas (16:1-21).
  1.14.1. La primera copa: úlceras (16:1-2).
  1.14.2. La segunda copa: juicio sobre el mar (16:3).
  1.14.3. La tercera copa: juicio sobre los ríos (16:4).
   A) Doxología celestial (16:5-7).
  1.14.4. La cuarta copa: calor abrasador (16:8-9).
  1.14.5. La quinta copa: tinieblas (16:10-11).
  1.14.6. La sexta copa: acción en el Éufrates (16:12-16).
  1.14.7. La séptima copa: consumación del juicio (16:17-21).
 1.15. La Babilonia religiosa (17:1-18).
  1.15.1. Descripción (17:1-7).
  1.15.2. Interpretación (17:8-18).

A) La bestia (17:8-11).
B) Los diez cuernos (17:12-14).
C) Las aguas y la mujer (17:15-18).
1.16. La Babilonia comercial (18:1-24).
   1.16.1. Anuncio celestial (18:1-3).
   1.16.2. Demanda celestial (18:4-8).
   1.16.3. Angustia de los reyes (18:9-10).
   1.16.4. Angustia de los mercaderes (18:11-17a).
   1.16.5. Angustia de los marinos (18:17b-19).
   1.16.6. Aclamación celestial (18:20-24).
2. La segunda venida de Cristo (19:1-21).
   2.1. Alabanzas en el cielo (19:1-6).
   2.2. Anuncio de la cena de las bodas del Cordero (19:7-10).
   2.3. Advenimiento del Señor (19:11-16).
   2.4. La última batalla del Armagedón (19:17-21).
3. El milenio (20:1-6).
   3.1. Satanás atado (20:1-3).
   3.2. La resurrección de los santos (20:4-6).
4. El final de la historia humana (20:7-15).
   4.1. La última rebelión contra Dios (20:7-9).
   4.2. La sentencia sobre Satanás (20:10).
   4.3. El juicio final (20:11-15).
5. El estado eterno (21:1-22-5).
   5.1. El descenso de la nueva Jerusalén (21:1-8).
   5.2. Descripción de la nueva Jerusalén (21:9-27).
      5.2.1. La ciudad y su gloria (21:9-11).
      5.2.2. El muro de la ciudad (21:12-14).
      5.2.3. Las medidas de la ciudad (21:15-17).
      5.2.4. Materiales del muro y puertas (21:18-21).
      5.2.5. Otros aspectos de la ciudad (21:22-27).
   5.3. La vida en la ciudad (22:1-5).
V. Epílogo (22:6-21).
   1. Palabras de consuelo (22:6-17).
      1.1. La promesa del Señor (22:6-7).
      1.2. Experiencia de Juan (22:8-9).
      1.3. Instrucciones a Juan (22:10-11).
      1.4. La promesa reiterada (22:12-13).
      1.5. Bendición y advertencia (22:14-17).
   2. La amonestación de Dios (22:18-19).
   3. Bendición (22:20-21).

Cristo en el libro

No es posible la lectura del Apocalipsis sin que Cristo esté presente en cada momento. La primera frase del libro es una referencia a Él (1:1). Lo que Juan vio es el testimonio de Jesucristo (1:2). En la unidad divina, Jesucristo es el "testigo fiel, el primogénito de los muertos, y el soberano de los reyes de la tierra", que también "nos amó y nos liberó de nuestros pecados con su sangre" (1:5). La seguridad de su segunda venida está en el inicio del escrito (1:7).

La visión gloriosa de Cristo inicia la andadura de la profecía (1:9-20). En distintos modos se presenta ante las iglesias a quienes escribe (caps. 2-3).

Es el Cordero que toma el libro del juicio divino para abrir sus sellos y ejecutar su contenido (5:5). De esta manera se desarrolla todo el texto de esta profecía. Está presente el establecimiento del reino milenial, donde los santos serán sacerdotes de Dios y de Cristo y reinarán con él mil años" (20:4, 6). Proyectándose luego al reino eterno de Dios, donde habrá una relación definitiva entre la Iglesia y el Cordero (21:9), que es, junto con el Padre, el santuario de la ciudad celestial, y la luz que la iluminará perpetuamente (21:22, 23; 22:3). Jesús es el testimonio de la profecía (22:16). La Iglesia espera la venida del Señor Jesús, que otorga la gracia para todos (22:20-21).

BIBLIOGRAFÍA

Evangélicos y afines

Archer, G. L. (1981). *Reseña crítica de una introducción al Antiguo Testamento*. Editorial Portavoz.
Barnes, A. (1951). *Notes on the New Testament, Explanatory and Practical*. Baker Book House.
Berkhof, L. (1949). *Teología Sistemática*. Eerdmans.
Bruce, F. F. (1964). *New International Commentary on the New Testament: The Epistle to the Hebrews*. William B. Eerdmans Publishing Company.
Bruce, F. F. (2002). *El canon de la Escritura*. Editorial Clie/ Publicaciones Andamio.
Calvino, J. (1968a). *Institución de la religión cristiana*. FELiRe.
Calvino, J. (1968b). *Comentario a las epístolas pastorales de San Pablo*. TELL.
Carson, D. A. & Moo, D. (2008). *Una introducción al Nuevo Testamento*. Editorial Clie.
Chafer, L. S. (1974). *Teología Sistemática*. Publicaciones españolas.
De Reina, C. (1569). *Prólogo a la Biblia del Oso*.
Duvall, J. S. & Hays, J. D. (2008). *Hermenéutica. Entendiendo la Palabra de Dios*. Editorial Clie.
Erickson, M. (2008). *Teología sistemática*. Editorial Clie.
Farrar, F. W. (1886). *History of interpretation: eight lectures preached before the University of Oxford in the year MDCCCLXXXV on the foundation of the late Rev. John Bampton*. Macmillan.
Fasold, J. (2016). *Con precisión*. Edición del autor.
Finney, C. (2010). *Teología Sistemática*. Peniel.
Fountain, T. (1977). *Claves de interpretación bíblica*. Casa Bautista.
Geisler, N. (2002). *Systematic Theology*. Bethany House.
Gonzaga, J. (1966). *Concilios*. 2 vol. International Publications.
Guthrie, D. (1961). *New Testament Introduction*. S.P.C.K.
Harrison, E. (1980). *Introducción al Nuevo Testamento*. Iglesia Cristiana Reformada.
Harrison, R. K. (1990). *Introducción al Antiguo Testamento*. The Evangelical Literature League.
Hendriksen, W. (1986). *Comentario al Nuevo Testamento: El Evangelio según san Mateo*. Libros Desafío.

Henry, M. (1989). *Comentario exegético devocional a toda la Biblia*. Editorial Clie.

Hodge, C. (1991). *Teología sistemática*. Editorial Clie.

Horton, S. (1983). *El Libro de Hechos*. Editorial Vida.

Jeremias, J. (1980). *Teología del Nuevo Testamento*. Sígueme.

Ladd, G. (2002). *Teología del Nuevo Testamento*. Editorial Clie.

Lake, K. (1925). *The Religion of Yesterday and Tomorrow*. Houghton Mifflin Company.

Lensky, R. C. H. (1963). *Un comentario al Nuevo Testamento*. Tomo III: *San Lucas*. El Escudo.

Lewis, C. S. (1958). *Reflections on the Psalms*. Brace and Company.

Lightfoot, J. B. (1990). *Los padres apostólicos*. Editorial Clie.

Lightfoot, J. B. (1994). *Philippians*. The Crossway Classic Commentaries. Crossway.

Lutero, M. (1883-2009). *D. Martin Luthers Werke*. 120 Bände Weimar.

MacArthur, J. (2015). *Comentario MacArthur del Nuevo Testamento*. Editorial Portavoz.

MacDonald, W. (1995). *Comentario al Nuevo Testamento*. Editorial Clie.

Martínez, J. M. (1984). *Hermenéutica bíblica*. Editorial Clie.

Messmer, A. y Hutter, J. U. (2021). *La inerrancia bíblica*. Editorial Clie.

Morris, L. (2005). *El evangelio según Juan*. 2 Vol. Editorial Clie.

Oden, R. J. (Jr.). (1987). *The Bible Without Theology. The Theological Tradition and Alternatives to It*. Harper & Row.

Pérez Millos, S. (1994). *Comentario exegético al texto griego del Nuevo Testamento*. 19 volúmenes. Editorial Clie.

Pérez Millos, S. (1995). *Síntesis de nuestra fe: estudios de doctrina bíblica*. Editorial Clie.

Pérez Millos, S. (2015). Notas del Curso de Bibliología. Facultad de Teología, Vigo.

Pinnock, C. (2004). *Revelación bíblica. El fundamento de la teología cristiana*. Editorial Clie.

Robertson, A. T. (1985). *Imágenes verbales en el Nuevo Testamento*. Editorial Clie.

Ropero, A. (2015). *Homilética bíblica. Naturaleza y análisis de la predicación*. Editorial Clie.

Ryrie, C. C. (1959). *Biblical Theology of the New Testament*. The Moody Bible Institute of Chicago.

Scofield, C. I. (1966). *Biblia Anotada de Scofield*. Spanish Publications.

Seeberg, R. (1968). *Historia de las doctrinas*. Casa Bautista de Publicaciones.

Strong, A. H. (1907). *Systematic Theology*. American Baptist Publication Society.
Tellería Larrañaga, J. M. (2011). *El método en teología*. Editorial Mundo Bíblico.
Tellería, J. M. (2014). *La interpretación del Nuevo Testamento a lo largo de la historia*. Editorial Mundo Bíblico.
Wuest, K. S. (1970). *Wuest's Word Studies fron the Greek New Testament*. Eerdmans

Patrística

Agustín De Hipona, *De Trinitate*.
Agustín de Hipona, *Confesiones*.
Agustín de Hipona, *Epístola*.
Atanasio, *Carta 39*.
Atenágoras, *Leg. Pro Christi*.
Cirilo de Jerusalén, *Catequesis*.
Clemente de Alejandría, *Stromata*.
Eusebio, *Historia Eclesiástica*.
Gregorio Magno, *Mor. Preaf.*
Ireneo de Lyon, *Adversus haeresses*.
Ireneo de Lyon. (1985). *Teología*. Biblioteca de Autores Cristianos.
Jerónimo, *De Viris ilustribus*.
Jerónimo, *Prologo profeta Isaías*.
Juan Crisóstomo, *Homi.*, 9, in *Epistola ad Colosenses*.
Justino Mártir, *Dial*.
Merino Rodríguez, M. (2002). *La Biblia comentada por los Padres de la Iglesia*. Editorial Ciudad Nueva.
Orígenes de Alejandría, *In Lev. Nom*.
Policarpo, *A los filipenses*.
Teófilo de Alejandría, *Autolicum*.
Tertuliano, *De praescriptiones haereticorum*.
Tertuliano, *De virginibus Yelandia*.
Tertuliano, *De Anima*.

Católicos y otras procedencias

Alonso Díaz, J. (1969). La Sagrada Escritura. Biblioteca de Autores Cristianos.
Anselmo de Canterbury, *Cur Deus homo*.

Asensio, F.; Buck, F. & Rodríguez Molero, F. (1968). *Conquista de Canaán y monarquía : Josué, Jueces, Rut, Samuel, Reyes y Crónica*. Biblioteca de Autores Cristianos.

Bacuez, L. & Vigouroux, F. (1909). *Manual bíblico o Curso de Sagrada Escritura para uso de los seminarios*. Imprenta de Ramón C. Rubisco.

Barth, K. (2012). *Carta a los Romanos*. Biblioteca de Autores Cristianos.

Barth, K. (2009). *Church Dogmatics*. T. & T. Clark.

Baur, F. C. (1845). *Paulus, Der Apostel Jesu Christi*. Becher & Müller.

Barthelemy, D. & Milik, J. T. (1955). *Discoveries in the Judaean Desert. I. Qumran Cave I*. Oxford at the Clarendon Press.

Buenaventura De Bagnoregio, *Prol al Breviloquium*.

Denzinger, H. (1963). *El magisterio de la Iglesia. Manual de los símbolos, definiciones y declaraciones de la Iglesia en materia de fe y costumbres*. Herder.

González de Cardedal, O. (2001). *Cristología*. Biblioteca de Autores Cristianos.

Hugo de san Víctor, *De Sacramentis Christianae fidei*.

Josefo, *Contra Apion*.

Josefo, *Antigüedades*.

Juan de la Cruz, *Subida al monte Carmelo*.

Lázaro, M. (2016). La hermenéutica en San Buenaventura. El Prólogo al *Breviloquium*. *Anuario Filosófico*, 49/2, pp. 385-399. Instituto Teológico de Cáceres (UPSA).

Leal, J. (Ed.). (1965). *La Sagrada Escritura. Texto y comentario por profesores de la Compañía de Jesús*. Biblioteca de Autores Cristianos.

Pedro Lombardo, *Distinciones*.

Roloff, J. (1977). *Neues Testament*. Neukirchener Verlag.

Ruperto de Deutz, *In Apocalipsis*.

Schenke, L. (1990). *Die Urgemeinde. Geschichtliche un theologische Entwicklung*. Kohlhammer.

Schleiermacher, F. (1990). *Sobre la religión, discursos a sus menospreciadores cultivados*. Grupo Anaya Publicaciones Generales.

Tomás de Aquino, *De veritate*.

Tomás de Aquino. (1957). *Suma teológica*. Biblioteca de Autores Cristianos.

Turrado, L. (1975). *Epístolas paulinas*. Vol. VIb de *Biblia comentada*. Biblioteca de Autores Cristianos.

Von Rad, G. (1930). *Das Geschichtsbild des chronistischen Werkes*. Kohlhammer.

Von Rad, G. (1962). *Theologie des Alten Testament*. Chr. Kaiser.

Diccionarios y manuales técnicos

Asociación de Editores del Catecismo. (1996). *Catecismo de la Iglesia Católica*. Asociación de Editores del Catecismo.
Balz, H. & Schneider, G. (1998). *Diccionario Exegético del Nuevo Testamento*. Sígueme.
Bruce, F. F.; Marshall, I.; Millard, A.; Packer, J. & Wiseman, D. (1991). *Nuevo Diccionario Bíblico*. Editorial Certeza.
Chantraine, Pierre. (1968). *Chantrailne Dictionnaire Etymologique Grec*. Klincksieck.
Haag, H. (1981). *Diccionario de la Biblia*. Herder.
Harrison, E. F. (1985). *Diccionario de Teología*. TELL.
Ropero Berzosa, A. (2013). *Gran diccionario enciclopédico de la Biblia*. Editorial Clie.
Silva, M. (2014). *New International Dictionary of New Testament Theology and Exegesis* (I-V). Zondervan Academic.
Stegenga, J. & Tuggy, A. E. (1975). *Concordancia analítica greco-española del Nuevo Testamento*. Editorial Libertador.
Vine, W. (1984). *Diccionario expositivo de palabras del Nuevo Testamento*. Grupo Nelson.
Yarza, S. (1972). *Diccionario griego español*. Sopena.
Young, R. (1977). *Analytical Concordance to the Holy Bible*. Lutterworth Press.

Textos bíblicos

(1958). *Sagrada Biblia*. Juan Straubinger. La prensa católica.
(1966). *Biblia anotada*. Scofield. Spanish Publications.
(1975). *Biblia de Jerusalén*. Bilbao.
(1975). *Sagrada Biblia*. Cantera-Iglesias. Biblioteca de Autores Cristianos.
(1984). *Nuevo Testamento interlineal*. Francisco Lacueva (Ed.). Editorial CLIE.
(1992). *A Biblia*. Vigo.
(1996). *Biblia anotada*. Charles Ryrie. Grand Rapids.
(1999). *Biblia textual*. Sociedad bíblica Iberoamericana.
(2000). *Biblia de las Américas*. Anaheim.
(2005). *Santa Biblia. Nueva Versión Internacional*. Bíblica, Inc.
(2010). *Sagrada Biblia*. Conferencia Episcopal Española.
(2018). *Biblia de Estudio RVR*. HarperCollins Christian Publishing.

Textos griegos

(1977). *Nuevo Testamento Trilingüe.* Bover-O'Callaghan.
(1979). *Septuaginta.* Deustche Biblgesellschaft.
(2003). *A Reader's Greek New Testament.* Goodrich, R. & Lukaszewki, A. Zondervan.
(2012). *Novum Testamentum Graece.* Nestle-Aland. 28ª Edición. Deutsche Biblelgesellschaft.